U0835604

土地学

吴次芳　著

地质出版社
·北　京·

内 容 提 要

土地是人类文明演进和可持续发展的根基，是地球生命栖息的关键带。在这个世界，一切都会随风而去，唯有土地和明天同在。本书从国际视野、中国实践和学科特性 3 个维度的综合视角，首次系统探索土地学的学理特征、内容体系、历史使命和发展演化规律。除绪论以外，全书共 13 章，主要内容包括：土地与土地学、土地过程和动能、土地类型和结构、土地活性和适宜性、土地质量和健康、土地生产力和承载力、土地资源、土地利用、土地变化、土地保育、土地整治、土地筑居、土地和人。

本书可供高等学校相关专业教师和本科生及研究生，相关研究机构和企事业单位人员阅读使用，也适合做高等学校相关专业的研究生教材。

图书在版编目（CIP）数据

土地学 / 吴次芳著. -- 北京 : 地质出版社，2024.
11. -- ISBN 978-7-116-14402-6

Ⅰ. F301. 2

中国国家版本馆 CIP 数据核字第 2024BP2818 号

TUDIXUE

责任编辑：柳　青
责任校对：田建茹
出版发行：地质出版社
社址邮编：北京市海淀区学院路 31 号，100083
电　　话：（010）66554528（邮购部）；（010）66554632（编辑室）
网　　址：https：//www. gph. clmpg. com
传　　真：（010）66554686
印　　刷：北京地大彩印有限公司
开　　本：787mm×1092mm　1/16
印　　张：38. 5
字　　数：938 千字
版　　次：2024 年 11 月北京第 1 版
印　　次：2024 年 11 月北京第 1 次印刷
定　　价：168. 00 元
书　　号：ISBN 978-7-116-14402-6

目　　录

绪　论

自人类由猿人进化形成原始部落后，人口的分布和文明的发展，其中99%都与土地所能提供的食物和就业机会息息相关。第四纪冰期结束后，地球整体开始变暖，农耕条件满足小麦生长，人口开始迅速增加；季风亚洲地区土地适宜种植水稻，其生产的大米占全球总生产量的90%，而居住在这个地区的人口也占了全球人口的55%左右；欧洲土地养分不足，只适合容易产生连作障碍的旱地耕作，人口承载力就很难提高。中国胡焕庸线东南半壁43.8%的土地居住着94.1%的人口，而西北半壁56.2%的土地只居住着5.9%的人口。那是因为，西北地区大多是草原、沙漠和雪域高原，不能提供充足的食物和就业机会；而东南地区的土地能够提供更多的食物和就业机会，大致比例自古以来都是如此。翻开全球历史不难发现，人类的进化史，就是一部土地开发利用史，土地在不断改变人类和全球历史的命运。

一、土地是地球生命的关键带

（一）土地是地球生态系统的关键界面

自工业革命以来，以工业化、城市化、技术化和全球化为代表的人类活动，以前所未有的强度和速度重塑了地球表层系统（Jaramillo et al.，2015）。它所引发的土地退化、水资源危机、生物多样性锐减、极端气候频发等问题，显著降低了地球表层的宜居性和可持续性。为了应对人类共同的危机和挑战，2001年美国国家研究委员会地球科学基础委员会提出了“地球关键带”（Earth's critical zone）的概念，受到了世界各国的普遍关注和高度响应。所谓地球关键带，被定义为岩石-土壤-水-大气-生物发生复杂相互作用并调控自然生境和决定生命可持续资源有效性的异质性近地表环境，包括从植被冠层到地下水底部以下未风化基岩的连续体域（National Research Council，2001）。它是大气圈、生命圈、土壤圈、水圈和岩石圈五大圈层交汇融通的系统，是维系地球生命系统功能和人类生存的关键区域。

土地是地球表层大气圈、生物圈、土壤圈、水圈、岩石圈和智慧圈六大圈层综合作用和协同进化的产物，与地球关键带的概念至少存在5/6的叠合，在地球生态系统中处于关键界面，构成结合无机界和有机界——即生命和非生命联系的核心地带（图1）。事实上，在人类世的背景下，地球关键带不可能不考虑人类智慧圈的影响。如此，土地与地球关键带的内涵边界基本相同。其中，物质的地质大循环、物质的生物小循环、人类的利用和管理过程的对立与统一，是土地形成和演化的普遍规律。

1）物质的地质大循环。物质的地质大循环系指地表岩石、矿物的风化过程及其产物的迁移、淋溶、搬运、转化和累积等过程，在地球表面周而复始地进行。它使固结在岩石、矿物中的营养元素经过风化以后释放出来，成为生物可以利用的有效元素。固结状态的岩石、矿物成为地表松散堆积物，产生蓄水性能、保热性能和通气性能。其中，次生黏粒矿物的形成，能吸附与交换一定数量的阳离子，因而使土地具有保肥性能。这就为地球生命和陆地植物的生存、演化和发展，创造了适宜的土地环境。

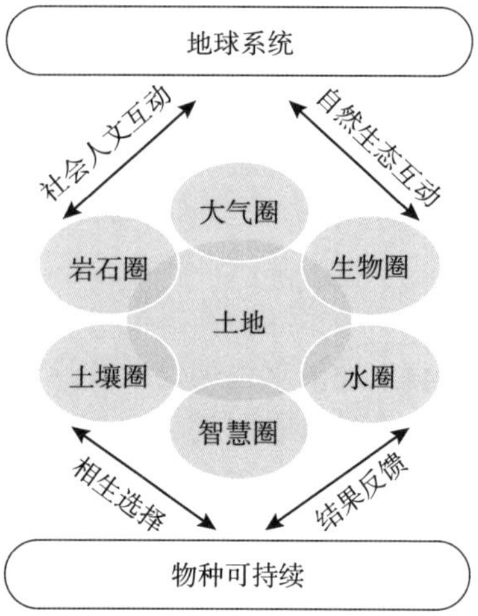

图 1　土地圈的多圈层复合关系图

2）物质的生物小循环。它是指岩石、矿物经风化后释放出的化学元素在生物体与土地（土壤）之间的循环。具体是植物从土地中吸收化学元素，尤其是营养元素，形成植物体。后者哺育动物生长，而动植物残体回到土地中，在微生物和动物的作用下转化为植物的化学成分，构成物质与能量的循环，促进土地生产能力的形成和发展。据统计，通过陆地植物的光合作用，每年蓄积约为 904349 万亿焦耳左右的巨大能量；全部陆地生物物质的总量为 3 万亿~10 万亿吨，其中森林生物物质居首位，达 1000 亿~1 万亿吨；草本植物次之，为 100 亿~1000 亿吨。动物物质为几十亿吨，无脊椎动物占其中的 99.8%。根据 B. N. 维尔纳德斯基和 A. Π. 维纳格拉多夫的研究，由生物物质平均元素组成可看出，参与生命物质的主要是植物，其组成元素与地壳的平均元素相比较，由于生物性选择吸收的结果，虽然总体趋势具有相似性，但已经有很大改变：其中 C，H，N，O 植物组成元素较地壳中的含量大多增加了；而另一些元素植物体中的含量较地壳中的量不同程度地相对减少了，P，S，K 减少到原来的几分之一；Cl，Ca，Mg，I，Cu，Mo 等减少到原来的几十分之一；Na，Ba，Fe，Al，Si 减少到原来的数百分之一；Cs，Ti 减少到原来的数千分之一。与地壳元素组成相比，动物化学组成中的 C，N，H 增加了几十倍；P，S，O，Cl 含量也有不同程度的增加；含量减少的则为 Ca，Na，K，Mg，Zn，As，Br，Cu，F，B，Mn，Si，Ti，Al，减少到原来的几万分之一。由此可见动植物元素组成有着很大差异。生物圈系统中的生物小循环对地球表层土地系统进行着物质与能量的累积和再分配，使得土地成为巨大的能量和营养元素的储存库，再通过物质的生物小循环而不断地得到更替，高效能地被生物利用。这就是土地形成演化过程的实质（李天杰等，2004）。

3）人类的利用和管理。土地的形成演化除了受物质的地质大循环和物质的生物小循环过程的控制外，城市化和工业化、制度和政策变迁、人口流动和迁移、经济发展和技术进步等因素，都对土地的形成演化产生巨大而深刻的影响。据联合国的一项研究，近 300 年来，在人类活动的影响下，全球土地格局发生了显著变化。估计自 1700 年以来，全球共有 1.2 亿公顷土地被开垦，其中以美洲、东南亚和苏联开垦土地的速度最快。以北美洲为例，1700—1980 年，耕地面积增长了 67 倍。耕地面积的扩大主要是以牺牲森林为代价的。自史前农业时期以来，全球森林覆盖面积减少了 9 亿公顷。1700—1980 年，欧洲、北美洲和东南亚的草地分别减少了 27.4%、13.7%和 26.4%，这些草地大部分变成了农田

（吴次芳等，2018）。制度和政策设计对土地形成演化的影响是极其深刻的，有时甚至是灾难性的。据《报刊文摘》2015 年 6 月 3 日报道，随着肉食需求量的增加，发展牲畜业的比较效益增加，大量农田投入种植耗水量大的饲牛作物。为了种植饲养肉牛所需的苜蓿芽，美国得克萨斯州南部和墨西哥已近乎贫瘠的田地正在耗尽科罗拉多河最后 1 盎司❶的水分。据估计，全球有 33 亿头食草牲畜，而人们对这些牲畜的过度放牧毁掉了 20%的牧草地。为了追求短期的农牧业利益最大化，不断开采地下水，导致地下水开始枯竭。在印度泰米尔纳德邦和古吉拉特邦，农民为了追求土地利用经济效率的最大化，不断开采地下水，导致地下水枯竭，结果使大片大片的土地荒芜。1935 年，美国全国土壤侵蚀调查发现，独立战争时期（1775—1783 年），美国平均表土大约 9 英寸❷厚，1935 年只有大约 6 英寸厚了，在不到 200 年的时间里，损失了大约 1/3 的表土（吴次芳等，2018）。所有这些环境退化的结果，都与土地私有化、市场化和自由化的制度设计密切关联。

以上物质的地质大循环、物质的生物小循环、人类的利用与管理三大机制的共同作用，使得土地成为影响地球生态系统物质迁移和能量交换的关键界面。

（二）土地是陆地生态系统的安全枢纽

20 世纪 70 年代以来，随着人口增长、资源短缺、环境变化和区域发展问题的日益突出，人类已经成为塑造地球关键带的主导力量。农业景观化、森林砍伐、城市扩展、交通水利工程建设、风景旅游和自然保护区建设等特定区域地球关键带的演替变化，都直接受土地利用行为的影响和塑造。毫无疑问，土地一旦遭受破坏或退化，陆地生态系统的安全就会面临崩溃，正所谓“皮之不存，毛将焉附”。2004 年，国际最权威的《科学》杂志发表了英国野生动物调查报告。该报告称，在过去 40 年中，英国本土的鸟类减少了 54%，本土的野生植物种类减少了 28%，而本土蝴蝶的种类更是惊人地减少了 71%。据统计，全世界每天有 75 个物种灭绝，每小时有 3 个物种灭绝。科学家们推断，地球正面临第六次生物大灭绝。2018 年 10 月 29 日，世界自然基金会发布《生命行星报告 2018》。报告显示，全球脊椎动物数量，包括哺乳动物、鸟类、爬行动物、两栖动物和鱼类，在 1970—2014 年期间平均减少 60%。2019 年 3 月 1 日，联合国大会宣布了《2021—2030 年联合国生态系统恢复十年》决议。该决议指出全球土地和海洋生态系统的退化破坏了 32 亿人的福祉，物种和生态系统服务丧失的代价占每年全球生产总值的 10%左右。对生物多样性最大威胁，都来自以土地利用为主体的人类活动，引致环境退化造成的结果。历史经验一再表明，如果土地失去维持人类、生物群落健康和高效能生产及高质量生活的能力，整个地球生态系统就会失去安全保障。

（三）土地是陆地生物的唯一栖息地

管子在他所著的《水地篇》中说：“地者，万物之本源，诸生之根苑也。”生命发展演变过程，很长时间以来是地球的一部分，也是土地的有机组成。作为地球进化的结果，

❶ 1 盎司 = 28. 349523 克。

❷ 1 英寸 = 25. 4 毫米。

生物一直将土地作为唯一的栖息地和生命平台。除了地球，生物到底还能不能找到理想的栖息地或生命平台，宇宙探测的结果表明，至少到目前为止，地球上的土地是陆地生物唯一适宜的生命平台。原本以为火星具有适宜生命栖居的条件，但美国国家航空航天局（NASA）和美国地理协会得出的初步结论是：尽管人类可以乘坐航天飞机赶到火星，但火星上不利于人类生存的条件是非常明显的。火星比地球寒冷得多，平均温度为-40～-60摄氏度。火星上存在宇宙高能离子辐射、宇宙磁场（电磁辐射），对人体健康极为不利。人只要在火星上待上不长时间，就可能因辐射而患上各种疾病。由于火星引力只有地球的38%，大气压仅有地球的1%。因此火星上的微重力环境也是对人类生命和健康的挑战（张田勘，2004）。

1. 土地是植物群落之母

陆地植物（land plants ）主要包括苔藓植物、蕨类植物和种子植物。最早可辨认的陆地植物化石，来自距今约4.25亿年的志留纪晚期。目前生存在地球上的植物估计有50万种以上，其中种子植物约为25万种。无论哪一种植物群落：赤道雨林、热带雨林、季风林、温带雨林、中维度落叶林、针叶林、硬叶林等森林生物群落，热带萨王纳生物群落，高草原、干草原等草地生物群落，半荒漠、干荒漠等荒漠生物群落，还是北极多草苔原、高山苔原等苔原生物群落，都是受土地系统的水分、热量、土壤等因素直接控制的。换句话说，土地是植物群落之母，不同的土地因素会形成不同的植物群落。土地一旦消失，植被就会随之消亡，严重水土流失地区的植物群落就十分简单和稀少；土地一旦变质，例如环境污染或盐碱化，植被也会遭受灭顶之灾。世界资源研究所（WRI）、国际自然保护联盟（IUCN）及其他全球森林和景观恢复伙伴关系组织进行的全球分析表明，超过20亿公顷的林地已经退化，其中只有大约10亿公顷还可以被恢复，其他林地由于土地彻底退化，就很难再恢复成森林或农林复合生态系统（Campbell et al.，2008）。事实上，如果森林从地球上消失，全球90%以上的生物将灭绝，90%的淡水将白白地流入大海，生物固氮将减少90%，生物放氧量将减少60%（沈守愚等，2010）。因此，人类必须十分珍惜和切实保护土地，才能维护好植被生态系统的结构和功能，才能不让森林从地球上消失。

2. 土地是动物的栖息地

动物是自然环境和土地系统不可分割的组成部分，它们都生活在一定的土地环境之中，不同的动物类群具有不同的栖息地。动物的栖息地可以分布在海洋、河流、森林、草原、荒漠等，其范围也可因种类不同可大可小。地球陆地的自然条件自北向南呈现有规律的地带性分布，山地条件下还有类似的垂直分布，不同的自然条件下均有代表性的动物类群，陆地自然地理带大致可分为苔原、草原、荒漠、针叶林、阔叶林、热带雨林。在不同的自然地理带，都分布着相应的动物类型。例如在苔原地带，代表动物有北极狐、旅鼠、雪鸦、铁爪鹀、雪鹀等。土壤是土地的重要组成部分，在土壤中的动物数量巨大，主要可以分成两种类型：①后生动物。它由小的土居性的多细胞动物，主要包括线虫、蠕虫、蚯蚓、蛞蝓、蜗牛、千足虫、蜈蚣、轮虫、蚂蚁、螨、环节动物、蜘蛛和昆虫等混合组成。②原生动物。它为单细胞真核生物，简称原虫，其细胞结构简单，数量多、分布广，各种淡水水体和潮湿土壤都是它们的主要生境。土壤中都有原生动物，但不同地区和不同类型的土壤中的原生动物的种类和数量有差异，一般每克土壤为1万~10万个，多时每克土壤可达100万~1000万个。表土中最多，下层土壤中少。无论是后生动物还是原生动物，其分布、数量、结构都会受土地所处的温度、水分、酸碱度、氧化还原电位等环境因素所影响和控制。

3. 土地是微生物的温床

在土地表层的土壤中，微生物分布广、数量大、种类多，是一个庞大的类群，在1克肥沃表土中原生微生物可以多达100万个。经典的方法只能检测出微生物数量的10%左右，随着现代DNA探针技术的发展和分类技术的改进，土壤中的微生物库和基因库将会被进一步揭秘。土壤微生物种群主要分为以下3类：①原核微生物。包括古细菌、细菌、放线菌、蓝细菌、黏细菌等。1克土壤可含5亿个细菌、100亿个放线菌，10克肥沃土壤的细菌总数相当于现代全球人口的总数。在某些农田耕作层中，折合到每公顷有336千克细菌，真菌每公顷有540千克。②真核微生物。包括真菌、藻类、地衣等，1克土壤可含近10亿个真菌。③非细胞型微生物。即分子生物——病毒，它是一种活细胞内的寄生物，凡有生物生存之处，都有其相应的病毒存在。不同的微生物类型需要各自适宜的环境条件，土壤条件变化，就会影响其生长发育，或者改变其代谢途径，还可能引起微生物的遗传突变。比如在通气良好的土壤中或有氧的土壤微环境里，好氧微生物，如芽孢杆菌、假单胞菌、根瘤菌、固氮菌、硝酸化细菌、硫化细菌及霉菌、放线菌等就广泛分布并行使各自的生理功能；如果在缺氧环境中，厌氧微生物如梭菌、产甲烷细菌和脱硫弧菌等能正常地生长发育，而好氧微生物就不能正常生长。

（四）土地退化将导致地球生命的厄运

盲目开垦草原、乱砍滥伐森林、农田灌溉不当、过度放牧、环境污染等人类活动所导致的土地退化，极大地改变了生物生存的环境条件。降低初级生产力，打破食物链结构，从而从根本上瓦解生态系统的核心组分，重构生物的历史命运。生物多样性和生态系统服务政府间科学政策平台（IPBES）土地退化和恢复专题评估指出，土地退化使地球出现第六次物种大灭绝，每年因土地退化造成的生态系统服务损失占全球总产值的10%以上（Le et al.，2016；Montanarella et al.，2018）。2018年10月29日，世界自然基金会（WWF）发布《生命行星报告2018》表明，在1970—2014年间，全球脊椎动物数量，包括哺乳动物、鸟类、鱼类、爬行动物和两栖动物的数量惊人地减少了60%。报告中确定的物种生存的最大威胁与人类活动直接相关，栖息地的丧失和退化是最主要的决定因素。

以农用地转化为城镇建设用地为主体的土地变迁，以及不同类型的土地退化都会导致区域性温度和降水的变化，也会引发极端气候事件，甚至可通过影响全球温室气体的排放和吸收，进而影响全球气候变化。土地变迁和气候变化的联动效应，加剧了全球的生态系统灾难。由于林地和草地的退化使全球陆地植被在2005—2015年间已经形成净碳汇，即由土地利用变化引起的CO_2净排放量低于自然植被吸收的CO_2量（Le et al.，2016）。由于土地变迁和土地退化导致的淡水生态系统灾难，已经使全球约80%的人口生活在水安全和生物多样性受威胁的地区（Vörösmarty et al.，2000）。2019年12月5日，在罗马、马德里召开的第二十五届联合国气候变化大会高级别森林会议上发布的《干旱地区的树木、森林和土地利用状况：首次全球评估》称，预计到21世纪末，全球干旱地区将增加10%~23%，面积将达到67.10亿~75.03亿公顷，这将加剧全球生态系统的危险后果和灾难。

过去50年，全球约有13亿人从农村迁入城市。2001—2019年，全球城市人口由29亿增加到42亿。根据联合国2009年的资料，随着工业化和城市化的推进，全球每年流失的农用地约为7万平方千米，大量具有生态功能、碳吸收能力及水源供给能力的农用地转化成建设用地并且导致土地质量迅速恶化。据联合国粮农组织2015年12月发布的《世界土壤资源状况》报告，当前世界大多数国家的土壤状况属于一般、较差或很差，并且许多地方的土壤状况仍在恶化。全球33%的土地由于盐碱化、板结、酸化和化学污染等原因，处于中度到高度退化之中。由于侵蚀，每年导致250亿~400亿吨表土流失，造成谷物年产量损失约760万吨，人为因素造成的盐渍化影响全球76万平方千米的土地。1990—2020年间，全球又累积减少1.78亿公顷森林。非洲是森林减少最多的地区，1975—1980年有3700万公顷的森林遭到破坏，2010—2020年每年平均净减少390万公顷；其次是南美洲，年均净减少260万公顷。自1990年以来，全世界约4.2亿公顷森林因砍伐而消失。[1] 土地变迁和退化正在加剧地球生态系统的灾难。国际自然与自然资源保护同盟发表的调查材料指出，从100万年前到现在，平均每50年有一种鸟类灭绝；最近300年来，平均每两年有1种鸟类灭绝；最近100年来，平均每年有1种鸟类灭绝。哺乳动物灭绝的速度更快，在热带森林，平均每天至少灭绝1个物种。世界资源研究所（WRI）根据精确估计，认为每天正在损失100个物种，从美洲鸣禽到非洲大象不断减少的事实清楚地说明了这一发展趋势。

在历史上，黎巴嫩雪松的消失、森林在旧中国的命运、美洲新大陆的森林和牧场丧失等，也都源于土地的退化。早在地中海边腓尼斯人定居以前，我们的华夏民族祖先就迁居到森林茂密、土壤肥沃的黄河流域。在周朝统治的800多年中，重视森林保护，可以说是建立了世界上最早的山林管理制度。但是，在周朝以后2200多年中，始终实行烧毁森林的办法。经过几个世纪，华北的大部分成为无林地带。4—5世纪以后，随着长江流域和珠江流域的开发，发展稻米生产，以保证大量稠密人口的食物，加速了这里森林的砍伐。在近代，东北的森林被日本侵略者砍伐，大大缩小了面积。到20世纪中叶，新中国成立之初，我国森林面积只占全国总面积的8%。由于滥伐山地和河流盆地的森林，加重了严重的土壤侵蚀，使我国的黄河成为世界上含沙量最高的河流。由于黄河多次泛滥改道，淹没了下游大片良田，河床不断抬升，成为“地上河”。依靠漫长的堤岸来遏制水流，频频出现灾难性的洪水泛滥。16世纪以来，欧洲人到了新大陆，带来了许多的牛、绵羊和山羊，破坏了林地资源，加速了牧场的退化，产生了沙漠。这种情况遍及南美洲、墨西哥和美国西南部的许多地区。为了建设安第斯山区和墨西哥的许多新的西班牙人城市，滥伐受侵蚀的山坡的林木，墨西哥城附近的丘陵地带上的大片雪松也遭到了古代黎巴嫩雪松同样的命运，在西班牙人征服南美洲之后，为了重建墨西哥城的用材需要而使雪松绝迹了。在墨西哥和安第斯山区，为了建设新矿山，给森林带来的损害比建设城市更大。人们为了得到矿井用木和冶炼用炭而砍伐林木，使土壤遭到侵蚀而裸露出岩石。有人写道：哪里建立

[1] 资料来自世界银行WDI数据库中2020年2月27日更新数据。

起矿山城，哪里就开始出现有“病害”的场所，这块场所一再扩大，直到每一个矿山城都变成好像沙漠的中心为止。4个世纪以前，萨卡特卡斯山脉曾有茂密的森林，而现在已变成多石的草原，山羊为了活命到处寻草吃。几个世纪的滥伐，变成俗话说的：鸟儿绕城而飞，但无枝可栖。

二、土地是全人类存续的根基

（一）土地是人类生存和发展的基础

土地最基本和最重要的功能，就是能生产人类生存和发展所必需的食物、纤维、燃料或其他生物物质。据统计，土地为人类提供了98%以上的食物，其中88%由耕地提供，10%由草地和森林提供。为什么亚洲人口会这么多？因为大米、小麦、马铃薯这3种人类最主要食物的生产量：第一名是中国，第二名是印度；印度尼西亚、孟加拉国、越南的大米生产量也居世界前5位。全球人口排名前10的国家，都是食物供应大国，要么是大米产量多，要么是小麦产量多。归纳起来，土地在人类生存和发展的进程中有下列不可替代的特殊作用。

1）提供植物生长发育和生物生产基地。自然界唯一的生产反应是光合作用，无论是谁都必须通过这个反应生成的绿色植物而得以生存。绿色植物吸收光能、同化 CO_2 和 H_2O、生产有机物质并释放出 O_2 的过程，称为光合作用（photosynthesis）。光合作用是绿色植物最重要和最基本的功能，是地球生物进化过程中的重要里程碑，是地球上唯一的、大规模的通过土地将无机物生产成有机物、把太阳能生产成化学能，并释放 O_2 的过程。在这个过程中，首先是把光能转变为电能，进一步形成活跃的化学能，最后转变为稳定的化学能，储存于碳水化合物中，为人类生活提供所必需的粮、棉、油、菜、果、茶、药和木材等。几乎可以说，地球上生物界所有的食物都来自土地上绿色植物的光合作用。人们把生物生产分为植物性生产和动物性生产。植物性生产是植物通过光合作用，源源不断地生产出植物性产品的过程，又称作第一性生产或初级生产。动物把采食的植物同化为自身的生活物质，使动物体不断增长和繁殖，亦称作第二性生产或次级生产。从食物链的关系来看，次级生产中又可再分为几级，如二级、三级等。每低一级的生产都以其前一级生产的有机质作为其食料，整个生物界就是通过食物链繁育衍生而来的。研究表明，地球上每年合成5000亿吨左右有机物，既满足植物本身生长发育的需要，又为人类提供食物来源。据估计，地球上的自养植物一年中通过光合作用约同化2000亿吨碳素，其中40%是由浮游植物同化的，余下的60%是由陆生植物同化的。绿色植物每年同化碳所储藏的总能量约为全球能源消耗总量的10倍，在同化 CO_2 的过程中，把太阳光能转变为化学能，并蓄积在形成的有机化合物中。人类所利用的能源，如煤炭、天然气、木材等都是过去或现在的植物通过光合作用形成的。在地球上，由于生物呼吸和燃烧，每年约消耗3150亿吨 O_2，以这样的速度计算，大气层中所含的 O_2 将在3000年左右耗尽。然而，土地上的绿色植物在吸收 CO_2 的同时每年还释放出5350亿吨 O_2，使大气中的 O_2 含量仍然维持在21%，成为一个自动的空间净化系统（蔡永萍，2008）。

2）规定地表水和地下水的储存和流动。最早的人类文明的形成是与水紧密联系在一起的。按照水的数量和质量的不同，人类文明可区分为大河文明、海洋文明和游牧文明。就文明的整体而言，大多形成于大河文明。综观世界人类文明史，不难发现，最早的人类文明首先都在天地自然条件适宜的大河流域或湖网地区形成。从生态学角度看，处于水陆交错带的大河流域或湖网地区生态系统结构复杂而稳定，物种丰富，生物多样性高，为人类提供了大量易驯化、易种植的物种；水系发达，土壤肥沃，气温适宜，宜耕、宜渔、宜牧，是人类农业生产的天然理想场所（王国祥等，2000）。水本身就是土地的组成要素，而土地空间实体所处的气候带、海拔高度、地势起伏、地貌类型、岩性及其矿物质组成等都直接影响地表水及地下水的上层滞水、潜水和自流水的储存和流动。土地的雨水涵养功能与土壤的总孔隙度、有机质含量等土壤的理化性质和植被覆盖度有密切的关系。植物枝叶对雨水的截留和对地表径流的阻滞，根系的穿插和腐殖质层的形成，能大大增加雨水涵养、防止水土流失的能力。如果河湖干涸、地下水路堵塞、水质污染、水土流失加剧，则沃野就会成荒原，文明就随之黯然失色，巴比伦文明、古印度文明、玛雅文明等的衰落都是如此。

3）地球物质循环和能量平衡的决定者。土地是有机的层级生态系统。当太阳能量被各种植物固定后，经过金字塔各层的生物体的转换循环而形成陆地生态系统（潘家华，1997）。在这个土地群落的金字塔中，土壤是金字塔的基层，其上为植物层，再上便是昆虫层。鸟类和啮齿动物捕食昆虫，构成再上一层。如此，经过多种生物直到金字塔顶，只有少数的大型食肉性动物。上一层的动物取食于下层的生物。从下至上，层次愈高，其数量愈少。这一食物依赖关系常被称为食物链。从金字塔底至塔顶，能流是单向的，但死亡和腐烂又使生物体所贮存的能量归还给土壤，并有一部分散失到大气中。土地作为活的生命有机体，其最基本的单位是土地生态胞体，就像生物体的基本单位细胞，相当于美国生态学家 H. Jenny 提出的生态样块（ecotessera）。地球上大大小小的土地生态系统就是由各种各样的土地生态胞体或称单元土地生态系统所构成的。单元土地生态系统的面积有大有小，即构成它的土地生态胞体的数目有多有少，可以有很大不同。在地形陡峭或地形起伏的山区，单元土地生态系统范围很小，因为土壤、母质和植被，甚至小气候的变化快。反之，在平原地区，地形、土壤、植被在大面积上是相同的，因而土地生态系统面积大，如草原上的黑钙土，在几百米甚至几十千米的水平距离内变化很小。在我国南方的丘陵地区、水网平原和滨海地带，上述几种情况都可见到。地球的碳循环、水循环、氮循环、生物循环等生物地球化学循环都在土地的界面上发生，陆地空间系统的负熵产生、辐射平衡、能量有机富集、地下核能输入等能量平衡也直接由土地空间系统的结构所控制。如果人类活动对土地空间系统结构进行破坏，对循环过程的能流进行截取，将会使得土地作为一种人类生存和发展的基础而处于混乱状态。

4）稳定和缓冲调节多种生态环境变化。土地处于大气圈、土壤圈、水圈、岩石圈及生物圈的交界面，是地球陆地表面各种物理、化学、生物化学过程的反应界面，是物质与能量交换、迁移等过程最复杂、最频繁的地带。这种特殊的空间位置，使得土地具有抗外界温度、湿度、酸碱性、氧化还原性变化的缓冲能力。对进入土地的污染物在土体中可通过扩散和分解等作用逐步降低污染物浓度，减少毒性；或经沉淀、胶体吸附等作用使污染物发生形态变化，变为难以被植物吸收的形态存在于土地中，暂时退出生物小循环，脱离食物链；或通过生物和化学降解，使污染物变为毒性较小或无毒性甚至有营养的物质；或通过土地掩埋来减少工业废渣、城市垃圾和污水对环境的污染，起着“过滤器”“净化器”“缓冲器”和“调节器”的作用，为地上部分的植物和地下部分的微生物的生长繁衍提供一个相对稳定的生态环境。

5）影响或决定人类的空间迁徙和分布。人类发展作为一种动物演变过程，很长时间以来就是地球的一部分，也是土地的有机组成。从非洲赤道地带至中东阿拉伯沙漠，经过俄罗斯中亚细亚，直至中国西部，在横穿三大洲地带的沙漠化过程中，几十处古代文明如今已成为一片废墟，这是几千年来过度开垦引致土地退化从而造成文明毁灭的证据。例如，在今天的危地马拉，玛雅文化在这里有过1700多年的昌盛时期，大约在10世纪时衰落，对其衰落的原因虽然有许多争论，但由于人口压力，玛雅人开始砍伐山坡上的森林，扩展农田，引起土地侵蚀，肯定是其原因之一。历史上，北美洲大平原的印第安那人，为了扩大放牧地，毁坏了大片森林，因而大大地扩大了草原。16世纪来到美洲新大陆的欧洲人，带来了过多的牛、羊，破坏了林地，导致了牧场的退化，产生了沙漠，这种情况遍布北美洲和南美洲。森林毁灭带来的严重土地退化后果，早在一百多年前恩格斯在《自然辩证法》中就写道：“美索不达米亚、希腊、小亚细亚以及其他各地的居民，为了想得到耕地，把森林都砍完了，但是他们梦想不到，这些地方今天竟因此成为荒芜不毛之地。”在非洲大陆，树林的破坏深刻地改变着大陆的面貌，也深刻改变了人口的空间分布和迁徙，在占面积1/3的热带大草原上，许多地方有过森林，但几百年内几乎被破坏殆尽，饥荒和贫困就随之而来，人口也就随之不断迁出。古丝绸之路沿线文明的消失、美索不达米亚文明的衰落、地中海文明的衰败，土地退化都是其中最重要的原因之一。中华民族的摇篮——黄土高原，在盛唐时代还是繁华的天朝圣地，是汉族最早集中活动的地区，生态环境优良，是文化与经济的重心，几十个国家的使者和商人沿“丝绸之路”来到这里。但是千余年来人们忘却了对土地的尊重，忽视了对土地的保护，导致了这里的水土流失，造成黄河的滚滚浊流，历代人民由此遭受了无穷的灾难。古人关于“黄河水清”的愿望不知要经过几代人的付出才能实现。

（二）土地是更美好生活的空间载体

土地是人类社会生存的基本条件，也是追求更美好生活的基本空间。当中国全面建成小康社会之后，人们开始对生活品质有更高的期望，例如不仅希望食物数量能够保障，更关注食物的质量和安全；不仅希望能够有房住，更关注住房的质量和生态环境；不仅希望有生产空间，更希望能有优良的休闲、娱乐、旅游、观光空间，如此等等。总之，随着社会发展从“生存性需求”向“发展性需求”的升级，人们对空间品质有更多的需求和更高的期望。既要创造更多物质财富和精神财富以满足人民日益增长的美好生活需要，也要提供更多优质生态产品以满足人民日益增长的优美生态环境需要。土地在满足人们更好生活方面，具有以下多项特别功能。

1）交往交际功能。交往交际是人的最基本行为，在高品质生活中是必不可少的。这类行为与土地空间紧密联系，并且呈现一定的规律性。例如，交际次数会随着距离的增加而递减，交往活动范围多位于居住地点或工作地点附近（陆林，2004）。没有合适、舒适和便捷的土地空间，交往交际就很难存在。

2）休闲娱乐功能。土地是人类休闲娱乐必不可少的场所。随着人们生活水平的提高，开始重新关注自然，将更多的时间用于亲近自然、户外活动。充满花香的山野、波光粼粼的湖畔、篝火与繁星相映的海滩，是自然馈赠于人类美好生活向往的珍宝，同样也是人类找寻自我进行休闲娱乐的好去处。

3）景观美学功能。土地的结构、纹理和形态不同，形成了各种丰富多彩的景观。秀丽的群山，奔腾的江河，飞泻的瀑布，无垠的沃野，悬崖幽谷，奇峰怪石，清泉溶洞，千姿百态。田园中流淌着清澈的小溪，各种小动物在土地上自由生息，有着生机盎然的自然格局。丰饶的土地自然景观，为人类提供了丰富的风景资源和美学感知及意象。

4）文化象征功能。土地不仅仅是一个物质空间，它是多维的，有历史，有时间，有文化。在社会实践中，土地是一种体验文化的媒介。在传统中国民众的心目中，天地具有至高无上和神圣的性质，土地庙信仰源于对土地的崇拜。社祭是中国自古以来土地崇拜的表达方式，历代帝王仍按照春祈秋报的时间固定对于社的祭祀。土地空间具有象征功能，美国波士顿贝肯山地区的土地、中国杭州西湖周边的土地，都被赋予了一种价值象征属性——传统、威望、地位，使之一直能够吸引众多上流社会和追求高品质生活的人来此居住。

5）财富增值功能。土地具有资产的特征，是一切财富的源泉。在《辞海》中将土地概括解释为“资财的来源”。赫帝（E. O. Heady）认为，资源与生产要素（factors of production）同义，是指使用于生产过程的任何原动力（agent）。可见，土地是生产性经济资源或生产资源。随着对土地需求的不断扩大，地价总体上呈上升趋势。因此，土地具有储存个人、群体或社会财富的功能，而且能获得储蓄和增值的功效。

6）生命健康功能。据报道，如果处理得当，土地对 BOD（生化需氧量）、COD（化学需氧量）、TOC（总有机碳）3 项有机污染物的净化效率可达 80%以上。土地的净化作用使其对人类的生命健康具有一定的维护功能。世界很多著名的长寿村，例如日本桐原村、南斯拉夫班奇奇村、保加利亚莫斯利安村、中国内蒙古通辽市石场洼村、格鲁吉亚塔什米村、中国巴马长寿村等，其共同特点都是由于土地空间系统有优质的水、优质的空气和优质的环境。例如保加利亚莫斯利安村，该村坐落在山峦起伏、万木竞秀的深山谷地，环境幽雅清静、气候凉爽宜人。莫斯利安村百岁老人比率高达 31.83/10 万。绿色植物是使他们得以长寿的秘密，该村空气中负离子高达每立方厘米 2000 个。

（三）土地是有限和稀缺的自然资源

土地是自然的产物，土地面积为地球大小所决定。地球陆地面积共 1.48 亿平方千米，其中约 1400 万平方千米被冰封雪盖，人类可利用的土地大约只有 1.34 亿平方千米。国际自然保护联盟（IUCN）、联合国环境规划署（UNEP）、世界自然基金会（WWF）的一份研究报告指出：人类的生存无法超越地球资源的承载力，除非我们能够可持续性、谨慎地使用地球上的资源，否则我们将无法顾及人类未来的生存。我们的生活形态与发展必须尊重自然的极限。如果技术的发展不至于超越此一极限，我们才可能享用现代科技所带来的利益（IUCN et al.，1991）。由于土地以下的两个特性，进一步突显出土地对人类生存和发展的根基性影响。

1）面积的有限性。虽然地球上的土地历经多次地质变化而改变了土地的形态，但其总面积几乎未变。人类移山填海，扩展陆地，固然是能办到的，但耗资巨大，所增无几，不能从根本上改变土地面积有限性这一特性。人类也可以围湖造田，或者毁林开荒以增加耕地，但这仅仅是土地用途的转换，并没有增加土地面积。中国陆地面积约960万平方千米，居世界第三位。但是，65%的土地面积为山地丘陵，33%的土地面积为干旱区、荒漠区，70%的土地面积每年受东亚季风强烈影响，55%的土地面积不适宜人类的生活和生产，35%的土地面积经受土壤侵蚀和荒漠化，20%的耕地面积存在不同程度的盐渍化或海水入侵，可供大规模和高强度开发的土地面积十分有限，可用于补充耕地的后备资源更加有限。土地是人类的衣食父母，土地面积的有限性决定了其对人类生存和发展的极端重要性。

2）供给的稀缺性。它是指现实中人们在某一时期所拥有的土地资源数量不能满足人们的欲望时的一种状态，反映了人类欲望的无限性与土地资源的有限性的矛盾。随着人口不断增加和社会经济文化的发展，人类对土地资源的需求量不断扩大，而可供人类利用的土地又是有限的，因而便产生了土地供给的稀缺性，并且有日益增强的趋势。土地资源供给的稀缺性，不仅表现在土地供给总量与土地需求总量的矛盾上，还表现在由于土地位置固定性和质量差异性导致的某些区域和某种用途的土地供给特别稀缺上。土地供给的稀缺性，表明了某些区域、某个地段和某种用途的土地会引起更强烈的供不应求现象，人类必须降低对这些土地的消耗欲望，也必须更加强化对这些土地的节约集约利用，以保证未来世代人民享用这些资源。

20世纪60年代以来，全球人口增长与人均食物、饲料、纤维、木材和能源消费导致了对土地和淡水使用率的急剧增加。全球无冰（ice-free）陆地面积超过70%已经被开发成土地，地球已进入超负荷状态。2019年夏季，位于美国奥克兰的全球足迹网络发布最新版的年度全球《生态足迹》报告。该报告指出，人类过度使用自然界的生物预算，透支高达75%。换句话说，要满足人类目前的需求，需要1.75个地球。到2016年，全球86%的人口生活在生态赤字的地区。超过全球平均1.75个地球的11个国家是：日本，7.7个地球；意大利，4.7个地球；瑞士，4.6个地球；英国，4.0个地球；中国，3.8个地球；葡萄牙，3.2个地球；德国，3.2个地球；西班牙，2.9个地球；印度，2.7个地球；美国，2.2个地球；法国，1.9个地球（吴昌华，2020）。

（四）土地是最具自然美的大地景观

景观是土地表面能够被人们直接观察到的可视部分，所谓大地景观指的就是土地的可视表层（赵羿等，2005；Vink，1975；Brinkman et al.，1973）。对于人类来说，真正能够使内心得以平静的风景是原风景——来自土地的自然景观（章俊华，2009）。当你站在黄山之巅，你就会陶醉于那种无峰不石、无石不松、无松不奇，并以奇松、怪石、云海、温泉四绝著称于世的大地景观。当你走进杭州西湖，你会深深地被西湖那种自然山水及“两堤三岛”“三面云山一面城”的景观整体格局所吸引。自9世纪以来，西湖的湖光山色引得不知多少文人骚客、艺术大师吟咏兴叹、泼墨挥毫。古往今来有数不尽的中外游客为桂林仙境般的水光山色而迷恋倾倒，无不目眩心醉而流连难舍。山青、水秀、洞奇、石美堪称桂林四绝，而闻名全国的七星岩和芦笛岩被称为神仙洞府和幻境仙乡。

在大自然中，上述自然现象美的大地景观随处可见，是大自然馈赠人类的珍品。高高的奇峰、弯弯的河流、平坦的原野、圆圆的露珠、叮咚的泉水、淙淙的溪流、咆哮的黄河、奔腾的长江，还有绿水青山、蓝天碧海、石钟石笋、丹霞地貌、洁白汉玉等。土地的形状、样貌、结构、色彩是极其丰富多样的，甚至是变化万千的，是最具自然美的大地景观。浙江楠溪江国家级风景区的土地景观，就是一个层次丰富的“山水画廊”。“叠叠云岚烟树榭，弯弯流水夕阳中”，这是山水诗人谢灵运对楠溪江的赞美。楠溪江的水是美的，而两侧自然恬静的景观序列更美：江水碧玉→草地金滩→郁郁滩林→近丘远山→蓝天白云，是极具丰富景观层次的大地河谷风光。其中楠溪江两岸茂密的滩林，不仅可作为两岸水土保持的最后一道防线而使江水清澈纯净，同时还是衬托清碧江水的第一层环境要素，视觉上与山、水构成一幅幅清秀而变化的动态画卷。时而给荒山秃岭交通道路穿上绿色的罗裙，起到障景作用；时而给奇峰巨岩增添浓绿的一笔，使山形更为生动；时而又为白帆湍流衬托背景，更显天蓝水碧，从而建构起江山如画的“山水画廊”。

（五）土地是最珍贵的历史文化遗产

已有研究表明，形成 1 厘米厚的表土需要 100~400 年时间，平均需要 200 年时间。在农田中，形成 2.5 厘米厚的表土一般需要 200~1000 年；在林地或牧场，形成同等厚度的表土所需时间会更长；石灰岩地区表土的形成时间长度可能会超出人们的想象（安丽芹，2012）。据对贵州不同时期地层成土时间的计算，要形成 1 米厚的残积土壤层，需要 21 万~120 万年；广西贵县的观测结果也表明，形成 1 米厚的土层，需 25 万~85 万年时间。据考古研究，早在公元前 5000 年，我国先人就已经在黄河流域和长江中下游一带开始治土治田，培育土壤肥力。在商朝，人们创造了区田耕种法，即区田的田畦面低于地面，有利于保水、保肥和加快土壤熟化。在春秋战国时期，已广泛用淡水灌洗咸田和普遍使用铁具对土壤进行深耕。在几千年的文明史进程中，我们的祖先采取高低畦整地、区田种植、代田法、修建梯田、兴建陂塘、筑淤地坝、引洪灌淤、沟洫制度、休闲制、保墒防旱、绿肥轮作、耕-耙-耖整地、造林种草等多种措施，保持水土、培肥地力，形成了能养活人类生生不息的土地物质和能量。

综上所述，土地是人类珍贵的历史遗产，凝聚了从祖先到当代人的辛劳和智慧，是人类进化的“历史集体记忆”和情感宝库，也是一面寻找和映照历史文化的“镜子”。全球重要的中国农业文化遗产（括号里为入选年份）：浙江青田稻鱼共生系统（2005 年）、江西万年稻作文化系统（2010 年）、云南哈尼稻作梯田系统（2010 年）、贵州从江侗乡稻鱼鸭复合系统（2011 年）、云南普洱古茶园与茶文化系统（2012 年）、内蒙古敖汉旱作农业系统（2012 年）、浙江绍兴会稽山古香榧群（2013 年）、河北宣化传统葡萄园（2013 年）、福建福州茉莉花种植与茶文化系统（2014 年）、江苏兴化垛田传统农业系统（2014 年）、陕西佳县古枣园（2014 年）、甘肃迭部扎尕那农林牧复合系统（2017 年）、浙江湖州桑基鱼塘系统（2017 年）、中国南方稻作梯田（包括广西龙胜龙脊梯田系统、福建尤溪联合梯田、江西崇义客家梯田系统、湖南新化紫鹊界梯田）（2018 年）、山东夏津黄河故道古桑树群（2018 年）等，都是土地作为最珍贵历史文化遗产的代表性见证。人类应该像珍惜古文物那样珍惜土地遗存，也要像保护大熊猫那样保护每一颗表土。几乎可以说，对土地的认知和价值取向，就像对古文物等历史遗存的认知和价值取向一样，是人类文明的象征和存在境界。

三、领悟土地系统的精密设计

（一）土地是精密镶嵌的自组织生命社区

构成土地的山水林田湖草，是精密镶嵌的自组织生命社区。蓝天、青山、碧水、绿地、沃田，是大自然的睿智存在。在这里有春分、清明、夏至、立秋、秋分、冬至，地球上的全部生命均与生态时间紧密相连。山水林田湖草、细菌、原生生物、植物、动物，通过物质的生物小循环和物质的地质大循环，创造了可持续发展的生命有机循环系统和生物圈的自创生系统，这是一个“它弃你用”“你无我补”的互补互动运营紧密系统（石军，2013）。田者出产谷物，维系人类的生命；水者滋润田地，使之永续利用；田、水、山、土、树等构成生态系统中的环境，形成一种共生关系，结成命运共同体，是精密镶嵌的生命系统。生物学家发现，土地上每个物种及其所属的群落之间，都具有独特的相互联系，其方式包括该物种与其他物种间的消费、被消费以及竞争、合作的关系。整个地球的土地系统紧密相连，是一个包裹地球的超级生物体。土地生命社区的核心，是系统内部组分相互协同使系统从无序走向有序，并维持生态系统稳定状态同时达到功能的涌现。例如，干旱-半干旱区草地生态系统的斑块状形态和珊瑚礁的韵律状分布、高山森林生态系统的条带状空间格局、菌群落的网状结构、浅水湖泊生态系统的多稳态等，都是具有自组织功能和自愈力的生命社区。研究还表明，土地生命社区中存在活化子-抑制子机制，其中活化子是指生物可以产生更多有利于自身的物质，而抑制子指抑制活化子产生的物质，两者相互作用的空间扩散塑造了稳定的自组织结构。在不同的土地生命社区中，生物与生物之间的竞争及协作关系，以及多个生物环境因子之间的相互作用的级联网络，共同形成的正负反馈环是维持土地生态系统自愈力，也是驱动自愈力破坏和状态转换的重要机制。狼群的发生很大可能需要满足公路密度在 0.23 千米/千米^2 以下的条件，在被高速路分割破碎的地区不会有任何狼群的出现。美国密歇根州北部狼种群数量远高于威斯康星州，原因就是后者的土地利用很破碎，且缺少较高的空间连接性。土地上所有的共栖同盟：猎豹与羚羊、黑麦金斑蝶与马利筋、根瘤菌与大豆、藻类和菌类的成功繁衍都是靠共同进化，即使有一方受惠更多，而另一方可能会受损也是如此。在湿地生态系统中，植被生长与枯落物之间的相互作用，是一种自组织系统涌现多稳态发生的过程。植物生长会受到枯落物的非线性抑制，而枯落物源于植被生命周转速率。枯落物的增加会导致系统呈现出多稳态的特征，当枯落物达到临界阈值时，自组织作用会引起植物生物量快速增加，并且形成有序缺口的空间格局（张添佑等，2022）。即使当土地遭受人类干扰时，只要没有超越阈限，其生态系统照常能够维持自组织和稳定的状态（Müller et al.，2000；Müller，2005）。

土地生态系统既是 CO_2 的源，又是 CO_2 的汇。这个碳源和碳汇在通常状况下都能够通过自组织维护时空格局的平衡，使地球的环境基本保持不变。土地系统通过物质的地质大循环和物质的生物小循环机制，维护土地生态的自组织功能，以保持土地的永续利用。人类之所以能在土地上世代延续、生生不息，就是源于土地的自组织功能。传统研究认为：有机氮只有经过土壤微生物作用转化为无机氮后才能为植物所利用，根系不能直接从土壤获取有机氮。可是新近的研究发现多种植物具有从土壤中直接获取低分子量有机物的能力，特别是自由态的氨基酸。研究还发现植物根系能够向土壤分泌氨基酸，以保持自组织的微平衡（Jones et al.，1994；Brophy et al.，1989；Paynel et al.，2001）。大量的证据表明带状（tiger stripe）、斑点状（spotted）、迷宫状（labyrinths）、缺口状（gap）等土地生态格局都是典型的土地自组织现象（Zelnik et al.，2013）。进入土地的污染物质在土体中可通过扩散、分解等作用逐步降低污染物浓度，减少毒性；或经沉淀、胶体吸附等作用使污染物发生形态变化，变为难以被植物利用的形态存在于土地中，暂时退出物质的生物小循环，脱离食物链；或通过生物和化学降解，使污染物变为毒性较小或无毒性甚至有营养的物质。据报道，如果处理得当，土地对BOD，COD，TOC 3项有机污染物的净化效率可达80%以上，这都是土地的自组织功能。诸如冰缘环境下多边形土的形成、河滩土地的演化、风化过程的地球化学行为、浅塘湿地的演化序列、流域水系的变化等，都是一个自组织过程（刘桂芳等，1996）。干旱区绿洲系统的形成和演化，几乎是在自然条件适宜的地区开始自发形成的。首先会出现在河流下游的三角洲上，山前地带能引得较多的水量，绿洲便在这里扩大；接着在山前的洪冲扇扇缘地带开始产生绿洲，对于其他一些水土条件较好的湖泊、水泉、山谷等适宜的部位，也会形成绿洲。当然，土地的自组织功能是有限度的，必须在其容许的范围内进行。如果人类的干扰活动超越了土地自组织的阈限，土地就会迅速恶化，主要表现为水土流失、养分枯竭、有机碳丧失、土壤板结及受过量的盐、酸和重金属污染等。据联合国粮农组织2015年12月发布的《世界土壤资源状况》报告，目前全球33%的土地由于盐碱化、板结、酸化和化学污染等原因，正处于中度到高度退化之中。由于侵蚀，每年导致250亿~400亿吨表土流失，造成谷物年产量损失约760万吨，人为因素造成的盐渍化影响全球76万平方千米的土地。生物多样性和生态系统服务政府间科学政策平台（IPBES）土地退化和恢复专题评估指出，人类活动造成的土地退化已经影响到32亿人的福祉，使地球出现第六次物种大灭绝。每年因土地退化造成的生态系统服务价值损失高达全球总产值的10%以上（Le et al.，2016；Montanarella，2018）。当前全球有20亿左右的人口深受土地退化的影响，80%以上的农业用地和湿地正在遭受严重退化，牧场的退化达到1/5左右（UNCCD，2012；MEA，2005；Gibbs et al.，2015；Davidson，2014；郭晓娜等，2019）。

（二）土地与人类是互补互动的生命系统

现代天体物理学的计算表明，如果宇宙大爆炸的强度再多1/100万，地球就会极快地冲出银河系，那么就不会有土地系统和地球生命了。如果宇宙的引力场减少一根头发丝，所有行星就不会被激活，那么地球就不存在，土地自然就荡然无存。如果绿色植物不是吸收二氧化碳呼出氧气，人体不是吸收氧气呼出二氧化碳，那么就无法共同建构起自创生的土地生命系统。如果哺乳动物没有演化出自我“死亡”机制，那么土地系统就必然会出现生物的过度膨胀而毁灭。土地系统中常见的化学反应，溶解与脱溶、化合与分解、氧化与还原、吸附与解吸、络合与反络合等，就如同世界上正好有男性和女性，正反互动，共同创造欣欣向荣的土地生命系统。从岩石风化到土地形成，从播下种子到结出硕果，从生物爆发到生物灭绝，所有这些土地过程发生的方向和速率，似乎都是大自然精妙设计的结果。据英国地球化学家汉密尔顿等（Hamilton et al.，1979）测定，人体中所含的化学元素有 60 多种，其丰度曲线和土地元素的丰度曲线非常相似。他还对英国 43 个地区做过调查，结果发现：有两个乡村，中间仅隔一条小河，其中一个乡村的心血管发病率极高，是河对岸乡村的 4 倍之多。后来经检测发现，一个村的村民锶水平约是另一个村的村民锶水平的 4 倍。原来，心脑血管疾病发病率低的乡村，他们生活聚居地的土壤和水中的锶含量明显高于河对岸的乡村。将人体血液中元素含量和土地中元素含量进行比较，其相关性之大，各种元素波动起伏之相似，使人类不得不为大自然的造化能力所折服。可以毫不夸张地说：人类是大自然的真正同构物。微生物、植物和人体在元素丰度方面有很大的相似性，相关系数可分别达 0.8175，0.7779 和 0.8756。这一结论也与近代生物化学和分子生物学的研究结果不谋而合。由此可见，土地与人类是一个休戚与共的整体。

事实上，土地与人类的关系，是在一种自然的、自我的设计中生存和延续的，它具有很强大、很复杂和很多仍未被人类揭示和理解的自我组织机制和能动性。土地作为生命有机体，其丰富性和复杂性远远超出人为的设计能力。在土地群落的金字塔中，土壤是金字塔的基层，其上为植物层，再上便是昆虫层。鸟类和啮齿动物捕食昆虫，构成再上一层。如此，经过多种生物直到金字塔顶，只有少数的大型食肉性动物。上一层的动物取食于下层的生物。从下至上，层次愈高，其数量愈少。这一食物依赖关系常被称为食物链。从金字塔底至塔顶，能流是单向的，但死亡和腐烂又使生物体所贮存的能量归还给土壤，并有一部分散失到大气中。土地是人与自然系统能量输入与输出、物质交换转移得以实现的基础，又是物质储存器、供应站和能量调节者。《老子》第四十一章曰：“大音希声，大象无形。道隐无名。夫唯道，善始且善成。”土地是无声的，但它像一个精密运行的机器，维护着人类生命的世代延续。另外，在地球广袤的土地上，人类生息繁衍了上万年，而地力经久不衰甚至还有提升。人类几千年以来用地养地相结合的经验、治水改土的成就和地力常新的认知，是人类长期利用土地和改造土地的智慧结晶。从高低畦整地、区田种植、修建梯田、兴建陂塘、筑淤地坝、引洪淤灌、沟洫制度、造林种草，到绿肥返田、增施有机肥、轮作轮休、保墒防旱、桑基鱼塘、划定农田保护区、高标准农田建设、湿地保护、生态保护区修复等，各种改良利用措施使得土地生产能力持续提升。20 世纪 70 年代以来，全球耕地没有明显增加，在局部区域还有所减少，但却能满足人口日益增长的需要。可见，土地与人类是互补互动的生命系统，土地在为人类不断提供食物、生态服务产品和栖息场所，人类也在为土地质量、健康和保护提供各种服务，使土地生态系统向着更高阶段演化，二者总体上处于和合相生状态。人类与土地，双方既有矛盾但又统一，由此推动世界文明的运动、变化和发展。

（三）土地是自然与人类系统的共同创意

土地不同于土壤，也不同于景观和国土，是自然系统与人类系统的共同创意，是一个能够养育地球生命的活力系统。自然系统的气温、降水、土壤、海拔、山岳、水域、动物、植物、微生物及风和洋流等变量，构成了土地的物质基础。人类系统原本是自然系统的一分子，由于在自己所属的那个生态系统里具有特别的活力和能量，土地改良、土地整治、土地修复、土地开发、土地利用、土地筑居及食物需求、交通发展、产业变革、技术进步、制度安排、政策设计、文化模式等人类系统变量，深刻影响土地的物质结构和功能，促进土地进化或退化。土地就是这两类系统的共同创意，35 亿年来支持、维护和养育地球的生命生生不息。春天在土地上播下 1 粒稻谷，秋天就会长出至少 1800 粒的丰硕果实。森林土地生态系统吸收二氧化碳呼出氧气，正好能与人类吸收氧气呼出二氧化碳相平衡。

2007 年，美国国家科学基金会创建了一个正式的自然与人类系统耦合动力学常设项目，认为理解和管理人类与自然耦合系统（CHANS）是 21 世纪的一个核心挑战。CHANS 方法的独特之处在于明确承认人类系统和自然系统是通过相互作用耦合的，是一个物质、能量和信息流动的系统。人类需要在多个空间、时间和组织尺度上，理解这个耦合系统的反馈、意外、非线性、阈值、时间滞后、遗留效应、路径依赖和涌现（Liu et al. , 2007）；需要通过整合组成子系统及其相互作用的知识来寻求对这种复杂性的理解。在操作上，CHANS 涉及连接子模型来创建能够表示人类（如经济、社会）和自然（如水文、大气、生物）子系统的耦合模型，尤其是它们之间的相互作用机制。CHANS 最重要的问题是审查利用土地生产粮食所固有的权衡及对水、能源和环境的相关需求（Foley et al. , 2005）。土地利用变化是粮食、水和能源关系的关键过程，这是一个需要持续关注的研究领域（FAO，2014；Future Earth，2015；National Science Foundation of the United States ，2015）。

人类系统和自然系统及其相互作用是复杂和异质的，这种异质性表现的程度取决于尺度（Pickett et al. , 1995）。理解跨越空间、时间和组织尺度的人类系统和自然系统的过程、原因、影响和各种缓解因素是 CHANS 研究的一个显著特征。在这样一个耦合系统中需要解决的关键问题（Kramer et al. , 2017）是：气候和其他全球环境变化（如水资源供应）将如何影响世界不同地区的农业系统？随着粮食产量的增加和能源使用的增加，我们如何控制气候变化？可持续和公正的粮食系统的环境和社会影响和基础是什么？全球经济如何在区域和更精细的尺度上影响土地利用变化？这种土地变化如何影响自然系统？可持续土地利用系统的特点是什么？人类如何向这种系统过渡？土地的空间尺度在理解自然系统和人类系统之间的耦合中起什么作用？所有这些核心问题，都可以从土地系统科学、土地利用科学和土地变化科学中寻找到关键答案。可见，土地是自然系统和人类系统连续体的一部分。除非是在自然系统和人类系统纠结的筛网里，某个土粒漏网了。作为土地的整体，永远都是自然系统和人类系统的共同创意。

四、改善对土地的认知和情感

（一）认识土地丧失的悲剧

人类从事农业生产已有大约 1 万年的历史。向土地索取食物，一直以来是从事农业生产的基本任务之一。为了索取更多的动植物产品，人类不断扩大耕地，增加投入，改良技术，以便得到更多的产品。但是，能增加的耕地面积是有限的，不同类型的土地是有不同适宜性的，土地资源的承载力、环境容许力和生态系统服务力是有限度的。如果人类对土地的生产、消费和攫取超越了土地的供给限度和可持续能力，将会改变人类生命空间的演化历史。埃克霍姆（1982）在《土地在丧失》一书中举了不少这样的例子：①一个索马里的牧人把他的畜群扩大到创纪录的规模，造成草地过度放牧，他的牛只消瘦了，到头来沙丘埋没了牧场，牧民的命运也因此被完全改变。②巴基斯坦北部的一个农民，砍尽山坡上的树去种小麦，汹涌的洪水冲毁了下游的农田，下游农民从此遭受了厄运。③在印度尼西亚，一个农民烧毁了山腰茂盛的植物进行播种，山上的土冲刷到山下，堵塞了灌溉渠道，使下游农田的水稻减产，从此他们失去了生存的基础。最新研究表明，人类活动造成的土地退化已经危及 32 亿人的福祉。到 2050 年，土地退化和气候变化将使全球作物平均减少 13%~45%，使 5000 万~7 亿人被迫迁移（UNCCD，2012；Warner et al.，2009）。

中国河西走廊北边的鄂尔多斯高原及毛乌素沙漠的土地丧失与历史文明的毁灭也是两个典型的实例。据赵冈（1996）研究，鄂尔多斯高原在秦汉时期是苍柏翠松的茂密森林及水草丰美的大面积草原。汉武帝元朔二年（公元前 127 年），鄂尔多斯高原的人口达到历史上的最高峰，与该地现代人口不相上下，农业生产十分发达。后来，在自然条件和人为破坏的环境作用下，鄂尔多斯高原成为沙漠地带，古代文明荡然无存。至于毛乌素沙漠，其形成可能晚于库布齐沙漠。北方十六国时期（407 年），赫连勃勃统一了鄂尔多斯高原，建立大夏国，6 年后把奢延城改建为他的都城，名叫统万城。当时的景象是“美哉斯阜，临广泽而带清流，吾行地多矣，未有若斯之美”。可见这里曾是水草丰美、景物宜人之土地。可是今日的毛乌素沙漠面积达到 4.22 万平方千米。沙漠内前后发现了很多古代遗址。其中汉代的遗址深入沙漠内部最远，唐宋遗址次之，明代的遗址则在沙漠边缘。此种古代遗址分布状况正好说明了毛乌素沙漠延伸的过程，即由西北向东南扩大的顺序，也正是土地丧失与人类生命衰败的过程。

（二）改变土地的商品认知

土地具有商品的某些属性，但土地完全不同于一般的商品。按照 1999 年联合国粮农组织和环境规划署在《土地的未来》一书中所阐述的土地功能，这种商品属性只占全部土地属性的 1/10。土地位置固定性、土地利用外部性、土地供给无弹性、土地功能多样性、土地资源稀缺性、土地质量变异性、土地使用永续性、土地空间生命性、土地价值递增性和土地用途管制性等十大特性，都是完全不同于一般商品的。例如，细菌在耕作层中约有 336 千克/公顷，真菌有 540 千克/公顷，在 1 克肥沃表土中原生动物可多达 100 万个，这些土地中庞大的微生物群落直接影响地球生态系统的结构和功能，这是一般商品所完全不具备的。正如植物和动物都是生物，植物具有动物的某些属性，动物也具有植物的某些属性，但不能认为植物就是动物，或者要求动物也要有植物的异养功能一样。如果将土地视同于一般的商品，然后不加区分地按照一般商品的价值规律来管理利用土地，可能就会导致土地生态系统的崩溃。17 世纪末以来的历史经验表明，由于土地日益稀缺，伴随着社会商品经济的发育，加上经济学利益最大化准则的推波助澜，人们开始经常将土地只视作资产、资本和财富之母。于是，土地成为经营、占有、索取、掠夺、消费和享乐的“物”，人地关系演化成物质财富、货币积累、产权交换、商品买卖和市场交易等资本关系。当人类沦陷于“物的依赖”时，土地不再作为生命体存在，不再作为万物之母，而是转化为资本存在，其价值如同其他商品一样只受供求关系支配。于是，开始对土地肆意索取、征占和掠夺，结果就造成了水土流失、水源枯竭、生物多样性下降、优质耕地减少、环境荷尔蒙增加乃至文明的衰败等悲剧（吴次芳等，2018）。因此，人类应该充分认识到，土地首先是作为万物之母而存在的，商品只是土地的衍生属性。土地对人类发展具有根基性，没有人可以离开它。土地是最大的公共产品，是人类的母亲，其整体性应该得到尊重、敬畏和切实保护。

（三）培育土地的生命情感

人们常说：大地母亲。正是土地这种慈母般的胸怀孕育出地球上万千生命。东汉文字学家许慎在《说文解字》中阐述道：“土，地之吐生万物者。”明朝李时珍曰：“土为万物之母。”先人们以他们的高度智慧，认识到了土地之于生命延续的重要意义。因此，人类必须在伦理思维的支配下，以理智的视角和泛爱的历史责任感，培育对土地的博爱和情感。每一种土地都有其最适宜的特定自然生境，都有一个“生命感应中心”，土地生态群落及其成员应该在道义上得到关心和爱护。土地的美好就是人类的美好，土地的健康就是人类的健康。要从有利于土地生命社区建设的角度，从强制性制度、选择性制度和引领性制度3个不同的维度，改善土地的公共行政、规划设计、权益保障、资金融通、工程建设、运营平台、游戏规则、赏罚制度。要改善社会文化环境，包括价值体系、道德标准、评价标准、赏罚标准、舆论环境和教育环境等方面，培育对土地的生命情感。这是一种介于纯粹的自然主义和彻底的理性主义之间的新型文化。它需要重新拟定土地利用保护的思想主旨和指导原则，并据此修改土地利用保护的各种教科书、各种技术标准、各种政策制度、各种验收评价体系和道德伦理意识。要从改善人的心智和内心世界出发，倡导“人为天地立心”，强化对全部生命和非生命的关怀，不断内化尊重土地、顺应土地和保护土地的精神品质。在这一进程中，人类不仅需要土地传统文化，更需要建构土地文化传统。

在一个文明的世界里，如果没有对土地母亲的敬畏、尊重和情感，文明的其他方面都迟早会崩溃。没有土地学，人类文明将失去靓色。

参考文献

埃克霍姆，1982. 土地在丧失［M］. 北京：科学出版社.

安丽芹，2012. 开发建设项目中剥离表土利用的探讨［J］. 能源与节能（6）：90-91.

蔡永萍，2008. 植物生理学［M］. 北京：中国农业大学出版社.

郭晓娜，陈睿山，李强，等，2019. 土地退化过程、机制与影响：以土地退化与恢复专题评估报告为基础［J］. 生态学报，39（17）：6567-6575.

李天杰，宁大同，薛纪渝，等，2004. 环境地学原理［M］. 北京：化学工业出版社.

刘桂芳，黄金国，马建华，1996. 自组织和地貌演化［J］. 地理译报（4）：5-11.

陆林，2004. 人文地理学［M］. 北京：高等教育出版社.

潘家华，1997. 持续发展途径的经济学分析［M］. 北京：中国人民大学出版社.

沈守愚，孙佑海，2010. 生态法学与生态德学［M］. 北京：中国林业出版社.

石军，2013. 人类问题的由来与出路［M］. 上海：格致出版社.
王国祥，濮培民，2000. 人类文明演化的生态观［J］. 生态学杂志（4）：57-60.
吴昌华，2020. 回归：人与自然的和谐［J］. 世界环境（2）：31-35.
吴次芳，等，2018. 全球土地 2016：热点与前沿［M］. 杭州：浙江大学出版社.
张添佑，陈智，温仲明，等，2022. 陆地生态系统临界转换理论及其生态学机制研究进展［J］. 应用生态学报，33（3）：613-622.
张田勘，2004. 人类寻找地球之外的栖息地［N］. 中国青年报，01-29.
章俊华，2009. Landscape 思考［M］. 北京：中国建筑工业出版社.
赵冈，1996. 中国历史上生态环境之变迁［M］. 北京：中国环境科学出版社.
赵羿，胡远满，曹宇，等，2005. 土地与景观［M］. 北京：科学出版社.
FAO (Food and Agriculture Organization of the United Nations), 2014. The water, energy, and food nexus: a new approach in support of food security and sustainable agriculture [R]. Rome: FAO.
Future Earth, 2015. Future Earth 2025 vision [R]. Paris : Future Earth.
IUCN, UNEP, WWF, 1991. Caring for the Earth: a strategy for sustainable living [R]. Gland, Switzerland: IUCN.
MEA (Millennium Ecosystem Assessment), 2005. Ecosystems and human well-being: biodiversity synthesis [M]. Washington, D. C. : World Resources Institute.
National Research Council, 2001. Basic research opportunities in earth science [M]. Washington, D. C. : National Academy Press.
National Science Foundation of the United States, 2015. Innovations at the nexus of food, energy, and water systems (INFEWS) [R]. Arlington: National Science Foundation.
UNCCD (United Nations Convention to Combat Desertification), 2012. Zero net land degradation-a sustainable development goal for Rio+20: to secure the contribution of our planet's land and soil to sustainable development, including food security and poverty eradication (Policy Bri) [R]. Bonn: UNCCD.
Brinkman R, Smyth A J, 1973. Land evaluation for rural purposes [R]. Wageningen: Internation. Institute for Land Reclam. and Improvement (ILRI).
Brophy L S, Heichel G H, 1989. Nitrogen release from roots of alfalfa and soybean grown in sand culture [J]. Plant and Soil, 116: 77-84.
Campbell J E, Lobell D B, Genova R C, et al. , 2008. The global potential of bioenergy on abandoned agriculture lands [J]. Environmental Science & Technology, 42 (15): 5791-5794.
Davidson N C, 2014. How much wetland has the world lost? long-term and recent trends in global wetland area [J]. Marine and Freshwater Research, 65 (10) : 934-941.
Foley J A, Defries R, Asner G P, et al. , 2005. Global consequences of land use [J]. Science, 309 (5734): 570-574.
Gibbs H K, Salmon J M, 2015. Mapping the world's degraded lands [J]. Applied Geography, 57: 12-21.
Hamilton E I, Watson P G, Cleary J J, et al. , 1979. The geochemistry of recent sediments of the Bristol Channel-Severn Estuary System [J]. Marine Geology, 31 (1-2): 139-182.
Jaramillo F, Destouni G, 2015. Comment on "Planetary boundaries: guiding human development on a changing planet" [J]. Science (348): 1217.
Jones D L, Darrah P R, 1994. Amino-acid in flux at the soil-root interface of *Zeamays L.* and its implications in the rhizosphere [J]. Plant and Soil, 163: 1-12.
Kramer D, Hartter J, Boag A, et al. , 2017. Top 40 questions in coupled human and natural systems (CHANS) research [J]. Ecology and Society, 22 (2): 44.
Le Q B, Nkonya E, Mirzabaev A, 2016. Biomass productivity-based mapping of global land degradation

hotspots [M] //Nkonya E, Mirzabaev A, von Braun J. Economics of land degradation and improvement: a global assessment for sustainable development. Cham: Springer: 55–84.

Liu et al. , 2007. Coupled human and natural systems [J]. Ambio, 36: 639–649.

Montanarella L, Scholes R, Brainich A, 2018. The IPBES assessment report on land degradation and restoration [R]. Bonn: Secretariat of the Intergovernmental Science–Policy Platform on Biodiversity and Ecosystem Services.

Müller F, 2005. Indicating ecosystem and landscape organisation [J]. Ecological Indicators, 5 (4): 280–294.

Müller F, Hoffmann–Kroll R, Wiggering H, 2000. Indicating ecosystem integrity : theoretical concepts and environmental requirements [J]. Ecological Modelling, 130 (1/3): 13–23.

Paynel F, Murray P J, Cliquet J B, 2001. Root exudates: a pathway for short–term N transfer from clover and ryegrass [J]. Plant and Soil, 229: 235–243.

Pickett S T A, Cadenasso M L, 1995. Landscape ecology: spatial heterogeneity in ecological systems [J]. Science, 269 (5222): 331–334.

Vink A P A , 1975. Land use in advancing agriculture [M]. Berlin, Heidelberg, New York: Springer–Verlag.

Vörösmarty C J, Green P, 2000. Global water resources: vulnerability from climate change and population growth [J]. Science, 289 (5477): 284.

Warner K, Erhart C, Sherbinin A, et al. , 2009. In search of shelter: mapping the effects of climate change on human migration and displacement [R]. New York: Columbia University.

Zelnik Y R, Kinast S, Yizhaq H, et al. , 2013. Regime shifts in models of dryland vegetation [J]. Philosophical Transactions, 371 (2004): 20120358.

第一章　土地与土地学

第一节　何谓土地和土地学

一、土地的含义及功能

（一）土地的概念界定

土地是人类赖以生存和发展的物质基础，具有自然属性、生态属性、经济属性、社会属性、文化属性、工程属性和未来属性。不同学者从不同角度对土地有多种不同的表述：①从经济学角度看，土地是一种生产要素，是人类财富的来源，是可以交易的商品。在经济学中，经济学家如马歇尔和伊利认为：广义的土地概念不仅包括陆地，还包括光、热、空气、海洋等。②从生态学角度看，土地始终是地球环境中的一个重要生态系统，是地球生态系统的关键带。它是一个精密镶嵌和互补互动的生命系统，土地上的细菌、原生生物、植物和动物，通过物质的生物小循环和物质的地质大循环，创造了可持续发展的生命有机循环系统和生物圈的“自创生”系统。③从法学角度看，使用一块土地的权力就是对一定空间的某一部分的支配权，是社会关系和经济关系的综合体。肯特（Kent）从法律概念上对土地的定义是：“土地不仅包括地面或土壤，还包括附着于土地的所有东西，如自然长成的草和树木，以及人工造成的房屋和其他建筑物；它所包括的范围向上或向下是无限度的，以致可以包括地上或地下的每样东西。”在国际法中，土地则被视为主权国家的领土，即一国或地区主权所及的地域边界范围（《奥本海国际法》）。④从社会学角度看，土地就是权利如何分配和冲突如何解决的统一体，是各种社会关系联动的媒介。⑤从政治学角度看，土地就是国家借助或运作社会公共权力，通过对社会价值和资源的强制性分配来保障利益相关者的权利，以及由此形成的社会政治关系的总和。权力、权利和利益，是土地的本质属性。⑥从工程学角度看，土地可理解为基地、场所或物料，是工程建设的对象和承载物。⑦从土地包括的范围看，有人认为土地仅包括陆地表面，也有人认为应该包括整个地球表面，还有人认为土地等同整个自然界或认为是自然资源的总称。总体上看，随着社会经济的不断发展和人类认知水平的不断提高，人们从最初认为的“土地”即“土壤”，延伸到“土地即地球的纯陆地部分，不包括陆地的水面”；之后，又将土地的范围拓展至地球表面除海洋之外的陆地及其江河、湖泊、水库、池塘等陆地水面。

1972 年，联合国粮农组织对土地做了如下定义：“土地包含地球特定地域表面及以上和以下的大气、土壤及基础地质、水文和植被。它还包含这一地域范围内过去和目前人类活动的种种结果，以及动物就它们对目前和未来人类利用土地所施加的重要影响。”1976年，《土地评价纲要》又进一步将土地定义为：“一片土地的地理学定义是指地球表面的一个特定地区，其特性包含着此地面以上和以下垂直的生物圈中一切比较稳定或周期循环的要素，如大气、土壤、水文、动植物密度，人类过去和现在活动及相互作用的结果，对人类和将来的土地利用都会产生深远影响。”于光远（1994）指出，土地属于地球上、现今已经达到的技术条件下，人类可以对之发生影响的、不断扩大着的一个“圈”，大体上相当于人们说的“技术圈”，既包括地表下的浅层，也包括较深的地下，但不包括在现今技术条件下人类力量所达不到的地下深层。Sombroek et al.（1994），（Rwegasira，2012）等学者也认为，土地既包含了土壤、地形、气候、水文、植被、动物群落等，同时也包含了管理方式的改进，是系统的组合，经济、社会和生态问题都包含在土地之中。综合上述学者和国际权威机构所接受的土地定义，本书认为：土地是地球陆地表面由近地表气候、地貌、岩石、水文、动植物、土壤及人类活动结果相互作用而形成的复合系统，是一个具动能和活力的自然历史综合体。该综合体的物质和生命是涌现的、非等级化的和超越人类的存在，其中非生物物质、生物群落和人类共同构成内在互动的相生结构。归纳起来，土地具体有以下 5 个方面的含义。

1）土地是陆地物质系统。土地是地球陆地表层，包括沿海滩涂、海岛和陆地水域在内的物质系统，海洋在非特指的情况下不属于土地范畴。土地的性质是气候、地貌、地质、水文、土壤、生物、人类活动等各组成要素综合作用的结果，而不从属于其中任何一个单独的要素。没有凝固在土地物质系统中的人类活动，不构成土地的组成要素，只构成土地物质系统的影响因子。按照生态学的观点，土地是一个生态系统，有旺盛的物质循环和能量循环。土地面积的有限性、土地要素的组配性、土地位置的固定性、土地质量的差异性、土地功能的多样性、土地用途变更的困难性、土地供给的稀缺性，是土地这个物质系统的最基本特性。从土地作为物质系统的圈层来看，任何单个要素都不是土地，只有它们的互作和耦合才能称其为土地。当然，从具象角度来理解，在特定情形下，某些单个要素也可以称为形象化的土地。例如，可将水理解为流动的土地，将土壤理解为表皮的土地，将地形理解为样貌的土地等，但它们都不是完整的土地。

2）土地是自然历史产物。土地是自然的产物，各种自然要素以不同方式、从不同侧面、按不同程度综合影响土地系统的特性。人类过去、现在和将来对土地施加的各种重要影响，即在土地上形成的某种凝固于其中的“物质世界”，可以改变土地的性质、功能和用途。从亚洲大陆到欧洲和北非，在叙利亚、黎巴嫩、巴勒斯坦、阿尔及利亚和突尼斯，曾经的肥沃土壤和丰产土地，因人类活动不当，大片大片成为贫瘠的荒漠。在中国的长江三角洲和珠江三角洲，历史上的盐碱地，经过土壤改良和农田设施建设，都演变成高标准的基本农田。人口在城市的高度集聚，完全改变了原本的土地样貌和属性，形成全新的建设用地类型。非洲人在前工业时期的草原改造，美洲白人在沼泽地区的建筑，欧洲人在温带森林地区的砍伐，都改变了土地的生命密码。因此，土地是一个自然历史产物，是人类与自然的共同创意，有着深深的人类历史印痕。建筑只是根植于土地的生命之树，道路、沟渠、水坝、村庄、城镇等都属于土地的范畴或衍生物，它是一个不断变化的动态综合体。作为一种动态综合体，各种自然要素和人类活动强度所表现的密度，如人口密度、经济密度、交通密度、河流密度、景点密度等，以及各种自然要素和人类活动对土地综合体的分割，前者如河流和高山，后者如行政区划和产权边界，对土地作为自然历史综合体的特性具有深刻影响。

3）土地是多维空间资源。土地涵盖地球表面及其地上和地下空间，与时间共同构成多维时空间存在形式。按这一空间剖面的密度差异和性质的不同，可以分为 3 层：上层以对流层的高度为限，以近地面的气候为主，极地上空约 8 千米，赤道上空约 17 千米，平均为 10 千米左右；下界至岩石圈的上部，陆地上约深 5~6 千米（赵羿等，2005），以地球风化壳和地下水为主；地表层以生物圈、土壤土质和地形地貌为主（图 1-1）。所有的土地开发利用，本质上都是对土地空间资源的占用。土地之所以成为资源的本质，也是因其空间的可利用性，因而土地区位具有支配性的影响。土地作为空间资源不同于土壤资源、矿产资源、气候资源等其他自然资源，体现的是空间资源对于人类承载、媒介和多用途的功能。例如，土壤资源突出的是土壤对于人类生物利用的肥力功能；矿产资源强调的是为人类生产生活提供原材料及能源的功能；气候资源是人类赖以生存和发展的基本条件。土地空间资源包括全部相当稳定的或可预测的生物圈的循环特征和土地利用可以到达的空间范围，以及垂直该区域上下的大气、土壤、下伏岩石及水文地质、第四纪地质、地貌、地表水、植物、动物和微生物物种等。若从农业利用考虑，它指土壤母质层到植被冠层的整个空间；若从建设用地开发出发，它指地下的岩石层到地上建筑物可以抵达的顶部。土地空间内涵不仅意味着物质的位置、距离、密度等静态属性，也意味着人与物的空间移动、资源的空间分布和网络连接的拓扑结构。

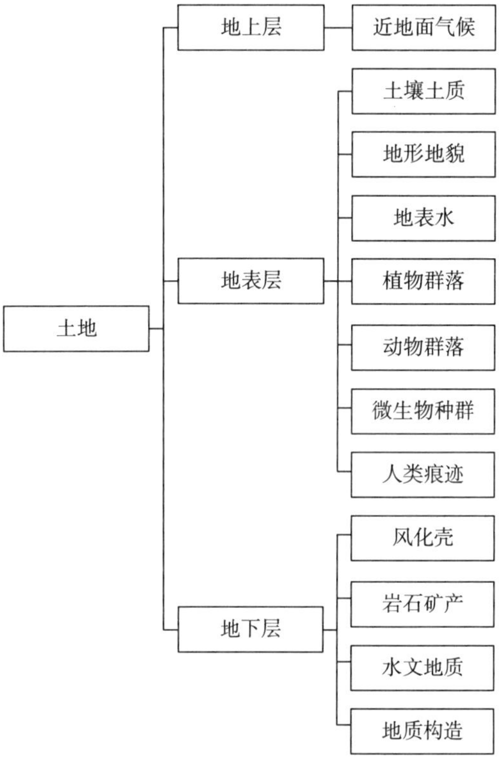

图 1-1　土地空间的垂直剖面结构图

4）土地是生命能动实体。在陆地生态系统中，土地是最基本、最重要的，是决定生命能动类型及其构成的主要因素，是能量输入与输出、物质交换转移得以实现的基础，又是陆地生态系统的物质储存器、供应站和能量调节者。“土”，先人造字时是用它来表示大地的生命能力，中间一竖代表生命的小树成长出来；“地”，是“土”加上“也”，先人造字时是用“也”来形象女性生殖器官的，也是表示“地之吐生万物者也”。中国古书《易经》上赞美土地的生命功德云：“至哉坤元，万物资生，乃顺承天。坤厚载物，德合无量。含弘光大，品物咸亨。”赞喻土地是万物（生物）生存、生活、繁育的基础，一切生物将依附于土地，就像子女要靠慈母的养育一样。管子在他所著的《水地篇》中亦说：

“地者，万物之本源，诸生之根菀也。”土地的内在互动，是一个生生不息的动态过程，以多种样态涌现，具有很强的自组织活力，所生成的各种物质形式、象征和意义影响到人类和人类周围的生命及物质和非物质世界。

5）土地是社会联动媒介。土地是人类社会生存和发展的基本条件，是人类劳动的一般对象，是人类最根本和最重要的资源和财富。人类的衣食住行都需要依赖土地，土地对于产业发展、产品输出、劳动力就业、生活改善、人口流动、对外贸易、社会治理、文化象征等都有着广泛影响。在人类社会发展的进程中，土地作为一种要素投入生产，作为一种财富为人们所拥有，并在经济上可以作为资金运用的同义语。在市场条件下，土地成为交换的对象，可以进入商品流通，是一种特殊商品。当土地成为一种重要的社会资源并赋予产权而在不同利益主体之间加以分配时，土地问题就内生着政治规定性。“文化”一词源于拉丁文的动词“colere”，意思是耕耘和耕作土地，可见土地与文化渊源深厚，是人类情感依赖和艺术审美的寄托。简言之，社会使得土地在技术、空间、景观、物流、交易、身体等各元素的“装配”中得以展现，成为人与人、人与物或物与物之间产生联系或发生关系的媒介。

（二）土地的概念辨析

土地是处在岩石圈、水圈、生物圈、土壤圈、大气圈和智慧圈交界面的综合体，与同处于这些界面的土壤、国土、景观、土地资源等既有区别也有联系，需要从本质上予以辨析。

1. 土地与土壤

中国古书中有许多关于“土”字的记载，“土者，吐也，即吐生万物之意”“有土斯有粮”“万物土中生”等。其中的“土”，有人解释为土壤，也有人述释为土地。“soil”（土壤）这个英文单词是经由古法语从拉丁文“solum”衍生的，solum的原义是指土地。可见，无论国内或国外，在土地与土壤之间确实存在似清非清的认识状况，很易混淆。土壤与土地的区分，可以从以下几个方面加以说明。

1）从相互关系上看，土壤仅仅是土地众多组成要素中的一个要素，无论是从水平范围、垂直剖面还是从功能结构来看，土地都包含土壤。但应该注意的是，当土壤一旦被利用，即作为基本的生产资料时，则必须同时考虑气候、地形、水文等组成土地的诸要素，这就是人们通常所说的因地制宜利用土壤，这个时候的土壤实际上已经以土地的形式发生作用，这也就是土壤与土地两个概念经常混淆的原因之一。

2）从本质特征上看，土壤是指能够产生植物收获的陆地疏松表层，其本质是肥力（fertility），即为植物生长供应和协调营养条件及环境条件的能力；而土地的本质特征是生产力，是在特定的环境条件下，对某种用途表现出来的生产能力（capability）。对于农业用地，土壤肥力仅仅是形成土地生产力的基础，土壤肥力必须与土地的其他组成要素如气候、水文等有机结合才能充分发挥其作用。例如，东北黑土和南方红壤，如果论土壤肥力，东北黑土高于南方红壤；如果论生产能力，由于南方光热水的条件优于东北黑土，南方红壤地区的生产能力要高于东北黑土地区。对于城镇用地，土地生产力或效益主要取决于区位要素，而与土壤肥力几乎没有直接联系。

3）从形态结构上看，土壤是处在地球风化壳的疏松表层。而土地则是由地上层、地表层和地下层组成的立体垂直剖面，土壤只是其地表层的一部分，二者在形态结构上相差甚远。

2. 土地与国土

国土具有很强的国家主权和国家意志的意涵，是指一个主权国家管辖下的地域空间，是国民生存的场所和环境，包括陆地、河流、湖泊、内海、领海、岛屿、大陆架，以及这些地区的地下部分和上空。任何国家管辖的地域空间，都是由土地、水、气、生物、矿产等自然要素和人口、建筑物、工程设施、经济及文化基础等人为要素构成的。从本质上看，国土空间是“区域”在国家意义上的称谓，具有“区域”的基本内涵。①它有基本的自然地理规定性，是地域分异性规律作用的产物。②它具有一定的社会经济规定性，是社会经济客体和现象的空间聚集规模和聚集形态。③它还具有一定的政治规定性，是国家权力对资源进行权威性配置的结果。

土地与国土的概念不同，至少存在 3 个方面的差别。①从范围上看，土地在横向上不包括属于本国主权的领海和专属经济区，专属经济区是指在领海以外并邻接领海，具有特定法律制定的区域，其宽度自领海基线量起不超过 200 海里。土地在纵向上也不包括领空和地球深部的矿产资源。②从内涵上看，国土涉及自然地理环境、政治制度环境、社会经济环境和心理文化环境，包括土地资源、水资源、矿产资源、海洋资源、生态资源、社会经济资源等不同客体，而土地仅仅是陆地气候、土壤、水文、地质、生物和人类活动综合作用的结果，并不包括单个要素的水资源、矿产资源、生态资源和社会经济资源等不同客体。③从本质上看，国土是指受一国主权管辖的区域，具有很强的国家意志和国家政治功能，而土地虽然也具有一定的政治社会属性，但更多的是作为一种陆地物质系统，作为生命养育之母和生物栖息空间，作为一种生命共同体而存在。全球土地利用变化、全球土地覆盖变化的表述可以随处见到，但没有全球国土利用变化、全球国土覆盖变化等表达，从中也不难发现国土与土地之间的本质差异。

3. 土地与景观

“景观”一词在不同领域其内涵有着很大的差异，甚至有所谓“政治景观”的表达。最初，“景观是指留下了人类文明遗迹的地区”，后来在古英文中已被弃用；到了 17 世纪，“景观”作为绘画术语从荷兰语中再次引入英语，意为“描绘内陆自然风光的绘画”；到了 18 世纪，“景观”与“园艺”几乎成为同义语；19 世纪的地质学家和地理学家则用“景观”一词代表“一大片土地”（吴家骅，1999）。之后，随着环境问题的日益突出，景观的含义在当今世界变得更加复杂多样。就主流表达来看，景观主要有两种含义：①将土壤、风化壳、大陆沉积物、潜水和地表水、植被、近地表大气及物理化学作用彼此紧密联系的综合体称为景观。大气候和地理地质条件的统一是景观的基本特征。例如，草原黑钙土型黄土平原、砂质荒漠、冰沼山地等都属于一定的景观类型。“景观”一词在前苏联、德国等应用较为普遍，中国地理界也有应用。②景观意指所见之风景，属于美学范畴，是融合于大地表面的一种自然与文化的基因。在景观生态学等领域，土地与景观并不做严格区分，有时也称土地景观。从中心概念的角度看，土地与景观存在着以下 3 个方面的差异：①从范围来看，景观只是土地表面的可视部分，土地的纵向和横向范围都要比景观更加宽广。②从本质来看，景观会更多地偏向美学和生态范畴，更多地强调作为具有重复性格局的异质性地理单元（Forman et al. ，1986；Forman 1995）；而土地则更多地强调生产力的高低，强调适宜性、资源承载力、环境容许力、生态系统服务力、开发潜力、利用效率和可持续能力。③从结构要素来看，生物群落或生态系统是景观的两个基本组成要素。景观的研究经常是把土地覆盖类型作为基本的单元，其原因主要是土地覆盖类型涵盖了地表覆盖的生物群落或生态系统；而土地则更强调气候、土壤、地貌、水文、地质及人类活动等要素的组合，从而突显土地的本质存在和生命的支撑养育功能。

4. 土地与土地资源

所谓资源，顾名思义，是指生产资料与生活资料的来源。土地资源是指在一定技术条件和一定时间内可为人类利用的土地。一般说来，土地资源是指经过人们投入，从土地上得到收益的土地，即产生了价值的土地。有些土地即使大量投资，所得的收益也很有限。例如，远离居民点和交通线，而又没有任何矿藏的高大流动沙丘、戈壁和裸岩，它虽然都是自然综合体，是土地，但却很难称之为资源。当然，“资源”是一个发展的概念，有些土地在当前看来是用途极少，甚至无用的，随着科技进步，人类需求多样化，将来会是有用的，甚至是宝贵的资源。例如，沙漠戈壁土地，从农业利用来看，暂时不是资源；但从旅游利用来看，巴丹吉林沙漠腹地、塔克拉玛干沙漠腹地、古尔班通古特沙漠腹地、甘肃鸣沙山和月牙泉、宁夏沙坡头等沙漠地带，都已成为最美的沙漠戈壁旅游好去处。茫茫沙漠一望无际，形状怪异的风化石林、风蚀蘑菇石、蜂窝石、风蚀石柱、大峡谷等地貌景观令人叹为观止，是一种宝贵的土地资源。可见，土地与土地资源两者之间存在差别，但这种差别又是动态和比较模糊的。土地资源的范围随着科学技术的进步和人们需求的多样化正在不断扩大，目前国内外都在泛用这两个名词，并不做严格的区分。但从更专业表达的角度看，土地与土地资源是有区分的。在专业上，习惯称土地适宜性、土地区位、土地活力、土地动能、土地变化、土地整治、土地生命共同体等，但很少把土地换成土地资源的，前者更强调实体性和本真性，后者更强调可用性和社会性等。

（三）土地的核心功能

土地功能是由土地自身的物质能量流动、信息传递和结构演替特征所决定的，是土地的固有属性。它是一个综合的概念，集中表达土地所具有的主动或被动服务人类和其他生命需求、提供有益产品的特性，具有显著的多功能性。归纳起来，土地具有以下主要功能：

1. 生命养育功能

土地的本质功能是具有生产能力，它可以生产出人类需要的植物和动物产品。土地提供了98%以上的人类食物，整个人类就是通过土地生产出的产品不断繁育和演化的。土地是人类居住、休息、娱乐和工业生产的场所，为各种建筑和构筑物提供了建设基地，是人类衣食住行和生命繁育的基本空间。土地具有强大的生命养育功能，650 万种陆地生物、80 亿世界人口都依靠土地而延续。春天在土地上播下 1 颗种子，秋天就会长出丰硕的果实。据测算，1 粒稻谷播种到适宜的土地后，最少可结稻谷 1800 粒。热带雨林不需要投入任何劳动，在土地适宜的状况下每公顷年总植物量可达 350~450 吨，森林每吸收 44 克的二氧化碳就能排放出 32 克氧气。所有森林土地，都具有很好的净化空气、自然防疫、天然制氧、天然消声、调节气候、改变低空气流、污水过滤、为生活提供木材等功能。人类从土地表层广泛存在的青霉菌中提炼出青霉素，为人类生命保障做出了无与伦比的贡献。当代抗生素、杀真菌药、抗疟疾药、麻醉剂、止痛药、凝血剂、抗凝血剂、强心剂和心律调节剂、免疫抑制剂、人工荷尔蒙、荷尔蒙抑制剂、抗癌药、退烧药、消炎药、避孕药、利尿剂、抗利尿剂、抗抑郁药、肌肉松弛剂、发红剂、抗充血剂、镇静剂及堕胎药，而所有这些都是源自土地上野生的生物多样性（威尔逊，2015）。土地是庞大的生命基因库，1 克土壤包含了多达 800 万种微生物，数十亿的微生物细胞，其基因组相比于人类的基因组要丰富 1000 倍。没有土地的养育，地球上的生命将无法延续。

2. 栖居承载功能

对生物体来说，土地最显而易见的功能之一，就是栖息、支撑和承载。固定在土地中才能使植物保持直立；人类活动的场所，包括房屋、道路、桥梁等一切建筑物都附着于土地。水培作物或温室蔬菜，通常也必须用铁丝网等固定于土地中加以支撑。土地是陆地所有植物、动物和微生物的栖息场所，人类使用的矿物和原料也必须以土地作为储放的承载空间。城乡居民点、工矿、交通运输、水利工程等各种建设产品，都必须依托土地的承载功能。土地的颗粒结构、抗压强度及稳定性，直接影响生命和各类建筑物的承载能力。如果土地失去栖息承载功能，生物可能由此灭绝；如果土地的支撑力不够，房屋可能倒塌，树木则经不起风吹雨打。美国的勇气号和机遇号孪生火星探测器成功登上火星后，人类探索自己星球以外的高级生命和追求地外栖息地的愿望就更加强烈了。初步研究表明，除了火星以外，其他星球很难适合人类栖息居住。美国国家航空航天局（NASA）和美国地理协会得出的初步结论是：尽管人类可以乘坐航天飞机赶到火星，但火星上不利于人类栖居的条件是非常明显的。火星比地球寒冷得多，平均温度为-40~-60 摄氏度。火星上存在宇宙高能离子辐射、宇宙磁场（电磁辐射），对人体健康极为不利。人只要在火星上待上不长时间，就可能因辐射而患上各种疾病。由于火星引力只有地球的 38%，大气压仅有地球的 1%。因此火星上的微重力环境也是对人类生命和健康的挑战（张田勘，2004）。到现在为止，地球上的土地是人类唯一适宜的生命栖居平台。

3. 地球循环功能

地球陆地生态系统的生产、呼吸和分解过程，以及该系统的食物链（网）、营养级和生态金字塔形成过程的能量循环都是通过土地界面进行的，土地是重要的能量调节者和积聚者。土地作为地球生态系统的重要圈层——土地圈，处在与岩石圈、生物圈、水圈和大气圈密切的相互依存和相互作用之中，是地球的关键带。地球上的水循环、碳循环、氮循环，或者说所有陆地生命物质的生物地球化学循环，土地都是不可或缺的载体和链接环。全球 0~100 厘米深度土壤有机与无机碳库储量约为 240 亿亿克，约是大气碳库的 3~4 倍，是植物系统中的 5 倍，土壤碳库储量较小幅度的变动，都可通过向大气排放温室气体直接导致大气二氧化碳浓度升高，从而以温室效应影响全球气候变化。2019 年出台的联合国

《气候变化与土地》报告指出：农业、林业和其他类型的土地利用占人类温室气体排放量的23%。与此同时，土地自然进程所吸收的二氧化碳几乎相当于全球化石燃料和工业二氧化碳排放量的1/3。任何土地利用的变化，都会直接影响全球变化，支配地球生态系统正向或逆向循环的功能。

4. 空间媒介功能

土地作为自然历史的产物，不仅具有自然属性，还具有经济属性和公共属性，在世界天地人的运行框架里展现出多元复合的空间媒介功能，具体表现为以下3个方面：①人-物媒介功能。人是大自然的产物，是在自然界长期演化中形成的，又在大自然里循环。人的一切，包括人的肉体和意识、人的物质生活和精神生活、人的本质，全部都与自然相联系。自然对于人类，不仅仅是物质，还是过程和结果。如何处理好人与自然的关系，是人类生存和发展的根本性问题。在处理人与自然关系的过程中，土地是最重要的媒介。如果人类盲目开发利用土地，一味索取，结果必然会导致人与自然的平衡被破坏。②人-人媒介功能。人是在一定生产方式下，在一定地域空间上从事各种生产活动或社会活动的主体。人类延续的生命能源提供和生产生活实践的功能及意义，乃至人口迁移等，都是建立在并取决于土地这一基本点之上的。土地如何利用，土地资源如何分配，土地产权制度如何安排，土地财富如何共享，土地如何施政，如何保护土地生态，土地与人的关系如何协调等，是人类生产生活无法回避且必须面对的日常性重大问题。地者，政之本也，社会之根乎。要实现人与人之间的和谐共生，土地是最基础的媒介。正所谓地安则民安，民安则国安。③物-物媒介功能。自然界的万物之间，每时每刻都在发生着相互作用。自然界中的大部分物理化学过程都是在土地的水溶液中进行的，而且水分子直接参与了自然界的光合作用。土地圈的水以固态、液态、气态分布在地球表面的海洋、湖泊、河流、沼泽、冰川以及大气圈、岩石圈、土壤圈和生物圈中，组成一个精密运行的有机相互作用系统。水体和周围矿物质的化学和生物化学过程，包括生物对水中养分的选择性吸收、光合放氧、呼吸作用、各种物质的释放和其他生物地球化学转化，水中颗粒物和底泥与溶质之间的化学过程，都保持着一种动态平衡。土地是地球表层系统中岩石、土壤、水、大气、生物物质迁移和能量交换的交汇区域，也是维系地球生态系统功能和人类生存的关键区域（NRC，2001）。土地的主要特征反映在物质交换的界面特征上，如气体和矿物质交换的空气-水界面，无机物和有机物交换的根系-土壤界面等（University of Delaware，2009）。

5. 资产财富功能

英国古典政治经济学之父威廉·配第（1623—1687年）的《赋税论》有句名言："土地为财富之母，劳动则为财富之父和能动的要素。"爱尔兰经济学家理查德·坎蒂隆（1680—1734年）在其《商业性质的概论》的第一句话就是："土地是所有财富由以产生的源泉和物质资料。"（沈守愚，2008）这些名言虽有偏颇，但土地的财富功能可见一斑。土地之所以具有财富功能，一方面，因其面积的有限性、位置的固定性以及其永续利用等原因，人们在利用土地的过程中只能不断地提高利用率。随着地球人口的增加，人均土地愈来愈少，土地资源变得越来越稀缺，使得人们想利用土地进行生产，必须花费更多的货币才能购买到它，成为土地巨大资产功能的表现；另一方面，伴随着社会商品经济的发育，出现了地租、地价猛涨，土地投机泛滥等现象，也会造成在一定时期内某些特定区域内的地价飞涨，土地财富以几何倍数激增。从政府层面来看，土地已成为政府财政收入不可或缺的来源之一。从国际经验来看，政府的土地租税合计占地方财政收入的比例一般在20%左右，中国香港政府在1961—1987年的26年中，土地批租收入占财政总收入的比例平均达到16.1%，最高达36.9%（1980—1981财政年度）。土地如同财富宝库，蓄积了自人类产生以来的巨大社会财富。日本1987年地价是当年国民生产总值的4.8倍，是国民收入的5.6倍，土地资产占其各类国民资产的1/2以上。美国土地约为其总财富价值的26.8%（王万茂，1994）。如此高的地价最终都成为政府和房地产开发商的财富来源。政府通过卖地获得高地价的收益分配，而房地产开发商则在下一个环节中从消费者手上获得更多的利润。土地价格越高，为政府和房地产开发商所创造的财富越多。此外，土地的财富功能还体现在地税收入上。在美国的一些州，地方财政的大部分收入源于不动产的征税，高者可达70%以上。

6. 景观美学功能

土地的可视部分称之为“景观”。它从一开始出现就意指景色和自然风景（Naveh et al.，1984；Summers et al.，1987），因而土地景观一直就是美学和风景园林研究的对象。大自然中花岗岩的斑红美、荷花的清纯美、草坪的柔软美、梅花的傲骨美、水体的涟漪美等，并没有以景观的构成材料消耗为代价，而是在敞开的世界领域中以一种去蔽的方式通过人对土地的主体性把握才得以生发的。旅游者置身于景区自然与人文物象进行旅游体验，其核心是要从土地景观欣赏中获得审美愉悦。无论是中国的山水画或园林设计，或是欧洲的油画，大多以展现土地的景观美学功能为旨趣。传统中国园林强调诗情画意的园艺美，无论是江南园林、岭南园林、蜀中园林、北方园林，还是皇家园林、文人园林、寺庙园林、邑郊风景园林等，其展现的核心也都是“美”。这种美的本质，是在一定的地域运用工程技术和艺术手段，通过改造地形、种植树木花草、营造建筑和布置园路等途径，创作一种美的土地自然环境和游憩境域。按照结构主义美学的基本原理，土地要素间的结构关系要比要素本身更重要，土地要素结构关系的美学价值要大于要素本身。格式塔理论认为环境对象在某些形式方面与神经处理过程存在同构关系，这种同构关系将景观审美推向主客观的结构统一（Lang，1987）。土地的结构、纹理和形态不同，形成了各种丰富多彩的景观。秀丽的群山，奔腾的江河，飞泻的瀑布，无垠的沃野，悬崖幽谷，奇峰怪石，清泉溶洞，千姿百态。田园中流淌着清澈的小溪，各种小动物在土地上自由生息，有着生机盎然的自然格局。丰饶的土地自然景观，为人类提供了丰富的风景资源和美学感知及意象。在现象学视域中，土地景观是作为存在于人类的生活之中，而不仅仅是人们观看、享受和研究的客观对象。土地景观的审美功能存在，早已超越了康德关于审美的无目的的合目的性思想，是人的知觉的感觉特质在土地景观审美经验中的呈现。

7. 历史文化功能

土地是一个自然历史综合体。它不仅记录了地球环境变化的众多自然历史信息，也埋藏了人类活动的大量历史文化遗迹，如化石、过去的气候证据和人类遗迹等。黑土地上的先民遗迹、洛川黄土的地质遗迹、河姆渡的水稻遗迹、江南良渚的丝绸遗迹等，都充分表现了土地具有很好的历史遗产功能。自公元前2000年起，在横跨危地马拉、伯利兹、墨西哥、洪都拉斯和萨尔瓦多部分地区的中美洲心脏地带，逐渐发展起一个以农耕为唯一社会支撑的文明，它以其所拥有的、比欧洲足足先进了10个世纪的数学天文知识，为人类文明发展历史所永远铭记。这就是与传统所说的世界古代四大文明——古埃及、古希腊、古印度和古中国文明可以并驾齐驱的玛雅文明。在大约8世纪中后期玛雅文明突然消失，现当代人类只能从土地的研究中恢复其历史的真面目。陆地上的成土作用是从泥盆纪（即出现陆地植被）开始的，至今可能已经3亿~4亿年。在漫长的地质时期中，地球的生命曾经“沧海桑田”，人类对地球生命变迁的研究，其中很重要的途径就是通过保留在土地剖面中的古化石而进行的。土地不仅是一个物质空间，而且是多维的，有历史，有时间，有文化。其一，在社会实践中，土地是一种体验文化的媒介。在传统中国民众的心目中，天地具有至高无上和神圣的性质，土地庙信仰源于对土地的崇拜。社祭是中国自古以来土地崇拜的表达方式，历代帝王仍按照春祈秋报的时间固定对于社的祭祀。其二，土地空间具有文化象征功能。美国波士顿贝肯山地区的土地、中国杭州西湖周边的土地，都被赋予了一种价值象征属性——传统、威望、地位，使之一直能够吸引众多上流社会的人来此居住。其三，土地显著的地域文化功能。东南亚是佛教、伊斯兰教、基督教三大宗教的交汇地，人文景观无不打上宗教的烙印。宏伟壮丽的宗教建筑风貌构成了该地区一道亮丽的风景。泰国有“黄袍佛国”之称，境内寺庙林立；缅甸有“佛塔之国”，著名的仰光大金字塔闻名于世；柬埔寨的吴哥窟、印度尼西亚的婆罗浮屠佛塔等都是著名的宗教建筑。东南亚地区的上述景观风貌，都充展现了该地区特有的土地人文景观。地中海地区是欧亚非三大洲经济、文化沟通的重要区域，人类文明的发源地古埃及、古希腊、古罗马等保留了灿烂而珍贵的文物古迹。以意大利为中心的文艺复兴运动创造出灿若繁星的艺术珍品，拥有罗马、佛罗伦萨、威尼斯等旅游城市，从斗兽场、庞贝古城等遗址中可以领略昔日的辉煌，罗马被称为“露天历史博物馆”；阳光、海水、石头是希腊的三宝，“考古”旅游为主要内容，如雅典卫城、奥林匹亚古遗址，古城罗德、阿波罗神庙、埃皮达鲁斯考古遗址等。地中海沿岸景观风貌，也充分展现了地中海所特有的区域土地文化。

8. 区域发展功能

区域是地表空间的一个差异化部分。从地域系统角度看，区域实质上是以人地关系为核心的复合系统。在不同的区域系统中，土地资源禀赋、土地生产力、土地适宜性和土地区位等土地特质和功能都有别于外部邻区。不同区域土地再生产和社会再生产的功能逻辑有很大差异，人类活动空间的区域关联、强度、范围、相互关系及区域在空间上彼此连接与分离的方式也有很大不同，对非均衡发展过程产生的资本主义的全球动力做出的地方反应也有较大差异。因此，土地具有促进或限制区域发展的功能。2015年联合国发展可持续峰会审议通过《改变我们的世界：2030年可持续发展议程》，设定了涵盖经济、社会、环境3个维度的17个可持续发展目标（Sustainable Development Goals，SDGs），旨在解决可持续发展进程中社会进步、经济发展、环境保护问题。在17个可持续发展目标中，SDG 2（零饥饿）、SDG 6（清洁饮水和卫生设施）、SDG 11（可持续城市和社区）、SDG 13（气候行动）、SDG 15（陆地生物）是表征地球表层资源环境和空间需求密切相关的目标。土地在这些目标的实现中都可以发挥重要作用，以应对未来区域发展可能面临的系统性风险挑战。例如，在响应 SDG 2（零饥饿）目标层面，土地功能可以得到充分展现。高效合理利用有限的耕地资源，在满足人类食物需求的同时，还能最大限度降低对生态环境影响。在响应 SDG 13（气候行动）目标层面，通过合理的土地利用，增加绿（蓝）色碳汇和土壤碳汇、资源活化再利用等助力减碳增汇，可有效减少气候变化引起的灾害，降低气候变化影响和提高应对能力。在响应 SDG 15（陆地生物）目标层面，通过保护土地、恢复与促进土地生态系统可持续利用，可持续管理森林、防治荒漠化、制止和扭转土地退化、遏制生物多样性的丧失、维护土地食物网和土地生命社区，可促进实现 SDG 15 的目标任务。

二、土地学的概念内涵

（一）土地学的内涵界定

地球上的每一片土地都有各自的故事和历史。从土地中去读取历史故事，会发现在漫长的历史时期，土地的演化是稳定的，没有出现兴衰、生死，以及蛰伏和重生的周而复始。打破这种稳定的突发性改变或变幻性动荡，源于工业革命开始后的两个多世纪。20 世纪 70 年代以来，人口、资源、环境和粮食等世界性问题开始不断突显，而这些世界性问题无一不与土地有关。当人类面对“只有一个地球”和“共同的未来”（Our common future）时，各国科学家越来越感到土地与人口、土地与资源、土地与环境、土地与粮食的关系问题已经成为影响全球可持续发展的重大问题。于是，1970—2021 年的 51 年间，全球以土地学为主题的论文达到了 60.2918 万篇，平均每年达到 11821.92 篇。20 世纪 90 年代以来，人类对土地利用问题愈发关注，尤其在土地利用和土地覆盖变化计划（Land-Use and Land-Cover Change，LUCC）（Turner Ⅱ et al.，1995）与全球土地计划（Global Land Project，GLP）（Global Land Project，2005）两大国际重大科学研究计划的推动下，以土地利用为核心研究对象的一门新兴学科——土地利用学得以诞生。该学科旨在通过研究土地资源的结构功能和形成演化规律，揭示人类的土地利用活动与其他系统之间的相互作用关系，并探索人类与土地协调共生的路径和方法（Verburg et al.，2013）。进入 21 世纪以来，国际上频繁出现了土地利用学（Land Use Science）（Aspinall，2006）、土地变化学（Land Change Science）（Turner Ⅱ et al.，2007）或土地系统学（Land System Science）（Verburg et al.，2013；Reenberg，2009；Rounsevell et al.，2012；Turner Ⅱ，2014；唐华俊等，2015）等土地科学的更专门术语。未来地球研究计划（Future Earth，FE）、活力星球（Dynamic Planet）、地球科学事业（Earth Science Enterprise，ESE）、土地变化科学（Land Change Science，LCS）计划、国际全球环境变化人文因素计划（International Human Dimensions Programme on Global Environmental Change，IHDP）、生物多样性和生态系统服务政府间科学政策平台（Intergovernmental Science-Policy Platform on Biodiversity & Ecosystem Services，IPBES）等一大批国际重大研究计划，土地利用都成为重要的研究内容和工作焦点，并上升为需要解决的关键科学问题。1992 年 6 月 3 日至 14 日在巴西里约热内卢召开的联合国环境与发展大会上通过的重要文件——《21 世纪议程》，是世界范围内可持续发展的行动计划，其中第四部分就专门论述土地等自然资源的合理保护与可持续利用问题。

联合国《改变我们的世界：2030 年可持续发展议程》于 2016 年 1 月 1 日正式启动，新议程呼吁各国采取行动，为今后 15 年实现 17 项可持续发展目标而努力。正如上文所指出的，在全球 17 个可持续发展目标中，SDG 2（零饥饿）、SDG 6（清洁饮水和卫生设施）、SDG 11（可持续城市和社区）、SDG 13（气候行动）、SDG 15（陆地生物）等都与土地利用、土地变化、土地保育等密切相关。如其中 SDG 15，就是要保护恢复和促进可持续利用的陆地生态系统，防止荒漠化，制止和扭转土地退化。可见，20 世纪 70 年代以来，土地逐步成为全球研究和世界关注的重大科学问题。

学科是针对重大自然和社会问题应运而生的。从国际上聚集研究的土地科学问题和全球关注的土地科学问题来看，土地学作为广义的土地科学，其问题指向是要如何应对并解决人类和地球生命面临的土地危机，包括土地结构失衡、功能退化和永续利用等关系到人类生存和发展的重大科学问题。按照着眼于重大问题导向、着眼于学科整体化特征、着眼于历史发展观、着眼于蕴含性和简明性相结合、着眼于科学性和未来性相统一的原则，本书对土地学做如下理解。

土地学（Landology，Land Science）是一门以研究土地利用本质和规律为核心的学问。它以跨越自然和人类界面的土地系统为对象，旨在通过研究土地类型和结构、土地过程和动能、土地活性和适宜性、土地质量和健康、土地生产力和承载力及其相互作用和变化机制，探索人类与土地利用协调共生的模式、途径和方法，具有以下 4 层更深刻的内涵。

1. 连接自然系统和人类系统

土地学的重要特性是要将土地概念化为耦合的自然-人类系统，强调这两个子系统之间的相互依存性，这使得任何单一的子系统分析都有失偏颇。土地是这两个子系统的媒介和连接纽带，是一个由自然环境、土地利用和人类图谱耦合而成的复杂系统。自然系统包括气候、地貌、岩石、土壤、水文等要素，也包括地球陆地动物、植物和微生物的种群类型、结构、生态位、物种多样性、多度格局、种-面积关系等生命系统，是土地学研究的物质基础。土地利用包括区位、格局、过程、强度、时效、变化、多样性及其社会经济影响机制等，是土地学研究的核心命题。人类系统主要包括食物需求、资源安全、技术进步、产业变革、制度安排、文化模式等社会人文结构，是土地学研究需要倾力关注的驱动力。土地学研究就是要理解土地利用过程中自然-人类的综合复杂关系，从协调人与自然的关系出发，调整和优化人类的活动范围、活动性质和活动强度，使自然环境、土地利用和生命图谱处于共生的空间，处于相生的过程，为土地永续利用提供科学依据（Bezlepkina et al.，2011）。

2. 地球生命安全是第一法则

土地学研究的核心任务是要确保土地能够持续提供人类生存所需要的物质和服务能力，确保土地能够作为人类和生物界“生”的栖息场所。人类，也包括动植物在内的“生存空间”，应该是一个有活力的“生命空间”，而不是杳无声息的“寂静空间”。人类有责任从科学的角度揭示土地系统的演变规律，阐明土地的生产潜力，探索土地利用的有效途径，创造高效和谐、协调有序、运行平稳的生命安全空间系统，以不断满足当代和后代生命延续对土地空间的需求。土地学需要研究土地利用规划、土地退化治理、土地生态修复、土地人口承载力和土地生态环境容量评估、土地安全测度及评价、土地安全动态监测和预警、土地安全维护和管理等内容，以生态理性和安全理性，确保地球总体生命的安全，这是土地学研究必须要遵循的第一法则。通过土地学的研究，要使土地系统的能量转化、物质生产、生态维持、资源供给、质量保护处于协同友好的状态，个体生态、种群生态、群落生态和生态系统生态也处于协同共生的状态，以此促进和改善有利于陆地上所有生命健康生存的生物圈的自我调节，保障生物圈有序和安全所需要的各种生态参数的稳定，遵循生命安全法则去恢复和重建土地生命共同体的复杂联系和生命之光，这也是土地学研究的基本价值取向和存在依据。

3. 土地永续利用是核心使命

土地学强调用发展的观点看待土地利用问题，用动态思维研究土地利用潜力，以开放的视角探索土地与外部环境发生的信息传递、物质转化和能量流动。要把土地利用看作是地球环境变化和社会经济发展的重要组成部分，以不损害、不掠夺后代的发展需求作为前提，以开放动态的方法论，去探究、去查明、去诊断、去监测、去决策土地资源的承载能力、土地环境的缓冲能力、土地利用的稳定能力以及土地利用管理的调节能力（Timberlake，1988）。土地学需要研究土地利用随时间推移而不断变化的动力学特征，所谓某一时段的土地利用结构和功能只是土地在随时间变化过程中的瞬间特定性质。为推进土地的永续利用，土地学需要开展以下重大科学问题研究：①土地的功能如何合理地转化和满足人类的需要。或者说，根据人类自身生存对物质和能量的需要，研究合理和可持续的土地利用结构、布局、方式和强度。②土地利用过程与外部环境相互作用的关系。包括研究土地、劳动和资本的最佳组配，土地利用与生态环境的关系协调，土地利用与经济过程、社会过程的有机耦合，土地利用中的科学技术进步等。③观察和监测全球各地正在进行的土地利用变化，从人类与环境的耦合系统视角理解这些变化，开展不同时空尺度的非线性动态模拟，寻找土地利用变化的内在规律。④评估土地利用系统的脆弱性、恢复力和可持续性，阐明土地生产力与土地利用之间的相互作用过程和机制。

4. 增进人类福祉是学科旨归

人类福祉（Human well-being）是指人们的健康、幸福并且对生活感到满意的状态（MEA，2005；Wu，2013）。增进人类福祉不仅是提高人民生活品质的必然要求，同时也是实现人民对美好生活向往的关键路径。土地资源禀赋、土地混合利用水平、土地利用空间结构、土地生态系统服务能力等，都会直接影响人类福祉的提升。《千年生态系统评估》报告提出了人类福祉评估框架，从“安全、基本物质需求、健康、良好的社会关系和选择与行动的自由”5 个方面来描述人类福祉（MEA，2005）。研究者基于该框架分析了西班牙全国尺度上 1960—2010 年间人类福祉与生态系统服务之间的统计关系，表明土地生态系统的结构功能会直接影响人类福祉（Santos-Martín et al.，2013）。土地学研究的境界和信仰，就是要建构土地与人类福祉的关联模型，寻找它们之间的内在互动机制，不断提升土地的绿色生态水平和健康安全能力，从而增进人类公共福祉。土地混合利用水平的提升会提高居民的便利程度，增加居民的幸福感，但过度混合也会产生不同土地利用类型的相互干扰。土地开发利用密度大，空间活力将会增强，但开发利用强度过大，会导致生活品质的损失，导致传染病传播的风险加大等负面作用。如此等等，这是一个复杂的非线性动态系统。土地学研究就是要聚焦人类福祉与土地系统之间的实践通道，寻找最佳的土地开发利用模式和强度，不断增进人类的公共福祉。

需要指出的是，理解土地学的内涵还必须把握以下几个要点：①土地管理不是土地学，土地行政更不是土地学，不要简单地把当下政府部门开展的土地行政业务当作土地学的内涵。管理学是以人或组织作为研究对象的，而土地学是以土地利用作为核心使命的，二者完全不能同日而语。如果说土地管理学与土地学有联系，这是必然的，但二者的逻辑起点、研究对象、学科属性、研究范式和核心理论都是有根本性区别的。②不要把工具当主体。土地经济、土地制度、土地信息系统等都是为土地高效和永续利用提供支撑和服务的，它们都只是土地学可以使用的一种工具选择。而土地学的主体是要连接自然系统和人类系统，推进土地永续利用，保障地球生命安全，并不断提升人类福祉。③学科不是包罗万象的麻袋，有其独特的研究领域和视角，不能把同土地有关的内容都放到土地学研究中来，否则就会把土地学科变成一个箩筐、一个大杂烩，而不是一个学科。例如，作物学只研究遗传育种和栽培，把同作物有关的土壤肥料、农田灌溉、病虫防治、收割运输、交换贸易等放入土壤学、水利工程、植保、农业机械工程、农业经济等其他学科；水利科学也一样，并不是把同水有关的内容都纳入水利科学，而是聚焦研究水的控制和开发利用，把水文地质、水污染防治、水交易等放入其他学科；环境学科也一样，主要研究环境污染治理，而把环境的其他问题都留给其他学科。④不要把热闹当门道。许多学科以土地为平台进行了不少研究，看上去很热闹，每年有大量的研究项目和数以万计的论文发表，但这些研究绝大部分都没有聚焦解决土地学的核心问题，也没有对土地学的理论积累有几分贡献，所以不能把这些研究都视为对土地学的探索。例如，不少学者以土地为平台进行农业经济学研究，以土地为平台进行地理学研究，以土地为平台进行生态学研究，或者以土地为平台进行政治学和社会学研究等，而所有这些研究有利于促进其他学科的发展，但反而可能把土地学的内涵肢解和碎片化了。因此，必须准确理解土地学的内涵，并持久地付诸行动，才能在学科竞争之林中建构起土地学的独立大厦

（二）土地学的本体结构

上述土地学的内涵界定表明，土地学是将自然-人类系统耦合的概念化土地作为研究对象的，促进土地永续利用是其核心使命。从提高土地承载能力和可持续性的角度看，土地学研究首先必须查明土地类型、结构与功能，探明土地形成和变化规律，诊断土地的质量、健康和适宜性，评价土地的生产力和承载力。在此基础上，确定土地与环境胁迫状·况、土地对人类和其他生命的响应与福祉，最后通过规划与控制手段，保障土地开发利用朝着系统高效和可持续的方向发展。这是土地学本体结构的基础和主线，最高目标是实现人类与土地的持续共生。由此，土地学的本体结构就可以描述为图 1-2 所示的金字塔系统结构。该系统分为 4 层，相互作用和连接，共同实现土地的整体功能。

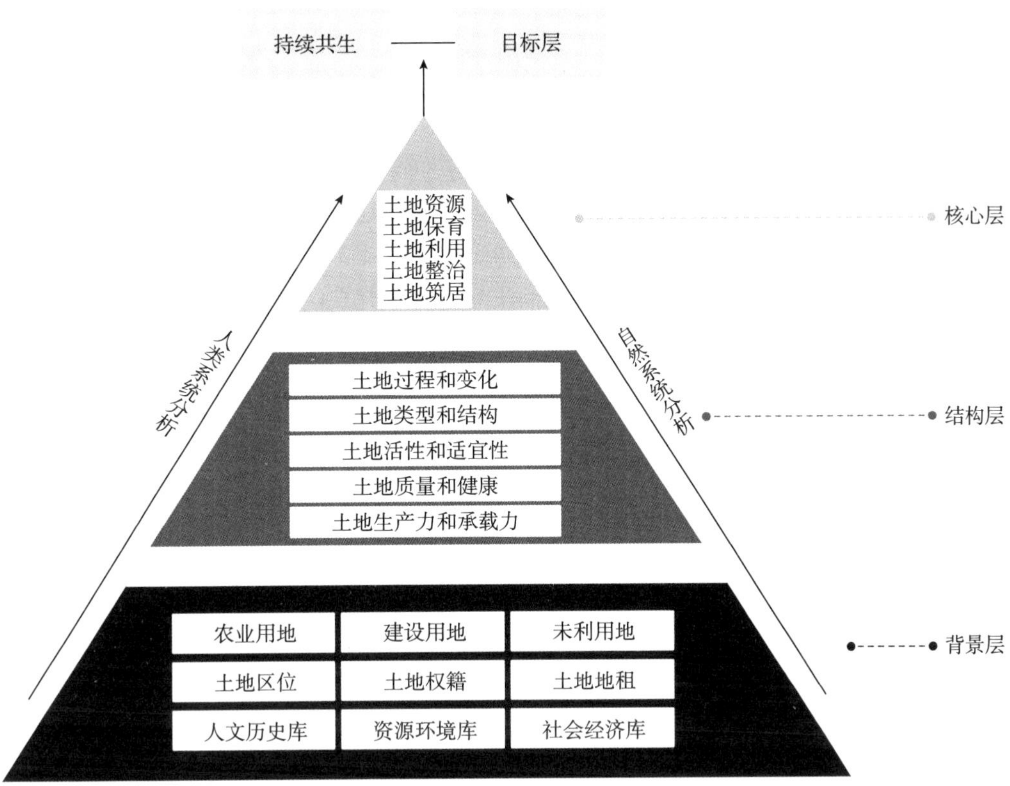

图 1-2 土地学本体结构的金字塔模型示意图

三、土地学是系统科学

（一）土地是复杂巨系统

正如上文所指出的那样，土地是在陆地范围内由若干个相互作用、相互依赖的土地要素，按照一定规律拼装或组合成具有特定结构和功能的复杂系统。它既包含着自然系统，也包含着人类系统，是一个耦合自然系统和人类系统的复杂巨系统。土地系统中具有不同层次和不同时空尺度的组分，本身也可以自成系统，称为子系统（subsystem），如农田系统、森林系统、草地系统、市地系统等，它们相互联系组成一个具有能量流、物质流、信息流、经济流和社会流的串联系统（cascade system）。土地系统构成地球系统的陆地部分，包括与人类利用土地有关的所有过程和活动，也包括社会经济、技术和生态环境、组织投资和安排，以及从土地中获得的收益和社会活动的意外社会和生态结果（Verburg et al.，2013）。该系统具有以下基本特性。

1）整体性。土地系统整体与土地要素之间、与系统环境之间以及各土地要素之间都是相互作用、相互依赖的，具有显著的整体性。土地系统的整体性，会使系统中各个组成要素经拼装后形成原有系统所不具有的新结构和新功能，也就是系统组成前单个要素所不具有的性质，又称涌现性。研究土地问题需要从整体性和全局性进行考察，不能孤立研究其中任何部分以及仅从个别方面思考和解决问题。例如，土地开发利用中产生的生态问题是由多种因素导致的，其形成原因也是非常复杂的，仅仅孤立研究其中个体行为、经济关系、区域水文、土壤结构、地貌类型、交通区位等任何部分，都不能有效解决土地生态退化的治理问题。

2）非线性。土地系统内部各个要素共同作用的结果并不等于每个要素单独作用结果的机械叠加，即不满足叠加原理。也就是说，土地系统是一个非线性系统，其变化大都属于非线性过程，具有相干性和初值敏感性。如土地生产率高低对农业碳排放有重要影响，但它们的关系并不是线性关系，而是呈非线性的“U”字形，到达一定阈值后，土地生产力会减少对本地或邻近地区的碳排放。土地要素对经济增长质量的影响，也是非线性的。它具有不同的门槛特征，科技创新的介入、固定资产投资规模等，都会显著改变土地对经济增长质量影响的初值敏感性。

3）等级性。土地是一个由若干单元组成的等级系统，整个土地圈是一个多重等级层次系统的有序结构。土地系统具有亚稳态性，高等级层次上系统的抗干扰能力强，土地过程表现为大尺度、低频率和慢速度；低等级层次上系统的抗干扰能力弱，土地过程表现为小尺度、高频率和快速率。在合理利用土地系统的过程中，要研究不同等级土地系统的抗干扰能力和演变过程的尺度、频率和速率，合理确定不同等级土地系统受干扰的力度和阈值。不同等级土地系统的性质不同，不能通过某一等级土地系统的研究去推测另一等级土地系统的性质。要针对土地系统的不同等级，分别进行研究和设计，不能简单地一刀切。

4）动态性。土地系统不仅具有地域上的空间差异，而且具有随时间变化的动态特点。它通过内部及外部物质与能量的变换，表现出显著的动态演替过程。每一种土地的利用类型、每一块土地的区位和肥力，都不是孤立和静止不变的，而是一个动态发展着的具有耗散结构的物质体系。土地学研究必须注重分析不同时间尺度的变化情况，全面分析随时间发展诸因素的变化，不断揭示其发展变化的运动过程和本质特征，才能使研究不断深化并取得可用的结果。因此，研究土地变化在国际上已经形成一门成熟的学科——土地变化科学。

5）临界性。土地系统的临界性，是指土地过程（因变量）在影响因素或环境条件（自变量）达到一定程度（阈值）时，突然进入另一种状态的情形，是一个由量变到质变的过程。例如，土地系统条件（光、水、养分等）对植物生长和繁殖影响方面的限制因子定律或忍耐极限定律、最小存活种群（minimum viable population，MVP）、生物多样性的衰减与土地破碎化程度之间的突变过程以及其他方面表现出的突发性饱和或突发性衰减等骤变过程，都是土地系统的临界性现象。景观连接度对土地生态过程（如种群动态、水土流失过程、干扰蔓延等）的影响也往往表现出临界性特征。例如，生物多样性的衰减与生境破碎化程度之间的关系、大火蔓延与森林中燃烧物质积累及空间连续性之间的关系以及景观中害虫种群空间扩散和外来种群入侵诸过程都在不同程度上表现出临界性特征。某一物种的生境面积占总土地面积的比例增加到何种程度时该物种的个体可以通过彼此相互连接的生境从土地景观的一端运动到另一端，从而使土地景观破碎化对种群动态的影响大大降低？植被覆盖度达到多少时流动沙丘可以被固定？对于濒危物种来说，其生境面积占整个景观面积的多大比例时它才能幸免于土地生境破碎化作用的强烈影响。如此等等，都是土地学研究需要解决的重大命题。

必须强调指出：土地系统组成之间、系统与环境之间具有相互作用的“复杂”（complex）关系，即作为整体的系统不可能只通过分析这些组分得到完全理解。而且，它们的关系并不是固定不变的，而是流动着和变化着的，很多情况下是作为自组织的结果。例如，自从人类社会产生以来，人类的社会活动、生产活动、经济活动大大地改变了土地利用的基本格局。土地利用被赋予了社会内涵、经济内涵、生态内涵和文化内涵，其层次结构也从单一的物质属性演变成了多层次复杂结构并存的格局。同一个文化因素，作用于同一个土地利用物质系统，由于社会系统、经济系统和生态系统的差异，会表现出完全不同的功能和效果。事实上正是土地系统的这种顽固（robust）本性，即在不同条件下以同样的方式发生作用的能力和效果不同，保证了土地系统的发展和确定了作为复杂系统的特征。

还需要指出，土地作为一种复杂系统，要特别重视复杂网络研究。因为正是这些复杂网络，塑造了土地系统特有的结构和功能（见第三章详述）。目前，对复杂网络的研究主要有两种模型：①小世界网络（small world networks）。其特点是作为数学图形中大部分的节点不与彼此邻接，但大部分节点可以从任意其他点经少数几步就可以到达。试验表明，少量的捷径（short cut）的建立，就能使整个网络不知不觉地变成小世界网络。现实土地利用的社会、生态等网络都是小世界网络。在这样的系统里，信息传递速度快，并且少量改变几个连接就可以剧烈地改变网络的性能。例如，在土地利用系统中，少量改变高速公路网、高铁网、水网、铁路网、生态网等通道结构，就会极大地改变土地利用的聚合系数，显著地提高土地利用的效能。②无标度网络（scale free networks）。这是一种大多数节点仅有少量的连接而少数节点拥有大量连接，而度分布符合幂律分布的复杂网络。一般而言，无标度网络符合 Zipf 定律，也就是 80/20 定律、马太效应定律。无标度网络具有严重的异质性，度的分布很不均匀。网络中拥有极其多连接的节点通常称为 hub 点，这些少数的 hub 点对无标度网络的运行起着主导作用（Watts，1999；Liljeros et al.，2001；Sen et al.，2003）。按照无标度网络的分布特性，土地利用需要重视大城市、交通节点、生态节点等的主导作用分析。如果忽视 hub 点上的城市功能、交通功能和生态功能，在无标度网络中将会大大增加合作的难度，这将不利于土地保育和土地开发利用的统筹协调。

（二）走向土地系统科学

土地学研究的核心目的在于理解和解释土地利用过程中自然-人类系统的综合复杂关系，揭示人类的土地利用活动与自然、社会、经济和生态等其他系统之间的相互作用机制，阐明土地的结构功能和形成演化规律，进而为土地永续利用和人类可持续发展提供依据。广义上说，土地类型和结构、土地活性和适宜性、土地质量和健康、土地生产力和承载力等土地学研究内容，都可以作为土地系统科学的研究对象。从土地学研究目的、研究内容和方法论看，土地学是研究土地系统演变规律的科学，具有系统科学的本质，是一门土地系统科学。

随着联合国土地利用和土地覆盖变化计划（LUCC）在 2005 年的结束，其后续的全球土地计划（GLP）首次提出了土地系统的概念，极大地促进了土地系统科学的形成和发展。土地系统的变化、人为引起的生态系统和景观的变化以及由此引起的土地覆盖的变化，远远超出了局部变化的范围，是全球环境变化的普遍因素。地球上75%以上的无冰土地显示出土地利用导致许多环境过程发生变化的重要证据，如初级生产、水循环、生物地球化学循环、气候系统和生物多样性。另外，土地为社会提供重要的社会经济资源，如粮食、燃料、纤维和许多其他支持生产功能、调节自然灾害风险或提供文化和精神服务的生态系统服务。土地系统的变化是人类在多个尺度上决策的直接结果，对地球系统产生深远的影响，对人类福祉和决策产生反馈。因此，土地系统变化既是社会生态过程的原因，也是其结果，涵盖了巨大的时空尺度。

土地系统科学就是在以上所述的自然系统和人类系统界面上进行的，是一个跨学科的研究领域，试图理解土地利用和土地覆盖作为一个耦合的人类环境系统的动态，以解决环境和社会问题相关的理论、模式和应用，目前在国际上已经形成了为各方所接受的独立学科（Nielsen et al.，2019）。作为一门系统科学，土地系统科学专注于围绕土地利用以及相关的权衡和协同作用的复杂社会生态相互作用，为全球环境变化和为社会向可持续发展的转变提供解决方案。其研究对象不仅包括土地利用与土地覆盖的共同内涵，而且包括与土地有关的一切功能和效应，成为地球系统科学的重要组成部分、全球变化研究中跨学科和跨学科合作的平台、自然系统和人类系统跨学科研究的核心，为理解全球变化和提供人类可持续解决方案做出了重要贡献（Verburg et al.，2015）。当然，土地系统科学并不等同于土地学，后者具有更广泛的研究内容和使命，诸如土地资源、土地保育、土地整治、土地筑居等。简而言之，土地系统科学是土地学研究的重要基础和关键内容，也是土地学研究的重要范式和方法论，二者是整体与部分的关系。

第二节　土地学的学科属性

一、土地学的核心问题

（一）土地学研究的独特问题

从学科的角度分析，任何一门独立的学科，都有其独特的核心问题。例如，经济学研究的核心问题是社会再生产运动，包括生产、分配、交换、消费4个环节的统一；商品学研究的核心问题是商品使用价值，也就是商品各种自然属性和这些自然属性在不同条件下的变化规律；地理学研究的核心问题是人地关系地域系统，包括作为研究途径的空间-分布地理学和作为研究对象的人类-环境地理学。一门学科只有存在独特的核心问题，才有存在的必要，也只有十分明确学科的核心问题，并为解决这个核心问题建立理论体系，才能在学科大综合的时代占据一席之地，并得到迅速的发展，而不至于被其他学科所吞并或替代。

要确定一个学科的核心问题究竟是什么，通常有两种路径：一种是历史的，一种是发展的。从历史观看，当新石器时代人类把种子有意识地撒向土地时，人类便开始利用土地。无论是农业社会、工业社会，还是近年来所说的后工业社会，土地研究的核心问题都是沿着以土地利用为主线而展开的。无论是井田制、屯田制、占田制、均田制，还是今日的承包责任制；也无论是江汉平原与洞庭湖平原的变迁、西北与东北的屯垦，还是珠江三角洲和长江三角洲基塘这一方式的形成及发展，土地利用始终处于核心地位。几乎可以说，人类物质文明的发展，是建立并取决于土地利用这一基本点之上的，一切土地活动由此而派生。从发展观看，一个持续发展的社会，不仅有赖于土地的持续供给能力，而且有赖于其生产、生活和生态功能的协调，更有赖于土地利用系统的自组织能力和发展潜力。无论如何，人类的生存与发展都离不开对土地的利用，这不仅符合土地学研究的传统，也契合土地学面对未来最能充分发挥的社会功能。可见，土地利用可以作为土地学的“身份界定”，它比任何其他研究领域都具有更悠久而丰富的历史，是土地学发展中源远流长的内在动力，自然而然就成为土地学研究的核心问题和独特对象。也就是说，土地学研究的核心问题是：土地利用的本质规律及其与自然、社会环境的互动关系。它包括不同时空条件下的土地如何利用，土地利用系统安全运行的尺度效应和可持续轨迹，土地利用变化如何影响全球环境变化及其互动机理，如何通过提高土地利用效能来改善土地的承载能力和空间品质，以及土地利用为什么如此行动的规律和根据，等等。该核心问题包含了土地利用的自然系统和人类系统，以及利用过程中二者之间的内在互动，具体有以下 6 个维度。

1）土地利用基础原理维。土地利用具有空间地域性、时间动态性、问题综合性、方式多样性、关系复杂性等特点，必须建立以土地可持续利用为内核的多层次和多尺度理论构架。主要包括：①土地利用的第一性生产力原理；②土地利用结构与功能的联系和反馈原理；③土地利用系统能量和养分空间流动原理；④天地人关系协调原理；⑤土地用途的空间配置原理；⑥土地利用稳定性与覆盖变化原理；⑦土地利用系统调控机制与恢复原理等。

2）土地利用动态变化维。人类通过对与土地有关的自然资源的利用活动，改变地球陆地表面的覆盖状况，其生态环境的影响不只限于区域，而是远至于全球，并且土地利用变化对区域水循环、环境质量、生物多样性及陆地生态系统的生产力和适应能力的影响更为深刻。因此，土地利用变化在全球环境变化和可持续发展中占据关键地位。应在充分研究土地利用变化动力学机制的基础上，通过建立由动力驱动的区域或全球土地利用变化综合预测模型，提高预测土地利用变化的精度，为全球变化、水文循环、生物多样性、持续发展和食物安全等相关的情景分析提供定量依据。

3）土地利用空间规划维。土地利用是一个日趋复杂化的动态化开放系统，具有很强的负外部性。以整体性和动态性为特征，应用系统分析的理论，充分重视经济、社会、文化、生态多元复合的土地利用规划日趋重要。以政策指南和以利用设计为主体的两大类土地利用规划应该得到充分的发展。规划的内容将扩充为环境保护、生态开发、发展管理、金融职能、实施手段等一系列内容。随着地理信息系统（GIS）、全球定位系统（GPS）、遥感（RS）和大数据、AI 技术的广泛应用，土地利用规划将从静态、结构和功能朝动态、智能方向发展。规划模式需要向基础性和综合性的空间规划方向转变，规划模式应当更加适应市场经济不确定性的需要，更加适应经济全球化发展的需要。

4）土地利用工程技术维。目前，土地利用研究的不足就在于对管理学和经济学的过度偏好，而疏于对工程技术的应有重视，这在一定程度上妨碍了学科的健康发展。未来需要强化土地利用工程核心技术体系、土地利用工程适用机械、现代技术在土地利用工程中的应用、景观和生态修复的土地利用工程技术、土地利用工程对生态环境影响的实验模拟、土地利用工程的生命周期、土地利用工程的拓展应用、土地利用工程后评价等研究，并从中总结出土地利用工程技术的一般原理，同时建立和开发规范的概念、术语及变量，完善土地利用工程技术研究的方法论和工程体系。

5）土地利用社会经济维。土地利用是在人口剧增、经济发展、环境退化等问题出现后，合理利用土地问题越来越突出地成为社会经济需要的基础上才得以引起全世界高度关注的。土地利用的根本任务就是揭示土地在社会经济过程中存在的种种矛盾，并解决这些矛盾。它需要回答土地自然属性与经济、技术和人类活动影响的关系，并注重它的生态效益、经济效益和社会效益。它需要确定人口增长对土地的需求和土地生态系统可支持或必须支持的程度。因此，土地人口承载量、土地-人口-社会经济协调发展、人类如何管理土地等社会化问题仍是未来土地利用研究的重要维度。在某种程度上，土地利用研究可能将日益表现出社会化、经济化和实用化。

6）土地利用可持续性维。可持续利用土地，不仅是土地利用的长远课题，也是土地学的长远课题。在未来很长时间内，土地可持续利用研究面临以下挑战（Fresco et al.，1992；唐华俊等，2000）：①对何谓土地可持续利用的理解，世界各国高度关注但并未形成共识，目前仍然缺少因地制宜的诊断标准，需要优先研究的课题并不明确。②许多目标、价值、生产技术都很难完全以数量化的形式表述，同时也未与地球坐标建立联系。土地使用者本身参差不齐，有些是专职的，有些则是兼职的；有些专门从事生态农业，有些则从事农产品加工。如何将这些文化背景差异和对环境问题不同程度的理解融合到土地利用中去就成了一种挑战。③虽然数据处理技术、计算技术、制图技术等极大提高了土地利用预测结果的精度，但是必须看到模型本身所具有的内在局限性。数据的质量以及获取数据的成本等，也严重影响土地利用模型的实际结果。④在土地利用中，人们面临的是多种自我变化迅速的过程，这种变化来自时间和空间尺度各不相同的因子间的相互作用，对这种土地利用过程进行优化是相当困难的。建模者按照土地利用投入产出平衡或全国范围内能耗与生物量生产间的关系判断优劣，如何从优化结果中提取出一系列有用结论的数量过程（如蒙特卡罗技术）是值得期待的。⑤即使在最佳状态下，模型也仅仅是一种工具，只有应用得当，所得结果才是有用的。另外，科学家负有道义上的责任来监督模型不被政府机构或某个集团滥用。在很多情况下，漂亮图件和精巧的显示通常掩盖了模型的不确定性，甚至会误导土地利用。

（二）土地学独特问题的解构

土地学研究的独特问题，是以土地利用为核心围绕如何处理好天地人之间的相互作用关系而展开的。它以促进土地利用与自然和谐、实现土地系统的最高最佳利用和持续发展为终极目标。该独特问题可以进一步解构为如下重大科学问题和历史使命。

1）阐明土地利用、环境变化和人类需求之间的相互作用过程、时滞、惯性和动力机制，包括土地利用系统协调发展的概念框架和创新模型，土地利用与水、能源、交通等关键要素耦合的概念模型。研究土地利用系统的演变过程与机制、地域分异规律、重要元素变化和相互作用过程的关键参数、生态失衡的综合诊断、系统缓冲力和生态与社会风险，建立具有人类学视野的土地利用系统综合战略时空框架。

2）确定不同类型和不同区域土地利用系统的脆弱点、恢复力、限制、边界、退化风险、激励结构、可持续性轨迹、长期趋势和演变规律。研究土地利用对地球环境脆弱区形成的物质迁移过程和能量循环路径，阐明这种迁移和循环的互动机理，推进土地利用与地球环境脆弱区形成的机理研究，提出应对土地退化和保护生物多样性的解决方案。

3）从侧重理解和诊断土地系统变化，转向基于这些理解和认识提供实现可持续土地利用的行动框架。通过致力于监测土地变化、解释驱动因素和反馈机制，理解发生于土地上的人类环境相互作用，将科学发现转化为可持续的土地利用实践，从根本上解决导致粮食和收入不稳定、自然资源价值下降以及环境退化的诸多问题（Ashiagbor et al.，2020；Verburg et al.，2013；Chowdhury et al.，2019）

4）利用现代多技术手段进行多维度土地利用格局探测与分析，建立多尺度、多数据、多因素、多模型和多方法综合研究体系，揭示土地利用系统的时空格局及其变化规律，科学解析土地利用格局形成的过程及机理机制，阐明土地利用集约度、综合生产能力等结构功能的多维变化机理，模拟未来全球生物质能源植物生长与分布的情景，对土地利用系统的多功能综合效益进行评估和有效调控（Häyhä et al.，2014；Fleskens et al.，2013；Aklncl et al.，2013）。

5）将土地利用系统中独立的规划、监测、评价、决策支持、市场结构、社会标准和科学信息最大限度地整合成为更有效的社会学习系统；推进土地利用系统中自然科学和社会科学研究方法、技术工具和模型系统的综合集成和开发；整合土地利用系统安全运行的尺度效应、层级、测度、评价、利益平衡、权利关系、行动结构及其社会学、管理学和决策学原理。

6）分析土地利用变化对生态系统的影响来更好地理解社会经济发展、景观变化和生态系统之间的相互作用，减少所造成的不良后果（Schirpke et al.，2020）。建立把土地利用和粮食安全联系起来的全球框架，特别注意诸如营养和健康等被忽视的方面，以便帮助探索全球食物系统的可能未来（Mora et al.，2020）。通过利用土地适宜性模型和土地利用情景评估，开发专门的先验评估空间规划和保障措施，加强土地利用生命空间的保护水平（Tobias et al.，2020）。

7）建构土地利用与生命空间、城乡融合发展的理论框架，确保土地的生命栖息功能、生命养育功能、环境净化功能和生态循环功能，将土地利用学发展成为全球可持续性科学的核心和关键组成部分，并对食物改善、人口健康、绿色发展、减缓气候变化等发挥更加关键性的作用（Verburg et al.，2013）

（三）土地学独特问题的补遗

1）土壤学、农学等学科也涉及研究土地利用问题，但这些学科只是从某个方面或某种需要角度研究土地利用。而把土地利用作为一个整体和系统，并结合学科特有的诸如土地适宜性评价、土地权籍关系、土地经济分析、土地生态结构等来综合考量土地利用问题，是其他任何学科无法替代的，这正是土地学区别于其他学科的标志所在。土地学视野下的土地利用研究，根据利用方式分为生态利用、空间利用、景观利用和自然利用 4 种既联系又有区分的不同类型。同一块土地，可以同时包含上述两种或更多种复合利用。土地是土地利用的基本要素，但不是唯一要素，土地利用还需要充分考虑劳动、资本等要素的最佳配合。而土壤学或农学所涉及的土地利用，大多只限于土地的生态利用，而没有考虑空间利用、景观利用和自然利用之间的相互影响，缺少整体性和系统性。

2）一些研究者曾认为人地关系是土地学研究的核心问题，有其可取之处。然而，研究人地关系并非土地学特有的研究领域，社会学、经济学、地理学、生态学等学科也要大量研究人地关系，而且也有认为是其研究的核心内容和基本对象。例如，中国地理学会在 1991 年召开的地理科学研讨会上，即认为人地关系是地理学研究的基本对象，著名科学家吴传钧先生则一直认为人地关系是地理学研究的核心问题。而且，人地关系一直是地理学研究的传统，并建立起专业知识正当性与合理性的身份认同。当然，本书并不否认土地学将人地关系作为重要的课题加以探究，但从学科区分的角度看，土地利用更构成土地学研究的核心问题和独特对象。

二、土地学的学科体系

（一）土地学的学科结构

到目前为止，土地学所拥有的全部理论知识和方法，还不足以形成统一规范的学科体系。现阶段在学术界中有一种较为普遍的观点，认为土地学的任务就是研究并掌握土地利用与土地管理的发展规律，土地学就是研究土地利用与管理的科学。本书认为这种提法似有不确切之处，两者是不能画等号的。正如前文所述，土地学是从整体上研究土地利用系统运动与发展规律的科学，从它研究的最终目的来看，当然要为人们利用与管理土地服务，但决不能因此就把土地学简单地归结为土地利用与管理的科学。如果以上逻辑成立的话，世界上绝大部分科学从它最终的结果与目的来说，都是要为人类或社会达到一定目的的利用与管理服务的，那么绝大多数科学都可归结为利用与管理的科学了。显然，这样的逻辑是不合理的，也是混乱的。从现代学科划分的原则和标准来看，学科是按照知识体系的独立性和完整性来进行设立的。要使土地学作为一门独立学科，最重要的是其研究问题的独特性和不可替代性。从上述对土地学研究问题的独特性分析来看，土地学学科体系可由土地利用为主干的土地基础学科、土地核心学科、土地应用学科所组成。此外，还有一类土地衍生学科，在狭义上它不属于土地学学科体系的范畴，但是与土地学关联密切，是从土地学这一母体中通过交叉融合后生成的，广义上的土地学也可以将其包括其中。由此，土地学的学科体系结构可表达如下：①土地基础学科。土地系统学、土地类型学、土地质量学、土地生产力学。②土地核心学科。土地利用学、土地变化学。③土地应用学科。土地资源学、土地整治学、土地保育学、土地筑居学。④土地衍生学科。土地管理学、土地经济学、土地社会学、土地政治学、土地生态学等。

当然，上述基础学科、核心学科、应用学科和衍生学科的划分不是绝对，有某种相对性，也是动态的。例如土地资源学，从资源演化的角度看可以属于基础学科，从资源配置和效率的角度看属于应用学科；土地生态学可以作为土地的基础学科，但也可以作为衍生学科，因为土地生态学并没有形成自己特有的理论逻辑和范式，而主要是采用生态学的理论和方法，因此将其划入衍生学科，随着研究的深入，如果土地生态学能够形成独有的问题视域，有着独特的研究范式，也可以成为土地学的基础学科甚至是核心学科。从土地学学科的规定性、主导性和独特性来看，土地资源学、土地系统学、土地利用学、土地变化学、土地整治学、土地保育学、土地筑居学等构成土地学的支柱性学科。

1）土地资源学。该学科研究土地资源分布、分类、结构、数量、质量、潜力的基本理论和规律，主要分支学科有土地资源调查、土地资源分类、土地资源评价等。

2）土地系统学。该学科研究自然-土地-人类复合框架下土地复杂关系的耦合过程、动能、活力及其结构和功能，主要分支学科有土地耦合学、土地动能学、土地活力学等。

3）土地利用学。该学科研究土地合理利用和永续利用的结构、布局、方式、强度、效率和组配，解决如何将土地功能合理地转化并满足人类和其他生物界的生产生活需要，主要分支学科有土地利用规划、土地利用设计、土地利用实验、土地利用工程等。

4）土地变化学。该学科研究土地变化的内在规律及其与全球和环境变化的互动机制，主要分支学科有土地变化空间模拟、土地变化动态监测、土地变化环境响应等。

5）土地整治学。该学科研究为满足人类生产生活生态新的功能需要，如何对土地进行改造建设的理论和实践规律，主要分支学科有土地整理、土地复垦、土地生态修复等。

6）土地保育学。该学科研究土地维持其安全和完整状态的保护和养育规律，核心是防止土地退化或损坏，主要分支学科有耕地保育、土地生态保育、土地景观保育、自然保护地保育等。

7）土地筑居学。该学科研究人类营筑如何与土地共生、如何融入自然的生命栖居条件和规律，主要分支学科有城市土地筑居、乡村土地筑居、休闲土地筑居等。

需要指出的是，任何一个学科的发展过程主要决定于3个方面：矛盾的存在和变化，解决矛盾水平的提高，相邻学科理论和技术的发展及应用。土地学也不例外，上述学科体系只是当下的一种存在，它会随着未来人类发展需要的变化而不断由初级向更高级的形态演变。

（二）土地学与相邻学科的关系

土地学的产生和发展与其他学科，尤其是相邻学科的发展有着密切的关系，同时也推动着其他学科的发展。这种相互联系，是学科发展的普遍规律。很多相邻学科的某些理论和方法都被土地学吸收应用，例如地理学、农学、草原学、林学、生态学、水土保持学、农田水利学、地质学、环境学、规划学、建筑学、景观学、经济学、数学、遥感、计算机等。这是当代全部学科发展的共同特征，科学越发达，科学间的交叉渗透也就越深刻。但由于不同学科的研究对象、基本属性、本体结构和社会功能不同，中心概念是有明显差别的。以下主要阐述土地学与几个相邻学科的本质区分。

1）土地学与地理学的主要区别。土地学与地理学在研究对象、核心概念、学科结构以及认知传统等方面都有显著的区别，二者之间存在明显的学科边界。①研究对象不同。地理学的研究对象是作为人类家园的地球表层、人类与地理环境的关系、人地关系地域系统等在时间和空间中变化的一切地理现象（蔡运龙等，2012）。该研究对象偏重宏观，偏重关系，总体上属于基础性学科。土地学的研究对象是土地资源、土地利用、土地变化以及土地承载能力等的本质规律及其与自然、社会环境的互动关系，具有较深厚的应用性学科色彩。②核心内涵不同。地理学的核心概念包括环境变化、人地关系、时间、空间、区域和地方、尺度、系统、景观、全球化、发展和风险（蔡运龙等，2012）。土地学的核心概念主要包括土地资源、土地适宜性、土地质量、土地利用、土地变化、土地权籍、土地生产力、土地承载力、土地整治等。核心概念的不同，表明土地学和地理学在认识世界的方式和途径是很不相同的，更表明这两个学科的研究内涵、范畴边界也是很不相同的。③学科结构不同。地理学是一门研究地球表层自然要素与人文要素相互作用及其时空变化规律的科学，主要包括自然地理学、人文地理学和地理信息科学三大分支学科。土地学主要探索土地利用系统的发展演变规律，寻求解决土地利用问题的途径、方法和技术措施，主要包括土地资源学、土地系统学、土地利用学、土地变化学、土地保育学、土地整治学、土地筑居学等分支学科。可见，地理科学与土地学在学科结构上是不相同的。④社会范畴不同。学科除了知识论维度外，还存在着重要的社会学维度。在很大程度上，学科是一个社会的范畴，它与社会分工中的某一类具体分工的知识体系相联系，是身处学术圈内的人与学术圈之外的人的集合。这些人之所以集结，是因为他们共同拥有社会分工中的某一类生产知识（鲍嵘，2004）。土地学的社会分工是从事土地开发、利用、整治和保育，不断改善和提升土地的生产、生活和生态功能，保障人类和其他生命空间的可持续发展。地理学对产业优化与升级、农业与农村发展、高新技术产业发展、缓解国际贸易压力、促进城市化、改善生态环境等社会发展中的关键领域都有重要作用，但其社会分工无疑不会指向土地利用、土地整治和土地保育。由此可以认为，土地学和地理学分属两个不同的社会范畴，社会需求和价值取向都是不相同的。

2）土地学与环境学的主要区别。环境学是研究环境结构、环境状态及其运动变化规律，研究环境与人类社会活动间的关系，并在此基础上寻求正确解决环境问题，确保人类社会与环境之间演化、持续发展的具体途径的科学（陈英旭，2001）。其主要任务是探索自然环境的演化规律、人与环境的相互依存关系、区域污染综合防治的途径，核心是环境质量的控制与环境污染的防治。从上文土地学的关键概念以及土地学研究的核心问题分析中不难看出，土地学与环境学是有本质区别的。①研究对象不同。土地学的研究对象是土地利用及其运动规律，而环境学的研究对象主要是环境质量及其污染状况，二者不存在交集。②核心内涵不同。环境学主要研究环境质量的控制与防治，重点探索污染物质在环境中的迁移、转化、增大和消失的规律；而土地学主要研究土地如何利用和土地承载能力如何提升以及为什么如此行动的规律和根据，二者有着根本性的区别。③基本任务不同。环境学主要是探索区域污染综合防治的途径，人与环境的相互依存关系以及如何协调人类生产、消费活动同生态要求之间的关系。而土地学的基本任务：一是不断为满足人类当代和后代日益增长的物质和文化需要提供土地保障；二是阐明土地过程与外部环境的相互作用关系和演变规律，创造美的生存空间，促进人地系统的持续发展；三是探索实现土地资源系统的安全运行和最佳效益。二者有着根本不同的基本任务。

3）土地学与生态学的主要区别。土地学与生态学在研究对象、研究内容、关键概念和基本任务等方面都存在明显的区别。①研究对象不同。生态学是研究生命系统与环境系统相互关系的科学，最基本的含义是指研究生物栖息环境的科学，其总体为生物圈。这一研究对象自从生态学之名产生以来一直得到普遍共识。生态学之名是由著名德国自然科学家海克尔（Haeckel）于 1866 年在其《普通形态学》序言中最先提出的。1869 年海克尔就把它定义为"研究有机体与其周围环境——非生物环境和生物环境间相互关系的科学"（沈守愚等，2010）。在 20 世纪 60 年代以前，生态学的研究重点是动物生态学和植物生态学。其中动物生态学以动物种群生态学为主流，植物生态学以植物群落生态学为主流。20 世纪 60 年代以后，随着人口、资源、环境和发展问题日益突出，生态学的研究重心和主流开始转向生态系统，强调生态系统结构与功能之间的相互联系和相互作用以及自动调节机制。可见生态学与上文提到的土地学以土地利用为主要研究对象是很不相同的。②研究内容不同。生态学的主要研究内容是个体生态、种群生态、群落生态和生态系统。按所研究的生物类别分，主要研究内容为微生物生态学、植物生态学、动物生态学、人类生态学、民族生态学等。无论是哪一种分类的研究内容，生态学与土地学所研究的土地开发、土地利用、土地整治、土地保育以及土地生产力、土地承载力等内容在边界上是非常清晰的。③关键概念不同。生态学的关键概念包括生态系统、物质循环、能量流动、生态平衡、复合种群、生物地球化学循环、食物链、生态位等，这与前文提到的土地学的关键概念，诸如土地资源、土地生产力、土地适宜性、土地利用、土地权籍、土地承载力等，几乎不存在概念上的交集和重叠。④基本任务不同。生态学的基本任务是在一定时空尺度上阐明生物物种组成和各物种种群丰富度的动态规律和特征，以及决定这种规律和特征的内在机制。在应用领域，其基本任务主要是探索各种资源开发所产生的生态效应、生物多样性的保护、生态系统的功能恢复、物种的逆境生理过程等。生态学完成的这些任务，是在分子水平、个体水平、群体水平和生态系统水平的不同层次上进行的，不仅与上述土地学所阐述的目标任务不同，而且实现的途径也不相同。

4）土地学与土壤学的主要区别。本章前文已经从土地与土壤概念在相互关系、本质特征和形态结构等 3 个方面的区别进行了阐述，这也在一定程度上阐明了土地学与土壤学的区分。①研究对象不同。土壤学主要研究发育于地球陆地表面能生长绿色植物的疏松表层功能，而土地学是研究介于岩石圈、水圈、生物圈、土壤圈和智慧圈界面的土地利用系统。②学科本质不同。土壤学的本质主要是研究土壤的物质组成、性质及其与植物生长的关系，通过耕作施肥管理来提高土地肥力；而土地学的本质主要是研究土地生产力、土地承载能力以及陆地表层生命空间的活力，土壤仅仅是研究土地生产力、土地承载能力或者陆地表层生命空间活力的一个组成要素。③研究范围不同。土壤学主要研究的范围是在地球风化壳的疏松表层，而土地学不仅要研究地球风化壳的疏松表层，还要研究地下空间的开发利用，深度可以达几百米，还要研究地上空间的人居环境规划、野生动植物栖息地保护、生境退化修复、生命景观风貌设计等。

5）土地学与管理学的主要区别。管理是人类社会基本活动之一，只要有人群存在，有多人共同协作的现象，就需要管理。它是管辖治理的意思，是管理者在一定的环境条件下，为有效地实现既定目标，运用一定的方式和手段所进行的一项综合性活动。管理学是研究管理规律、探讨管理方法、建构管理模式、取得最大管理效益的学科，是为适应现代社会化大生产的需要而产生的。其核心内容是研究在现有的条件下，如何通过合理地组织和配置人、财、物等因素，提高生产效益的水平。土地管理是国家的基本职能之一，是国家综合运用行政、经济、法律、技术等手段，为维护土地所有制、调整土地关系、合理组织土地利用而进行的计划、组织、指挥、协调、控制等综合性活动。可见，土地学研究离不开管理学的基础知识，更需要土地管理学的支撑。但是，土地学与管理学存在着以下重要区别。①学科范畴不同。管理学以人和组织作为主要研究对象，而土地学以陆地表层的物质系统作为研究对象。前者以人为研究对象，属于社会科学范畴；后者以物为研究对象，更多属于自然科学范畴。②核心命题不同。土地学研究的核心命题是围绕自然-土地-人类之间的共生关系而展开的，土地管理学是围绕制度-土地-合理组织之间的关系而展开的。前者的重点是研究土地利用与自然环境的共生关系以及土地利用作为一个实体系统所产生的生产力和功能，后者研究土地利用中产生的人与人、人与地之间的关系及其土地利用的合理组织，并不研究土地利用作为物质系统的结构和功能及其生产力和承载力。③路径方法不同。管理学的主要路径方法是制度制约、法治规范、行政管理、经济激励等社会科学手段，而土地学的主要路径方法是土地调查、土地评价、土地规划、土地设计、土地整治、土地监测等科学技术手段。

三、土地学的研究范式

（一）土地学研究的天地人范式

范式是一种对本体论、认识论和方法论的基本承诺，是学科领域科学家们共同接受的一种假说、理论、准则和方法的组合，是学术共同体的理想和信念。从传统学科的内在建制来看，成熟的学科都要有比较公认的学科范式。但是也要清楚地认识到，学科范式是学科发展成熟阶段的产物，并不是所有学科的发展都能够达到范式的阶段。不少具有很高学术地位和很强社会功能的学科，其实都还处于前范式或准范式阶段。如环境学、生态学、网络学等，至今也没有形成科学家们共同接受的范式。很多学科，如地理学、社会学和教育学等，在很长时期内都没有范式或二元范式或多种范式的时期。科学家的视角不同，提出的科学问题也不同，因此也会包含相差甚远的甚至冲突的学科范式。从后现代学科演进的角度看，范式在很大程度上是对学科创新思维的束缚和禁锢，牛顿的经典力学、爱因斯坦的相对论、现代量子力学等重大科技创新，都是对传统学科范式的超越和突破。如果总是在范式的框架内思考，这些重大科技创新就不可能出现。但是，范式作为一种信念、一种科学习惯和一个解决疑难问题的方法论，有其存在的合理性，能够提供一系列紧密相连的预期，有助于提高研究效率。因此，建立一个弹性和包容性的土地学研究范式，并随着社会进步和人类科学认知水平的提高而动态调整演进，对促进学科积累和演进是有益的。

按照学科范式的内在规定性，土地学科的全部知识积累，还不足以形成能被学术界广泛认同的发展逻辑和理论源流，它需要土地学工作者长期的不懈努力和探索才能建构学科的基本范式。基于这种认识和学科发展逻辑，作为一种探索，本书提出了土地学研究的天地人范式。所谓土地学研究的天地人范式，就是指土地学研究的本体论、认识论和方法论都要基于天-地-人的整体性和融合性框架。这是一种观察土地学问题的方式，也是一种理解土地学问题的视角和思考程序。此天地人的含义如下：

1）天是指自然，它有3种含义：一是指自然万物之总和，如地质、地形、气候、水文、植物、动物等。二是指自然系统运行规律，如日月星辰、二十四节气、海陆变迁的变换节奏等。三是指人力所不可及，即自然界和人类社会的自然内在过程，是人类的力量难以改变的。

2）地是指土地或大地，与天的位置相对，也有3种含义：一是指土地具有承载万物的功能，正如《释名·释地》中所说“地，底也，其体底下，载万物也”。它与天的高显坦然相对应，与女性阴柔和慈爱的品格相通。二是指土地在人类系统中处于中心位置，对人类存在具有根基性。《说文解字》指出“黄，地之色也”；《论衡》指出“黄为土色，位在中央”。甲骨文中的“黄”，在玄天之下，是中央、光明、美玉的象征，意指土地统辖了尘世的一切。在隋唐之后，“黄”终究成了象征着天子的御用之色，跃立于色之巅而千年不灭。三是指变化之意，正如《白虎通·天地》所指出的“地者，易也，万物怀任，交易变化”。也就是指，土地是一个变化的动态系统。

3）人是指人的个体和整体，其含义复杂多种，主要有：一是指人是高等动物，在生物学上，人被分类为人科人属人种，其染色体与猩猩等动物具有很强的同源性。二是指人具有很强的社会性，是群居结社的动物，能够建立团体与机构来达到互相支持与协助的目的。三是指人具有文化性，即具有独特的智力和能力，如语言、价值观、制图、思维、灵魂、自省和创造能力，这些能力使人类能够创造和使用复杂的文化产品和历史经验。

土地学研究的天地人范式，是要将土地概念化为耦合的自然系统和人类系统，强调土地与自然系统、人类系统之间的相互依存和协同共生。《吕氏春秋·审时》指出：“夫稼，为之者人也，生之者地也，养之者天也。”在漫长的人类文明进程中，人类通过天象变化的自然规律来计量时间，观察气候和季节更迭，形成了具有深刻科学内涵和深厚人文价值的天地人互联互动的世界观和方法论。将天地人作为土地学研究的总体范式，主要基于以下依据。

1）是由土地学是什么的内涵决定的。土地学以土地系统的整体作为研究对象。该对象是由近地表气候、地貌、岩石、水文、动植物、土壤以及人类活动结果相互作用而形成的自然历史综合体。换句话说，土地学的研究内涵是自然系统和人类系统的综合体，将天地人作为其研究范式，在很大程度上是由土地学的本体结构所决定的。

2）是由土地学的核心问题所决定的。土地学所研究的核心问题是土地利用的本质规律及其与自然和社会环境的互动关系。这种本质规律是由自然系统和人类系统的互动响应所决定的。土地利用系统中的任何一个因素都不是单方面的，而是既有物质层面又有社会层面和运动层面的含义。土地利用既受自然系统的支配，如气候会影响土地生产力的高低；也受人类系统的影响，如改良土地会提高其生产力。人类必须从天地人互动的视角来认识土地利用，才能维护土地的可持续利用。

3）是由土地学发展历史所决定的。在历史发展的长河中，作为土地学研究核心问题的土地利用，其利用方向、利用方式和利用程度等，既受自然规律的影响，又受社会经济规律的支配，是自然、社会、经济、技术等诸多因素共同作用的结果。在远古时代，人们在河流附近肥沃易开垦的土地上耕种作物，种植面积小，只足以养家糊口，主要受自然系统支配。到了现代，土地利用向着地域分工越来越细、集约化程度和专业化程度越来越高的方向发展，土地利用方式也日益呈现出知识化、科技化和生态化特征。土地学研究的核心问题，都是沿着天地人互动这一主线而展开的，有着深厚的历史传统和知识积累。

4）是由土地学的方法论所决定的。土地学观察事物和处理问题，与中心概念的自然科学和社会科学有明显的不同。以土地利用规划为例，不仅需要借助自然科学的调查勘测等作为工具，也需要依托社会科学乃至人文科学的组织协调平衡等解决问题的技巧。以土地整治为例，既要采取自然科学的工程措施，也要采取社会科学的非工程措施，前者包括工程材料、工程装备、工程修复等，后者包括权属调整、政策制度创新等。土地学解决问题所采用的工具和方法技巧，就是要将土地利用系统中独立的规划、保育、整治、监测、评价、决策支持、市场结构、社会标准和科学信息等，最大限度地整合为天地人学习和管理系统，推进在天地人框架下自然科学和社会科学的研究方法、技术工具和模型系统的综合集成与开发，这是土地学解决问题的方法论所在。

（二）天地人研究范式的复杂性

自然是不以人们肉眼感官为转移的物质性客观实体。以人的感官为依据，物质可以划分为可见物质和不可见物质，能量则属于不可见物质范畴。人类可持续发展由物质需求问题而生，所需物质包含于自然界、岩石圈、水圈、土壤圈、大气圈、生物圈和智慧圈之中。因此，①土地利用的物质传输体系必须与上述各圈层发生广泛的联系，才能完成生物地球化学循环、水循环、气体循环、淀积性循环以及地质循环等。②人类是自然生态网络中的一个种群，该种群遍布全球，其发展受到整个自然生态系统制约，是一个全球性问题。人口是流动的，却总是由劣势地区向优势地区流动。局面治理再好，都将被这种流动性所中和，土地可持续利用也因此成为全球性问题。③土地是有区域性的，但终极地看是全球共享的。土地资源的可持续利用，涉及全球资源的合理利用。④土地利用是有很强的负外部性的，它所导致的环境变化和问题总是由原发点向全球扩散和蔓延的。不仅如此，当代土地学研究正面临以下诸多挑战：①不能完全了解直接影响土地利用对象行为的所有因素和信息而产生的各种不确定性。②土地系统的层次结构以及各个子系统都具有不同的质和量。③土地系统在宏观上表现出来的全球关联性。④土地系统各组分之间具有的不可忽略的非线性相互作用。如此等等。可见，土地学研究的天地人范式，具有高度的复杂性。只有把复杂学的各种理论、方法和思维方式引进土地学研究范式的天地人之中，建构土地学天地人研究的复杂学方法论，才能有效应对土地利用系统复杂性的挑战。土地学天地人研究范式的复杂性，就是要把土地对象看作是一个复杂适应系统，重视在天地人框架下研究土地对象的复杂性和混沌特征，如整体性、非线性、分形、不确定性、等级层次间递归、对初始条件的敏感性、系统的充满反馈环和可能的分岔点及涌现（emergence）等。例如，研究者将复杂学方法引入土地荒漠化研究，在所构建的动力系统熵模式中，将土地生产力作为量化分析荒漠化的一个状态参数，并用 Logistic 增长曲线来描述生产力的变化规律，提出了量化系统熵值的途径，最后给出了构建的熵模式。该模式从微观上涵盖了荒漠化脆弱生态系统各组成部分的各种微观状态对系统的熵耗散规律，宏观上耦合了系统各组成部分之间的交互作用以及人类经济活动对土地系统的干扰作用。熵模式的建立还能用于评价未来气候、土地利用、自然和人为干扰等因素对土地荒漠化的动态影响，有效增强了土地荒漠化过程的模拟与预测能力（邱玉珺等，2006）。

土地学研究的天地人范式，面对复杂的社会发展和实践需求，重点是要能阐明人类和其他生物界需求与土地利用之间的相互作用过程、可持续性轨迹、演变规律和动力机制，并通过土地利用措施调整优化不断满足人类新的功能需求。因此，土地学研究的天地人范式，必须建构一种着眼于复杂系统功能辨识的可持续性思维。这种天地人研究范式可简化表达为

$$\begin{gathered}\text{Qpt.}\,\boldsymbol{A}\\ \text{s.t.}\,\boldsymbol{A}\times\boldsymbol{x}\in\boldsymbol{N}\end{gathered}\qquad(1-1)$$

式中：$\boldsymbol{N}=\{\underline{\boldsymbol{b}},\bar{\boldsymbol{b}}\}$，是一种算子，它将结构向量 $\boldsymbol{x}$ 通过土地利用系统关系矩阵 $\boldsymbol{A}$ 映射为一种新的土地利用向量 $\boldsymbol{Y}=\boldsymbol{A}\times\boldsymbol{x}$，使得 $\boldsymbol{Y}$ 在某一现实可持续空间 $\boldsymbol{N}=\{\underline{\boldsymbol{b}},\bar{\boldsymbol{b}}\}$ 内，其中 $\underline{\boldsymbol{b}}$，$\bar{\boldsymbol{b}}$ 分别为土地利用因子的上下限控制向量。这里 $\boldsymbol{A}$ 和 $\boldsymbol{N}$ 都是随时间而变化的，其目的就是要在现实可持续空间 $\boldsymbol{N}$ 内不断改进和协调土地利用系统关系 $\boldsymbol{A}$ 至某一较理想的程度：Opt .$\boldsymbol{A}$，使得其功能为人类和其他生物界所满足，而又实现天地人系统机会和风险、开发和保育的协调平衡（吴次芳等，2007）。

四、土地学的学科定位

（一）土地学的总体定位

定位是指为学科发展确定方位和界限，让学科品牌在学术圈和社会大众的心智阶梯中占据更有利的位置。如此，当社会产生相关需求时，便会将该学科品牌作为优先选项。学科是针对特定问题应运而生的，学科定位也是以特定问题为导向的。地球进入 20 世纪 70 年代以来，伴随着人口、资源、环境和粮食问题的日益突出，人类开始关注土地利用的可持续性，着力研究土地是如何影响地球持续提供人类生存所需的物质和服务能力的。土地学所面临的问题，本质上是一个人类世时代的资源危机和生态失衡问题。无论是食物安全、优质耕地快速减少，还是土地荒漠化、土地污染等，所影响、链接和互动的是整个地球陆地表层生态系统的演化过程。面对如此复杂的系统，传统的土地经济学、土地法学或土地管理学已经无力解决在这种复杂体系中各个子系统的异质性、多样性、关联动态性以及体系的涌现性问题。因此，人类需要在更高层次上建构一门新学科——土地学，以揭示地球陆地表层生态系统——土地生态系统演化的本质和规律，并将解决地球上土地资源危机和生态失衡问题作为新学科的任务。土地学研究涉及从环境变化到社会冲突的广阔领域，其价值源自土地学对人类世地球表层特征、结构与演化的研究，对自然系统和人类系统在不同地球区域相互作用的过程及其影响研究。

土地学在观察世界和解决资源环境问题过程中的 3 个“透镜”，是土地学思维和方法为科学认知做出的独特贡献。①土地利用自然系统和人类系统的相互依赖，是地球岩石圈、水

文圈、土壤圈、生物圈和人类智慧圈的综合。②土地生产力的要素相互依赖，是地球气候、水文、土壤和人类科技相互作用的结果。③土地承载力的尺度相互依赖，需要充分考量全球、国家、区域和地方，以及近期、远期、当代和后代等不同尺度的相互影响和平衡。这些不同类型的相互依赖，对人类存在的地球系统、人类干预的地球系统和人类预期的地球系统，在处理人类发展、资源危机、生态系统变化、社会冲突与合作等实践问题上具有重要作用。基于此，可以对土地学的学科做如下定位：土地学总体上属于地球科学范畴。从现阶段人类知识积累和知识系统来看，地球科学基本上可以分为三大部分：①地表地球科学，包括地理学和土壤学等。②固体地球科学，包括地质学、地球物理学、地球化学等。③大气科学和海洋科学（涂光炽，2007）。更准确地说，土地学应该属于地表地球科学范畴下的一级学科，与地理学等并列，也是土壤学的“土”和地理学的“地”的综合。关于土地学与土壤学、地理学的本质区别，在本章前述的“土地学与相邻学科的关系”中已经给予详细界定，这里不再赘述。从国际研究现状和研究趋势看，土地系统学、土地利用学、土地变化学等三大学科，都是得到科学家们普遍认同的成熟学科，也是支持土地学形成发展的支柱性学科。所有这些支柱性学科，都是在土地利用和土地覆盖变化计划、全球土地计划、未来地球研究计划、地球科学事业等以地球科学为主体的项目计划支持下发展起来的。

综上所述，无论是土地学的“土”，还是土地学的“地”，都是不能离开地球的。土地一旦离开地球，就失去根基了。经济学家等精英们把土地异化为只是资产和商品，已经给人类造成了诸多灾难和悲剧。正如让·雅克·卢梭在《论人类不平等的起源》第二卷开头中写的那样：如果土地不是成为资产或商品，不知道可以免除多少人类的罪恶、战争、谋杀、灾难和恐怖（埃尔登，2017）。因此，由于人类最需要面对的是“只有一个地球”（Only one Earth）所引发的“共同的未来”（Our common future）问题，将土地学定位在地表地球科学的范畴，而不是管理学或经济学范畴之下，有着深厚的存在根基、历史渊源和广阔的发展前景。

当代地球科学已经不是传统意义上的地学，而是人类世视野的人文地球科学。大量研究表明，进入文明社会以来，与自然地球相对，地球已经进入了“人文地球”时代（张九辰，2022）。诺贝尔奖获得者保罗·约瑟夫·克鲁岑（Paul Jozef Crutzen）等一批科学家的研究也表明，地球演化已经从“全新世”，进入到环境巨大变化的“人类世”（Anthropocene）（Crutzen，2002；邓雪梅，2010）。人类世的基本特征是，人类活动正成为影响和改变地球的主导力量。建立人类世的主要目的，就是试图解释和阐明人类活动对地球演化的影响机理，建立人与自然和谐相处的新纪元（赵剑波等，2008）。土地利用作为地球上人类活动最活跃的行为方式，是地球环境变化的基本动力源（吴次芳等，2009）。以研究土地利用作为核心内容的土地学，将其定位在地表地球科学，面对人类世的到来，更能够揭示地球表层界面的演化机制，有助于阐明人类世演化的基本规律，也有利于揭示土地学在地球表层系统的未来发展走向、生态化前景和自组织过程。土地学与地理学、土壤学一道，共同揭示地表地球科学的发展演变规律。

在人类世，世界是自然系统和人类系统耦合的本质存在，而土地是耦合自然系统和人类系统的典范（Liu et al.，2007；Acevedo et al.，2008；An，2012）。推进土地学研究，有利于揭示人类世的世界存在本质和演变规律，助力寻找人与自然和谐共生的路径和方法。

（二）土地学定位的依据

人类世的到来，表明地球已进入“人类生物地球化学”的循环过程。土地作为这一循环的最重要界面，是任何其他界面不可替代的。这种人类重大过程的不可替代性，为土地学的学科建设带来了崭新的发展契机和更大的发展空间，也为土地学发展确立了良好的学科生态位和基本样式。之所以把土地学定位在地表地球科学的范畴，除了上述分析以外，还有以下若干依据。

1）土地是地球的表皮，离开地球表层，土地就不再是土地。从太空遥望地球，透过大气层能够清晰地看到陆地表面所覆盖的土地。早在唐朝，先贤们就把土地称为“地皮”。当代社会，人们也称购买土地为购买“地皮”。土地之于地球，尤如细胞膜之于细胞、皮肤之于躯体，二者是不可分离的整体。如果没有土地这一表皮，地球将与其他星球一样，几乎毫无生命的痕迹。如果没有地球，土地就缺乏存在的根基，也就不存在“土地”一词。将土地学定位在地表地球科学范畴，这是由土地的根基性所决定的。如果把土地学定位在经济学或管理学范畴，而这些学科是以人或组织作为研究对象的，完全偏离了土地作为物质系统的本体。

2）地球诸多学科如地质学、地理学的词根“geo”，原本就是指土地。地球及其诸多学科都是以“geo”作为词根的。①地球（geosphere）。由“geo”（表示“地球”）以及“sphere”（表示“球体”）组成，指地球的固体部分，包括地壳、地幔和地核。②地理学（geography）。由 geo（表示“地球”）以及“graphy”（表示“描述”或“研究”）组成，指研究地球表面及其特征、人类活动和环境相互关系的学科。③地质学（geology）。由“geo”（表示“地球”）以及“logy”（表示“学科”或“学习”）组成，指研究地球的物质组成、结构、历史以及地球内部和表面的变化过程的学科。④地形学（geomorphology）。由“geo”（表示“地球”）以及“morphology”（表示“形态学”）组成，指研究地球表面形态及其形成原因的学科。但从希腊语语源来看，“geo”是一个希腊语词根，来源于希腊语中的“γη”（ge），意指“大地”（张九辰，2022）。可见，将土地学定位在地球科学，完全是同根同源，有利于人们更好地理解土地的起源、过去和未来。

3）土地学本质上是人类利用地球表层资源环境的一门学问。自有历史以来，人类就开始认识土地并利用土地。公元前 2100 年，先祖们就开始研究土地。据《禹贡篇》记载，全国土地按土色、质地和水分等分为 9 个不同的等级。人类的进化史，很重要的主线就是土地开发利用发展史。人类之所以要投入大量的人力、物力、财力来研究土地，根本性的原因就是试图更好地利用地球表层的资源环境，以解决人类生存和繁衍所需要的物质和能量问题。20 世纪 70 年代以来，世界上不断出现土地利用学（Land Use Science）、土地变化学（Land Change Science）、土地系统学（Land System Science）等土地学学科，本质上就是为了更好地阐明地球表层资源环境的动态变化规律，以便获取更多和更优质的地球表层资源环境。土地史就是利用地球史，土地学是人类利用地球表层资源环境的一门学问。将土地学定位在地表地球科学范畴，有利于人类更好地面对“只有一个地球”和“共同的未来”。

4）地球科学不再是纯自然体，与土地学的跨界特性相契合。对于这一点，前文已经进行过详细的分析。大约在3000年前，人类对于地球的认识开始进入理性发展阶段。从地中海到西亚，从尼罗河到两河流域，从印度到中国，人类对地球知识的积累，已经与哲学的思辨和人类的土地利用知识交织在一起。地球不再是纯自然体，而是跨越自然系统和人类系统的人文地球。土地学的研究对象是自然-人类系统耦合的概念化土地，天地人的相互作用和相互依存是其观察世界和处理土地问题的方法论和基本方式。将土地学定位在当代地球科学的范畴，契合土地学跨越系统和人类系统的本体特性，也使土地学的概念、思维、内容和方法能更有利于解决当代很多紧迫性的土地资源环境问题，更具有独特的洞察能力和综合能力，可以避免人类由于对土地时空认识的局限而引起的错误和偏差。例如，从经济学角度观察和处理土地问题，就会片面追求土地财富的利益最大化，从而导致土地生态福祉的丧失。

第三节　土地学的支持系统

一、土地学的理论系统

（一）土地学的核心理论系统

按照学科理论，其结构可分为核心理论和支持理论。核心理论是指在这门学科理论体系中起基础性和关键性作用并具有稳定性、根本性、普遍性特点的理论原理，能揭示该学科普遍本质、基本规律和特有现象的知识体系。学科核心理论首先是这个学科独有的，从该学科中发生发展起来的理论。一门知识体系能否形成一个学科，相对独立性的理论体系是一项重要的指标表征。20世纪90年代以来，国内土地学理论中的主导思想已经出现了明显的偏移，土地学学者为了进入决策者的语境，简单地“交叉”了政治学、管理学、经济学或者社会学领域的观点来武装自己。这种“交叉”在一定的时期内形成了当今土地资源管理领域研究的蓬勃局面。但随着相关研究的不断深入，土地学却只能亦步亦趋，几乎完全丧失了基础理论研究的主导地位，导致了土地学核心理论的空虚化局面。根据土地学研究的总体定位、核心对象、基本范畴和主要属性，其核心理论系统主要由以下几种理论综合构成。

1. 土地系统理论

系统论的创始人、奥地利理论生物学家L. V. 贝塔朗菲（L. V. Bertalanffy）对系统的定义是：“相互联系的诸要素的综合体。”土地系统，是指在一定的地域空间范围内由若干个相互作用、相互依赖的土地要素有规律地组合成具有特定结构和功能的有机整体。该系统既包含着自然系统，也包含着经济系统，还包含着社会系统，是自然系统和人类系统的相互作用综合体。土地系统理论认为，土地系统具有明显的层次性，如土地—耕地—水田—望天田等。与层次相对应，土地系统具有明显的时空尺度，时间尺度如土地利用演变、土地类型演替、土地权属变更、地价动态变化等均是一些具体的例子，空间尺度如土地的区域大小、最小至地块或刻面、大至小流域、甚至整个陆地。土地系统中这些具有不同层次和时空尺度的组分，本身也可以自成系统，称为子系统（subsystem），它们相互联系组成一个具有能量流、物质流、信息流、经济流和社会流的串联系统（cascade system）。按土地系统的构成要素来划分，即子系统分类，也就是从纵向来划分，它通常可分为以下基本类型：农田系统、林地系统、草地系统、水域系统、荒漠系统、市地系统等。按土地系统构成要素之间的相互关系来分类，即分系统分类，也就是从横向上来划分，它可分成若干不同等级的区域类型。例如，我国按水热的区域分布将土地分为以下基本类型：湿润赤道带土地系统、湿润热带土地系统、湿润南亚热带土地系统、湿润中亚热带土地系统、湿润北亚热带土地系统、湿润半湿润暖温带土地系统、湿润半湿润温带土地系统、湿润寒温带土地系统、黄土高原土地系统、半干旱温带草原土地系统、干旱温带暖湿带荒漠土地系统、青藏高原土地系统等。

在过去的几十年里，土地系统科学的发展历程取得了巨大的理论和方法进步，目前已被认为是一个日趋成熟的领域。人们能够以越来越精细的时空分辨率监测和模拟土地系统的变化，并加深了对于这种变化相关的间接影响、土地利用位移和权衡的理解（Meyfroidt et al.，2018）。与此同时，土地系统科学进行了大量详细的案例研究，记录和解释了除南极洲外所有生物群系和大陆的土地利用变化，甚至深入研究了土地变化行为者的动机（Rueda et al.，2019）。基于地点的案例研究可以深入调查导致土地系统变化的过程，并评估由此产生的权衡（Potschin et al.，2013），使用共同的分析框架进行多个案例的比较研究，可以综合有关特定决策策略如何受其特定背景和驱动因素影响的证据，并确定不同地方土地系统的潜在共性和差异（Sunderland et al.，2017）。同时，遥感和空间数据分析也为绘制和分析土地利用和覆盖方面的大规模土地系统变化（Song et al.，2018）以及更详细的案例研究中景观管理、结构和组成的发展提供了补充的经验证据（Helfenstein et al.，2022）。这些进展使土地系统理论研究开始超越土地利用的同质结构决定因素和总体动态，揭示了土地利用变化的更复杂和不同程度的因素、模式和驱动机制。

2. 土地利用理论

当新石器时代的先人把种子有意识地撒向土地时，人类便开始利用土地。无论是农业社会、工业社会，还是现今所说的后工业社会，人类都没有离开土地，并以土地利用为主线而世代繁衍。几乎可以说，人类物质文明的发展，都是建立并取决于土地利用这一基本点之上的，一切活动由此而派生。土地利用的本质是一个自然、经济、社会、生态、文化和技术等多因素相互作用的持续运动过程，是一种人地关系。它包括生态利用、空间利用、景观利用和自然利用 4 种既联系又区分的不同类型，是围绕如何处理好人（也包括其他地球生命）与土地之间的相互作用关系而展开的。土地利用是一个复杂系统，具有显著的外部性，受供给与需求、稀缺与选择、边际与弹性等经济逻辑所支配，但维护土地利用的可持续性和多样性始终是土地利用理论的主线和核心板块。

3. 土地变化理论

土地是一个随时间推移而不断变化的动力学系统。土地的数量、质量和生态属性，都是土地在随时间变化过程中的瞬间特定状态。理解和思考土地的最佳方式是基于变化，而非不变；不是物质的存在，而是事件的生成。土地的状态无法在时间中永恒，会不断转化，是由事件、发生、过程、出现所组成的网络集合体。由于性质不同，土地变化可以区分为土地利用变化、土地质量变化、土地功能变化、土地韧性变化等多种类型。土地变化与全球变化是一个互动的过程，对全球气候变化、水文过程、生物地球化学循环、水土流失、生物多样性变动等都具有广泛而深刻的影响。土地变化科学是一个跨学科领域，对于理解自然系统和人类系统耦合的动态过程，解决人类可持续发展的资源环境问题具有特别重要的价值。

4. 土地适宜性理论

土地是地球陆地表面上由气候、地貌、岩石、土壤、水文、生物以及人类活动结果综合作用而形成的物质系统。在土地的形成和演化过程中，各个要素以不同形式和不同强度影响着土地综合体的特性和适宜性。例如，①光热水气在空间上的差异和时间上的变化，影响植物的类型、利用方式和适宜性，日照时数的多少会影响到作物光合产量的多少。②地形对中小范围内水状况的再分配和物质的迁移起着重要作用，不同的地貌类型、海拔、坡度、坡向、侵蚀程度等会影响土地利用的方向、类型、强度和适宜性，大于 25 度的坡度就不宜耕作，林业生产也会受到较大影响。③岩石作为土壤形成的母质，其物质组成会影响土层厚度、土壤质地、透水持水性、肥力状况以及抵抗风化侵蚀的能力，也直接影响土地的利用方式、强度和适宜程度。④土壤是土地不可分割的一部分，土壤类型、有效土层厚度、土地质地、土体构成、障碍层次、酸碱度、有机质和各种营养元素的数量和水平，直接影响土地特性、适宜性和生产力。根块类作物的最佳土层厚度为 75 厘米以上，如果其小于 50 厘米就难以生长；对于 pH 值小于 4.5 的强酸土，一般植物都难以生长。⑤水文和水文地质因素，包括地表水和地下水的深度、矿化度大小以及补给和排泄状况，对土地的适宜性有着重要影响。地下水位过高，会造成渍水和沼泽化；地下水矿化度过高，会造成土地盐渍化，如此等等。如同 7 个音符综合组配生成了无数支具有个性的乐曲一样，土地在上述多种要素的综合组配和共同作用下，也形成了无数的土地适宜生境——土地的生命感应中心。所有土地利用都必须首先遵循土地适宜性的空间分布规律，按照土地对各种利用方式的适宜性程度选择最佳的组配模式，才能达成最佳的土地利用效果并实现土地的可持续利用。任何违背土地适宜性原理的利用方式，都会遭到自然的报复和惩罚。例如，20 世纪 60 年代国家组织开垦北大荒，将几百万公顷的草地、湿地和林地变成 200 多万公顷耕地。由于违背了土地适宜性原理，结果导致大面积黑土地退化，近 60% 面积的森林和湿地消失，动植物也因此失去家园：梅花鹿、东北虎几近灭绝，丹顶鹤、东方白鹳被迫迁徙他乡，东北野山参和其他珍贵药材也难觅踪影。40 年后，再将耕地退回到原来的草地、湿地和林地，或者说“退耕还荒”。虽然其中因缺粮有不得已的历史原因，但违背土地适宜性导致的教训是深刻的。

5. 土地生产力理论

自然界唯一的生产反应是光合作用，人类和其他生物都必须通过这个反应生成的绿色植物而得以生存。绿色植物吸收光能、同化 CO_2 和 H_2O、生产有机物质并释放出 O_2 的过程，称为光合作用（photosynthesis）。光合作用的整个过程可以用下列方程式表示：

$$\text{二氧化碳} + \text{水} \xrightarrow[\text{绿色植物}]{\text{光能、土地}} \text{有机物质} + \text{氧气} \qquad (1-2)$$

在这个过程中，首先是把光能转变为电能，进一步形成活跃的化学能，最后转变为稳定的化学能，储存于碳水化合物中，为人类生存和其他生命提供所必需的粮、棉、油、菜、果、茶、药、木材和其他营养物质，整个过程是依托土地发生和形成的。几乎可以说，地球陆地生物界所有的食物都源于土地上绿色植物的光合作用。土地生产力的高低，即能生产什么，生产多少，或者能提供什么样的产品，提供多少，主要取决于土地系统自然和劳动两方面的性质。土地生产力理论主要阐明土地生产力的影响因素，包括土地生产力限制律、土地报酬递减规律、土地第一性生产和次级生产的形成过程和机制等。所谓土地危机，主要就是指土地的生产能力无法满足人类和其他生物的需求，人口的膨胀超越了土地生产能力的养育“容量”。因此，如何遵循土地报酬递减规律、土地利用合理行为带原理、土地利用均等边际原理，研究综合运用土地开发、整治、保护、修复等工程措施，对土地进行改造建设，以改善土地质量，提升土地整体生产能力和优化土地生态环境，来不断满足人类新的生产、生活和生态需要，寻求与地球共生的土地生产力可持续增长路径，已成为土地学研究的核心问题。

6. 土地承载力理论

土地承载力理论有两个分支：一是土地人口承载能力理论，二是土地工程荷载能力理论。一般意义上的土地承载力主要指前者，但后者对于建设用地的熟地开发和整治也有重要的指导意义。

土地资源人口承载力理论，是一个评价、规划和预测一体化的综合性分析理论。它以土地评价为基础，以土地生产潜力和开发前景为核心，以系统分析和动态分析为手段，以人口、资源和环境协调发展为目标，试图阐明土地资源生产潜力的形成和演化规律、土地资源承载能力的影响因素和机理、土地资源承载能力研究的方法论和土地资源承载能力的时空演化特征。从某种意义上说，土地学应用性研究的核心就是要阐明人类需求与土地资源之间的相互作用过程、可持续性轨迹、演变规律和动力机制，并通过土地工程建设和管理措施不断满足人类的功能需求，不断提高土地资源的人口承载力。土地工程荷载能力理论试图阐明土地对工程安全承载能力、极限承载能力的特征和规律，在极限平衡状态下土地中应力发生重分布的特征和规律，土地工程承载力确定的方法论，土地工程承载力的类型和表征，以及土地工程承载力确定的普遍性经验定律。在土地工程研究和实务操作中，土地工程荷载能力是十分重要的设计参数。生态学的普遍定律是：任何生命负荷都不可以逾越土地承载力的阈限。

7. 土地异质性理论

不同地域，由于地理位置和人类活动的差异，不仅使土地构成诸要素的自然性状不同，也会使人类活动的结构和强度有较大差异，从而使土地的结构和功能各异，最终表现在土地质量的相异上，形成了无数不同的土地异质体。不仅东部、中部、西部、南部、北部的土地是不同的异质体，同是东部的山地、丘陵、平原、谷地是不同的土地异质体，同是东部平原地区的城市和乡村是不同的土地异质体，同是城市的沿街地块和背街地块也是不同的土地异质体。在垂直方向上，按照密度差异和性质的不同，可以分为 3 个不同的层面，即以地球基岩、风化壳和地下水为主的地下层，以生物圈、地貌和土壤圈为主的地表层，以近地面气候为主的地上层。同是地表层，由于深度不同，还存在表土、心土和底土的不同异质体。不同的土地异质体，具有不同的土地结构和功能、不同的地球化学或生物地球化学过程、不同的土力学性质或土壤肥力状况。土地异质体研究表明，就像世界上找不到完全相同的两片树叶一样，地球陆地表层也很难找到土地质量完全相同的两块地。土地质量的空间分异致使每块土地的利用严格受到地域区位和质量的制约，只能在其所处的场域内加以利用，并与特定的气候、地形、地质等环境因素以及周围的社会经济因素紧密联系，形成土地利用的地域性特征，使土地在位置优劣、地力肥沃度等方面存在着明显的地域性差异。土地异质性理论不仅是研究土地空间分异规律需要遵循的基本依据，更是指导土地利用模式确定，土地利用规划、设计和施工工艺选择，土地质量调查评价技术路线制定，以及土地政策设计和实施等实务工作的基础性理论。

8. 土地不可逆理论

土地不可逆理论，更准确地说应该称为土地过程的不可逆理论。所谓不可逆过程，在热力学上是指系统从一种状态返回到另一种状态时，系统内部和外界环境不发生任何变化是不可能的。全部土地过程，包括土地形成演化过程，土地开发、利用、整治和保护过程等，在热力学上都是不可逆的。这是因为土地过程都是以有限的速度，并在作用和反作用于该系统的各种作用力的有限差值作用下进行的。为了进一步说明土地的不可逆过程，以土地的水土流失为例做进一步说明。例如一个区域因水蚀而造成的水土流失，可以通过以下简明方程式表示：

$$A = f(R,\ K,\ L,\ S,\ C,\ P) \qquad (1-3)$$

式中：A 为水土流失量（吨/公顷）；R 为降水因子；K 为土壤侵蚀因子；L 为坡长因子；S 为坡度因子；C 为耕作因子；P 为侵蚀性控制因子。

如果要治理区域的水土流失并使之恢复到原状，侵蚀性控制因子 P 显然是一个能修正方程式的最主要因子。因此必须采用等高耕作或建筑梯田等控制措施，因为地表所有的田垄都可以作为阻止水流向斜坡底部表面移动的障碍。显然，在这个过程中，土地内部及环境均已发生变化，从而表现为不可逆性。这里必须指出，所谓土地不可逆过程，并不意味着它们根本不可能倒转。借助于外力可以使某些不可逆过程逆向复原，但这时在环境中留下了永久性的变化，这个变化不论采用任何曲折复杂的途径都不可能完全消除。土地不可逆过程可用“熵变”（$\mathrm{d}S$ 或 ΔS）予以定量描述，即

$$\mathrm{d}S_{总} = \mathrm{d}S_{体系} + \mathrm{d}S_{环境} \geqslant 0 \text{ 或 } \Delta S_{总} = \Delta S_{体系} + \Delta S_{环境} \geqslant 0 \qquad (1-4)$$

式中：等式为可逆过程，不等式为不可逆过程。即当体系熵变和环境熵变的总和大于零时，则为不可逆过程。

从人类世土地演变的一般过程来看，土地系统的总倾向是朝着无序、低级和简单的方向发展的。例如，在一片沙漠中，通过有意识地灌溉施肥，营造防风固沙林，这种补助能量可以提高沙漠土地的有序性，使某块土地变为绿洲。但是，绿洲要求的自然条件组合比沙漠要严格，而且必须随时加以照料，才能保持自然条件的有序性，否则总是趋于无序，趋于增熵，趋于退化。也就是说，在通常情况下，绿洲可能自动退化为沙漠而处于近平衡态。土地肥力的演化是另一个典型的例子，它似乎总是自动趋向熵增大的近平衡态，即在通常情况下，土地肥力具有自动退化的趋势。如果土地不从外界获得负熵，土地熵就会不

断增大，系统就会趋向平衡态，表现为肥力降低和报酬递减。人类不能期望土地本身会自动演化成适合利用的状况。土地最大生产力的上限，必须要求不断地对系统做某种形式的“功”，即不断地“耗散”能量，通过土地的“自组织”形成适宜于这个上限的远离平衡态的最优组合。

土地学的核心问题是土地永续利用。按照非平衡热力学和耗散结构理论，土地利用表现为不可逆过程。当一种土地用途变更后，欲使新的土地用途返回到原有的土地用途，土地内部或环境必然发生性质变化，这种性质变化有时要付出很高的代价。前文指出的20世纪60年代初期开始的北大荒开发，就是这方面的典型案例，造成了极大的浪费和损失。土地的不可逆理论告诉人们在规划或实施土地利用时，要认真调查研究，充分地进行可行性论证，以便做出科学、合理的决策。否则，由于土地利用具有不可逆过程的特性以及具有向近平衡态发展的趋势，将可能造成土地退化，对土地永续利用和人类生存造成极大的危害。

9. 土地多功能理论

按照词源的理解，土地功能是指土地所发挥的有利作用或效能和功效，是满足人类和其他生命对土地需要的属性。土地的多功能性，是指土地自身能够提供多样性和多类型产品及服务的特性（Kienast et al.，2009；Verburg et al.，2009）。土地多功能理论，主要包括以下基本原理：①土地要素结构是形成土地多功能的基础。土地是气候、水文、地质、地貌、土壤、生物和人类活动等要素构成的复杂系统。在不同区域和不同时段，这些要素组成的比例关系有着较大变动，也就是土地要素的结构有较大差异。如有的区域雨量充沛，有的区域极度干旱；有的区域生物多样性很丰富，有的区域却十分简单脆弱。这种不同的土地要素结构特性，就形成了不同的土地功能特征。②土地利用结构决定土地的多功能性。土地是人类一切社会经济活动的对象和载体，不同的土地利用目的、方式、范式和强度，会形成不同的土地利用结构。如耕地利用、草地利用、林地利用、市地利用、交通利用、能源利用、景观利用等不同的利用结构，会形成多样性的经济、社会、生态和文化等效益与价值。这种不同的状态和表现，就是多样性的土地利用功能。在土地利用系统内部，土地利用结构与土地利用功能存在着映射关系。③土地质能流动影响土地多功能状态。土地是一个持续不断进行物质交换和能量循环的生态系统。不同的土地生态系统，其物质生产、融合和分解过程，以及该系统的食物链、食物网、营养级和生态金字塔形成过程的能量循环，都是很不相同的。物质运动和能量循环强烈的土地生态系统，有机质分解、水分运动、植物光合作用等都快速多变，有利于实现生物物质和能量的多级利用和转化。相比较质能流动缓慢的地区，更容易形成高效的功能系统。④土地功能对自然和人类系统具有广泛效应。土地功能的不同，意味着土地所能提供的私人和公共产品以及服务状态有很大差别。这种差别对理解土地多用途之间相互作用的复杂性、时空变化以及土地可持续利用具有重要意义（Wiggering et al.，2006；de Groot，1992），对人类提供的福祉、对全球能量平衡和水循环、对栖居环境健康、对文化和审美服务、对社会关系连接等都有深刻的影响（MEA，2003）。

10. 土地活性理论

土地有一种神秘的力量，是一个精密镶嵌和互补互动的活性系统，具有很强的自组织能力。正如前文已经指出的那样，在土地上播下 1 粒种子，秋天就可以结出超过 1800 粒的稻谷。当喀麦隆中部的农民离开被他们砍伐的热带雨林之后，不到 20 年，新的树木便长到了 30 米高，完整的林冠重新形成。土地活性理论认为，土地是一个生生不息的自组织活性体。但是，如果这种活性体遭遇强烈的不适当干预，活性体的结构和功能将会受到毁灭性的破坏。一个不恰当外来物种的引入，就会通过捕食、竞争、病原体传播和疾病传染，破坏土地生命金字塔结构和功能。土地之所以是一个活性体，其形成机理主要有以下 3 个过程：①太阳能提供持续不断的能量供给。太阳能是太阳内部通过持续不断的核聚变反应过程所产生的能量。土地上的植物，通过光合作用释放氧气、吸收二氧化碳，并把太阳能转变成化学能在植物体内贮存下来，从而形成太阳能—绿色植物—动物—社会产品或服务的物质生产与能量流通过程，使得土地成为一个生生不息的活性体。②土地拼装体的互补互动。土地是一个复杂的网络系统，其中各种人类-非人类、有机物-无机物、自然-科技等不同的异质体因素，都是具有自身能动性的活性物质。这个拼装体随时处于不稳定性和流动性状态，相互之间是一种不断变化和流变的互补互动形态，会使相互关系和过程发生重构或者再编码，形成充满活性的能力（Bennett，2010；Anderson et al.，2011）。③土地基因库的庞大功能。利用现代宏基因组学的技术研究表明，土地是一个庞大的基因库。1 克土壤可能有 800 多万种微生物，数十亿微生物细胞，其基因组相比于人类的基因组要丰富约 1000 倍。25 克森林腐殖土中所包含的霉菌如果一个个排列起来，其长度可达 11 千米。就像人体基因能够传给后代一样，庞大的土地基因库是土地有机体的新陈代谢动力，也是植物营养元素的活性库，使得土地呈现出生生不息的活力。

11. 土地权籍理论

土地权籍理论，是土地权属理论和地籍理论的合称。土地权属是指土地产权的归属，其核心是土地产权理论。土地产权是指存在于土地之中的排他性完全权利。它包括土地所有权、土地使用权、土地租赁权、土地抵押权、土地继承权、地役权等多项权利。土地产权也像其他财产权一样，唯有在法律的认可下才能产生。如某人利用欺骗或暴力等手段占有土地，并不表示他拥有某项土地产权。正如生产资料归谁所有决定着一个社会的生产关系性质一样，土地归谁所有也就决定了这个社会的土地制度性质。土地制度对于土地利用的种种约束实质上表现为对土地产权的约束。土地产权性质反映着特定的社会形式和土地关系，决定了土地制度的性质，同时也就决定了土地市场结构、土地收益分配、土地配置效率和土地开发利用的约束。根据产权理论，在现在技术、信息成本和未来不确定因素的约束下，在充满稀缺和竞争的世界里，解决土地利用问题的成本最小的产权形式将是有效率的。也就是说，从经济学角度看，理想的土地产权制度安排应当是一种解决土地资源配置或土地利用问题成本最小的形式。从法权角度来看，土地利用与土地上的权利配置密切相关，土地权利配置的状况直接影响土地利用的效率，不同的土地权利配置状况决定了土地利用的不同绩效。地籍既是土地完整产权的证明，又是一个以宗地为基础的公共土地信息系统，其理论体系包括土地分类理论、土地确权理论和土地登记理论。土地权籍理论的核心是阐明如何更有效地保护权利人的合法权益，以提高土地资源利用和保护的效率。土地权籍理论，是土地学区别于地理学、土壤学和生态学等其他学科的重要理论之一。

（二）土地学的支持理论

土地学的支持理论，是指土地学科为有效研究解决本领域问题，在土地学核心理论的基础上，延伸和拓展或借用其他学科理论形成的能够有效研究解决土地领域问题的一般性理论，是学科核心理论的补充和某种深化，与核心理论共同构成支撑学科发展的理论系统。土地学的支持理论，主要有以下几种类型。

1. 土地区位理论

土地区位是一个综合的概念，除解释为陆地上某一地块的空间几何位置外，还强调各种土地自然要素与人类活动要素之间相互作用所形成的整体组合效应在空间位置上的反映。土地区位理论主要研究一定经济活动为什么会在特定的土地区域内进行，一定的经营设施为什么会建立于特定的土地区域之内，一定的土地收益为什么会与特定的区块或地段相联系等。它作为一个普遍规律，最初是在农业土地利用上发现的。1826 年，德国学者杜能（J. H. von Thünen）创立了农业区位论，他在《孤立国》一书中提出了有名的同心圆式的土地利用模式。即在气候、土壤、地形、运输条件等相同的情况下，土地持有者都能以最佳的经营方式，获取最大的利润，从而围绕消费中心（城市、市场）由内向外形成一系列土地利用同心圆，称作“杜能环”，如蔬菜、薪炭林、谷物等。19 世纪中叶以后，西欧资本主义大生产特别是钢铁工业的区位问题提到日程上来，从而产生了工业区位理论。19 世纪 80 年代，德国经济学者龙哈德（W. Launhaldt）提出了由原料产地、燃料产地和销售市场构成的“区位三角形”原理；继而是 20 世纪初，区位论著名学者韦伯（A. Weber）提出了关于工业区位由运费、劳动力和集聚 3 个因素决定的理论。

近代土地区位论的产生以德国经济学和地理学家克里斯塔勒（W. Christaller）在 20 世纪 30 年代初系统提出的“中心地理论”为标志。几年以后，德国另一位学者廖什（A. Lösch）在与他完全没有学术联系的情况下，从市场区角度提出了理论和模型基本相似的“市场网理论”。中心地理论研究的是在一片均质平原的土地上如何布局不同规模的多级城市，形成以城市为中心、由相应的多级市场区组成的土地空间网络体系，借以有效地组织物质财富的生产与流通。现代土地区位理论，包括了地域上的扩展和时间上的延续。二者标示了空间尺度由点、线到面的过程，以及对未来变化的预测。哈格斯特朗（T. Hägerstrand）的新技术扩散和威尔逊（A. G. Wilson）的空间相互作用动态推演，都是这方面的代表。现代土地区位论的发展主要表现在从单个经济单位的区位决策发展到地区总体经济结构及其模型的研究。土地区位决策的客体除工业、农业、市场以外，又增加了范围广泛的第三产业设施，即运输、商业、服务业、银行、保险、旅游、度假等设施。数量分析和新技术普遍得到应用。

土地区位理论是在大量的区位选择实践研究基础上产生的，其基本目标是寻求人类在土地利用活动中从空间上所表现出来的规律，尤其是产业空间的最佳布局方式，亦即“空间法则”，是土地学研究的重要理论依据。

2. 人地关系理论

土地是人与自然的共同创意，人地系统是地球表层上人类活动与土地相互作用而形成的复杂巨系统。人地关系是人与土地之间客观存在的关联，其内涵实质上就是基于一定介质上的相依关系，是一种在时间上反映人类活动的空间形态和结构功能。人地关系理论认为，要理解人地关系思想的内涵，首先需要从人地系统的视角明确“人”与“地”主客体间的生态位。人地关系中的“人”，是在一定地域空间上，具有能动性的社会性的人，而“地”是人类所依赖生存的自然环境、地理环境和社会环境的综合体（王爱民等，1999）。具体来看，“人”既包括作为个体的人和以及作为整体的人类社会两个方面。而同一个人存在于不同的体系之中，既具有自然属性，受制于自然法则，又具有社会属性，受制于社会法则；既是生产活动的人，又是消费活动的人，形成了人地之间实质性的物质、能量、信息交流；在与环境作用中，创造了人工物质世界和文明精神世界；既具有主体性，表现为自主性、自觉性、能动性，又具有受制性，要受人类社会自身和土地环境的强烈制约。而“地”又是人文地理环境与自然地理环境的有机统一。从土地学范畴来理解“地”的概念，它是自然地理环境和人文地理环境综合作用的结果。自然地理环境与人文地理环境并没有严格的界定划分，人文系统是自然系统的一种人化过程的延伸，并没有丧失自然本质，具有自然系统的“自然性”，即自在性、给定性、原生性以及活动方式的自发性、无目的性、物质和生命层次上的自组织性（焦宝玉，2011）。所以，“地”的概念内生着“人”的属性。在不同的社会发展阶段，人类的世界观、价值观和生活经历不同，都会产生不同的土地利用决策，进而决定着人地关系的不同形态。在人地关系中，“人”必须依赖土地而存在，而人地关系中的“地”不会简单依赖人而存在，但会受到人类活动的深度影响。所以，人地关系中“人”与“地”之间的关系是相互影响、相互反馈的一个动态变化过程。

3. 土地时效理论

土地利用过程在或长或短的时间范围内进行着，土地利用系统的结构和功能随时间而发生变化。在土地系统中，生物的新陈代谢过程可发生在秒到分钟的时间范围内，土壤腐殖质分解发生在几个小时到几十年内，土壤形成需要几十年到若干个世纪。土地系统的动态变化随气候的变动，既表现为季节间和年度间的规律，又表现为长时期的演替变化规律。土地时效理论认为对给定的土地类型、土地区位，土地开发潜力、土地承载力和土地效益会出现随时间的动态变化，引起这种在时间尺度上动态变化的主要原因，在于人类对土地的利用，所涉及的自然、生态和人类活动等因素是在动态变化的。例如，随着技术进步和人地对比关系的日益尖锐，大规模处于未利用状态的滩涂变成了农用地或建设用地；随着资源最终枯竭，原长期用作矿山的土地，将被弃置或复垦后用于农、林、牧、娱乐等产业。土地时效理论建立在土地系统的开放性和组成要素的综合性等基础上的，是指导土地利用方式、强度、结构等行为选择并推进土地可持续利用的重要依据，它由以下几个理论板块所构成：①人类对土地系统的影响具有滞后性。人类行为对土地系统的影响常常多年后才会被发现，这是由于系统的时滞效应所造成的，即土地系统在给定一个输入后都要在若干时间后才能有响应输出。例如，土地养分输入的改变可能会使植物的生长速度和物种组成结构发生变化，相应的植物群落中的这些变化也会使土地系统中较高一级的营养级、养分库和土壤中的有机物发生改变，且这些变化还会在土地系统中逐级传递下去，而所有这些变化都是在慢慢地发生，并不会在瞬间完成，具有显著的滞后性（Inouye，1995）。前文提及的20世纪60年代初期开始的北大荒开发，30年后才表现出生态环境明显退化的后果，这就是土地系统响应的滞后性所造成的。②土地系统会保留历史事件发展演变的遗迹。黄土高原上百米厚度的黄土层，就很好地保留了第四纪气候变化的遗迹，其类型、颜色、成分、结构和厚度等，都能直接反映当时黄土堆积时气候的冷暖和干湿变化，如黑垆土型古土壤反映形成时期的温湿气候条件；褐色土型古土壤，底部多有钙质沉积层结核，反映的是干旱偏暖型草原气候等。③土地系统的动态变化具有很大的不确定性。土地利用是一个长时段的持续过程，在几十年甚至几百年的时间里，很多小概率事件都会多次发生，比如洪水、暴雨和地质灾害等。例如，美国新奥尔良市是一座地势低于海平面、依靠复杂的大坝系统建筑起来的城市。最早是建于地势较高的法国区，接着是住宅区不断扩大，依靠大坝继续发展，于是三角洲越来越少，地势越来越低，周围水位则慢慢升高，成为一座低于海平面 10 英尺[1]的城市，生活一切都很美好，成为世界上大多数人认同的“大快活”（绰号）城市，是蓝调音乐的摇篮，轻松悠闲生活的象征。可是，2005 年 8 月 29 日大西洋卡特里娜飓风袭击美国，给新奥尔良市造成了毁灭性的灾难（沈守愚等，2010）。新奥尔良市事件表明，不断利用三角洲湿地建成城市，也修建了很高的围堤大坝，在一般情况下是平稳安全的。但由于土地系统的动态演变具有很大的不确定性，遇到极端天气，灾难还是发生了。可见，土地学研究必须充分遵循土地时效性规律，否则灾难会蓄势待发。

4. 土地租价理论

就各种社会经济形态下地租的最一般特征而言，地租是直接生产者在一定产业中所创造的生产物被土地所有者占有的部分，是土地所有权在经济上实现的形式。由于产生条件的不同，地租可分为绝对地租和级差地租两种基本形式。绝对地租是指土地所有者凭借土地所有权垄断取得的地租，即无论土地区位、肥力如何，只要使用土地即便是劣等地也必须绝对支付的地租。绝对地租量取决于土地产品的价值与生产价格之间的差额及其实现程度。对于农业土地，农产品的市场供求状况是决定绝对地租量的主要因素。农产品供过于求，市场价格下降，这个差额就只能部分实现；农产品供不应求，市场价格上升，才可能使这个余额全部实现。对于城市土地，地产市场供求状况决定绝对地租量的大小。一般说来，相对级差地租而言，绝对地租量可能是很小的。级差地租是指经营较优土地所获得的归土地所有者占有的超额利润。级差地租量与土地等级相联系，在同等投入的情况下，土地等级越高，级差地租额也越大，反之亦然。级差地租的形成有以下 3 种情况：①对不同肥沃程度土地的占有。对于农业土地，土地肥沃程度越高，级差地租量也越大。②对不同区位土地的占有。无论对于农业土地或城市土地，区位条件都是决定级差地租量极重要的因素。对于城市土地，区位条件的作用更为明显，在大多数情况下几乎是唯一的决定因素。例如大城市与小城镇、市中心与市郊、沿街与背街，由于区位不同，级差地租可相差几十倍甚至几百倍。③对同一地块土地的连续增加投资，使各次投资的生产率不同而产生的超额利润。不管是优等地、中等地，还是劣等地，只要是追加的投资所获得的不同的劳动生产率形成的超额利润，即可转化成级差地租。从本质上看，无论何种地租，都是土地所有权在经济上借以实现的形式。作为一个整体，地租量是土地的质量、相对稀缺性、有效需求、用途等多因素综合决定的。理论上说，地价是地租的资本化，用公式来表示就

[1] 1 英尺 = 0.3048 米。

是：地价=地租/利息率。现实中影响地价的因素十分复杂，环境因素、建筑因素、社会因素、经济因素、行政因素、公共建设因素、交通因素、用途因素、心理因素、国际因素、区位因素等都会影响土地价格。在完全自由竞争的市场机制下，城市各种活动对土地的使用必然展开激烈竞争，并通过土地供给，以土地需求的市场价格变化和自身能从土地上获得的经济利益来决定各自活动的最佳区位，以致形成地租和地价随远离市中心逐渐降低，城市土地利用呈同心圆分布的格局。可见，土地租价是影响甚至决定土地利用方式、用途、结构和强度分布的重要因素。

5. 土地共轭理论

共轭在数学、物理、化学等学科中都有出现。其本意是指两头牛背上的架子称为轭，轭使两头牛同步行走。共轭即为按一定的规律相配的一对。数学上的共轭复数能较好地刻画共轭原理：

两个实部相等、虚部互为相反数的复数互为共轭复数，当虚部不等于0时也叫共轭虚数。复数 z 的共轭复数记作 $\bar{z}$。

根据定义，若 $z=a+ib$（a，$b\in R$），则 z 共轭 $=a-ib$（a，$b\in R$），通常记为 $\bar{z}$。共轭复数所对应的点是关于实轴对称。土地共轭理论，主要阐明以下4个方面的规律：①阐明土地形成过程中的共轭现象。土地位于地球表层岩石圈、水圈、大气圈、土壤圈、生物圈等相互作用、相互渗透、相互制约、相互转化的交错界面上。这些不同圈层之间以及这些圈层与土地之间都存在着物质能量的交换，它们都受共轭理论所支配。例如，土地圈与岩石圈是相邻的圈层，两者之间相互渗透、相互作用、相互融合。一方面，岩石圈是土地圈形成发展的基础，岩石圈在一系列地质作用下，形成风化壳再形成土地；另一方面，土地利用也为岩石圈的变化提供了反作用力，尤其是人类的高强度建设活动、地下空间开发、矿产资源开发、改变水文地质循环等，也深刻改变着地球内部的岩石环境，它们之间会存在一种共轭平衡。②阐明土地利用过程中的共轭原理。在土地利用过程中，必须遵循共轭原理，充分考虑当代与后代、区域与区域、城市与乡村、穷人与富人、经济与生态、水资源与土地资源、人与地、长远利益与当前利益等之间的平衡关系，促进具有配对范畴土地系统的平衡利用。在土地整治工程实践中，可运用共轭理论，对梯形渠道水跃共轭水深等进行计算。土地系统各部分相互联系、相互作用，每个部分又是各组成成分的组合。任意部分和任意要素的变化都会引起其他部分和其他要素的变化，从而导致整个土地系统的变化。例如，微地貌的变化会影响地下水位分布，从而可能导致土地盐渍化等。③阐明土地利用集中与分散的基本规律。集聚还是分散是土地利用中需要面对的冲突之一。传统定义上，集聚代表着空间效率，而分散则代表着空间均衡。集聚与分散的冲突意味着如何在空间效率和空间均衡之间做出权衡（trade-off）。这一问题难以用一刀切的方法做出解答，需要不断地遵循共轭原理探索不同空间尺度上各自最佳的利益平衡点。韦伯理论中用等费用线法确定集聚图形，其原则是集聚引起区位形变所收到的效益，必须大于其由于位置转移所追加的运输和劳动力费用之和。随着区位点的增多，其集聚图形的共轭部分趋于集中，这就是为什么在特大城市或工业区的附近，不可能自发出现次级大城市和中型城市的主要原因。④阐明土地监管的共轭控制原理。所谓共轭控制，是控制理论中的一种，是通过交换，把原先不能控制的事物变换成可控制的事物，从而达到控制的目的。在土地系统中，一切监管措施都是“轭”，以提高人类对土地利用的干扰或控制效果，从而促进土地利用朝着人类预期的方向发展。土地共轭控制过程可列出下述数学表达方式：$L^{-1}AL$。其中，L 为将行为人引入各类监管措施的行动；A 为依监管措施对各类行为进行管制；L^{-1} 为遵循各监管措施进行操作。

6. 土地配置理论

土地配置，是一个转换用途和对土地做实体性改变的社会过程。它是指不同类型的土地在不同使用方向之间的分配和不同地域空间的布置。生产什么？生产多少？怎样生产？为谁生产？在哪儿生产？这是土地配置的最基本理论问题。土地的生产性和稀缺性使其合理配置成为必要，土地的可选择性使其合理配置成为可能，而土地的位置固定性又使其合理配置具有更多的特殊性。由于人类对土地的需求是多方面的，因而土地配置的目的和途径也千差万别。土地配置实质上是一个包含社会、经济、生态等在内的综合性问题。土地优化配置的概念，应该是指在一定时空条件下，通过土地的最优分配、最佳使用和布局，合理组织土地的开发、利用、保护和整治，协调人地关系，以期达到最佳的社会、经济、生态效益。土地配置理论认为，在市场竞争结构条件下，土地这种具有社会性的资源配置模式，将会决定具有特殊商品性的土地效益、开发成本以及相关的一系列社会、生态问题。土地配置理论研究土地本身（物质形式或能量形式）、竞分者（开发者、利用者、分配者）以及竞分规范的合理结构，使土地利用朝着更为持续、协调、优化的方向发展。就土地优化配置而言，它主要包括以下 4 个方面：①土地利用结构优化。即研究并确定有限的土地在各部门之间的合理分配比例，以及各类用地内部构成和各个组成部分的用地比例，实现土地利用结构的优化配置。②土地空间布局优化。即根据土地区位原理和地域分异规律，调整土地利用布局，使土地的空间布局逐渐趋于合理化。③土地集约配置。土地资源集约配置是土地资源优化配置的重要标志。在我国，土地资源供给在本质上具有稀缺性，这种稀缺性决定了土地资源优化配置的有效途径在于更有效地利用既有的土地资源，不断提高土地利用的集约化程度，对土地从下部到上部进行立体空间的多维开发。④土地优化配置效益。这一研究涉及面十分广泛。就宏观而言，主要是两大方面：一是要根据比较利益原理，合理布局，提高土地配置的全面效益，即确定每块土地的最佳利用方向和利用方式，发挥其绝对优势和相对优势；二是要发挥土地配置的结构效益，即发挥各用地项目之间的互补互济的综合效益。就微观而言，除了也存在空间效益和结构效益外，还要注意发挥单位土地面积上的适度集约经营效益。土地配置理论指导整个土地利用及其规划的全过程。

7. 土地金字塔理论

金字塔食物链理论，是人们熟知的生态系统基本理论。金字塔食物链由多个层次构成，从底部到顶部依次是：生产者、初级消费者、中级消费者和顶级消费者。土地金字塔理论，将土地看作生态有机体，借用生物群落对金字塔理论进行描述。土地金字塔的最底层是岩石和土壤基质，土壤之上是植物层，植物层之上为昆虫层，昆虫层之上为啮齿动物和鸟类层，最后金字塔的顶层，即大型食肉动物层，包括人类在内。在土地金字塔中，每一层都从它的下层获取食物和其他服务，并且为自己的上一层提供食物或生存条件。随着金字塔层次的提升，动物的数量会越来越少。每一只食肉动物有数百只动物可以食用，而这些动物又可以把数千只下层动物作为食物，而后者可以将成千上万的昆虫作为食物，而昆虫则可以食用不计其数的植物（利奥波德，2022）。土地金字塔是由无数的食物链所组成的，是一个高度组织化的系统，其中各个部分既合作又竞争，共同维护着土地系统的稳定运行。土壤—橡树—鹿—印第安人曾经是常见的土地金字塔，现代已基本上被土壤—玉米—牛—农民所替代。可见，土地金字塔是一个动态的结构。但无论形态结构如何变迁，土地金字塔的复杂结构和能量单位顺应运转的依赖关系，始终是土地的基本属性之一，也是土地学研究的基本理论依据。

需要指出，土地学核心理论与土地学支持理论的区分是相对的，会随着人们观察问题的视角不同以及经历的不同而变化，也会随着社会的发展而调整。土地区位理论、人地关系理论等是支撑土地学发展的重要理论，但由于这些理论在独特性方面略显不足，因为区位理论、人地关系理论在其他学科中也广泛存在。而土地租价理论有一定的独特性，但本质上地租地价源于权籍，不同的产权有不同的租价形态，如所有权租价、使用权租价、租赁权租价、抵押权租价等，是土地权籍理论的延伸。本书研究所选择的理论是属于核心理论还是属于支持理论，是按照独特性、支柱性和影响深刻性的综合而进行的（图 1-3）。

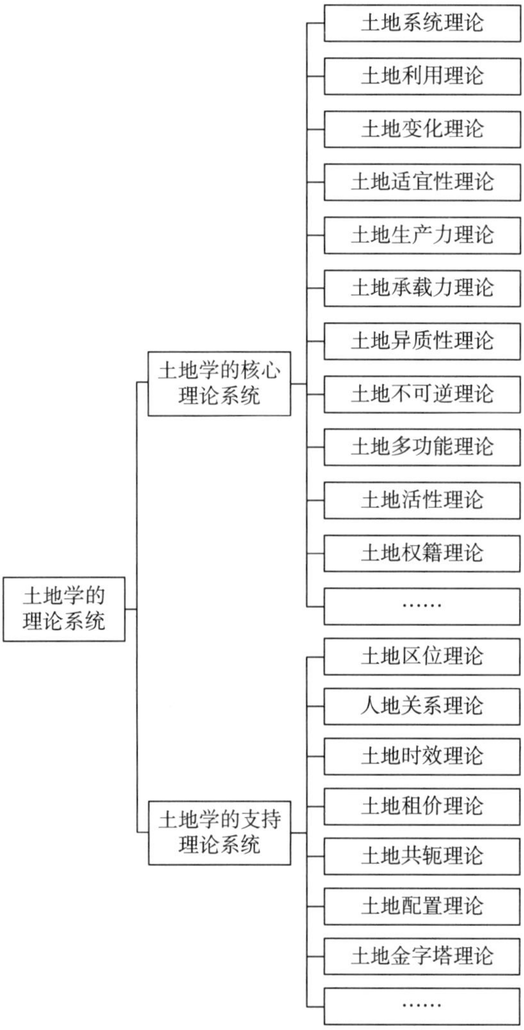

图 1-3　土地学的理论系统框架图

二、土地学的公理系统

（一）科学性与土地学的公理系统

公理是不证自明的基本事实，是人类对客观规律的最基本概括，凡科学都有自己的公理。公理在学科理论的形成过程中有着重要作用，每一个科学理论总有一个公理系统，才能使这个学科的发展保持统一性和连贯性。公理系统，是由初始概念、导出概念、公理以及定理构成的演绎体系。初始概念和公理是公理系统的核心和出发点（张尚水，1987）。其他概念都可以通过该概念导出的，称为初始概念；定理是可以应用逻辑规则从公理推演而来的。土地学的公理系统在哪里，如何建构，与土地学理论的关系又如何，所有这些问题都是需要土地学研究者从科学哲学的高度长期探索和实践的问题。从科学建立的理论逻辑来看，土地学的科学化是建立在正确有效的科学思维方式和方法论上的科学理论化，长期未能建立土地学的公理系统，势必影响土地学的科学化。就现阶段的土地学而言，它的全部知识积累还未完全脱离经验科学水平。换言之，科学理论的系统化和科学方法的革新是土地学发展的现阶段刻不容缓的研究重点之一，否则就无法入驻现代科学大厦。

地者，政之本也。在漫长的人类历史社会演化中，土地问题一直深深地内生着政治属性。由于“科学的”和“政治的”行为所依托的思想基础是不同的，社会分工和职能也是不相同的，如果依照政治逻辑进行学科研究，难免会影响学科的科学化程度（杨帆，2008）。在当下社会，土地问题受到了政府、科学家和社会各界的高度关注，为满足国家和社会需求的科研任务十分饱满。在“任务带学科”发展模式的驱动下，对土地学科的发展起到了很大的促进作用。但是，学科本身存在固有诉求和发展逻辑，它不仅要考虑国家需求，也要考虑学科内生规律。“任务带学科”的模式不能从根本上解决学科自身的基础理论、基本方法的凝练和创新（蔡运龙等，2009），现阶段在基础研究和应用研究方面出现了比较明显的结构性失衡。现实情况似乎表明土地学科是“自然科学、社会运动和政府行为的综合体”，而这三者对科学研究的诉求和规律探索路径是不相同的。应该清醒地认识到，土地首先是一个不以人的主观意志为转移的客观实在和物质实体，它不像经济学、法学、管理学或政治学等社会科学，这些社会科学的研究对象都是非物质实体。土地学科中“物质性”的存在，即人类对土地生产性、居住性、生态性、储藏性、承载性、缓冲性、净化性、景观性和安全性的需求，以及其他生物对土地作为栖息场所、作为养分提供、作为制约迁徙、作为生命感应的需求，所有这些都内生着人类或其他生物对土地客观需求的基本规律性。土地学科中的科学本体首先应该是探索上述“物质性”存在和变化的规律性。只有明确土地学科的物质性定位，不断提高土地学科的实证水平，而不是“虚化”土地学科研究，并由此建立和不断完善土地学的公理系统，才能促进土地学科不断前行。

（二）土地学若干公理的试表达

在一般意义上说，土地学是研究土地利用及其变化的学科，或者说是研究土地永续利用规律性的学科，因而土地学公理中最基础的认知在于其时空观念。地球表层的土地特性研究，主要包括要素、位置、组配、密度、分割 5 个基本元素。这 5 个要素在时间过程中的不同地域组合形成土地学的 5 个基本概念：结构、类型、功能、利用、演替，它们构成了土地学概念的基本框架，其他诸多概念都可以由此产生并进行描述。土地学的基本公理，是人类长期活动对土地利用及其变化总结出的一些基本认识，它是在上述 5 个土地学基本元素和 5 个土地学基本概念之上构筑的，土地学理论也是在这些要素、概念和公理的基础上逐渐发展起来的。就现在的知识积累而言，土地学至少有以下 5 个公理。

1）有限性公理。人类只有一个地球，土地面积是有限的，导致可供开发利用的土地资源是有限的。海陆变迁、围海造田在某种程度上可以导致陆地面积变化，但所增加的土地面积是有限的，总体而言可以忽略不计。在土地报酬递减规律、土地利用合理行为带原理、土地利用均等边际原理等法则的支配下，土地生产力也存在限制律。由于土地生产力的有限性，导致土地人口承载力的有限性。为了实现人类的可持续发展，人类的所有行为都必须遵循土地有限性公理，任何时候都不可以逾越土地承载力限制。

2）适配性公理。南橘北枳，即淮河以南的橘移植到淮河以北就会变成枳，揭示同一物种因土地条件不同而发生变异。几乎所有地理标志农产品和地产药材等，都是土地适宜性作用的结果。任何违背土地适宜性公理的利用方式，都会遭到自然的惩罚和报复。由于土地的异质性，一种尺码不能适应所有需求，所有土地保育、土地整治、土地规划、土地筑居、土地利用措施的有效性，取决于是否与土地系统之间具有适配性。人类需要超越“百灵丹”或固化的处方，努力创造并运行一系列专门适用于具体场域的土地诊断性机制和因地制宜方案。基于自然的解决方案（NbS），其本质思想就是人与地的和谐适配。自然系统生物进化的基本规律是适者生存，人类系统生存的基本逻辑也是适应，土地的适配性公理不仅是内生规律，也具有广泛的普适性。

3）不可逆公理。土地系统在任何一个给定的时间和空间上，都具有与另外给定的时间和空间完全不同的状态，即土地系统在时间上的演进具有单向性和不可逆性。全部土地过程，包括土地演化过程、土地利用过程、土地整治过程、土地保育过程、土地筑居过程等，在热力学上都是不可逆的。正如古希腊哲学家赫拉克利特所说的：人不能两次踏进同一条河流。当人再次进入这条河时，所流淌的水已经不是原来的水流而是新的水流。土地系统时刻都在运动和变化，而且是一个不可逆过程。任何土地开发利用的结果，都不会自发地逆转并恢复到原来的状态。也就是说，当一种土地用途变更后，欲使新的土地利用返回到原有的土地用途，土地内部或环境必然发生性质变化，这种性质变化有时要付出很高的代价。如退耕还林、还草或还湿，代价是昂贵的。

4）集群性公理。地球表层的各种个体在空间上的集聚形成群体，各种群体在一定空间上集聚称为集群。地球表层的一切要素，在空间上都呈现一定的集群状态。流水集聚才得以形成江河湖海，人口集聚才得以形成城市，工业集聚产生集聚效应从而形成工业集聚区，等等。自然系统和人类系统集群的结果形成两种土地现象：一是集群内部结构上的相似，成为相对均质的土地类型；二是集群产生势能，对外发生作用和扩散，形成土地功能区，这是土地资源配置、土地利用分区、土地利用规划等所要遵循的客观公理基础。国土空间规划上划定的农业区、城镇区、生态区等，也是在遵循土地集群性公理的结果。如果非集群的土地利用个体不能发育出群体，形成新的集群，则无论个体的生命力如何强大，最终也很难延续和发展甚至会走向毁灭（楚义芳，1988）。观察土地资源和土地利用的空间分异，在大格局上都会呈现出城市、乡村、风景旅游等集群性分异，在微观尺度上则呈现出斑块、廊道、功能区等集群性分布。

5）能动性公理。土地是地球陆地表层的物质系统，人类系统和非人类系统都是物，遵循量子物理学和混沌物理学的原理，任何物都具有“动能”。在本体层面上，任何物质元素都不是静态和无活力的。气候、地貌、土壤、生物等土地要素，都有不以人类意志为转移的“活力”。土地的物质系统，具有显著的关系性、生成性和过程化的内在互动，是一个不断生成和生生不息的复杂动态过程，能以多种样态涌现。所有土地物质，都会以一种具有自身能动性的活性状态参与到“人-地-物”世界重构或流变中去，且具有自身轨迹和倾向的能力（Bennett，2010）。从新石器时代人类有意识地在土地上播下一颗种子开始，1万年以来土地都能生生不息，哺育着陆地上的所有生命，除非人类过度折腾致使土地能动性的毁灭性打击。维护和保育土地系统的自身轨迹和倾向性能力，是推进土地永续利用必须遵循的基本公理。

土地学公理系统是土地学理论的基石，从土地学公理系统结合经验事实可以推演出土地学定理。根据组合特性，由 N 个公理可以推演出 N（N-1）/2 个定理（楚义芳，1988）。在科学日常世界，“某某定理”又称为“某某理论”。上述所有土地学的核心理论，都是可以从土地学公理系统结合经验事实推演生成的，这里不再赘述。至此可以认为，按照美国科学哲学家库恩（Kuhn）的范式，虽然土地学公理系统还需要不断完善，但已经开始进入相对成熟的常规科学发展阶段。

三、土地学的技术系统

（一）土地学研究的常规技术方法

土地学以土地利用及其变化为研究核心，试图阐明地球陆地表层土地利用系统的演变规律，是一个大跨度且综合性极强的研究对象和范畴，其研究的技术方法必然是多种多样的。从整体上看，土地学研究的技术方法可分为定性、定量、定位和定序方法四大类。从研究形态和程序来看，可分为土地调查评价、土地实验分析、土地建模仿真、土地分类分区、土地规划设计、土地工程施工、土地动态监测等技术方法。它们相互联系构成整体，共同支撑土地学发展。

1. 调查勘测技术方法

调查勘测是土地学研究的基础性技术方法，它主要包括以下 3 种类型：①工程勘测。包括航片判读调绘、遥感图像解译、土地测绘等。②专业调查。包括土地数量、土地质量、土地权属、土地利用结构、土地生产力、土地开发利用保护问题调查，以及对土地开发利用保护有重要影响的土壤、植被、水文、农业、林业、牧业、交通、人口、城镇网络、经济、环境等专题调查。③观测诊断。包括土地生态、农业生态、水土流失等野外观测与诊断。

2. 系统评价技术方法

土地系统评价必须坚持室内评价与实地评价相结合、单一要素评价与系统综合评价相结合、纵向与横向对比评价相结合、定量评价与定性评价相结合。它主要包括土地资源禀赋评价、土地适宜性评价、土地开发潜力评价、土地生产力评价、土地功能分类评价、土地生态敏感性评价、土地区位条件评价、土地节约集约利用评价、土地可持续利用评价等技术方法。具体形态的技术方法主要有主导因子评价法、最低限制因子评价法、综合指标评价法、多因子综合评价法、标准式对照评价法、样地法、投入产出分析法、实验分析法、历史波动分析法等。

3. 实验分析技术方法

实验主要是为了解决土地利用问题，而在土地利用研究中用来检验某种新的土地利用假说、假设、原理、理论或者验证某种已经存在的土地利用假说、假设、原理、理论而进行的明确、具体、可操作、有数据、有算法、有责任的技术操作行为。通常实验要预设“实验目的”“实验环境”，进行“实验操作”，最终以“实验报告”的形式提交“实验结果”。而“试验”指的是在未知事物，或对别人已知的某种事物而在自己未知的时候，为了了解它的性能或者结果而进行的试探性操作。通常认为，试验是实验的一种。土地学研究的实验分析技术方法主要包括气象及大气环境要素实验、生物要素实验、岩石要素实验、土壤要素实验、水文及水质要素实验、交通水利要素实验、土地工程力学实验、土地工程施工实验等。

4. 分类分区技术方法

土地分类分区是土地学研究的重要基础，是土地资源优化配置的核心支持技术，是制定差别化土地资源政策的主要依据。土地分类分区一般以地域分异规律为理论基础，确定不同的理论和方法准则作为指导思想，并指导选取分类分区指标，建立分级系统和方法体系。针对土地分类分区的多主题集成和多尺度融合，采用自上而下的土地现状要素分析与自下而上的土地功能表达相结合，形成一个有机整体，分类单元原则上不打破行政界线或产权界线的完整性，而分区实施过程中对分类单元界线与数据单元尺度不一致的情况可运用地理信息系统空间分析方法予以解决（金贵等，2013）。常见的具体分类分区技术方法主要有聚类分析法、空间叠置法、综合分析法、主因素法、空间模型法等，最终实现多主题集成和多尺度融合的土地分类分区。

5. 规划设计技术方法

土地设计源于土地规划，土地规划应该包含土地设计，它们是硬币的正反两面，是一个互为条件、互为依存和相辅相成的有机整体。土地规划设计，是支撑土地保育、土地利用、土地开发、土地整治、土地筑居等土地学研究不可或缺的技术方法。它主要包括土地利用规划设计、土地设施规划设计、土地保育规划设计、土地整治规划设计、土地景观规划设计、建设场地规划设计等技术方法。土地规划设计，既是科学也是艺术，需要把技术和技巧结合起来，将生产、生活、生态、效率、安全、产权、韧性等功能性需求，与地域文化、景观形象、心理体验、社会精神、艺术审美等精神性需求进行关联、凝练和彰显，为人类创造更高的福祉。

6. 工程施工技术方法

土地工程施工，是指按照设计图纸和相关文件的要求，在建设场地上将设计意图付诸实现的测量、作业、检验，形成工程实体并建成最终产品的活动，是将土地学研究成果落地实施的重要支撑技术。主要包括土地开发工程施工、土地整理工程施工、土地复垦工程施工、土地保育工程施工、土地修复工程施工、土地再生工程施工、地力提升工程施工、水土流失防治工程施工、建设用地整备工程施工等技术方法。土地工程施工的工艺流程通常包括施工组织设计—施工进度计划—施工总体布置—现场测量放样—土地设施工程施工—土壤改良建设工程施工—土地防护工程施工—地貌景观工程施工—生物多样性修复工程施工—工程施工检查验收—工程维护等。

7. 动态监测技术方法

现代地理信息系统方法和模型化方法与计算机的有机结合成为土地动态监测的主要技术方法；遥感测量精度的提高以及与地理信息系统、全球定位系统方法的结合，能实现土地利用的实时、准确监测。遥感信息库、土地数据库、计算机模型库一体化发展，扩大了地理信息系统的动态监测功能。集成地理信息系统、遥感、应用数学、计算机、人工智能等领域的最新成果，将推进土地动态监测研究沿着整体化、系统化、协调化和智能化的方向发展。具体监测内容包括土地利用现状监测、土地质量监测、土地生态环境监测、土地生物多样性监测、土地景观格局监测等。

（二）土地学研究的现代技术方法

应用现代系统动力学、多智能体、元胞自动机等空间模拟与仿真技术研究土地系统的动态变化，应用大数据技术、云计算技术、区块链技术、AI 技术等现代新型技术进行土地利用数据采集、发展动态预测、开发潜力评价、网络监控管理等，已成为土地学研究支撑技术的重要发展趋势。

1. 3S 空间分析处理技术

所谓 3S 技术，是遥感技术（Remote Sensing，RS）、地理信息系统（Geography Information Systems，GIS）和全球定位系统（Global Positioning Systems，GPS）的统称，是空间技术、传感器技术、卫星定位与导航技术和计算机技术、通信技术相结合，多学科高度集成的对空间信息进行采集、处理、管理、分析、表达、传播和应用的现代信息技术。新一代三维 GIS 体系通过融合了激光点云、三维地形、地下管线、倾斜摄影、手工建模数据、BIM、三维场等数据，通过集成 WebGL 的“零客户端”技术及 VR、3D 打印、AR 等新兴技术，使得新一代三维 GIS 技术体系具备了强大的三维异构数据融合能力，高效的三维数据运算和分析功能、面向行业的规则定制能力以及 Web 端的设计能力（沈轩等，2021），为土地利用空间分析提供了重要的技术支撑。

2. 虚拟现实、模拟和智能技术

土地物质空间三维形体及人的空间体验的表现和分析，以及对现实世界的事态（state of affairs）或过程的一种模仿，是土地学研究的重要内容。以数学模型、计算机图形学、多媒体、人工智能、多传感器及网络为基础，揭示土地系统背后的因果关系和演化机理，直观表现三维土地空间、形体环境、视觉效果和动态的空间体验，能更好地达成土地学研究的目标。该技术方法主要包括虚拟现实、系统动力学、多智能体、元胞自动机、人工智能等。

3. 大数据、云计算和区块链技术

大数据、云计算和区块链技术，是近年来迅速发展起来的现代信息技术分支领域。大数据和云计算已经在土地利用规划设计中得到应用，区块链技术还处于设计思维的探索阶段。但这些技术对未来土地学研究的发展，如同虚拟现实、空间模拟和人工智能技术一样，对土地学研究可能会有颠覆性的影响。

4. 复杂科学计算技术

土地是自然系统和人类系统的有机融合。在市场环境条件下，土地信息的质和量，总是随着时间和空间的变化而不断变化的，尤其是随着区域经济的快速发展、工业化与城市化进程的快速推进、城乡居民消费观念以及文化需求的快速变化，更显得极其复杂。由此，人们在其所处的环境下或系统中采取行动时就必然充满着不确定性、非线性和涌现性等问题。由于土地系统具有变化多端的复杂性，且人们认知能力有限，为了更好地解决土地学研究中面临的非线性、不确定性、自组织性和涌现性问题，需要借助复杂科学理论思维和计算技术，才能更好地予以解决。复杂性科学计算技术是随着复杂性研究的深入而不断发展的，总体上由3个部分组成：系统科学、非线性科学和进化计算科学。其中，系统科学包括耗散结构理论、协同学、超循环理论、突变论、复杂巨系统理论，混沌理论、分形理论等构成的非线性科学，进化计算科学又可细分为进化编辑、遗传算法、人工生命、元胞自动机、涌现学等。3个部分之间互为补充，共同构成复杂性研究的理论、方法和技术的基础。

5. DNA基因测序技术

DNA测序法是指分析特定DNA片段的碱基序列，也就是腺嘌呤（A）、胸腺嘧啶（T）、胞嘧啶（C）与鸟嘌呤（G）的排列方式。现代快速的DNA测序法，对推动土地学在微观层面的研究，提供了重要的技术支撑。作者团队在10年前开始土壤DNA基因测序，每个土样取0.5克，通过PowerSoil® DNA Isolation Kit试剂盒（MOBIO Labs），提取土壤总基因组DNA。DNA的浓度及质量利用NanoDrop分光光度计检测。之后，将提取的DNA稀释至10纳克/微升，储存于零下20摄氏度用于下游分析。结果表明，利用DNA基因测序法，通过分析土地微生物结构和多样性、微生物群落组装机制、微生物群落功能等特性，能更好地阐明耕地休养、土地整治等对土地质量变化的影响机制，是现代土地学研究十分重要的支撑技术。

随着现代各种专项新型技术的发展，新技术方法的综合研究与应用已成为土地学研究的主要发展趋势。例如，随着土地利用数据的不断增加，需要按照数据的不同类型和结构对其进行分类储存和管理，并具有很强的可扩展性以满足需求。相较于以往小范围、小容量的处理方式，对土地利用大数据的储存要求高吞吐量和利用新的存储架构、文件系统，并研究利用NoSQL数据库为大数据管理设计新型数据管理技术。同时，针对特定的数据要设计特殊的数据库以提升数据的高效与实用性。通过PC Server上搭建大规模的存储集群，运用HBase等技术来解决土地利用中不同结构的数据管理问题，也可利用云计算中虚拟化技术将各类资源虚拟化成资源池来实现数据的统一分析与处理等（王星月等，2017），都显示出现代技术在土地学研究中的日趋重要性。AI技术的广泛应用，必将从根本上改变土地学研究的样貌，可见第十三章详述。

第四节　土地学的历史使命

一、土地学的形成历史

（一）土地学形成的历史溯源

自人类有史以来，文明的发展传承就与土地息息相关。人类的进化史，也是土地利用的发展史。根据公元前2100多年前夏禹时的《禹贡篇》记载，全国已把土地按土色、质地和水分等分为上上、上中、上下、中上、中中、中下、下上、下中和下下几个等级，并依据肥力确定贡赋等级。中华民族土地整理的历史可以追溯到公元前 11 世纪西周时期的井田制度。据史籍《商君书·徕民篇》记载："地方百里者，山陵处什一，薮泽处什一，溪谷流水处什一，都邑蹊道处什一，恶田处什二，良田处什四，以此食作夫五万，其山陵、薮泽、溪谷可以给其材，都邑蹊道足以处其民，先王制土分民之律也。"大意是：方圆百里的地方，如果想安排移民，就要先整理土地。用地布局与结构是：山林、水草沼泽、河流水域、城市及道路各占 1/10，质量较差的低产田占 2/10，优质高产的良田占 4/10，这样就可安排 5 万劳动力。除耕地种庄稼以外，加上山、林、草、水的自然产出，足以安排 5 万居民。可见，那时人们已经提出用土地整理合理安排国计民生了。

陕西西安的半坡遗址是大约 6000 年前黄河流域新石器时代繁荣母系氏族公社时期的一个典型代表，它坐落于渭水流域的浐河东畔第二阶地上。与所有人类原始聚居地一样，半坡村落沿河选高地而居，既解决了水源问题，又避免了水灾之患。就半坡原始村落的整体布局来看，我们的祖先在大约 6000 年前建设村落时，已注意到"因地制宜"，选择在靠山傍水的高地，并向阳背风地排列房屋，主次有序地进行合理布局，以及按功能分区进行规划等。与几乎同时期的河姆渡遗址不同的是，半坡村落半地穴式房屋对土地的改造更大且更为复杂，同时也最好地利用了土地的特性。它的兴建代表了我国村落建设中最早的土地工程。为了保护成员的安全，半坡人在村落四周还挖筑了一条几百米长、6 米宽的防御沟、壕沟。这又是最早城市形成的雏形，也是城市防御系统的起源。

周原的农耕土地利用工程是农业工程的起源，距今大约 5000 年。"耕为农事之首"，原始人类选择适宜的土地进行耕种，并逐渐开始对田块进行整理是土地工程在农业上的具体表现。《礼记》中记载："凡治野，夫间有遂，遂上有径；十夫有沟，沟上有畛；百夫有洫，洫上有涂；千夫有浍，浍上有道；万夫有川，川上有路，以达于畿。"农田灌溉渠道错综复杂，这些渠道既用于排水，也用于灌溉。可见，农田灌溉的开发最迟到西周时期已经相当发达了。"周原芜芜，堇荼如饴"，这是《诗经》里描述周原的诗句。周原位于岐山脚下，是块广阔肥沃的土地。"在历史、地理上，有一个大概念上的周原，那就是整个指岐山、扶风县城北边一大片地区。那是一个非常大的范围。考古上还有一个小周原的概念，就是指的周原遗址。周原遗址就是指岐山、扶风交界的北部，大概 25 平方公里的范围。"（徐天进，2015）古周原地势险要，土地肥沃，雨量充足，从地形、土壤、植被、水系等方面来看，都是十分适宜发展农耕生产的。

根据史料记载，埃及曾于公元前 300 年进行地籍测量工作，希腊于公元前 434 年和公元前 412 年开展土地丈量和分配工作，古罗马于公元前 600 年进行土地丈量工作，英国基于土地丈量的土地登记工作始于 1535 年。德国的土地利用史可以追溯到 13 世纪。最初只是改造河流等局部土地利用工程。1250 年德国就提出了"土地整理"这一词汇，这是"土地利用工程"的前身。到了 16 世纪开始出现农地合并、迁移农庄等土地整理工作。在 1834 年至 1939 年间，通过土地整理新增耕地 300 万公顷，约占当时全德国总耕地面积的 1/3。1886 年，为提高农业生产力，合并分散田块以及调整田间道路，第一部《土地整理法》问世。从整体来看，20 世纪德国土地利用工程主要以土地整理为主，将细碎的小田块整合成大田块，以利于农业生产，提高生产效率。英国在公元前 2000—前 1100 年就开始向土质肥沃的低地区集中，强调土地使用的长期性和谷类种植，他们力求保持某种生态平衡，因此用混合土地利用取代了迁徙农业的土地利用模式。人们在整齐的方形田地里种植谷物，并出现了圈围起来的“畜牧场”和“存猪栏”。19 世纪英国就建立了自然保护组织，开始保护土地并设立了自然保护区。大部分自然保护区位于人口稀少的北部和西部，当时许多英国人认为自然保护与保存日益紧密地联系在一起。

地球上只有一种生物，生活在世界的每一个角落，直面最原始的自然，安身立命，这就是我们的人类。然而，自人类由猿人进化形成原始部落开始，耕种、防御、生活和居住……人类文明的发展都离不开土地学研究。在漫长的历史年代里，尤其是在战国以后迄今约 2500 年的进程中，经过不断地开拓疆土、垦殖耕地、兴修水利、修建道路、拓荒开发、筑居聚落等，以土地利用为核心的土地学研究自始至终贯穿在人类的生活世界和社会发展中。纵观历史，每一次重大历史发展时期，土地学在推动国家政治、经济、社会等领域的进步，都发挥着非常重要的作用。

（二）现代土地学的形成发展

直至 20 世纪 30 年代以前，人类对土地的研究是分散、碎片和不系统的，或是从经济学角度，或是从农学角度，或是从地理学角度，或是从生态学角度分别探索有关土地某个侧面问题，缺乏从整体出发综合考察土地各组成要素的相互联系和相互作用，因而也无法从整体与部分相互依赖、相互结合、相互制约的关系中揭示土地系统的运动规律和学科特征。20 世纪 30 年代之后，科学意义上的现代土地学才开始萌芽，经过近 100 年的探索发展，在国际上已形成以土地系统学（Land System Science）、土地利用学（Land Use Science）和土地变化学（Land Change Science）为核心内容的现代土地学科，其发展大致经历了以下历程。

1）20 世纪 30 年代开始现代土地类型和土地调查研究。在 20 世纪 20—30 年代，景观研究成为德国和苏联的研究热点。受景观综合分析思想和方法的影响，在欧洲及美国、澳大利亚等世界发达国家，开始了土地类型和土地调查的系统研究。1931 年，英国鲍恩（Boume）在《区域调查和大英帝国农业资源估计的关系》一文中，首次提出了以土地单位点（unit site）作为农业调查的类型单位，它是地文、地质、土壤和成土环境等因素的综合。地球表面具有一致特征的单元，可以划分 3 级分类系统：地文区（physiographic region）、单元区（unit region）和单元点（unit site）。可以认为，鲍恩是土地类型等级分类研究的先驱。1930 年，美国学者微奇（Veatch）发布了《土地的自然地理划分》，之后又发表了《根据土地的基础来进行土地分类》和《自然土地类型的概念》等文章，认为自然土地类型是由一切具有人类环境意义的自然要素所组成，根据土壤、地貌等自然要素的组合，可以将土地划分成不同的自然单元，即土地类型（land type）。20 世纪 40 年代以后，土地类型研究从理论走向应用，澳大利亚、英国、苏联、加拿大、美国、荷兰、日本以及东欧等国家和地区都设立了专门研究土地类型的机构。如澳大利亚于 1946 年在联邦科学与工业研究组织（CSIRO）内设有土地研究处，系统开展土地类型和土地调查制图工作。英国于 1946 年成立海外发展部，系统开展土地调查、土地类型、土地规划和土地开发研究和实践；60 年代初期在海外开发局设立了土地资源处，在博茨瓦纳、尼日利亚、利比亚等发展中国家开展了大面积的土地类型调查和制图。20 世纪 50 年代墨西哥成立了国家土地委员会，由总统亲自担任主席，在全国普遍开展土地类型调查和制图。在同一时期，联合国粮农组织（FAO）下设土地和水局，联合国教科文组织（UNESCO）与荷兰政府合作成立了国际航天测量与地球科学研究院（ITC），所有这些组织都有力地推动了土地调查、土地类型研究。20 世纪 50 年代初期，中国在自然区划的基础上开展土地类型研究，于 1986 年出版了《中国土地类型研究》，于 1990 年出版了《中国 1∶100 万土地类型图制图规范》，完成了全国 1∶100 万土地类型图的编制。

2）20 世纪 50 年代开始现代土地合理利用和土地评价研究。进入 20 世纪后半叶以来，人口与土地、土地与食物、土地与发展等问题开始显现，各国开始重视土地合理利用研究。完善土地利用分类体系，构建以土地适宜性评价为基础的土地合理利用模式，是推进土地合理利用的两个重点。追溯土地评价的历史，已经超过 2000 多年。在中国、希腊、埃及、印度、罗马等文献中都有耕地等级评价的记载。1834 年，英国成立了土地测量师学会，主要就是从事土地评价和土地测量工作。1934 年，德国财政部还专门制定了《农地评价条例》。然而从 20 世纪 50 年代开始，各国学者将注意力集中到土地资源的合理利用上。为了推进土地合理利用，1958 年克林杰比尔（Klingebeil）在美国土壤学会的会议上发表了《土壤调查解释——潜力级》一文，首次为合理利用土地按土地集约程度将美国的土地划分为 8 个潜力级。1961 年，美国农业部正式颁布了《土地潜力分类系统》。它以农业土地合理利用为目的，是世界上第一个较为全面的土地评价系统。该系统主要按照土壤特性进行土地潜力评价，分为潜力级、潜力亚级和潜力单位 3 级，比较客观地反映了各个潜力级的土地利用的限制程度和适宜土地用途。参照美国土地分级系统，1963 年加拿大土地清查局制定了土地潜力分级系统，1969 年英国土地调查局制定了土地利用潜力分级系统。此外，澳大利亚、印度、中国、巴基斯坦等国家也广泛开展了土地潜力评价研究。1976 年，联合国粮农组织正式出版了《土地评价纲要》，提出了土地适宜性分类结构和进行土地适宜性评价必须遵循的程序。由此，世界土地评价进入土地适宜性评价的新阶段。之后，联合国粮农组织相继出版了《旱地农业土地评价指南》《林地评价》《灌溉农地适宜性评价指南》和《牧业土地评价》。随着景观生态学的发展，土地生态评价成为土地评价研究的新方向。1978 年，联合国粮农组织研制了农业生态区法（Agricultural Ecology Zone，AEZ），使土地评价转向为土地人口承载量计算服务。联合国粮农组织通过农业生态区法，评价了 117 个发展中国家的人口承载力，至今仍有广泛影响。

3）20 世纪 70 年代开始现代土地利用规划和土地系统科学研究。20 世纪 70 年代以前，在英国、美国等发达国家，土地利用规划的主要内容是土地利用分区。为了推进土地合理利用，各国开始创新土地利用规划模式：①出现了以土地评价为基础的土地利用规划。1972 年联合国粮农组织在荷兰瓦格宁根召开的农村土地评价会议上，Brinkman et al.（1973）指出，土地资源评价与土地利用规划的结合是非常必要的。②联合国粮农组织于 1993 年出版了第一本《土地利用规划指南》，对土地利用规划的本质和目的、规划的尺度和对象等理论问题进行了明确的界定。该书认为，土地利用规划是一个对土地和水资源潜力，以及对土地利用和社会经济条件改变的系统评价过程。③1994 年，H. N. Vanlier 等正式出版了《可持续土地利用规划》专著，对可持续土地利用规划的概念、动机、内容体系等进行了较深入的理论探讨。按照 Vanlier 等人的观点，在土地利用规划过程中，土地最佳利用和可持续环境导向下的土地保护是两个最重要的方面。④在城市合理用地规模的理论研究方面取得重要进展。1960 年，苏联的达维多维奇首先提出了“城市合理规模”的概念；波兰的 B. 马列士以“门槛”理论作为衡量城市发展规模的合理限度；美国 G. 戈拉尼提出了用密度、功能、健康、费用 4 项标准来确定城市的最优规模。1992 年，W. 莱斯提出了“生态印痕”（Ecological Footprint）理论来反证人类必须有节制地使用“空间”这种资源。美国和加拿大等国则在用途管制理论的基础上，提出成长管理来指导控制城市用地的无限制蔓延。随着 70 年代“系统哲学”框架的建立和完善，学者们开始从系统观点出发，建立了土地是自然历史综合体的概念，认为土地是一个由气候、地貌、岩石、土壤、水文、植被以及人类活动种种结果复合而成的系统，这在 1972 年荷兰瓦格宁根召开的农村土地评价会议上形成共识。1972 年在荷兰国际航天测量与地球科学研究院（ITC）的教科书中，第一次出现了土地学或土地科学“Land Science”一词，后于 1979 年正式出版（Zonneveld，1979）。

4）20 世纪 80 年代开始现代土地利用与覆盖变化和土地可持续利用研究。自 20 世纪 80 年代以来，世界开始关注全球环境变化（GEC）问题，先后推出了四大全球环境变化研究计划——世界气候研究计划（WCRP）、国际地圈-生物圈计划（IGBP），国际全球环境变化人文因素计划（IHDP）、国际生物多样性计划（DIVERSITAS）。在具有全球影响力的两大组织 IGBP 和 IHDP 推动下，土地利用与土地覆盖变化（Land-Use and Land-Cover Change，LUCC）迅速成为全球变化研究的重点领域。自 1990 年起，这两个组织开始积极筹划全球性综合研究计划，于 1995 年共同拟定并发表了《土地利用与土地覆被变化科学研究计划》。世界上许多国家和关心全球环境变化的国际组织随后也纷纷启动了各自的土地利用与土地覆盖变化研究项目。如美国全球变化研究计划与欧洲空间局等国际组织合作开展的高分辨率雷达监测土地覆盖变化和季节植被情况项目；国际应用系统分析研究所（IIASA）1995 年启动的“欧洲和北亚土地利用与土地覆盖变化模拟”项目，日本国立科学院全球环境研究中心在日本环境署的支持下开展的“为全球环境保护的土地利用研究”（LU/GEC）项目等（刘卫东等，2010）。到了 20 世纪 80 年代，人们逐渐认识到世界只有走可持续发展的道路，才有光明的前景（Tisdell，1988）。于是，科学家们开始重视土地可持续利用研究。1990 年，在印度新德里由印度农业研究会、美国农业部和美国 Rodale 研究所共同组织召开了首次国际土地持续利用系统研讨会。以后又分别于 1991 年 9 月在泰国清迈举行了发展中国家持续土地管理评价国际学术研讨会和 1993 年 6 月在加拿大莱斯布里奇大学举行了 21 世纪持续土地管理国际学术研讨会，这两次会议都强调了如何建立土地可持续利用指标体系问题。1993 年，联合国粮农组织正式颁布了《土地可持续利用评价纲要》，初步建立了土地可持续利用评价的指标体系和评价指标。

5）20 世纪 90 年代以来，土地系统学、土地利用学和土地变化学等研究全面推进和深化。①土地系统学是一个跨学科的研究领域，主要研究内容为从局部到全球，人类活动为何、如何、在何处影响陆地表面，以及这些影响的后果，尤其是对可持续性问题的影响，其目的是协助预测土地利用和植被变化及其在未来的后果（Turner Ⅱ et al.，2013；Magliocca et al.，2015）。在过去的几十年里，土地系统学的发展历程取得了巨大的理论和方法进步，目前已被认为是一个日趋成熟的领域。②土地利用学的发展与跨学科等综合研究密切关联。随着“人与环境相互作用”之类的更综合的概念出现，土地利用学也被赋予了一个综合的社会生态系统视角，并因可持续性概念的引入和公众对环境问题的日益关注而得到推动（Aspinall, 2006；Tress et al. , 2005）。Foley et al. （2005）认为，土地利用学可以被定义为一门包容性的、跨学科的学科，它关注与土地利用与土地覆盖的性质、它们在时间和空间上的变化以及产生这些模式和变化的社会、经济、文化、政治、决策、环境和生态因素。土地利用学的基础科学问题包括关注空间和时间的动态变化；景观、气候、社会经济和生态系统之间的整合和反馈；自然和人类系统耦合的复原力、脆弱性和适应性；规模问题和准确性；旨在了解土地利用变化的方式和原因以及这些变化的影响，从而解决土地利用科学中的政策和管理问题，如解决不断发展的公共和私人土地管理问题和决策、人类和环境对变化的反应等（Aspinall, 2008）。③土地变化学随着当代对气候变化、全球环境变化和可持续性的关注日益增加，土地变化学已成为解决这些具有挑战性问题的独特科学方向。Turner Ⅱ et al. （2007）将土地变化学定义为：跨学科领域，旨在理解土地覆盖和土地利用作为一个耦合的人类环境系统的动态，以解决与环境和社会问题相关的理论、概念、模型和应用，包括两者的交集。随着土地系统学、土地利用学和土地变化学的不断发展和成熟，土地学作为一门独立学科，开始为国内外学术界普遍认可（唐华俊等，2015）。

二、土地学的目标使命

（一）土地学的价值目标

任何事物的发展都必须首先明确方向和目标。没有方向就会迷路，没有目标将会永远流浪，土地学的发展也必须首先明确发展的方向和目标。价值目标的价值，究竟是主观的还是客观的，抑或是在两者的相互关系中出现，对此存在着很不相同的认识。但无论如何，价值只有在被主体自觉化的时候，才具有意义。基于这样的认识，对于主体的生存来说，价值应该是一种必要的选择行为基准。自然生命物种进化的历史告诉人们，自从蓝藻、绿藻等早期地球生命产生以来，演化到现在大约有 1000 万种的生物圈，最显著的特点就是生命物种整体系统的多元共生与协同进化。土地系统的各种生命、各个要素，都有自己的“生态位”，却相互依赖共同构成生命系统不可或缺的循环结构。土地利用的任何细微改变，都可能会成为天地人共生系统的“催化剂”。所谓催化剂，就是指在化学上那些虽然量微且本身的质量和化学性质在化学反应前后都没有发生改变，但却改变了 90%以上工业过程的微量物质。聚焦生命的完整性和系统性，平等地对待地球陆地表面的万物存在，是土地学研究需要坚持的基本准则，甚至是必须坚持的第一准则。所谓生命的完整性，是指物种的生命目的和物种的典型能力不受破坏。如果物种不能按照其典型的方式继续生存，则被视为“破坏”。

土地学要在关注自然和人类耦合的系统中，研究人、动物、植物、环境等生命共同体各方角色的有机整合，从更高层级上探寻不同生命的和谐共存方式，以实现天地人共生。以鸟类生息环境为例，它需要有利的土地利用空间、水资源利用空间、地形地相空间、森林树种空间及鸟类食物链空间等在一个复杂组合状态之下的环境构造和有机整合。有机整合，简单说就是土地系统各个要素的互相结合。这些要素的互相结合，并不相互抵触、牵制，而是各出所长，相互取长补短，获得更好的天地人共生的结果。就像化学中无机络合物和螯合物的形成一样。其中心体（中心离子）都是金属离子，配位体为阴离子或中性分子，配位体向中心体提供电子对构成配价键，彼此吸引而实现络合，形成有机络合物。自然界存在大量的有机整合案例，例如黏土矿物通过阳离子交换和有机质间的相互吸引机制，对有机质进行吸附形成新的复合体，能在常温常压下水溶液中稳定存在。土地学研究要不断凸显地球陆地生命整体健康的持续价值。从目的理性角度看，土地利用强调协调土地系统内的各种自然社会生态关系，改善土地系统的结构和功能，确保自然平衡和资源保护，促进人与土地共生，无疑是人类发展所追求的目的所在，也是土地学发展的未来方向。简言之，作为以生命肉体为主体的人类，重构人类系统和自然系统的新型和谐关系，更好地满足主体对美好生活向往的需要，守护地球生命健康和持续发展，是土地学研究的至高方向和价值目标。

（二）土地学的历史使命

土地学问题的研究几乎与人类文明的历史同样悠久。在古代建造人类聚居点的第一要务就是将聚落土地划分为不同的功能和地块，紧接着就是建立不同用地彼此之间的便利联系。当代土地学研究是以土地利用为核心，围绕如何处理好自然-土地-人类之间的相互作用关系而展开的。它要求以促进土地与自然和谐、实现土地最高最佳利用和持续发展为目标，承担并实现以下历史使命。

1. 保障安全性

在世界多变和不确定性意义增加的情形下，如何面对“黑天鹅”❶ 频频振翅、“灰犀牛”❷ 狂奔而来的时代，切实保障土地生产的食物安全，保障土地利用不影响水资源安全、生态安全、环境安全、景观安全、文化安全、能源安全、经济安全、筑居安全和领土安全，是土地学研究的第一使命，是一个古老而永恒的课题。要十分重视土地利用安全，它是在一个国家或地区范围内，人类能够可持续地利用土地资源获得土地产出，并确保在各个层面上都能健康、高效、稳定运行的土地利用系统状态或愿景。降低土地利用风险和居住风险，助力解决粮食安全、能源危机、生态退化、可持续发展等全球安全议题（Kales et al.，2001）。

2. 彰显生命性

在陆地生态系统中，土地是最基本、最重要的，是决定生命空间类型及其构成的主要因素，是能量输入与输出、物质交换转移得以实现的基础，又是陆地生态系统的物质储存器、供应站和能量调节者。土地利用要强调突出亲自然性和亲生命性，也就是更强调一种贴近自然、彰显生命和减少人为造作的方式和模式。在土地环境中的人工建筑物，总体上不应影响到自然景观面貌和生态系统的物质能量循环。土地学研究的核心使命是要确保土

❶ 黑天鹅事件是指不可预测的、小概率的高风险事件。

❷ 灰犀牛事件是指可预测的、大概率的影响巨大的危机。

地能够持续提供人类生存所需要的物质和服务能力，确保土地能够作为人类和生物界“生”的栖息场所。人类包括动植物在内的“生存空间”，应该是一个有活力的“生命空间”，而不是杳无声息的“寂静空间”。人类有责任从科学的角度揭示土地系统的演变规律，阐明土地的生产潜力，探索土地利用的有效途径，创造高效和谐、协调有序、运行平稳的生命空间系统，以不断满足当代和后代对生命延续的土地需求。由于人类和其他生命生存的需要，在遵循自然规律的前提下，可以对土地和植被等自然要素施加影响，进行一定的改变，但应该顺应并融合自然而产生，体现生命与自然和谐共处。建构土地利用与生命空间、城乡融合发展的理论框架，确保土地的生命栖息功能、生命养育功能、环境净化功能和生态循环功能，将土地学发展成为彰显地球生命研究的核心和关键组成部分，并对食物改善、人口健康、绿色发展、减缓气候变化等发挥关键性的作用（Verburg et al.，2013）。

3. 增加承载性

确定不同类型和不同区域土地利用系统的脆弱点、恢复力、限制、边界、退化风险、激励结构、可持续性轨迹、长期趋势和演变规律。研究土地利用对地球环境脆弱区形成的物质迁移过程和能量循环路径，阐明这种迁移和循环的互动机理，推进土地利用与地球环境脆弱区形成的机理研究，提出应对土地资源退化的解决方案，以不断提升土地利用效率，增加土地资源承载性，这是土地学的核心使命之一。要增加土地资源承载性，提出土地利用效率是关键。要重视土地与自然资源、资本、技术、信息、劳动力和管理等要素的配合，将土地看作是全球链条上的要素，关注产权交易成本、治理交易费用、生产要素投入效率、财政金融结构和市场主体利益的利用规划，推进更优的配置效率、更佳的生产效率、更好的生态效率，不断提高土地的承载性。

4. 维护永续性

土地学研究要把保障土地生产功能的持续性放在优先的领域，像保护大熊猫一样保护土地的生产功能；要重视保护土地经济活力的可持续性，按照土地最佳投资适合度去节约集约利用土地资源，按照当前利益和长远利益、局部利益和整体利益相结合原则优化土地利用结构，以便从土地开发利用中取得最大的经济效益并保持经济活力的可持续性。土地退化不仅影响生物多样性，扰乱全球碳循环，还严重影响人类的健康。因此，研究土地的数量、质量和生态保护综合措施，尤其是耕地休养、培肥地力、改善土壤理化性质和农田基础设施等，是维护土地永续利用的关键举措。当代人的土地学研究必须遵守理性配置的原则，不能在“赤字”状况下追求土地配置效率。否则，生活在后代的子孙，就只能面对一片凄凉，这不仅是一个严重的人道主义问题，更关系到人类文明是否能良性延续。因此，土地学研究的重要使命之一是知足知止的适度发展观和节俭观，追求人与自然合一的土地永续利用境界。

5. 提升乐居性

从危居（穴居、巢居）、窘居，到安居、宜居、园居，再跃升进入乐居，这是人类社会的进步，是人类生命价值的升华，更是人类心灵内在性自省和自愈到达的精神生命高度。研究表明：追求乐生栖居，这是生命的原在意义，这已被现代磁共振功能成像、正电子发射成像、单光子发射体层成像，以及电生理学和神经解剖学等所反复证明。土地学研究，要通过土地保育、土地整治、土地利用、土地筑居等举措，维护乡村本原存在和生命特性，促进城市乐感家园营筑，推动休闲旅居的乐生之境创造，打造怡乐的生命颐养、心静气清的怡乐生活和多样性的家园形态，不断推进土地利用结构优化、土地生产能力提升、土地生命多样性保护、土地景观审美创造、土地生态系统福祉提升，使人类走向融入天地的乐生之路，满足人类对乐生栖居的向往。

参考文献

埃尔登 斯图尔特，2017. 领土论［M］. 冬初阳，译. 长春：时代文艺出版社.

鲍嵘，2004. 高深学问与国家治理：1949—1954 中国大学课程政策与科学建制研究［D］. 厦门：厦门大学.

蔡运龙，宋长青，冷疏影，2009. 中国自然地理学的发展趋势与优先领域［J］. 地理科学（5）：619-626.

蔡运龙，等，2012. 地理学：科学地位与社会功能［M］. 北京：科学出版社.

陈英旭，2001. 环境学［M］. 北京：中国环境科学出版社.

楚义芳，1988. 地理学的逻辑方法和基本法则［J］. 地理学报（3）：250-257.

邓雪梅，2010. 人类世：新人类纪元［J］. 世界科学（5）：8.

焦宝玉，2011. 人与环境相互作用理论：人地关系理论及其调控［J］. 环境保护与循环经济，31（3）：14-16.

金贵，王占岐，姚小薇，等，2013. 国土空间分区的概念与方法探讨［J］. 中国土地科学，27（5）：48-53.

利奥波德 奥尔多，2022. 沙乡年鉴［M］. 姚锦镕，译. 长春：时代文艺出版社.

刘卫东，等，2010. 土地资源学［M］. 上海：复旦大学出版社.

邱玉珺，邹学勇，孙永亮，2006. 荒漠化动力系统熵理论模式探索［J］. 北京师范大学学报（自然科学版）（3）：319-323.

沈守愚，2008. 读史泛言［M］. 北京：中国农业出版社.

沈守愚，孙佑海，2010. 生态法学与生态德学［M］. 北京：中国林业出版社.

沈轩，徐元晓，陈飞，2021. 三维 GIS 在区县级智慧城市中的应用［J］. 信息技术与信息化（2）：39-41.

唐华俊，陈佑启，范朗斯特 伊，2000. 中国土地资源可持续利用的理论与实践［M］. 北京：中国农业科技出版社.

唐华俊，吴文斌，余强毅，等，2015. 农业土地系统研究及其关键科学问题［J］. 中国农业科学，48（5）：900-910.

涂光炽，2007. 地学思想史［M］. 长沙：湖南教育出版社.

王爱民，樊胜岳，刘加林，等，1999. 人地关系的理论透视［J］. 人文地理，14（2）：1-3.

王万茂，1994. 房地产经济学［M］. 南京：东南大学出版社.

王星月，马友华，王静，等，2017. 基于国土资源的大数据应用研究［J］. 国土与自然资源研究（4）：74-80.

威尔逊，2015. 生命的未来［M］. 杨玉龄，译. 北京：中信出版社.

吴次芳，叶艳妹，岳文泽，2007. 试论土地利用工程的学科属性、体系和发展方向［J］. 中国土地科学（3）：26-31.

吴次芳，宋戈，2009. 土地利用学［M］. 北京：科学出版社.

吴家骅，1999. 景观形态学［M］. 叶南，译. 北京：中国建筑工业出版社.

徐天进，雷兴山，孙庆伟，等，2015. 周原遗址凤雏三号基址 2014 年发掘简报［J］. 中国国家博物馆馆刊（7）：6-24.

杨帆，2008. 浅议政府思想在城市规划领域的影响［J］. 城市规划（4）：49-54.
于光远，1994. 土地的定义［J］. 中国土地科学（5）：20-23.
张九辰，2022. 人文地球［M］. 北京：北京大学出版社.
张尚水，1987. 公理集合论［M］//中国大百科全书. 2 版. 北京：中国大百科全书出版社.
张田勘，2004. 人类寻找地球之外的栖息地［N］. 中国青年报，01-29.
赵剑波，揭毅，2008. 人类世地质学几个基本理论问题［J］. 华中师范大学学报（自然科学版）（4）：649-653.
赵羿，胡远满，曹宇，等，2005. 土地与景观［M］. 北京：科学出版社.
Global Land Project, 2005. Science plan and implementation strategy [R]. Stockholm: IGBP Secretariat.
MEA (Millennium Ecosystem Assessment), 2003. Ecosystems and human well-being a framework for assessment [M]. Washington D. C.: Island Press.
MEA (Millennium Ecosystem Assessment), 2005. Ecosystems and human well-being: synthesis [M]. Washington, D. C.: Island Press.
NRC (National Research Council), 2001. Basic research opportunities in Earth Sciencel [M]. Washington, D. C.: National Academy Press.
University of Delaware, 2009. New critical zone observatory seeks to answer climate change questions [EB/OL]. [2010-04-28]. https://www1.udel.edu/udaily/2010/sep/observatory092809.html.
Acevedo M F, Callicott J B, Monticino M, et al., 2008. Models of natural and human dynamics in forest landscapes: cross-site and cross-cultural synthesis [J]. Geoforum, 39 (2): 846-866.
Aklncl, H, Özalp A Y, Turgut B, 2013. Agricultural land use suitability analysis using GIS and AHP technique [J]. Computers and Electronics in Agriculture, 97: 71-82.
An L, 2012. Modeling human decisions in coupled human and natural systems: review of agent-based models [J]. Ecological Modelling, 229: 25-36.
Anderson B, McFarlane C, 2011. Assemblage and geography [J]. Area, 43 (2): 124-127.
Ashiagbor G, et al., 2020. Toward sustainable land resources management with agroforestry: empirical evidence from the Sunyani west district of Ghana [J]. Agroforestry Systems, 94 (2): 527-537.
Aspinall R, 2006. Editorial: land use science [J]. Journal of Land Use Science, 1 (1): 1-4.
Aspinall R J, 2008. Basic and applied land use science [M] //Aspinall R J, Hill M J. Land use change: science, policy and management. Boca Raton: CRC Press: 1-15.
Bennett J, 2010. Vibrant matter: a political ecology of things [M]. Duke: Duke University Press.
Bezlepkina I, Reidsma P, Sieber S, et al., 2011. Integrated assessment of sustainability of agricultural systems and land use: methods, tools and applications [J]. Agricultural Systems, 104 (2): 105-109.
Brinkman R, Smyth A J, 1973. Land evaluation for rural purposes [R]. Wageningen: Intern. Inst. Land Reclam. and Improvement (ILRI).
Chowdhury R R, Munroe D K, de Bremond A, 2019. Editorial overview: seeking solutions to land challenges of the Anthropocene: a land systems science perspective [J]. Current Opinion in Environmental Sustainability, 38: A1-A5.
Crutzen P J, 2002. Geology of mankind [J]. Nature, 415 (6867): 23.
de Groot R S, 1992. Functions of nature: evaluation of nature in environmental planning, management and decision making [M]. Groningen: Wolters- Noordhoff.
Fleskens L, Hubacek K, 2013. Modelling land management for ecosystem services [J]. Regional Environmental Change, 13 (3): 563-566.
Foley J A, Defries R, et al., 2005. Global consequences of land use [J]. Science (309): 570-574.
Forman R T T, 1995. Land mosaics: the ecology of landscape and regions [M]. Cambridge: Cambridge Univer-

sity Press.

Forman R T T, Godron M, 1986. Landscape ecology [M]. New York: John Wiley & Sons.

Fresco L O, et al. , 1992. Time and spatial scales in ecological sustainability [J]. Land Use Policy, 9 (3): 155-168.

Helfenstein J, Bürgi M, Debonne N, et al. , 2022. Farmer surveys in Europe suggest that specialized, intensive farms were more likely to perceive negative impacts from COVID-19 [J]. Agronomy for Sustainable Development, 42 (5): 84.

Häyhä T, Franzese P P, 2014. Ecosystem services assessment: a review under an ecological-economic and systems perspective [J]. Ecological Modelling, 289: 124-132.

Inouye D, 1995. Variation in undisturbed plant and animal populations and its implications for studies of recovering ecosystems [M] // Cairns J. Rehabilitating damaged ecosystems. Boca Raton: CRC Press.

Kales R W, Clark W C, Corell R, et al. , 2001. Sustainability science [J]. Science, 292 (5517): 641-642.

Kienast F, Bolliger J, Potschin M, et al. , 2009. Assessing landscape functions with broad- scale environmental data: insights gained from a prototype development for Europe [J]. Environmental Management, 44 (6): 1099-1120.

Lang J, 1987. Creationg architectural theory: the role of the behavioral sciences in environmental design [M]. New York: van Nostrand Reinhold.

Liljeros F, Edling C R, Nunes Amaral L A, et al. , 2001. The web of human sexual contacts [J]. Nature, 411 (6840): 907-908.

Liu J, Dietz T, Carpenter S R et al. , 2007. Coupled human and natural systems [J]. Ambio, 36 (8): 639-649.

Magliocca N R, Rudel T K, Verburg P H, et al. , 2015. Synthesis in land change science: methodological patterns, challenges, and guidelines [J]. Reg Environ Change, 15: 211-226.

Meyfroidt P, Chowdhury R, de Bremond A, et al. , 2018. Middle-range theories of land system change [J]. Global Environmental Change, 53: 52-67.

Mora O, et al. , 2020. Exploring the future of land use and food security: a new set of global scenarios [J]. PLoS One, 15 (7): e0235597.

Naveh Z, Lieberman A S, 1984. Landscape ecology: theory and application [M]. New York: Springer-Verlag.

Nielsen Ø J , Bremond D A , Chowdhury R R , et al. , 2019. Toward a normative land systems science [J]. Current Opinion in Environmental Sustainability, 38.

Potschin M, Haines-Young R, 2013. Landscapes, sustainability and the place-based analysis of ecosystem services [J]. Landscape Ecology, 28 (6): 1053-1065.

Reenberg A, 2009. Land system science: handling complex series of natural and socio-economic processes [J]. Journal of Land Use Science, 4 (1): 1-4.

Rounsevell M D A, Pedroli B, Erb K, et al. , 2012. Challenges for land system science [J]. Land Use Policy, 29 (4): 899-910.

Rueda X, Velez M A, Moros L, et al. , 2019. Beyond proximate and distal causes of land-use change: linking Individual motivations to deforestation in rural contexts [J]. Ecology and Society 24 (1): 4.

Rwegasira A, 2012. Land as a human right: a history of land law and practice in Tanzania [M]. Dar es Salaam: Nkuki na Nyota Publisers Ltd.

Santos-Martín F, Martín-López B, García-Llorente M, et al. , 2013. Unraveling the relationships between ecosystems and human wellbeing in Spain [J]. PLoS One, 8 (9): e73249.

Schirpke U, Tscholl S, Tasser E, 2020. Spatio-temporal changes in ecosystem service values: effects of land-use changes from past to future (1860-2100) [J]. Journal of Environmental Management, 272: 111068.

Sen P, Dasgupta S, Chatierjee A, et al., 2003. Small world properties of the Indian Railway Network [J]. Physical Review E, 67: 036106.

Sombroek W G, Antoine J, 1994. The use of geographic information systems (GIS) in land resources appraisal [J]. Outlook on Agriculture, 23 (4): 249-255.

Song X P, Hansen M C, Stehman S V, et al., 2018. Global land change from 1982 to 2016 [J]. Nature, 560 (7720): 639-643.

Summers D, Rundell M, 1987. Longman dictionary of contemporary English [M]. Essex: Longman Group.

Sunderland T, Abdoulaye R, Ahammad R, et al., 2017. A methodological approach for assessing cross-site landscape change: understanding socio-ecological systems [J]. Forest Policy and Economics, 84: 83-91.

Timberlake L, 1988. Sustained hope for development [J]. New Scientist (119): 60-63.

Tisdell C, 1988. Sustainable development: differing perspectives of ecologists and economists [J]. World Development (16): 374-384.

Tobias S, Price B, 2020. How effective is spatial planning for cropland protection? an assessment based on land-use scenarios [J]. Land (9): 1-20.

Tress G, Tress B, Fry G, 2005. Clarifying integrative research concepts in landscape ecology [J]. Landscape Ecology, 20 (4): 479-493.

Turner II B L, 2014. Land system science: land systems, sustainability and land system architecture [R]. Berlin: 2nd GLP Open Science Meeting.

Turner II B L, Skole D L, Sanderson S, et al., 1995. Land-use and land-cover change: science/research plan, 31393 [R]. Stockholm: IGBP Secretariat.

Turner II B L, Lambin E F, Reenberg A, 2007. The emergence of land change science for global environmental change and sustainability [J]. Proceedings of the National Academy of Sciences of the USA, 104 (52): 20666-20671.

Turner II B L, Janetos A C, Verburg P H, et al., 2013. Land system architecture: using land systems to adapt and mitigate global environmental change [J]. Global Environ-Mental Change, 23 (2): 395-397.

Verburg P H, Overmars K P, 2009. Combining top-down and bottom- up dynamics in land use modeling: exploring the future of abandoned farmlands in Europe with the Dyna-CLUE model [J]. Landscape Ecology, 24 (9): 1167-1181.

Verburg P H, Erb K H, Mertz O, et al., 2013. Land system science: between global challenges and local realities [J]. Current Opinion in Environmental Sustainability, 5 (5): 433-437.

Verburg P H, Crossman N, Ellis E C, et al., 2015. Land system science and sustainable development of the earth system: a global land project perspective [J]. Anthropocene, 12: 29-41.

Watts D J, 1999. Networks, dynamics, and the small-world phenomenon [J]. American Journal of Sociology, 105 (2): 493-527.

Wiggering H, Dalchow C, Glemnitz M, et al., 2006. Indicators for multifunctional land use: linking socio-economic requirements with landscape potentials [J]. Ecological Indicators, 6 (1): 238-249.

Wu J G, 2013. Landscape sustainability science: ecosystem services and human well-being in changing landscapes [J]. Landscape Ecology, 28 (6): 999-1023.

Zonneveld I S, 1979. Land evaluation and land (scape) science [M]. Enschede: ITC.

第二章　土地过程和动能

第一节　土地形成的互作过程

一、土地形成的要素分析

（一）土地形成的自然环境要素

土地是自然的产物，气候、地质、地貌、水文、土壤、生物等自然环境要素对土地的形成过程有着基础性的作用。每个要素都与其他要素相关联，是一个复杂的矩阵因子。区域气候和地质会影响一个地区的土壤和水系，而土壤和水系又会影响植物、动物和微生物的分布。在土地的形成发展过程中，各种要素以不同方式、从不同侧面、按不同程度，独立地或综合地影响着土地的综合特性。唯有全面认识和分析各类自然环境要素相互联系、相互作用和相互制约的综合效应，才能深刻认识土地形成的过程机理。

1）气候。气候是一个地区在一段时期内各种气象要素特征的总和，包括极端天气和长期平均天气，主要由光照、气温、降水和风象等构成。大气候受山脉、洋流、风向及纬度等自然条件的影响，小气候受地貌部位、植被类型、土壤性质、周围环境、下垫面性质等条件的制约。飓风、龙卷风和洪水等不仅会造成土地生态系统的伤害，还可以对土地的物性造成毁灭性损失。例如，2023 年 9 月 10 日，飓风“丹尼尔”在利比亚东部地中海沿岸登陆并引发严重洪灾，德尔纳市约 1/4 面积被洪水摧毁，几乎被夷为平地。太阳辐射、光能条件、温度条件、水分条件、风象条件乃至二氧化碳条件等，都会直接影响土地的生产能力。大多数植物都有最适宜的气候和地理界限，超过这个界限，植物就很难获得最高最佳产出。太阳辐射是土地形成和发育过程的能量来源，是其物质迁移转化的动力。在植物体总干物质中，有 90%～95%是通过光合作用得来的。太阳辐射不同，土地的循环过程、光合作用和生物产量就有显著差异。在不同的气候带，如温带、寒温带、中温带、暖温带、亚热带、北亚热带、中亚热带、南亚热带、热带、边缘热带、中热带、赤道热带、干旱中温带、干旱暖温带、高原寒带、高原亚寒带、高原温带等，土地过程、空间分布、生产力和适宜作物等都是不相同的。

2）地质。地质构造、矿物岩石、地质矿产、地质灾害、基岩深度、沉积物类型、地下水、地热等，都会影响土地的形成过程、空间分布和构成属性。以地壳内部和地表上断裂、褶皱、隆起和沉降等为主要结构特征的地质构造，对水文循环和水资源分布、土壤类型和质量、生物多样性和物种分布、地形地貌和局部气候、自然灾害、地下能源资源形成和分布等都有重要影响。如断裂带可以改变地下水的流动路径和分布，地震和地质活动频繁的区域通常伴随山体滑坡自然灾害等。岩性及矿物组成不同，对土地形成的物理和化学过程都有深刻影响。花岗岩类岩石物理风化快，耐化学风化，风化产物偏酸性，土壤质地粗，其风化壳有利于地下潜水和裂隙水的保存，经常多为富水区；玄武岩类岩石，由于其矿物组成以辉石、斜长石、角闪石等深色矿物为主，含钙、铁、锰等矿物质丰富，在南方高温多雨地区，化学风化强烈，土层深厚，土壤性状肥沃，多为较肥沃的农业用地。地表组成物质的岩性及矿物成分不同，其具有的地基承载力也不同，对栖居营建的难易程度有重大影响。泥炭土、大孔土、膨胀土等，往往因物质性状容易变化会引起地面变形或地基陷落，从而导致建筑物发生裂缝、变形、倒塌等现象发生。

3）地貌。它是指地球表面各种形态特征的总称，核心是地表形态或地形，主要由海拔高度、地势起伏、地面坡度、地面坡向等几个指标予以表征。地貌控制着地表物质迁移的方向，调节区域水域条件的再分配，对土壤与植被的分布和土地利用都有某种规定性，是土地形成和空间分布的主要控制变量。由于坡度、土壤、地质、水文、小气候、植物及动物等与海拔存在着非常密切的联系，因而海拔在土地形成过程中是一项特别重要的因素。海拔高度对土地形成和构成特性的影响。首先表现在海拔高度的增加，气温递减，一般说来每升高 100 米下降 0.6 摄氏度左右；其次是降水在一定的高度范围内，随高度的增加有增多的趋势；最后由于重力作用和上述水热条件的变化，也会对植被和土壤产生影响，并会形成山地冰川等特殊的地理现象与地理过程。例如，在黑龙江大兴安岭地区，海拔 600 米以下为草原地带，600～1500 米为兴安落叶树林带。地势起伏越大、坡度越陡，水土流失过程就会越剧烈，土壤侵蚀作用越强，越不利于农田耕作和工程建设。例如，在坡度 8%～12%的坡地上建造住宅，要相应增加建设投资 4%～7%，经营管理费用增加 5%～10%；当坡度超越 25 度时，通常不适宜作为建筑用地和农田耕作用地。不同地貌类型区，如平原、盆地、高原、丘陵、低山、中山、高山等，地球的构造特征和外引力作用都会不同，直接影响土地过程、土地适宜性和土地结构分布。例如，在中低山地区，以流水侵蚀和化学风化为主；在高山区，冻裂作用强烈，在极高山还有冰川作用，土地质量和适宜性都会有明显不同。

4）水文。水文包括地表水和地下水两种类型。地表水主要指河流、淡水湖、浅水湖、冰川等在地表流动的水分；地下水主要指土壤、浅层地下水、深层地下水等地表以下沉积物孔隙中所含有的水分，地下水位深度、水质、含水层的出水量、水的运动方向等，都是重要的表征因子。水是土地形成和发展的核心要素，是植物光合作用的基本原料，是地球上分布最广泛的溶剂，对生物圈以及人类能在地球上生存和发展，具有决定性的意义。水在固态、液态和气态之间的转换循环，是土地物质和能量迁移与转化的重要媒介，也是自然环境重要的外引力，制约着土地的形成、空间分布和构成特性。地下水系统的地下水补给区、固结和未固结的含水层的位置及出水量、水井的位置和出水量、水量和水质、地下水位、承压供给水、季节性高水位、不同地质单元水的特征，地表水系统的分水岭和汇水盆地、径流量、季节性变化、河流、湖泊、河口、海岸线和湿地、湖水水面、湖水潮汐、洪积平原、洪水威胁区、水的物理特征（沉积载荷、温度）、水的化学特征（pH值、氮含量、磷含量、氯含量、硼的含量及导电率）、水的细菌特征、淡水的动植物群落、水体的富营养化、藻类暴发区、水草威胁区等，都会影响土地的形成和发育。人类为了改变地表水和地下水在时间和空间上分布的不均匀性、难利用性和有害性，就会采取一系列蓄水、引水和提水工程措施，从而改变土地形成发育的进程和方向。

5）土壤。土壤是陆地上能生长植物的疏松表层。土层厚度、土壤质地、土壤养分、土壤酸碱度、土壤剖面结构、土壤渗透率、土壤阳离子交换量、土壤侵蚀潜力、土壤排水潜力、土壤类型组合等土壤条件，是土地类型分异和土地生产力的决定因素之一。土壤的形成是成土母质、地貌、气候、生物及人类活动的函数，能在某种程度上反映出土地的综合特性，被认为是土地空间分异的一面镜子。以土壤酸碱度为例，它以 pH 值作为表征，直接影响土壤营养元素的释放、固定和迁移，植物根源活动环境以及微生物和多种元素形态的转化过程。当 pH 值在 6.5~7.5 时，土壤中氮素的有效性较高；相反，过高或过低会固结土壤中的磷而降低其有效性。土壤中的氮素在 pH 值为 6.0~8.0 时氨化作用、硝化作用、氮素固定作用最为适宜，氮的有效性最高。其他元素，如钾、钙、镁、铝、铁、锰、铜、锌、钼等也因 pH 值变化其有效性不同。在 pH 值小于 5.5 时，矿物质结构中和有机络合态锰、铝等均易被活化，交换性铝可占阳离子交换量的 90%以上，且容易产生游离态铝离子。当每千克土里游离态的铝离子达 0.2 厘摩尔时，就会使植物受到毒害。土壤 pH 值很高时，一些化学离子，如 Na^+、Mg^{2+}、CO_3^{2-}、HCO_3^-、SO_4^{2-} 与 Cl^- 等就会形成有关的可溶性盐。可溶性盐一般总量在 0.3%以上时即开始影响作物根系对水分的吸收；0.5%时即产生明显的抑制作用，达 0.7%时严重减少，如达 1%以上时就成为作物难以生长的盐土（刘卫东，1994）。土壤细菌和放线菌，如硝化细菌、固氮菌和纤维分解菌等，均适合于中性或微碱性环境；如果 pH 值小于 5.5 时，其活性就会明显下降。世界土壤类型多种多样，不同的土壤具有不同的物理、化学和生物属性，它们都会直接或间接地影响土地的形成和发育过程。

6）生物。生物因素包括植物、动物和微生物，是促进土地形成和演化的最活跃成分。由于生物的生命活动，把大量的太阳能引进土地形成过程，使土地具备生产力特性。从一定意义上说，没有生物因素的作用，就没有土地的形成过程。植物在土地形成过程中最重要的作用是利用太阳能，合成有机质，把分散在风化壳、水体和大气中的元素有选择地吸收富集，同时伴随着矿质元素的有效化。据估计地球上的自养植物一年中通过光合作用约同化 2000 亿吨碳素，其中 40%是由浮游植物同化的，余下的 60%是由陆生植物同化的。绿色植物每年同化碳所储藏的总能量约为全球能源消耗总量的 10 倍，在同化二氧化碳的过程中，把太阳光能转变为化学能，并蓄积在形成的有机化合物中。人类所利用的能源，如煤炭、天然气、木材等都是现在或过去的植物通过光合作用形成的。在地球上，由于生物呼吸和燃烧，每年约消耗 3150 亿吨氧气，以这样的速度计算，大气层中所含的氧气将在 3000 年左右耗尽。然而，绿色植物在吸收二氧化碳的同时每年也释放出 5350 亿吨氧气，使大气中的氧气含量仍然维持在 21%，成为一个自动的空间净化系统。由于光合作用，大气中的二氧化碳和氧气将分别约在 300 年和 2000 年循环一次（蔡永萍，2008）。动物区系的种类多、数量大，其生命活动直接影响土地的发育和性态，其残体将直接参与土地腐殖质的形成和养分转化。例如，蚯蚓将吃进的有机质和矿物质混合后，促进形成粒状化的土壤结构；非洲象牙海岸的白蚁可筑起直径 15 米、高 2~6 米的坚固竖立土墩，直接改变土地的形态。从生物化学的观点来看，微生物对土地形成和演化的功能是多方面的，在土地能量和物质的生物学循环中起着极为重要的作用。如氮的固定、氨和硫化氢的氧化、硫酸盐和硝酸盐的还原以及溶液中铁化物、锰化物的沉淀等过程都有微生物的参与。

（二）土地形成的人文社会要素

人文社会要素对土地的形成和演化，具有十分强烈的影响。它们对土地演变速度的作用，经常可以超过自然演化过程。由于人文社会要素的参与，通过定向培育，可使土地结构、功能、质量和生产能力在较短时间内发生巨大的改变。例如，通过改良土地，平整土地，改变原来的土地景观；进行农田基本建设，改善原有的土地灌排条件；施用化肥、有机肥，改变土地系统物质和能量的循环等。人文社会要素是一个复杂多元的系统，主要包括技术、人口、交通、经济、制度和文化等 6 个方面。

1）技术。人类在采集狩猎时期，他们穴巢而居，依靠土地的天然赐予，以采集植物和渔猎为生。15 万年前，地球处于冰河期。由于环境变化，他们无法继续采集和打猎，不得不每年迁移、四海为家，甚至长途跋涉离开非洲。当时智人（现代人）曾在地球上多处萌发，后来由于食物的短缺只活下来一支。史前文明时期，全球不超过 1000 万人口，分布在全球 7 块大陆。在历史演化的进程中，正是人类学会和使用了用火技术、制作棍棒技术、石器技术、开垦技术、种植技术、养殖技术、修筑技术，以及高低畦整地技术、修建梯田技术、兴建陂塘技术、筑淤堤坝技术、引洪淤灌技术、保墒防旱技术、良种选育技术、化肥农药技术、机械耕作技术、生物技术、数字技术、自动化技术等，在深刻改变土地结构、功能和分布的同时，使得土地生产能力和产出大幅度提高。据考证，秦朝时期亩[1]产 65 千克，现代已经达到 500 千克以上，超级杂交水稻的亩产量已经达到 926 千克，后者是前者的 14 倍之多。研究表明，旱地改水田每亩比旱地增产 37%～100%，更换一项良种每亩增产 10%，采用保护地膜栽培技术每亩可增产 10%～20%。所谓技术，它是为满足人类需要以更高的效益向自然或土地索取的方法。没有技术进步，土地就无法为日益增长和需求更高的人口提供粮食、能源和各种各样的衣食住行，也无法达到如今土地开发利用的深度和广度。

2）人口。人口作为独立的人文社会要素，它会通过改变土地利用方式、程度和结构，来满足人类的生存需求。人口对于土地形成和变化的影响，主要是通过人口数量、人口结构、人口不断增长的物质和文化需求变化来发生作用的。人口数量增长对土地形成演化的影响，不仅直接表现为人口数量的增长对各类用地数量和结构上的改变，而且还表现为对土地环境质量的影响。当食物、居住空间、能源和原材料不能满足人口增长需求时，势必会诱发人们大量开荒垦殖、占用良田、砍伐森林、盲目采矿等急功近利的土地开发冲动，使土地退化加剧，土地利用结构失衡，进而导致土地利用功能的丧失。土地生态环境的破坏必将反过来制约人们利用土地能力的提高，造成人口压力增加和土地利用功能下降的恶性循环。据世界银行数据，由于人口增加不断导致砍伐森林，在 1990—2020 年的 30 年间，全球森林面积占土地总面积的比例从 32.5%下降至 30.8%，森林面积损失了 4.2 亿

---

[1] 1 亩 = $666.\dot{6}$ 平方米。

公顷，净损失面积达到 1.78 亿公顷。2015—2020 年，毁林速度为每年 1000 万公顷左右。据世界粮农组织发布的《2021 年世界粮食和农业领域土地及水资源状况》概要报告，34%的农业用地已经面临人为造成的土地退化，其中近 1/3 的雨养耕地和近 1/2 的灌溉耕地面临人为土地退化风险。人口增长使得用于作物和畜牧生产的人均农业用地在 2000—2017 年减少了 20%。

3）交通。交通改变了土地开发利用的时空可达性，可达性对土地属性、结构及形态布局具有决定性作用，从而导致土地空间形态、土地利用结构和土地开发强度的改变。反过来，土地构成特性的改变也对交通系统提出新的要求，促使交通设施、出行方式结构和交通密度特征的改变。由于交通设施提高了空间的可达性，沿线土地开发利用量不断增加，沿交通轴线客观上形成土地开发的通道，促进整个沿线地域的开发。如城市新区的开发，更多地采用以公共交通为导向的 TOD（Transit-Oriented Development）模式，即以城市快速轨道交通主导的用地开发，已成为全球城市新区建设的基本选择。交通改变了土地区位，使不同性质用地在交通沿线影响范围内重新进行区位选择，引起土地利用在空间分布上的变化。高质量的交通设施水平能确保土地功能的最佳利用、土地价格的增值、土地开发强度的提高、土地利用效率和效益的增加、土地开发进程的加快。根据世界大城市主要交通方式与城市形态更迭演化的互动过程，可以将交通对城市土地利用空间结构的影响分为 5 个阶段：①马拉有轨车时代——城市星型形态及环形结构；②电车时代——城市扇形模式；③铁路时代——城市扇形模式的强化及组团状走廊的生长；④汽车时代——郊区化的加速与同心环状结构；⑤高速公路与轨道交通时代——城市形态多中心模式的出现（杨涛，2007；de la Barra，1989）。不难发现，交通对城市土地利用形态有何等深刻的影响。

4）经济。从经济发展的角度来看，经济增长必然会引起更多土地的投入，它是促进土地利用结构和功能变化的决定性因素。GDP 是通过各种生产和服务产生的经济效益，而大多数生产和服务都离不开土地。要实现 GDP 的增长，在土地利用中有两个途径：一是提高单位面积土地的经济效益，二是增加土地开发利用面积。在人类历史上，工业化和城市化是促进经济增长的主要方式。城市化过程是资源和要素在产业间和城乡地域间重新配置和组合的过程，也是土地要素集聚和时空变化的整合过程。工业化的直接结果是导致工业用地的大量增加，工业发展带来人口的集聚，也为城市化的发展提供动力，促进居住、公建、交通等其他建设用地需求量的增加。据世界银行统计，2001—2021 年全球城市人口由 29.2 亿增加到 43.5 亿，城市用地规模持续扩张。2011—2021 年，全球 50 万以上人口城市数量由 796 个增加到 985 个，建成区面积由 23.3 万平方千米扩张到 54.7 万平方千米，累计扩张 134.8%。工业化、城市化和经济增长无论过去还是在相当长的一段时间内，都是影响土地类型、土地开发强度和土地结构变化的要素。

5）制度。广义的制度可以包括政策和法律，是约束和引导人们土地开发利用行为的一种机制。包括人口、金融、税收、货币、土地、规划、保护、修复、管制等在内的制度和政策，都会对土地的形成和演化具有一定影响，其中影响最直接的是土地制度和土地政策。土地历来都是人类生存的基本条件，社会的各行各业，如农业、工业、城市建设、交通、林业、旅游业等都对土地有着一定程度的需求。由于土地供应的稀缺性、位置的固定性和用途的多宜性等特征，会造成不同部门对同一种土地（如耕地）产生需求，由此便会产生争地的矛盾，特别是对农地或耕地的争夺，由此造成土地利用的无序。在此背景下，一个国家的土地规划制度、征地制度、土地收益分配制度、土地产权制度、土地用途管制制度等都会直接影响农用地尤其是耕地的保护、利用、整治和开发过程。以中国为例，在未实行严格的土地规划、耕地保护、土地用途管制等政策的1981—1985年，平均每年减少耕地1720万亩，其中1985年减少耕地2396.9万亩。之后，国家采取了严格的耕地保护等相关制度，耕地得到了相对有效的保护，始终将耕地总量维护在18亿亩以上。为了落实国家的耕地占补平衡制度，全国湿地、草场、森林、沼泽等生态空间被大量挤占，近40年来人工围垦已致使全国超过半数的滨海滩涂消失，2003—2013年湿地面积减少了8.82%。由此可见，制度对土地的形成、演化和空间分布等都会产生巨大影响。

6）文化。文化是一种形成习惯的生活方式和精神价值，具体包括认知、宗教、信仰、道德、传统、风俗、规范等形态。文化的不同和改变，会直接影响对土地价值和功能的认知，影响土地利用方式和土地利用结构的选择。在扎贝加尔大草原上，原本居住的布里亚特人，受佛教影响，相信大地母亲爱图根（Etugen）是万物之母，对土地有至高无上的崇拜，实行严格和完整的土地保护，土地一直保持着生生不息的景象。20世纪30年代以后，苏维埃政府迫使布里亚特部落放弃传统的游牧方式，改变对传统土地的认知并大规模推进开垦大草原，草原从此遭受了风和水的侵蚀，造成严重的土地退化。1996年布里亚特共和国7.19亿公顷的农业用地有5.350亿公顷受到了侵蚀，其中，2.395亿公顷遭受了风侵蚀，1.710亿公顷受雨水侵蚀，还有1.245亿公顷遭受风和河水的双重侵蚀。在马来西亚，主要由不同宗教信仰和文化背景的马来人、华人和印度人组成，他们都尊敬和热爱肥沃的土地，拥有相同的自然和土地观念，相信人与自然环境、土地紧密相连，土地一直肥沃如昔。可是现代马来西亚人已经远离土地，人们对土地的漠不关心导致了土地的恶化，并最终毁坏了土地（拉马尔等，2005）。

二、土地形成的互作过程

（一）土地形成要素的互作关系

大气、水文、生物、岩石、土壤和人文等土地形成要素，它们具有各自的形态、结构、物质组成和功能特征，但又是一个相互联系、相互渗透、相互作用、相互依存、相互协调，即相依相生的统一整体。所有要素都是一个开放系统，不断与外界有着物质和能量交换。在系统内部，各要素层相互作用和相互渗透，形成一个精密镶嵌的自组织生命系统。田者出产谷物，维系人类的生命；水者滋润田地，使之永续利用；田、水、山、土、树等构成生态系统中的环境，形成一种相生关系，结成命运共同体。整个地球上的土地，都是在一种自然的、自我的设计中生存和延续的，它具有很强大、很复杂和很多仍未被人类揭示和理解的机密和能动性，其丰富性和复杂性远远超出人为的设计能力。不仅相邻两要素间可以相互作用、相互影响，而且相隔甚远的要素也会有某种形式的相互影响。例如，地球表层的物质迁移及其重力场，就受深部地球密度不同的物质分布的影响。20世纪60年代末由英国大气学家洛夫洛克（James E. Lovelock）提出的盖亚理论（Gaia Hypothesis)，其核心思想就是认为地球是一个生命有机整体。该理论被后来的计算机模拟所证实，认为地球上的各种生物体影响生物环境，而环境又反过来影响生物过程，两者共同进化；生物要素与其他要素之间主要由负反馈环连接，从而保持生物圈系统的稳定状态。土地形成要素的相互作用，大致可以分为以下 3 种基本关系。

1）土地要素在空间分布上的相互重叠和渗透。土地各要素在地球表面上以圈层形式分布，如大气圈、水圈、岩石圈、生物圈和土壤圈等，各圈层在地球内部和地表上都是相对独立分布的，但各个要素之间又呈现相互渗透和相互重叠的关系。生物圈和水圈，具有最显著的表现。整个生物圈都渗透在大气圈、水圈、土壤圈、岩石圈之中，在不同的圈层中都有生物的分布，各圈层间不断进行着物质和能量的交换作用。研究发现，有些细菌在百万米的高空和大洋底部都可以生存繁衍，包括大气圈底部（可飞翔的鸟类、昆虫、细菌等），岩石圈的表面（是一切生物的立足点），水圈和土壤圈的全部。不过，大部分生物都集中在地表以上 100 米到水下 100 米的大气圈、水圈、岩石圈、土壤圈等圈层的交界处，是生物圈分布的核心。水是地球上的生命之源，也是各个圈层变化的主要媒介。它以海洋为主体，并渗透到大气圈、生物圈、岩石圈和智慧圈等各个圈层之中，水圈与其他各个圈层中的相互渗透是地球物质和能量转换的过程，也是改变各个圈层形态与结构的主要营力。土壤圈处于大气圈、水圈、岩石圈和生物圈相互交叉地带，由各种颗粒状矿物质、有机物质、水分、空气、微生物等组成，是其他圈层长期作用的产物。土壤矿物质约占土壤总体积的 50%，在固体颗粒间的孔隙由气体和水分占据。土壤中包含微生物、藻类、原生生物和土壤动物等，地球上至少有 1/4 的生物蕴藏于土壤中。1 千克土壤可含 5 亿个细菌、100 亿个放线菌和近 10 亿个真菌、5 亿个微小动物等，是一个巨大的物种和基因资源库。

2）土地要素在形成过程中的相互影响和作用。各种土地要素，在其各自形成的过程中，都存在相互影响和作用。降水和温度变化，海陆风、山谷风、焚风、龙卷风、台风、城市风等局地环流，都会受海拔高度、地势起伏、地貌类型、植被覆盖等其他土地要素的影响，而这些其他土地要素也会影响降水、温度和局地环流的变化。一般地说，海拔每升高 100 米，温度就会下降 0.6 摄氏度左右；降水在一定的海拔高度范围内，也会随着高度的增加而增多。生物的生存、活动、繁殖都是需要一定空间、物质与能量的。生物在长期进化过程中，逐渐形成对周围环境某些物理条件和化学成分，如空气、光照、水分、热量和无机盐类等的特殊需要。如果这种环境条件一旦改变，就会对生态系统造成致命性的影响。从地质历史演化的角度看，物种灭或生，都与环境的变迁密切关联。5 次生物大灭绝事件中的第一次就发生在奥陶纪末期，造成了约 43%~52%的属、约 85%的种从地球上永远消失。目前学术界的大量研究证实：这次生物大灭绝事件就与全球冰川的形成和消融密切相关。大片的冰川使洋流和大气环流变冷，因此整个地球的温度下降了 8~10 摄氏度，海平面也大幅度下降 50~100 米，造成了这次大灭绝的第一幕。之后不久，冰期结束，气候变暖，海平面快速上升，大洋底流活跃，把有毒物质带上来，海底动物群遭到了重创，造成了第二幕灭绝（戎嘉余等，2022）。

3）土地要素在演化过程中的动态互补和平衡。土地要素不仅在形成过程中存在着相互作用，在其演化过程中还存在着动态互补和平衡，这是大自然的精密设计。生物学家发现，人类、动物、植物、藻类、地衣和微生物之间都存在着广泛的共同发展和相生进化关系。在生物圈系统中，物种间长期的相互作用和进化，形成了稳定和动态平衡的种间网络。从南极到北极、从高山到平原、从河流到海洋、从盆地到湖泊、从荒漠到湿地、从农田到林地、从城市到乡村等生活的人类、动物、植物、藻类和地衣均定殖着互惠共生微生物（Mutualistic Symbiotic Microbes，MSM）。在生物界，蚜虫和蚂蚁也存在相生现象（Dawkins，1996）。地球上不同的圈层总体上是一种相生性的自组织场域，由此也具有很强的生命自愈力。所谓自组织，是指各圈层的自我组织发展，其核心是系统内部组分相互协同相生使系统从“无序”走向“有序”，并维持圈层稳定状态的同时达到功能的涌现（Camazine et al.，2020）。例如，干旱-半干旱区草地生物圈系统的斑块状形态和珊瑚礁的韵律状分布（Rietkerk et al.，2004；Hille Ris Lambers et al.，2001；Klausmeier，1999）、高山森林生物圈系统的条带状空间格局（Mistr et al.，2003）、菌群落的网状结构（Tsimring et al，.1995）、浅水湖泊生物圈系统的多稳态（Scheffer et al.，1993；Scheffer，1997）等，都具有很强的自组织相生功能和生命的自愈力。

（二）土地形成要素的互作过程

科学研究已经证实：各种土地形成要素，包括人类在内的人文社会要素，都不是绝对孤立的，它们之间存在着广泛的因果联系和相互作用过程（西尔弗等，2010）。其中任何一个要素的变化，都会成为整个系统的变化动因，也是系统自我响应、自我调节和自我组织的功能体现。经过半个多世纪的研究表明：土壤-植物-大气就是一个连续体。水分经由土壤到达植物表皮、进入根系后，通过植物茎到达叶片，再由叶气孔扩散到宁静空气层，最后参与大气的湍流交换，形成一个统一的动态的相互反馈连续系统，即土壤-植物-大气连续体（Soil-Plant-Atmosphere Continuum，SPAC）（康绍忠等，1994）。岩石圈、水圈和大气圈是化学元素在地球冷却过程中重力分异的结果。较轻的元素，如 C、H、O、N、S 等上升到大气圈，以 CO_2、CO、H_2、O、NH_3、H_2S 等气体形式存在；较重的元素，如 K、Na、Ca、Mg、Fe、Mn、Al、Si 等结晶成矿物而构成岩石圈。岩石圈、水圈和大气圈共同组成地壳，3 个圈层是一个相互作用的整体。正是由于这 3 个圈层的相互作用过程，为生物圈的出现与发展提供了物质与能量基础（李长生，2016）。

不同土地形成要素都有其独特的动力学机制，但它们都会受到地球重力场、地球自转及其速度变化、温度差异、压力变化、物质浓度梯度等地球内部各种因素的支配，也会受到地外各种天文因素如月球、行星、太阳系以至于银河系的支配，还会受到人性、经济周期、社会演替、文化变迁等人文因素的支配，是这些因素的共同作用过程，形成了丰富多彩和最富有生机的土地系统。土地形成要素之间的相互作用过程是极其复杂的，其机制并没有被完全阐明，但已经证实的是各种要素的相互作用过程受熵定律支配。熵，即为衡量混乱程度的度量，熵定律也被称为热力学定律。热力学第二定律，又称熵增定律，表明了在自组织过程中，一个孤立系统的总混乱度、总稳定度，即熵不会减小，长期演化的结果必然导致系统走向无序和崩溃。熵法则就是指，外部环境提供的负熵流足以抵消内部形态产生的熵增加，则该系统才可以通过自组织作用向有序化继续演化。爱因斯坦的研究认为，热力学定律是宏观世界物质系统具有普遍意义的、唯一的物理学理论。大量研究证实：热力学法则是控制宇宙万物运动的无形之手。很幸运的是，由于以下 3 个方面的原因，使得各类土地形成要素不会因为熵增而走向“死寂”。

1）土地形成要素是一个开放系统。整个地球系统自诞生以来，与周围环境之间就一直发生着质量、能量与动量的交换，使得地球成为一个开放系统，各种土地形成要素及其相互作用过程也是如此。地球平均每年接受太阳辐射能大致为 18 亿亿瓦，它对太阳辐射能的吸收量与反射量大致平衡。太阳辐射能会对大气圈与水圈产生相当大的影响，是引致大气环流、使水蒸发上升和引起洋流的主要动力，还可以对地表电磁场产生快速而强烈的影响。生物是土地形成要素中最具有活力的，也是最关键的一个要素。生物圈之所以有活力，主要是源于生命具有自我新陈代谢、自我繁殖和自我调控的能力。这种活的有机体是一个开放系统，它借助于自身的条件，在物质、信息和能量的交换中维持自身的活力。

2）土地形成要素存在着浓度梯度。在一个完全没有差异的空间中，物质的迁移、能量的交换、信息的流动，将会全部停止，变成一个“死寂”的世界，类似于“热寂”说中的熵最大极限状态。差异如果完全消失，就会扼杀了交换的原动力。只要浓度梯度存在，物质就会自发地由高浓度区向低浓度区运动，有了运动土地系统才会有活力。存在浓度梯度的必备前提是：物质的空间分布存在不均匀的多样性，这种不均匀的多样性为物质运动提供了原动力。如果均匀分布，物质运动就失去了力学机制。从上文的分析当中可以看出，无论自然环境要素还是人文社会要素，在地球表面的分布都是多样性和非均衡性的，具有广域的地域浓度差异，从本质上也就具备了广义地球活力的物质基础，使得土地形成要素在形成过程中能维持自组织的稳定状态。

3）土地形成要素存在不完美结构。土地形成要素之间会存在化学互作反应并且持续发生，最根本性的原因就是源于土地形成要素大多数原子的结构是不完美的。在宇宙创生的过程中，大多数元素的原子结构均非处于热力学的最稳定状态。因此，这些原子都无时无刻地寻找一种解决方案，以使自己的结构完美化。现代科学研究表明，当两个原子相遇时，如果通过电子在两个原子之间的转移而使参与反应原子的完美结构得以实现，这个反应将自动发生，这是宇宙物质表现出追求结构完美的内在禀赋和倾向。当两个原子相遇时，它们的作用方式是多种多样的，可以相互交换电子或质子，也可以相互结合或置换。但无论哪一种方式，都是源于原子本身结构缺陷而试图寻找更加完美的结果。寻找这种完美结果的本质，就是原子、分子或物质互补相生的过程。或由于正负相吸，或由于阴阳互补，或由于氧化还原的互作相生，或由于共用共享互作相生。在自然界最普遍和生命系统最重要的水分子（H_2O）中，O 获取电子的趋势要比 H 获取电子的趋势强很多，构成 O-H 键的共用电子对强烈偏向 O 原子一边，其结果是 H 原子带上正电荷，使 O 原子带上负电荷，从而产生一种称为“氢键”的相互吸引力。事实上，世界上任何的物质都是不完美的，正是这种不完美使得地球世界成为一种互作的相生性存在。例如自然界中理想晶体是不存在的，任何晶体即使在绝对零度都含有缺陷。弗伦克尔缺陷（Frenkel Defect）是一对空间-间隙缺陷，由一个离子从正常位置格点位置跳到间隙位置，留下一个空位而形成。肖特基缺陷（Schotty Defect）是离子键材料内部的一对电性不同的空位，此时空位对应的离子跳到表面或界面处。在原子间吸引力和排斥力的作用下，原子找到了各自的平衡位置。每种物质都有结晶和玻璃化（非晶体）两种倾向，相互竞争，以互作相生而存在，这就是世界物质运动最重要的基本形态。在地球上，由于太阳和其他能源的驱动，化学元素在岩石、土壤、水、大气和生物细胞内不停地耦合与解耦。在这一互作相生过程中，能量不断地被吸收和被释放，于是地球上就有了能量的流动，土地形成要素的生命物质借此截获、储存和再利用能量，土地形成要素的互作过程就有了生生不息的动力。

三、土地形成的功能涌现

（一）土地形成是复杂系统

土地形成是多圈层相互作用下的综合过程，也是各个圈层通过物质迁移和能量交汇进行相互作用的复杂系统（陆大道，1999；Lu et al.，2019）。每个要素在土地形成发展过程中都起着一定的作用，但各个要素在经过多种过程共同作用下才能形成土地的基本性质和空间特征，它们是一个动态的复杂整体。在经典物理学的黄金时代，基本假设都认为要素之间的相互作用是独立的，即要素之间的相互作用不受其他物质的影响。进入21世纪，量子力学成为物理研究的前沿，它从根本上改变了人们认知世界的方式。在量子世界，万物都是一个动态的相生整体，任何事物都会与其他事物相联系，并共同对进一步的相互作用做出响应。从复杂系统的角度看，土地形成要素具有以下基本特性。

1）整体性。由于土地整体与土地要素之间、与环境之间以及各土地要素之间都是相互联系、相互作用和相互依赖的，具有显著的整体性特征。这种整体性会呈现出各个单独要素所不具有的新结构和新功能，正如贝塔朗菲所说的会呈现出“整体大于它的部分之和”。土地形成要素不存在“孤岛”，各种要素都会表现出多因多果的复杂关系而表现出整体性。全部要素都在一张整体的关系网之中，表现出“你中有我、我中有你”，相互之间会存在影响，也会相互制约。不能把土地形成要素看作是土地对象的集合，而是统一整体中不同部分之间相互关联的复杂网络。任何一种土地类型的生成，都是气候、地貌、地质、植被、土壤和人类活动等综合作用的结果，所有这些要素都是以整体的形式发生作用的。例如，围湖造田、修筑梯田、植树种草、毁林开荒、培肥改土等人类活动，同时也会对地貌、土壤和植被进行改造，这些要素是作为一个整体而影响土地形成过程的。

2）非线性。土地是由若干要素共同作用后形成的一个既庞大又复杂的巨系统，各个要素共同作用的结果并不等于每个要素单独作用结果的机械叠加，即不满足叠加原理。换句话说，土地形成过程是一个非线性系统，其变化大多属于非线性过程，具有相干性和初始敏感性。例如植被演替、坡沟地貌演化、水流特征、基岩性质、地质构造等对土壤侵蚀形成演化的影响，就是一个非线性系统。植被、水流、基岩、地貌等要素，都存在相干性和初始敏感性。任何一个单独要素，都无法解释土地侵蚀形成演化的渐变和突变过程。各种要素在土地形成过程中表现出的变化性态不同，有的是阵发性的，有的是周期性的，有的是瞬时性的，有的是持续性的，它们对土地形成过程的影响绝非是简单的线性叠加。以城市土地形成演化过程为例，人口结构、产业结构、交通结构、金融结构等的影响，都不是线性的，而呈现出显著的非线性特征（史本叶等，2015）。

3）动态性。土地的形成过程是各要素与时间的函数。随着时间的推移，土地形成各要素之间不断地进行物质循环、能量传播与信息传递，呈现出动态性特征。在土地形成过程中，不同要素的作用速率是有很大差别的。对于火山岩发育的幼年土壤，形成每厘米厚的土地需 1.3 年；而非洲的氧化土，每厘米厚的土地的形成时间却需要 750 年。在意大利北部，淋溶土形成年龄为 3000～7300 年，始成土为 1300～3000 年，新成土为 100～1300 年。在美国加利福尼亚州新成土小于 3000 年，软土为 3000～29000 年，老成土为 50 万～320 万年。土地有机质、黏土矿物含量等属性，在土地形成过程中的不同发育阶段，其速率并不是均等的，开始阶段较快提升，后期变化就很缓慢（黄昌勇，2001）。研究表明，有些要素在土地形成的初期过程，作用较为显著，比如光照、气温、降水和风象；有些要素在后期作用更为显著，比如植物和微生物。任何一种要素对土地形成的作用都不能看成是固定不变的，随着时间的进化，都会发生动态转变。

4）相生性。在庞大的土地形成要素系统中，都存在着相互作用，表现出强烈的相生性，以此形成具有结构完整和功能健全的土地。达尔文在《人类的由来》一书中归结到：社会性动物彼此可以提供互相服务。在生态系统水平上，每个有机体都与其他有机体相互作用，生物体不断地与环境中的物理因素相互作用，例如森林吸收阳光，吸收空间中的二氧化碳，向空气不断释放氧气。环境也会受到生物的影响，例如土地的形成，就与地表的植被群落密切相关，森林生物群落、草地生物群落、荒漠生物群落、苔原生物群落会形成不同性质和功能的土地类型。互生是土地形成过程中最重要的要素间关系，指两种要素间的一种互惠关系，对彼此都有利。例如，热带雨林土地生态系统，就是建立在互利相生的基础之上的。昆虫、鸟类、哺乳类，很多生物为有花植物的授粉作用、种子传播服务。植物为它们提供花蜜、果实作为回报。如果没有生物的互利相生关系，大部分植物就无法生存。而以木质素、纤维素为食的各种动物其身体无法产生相应的酶，但是它们肠道里的微生物却为它们提供了这种能力，各种昆虫、哺乳类的肠道中都有特别的微生物使它们不致饿死。这种互利共生，有时还具有很强的专一性，不是随意可以搭配的。如 1980 年 Ahmadjian 等发现的一种地衣：鸡冠石蕊的子囊孢子与来自 12 个不同属、种的共球藻都可以形成相生联合，但却不能与另外 10 个不同属、种的拟共球藻形成相生联合（Ahmadjian et al.，1980）。

（二）土地形成的功能涌现

土地的形成是一个复杂的过程，它是由大量不同要素通过非线性相互作用的结果。正是各种要素之间发生的非线性作用而自发地涌现出土地的总体性状、结构、动力学行为和多功能，这就是上文所说的土地形成是一个复杂系统。各要素的非线性相互作用，意味着各要素之间发生着耦合与解耦作用。耦合作用是指两个要素通过相互作用，彼此影响以至联合起来的现象；解耦作用是指通过相互作用之后两个要素解除耦合关系，仍分别各具特色自成体系的现象。例如任何两个要素圈层之间都存在着一个复杂的过渡带，在该带内，物质成分不均匀地趋向混合；而在远离过渡带的地方，分别保持各圈层自身的特色。大气圈与岩石圈之间的过渡带是包气带，水圈与岩石圈之间的过渡带正是地下水含水层位与渗入岩石圈的流体赋存带；生物本身就是分别赋存在大气圈、水圈、土壤圈和岩石圈之中的。生物正是依靠上述 4 个圈层之间的相互作用获取氧气、二氧化碳、水分、有机物并接受太阳辐射能而维持生命的。反过来，生物也通过其自身的新陈代谢作用而改变大气和水质的成分，在土壤圈内发生生物成土作用及生物化学作用。所有化学元素在土地形成过程中都扮演双重角色：一方面，化学元素是生命的基本建造物质，使生命以具体的物质形态存在，即为生命赋形；另一方面，元素通过自身的化学形态转化，将来自外部（主要是太阳）的能量源源不断地输入生命系统，置生命物质于高能状态，从而产生自主活力，即为生命赋能。元素这种为生命赋形和赋能的功能全靠元素间的耦合和解耦而得以实现。通过耦合和解耦作用，元素在地球化学或生物化学的反应中不断彼此结合和分离，不断形成新的群组和功能。这种地球化学反应现象，是能量在土地形成过程中传输和土地生命生生不息的根本机制。

在生物圈内，两种生物紧密结合在一起形成一种特殊的共生体，在组织和形态上产生了新的结构和功能，就如同不同的音符组合在一起就能产生新的乐曲一般，是非常普遍的现象。例如，由于菌、藻类长期紧密地结合在一起，无论在形态上、结构上、生理上和遗传上都形成了一个单独固定的有机体——地衣，它是蓝细菌或藻类与真菌共生的复合体，生物学上把地衣单列为地衣门，本门约有 500 属 26000 种。生物个体从来没有，也不可能像鲁滨孙那样单独存在，它们总是会以一定的方式组成群体、种群或新生体。近年来有关食物网的相关研究发现，不同营养级的生物多样性会对生态系统功能产生复杂的功能涌现。如果在食物网中引入高阶相互作用，也就是在 3 个或 3 个以上物种所组成的系统中，两两物种间的相互作用强度会受到其他物种的调节，会产生新的非线性密度制约效应（李远智等，2020）。如当捕食者大口黑鲈存在时，蓝鳃太阳鱼对生境的利用从池塘中心逐渐转移至池塘沿岸植被区域，导致池塘中心浮游动物丰度显著增加（Turner et al.，1990）。

土地具有生产食物功能、生活空间功能、生物栖息功能、生命环境功能、生命遗传功能、气候调节功能、水文循环功能、污染净化功能、空间关联功能、景观美学功能、健康保育功能等几十种，都不是单个土地形成要素所能提供的，而是多种要素通过非线性作用后的功能涌现。以土地所提供的生产食物功能为例，就是光合有效辐射、温度、水分、土壤、植物特性以及作物栽培、施肥结构、植物保护、农田水利工程、经营管理水平等人类活动能力综合作用所涌现的功能，任何单一的自然环境要素和人文社会要素都无法产生土地的生产食物功能。即使在其他土地形成要素都基本相似的条件下，唯有植物特性不同，对于土地提供的生产食物功能也会有悬殊的差异。研究表明，植物的类型、遗传特性、进化因素、生理生化特点、形成结构等都直接影响植物光合作用的过程与速率，它们最终的产物都是有很大不同的。植物生理学家在 20 世纪 60 年代就已经发现，C-3 植物与 C-4 植物有着差异很大的光合作用效率。C-3 植物具有较高速率的光呼吸作用，包括小麦、大麦、甜菜、油菜、大豆、烟草、马铃薯、棉花以及多种水果和蔬菜。C-4 植物具有较小的甚至是接近于 0 的光呼吸作用，包括玉米、高粱、甘蔗、向日葵等热带禾本科植物，还有一些多年生的草类。在太阳辐射强度很高的状况下，C-4 植物的光合作用效率可是 C-3 植物的 4 倍；在同等条件下，C-4 植物的土地生产能力可是 C-3 植物的 2 倍以上。土地的污染净化功能，其“道”也是相似的，是多种形成要素非线性作用的结果。土壤矿物质、土壤有机质、土壤结构、土壤胶态物质、土壤生物类型、污染源、污染物浓度、太阳能、紫外线、温度、降水、地形等，都会影响土地物理净化、化学净化、物理化学净化、生物净化功能的显现。不仅如此，每一个形成要素对土地污染净化功能提供的影响，也是极其复杂的。以微生物为例，对某些特定的有机物和无机物都具有净化作用，但对重金属污染就不具备净化功能。微生物种群、数量、活性，以及土壤水分、土壤温度、土地通气性、pH 值、E_h 值、适宜的碳氮比等因素，都会影响土地的环境自净作用。

第二节　土地物质的运动过程

一、土地物质运动的传导机制

（一）土地物质运动的物理传输

土地物质运动的物理传输，主要有土壤侵蚀、水体传输、大气传输、生物搬运、人为搬迁、物理风化、地质灾害等形式。土地生态系统中的光、声、温度、湿度、磁力等，通过物理过程传递的信息，也可以纳入广义的物理传输过程。比如一只昆虫撞上了蜘蛛网，引起蜘蛛网的振动，昆虫越挣扎，蜘蛛网振动得越厉害，最后蜘蛛爬来觅食，也可以视为一种物质的物理传输过程。

1）土壤侵蚀。它是指土地在水利、风力、冻融或重力等外营力作用下，被破坏、剥蚀、搬运和沉积的过程。土壤在外营力作用下产生位移的物质量，称土壤侵蚀量。单位面积单位时间内的侵蚀量称为土壤侵蚀速度（或土壤侵蚀速率）；土壤侵蚀量中被输移出特定地段的泥沙量，称为土壤流失量。在特定时段内，通过小流域出口某一观测断面的泥沙总量，称为流域产沙量。土壤侵蚀是构成土地物质运动的一个基本过程，人类对土地利用方式改变引起的土地覆被变化，极大地加快了这一进程。据统计，全世界每年土壤侵蚀导致 250 亿~400 亿吨表土流失；中国年均土壤侵蚀总量 45. 2 亿吨，主要流域年均土壤侵蚀量为每平方千米 3400 多吨，黄土高原部分地区甚至超过 3 万吨，相当于每年 2. 3 厘米厚的表层土壤流失。

2）水体传输。它是指物质以溶质或沉积物形式，随地表径流和地下径流发生的迁徙和搬运过程，有自然水体运输和人工渠道运输两种形式。自然水体运输是指利用河流、湖泊、海洋等天然水体来进行水的运输，具有运输能力大、成本低的特点，与水的流向、流量、水质等因素密切相关；人工渠道运输是指通过建设人工渠道，将水资源从一地输送到另一地，这种方式可以人为地控制水的流向和流量。水体传输是土地物质运动物理传输的重要方式，直接影响泥沙运移、河床淤积。例如，从长时间看，黄河年平均运输 16 亿吨的泥沙。黄河中游河段流经黄土高原地区，水土流失严重，支流带入大量泥沙汇入黄河，使黄河成为世界上含沙量最多的河流。最大年输沙量达 39. 1 亿吨（1933 年），最高含沙量 920 千克/米^3（1977 年）。

3）大气传输。它是指物质以气态或气溶胶（颗粒物）的形式，随大气流动而发生的迁移和搬运过程。有研究表明，舟山群岛在高频率、高风速的持续性西北风和偏北风作用下，由于受上海和苏南城市污染物质大气传输影响，形成重污染天气。冬季，在偏北风的作用下，舟山群岛由于区域传输产生的空气污染物总比率，二氧化硫高达92%、二氧化氮达到82%，其中上海对舟山贡献率最高，二氧化硫在71%~79%之间，二氧化氮在72%~83%之间；夏季，以偏南气流为主，受部分浙江方面气流影响，舟山群岛由于区域大气传输产生的空气污染物总比率，二氧化硫为66%、二氧化氮为46%，其中浙江对舟山贡献率最高，二氧化硫在52%~63%之间，二氧化氮在49%~55%之间（毛东恒，2019）。由于雨滴可在大气中小的颗粒物上凝结形成，部分气体会溶于水或经大气光化学转化后形成可溶盐，也夹杂化学反应的过程。

4）生物搬运。它是指生物通过携带和转移种子、腐殖物等物质的过程。生物搬运的形式主要有：①生物吸收消化搬运。例如，蚯蚓通过吞食土壤中的有机物、植物残渣和微生物，将其消化后粪便排放在另外空间；当动物吃下果实时，种子会随着动物的粪便排出，从而到达新的地方生根发芽；蜜蜂和蝴蝶通过采集花粉和花蜜，将其带回巢穴或巢虫等。②生物迁徙搬运。例如，鱼类和鸟类的迁徙可以将大量的有机物质和养分从一个地区转移到另一个地区。③生物黏附搬运。例如，一些鸟类和啮齿类动物会将种子黏附在它们的爪子、羽毛或皮毛上，然后在飞行或奔跑中将种子带到其他地方。

5）人为搬迁。它是指任何用手或身体的力量以及借用人造工具，将土地物质搬迁至异地的过程。围海造田、表土剥离、修渠引水、货物运输、城市“三通一平”❶ 等，都是常见的人为搬迁形式。在人类活动频率和强度不断加大的时代，人为搬迁是土地物质运动物理传输的重要形式，对土地物质的运动过程具有深刻影响。在荷兰，围海造陆已有几百年的历史，其有1/4的国土是通过围海造地形成的，其土方量的人为搬运十分巨大。据不完全统计，中国从20世纪80年代开始至20世纪末，沿海地区围填海造地面积达1.2万平方千米，平均每年围填海230~240平方千米，最典型的广州番禺有80%的土地是历代围海造地形成的。中国南水北调中线工程，输水干渠总长1432千米，地跨河南、河北、北京、天津4个省（市）。受水区域为沿线的南阳、平顶山、许昌、郑州、焦作、新乡、鹤壁、安阳、邯郸、邢台、石家庄、保定、北京、天津等14座大、中城市。截至2023年2月5日6点，南水北调东中线一期工程自2014年全面通水以来，已累计调水600亿立方米。

6）物理风化。它是指岩石在温度变化、冻融、有机体、水、风和重力等物理机械作用下崩解、破碎成大小不一碎屑和颗粒的过程。物理风化是普遍存在的一种现象，在温差较大的干旱和高寒地区，物理风化较化学风化和生物风化作用更为强烈，是这些地区的主要风化形式。常见的物理风化方式有温差风化、冰劈风化、盐类结晶与潮解作用和层裂作用等。在悬崖陡坡上的岩石，因风化而发生崩落，裂解下来的石块沿山坡流动，最后在山坡脚下稳定的地方堆积下来，形成上尖下圆的锥形体，称倒石锥。在平缓的山坡，崩落下来的岩块杂乱地堆积在那里，形成石滩或石海。物理风化的碎屑和颗粒物质，在重力作用下流动，也是常见的一种物理传输方式。

7）地质灾害。它是指崩塌（即危岩体）、滑坡、泥石流、岩溶地面塌陷和地裂缝等引起的岩土体移动事件，是一种常见的物质运动形式。1999年12月15日至16日，委内瑞拉北部阿维拉山区加勒比海沿海8个州的泥石流，造成山体大面积滑塌，数十条沟谷同

❶ “三通一平”是指路通、电通、水通及场地平整。

时爆发大规模的泥石流，死亡人数高达3万。2014年8月13日，发生在瑞士圣哥达铁路线上的岩崩事故，松动塌陷的3000立方米岩石移动了几千米远。2010年8月7日，中国甘肃省甘南藏族自治州舟曲县城东北部山区突降特大暴雨，引发三眼峪、罗家峪等4条沟系特大山洪地质灾害，泥石流流经区域被夷为平地，造成逾千人遇难。

（二）土地物质运动的化学反应

世界万物是由元素构成的，元素之间的化学反应决定了物质运动的时空秩序。化学反应的本质是元素旧化学键的断裂和新化学键的形成。在这个过程中，旧化学键的断裂和新化学键的形成是同时进行的，缺少任何一个过程都不是化学反应，它们是一种相生性存在。正是这个相生性过程不仅改变着土地系统的能态，也改变着土地系统内部的元素组合，更是创造了土地生生不息的生命系统。绿色植物吸收光能、同化 CO_2 和 H_2O、生产有机物质并释放出 O_2 的过程，称为光合作用，这是维持土地生命的关键性化学反应。根据元素相遇时的相互作用特征，可以将土地物质运动的常见化学反应分成以下几大类：氧化-还原反应、吸附-解吸反应、化合-分解反应、溶解-脱溶反应、络合-反络合反应等。

1）氧化-还原反应。它是指由反应物之间电子传递所引起的物质氧化与还原过程。当一个分子、原子或离子失去电子后其自身被氧化；同时，另外一个分子、原子或离子或者电子其本身被还原。所有的氧化-还原反应，总是成对地发生。上文所述的光合作用，就是一个氧化-还原反应过程。在这个过程中，水发生裂解生成氧和还原力，在此基础上形成了土地活性氧库，并产生了还原态有机碳化合物。氧化-还原反应能够使土地生命获得更多和更有效的能量，从而使土地生命进入一个持续进化的全新过程。土地氧化-还原过程主要包括有机物质的氧化和还原，各种氮、硫和硒化合物的氧化和还原，铁、锰和钴等金属元素的氧化和还原，氢的氧化和氧的还原等。这些化学反应不仅影响碳、氮、硫、铁、锰、硒以及部分重金属元素的生物地球化学循环，而且其中部分元素氧化与还原过程还影响到其他元素的转化与迁移过程，如铁的氧化还原过程同时影响着碳、氮、磷多种微量营养元素和过渡金属元素的循环。土地物质运动的矿物风化，往往就伴随着氧化-还原反应。例如云母中的铁为二价铁，而当云母风化转化为蛭石时，晶格中的铁就成为三价铁，说明风化反应是一个氧化-还原反应过程。氮、铁、硫、锰本身是变价元素，氧化还原电位不同，它们所处的价态就不同，其反应性和生物有效性也会发生变化。所以氧化还原电位能影响铁、锰等化合物的稳定性，也能影响铁、锰胶体的吸附性能。氧化-还原反应对污染物在环境中转化的影响也有大量报道。砷的氧化-还原反应就是个好例子，二氧化锰可催化砷的氧化。五价砷的生物毒性比三价砷低，而且后者容易被胶体吸附，从而使砷不容易进入食物链。二价镉会引起心脏病、高血压。二价镉是移动性较强的元素，在食物链中传递很快。在极度还原情况下，例如某些富营养化的湖泊、底泥，由于硫化镉是难溶性物质，从而使镉不容易进入水体（黄盘铭，1991）。

2）吸附-解吸反应。吸附是指物质在表面上吸附其他物质的现象，而解吸则是指吸附物质从表面上脱离的过程。化学吸附是指物质之间的相互作用力比较强，吸附物质会与表面上的物质发生化学反应，形成化学键。解吸是吸附的反过程，它发生在吸附物质从表面上脱离的过程中。解吸的速度取决于吸附物质与表面之间的相互作用力大小。如果相互作用力比较弱，那么解吸的速度就会比较快。相反，如果相互作用力比较强，那么解吸的速度就会比较慢。在吸附中有一类吸附称专性吸附，它是指由胶体表面与离子之间的专性作用力而引起的吸附现象。与电性吸附不同，在吸附剂与被专性吸附的离子之间可以形成离子键、共价键或配位键。由于这种吸附作用与吸附剂表面和被吸附物的分子结构有关，所以称为专性吸附。专性吸附的主要特点是，表面电荷不是决定此类吸附的主要因素，无论胶体表面带正电荷、负电荷或不带电荷，均可发生吸附。被专性吸附的离子能进入氧化物表面的金属原子的配位壳中，与配位壳中的羟基或水分子重新配位，并直接通过共价键或配位键结合在固相表面。这种吸附发生在双电层的内层。被专性吸附的离子是非交换态的，在一定的pH值和离子强度下不能被 Na^+、K^+、NH_4^+ 等电性吸附离子置换，而只能被亲和力更大的离子置换。土地黏土的矿物组成、离子本性和pH值等都会影响专性吸附。铁、铝、锰等的氧化物及其水合物是土地发生专性吸附的主要物质。在一定条件下，层状硅酸盐也可发生专性吸附。能够被土地专性吸附的阳离子主要是重金属离子，如Cu、Zn、Co、Ni、Cd离子等。在土地生态系统中，如果没有黏土矿物对铵态氮（NH_4^+）的吸附作用，土壤的氮库就很容易枯竭，陆地植物可能由于缺氮而很难得到正常生长，由此也就很难有高的第一生产力，动物和人类的持续演化就会成问题。土壤对 NH_4^+ 有较强吸附作用，从而可以保护活性氮不被淋溶，提高养分的有效性。土壤和沉积物中的锰、铁、铝、硅等氧化物及其水合物，对多种微量元素都能起到富集作用。例如锌、钴和镍的含量均与氧化锰的含量呈正相关，铜、钒和钼的含量与氧化铁含量呈正相关，由此对微量养分元素从土壤溶液向植物体内迁移和积累起到调节作用。当外源重金属等污染物进入土地系统时，容易为土地中的氧化物、水合氧化物等胶体专性吸附所固定，对水中的污染物起到一定的净化作用。

3）化合-分解反应。化合反应是指由两种或两种以上的物质生成一种新物质的反应，如常见的金属铝接触空气，它的表面便能立即生成一层致密的氧化膜（三氧化二铝），就是一种化合反应；分解反应是指由一种物质生成两种或两种以上其他物质的反应，如碳酸钙在高温条件下生成氧化钙和二氧化碳。化合和分解反应在地球生态系统中广泛存在，是导致地表元素迁移转化的重要作用之一。也正如人类世界那样，分久必合、合久必分。在土壤的形成过程中，土壤中矿物质及有机质的分解破坏，是一种典型的分解反应；而土壤中新生黏土矿物及有机胶体的形成，是一种化合反应。化合-分解反应广泛分布于地球的土壤，犹如细胞膜之于细胞和皮肤之于躯体，在整个地球生态系统中具有不可替代的功能。土壤中的有机成分由颗粒大小不同的原生矿物和次生矿物组成。大部分土壤原生矿物主要存在于砂粒和粉砂粒部分，而次生矿物主要有碳酸盐、氧化物和次生黏土矿物，后者又称黏粒矿物，是土壤中最活跃的部分。黏粒矿物是矿物岩石经分解风化后，经化合反应形成的新物质。土壤和环境中常见的黏粒矿物主要有：高岭石——蛇纹石类矿物、蒙脱石——皂石类矿物、云母和伊利石类矿物、蛭石类矿物、纤维棒石与绿泥石类矿物及夹层矿物等。这些黏粒矿物对保持土壤肥力、改良土壤质量、净化污染环境、去除病毒等都有显著的作用。研究表明，通常52%~98%的土壤有机质集中在黏粒部分，有机质与黏粒矿物和阳离子结合以有机无机复合体的方式存在，对有机物料有较强的吸附能力，可增加有机质的生物稳定性，改良土壤的结构，有效保持和提高土壤肥力（Elliott，1986）。黏粒矿物能将土壤和水中的重金属离子吸持在其晶格结构内，形成稳定的配离子，以钝化的形式减轻重金属污染（Covelo et al.，2007），对水体富营养化和底泥磷污染的控制也有显著作用（Carpenter，2008）。黏粒矿物对广泛分布于自然界的病毒具有高度亲和力，其吸附作用会强烈影响病毒在土壤和环境中的迁移以及感染能力，具有去病毒的作用（Kimura et al.，2008）。从黏粒矿物的作用可以看出，旧岩石矿物破坏和黏粒矿物新生的相生性，具有维护地球生态系统稳定性的功能。正是这种分解破坏与化合新生的相生性，推动了地球生态系统的进化和发展。

4）溶解-脱溶反应。溶解反应是一种固相、液相或气相的粒子（溶质）在浓度梯度的驱动下，进入另一种固相、液相或气相的介质（溶剂）中的过程；与溶解反应相反的过程就是脱溶反应。大气中的二氧化碳可以通过溶解作用进入海水；而当海水温度升高或大气压力降低时，二氧化碳又可以从海水中脱溶，返回大气。盐分可以通过溶解作用进入水中成为盐水；当水分蒸发时，溶解在水中的盐分会因浓度超越溶解度而结晶出来。环境中的温度、酸碱度、空间组成和分压、溶液的成分和浓度等，都会直接影响溶解-脱溶反应过程。例如，土壤空气中氧气和二氧化碳气体的分压，影响溶液中的氧化-还原反应、碳酸含量和酸碱度，从而影响溶液的性质和成分。当土壤中二氧化碳的分压较高时，溶液的酸碱度降低，碳酸盐含量增高，还原态离子增加，常使固相的溶解度增加。土壤和环境中大多数的溶解-脱溶反应，都和酸碱度有关。因此在农业生产实践中，通常通过计算式绘出酸碱度和养分的溶度线，从而计算不同酸碱条件下的有效养分浓度，以此控制养分的脱溶沉淀反应，从而提高养分的有效性。水为什么对生物圈以及人类能在地球上生存和发展具有决定性的影响，最重要的就是因为水是自然界最重要的广谱溶剂，许多无机盐、有机物和气体都可以溶解于水。科学观测表明，在水分子中两个带正电荷的氢原子与一个带负电荷的氧原子结合，不是呈现直线的对称排列，导致正负电荷不能全部抵消，各自仍有自己的电荷中心，于是就出现了偶极性。正是水分子这种偶极性的存在，使其成为溶解其他物质的重要因素，同时为分散在水的溶解物相互作用提供了良好的环境，使水成为地表一切变化的主要媒介。水对气体的溶解作用为海洋带来了碳、氢、氧、氮等生命基本元素，使海洋成为生命的发源地。从原核生命到真核生命、从单细胞生物到多细胞生物、从无脊椎动物到脊椎动物，这些生命演化的重大转折都是在海洋中完成的。水的溶解作用使陆地岩石中的矿物解体，其中许多元素从矿物的结晶格架中脱出，以离子形态进入河流和海洋，为海洋中生命的发生和演化提供了营养物质基础。在生命形成之后，由于水的溶解度高，生命细胞从水体吸收元素所付出的能量要比在固体介质中少得多，因此细胞与外界的元素交换也需要在水环境中进行。由此可见，溶解-脱溶这一对相生性反应，主导着地球生态系统的气体溶解、岩石风化、养分流失和细胞代谢等过程，影响甚至决定地球生命的迁移和演化进程。

5）络合-解络反应。金属离子与电子给予配位体结合生成络合物的过程称为络合反应，其产物叫络合物。具有一个以上配位基团的配位体与金属离子形成的络合物叫螯合物，其特点是具有环状的结构。所有螯合物都属于络合物，但络合物并不一定是螯合物。络合物分解的过程叫作解络反应，或称络合反应（decomplexation），也称离解反应。决定络合物稳定性的因素主要包括两个方面：一是中性离子及配位体的性质。随着元素形成共价键的趋势越强，该元素作为中性离子获取电子的倾向就越大，其络合后的络合物也就越稳定。二是介质的浓度、温度、压力、酸碱度、氧化还原等条件。当介质的配位体浓度降低时，原有的络合平衡就被破坏，既有的络合物将分解。例如，铁-柠檬酸螯合物仅在pH值5.5以下时是稳定的，而钙-柠檬酸螯合物则在pH值6.0~8.1时是稳定的。在地球生态系统中，络合-解络这一对相生性反应同样发挥着重要作用。①促进矿物风化和土壤形成发育。不少生物靠根系分泌的络合剂的作用溶蚀岩石矿物，从中获得必需的养分，促进形成较原始的土壤。灰化土就是通过络合淋溶作用形成的（Mc-Keaque et al.，1986）。②养分的转化和有效性。植物根分泌大量的有机酸类，它们能络合溶解固态的养料。当然，某些养分以某些螯合物存在时，亦有可能不易被植物吸收，影响养分的有效性。③对污染物转化的影响。络合作用能改变污染物价态、溶解度和在溶液中的活度等，从而进一步影响污染物一系列物理化学性质。以镉为例，不同土壤对镉的吸附量和pH值之间的关系是随着pH值的增加而增加的（Elliott，1983）。④外圈络合作用对离子对形成的影响。络合作用可导致离子对的形成，环境溶液中存在许多有机、无机配位体如OH^-、CO_3^{2-}、HCO_3^-、HSO_4^-、SO_4^{2-}、$H_2PO_4^-$、HPO_4^{2-}等。这些配位体可以和环境某些金属离子形成离子对（外圈络合物），从而影响这些养分或污染物在溶液中的活度，使养分的扩散速度变慢。⑤络合作用影响有机矿物复合体的形成。环境中有机-矿质复合体的形成主要靠络合作用。例如柠檬酸与铝形成柠檬酸铝螯合物（Kwong et al.，1979），可影响胶体的表面性质及吸附作用。⑥对酶活性和微生物代谢产物转化作用的影响。络合作用能显著改变环境酶的活性。一般情况下络合反应降低酶的活性（Burns，1986）。络合作用能改变代谢产物转化途径和程度，如微生物产生的酒石酸和铁进行络合作用，影响铁的进一步转化。⑦影响微生物和病毒的生长和生态。因为微生物表面主要带负电荷，这些带负电荷的点位能够络合金属离子，使金属离子在微生物表面富集。这种富集作用不仅影响微生物的代谢作用，而且进一步影响整个微生物的生态。由于络合作用能使病毒周围的环境条件产生变化，进而导致病毒生态的改变（Stotzky，1986；黄盘铭，1991）。

土地物质运动在地球表面形态、生态系统平衡、水资源管理以及人类社会经济等方面产生着复杂而重要的影响，理解和有效管理这些影响对于实现可持续发展和保护地球生态环境至关重要。

（三）土地物质运动的生物过程

生物世界总体上是一种相生性的自组织场域，具有很强的生命自愈力。这是生物界普遍存在的物质运动机制。这种物质运动机制主要是通过以下两种路径来实现的：一是“摄食关系”（feeding relationship），主要是通过食物链或食物网运动；二是“非摄食关系”（non-feeding relationship），主要是通过生物间的生化相互作用来进行。

1）通过食物链发生的物质运动。食物链是指土地生态系统中各种动植物和微生物之间由于摄食关系而形成的一种联系，无数的细小生物形成了食物链的基础，而顶部则是大型的生物。组成食物链的各级生物，按照一定量的关系，由大到小列成金字塔。在任何一个土地生态系统中，各类食物链总是协同起作用。例如，在一个农场生态系统中，不仅有各种植物发端的活食性食物链和混合食物链，还存在各种残屑发端的腐食性食物链，它们之间相生相克、协同起作用，形成一个永无休止的物质运动循环。食物网是更复杂的食物链关系网络，它展示了不同食物链之间的链接和交叉联系。在现实生态系统中，物种之间的摄食关系通常是复杂且互相关联的。通过食物网，能量和养分通过多个路径传递，形成更复杂的土地生态系统物质运动方式。

2）通过生化过程发生的物质运动。在生化过程中，各种生物的代谢物（metabolite）起着主导作用。这些代谢物大致可以分为首级代谢物（primary metabolite）如蛋白质、碳水化合物、脂类等；次级代谢物（secondary metabolite）如氮化合物（包括生物碱、氨基酸等）、类萜、类黄酮等，其中不少是毒素的化学成分。生化过程主要是通过活化子-抑制子机制予以维护的。大量研究表明，生物系统中存在活化子-抑制子的相生互动机制（activator-inhibitor principle），其中活化子是指生物可以产生更多有利于自身的物质，而抑制子指抑制活化子产生的物质，两者相互作用的空间扩散塑造了稳定的自组织结构（Liu et al.，2016）。现代化学分析已经查明，在高等植物的生化相互影响中，类萜或类黄酮是起作用的主要化学物质。这些有毒物质是从叶、茎、根渗透出来抑制其他高等植物生长的，或抑制种子的发芽的。在不同生物系统中，生物与生物之间的竞争及协作关系，以及多个生物环境因子之间的相互作用的级联网络（cascading effects networks）共同形成的正负反馈环（feedback loops）是维持生物系统自愈力，也是驱动自愈力破坏和状态转换的重要物质运动机制（Lerdau，2007；vander Esch et al.，2017）。当生物系统的自组织能力超过系统受到的外界环境压力时，往往会引起系统的自组织瘫痪，从而发生状态转换（Kéfi et al.，2016；Scheffer et al.，2001）。构成生物系统的各物种，是精密镶嵌和互补互动的相生系统。它们通过生物小循环和地质大循环，创造了可持续发展的生命有机循环系统和生物圈的自创生系统，这是一个“它弃你用”“你无我补”的互补互动物质运动过程，具有很强大、很复杂和很多仍未被人类揭示和理解的自我组织和能动性，其丰富性和复杂性远远超出人为的设计能力。

此外，一些特殊的分子机制会使生命细胞能够协同工作并实现生命的整体功能。不同的细胞会精确地附着在一起相互相生，以维持生命的整体活力。例如，皮肤细胞具有特殊的机械性能，可以相互结合，形成薄片状组织。它们合成胶原蛋白、角蛋白及其他蛋白质，从而赋予皮肤组织独特的性能。最后，躯体中的细胞需要相互交流，协调增殖、凋亡和基因表达。同样，蛋白质在物质运动过程发挥了关键的作用：不同的蛋白质将信息传递给细胞，告诉细胞何时何地分裂、死亡或合成更多的蛋白质（舒宾，2022）。

二、土地物质运动的循环过程

（一）土地物质循环的基本过程

土地之所以具有持续的生命力，主要是源于土地物质运动和能量传递的循环过程。这种循环的过程极其复杂，循环的类型也极其多样。其过程涉及物理过程、化学过程、生物过程和人文过程，类型涉及水循环、气体型循环、淀积型循环、污染物循环等。从生物地球化学循环的角度看，基础性的土地物质循环可以分为以下两种过程。

1）物质的地质大循环。它是指物质或元素经生物体的吸收作用，从环境进入生物有机体内，然后生物有机体以死体、残体或排泄物形式将物质或元素返回环境，进入大气、水、岩石、土壤和生物圈层的循环。在地质大循环过程中，首先是地表岩石矿物的风化过程及其产物的迁移、淋溶、搬运、转化和累积，然后是化学元素经过风化以后释放出来，成为生物可以利用的有效元素。固结状态的岩石矿物成为地表松散堆积物，产生蓄水性能、保热性能和通气性能。其中，次生黏土矿物的形成，能吸附与交换一定数量的阳离子，因而使土地具有一定的保肥性能。这就为地球生命的生存、演化和发展，创造了适宜的生长条件。地质大循环的时间长、范围广，是闭合式的循环。

2）物质的生物小循环。它是指环境中的元素经生物体吸收，在土地生态系统中被多层次利用，然后经过分解者的作用，再被生产者吸收利用的过程。具体来讲就是：植物从土壤中吸收化学元素，尤其是营养元素，形成植物体。后者供动物生长，而动植物残体回到土壤中，在微生物和动物的作用下转化为植物的化学成分，构成物质与能量的循环，促进土地生态系统生产力的形成和发展。生物小循环时间短、范围小，是开放式的循环。

生物小循环建立在地质大循环基础之上，两者既统一又对立，形成一个矛盾统一体。正是地质大循环和生物小循环的对立统一，才产生了地球表层系统各圈层并发育成各种丰富的圈层结构。由于水广泛地渗透和作用于大气、岩石、土壤、生物，是联系各圈层的一个枢纽环节。水、土壤和岩石共同作用于大气，岩石、土壤、大气和生物又反作用于水。生物圈的主要组分——水来自水圈；生物体中的矿物质主要来自土壤圈和岩石圈，植物呼吸利用的二氧化碳来自大气圈；生物活动产生的生物地质作用，促进了岩石圈的风化和改造；微生物对有机和无机物质进行分解，将生物残体中的矿物质归还于大气圈、水圈和土壤圈。地球表层各圈层始终处于动态平衡和非平衡状态，各个圈层中任何一个圈层的变动将会导致其他圈层的连锁效应。例如，土壤圈被污染后，会直接影响生物圈的植物生长和动物的栖息地环境，也会影响水圈的环境质量。污染后的土壤圈，伴随着土壤吸收氧气与释放二氧化碳、甲烷、硫化氢、氮氧化合物和氨气等，将影响大气圈中气体的成分及元素物质向土壤迁移，并最终影响全球气候变化。土壤污染后会改变微生物的区系结构，而微生物又对岩石的风化产生深刻影响。由于微生物的生存空间几乎遍及地球上的每个角落，所有类型的火成岩和沉积岩都易于遭受微生物的风化作用（Krumbein，1983）。土壤微生物对岩石的风化包括生物作用下的矿石淋滤、矿物溶解、沙粒及物质传输等，此外也包括土壤生物作用下的沉积和成岩作用等。上述物质的地质大循环和生物小循环，构成了土地物质运动的典型循环过程。

（二）土地的生物地球化学循环

生物地球化学循环（biogeochemical cycle），又称生物地化循环或物质循环，是指生物圈里的物质或元素，沿着一定路线从周围环境到生物体，再从生物体回到周围环境的循环往复过程。循环物质的物理化学性质、动植物的生长速率、有机质的分解速率、环境的酸碱度、人类活动的强度等，都会影响土地的生物地球化学循环过程和速率。生物地球化学循环的核心变量，主要由生物地球化学量、生物地球化学流、生物地球化学群和生物地球化学场四大参数刻画。生物地球化学量是指土地生命及其无机环境在元素组成上的丰度关系，它决定了土地生命对环境化学状态的依赖性；生物地球化学流是指在土地生态系统中，化学元素的迁移流动会在其末端又与起点连接起来，形成一个循环圈，但并不是所有化学元素都会在有意义的时间尺度内实现循环的；生物地球化学群是指化学元素在迁移转化时，大多会以化合物的形式存在，如碳和氮在所有植物生长中的依存关系与叶绿素生成息息相关等，唯有结伴成群才对生命体有关键性的意义；生物地球化学场是指支配生物地球化学流的环境控制因子营力域，诸如温度、辐射、酸碱度、氧化还原电位、化学物质浓度梯度等，任何一种化学元素的迁移转化都将在这种多维力场的驱动下发生运动。根据不同化学元素及其化合物在物质循过程中的存在形式、流量大小、循环时长和对生命的影响，可将土地的生物地球化学循环分成以下 4 种类型。

1）水合型循环。所有生物体均含有大量水分，人体水含量约为 65%~70%，即使含水很少的植物细菌孢子，其含水量也不低于 25%。所有生命活动都离不开水，而且只有水的存在，元素的生物地球化学循环才能发生。水的特殊分子结构使之可以气体、液体和固体 3 种物理状态存在，可以穿行于大气圈、岩石圈、土壤圈、水圈和生物圈之间。水分子的结构是一种万能溶剂，众多的无机和有机物质皆可溶解于水，因此水的循环几乎都是以水化合物的形态进行的。土地水循环是地球上水循环的重要组成部分，受地球水循环整体的支配。地球上水的循环主要有 5 种方式：①海洋水循环，主要是海水的蒸发与降水以及洋流等；②地幔水循环，是指保留在岩石或沉积物中的水，随火山爆发进入地表；③陆地水循环，包括土面、水面的蒸发和植物蒸腾与陆地降水；④陆海水交换，包括海洋向陆地输送水汽和陆地通过地表径流和地下径流返回海洋；⑤岩石圈内地下水循环，是指通过下渗作用进入地下水体的水，一部分以地热水的形式返回地面。后 3 种形式，是土地水循环的主要过程。地球上的水循环范围，可由地表向上伸展至大气对流层顶部，由地表向下可深及 1000 米。由于各种形态水的功能特性不同，其更新周期也不一致。大气圈中的水蒸气每 8 天循环更新 1 次，全球河水每 16 天更新 1 次（李长生，2016）。植被和人类活动对水循环有很大影响，也越来越强烈地影响着地球的水循环。生产 1 克初级生产量大约要蒸腾 500 克水，陆地植被每年蒸腾大约 55 万亿立方米的水，几乎相当于陆地蒸发和蒸腾的总量。农业发展、森林砍伐、城市化和工业化、构筑水库、开凿运河、重构河网、大量开发地下水等人类活动，已经强烈改变了地球的水循环过程。例如，北半球 77% 由河流传输的地表径流现已由水坝或其他人工设施所控制（Nilsson et al.，2005），河流向海洋输水的时间已平均增加了 60 天（Vorosmarty et al.，2000）。全球地表水量季节性变化的 57% 发生在人类管理运行的水库。在一些干旱和半干旱地区，水体水量的变化几乎都由人类活动引起（Cooley et al.，2021）。

2）气体型循环。主要包括氧、碳、氮、氯、溴、氟及其主要化合物以气体形态参与的循环。植物吸收二氧化碳释放氧气，动物吸收氧气释放二氧化碳，这是最常见的气体型循环。在气体型循环中，物质的主要储存库是大气和海洋，其循环与大气和海洋密切相连，具有明显的全球性，循环性能最为完整。在气体型循环中，碳和氮的循环对土地生态系统的影响最为深刻。①碳循环。碳不仅是生物物质建造的主体，也是生物能量的主要传输者，在生物地球化学循环中处于关键地位。大气中的碳主要以 CO_2 和 CH_4 等气体形式存在，水中以碳酸根和重碳酸根离子存在，岩石圈中以碳酸盐类岩石和淀积物存在，陆地动植物以各种有机物和无机物的形式存在。土地生态系统蓄积碳量约为 2 万亿吨，主要由土壤碳库和植被碳库组成。其中，土壤碳库 14560 亿吨碳，植被碳库 8270 亿吨碳，前者接近后者的 2 倍，两者之比从热带森林的 1∶1 到北部森的 5∶1 不等（Woodwell，1978；Schlesinger，1977）。在地球生命出现以后，土地生态系统的光合作用和呼吸作用是地球碳元素循环的主导变量，处于基本平衡状态。但是自工业革命以来，化石燃料的广泛使用和土地利用的快速变化，二氧化碳排放量急剧攀升，至 2022 年大约已向大气排放了超过 1.5 万亿吨的二氧化碳。土地利用结构和布局的快速改变，大量森林和草地转化为农田，导致土壤植物系统储碳的能力降低，同时改变了土壤水热状况，使土壤有机碳分解加快，最终将损失 30%~50%的土壤碳。碳排放增加所导致的全球碳循环改变，是气候变暖的重要驱动因素，已构成人类面临的最严峻挑战之一。②氮循环。氮是细胞内氨基酸、蛋白质的必需组分，在生物体的新陈代谢中起着非常重要的作用，是仅次于碳的第二号重要元素。土地氮以多价态存在于众多的含氮化合物中，常见的有有机氮、铵态氮（NH_4^+）、氨氮（NH_3）、硝态氮（NO_3^-）、亚硝态氮（NO_2^-）氧化亚氮（N_2O）、一氧化氮（NO）和分子氮（N_2）。研究表明，只有那些具有生物活性、光化学活性和散热功能的结合态氮，又称活性氮（reactive nitrogen），才具有生物地球化学循环的特别意义。活性氮包括还原态无机氮（NH_3、NH_4^+）、氧化态无机氮（NO、NO_2、N_2O、HNO_3、NO_2^-、NO_3^-）等无机形态的氮，以及尿素、胺、蛋白质、核酸等有机形态的氮。在特定的环境条件下，氮可以在上述各种形态间转换。即使没有生物的参与，氮也能在大气圈、水圈、岩石圈或土壤圈发生多种化学反应。氮循环的 4 种基本生物化学过程为：①固氮作用，是指生物固氮和高能固氮。在农业土地生态系统中，固氮植物约有 200 种，非农业的植物、细菌、蓝绿藻等能固氮的约有 12000 种，每年固氮可达到 100 万亿~290 万亿克氮；高能固氮是通过闪电、宇宙线、陨星、火山活动等的固氮，其结果是形成氨或硝酸盐后随着降水到达土地表面。据估计，高能固氮每年固氮约为 8.9 千克/公顷。②氨化作用，又叫脱氨作用，是指由氨化细菌、真菌和放线菌等将有机含氮化合物转化成氨和氨化合物的过程。土壤中的有机含氮化合物主要为蛋白质、多肽、核酸、肽聚糖、几丁质等，也有少量水溶性有机含氮化合物，如氨基酸、氨基糖和尿素等。蛋白质及多肽通常占有机含氮化合物总量的 20%~50%，氨基糖占 5%~10%。除可溶性氨基酸外，这些物质都不能被植物直接吸收，必须经过微生物分解，将氨释放出来，才能供植物利用。③硝化作用，是指氨化物或氨在亚硝酸细菌和硝酸细菌的作用下，转变为亚硝酸盐和硝酸盐的过程。氨转化为硝酸的氧化必须有氧气参与，通常发生在通气良好的土地条件中。④反硝化作用，是指在厌氧条件下，微生物将硝酸盐及亚硝酸盐还原为气态氮化物和氮气的过程，是活性氮以氮气形式返回大气的主要生物地球化学过程。近代以来，大量氮肥的使用，以及随之而来的土地利用变化和氮氧化物排放，活性氮的投入大量增加并显著改变了全球氮循环。据估计，全球每年约有 9000 万吨氮被输入土地生态系统，但其生物利用率不超过 50%，仅仅 2%~5%的氮被积累在土壤中。据统计，人类通过化肥生产所固定的氮正在超过全球陆地生物的固氮量（Söderlund et al.，1976）。在含氮肥料的转化过程中，高达 25%的氮以气态化合物的形式挥发了，高达 20%的氮被淋洗到水体环境中增强了温室效应并恶化了水环境。这些流失的含氮化合物改变了物种平衡，导致水系统富营养化，增加了大气中温室气体一氧化二氮的浓度，对许多环境系统造成了严重影响。再加上化石燃料和其他工业排放的活性氮、农民种植越来越多的固氮豆科植物，全球氮的生物地球化学循环已经被显著改变（Holland et al. , 1999）。

3）沉积型循环。它是地壳或土壤里的矿物元素，通过自然风化、沉积物的分解和人类的开采冶炼转变为可被土地生态系统利用的营养物质，为植物所吸收，参与生命物质的形成，并沿食物链转移，然后由动植物残体或排泄物经微生物的分解作用，将元素返回环境的过程。参与沉积型循环的元素，主要有磷、硫、钙、钾、钠、镁、铁、锰、碘、铜、硅等元素及其主要化合物。就土地生态系统而言，磷循环和硫循环影响最为深刻。①磷循环。磷在生物体的新陈代谢中扮演着重要角色，但与碳和氮不同，磷在生物地球化学循环中几乎不参与大气过程。土地生态系统中的磷循环，是在土壤—植物—动物—微生物之间的循环，其过程为植物吸收土壤中有效磷、动植物残体中磷返回土壤再循环。此外，土壤有机磷（生物残体中磷）矿化，土壤固结态磷的微生物转化，土壤黏粒和铁铝氧化物对无机磷的吸附解吸和溶解沉淀等，也对磷的生物地球化学循环产生一定影响。来自岩石风化的土壤磷储量，是最大的磷储库。据估算，全球土壤磷的储量在 9 亿亿~20 亿亿克之间，其中植物有效磷在 1800 万亿~3000 万亿克之间（Smil, 2000）。磷的生物地球化学循环作用，总体上使得土壤中的磷总量呈减少趋势。土壤中可被植物吸收的磷组分称为土壤的有效磷，它包括全部水溶性磷、部分吸附态磷及有机态磷，有的土壤中还包括某些沉淀态磷，又称为活性磷。这两种形态的磷，在化学上的定义是能与^{32}P进行同位素交换的或容易被某些化学试剂提取的磷及土壤溶液中的磷酸盐，对磷的生物地球化学循环才更具有实际意义。那些不溶性磷化合物和保持在黏土或有机质中的固持态磷称为固定态磷，这部分磷占土壤全磷的95%以上，又称为非活性磷。土壤活性磷与非活性磷可以相互转化，但会受土壤酸碱度、土壤有机质、土壤淹水状态、土壤胶体种类和性质、土壤温度、土壤质地、元素之间的相互作用等诸多因素影响，并不存在简单的线性关系。工业革命以来，人类不断开采磷矿用于生产磷肥料，也用于生产洗涤剂或软性饮料，大量人类活动排入河流的磷酸盐，已对不少淡水或近海生态系统造成了负面影响，使湖泊或海湾发生严重的富营养化，导致鱼类和其他水生生物死亡，也导致磷的生物地球化学循环失去平衡。②硫循环。硫是生物体中蛋白质的组成部分，是一种必需元素。土地硫的转化，主要包括有机硫的矿化和固定、矿物质的吸附和解吸、硫化物和元素硫的氧化。氧化还原电位和酸碱度是影响硫化物氧化的重要因素，排水不良以及酸度高的土地，均不利于硫的生物氧化反应进行。硫化物或元素硫的氧化结果都会产生硫酸（H_2SO_4），从而导致土地酸化。在生物系统中，硫参加多种蛋白质和辅因子的建造，在两种对脂肪和碳水化合物代谢起重要作用的氨基酸（半胱氨酸和甲硫氨酸）中，起着重要作用。硫化物和硫代硫酸盐是土地中最大量的还原性无机硫形态，它们可以通过细菌的氧化作用生成硫酸盐（Bamford et al. , 2002）。化石燃料的不完全燃烧可使二氧化硫进入大气圈，大气中的氧化硫、二氧化硫和元素硫可被进一步氧化形成三氧化硫，它与水结合便形成了硫酸，雨水中含有硫酸就会形成酸雨。20 世纪 60 年代中期以来，全球二氧化硫年排放量就持续超过 100 万亿克（Smith et al, 2011）。硫酸盐气溶胶不仅严重影响近地面空气质量，还通过直接辐射效应（散射太阳辐射）和间接辐射效应（气溶胶-云相互作用）影响地球系统的能量收支平衡（Haywood et al.，2000），是影响全球气候变化的重要参量。

4）污染型循环。由于污染物会对地球生命造成特别损害，因此需要单列研究其生物地球化学循环特性。它可以分为两大类：重金属元素和有机污染物（主要包括重金属元素、有机污染物、药品及个人护理用品类污染物（PPCPs）等）参与的生物地球化学循环。①重金属元素生物地球化学循环。所谓重金属，通常是指密度在 4 克/厘米^3 或 5 克/厘米^3 以上的金属元素。密度大于 4 克/厘米^3 的包括原子序数从 23（V）至 92（U）的天然金属元素有 60 种。密度大于 5 克/厘米^3 的元素有 45 种。在生态环境科学领域，人们关注的重金属元素主要是铜、铅、锌、汞、镉、铬。此外，由于砷的化学性质与金属元素接近，因而常常把它当作重金属元素看待。重金属元素中铜、锌是植物必需的营养元素，过多也会造成毒害，铅、汞、镉、铬和砷是对土地生态系统造成污染伤害的最主要重金属元素。重金属元素在自然界中的浓度很低，通常以微量元素的形式存在于水、土壤和岩石中。然而，人类的活动往往会导致重金属元素的环境富集和污染，对生物健康和生态平衡产生不利影响。这些人为因素的来源主要包括：化石燃料和生物质燃烧、汽车尾气排放、金属矿山开发及冶炼过程排放的扬尘和烟尘、城市垃圾和生活污水、各类工业污水等。重金属元素的生物地球化学循环是一个复杂和动态的过程，其中土壤和水是最重要的媒介。虽然这两种媒介对重金属元素迁移转化的影响不相同，但这些介质中的微生物都可以利用重金属元素作为代谢活动的催化剂，促进生物的生长和代谢。生物对不同重金属元素的吸收能力和选择性是不同的，通常较易被吸收的是镉、铅、汞等元素。不同物种对于重金属元素的转化方式和效率也不同，一些物种能够将重金属元素转化为无毒的物质，从而减缓重金属元素的累积和破坏。在所有的场景下，重金属元素的过度富集都会导致土地生态系统的紊乱，导致神经系统损伤、消化系统损伤、肾脏损害、血液系统损害以及免疫功能受损等，进而影响地球生命的健康。在植物上，重金属元素的富集和过量会影响光合作用、呼吸作用、吸水吸收和蒸腾等生理过程，从而降低植物的生长速度和产能。②有机污染物生物地球化学循环。它是指对生物有直接毒害作用并危害人类健康的有机化学物质，通常包括天然和人工合成两大类型。人类活动带入土地的各种易分解的天然有机物，一般不被称为有机污染物。如果这部分物质进入水体后，微生物强烈分解过程中大量消耗水体中的氧，造成氧亏缺，也是一种有机污染物。由生物体代谢活动和生物化学过程产生的天然有机污染物，主要包括萜烯类、黄曲霉毒素、氨基甲酸乙酯、麦角、细辛脑、草蒿脑、黄樟素等。人工合成的有机污染物主要来自塑料、合成纤维、合成橡胶、洗涤剂、染料、溶剂、涂料、农药、食品添加剂、药品等生产和使用过程。其种类主要有农用化学药剂、石油烃类化合物、工业化学品、生产和生活过程中的副产品等。上述来源的各种有机污染物中，在自然界难以降解的被称为持久性有机污染物，具有高毒性、持久性、生物积累性、远距离迁移性，对位于生物链顶端的人类来说，这些毒性比之最初放大了 7 万倍以上（王敬国，2017）。例如，二噁英类物质中最毒者的毒性相当于氰化钾的1000倍以上。工业革命以来大量有机污染物的产生，如目前全世界农药品种就有2万多个，已经对土地生物地球化学循环产生了强烈影响。

第三节 土地熵和不可逆过程

一、土地熵和熵变过程

（一）熵与土地熵

1865年，德国物理学家克劳修斯（Rudolf Clausius）首次提出了熵（Entropy，Entropie）的概念，是个描述系统热力学状态的函数，后来用于表示物质系统状态的一种度量：熵越大，系统越无序；熵越小，系统越有序。随后熵被用来进行热力学和统计学意义上的解释。1948年，贝尔实验室的香农（C. E. Shannon）提出了信息熵，用来描述信息源各可能事件发生的不确定性，把信息中排除了冗余后的平均信息量称为信息熵，并给出了计算信息熵的数学表达式，解决了对信息的量化度量问题。1957年，统计物理学家杰恩斯（Edwin Thompson Jaynes）利用非热力学场的熵增原理提出了最大熵概念，这是一种选择随机变量统计特性最符合客观情况的准则。1988年，物理学家察利斯（C. Tsallis）定义了离散的Tsallis熵，使得熵进一步推广到了非广延统计学中，使信息理论与统计物理建立起了相互联系，也使熵的概念从热力学中分离出来。与广延统计不同的是，非广延统计研究的对象不再是大系统的整体性质，而是关注于系统内部的微观结构和局部行为，人们可以通过研究系统内分子之间的相互作用、小尺度的动力学行为等来揭示物质的宏观行为。目前，在信息科学、物理学、天文学、经济学、生态学等诸多复杂科学领域，熵原理都有着广泛的应用（Banavar et al.，2010；Haegeman et al.，2010）。爱因斯坦曾经指出：熵理论，对于整个科学来说是第一法则；薛定谔也曾经指出，生命以负熵为生，人活着的意义就是不断对抗熵增的过程。

土地是一个复杂的整体，该整体与要素之间以及各要素之间，都是相互联系、相互作用和相互依赖的。它不能脱离自然生态环境和社会人文环境而独立存在，必须不断与这些环境要素之间进行物质转移、能量转换和信息传递，是一个开放系统。否则，土地的存在就不可持续。上文已经指出，土地形成是一个复杂过程，各个形成要素共同作用的结果并不等于每个要素单独行动结果的机械叠加，会出现功能涌现，是一个非线性系统。观察土地各形成要素之间的特性，发现各要素之间存在着较大差异和涨落：功能差异、信息差异、时间差异和空间差异等；涨落来自两个方面：一是由环境的非平衡约束包括太阳能、科技进步、最优利用及管理等引起的来自系统外部的涨落；二是由系统各形成要素之间的非线性相互作用引起的来自系统内部的涨落。由于远离平衡态的主要特点是系统内部各组成要素之间存在着较大差异和涨落，而土地恰好具有这两个特点，所以它具有远离平衡态的特性。可见，土地具有典型的耗散结构特征。对于一个具有耗散结构的土地系统，可用“土地熵”这一术语进行描述和刻画其分布秩序或混乱度。假设土地系统各要素间有 n 种

组合，第 i 种组合的概率为 P_i，则土地熵 S 可定义为

$$S = -k\sum_{i=1}^{n}(P_i \cdot \ln P_i) \tag{2-1}$$

式中：S 为土地熵；k 是波尔兹曼（Boltzmann）常数。如果土地系统各要素有组合的最大任意性，则每种组合的概率相等，$P_i = \frac{1}{n}$，土地熵取最大值，此时土地系统最无序；如果组合有最小任意性，则土地熵取最小值，土地系统最有序。式（2-1）还意味着，某一土地宏观态对应的微观态数愈多，即它的混乱度就愈大，则该状态的熵也愈大。因而，熵可用于表征土地状态的无序度。

（二）土地的熵变

在真实的土地系统中，熵并非定取最大或最小，而是表现出极为复杂的熵变 dS。在开放的非平衡土地中，熵变分为两个部分：一部分是土地内部产生的熵（d_iS），另一部分是与外界进行物质和能量交换引起的熵流（d_eS），则土地总熵变化 dS 为

$$dS = d_eS + d_iS \tag{2-2}$$

一般认为，土地的熵变（dS）小于 0，说明土地利用是有序的，也是合理的；否则，土地利用是无序的，也是不合理的。

若令 d_aS 为输入土地的负熵，包括由太阳能、科技进步、最优土地利用及管理等提供的各种负熵流，即环境提供的负熵；d_bS 为输出土地的负熵，包括由人类社会生产所消耗的以及土地在抵抗污染、人为破坏和自然灾害等所消耗的各种负熵流，即环境提供的正熵为

$$d_eS = d_aS + d_bS \tag{2-3}$$

式（2-3）代入式（2-2）得

$$dS = d_aS + d_bS + d_iS \tag{2-4}$$

式中：$d_aS<0$，$d_bS>0$，$d_iS \geqslant 0$，所以 dS 值的大小取决于 d_aS、d_bS 和 d_iS 三者的大小。

1）当 $dS>0$ 时，表明环境提供的负熵流不足以抵消环境提供的正熵流与土地内部产生的非负熵。也就是说，人类的开发利用和环境的干扰破坏超过了土地最大承载容量（阈限）。这样，土地只能朝着熵增大的方向进行无序演化，最终倾向于各类过程的差异消失，变成完全均衡的混乱状态，即土地解体。

2）当 $dS=0$ 时，表明环境提供的负熵流恰好抵消环境提供的正熵流与土地内部产生的非负熵。这样，土地处于热力学意义上的定态。

3）当 $dS<0$ 时，表明环境提供的负熵流足以抵消环境提供的正熵流与土地内部产生的非负熵。这样，土地可以通过自组织作用向有序化继续演化，这时的土地利用是优良的、进化的，也是合理的。

按照耗散结构理论，土地的动态可用熵予以定量表达：

$$dS = d_iS + d_eS \tag{2-5}$$

其中，土地各子系统组成部分 C_i 下的熵满足下式：

$$
\begin{cases}
\dfrac{dS_1}{dt}=f_1(S_1,\ S_2,\ S_3,\ S_4), \\
\dfrac{dS_2}{dt}=f_2(S_1,\ S_2,\ S_3,\ S_4), \\
\dfrac{dS_3}{dt}=f_3(S_1,\ S_2,\ S_3,\ S_4), \\
\dfrac{dS_4}{dt}=f_4(S_1,\ S_2,\ S_3,\ S_4),
\end{cases}
\tag{2-6}
$$

式中：S_i（$i=1, 2, 3, 4, \cdots$）为 C_i 的熵，计算公式是一个微分方程，通过求解可以寻找出未知函数、未知函数的导数与自变量之间的关系，揭示出各种人类活动对土地动态变化的影响程度（邱玉珺等，2006）。

需要指出的是，熵是对土地的一种基本描述。这种扩展的理解可以帮助指导研究人员加深对土地结构和各要素之间相互作用以及它们在更广泛的科学背景中的作用，是一种认知土地动态变化的新视野和方法论。但是应该充分认识到，源于信息论和统计物理的熵原理，本身仅仅是一种用有限信息来客观地推断未知概率分布的方法。最大熵原理的应用还有许多问题需要改进，比如先验分布的选择、约束条件的设置等，这些步骤对最大熵原理应用的影响都至关重要（Pueyo et al.，2007）。土地熵变小于 0，是否必然表明土地利用是有序的或合理的，其结论也存在不确定性。因此，只能对所研究的土地问题有清醒的认识和表达，才能正确地应用熵原理，并给土地学带来新的发展。

二、土地的不可逆过程

（一）土地的不可逆变化

按照爱因斯坦的说法，热力学定律毫无例外地适用于宏观世界的物质系统，这是具有普遍意义的、唯一的物理学理论，它在自己的基本概念适用范围内永远不可被推翻。地球科学的研究也表明：地球的各圈层——地核、地幔、地壳、大气圈、水圈与生物圈，都是在相互作用的条件下，不可逆地进化发展而形成的。自从地球形成以来，这些圈层就一直处在不断地由简单到复杂、由低级到高级的演化发展之中，并且都按照各自的规律不可逆地、前进式地演化（陶世龙等，1999）。土地是宏观世界的物质系统，也是地球表层的一部分，因此热力学的不可逆定律应该完全适用于土地。

所谓不可逆过程，在热力学上是指系统从一种状态返回到原始状态时，系统内部和外界环境必定发生性质变化的过程。换句话说，当系统从一种状态返回到原始状态，系统内部和外界环境不发生任何变化是不可能的。全部土地过程，包括土地形成演化过程、土地开发利用过程、土地整治修复过程等，在热力学上都是不可逆的。这是因为土地过程都是以有限的速度，并在作用和反作用于该系统的各种作用力的有限差值作用下进行的。为了进一步说明土地的不可逆过程，以土地的水土流失为例做进一步说明。一个区域因水蚀而造成的土地流失，可通过以下简明方程式表示：

$$
A=f(R,\ K,\ L,\ S,\ C,\ P) \tag{2-7}
$$

式中：A 为土地流失量（吨/公顷）；R 为降水因子；K 为土壤侵蚀性因子；L 为坡长因子；S 为坡度因子；C 为耕作因子；P 为侵蚀控制因子。

如果要治理区域的水土流失并使之恢复到原状，侵蚀控制因子 P 显然是一个能修正方程式的最主要因子。因此必须采用等高耕作或建筑梯田等控制措施，因为地表所有的田垄都可以作为阻止水向斜坡底部表面移动的障碍。显然，在这个过程中，土地内部构造及环境条件均已发生变化，从而表现为不可逆过程。

需要指出的是，所谓土地不可逆过程，并不意味着它们根本不能倒转。借助于外力可以使某些不可逆过程逆向复原，但这时在环境中留下了永久性的变化，这个变化不论采用任何曲折复杂的途径都不可能完全消除。例如，在农田上建造了房屋，人力还是可以通过拆除房屋复垦成农田，但对原有土体结构、土体构造和肥力特性等所造成的影响，是永远无法完全恢复的。土地不可逆过程可用“熵变”（$\mathrm{d}S$）来予以定量描述，即

$$\mathrm{d}S_{总} = \mathrm{d}S_{体系} + \mathrm{d}S_{环境} \geqslant 0 \tag{2-8}$$

式中：等式表示逆过程，不等式表示不可逆过程。即当土地本身熵变 $\mathrm{d}S_{体系}$ 和外部环境熵变 $\mathrm{d}S_{环境}$ 的总和大于 0 时，则为不可逆过程。

（二）土地的远离平衡态

从总体上说，土地由外界驱动越出非平衡线性区，从而到达远离平衡态的区域。但是在局部时空范围内，土地也可处在平衡态和近衡态（线性区），即系统的总倾向是朝着无序、低级和简单的方向发展。例如，在一片沙漠中，通过有意识的灌溉施肥，营造防风固沙林，这种补助能量可以提高沙漠土地的有序性，使某块土地变为绿洲。但是，绿洲要求的自然条件组合比沙漠要严格，而且必须随时加以照料，才能保持自然条件的有序性，否则总是趋于无序，趋于增熵，趋于退化。也就是说，在通常情况下，绿洲可能自动退化为沙漠而处于近平衡态。土地肥力的演化是另一个典型的例子，它似乎总是自动趋向熵增大的近平衡态，即在通常情况下，土地肥力具有自动退化的趋势。要使土地成为一个远离平衡态的开放系统，必须通过来自外在环境的能量流、物质流以及伴随而来的信息流的输入，驱动开放系统越出非平衡线性区，到达远离平衡态的区域，从而形成有序的耗散结构状态。农田肥力的演化就是这样一个过程。如果土地不从外界获得负熵，土地熵就会不断增大，系统就会趋向平衡态，表现为肥力降低和报酬递减。人们不能期望土地本身会自动演化成适合自己的目的，土地最大生产力的上限，必须要求不断地对系统做某种形式的“功”，即不断地“耗散”能量，通过土地的“自组织”形成适宜于这个上限的远离平衡态的最优组合。

（三）土地不可逆过程的意义

土地的核心问题之一是资源的合理利用。按照非平衡热力学和耗散结构理论，土地利用表现为不可逆过程。也就是说，当一种土地用途变更后，欲使新的土地用途返回到原有的土地用途，土地内部或环境必发生性质变化，这种性质变化有时要付出很高的代价。例如 20 世纪 60 年代初期，呼伦贝尔草原开荒 300 万亩，由于占用草场过多，产生农牧业用地矛盾，影响畜牧业发展，同时也由于自然条件不适宜发展农业，垦后 3 年不得不于

1963 年退耕还牧 226 万亩，占原开垦面积的 75.3%，造成了极大的浪费和损失。土地的不可逆过程告诉人们在规划或实施土地利用时，要认真调查研究，充分地进行可行性论证，以便做出科学、合理的决策。否则，由于土地利用具有不可逆过程的特性以及具有向近平衡态发展的趋势，将可能造成土地退化，对人类生存造成极大的危害。

三、土地质能守恒规律

（一）土地质能交换的基本概念

近代相对论的研究表明：质量和能量不是彼此分离的概念，它们是与物质世界紧密联系在一起且可以互相交换的两个物理量。物理学家爱因斯坦深刻地揭示了质量和能量之间的内生不可分割性和可交换性：$E=MC^2$，式中：E 为能量；M 为质量；C 为光速（常量，$C=299792458$ 米/秒）。1933 年，科学家们就在云室实验中观测到了能量转化为质量的高能光子。观测结果表明，如果一个光子携带的能量大于两个电子的静质量，那么当这个光子在与有质量的物质互相作用时，就可能会产生一个电子和一个正电子，同时这个光子本身则会消失。1997 年，科学家们在粒子加速器“Tristan”中发现了一个神奇的现象，并将其命名为“真空极化”。所谓真空极化通俗来讲就是：强大的电磁场可以在真空中激发出正反粒子对。而电磁场是能量场的范围，很显然，这也是一个“能量可以转换成质量”的实例。

土地作为自然和人工的创意，是与物质世界紧密联系在一起的，也存在着质量和能量的交换。所谓土地质能交换，是指各土地形成要素，包括大气、水、岩石、生物、土壤、地形等，通过水循环、生物循环和地质循环等所进行的物质迁移和能量交换过程，同时也包括土地这个整体不断地与各形成要素所进行的动态质量和能量交换过程。通过这种交换，形成了一个相互渗透、相互制约和相互联系的土地综合体。例如，土地和大气之间发生的能量传递和物质交换，就是典型的质能交换过程。大气热量的根本来源是太阳辐射，直接来源是大气辐射。大气既对到达土地的太阳辐射有削减作用，同时又对土地有保温作用。土地就是通过与大气这种能量转化和传递过程中使自身物质增热的。这一过程是土地能量平衡的最重要组成部分，涉及太阳辐射的吸收、土地的辐射和热传导，以及大气和土地之间的热量交换，它们共同组成了土地的质能平衡过程，对气候和天气的形成、水文循环以及生态系统健康都具有深刻影响。科学家利用气象站、卫星观测和气候模型等工具来研究和模拟这些复杂的土地质能交换过程，以便更好地理解土地系统的行为和预测未来的土地变化。例如，科学家们在南半球已经观测到自由对流层中的汞和双向的大气-植被交换结果，发现了它们之间显著的季节性变化规律，而且与建模结果一致（Jones et al.，2023）。

（二）土地质能交换的守恒定律

在一个给定的土地空间内当输入变量和输出变量分别进入或迁出土地系统的边界时，质量与能量在单位时间内的总改变，唯一服从于质量守恒法则，该法则可表达如下：

假定土地系统具备以下基本条件：

1）时间间隔 Δt 和距离增量 Δx，为一个趋于无限小的量 dt 和 dx。

2）在任何时刻的一个点上，其浓度的瞬时变化为偏导数 $\partial c/\partial t$。

3）随着点的移动变化，浓度变化为偏导数 $\partial c/\partial x$。

在以上基本概念的约束下，则在一维条件下，土地系统质能守恒的微分方程形式可以写成：

$$\frac{\partial c}{\partial t}=-u\frac{\partial c}{\partial t}+K_x\frac{\partial^2 c}{\partial x^2}\pm s \tag{2-9}$$

式中：K 为扩散系数；u 为迁移速度；s 为物质的增量或减量。

对于在三维条件下，如果假设在 3 个方向上的平流或扩散也都是均匀的话，那么此时的微分方程表达式即有

$$\frac{\partial c}{\partial t}=u_x\frac{\partial c}{\partial x}u_y\frac{\partial c}{\partial y}-u_z\frac{\partial c}{\partial z}+K_x\frac{\partial^2 c}{\partial x^2}+K_y\frac{\partial^2 c}{\partial y^2}+K_z\frac{\partial^2 c}{\partial z^2}\pm s \tag{2-10}$$

式（2-10）即为土地质能守恒微分方程形式的典型表达。应用此类微分方程，可以很好地分析土地内部的状态变化，并预测下一时刻土地将要发生的行为。如果土地利用违背了上述质能守恒法则，则必须要调整利用方案。否则，土地会向低极化、无序化和衰退的状态发展。

第四节　土地过程的动能特性

一、土地过程的动力学特性

（一）土地物质运动的主要动力源

土地物质运动是指在地球表面上，包括固体、液体和气体等不同形态的物质在时间和空间上的迁移、转移、交换和转化过程。这一过程是复杂而动态的，涉及自然界的各个层面，包括大气、水域、土壤、岩石、生物和人类活动等。土地物质运动是地球表面过程的关键组成部分，直接影响着地球生态系统的平衡和可持续性。土地物质运动的动力源主要包括以下几种类型：

1）土地物质运动的地球内营力。地球内营力的主要作用方式有构造运动、地震活动、火山爆发、岩浆活动、变质作用等，其作用结果表现为对土地形成要素的重大变化和迁移，如地壳的抬升和下降、大陆的分离和重新组合、固体岩石结构和化学成分改变等，使土地物质运动的形式、路径和强度都发生改变。以从中新世开始的新构造运动为例，由于其升降运动引起的侵蚀基准面变化，控制着一系列物质运动的进程。在新构造运动不断抬升地区，土地不断遭受剥蚀，阻碍了土地发育，致使土地长期保持幼年状态。而在新构造运动不断下降区，则常接受新鲜的沉积物，也阻碍了土地形成发育，未能形成地带性成熟土壤，华北平原就是一例。干旱、半干旱区河谷低阶地上的盐化土地，由于新构造运动抬升，侵蚀基准面下切，脱离了地下水的影响，土地物质就会发生脱盐过程。作者对浙江

省域的研究表明：当区域新构造运动从强烈上升→上升→微升变化时，侵蚀型土地在土地总面积中的比例按下述规律递减：26.75%→18.33%→12.83%，矿质总淋溶模数从大于100吨/(千米^2·年)→50~60吨/(千米^2·年)→小于45吨/(千米^2·年)。不同地质构造区域的最大侵蚀模数有显著差异，不同板块构造区的侵蚀型土地分布面积可相差7倍以上，侵蚀模数相差也近1倍。在广西钦州地区海滨高20米的阶地上，有古红树林沼泽环境里形成的残余酸性硫酸盐土，有机质含量高达6%~7%，但胡敏酸与富啡酸的比值很低，保持着原强酸性的特征。这是经新构造运动抬升后，改变了生物小循环产生的结果。

2）土地物质运动的地球外营力。地球外营力主要指地球表层以太阳辐射能、重力能、日月引力能为能源，通过气候、水文、植被、土地利用等因子对于地貌形态与景观形成所起的作用，包括物理、化学和生物的风化作用、流水作用、地下水作用、冰川作用、风力作用、波浪及海流作用、湖水和湖沼作用等。它会不断地破坏和夷平那些由内营力而产生的地形隆起部分，把破坏了的碎屑物质搬运、堆积到低地和海洋中去。太阳辐射是土地物质迁移和转换的重要动力，其最直接的表现为通过光照和热量，影响土地物质的运动过程。在光照和热量比较强烈的湿润热带、亚热带，物理风化作用强烈，化学元素迁移活跃。硅酸盐原生矿物基本分解，硅元素强烈淋失，而Fe、Al、Si的水化氧化物相对积聚，标志元素是H、Al、Si、Mn、Fe，标志化合物为Al_2O_3、Fe_2O_3、SiO_2的水化物。风化壳的硅铝率在2以上，黏土矿物以高岭石和三水铝矿为主，呈酸性反应。而在光照和热量相对较少的暖温带、温带和寒温带，Fe元素从硅酸盐矿物中分离出来，由低价氧化物变成游离的氢氧化物，风化壳呈褐色或棕色。风化壳中Ca、Mg、K、Na的氧化物含量减少，硅铝率稍为变小。黏土矿物为2∶1型，蛭石和过渡矿物有明显增加，呈中性或微酸性反应。在通常情况下，赤道带的物质风化强度约3倍于温带，9~10倍于极地寒冷带。自从地球形成以来，重力每时每刻都在影响着土地物质的迁移转化。岩崩、岩石滑坡、泥石流、泥石滑坡、地面蠕动、岩块滑动、地滑、水下浊流等重力作用，都会影响土地物质的运动过程。例如，在喜马拉雅山脉，该区地壳物质的补偿作用明显不足，出现（120~140）$\times10^{-5}$米/秒^{2}的正均衡重力异常，这意味着更多的土地物质向下部迁移（陶世龙等，1999）。

3）土地物质运动的生物作用力。当地球上出现生物以后，土地物质运动除了受到地球内营力和地球外营力的控制和影响外，还受到来自生物圈的生物作用。生物对土地物质运动的影响，主要集中反映在生物对元素的合成和分解这两个过程中。一方面，生物在太阳能参与下从周围环境中吸收营养元素合成有机化合物；另一方面，通过微生物的分解将这些有机化合物分解成无机物，重新回归到大气圈、水圈和岩石圈中去。植物根系从较深的土层中吸收K、Ca、Mg等常量营养元素以及各种微量营养元素，随着植物体的死亡，这些元素富集在地表，植物完成将其从土体深处提升到表层的迁移过程。据估计，地球上有1300万~1400万个物种，其中绝大部分都直接或间接地参与了土地物质的运动过程。光合生物和化能自养生物的初级生产、生物的能量代谢等，都为土地物质循环和地球化学过程提供了物质基础。在土地物质的化学迁移过程中，非生物过程基本上是基于酸碱平衡的化学过程，一般只有质子转移而没有电子的传递。而生物化学过程的核心是氧化还原反应的发生，质子和电子在有限的几种元素中进行不间断的同步传递，是土地物质元素循环的基本过程。在生物酶的催化下，一些在热力学上通常认为不大可能自发生成氧化还原反应，通过生物化学过程也能进行。酶能够催化合成新的分子或将分子降解为可利用的组分，某些消化酶能够将多糖、脂肪和蛋白质，分解成单糖、脂肪酸和氨基酸等小分子，使其能够被细胞吸收和利用，从而影响土地物质的迁移转化。

4）土地物质运动的人类作用力。人类活动是土地物质运动过程的一个重要动力来源，对于土地的物质演化起着重要的作用。如果没有人类活动，土地物质运动的结果绝对不会出现当下的格局。就人类活动的性质来看，它既不同于地球内营力、地球外营力过程，也不同于生物作用力过程，而在一定程度上能够改变地球内营力、地球外营力和生物作用力过程。随着人口剧增、技术进步和工农业生产的迅速发展，人类活动对土地物质运动施加的影响力越来越大。诸如乱砍滥伐森林、退耕还林、草场轮牧、围湖造田、机耕施肥、人工调水、城市建设、交通水利建设等人为动力因子，已经使得地球进入了“人类世”。尽管对于是否需要在全新世之后划分出专门的“人类世”，人们还有不同的看法，但自 18 世纪晚期的英国工业革命开始，人与自然的相互作用加剧，人类成为影响环境演化的重要力量，已经形成共识。在过去的一个世纪，城市化的速度增加了 10 倍。更为可怕的是，几代人正把几百万年形成的化石燃料消耗殆尽。据研究，20 世纪 70 年代末，全球每年的城市建设面积约为 9700 平方千米，其侵蚀速率每年从 5 吨/公顷增加到 300 吨/公顷，土壤侵蚀总量 1 年内将新增 2. 8 亿吨。在通常情况下，每新建 1 千米长的公路，其土壤侵蚀量约为 400~500 吨/年，那么全球每年土壤侵蚀总量可达 4 亿吨（牛文元，1997）。据国际气候科学机构“全球碳项目”的数据，2022 年全球二氧化碳排放量达到 406 亿吨，其中与化石燃料相关的二氧化碳排放量达到 366 亿吨。人类活动引致的大量的二氧化碳排放，将从根本上改变土地圈的二氧化碳循环过程。

5）土地形成要素的相互作用力。上文已经指出，各类土地形成要素之间，都存在着普遍的相互联系和相互作用过程。正是各种要素之间发生的强相互作用力，而使土地涌现出各种不同的功能和动力学行为。当各种土地形成要素对土地的作用缓慢发生时，土地的各种性状会逐步改变。当这种改变接近于发生质变的临界点时，土地就会从旧态变为新态。而且，土地形成要素向土地输入的能流、物流虽然并不是有序的固定量，可能是无规则的，但土地却生成了某种新的有序结构。例如，在远古时期，随着大气中含氧量的逐渐增加，生物对土地形成作用会逐渐改变，当大气中氧气的浓度达到 0. 1%时，厌氧生物就转化为好氧生物，使土地物质运动的条件发生强烈变化。好氧微生物主要是好氧呼吸微生物，如细菌、真菌和一些藻类等，它们通过生化反应将有机物质分解为水、二氧化碳和微生物生物质，同时释放能量，能够有效去除污水中的有机物、氨氮、硝酸盐等，同时降低水体中的浑浊度和气味，能够有效地去除微生物和病原体。厌氧微生物主要包括厌氧呼吸微生物和发酵微生物，如厌氧细菌、厌氧古菌和甲烷菌等。它们通过发酵、硫酸盐还原、亚硝酸盐还原、甲烷发酵等反应途径进行有机物的分解和转化，能够有效去除有机物、硝酸盐、硫酸盐等，同时产生甲烷等可利用的产物，对一些难降解的有机物、高浓度氨氮等具有较好的处理效果。各种生物及其不同生物群体之间相互作用，是土地物质运动的重要驱动力。如土壤纤维分解菌为固氮菌提供能源，固氮菌为纤维分解提供氮素营养；氨化细菌为亚硝化提供氨，亚硝化细菌为硝化细菌提供亚硝酸；好氧微生物消耗土壤中的氧，降

低土壤的 E_h 值，为厌氧微生物创造良好的生活环境；后生动物破碎枯枝落叶，为原生动物提供食料，为微生物分解创造条件等。

（二）土地物质运动力源的开放性

整个地球系统在不断接受来自外界的质量、动量与能量的同时，也在不断地耗散其能量，是一个开放系统。古生物学的研究表明：5 亿年前地球每年有 430 天，3.8 亿年前地球每年有 400 天，而现在每年只有 365 天，可见地球自转速度逐渐减慢。地球自转速度的减慢，是由于地球运动过程中消耗转动惯性能，克服与周围大气的摩擦以及潮汐作用所致。地球自转速度的变化、地极移动，地球绕太阳系质心公转轨道半径或偏心率的变化，黄赤道交角变化，月球、太阳或巨行星对地球引力的变化，太阳辐射能（如黑子）的变化，陨石撞击作用，太阳系穿越银道面以及太阳系在银河系内公转一周等宇宙因素的影响，都可以对土地物质的运动变化发生作用，如对表生风化、岩石交代变质及部分区域变质和混合岩化等物质交换都会产生影响。尽管这些宇宙因素看起来好像影响不大，但在某种特定时期和某个特定空间位置，却可能对土地的物质运动显现其关键性的影响作用。有研究表明，由于局部海水的大面积增温，导致厄尔尼诺现象，造成地表大范围内酷热、干旱、暴雨、洪涝等异常变化，结果会强烈改变土地物质的生物地球化学循环过程。如此看来，如果只是就土地研究土地，或者只关注中国范围内各种土地形成要素的变化状况，完全不考虑周围地区对一个区域的影响或者地外宇宙因素的作用，就等于把本来属于一个系统的事物分割开来，对土地物质运动过程的机制探索就会有局限性。

二、土地动能的确定与随机

（一）土地物质运动的确定与随机

土地物质运动的过程是复杂的，其运动方式可以分为确定型和随机型两大类别。受地理地带性因素、非地带性因素和人为因素的综合影响，土地具有高度异质性。从表面上看，似乎每一块土地的物质运动过程和结果都是不相同的。有过农田采样经历的人都很清楚，在 1 公顷土地内的养分元素含量可以相差 20%甚至达到 1 倍以上，这是常见的现象，似乎物质运动是无序的。没有秩序，就意味着土地物质运动的过程是完全随机的。可是，混沌学家却得出了完全相反的结论，他们发现大自然只让很少几类现象是自由的（Gleick，1988）。不自由就意味着并非真正的随机，在表面紊乱现象背后可以隐含着更为深刻的确定性秩序。数学生物学家 Verhulst 最早建立了人口动力学分析的著名 Logistic 模型：

$$Z(t) = \frac{1}{1 + [1/Z_0 - 1]e^{-kt}} \qquad (2-11)$$

式中：$Z_0=Z(0)$，为初始值；$Z(t)$ 为某种测度在时刻 t 的量值；k 为参数；t 为时间。该式具有确定的数学结构，给定参数 k，就可以用于预测人口的运动过程。但是 May（1976）却发现，当 k 值超过一定的临界值时，会出现不确定的随机行为，这个随机过程对初始条件具有敏感依赖性。可以认为，土地物质运动经常表现为一种混沌状态。混沌的变化是不可预测的，但并非没有规则。貌似随机的背后可能具有确定的模式，无序的过程背后可能具有明确的规则。土地物质运动的很多随机现象，可能并非真正的随机，它们只是混沌的一种伪装图式。土地分布形态的分形结构，就是出现在确定与随机、有序与无序之间的一种结构（White et al.，1993）。耕地重金属污染分布具有高度的空间异质性，与经济环境要素的空间关联性、污染来源的多样性和污染状况时空异质性等随机性特点密切关联，但通过探索性空间数据分析（ESDA）、空间回归分析、地统计学及空间插值分析、空间随机模拟等主要空间分析工具，就可以获得相对确定的结果，这已在美国东北部森林土壤重金属铅含量空间分布（Johnson et al.，1982）、波兰南部西里西亚地区土壤以及作物中重金属镉、铅、锌的含量分布以及超标概率分布（Dudka et al.，1995）和中国的诸多地区得到验证（胡碧峰等，2017）。

（二）土地运动过程的突变论模拟

渐变与突变、连续与离散，是一个事物的两个侧面，是相生性的存在，在一定条件下可以相互转化。突发的原因导致突发的结果是一种平庸情形，渐变的原因导致突变的结果是一种非平庸情形，蕴含着丰富的动力学机制。在土地系统的运动过程中，存在由渐变累积到一定程度引致突变，即量变达到一定程度引起质变的非平庸情形，比如局地毁林开荒、地表裸露引起蓄水与调节经流功能下降、水土流失加剧等。当开荒面积逐渐扩大，水土流失与日俱增；当森林植被破坏到一定程度时遇上暴雨天气，就会导致洪水发生。在土地系统的运动过程中，也存在大量平庸情形，如地质灾害、森林大火、台风暴雨等对土地系统的破坏，均是突发现象导致突变的结果。突变论模型能很好地揭示土地系统从一种平衡态突然跃迁至另一种平衡态的不连续变化的过程现象及规律，跃迁过程是连续的，但结果并不连续。前后两种稳态都是在各种因素扰动下形成的平衡态，特定条件下两种平衡态之间可以实现转换。突变理论具有普遍的意义，它提供了人类认知土地系统非连续动力变化的新角度，也是应用极为广泛的现代方法论之一。

突变理论于 1969 年由法国数学家雷内·托姆（René Thom）首次提出，随后被广泛应用于揭示各种社会和生物现象。该模型认为系统在特定的条件下，由于输入参数值的微小变化，其原始的稳定状态将不再保持，而是突然跃迁至另一种不同的稳定状态，因此也被称为不连续变化理论（Schreiber et al.，1997）。它从微积分、近世代数和几何学的数学基础出发，通过计算系统势函数的临界点进行分类，研究各临界点附近非连续变化状态的特征。势函数（V）描述系统全局的性质，其一阶导数为 0 的所有点的集合即为该系统的平衡曲面，突变过程的演化可以通过其对应的平衡曲面的变化进行描述。由于每个平衡曲面通常是光滑的，因此假定该系统的状态完全是由 n 个变量确定的（x_1，x_2，x_3，…，x_n），同时假定系统受到 m 个独立变量的控制（u_1，u_2，u_3，…，u_m）。x_i 被称为状态变量或内部变量，表示系统的行为状态；u_i 被称为控制变量或外部变量，表示影响系统状态发生改变的因素。初等突变理论认为当状态变量不多于 2 个、控制变量不多于 4 个时，共有 7 种不同的突变类型，如表 2-1 所示（裴铁璠等，2001）。表 2-1 中的状态变量个数表征系统状况的空间维数，以反映系统的状态；控制变量个数表征系统运行时控制因素集的空间维数，以决定系统的功能。初等突变势函数描述了发生在三维空间和唯一时间变量控制下的动态系统演化过程，具备高度的概括性和普适性（Thom，1975）。

表 2-1 初等突变势函数类型表

突变类型	控制变量个数	状态变量个数	势函数结构
折线型	1	1	$V(x)=x^3+vx$
尖点型	2	1	$V(x)=x^4+ux^2+vx$
燕尾型	3	1	$V(x)=x^5+ux^3+vx^2+wx$
蝴蝶型	4	1	$V(x)=x^6+tx^4+ux^3+vx^3+wx$
双曲型	3	2	$V(x,y)=x^3+y^3+wxy-ux-vy$
椭圆型	3	2	$V(x,y)=\frac{1}{3}x^3-xy^2+w(x^2+y^2)-ux+vy$
抛物型	4	2	$V(x,y)=y^4+x^2y+wx^2+ty^2-ux-vy$

表 2-1 中，x、y 为状态变量，u、v、w、t 为控制变量。以最简单的折线型突变类型为例，势函数可求解平衡曲面 M 应用较多的单状态变量突变模型，由势函数 V 出发，可求得平衡曲面 $M\left(\frac{\partial V}{\partial x}\right)$、奇点集 $S\left(\frac{\partial^2 V}{\partial^2 x}\right)$ 和分叉集 B（S 在控制空间的投影）。突变模型使得突变理论变得形象化，通过分析不同突变模型的 M、S、B 可以对土地系统复杂模型不同平衡态之间的变化过程进行解析，能较好地揭示土地运动过程的确定性与随机性。

参考文献

蔡永萍，2008. 植物生理学［M］. 北京：中国农业大学出版社.

胡碧峰，王佳昱，傅婷婷，等，2017. 空间分析在土壤重金属污染研究中的应用［J］. 土壤通报，48（4）：1014-1024.

黄昌勇，2001. 土壤学［M］. 北京：中国农业出版社.

黄盘铭，1991. 土壤化学［M］. 北京：科学出版社.

康绍忠，刘晓明，熊运章，1994. 土壤-植物-大气连续体水分传输理论及其应用［M］. 北京：水利电力出版社.

拉马尔 拉巴，里博 让-皮埃尔，2005. 多元文化视野中的土壤与社会［M］. 张璐，译. 北京：商务印书馆.

李长生，2016. 生物地球化学［M］. 北京：清华大学出版社.

李远智，肖俊丽，刘翰伦，等，2020. 生物间高阶相互作用研究进展［J］. 生物多样性，28（11）：1333-1344.

刘卫东，1994. 土地资源学［M］. 上海：百家出版社.

陆大道，1999. 地球表层系统研究与地理学理论发展［C］//中国地理学会. 纪念中国地理学会成立九十周年学术会议论文集. 北京：6.

毛东恒，2019. 区域传输空气污染问题浅析：以舟山群岛为例［J］. 农村经济与科技，30（21）：28-29.

牛文元，1997. 持续发展导论［M］. 北京：科学出版社.

裴铁璠，于系民，金昌杰，等，2001. 生态动力学［M］. 北京：科学出版社.

邱玉珺，邹学勇，孙永亮，2006. 荒漠化动力系统熵理论模式探索［J］. 北京师范大学学报（自然科学版）（3）：319-323.

戎嘉余，等，2022. 化学密语［M］. 南京：江苏凤凰科学技术出版社.

史本叶，张坤，刘璐，2015. 城市化发展的非线性特征研究［J］. 学习与探索（9）：107-111.

舒宾 尼尔，2022. 解码40亿年生命史［M］. 吴倩，译. 北京：中信出版集团.

陶世龙，万天丰，程捷，1999. 地球科学概念［M］. 北京：地质出版社.

王敬国，2017. 生物地球化学［M］. 北京：中国农业大学出版社.

西尔弗 C S，等，2010. 一个地球 共同的未来：我们正在改变全球环境［M］. 徐庆华，等，译. 北京：中国环境科学出版社.

杨涛，2007. 城市交通与土地利用相互关系基础理论与方法研究［D］北京：北京交通大学.

Ahmadjian V, Russell L A, Hildreth K C, 1980. Artificial reestablishment of lichens I. morphological interactions between the phycobionts of different lichens and the mycobionts of *Cladonia cristatella* and *Lecanora chrysoleuca* [J]. Mycologia, 72: 73-89.

Bamford V A, Bruno S, Rasmussen T, et al., 2002. Structural basis for the oxidation of thiosulfate by a sulfur cycle enzyme [J]. European Molecular Biology Organization, 21 (21): 5599-5610.

Banavar J R, Maritan A, Volkov I, 2010. Applications of the principle of maximum entropy: form physics to ecology [J]. Journal of Physics: Condensed Matter (22): 063010.

Burns R G, 1986. Interactions of enzymes with soli minerals and organic colloids [M] // Huang P M, Schnitzer M. Interactions of soil minerals with natural organics and microbes. Madison, Wis: SSSA.

Camazine S, Deneubourg J L, Franks N R, et al., 2020. Self-organization in biological systems [M]. Princeton: Princeton University Press.

Carpenter S R, 2008. Phosphorus control is critical to mitigating eutrophication [J]. Proceedings of the National Academy of Sciences of the United States of America, 105 (32): 11039-11040.

Cooley S W, Ryan J C, Smith L C, 2021. Human alteration of global surface water storage variability [J]. Science (591): 78-81.

Covelo E F, Vega F A, Andrade M L, 2007. Competitive sorption and desorption of heavy metals by individual soil components [J]. Journal of Hazardous Materials, 140 (1/2): 308-315.

Dawkins R, 1996. The selfish gene [M]. Oxford: Oxford University Press: 181.

de la Barra T, 1989. Integrated land use and transport modeling [M]. Cambridge: Cambridge University Press.

Dudka, Piotrowska, Chlopecka, et al, 1995. Trace metal contamination of soils and crop plants by the mining and smelting industry in Upper Silesia, South Poland [J]. Journal of Geoch emical Exploration, 52: 237-250.

Elliott E T, 1986. Aggregate structure and carbon, nitrogen, and phosphorus in native and cultivated soils [J]. Soil Science Society of America Journal, 50 (3): 627-633.

Elliott H A, 1983. Adsorption behavior of cadmium in response to soli surface charge [J]. Soil Science (136): 317-321.

Gleick J, 1988. Chaos: making a new science [M]. New York: Viking Penguin Inc.

Haegeman B, Etienne R S, 2010. Entropy maximization and the spatial distribution of species [J]. The American Naturalist (175): 74-90.

Haywood J, Boucher O, 2000. Estimates of the direct and indirect radiative forcing due to tropospheric aerosols: a review [J]. Reviews of Geophysics, 38 (4): 513-543.

Hille Ris Lambers R, Rietkerk M, van den Bosch F, et al., 2001. Vegetation pattern formation in semi-arid grazing systems [J]. Ecology, 82: 50-61.

Holland E A, Dentener F J, Braswell B H, et al., 1999. Contemporary and pre-industrial global reactive nitrogen budgets [J]. Biogeochemistry (46): 7.

Johnson A H, Siccama T G, Friedland A J, 1982. Spatial and temporal patterns of lead accumulation in the forest floor in the Northeastern United States [J]. Journal of Environmental Quality, 11 (4): 577-580.

Jones S C, et al., 2023. Observation-based estimates of volume, heat, and freshwater exchanges between the subpolar North Atlantic interior, its boundary currents, and the atmosphere [J]. Ocean Science, 19 (1): 169-192.

Kimura M, Jia Z J, Nakayama N, et al., 2008. Ecology of viruses in soils: past, present and future perspectives [J]. Soil Science and Plant Nutrition, 54: 1-32.

Klausmeier C A, 1999. Regular and irregular patterns in semiarid vegetation [J]. Science, 284: 1826-1828.

Krumbein W E, 1983. Microbial geochemistry [M]. Oxford: Blackwell Scientific: 120-186.

Kwong K F, Kee N, Huang P M, 1979. Surface reactivity of aluminum hydroxides precipitated in the presence of low molecular weight organic acids [J]. Soil Science Society of America Journal (43): 1107-1113.

Kéfi S, Holmgren M, Scheffer M, 2016. When can positive interactions cause alternative stable states in ecosystems [J] Functional Ecology, 30: 88-97.

Lerdau M, 2007. A positive feedback with negative consequences [J]. Science, 316: 212-213.

Liu Q X, Rietkerk M, Herman P M J, et al., 2016. Phase separation driven by density-dependent movement: a novel mechanism for ecological patterns [J]. Physics of Life Reviews, 19: 107-121.

Lu Y H, Hu J, Fu B J, et al. , 2019. A framework for the regional critical zone classification: the case of the Chinese Loess Plateau [J]. National Science Review, 6 (1): 14-18.

May R M, 1976. Simple mathematical models with very complicated dynamics [J]. Nature (261): 459-467.

Mc-Keague J A, Cheshire M V, Andreux F, et al., 1986. Organo-mineral complexes in relation to pedogeneses [M] // Huang P M, Schnitzer M. Interactions of soli minerals with natural organics and micribes. Madison, Wis: SSSA.

Mistr S, Bercovici D, 2003. A theoretical model of pattern formation in coral reefs [J]. Ecosystems, 6: 61-74.

Nilsson C, Reidy C A, Dynesius M, et al., 2005. Fragmentation and flow regulation of the world's large river systems [J]. Science (308): 405-408.

Pueyo S, He F, Zillio T, 2007. The maximum entropy formalism and the idiosyncratic theory of biodiversity [J]. Ecology Letters (10): 1017-1028.

Rietkerk M, Dekker S C, de Ruiter P C, et al., 2004. Selforganized patchiness and catastrophic shifts in ecosystems [J]. Science, 305: 1926-1929.

Scheffer M, 1997. Ecology of shallow lakes [M]. London: Chapman and Hall.

Scheffer M, Hosper S H, Meijer M L, et al., 1993. Alternative equilibria in shallow lakes [J]. Trends in Ecology and Evolution (8): 275-279.

Scheffer M, Carpenter S, Foley J A, et al., 2001. Catastrophic shifts in ecosystems [J]. Nature, 413: 591-596.

Schlesinger W H, 1977. Carbon balance in terrestrial detritus [J]. Annual Review of Ecology and Systematics (8): 51-81.

Schreiber F A, Baiguera M, Bortolotto G, et al., 1997. A study of the dynamic behaviour of some workload allocation algorithms by means of catastrophe theory [J]. Journal of Systems Architecture, 43 (9): 605-624.

Smil V, 2000. Phosphorus in the environment: natural flows and human interferences [J]. Rev Energy Environ (25): 53-88.

Smith S J, et al., 2011. Anthropogenic sulfur dioxide emissions: 1850-2005 [J]. Atmospheric Chemistry and Physics, 11 (220): 1101-1116.

Stotzky G, 1986. Influence of soil mineral colloids on metabolic process, growth, adhesion, and ecology of microbes and viruses [M] // Huang P M, Schnitzer M. Interactions of soil minerals with natural organics and micribes. Madison, Wis: SSSA.

Söderlund R, Svensson B H, 1976. The global nitrogen cycle [R] // Svennsson B H, Söderlund R. Nitrogen, phosphorus and sulphur global cycles (SCOPE Report No. 7). Stockholm: Ecology Bulliton (22): 23-73.

Thom R, 1975. Structural stability and morphogenesis: an outline of a general theory of models [M]. Reading, Mass: W. A. Benjamin.

Tsimring L, Levine H, Aranson I, et al. , 1995. Aggregation patterns in stressed bacteria [J]. Physical Review

Letters, 75: 1859.

Turner A M, Mittelbach G G, 1990. Predator avoidance and community structure: interactions among piscivores, planktivores, and plankton [J]. Ecology, 71 (6): 2241-2254.

van der Esch S, ten Brink B, Stehfest E, et al. , 2017. Exploring future changes in land use and land condition and the impacts on food, water, climate change and biodiversity: scenarios for the global land outlook [R]. The Hague: PBL Netherlands Environmental Assessment Agency.

Vorosmarty C J, Sahagian D, 2000. Anthropogenic disturbance of the terrestrial water cycle [J]. Bio Science (50): 753-765.

White R, Engelen G, 1993. Cellular automata and fractal urban form: a cellular modeling approach to the evolution of urban land-use patterns [J]. Environment and Planning A, 25 (8): 1175-1199.

Woodwell G M, 1978. The carbon dioxide question [J]. Scientific American, 238 (1): 34-43.

第三章　土地类型和结构

第一节　土地类型及地域分异

一、土地类型的多元理解

（一）土地类型研究的简要回顾

人类对土地类型的研究有着悠久的历史，因而对土地类型的理解丰富多样。远在2000多年以前的《周礼》一书，就把全国土地划分为五大类：山林、川泽、丘陵、坟衍、原隰。之后，战国时期的《管子·地员篇》进一步对全国土地类型做更系统的划分，先按地貌差异分为三大类：平原、丘陵、山地；再按土质不同分为25个亚类。在古代西欧，地质学家们根据野外调查与观察的经验，将土地分为残积型土和堆积型土，在残积型土之下又分为7个亚类，在堆积型土之下也分为7个亚类，共计14个亚类。20世纪30年代开始，英国、美国、德国、苏联等国家，由地理学家和景观学家主导深入开展了土地和景观研究。他们通常将气候、地质构造、地形、植被、动物、水文和土壤等自然因素作为划分土地类型的依据。20世纪40年代和50年代，澳大利亚、加拿大、美国、荷兰、日本、东欧国家及巴布亚新几内亚、博茨瓦纳、尼日利亚、赞比亚、墨西哥等国家，也在地理学家和景观学家的主导下全面推进土地类型研究，将土地类型研究发展推上了一个全新阶段。20世纪70年代以来，随着人口增长、资源短缺、环境变化和区域发展问题的日益突出，土地问题日益趋向综合化和复杂化，传统以自然要素作为依据的土地类型分类，已经不能满足经济社会发展的需要。联合国粮农组织（FAO）于1972年10月在荷兰召开了国际专家会议，提出了土地的适宜性分类，后经多次修改于1976年正式将土地适宜性评价分类系统分为4级：土地适宜性纲、土地适宜性级、土地适宜性亚级和土地适宜性单元。在此期间，加拿大在1976年成立了加拿大生态土地分类委员会（CCELC）。该委员会根据土地生态要素组合的制图单位和土地功能的生态学意义，将土地分为生态区域、生态区、生态地段和生态立地四大类型。进入20世纪70年代，随着多种卫星对地观测技术的出现和发展，为了更好地应对全球变化，国内外又形成了土地覆盖分类系统，可以归纳为3类：区域尺度土地覆盖分类系统、全球尺度土地覆盖分类系统和可扩展的FAO土地覆盖分类系统。例如FAO土地覆盖分类系统，是一种等级分类系统，分类过程主要分为两个阶段：第一阶段是一分为二的阶段，区分主要的8种土地覆盖类型；第二阶段是模块化分级分类阶段，根据土地的环境属性（如气候、地形、海拔、土壤、岩性和侵蚀等）及具体的技术属性（如作物类型、植物季相、盐度等）进行土地覆盖类型的进一步细分（Di Gregorio et al. , 1998）。此外，各国还建立了土地利用现状分类系统、土地调查分类系统、土地利用规划分类系统、土地质量分类系统、土地改良分类系统、城镇地籍分类系统等。可见，土地类型已经从原来的自然地理分类发展到极其多样性的分类系统。

（二）不同视角的土地类型内涵

土地类型有狭义和广义之分。狭义的土地类型，又称土地自然类型或土地综合自然类型，它强调土地自然属性的相似性，是反映中小尺度地段分异规律的自然综合体，在地理学领域使用广泛。在土地领域，更多使用广义的土地类型，它是指土地发生过程和形成条件基本相似，生产潜力、适宜性和限制性相对一致，并占有一定空间位置的土地单元。同一土地类型，它们的自然生态条件和社会人文条件基本一致，是土地调查制图、土地评价和土地规划的基础。根据研究和服务的目的差异，广义土地类型主要有以下几种不同的形态。

1）土地自然类型。它指土地按其自然属性（综合自然特征）的相似性和差异性划归的类别，是土地各个形成因素（土壤、岩石、地貌、气候、植被和水分等）性状不同量的不同组合。同一个土地自然类型，其自然属性基本相似。地理学和传统的土地类型，通常就指土地自然类型。在特别情况下，为方便起见，也有按照某个形成要素或某两个形成要素的组合来命名土地自然类型，如山地、丘陵、平原等。

2）土地利用类型。它通常指土地利用现状类型，主要依据土地用途、经营特点、利用方式和覆盖特征等因素的相似性和差异性所划归的类别。土地覆盖类型与土地利用类型相近，只是观察角度有所不同。前者多侧重于土地的自然属性，后者多侧重于土地的社会属性。土地覆盖是自然营造物和人工建筑物所覆盖的地表诸要素的综合体，包括地表植被、土壤、湖泊、沼泽湿地及各种建筑物（如道路等），其类型是对地表覆盖物（包括已利用和未利用）进行分类。如对林地的划分，土地覆盖分类根据林地生态环境的不同，将林地分为针叶林地、阔叶林地、针阔混交林地等，以反映林地所处的生境、分布特征及其地带性分布规律和垂直差异。土地利用分类从林地的利用目的和利用方向出发，将林地分为用材林地、经济林地、薪炭林地、防护林地等。但两者在许多情况下有共同之处，故在开展土地覆盖和土地利用的调查研究工作中常将两者合并考虑，建立一个统一的分类系统，统称为土地利用与土地覆盖分类体系。

3）土地评价类型。土地评价是指依据特定的目的和科学的标准，在对土地各形成因素及综合体特征进行认识和调查的基础上，对土地综合属性进行质量鉴定，阐明土地的适宜性、生产潜力、经济效益和对环境有利或不利的后果，从而确定土地价值的过程。其实质是对土地生产能力高低的鉴定，基本特征是比较土地利用要求和土地质量供给的匹配程度。按照这种匹配程度的相似性和差异性所划归的类型，称为土地评价类型。根据土地评价的目的不同，可以分为土地适宜性评价类型、土地潜力评价类型、土地经济评价类型、土地承载力评价类型等。在没有特别指明的情况下，土地评价类型通常是指土地适宜性评价类型。它是指一种土地对一定土地用途合适水平基本相似的土地类型，适合水平可以按土地的现状或者改良后的状况进行综合考量。按土地用途不同，可以进一步分为农用地适宜性评价类型和非农用地适宜性评价类型两大类。土地潜力评价类型是指土地在将来经某种改良后或某种土地特性和环境条件改变后，预期土地质量或生产能力基本相似的土地类型。土地经济评价类型是指用经济的可比指标，土地投入产出的经济效果基本相似的土地类型。土地承载力评价类型是指土地生产或环境潜力，对承载人口、畜牧、其他生命或生产活动的容量基本相似的土地类型。此外，根据评价目的不同还有土地集约利用评价类型、土地退化评价类型、土地风险评价类型、土地景观评价类型、土地敏感度评价类型、土地可持续利用评价类型等。

4）土地规划类型。它是指在土地利用规划过程中，根据规划管理需要，对土地利用现状类型进行归并或细分形成的规划用地类型。如在 21 世纪初进行的全国土地利用总体规划，就将复杂多样的土地利用现状根据规划管理的需要，分为一级农用地、建设用地、未利用地等 3 个类型；二级耕地、园地、林地、牧草地、其他农用地、城乡建设用地、交通水利用地、其他建设用地、水域、滩涂沼泽、自然保留地等 11 个类型。

5）土地功能类型。土地功能是土地自身固有的属性，是土地形成要素演替、物质能量流动和信息传递特征决定的具有主动或被动服务人类和其他生命需求、提供有益产品的特性。这种特性基本相似的土地类型，就是土地功能类型。目前学界对土地功能内涵的认知并不一致，因此对土地功能类型的划分也不相同。1994 年亚太经社会（ESCAP）提出土地具有生产食物及纤维功能的同时，还具有生物环境、气候调节水文等多种功能。通常将土地功能类型划分为生态类型、生产类型、生活类型等不同类别。

6）土地生态类型。从理论上说，土地本身就是一个生态系统，任何一种类型的土地都具有特定的生态功能，只是随土地利用的人为属性增加，土地的生态功能在不断递减。在某种程度上也就是说，任何一种土地类型都可以视为土地生态类型。之所以单列土地生态类型，就是更加强调土地的生态属性、生态变化和生态系统服务功能。其主要是为了更有利地体现土地在维护生物多样性、保护和改善环境质量、调节气候、涵养水源、保育水土、循环养分、净化环境、防止土地退化、提升土地景观美学及减少自然灾害等方面的作用，有利于人类在土地利用过程中能更好地维系区域生命保障系统的正常运行。在实践层面的土地生态分类过程中，通常依据土地的生物-气候背景、地形地貌变化、生态系统功能、植被类型、土壤特征、人类活动的利用特征和管理等因素综合进行。

二、土地类型的空间分异

土地类型的形成、演化和地域分异，受大气降水、太阳辐射、陆地表面自由水的流动迁移、地下水的运转、水分蒸发蒸腾发生的干湿变化，以及海陆分布、地势起伏、内生构造作用等因素的深刻作用，人类生产活动对土地类型这一可变客体的影响也不容忽视。从人类世的角度来看，人类生产活动引起土地类型性状变化的影响愈来愈大。例如，长期种植水稻，在表层淹水耕翻及长期水旱轮作和干湿交替下，水田性状比原来自然发生情况下的属性已经有明显的改变，形成特有的剖面结构与特定的氧化还原和物质循环状态，其物质迁移积累状态亦有明显的变化。土地类型形成与分异的实质，是地带性因素、非地带性因素和人类因素叠加作用的结果，受自然环境地域分异规律所影响或控制。

（一）地带性因素作用下的土地空间分异

地带性因素主要包括太阳辐射、土壤、植被等，这些因素相互作用使得土地在地球表层沿一定方向发生分异，呈带状延伸分布的表现形式。陆地自然地带性，就是指这种地带的地域分异规律，它包括纬度地带性、经度地带性、水平地带性和垂直地带性。①纬度地带性。由于太阳辐射和热量在地球陆地表面随纬度由南到北有规律变化，从而导致气候、生物等土地形成因素以及土地的性质、土地类型也按纬度方向由南到北有规律更替，称为土地纬度地带性分布规律。②经度地带性。由于海陆位置的差异，以及山脉、地势的影响，造成温度和降水量在空间分布上的差异，使水热条件在同一纬度带内从东往西、从沿海到内陆随经度方向发生有规律的变化，土地性质和土地类型从东往西、从沿海到内陆也随经度方向有规律地更替，称为土地的经度地带性分布规律。一般是从沿海到内陆依次出现潮湿的森林土类、半潮湿的森林草原土类、半干旱的草原土类和干旱的荒漠土类，并在中纬度地区表现最典型。③水平地带性。纬度地带性与经度地带性的结合，称为水平地带性。其形成取决于纬度地带性因素（太阳辐射分布的纬度差异）和经度地带性因素（海陆对比引起的干湿差异）在不同地域中的表现强度和组合方式。当纬度地带性占优势时，水平地带大体上沿纬线延伸，呈纬度分异的地带；当经度地带性占优势时，水平地带基本上沿经线延伸，呈经度分异的地带。水热对比是使水平地带土地类型发生分异的主要原因，辐射干燥指数可以用来确定下垫面的热量与水分平衡的关系，各自然地带的土地类型边界可用这一指标的某一定值等值线加以划分。例如，辐射干燥指数冻原小于 0.35，森林为 0.35~1.10，草原为 1.10~1.23，半荒漠为 2.30~3.40，荒漠大于 3.40。苏联马克耶夫在大尺度上曾经将地球陆地水平地带的土地类型分异，概括为长寒地带、冻原地带、混交林地带、阔叶林地带等 27 种（刘卫东，1994）。④垂直地带性。它是指土地综合体随地势高度增加而发生垂直分异的现象，其形成主要是由于随地势高度增加而引起的水热组合分异，例如温度由低处向高处迅速降低、降水量增多等。

（二）非地带性因素作用下的土地空间分异

由于海陆分布、地势起伏、构造作用、洋流运动等因素的影响，导致陆地自然带的分布不具备水平地域分异规律和山地垂直分异规律，或者使陆地自然带的分异规律表现得不鲜明或不完整的现象，称为非地带性分异过程。例如，由于南半球东南信风北移，越过赤道偏转成西南风，从海上带来暖湿气流，从而形成丰富的降水，结果就使得南半球大陆上缺失亚寒带针叶林带和苔原带的土地类型。在温带大陆性气候分布区，由于北美大陆西部高山阻挡了来自太平洋的湿润气流、东岸拉布拉多寒流对沿岸起到降温减湿作用，就使得北美大陆东岸分布了广泛的非地带性土地类型；由于西部高大的安第斯山脉的阻挡，西风难以入内，形成了干燥的温带大陆性气候，同时由于东岸西风漂流（寒流）的分支加重

---

❶辐射干燥指数$=\frac{R}{Lr}$，式中：R 为年辐射差额；L 为蒸发潜热；r 为年降水总量。显然这一指数是该地年辐射差额（热量收入）与用热量单位表示的年降水量（即蒸发该地降水量所需要的热量）之比。

了沿岸的干燥度，就形成了巴塔哥尼亚沙漠土地景观。在中国，由于自古近-新近纪末期以来，青藏高原受印度板块插入不断隆起，在地质构造作用下海拔从原来的1000米不断抬升形成4000米以上的青藏高原面，甚至高达7000~8000米的高大山系。这种海拔高起而处于低纬度的高大山体，成为地球陆地表面的“第三极地”，其土地类型的分异与同纬度的土地类型完全不同。由于高大山系阻隔了印度洋湿润气团的输入，使处于欧亚大陆中心一带的塔里木盆地日趋干旱，以至形成以南疆为中心的温带极度干旱的沙漠戈壁土地类型。同样的道理，由于受地质构造作用的影响，云南南部的元江、金沙江谷地深受割切，下切沟谷深达1000~2000米，形成高山峡谷，而其南部又因为高大山系哀牢山为南北走向，阻隔了湿润海洋气流，因而在深沟峡谷中形成焚风谷地。原本应该有强烈脱硅富铝化作用的地带，但在干热条件下，土壤的脱硅富铝化作用就不甚明显，pH值接近中性，形成仙人掌、霸王鞭等旱生植被为主体的燥红土景观；在金沙江北部深切沟谷中尚见很不典型的脱硅富铝化特征，含有较高游离石灰的褐土类型。

（三）人类因素叠加作用下的土地空间分异

在第二章中已经指出，人文社会因素对土地的形成和分异，具有十分深刻的影响。这种影响最为明显的是对水圈和生物圈物质循环和能量流动的改变。①对水圈的改变。人类的生产活动，最为明显的影响是对大气降水、地表径流、地下水及土壤水等天然“四水”的循环转化。原来干旱的沙漠土地经过引融雪水开垦和灌溉，由此改变了干旱地区的水分与盐分动态，也改变了土地的结构和功能。在埃及，96%的国土被沙漠覆盖。该国通过引水治沙工程，将尼罗河三角洲周边的沙漠开垦为耕地；通过和平渠工程引尼罗河水至西奈半岛开辟大规模新耕地；通过图什卡工程建造800多千米的引水渠和灌溉网，将纳赛尔湖水引至西部沙漠，将大片沙漠土地改造成良田。中国毛乌素沙漠，位于陕西榆林长城一线以北、鄂尔多斯高原东南部，总面积约4.22万平方千米。经过几十年的引水拉沙、引洪淤地和大力兴建防风林带，土地治理率已达93.24%，这意味着毛乌素沙漠土地类型即将从地图上“消失”。在底格里斯河与幼发拉底河平原，即美索不达米亚，现在的伊拉克一带，是最早的人类文明发源地之一。在六七千年前，那里的人民就懂得引用河水灌溉农田，在沙漠里培育了许多作物。美索不达米亚可能是世界上最古老的灌溉区。但是，由于只重视灌溉而不重视排水，在缺少排水条件的情况下，美索不达米亚的地下水位开始升高，水渠渗漏和周期性的洪水也提高了地下水位。当地下水通过土壤毛管被蒸发时，就在地表留下一层薄薄的盐。千百年湿润与干旱的往复，使地面留下了一层又厚又白的外壳，致使许多地方的土地完全不能经营农业。现在伊拉克南部广大地区的古老农田就像刚下过雪那样闪闪发光。不合理的灌溉毁坏了全国20%~30%有灌溉潜力的土地，美索不达米亚文明由此走向衰败。在巴基斯坦的印度河平原，原本是印度次大陆的粮仓，但由于不合理的水利设施改变了水循环的平衡，有1/3的水渗入地下水中，使地下水位以每年0.3~0.6米的速度不断上升，直到离地表3~4米为止。在这种情况下，由于毛管水上升蒸发，在不到20年的时间内，上层1米厚的土壤的含盐量达到1%，作物已经无法生长。到1960年，水涝和土地次生盐渍化问题造成重大损失，严重受害的土地面积估计有200万公顷以上，占印度河平原耕地面积的1/5。②对生物圈的改变。盲目的农田开垦和森林开采，破坏天然草场，减少天然覆被，尤其是热带雨林的大量破坏，已经严重影响了生物多样性，甚至导致大气臭氧层出现孔洞，在相当大程度上改变了土地系统的物质大循环和生物小循环。据研究，热带潮湿的森林仅覆盖了地球陆地面积的7%，但至少含有地球上物种数量的一半。如果认为那里尚有数百万未被描述的森林昆虫的估计是准确的话，那么热带森林中含有的物种数可达所有物种数的90%或更多。由于人类活动改变了生物圈的结构和功能，已造成全球34%的生物多样性丧失（2010年）。预计到2050年，这一比例将高达38%~46%（van der Esch, et al.，2017）。据2015年9月联合国粮农组织发布的《2015年全球森林资源评估报告》，过去24年间，由于人口增长和农业扩张，全球森林土地面积明显减少。1990年全球森林土地面积41.28亿公顷，森林覆盖率31.6%，且绝大部分是未受到破坏的原始森林；2015年全球森林土地面积减少到39.99亿公顷，森林覆盖率降为30.8%，减少了1.29亿公顷，相当于整个南非国土面积的森林土地消失了。世界森林土地的不断减少直接导致生物多样性的丧失和物种的灭绝。据估计，地球上曾经有5亿个物种，目前尚有500万~1000万个物种，减少了近500万个。森林土地或者说生物多样性丰富的土地，就逐步变成荒漠化土地。全球荒漠化的土地已经达到3600万平方千米，占到整个地球陆地面积的1/4，现在每年还以5万~7万平方千米的速度扩大。研究结论都认为这与人类过度放牧、破坏植物和干扰植物群落等对生物圈的不合理改造密切相关（中南林业科技大学，2018）。

第二节　土地分类和分类系统

一、土地单元特性及划分

（一）土地单元的基本特性

土地单元是指土地特性相对均一的地块，是划分和鉴定土地的基本空间单位。在通常情况下土地单元既是一个能反映自身特性的最基本境况，也是取样和获得数据的基本单位，同时是土地分类的基础和依据。划分土地单元是在一定的精度要求下，按土地特性、区位条件和利用方式等基本一致的原则进行的。一个土地单元被确定后，具有以下基本特性：

1）实体性。任何土地单元都是各类土地要素和区位特征相对一致的地块或区域，其边界由线状地物和权属界线所组成。每一个土地单元都有确定的地理空间位置和景观实体，具有完整性、综合性和实体性。

2）共轭性。土地位于地球表层岩石圈、水圈、大气圈、土壤圈、生物圈等相互作用、相互渗透、相互制约、相互转化的交错界面上。这些不同圈层之间以及这些圈层与土地之间都存在着物质能量的交换，它们都受共轭性原理所支配。例如，土地圈与岩石圈是相邻的圈层，两者之间相互渗透、相互作用、相互融合。一方面，岩石圈是土地圈形成发展的基础，岩石圈在一系列地质作用下，形成风化壳再形成土地；另一方面，土地利用也为岩石圈的变化提供了反作用力，尤其是人类的高强度建设活动、地下空间开发、矿产资源开发、改变水文地质循环等，也深刻改变着地球内部的岩石环境，它们之间会存在一种共轭平衡。因此，不同的土地单元不仅具有发生学联系，而且存在彼此相生的共同物质能量交换系统。

3）层次性。由于不同的土地形成要素具有空间尺度性，因此土地单元是一个多层次的等级系统。不同尺度所划分的土地单元，其范围大小不同，通常可以分为 3 个层级：①低级单元，又称为地块。每一个地块都是土地条件最一致的一块土地或一个地段，在其范围内，其地貌部位、岩性、土质、土壤含水量和排水条件都是一致的，并具有一种小气候、一个土壤变种和一个植被群丛。例如，河流阶地的一个阶地面，如果其他条件很一致，便是一个最低一级的土地单元。它是地表客观存在的最简单的很难再分的小尺度综合体，是最基本的用地单位，是小区域大比例尺制图的基本对象，是编制比例尺为 1∶10000~1∶500 的土地基本制图单位。在同一个地块上或同一类地块上，土地的适宜性和限制性基本一致，土地用途和用地方向也基本相同。②中级单元，又称为地片。它通常相当于各地貌要素（即地貌面）组合而成的一个基本地貌单元，如高差几十米内的一个岗地，它是由岗顶地段和各岗坡地段组合而成的。具体划分时，通常按照小地形和土种的不同而进行。所谓的小地形是在中地形下因所处的部位不同划分的地表形态，如冲积平原可划分为山前冲积平原、中部冲积平原、滨海冲积平原。③高级单元，又称为地方。它是由相互联系的若干中级单元（地片）结合形成的大片土地，是大尺度的土地分级单位，是小比例尺制图的基本对象，通常作为编制比例尺小于 1∶10 万的土地制图基本单位。在高级土地单元（地方）内，土地利用方向和途径是多样性的，水体运动、固体物质搬运和化学元素迁移等过程都具有不同的方向。因各地自然和社会经济条件不同，地方的空间尺度和复杂程度，会表现出明显的差异。在土地形成条件较为均一的地区，一个高级单元（地方）的面积可达数百平方千米或数千平方千米；而在一个较为复杂的区域，其面积往往只有几平方千米或几十平方千米。在开展土地单元分级的实践中，唯有正确揭示区域的复杂生态结构和物质流结构，才能正确划分高级单元（地方）。中等地貌组合、土壤变种组合以及植物群丛组合有规律的重复出现，是划分高级单元（地方）的重要标志。这里强调有规律的重复出现，不能只出现一次。

国际上对土地单元分级系统的认知并不一致，但通常也分为高、中、低 3 级。在苏联景观学中分别称为相、限区和地方，在澳大利亚分别称为立地、土地单元和土地系统，在西方土地学界都颇有影响，并得到了较广泛的应用。

（二）土地单元的划分方法

土地单元的划分方法主要有叠置法、主导因素判定法、网格法、均质地域法、街坊法等，常用的有叠置法、主导因素判定法和网格法 3 种方法。确定土地单元后，应根据实地调查的数据，确定每个单元上的土地鉴定指标数值。确定土地单元指标值或参数的常用方法有以点代面法、以线代面法和面积加权法。以点代面法即以单元内的某一点数值作为整个单元的特征值；以线代面法即以单元内的某一等值线代表整个单元的特征；面积加权法是当单元由若干不同值的均值区域所组成时，则可把不同值所占的区域面积的比例作为权重，取其加权平均值作为单元的特征值。

1）叠置法。将相同比例尺的各种专业图，如地貌图、土壤图、植被图、岩石分布图、水文分布图、土地利用现状图等在计算机上进行叠加，结合野外踏勘，确定土地单元及其界线。叠置法一般用于大比例尺的土地单元划定。叠置过程中需要注意土地形成要素如水系、道路、产权界线等线状地物作为控制网格，先将它们重合，避免图面移位。对于叠置生成的超过制图比例尺限制的细碎图斑，其方法可用合并法、组合复区法等进行必要的综合，归并小于 4 平方毫米的图斑最后形成土地单元。

2）主导因素判定法。应用该方法确定土地单元的步骤如下：①确定两个以上影响土地特性的主导因素，沿土地主要方向选一定数目的特征点做各自分值剖面图。②根据因素分值变化规律，选择突变曲线段的位置作为单元边界位置，将因素得分基本一致的区域划分为同一单元。

3）网格法。地理格网作为土地单元始于芬兰地理学家格兰里奥，他在 1929 年基于 1 千米地理格网进行了自然与社会现象分析。由于自然与社会经济信息普遍具有空间属性，地理格网可综合、统一反映其空间属性。因此，地理格网作为土地基本单元得到了广泛应用。土地单元划分的网格法是指将土地空间分割成多个网格单元，每个网格单元都有一定的大小和形状，以及一定的属性。空间网格划分的方法有很多，其中最常用的是等距网格划分和等角网格划分。等距网格划分是指将土地空间分割成多个等距的网格单元，每个网格单元的大小和形状都是一样的，它们之间的距离也是一样的。等角网格划分是指将土地空间分割成多个等角的网格单元，每个网格单元的大小和形状都是一样的，它们之间的角度也是一样的。网格法的优点是可以有效地提高土地空间数据的可视化效果，并且可以有效地提高土地空间数据的分析效率。具体操作时需要在网格四等分点检查网格内部两个以上主导因素的差异；如果网格内同一因素分值差异大于等于 $100/(n+1)$ 时，此网格四等分加密，重复检查、加密，直至满足要求后得到土地单元。

随着现代地理信息系统（GIS）技术的迅速发展，在实际操作过程中，通常是应用 GIS 技术，以空间分析为主体结合其他方法综合进行划分土地单元的。在 GIS 中，数据通常是以分层的方式来组织的，空间叠置分析就是建立在空间拓扑关系的基础上，将有关数据层进行叠加分析产生一个新的数据层的操作。通常，有两种方法可用于执行叠加分析：要素叠加（叠加点、线或面）和栅格叠加，单元的叠加分析本身就需要这两种方法之一。通常，最好使用栅格叠加来完成满足某种条件的查找位置的叠加分析（尽管使用要素数据也可达到此目的），计算耗时相对较短。要素叠加分析通过输入多边形边界的交集，采用标识（identity）、相交（intersect）、交集取反（symmetrical difference）、联合（union）、更新（update）方法操作，创建了新的多边形，生成的多边形具有原始多边形的所有属性（图 3-1）。

在栅格叠加中，每个图层的每个像元都引用相同的地理位置。这使其非常适用于将许多图层的特征合并到单一图层中的操作。通常，通过将数值指定给每个特征，通过合并（combine）、加权叠加（weighted overlay）、加权总和（weighted sum）的数学方式合并图层，并将新值指定给输出图层中的每个单元。

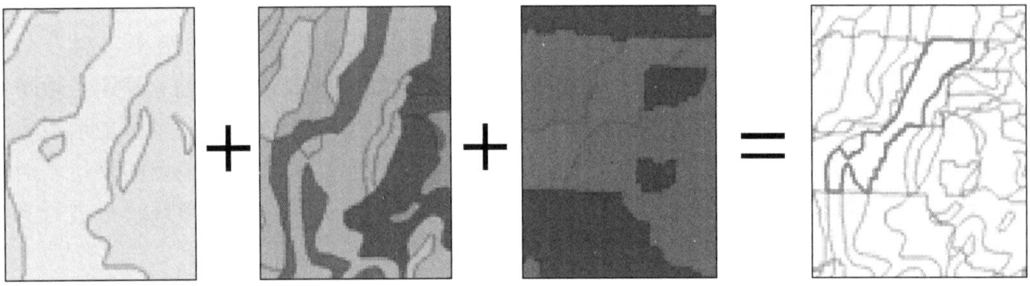

FID	Shape*	FID_Soils	CODE	CLASS	FID_sl	SLOPE	FID_veg	DET_TYPE
3039	面	508	38F	6	0	60	117	A
3040	面	508	38F	6	0	60	119	SS
3041	面	508	38F	6	0	60	157	U
3042	面	508	38F	6	0	60	158	A
3043	面	508	38F	6	0	60	160	FC

图 3-1　要素叠置分析图

（资料来源：ArcGIS Resources）

二、土地分类内涵与命名

（一）土地分类的科学内涵

土地各种要素、结构、关系、现象及其相互作用过程十分纷繁复杂，如果不能通过识别各类要素和各种关系之间的相似性、差异性和联系性，将大量杂乱无章的信息通过分类塑造成易于理解和易于处理的状态，土地科学研究将可能变得无从入手。土地分类（classification），就是根据土地本身的差异性，按照一定的规律，将大量个体单元按照某种属性归入某个类别，通过揭示分类对象的属性特征，用类群取代个体单元，从而将土地划分成若干个不同的类别，减少处理对象的数量，以便于识别和处理。“分”即鉴定、描述和命名；“类”即归类，按一定秩序排列类群。其分类单位是从土地个体单元所具有的相似属性中归纳出来的，具有抽象性和概括性。分类单位级别愈低，同一类型的共同性或相似性则愈多，级别愈高则共同性减少。也就是说，土地分类的对象是地球陆地表层客观存在的各种土地单元。它是建立在类型学基础上的一种地域系统化方法，即根据各个土地单元发生过程、各种性状和特点的相似性与差异性，进行分组，使同组的土地单元尽量相似，不同组的土地单元差异明显，从而概括出各种土地类型。每一个土地类型都是若干个土地单元的集合，它们具有某种相似的土地形成过程和属性，以及相对一致的生产潜力、适宜性和限制性。由于土地单元是多级的，故土地分类也相应是多层次的，每一级土地单元都可以进行类型划分。通过层层分解归类，就可以建立起一个有序的土地分类系统。土地分类的目的，主要是为了掌握土地特性，识别土地结构、功能和用途，以便更合理和更可持续地研究和利用土地。

（二）土地分类的建构原则

土地分类系统是否科学适用，关键在于选择分类的标志和方法。建构土地分类系统，需要遵循以下基本原则。

1）相对一致性。土地类型的分类应当按照相对一致的统一标志和指标进行，划分同一级土地类型的分类标志必须保持一致，以保证同一级的各个土地类型互不相容。例如，对于较低一级土地类型，如果要采用土壤变种作为一种分类标志，那么就要对所有同一级的土地类型都采用土壤变种进行识别，不能有的土地类型用土种，而有的土地类型用土属进行判别。

2）连续有序性。土地分类是一种续分制系统，必须逐级连续分组归类建立一个有序的多层次分类系统。如将农用地续分为耕地、园地、林地等，将耕地续分为水田、旱地、水浇地等。否则，就会引起分类系统的紊乱。这一原则也要求各子项的总和必须与母项保持一致，整个土地分类系统必须包括地域内客观存在的各种土地类型，既不能缺失，也不能无中生有，反映出土地类型具有由大到小、由高级到低级的等级差异及其从属关系和逻辑性。

3）有效识别性。土地类型的特性是多种土地形成要素的综合反映，但各土地形成要素在土地这一综合体中的作用是不均衡的。因此，必须寻找到能有效识别的主导因素。贯彻这一原则的具体办法，是要选取反映这一因素的标志作为分类识别指标。由于土地类型划分是多层次的，不同级别土地类型的主导识别因素也常常是不同的，所以需要根据不同区域土地分异特点来进行因地制宜的选择。例如，在高级土地类别中大中地貌类型是主导识别因素，而对于较低级别的土地类型可能是地貌起伏或者地面组成物质的差异。

4）形成相似性。土地类型各形成要素之间存在着发生学上的有机联系，根据自然环境因素的地域共轭性原理，土地类型的自然地理特性决定于其位置空间，从一个自然环境因素的特性，可以推断出每一个土地类型其他形成要素的特性。土地类型特性的形成与演化，受自然规律的控制，具有相对稳定性。因此，土地类型的划分，既要反映土地特性的相对一致性，还要反映其发生和演变过程在发生学上的联系。这种发生学上的因果关系，是识别和划分土地类型的重要依据，有利于阐明和揭示土地类型的形成演化机制。

（三）土地类型的命名方法

每一门科学领域，分类与命名代表了这门科学的发展水平，是人们对这一综合客体的认识水平。近代土地学的发展不到百年历史，对土地类型命名的研究还不成熟。但在这不到百年的时间里还是取得了不少进展，普遍认为土地类型命名应当力求反映不同尺度的地域分异规律和该类型土地的综合特性。在实践中，通常采用联名法、俗名法和地名法等进行。①联名法通常采用土地要素联名的方式，如植被+土壤+地貌的常绿阔叶林黄壤低山地，也可以采用植被+地貌的常绿阔叶林低山地等。②俗名法是指各个地方的劳动人民群众，在长期的生产实践中对某种土地类型的习惯称呼，如耕地、草地、林地等。③地名法是根据最早在某地诊断的土地类型，以地名的方式命名之。在英国、澳大利亚等地进行土地类型命名时，通常采用地名法。如澳大利亚亚康尼斯顿附近的纳伯比土地、沃伯顿土地，其中纳伯比和沃伯顿均是地名。

三、代表性土地分类系统

由于目的、依据、性质和作用的不同，土地类型划分方法很多，由此也就形成了很多的土地分类系统。要看目前已经出现的土地分类系统，大致可以归纳为三大体系，即基础分类体系、应用基础分类体系和应用分类体系。①基础分类是把土地作为一个具有特定发生过程和形态特征的综合体，根据整体特性的相似性和差异性来建立分类系统。由于这种分类主要以成因和形态为标准，在划分上主要依据地理因素的组合和特点，因此具有明显的地理学偏向，如上述的常绿阔叶林黄壤低山地，就是一种基础分类。其主要功能是揭示土地的发生、演化、属性和分异规律，可以为土地和其他相关学科的科学研究提供基础。②应用基础分类主要是针对土地利用的特定目的，为满足实际需要而进行的分类。通常选择与特定目的关系更为密切的土地属性，包括自然属性和人文社会属性作为分类依据。这种分类系统运用较为广泛，如土地利用现状分类、土地适应性分类等，都属于这一类型。③应用分类可以直接用于生产部门的土地改良、土地规划和土地管理等，从而起到土地分类直接为国民经济建设服务的作用。应用分类通常以应用基础分类为出发点，充分表现土地的生产利用属性，如土地改良分类系统、水土流失治理分类系统、土地承载力分类系统、城镇土地分等定级系统、农田灌溉适宜性等级分类系统、宜林地等级分类系统、宜耕地等级分类系统等。这三大体系之间并不存在绝对的界限，基础分类是应用分类的基础，而应用基础分类又是应用分类的基础。代表性的土地分类系统主要有以下几种。

（一）土地自然分类系统

主要根据土地自然属性的相似性和差异性，以气候、地貌、水文、土壤、植被等为具体标志，揭示土地类型的分异和演替规律，遵循土地形成要素的自然规律，划分土地类型。例如，《中国 1∶100 万土地类型图制图规范》，首先按照水热条件的组合差异，将全国分为 12 个土地纲。在其下共分两级，各省（区、市）根据需要可以采用三级续分。第一级称为土地类，是土地类型分类的高级单位，主要根据大（中）地貌类型的差异划分，山地以垂直自然带划分；第二级称为土地型，主要是依据植被亚型或群系组、土壤亚类划分。全国共分出土地类 115 种、土地型 872 种。

（二）土地利用分类系统

从土地利用现状出发，根据土地利用的地域分异规律、土地用途、土地利用方式等，按照一定的层次等级体系划分为若干不同的土地利用类别。土地利用现状分类就是最典型的常见的一种土地利用分类，它是土地用途、利用方式、经营特点和土地覆盖特征相对一致的地域单元。例如，2017 年《土地利用现状分类》（GB/T 21010—2017），将全国土地利用现状分类系统分为 12 个一级类、73 个二级类。12 个一级类分别是：耕地、园地、林地、草地、商服用地、工矿仓储用地、住宅用地、公共管理与公共服务用地、特殊用地、交通运输用地、水域及水利设施用地、其他用地。

国际上，很多国家都会根据国情的不同，建立具有国情特色的土地利用分类系统。英国于 1930 年开始建立土地利用分类系统，是现代意义上世界最早建立土地利用分类系统的国家。该分类系统主要为农业土地利用服务，将土地利用分为9类：①森林和林地；②耕地和休耕地；③草地或草场和永久草地；④灌木地、沼泽、山坡粗草地；⑤花圃、花园和菜园；⑥果园；⑦苗圃、温室、鱼池；⑧非农业用地（包括建筑用地、空场、矿场、铁路用地、墓地及未被用作生产的荒地）；⑨河流、湖泊、水库、池塘、沟坝及其他水面。在20世纪60年代末期，20多个欧洲国家合作，共同编制了1∶250万全欧洲土地利用图，其土地利用分类系统包括六大类22个小类：①农业用地——粮食作物、经济作物、根类作物、饲料、混合耕作、休闲；②草地——湿草地、干草地、高山草地、改良草地；③果园——坚果、鲜果、草莓、柑橘（葡萄和橄榄因为面积小，用符号表示）；④林地——针叶林、阔叶林、混交林、用材林、非生产性林地（国家公园、猎场等）；⑤荒地——石骨地（包括冰川）、流沙、不生产地；⑥建筑用地。1971年，美国为了开展全国1∶10万和1∶25万土地利用图的编制，主要采用遥感和自动化制图等新技术，将全国土地利用分类分为3个层次：第一层是根据卫星图像，经过目视可以直接判读的地物，共分九大类；第二层是根据U2和RB-57飞机航摄比例尺1∶8万的红外彩色照片判读，分辨出37个小类；第三层是根据低空飞机航摄比例尺1∶2万的红外彩色照片判读，分辨出更加细的类别。美国应用遥感资料的土地利用与地表覆盖分类体系，其第一层分的九大类如下：①城市与建设用地（红色）；②农业用地（浅棕色）；③草地（浅橙色）；④林地（绿色）；⑤水面（蓝色）；⑥湿地（浅蓝色）；⑦荒地（灰色）；⑧苔原（绿灰色）；⑨永久积雪（白色）。1975年，日本为了实施全国《土地利用规划法》，建立了1∶2.5万土地利用图的土地利用分类系统，首先分为3个一级类型：①城市和聚落用地，用红色表示；②农业用地，用黄色表示；③林业用地，用绿色表示。城市和聚落用地的二级类型，按照功能分为10个区和4个公共项目（和城市规划法中的分区有关）；农业用地类型分为7个二级类型；林业用地类型分为8个二级类型，农业用地类型与林业用地类型主要根据人口与天然植被情况不同划分二级类型。

（三）土地评价分类系统

根据评价指标的相似性和差异性，以土地生产力水平、土地质量、土地生产潜力、土地适宜性等为依据，划分土地类型。其目的是为开展土地条件调查和适宜性调查服务以及为实现土地资源资产的最佳配置服务。土地适宜性评价是重要的土地评价类型之一，它是评定土地对于某种用途是否适宜以及适宜的程度，是进行土地利用决策、编制土地利用规划的基本依据。联合国粮农组织（FAO）将土地适宜性评价分类如下：①土地适宜纲，反映土地适宜性的种类。S纲，适宜；N纲，不适宜。②土地适宜级，反映纲内的适宜程度。适宜性纲分为S1级，高度适宜；S2级，中度适宜；S3级，勉强适宜。不适宜性纲分为N1级，暂时不适宜；N2级，永久不适宜。③土地适宜亚级，反映限制性的种类，S1级下没有亚级。④土地适宜单元，是土地适宜亚级的再细分。中国的土地适宜性评价主要是针对农用地展开的，土地适宜类通常分为：①宜耕土地类；②宜园土地类；③宜林土地类；④不宜土地类。土地适宜等通常分为：①一等地（高度适宜等）；②二等地（一般适宜等）；③三等地（勉强适宜等）。中国2020年版的国土空间规划，将土地生态保护重要性评价分为极重要和重要两级；将农业生产适宜性评价和城镇适宜性评价分为适宜、不适宜两级。世界上不同国家之间的土地适宜性评价分类系统并不统一，多数国家均有各自的分类系统，而且均把土地的农业利用评价放在优先地位，构成了土地农业适宜性评价分类系统，其中比较有代表性的首推联合国粮农组织（FAO）的分类系统，其次是美国农业部的土地潜力评价分类系统等。

除了土地适宜性评价分类系统以外，常见的土地评价分类系统还有土地经济评价、土地生产力评价、土地可持续利用评价、土地质量评价、土地潜力评价、土地分等定级评价、建设用地评价、旅游用地评价、耕地评价、林地评价、草地评价、荒地资源评价、土地荒漠化评价、土地生态评价、土地资源安全评价、土地节约集约评价等分类系统。

（四）土地功能分类系统

土地功能是指土地具有满足人类生产、生活等方面需求的能力，或者说是指某一土地提供的服务和产品或产生的影响及效用。它是土地本身具有的资源属性，或人类社会根据生存发展过程中产生的各种需求对土地进行改造，所获得的土地在改造后的资源资产等属性。土地具有多功能性，上文指出的联合国粮农组织和环境规划署 1999 年提出土地具有十大功能，诸如储存个人、群体或社会财富；生产人类食物、纤维、燃料或其他生物物质等。刘卫东等（2010）按照土地的主体功能差异，将土地分为生产用地、生活用地和生态用地 3 个一级类，进一步将生产用地分为 6 个二级类和 25 个三级类；将生活用地划分为 5 个二级类和 21 个三级类；将生态用地划分为 4 个二级类和 13 个三级类等。

（五）土地规划分类系统

在土地利用规划编制中，根据规划编制、用途管制和实施管理需要，对土地进行的分类。例如，按照相容性原则、公益性原则、国情性原则、发展性原则、可行性原则等，建构土地规划分类系统为：①耕地，续分水田、水浇地、旱地；②园地，续分果园、茶园、橡胶园、其他园地；③林地，续分乔木林地、竹林地、灌木林地、其他林地；④草地，续分天然牧草地、人工牧草地、其他草地；⑤湿地，续分森林沼泽、灌丛沼泽、沼泽草地、其他沼泽地、沿海滩涂、内陆滩涂、红树林地；⑥农业设施建设用地，续分乡村道路用地、种植设施建设用地、畜禽养殖设施建设用地、水产养殖设施建设用地；⑦居住用地，续分城镇住宅用地、农村宅基地；⑧公共管理与公共服务用地，续分机关团体用地、科研用地、文化用地、教育用地、体育用地、医疗卫生用地、社会福利用地；⑨商业服务业用地，续分商业用地、商务金融用地、娱乐康体用地、其他商业服务业用地；⑩工矿用地，续分工业用地、采矿用地、盐田；⑪仓储用地，续分物流仓储用地、储备库用地；⑫交通运输用地，续分铁路用地、公路用地、机场用地、港口码头用地、管道运输用地、城市轨道交通用地、城镇道路用地、交通场站用地、其他交通设施用地；⑬公用设施用地，续分供水用地、排水用地、供电用地、供燃气用地、供热用地、通信用地、邮政用地、广播电视设施用地、环卫用地、消防用地、干渠、水工设施用地、其他公用设施用地；⑭绿地与开敞空间用地，续分公园用地、防护用地、广场用地；⑮特殊用地，续分军事设施用地、使领馆用地、宗教用地、文物古迹用地、监教场所用地、殡葬用地、其他特殊用地；⑯留白用地；⑰陆地水域，续分河流水面、湖泊水面、水库水面、坑塘水面、沟渠、冰川及常年积雪。

在传统城市规划中，建构用地分类系统是一项非常重要的工作，它对城市的发展、土地资源的合理利用和环境保护都有着重要的指导作用。根据用地的性质不同，通常将城市规划用地分为以下几种类型：住宅用地、商业用地、工业用地、农业用地、交通用地、公共设施用地、绿地和水域。具体划分如下：①住宅用地，用于居住建筑和相关设施的用地，包括宅基地、居民小区等；②商业用地，用于商业零售、购物中心、办公楼等商业用途的用地；③工业用地，用于工厂、厂房、仓库等工业用途的用地；④农业用地，用于农田、果园、蔬菜大棚等农业用途的用地；⑤交通用地，用于道路、铁路、机场、港口等交通设施的用地；⑥公共设施用地，用于学校、医院、政府机关等公共设施建设的用地；⑦绿地，用于公园、广场、游憩区等绿化用途的用地；⑧水域，包括湖泊、河流、水库等水域用地。根据用地的功能不同，将城市规划用地分为以下几种类型：居住用地、商业用地、工业用地、农业用地、交通用地、公共设施用地、绿地、水域、特殊用地。具体划分如下：①居住用地，用于居住的建筑和相关设施；②商业用地，用于商业活动的建筑和相关设施；③工业用地，用于工业生产的建筑和相关设施；④农业用地，用于农田、果园等农业生产的建筑和相关设施；⑤交通用地，用于交通设施的建筑和相关设施；⑥公共设施用地，用于公共服务设施的建筑和相关设施；⑦绿地，用于绿化和休闲娱乐的建筑和相关设施；⑧水域，包括湖泊、河流等水域；⑨特殊用地，如风景名胜区、城市用地保护区等。

（六）陆地表层分类系统

1875 年奥地利休士（E. Suess）、1883 年德国李希霍芬（F. von Richthofen）、1910 年苏联勃罗乌诺夫（P. I. Brounov）、20 世纪 20 年代苏联维尔纳茨基（V. I. Vernadsky）等都提出过类似的陆地表层概念。陆地表层，通常指与人类直接有关的一部分陆地地球环境，其范畴大致上是上自大气对流层顶，下至岩石圈上部，包括大气、水、岩石、生物在内的特殊圈层。1983 年中国科学家钱学森教授倡议创建“地球表层学”，这与国际学术界提出的“地球系统科学”相呼应。事实上，自 20 世纪后半叶以来，随着全球性人口、资源、环境和发展的矛盾日益突出，众多国家和学者都以陆地表层系统组成要素为基础从不同角度建立了多种分类系统，其目的是不断地改造和协调自然地理系统与生态系统，避免错误的策略和盲动导致陆地表层的退化，克服熵增，改善其功能和结构，提高自然生产力和可持续性。

1992 年，美国林务署和土壤保持局建立了生态区域—次区域—景观—用地单位四层八级国家生态单元分类系统，覆盖了全球土地单位整个生态系统（Cleland et al.，1997）。2005 年，意大利环境部开展了 1∶25 万陆地景观单元研究，建立了七级分级体系，从国家到亚区域尺度得到了全面实施，成为意大利环境监测的重要框架（Blasi et al.，2014）。2014 年，美国自然资源保护局颁布了《国家生态立地手册》，用于国家牧草地和林地立地识别和划分，由此形成了从国家到地块单元相互嵌套的七级分级体系（Salley et al.，2016；United States Department of Agriculture，Natural Resources Conservation Service，2017）。2017 年，加拿大统计局颁布了《生态土地分类标准》，建立了七级分级系统，以服务国家多尺度目标决策（Statistics Canada，2018）。2020 年，中国自然资源部根据自然资源的发生、演替、表征和利用在 DEM 的基础上构建了管理层—地表覆盖层—地表基质层三级体系，为中国自然资源管理提供了支持工具（李晓亮等，2022）。纵观国内外陆地表层分类系统，本质上就是土地分类系统，二者在分类主体、分类依据和分类过程都具有显著的一致性，只是陆地表层分类系统略微强调对自然要素的分类。它们虽然分属于不同学科，但都是在一定目的和原则下对陆地表层系统进行分类，都是试图揭示随时间推移和空间尺度变化下土地的发生发展规律、人地关系和结构功能等特征。随着人类活动对地表过程影响的范围、强度和幅度不断扩大，尤其是当地球进入了“人类世”阶段，标志着由自然要素主导的地球表层生态系统已经演替转变成由人类主导。因此，突显人类作用的土地分类系统，较之陆地表层分类系统，能更好地揭示不同时空尺度下陆地表层组成、属性、结构和功能的差异、格局、变化过程以及演替的驱动力。

第三节　土地结构和土地功能

一、土地结构

（一）土地结构的多样性

在一个区域或一个地段内，往往存在着几种不同的土地类型，它们相互之间有规律地结合在一起，而且存在着一定的物质与能量联系，这种组合关系就叫土地结构，也称土地构成。土地结构是土地在水平空间分布关系的形态，表明土地与土地之间的水平分布关系，包括质、量、生态和价值等的对比关系。质的对比关系是指哪几种土地类型，其排列组合关系如何；量的对比关系是指各种土地类型所占的绝对面积和百分比；生态的对比关系是指各种土地类型在一定空间中环境组分和生物群落所呈现的不同面积和百分比；价值的对比关系是指通过价格决定土地利用强度和土地利用类型的区位选择关系如何。传统的土地结构，主要指土地类型结构；现代的土地结构，还包括土地利用结构、土地资源结构、土地景观结构、土地演替结构等多维内涵。土地结构决定土地系统功能，影响区域产业部门结构、生产力布局结构、生态环境结构乃至社会文化结构等。土地类型和土地结构是土地的两项最基础属性，二者密切相关，并有互补性。优化土地结构，是保持土地可持续利用的重要基础。理解土地结构，还需要理解以下 3 组概念。

1）土地空间结构。它是指土地类型之间的空间邻接关系，能反映出土地类型组合关系在空间上的有序性。土地空间结构可以根据它们的空间拓扑关系，按几何形态概括出各种各样的土地类型结构模式，如树枝状结构、同心圆结构、对称阶梯结构、扇形结构等；也可以根据土地个体形态单元（图斑）的面积与周长，定量地反映出其几何形态；还可以根据各土地个体形态单元之间的彼此邻接关系，确定其邻接系数，其取值范围为

$$S_{kt}=\begin{cases}1 & \text{镶嵌关系}\\ \mathrm{Max}\left(\dfrac{L_{k+}L_t-L_n}{L_k},\ \dfrac{L_{k+}L_t-L_n}{L_t}\right) & \text{接触关系}\\ 0 & \text{不接触关系}\end{cases}\qquad(3-1)$$

式中：S_{kt} 为第 k 个和第 t 个土地个体形态单元的邻接系数；L_k、L_t、L_n 分别为第 k 个土地个体形态单元的周长、第 t 个土地个体形态单元的周长、第 t 个同第 k 个土地个体形态单元一起组成的新图斑的周长。

2）土地演替结构。它是指不同土地类型在其发展演替过程中所具有的时序承袭关系，所反映的是土地类型组合关系在时间上的有序性。土地结构演替是自然演替和人为演替过程综合作用的结果。分析土地演替结构，有助于分析土地结构的变化是否合理，也可以预测未来的土地状态，这为确定合理的土地利用方式和促进土地可持续利用提供科学依据。土地演替结构可通过建立各种土地类型演替关系的框图模式予以反映，也可以通过对各种土地类型彼此之间相互演替的条件和速度的研究，确定其演替转换概率，其表达式为

$$P_{ij} = \mathrm{Max}(f \times V_{ij},\ f \times V_{ji}) \tag{3-2}$$

式中：P_{ij} 为第 i 种土地类型与第 j 种土地类型相互演替转换的概率，变化在 0~1 之间；f 为演替关系常数；V_{ij}、V_{ji} 分别为第 i 种与第 j 种土地类型的正向、逆向演替的速度。它可以由模拟实验或调查获得，也可以由研究者针对其演替过程中各种土地类型相互演替相对速度的快慢，运用定量方法等予以赋值。

3）土地耗散结构。按照自组织理论，当系统处于远离热力学平衡的状态时，在一定外界条件下，由于系统内部非线性相互作用，可以经过突变而形成新的有序结构——耗散结构。土地耗散结构，是指土地系统作为远离平衡态的开放系统，在外界条件变化达到某一特定阈值时，量变可能引起质变，系统结构通过不断与外界交换能量与物质，就可从原来的无序状态转变为一种时间、空间或功能的有序状态。这里的外界条件变化，主要包括太阳能、科技进步、调整结构、最优利用和科学管理等因素的动态改变。由于在自组织状态下土地的演替是一个从有序到无序的熵增过程，通过适当的人为干预他组织措施，能够提供各种负熵流，有利于促进土地的可持续利用。因此，不能认为所有对土地的干扰都是不正当的，土地整治、生态修复、农田水利改造等他组织措施，有利于促进土地从无序走向有序。

（二）土地结构的定量分析

对一个区域的土地结构进行分析，通常包括土地质量结构分析、土地数量结构分析、土地生态结构分析、土地布局结构分析和土地价值结构分析。土地质量结构和价值结构，主要是土地评价的任务。本节仅对土地数量结构、生态结构和布局结构的常见定量分析方法进行阐述（刘卫东等，2010；张金屯，2004）。

1. 面积比

面积比指某一区域内各土地类型的面积占其土地总面积的百分比。其计算公式为

$$K_i = \frac{a_i}{A} \times 100\% \tag{3-3}$$

式中：K_i 为第 i 种土地类型的面积比；a_i 为第 i 种土地类型的面积；A 为区域土地总面积。

2. 频率比

频率比指某一区域内各土地类型出现的频率。其计算公式为

$$f_i = \frac{m_i}{n} \times 100\% \tag{3-4}$$

式中：f_i 为某个土地类型的出现频率；m_i 为某个土地类型在区内的图斑个数；n 为某一区域内各土地类型的图斑总数。

3. 分异度

分异度是指某一区域内某种土地类型的面积与所有的土地类型平均面积之间的偏差率。分异度越大，表明土地类型的组合关系越复杂。其计算公式为

$$D = \frac{\sum_{i=1}^{n}(P_i - \bar{P})}{n\bar{P}} \tag{3-5}$$

式中：D 为分异度；P_i 为某种土地类型的面积；$\bar{P}$ 为所有土地类型的平均面积；n 为土地类型种类的数目。

4. 多样性指数

多样性指数是指基于信息论基础之上，用来度量系统结构复杂度的一些指数。在一个区域内土地类型的多样化程度，常常用香农-维纳（Shannon-Wiener）多样性指数或者辛普森（Simpson）多样性指数来衡量。

1）香农-维纳多样性指数的计算公式为

$$H = -\sum_{i=1}^{n}(P_i)\ln(P_i) \tag{3-6}$$

2）辛普森多样性指数的计算公式为

$$H = 1 - \sum_{i=1}^{n}P_i^2 \tag{3-7}$$

式中：H 为多样性指数；P_i 为第 i 种土地类型所占面积的比例；n 为土地类型种类的数目。多样性指数的大小取决于两个方面：一是土地类型的种类，二是各种土地类型在面积分布上的均匀程度。对于给定的区域，当各种土地类型的面积相等时，土地类型的多样化程度达到最大值。H 值越大，表示土地类型的多样性越大。

土地系统的生物多样性，是衡量土地生态结构优良和功能稳定性的重要依据。由于对生物多样性理解上的差别，有不同类型的测定方法，每一类型又有诸多测定公式。从目前来看，生物多样性指数通常可分为 α 多样性指数、β 多样性指数和 γ 多样性指数 3 类。①α 多样性指数主要关注局域均匀生境下的物种数目，指某个群落或生境内部的种的多样性。②β 多样性指数是指沿环境梯度不同生境群落之间物种组成的相异性或物种沿环境梯度的更替速率，也被称为生境间的多样性（between-habitatdiversity）。影响 β 多样性指数的主要生态因子有土壤、地貌及干扰等。不同群落或某环境梯度上不同点之间的共有种越少，β 多样性指数越大。它可以指示生境被物种隔离的程度，可以用来比较不同地段的生境多样性，β 多样性指数与 α 多样性指数一起构成了总体多样性或特定地段的生物异质性。③γ 多样性指数是指一个地理区域内（例如一个岛屿）一系列生境中种的多样性，是用这些生境的 α 多样性指数和生境之间的 β 多样性指数的研究范围结合起来表示的，影响

γ 多样性指数的生态过程主要为水热动态、气候和物种形成及演化的历史。α 多样性指数和 β 多样性指数可以用纯量来表示，而 γ 多样性指数不仅有大小，同时还有方向变化，因此是一个矢量。它们三者的关系可以表示为

$$\beta = \frac{\gamma}{\alpha} \tag{3-8}$$

β 多样性指数可以用式（3-9）计算：

$$\beta = \frac{\ln R_0 - \ln R_n}{\ln 2} \tag{3-9}$$

式中：R_0 为两个最大相似群落的相似系数；R_n 为环境梯度上最不相似的两个群落的相似系数。有两个简单的指数可以计算 β 多样性指数：

1）Whittaker β 多样性指数：

$$\beta = \frac{S}{A} - 1 \tag{3-10}$$

式中：S 为研究系统中所记录到的总物种数；A 为环境梯度上（样方）所发现物种的平均数。

2）Wilson β 多样性指数：

$$\beta = \frac{G + L}{2A} \tag{3-11}$$

式中：G 为沿环境梯度增加的物种数；L 为沿环境梯度减少的物种数；A 含义同前。

5. 优势度

优势度用于表示一个区域内一种或几种土地类型占支配地位的情况。它与多样性指数呈反比。对于土地类型数目相同的区域，多样性指数越大，其优势度越小。其计算公式为

$$d = H_{\max} + \sum_{i=1}^{n} (P_i) \ln(P_i) \tag{3-12}$$

式中：d 为土地类型的优势度；$H_{\max} = \ln$（n）为最大多样性指数；P_i 为某种土地类型出现的概率；n 为土地类型种类的数目。

6. 聚集度指数

聚集度指数（congestion index）反映一个区域内不同土地类型的非随机性或聚集程度。土地类型聚集度指数的一般数学表达式为

$$C = C_{\max} + \sum_{i=1}^{n} \sum_{j=1}^{n} P_{ij} \ln(P_{ij}) \tag{3-13}$$

式中：$C_{\max}$ 为土地类型聚集度指数的最大值［$C_{\max} = 2\ln$（n）］；n 为区域内土地类型种类的数目；P_{ij} 为第 i 种土地类型图斑与第 j 种土地类型图斑相邻的概率。在进行不同区域土地类型结构比较时，相对聚集度 C_{r} 更为合理，其计算公式如下：

$$C_{\mathrm{r}} = \frac{C}{C_{\max}} = 1 + \frac{\sum_{i=1}^{n} \sum_{j=1}^{n} P_{ij} \ln(P_{ij})}{2\ln(n)} \tag{3-14}$$

式中各项定义同前。

如果一个区域由许多离散的小块土地类型图斑组成，其聚集度的值较小，当景观中以少数大块土地类型图斑为主或同一土地类型图斑高度连接时，其聚集度的值则较大。与多样性指数不同，土地类型聚集度指数明确考虑不同土地类型之间的相邻关系，因此能够反映区域内土地类型的空间配置特征。

7. 图斑形态测定

分析土地类型结构，也需要重视组成每种土地类型的图斑形态。它们有大小之分，形状也不一致，与土地类型的结构有一定关系。一般来说，平坦地区的土地类型图斑面积较大，形状也较规则；山地、丘陵区的土地类型图斑面积较小，形状也较复杂。土地类型的图斑形态测定的常用指标包括：

1）平均面积。其计算公式为

$$\bar{S} = \frac{\sum_{i=1}^{n} S_i}{n} \tag{3-15}$$

式中：$\bar{S}$ 为某一种土地类型的平均面积；S_i 为组成该土地类型的个体图斑面积；n 为组成该土地类型的个体图斑数。

2）形状指数。表示土地类型的图斑与真圆形的比较。其计算公式为

$$I = \frac{l}{L} \tag{3-16}$$

式中：I 为某种土地类型的某个图斑的形状指数；l 为某种土地类型的某个图斑的周长；L 为与该土地类型图斑等面积的圆的周长。当 I 小于 1.3 时，形状极简单；当 I 为 1.3~1.7 时，形状简单；当 I 为 1.7~2.3 时，形状较简单；当 I 为 2.3~3.7 时，形状较复杂；当 I 为 3.7~5.5 时，形状复杂；当 I 大于 5.5 时，形状极复杂。

3）分割度。可用于表示土地类型图斑的形状；分割度越大，图斑的形状越不规则。其计算公式为

$$K_p = \frac{l_b}{3.54\sqrt{A}} \tag{3-17}$$

式中：K_p 为分割度；l_b 为土地类型图斑的边长；A 为土地类型图斑的面积；3.54 为该图斑的面积与圆周长换算的系数。

8. 破碎化指数

土地生境破碎化是表征土地结构的一个重要属性，表现为土地斑块数量增加而面积减少、形状趋于不规则、彼此被隔离、廊道被切断，直接影响土地的生态功能和利用效率。通常可以用土地生境破碎化指数描述土地生境类型在给定时间里在给定性质上的破碎化程度。所有土地生境破碎化指数的取值为 0~1，0 代表无生境破碎化存在，1 则代表给定性质已完全破碎化。其计算公式为

$$F = (N_p - 1) / N_c \tag{3-18}$$

式中：F 为生境破碎化指数；N_p 为各类土地斑块的总和；N_c 为土地生境数据矩阵的方格网中格子的总数。F 描述土地生境中各类斑块总数与 1 的差除以生境数据矩阵的方格网中

格子总数。生境中的斑块数量越多，F 值就越大，它反映了生境中斑块数量程度。F 取值范围为：$0<F<1$。

二、土地功能

（一）土地功能的概念辨析

土地是由地形、土壤、植被、水、大气等要素综合生成的，涉及地理、土壤、生态系统、景观、利用等各个领域。一系列在内涵方面有差异的术语，如土壤功能、景观功能、生态系统功能、生态系统服务、土地利用功能等，经常与土地功能混用，有必要对其进行辨析。上文已经指出，土地功能是指土地能够提供产品和服务，以及能够产生影响和效用的能力，与相关的概念辨析如下：

1）土壤功能。土壤是土地最基本的载体，就乡村地域范围而言，土壤与土地两者的功能具有某种程度的相似性。但就总体性而言，土地功能的内涵和外延都远大于土壤功能，尤其是在大尺度、人口和生产生活高度聚集的城市空间范围内，土壤完全不具备土地的功能。例如，对于区域尺度的发展，人地空间的区域关联、强度、范围、相互关系以及土地在区域尺度上的彼此连接与分离方式，都会直接影响区域的发展。也就是说，土地具有促进区域发展的功能，而土壤则不具备这种功能。此外，土地的财富增值功能、商品交换功能、保障稳定功能等，土壤功能也是不具备的。

2）景观功能。它主要指景观内部组成部分的生态过程所产生的功能，包括生物产出、经济发展、生态平衡和文化美学等功能。由于景观是土地表面的可视部分，所以除土地的地下部分外，景观与土地的功能具有某些相似性（赵羿等，2005；Vink，1975）。但是，土地是生产要素、消费商品、生产生活基地、游憩活动场地、资产、财富，而所有这些土地功能，景观都是不具有的。

3）生态系统功能。生态系统功能是生态系统所体现的各种功效或作用。主要表现在生物生产、能量流动、物质循环和信息传递四大功能，它们是通过生态系统的核心——生物群落来实现的。土地本身是一个生态系统，是土地上无生命体与统一地域范围内的生命体之间，通过物质循环和能量流动相互作用所形成的有机综合体。因此，土地功能与生态系统功能有诸多交叉和重叠，如将太阳能转换为有机体的功能、净化功能、承载功能、养育功能、物质交换功能等，二者是基本一致的。然而，生态系统功能主要是侧重在“生态”方面的功能，通常不具备土地的经济和社会等方面的功能，如土地的储蓄和增值功能、历史记载功能、保障稳定功能、商品交换功能、人口迁移功能等，生态系统功能是不具备的。

4）生态系统服务。它是指人类从生态系统获得的所有惠益和福祉，包括供给服务（如提供食物和水）、调节服务（如控制洪水和疾病）、文化服务（如精神、娱乐和文化收益）以及支持服务（如维持地球生命生存环境的养分循环）等。生态系统服务与生态系统功能并无本质的区别，只是看问题的视角不同。供给服务、文化服务等，也可以理解为供给功能和文化功能等。土地功能比生态系统服务有更多的内涵，涉及经济功能、社会功能和发展功能等。

5）土地利用功能。从广义上说，地球上所有土地都具有开发利用的资源价值，即使原始森林或“未利用地”也可以视为人类利用土地的一种安排，同样在为人类生存与发展提供生态调节、文化景观等功能，也属于间接利用的范畴。从这一角度看，土地利用功能与土地功能并无本质的区分。但是从严格意义上说，土地功能的内涵可以分为两大类：一类是土地自身具备的功能，不管土地是不是被利用，例如生物基因库和种子基因库的功能、环境净化功能、景观美学功能等，都是客观存在的。另一类是人类直接或间接利用土地所产生的功能，例如场地的支撑功能、农业的生产功能、城市的生活功能等。不同的土地利用方式，它所提供的产品和服务是不同的，也会体现出土地在满足人类某种社会经济利用要求的能力会有不同。简言之，后一类因土地利用所产生的功能，才是严格意义上的土地利用功能。因此，在一般意义上说，土地功能与土地利用功能两个概念可以不做严格区分；当从更科学和更严谨的角度看，土地利用功能只是土地功能的组成部分，二者不能完全等同。

（二）土地功能的内涵演进

土地功能的思想由来已久。中国古书《易经》就赞美土地的功能云：“至哉坤元，万物资生，乃顺承天。坤厚载物，德合无疆。含弘光大，品物咸亨。”也就是说，土地具有滋养万物（生物）生存、生活和繁育的功能。1864 年，Marsh 记述了地中海地区人类活动对土地生态系统服务功能的破坏（Marsh，1864）。1941 年，美国土地伦理学家 Leopold 在其著作《沙乡年鉴》一书中就认为：土地具有健康功能、环境功能和美学功能（Leopold，1941）。20 世纪后半叶以来，随着土地与粮食、土地与环境、土地与发展等问题的日益突出，土地的多功能性不断彰显。20 世纪 70 年代，东欧一些国家的景观生态科学家把土地功能划分为生产功能、人类生态功能、伦理和美学功能等几大方面（Haase et al.，1983）。1994 年亚太经社会（ESCAP）认为土地具有生物环境、气候调节、水文等多种功能（Os et al.，1995）。1999 年，联合国粮农组织（FAO）和联合国环境规划署（UNEP）比较系统地提出了土地具有十大功能：①储存个人、群体或社会财富；②生产人类食物、纤维、燃料或其他生物物质；③植物、动物和微生物的栖息场所；④全球能量平衡和水循环的决定者之一，提供资源和沉淀温室气体；⑤规定地表水和地下水的储存和流动；⑥人类使用的矿物和原料的储存场所；⑦化学污染物的缓冲器、过滤器或调节器；⑧提供聚集、工业和娱乐空间；⑨保存历史或史前记录（化石、过去的气候证据、人类遗迹等）；⑩提供或制约动物、植物和人类的迁徙（FAO et al.，1999）。2001 年，经济合作与发展组织（OECD）在《多功能性：一个分析框架》中建立了比较完整的农业土地多功能性概念的分析框架（OECD，2001）。2001 年 6 月 5 日世界环境日之际，由世界卫生组织、联合国环境规划署和世界银行等机构组织开展了千年生态系统评估（Millennium Ecosystem Assessment）。该国际合作项目耗资 2100 万美元，大约有 1500 名科学家、专家和非政府组织的代表参加，是首次对全球生态系统进行的多层次综合评估。该评估框架将生态系统服务分为支持服务、供给服务、调节服务和文化服务，并与人类福祉的组成要素安全、物质需求、健康、社会关系以及自由等联系起来，评估生态系统变化对人类福祉的影响，开启了深入研究土地多功能的新纪元（MEA，2003）。然而，至今为止学者们对土地功能内涵的理解并未达成共识。归纳起来，土地具有以下基本功能。

1）生产性功能。土地具有生产力，通过光合作用每年会合成 5000 亿吨左右的有机物，既满足植物本身生长发育的需要，又为人类提供了 98%的食物。整个人类社会，就是依靠土地的生产性功能而不断繁育和演化的。没有土地的生产性功能，人类社会将无法存在。耕地、园林、林地、草地、养殖地等都是人类利用和发挥土地生产性功能的结果。

2）生活性功能。几乎人类社会中的全部活动，包括生育、养育、学习、生产、消费、科技、娱乐、体育、医疗、康养等各方面，都必须以土地为场所和媒介。土地为各种建筑物和构筑物提供基地，是人类社会生活的基本空间。交通出行、居住就业、休闲聚会、宗教殡葬等，都必须以土地为支撑。

3）商品性功能。土地具有使用价值和交换价值，可以进入商品流通。同其他商品的交换一样，土地买卖是经常进行的经济社会活动。通过市场交易，不同主体可以进行土地产权流转，进行货币交换。区位、环境、社会、经济、政策、基础设施、公共设施、心理、国际政治等因素都会强烈影响土地的交易价格和数量，从而使土地呈现不同的商品性功能。

4）原料性功能。在矿区、砖场、盐田，土地主要是提供生产原料，是作为原料地而发挥作用的，为生产生活提供基本的物质资料。这类土地具有极强的专业性和特殊性，因为原料性资源的开采和利用往往需要特定的土地，如露天开采的矿山用地、矿井用地，具有位置特定性、用途专用性、不可逆性、高风险性等特点。

5）增值性功能。土地在生产实践中是作为一种生产要素考虑的，在《辞海》中概括地解释为“资财的来源”。土地具有资产的特征，是一切财富的源泉。随着对土地需求的不断扩大，土地价值总体上呈上升趋势。因此，土地具有储存个人、群体或社会财富的功能，而且能获得储蓄和增值的功效。

6）承载性功能。土地的承载功能，为地球上的万物提供了安身之所。城乡居民点、工矿、交通运输及水利等各项建设项目，都必须依附于土地的承载作用。工程师们描述的土地，是由各自独立的固体颗粒组成的，在各颗粒之间的孔隙中又有液体和气体存在的混合物质。他们关心的是土地的抗压强度及稳定性，土地的数量、质量、位置，都与是否能直接发挥好场地的承载作用有着直接关系。

7）生态性功能。地球生态系统的生产、呼吸和分解过程，以及该系统的食物链（网）、营养级和生态金字塔形成过程能量循环都是通过土地界面进行的，土地是生态系统重要的能量调节者和积累者，是陆地生态系统中巨大的物质贮存“库”。土地的生态性功能主要包含以下两个层面：①地球生态系统的物质与能量循环功能。对于生命物质的生物地球化学循环而言，土地是不可或缺的载体和媒介。②环境净化和修复功能。进入土地的污染物质在土体中，通过其缓冲、扩散、分解、过滤与调节等作用，减少有害物质对人类和动植物生长的不利影响，能够在一定限度内维持生态平衡。

8）景观性功能。土地的结构、纹理和形态不同，形成了各种丰富多彩的景观。秀丽的群山，奔腾的江河，飞泻的瀑布，无垠的沃野，悬崖幽谷，奇峰怪石，清泉溶洞，千姿百态。田园中流淌着清澈的小溪，各种小动物在土地上自由生息，有着生机盎然的自然格局。丰饶的土地自然景观，为人类提供了丰富的风景资源和美学感知及意象意境。

9）象征性功能。土地有历史、时间、文化，是一种体验文化的媒介。在传统中国民众的心目中，天地具有至高无上和神圣的性质。“社祭”是中国自古以来土地崇拜的表达方式，历代帝王仍按照春祈秋报的时间固定对于社的祭祀。土地空间具有象征功能，美国波士顿贝肯山地区的土地，中国杭州西湖周边的土地，都被赋予了一种价值象征属性——

传统、威望、地位，使之一直能够吸引众多上流社会的人来此居住。

10）遗产性功能。土地是一个自然历史综合体。它不仅记录了地球环境变化的众多自然历史信息，也埋藏了人类活动的大量历史文化遗迹，如化石、过去的气候证据和人类遗迹等。黑土地上的先民遗迹、洛川黄土的地质遗迹、河姆渡的水稻遗迹、江南良渚的丝绸遗迹等，都充分表现了土地具有很好的历史遗产功能。与世界古代四大文明——古埃及、古希腊、古印度和古中国可以并驾齐驱的玛雅文明，在大约 8 世纪中后期突然消失了，现当代人类只能从土地的研究中恢复其历史的真面目。

11）政治性功能。土地如何配置，关系到如何维护人与自然的权力和公平正义的选择，本质上内生着政治的规定性。从历史上看，历代兴亡，多与土地利用管理是否得当有关。因此，历代贤相莫不以解决土地问题为治国第一要务。政治进步的基本条件，便是先要把土地利用管理妥善。所谓地缘政治，本质上是土地政治。约旦河两岸和加沙地带的土地归属是自 1948 年以来巴以纷争的重要焦点之一，2023 年 10 月又发生新一轮的大规模冲突。不仅如此，土地能给农民提供最基本的生活保障和稳定就业，从而凸显土地的社会稳定功能。2007 年 6 月 11 日—15 日，第五届巴西无地农民运动大会在巴西首都巴西利亚召开，这是拉丁美洲最大的社会运动，充分说明了土地的保障稳定功能。维护土地的这种保障功能，是土地政治内在规定性的具体要求。

12）发展性功能。从地域系统角度看，区域实质上是以人地关系为核心的复合系统。在不同的区域系统中，土地资源禀赋、土地生产力、土地适宜性和土地区位等土地特质和功能都有别于外部邻区。不同区域土地再生产和社会再生产的功能逻辑有很大差异，人类活动空间的区域关联、强度、范围、相互关系以及区域在空间上彼此连接与分离的方式也有很大不同，对非均衡发展过程产生的资本主义的全球动力做出的地方反应也有较大差异。不同的土地结构、规模和类型直接影响人口的承载类型和承载量，以及不同类型人口的发展机会，而且会影响抵抗自然灾害能力的差异，导致人口迁移和集聚。因此，土地具有促进或限制区域发展的功能。

三、土地结构与土地功能的关系

结构与功能是一对相生性存在，任何具有一定结构的系统都有其相应的功能。在通常情况下，结构是功能的基础，在一定程度上决定着功能的性质和强度，结构的变化在某种条件下会产生新的功能；功能是结构的显性表现，反过来也会对结构产生影响。土地的形成是气候、土壤、水文、地质、地貌、植被和人类活动等要素综合作用的结果。在不同的时空范围内，这些不同要素的组成关系有着较大差异，这种组成差异或者说土地类型差异的对比关系就是土地结构。如有的地段地下水和地表水极度贫乏，几乎没有植被发育，成分结构简单脆弱；有的地段人为作用特别强烈，居民点、交通道路、水利设施等人为成分特别发育。这两种不同的地段具有很不相同的土地结构，也使得它们具有显著不同的功能特征。也就是说，土地结构在某种程度上决定着土地功能的性质和高低，不同的土地结构会形成不同的土地功能。另外，土地功能的改变，也会对土地结构产生明显的影响。在耕地上进行城市建设，在草地上进行耕地开发，在林地上进行旅游休闲利用等，都会改变土地的物理化学结构、水分交换和水文循环过程，以及生态要素的组成结构。现代物理学、化学、分子生物学、生态学、脑科学、思维科学以及社会科学等领域，都是通过研究各自对象的结构和功能及其变化过程，从而使学科逐步建立和发展起自己特有的理论和方法的。土地学急需要建立起相对完整的结构与功能理论，并围绕土地结构与功能进行土地分类、土地评价、土地规划设计等研究，才能使学科不断走向成熟。

第四节　土地分区和空间分布

一、土地分区及类型

（一）何谓土地分区

地球陆地表面的土地类型多种多样，不同的土地类型对生产的适宜性和限制性都各不相同。土地除需要按照不同土地类型的适宜性和限制性进行开发利用外，还必须重视发挥规模效益，适当集中布局生产力，以发挥社会化生产条件下的地域分工优势和潜力。因此，有必要在碎片化和小面积土地类型划分的基础上，开展土地分区，以便更好地揭示土地类型的区域分异规律，查明不同经济技术条件下的土地利用功能，评价不同区域土地开发利用的有利和不利条件，为区域的土地开发利用和管理提供依据。所谓土地分区，就是按照一定的标准或依据，对土地的综合体进行区域划分，以揭示土地结构和功能的相似性及差异性。土地分区主要有两条路径：一是自上而下的分区，它依据发生学理论，按照区域的相对一致性和区域共轭性，划分出最高级单位，然后逐级向下划分低级单位；二是自下而上的组合分区，它是在土地类型研究的基础上，对土地综合体按照土地结构和功能的相对一致性和地域共轭性进行逐级向上归并。

土地分区与土地分类存在着密切的相互联系。土地分类是对土地综合体的属性进行分析，关键在于提取综合体的共同属性；土地分区是将土地从空间上分开，主要去寻找最优分区界线。它们都是对土地综合体进行剖分的过程，都存在层次清晰的等级系统，也就是都采用续分制。在相应的层级上，分区和分类彼此联系。例如，在土地用途管制分区中划定的一般农业区，耕地、园地、林地等土地利用类型通常是划定一般农业区的重要依据。每个分区单位都是由一些相关的类型单位组合而成的一个区域整体，而每一种类型单位也常常集中地分布于一定的空间区域。无论分类或分区，相互之间都应该没有交叉或重叠，前后和上下都应该有一致性，而且划分不能越级。分类和分区也存在一定的差别。分类是事先定义好类别，类别数不变。分类单位是对土地要素属性的抽象与概括，统一分类单位属性类似，不同类型则异。一般说来分类单位等级越高，共同属性就越少，类型间差异就越显著。但分区前并不知道根据哪些土地区分规则来定义群组，其目的旨在发现土地属性间的函数关系。分区单位等级越高，区内结构越复杂。例如，农用地类型可续分为耕地、园地、林地、牧草地、其他农用地，其中耕地又可以续分为水田、旱地、水浇地等。而在土地用途管制分区中，耕地可以分属永久基本农田保护区、一般农业区及特定农业区；园地可以分属一般农业区及特定农业区，但不能划为永久基本农田保护区。可见，分类是分区的基础。

（二）土地分区类型

土地分区的对象是一个一个封闭的区域，这些区域是土地开发利用管理的基本单位。由于土地综合体存在着尺度依赖性，不同的尺度应对应不同的空间分区，同时不同土地开发利用管理的目的不同。因此，土地分区有不同类型。

1）土地地域分区。土地地域分区，也称土地自然地域分区或土地自然综合分区，与地理区划含义基本相同。它是把一个国家的全部土地，主要按照光、热、水、土、气、生等要素相互作用形成的地域综合体划分为若干个区域内特征相似、区域间差异显著的土地共轭区域，为土地规划、土地用途管制、自然资源利用、生态环境保护及经济和行政管理提供科学依据。例如，将全国土地分为12个一级区：东北区、内蒙古高原及长城沿线区、黄淮海平原区、长江中下游区、江南丘陵区、四川盆地区、黄土高原区、西北区、云贵高原区、华南区、横断山区、青藏高原区。在国家级、省级、流域、跨行政区等较高层次和大尺度的土地规划及其用途管制中，地域分区是最常用的区域划分类型。

2）土地利用分区。它又称土地利用区划，它是在土地资源评价和土地利用现状分析研究的基础上，依据地域分异规律和土地利用条件、土地利用现状、土地开发利用方向与途径的相似性和差异性，对土地进行分区划片。其目的是为土地利用的合理布局及生产的专门化和地域化提供依据。在分区的实践中，通常会适当考虑土地管理权限和行政区划的完整性。分区的等级根据地域范围不同通常可分为3级：第一级区域主要依据热水条件和土地利用方向的大致相似性划分为若干个区；第二级区域主要依据土地利用方向的一致性划分，命名要明确土地利用的具体方向；第三级区域依据更具体的土地利用方向划分。20世纪60年代初，全国完成了《全国土地利用现状区划》，把全国划分为：4个一级区，反映全国土地利用最主要的地域差异；12个二级区，反映农林牧等部门不同的地域组合和生产水平的差别；54个三级区和128个四级区，反映作物组合或牲畜组合、种植方式或放牧方式，以及存在的关键问题等方面的差异性。21世纪全球地表宏观格局、资源环境格局与社会经济发展格局发生了巨大的变化，经典的土地利用区划理论及方法已经不能很好地适应新的发展形势需求。未来土地利用区划研究将会出现以下新趋势：①在区划的技术手段与方法上进行创新，将系统科学、集成技术和AI技术等应用于区划研究过程。②强化不同空间尺度上自然要素与人文社会要素的相互作用机制研究，在此基础上构建更为严密完整的土地利用综合区划系统，完善、深化对人地系统及其地域分异规律的认识，呈现出更加现代化、层次化和综合化的特征。

3）土地功能分区。它是指基于不同区域的土地开发利用功能特征和差异，划分出不同土地单元的过程。土地功能作为满足需求的属性，带有客观物质性和主观精神性两方面，称为功能的二重性。它由自然生态系统提供的本底功能与人类社会经济活动的需求功能相互组合而形成（Wang et al.，2017）。各种功能区以不同方式组合在一起，共同构成了土地地域功能格局。其任务就是揭示本地区已有的功能空间格局，评价土地针对不同功能的适宜性，根据地域功能演变规律和用途管制目标划分不同的功能区并制定相应的管制政策，实现区域的可持续发展（陶岸君等，2016；York et al.，2010）。需要指出的是，所谓土地功能区是指区域内具有一个统一的功能，但土地的质量、密度、强度、开发利用方式等各种属性都可以不同（Liu et al.，2018）。这种功能分区，不同于单元内部质量、密度等各种属性都基本相似的均质区，也不同于密度从中心到边缘存在规律性变化的结节区，如基本农田集中区、一般农业发展区、城镇村发展区、独立工矿区、风景旅游区、生态安全控制区、自然与文化遗产保护区、林业发展区等是一种功能分区。各种功能区还可以进一步细分，例如按照生态系统提供的服务不同可以将生态功能区进一步细分为基本生态功能区、自然生产功能区、环境调节功能区和生态附加功能区等。

4）土地用途分区。追究其源，土地用途分区来自英文中的“zoning”。其基本理念是把土地分成不同的用途区，在不同用途区内规定不同的管制规则，在同一区内实施完全相同的管制规则。它主要是根据土地用途管制的需要，突出耕地保护、生态管控、建设控制、文化保全和自然资源节约高效利用，遵循可操作性原则，按照城市地区、乡村地区土地用途管制的差异，所划分的土地用途类型区的最小单元。例如，在城市地区划分为住宅区、商业区、工业区、行政区、文教区、风景区、保护区等；在乡村地区划分为永久基本农田保护区、一般农业区、特定农业区、工业区、村庄建设区、森林区、风景区、国家公园区、山坡地保育区、防洪区等。土地用途分区与土地功能分区有许多交叉和重叠，某种土地用途经常反映的是土地具有某种功能。但前者更侧重管制的需要，如专门划分出保护区等；而后者更侧重土地自然属性和社会文化需要，行政规制成分较弱。

5）土地管理分区。它主要依据不同行政区土地特征、存在的主要问题及其成因的相似性和差异性，将相似性大的行政区划分到同一分区，设定相同的土地利用管理目标，采取相同的土地管理政策和措施，并加大不同行政区间的土地开发保护管理合作，促进不同行政区土地开发保护的整体优化；将相似性小、差异性大的行政区划分到不同的管理分区，并根据各自土地特征、存在的主要问题及其成因，设定适宜的目标和针对性的土地管理政策，实现差别化管理。其主要目的是加强区域土地开发保护目标、管理和政策设计的分区引导。土地管理分区是土地分区体系的重要类型之一，能够促进各类基于土地要素的功能区划与以行政区为基本单元的土地管理模式之间有效衔接，使针对土地功能区的管理政策能够更好地落实到各级行政区，还可以促进隶属于不同土地管理分区的同一类功能区的差别化管理，提高各类功能区管理的针对性。例如，结合行政区划，划分经济振兴扶持地区、城镇发展提升地区、产业集聚地区、山海合作发展地区等，制定不同的空间管制引导规则或正面清单和负面清单，有利于形成土地资源资产的优化整合与最大化利用，促进区域土地的可持续利用。

二、土地的空间分布

（一）全球土地空间分布

地球陆地面积约为 1.39 亿平方千米，约占地球表面积的 29.2%。土地的形成分布，由于受到气候、生物群落等自然条件的限制，在分布上具有很强的差异性，即在不同的区域会分布不同的土地类型。裸地在非洲有 103491 万公顷，而在欧洲只有 1716 万公顷；耕地在北美洲有 18649 万公顷，而在大洋洲只有 5437 万公顷；稀树灌丛在美洲有 41660 万公顷，而在欧洲只有 2175 万公顷（梁书民，2007）。按照生物群落的差异，全球土地可以划分为 10 种类型：北极冻土、北部针叶林地、温带林地、热带雨林地、热带海洋雨林地、温带草原地、热带萨旺纳（草原和灌木）地、沙漠、地中海植被（浓密常绿阔叶灌丛）地和山地。根据生物地理环境全球土地可以划分为 14 种类型：冻土群区、温带针叶林、温带阔叶林、常绿硬叶林、亚热带温带雨林、热带湿润林、热带干旱林、温带草原、热带草原、温暖沙漠与半沙漠、冬季寒冷沙漠、岛屿生态系统、湖泊生态系统和山地生态系统。联合国粮农组织（FAO）等国际机构把全世界的热带亚热带划分为 5 个土地生态带类型和 13 个大农业土地生态区类型。其中 5 个土地生态带类型是：①湿润热带亚热带生态带，包括热带雨林、亚热带常绿林等；②热带稀树草原生态带，主要指非洲和拉丁美洲的热带；③半干旱热带亚热带生态带，指湿润带与干旱带之间的过渡带；④湿地生态带，它处在其他带中的低洼地段或河流河谷和冲积平原上，是最重要的农区，全世界稻农有 90%住在亚洲湿地生态带；⑤坡地生态带（丘陵山区）。

从大的空间格局来看，全球土地的空间分布主要受气候、水文、地形共同影响，也就是遵循前文所论述的地域分异规律。地球上的土地生态系统是形形色色的，它们的分化和分布受多种因素控制，表现为水平分布和垂直分布的空间格局。Whittaker（1975）指出：年平均温度和降水量的交叉作用形成了陆地生物群落的不同类型和分布规律，土地生态系统的类型也随之而变化，从赤道到极地依次出现：热带雨林生态系统、常绿阔叶林生态系统、落叶阔叶林生态系统、针叶林生态系统和苔原生态系统，即所谓的纬度地带性。在欧亚大陆和北美大陆，水分变化引起生态系统的经向分异，由沿海的森林生态系统经草原生态系统到荒漠生态系统，即经向地带性。土地生态系统还表现出因海拔高度不同的垂直分布现象。随着海拔的升高，环境梯度发生有规律的变化，形成山地垂直带谱。不同自然地带的山地，其垂直带不同。因此，全球土地类型的空间分布可按照生物-气候带的空间分布格局并参照社会经济发展水平等进行划分，以此可为合理的土地资源开发利用保护提供科学依据。例如，热带雨林地主要分布在赤道及其两侧的湿润区域，常分为 3 个区域：南美洲的亚马逊盆地，非洲热带雨林区和印度-马来亚热带雨林区，往北可延伸至中国西双版纳和海南岛。热带雨林地是目前地球上面积最大，对人类生存环境影响最大的森林生态系统。据估算，热带雨林的土地面积近 1400 万平方千米，约占世界土地面积的 10.1%。热带雨林净初级生产力的平均值为 29.8 吨/(公顷·年)，太阳能固定量为 3430 万焦/(米^2·年)，光能利用率约 1.5%，为农田平均光能利用率的 2 倍，是土地生态系统中生产力最高的类型。荒漠土地主要分布在亚热带干旱区，往北延伸至温带干旱区。荒漠生态系统是地球上最耐旱的，以超旱生的灌木、半灌木或小半灌木占优势的地上部分不能郁闭的一种土地类型。这里的生态条件极为严酷，年降水量少于 200 毫米，有些地区年降水量不到 50 毫米，甚至终年无雨。荒漠有石质、砾质和沙质之分，石质和砾质的荒漠常称为戈壁或戈壁沙漠，沙质的荒漠称为沙漠。荒漠土地的初级生产力非常低，低于 0.5 克/(米^2·年)。其生物种类极度贫乏，种群密度稀少，脆弱而不稳定。不合理的开发利用，很容易引起整个土地生态系统的破坏，土地荒漠化已成为全球性最突出的土地生态问题（李博，2000）。世界各气候带土地资源空间分布见表 3-1 所示，世界主要国家耕地和林地分布见表 3-2、表 3-3 所示。

表 3-1　世界各气候带土地资源空间分布表

<table>
<tr><th colspan="2">气候带</th><th>土壤类型</th><th>总面积
100 万公顷</th><th>占世界土地面积/%</th><th>可耕地面积
100 万公顷</th><th>可耕地占该类型土壤面积/%</th></tr>
<tr><td colspan="2">高纬度极地气候</td><td>冰沼土</td><td>459</td><td>3.3</td><td>—</td><td>—</td></tr>
<tr><td colspan="2" rowspan="2">中纬度冷温气候</td><td>灰壤</td><td>1295</td><td>9.3</td><td>130</td><td>10.0</td></tr>
<tr><td>棕壤</td><td>605</td><td>4.4</td><td>393</td><td>65.0</td></tr>
<tr><td rowspan="6">中纬度温暖气候</td><td>地中海式气候地区</td><td>褐土和地中海型红壤</td><td>112</td><td>0.8</td><td>15</td><td>13.4</td></tr>
<tr><td>东海岸区</td><td>红壤和黄壤（包括灰化红壤和黄壤）</td><td>2170</td><td>15.6</td><td>1200</td><td>55.3</td></tr>
<tr><td rowspan="3">内陆区</td><td>湿草原土和淋溶黑钙土</td><td>465</td><td>3.3</td><td>400</td><td>86.0</td></tr>
<tr><td>黑钙土和红色黑钙土</td><td>380</td><td>2.7</td><td>282</td><td>74.2</td></tr>
<tr><td>栗钙土、棕钙土和红棕壤</td><td>1204</td><td>8.7</td><td>400</td><td>33.2</td></tr>
<tr><td>半荒漠、荒漠区 *</td><td>灰钙土、荒漠土和红色荒漠土</td><td>2800</td><td>20.2</td><td>14</td><td>0.5</td></tr>
<tr><td rowspan="2">低纬度热带气候</td><td rowspan="2">湿润区干湿季交替区</td><td>砖红壤和热带灰壤</td><td>1040</td><td>7.5</td><td>83</td><td>8.0</td></tr>
<tr><td>热带黑土和黑黏土</td><td>300</td><td>2.2</td><td>150</td><td>50.0</td></tr>
<tr><td colspan="3">冲积土</td><td>590</td><td>4.2</td><td>（320）* *</td><td>54.2</td></tr>
<tr><td colspan="3">土地土壤</td><td>2465</td><td>17.8</td><td>（15）* *</td><td>0.6</td></tr>
<tr><td colspan="3">共计</td><td>13885</td><td>100.0</td><td>3067</td><td>—</td></tr>
</table>

注：* 包括热带荒漠土在内；* * 冲积土、土地土壤的可耕地面积分散计入其他土壤类型内，可耕地总面积不予统计。

资料来源：刘卫东．土地资源学［M］．上海：复旦大学出版社，2010.

表 3-2　2018 年世界主要国家耕地情况表

国家	耕地面积/万公顷	耕地面积占国土面积比例/%	人均耕地面积单位（亩·人$^{-1}$）
世界	139875 *	10.8	2.76
中国	12752 **	13.3	1.35 **
澳大利亚	3097	4.0	18.60
巴西	5576	6.7	3.99
加拿大	3869	4.3	15.66

续表

国家	耕地面积/万公顷	耕地面积占国土面积比例/%	人均耕地面积单位（亩·人$^{-1}$）
德国	1173	33.6	2.12
法国	1813	33.1	4.05
英国	604	25.0	1.36
印度	15642	52.6	1.73
日本	414	11.4	0.49
韩国	137	14.1	0.40
俄罗斯	12165	7.4	12.63
美国	15774	17.2	7.24
南非	1200	9.9	3.11
印度尼西亚	2630	14.0	1.47
尼日利亚	3400	37.3	2.60
乌克兰	3289	56.8	11.06
墨西哥	2391	12.3	2.84
荷兰	102	30.3	0.89

注：*标注数据为人均耕地面积和人口总数的乘积；**标注数据为2021年变更调查数据及以2021年人口数量为依据计算的数据。

资料来源：国土资源部信息中心．中国国土利用分析报告2022［R］．北京：国土资源部信息中心，2023.

表3-3　2020年世界主要国家森林土地分布情况表

国家	森林面积/万千米^2	森林覆盖率/%
世界	3995.82	30.7
中国	219.97	23.3
澳大利亚	134.00	17.4
巴西	496.62	59.4
加拿大	346.93	38.7
德国	11.42	32.7
法国	17.25	31.5
英国	3.19	13.2
印度	72.16	24.3
日本	24.94	68.4
韩国	6.29	64.5
俄罗斯	815.31	49.8
美国	309.80	33.9
南非	17.05	14.1

续表

国家	森林面积/万千米^2	森林覆盖率/%
孟加拉国	1.88	14.5
印度尼西亚	92.13	49.1
巴基斯坦	3.73	4.8
尼日利亚	21.63	23.7
墨西哥	65.69	33.8
刚果（金）	126.16	55.6
秘鲁	72.33	56.5

资料来源：国土资源部信息中心．中国国土利用分析报告 2022［R］．北京：国土资源部信息中心，2023.

（二）中国土地空间分布

中国位于东半球北部，欧亚大陆东部和太平洋西岸，陆地领土约 960 万平方千米（不包括领海面积），大陆海岸线 1.8 万多千米，岛屿岸线 1.4 万多千米，内海和边海的水域面积约 470 多万平方千米。海域分布有大小岛屿 7600 多个，其中台湾岛最大，面积 35798 平方千米。在特殊气候、水文和地貌等因素的综合作用下，土地的空间分布呈现以下基本特征：

1. 地域差异显著，光热水土条件分布不够协调

全国土地资源的显著特点是区域分布差异大。以东西区域差异为例，土地利用界线为大兴安岭向西经黄河河套、鄂尔多斯高原中部，一直延伸到景泰、永登和湟水谷地，再转向南，沿着青藏高原东缘至中缅边界。东西两大区域土地总面积基本相同，但东部区域集中了人口的 93.8%、耕地的 85.8%、林地的 80.4%、水域的 66.2%、建设用地的 64.0%。除了地域差异显著之外，光热水等条件与土地空间分布的协调性差。长江、珠江及西南诸河流域，浙江、福建、台湾等地的水量占全国总水量的 82.3%，而这些地区的耕地仅占全国耕地的 36.0%；黄河、淮河及其他北方诸河流域水量约占全国总水量的 17.0%，而耕地却占全国的 63.7%。国家重点能源基地、后备土地资源多位于海河、黄河和西北内陆河流域等水资源最为紧缺和生态环境最为脆弱的区域。国家粮食主产区的耕地，多位于北方水资源较为紧缺的区域。重点城市群建设用地的空间分布，更多是依靠保证率不高的中小河流供水或面临供水水源水质不安全的区域。17 个粮食主产区中 8 个分布在北方水资源紧缺地区，还有 4 个粮食主产区内局部地区水资源开发利用程度已近饱和，其粮食产量占全国粮食产量的 65.0%。21 个重要经济区中 15 个分布在水资源环境超载或接近超载地区，其中 12 个水资源严重短缺。

2. 山地多，干旱面积大，土地生态系统比较脆弱

如果按照广义山地计算，包括山地、高原和丘陵，山地面积占全国土地面积的 69.27%（表 3-4）。全国不仅山地面积比例高，而且地势高峻，高山比例超过其他任何人口众多的大国。地势的第一级阶梯是青藏高原，平均海拔在 4500 米以上。其北部与东部边缘以昆仑山脉、祁连山脉、横断山脉与地势的第二级阶梯分界。地势的第二级阶梯平均海拔在1000~2000米之间，其间分布着大型的盆地和高原。东面与大兴安岭、太行山脉、巫山、雪峰山与地势的第三级阶梯分界。地势的第三级阶梯上分布着广阔的平原，间有丘陵和低山，海拔多在500米以下。海拔高度500米以上的面积所占比例达到74.8%，海拔高度1000米以上的面积比例达到57.9%。17.0%的国土面积构成了世界屋脊，中国大陆平均高度是世界平均高度的1.83倍。山地虽然在资源多样性利用、发展立体农业等方面有其优势，但因地势起伏大，地面坡度大，土层薄，海拔高，气温低，山地灾害多，导致自然基础薄弱，生态系统制约因素多。

表3-4　中国各地貌类型土地面积表

地貌类型	土地面积/万千米^2	占全国面积比例/%
山地	320	33.33
高原	250	26.04
丘陵	95	9.90
盆地	180	18.75
平原	115	11.98

（据邱道持，2005）

从海陆分布来看，中国位于全球最大陆地和最大海洋之间，以及全球最高大的青藏高原隆起带上，共同对行星风系产生巨大影响，从而形成特别强盛的季风环流，其气候的基本特征是季风气候。受季风的强烈影响降水自东南向西北减少。在大兴安岭、阴山、贺兰山、乌鞘岭、巴颜喀拉山、昆仑山一线西北的内蒙古、柴达木和新疆等地，终年受大陆性气团控制，且处于夏季风影响范围之外，气候极其干燥。据统计，中国东南部湿润半湿润区和西北部半干旱干旱区，约各占全国土地面积的一半，湿润区占32.2%，半湿润区占15.3%，半干旱区占21.7%，干旱区占30.8%。全国有沙漠戈壁11600万公顷，占全国土地面积的12.08%，主要分布在西北的内蒙古、甘肃、新疆；高寒荒漠1533.33万公顷，占全国土地面积的1.60%，主要分布在青藏高原，即昆仑山以南，北纬30°以北，青藏公路以西，新藏公路以东。石漠山地4600万公顷，占全国土地面积的4.80%，主要分布在西北、青藏高原、西南山区以及东南山区（邱道持，2005）。在地形和气候双重不利因素的影响下，土地生态系统的自然基础薄弱，脆弱性比较高。

3. 难利用面积大，后备耕地资源开发潜力不足

从表3-4可见，全国山地、高原、丘陵面积占土地总面积的69.27%，进一步统计发现海拔3000米以上的高山和高原要占全国土地总面积的25.86%。沙漠戈壁、高寒荒漠和石漠山地等土地类型量大面广，据统计达到177.33万平方千米。可见，全国山地多，平地少，难利用土地面积大。2019年全国约有未利用地26659万公顷，其中56%以上是沙地、裸岩石砾地和冰川及永久积雪等难利用土地，且大多分布于交通不便、水资源匮乏和生态环境脆弱的边远地区。经综合评价，现有耕地后备资源已经降至533万公顷以下，且质量低，生态限制突出。北京、天津、浙江等发达省（市）以基本开发完集中连片的耕地后备资源；以往被认为耕地资源丰富的区域，如东北三省、内蒙古以及西北的甘肃、宁夏、新疆等省（区），其耕地后备资源也已接近枯竭。

4. 优等地和高等地与人口经济集聚区高度重叠

由于地理区位、资源禀赋、产业基础、人文环境、生态条件、人口结构等方面的差异，中国东部、中部、西部和东北部四大板块的区域差异明显。东部沿海地区作为全国优质耕地、森林和农业资源集聚区，也是经济发展的先行区，人口密度大，城镇化及工业化程度较高，是工业化、城镇化和农业现代化叠加的主要区域，优等地和高等地与人口和经济集聚区高度重叠。根据 2018 年国土资源部耕地质量等别评定数据，全国优等地、高等地、中等地和低等地面积占比分别为 2.9%、26.8%、52.6%和 17.7%。粮食主产区耕地以中高等地为主，合计占比 80.8%。从全国耕地质量的空间分布来看，优等地主要集中于湖南、湖北、广东等省，其中湖北、广东两省优等地占各省耕地面积均超过 25%。高等地主要分布在华东、华中、华南大部地区，上海、江苏、江西、河南等省高等地占各省耕地面积均超过 50%。优质耕地集中于长江中下游、黄淮海平原以及南方大部，此区域为全国人口经济高度集聚区。中等地主要分布黑龙江、吉林、新疆西北部、西南地区，辽宁、吉林、黑龙江、重庆、云南、新疆、天津等省（区、市）中等地占各省（区、市）耕地面积均超过 80%；低等地主要分布在内蒙古、山西、宁夏、青海等省（区），其中，内蒙古低等地占耕地面积超过 80%。

参考文献

中南林业科技大学，2018. 荒漠化：全球状况与国际防治实践［J］. 中南林业科技大学学报，38（10）：2，139.

李博，2000. 生态学［M］. 北京：高等教育出版社.

李晓亮，吴克宁，冯喆，等，2022. 陆地表层系统分类研究进展：从土地类型到地球关键带类型［J］. 地理科学进展，41（3）：531-542.

梁书民，2007. 全球农业自然资源的空间分布与综合评价研究［J］. 世界农业（6）：11-14，25.

刘卫东，1994. 土地资源学［M］. 上海：百家出版社.

刘卫东，谭永忠，彭俊，等，2010. 土地资源学［M］. 上海：复旦大学出版社.

邱道持，2005. 土地资源学［M］. 重庆：西南师范大学出版社.

陶岸君，王兴平，2016. 市县空间规划"多规合一"中的国土空间功能分区实践研究［J］. 现代城市研究（9）：17-25.

张金屯，2004. 数量生态学［M］. 北京：科学出版社.

赵羿，胡远满，曹宇，等，2005. 土地与景观［M］. 北京：科学出版社.

FAO，UNEP，1999. The future of our land，facing the challenge-guidelines for integrated land use planning［M］. Rome：FAO.

MEA（Millenium Ecosystem Assessment），2003. Ecosystems and human well-being：a framework for assessment［M］. Washington，D. C.：Island Press.

OECD，2001. Multifunctionality：towards an analytical framework［R］. Paris：Organisation for Economic Co-operation and Development.

Statistics Canada，2018. National ecological framework for Canada［S/OL］.（2018-03-01）［2021-02-15］. https://www.statcan.gc.ca/en/subjects/standard/environment/elc/elc2017.

United States Department of Agriculture，Natural Resources Conservation Service，2017. National ecological site handbook [S/OL]. (2017-03-01) [2021-02-15]. https://www.nrcs.usda.gov/wps/PA_NRCSConsumption/download/?cid=nrcseprd1291233&ext=pdf.

Blasi C, Capotorti G, Copiz R, et al., 2014. Classification and mapping of the ecoregions of Italy [J]. Plant Biosystems: an International Journal Dealing with all Aspects of Plant Biology, 148 (6): 1255-1345.

Cleland D T, Avers P E, McNab W H, et al., 1997. National hierarchical framework of ecological units [J]. Ecosystem Management Applications for Sustainable Forest and Wildlife Resources, 20: 181-200.

Di Gregorio A, Jansen L J M, 1998. Land cover classification system (LCCS): classification concepts and user manual [R]. Rome: FAO.

Haase G, Richter H, 1983. Current trends in landscape research [J]. Geojournal, 7 (2): 107-119.

Leopold A, 1941. Wilderness as a land laboratory [J]. Living Wilderness, 7 (6): 3.

Liu Y, Fu B, Zhao W, et al., 2018. A solution to the conflicts of multiple planning boundaries: landscape functional zoning in a resource-based city in China [J]. Habitat International (77): 43-55.

Marsh G P, 1864. Man and nature: or, physical geography as modified by human action [M]. New York: Charkes Scrubner & Co.

Os J, Klundert A, Dietvorst A, et al., 1995. Back to the future: new functions for rural areas in Europe [C] // Schoute J, et al. Scenario studies for the rural environment. Dordrecht: Kluwer Academic Publishers: 611-616.

Salley S W, Monger H C, Brown J R, 2016. Completing the land resource hierarchy [J]. Rangelands, 38 (6): 313-317.

van der Esch S, ten Brink B, Stehfest E, et al., 2017. Exploring future changes in land use and land condition and the impacts on food, water, climate change and biodiversity: scenarios for the global land outlook [R]. The Hague: PBL Netherlands Environmental Assessment Agency.

Vink A P A, 1975. Land use in advancing agriculture [M]. Berlin, Heidelberg, New York: Springer-Verlag.

Wang L, Fang F, Yuan X, et al., 2017. Urban function zoning using geotagged photos and openstreetmap [C] // Geoscience & Remote Sensing Symposium, 2017/07/01. Fort Worth, TX, USA, IEEE.

Whittaker R H, 1975. Communities and ecosystems [M]. 2nd ed. New York: MacMillan.

York A M, Munroe D K, 2010. Urban encroachment, forest regrowth and land-use institutions: does zoning matter [J]. Land Use Policy, 27 (2): 471-479.

第四章 土地活性和适宜性

第一节 土地是一个生命活力系统

一、土地生命活力的内涵

（一）土地生命活力的概念

土地生命活力是指土地维持生命活动的能力和生存发展的能力。在物理科学领域，活力经常与动能可以互换。1867 年，W. 汤姆孙和 P. G. 泰特在《自然哲学论》（*Treatise on Natural Philosophy*）中说："一个运动着的物体的活力或动能同质量和速度平方两者成正比。"在生命科学领域，活力包含了生命元素之间的联动关系以及它们之间复杂的动态的交互过程，具有自适应、自平衡、自修复、自生长，以及各要素共生存、共适应和共进化的特性。就实践场景而言，土地生命活力是指土地生态系统按太阳能→绿色植物→动物→社会产品（或其他服务）的物质生产与能量流通速率，可用土地生态系统的物质生产和能量固定的总量或效率来度量，同时可选取光合效率或光合产物、地上生物量等指标来进行评价。土地植物群落的活力指数可通过被评价群落与参照样地群落的地上总生物量确定，其计算公式为

$$V = P_x / P_m \tag{4-1}$$

式中：V 为植物群落的活力指数，$V \in [0, 1]$，若 $V>1$，则取 $V=1$；P_x 为被评价植物群落的地上总生物量（克/米^2）；P_m 为参照样地群落的地上总生物量（克/米^2）（王立新等，2010）。可以认为，生命活力是土地成为绿色之母的充分必要条件。没有生命活力，土地的绿色之母就难以有欣欣向荣、旺盛向上的发展态势。

广义上说，健康也包括在活力之内。但健康更多指的是持续的恢复力，是指在有外界压力的情况下，生命系统保持自身结构和功能的抗御能力或反弹能力。所谓土地健康，就是指土地能持续发挥作为生命之母的功能，否则土地就是不健康的，其上的各种生命也必然是非健康状态的。谓之健康，最基本的是要具备两个条件：①主要脏器无疾病，系统具有良好的生理功能。②对疾病的抵抗能力较强，能够适应环境变化。土地健康，其含义也基本类同，既体现在自我恢复的能力，也体现在维持生产、保障环境质量、促进动物和人类健康行为的能力。其外在表现主要有：①系统生物多样性的相对稳定。生物多样性是绿色生命系统稳定的基本条件之一，土地生态系统的新陈代谢是建立在系统生物种群之上的，其自我恢复能力也主要依赖于系统内生物种群之间物质与能量转换途径及频度的调

整，如果系统的生物多样性遭受破坏，其自我恢复能力也就失去了基础。②土地功能的持续保持。土地具有食物生产、生物栖居、气候调节、环境过滤、污染净化等多种功能，这些土地功能的保持是维持健康最基本的要求。如果土地不健康，就会出现以下两方面情形。一方面，引起土地生产力的下降——水蚀、风蚀、土壤盐碱化、土壤结构破坏、土壤酸化、肥力下降、不可分解化合物的形成等；另一方面，引起生态景观稳定性的下降——疾病增加、树木枯萎、生物多样性减少、洪涝等自然灾害更加频繁（尹晓波，1998）。很显然，退化状态下的土地，就难以成为持续的绿色之母，土地就失去了健康和生命活力状态。

（二）土地生生不息的观察

第四纪是地质历史上最新的一个纪，开始于距今约260万年。第四纪的新构造运动直接决定了地形起伏、山系排列、气候分带、大陆与海洋空间格局等土地形成要素的分异，基本上决定了当今土地的总体样貌。260万年以来，随着地球和生命的进化，土地的演化始终生生不息。在采集渔猎阶段，人类早期的原始群落几乎和动物一样，依靠土地持续供给的自然恩赐生活。在距今约1万年开始的农业社会，人与土地的关系，从单纯依附土地进入顺应土地阶段。在这一时期，地球上出现了对人类生生不息有重大意义的初级土地生态系统，包括森林生态系统、草原生态系统和农田生态系统。18世纪以后，人类从农业社会过渡到工业社会。工业革命促进了工业和农业的迅猛发展，土地生产力水平得到了极大的提高。与此同时，人类对土地资源的盲目开发和滥用，几十万种人工合成化学物质进入土地圈，土地生生不息的能力受到严峻挑战，局部地区土地甚至出现了较为严重的退化现象。但从统计数据看，在1000年地球上生活着3亿多人，1500年生活着4.4亿人，1800年生活着9.06亿人，2021年生活着78.4亿人，人口增长超过26倍。随着人口增加和城市化水平提升，各类建设占用耕地越来越多。但是，单位耕地面积产出的粮食产量在持续增加，世界粮食的总产量也在持续增加。据世界银行数据库资料，2020年，世界粮食单产为4072千克/公顷，美国达到8175千克/公顷，德国、法国、英国、韩国、日本和中国的粮食单产均超过6000千克/公顷，粮食总产达到4.56万亿千克，均较1000年有了大幅度的提升，相较2015年也提升了3.9%。据联合国《2020年全球森林资源评估》，1990—2020年，全球森林占土地总面积的比例从32.5%下降至30.8%，这意味着森林净损失1.78亿公顷。但2010—2020年，亚洲、欧洲和大洋洲的森林面积出现了较大幅度的净增长，其中亚洲森林净增幅最高，其次在大洋洲和欧洲。中国森林面积从2010年的201万平方千米，增加到2020年的220万平方千米。总体上看，虽然土地退化形势严峻，南美洲和非洲的森林面积在减少，全球仍有6.7亿人面临饥饿的威胁，但是200年以来，面对几十亿人口的需求增加，土地仍然表现出生生不息的能力。

二、土地生生不息的机理

（一）土地是一个庞大的基因库

从分子生物学、细胞生物学、进化理论、行为生态学理论及哲学的角度看，生命生生不息的本质是基因，生命生生不息的形式是具有一定结构和功能的生命体。现代科学利用宏基因组学技术，从土地中筛选到了大量功能基因，证明土地是一个丰富的基因资源库。加拿大 TerraGen Discovery 公司最先在以链霉菌为宿主的宏基因组文库中筛选到了具有抗菌活性的 5 种新的小分子物质 Terragigine A、B、C、D、E；Courtois 等利用柯斯载体构建了含 5000 个克隆子的环境基因组文库，采用聚合酶链式反应（Polymerase Chain Reactio，PCR）序列分析的方法，筛选出编码聚酮合成酶的新基因，同时采用高效液相色谱（High Performance Liquid Chromatography，HPLC）技术发现了脂肪二烯醇中 2 种新的化合物，两者互为同分异构体；Yun 等选用 pUC19 为克隆载体构建大肠杆菌基因组文库，利用活性筛选方法，从 30000 个重组子中筛选出 1 个含淀粉酶基因（amyM）的克隆子；2005 年，Lim 等以枯草芽孢杆菌为宿主，建立了森林土壤的宏基因组文库，筛选到 2 个具有抗菌活性的克隆，对其结构进行分析，得出其中一个为产红色色素的靛玉红，另一个为产蓝色色素的靛蓝，是靛玉红的异构体；2006 年，Voget 等首次研究了从土壤宏基因组文库中筛选到的一种纤维素酶的性质，证实了其具有较广的 pH 值和温度适应范围，并且在较高的盐度时也具有活性（李艳艳，2008）。可以认为，土地是陆地生命系统的心脏。所谓土地是绿色之母，首先就在于其生命活力的基因内涵。保护土地的本质，就是保护土地生命活力的基因库。人们发现，森林和草原用于农耕几十年后，土壤中的有机质会减少 50%～60%。这些有机物质不仅保障了土地结构和功能的稳定性，还维持着土地中所有生物的生命，因为所有这些生物都依赖于土地中土壤的含碳层。

土地生命的新陈代谢过程发生在秒到分钟的时间范围内，而其中腐殖质分解发生在几个小时到几十年内。它既有季节间和年度间的变动，又表现为长时期的演化规律。演替早期的群落常被那些寿命较短且相对较小的个体所控制，它们生长迅速，并且死亡后很快被分解；相应地，演替后期的群落趋向于被寿命较长和高大挺拔的植物所控制，它们生长和分解都较慢。人类活动改变着生物群落的组成和营养元素的生物地球化学循环，进而改变了土地绿色生命的速度和方向，并使这种影响持续几十到若干个世纪（中国土地学会，2002）。但是，土地生态系统中有一个强大的基因库，就像人体基因能遗传给后代一样，在一定阈值内具有较强的生命力，能使得土地显示出生生不息的能力。在陆地生态系统中，土地是最基本的，也是最重要的，更是决定地球生态系统类型及其构成的关键要素。它是地球生态系统能量输入与输出、物质交换转移得以实现的基础，又是物质储存器、供应站和能量调节者。土地中的生命物质，如土壤酶（soil enzyme），是生命系统的生物催化剂，是土地有机体的代谢动力，也是植物营养元素的活性库，在生命物质循环和能量转化过程中起着重要作用（Badiane et al.，2001；曹慧等，2003）。

（二）土地网络结构的物能流动

在土地系统中，存在着诸多的廊道，如河流廊道、道路廊道、森林廊道、生物廊道等。不同的廊道，其宽度、组成内容、内部结构、形态、连通性及其与周边地块或基底的相互关系有很大差别。这些多样性的土地廊道，常常相互交叉形成网络（network），使廊道与土地类型的相互作用复杂化，最终形成多样性的网络结构。土地网络具有以下结构特点：①网络密度（network density），即单位面积的廊道数量；②网络连接度（network connectivity），即廊道相互之间的连接程度；③网络闭合性（network circuitry），即网络中廊道形成闭合回路的程度。高度异质性的网络空间结构及其多样性的化学组成和生物生理特性，构成了一个极具活力的生命流动系统。例如，土壤中不同生物类型构成了不同的营养级，不同营养级之间及同一营养级内部的复杂关系构成了土壤生命网。生命网中不同营养级对物质和能量的需求是相互依赖的，它们是生物多样性得以维系的基础，更是土壤活力生生不息的动力（Phillips et al.，2003）。土地物能流动的常见网络结构，主要有以下几种类型。

1）土地水文网络结构。陆地流水主要分为地面水、地下水、湖泊沼泽水和冰川溶化水四大类。所有水流都有相对固定的流路，它们沿着一定路径流动，形成复杂的网络结构水系。从表面上看，岩石结实致密，似乎会阻碍水的流动。但在显微镜下观察，沉积岩富含丰富的水活动空间；内部结构很紧密的花岗岩，含水也可达1%左右。大量研究表明，复杂网络的节点用来描述水文结构中的位置变量；边以及边上的权值用来描述变量间的相关性以及相关性的强弱；边的方向代表了关联的因果性，无向网络描述相互间的影响；复杂网络的演化过程用来描述水文系统的动态变化，水文结构呈现出典型的复杂网络特性（Sivakumar，2015；崔楠等，2016）。

2）土地交通网络结构。交通网络系统由设施网络、径路网络、组织网络及需求网络4类构成，相互交织的网络形成了土地物质和能量流动空间的相互作用，是土地活力的重要表征。其中，交通节点形成设施网络，交通线路构成径路网络，而节点与线路的结合形成组织网络。城市土地的开发利用，在很大程度上是受交通网络结构影响和制约的；反过来，土地利用的空间结构也会影响土地的交通网络结构，二者之间存在着动态互馈作用。城市土地分异和土地开发强度的空间变化是有序的，道路网络结构和相应的区位量算，是指导城市土地合理利用并创造更高土地活力的重要理论基础。由于土地利用类型不同，会导致人口密度和出行量的差异，也会带来出行时间的节律变化，从而影响交通网络结构的形成和变化。研究表明，城市交通网络由随机网络和无尺度网络的复杂结构共同组成，从而形成随机网络的稳定性、可达性和无尺度网络的高效性、成长性的优势互补。不少城市交通网络结构符合无尺度网络结构的基本特征，其增长变化包括自下而上和自上而下的双向过程（宗跃光等，2009）。

3）土地生物网络结构。无论是动物、植物还是微生物，它们的分布在空间上都受各种环境条件制约，存在一定的时空网络分布特征。空间分布包括水平空间分布与垂直空间分布，并在几小时到几千年的时间尺度上具有演替规律。对其分布特征驱动机制的研究表明，大量宏观生物群落的建构机制同样适用于微生物群落的分布规律（傅声雷等，2020）。一项全球性的研究分析表明，土壤真菌具有明显的纬度地带性分布，大部分真菌门类和功能群的多样性与动植物的全球分布格局相类似，从极地苔原到赤道热带雨林凋落物中的真菌多样性逐渐增加（Tedersoo et al.，2014；Arnold et al.，2007）。土地上的生物分布绝不是随机的，它们是在环境、资源对物种的筛选及生物间的竞争和促进作用下形成的，反映出其自身与生态系统过程、功能、恢复力和稳定性的网络联系（Götzenberger et al.，2012）。唯有全面认识和理解生物群落空间网络结构分布的内在机制，才能更好地实现对土地活力的管理和功能调控。

4）土地社会网络结构。社会网络的研究历史久远，其思想起源于古典社会学家埃米尔·涂尔干、格奥尔格·齐美尔等人的社会结构观点（奇达夫等，2007）。社会关系网络是社会不同主体之间相互依存、相互作用的网状结构，是影响土地空间活力和功能分布的重要变量。Mitchell（1969）具体论述了整体关系网络和局部网络的特征，主要包括密度、可达性、范围、互惠性、持久性、强度、频次等。20 世纪 70 年代以来，社会网络结构研究不断发展和完善。研究者在利用社会网络分析方法研究竞争关系时，认为结构洞是竞争场域中不同竞争者之间关系间断或非对等的枢纽，是不同主体获取信息、时间、人员和控制的机会。与仅在有限范围的社会群体中建立联系的人相比，在许多不同社会群体之间建立网络联系的人，往往拥有更丰富的信息和资源份额。因此，结构洞可以被视为一种社会网络中的结构优势，以便能够获取在未连接的社会群体之间交换的更多信息和宝贵资源（Burt，1992）。

研究表明，无尺度网络结构可以很好地推广到分子生物网、食物网、通信网络、电力网络、商业网络和社会网络等领域，世界上大部分复杂性网络具有无尺度网络结构特征，并且这种网络节点与边的分布一般来说遵循指数 $2<\gamma<3$ 的幂律（Barabasi et al.，1999）。正是土地物质和能量流动的复杂网络结构，形成了土地生生不息的活力。网络结构的运动方式，主要有以下 3 种（邬建国，2002）。

1）扩散（diffusion）。通常假设扩散运动是随机的，其一般形式可表达为

$$Q=-k\nabla C \tag{4-2}$$

式中：Q 为某物质（或种群）的扩散通量；k 为扩散系数；∇C 为该物质（或种群）的浓度或密度梯度。

2）物流（mass flow）。包括河流、地表水和地下水径流等。物流受重力支配，并受土壤、地形、植被等因素的影响。

3）携带运动（locomotion）。指动物和人在土地系统中的活动对能量、物质与生物体在空间上的重新分配。与前两种形式相比，携带运动常造成能量、物质和生物在空间上的高度聚集。

（三）土地活力的持续能量获取

土地生命活力的出现和存在，是化学元素在特定物理、化学和生物条件下自组织的结果，包括适宜的辐射、温度、湿度、酸碱度、氧化还原电位、土层、植被和元素浓度梯度等。按照热力学第二定律，土地要保持其生命活力，必须要有外界额外能量输入该系统。否则，土地就会走向熵增。对于土地而言，这个能量主要来自太阳辐射。太阳辐射能量巨大，计算表明 1 年内地球接受太阳辐射量为 6.43×10^{24} 千焦，约为 2000 亿吨煤燃烧所产生的能量。到达地球表面的太阳辐射可分为两大部分：一是太阳平行线直接投射到地面上，称为太阳直接辐射；二是太阳在大气中经过短波散射和微粒散射形成的散射光投向地面，称太阳散射辐射。两者之和称为太阳总辐射，对土地持续获取能量的主要是太阳直接辐射。土地对太阳辐射的吸收主要取决于地面的吸收能力，其中关键参数就是地面反照率。表面反照率不仅取决于地面的特性，而且依赖于太阳光的入射方式（直射和散射）、太阳高度角和太阳光光谱，它是一个非常复杂的参数。为了能够根据观测到的直接辐射、

散射辐射或总辐射数据，计算光合有效辐射，X. 摩尔达乌提出了一个经验计算公式（裴铁璠等，2001）：

$$Q_{\phi} = 0.43S' + 0.57D \quad (4-3)$$

式中：Q_{ϕ} 为光合有效辐射日总量或月总量；S' 为水平面上的太阳直接辐射日总量或月总量；D 为太阳散射辐射日总量或月总量。

太阳辐射对土地生命活力影响巨大，是土地生生不息的持续能量来源。绝大多数土地生命都需要一定的光照强度和光照质量，植物生命体总干物质中，有 90%~95%是通过光合作用得来的，只有 5%~10%来自根部吸收的养分。太阳光线的入射角随纬度的增高而由大变小，它决定了到达地球表面的太阳辐射强度，从而控制着生命层的热力环境。太阳辐射强度越大，生物生产量就越高（刘卫东等，2010）。25 亿年前，具有光合能力的细菌得到生发，它们摆脱了对 H_2S 的依赖，转而利用环境中更为丰富的 CO_2 和 H_2O 来实现光合作用，使土地生命获取太阳能的能力大大提高：

$$CO_2 + H_2O \rightarrow CH_2O + O_2,\ \Delta G^{\ominus} = +471.7\ \text{千焦/摩} \quad (4-4)$$

式中：$\Delta G^{\ominus}$ 为化学反应在标准状态下的自由能变化，为每个特定反应的特征常数。

在光合作用中，土地生命将空气或水汽中漫散的 C、H、O 转化为高度有序的有机物，将太阳能量储存在自己生产的有机分子中。生命从此不再靠雷电的恩赐。在此光合作用中，生成 1 摩的 CH_2O 需吸收 471.7 千焦的能量，或生成 1 摩葡萄糖（$C_6H_{12}O_6$）需吸收 2830.2 千焦的能量。此反应使土地生命系统得以通过 C、H、O 的有序化而储存太阳能。在生物进化过程中，如同生物体的其他代谢机能一样，光合作用也在不断发展和完善，组成光合作用的化学反应日益复杂化，参与光合作用的元素种类也不断增多。大约有十几种化学元素参与了光合作用，这些元素包括 N、P、K、Ca、Mg、S、Cu、Fe、Mn、Cl、Zn、B、Mo 和 Na 等。多种微量元素参与了与光合作用有关的酶建造。土地系统存在的酶，大大提高了土地生命获取太阳能的效率。土地微量元素的加盟也成为现代生物光合作用高效进行的保障。例如，Fe、S 和 Cu 是这些蛋白质中控制电子由光系统Ⅱ（将光能转化为化学能，将 CO_2 和 H_2O 转化为光合作用的结束产物）向光系统Ⅰ（表现为光子吸收、激发、电子传递和光化学反应）传递的关键元素。Ca 有维护类囊体细胞膜的功能；P 参与 ADP（adenosine diphosphate，二磷腺苷）和 ATP（adenosine triphosphate，三磷腺苷）的转化，参与细胞膜建造；Mg 是叶绿素的中心元素，在光反应中起核心作用；Mn、Cl 和 Zn 是黑尔反应（Hill Reaction）中的必需元素，Zn 在 H_2O 分解反应中起重要作用，Zn 缺乏会导致光系统功能受阻（李长生，2016）。研究表明，当提供充足的能量时，土地将成为一个自组织系统，其生命体会将土地塑造成一个多孔、聚集良好、功能强大的结构，为这些自组织过程提供动力的能量流通道（Wacha et al.，2022）。可见，正是太阳辐射与土地化学元素、土地生命体的持续能量交换，使得土地能够不断获取能量以保持生生不息的活力。

（四）土地生生不息的过程机理

本书第二章已经指出，在地球内引力、地球外引力、生物作用力、人类作用力以及相互作用力的共同加持下，土地呈现出生生不息的自组织活性。其中，支撑土地生生不息活力的能量主要来自太阳能，它是土地生命活性物质迁移和能量转换的最重要动力。在光照和热量比较强烈的湿润热带和亚热带地区，土地的物理风化作用强烈，化学元素迁移活跃，化学反应过程快速频繁，生物新陈代谢活动旺盛；而光照和热量比较弱的寒温带，各种土地形成要素的互作过程就很缓慢。土地之所以能够生生不息，其过程是复杂而动态的，主要受以下机理所影响和支配。

1）互补互动性机理。土地是精密镶嵌和互补互动的生命活力系统。所谓“道生一，一生二，二生三，三生万物。万物负阴而抱阳，冲气以为和”，或者说“人法地，地法天，天法道，道法自然”，充分表达了人类与山水林田湖同呼吸、共命运的自然法则。土地生命特殊的物种和因物种间相互作用所形成的网络往往具有关键、大尺度和生态系统水平的影响作用。植食动物能影响它们中啃食植物群落的生产力，处于高营养级的捕食者可能通过改变初级生产者群落来驱动生态系统的营养级改变。一个外来物种的引入，会通过它们作为捕食者、竞争者、疾病的病原体或传染媒介的作用，而改变土地的绿色生命结构、群落的组成和生态系统过程。但有时捕食者的引入也可以被胜任一个校正工具以控制农业昆虫和意想不到的湖中水藻。食物链以生物种群为单位，联系着群落中的不同物种。食物链中的生产者主要是绿色植物，通过光合作用，将太阳能转化为有机形态的贮藏潜能。同时又从环境中吸收养分、水分和二氧化碳，合成并转化为有机形态的贮存物质。食物链中的消费者，主要是食草或食肉动物，如土壤原生动物、蚯蚓、昆虫类，草原地区的鼢鼠、黄鼠、兔子，农田中的田鼠等。它们以现有的有机质做食料，经过机械破碎、生物转化，这部分有机质除小部分的物质和能量在破碎和转化中消耗外，大部分物质和能量以有机形态残留在土壤动物中。食物链中的分解者，主要指微生物和低等动物，微生物有细菌、真菌、放线菌、藻类等，低等动物有鞭毛虫、纤毛虫等。它们以绿色植物与动物的残留有机体为食料从中吸取养分和能量，并将它们分解为无机化合物或改造成环境腐殖质，形成一个土地圈的“自创生”系统。互补互动性机理还表现为土地元素耦合的群组效应。在土地形成演化过程中，化学元素在原子水平的耦合-解耦反应中形成了一系列重要的表生地球化学现象，其中包括元素在迁移富集过程中所显示出的群组效应，即具有相似性质的化学元素常常相伴共生，形成互补互动过程。不同重金属之间会存在拮抗作用等互相作用，相互抑制，或者存在互相促进作用。例如，土地中呈正相关的有 Cu-Zn、Zn-Pb、Zn-Cd、Zn-Se、Cr-Se、Pb-As、Pb-Cd、Pb-Hg、Cd-Se 和 Se-Hg，元素组合间相互促进；呈负相关的有 Cu-As、Cr-Hg、Pb-I 和 Ge-Hg，元素间相互抑制，Hg 元素与较多元素间会产生拮抗作用，为抑制作用（周立国等，2021）。在岩石经风化形成土壤时，第一阶段移动的有 Cl（Br、I）、S、NO_3、B；第二阶段移动的有 Ca、Mg、Na、K；第三阶段移动的有 SiO_2，P、Mn；第四阶段移动的有 Fe、Al、Ti（龚子同等，2017）。在干旱半干旱地区，从山地至盐沼依次为 R_2O_3、$CaCO_3$、Na_2CO_3、$CaSO_4$、Na_2SO_4、NaCl、K（Na）NO_3（黄标等，1994）。土地化学元素的群组效应，对土地生生不息的过程机理有重要影响。

2）环境依存性机理。土地的生命活性是在特定的环境中生存和发展的，必须得到生长发育所需要的基本物质和能量，对环境有高度的依存性。太阳辐射、温度、水分、土壤、大气、地形以及人类种种活动都会改变土地绿色生命的结构、功能、循环、动力机制和生存状态。当水分不足，蒸腾量减少到正常水平的 65%时，植物开始萎蔫，光合同化产物减少到正常水平的55%。动物在水分不足时，也会出现滞育或者休眠。如果地球上所有燃烧和呼吸都停止，全球的植物将在1~2年内消耗掉所有CO_2，绿色生命将很快消失。土地生命活性受众多环境因素综合影响，当其中某个或某些因素的强度在原来基础上脱离所有因素组合的效应时，就会成为环境限制因子。表征这种环境依存性，有两个著名的定律：①最低因素限制定律。1840年，德国化学家利比希（Justus von Liebig）在研究各种因素对植物生长的影响时发现，在各种植物生长因素中，如果有一个生长因素强度低于植物的最少需求量则使植物减产或抑制其生长发育，存在着强度阈限的现象。例如，澳大利亚曾经开垦了数百万英亩[1]的荒地，这里的自然条件较好，水分比较充分，湿度状况也有较好的保证率，但是田野里却像沙漠一样，完全是一派不毛之地的景象。即使一些先锋植物也不在此生长。后来发现，这些开垦的土地中缺少一种微量元素钼，它是生物固氮过程中必不可少的催化剂。当施加钼盐后，红花苜蓿开始生长，随后越来越繁茂，最终成为重要的牧场。②谢尔福德耐性定律。1913年，美国生态学家谢尔福德（V. E. Shelford）研究发现，每一种生物对任何一种环境因素都有一个耐受性范围，范围有最大限度和最小限度，一种生物的机能在最适点或接近最适点时发生作用，趋向两端时就减弱，然后被抑制。如果环境因素超过某物种的耐性限度，则该物种不能生存甚至灭绝，这就是耐性定律。农田中施用化肥过多，会导致枝叶陡长、倒伏，病虫害加重或烧苗、萎蔫，轻者造成减产，重者整个植株死亡，这是常见的农业生产现象。土地生命活性对环境因素适应范围的大小，称为生态幅，其宽度主要取决于物种的遗传特性。有的绿色生命对某一环境因素的适应范围较宽，而对另一因素的适应范围很窄，在这种情况下，生态幅常为后一环境因素控制。按照生物对温度、水分、盐度、食物、栖息地环境的耐性的相对程度，可分别划分为狭温性和广温性生物、狭水性和广水性生物、狭盐性和广盐性生物、狭食性和广食性生物、狭栖性和广栖性生物等（张合平等，2001）。正是土地生命活力的这种环境依存性，使其能够根据环境条件的配置来选择最适宜的生存空间，也使其具有更有活力的多样性和持续性。

3）存在地域性机理。受地球公转和自转等交互作用的影响，土地形成要素的太阳辐射、温度、水分、地形、大气、土壤等因素的空间分布都存在着明显的地域性。在地域分异规律作用下，土地生命活性呈现为纬向地带性、经向地带性和垂直地带性特征。土地生命活性都有特定的适宜条件，地域的环境条件差异就造成了存在状态的不同。最常见的现象是：酸性土植物有马尾松、三叶橡胶、咖啡、油茶、茶、白栎、山矾、映山红、铁芒萁、狗脊等，碱性土植物有柽柳、紫穗槐、梭梭树、胡杨等。植被中能适应pH值3.7~4.5的是大多数针叶林，能适应pH值4.5~6.9的是大多数阔叶林，pH值大于8.5多数植被难以生长。用显微镜直接计数法测定了几种不同类型的土壤，包括熟化土壤和生荒地表土中的微生物总数，可以相差数倍至数十倍（表4-1）。在更加微观的层面上，每一块地或同一块地的不同层次，生命活性所存在的状态都是有差异的。据研究，不同地块水分的有效性不同，微生物的分布就有很大差别。如果水分中溶质浓度过高，如盐碱地，渗透压过大，水活度很小，对于微生物失去了可给性甚至使细胞脱水造成生理干燥，引起质壁分

[1] 1英亩=4046.856平方米。

离，细胞就停止生命活动。只有少数微生物能在较高渗透压溶液中生长发育，这些微生物称为嗜渗菌或嗜盐菌，大多数微生物无法生存。同一块农田的不同层次，由于水分、养分、通气、温度、pH 值等因素的差异，微生物的分布也很不相同。表土层微生物数量最多，随着层次的加深，数量逐渐减少。一些原生动物和藻类，在 15 厘米以上的表土中有分布，到了心土层和底土层就几乎绝迹。真菌在北方农田土壤的表土层和底土层中可以相差数百倍。如同上文所述，土地生命活性的地域性存在，更有利于丰富其多样性。多样性更有利于稳定性和持续性，使土地演化出生生不息的图景。

表 4-1　用显微镜直接计数法测定苏联土壤中的微生物数量

土壤类型	土壤状况	1 克土壤中的微生物总数
灰　壤	生荒土	3.0 亿~6.0 亿
灰色森林土	生荒土	6.0 亿~10 亿
	熟化土	10 亿~20 亿
黑钙土	生荒土	20 亿~25 亿
	熟化土	25 亿~30 亿
灰钙土	生荒土	12 亿~16 亿
	熟化土	18 亿~30 亿

资料来源：黄昌勇．土壤学［M］．北京：中国农业出版社，2000.

4）系统复杂性机理。由于各种土地形成要素都不是孤立存在的，它们总是相互交织着发生综合作用，这就使得土地生命活性呈现出复杂性。经常发生现象是，某土地形成要素很适宜，但缺少其他适宜要素的配合，生命就无法完成其生长发育过程。例如，当水分充足、通气良好时，温度 25~30 摄氏度可能是绿色生命最适宜的温度，但如果水分较少，同样温度下的生命活力就会下降。以土壤中的微生物为例，就是一个极其复杂的群体。就土壤微生物的种群而言，可以分成：①原核微生物，进一步可细分为古细菌、细菌、放线菌、蓝细菌和黏细菌等，其中细菌又可细分为节杆菌属、芽孢杆菌属、假单胞菌属、土壤杆菌属、产碱杆菌属、黄杆菌属等。据分析，10 克肥沃土壤的细菌总数相当于全球人口的总数。②真核微生物，进一步可细分为真菌、藻类和地衣等。③非细胞型生物，即分子生物——病毒，这是一类超显微的非细胞生物，是一种活细胞内的寄生物，凡有生物存在之处，都有其相应的病毒存在。由于对营养和能源的要求不同，土壤微生物又可区分为化能有机营养型、化能无机营养型、光能有机营养型和光能无机营养型。在呼吸过程中对氧的要求不同，呼吸可分为有氧呼吸（也称需氧呼吸）和无氧呼吸（也称发酵），进行有氧呼吸的称之为好氧微生物，进行无氧呼吸的称为厌氧微生物，能进行有氧呼吸又能进行无氧呼吸的称之为兼性厌氧微生物。辽宁省老秃顶子国家级自然保护区 152 平方千米范围的调查表明，区内有世界广布种 83 种、药用植物 56 种、食用植物 41 种，它们构成一个完整的寒温带湿润地区绿色生命多样性复杂系统，任何物种的减少或破坏都会对其他物种产生重要影响（刘维东等，2012）。通常每克土壤可以达到 100~5000 个细胞，少数情况每克土壤可超过 10000 个细胞。在不少情况下，每公顷土地的藻类可以达到 500 千克，在藻类旺盛繁殖时甚至可以达到每公顷 1500 千克。陆地上无论哪种土地生态系统，生命活性都是最关键的组成要素。在土地生态系统中各种生命活性物质之间具有相互依存和相互制约的关系，共同维系着土地生态系统的结构和功能。

更深入的研究表明，土地之所以充满活力，之所以能生生不息，是光合作用、呼吸作用、酶作用、元素耦合作用综合作用的结果。光合作用、元素耦合作用的机理上文已经阐述，呼吸作用下一节有详细的分析。这里需要强调指出土地酶对促进生命活力的不可替代作用。土地生命活力形成的过程像是一个泵，将太阳能源源不断地泵入土地生命系统，使土地始终充满活力。现代生命科学的研究已经确认，酶是生物化学反应的催化剂，推动着土地物质转化、元素循环和能量流动，可以表征土地的生命活性（Treseder et al.，2001；Nannipieri et al.，2012），对不同的土地利用方式、农田耕作制度与管理措施、气候变化、污染等引起的土地环境变化非常敏感，能够做出迅速的反应，对于土地质量变化、关键土地过程和功能多样性等都有指示作用（Caldwell，2005）。已发现土地酶超过 60 种，主要有氧化还原酶、转化酶、水解酶、裂解酶、异构酶、合成酶六大类。酶主要吸附在有机质及黏粒表面或与腐殖质的基团结合，能加速为数众多的土地生物化学反应，但本身并不消耗。土地酶主要来自微生物，动物和植物的根也含有酶，但总体上对土地酶的贡献十分有限。植物根能分泌胞外酶，并能刺激微生物分泌酶。2/3 以上的酶都含有金属元素，它们会决定着有机络合物的键性和催化反应的各种特性，如铁酶、锌酶、铜酶和钼酶等，在光合、呼吸、固氮等生物化学反应过程中作用重大（Hughes et al.，1989；Devlin，2001）。土地的物理性质、化学性质和耕作的管理措施等环境条件，都会影响土地酶的活性。此外，诸多生物活性物质，如植物激素、植物毒素、维生素和氨基酸、多糖等，对维护土地生生不息的过程也有不可忽视的作用。即或是植物毒素，如青霉和曲霉，能强烈抑制植物，也能抑制许多放线菌、真菌和原生动物，抗菌谱很广，但也是土地生命结构平衡不可或缺的。

第二节　土地呼吸的生命活性功能

一、土地呼吸的生命功能

（一）土地呼吸的基本含义

呼吸，是指机体与外界环境之间气体交换的过程。土地呼吸是土地生态系统以二氧化碳的形式向大气释放碳的过程，是土壤微生物呼吸、根系呼吸、叶片呼吸及树干呼吸等的总和。它主要包括植物器官的呼吸（自养呼吸）和土壤呼吸（异养呼吸）两个过程。其本质是土地生态系统呼吸或陆地生态系统呼吸，三者也可视作同义语。因此，土地呼吸也可称为土地生态系统呼吸。根据其养分供给的来源，土地呼吸可以分解为自养呼吸和异养呼吸。自养呼吸是植物消耗其自身固定的有机物维持其代谢活动的生态过程，即叶片呼吸、树干呼吸、根系呼吸的总和，又可以分为生长呼吸和维持呼吸；异养呼吸是土地的其他组分利用植物所固定的有机物进行代谢活动的总和，主要表现为根际微生物呼吸、植物残茬微生物呼吸、土壤有机质分解、动物呼吸等。土地呼吸总量每年大约 960 亿~1030 亿吨碳，是全球每年化石燃料燃烧及水泥生产所排放的二氧化碳量（每年 83 亿吨碳）的 11.6~12.4 倍（朱先进等，2017）。

土壤呼吸是土地呼吸的最重要组成，它是指未经扰动的土壤中产生二氧化碳的所有代谢作用过程，包括 3 个生物学过程和 1 个化学氧化过程：微生物的呼吸和土壤有机质分解过程、植物根和根际有机体呼吸过程、土壤动物呼吸过程和含碳物质的化学氧化过程。它可以占陆地生态系统呼吸的 60%~90%。通过土壤呼吸，全球陆地生态系统每年以二氧化碳排放到大气中的碳高达 10 亿亿克，大约相当于大气总碳库的 11%，是化石燃料燃烧释放二氧化碳的 10 倍以上。因此，土壤呼吸的一个细小的变化都有可能引起大气二氧化碳浓度的巨大变化，进而以温室效应影响全球气候变化和生命活性物质的分布。

（二）土地呼吸的生命价值

土地呼吸作为陆地生态系统循环的重要组成部分，对生态系统产生的生命活性有重要影响，与矿质养分的分解作用和矿化过程也紧密联系，是能够形成土地生产力、维护人类生命延续的根本保障。当植物通过光合作用将空气中的二氧化碳转化成有机碳化合物的时候，土地中的碳就开始进入循环状态。其中一部分有机碳化合物可促进植物组织的生长，还有一部分被分解用来为植物提供能量。在这个过程中，二氧化碳通过植物的呼吸又释放回大气中去。死亡后的植物凋落物被微生物分解，为微生物的生长和其他活动提供能量。与此同时，二氧化碳通过微生物的呼吸释放回大气中。活的微生物与死亡的植物、死亡的微生物的有机残体混合在一起，形成土壤有机质。土壤有机质提供植物所需要的氮、磷、硫、微量元素等各种养分，显著改善土壤的物理性质、化学性质和生物性质，最能表征土壤的肥力状况。中国主要土壤表土中大约 80%以上的氮、20%~76%的磷以有机态存在，在大多数非石灰性土壤中，有机态硫占全硫的 75%~95%以上。随着土壤有机质的逐步矿化，这些养分可直接通过微生物的降解和转化，以一定的速度不断地释放出来，供作物和微生物生长与发育之需（黄昌勇，2000）。土壤有机质含有多种功能基，这些功能基对重金属离子有较强络合和富集能力，对农药等有机污染物有固定作用，是净化土地生态系统的重要媒介。

研究表明，土地呼吸是形成土地生产力，如总初级生产力（GPP）、净初级生产力（NPP）及净生态系统生产力（NEP）的主导过程。它是植物在有氧条件下，将碳水化合物、脂肪、蛋白质等底物氧化，产生三磷腺苷（ATP）、二氧化碳和水的反应，是光合作用相逆反的过程。没有光合作用，土地不能形成生产力或生命物质；没有呼吸作用，生命不能获得生存必需的热量，生命活性就将失去。土地植物系统的呼吸可以分成两类：一是植物在无光条件下的有氧呼吸作用，一般称为呼吸作用，又称为暗呼吸。它除了产生二氧化碳和水以外，很重要的功能就是形成三磷腺苷（ATP），这些能量能很好地用于维持植物的生理活动。二是绿色植物在光照条件下，吸收氧气和释放二氧化碳的过程，称为光呼吸。这种过程的主要特点是在光下以二磷酸核酮糖的氧化物乙醇酸为底物，继续氧化，产生二氧化碳。其实，光呼吸不是一个纯粹的能量消耗过程，它具有以下重要的生命活性功能：①在光呼吸时细胞线粒体中进行甘氨酸转变为丝氨酸反应时能形成三磷腺苷；②光呼吸可以将光合作用的副产品磷酸乙醇酸和乙醇酸转变为碳水化合物；③在水分亏缺及高光照条件下，叶片气孔关闭，光呼吸释放的二氧化碳能被再固定，可保护光合作用的反应中心，以免被强光所破坏。可见，无论暗呼吸还是光呼吸，都对土地生命的生生不息起到关键性的作用。

二、土地呼吸的变化特征

（一）土地呼吸的时间变化

土地的呼吸速率主要受生态系统中二氧化碳产生速率的控制，同时还受二氧化碳在土地中运移的环境因素所控制，如生物因素的根系生物量、凋落物、微生物种群、根系氮含量，环境因素的温度、降水量、土壤养分、地下水等。这些环境因素和生物因素的时间变异性共同驱动了土地呼吸作用的日变化、周变化、季节变化和年际变化以及在 10 年至 100 年尺度上的变化。

土地呼吸作用的日变化多呈单峰型曲线，与温度变化的趋势基本一致。呼吸速率与温度之间多呈正相关关系。在一定的范围内，温度升高可增强微生物活性，加速土壤有机质的分解从而增加土壤中二氧化碳浓度；另外，温度直接影响植物的生长和生理活动，从而影响植物器官的呼吸；此外，温度升高，二氧化碳向大气的排放进一步增强。土地呼吸作用的季节变化主要由气候因素和植被生长状况所控制。夏季植物光合作用强烈，增进光合产物向土体的输送，同时较高的温度也增加了微生物和根系的活性，从而促进呼吸作用增强。植物群落一般具有明显的季相变化，季相不同，对应的群落生物量、碳素和分配同化能力、根系的数量和活性也存在显著差异，从而加剧土地呼吸速率的季节性变化。土地呼吸作用的年际变化，是一种普遍存在的现象，主要是受气候因素的年际变化所影响。例如，半个世纪以来，中国长江中下游等南方地区的暴雨明显变多了，而在北方地区，旱灾发生的范围不断扩大。再例如，山东省东营地区 1968—2013 年的 46 年里，年降水量在总体上呈减少趋势，降幅为 6.6 毫米/年。通过小波分析周期性规律研究发现：在降水过程中存在着 19~28 年、10~15 年及 4~8 年的 3 类尺度的周期变化规律，22 年左右的周期震荡最强为第一主周期，其存在 5 个周期的波动控制着该地区降水量在整个时间域内的变化特征（刘玉斌等，2017）。由于降水量和温度等的年际或周期性变化，直接影响植物的生理和生态过程，导致生产季长度、种群结构和展叶时间的改变，同时影响营养物质可利用性的变化，从而引起土地呼吸在时间上的动态变化。在美国新英格兰州哈佛森林（Harvard Forest）进行 5 年和霍兰德森林（Howland Forest）进行 4 年的土壤呼吸研究中发现，土壤呼吸年际变化的主要来源与春季、夏季干旱的发生以及春天呼吸大幅度增加的时间有关。年际之间春季呼吸大幅增加的时间不同引起的土壤呼吸作用年际变化占总变化的 33%~59%。另外，哈佛森林土壤呼吸交换碳年际变化高达 0.23 千克/(米^2·年)，超过了生态系统净交换的年际变化［0.14 千克/（米^2·年）］。因此，土壤呼吸年际变化可能是生态系统净交换年际变化的一个主要原因。正在发育中的森林可能对天气和资源可利用性的变化反应更为敏感，导致其土壤呼吸的变异性比成熟的森林更高（骆亦其等，2007）。

（二）土地呼吸的空间变化

土地呼吸作用具有明显的空间变异性，这种变异性存在各种不同的尺度上，从几平方厘米到几公顷直至全国和全球。几乎可以说，很少有两块土地的呼吸作用是完全相同的。气候带、地形地貌、有机质底物、轻质有机碳、根系生物量及其分布、凋落物生物量、土壤细菌和动物组成、凋落物含水量、森林平均胸径、树木胸高断面积、NPP、土壤理化性质、氮沉降、水分特性、物种组成、树的空间分布和冠层结构、距离树的距离、光合作用、竞争强度、树的生长阶段等，都可能成为影响或控制土地呼吸空间变异性的主导因素（王晓荣等，2017）。

在地块水平上，呼吸作用的空间变异主要是由土壤特性、植被类型和根系分布等因素所决定的。因为土壤水分、根系生物量、微生物数量或者凋落物量会随着距离植株的远近而发生变化。Stoyan et al.（2000）利用地统计学方法分析了 2 平方米尺度上白杨林和小麦地中土壤呼吸作用和土壤性质的空间异质性，认为土壤呼吸作用的空间异质性部分是由于植株根系和植物凋落物的空间格局造成的。在加利福尼亚州北部的一个美国黄松人工幼林中，呼吸作用的大部分空间变化（84%）是由细根生物量、微生物生物量及土壤的物理和化学性质（即土壤温度和湿度、土壤氮和有机质、镁、容重和 pH 值）等引起的（Xu et al.，2001）。

在景观水平上，土地呼吸的规模通常达到数十公顷至数百平方千米。这些由斑块、廊道和基质等构成的空间异质性区域，呼吸作用的空间异质性自然会有很大变异。这些空间变异主要是由于气候、地形、土壤性质、植被类型、斑块面积和边缘区特性等不同所引起的。例如，在美国威斯康星州北部一个人工管理的景观内，土地呼吸在 6 种主要斑块类型（北部成熟硬木林、北部幼龄硬木林、皆伐地、开阔的北美短叶松荒地、成熟北美短叶松林、成熟红松林）之间的变动非常大。凋落物层的厚度比土壤温度和湿度能更好地预测不同斑块类型之间的平均呼吸速率。斑块之间凋落物分解速率区别也很大，主要是由冠层郁闭度、凋落物组成和凋落物质量的不同所造成的（Euskirchen et al.，2003；Saunders et al.，2002）。Sotta et al.（2006）在研究平地、山谷、下坡和上坡的土地呼吸时，没有发现明显差异，但发现地形和时间的交互作用对土地呼吸有显著影响。由于土壤结构等因素的不同，不同土壤类型的呼吸速率虽然差别很大（沙土的土壤呼吸速率显著高于黏土，约高 21%），但沙土（变异系数为 23%）和黏土（变异系数为 25%）土壤呼吸空间变异的差异并不大。总体上看，目前对景观水平上的呼吸作用空间异质性研究很少，有限的信息还不足以揭示土地呼吸作用的空间异质性变化规律。但是，结论是肯定的，即在不同的空间尺度上，土地呼吸强度、速率和过程都有很大变化，都会对土地的生命活性产生重要影响。

三、土地呼吸的作用机理

（一）土地呼吸作用的生物化学过程

土地的呼吸作用是生命体将储存的化学能转化为细胞可利用的热能的过程，其本质是将碳（C）基有机分子分解，其过程与 C 的燃烧相似。通过呼吸作用，生命细胞将有机分子中相对有序排列的 C、H、O 转化为相对无序的 C、H、O；这些呼吸作用产物中的 C、H、O 以 CO_2、H_2O 或 CH_4 等气体分子形式存在，并最终释放于大气中。细胞呼吸消耗的“燃料”包括糖类、脂肪、蛋白质等多种有机化合物，其中最有代表性的是葡萄糖（$C_6H_{12}O_6$）。葡萄糖的降解反应可用来表达细胞的呼吸过程：

$$C_6H_{12}O_6 \longrightarrow 3CO_2 + 3CH_4 \qquad (4-5)$$

$$C_6H_{12}O_6 + 6O_2 \longrightarrow 6CO_2 + 6H_2O \qquad (4-6)$$

上述两个反应都是呼吸反应，前者没有 O_2 参与，后者有 O_2 参加，但都伴随着 CO_2 的产生和排放，这就是所谓“呼吸作用”（respiration）。通常将没有 O_2 参与的呼吸作用称为无氧或厌氧呼吸作用，有 O_2 参与的呼吸作用称为有氧呼吸作用（李长生，2016）。

有氧呼吸是高等动物、植物进行呼吸作用的主要形式，通常所说的呼吸作用就是指有氧呼吸。有氧呼吸在细胞质基质和线粒体中进行，且线粒体是细胞进行有氧呼吸的主要场所。有氧呼吸的整个生化过程包括糖酵解、戊糖磷酸途径、三羧酸循环和电子传递链。氧化的戊糖磷酸途径是在质体中进行的，它的主要作用是产生组织的生物合成所需要的中间产物（如氨基酸和核苷酸）和烟酰胺腺嘌呤二核苷酸（NADPH）。电子传递在线粒体的内膜上进行，包括电子传递和氧化磷酸化。CO_2 和三磷腺苷（ATP）的生成主要发生在糖酵解途径和三羧酸循环中。糖酵解在细胞溶液（cytosol）和质体中都能进行，将葡萄糖通过烯醇式丙酮酸磷酸（PEP）转变为丙酮酸和苹果酸。在动物和微生物中，糖酵解的主要产物为丙酮酸，而植物细胞将大部分 PEP 转变为苹果酸（Lambers et al.，1998；骆亦其等，2007）。

能够进行厌氧呼吸的微生物主要是厌氧菌和兼性厌氧菌，它们参与的反应包括反硝化作用、脱硫作用和甲烷发酵作用等。由于反硝化作用会产生氧化亚氮（N_2O）这个重要的温室气体，近年来受到全球的广泛关注。当厌氧环境中的硝酸根被消耗殆尽时，厌氧细菌可以利用高价锰（Mn^{4+}）、高价铁（Fe^{3+}）或硫酸盐（SO_4^{2-}）来进行厌氧呼吸，以实施对有机 C 的氧化：

$$C_6H_{12}O_6 + 12Fe_2O_3 \longrightarrow 24FeO + 6CO_2 + 6H_2O \qquad (4-7)$$

$$C_6H_{12}O_6 + 12MnO_2 \longrightarrow 12MnO + 6CO_2 + 6H_2O \qquad (4-8)$$

$$C_6H_{12}O_6 + 6SO_4^{2-} + 12H^+ \longrightarrow 6H_2S + 6CO_2 + 6H_2O \qquad (4-9)$$

在这些厌氧呼吸作用中，Mn、Fe 和 S 与生命基本元素 C、H、O 交换电子而相互耦合起来。甲烷（CH_4）产生是地球生态系统中另一种常见的厌氧呼吸作用。在深度还原环境中（E_h<-150 毫伏），甲烷菌将有机化合物（如 $C_6H_{12}O_6$）或无机化合物（如 CO_2）在厌氧条件下转化成 CH_4，以产生能量。甲烷发生反应可概括于下列两式中（李长生，2016）：

$$C_6H_{12}O_6 \longrightarrow 3CO_2 + 3CH_4 \qquad (4-10)$$

$$CO_2 + 4H_2 \longrightarrow 2H_2O + CH_4 \qquad (4-11)$$

CH_4 也是一种温室气体。以单位分子数而言，CH_4 的温室效应要比 CO_2 大上 25 倍。这是因为大气中已经具有相当多的 CO_2，以至于许多波段的辐射早已被吸收殆尽了；因此大部分新增的 CO_2 只能在原有吸收波段的边缘发挥其吸收效应。相反，一些数量较少的温室气体（包括 CH_4 在内），所吸收的是那些尚未被有效拦截的波段，所以每多一个分子都会提供新的吸收能力。

（二）土地呼吸作用的主要表征指标

判断土地呼吸作用强度和性质的指标主要有呼吸速率和呼吸商。

1）呼吸速率。土地呼吸速率通常用单位时间、单位重量（干重、鲜重）的植物组织或单位细胞、毫克氮所放出的 CO_2 的量或吸收的 O_2 的量来表示。测定呼吸速率的方法有多种，常用的有：用红外线 CO_2 气体分析仪测定 CO_2 的释放量，用氧电极测氧装置测定 O_2 吸收量，还有广口瓶法（小篮子法）、气流法、瓦布格微量检压计法等。通常叶片、块根、块茎、果实等器官释放 CO_2 的速率，用红外线 CO_2 气体分析仪测定，而细胞、线粒体的耗氧速率可用氧电极和瓦布格微量检压计法等测定。

2）呼吸商。土地呼吸商（RQ），又称呼吸系数，为在一个呼吸系统中 CO_2 的产生量与氧气消耗量的比值：

$$RQ = \frac{CO_2\text{产生量}}{O_2\text{消耗量}} \tag{4-12}$$

呼吸商是一个用来表示呼吸作用底物来源和（或）呼吸途径潜在变化的一个指数。在非光合组织中，如果蔗糖为呼吸的唯一底物并且被完全氧化为 CO_2 和 H_2O，RQ 应为 1.0。由于呼吸作用的底物不一定是蔗糖而是其他化合物和（或）由于呼吸作用的中间产物被用于生物合成，因此测量的 *RQ* 值通常不为 1.0。当完全进行厌氧呼吸时，理论上 *RQ* 值将是无穷大的，因为没有 O_2 的消耗而同时可能产生 CO_2（骆亦其等，2007）。底物种类不同，除了碳水化合物外，还有脂肪、蛋白质、有机酸等，呼吸商也不同。由于呼吸商的大小和呼吸底物的性质关系密切，故可以根据呼吸商的大小大致推测出呼吸作用的底物及其性质的改变。土地呼吸商可以代表好氧和厌氧微生物代谢的相对活性。因为厌氧生成 CO_2 时不需要消耗 O_2，所以呼吸商随着厌氧呼吸水平的增加而增加。

四、土地利用与土地呼吸

（一）土地利用方式对土地呼吸的影响

土地利用方式即土地用途，由于土地具有用途多样性的特点，因此土地利用方式不仅具有相对多样性还具有相对分散性。土地无论是作为森林、草地还是作为农田利用，都直接影响着土壤碳储量、碳组分及碳周转的过程。人类的土地利用方式多种多样，包括各种方式的耕作、放牧、伐木、聚落和城市、基础设施、自然保护、旅游休闲、军事等，这些利用方式对土地的呼吸过程和强度具有显著不同的影响。同样是作为林地利用，作为用材林地、经济林地同作为薪炭林地、防护林地，地上和地下的呼吸过程都会有很大差别。不同的土地利用方式，对土地退化、生物多样性、流域水平衡、水质和水环境、河流泥沙及海洋生态系统等方面都会有明显不同的影响。例如，不同的土地利用方式会通过改变地表光学特性、粗糙度和水文循环而影响地面与大气间辐射、热量和水分交换，通过生态系统碳和养分循环的变化影响地面与大气间交换温室气体和气溶并导致气候变化，通过改变地表发射率、温室气体和痕量气体的含量改变生物地球化学循环，从而改变土地的呼吸作用。

研究表明，森林、草地和农田 3 种土地利用方式，对土壤呼吸作用的影响十分显著。

森林土壤碳贮量为79亿亿~93亿亿克，占全球土壤碳贮量的39%，约为大气中碳贮量2.7倍，森林土壤碳呼吸是大气CO_2浓度变化的主要碳源之一。草地碳贮量约占陆地生态系统总碳贮量的15.2%，其中89.4%贮存在草地土壤中，地上部分仅占10.6%。不同的农田生态系统，土壤呼吸速率存在显著差异（叶红等，2017）。森林开垦为耕地或者开垦为果园，土壤有机碳均较原始森林土壤有明显减少。研究表明，亚热带森林土壤有机碳储量下降25.6%~51.2%。表层土有机碳对土地利用变化的响应更为敏感。红壤天然林地土壤有机碳比农田土壤高219%。草地开垦为小麦田36年，使1米土壤有机碳含量下降12.3%~28.2%；草甸草原开垦为农田使CO_2的排放增加了81%（李蓓蓓等，2014）。

（二）土地利用措施对土地呼吸的影响

土地利用措施包括施肥、灌溉、耕作、种植等，对土地的呼吸会有重要的影响。因为土地利用措施不同，它会显著改变植物生长所需要的水、肥、气、热的协调能力，从而改变土地呼吸的过程和强度。例如，采用深松耕作法，即在不翻转土层的情况下，用深松机具对犁底层和心土层进行深松，调整耕层以下的土壤构造状况，为作物生长创造比较适宜的土壤条件，大大提高了土壤水分的保蓄量并促进根系发育。研究表明，深松降低了底土的容重，增加了孔隙，提高了降雨的入渗，大雨后，深松地表出现了大量洞穴，而耕翻的则无。雨量较常年偏低的情况下，因雨量小，入渗量少，深松区大孔隙增加，0~40厘米深松区水分略低。但大雨（87.1毫米）之后，1米土体的蓄水量，深松区为304毫米，而耕翻区仅为293毫米。深松区不仅补足了前期的亏缺量，而且增加了11毫米的蓄水量，其中40~100厘米土层增加73%。深松能使较紧实的底土变松，有利于根系向纵横方向发展，耕层根量比翻耕的增加11.7%~39.1%，底层（20~40厘米）增加22.5%~47.4%。深松处理根系在抽穗期达65厘米以上，而耕翻处理根系深度仅50厘米左右。在灌浆期，深松处理根系已延伸到1米，而翻耕处理仅达65厘米，深松处理根重比翻耕增加2倍以上（黄昌勇，2000）。由于深松改变了耕层的通透性，加速了有机质的分解，进而提高了农田的呼吸速率，有时甚至可以高1/3以上。

（三）土地利用强度对土地呼吸的影响

提高土地利用强度，会使土壤中的有机质损失。这在很大程度上意味着呼吸底物随着时间持续而被耗尽。因此，提高土地利用强度通常会导致土壤呼吸下降。例如，在澳大利亚昆士兰州南部的朗格兰-洛吉（Langlands-Logie），耕作40多年后土壤碳含量降低了70%。在美国加利福尼亚州中部，一年生草原变成柠檬园的22年之后，土壤含碳量降低了26%，具有凋落物的年土壤呼吸降低了11%，没有凋落物的年土壤呼吸降低了31%（骆亦其等，2007）。连续耕作还容易导致农田中某些元素缺乏或富集，营养平衡失调，改变根系周围的微生物群落结构，从而影响土地的呼吸商和呼吸速率。降低土地利用强度，诸如退耕、弃耕或者休耕，有利于土壤有机碳蓄积能力的提高，增加土地呼吸作用。王春梅等（2007）利用长白落叶松样地实测资料，评价退耕还林对森林生态系统土壤碳的影响，结果表明随着退耕还林年限增加，土壤碳密度先降低后增加，还林21年后土壤碳密度出现净积累，退耕还林30年后土壤碳储量的增加有限。张金波等（2006）采集和测定了三江平原不同利用方式的土壤剖面的土壤水溶性有机碳含量，结果表明农田弃耕后水溶性有机碳恢复明显。

需要指出的是，人类至今为止所有对土地呼吸的知识积累是非常稀缺的，在许多方面都还存在未知的领域。可是，未来大气 CO_2 浓度的变化在很大程度上取决于土地对环境变化的反馈。揭示土地呼吸机理和过程，对于国家层面和国际社会采取稳定大气 CO_2 浓度、应对气候变化、低碳绿色发展的行动却又至关重要。要解决这种知识供给与需求之间的巨大矛盾，需要大力推进理论机理研究，更重要的还将依赖于新技术、新方法的发明和应用。同位素示踪技术和传感器技术的进步可能会给土地呼吸的研究带来新的希望。

第三节　土地活性和适宜性的互动

一、土地活性和适宜性的关联机理

（一）土地适宜性内生着生命活性

土地适宜性是指土地在一定条件下，对指定用途或特定利用方式的适用性，即某种土地类型持续用于特定用途的适宜程度，用于反映特定利用方式下的土地质量状态。理解土地适宜性通常包括 3 层含义：①是否适宜，也就是能生产什么，适宜做什么；②适宜到何种程度，也就是高度适宜、中等适宜还是勉强适宜；③存在什么影响适宜性的限制因素，是因为水的限制、工程地质的限制、化学成分的限制，还是交通的限制等。土地适宜性可以分为现有条件下的适宜性和经过改良后的潜在适宜性两种。所有土地的适宜性都应该是建立在良性生态循环和能保证生命生生不息基础之上的，即在土地的开发利用过程中，不应该造成资源破坏、环境退化和生命的损害。它是土地的一种固有特性，也是支撑土地学不同于其他学科的一个核心概念。

出自《晏子春秋・内篇杂下》的南橘北枳，意思是南方之橘移植至淮河之北就会变成枳，比喻同一生命的物种因土地条件不同而发生变异，这是对土地适宜性的最好注解，也是对土地适宜性与土地生命活性相关联的最好注解。中国自古以来就特别注重“物土之宜而布其利”，就是观察土地对各种作物的适宜程度而配置最能发挥其效能的作物。《禹贡》《周礼》，就把天下各州土地的肥力等级与适宜作物进行了匹配。每一种土地利用方式都有其最适宜的特定自然生境，一种土地利用方式可视为一个“生命感应中心”，它有其自身的适宜生境，其生长发育围绕这一生境而展开。FAO（1993）在《持续土地管理评价大纲》中指出：如果预测到一种土地利用在未来相当长的一段时期内不会引起土地适宜性的退化，则可认为这样的土地利用是可持续的。从本质上说，土地持续利用是土地适宜性在时间上的延伸，更是土地生命活性能够生生不息的延续。土地具有用途的多样性，而某一块土地宜做何种利用，首先要考虑的是该土地所适合的多种土地利用中，哪一种用途相对其他用途更加适宜，更能维护土地的生命活性。

（二）适宜性具有生命感应功能

土地不是一个虚幻的存在，而是一个物质性世界。从无机物到有机物，从简单的单细胞生物到复杂的个体、种群、群落、生态系统到人类机体，都是物质的，都有物质的具体形态，都是物质性的实在体现。每个物质形态都具有特定的属性和结构，它们之间都依照一定的条件相互作用、相互依存和相互制约，从而形成无限多样性的土地物质实体。由于受地球公转和自转而产生的地质构造等的作用，地球表面自然界的各种形态存在着明显的地域性。各种山地、丘陵、高原、平原、海岸及各种森林、灌丛、草原、农田、湿地、河流、荒漠、景观等生态系统，在全世界各个区域的分布都是不均匀的。这些不均匀和多样性的土地单元，各自对生命都有着不同的适宜性。它是土地的一种固有特性，也是一种内生功能。土地有不同的适宜性的思想在中国古代就已经出现，当时称之为土宜，即指土壤的性质及局部生态环境对某种土地利用方式的适宜情况。如《周礼·地官·大司徒》的“以土宜之法，辨十有二之名物”就是土宜思想的反映。

土地是生命之母，表明土地与生命活性的共生关系，本质是土地适宜性与土地生命活性的和谐。在中国，森林生态系统可分为针叶林、阔叶林、竹林等类型。其中，针叶林可进一步细分为寒温性针叶林、温性针叶林、温性针阔混交林、暖性针叶林和热性针叶林；阔叶林可进一步细分为落叶阔叶林、常绿落叶阔叶混交林、常绿阔叶林、硬叶常绿阔叶林、季雨林、雨林、珊瑚岛常绿林。森林生态系统主要分布在东北大小兴安岭、秦岭地区、横断山区、云贵高原、南岭、武夷山、海南中部山区等地。草地生态系统主要包括草原生态系统和草甸生态系统等，中国的草原生态系统可分为草甸草原、典型草原、荒漠草原和高寒草原四大类，主要分布于内蒙古高原、黄土高原北部、松嫩平原西部、青藏高原中西部地区及阿尔泰山、天山、昆仑山等地。中国的草甸生态系统分为典型草甸、高寒草甸、沼泽化草甸和盐生草甸四大类，主要分布在青藏高原东部、北方温带地区的高山和山地及平原湿地和海滨（徐卫华等，2022）。它们是根据地球表层土地各组成要素特性及其组合形式的不同，遵循适宜性差异所形成的各具特点又相互区别的持续生命活力系统。如果将森林生态系统移植到草地生态系统，或者移植到湿地生态系统、灌丛生态系统、荒漠生态系统、高山冻原生态系统、海洋生态系统中去，森林生态系统的活力就会遭到毁灭性的命运。也就是说，土地不是均质的，存在着千变万化的生命感应中心，每一个生命感应中心都决定了一种生命的适宜性，对另一种生命而言都存在限制性。据研究，中国960万平方千米的土地空间，适宜耕种和居住的只有120万平方千米，这是由土地的生命感应功能所决定的。

（三）生命活性存在适宜性限制

土地是一个异质性的物质系统，每个系统只对应一种最适宜的生命感应中心。如果打破这种生命感应中心的秩序，对土地进行非适宜性的利用，比如将不适宜耕种的土地开垦成耕地，就会引起土地的退化乃至生命感应中心的毁灭。人类文明源于大河之滨，文明衰亡则源于对土地的不适宜利用。曾经是林木蔽天、土地肥沃、雨量充沛、富饶美丽的两河流域的美索不达米亚平原❶，如今成了一片寸草不生的荒漠。在两河流域，苏美尔人修建了大量灌溉工程，砍伐森林开垦土地，种植面积得到大范围扩展，但当地降水少而蒸发大，水盐失衡导致大面积的灌溉耕地盐化，到公元前1700年，65%的土地都白化了。因为土地的不适宜利用导致生态环境恶化，两河流域永远沦为一个人丁稀少的穷乡僻壤（邓建明等，2013）。人类历史上几十处古代文明如今已成为一片废墟和光秃秃的景观，从非洲赤道地带至中东阿拉伯沙漠，经过俄罗斯中亚细亚，直至中国西部，在横贯两大洲的沙漠地带中，埋藏着许许多多灌溉渠道和城堡，是几千年来人类忽视土地的适宜性限制，导致农业过度开垦而造成文明毁灭的证明。今天的危地马拉，玛雅文化在这里有过1700年的昌盛时期，大约在900年时衰落。对其衰退的原因长期争论不休，但由于人口压力增大，玛雅人开始砍掉陡山坡上的树木以扩展农田，破坏了土地的适宜性，引起土壤侵蚀和土地生命活性丧失，是其重要原因之一。中国的西北地区，曾因山川秀美、森林草原密布、土层深厚等条件优越而成为中华民族的文明发祥地之一。黄土高原东南部的晋西南与关中等地，在中华大地上率先跨入文明的门槛，在很长的历史时期内经济社会处于发达地位。到魏晋南北朝时期，匈奴人赫连勃勃曾赞美黄土高原北部的陕北清边白城子"美哉斯阜，临广泽而带清流，吾行地多矣，未有若斯之美"，在此筑统万城，建立大夏国（吴晓军，1999）。可是，自西汉以来西北地区推进大规模屯田活动，在黄土高原上开始毁林毁草开垦，以自然绿洲为依托大规模引渠水灌溉农田，为了眼前利益不顾自然界的适宜性，向土地进行了一系列过度开发和索取，造成水土流失不断加剧、土地沙漠化日益扩大，历史文明开始全面衰败。

人类活动违背土地适宜性所造成的日益严重的土地退化，正在破坏2/5人类的福祉，促使物种灭绝，加剧气候变化。截至2010年，土地退化造成的损失相当于世界年度生产总值的10%左右。该报告由生物多样性和生态系统服务政府间科学政策平台（Intergovernmental Science-Policy Platform on Biodiversity & Ecosystem Services，IPBES）编制，于2018年3月18日至24日，在哥伦比亚麦德林的IPBES第六届全体会议上通过。❷ 目前已经证实，违背土地适宜性所引致的土地生命活性退化，是造成生境损失和通过退化造成的生境适宜性下降是生物多样性丧失的主要原因。土地退化已经对全世界土地生态系统的活性产生了明显影响，在全球23%的陆地上，生态系统生物量和农业的净初级生产力目前低于自然状态下原本应有的生产力，相当于全球净初级生产力减少了5%。Tim通过建立地理学和分类学覆盖的陆地数据库，解释了人类活动造成的土地退化或转化是如何影响生物多样性的。研究结果发现，样本区内受影响最严重的栖息地内的物种丰富度平均减少了76.5%，总丰度减少了39.5%，基于稀疏度的丰富度减少了40.3%。因此作者估计在全球范围内，这些来自人类影响的栖息地压力已经导致样本内平均物种丰富度下降了13.6%、总丰度下降了10.7%和基于稀有物种的丰富度下降了8.1%，其变化显示出明显的空间差

❶ 位于底格里斯河、幼发拉底河之间的平原，现今的伊拉克境内，那里是古代四大文明的发源地之一古巴比伦所在，有高度发达的文明，为世界留下了大量的远古文字记载材料（泥板）。

❷ Montanarella L, Scholes R, Brainich A. The IPBES assessment report on land degradation and restoration [R/OL]. (2018-03) Bonn: Secretariat of the Intergovernmental Science-Policy Platform on Biodiversity and Ecosystem Services. https://doi.org/10.5281/zenodo.3237392.

异。如果不加以措施，在“一切照旧”的土地使用情景下，预计全球生物多样性会出现快速的进一步损失；预计到2100年，全球范围内的物种丰富度将进一步下降3.4%，损失主要集中在生物多样化但经济贫困的国家（Newbold et al.，2015）。当今世界30%的现有土地中已经出现沙漠化，且以每年600万~800万公顷的速度递增。沙漠化的影响范围从西班牙一直延伸到热带地区，所到之处土地生命活力几乎彻底瓦解乃至荡然无存。

大量研究证实，土地生态系统的活性存在适宜性的限制。如果忽视这种限制，将会使生命活性持续下降乃至完全丧失。纳米比亚从20世纪以来，由于土地利用方式违背了土地适宜性，导致主要植被稀树草原持续减少，并转化为以刺槐为主的灌木丛，几乎没有草地的覆盖。灌木丛由于其特殊的植物特性，不仅降低了纳米比亚畜牧业的生产力，同时对当地的蜥蜴物种造成了严重的危害。Jesse通过在中部地区的牧场中，使用视觉调查来研究当地的蜥蜴物种组合，比较了与开阔的稀树草原和被灌木侵占的生境相关的蜥蜴组合，当地的4种蜥蜴（*P. undata*、*M. varia*、*M. striata* 和 *L. bradfieldi*）占所有蜥蜴物种观测值的97.5%，其中只有 *P. undata* 是陆生的，其他3个物种基本上是树栖的。*M. varia* 在所有的稀树草原地块中被发现，但在所有灌木丛地块中没有发现。2个物种（*P. undata* 和 *L. bradfieldi*）在灌木丛包围的地块中数量较少。1个物种（*M. striata*）在灌木丛地块比在稀树草原地块更丰富。由于当前纳米比亚的稀树草原仍在不断退化中，伴随产生的结果是 *M. striata* 的数量会持续上升，而其余3种蜥蜴数量会持续性下降，其中 *M. varia* 甚至会走向灭绝。土地退化产生的当地生态环境变化，不仅会导致生态物种结构的变化，也重组了当地的热带草原蜥蜴的物种组合方式，在这个过程中就会有不适宜生存的特定物种消失，走向灭绝（Meik et al.，2002）。科学家研究发现，在哥伦比亚的550个依赖森林的物种中，几乎所有的物种（$n=536$，占97.5%）因非适宜性利用都失去了栖息地，18%的物种到2015年失去了一半的栖息地。使用损失指数（Loss Index）来捕捉森林鸟类组合的栖息地损失的严重程度，发现哥伦比亚目前的损失指数是35，这意味着35%的鸟类物种已经失去了至少35%的栖息地（Negret et al.，2021）。例如美洲虎在半荒芜栖息地生存时会以犰狳为食，金雕在缺乏通常的猎物的地方会大量捕食中级捕食者。同时一些大型食肉动物会将捕食目标转向饲养家畜，一旦栖息地丧失则将加剧这些野生动物与人类之间的冲突，这些顶级食肉动物往往会使整个景观范围内的生命活性遭到灭绝（Miranda et al.，2021）。

中国比较流行的地球化学性疾病，主要包括地方性氟中毒、甲状腺肿、地方性砷中毒和大骨节病等。据相关统计，全国克山病、大骨节病、碘缺乏病的县区数分别为326个、377个和2185个。地球化学疾病通常只发生在某一特定地区，同一定的自然环境因素有密切的关系，如地质、地貌、水质、气候、食物、居住条件等。主要致病因素是环境中化学元素的分布并不均衡，过多或过少都会引起某些特定的疾病。例如，碘元素的缺乏可引起地方性甲状腺肿或克汀病，氟元素分布过多的地方会引起地方性氟中毒，而缺氟地区可出现龋齿、老年骨质疏松症增多等。之所以会发生地球化学疾病，本质上是这些区域的生命活性存在适宜性限制，不适合某些生命生存和发展。以克山病为例，它是以硒缺乏为基本因素的多营养素缺乏病。系统研究表明，硒缺乏、膳食单一、肠道病毒感染和真菌毒素慢性中毒等会共同影响克山病的发生。该病临床特征为心肌凝固性坏死，伴有明显心脏扩大、心功能不全和心律失常，重者发生心源性休克或心力衰竭，死亡率高达 85%。1935 年在中国黑龙江省克山县发现克山病，由此得名。据资料调查，1980 年急性克山病已基本消失。由于克山病仅出现在低硒区的极端低硒人群中，且单独补硒有明显的预防效果，因此可以证明硒是发病的基本因素（中国医学科学院克山病防治科研小分队，1979；KD Research Group of the Chinese Academy of Medical Sciences, 1979）。在高发期，全国 15 个省（区）都有发病，主要分布在东北到西南的一条带上，带内病区呈灶状分布。从兴安岭、太行山、六盘山到云贵高原的山地和丘陵一带多为病区，重病区海拔多在 200~2000 米之间，而海岸、平原、土壤盐渍化较深地区多为非病区。未来需要将研究成果转化为克山病一级预防策略和干预措施，为及时处置可能死灰复燃的克山病病情提供科学的防治预案。大骨节病也是如此，这是指一种地方性、变形性骨关节病，国内又叫矮人病、算盘珠病等，国际医学界称为 Kaschin-Beck 病（KBD）。KBD 主要发生在 12 岁以下儿童，严重危害少年儿童的生长发育，轻者关节疼痛、增粗、变形，重者关节畸形、身材矮小，生产、生活能力下降，甚至终身残废。1949 年 Uanski 在苏联西伯利亚阿穆尔州乌洛夫河流域赤塔市发现大骨节病，这是首次公开报道该病。1861 年 Kaschin 发现 KBD 是独立的骨关节病，1901 年 Beck 对大骨节病的发病原因进行了调查，首次提出大骨节病的发病与环境有关，是大骨节病最初的病因学研究。中国的大骨节病病因主要有生物地球化学学说（低硒）、与饮水水质有关学说和食物真菌毒素中毒学说等 3 种学说。有大量研究发现，中国大骨节病病区分布与低硒土壤地带大体上一致，大部分病区土壤总硒含量在 0.150 毫克/千克以下，粮食硒含量多低于 0.020 毫克/千克；病区人群血、尿、头发硒含量低于非病区人群，病人体内可查出低硒相联系的一系列代谢变化；病区人群头发硒水平上升时，病情下降；补硒后能降低大骨节病的新发率，促进干骺端病变的修复。但也有研究表明，不少重要事实并不支持低硒是病症的唯一成因（安永会等，2010）。新近的研究表明，大骨节病的病因可能是低硒条件下粮食 T-2 毒素超常聚集引起的。补硒、改善粮食保存条件、改良水质、改进居住条件、改善营养水平是综合预防大骨节病的有效举措（王治伦，2020）。不管是哪一种病因，都是由于这些地区的土地或环境适宜性限制了生命的活性而导致疾病。

二、地理标志农产品与土地适宜性场域

（一）地理标志农产品的概念、类型和分布

农产品地理标志，是指标示农产品源于特定地域，产品品质和相关特征主要取决于自然生态环境和历史人文因素，并以地域名称冠名的特有农产品标志。2002 年 12 月修改的《中华人民共和国农业法》第二十三条规定："符合规定产地及生产规范要求的农产品可以依照有关法律或者行政法规的规定申请使用农产品地理标志。"截至 2020 年 1 月 21 日，全国地理标志农产品达 2930 个，包括种植业、畜牧业和水产业 3 种类型。其中，种植类产品包括粮食、蔬菜、果品、茶叶、中药、油料作物、棉麻与花卉苗木等；畜牧业产品包括肉、蛋、奶、蜂及其他畜牧产品；水产品以水产动物为主，还包括少量水生植物与水产初级加工产品。无论何种地域标志农产品，其根就在于特定区域独特的包括水、土、气、光、温在内的自然条件，也就是由这些自然条件所形成的特殊土地生态场。例如，深州蜜

桃、燕山板栗、沧州金丝小枣、黄岩蜜橘等地理标志农产品，究其原因，固然与产品自身的生理遗传习性有关，但都与特定区域的小气候、土壤、水质、栽培技术等条件密切相关。像黄岩蜜橘，种在某些被抬高的潮土或水稻土上品质极佳，若转移到第四纪红色黏土上，其色、形、味等就明显变劣了。

在全国2930个地理标志农产品中，种植业类涵盖果品、蔬菜、粮食、药材、茶叶、油料、食用菌、花卉、香料、烟草、棉麻蚕桑、其他植物、糖料、热带作物14类；畜牧业类涵盖肉类产品、蜂类产品、蛋类产品、其他畜牧产品、奶制品5类；水产业类涵盖水产动物、水生植物、水产初级加工品3类。其中第一是果品类，有809个，约占总数的27.6%；第二是蔬菜类，有498个，约占17.0%；第三是肉类，有372个，约占12.7%；第四是粮食类，有354个，约占12.1%；第五是水产动物类，有213个，约占7.3%；第六是药材类，有182个，约占6.2%；第七是茶叶类，有179个，约占6.1%。

全国“农产品地理标志”产品空间范围覆盖中国大陆31个省（区、市）。从各省（区、市）“农产品地理标志”存量数据来看，山东省数最多，有332个，占全国的11.33%；其次是四川省179个，占全国的6.11%；然后依次是湖北省162个、山西省155个、黑龙江省146个、广西壮族自治区140个、河南省128个、新疆维吾尔自治区121个、内蒙古自治区120个、甘肃省119个、贵州省115个、陕西省106个、浙江省100个、辽宁省95个、江西省95个、湖南省93个、江苏省91个、福建省86个、云南省84个、安徽省79个、青海省63个、宁夏回族自治区60个，其余省（区、市）小于50个。肉类产品品牌最多的是内蒙古自治区31个、青海省31个、云南省25个、西藏自治区9个；黑龙江省拥有粮食类的地理标志农产品最多，共计41个；安徽省拥有茶叶类的地理标志农产品最多，共计18个；吉林省拥有药材类的地理标志农产品最多，共计6个。

（二）地理标志农产品形成的土地适宜性条件

大量科学研究证明，农产品的品质大多是基因型加上土地适宜性相互作用的结果，地理标志农产品自然也不例外。不同的地理纬度，土地的光、热、水、气等条件不同；不同的流域单元，江河湖海的矿物质和其他营养物质也有差异；不同的地貌类型区，土壤类型、酸碱度、有机质含量、土层厚度、土壤保肥力、盐分含量、微量元素组成、无霜期长短、冰冻期、空气质量、有效积温、风速和频率、日照时速、相对湿度、云雾天数、紫外线强度、昼夜温差、微生物区系等构成土地适宜性的环境因素都有很大不同，所有这些因素都会对动植物的生长速度和营养积累以及感官品质和内在品质的形成产生重要影响。中国早在2500年前就发现了“土宜”现象。如《管子·地员篇》中指出“凡草木之道，各有谷造”，《周礼》中也有“泽草所生，种之芒种”的记载。清代奉乾隆之命所编纂的一部全国性农书《授时通考》，把“天时”和“土宜”列为农业的根本，这是“土宜”的萌芽阶段（龚子同，1994）。也就是说，每一种农作物及其产品的生成，都有其最适宜的土地条件，或者说都有其特定的土地生命感应中心。适应特定土地生命感应中心的农产品，就能形成在色、香、味、形及营养和纯净等方面具有独特表现的优良品质。几乎所有地理标志农产品，只有在很小的土地范围内才能显示其特色，离开了特定的土地区域就会失去其名、特、优的禀性。这是土地适宜性的奥秘，人类至今还没有完全解开其密码。

地理标志农产品是土地适宜性奥秘的有趣现象，其密码虽没有完全解开，但人类几千年以来的探索已经获得了初步认知：如果土地界面的适宜性场域能够满足产品遗传习性的需要，就能够生成具有特定品质的地理标志农产品。两者吻合得愈好，其品质就越高。同样遗传习性的动植物，如果不能在适应的土地上，其品质就会严重受损。产品遗传习性包括良种自身的生理习性及其对环境的缓冲能力，遗传性能的变异性和稳定性能力，对光、温、水的敏感性及适应能力，对土壤性质的要求及抗逆能力，等等。茶树在酸性无钙质土壤上生长良好，而枸杞在干旱盐土上特别甜蜜。这些现象显示了产品遗传习性与其土地适宜性之间的密切关系，这就需要研究两者之间内在关联机制，以充分发挥土地适宜性的效能。土地界面适宜性场域，尤其是光、温、水、气和土壤条件，会直接影响地理标志农产品的形状、大小、颜色、质地、食味、营养、储存、加工、保健、食疗、卫生等综合品质。这些条件包括：①温度。昼夜温差愈大，愈有利于糖分的累积，使产品呈现香甜可口。深州蜜桃、沧州金丝小枣和烟台苹果之所以能够甜蜜香脆，都与产区昼夜温差变异大有密切关系。②相对湿度。茶树要求其立地条件有较高的相对湿度，高山云雾茶之所以名贵，就在于它有一个良好的湿度条件；相反，沧州金丝小枣、西北枸杞之所以能够甜润鲜美，则与当地降水量少、空气干燥和相对湿度小等条件相关联。③土壤物理性质。包括土壤容重、非毛管孔隙度、有机无机复合体总量及粒级组成、总含水量与有效含水量等，它们是决定植物根系舒展好坏的重要物理因素。任何优质农产品的生成，通常都要求土壤疏松多孔、排水和通气良好、有效养分和水分储存量高。④土壤养分配比。包括 N、P、K 等主要元素及 Zn、B、Mo 等微量元素在土壤中的配比，它们是影响产品品质的最重要因素。以茶叶和西瓜为例，土壤中各种营养元素是否协调供应，产品质量可以影响好几个级别。⑤某些特殊元素的丰缺。已经知道的，如茶忌钙、烟草忌氯、枸杞喜盐等现象已被揭示得比较清楚。但对若干其他优质农产品，对某些特殊元素有何要求至今还不清楚（龚子同，1994）。从大区域来看，西部及长城沿线区干果地理标志农产品最多，西南地区鲜食瓜果地理标志农产品最多，这与当地土地适宜性场域的气候条件密切相关；所有水产养殖地理标志农产品最多的区域，大多位于沿海或者河水和湖泊较多土地适宜性场域内，例如辽宁、山东、福建、江苏、湖北等；东北地区没有茶叶地理标志农产品，就是因为东北地区的土地适宜性场域，包括降水量、温度、海拔、光照及土壤条件并不适合品质好茶的生长要求；肉类地理标志农产品主要分布在西部及西南地区的内蒙古、青海、云南、西藏，也是因为该区域的土地适宜生长最优质的牧草。简言之，地理标志农产品的形成，最适宜的土地条件是其决定性因素。

（三）典型地理标志农产品的土地适宜性分析

1. 茅台酒的土地适宜性场域

贵州茅台酒是与法国白兰地、苏格兰威士忌齐名的世界三大蒸馏名酒之一。茅台镇地处海拔只有 400 米的低洼地带，依山傍水，常年云雾缭绕，气候温暖潮湿，这些自然条件造就了茅台酒独一无二的酿造环境（李聪聪等，2017）。

茅台酒所在区域的主要地质结构是形成于 7000 万年前的紫色砂页岩和砾岩。覆盖于地表约 50 厘米厚的紫红色的土壤，酸碱适度，富含多种有益成分，有机质含量为 1%左右，易溶解；盐基饱和度可达 80%~90%，呈中性至微碱性，矿质养分丰富。土壤中砂石和砾石含量高，砾石是由风化和流水侵蚀作用形成，孔隙度大，有利于水源的渗透过滤和溶解土层中对人体有益的成分（王宁宁等，2009）。其土壤可细分为紫红色泥岩、紫红色砂岩土、黄褐色砂岩、灰岩、混合态的紫红色黏土、灰褐色黏土、黄褐色黏土和坡积土等八大类。紫红色土在茅台镇分布最广，同黄褐色砂岩作为窖泥的主要原料（陈娟等，2012）。地下水和地表水通过不同岩性的土壤层时，对人体有益的矿物质、多种微量元素被溶解；土壤中的磷、钼元素通过高粱的吸收进行了元素迁移；窖泥在浸润作用下发生元素迁移到发酵液中，最终微量元素迁移到了酒液中。茅台酒主要酿造原料高粱的种植基地，主要母质是紫红色泥岩和黄褐色砂岩（姜涛等，2013），与《土壤环境质量标准》（GB 15618—2008）中规定的镉、汞、砷、铜、铅、铬、锌和镍等 8 种有毒、有害元素的土壤含量限值比较，这两种主要土壤环境质量类型均达到二级（二级标准是保障农业生产土壤限值）以上，对酒槽和发酵液中的微量元素转移有很大影响。

温度日较差、日照时数对高粱产量的影响主要时段在齐穗期后 10~40 日（即开花到成熟阶段）。这段时期温度日较差大，日照时数高对产量的形成有利。这是由于开花后，营养物质制造和向籽粒输送受气象条件影响较大。降水与产量关系显著的关键时段在齐穗期前 50 日到齐穗期后 40 日之间（即大苗到成熟阶段）。这是因为该高粱种植基地主要靠天然降水，没有增加人工灌溉，故高粱产量形成对降水的需求时段较长。这也表明，在温度和日照条件较好地区，高粱齐穗后，如果有条件适当增加灌溉，对产量增加有利。高粱籽粒中的单宁为复杂的高分子多元酚类化合物，少量的单宁对发酵过程中有害微生物有一定的抑制作用，且能生成单宁衍生物酚类化合物，赋予高粱酒以特殊香味。但单宁有收敛作用，能凝固蛋白质，使之不进行正常的糖化发酵。一般以 0.5%~2.0%较为适宜。由于该产区酒用高粱的单宁含量平均在 2.0%左右，比优质酒用高粱要求的单宁含量（0.5%~2.0%）略微偏高。因此，这段时期（5~6 月）降水或者日照增加对提高酒用高粱的品质有利。茅台镇地表水主要为赤水河及其支流，流经茅台镇的长度约为 21 千米。赤水河是长江上游珍稀特有鱼类国家级自然保护区，还有丹霞地貌世界自然遗产地。据科学检测，赤水河水质优良、微甜爽口、降解物少、硬度适中、酸碱适度、富含多种有益于人体健康的矿物质和微量元素。无论是水质 pH 值、硬度，还是细菌总数均符合《生活饮用水卫生标准》（GB 5749—2012）规定，且达到酿酒用水的理想要求（表 4-2）。在赤水河流域沿岸分布有茅台酒、郎酒、习酒、珍酒、董酒、泸州老窖等，形成独特的酒文化，在全世界都是绝无仅有的。

表 4-2　酿酒用水要求表

水质指标	赤水河	理想要求
pH 值	6.5~8.5	8.1
总硬度/(毫摩・升$^{-1}$)	2~7	6.2
硝酸氮/(毫克・升$^{-1}$)	<0.2	0.5
细菌总数/(菌落形成单位・升$^{-1}$)	—	<100

续表

水质指标	赤水河	理想要求
大肠杆菌/(菌落形成单位·升$^{-1}$)	—	<3
游离余氯/(毫克·升$^{-1}$)	<0.1	<0.3

注："-"表示未检出，下同。

资料来源：李聪聪，熊康宁，苏孝良，等．贵州茅台酒独特酿造环境的研究［J］．中国酿造，2017，36（1）：1-4.

酿酒用水不但要求清洁，硬度、碱度适中，水中含有不同的矿物质对酒的香气风格也具有不可忽视的影响（表4-3）。在酿酒过程中，有的无机盐离子对香味物质可以起到促进作用，如Mg^{2+}、Mn^{2+}、K^{+}活化能生成香味成分（蔡宏，2015）。表4-3中3种名优酒厂主要原料都是用高粱和小麦通过蒸馏发酵生产，但是由于用水中的微量元素含量差异较大，生产出来白酒的香味也会有较大差异。酿造用水中（尤其是茅台酒厂）均含有人体必需的矿物元素K、Na、Ca、Fe、Zn等，并且含量丰富，这些有益元素通过酿酒用水进入茅台酒中，赋予了茅台酒健康因子，相比于其他酒厂酿造用水更适于白酒酿造，且更有助于人体健康。

表4-3　3种白酒酿酒用水的矿物元素含量表　　单位：微克/升

元素	茅台酒	泸州老窖	文君酒
Na	21000	12783	8065
Mg	67000	5886	5103
Cl	27000	22776	10773
K	1000	2626	1336
Ca	42500	48482	65325
Mn	14.47	3.77	2.10
Fe	164.64	32.90	23.90
Zn	3.45	15.30	13.10

资料来源：李聪聪，熊康宁，苏孝良，等．贵州茅台酒独特酿造环境的研究［J］．中国酿造，2017，36（1）：1-4.

茅台镇四面环山，形成了特殊的亚热带小气候。年平均气温17.4摄氏度，夏季最高气温40.6摄氏度，炎热季节持续半年以上；冬季温差小，最低气温2.7摄氏度；年降水量有800~1000毫米，日照丰富，年可达1400小时，为贵州高原最高值。这种冬暖夏热、风微雨少的亚热带小气候有利于酿酒微生物菌群的生成和繁衍，是酿酒环境无法克隆的主要原因之一。茅台酒是少数的使用野生微生物菌群进行发酵的蒸馏酒之一，茅台大曲是茅台酒酿造过程中微生物菌群的启动器。各种酿酒微生物菌群在长期的高温制曲、高温堆积发酵、高温厌氧发酵等极端环境的驯化下，经过遗传、变异等自然演替，促成了耐高温和耐酸等极端微生物菌群的富集，实现了茅台酒生产过程中不同工艺阶段对不同微生物菌群的调控和需求。加上茅台镇2000多年来经久不息的酿酒活动，人为和自然活动的双重影响使得空气中的微生物菌群得到了长期平衡的繁衍和生长（王恺，2007）。环境中微生物菌群在曲醅和酒醅发酵过程中，对茅台酒主体酱香品质的形成起到了决定性的作用。茅台酒酿造微生物菌群具有生物多样性，经过长达 14 年的持续研究，茅台酒厂建立了首家酿酒微生物资源菌种库，已分离保藏了 100 种 1000 多株微生物资源菌种，还有一些香气成分和微生物菌种无法命名，这些对茅台酒质量起到重要作用。这些稳定的、特殊的微生物菌群是无法迁移和复制的，这也是离开茅台镇生产不出同样品质茅台酒的原因。在酿造地区不同地点、不同高度会闻到空气中不同的酱香味，老酒工认为这是由于不同微生物菌种种类和数量分布的结果。这些肉眼不能看到更无法用技术手段进行量化分析的微生物菌群，对茅台酒品质起到了决定性的作用。

2. 龙井茶的土地适宜性场域

西湖龙井因其独特的色、香、味，成为全国最著名的茶叶之一，传统产地为杭州市西郊山区，以狮峰、梅家坞等数处为上乘。西湖龙井茶作为全国名茶之首，主要是由龙井茶区得天独厚的自然环境和土地适宜性场域所决定的。

1）优质的水气条件。西湖龙井茶区处于浙西丘陵山区向杭、嘉、湖平原沉降的过渡地带，它东濒西湖，南临钱塘江，受“一湖一江”水气调节和东南季风的影响，气候温暖、湿润、多雾，在三面环抱的群山中，白云峰、白鹤峰、北高峰、南高峰形成自然屏障，挡住西北寒流的侵袭，密林与多雾造成大量散射光和紫外线。群山蜿蜒直下的山脉，由高向低伸向钱塘江和西湖，形成多条水气山谷地带，吸纳南来的和风细雨，朝暮云雾缭绕。溪涧径流遍布茶树，常年处于“不雨山长润，无云水自阴”的水气生态环境，对滋润幼嫩茶芽十分有利。

2）适宜的土壤条件。成土母质、土壤的性质及其元素地球化学特征等因素与龙井茶的生长和品质有密切的关系。适宜的母质类型、土壤性状及其元素含量是茶叶优质的基本自然条件。对于龙井茶而言，发育于泥盆纪石英岩上的质地适中的微酸性黄泥砂土是适宜发展优质茶叶的土壤类型。该土壤类型结构疏松，通气透水良好，土质肥沃，有机质含量高。这种质地的土壤耕作容易，保水、保肥及通气、透水性能都较好，有利于协调茶树生育所需的水分、空气、热量和养分，因而茶树生长旺盛。早在陆羽《茶经》中就有记载，茶叶“上者生烂石，中者生砾壤，下者生黄土……”，表明土壤质地对茶叶品质有重要影响。已有研究表明，成土母质中 Si、P、K 高而 Ca、Mn、Mg 低有利于茶树生长，是茶叶高质因子。茶树生育良好、品质较优的茶园，要求土壤砂黏适中，土层中含有适量的砾石呈壤性，我国许多高产茶园和名优茶均产于此类土壤。茶树为“嫌钙作物”，当土壤中交换性钙的含量超过 2000 毫克/千克，土壤钙饱和度大于 38%时，茶树就会生长不良，出现中毒症状。茶树是喜酸作物，生长最适氢离子浓度为 3163 纳摩/升（pH 值 5.5）左右。从土壤元素全量和有效量来看，正宗的龙井狮峰、梅家坞茶园土 Fe、Zn、Mn 等含量适中，Hg、As、Pb 低，P、K 有效量高，Ca、Mn、Mg、Cu、Zu 等适中或偏低，营养元素基本平衡，从而有利于优质茶树生长（周国华等，1995）。

3）优化组合的生态场域。龙井茶优越的自然环境、独特的有利于茶树生长发育的气候、土壤、水分、植被四大要素优化组合的土地适宜性场域，为龙井芽叶的生理和生化过程物质代谢创立了稳定的生态环境（金建公，2011）。如该区域属于亚热带季风型气候，其温度最低的月份是 1 月，其气温均值达到 3.8 摄氏度，温度最高月份是 7 月，其气温均值达到 29.1 摄氏度，年平均温度则约为 16.8 摄氏度。在一年中，其无霜期高达 256 天。

年降水量也十分充沛，达到1500毫米多，且降水量的分布十分均匀。该产地的空气也较为湿润，一年中有近40天为有雾日，年降水日则高达150多天。再加上微酸性白沙土与黄红壤土，结构疏松，通气透水良好，土质肥沃，有机质含量高，酸碱度适宜，所含P、Ca、Mg微量元素丰富，就形成了龙井茶所特有的形美、味甘、香郁、色绿的地理标志农产品（李文垒等，2016）。

3. 玉溪烟叶的土地适宜性场域

全国烤烟产区主要分布在东部地区的近20个省（区、市）。烟草对土壤和气候的适应性都很强，在北起黑龙江的黑土壤，南至海南的砖红壤上烟草都能生长，但不同的土地适宜性场域里所生产的烟叶品质却存在很大差异。云南玉溪烟叶被公认为中国最佳烤烟叶，是全国地理标志农产品。玉溪烟叶内含化学成分协调，总糖、还原糖比国内其他烟区高而具特色，具有清新飘逸、清甜优雅、丰富饱满、圆润细腻的风格特征，刺激较小，杂气轻，回味舒适，生津回甜，燃烧较好，与国内外产区烟叶有良好的配伍性，工业可用性高。

玉溪烟叶地处内陆高原气候区，四季温差小，昼夜温差大，四季如春，年平均气温16.9摄氏度，无霜期250~300天，冬季温而不冷，夏季暖而不热，烟区冬短无夏，春季较长，烤烟大田种植中期、后期温差较小，是清香型优质烤烟的代表产地。年降水量700~900毫米，相对湿度平均为74.5%，烤烟全生育期降水量在550~750毫米之间，降水量适中，与优质烟生长发育的需水特性一致。年日照时数2187时，年均太阳辐射总量5265兆焦/米^2，与全国多数烟区相比辐射量多，光照充足，且光谱中最易被烤烟吸收利用的红光和蓝紫光较多，光谱季节变化与优质烟对光的需求配合一致，十分适宜于优质烟叶生长。如果在海拔大于2100米的区域、9月上旬平均气温小于17摄氏度的区域，就不能满足优质玉溪烟叶的生产要求了。玉溪烟叶生长期6~9月的降水量为470~660毫米，且分布均匀，少有暴雨和大雨，烘烤期月降水量为80~100毫米，能满足烤烟对水分的需求，结果烤烟品质良好。而山东和河南烟叶的生长期降水总量虽然也在300~600毫米左右，符合烤烟对水分的总需求，但这些地区多是以大雨和暴雨形式降落，分布不匀，生长期易出现干旱，从而使烤烟品质受到影响，陕西水分供应不足，易发生干旱，烟叶品质更差。

玉溪土壤立地条件较好，土层深厚，土质疏松，通透性好；pH值为5.5~7.5，平均为5.8；有机质平均为3%，速效氮平均为100毫克/千克，速效磷平均为12毫克/千克，速效钾较丰富，平均为130毫克/千克；0~60厘米地层土壤含氯量小于25毫克/千克。如果pH值8.0的土壤，耕地坡度大于15度，0~60厘米土壤含氯量大于30毫克/千克，则不能满足玉溪烟叶地理标志农产品的生态要求。土壤水分状况是影响烟草品质的又一重要因素，水分不足和渍水都会严重影响烤烟生长。水分不足时，一方面影响向烤烟供水，另一方面影响营养元素向烤烟根表的迁移，使烤烟生长发育受阻；水分过多渍水时，烤烟根系由于缺氧而受到损伤，使养分和水分吸收受阻，叶片萎蔫甚至死亡，结果产量和品质均降低。烤烟需水特点是前期需水适中，中期旺长时需水较多，后期成熟落黄时需水少，大田生长期以300~700毫米降水为宜，成熟烘烤期以月降水量小于150毫米为宜，最好在50~100毫米，过多则叶片薄、落黄差、烘烤后烟叶颜色淡。与烤烟生长最密切相关的土壤化学条件包括土壤 pH 值、土壤有机质含量和土壤养分元素分布状况。pH 值过低时，由于铝毒等而影响烤烟生长；pH 值过高时，烟叶杂气、刺激性、香气等抽吸品质都会降低。同土壤酸度密切相关而对烤烟品质影响极大的土壤化学性质之一是土壤碳酸钙（$CaCO_3$）含量。尽管钙在烤烟的生长中需要量也较大，但过多的钙却对烟叶品质损害较大，易造成烟叶粗糙、叶片过厚、杂气增加等。玉溪植烟土壤基本不含游离 $CaCO_3$，因为 pH 值小于 7.5 时，土壤所含游离 $CaCO_3$ 会小于 1 克/千克。而河南、陕西、山东和四川土壤中含较多游离 $CaCO_3$，因此，其烟叶品质也较玉溪烟叶差。除土壤酸度外，土壤中养分元素的分布和比例与烤烟品质之间存在密切关系。例如，N 过低时，烟叶薄、颜色淡、油分差、香气量不足；N 过多时，烟叶调制易黑暴、杂气重，所以 N 的供应必须适量。适宜烤烟生长的 N、P、K 三要素的含量最好是：土壤速效氮（N）为 25~45 毫克/千克，速效磷（P_2O_5）为 5~15 毫克/千克，速效钾（K_2O）为 120~200 毫克/千克。当土壤速效氮大于 60 毫克/千克时，这种土壤便不适于烤烟种植，玉溪烟叶的土壤养分含量正好能满足此要求。不仅如此，玉溪烟叶土壤中 6 种微量元素 Zn、Cu、Mn 等 3 种领先，而且 Zn、Cu 的含量远高于其他地区的烟叶土壤，有利于产生优质烤烟（龚子同，1994）。更深入的研究表明，土地生态条件对烟叶产量、烟叶化学成分、烟叶致香物质、烟叶评吸质量等的影响，都远大于烟叶品种差异所造成的效应（邵丽等，2002）。

4. 烟台苹果的土地适宜性场域

烟台苹果栽培历史悠久，是中国苹果栽培最早的区域之一。烟台苹果以果形端正、色泽艳丽、果肉甜脆、香气浓郁而享誉国内外。2002 年烟台苹果获评国家地理标志保护产品，2009 年获得地理标志证明商标核准注册，入选 2019 农产品区域公用品牌，2020 年入选中欧地理标志协定保护名录。

烟台苹果产区地处山东半岛东部，西、北靠渤海，东、南临黄海，境内多山或丘陵，属于暖温带大陆性季风气候，四季分明，气候温和，日照充足，雨量适中，空气湿润。年平均气温 12.0~13.4 摄氏度，年平均无霜期为 210~231 天；年平均日照时数 2416~2630 时；年平均降水量 505~864 毫米，降水集中在 6~8 月，正值烟台苹果果实生长发育需水量较大时期。烟台苹果的主产区是栖霞，主要地形为丘陵山地，地理自然环境非常适宜栽植苹果。研究发现，栖霞的气候条件更适合优质高产苹果的生长，也是栖霞能成为“中国苹果第一市”的重要生态条件。从表 4-4 可以看出，除夏季平均最低气温略偏高外，烟台市其他气候条件都符合苹果生长的适宜气候条件，其中栖霞的气候环境更适合发展苹果生产。进一步研究表明，无论是气温条件、水分条件还是光照条件，栖霞都有更独特的生态环境。例如，苹果属喜光果树，光照充足，树体发育健壮，同化产物多，果品产量高、品质好。据测定，苹果光合作用的光强补偿点约为 600 勒~900 勒，饱和点 3500 勒~7500 勒，一年需光照时数 1700~2200 时，日照百分率 50%以上。栖霞市年平均日照时数 2631.4 时，日照百分率 60%，各月都能达到或超过各种苹果树的光合作用补偿点，光照时间、光照强度都能较充分满足优质苹果的需要量（宫国钦等，2004）。

成土母质、土壤理化性质和土壤地球化学特征也是影响苹果产量和品质和关键因素。研究结果表明，烟台苹果产地优质苹果种植区，尤其是栖霞，其土壤元素组合、土壤理化性质等都更适合于苹果的生产。将研究区苹果根系土壤元素与中国、中国东部平原土壤元素含量均值进行比较，发现烟台地区苹果根基土壤中 N、P、Cd、Cl、Cu 和有机质含量均显著高于中国东部平原和中国土壤平均值。按土壤成熟度（Fe/Na）的差异，可将区域苹果产地分成 3 种类型。土壤成熟度高（Fe/Na>3）黏性强的土壤不利于苹果种植，而成熟度中等（Fe/Na=1~3）产出的苹果品质最优。实地调查表明，村里集、潮水、蛇窝泊、桃村、武宁和臧家庄等地的土壤成熟度（Fe/Na）都在 1~3 之间，土壤偏沙性，更适宜苹果树生长，苹果品味更优；而大北桥和牟苹果园，土壤成熟度（Fe/Na>3），不仅产量低而且苹果品味差。可见，不同土壤地球化学特征直接影响了苹果的品质优劣（代杰瑞等，2012）。

表 4-4　苹果生长适宜气候条件比较表

	年平均气温/摄氏度	年降水量/毫米	1 月中旬气温/摄氏度	年极端最低气温/摄氏度	6~8 月平均气温/摄氏度	高于 35 摄氏度日数	夏季平均最低气温/摄氏度	符合项数
最适宜	8~14	560~750	>-14	>-27	18~24	<6	15~18	7
烟台地区	11~13	580~760	-4~-2	-24~-13	22~24	0~3	19~21	6
栖霞	11.6	664.5	-3.5	-17.6	23.6	1.2	19.7	6

资料来源：宫国钦，宗锋，孔祥文，等．栖霞苹果优质高产的气候条件分析［J］．山东气象，2004（3）：33-34.

5. 三河牛的土地适宜性场域

三河牛是中国地理标志农产品，产于额尔古纳市三河地区，这三河分别是根河、得耳布尔河和哈布尔河。三河牛产奶性能非常好，每头三河牛年平均产奶量为 4000 千克，乳脂率在 4%以上。除了产奶，三河牛也很会产肉。三河牛肉质脂肪少，肉质细，大理石纹明显，色泽鲜红，鲜嫩可口，熟肉率经测定为 1∶0.573。具有完善的氨基酸含量，尤为突出的是有较高的赖氨酸，明显高于其他品种。三河牛鲜奶质量好、色香、味佳。维生素、矿物质含量较高，测定证明：总体牛奶成分每百克含水分 87 克、蛋白质 3.1~3.5 克、脂肪 3.0~4.8 克、乳糖 4.5~5.0 克、碳水化合物 6.0 克、灰分 0.7 克、钙 120 毫克、磷 90 毫克、铁 0.1 毫克、硫胺素 0.04 毫克、抗坏血酸 1 毫克，明显优于一般的牛类产品。从调查研究的结果看，三河牛优质品质与其所处的土地适宜性场域密切关联。

三河牛分布于呼伦贝尔市额尔古纳市的南部，处于东部季风区与西北干旱区的交汇处，岭西区为半干旱性气候，年降水量为 300~500 毫米；岭东区位半湿润性气候，年降水量在 500~800 毫米。产区气候冬季虽然寒冷干燥，但夏季日照时间长、气温高，雨量充沛，雨热同季，土壤肥沃，对植物生长发育极为有利。由于地处大兴安岭-蒙古高原过渡带，多变的气候条件、复杂的地形条件，兼以额尔古纳河水系对地形纵横切割，形成多样的景观生态类型，生长着丰富的植物区系，具有更高的生态服务价值和生产资源价值。呼伦贝尔草原由东向西呈规律性分布，地跨森林草原、草甸草原和干旱草原 3 个地带，是欧亚大陆草原的重要组成部分，是世界著名的温带半湿润典型草原，作为世界草地资源研究和生物多样性保护的重要基地，也是中国乃至世界上生态保持最完好、纬度最高、位置最北且未受污染的大草原之一。呼伦贝尔素有“牧草王国”之称，天然草场总面积 1.49 亿亩。除东部地区约占本区面积的 10.5%为森林草原过渡地带外，其余多为天然草场。多年生草本植物是组成呼伦贝尔草原植物群落的基本生态性特征，草原植物资源约 1000 余种。羊草草原是呼伦贝尔地区分布最广的草原类型，羊草质量好、易保存，分布集中连片、地势平坦，是牲畜的主要饲草。呼伦贝尔地区水资源丰富，水资源总量为 286.6 亿立方米。无工业污染，水资源保持良好，水质达到国家无公害食品产地环境条件标准。呼伦贝尔草原面积大，地势多丘陵起伏，水源充足，草类繁茂，草质优良，优越的土地适宜性场域是优质三河牛天然牧场形成的关键因素，也是育成三河牛种群基地的决定性因素。研究还表明，在呼伦贝尔草原占主体地位的线叶菊草原，土壤微生物量碳、氮均显著高于其他草地类型（$p<0.05$），线叶菊草原土壤过氧化氢酶和转化酶活性均显著高于其他草原。土壤微生物和土壤酶在土地生态系统中扮演着重要角色，对土壤养分、土壤结构、土壤稳定性和植被生态恢复都会产生积极影响，在土壤质量的演变中，具有较高的营养转化能力，对三河牛区域优良牧草的形成具有重要作用（文都日乐等，2010）。

6. 药用植物的土地适宜性场域

道地性（geoherbalism）是中医经长期研究总结出来的关于药材品质的重要理论，中国历代医药选用药材时都十分注重其产地，从《五十二病方》《黄帝内经》《神农本草经》《伤寒论》等著作中就有有关药材产地的记载和论述，如秦皮、蜀椒、阿胶、吴茱萸、巴戟天、代赭石等药名都已包含了产地在内。道地药材（Dao-di herbs）就是指产在特定地域，与其他地区所产同一种药材相比品质和疗效更好，且质量稳定，具有较高知名度的中药材，是优质中药材的代名词，理论上都应该是地理标志农产品。产地药材产生物特定的土地适宜性场域，长期受独特的生长环境作用而形成，如河南的怀地黄、重庆的黄连、宁夏的枸杞、广西的三七、甘肃的当归、吉林的人参等。

中国很早就有关于道地药材与土地适宜性场域紧密相关性的论述。自《神农本草经》就有“土地所出，真伪陈新，并各有法”的经典论述；南北朝梁代陶弘景《本草经集注》认为“诸药所生，皆有境界”。唐代《新修本草》指出“离其本土，则质同而效异”。唐代孙思邈强调“古之医者……用药必依土地，所以治十得九”。宋代《本草衍义》言“凡用药必择州土所宜者，则药力具，用之有据”（何冬梅等，2020）。金代名医李杲从临床经验中总结出“凡诸草木昆虫，产之有地，失其地则性味少异”，明代陈嘉谟在《本草蒙筌》中也曾强调“各有相宜地产，气味功力自异寻常……一方土地出一方药也”，明代著名医药学家李时珍在继承历代医药学家关于道地思想的基础上，对于水、土论述尤为深刻“性从地变，质与物迁”，并与气候因素相联系“生产有南北，节气有早迟，根苗异采收，制造异法度”，更进而指出“人乃地产，资禀与山川之气相为流通，而美恶寿夭亦相关涉，金石草木，尚随水土之性，而况万物之灵者乎”（孙君社，2016）。

道地性之“地”，即特定的土地适宜性场域，包括气候、地势、地貌、地质、岩石、土壤等，都可以影响天然药用植物的生长过程。《中国中药区划》根据我国气候环境条件对中药资源进行了如下区域划分：①东北寒温带中温带分布区，代表性道地药材有赤芍、防风、人参、细辛、五味子等；②华北暖温带分布区，代表性道地药材有金银花、地黄、牛膝、连翘、大黄等；③华东北亚热带中亚热带分布区，代表性道地药材有浙贝母、白术、厚朴、玄参、泽泻、茯苓等；④内蒙古中温带分布区，代表性道地药材有黄芪、黄芩、桔梗、麻黄等；⑤华南南亚热带北亚热带分布区，代表性道地药材有巴戟天、广藿香、高良姜、砂仁、儿茶等；⑥西北中温带暖温带分布区，代表性道地药材有枸杞、红花、秦艽、锁阳、肉苁蓉等；⑦西南北亚热带中亚热带分布区，代表性道地药材有当归、天麻、杜仲、黄连、三七等；⑧青藏高原分布区，代表性道地药材有冬虫夏草、胡黄连、羌活等（中国药材公司，1995）。《中国道地药材》中，就按照地域分布特点，将道地药材分为：①关药，如人参、细辛、防风、刺五加、关木通、牛蒡子等；②北药，如黄芪、党参、远志、北沙参、柴胡、知母等；③怀药，如地黄、牛膝、山药、天花粉、菊花、金银花等；④浙药，如浙贝母、白术、郁金、玄参、玉竹、栀子等；⑤川药，如川芎、川贝母、川牛膝、麦冬、厚朴、黄柏等；⑥云药，如三七、重楼、茯苓、儿茶、云木香等；⑦贵药，如天麻、天冬、黄精、白及、杜仲、五倍子等；⑧西药，如大黄、甘草、当归、秦艽、羌活、麻黄等；⑨广药，如防己、巴戟天、山豆根、益智仁、阳春砂、广藿香等；⑩南药，如半夏、射干、吴茱萸、女贞子、南沙参等（胡世林，1989；康传志等，2020）。

除了气候条件以外，土壤环境也是影响药用植物品质的重要因素。不同的土壤类型，由于其水分状况、矿物元素、有机质组成、酸碱度、土层厚度、土壤温度、土壤生物的不同，都会直接影响道地药材的品质。例如，在伊犁贝母生长发育过程中，土壤中细菌、放线菌和真菌与西贝素含量呈正相关，土壤真菌与西贝素含量呈极显著正相关（侯娅等，2015）。黄芪在不同类型土壤中的生长情况和品质就有显著差异：①棕色森林土的特点是表土层质地较轻，有砾石，心土层稍重。有机质含量在 20~90 克/千克之间，呈微酸性反应，盐基接近饱和，排渗水力强，透气性好。种植黄芪的根系长直，分歧甚少，根皮黄棕色，表皮光滑，无锈斑，无水眼，折断面纤维细腻粉性好，呈鞭杆状，商品质量最好。②淋溶黑土的特点是有厚达 30 厘米以上的黑色腐殖质层，质地适中，下层较为黏重，无钙积层，多呈中性至微酸性反应，有机质含量 40~100 克/千克，土壤结构良好，交换量大，保水保肥性能很强。种植黄芪的根较长直，分歧不多，根皮黑褐色，兼有少量锈斑，折断面纤维较粗，粉性较小，商品质量好。③苏打盐土的特点是地表有薄层白色盐霜和灰白色二氧化硅粉末，盐结皮下为薄层土结壳，结壳之下为棱块状土层，含有较多的易溶性盐，特别是苏打，又有较多交换性钠，pH 值近于 9 或在 9 以上。种植黄芪的根系较长，分歧较少，但因根皮受盐碱侵蚀而锈斑严重，折断面纤维木质化，粉性甚小，药材质量就相对较差。④冲积土的特点是质地粗细不一，在同一剖面中可能有不同质地层次排列，受地下水影响，呈微酸性反应，土壤肥力较高。种植黄芪的根系长直，分歧较少，但因土壤含水量大，根皮水眼重，烂皮较多，药材质量较次，特别是地势低洼或多雨年份，水眼、烂皮现象更为严重。⑤白浆土的特点是表层一般为 10~20 厘米，有机质含量 80~150 克/千克，比白浆层高出几倍至几十倍。白浆层中养分含量低，酸度较高，有效磷含量少。淀积层紧实、黏重，盐基饱和度较高，渗水力极差，透气性极不好，种植黄芪的主根短曲，伸至淀积层停止，致使根系变异，分歧甚多，呈鸡爪型，且因表土层保水力强，根皮锈斑多，水眼重，折断面纤维较粗，粉性较小，药材质量最次（龚子同，1994）。实验证明：黄芪内含香豆素、黄酮化合物及皂苷等是黄芪的有效成分，但是，由于产地的土壤条件不同，其药效相去甚远。可见，土壤类型对于天然药用植物质量具有明显的影响。

总体上看，由于气候、土壤、地质、地形等条件构成的土地适宜性场域的不同，对中药材的质量具有显著影响。国外在这一领域也有同样的报道，例如，如 Turner et al.（1973）曾报道非洲大麻变种缺乏大麻二酚，他还发现大麻中的大麻酚的含量随地理分布而发生变化。日本有学者发现，乌头的强心成分 higenamine 存在与否取决于采集地区生态环境（小营卓夫，1976）。Redaelli et al.（1981）报道阿根廷、埃及、意大利和保加利亚产的甘菊、花巾伞形花内酯和赫尼来林含量有较大差异，前两国产的较高（分别为 10%~16%和 55%~81%），后两国产的较低（7%~11%和 39%~44%），也是与药材产地的生态场域有关。现代的研究表明，植物所处生态环境的生态因素会通过对调控体内生化反应酶的制约，产生不同的化学成分。由于化学成分的差异，进而影响到药理作用。如生长在潮湿沼泽地区的缬草可失去其疗效；黑龙江、内蒙古、吉林、辽宁、甘肃产的大叶柴胡和另一种南方大叶柴胡有毒，不可做柴胡用，乌头在寒冷环境中可变为无毒，而生长在温暖气候条件下的地中海地区就变为有毒（徐颂芬等，1989）。5 个不同产区同一种质金银花的地质背景系统（GBS）及土壤理化状况调查表明，金银花的道地性受 GBS 的制约，分布于大陆性暖温带半干旱气候的中性或偏碱性的沙质壤土区，则品质更优（孙君社，2016）。基于 DNA 中性分子标记的亲缘地理学研究获得非随机的空间遗传格局，与气候、环境因素等土地适宜性场域具有很好的一致性（郭希的等，2015）。

第四节　适宜性赋能人类生命活性

一、宜居环境和人的生命活力生成

（一）土地环境影响人的空间感知

任何具有正常行为能力的人，都会从实际的土地空间中生成感觉以及对整个过程产生反应。当他们对土地环境产生了一种稳定概念之后，就会产生土地感知。感知包括“感觉”和“知觉”两个方面，感觉是人直接的器官感受，包括听觉、视觉、嗅觉和触觉等，知觉是经过一系列信息加工后得到的结果。产生土地感知的过程实际上是对土地环境的一个认识过程，包括许多心理学方面的内容，如信息的获取、破译、存储、回忆、处理和生理过程等。因为进入人类中心神经系统的神经纤维有 2/3 来自眼睛，所以土地感知的绝大部分由视觉来支配。

中枢神经系统的研究表明，心智-大脑-环境（mind-brain-environment）存在着密切联系，人的身体所处的真实土地环境和神经活动所处的文化语境等也存在着密切联系（Wheeler，2005；Seligman et al.，2008）。任何人的神经活动都发生在特定的土地时空环境中，从而产生人的心智，神经中枢能控制人的行为，对土地环境做出响应。人与土地关系的响应实质，深层次的原因是人的神经机制。也就是说，土地环境通过神经机制的作用，影响了每个人的空间感知（Slaby et al.，2015；Callard et al.，2015）。比如，世上总有很多让人类感到害怕的动物，但事实上，无论是鲨鱼、蛇还是蜘蛛，这些动物看起来如此危险的主要原因是人们自身神经机制所产生的恐惧，使得这些动物看起来比实际距离人们更近。实验心理学和神经科学的研究证实：成年人的土地感知受视觉神经系统的控制，目标导向受大脑系统的控制（Sholl，1992；Mealey，1998）。Zeisel（2003）的研究发现，阿尔兹海默症的患者损伤的海马体负责处理空间定位，疗养场所的空间设计会影响患者的恢复速度和认知能力。不同的土地环境，例如绿化环境、水环境等，都会对人的空间感知产生深刻影响，比如长期生活在绿化环境的儿童比同龄人有更高的认知水平和空间感知能力（Dadvand et al.，2018；Tang et al.，2017）。

（二）土地感知影响人的神经快感

神经科学的研究认为，人的内隐态度、外显态度和快乐情绪存在密切关联（Cunningham et al.，2007）。内隐态度（implicit attitudes）是指以前的经验和已有的态度积累下来的一种空间感知的无意识痕迹；外显态度（explicit attitude）是基于推理过程产生的表达。内隐态度深植于内隐记忆中，是神经元长期连接空间感知的结果（Gawronski et al.，2006）。有研究表明，城市的颜色、纹理和视觉文字对于神经快感具有积极的效果，而宽阔的街道、堡垒式建筑往往具有相反的特质（Quercia et al.，2014，2015）。Dubey et al.（2016）收集了包含来自56个城市的10万张图片，以及8万名在线志愿者根据6个感知属性（安全、活泼、无趣、富有、沮丧和美丽）提供的110万个成对比较，培养了卷积神经架构，揭示了城市空间感知对人的神经快感的影响机理。不少研究表明，城市美丽、宜居、趣味、压抑、安全和富裕等不同感知维度，能表征不同城市的幸福指数（Naik et al.，2014，2015，2017）。

“镜像神经元”（mirror neurons）的发现，进一步证实了土地感知-身体行为-神经机制之间的相互作用机制（Corballis，2010）。更绿色的自然土地感知以及更安全的居住空间感知，能够显著改善城市的快乐指数（Pfeiffer et al.，2016）；更多的城市公园、运动场和城市花园，以及更少的汽车交通，也能提高人的快乐指数（Montgomery，2013）。城市中精心设计的、受欢迎的、安全的、健康的、愉悦的和包容的公共空间，可以显著提升公民的幸福感（Montgomery，2013）。不同明度、色度、饱和度的视觉刺激，不同音调、音强和音色的听觉刺激，以及它们的交互作用，都会显著改变人的情绪，包括快乐或厌恶、喜悦或怨恨、紧张或放松、兴奋或低沉等（Bakker et al.，2015；Shin et al.，2015）。21世纪初在国际上兴起的“情感化设计”，主要就是考虑用户在交互场景中的土地空间感知及其对快乐或悲伤情绪的影响，比如美观的造型可以让人感到愉悦，过去老照片的感知可以唤醒家庭团聚的美好愉悦时光等（Norman，2004）。意大利的设计产品之所以能够在全球获得赞赏，其核心就是运用了环境情绪版（mood board）设计方法，通过产品的布置和包括灯光、饰品等环境因素在内的手段，让使用者有更积极的土地空间感知，从而提升其神经快感和喜好。神经美学的研究表明，审美愉快和一般愉快情绪的差别来自大脑情绪系统中的喜好系统（liking）和需求系统（wanting），它们都隶属于大脑的神经奖赏系统。喜好系统存在于伏隔核和腹侧纹状体其他部分的神经关联，一般由类大麻和类阿片的神经递质所驱动；需求系统与人的欲望相关，主要是由多巴胺的神经递质所驱动（Berridge et al.，2009）。当被试者在实验过程中欣赏人物的面孔，做出相关的审美判断并且获得相关的审美愉悦体验时，被试者大脑的扣带回前部、眶额皮层、左右侧脑岛以及视觉联合皮层等大脑区域都获得了明显的神经激活（Vartanian et al.，2004）。当被试者在观看实验者所提供的图像、绘画和雕塑作品，并且被这些材料深深吸引而感到愉悦的时候，被试者大脑中的情绪奖赏系统都会被极大地激活，而这一情绪奖赏系统涉及的脑区包括了伏隔核、杏仁核、腹侧纹状体和眶额皮层等（Chatterjee，2011；彭城等，2021）。按照情境主义（situationism）的研究成果，人类个体的行为，包括思想行为、语言行为、情感行为等，都会被特定土地空间情境所影响甚至被支配。

事实上，任何人看到山坡上水土流失形成的道道沟壑，看到被洪水冲毁的农田、牧场和村庄，涌上心头的一定是凄凉和冷落，绝不会有激情和快乐。没有人会认为垃圾遍地、污水横流、瓦砾成堆的土地空间场景，会比淡妆浓抹总相宜的杭州西湖更加美丽、更有激情和更使人快乐。其根本原因就是人的土地感知，会极大地影响人的神经快感，这是人类共有的神经系统的结构功能所决定的，即人类建构快乐体验的神经基础。当然这种审美或快乐体验是可变的和多样化的，因为人的审美神经或快乐神经网络总是灵活适应特定的土地感知环境的，所以不同的人会有不同的土地景观审美追求，这也正是土地景观审美的魅力所在。

二、宜居环境保障人类的生生不息

（一）人类家园变迁是宜居性的更替

在人类发展历程中，各种形式的家园在地理学上统称为聚落。它不单是房屋建筑的集合体，还包括与居住直接有关的其他生活设施、生产设施和生态环境。聚落既是人们居住、生活、休息和进行各种社会活动的场所，也是人们进行生产的场所。按照不同的功能和特点，其可分为城市聚落和乡村聚落两种主要形态。

在工业革命背景下，城市环境问题日益加剧。20 世纪初，霍华德“田园城市”理想模式的提出，就是旨在解决工业化对城市居住空间带来的环境压力。20 世纪 50 年代，社会生产力的快速发展导致城市家园的适宜性问题越来越突出，诸如环境污染、交通拥堵、千城一面、远离自然，以及人的“物化”、异化和美德、判断力及正义感的缺失等。城市作为人们家园、工作、活动的基本空间的功能，不断弱化、退化甚至丧失。基于此背景，希腊社会学家道萨迪亚斯（Constantinos Apostolos Doxiadis）认为需要建立一门以完整的人类家园为研究对象、可以全面系统综合地加以分析研究的科学——人类家园学（Ekistics），以此探索人类家园发展演变的客观规律，进而建设环境优美、生活宜人的居住环境。他在 1975 年完成的《人类家园学导引》（*Ekistics：An Introduction to the Science of Human Settlements*）一书中概述了它的范围、目标、知识架构和相关内容，认为家园是由自然、人、社会、建筑、支撑网络这 5 项基本元素组成（吴良镛，2001）。他借用了医学上的术语，把家园趋向衰亡的问题研究称为“家园病理学”，认为只有对家园中存在的问题以及引起这些问题的原因有了全面透彻的认识之后，才有可能采取正确的行动。在具体的人类家园建设实体空间形态上，道萨迪亚斯将家园实体分为本体、中心、循环系统、特殊区四大部分进行特定分类研究：①本体（Noumenon）。主要包括居落系统中的各民居建筑、组团簇群及其形态布局、空间建构、细部装饰等，也包括其中所蕴含的历史文化符号、周边地域适宜环境等在民居单体建筑或群体组合上所体现出的相关营筑特征。②中心地标（Center）。表现为居聚落营筑之初的单一功能性或发展至后期的多元化功能组合空间，可以是具体的土地实体空间（如河流、山体、古道、农田等自然元素或祠堂、寺庙、村委会等公共性中心建筑元素），也可以是非物质形态、精神文化层面的村居土地空间建构（如历史传说、名人轶事、宗教文化等村居核心凝聚要素）。③循环系统（Circulatory Ststem）。它是人、物、信息互相交流、传达的部分，不仅承载着居民的日常出行、生产生活，也是邻里交往信息流、物质流、能量流转换表达的重要媒介，更是外来居民对于传统聚落整体意象价值认识的首要体验元素。④特殊区（Special Zone）。是指与周围功能空间适用性明显不同的聚落公共空间，是与周围功能明显不同的特殊用地部分，如学校、商店等公共区域（孙应魁等，2019；张志强等，2018）。人类最初的家园集中分布在北回归线到北纬 35 度之间，从西向东依次排列是克里特文明、埃及文明、美索不达米亚文明、印度哈拉巴文明和中国夏商周文明。这些家园大多依傍大河而生长发育，如尼罗河、幼发拉底河、底格里斯河、印度河、黄河等，是土地适宜农耕生产生活需要的结果。任何家园聚落形成过程中都会受到自然环境和人文环境适宜性的影响而出现不同的分布格局。其中，自然环境因素，如气候、光照、水文、地形、地质、土壤类型等首先作为人类生存环境，通过适宜性影响人口分布而对家园聚落分布产生影响，并且随着城市和乡村的不断分化，经济、人文和社会环境，如战争、行政、文化传统、交通、生产方式等开始成为其主要的影响因素。在家园聚落形成的初期，乡村聚落的分布特征主要表现为在自然条件适宜性等级高的地方分布多，在自然条件适宜性差的地方分布少，具体分布在：①临近水源所在地；②地形较为平坦，气候、植被、土壤条件较好的地方；③临近交通便利的地方；④靠近集市、宗教活动地。而城市聚落的分布特征也反映出对自然条件适宜性的依赖。一般来说，大城市对自然条件的依存关系比非特殊职能的小城镇要紧密得多，气温、降水、地形条件等都是城市分布的重要影响特征。从城市聚落的发展历程来看，其分布特征主要表现为：①人口密集地区城镇数量较多，并在其人流、物流的枢纽部位；②沿河、沿海、沿湖地区城镇数量较多，在河流交汇处或大河流入海口；③交通运输枢纽处；④历史文化圣地、著名旅游地、大规模的商品集散地或者比较大的边境口岸；⑤大型或特大型矿产资源分布地区（王恩涌等，2002）。人类家园的变迁乃至兴亡，本质上是土地或环境适宜性更替的结果。上文提及的人类历史上几十处古代文明，至今已经成为一片废墟，是几千年来人类忽视土地适宜性的结果，危地马拉和玛雅家园变迁是如此，黄土高原的家园变迁也是如此。

（二）宜居城市本质上是适宜性选择

1961 年，世界卫生组织（WHO）提出了 4 个居住环境的基本理念，即安全性、健康性、便利性和舒适性。1976 年，联合国在第一次人类住区国际会议上接受了人类家园的概念。20 世纪 80 年代以后，宜居城市研究成为热点并进入成熟期。1985 年由 Henny Lenard 发起建立国际宜居城市研究组织（The International Making Cities Livable Conference），把宜居城市研究推向新的高度。在这一时期，认为宜居城市是安全、健康、便利、舒适的城市。国际住房及规划联盟（IFHP）于 20 世纪 90 年代提出“健康城市”的 9 项标准，在联合国《21 世纪议程》中得到绝大多数国家的响应。1996 年联合国第二次人居大会正式提出“人人享有适当的住房”和“城市化进程中人类居住区可持续发展”的原则和目标，可持续发展由此成为宜居城市建设的主要目标和评价标准（Gallo et al.，2012）。此后，重视城市宜居环境建设和发展的联合国千年发展目标、《2030 可持续发展议程》和《新城市议程》等国际重要纲领性文件先后出台，标志着宜居城市理论逐渐走向成熟。在国际上具有重要影响的 The Economist（2018）发布了2018年全球宜居指数评价，从稳定性、健康服务、文化与环境、教育、基础设施等5个方面对全球城市宜居性进行评价，结果表明：维也纳、墨尔本、大阪、卡尔加里、悉尼名列前五。以生活品质为中心，突出特色化与个性化，建设公正、安全、健康、便利、负担得起、有韧性和可持续的人类家园，已成为全人类的基本共识。究竟是什么让一个城市可以被冠以“宜居”的标签呢？Rachel认为，建筑美观有魅力、城市大小适宜、公共交通发达且便宜、美食丰富多样、房价便宜、住房品质高、城市干净整洁、气候四季分明等因素，让维也纳成为世界上最适宜居住的城市。[1] 从道路的风貌上可以直观看出，作为全世界最宜居的城市，维也纳的空间布局从以“车”为中心逐渐转变为以“人”为中心。[2]

通过对挪威奥斯陆的调查发现，通勤满意度、邻里满意度和住房满意度将是衡量城市生活质量和城市宜居性的重要指标，上述3个指标能够反映主观幸福感。其中，通勤满意度并不直接影响主观幸福感，而是通过影响社区满意度和工作满意度得以间接体现；社区满意度与主观幸福感直接相关，同时也与人际关系、住房情况和休闲娱乐等因素相关；住房满意度将直接影响个人的主观幸福感（Kostas，2020）。未来城市应当环境更加友好、更加宁静、绿色空间更充裕、土地利用更加复合性。更重要的是，未来宜居的城市车辆密度应该更低，每千户居民汽车拥有量保持在150辆以下（Schubert et al. 2019），将更多的空间还给“人”。Elizabeth（2020）认为，宜居的城市应当是这样一幅景象：街道纵横交错，人们行走在风景优美的街道上，公共空间尺度舒适而富有吸引力，公园、学校和图书馆就在社区不远处，人们可以通过便利的公共交通通行，楼下就有便利店，交通事故和犯罪情况在这座城市非常少，整个城市安静而充满阳光，人们拥有一定的私密性，在这里房价十分合理，整个城市给人一种归属感。一项对欧洲79个城市40798位居民调查的数据显示，城市污染情况、社会的可持续性（包括对学校的满意度、对国际友人的友好度、城市给人带来的安全感、外来人口融入城市等因素）与城市宜居性显著相关（Martínez-Bravo et al.，2019），说明城市的宜居性与其他目标高度相关。

实际上，不同群体对于“宜居”的理解各不相同。居民、地产开发商和政策制定者之间对宜居有着不同的定义，在居民内部亦是如此。年长者更关注生态环境以及就医的便利程度，而年轻人更关注生活的便利性，如与商场之间的距离、住宅和学校之间的距离。因此，在评估“宜居”程度时，应当科学合理分配不同指标维度的权重（Zhang et al.，2019）。宜居不仅只是一个目标，更是一个过程。对于世界不同区域而言，宜居有不同的丰富内涵。1960—2011年，非洲城市人口比例从19%上升至39%，预期到2040年将有一半非洲人口将居住在城市之中。但非洲面临城市之间发展水平参差不齐、宏观经济不稳定、投资环境差、基础设施建设落后等问题。因此，对于非洲而言，更宜居的城市意味着更完善的基础设施建设、更充裕的粮食供应和更高的工业化水平。亚太地区拥有与非洲截然不同的发展特征。亚太地区聚集了世界上53%的总人口和44%的城市人口。在33个世界级大都市区中，亚太地区占据17个，北京、德里、达卡、孟买和上海等城市人口超过1000万。尽管如此，亚太地区整体的城市化水平并不高，城市主要以城市群的空间分布呈现。此外，亚太地区城市依然

[1] https://www.insider.com/why-vienna-is-world-most-liveable-city-food-architecture-renting-2020-1.

[2] http://sustainableamsterdam.com/2015/12/livable-cities-campaign/.

存在基础设施建设不足、交通拥堵、空气污染和水污染严重、不平等加剧、住房成本高、城市管理能力不足等问题。因此，对于亚太地区的城市而言，更宜居意味着更有竞争力的经济、更可持续的环境、更加低碳、更有韧性。在中亚、地中海东南岸国家和土耳其等区域，越来越多的人口往大城市集中，基建投资需求日益增长。与之相反，欧洲的二线城市，特别在新兴欧洲地区，往往面临着城市收缩风险。欧洲复兴开发银行（EBRD）通过资金支持和政策支持等手段帮助欧洲城市变得更加宜居。例如，EBRD 的绿色城市框架帮助城市管理者识别城市发展的主要问题，并提出相应的解决方案来提高城市的可持续发展能力；智慧城市行动计划通过实时数据分析等方式提高城市的规划能力和居民生活质量。拉美-加勒比地区的城市化速度是全球最高的，该地区有 80%的人口居住在城市，最大的 10 个城市贡献了整个区域 27%的国内生产总值（GDP）。但仍有约 20%的人居住条件极差，只有不到 45%的城市居民享受日常废水收集处理服务。在这里，大多数城市无法提供世界卫生组织标准数量的人均绿地，基础设施质量参差不齐且空间分布不均衡，犯罪问题普遍存在于城市之中，公共空间对低收入群体、女性和残疾人而言开放程度较低。因此，对于拉美-加勒比地区而言，宜居意味着提升城市的安全性、公共服务与治理能力和基础设施建设的完善。[1]

亚洲发展银行提出了“宜居城市”的“5E”原则。一是经济竞争力（Economic Competitiveness）。有竞争力的经济包含可靠的高质量服务、数据驱动基础设施资产管理、公共-私人部门的合作与创新、对中小型企业发展的支持、特定技能发展、基础设施建设韧性提升等内容。二是环境可持续性与韧性（Environmental Sustainability and Resilience）。包括气候变化应对能力、在规划中体现韧性原则、风险敏感导向的土地利用管理、高效资源利用和低碳科技发展等内容。三是公平与包容（Equity and Inclusiveness）。要求保障水资源、能源和土地的安全、便捷的基础设施与服务、针对不同年龄性别和能力的社会服务、非歧视性政策、健康安全的公共空间与公共设施等。四是推动者（Enablers）。宜居城市应当拥有能够整合多部门行动的规划和战略、激励性公共政策、优化的财政管理、有力的绿色金融工具和绿色基金、透明的治理机制和高效的治理机构以及地理信息与决策支撑系统等，推动城市宜居目标的实现。五是公众参与（Engagement）。包括利益相关群体的参与、政府-公民-企业三方合作、地方精英的支持、政府间协调与政府内部协调等（Elizabeth，2020）。所有这些研究成果都表明，人类家园环境总体上朝着安全、便利、健康、舒适方向发展，在不同区域、不同发展阶段、不同阶层、不同年龄段和不同个体之间，有着很不相同的理解和判断标准。但是，无论哪个区域或者不同阶层、个体，宜居城市都是对土地和环境空间的适宜性建设，更能够满足不同群体或个体在心理上的满意和快乐，这是人类家园的共同取向。

参考文献

中国土地学会，2002. 美国生态学会报告：土地利用与管理的生态系统原理和准则［R］. 郑海霞，译. 北京：中国土地学会.

中国药材公司，1995. 中国中药区划［M］. 北京：科学出版社.

中国医学科学院克山病防治科研小分队，1979. 从克山病流行病学特点讨论硒和克山病病因的关系［J］.

[1] https://publications.iadb.org/en/creating-livable-cities-regional-perspectives.

中华医学杂志（59）：451-456.
安永会，贾小丰，李旭峰，等，2010. 中国大骨节病地质环境特征及其病因研究［J］. 中国地质（3）：563-570.
蔡宏，2015. 茅台酒水源地生态环境变化对水质的影响研究［D］. 成都：成都理工大学.
曹慧，孙辉，杨浩，等，2003. 土壤酶活性及其对土壤质量的指示研究进展［J］. 应用与环境生物学报，9（1）：105-109.
陈娟，罗宇翔，穆彪，等，2012. 茅台酒用高粱产量品质与气象因子研究［J］. 高原山地气象研究，32（1）：73-76.
崔楠，吴学文，2016. 复杂网络在水文中的应用研究综述［J］. 水资源与水工程学报，27（5）：107-112.
代杰瑞，曾宪东，喻超，2012. 烟台苹果产地土壤地球化学特征及成土因素研究［J］. 科学技术与工程（26）：6579-6584.
邓建明，周萍，2013. 浅谈人类文明史各阶段的人水关系［J］. 水利发展研究（9）：87-90.
傅声雷，张卫信，邵元虎，等，2020. 土壤生态学［M］. 北京：科学出版社.
宫国钦，宗锋，孔祥文，等，2004. 栖霞苹果优质高产的气候条件分析［J］. 山东气象（3）：33-34.
龚子同，1994. 中国名特优农产品的土宜［M］. 长春：吉林人民出版社.
龚子同，陈鸿昭，杨帆，等，2017. 中亚干旱区土壤地球化学和环境［J］. 干旱区研究，34（1）：1-9.
郭希的，鲍蕾，白伟，等，2015. DNA 中性标记反映的非随机亲缘地理格局：以东亚植物物种为例［J］. 北京师范大学学报（自然科学版）（5）：511-521.
何冬梅，王海，陈金龙，等，2020. 中药微生态与中药道地性［J］. 中国中药杂志（2）：290-302.
侯娅，马阳，邹立思，等，2015. 生态因子对药用植物次生代谢物的影响及其研究方法［J］. 时珍国医国药（1）：187-190.
胡世林，1989. 中国道地药材［M］. 哈尔滨：黑龙江科学技术出版社.
黄标，龚子同，顾国安，1994. 天山及其邻近地区土壤某些元素的地球化学分异初探［J］. 土壤学报，31（2）：180-189.
黄昌勇，2000. 土壤学［M］. 北京：中国农业出版社.
姜涛，陈武，肖唐付，等，2013. 贵州省茅台地区土壤中稀土元素含量及空间分布规律研究［J］. 地球与环境，41（3）：281-287.
金建公，2011. 保护龙井茶产地生态环境：为西湖申遗添彩［J］. 茶叶（3）：181-183.
康传志，吕朝耕，黄璐琦，等，2020. 基于区域分布的常见中药材生态种植模式［J］. 中国中药杂志（9）：1982-1989.
李蓓蓓，魏学琼，施威，2014. 农业土地利用与碳排放研究综述［J］. 中国农机化学报（6）：285-291.
李长生，2016. 生物地球化学［M］. 北京：清华大学出版社.
李聪聪，熊康宁，苏孝良，等，2017. 贵州茅台酒独特酿造环境的研究［J］. 中国酿造，36（1）：1-4.
李文垒，岳保然，韩茜，2016. 优质茶叶资源分布的地理环境分析［J］. 福建茶叶（1）：1-2.
李艳艳，2008. 土壤微生物的宏基因组学及其研究进展［J］. 现代农业科技（15）：338-339.
刘维东，祝业平，王颖，等，2012. 辽宁老秃顶子国家级自然保护区生物多样性调查初报［J］. 黑龙江生态工程职业学院学报（1）：11-13.
刘卫东，谭永忠，彭俊，等，2010. 土地资源学［M］. 上海：复旦大学出版社.
刘玉斌，韩美，倪娟，2017. 东营市近 46 年降水变化特征分析［J］. 科技通报（2）：18-23.
骆亦其，周旭辉，2007. 土壤呼吸与环境［M］. 姜丽芬，等，译. 北京：高等教育出版社.
裴铁璠，于系民，金昌杰，等，2001. 生态动力学［M］. 北京：科学出版社.
彭城，盛晓明，2021. 神经美学能做什么？不能做什么［J］. 浙江学刊（4）：66-71.
奇达夫，蔡文彬，2007. 社会网络与组织［M］. 北京：中国人民大学出版社.
邵丽，晋艳，杨宇虹，等，2002. 生态条件对不同烤烟品种烟叶产质量的影响［J］. 烟草科技（10）：40-45.

孙君社，2016. 现代优质道地药材种植管理模式及实践［M］. 北京：中国农业科学技术出版社.
孙应魁，翟斌庆，2019. 基于人类聚居学理论的南疆传统村落演进及病理化研究［J］. 建筑学报（S1）：47-52.
王春梅，刘艳红，等，2007. 量化退耕还林后土壤碳变化［J］. 北京林业大学学报（3）：113-119.
王恩涌，等，2002. 人文地理学［M］. 北京：高等教育出版社.
王恺，2007. 茅台酒的不可复制："天"、"人" 纠葛［J］. 今日科苑（13）：102-104.
王立新，刘华民，吴璇，等，2010. 基于活力和恢复力的典型草原健康评价和群落退化分级研究［J］. 环境污染与防治（12）：9-13.
王宁宁，况顺达，陈武，2009. 茅台酒原产地域研究概述［J］. 内蒙古环境科学，21（3）：15-17.
王晓荣，胡文杰，潘磊，等，2017. 森林生态系统土壤呼吸空间异质性研究进展［J］. 西部林业科学（3）：177-186.
王治伦，2020. 防治大骨节病 助力全民健康［J］. 中国地方病防治（6）：699-700.
文都日乐，李刚，张静妮，等，2010. 呼伦贝尔不同草地类型土壤微生物量及土壤酶活性研究［J］. 草业学报（5）：94-102.
邬建国，2002. 景观生态学［M］. 北京：高等教育出版社.
吴良镛，2001. 人居环境科学导论［M］. 北京：中国建筑工业出版社.
吴晓军，1999. 论西北地区生态环境的历史变迁［J］. 甘肃社会科学（4）：66-72.
小菅卓夫，1976. 具有生物活性的天然成分的寻找［J］. 贺良华，等，译，国外医学参考资料（药学分册），2（1）：37.
徐颂芬，徐鸿华，1989. 生态因素对药用植物有效成分的影响［J］. 中药材，12（11）：2.
徐卫华，欧阳志云，2022. 中国国家公园与自然保护地体系［M］. 郑州：河南科学技术出版社.
叶红，杨红，曾舰艇，2017. 不同土地利用方式土壤呼吸速率动态研究进展［J］. 广东农业科学（8）：66-73.
尹晓波，1998. 可持续经济发展中的资源配置优化［J］. 数量经济技术经济研究（2）：24-26.
张合平，刘云国，2001. 环境生态学［M］. 北京：中国林业出版社.
张金波，宋长春，等，2006. 沼泽湿地垦殖对土壤碳动态的影响［J］. 地理科学（3）：340-344.
张志强，谭益民，许程，等，2018. 基于聚居动态进化理论的传统村落形态演变研究［J］. 南方建筑（3）：71-77.
周国华，朱立新，张连生，等，1995. 西湖龙井茶产地的地球化学环境［J］. 土壤肥料（3）：1-4.
周立国，朱江源，范伟顺，等，2021. 浅析土壤理化性质对元素迁移转化的影响［J］. 山东国土资源，37（9）：46-51.
朱先进，张函奇，殷红，2017. 增温影响陆地生态系统呼吸的研究进展［J］. 沈阳农业大学学报（5）：513-521.
宗跃光，陈眉舞，杨伟，等，2009. 基于复杂网络理论的城市交通网络结构特征［J］. 吉林大学学报（工学版）（4）：910-915.
FAO, 1993. FESLM: an international framework evaluating sustainable and management: world soil resources report 73 [R]. Rome: FAO.
KD Research Group of the Chinese Academy of Medical Sciences, 1979. Observation on the effect of sodium selenite in the prevention of KD China [J]. Med. J (92): 471-476.
The Economist, 2018. The global liveability index 2018 a free overview [EB/OL]. (2018-08-14) [2018-12-24]. https://pages.eiu.com/rs/753-RIQ-438/images/The_Global_Liveability_Index_2018.pdf.
Arnold A E, Lutzoni F, 2007. Diversity and host range of foliar fungal endophytes: are tropical leaves biodiversity hotspots [J]. Ecology (88): 541-549.
Badiane N N Y, Chotte J L, Pate E, et al., 2001. Use of soil enzyme activities to monitor soil quality in natural

and improved fallows in semi-arid tropical regions [J]. Applied Soil Ecology, 18 (3): 229-238.

Bakker D R, Martin F H, 2015. Musical chords and emotion: major and minor triads are processed for emotion [J]. Cognitive, Affective & Behavioral Neuroscience, 15 (1): 15-31.

Barabasi A L, Albert R, 1999. Emergence of scaling in random networks [J]. Science (286): 509-512.

Berridge K C, Robinson T E, Aldridge J W, 2009. Dissecting components of reward 'liking', 'wanting' and learning [J]. Current Opinion in Pharmacology (9): 65-73.

Burt R S, 1992. Structural holes: the social structure of competition [M]. Cambridge: Harvard University Press.

Caldwell B A, 2005. Enzyme activities as a component of soil biodiversity: areview [J]. Pedobiologia, 49 (6) : 637-644.

Callard F, Fitzgerald D, 2015. Rethinking interdisciplinarity across the social sciences and neurosciences [M]. London: Palgrave Macmillan.

Chatterjee A, 2011. Neuro aesthetics: a coming of age story [J]. Journal of Cognitive Neuroscience, 23 (1): 53-62.

Corballis M C, 2010. Mirror neurons and the evolution of language [J]. Brain & Language, 112 (1): 25-35.

Cunningham W A, Zelazo P D, Packer D J, et al., 2007. The iterative reprocessing model: a multilevel framework for attitudes and evaluation [J]. Social Cognition (25): 736-760.

Dadvand P, Pujol J, Macià D, et al., 2018. The association be-tween lifelong greenspace exposure and 3- dimensional brain magnetic resonance imaging in Barcelona school- children [J]. Environmental Health Perspectives, 126 (2): 12-27.

Devlin T M, 2001. Textbook of biochemistry with clinical correlations [M]. 5th ed. New York: Wiley and Sons.

Dubey A, Naik N, Parikh D, et al., 2016. Deep learning the city: quantifying urban perception at a global scale [C] //European Conference on Computer Vision. Berlin: Springer International Publishing.

Elizabeth M, 2020. Chapter 5: Urban design for sustainable and livable communities: the case of Vancouver [M] //Elizabeth D. Transportation, Land Use, and Environmental Planning. Amsterdam, Oxford, Cambridge: Elsevier: 84-104.

Euskirchen E S, Chen J Q, Gustafson E J, et al., 2003. Soil respiration at dominant patch types within a managed northern Wisconsin landscape [J]. Ecosystems (6): 595-607.

Gallo E, Setti A F, 2012. Ecosystemic and communicative approaches in the implementation of territorial agendas for sustainable development and health promotion [J]. Cien saude colet, 17 (6): 1433-1446.

Gawronski B. Bodenhausen G V, 2006. Associative and propositional processes in evaluation: an integrative review of implicit and explicit attitude change [J]. Psychological Bulletin (132): 692-731.

Götzenberger L, de Bello F, Bråthen K A, et al., 2012. Ecological assembly rules in plant communities-approaches, patterns and prospects [J]. Biological Reviews (87): 111-127.

Hughes M N, Pool R K, 1989. Metals and microorganisms [M]. London: Chapman and Hall.

Kostas M, 2020. Commute satisfaction, neighborhood satisfaction, and housing satisfaction as predictors of subjective well-being and indicators of urban livability [J]. Travel Behavior and Society, 21: 265-278.

Lambers H, Chapin Ⅲ F S, Pons T, 1998. Plant physiological ecology [M]. New York: Springer-Verlag.

Martínez-Bravo M, et al., 2019. Trade-offs among urban sustainability, pollution and livability in European cities [J]. Journal of Cleaner Production, 224: 651-660.

Mealey J B, Cohen M M, Jordan K, 1998. Effects of map orientation during learning on airport identification [J]. Aviation Space & Environmental Medicine, 69 (2): 104-110.

Meik J M, Jeo R M, Mendelson Ⅲ J R, et al., 2002. Effects of bush encroachment on an assemblage of diurnal lizard species in central Namibia [J]. Biological conservation, 106 (1): 29-36.

Miranda E B P, Peres C A, Carvalho-Rocha V, et al. , 2021. Tropical deforestation induces thresholds of reproductive viability and habitat suitability in Earth's largest eagles [J]. Scientific Reports, 11 (1): 1-17.

Mitchell J C, 1969. Social networks in urban situations: analyses of personal relationships in Central African towns [M]. Manchester: Manchester University Press.

Montgomery C, 2013. Happy city: transforming our lives through urban design [M]. New York: Farrar, Straus and Giroux.

Naik N, Philipoom J, Raskar R, et al. , 2014. Street score: predicting the perceived safety of one million streetscapes [C] //2014 IEEE Conference on Computer Vision and Pattern Recognition Workshops, Columbus, OH, USA. 23-28 June 2014, IEEE.

Naik N, Kominers S D, Raskar R, et al. , 2015. Do people shape cities, or do cities shape people? the co-evolution of physical, social and economic change in five major U. S. cities [R]. Cambridge: NBER.

Naik N, Kominers S D, Raskar R, et al. , 2017. Computer vision uncovers predictors of physical urban change [J]. Proceedings of the National Academy of Sciences (19): 7571-7576.

Nannipieri P, Giagnoni L, Renella G, et al. , 2012. Soil enzymology: classical and molecular approaches [J]. Biology and Fertility of Soils, 48 (7): 743-762.

Negret P J, Maron M, Fuller R A, et al. , 2021. Deforestation and bird habitat loss in Colombia [J]. Biological Conservation, 257: 109044.

Newbold T, Hudson L N, Hill S L L, et al. , 2015. Global effects of land use on local terrestrial biodiversity [J]. Nature, 520 (7545): 45-50.

Norman D A, 2004. Emotional design: why we love (or hate) everyday things [M]. [S. l.]: Basic Civitas Books.

Pfeiffer D, Cloutier S, 2016. Planning for happy neighborhoods [J]. Journal of the American Planning Association, 82 (3): 267-279.

Phillips D A, Ferris H, Cook D R, et al. , 2003. Molecular control points in rhizosphere food webs [J]. Ecology (84): 816-826.

Quercia D, O'Hare N K, Cramer H, 2014 . Aesthetic capital: what makes London look beautiful, quiet and happy [C] //Acm Conference on Computer Supported Cooperative Work & Social Computing. Baltimore Maryland USA, ACM.

Quercia D, Aiello L M, Schifanella R, et al. , 2015. The digital life of walkable streets [J]. Computer Science, 2015: 875-884.

Redaelli C et al. , 1981. HPLC determination of coumarins in *Matricaria chamomilla* [J]. Planta Medica, 43 (4) : 412 .

Saunders S C, Chen J, Drummer T D, et al. , 2002. The patch mosaic and ecological decomposition across spatial scales in a managed landscape of northern Wisconsin, USA [J]. Basic and Applied Ecology (3): 49-64.

Schubert T, Dziekan K, Kiso C, 2019 . Tomorrow's cities: towards livable cities with lower car densities [J]. Transportation Research Procedia, 41: 260-263.

Seligman R, Kirmayer L J, 2008. Dissociative experience and cultural neuroscience: narrative, metaphor and mechanism [J]. Culture Medicine & Psychiatry, 32 (1): 31-64

Shin Y B, Woo S H, Kim D H, et al. , 2015. The effect on emotions and brain activity by the direct/indirect lighting in the residential environment [J]. Neuroscience Letters (584): 28-32.

Sholl M J, 1992. Landmarks, places, environments: multiple mind-brain systems for spatial orientation [J]. Geoforum, 23 (2): 151-164.

Sivakumar B, 2015. Networks: a generic theory for hydrology [J]. Stochastic Environmental Research and Risk

Assessment, 29 (3): 761-771.

Slaby J, Gallagher S, 2015. Critical neuroscience and socially extended minds [J]. Theory, Culture & Society, 32 (1): 33-59.

Sotta E D, Veldkamp E, Guimaraes B R, et al., 2006. Landscape and climatic controls on spatial and temporal variation in soil CO_2 efflux in an Eastern Amazonian Rainforest, Caxiuana, Brazil [J]. Forest Ecology an Management, 237 (1-3): 57-64.

Stoyan H, De-Polli H, Böhm S, et al., 2000. Spatial heterogeneity of soil respiration and related properties at the plant scale [J]. Plant and Soil (222): 203-214.

Tang I C, Tsai Y P, Lin Y J, et al., 2017. Using functional magnetic resonance imaging (fMRI) to analyze brain region activity when viewing landscapes [J]. Landscape and Urban Planning, 162: 137-144.

Tedersoo L, Bahram M, Põlme S, et al., 2014. Global diversity and geography of soil fungi [J]. Science (346): 1-11.

Treseder K K, Vitousek P M, 2001. Effects of soil nutrient availability on investment in acquisition of N and P in Hawaiian rain forests [J]. Ecology, 82 (4): 946-954.

Turner E, Hadley K, 1973. Constituents of *Cannabis sativa* L. II: absence of cannabidiol in an African variant [J]. Journal of Pharmaceutical Sciences, 62 : 251.

Vartanian O, Goel V, 2004. Neuroanatomical correlates of aesthetic preference for paintings [J]. Cognitive Neuroscience & Neurophysiology, 15 (5): 893-897.

Wacha K, Philo A, Hatfield J L, 2022. Soil energetics: a unifying framework to quantify soil functionality [J]. Agrosystems, Geosciences & Environment, 5 (4). DOI: 10. 1002/AGG2. 20314.

Wheeler M, 2005. Reconstructing the cognitive world: the next step [M]. Cambridge: MIT Press.

Xu M, Qi Y, 2001. Soil-surface CO_2 efflux and is spatial and temporal variations in a young ponderosa pine plantation in northern California [J]. Global Change Biology (7): 667-677.

Zeisel J, 2003. Marketing therapeutic environments for Alzheimer's care [J]. Journal of Architectural & Planning Research, 20 (1): 75-86.

Zhang Y , Li Q , Wang H , et al., 2019. Community scale livability evaluation integrating remote sensing, surface observation and geospatial big data [J]. International Journal of Applied Earth Observation and Geoinformation, 80: 173-186.

第五章　土地质量和健康

第一节　土地质量：认知与视野

一、土地质量的概念认知

（一）土地质量的基本含义

土地质量的概念，是在经济社会发展和人口对土地资源压力不断增大的背景下提出来的。20世纪70年代以来，不合理的土地利用所导致的土地退化，已严重威胁人类可持续发展，土地质量问题开始得到全世界普遍关注。国外目前可追溯到的第一次提出土地质量（Land Quality）的记录是1881年*Commercial Relations of the United States*第12~14期第506页，一篇名为*Review of the Harvest in Denmark*的报告中，首次提出Land Quality的概念，并通过土地质量来估算丹麦整个国家的粮食产量。该报告由美国对外贸易局（United States Bureau of Foreign Commerce）编制发布，丹麦外交官Ryder撰写。1976年，联合国粮农组织（FAO）把土地质量定义为是可以测量、计算和统计的结果，是与土地利用有关，并有一组相互作用的简单土地属性组成的综合土地特性（FAO，1976），表示某种土地利用类型作为直接的需求。它事实上是土地属性（Land Characteristics）的实际应用，是其土地综合属性的表征或是土地单一属性组合的结果。不同土地利用方式，比如农业生产、工程建筑和游憩活动，对土地质量的要求是不相同的。土地属性是一种可以测量、与土地利用直接相关的自然环境要素，可以通过土地调查获得，包括气候要素、地质和地貌要素、土壤理化要素、水文和水质要素、水土流失和盐渍化要素等。1995年，世界银行、联合国粮农组织（FAO）、联合国开发计划署（UNDP）和联合国环境规划署（UNEP）共同发起建立了土地质量指标体系（Land Quality Indicators，LQIs），1996年在罗马会议上，对建立土地质量指标体系形成了初步共识。1996年10月，由世界银行发起，在华盛顿召开的土地质量评价会议对以往工程进行了总结，明确了以压力-状态-响应（PSR）为基础的土地质量评价框架并形成了正式的土地质量指标研究计划。皮耶里（Pieri）等认为，土地质量是指土地的状况或条件，包括与人类需求有关的土壤、水及生物特性。它关系到以生产、保护及环境管理为目的的土地条件与能力，对土地质量的评价需要针对某一种土地利用功能与类型进行，本质上是指满足生产、保护和环境管理等目的的土地状况和性能，包括土壤、气候和生物等特性（Pieri et al.，1995）。本内马（Bennema）认为土地质量是指在影响特定土地利用适宜性方面彼此有特别的复杂属性（FAO，1993a）；杜曼德基

(Dumandki) 等发展了 Pieri 等的土地质量概念，认为土地质量是指满足土地利用的土地状况，包括农业生产、林业、保护和环境管理等土地利用目的 (Dumandki et al., 2000)。可见，虽然有关组织和个人对土地质量的内涵表达不尽一致，但总体上都认为土地质量是为满足某种需求的综合特性，是针对土地本身的状态属性而言的。

近几年，国际学者十分关注土地质量评价中新兴的土地风险、土地功能和生态系统服务等多元领域，同时强调土地管理和政策领域的科学性，逐步引入多元利益者参与的土地政治经济学研究视角 (Bünemann et al., 2018)。第一，全球土地质量研究关注“土地质量”的概念发展和理论阐发，既强调固有的土壤特性，也强调人类土地管理的影响。早期研究学者运用档案研究法以专注于古中国、古罗马的历史文献，发掘土地质量的起源 (Harrison et al., 2010)；而几年来的概念博弈关注土地质量和土壤质量间的差异，强调稳定的土地质量研究向动态的土壤质量、土壤健康等众多领域延伸拓展 (Moebius-Clune, 2016)。基于上述概念发展，“生态系统服务” (Ecosystem Services) 被引入并用于促进“功能性的土地质量管理”中，用以建构农业管理领域下土地生态系统服务趋于多功能化的各类益处和更加广泛的土地利用发展 (Coyle et al., 2016; Baveye et al., 2016)。由此，土地质量研究借助“生态系统服务”形成了新的职能和概念内涵，以强调土地质量中需明确的“土地本身的作用” (van Leeuwen et al., 2017; Bouma et al., 2017)。第二，全球土地质量研究关注土地质量评估和评价指标体系建设，肇始于 20 世纪 90 年代的质量评估和监测工具，历经发展已基本克服数据获取的障碍。美国（康奈尔）(Wienhold et al., 2009)、新西兰 (Sparling et al., 2004)、欧洲地区（例如爱尔兰）(Bondi et al., 2017)、中国 (Teng et al., 2014) 的土地质量监测和评估体系已基本建立起标准化的监测框架。近年来，为跳出实验室监测的局限性 (Emmet-Booth et al., 2016)，加强有益于农业发展的经验性定性指标，2016 年欧洲土壤监测研究平台 (GROW) 的建立标志着可视化土地质量评估 (VSE) 体系的发展 (Abdollahi et al., 2015; McKenzie et al., 2015)。第三，全球土地质量研究关注土地政策决策中的多元化利益相关者，使土地质量概念的多样化发展能够支撑更多的新兴相关概念开发，由此引入具备多方专业知识的土地质量管理者，包括农民、自然保护地管理者、城市水域和绿地管理者以及广大群众 (Schleyer et al., 2017)。借助多元利益相关者的博弈和权衡，土地质量管理和决策科学得到提升，因地制宜地设计适应于全球化资本、粮食体系、循环经济和低碳治理的土地质量管理框架，成为一个新的发展方向 (Davies, 2017; Rockström et al., 2016)。

中国自古以来就特别重视土地质量的观察和研究。《周易》根据相关的风水知识来评价土地质量的好坏，以此来择地而居。《禹贡》以山川、河流等为依据把全国土地划为九州，根据当时土壤的颜色、质地、植被、盐碱性和肥力状况等，将土壤分为九大土类。根据土类肥力上的差异，分为三等九级，已初见土地质量评价的雏形。根据《禹贡》划分的九大土类，依其自然条件和土壤特点，《周礼》根据地理地势进一步划分了五个土区，规划了五个土区的动植物生产，根据土地质量差异因地制宜地发展生产。在《禹贡》《周礼》的基础上，根据土壤、地形和地下水差异，《管子·地员篇》对全国的土地质量做了较为详细的评价，区分为一般地区和特种地区，并制订了“土种”。九州一般地区的土壤，以肥力为主要标准，结合地形和地下水差异，区分为三等七级、十八个土类、九十个土种。在此基础上，对各土类的质量差异和生产能力进行了评价（王龙凤等，2015）。汉代以后的许多古代典籍，如汉朝的《淮南子》《氾胜之书》《四民月令》《说文解字》《九章算术》《孝经援神契》，三国魏晋南北朝时的《物理论》《博物志》《齐民要术》，唐宋元时代的《茶经》《四时纂要》《金漳兰谱》《东溪试茶录》《陈旉农书》《王祯农书》《河防通议》，明清时代的《大兴水利申》《宝坻劝农书》《农丹》《广东新语》《三农记》《营田辑要》《种田杂说》《乐清县志》等，都记载了当时划分的土壤种类，并结合地势和水分来区分土地质量的差异。不难看出，在中国的传统认知中，土地质量是依自然条件和土壤特点综合决定的生产能力。

到目前为止，国内外对土地质量的内涵界定并未完全形成共识，其中重要原因可能是偏离了“元概念”的外延扩张所至。所谓土地质量，其核心概念首先应该是一种“质量”（杜国明等，2016）。在《质量管理体系 基础和术语》（GB/T 19000—2008）中，质量是指一组固有特性满足要求的程度。这里涉及3个关键概念：①“固有的”，其反义是“赋予的”，是指本来就有的，尤其是那种永久的特性。也就是说，非固有的特性，不宜纳入质量的范畴之中。②特性（characteristic），是指可区分的属性，可以是固有的或赋予的，可以是定性的或定量的，有各种类别的特性，如物理化学的、生物的、感官的、行为的、时间的、人因工效的、功能的等。固有的是指某事或某物中本来就有的，是内生的；赋予的一般是指主观给予的，常用于非物质的形式，如产品价格、象征意义等。③要求（requirement），是指明示的、通常隐含的或必须履行的需求或期望。需求不同，质量要求也不同。当定义土地质量的概念内涵时，必须体现“质量”元概念的特殊性。结合国内外对土地质量的理解，本书将土地质量的基本内涵概括如下：它是土地固有特性满足某种土地利用类型特定要求的持续能力，是土地各种内在属性对满足指定用途需求的综合表征。这种持续能力包括在土地生态系统界面内维持生产和生活、保障环境质量，促进动植物和人类健康等方面。这里需要特别强调土地质量的固有特性或内在属性，它包括土地固有的自然属性和凝固在土地中的人工属性。自然属性是指气候、土壤、地形、地貌、岩石、水文、植被、景观、美学等自然因素所呈现出来的质量特性；人工属性是指人们在土地利用过程中通过对土地平整、土地改良、生态修复、基础设施和附属设施建设等物理、化学、生物及工程措施而内化于土地本身的特性，也包括人类在土地利用历史进程中而形成的文化特性，例如土地上的历史文化遗迹和美学设计作品等。而种子、化肥、劳动时间、耕作机械等流动资金投入水平，不应该作为土地质量的表征属性。由于土地利用类型的多样性，而每一种土地利用类型都有特定的要求，使得土地质量具有多样性，具体可以分为以下5种类型。

1）地力质量。它是一种与农作物、畜牧业或其他植物的生产力有关的土地质量，由气候、地貌、水文、地质、土壤等自然因素所决定的土地生产能力，是土地的固有质量，可以细分为3种类型：①与作物或其他植物的生产力有关的土地质量，如土壤养分、土壤盐碱化程度、土壤抗蚀性、洪涝危险、辐射量、光周期、积温等。②与畜牧业生产力有关的土地质量，如草场养分、牧草营养价值、牧场毒性、灾害性天气、病虫害、畜牧饮用水可获量、对植被退化的抵抗力等。③与森林生产力有关的土地质量，如地形、海拔、坡向、土层厚度、土壤肥力、水分、光照、热量、病虫害等。当然，技术改进、人工培肥等措施会改变土壤性质和土地生产能力，对于那些长期稳定的人工措施事实上已经内化为土地的固有属性，应该视作为地力质量的内在属性。

2）工程质量。从场地工程质量角度看，城乡居民点、工矿、交通运输及水利等各项建设项目都需附着于土地，土地质量可理解为基地、场所或物料的质量，包括土地抗压强度、土地稳定性、土质类型（湿陷性土、红黏土、软土、多年冰土、膨胀土、盐滞土、混合土、填土、污染土）、颗粒级配、塑性指数、地下水位、地形、水文、气象等。从农田工程质量角度看，它体现为水利、交通、电力、农田林网、田坎等基础设施和晾晒场、农机服务站、气象站、科技服务站等配套设施对农业生产的满足程度，它虽然是土地的附加质量，但已经是农田工程质量的内在属性。

3）空间质量。它主要指土地的地面坡度、空间形态、连片规模、交通区位、劳作半径、产权分割、限高等空间形态特性。土地的空间质量影响利用规模、便捷化程度、机械化水平、集聚形态、结构优化、安全格局、利用方式、利用组合、经济可行性等，从而影响土地的经济收益能力。例如，从经济学的角度看，衡量用于生产的土地质量高低的关键，是其用于提供给经济发展的空间的大小。空间小于适度规模的利用单位，在竞争中将处于不利地位，而必须扩大空间的经营规模；如果空间大于适度规模的，则应分解为较小的空间利用单位，如此才能在土地利用中实现生产资源的优化配置，从而提高土地生产能力或者提高土地的价值量。

4）景观质量。土地的不同结构、纹理和形态，构成了各种丰富多彩的景观。秀丽的群山、奔腾的江河、飞泻的瀑布、无垠的沃野，悬崖幽谷、奇峰怪石、清泉溶洞……千姿百态。田园中流淌着清澈的小溪，各种小动物在土地上自由生息，一派生机盎然的景象。丰饶的土地自然景观，为人类提供了丰富的风景资源和美学感知及意象。土地不仅记录了地球环境变化的众多自然历史信息，也埋藏了人类活动的大量历史文化遗迹。黑土地上的先民遗迹、洛川黄土的地质遗迹、河姆渡的水稻遗迹、江南良渚的丝绸遗迹等，都充分表现了土地具有很好的历史遗产功能。景观质量就是指利用土地的自然和人文景观功能发展旅游业、休闲业、娱乐业、旅居业以及为满足人们对环境审美需求的内在综合属性。

5）生命质量。土地是生命之母、生命的摇篮、生命的保障，土地本身更是一个互补互动的生命系统。先哲们早已体悟到，“地”具有生“物”的功能，而且发现“地”理具有“生命”的效应。从“天地之大德曰生”（《易传·系辞下》），“天地感而万物生”（《易传·咸》）的命题到老子“天地相合，以降甘露”（《道德经》第三十二章）的体认，以及理学家“天地以生物为心”（朱熹《四书集注》）的论点，都说明土地具有促进生长万物的生命功能。土地可通过扩散、分解等作用逐步降低进入土地中的污染物的浓度，减少其毒性；或通过沉淀、胶体吸附等作用使污染物变为难以被植物利用的形态存在于土地中，从而使其暂时退出生物小循环，脱离食物链；或通过生物和化学降解，使污染物变为毒性较小或元素性甚至有营养的物质。土地中人体必需元素的缺乏或某些有害元素的过量，都会通过食物链的传递导致各种地方病，例如克山病、大骨节病、地氟病、地砷病、地碘病等地球化学性疾病，主要都是因为土地中缺乏某种化学元素的引致的。如果土地中某些有益于人体健康的化学元素适度分布，则有利于促进健康长寿，例如对中国长寿之乡的研究表明，饮用水呈弱碱性和适度的 Se、Fe、K 含量，且其中高 Ca、Co、Mn，而低 Cr、Cd、Pb，是导致当地长寿现象的一个有利因素（王五一等，2015）。四川省都江堰市长寿区居民的饮用水源自达古冰川泉水，溶解氧含量高并富含各种天然矿物质元素；新疆维吾尔自治区长寿区的水源是当今世界上最洁净的水源之一；河南省夏邑县饮用水呈弱碱性且富 Fe、Mn、Zn、Se、Sr 等微量元素，都是水质对生命长寿影响的证据。土地生命质量就是指土地作为满足地球生命系统水源涵养、污染净化、水土保持、气候调节、生物栖息、生物多样性保护、生态系统服务、食物提供、疾病防治、健康维护等功能的综合属性。

（二）土地质量的概念区分

1. 土地质量与土地健康

健康最基本的是要具备两个条件：①主要脏器无疾病，系统具有良好的生理功能。②对疾病的抵抗能力较强，能够适应环境变化。土地健康，其含义也基本类同，既体现在自我恢复的能力，也体现在维持生产、保障环境质量、促进动物和人类健康行为的能力。20 世纪 40 年代，国际上首次提出了土地健康（Land Health）的概念，认为土地健康是其自我更新能力的表现，应与个人有机体健康一样进行诊断（Leopold，1941），并使用“土地疾病”（Land Sickness）来描述土地系统的紊乱（dysfunction）。其外在表现：①表现为土地系统生物多样性的相对稳定。生物多样性是绿色生命系统稳定的基本条件之一，土地生态系统的新陈代谢是建立在系统生物种群之上的，其自我恢复能力也主要依赖于系统内生物种群之间物质与能量转换途径及频度的调整，如果土地系统的生物多样性遭受破坏，其自我恢复能力也就失去了基础。②表现为土地功能的持续保持。土地具有食物生产、生物栖居、气候调节、环境过滤、污染净化等多种功能，这些土地功能的保持是维持健康最基本的要求。如果土地不健康，就会出现以下两方面情形：一方面是引起土地生产力的下降：水蚀、风蚀、土壤盐碱化、土壤结构破坏、土壤酸化、肥力下降、不可分解化合物的形成等；另一方面是引起生态景观稳定性的下降：疾病增加、树木枯萎、生物多样性减少、洪涝等自然灾害更加频繁（尹晓波，1998）。很显然，退化状态下的土地，就是一种不健康的土地。这种不健康土地的重要特征：①土地的多功能性开始紊乱，变得越来越单一。②土地的生产能力开始下降，不仅表现在数量上，而且在质量上有明显退化现象。③影响到土地上动植物的栖居环境和健康生长（Doran et al.，1996；Mann et al.，2019；Karlen et al.，2019；Haney et al.，2018；Else et al.，2018）。

从以上对土地健康和上文对土地质量的讨论中可以看出，就土地的地力质量和生命质量而言，土地质量与土地健康基本上是同义语，本质上都是指一种维持持续生产、保障环境质量、促进动植物和人类健康的能力。但是在具体使用中，二者还是有一些细微差别，土地质量通常与土地适宜于某一特定功能相联系，而土地健康是指土地作为生命系统维持生物生产力、促进环境质量和维持动植物和人体健康的能力。总体上看，土地质量较土地健康还有更广泛的含义，包括工程质量、景观质量和空间质量，这 3 个方面土地质量通常不包含在土地健康的范畴内。虽然在景观生态学研究中经常出现景观（土地）健康一词，但与土地质量中的景观质量所指内涵并不相同。景观健康通常是指恢复力（resilience）、生产力（productivity）和组织结构（organization）3 个方面，表征指标大多通过生物学

（如生物多样性、本地物种与外来物种比、优势种的分布规模）、自然地理学（如水文流动、土壤有机物质的保持能力、生物圈对水流及能流的控制）以及社会-经济学（如农业、林业及渔业的投入产出率）的途径去获取（Mageau et al.，1995；Rapport et al.，1998）。而土地质量中的景观质量，是一种满足环境审美和旅游旅居需求的一种属性，二者的中心概念是很不相同的。

2. 土地质量与土壤质量

土壤质量是土壤在生态系统和土地利用的界面内，维持其生物生产力，保持环境质量，提高植物、动物和人类健康的能力（Doran，1994）。美国土壤学会把土壤质量定义为：在自然或管理的生态系统边界内，土壤具有动植物生产持续性，保持和提高水、气质量以及支撑人类健康与生活的能力（黄昌勇，2000）。从土壤作为农作物生产的最重要根基来看，土壤质量通常定义为：土壤维持作物生长的能力而不引起土地退化或者损害环境。从土壤作为环境和生态系统的基质来看，土壤质量可以理解为保持环境质量和动植物健康的能力。综合观之，土壤质量的本质，是由土壤肥力质量、环境质量和健康质量综合作用的结果，其内在成分是由气候和生态系统约束下的土壤物理、化学和生物特性所决定的，当然也受土地利用管理和土地利用方式所影响。

土地不仅包括土壤，还包括气候、地形、水文、生物、岩石、地质和人类利用方式，土壤仅仅是土地系统众多组成要素中的一个要素，无论是从水平范围、垂直剖面还是从功能结构来看，土地都包含土壤。从这个角度看，土地质量包括土壤质量在内。但在维持生产力、保持自然资源和环境管理的功能上，土地和土壤基本上是一致的。在这个层面上，即使土地功能的外延可能会更加广泛，但土地的主要功能都可以通过土壤功能的发挥来实现。因此，土壤质量既是土地质量的核心内容，也是土地质量的重要表现形式（郭旭东等，2008）。当然，土壤质量通常不包含土地的空间质量、景观质量和工程质量等更为广泛的内涵。按照联合国压力-状态-响应（PSR）的土地质量指标框架，土壤质量只是其中一项重要的状态指标，核心是土壤肥力以及土壤的生物多样性和环境恢复力，是土地质量的组成部分。

3. 土地质量与土地生态

从生态学观点看，土地是一个由气候、地貌、岩石、土壤、植被、水文及人类活动种种结果组成的生态系统。土地生态系统又可细分为农地生态系统、林地生态系统、草地生态系统、居住地生态系统等。土地作为生物圈的最重要组成部分，其功能不仅仅是具有生产力，而且是地球生态系统能量流、物质流、信息流的输入与输出及物质交换转移得以实现的基础，是储存库和供应站。土地质量不仅影响自身的生产力，而且直接影响生物圈水分循环、生物基因能积累储存、有机质维持和存储、有毒物质消除、二氧化碳和甲烷排放、生物多样性保护、微生物组成结构等众多地球生态系统功能。可以讲，土地质量与土地生态休戚与共、一荣俱荣、一损俱损，共同构成地球生态圈，是一个生命共同体。但是，土地质量和土地生态是观察描述土地和组成土地的两个维度，二者相互补充，但不可同日而语。正如上文所指出的那样，土地质量包括地力质量、工程质量、空间质量、景观质量、生命质量，是针对土地固有特性能否满足某种土地利用类型的特定要求而言的；而土地生态是研究土地有机体与其所处的环境，包括非生物环境和生物环境相互关系的学问，更关注土地质量的生态系统服务功能。正如人们通常所说的，土地数量、土地质量和土地生态相互作用、相互制约，共同构成土地的统一整体。

4. 土地质量与土地适宜性

土地适宜性的思想启蒙可追溯至《周礼·地官·大司徒》“以土宜之法，辨十有二土之名物”，关注的是不同性质的土地对于不同的生物有着不同的适宜性。20 世纪 30 年代，美国农业部土壤保持局基于土壤分类，将土壤类型、坡度、侵蚀类型和侵蚀强度 4 个要素设定了 8 个土地利用潜力等级，旨在于根据土地对农作物生长的自然限制因素的强度明确土地利用与开发的时序（Dubreuil et al.，2007）。麦克哈格（McHarg，1969）在其著作《设计结合自然》（*Design with Nature*）中首次详细地阐述了土地利用适宜性（Land Use Suitability）的概念，认为土地利用适宜性是指由土地具有的水文、地理、地形、地质、生物等特征所决定的，对特定持续性用途的固有适宜性程度。20 世纪 90 年代以前，全球主要关注农用地的适宜性。例如，20 世纪 70 年代以来，联合国陆续颁布了《土地评价纲要》《旱地农业土地评价纲要》《林业土地评价纲要》《灌溉农业土地评价纲要》《牧业土地评价纲要》等针对农地适宜性的评价方案。进入 20 世纪 90 年代以后，全球开始关注建设用地开发的适宜性，评价自然条件对建设用地适宜性的限制，尤其是重视水资源、森林资源、植被覆盖、地质条件等对建设用地适宜性的限制（Kliskey et al.，1999；Steiner et al.，2000）。之后在全球可持续发展战略引领下，以可持续性为指引的土地适宜性评价得到了广泛开展。例如，联合国粮农组织颁布了《可持续土地管理评价纲要》，建立了面向保持和提高生产力、降低生产风险、保护自然资源潜力和防止土壤与水质退化的适宜性评价框架，提出了土地生产性、土地安全性、土地资源保护性、经济可行性和社会可接受性 5 项评价标准，为土地适宜性评价注入了新的维度。

到目前为止，对土地适宜性已经形成基本共识，普遍认为土地适宜性是指某一土地单元对特定土地用途或土地利用方式的适用性，即某种土地类型持续用于特定用途的适宜程度。鉴于不同用途对土地条件的要求不同，适宜性只有对特定用途类型才有意义，用途类型划分越细，其针对性和实用性更强。例如，针对建设用地或农业用地进行的适宜性分析评价，其意义就十分有限，因为无论农用地或建设用地中的不同类型，如水田、旱地、住宅用地、工业用地等，对土地条件的要求是有根本性区别的。如果针对农用地中的耕地、园地、林地、草地，以及耕地中的水田和旱地等，对土地适宜性进行评价的适用性要求都是有很大差别的。中国台湾地区曾经将农用地适宜性评价分成 47 类，如水稻、小麦、玉米、茶叶等，其针对性和实用性就相应较高。在满足同一用途上，因适宜性程度不同还有高低之分，通常可以分为高度适宜、中等适宜、勉强适宜和不适宜等不同级别。分析鉴定土地适宜性高低的土地适宜性评价，是在现有的生产力经营水平和特定的土地利用方式条件下，以土地的自然要素和社会经济要素相结合作为鉴定指标，通过考察和综合分析土地各构成要素对植物生长、畜牧生产以及城市建设等用途的适应性和限制性，以此反映土地对各种用途的适宜与否、适宜程度高低、限制因素及其强度等。从该段文字表述中，似乎土地适宜性与土地质量具有高度的相似性。的确如此，二者存在一定的相似性，但二者也存在以下根本区别：①目的不同。土地适宜性分析及其评价的目的，主要是为土地开发、土地改良、土地利用布局和土地利用规划等服务的，为这些土地利用行为的决策提供科学依据；而土地质量分析及其评价，是为更好地维持生产、保障环境质量、促进动植物和人类健康服务的。②范围不同。土地适宜性的范畴主要限于农用地和建设用地，而土地质量的范畴除了相对应的地力质量和工程质量以外，还包括空间质量、景观质量和生命质量。③内涵不同。土地质量的概念内涵除了关注农林牧业生产和工程建设以外，还从整个生态系统中考察土地的综合属性，涵盖食物安全、动植物和人类健康以及自然和历史文化景观的环境美学，这一内涵远远超越了土地适宜性的概念，是与土地形成演化有关的一种土地固有综合属性。④本质不同。在通常情况下，土地适宜性是由土地质量决定的。土地利用的适宜性以及对环境的影响，取决于土地质量的类型、结构和性质，土地利用的潜力也取决于土地质量（Swindale，1978）。如果仅仅是确定适宜土地的生产水平，使用土地质量是完全没有必要的，这些生产水平可以通过生产潜力的直接测定或以产量与土地性质的利用关系来找到。可见，土地质量更能反映土地的本质存在。

二、土地质量的当代视野

（一）土地质量的尺度效应

土地系统的显著特点是具有明显的“时间感”和“空间感”，具有尺度依赖性。大量研究证实，土地质量的特性特质、过程发生和时空分布以及相互耦合等作用都是尺度依赖的。也就是说，土地质量是具有时间和空间抑或时空尺度特征的。土地质量在空间上变异十分明显，在较短的距离内都会出现完全不同的土地质量；在时间上的变异也十分显著，同一地段在不同时间段上的土地质量，可以显著提升，也可以显著退化。因此，只有在特定的尺度上对其进行考察和研究，才能把握土地质量的内在规律。事实上，不同尺度的土地质量特性和功能是完全不同的，产生的效应也是不同的。应站在尺度上看待土地质量，才能更好地理解土地质量的完整性和连续性。在空间研究中，尺度可分为研究尺度、观测尺度、过程尺度、选择尺度等不同类型。通常可以归结为本征尺度和非本征尺度。所谓本征尺度是指自然地理空间本质存在的、隐匿于自然实体单元的客观尺度，如时间尺度、空间尺度、组织尺度、功能尺度等；非本真尺度是人为附加的，在自然界中并不客观存在的尺度，包括研究尺度和选择尺度等。不同级别的行政管理尺度，就是典型的选择尺度。土地质量的尺度类型，常见的可以分为以下几种：①空间尺度。主要包括全球尺度、国家尺度、区域尺度、地方尺度、场地尺度。②时间尺度。主要包括历史尺度、15 年或 20 年尺度、10 年尺度、5 年尺度、年际尺度、年以下尺度。③选择尺度。如管理单元的省级、市级、县级、乡镇级、村级等。

20 世纪 90 年代以来，土地质量的尺度变异及其影响机理越来越引起专家学者们的高度关注。Bindraban et al.（2000）指出，土地质量指标体系（LQI）的交互作用决定土地质量，而且存在尺度效应。不同区域的研究都表明，在不同的空间尺度，土地质量的变异十分明显，例如一个流域的上游、中游和下游，土地质量所表现的土地生产能力具有显著差异（Ryder，1994；Leibig et al.，1999；Saida et al.，2013）。土地利用变化、社会经济政策等都会对土地质量的空间变异产生显著影响（Islam et al.，2000；Kosmas et al.，

2000；Murage et al.，2000）。土壤质量是影响土地质量的最重要指标，近半个世纪以来的大量研究都证实土壤质量存在高度的尺度效应。专家们利用地统计学的克里格法，充分证明和精确估计了土壤质量的空间变异性，而且这种变异具有相当的稳健性（Yost et al.，1982）。在区域尺度（Regional Seale）上，土壤过程（矿化和硝化作用）导致的质量差异，与气候、土壤母质和土壤化学性质有关（Morris et al.，1998）。土地质量的尺度效应表明，不同尺度上土地质量因子和过程的变化机制是不相同的，如果仅仅是单点的静态观察，无法提供所需的有效信息。揭示不同尺度上尤其是连续尺度上土地质量变化的过程机理以及尺度转换规律，是未来土地质量研究的重点领域。

（二）土地质量的生命进路

土地是生命之母，是生命的摇篮。土地质量是土地的根基，是地球生命存在和可持续发展的保障。从宇宙进化的角度看，人既依赖土地而生存，又是改变土地的力量。人类要改造土地又受土地的制约，人与土地的关系应该是依存、适应与和谐。工业文明所体现的人类独立自主性以及科学技术的无限扩张性，加速了人与土地关系的紧张，让文明越来越体现出反土地质量的倾向，也更让文明越来越体现出反地球生命的倾向。自从8亿年前多细胞生物在地球上诞生以来，地球生命已经历经过5次演化。第一次物种大灭绝发生在4.4亿年前，大约有85%的物种灭绝；第二次物种大灭绝是3.65亿年前，使得海洋生物遭到重创；第三次物种大灭绝是2.5亿年前，这是地球上物种灭绝最严重的一次，90%的海洋生物和70%的陆地脊椎动物灭绝；第四次物种大灭绝是1.85亿年前，80%的爬行动物灭绝了；而发生在6500万年前的第五次物种大灭绝，使得统治地球达1.6亿年的恐龙灭绝了（陈华文，2018；陶世龙等，1999）。当下地球生命正面临前所未有的死亡威胁，全世界每天有75个物种灭绝，每小时有3个物种灭绝，地球正面临第六次生物大灭绝，全球物种灭绝的平均速度已经数万倍于千万年前。本书第一章已经指出，盲目开垦荒地、乱砍滥伐森林等土地利用不当行为所造成的土地质量退化，极大地改变了地球生命的生存环境，是当代地球可能会出现第六次物种大灭绝的根本原因（Le et al.，2016；Scholes et al.，2018）。

地球上所有生命都渴望生存和繁衍，求存和繁衍是所有生命的主旋律。既然土地质量是影响地球生命求存和繁衍的关键因素，而当代又正面临着地球生命严重的危机和风险，因此未来应该将土地的生命质量放在最优先的地位，也就是把土地质量能否满足地球生命繁衍、生物多样性保护、健康维护、环境净化、疾病防治等放在更突出的位置。在研究土地质量时要把非生物条件（包括地质、水文、地貌、景观、岩石、能量流、养分循环、干扰周期和触发特征）与生命系统（包括物种组成、生物多样性、生物群落、生态系统功能、胁迫存在、环境变化等）进行综合考虑，把土地生命质量作为人类可持续文明的尺子和镜像。无论是过去历史还是当代社会的生命演化图谱都表明，地球上的一切生命都在流变之中。只有突破传统土地质量的思维定式，以理智的视角与泛爱的历史责任感重新认识土地质量的生命价值，才能寻找到人类生命延续的根基。回归土地质量的生命本源，深刻领会土地质量的生命本质，建构以土地生命为核心内容的土地质量观，可能是历史的必然，人类似乎已经别无选择。

第二节　土地质量的表征及其评价

一、土地质量表征的参数选择

（一）土地质量表征的参数选择条件

土地质量要考虑土地的多重功能，其表征包含土地质量的广泛内涵，需要从土地系统组分、结构及功能过程，从控制土地性质和过程的各种物理、化学、生物和人类活动因素以及从时间、空间及状态变化等方面来考察土地质量。因此，影响土地质量表征指标选择的因素就会很多，也会很复杂。为了便于在实践中操作，土地质量表征的参数选择应符合如下条件。

1）固有性。土地质量是土地固有特性满足某种土地利用类型特定要求的持续能力，因此表征土地质量必须是土地固有的特性，这是由土地质量的本质特征所决定的。诸如施肥量、成本、人口、经济水平等外在特性，都不宜作为土地质量的表征参数。

2）主导性。各种土地特性对土地质量所起的作用并不是均等的，有主次之分，且主导因素因地域和用途不同而异。因此，必须在综合分析的基础上着重于评价表征土地质量各用途的主导因素的分析研究，尤其是对土地质量长期起作用且又不易改造的限制因素的分析研究，才能把握影响土地质量的主要方面。

3）灵敏性。能灵敏地表征土地质量与生态系统功能和行为的变化，反映土地利用的空间分布规律和土地质量的空间变化特征，具有空间异质性。例如，土地中的矿物类型对土地生态系统功能行为的变化不敏感，就不宜作为土地质量表征指标。

4）针对性。土地质量是满足某种土地利用类型特定要求的持续能力，不同土地利用类型对土地特性都有不同的要求，只有针对某种具体的利用方式或用途的表征指标才有其确切意义。例如，水田质量和旱地质量，对土地质量排水特性的要求就完全不相同。所有表征指标都必须要有针对性，而且要充分考虑因地制宜。

5）可行性。为了节省经济成本和时间成本，所有表征指标都要能获取可信、可靠的数据。即使需要进行各类测定或分析，其成本要尽可能地少，而且测定过程要简便易行。例如^{15}N 丰度需要质谱仪进行复杂的分析，非必要可不作为土地质量表征指标。

6）尺度性。所有土地质量表征指标的选择，要反映土地利用的空间变化效应，反映土地质量的时间变化特征。要根据时空尺度的不同，如区域尺度、景观尺度和场地尺度的差异，选择能适用于时间和空间变化的表征指标。

（二）土地质量表征的未来发展方向

上文已经指出，构建以生命为核心内容的土地质量观，是历史发展的必然趋势。地球生命是生物体所具有的存在和活动的能力，是一个具有能量代谢功能、能回应刺激及进行繁殖的开放性系统。不管环境如何变化，生物体必须保持体内环境的稳定，以维持正常生命的活动。未来土地质量表征指标的选择，应该更加突显选择能显著影响地球生命存在和繁衍的土地特性。例如，根据近年来对生态服务功能研究发现，生态系统的多功能性是维持地球生命可持续发展的关键因素，而土壤生物群落多样性的破坏将造成多功能性的丧失，进一步导致地球生命系统的不可持续（Bender et al.，2016），尤其是土壤微生物的相关参数，在土地生命质量的评价中具有十分重要的作用。按照当前微生物学研究，能够衡量土地功能的指标有微生物生物量、微生物多样性、土壤呼吸、脱氢酶活性及土壤微生物的腐殖化活性等，都可以作为土地质量生命表征的敏感指示物（Delgado-Baquerizo et al.，2016；Epelde et al.，2014；Filip，2002）。当前土壤呼吸的测定已有现成标准，我国利用底物诱导土壤微生物呼吸、密闭气室分析土壤呼吸已经发展得较为成熟，建立了相应的国家标准，可通过该法获得土壤微生物量，同时可计算出土壤呼吸熵状况。但这类指标在以往的土地质量表征中很少采用，应该成为未来土地质量评价指标体系建构的发展趋势和方向。

二、土地质量表征的土地特性

（一）土地质量的气候特性

土地质量的气候特性主要表现在光照条件、温度条件和水分条件3个方面。

1）光照条件。主要包括总辐射、逐月总辐射、有效辐射、短波辐射、日照时数、日照百分率和云量等。

2）温度条件。≥10摄氏度有效积温、逐月（日）平均气温、月（年）最高气温、月（年）最低气温、白天平均气温、夜间平均气温、无霜期等。

3）水分条件。逐月（日）降水量、月（年）平均降水量、最大相对湿度、最小相对温度、实际蒸发量、潜在蒸发量、干燥度、湿度、暴风雨情况等。

降水量、蒸发量、干燥度、湿度、日照时数、日照百分率、≥10摄氏度有效积温、平均气温、无霜期和极限温度等分别反映水分、光照和热量状况对区域土地质量的影响最为显著，可作为重要气候特性来表征区域的土地质量。

（二）土地质量的地貌特性

土地质量的地貌特性主要表现在海拔高度、地势起伏、地面坡度和地貌类型4个方面。

1）海拔高度。海拔高度对土地质量的影响，主要是支配着水热的垂直分布，决定着土地利用类型和农业生产的熟制等。一般来说，海拔每升高100米气温下降0.6摄氏度左右。海拔高度升高以后，积温减少，生长期缩短，直接影响农业生产对土地质量的要求。

2）地势起伏。它指地表相对的高差，对土地质量的影响主要表现在地表侵蚀程度和场地建设条件，以及灌溉条件和积温条件等方面。地表起伏越大，坡度越陡，土地侵蚀作用越强，水土流失量增多。

3）地面坡度。坡度直接影响土壤中水分和物质的不同分布，以及水土流失量和建设工程量。坡度大，则坡上水分和可溶性盐分以及土壤颗粒易向坡下运移，势必会影响土壤生物过程和化学过程。坡度大于25度，不适宜农田生产，通常也不宜作为建筑用地。

4）地貌类型。是指具有共同形态特征和成因的地貌单元。常见的地貌类型有平原、丘陵、山地、高原和盆地五大类，每一个大类按成因还可进一步细分。如高原可以分为堆积高原、熔岩高原等，平原可以分为冲积平原、山麓堆积平原、湖积平原、滨海平原等。不同地貌类型对农业生产、城市建设和自然景观都有显著影响。

（三）土地质量的地质特性

土地质量的地质特性主要表现在岩石矿物组成、工程地质条件、水文地质条件和地质灾害环境4个方面。

1）岩石矿物组成。岩石矿物是土地的重要组成部分，其性质直接影响土地质量的物质组成，通过影响风化速率也导致土层厚度的差别。岩性还直接影响透水性能、地下潜水状况、抗风化侵蚀能力和地基承载力。岩石矿物的化学组成可影响区域地球化学特征，使土体、风化壳、地下水中某些元素发生异常，既可促进形成地理标志农产品，也会导致地方病，危害人畜健康。

2）工程地质条件。主要包括以下3种类型：①岩土工程地质条件。包括岩土所处的物理状态，如密度和湿度、孔隙及孔隙特征；岩土与水相互作用所表现出的可塑性、膨胀性、吸水性、软化性等；以及力学性质，指岩土在外力作用时表现出的变形与强度特性。②岩体工程地质条件。主要指岩体的构造结构面类型，如劈理、节理、断层；岩体的结构类型，如块状结构、镶嵌结构、碎裂结构、层状结构、层状碎裂结构、散体结构。③地质构造。主要指褶皱，如直立褶皱、斜歪褶皱、倒转褶皱、平卧褶皱；断层，如逆断层、正断层、平移断层；裂隙和劈理等。工程地质条件是影响城乡建设和其他工程建设的重要土地质量，直接关系到能否满足城乡建设和工程建设的特定要求。例如，地基承载力等对建筑物的层高、安全性以及建筑成本等均有显著影响。

3）水文地质条件。主要指地下水在与岩石圈、地幔、水圈、大气圈、生物圈和人类活动相互作用下，其水量与水质在时间和空间上的变化，以及对各圈层产生的影响状况，包括地下水的容水性、持水性、给水性、透水性、地下水水质等内容。每一项内容又可以细分为许多子项，如地下水水质可细分为矿化度、硬度、酸碱度、耗氧量、水温、地表水径流等。水文地质条件对区域水资源供给、水循环、土地改良、生态修复、工程建设、矿山开采等特定土地利用要求，都有显著作用。

4）地质灾害环境。地质灾害是指对人类生命财产、环境造成破坏和损失的地质作用（现象），如崩塌、滑坡、泥石流、地裂缝、地面沉降、地面塌陷、岩爆、坑道突水、突泥、突瓦斯、煤层自燃、黄土湿陷、岩土膨胀、砂土液化，以及地震、火山、地热害等。自然地质灾害发生的地点、规模和频度，受自然地质条件控制，不以人类历史的发展为转移，是影响土地空间质量、土地生命质量、土地地力质量、土地工程质量以及土地景观质量的重要土地特性。

（四）土地质量的水文特性

水文是土地质量的重要特性，是植物光合作用的基本原料，水的自然循环是土地生产和生活行为不可缺少的物质，是土地物质和能量迁移与转化的重要媒介。水分和热量的不同组合，形成了地球上不同类型和结构的多样性土地质量分布。上述的水文地质条件，理论上也可以归类为土地质量的水文特性。但此处的水文特性主要是指地表水资源的分布特征，它们汇聚于江、河、湖、沼，包括流量、径流总量、径流深度、径流模数、径流系数、年径流量变差系数、水污染指数等参数。地表径流的多少、分布及其季节变化与土地的地力质量关系密切。无论是缺水引起的干旱或暴雨引起的洪涝，都会对土地质量造成综合性影响。水文特性对城市分布位置、用地布局、市政工程建设、环境景观、地基稳定性等土地利用要求有不可忽视的作用，如江、河、湖、海等地表水体的分布，是城市形成发展的基本条件；常有洪水威胁的地段，除非修筑坚固堤防，否则不宜作为城市建设用地。

（五）土地质量的土壤特性

土壤特性是土地质量存在的根基，是地力质量最重要的组成部分，主要表现为土层厚度、剖面构造、土壤物理、土壤化学、土壤生化、土地地理6个方面。

1）土层厚度。对土地质量有较大影响的土层厚度参数是有效土层厚度和耕作层厚度。有效土层厚度是指作物（果树）根系能自由伸展的土层厚度，在实际土层中指作物能利用的土壤母质层以上（在有障碍土层时，指障碍土层以上）的土层厚度，是农作物根系活动层。对于多数多年生作物来说，最佳土层厚度为150厘米以上，临界厚度为75厘米；块根作物的最佳厚度为75厘米以上，临界厚度为50厘米；谷物类作物最佳厚度为50厘米以上，临界厚度为25厘米。耕作层是土壤表层经过耕作熟化了的上表土层，肥力、根性和生产性能最好。对于一般农作物来说，耕作层厚度应在20~25厘米以上；对于多年生的果树来说，要求在50厘米以上为佳。

2）剖面构造。土壤剖面构造是土壤最典型和最综合的特性之一。由于各个地区土壤形成条件不同和成土过程不一样，在土壤剖面上形成了特殊的诊断层和诊断特性，是土壤分类的重要依据，也是土地质量的重要表征。一个完整的土壤剖面构造，从上至下一般由最基本的3个发生层组成：①淋溶层（A层），处于土体最上部，又称为表土层，包括有机质的集聚层和物质的淋溶层。②淀积层（B层），处于A层的下部，是物质淀积作物造成的，淀积的物质主要有氧化铁、氧化铝、腐殖质、黏粒、石膏和碳酸钙等，习惯上称心土层。A层和B层合称为土体。③母质层（C层），处于土体最下部，没有产生明显成土作用的土层，习惯上又称底土层，是形成土壤的母体或基础，在母质层下为未风化的积岩（用D或R等表示）。A、B、C等3层只是土壤的基本发生层，而构成土壤剖面的发生学层次的类型很多，具体可见表5-1。

表5-1 土壤剖面发生层与层次字母注记表

Ⅰ. 用以表示发生层的层位和性状	
A	淋溶层
B	淀积层
C	母质层
O	堆积于表层的有机质层，水分不饱和，有机质含量≥35%

续表

Ⅰ. 用以表示发生层的层位和性状	
H	堆积于表层的有机质层，水分长期饱和，有机质含量≥35%
E	硅酸盐黏粒遭破坏，黏粒、铁、铝三者皆有损失，而砂粒与粉粒聚集
G	潜育层
P	人工熟化层（水稻土中的渗育层）
W	潴育层
D	沉积的砾质的异元母质层
R	连续的坚硬岩层
Ⅱ. 用心表示发生层的形态或性状	
a	腐解良好的腐殖质层
b	埋藏层
c	结核形式的积聚
d	粗腐殖质层：粗纤维≥30%
e	水耕熟化的渗育层
f	永冻层
g	氧化还原层
h	矿质土壤的有机质的自然积聚层
i	灌溉淤积层
k	碳酸钙的积聚层
l	结壳层、龟裂层
m	强烈胶结、固结、硬化层次
n	代换性钠积聚层
o	R_2O_3 的残余积聚层
p	耕作层
q	次生硅积聚层
r	砾幂
s	R_2O_3 的淋溶积聚层
t	黏化层
v	网纹层
w	风化过渡层
x	脆磐层、脆壳层
y	石膏积聚层
z	盐分积聚层

资料来源：黄昌勇．土壤学［M］．北京：中国农业出版社，2000.

3）土壤物理。该特性主要包括土壤质地、土壤结构、土壤孔性、土壤水分（田间持水量、萎蔫点有效水容量、相对蒸发蒸腾量）、土壤空气、土壤热量和土壤耕性等7个方面。其中，土壤水分、土壤空气和土壤热量作为土壤肥力的构成要素直接影响着土壤的肥力状况，其余的物理性质则主要通过影响土壤水分、空气和热量状况制约着土壤微生物的活动和矿质养分的转化、存在形态及其供给等，进而对土壤肥力状况产生间接影响。土壤黏结性、土壤黏着性、土壤塑性、土壤胀缩性、土壤耕作阻力等土壤力学性质，会直接影响土地质量能否更好满足宜耕性的需求。

4）土壤化学。该特性主要包括土壤矿物质、土壤酸碱度、土壤氧化还原反应、土壤胶体的表面性质、阳离子交换量、全部交换性盐基、盐基饱和作用、饱和浸提液的导电性、可溶盐总量、交换性钠百分率、钠吸收率、各种毒性物质与酸性硫酸盐危害和土壤养分等。土壤养分主要包括养分总量、养分平衡、全氮、有效氮、速效氮、全磷、速效磷、全钾、速效钾以及硫、钙、镁等中量元素和铁、锰、铜、锌、硼、钼、硒、氯等微量元素。在土壤和植物中，通常把元素含量低于 $n\times10^{-3}\%$，最多不超过 0.01%的元素称为微量元素。土壤中铁和锰的总量较高，但有效含量较低，植物吸收量也很少，故仍列为微量元素。很多元素大部分存在于矿物晶格中，不能被植物吸收利用，在生物学意义上是无效的。全量或总量只是土壤中元素的贮量指标，不能反映它的有效性，因此一定要对养分的形态进行区分。以微量元素为例，有水溶态、交换态、专性吸附态、有机态、铁锰氧化物包被态和矿物态等 6 种，前两种形态是最有生物学意义的，最后一种形态几乎没有生物学价值。

5）土壤生化。该特性主要包括土壤有机质、土壤有机碳、碳氮比、土壤酶（水解酶、裂解酶、氧化还原酶、转移酶等）、土壤微生物的群落组成和多样性、土壤微生物生物量、土壤微生物活性、土壤呼吸量、潜在可矿化氮、细菌生物量、真菌生物量等，对土壤的植物残体和土壤有机质及其他有害化合物的分解、生物化学循环和土壤结构的形成过程有重要影响，是土地质量变化的敏感性指标。

6）土壤地理。土壤形成、演变、分类和分布等土壤地理特性，会直接影响区域的土地质量结构和功能，主要体现在以下 3 个方面：①土纲、土亚纲、土类、土亚类、土族和土系等不同土壤类型的地理组合和分布，会直接影响区域的土地质量结构。②土壤中有机表层、草毡表层、暗沃表层、暗瘠表层、淡薄表层、灌淤表层、堆垫表层、肥熟表层、水耕表层、干旱表层和盐结壳等表层土壤的地理组合分布，以及表层土壤以下漂白层、舌状层、雏形层、铁铝层、低活性富铁层、聚铁网纹层、灰化淀积层、耕作淀积淀层、水耕氧化还原层、黏化层、黏磐、碱积层、超盐积层、盐磐、石膏层、超石膏层、钙积层、超钙积层、钙磐和磷磐的空间分布，对区域土地质量的结构和功能都有重要影响。③土壤形成的风化过程、淋溶过程、黏化过程、灰分过程、铁铝过程、钙化过程、盐化过程、碱化过程、潜育化过程、漂白过程、有机质累积过程等在地理空间的分布差异，对土地的地力质量和生命质量都有显著作用。

（六）土地质量的生物特性

物种和基因是土地生态系统中的重要功能之一，一个健康的土地可以滋养和保持相当多的生物种群区系和个体数目，物种多样性能直接表征土地的地力质量和生命质量。土地质量的生物特性主要指自然的或野生的各种生物以及它们的特性对土地质量的作用，包括植物、动物和微生物。根据国内外已有的研究，土地质量考虑的生物特性指标主要有：

1）植被群落指标。主要包括植被群落的多度、密度、距离、盖度、基面积、叶面积、优势种、优势度、频度、高度、根深、生物量、体积、存在度、恒有度、确限度、群集度、生活力、繁殖力、种-面积曲线，以及演替指数法、演替度法、演替梯度、演替概率、群落稳定性、群落持续性、群落恢复性、群落变异性、群落抗干扰性等。

2）后生动物指标。后生动物由小的土居性的多细胞动物，主要包括线虫、蠕虫、蚯蚓、蛞蝓、蜗牛、千足虫、蜈蚣、轮虫、蚂蚁、螨、环节动物、蜘蛛和昆虫等混合组成。土地中后生动物的数量，例如蚯蚓的数量，就能很好地表征土地质量的生物特性。蚯蚓在土地生态系统中的功能主要表现在3个方面：一是对土壤有机质分解和养分循环等关键过程的影响；二是对土壤理化性质的影响；三是与植物、微生物及其他动物的相互作用。具体来讲，蚯蚓能够通过直接摄取土壤和凋落物，从而取食其中的微生物、线虫或者通过蚓粪间接地改变微生物或线虫群落结构（Räty et al.，2003）。单位面积上蚯蚓的多少，能在很大程度上表征土地质量的高低。

3）原生动物指标。原生动物为单细胞真核生物，简称原虫，数量多、分布广，海洋、各种淡水水体和潮湿土壤都是它们的主要生境。几乎所有土地中都有原生动物，但不同地区和不同类型土地的原生动物的种类和数量有差异，一般为104~105个/克土，多时可达106~107个/克土。表土中最多，下层土壤中少。原生动物在土地中的作用有：一是调节细菌数量；二是增进某些土壤的生物活性；三是参与土体植物残体的分解。研究表明，土壤原生动物群落大小和多样性对喀斯特生态恢复的响应敏感，与土壤基本肥力形成协同演变，可以作为喀斯特地区土地质量生态恢复的指示生物（唐政等，2015）。

4）微生物指标。土地系统中的微生物是维持土地质量的重要组成部分，对土地植物残体和土地有机质及其他有害化合物的分解、生物化学循环和土地实体结构的形成过程起调节作用，能够敏感反映土地质量的变化，本身又是新物种和基因材料的源和库。地球上的微生物约有18万种之多，其中包含藻类、细菌、病毒、真菌等，1克土壤就含有1万多个不同的生物种。微生物的群落组成和多样性、微生物生物量、微生物活性、酶活性等活性指标才能很好地表征土地质量的特性。就土壤微生物而言，能够表征土地质量的主要指标包括：①有机碳；②微生物生物量（总生物量、细菌生物量、真菌生物量、微生物生物碳氮比等）；③潜在可矿化氮；④土壤呼吸；⑤酶活性（酶包括脱氢酶、磷酸酶、精氨酸酶、芳基硫酸酯酶等）；⑥生物量碳与有机碳比；⑦呼吸量与生物量比；⑧微生物群落（基质利用、脂肪酸分析、核酸分析等）（Kennedy et al.，1995）。有的研究也表明，微生物生物量碳、微生物生物量氮、土壤呼吸、水解酶活性、微生物多样性、细菌群落结构、真菌群落结构、丛枝菌根真菌、特征细菌等才能很好地表征农田质量的差异（李光宇等，2018）。

5）生物复合指标。该指标主要包括：①种群丰富度。种群个数、个体密度、大动物、节肢动物、细菌、放线菌、真菌等。②多样性指数。生物或生态复合体的种类、结构与功能方面的丰富度及相互间的差异性。③均匀度指数。生物个体或群体在土壤中分布的空间特征。④优势性指数。优势种群的存在及其特性等。⑤种群空间格局。格局规模、格局强度和格局纹理等。格局规模是指种的一个斑块（patch）和一个斑块间隙（gap）之和的平均长度，它等于一个斑块的中心到另一个斑块间隙中心的距离。格局强度是指某一规模下，斑块与斑块间隙的密度差异程度。格局纹理是指斑块和间隙的大小，一般以同一规模下的平均直径表示（张金屯，2004）。

（七）土地质量的景观特性

人类是来自土地景观信息的接收器（receiver）和处理器（processor），对人的情感、心灵、情绪、审美以及文化、传统都有重要影响（Zube et al.，1982；Daniel et al.，1983）。土地质量的景观特性，主要包括自然景观特性和人文景观特性以及它们的复合特性，对土地质量的美学价值、健康价值、旅游价值、休闲价值、乐居价值、文化价值乃至生命价值等都有显著影响。无论何人，都需要接受景观福祉的恩赐、安抚和补充。当前对于土地质量的景观特性，总体上缺乏深入和系统的研究，尚未形成共识。但是，没有人会认为垃圾遍地、污水横流、瓦砾成堆的土地的景观价值会高于山清水秀、浓荫蔽日和淡妆浓抹总相宜的杭州西湖的，也没有人看到因水土流失造成的道道沟壑和光秃山丘以及被洪水冲毁的农田和牧场，会有美感和愉悦的心情，可见人类对景观的美学价值认识还是有一个大致统一的标准的。

已有的研究表明，景观组分的轮廓线（line）、对比度（contrast）、质地（texture）、色彩（color）、热烈性（warmth）、多样性（variety）、和谐（harmony）、自然度（naturalness）、奇异点（strange point）等指标，可以较好表征土地质量的自然景观特性（U. S. Department of Agriculture，1973，1974）。景观要素（element）、景观要素斑块（patch）、本底（matrix）、廊道（corridor）、交错区（ecotone）以及它们的相互配置格局（pattern）等也能在一定程度上表征土地质量的自然景观特性（Turner et al.，1991）。景观的醒目程度，也就是景观与环境的对比度，包括形体、线条、色彩、质地、动静等，尤其是以山体、树木的天际线，水体、瀑布的动静和奇特的地貌造型等，也能反映土地质量的自然景观特性。土地质量的文化景观是指具有意义的历史性事件、活动、人物有关的包括文化资源和自然资源在内的地理区域，是个人、群体或历史作用于土地的结果。从数千英亩的乡村地块到不足1英亩的房前小庭院都可能是文化景观，包括地产、农场、公园、校园、湖泊、纪念物、街区、道路、工业场地等。土地质量的文化景观特性表征，通常以定性为主，代表性、稀缺性、原真性、艺术性、有机性和现实价值性等是判断文化景观特性的主要指标。

（八）土地质量的人工特性

最新的考古发现表明，1万年前人类就开始栽培水稻、制作彩陶和建设村落定居点（王希，2021）。1万多年来的人类活动，包括土地开垦、盐碱地整治、水土流失防治、沙地整治、河滩地整治、荒石滩整治、污染地整治、农田工程建设、村庄建设、交通道路建设、水利工程建设、城市建设、矿产资源开发、能源资源开发、景观重构、森林绿化及具体的修筑梯田、兴建陂塘、筑淤地坝、引洪淤灌等，都在强烈地改变着土地自然质量的结构、形态、功能和演化路径。这里还是需要强调，表征土地质量的人工特性必须是内化于土地本身的特性，其主要指标包括：

1）道路交通通达系数。衡量土地利用网络中点之间移动的难易程度指标，包括交通道路网络密度、交通道路等级、道路交通便捷程度等。

2）基础设施完善系数。主要包括供水设施、排水设施、供电设施、供气设施、供热设施、通信设施、新基建设施等基础设施的完善程度。

3）公共设施配套系数。主要包括医疗设施、教育设施、文化设施、体育设施、生态设施、休闲设施等公共服务设施的配套程度。

4）灾害抵御完备系数。主要包括防洪设施、抗震设施、火灾防治设施、地质灾害防治设施、疫病灾害防治设施等抵御灾害设施的完备程度。

5）土地形态改良系数。主要包括土地平整、自然地块合并、土体剖面重构、土地障碍层去除、土体颗粒改良、土体生物化学重构、土地景观形态重构、增加表层粗糙度、建造土地形态以控制侵蚀、增积物质以提高土层厚度、施用淤积物等对土地形态的改良程度。

6）土地利用集聚系数。在地理空间上，土地利用活动会不断集中，即集聚。在城市化、工业化和现代化的进程中，土地利用集聚已经内生为重要的土地质量人工特性。集聚程度不同，土地的功能和效用都会有较大差异。大城市、中等城市、小城市和小城镇，由于集聚程度不同，土地的功能和效用就会有很大差别。例如，小城镇就不适宜大规模商业用地的配置。土地利用集聚系数可用城市集聚规模或者工业用地集聚规模、商业用地集聚规模、居住用地集聚规模及建筑密度、建筑容积率、空间结构紧凑度等予以表征。

三、土地质量评价的指标体系

（一）世界银行的土地质量指标体系

1996年10月，世界银行在华盛顿特区组织召开了“土地质量指标计划”的规划会议，并在这次会议上最终形成了正式的土地质量指标体系研究计划，又称国际土地质量指标计划。该计划最后由世界银行（WB）、联合国粮农组织（FAO）、联合国环境规划署（UNEP）、联合国开发计划署（UNDP）、国际农业研究咨询集团（CGLAR）共同发起，最终提出了11个方面的土地质量核心指标，分别是养分平衡（nutrient balance）、产量差额（yield gap）、农业土地利用强度与土地利用多样性（agricultural land intensity and land use diversity）、土地覆被（land cover）、土壤质量（soil quality）、土地退化（land degradation）、农业生物多样性（agro-biodiversity）、水质量（water quality）、林地质量（forest land quality）、牧草地质量（rangeland quality）和土地污染（land contamination/pollution）（Dumanski et al.，2000）。当时该计划拟定近期开发的有4个，分别是养分平衡指标、产量差额指标、土地利用强度与土地利用多样性指标、土地覆被指标；计划远期开发的指标3个，分别是土壤质量指标、土地退化指标、农业土地利用强度与土地利用多样性指标；此外还有4个指标，分别是水质量指标、林地质量指标、牧草地质量指标、土地污染指标，由于当前许多部门的专门机构正在进行这方面的研究，计划与这些专门机构订立合作联盟，共同完成这4个方面的指标开发。

1）养分平衡。该指标描述的是与土地利用系统相关的养分存量与流量的收支情况，主要解决的问题是：①因产品收获、侵蚀、渗漏而造成的养分超采、不平衡和产量下降问题；②因过量施用化肥或家肥而导致的养分超载与环境退化问题。

2）产量差额。该指标要解决的3个关键问题是：①土地质量变化对产量变化及生产风险的真实影响程度；②如何可靠地估计发展中国家的产量差额，以及消除这一差距的管理对策是什么；③要保证可持续生产系统在产量及其波动方面是否存在实际的生物学与经济学阈值。

3）农业土地利用强度与土地利用多样性。土地利用强度指标旨在反映农业集约化对土地质量的影响。土地利用多样性是指一定景观区域上生产系统的多样化程度。这两方面指标要解决的主要问题是：①当前的土地利用是导致了越来越多的土地退化，还是改良了土地质量；②当前的农业管理措施是否有助于改善全球的环境管理。

4）土地覆被。该指标主要用来估计侵蚀发生期间土地表面植被覆盖的存续范围、时间和持续长度等，用以表征土地覆被随时间的变化，以及与土地利用压力间的关系。该指标要解决的关键问题是：①当前的地表覆被是否足够，能否在关键的侵蚀期防止土地退化；②土地覆被的类型、范围与持续时间随时间如何变化；③是什么压力引发土地覆被的变化。

5）土壤质量。传统的土壤化学、土壤物理学和土壤分类学数据，并不能准确地描述土壤质量，需要将土壤的生命功能纳入土壤质量的范畴，尤其是土壤中的主要“功能组”，即大生物区系（蚯蚓、白蚁）线虫类、微生物共生体及微生物（真菌、原生生物、细菌）生物量等特性的表征。土壤质量指标要解决的关键问题是：①当前的土地利用是维持、提高还是降低了土壤有机质发挥土壤功能的能力；②当前的土地利用是否保持了土壤的生物多样性，进而提高了土壤的环境恢复力，以利于全球生命支持功能的维持。

6）土地退化。它主要包括土地侵蚀、土地盐渍化、土地板结化、土壤有机质流失等内容。该指标要解决的关键问题是：①当前的土地利用措施是否导致了农业生产潜力的损失；②当前的土地利用措施是否导致了系统环境破坏，进而削弱了环境恢复力（弹性）。

7）农业土地利用强度和土地利用多样性。该指标的内容包括自然栖息地损失、栖息地碎化程度、物种损失情况、农场内作物品种多样性的降低程度、物种内的生物多样性降低程度等。该指标要解决的主要问题是：①如何更好地把生物多样性与农业生产集约化有机地结合起来，提高动植物基因库的管理水平；②如何保护多样性，改善土壤（微）生物的健康生存条件，实现它们的生物固氮和抗生素来源的功能；③如何处理好自然物种的共存，尤其是农业地区野生物与家禽的共存关系（Smith，1996）。

8）水质量。该指标主要关注的是与土地利用相关的水资源供给与质量问题，如河口与内陆水、灌溉水的质量等。

9）林地质量。该指标主要关注与环境管理及森林生产相关的土地质量问题，尤其是与森林管理相关的土地质量变化。该指标主要采纳各国林业指标研究进展的成果。

10）牧草地质量。该指标主要关注与土地利用强度和土地利用多样性相关的牧草地质量，以及畜牧在混合生产系统中的作用等问题。

11）土地污染。该指标主要反映因人类活动造成的土地污染的类型、程度与影响，特别是重金属污染、有机污染和辐射污染等问题。

应该指出，上述世界银行的土地质量指标体系，又称国际土地质量指标计划，在追求指标的简单但又科学实用方面，无疑做出了很好的范例。但该指标体系还面临 3 个问题：①生物自然信息与社会经济信息的数据集成问题、指标不同尺度或层次的转换和衔接问题、数据如何获取等；②该指标体系更适合于国家级和大区域尺度的层次，对中微观层次的土地质量表征，还需要更具体和更详细的目录；③主要限于地力方面的土地质量表征，对土地的空间质量、工程质量、景观质量和生命质量等，还完全是空白状态，因此还不是完整意义上的土地质量指标体系。

（二）联合国粮农组织的土地质量指标体系

自1945年联合国粮农组织（FAO）成立以来，土地质量和土地评价一直就是其研究的重点内容。经过多年研究和多轮讨论之后，1976年FAO正式公布了《土地评价纲要》。在该文件中，针对土地利用系统提出了“土地质量属性”的概念，其定义是“以一种特定方式影响持续性特定土地利用的综合土地属性”，“它不是某个绝对值，而是基于特定土地功能和特定土地用途的某种限制因素”，因而也称“土地质量限制”（FAO，1976，1993a）。按照FAO的相关研究，土地质量通常由不同土地特性的直接影响和相互作用决定，每一个土地质量决定一组简单的或复杂的土地特性和不同环境中不同土地特性的相互影响，是对土地利用种类的适宜性起着明显影响的土地属性。土地质量可分为土地的生态质量、土地的管理质量、土地的保护质量和土地的改良质量等不同类型。常见的表征在生态系统边界内保持作物生产力、维持环境质量和促进动植物健康的土地质量种类和指标，主要有以下25种类型（FAO，1983）。

1）辐射状况。主要包括作物生长季节中的净短波辐射、作物生长季节中的平均日照时数、作物生长临界期的日长。

2）温度状况。作物生长季节中的平均温度、作物生长季节中的最冷月平均温度、作物生长季节中最热平均温度、作物生长期长短。

3）水分有效性。作物生长期间的总降水量、作物生长期间相对蒸散量短缺、用水分平衡法计算的相对作物单位、作物生长的临界期相对蒸散不足、显著干旱的频率、有否干旱指示植物。

4）根层氧气有效性（排水条件）。土壤排水等级、根层水分饱和期、有否涝的指示指标。

5）养分有效性。含氮量、有效性磷、交换性钾、土壤反应、氧化铁、黏土、易风化矿物全钾、易风化矿物全磷。

6）养分保育能力。阳离子交换量（CEC）平均值、亚表土的质地。

7）扎根条件。土壤有效厚度、根穿透性、石块和石子含量、容重。

8）种子萌发条件。萌发条件估计、侵蚀状况。

9）空气湿度。在生长季节中较早期的相对湿度。

10）成熟期条件。连续不降水天数、日照时数、温度。

11）洪灾。生长季节中洪水淹没的时间、毁坏性洪灾的频率。

12）气候灾害性。生长季中毁坏性霜冻、生长季中毁坏性暴风雨。

13）过量可溶性盐。表土和亚表土电导率、总的可溶性盐、交换性钠的百分数、钠吸附比。

14）土壤毒害性。铝的饱和性、土壤pH值、碳酸钙、硫酸钙至碳酸盐（石膏）的深度、根际碳酸钙和硫酸钙。

15）害虫和疾病。害虫种类及其影响大小、疾病种类及其影响大小。

16）土壤耕性。表层质地、土壤适于耕作的天数。

17）机械化可能性。坡度。

18）整地和清除植被难易。地形、地貌、植被杂乱程度与高低。

19）影响储存和加工条件。收获后的月平均相对湿度、表层土壤质地。

20）影响生产的时间。积温、开花和收获。

21）道路通畅情况（生产单元内）。坡度。

22）经营的规模。经营的最小面积。

23）位置。距离交通要道的距离、可通行性指数。

24）侵蚀危险性。侵蚀模数、坡度、可见侵蚀程度。

25）土壤退化危险性。分散率、休闲时间。

上述25种土地质量指标主要是用来表征地力质量的，限于农业尤其是雨养农业的土地质量评价。即使对于农业用途，在实际的土地质量评价中也不一定都用，仅可作为参考，应根据实际需要选取和增补有关的土地质量。选择和增补的依据主要有3个方面：一是与土地用途对土地条件的要求相对应；二是评价地区的一些特殊的土地质量；三是所提及的土地质量指标是否能在实际中收集到可靠的数据。

（三）土地退化评价的质量指标体系

1994年6月17日在法国巴黎通过《联合国防治荒漠化公约》，虽然截至2008年已经有193个国家批准实施该公约以表明其决心，但是土地退化问题非但没有改善，反而日益恶化。从极为干旱到亚湿润的地区，正在退化土地的比例大约为22%，而78%地处湿润地区（Bai et al.，2008）。土地退化的类型十分广泛和多样，有土壤水蚀、土地沙漠化、土地次生盐渍化、土地污染、土地贫瘠化等。造成土地退化的原因有自然方面的气候变化、新构造运动等，但更重要的是人为因素的影响，诸如盲目开垦草原、乱砍滥伐森林、农田灌溉不当、过度放牧、环境污染、过度施用化肥农药、城市化和工业化过度占用优质耕地等。从土地退化特性进行分类，可将土地退化划分为物理退化、化学退化和生物退化3种类型，其相应的表征指标如下：

1）土地物理退化指标。土层变薄程度、土体剖面构型破坏程度、土壤沙化或砾石化程度、土地板结程度、地下水位下降程度、土地有效水分下降程度、土地积水频率增加程度等。

2）土地化学退化指标。土壤养分含量下降程度、土壤盐碱化程度、土地酸化程度、土地污染程度等。

3）土地生物退化指标。生物多样性减少程度、生物过程紊乱程度、群落结构退化程度、有害生物增加程度、森林覆盖率降低程度、牧草覆盖率下降程度、土壤生物活性下降程度、土壤主要微生物类型变异程度等。

（四）土地工程质量评价的指标体系

土地有两个最基本的功能：一是土地的养育功能，维护了地球生命的可持续性；二是土地的栖息和支撑功能，所有人类的活动场所都必须附着于土地。土地的工程质量，主要就是表征土地对房屋、道路、桥梁等各类工程建设的支撑能力。由于建筑物的规模、类型不同，对土地工程质量的要求也不同，因此土地工程质量评价需结合不同场地建筑物的具体要求进行。在通常情况下，表征土地工程质量的指标可以分成以下 4 种类型。

1）土地工程质量的地基稳定性指标。主要包括两方面的指标：①地基强度（strength）。也就是地基承载力，即单位面积地表面的荷载能力，以千帕/米^2 为单位，表征土地自身结构与构造特性。岩石风化程度、土体的颗粒结构、含水量、天然重度、孔隙比、液限、塑限、密实度、内黏聚力、内摩擦角、抗剪强度等都会影响承载力的大小。②地基变形（deformation）。是指地基在上部荷载作用下，土地被压缩而产生的相应变形。若地基变形量过大，将会影响建筑物的正常使用，甚至危及建筑物的安全。它由瞬时沉降、固结沉降和蠕变沉降（次固结）所组成。在多数工程中，蠕变沉降所占比例很小，只有当含有大量有机物的厚层黏土存在时，其蠕变值需要引起高度重视。该指标特性表现为建筑物的沉降量、沉降差、倾斜和局部倾斜等，它们都不应大于地基的容许变形值，此值是根据上部结构对地基变形的适应能力和使用上的要求来确定的。例如，中压缩性黏土地基上烟囱基础的沉降量不得超过 20 厘米；高压缩性黏土地基上的框架结构相邻柱基的沉降量不得超过 0.003 倍相邻柱基的中心距离等。

2）土地工程质量的地质灾害性指标。主要包括地震、崩塌、滑坡、泥石流、冲沟、断层、岩溶 7 个方面，对土地工程质量具有显著性影响。例如，地震特性会强烈影响土地开发利用的区域稳定性，强震时的地表变形破裂，对跨越其上的建筑物来说是不可抵御的，所以要根据场地地质构造分布与特点，选择最适宜的用地布置重要的建筑物；为减少发生灾害的损失，建筑不宜连绵成片，并应考虑防火、防爆、防止有毒气体扩散的措施；合理控制建筑密度，放宽建筑之间的间距，适度扩大绿地面积和主干道路宽度；场地内的管线宜采用抗震强度较高的材料，在管道架设、定位、穿墙体外应采用软性接触牢固连接，以防管道拉断；不宜把建筑物建在断裂的正上方，应在其周围留出一定的缓冲区域等。

3）土地工程质量的地理适宜性指标。主要包括：①地形适宜性指标。如坡度、坡向、海拔、标高、形态、地貌、景观等。②水文适宜性指标。如江河流量、流速、含沙量、水位、水质、洪水位、水温、地下水位、水压、流向、地面水、泉水等。③气象适宜性指标。如风向、日辐射、雨量、湿度、气温、冻土深度、地温等。

4）土地工程质量的社会限制性指标。主要包括历史文化景观、水源地、自然保护、生物资源、矿产资源、优质农田、国家公园、风景名胜区、自然遗迹等保护需要所设定的限制性指标。例如，到 2019 年 6 月，加入联合国“人与生物圈保护区网”的中国自然保护区有武夷山、鼎湖山、梵净山、卧龙、长白山、锡林郭勒、博格达峰、神农架、茂兰、盐城、丰林、天目山、九寨沟、西双版纳等 34 处。在这些自然保护区的核心区范围，土地工程质量几乎降为零。社会限制性指标虽然不是土地工程质量的内在属性，但对土地工程质量的适宜性有着“一票否决”的根本性影响，也应该予以充分考虑。

在中国城市建设的实践中，通常将以上各项土地工程质量指标进行综合分析评价，按照是否适应城市建设的程度，将土地质量分为以下 3 种类型（表 5-2）：①适于城市建设的一类土地质量。②需要采取工程改良措施的二类土地质量。③不适合作为城市建设的三类土地质量。

表 5-2 城市建设适用地分类一览表

土地质量分类	地基承载力/（吨·米$^{-2}$）	地形坡度/%	地下水位（埋深）/米	洪水淹没程度	工程地质	社会限制
一类用地（适宜建设）	>15	<10	>2	在百年洪水位以上	没有不利	没有或轻微
二类用地（需要一定的工程措施）	10~15	15~20	1~1.5	20~50 年洪水位以上	有局部不利	不严重
三类用地（不适宜建设）	<10	>20	<1	10 年洪水位以下	有较大冲沟、滑坡、岩溶等不利地质	严重

（据阮仪三，1999，有修改）

（五）土地景观质量评价的指标体系

工业化和城市化的迅速发展，导致天景、地景、水景、生景、园景、古建筑、胜迹、风物等土地景观资源的严重破坏，景观视觉环境质量评价应运而生。美国《野地法》（1964）、《国家环境政策法》（1969）、《海岸管理法》（1972）、英国《乡村法》（1968）等法律颁布，认为风景秀丽的景观资源具有与其他经济资源相同的法律地位（汤晓敏等，2007）。但是由于没有具体的评价指标，环境价值无法估计，这种现象最终刺激了土地景观质量评价的研究和发展。从土地景观质量的角度看，其评价主要有四大学派，包括专家学派、心理物理学派、认知学派和经验学派，其中心理物理学派能把审美偏好与景观评价的定量分析相结合，确保数据收集与测量的客观性，从而得到更多学者的推崇（姚玉敏等，2021）。可是，到目前为止如何表征土地的景观质量，其指标体系基本上没有形成共识。尤其是涉及环境审美的问题，个人的审美旨趣有很大差别。综合国内外最新研究成果，结合作者的理解和实践，认为以下指标能比较好地表征土地的景观质量。

1）山水格局。主要指山水格局的完整性、异质性、多样性和网络连通性，其中最基础和最关键的是山水格局的完整性。所谓山水格局的完整性，是指景观具有自然、物理和化学过程，能支撑和维持平衡的、整体化的、有适应能力的生态系统，并具有保持自然等级系统的各要素（基因、物种、种群）和过程（能量、物质和信息流的交换、动态变化）的能力，其表现为具有较高生产力、生物多样性丰富、土壤质量优良，并能提供清洁的水（Karr，1996；Forman，1995）。异质性是指景观内部的组分、要素的属性、斑块镶嵌及功能均存在较大差异。多样性与异质性是既有联系又有区别的两个不同概念，是指景观单元在结构和功能方面的多样性，例如格局多样性、斑块多样性、类型多样性等。网络连通性通常用连通性（γ）和环通度（α）来表达，γ 是指景观网络中连接线数与其最大可能的连接线数之比，α 表示网络中连接现有节点环路存在的程度，即网络中实际环路数与最大可能环路数之比，详细计算可见相关文献（曹宇等，2012）。

2）生态要素。主要指自然山体保护程度、自然水系保护程度、森林覆盖率、珍稀物种保护程度、区域气温适宜程度、区域降水适宜程度、生境种类保护程度、地质灾害发生率、水土流失率、自然岸线保护率等生态要素的景观质量优劣。这些生态要素主要是能表征：①景观质量的稳定性。上述要素与景观的抗性（resistance）、持续性（persistence）、振幅（amplitude）、偏离（deflection）、可逆性（elasticity）、滞性（hysteresis）、韧性（malleability）、恢复（recover）、弹性（resilience）、脆弱性（vulnerability）等密切相关，是表征景观结构稳定性和有序性的重要参量。②环境美学价值。保护自然和绿色的景观，会提高人对环境的美感和舒适感；水土流失率很高、地质灾害发生频繁，必然影响环境的美学价值。有研究表明，自然景观元素多的河流，景观价值较高；经过疏浚或修建设施的河流，景观价值就较低（Chen et al.，2007）。

3）山水形态。主要包括以下 2 种形态：①山体形态。指地形起伏度、山体形态多样性、山体结构完整性。②水体形态。指水体形态多样性、水系连通性等。山顶、山脊、山腰、山崖、山谷、山路、盆地、岩溶、红岩等山体形态类型多样、结构完整和错落有致，自然会提升土地的景观审美价值；河、湖、涧、溪、潭、滩、湾等水体形态类型多样，水系过水横截面未被障碍物阻挡，景观的审美价值也会提升。

4）美学价值。主要指景观层次丰富度、景观舒适性、景观特有性、景观美感度、景观和谐度、视觉环境趣味性、景观色彩多样性、景观对比度、景观绿视率、风景线等能直接提升视觉美感的指标。例如，具有观赏、文化或科学价值的山河、湖海、地貌、森林、动植物、化石、特殊地质、天文气象等自然景物和文物古迹、革命纪念地、历史遗址、园林、建筑、工程设施等人文景物和它们所处的环境以及风土人情等呈狭长带集聚的风景线，通常就具有很高的景观美学价值。

5）醒目度。景观与环境的对比度，包括形体、线条、色彩、质地、动静等，其中以山体、树木的天际线，水流、瀑布的动静和奇特的地貌造型最为突出，决定了景观的醒目程度。景观与周围环境的对比度越高，景观就越突出，也就越醒目。景观中“奇异点”或“极端值”的存在，非规整度、非均衡性及特别的安静性、诡秘性、清洁性、流畅性、动感性、有序性等，都会提高景观的醒目度。身处于“奇异点”的景观中，人人都会感到鬼斧神工之笔、天地造化之作，从而会浮想联翩、心灵激荡，深深地被自然景观之美所吸引。

6）稀缺性。从景观的角度看，区分“质量”和“价值”是没有意义的，二者基本上是一个同义语（Jacques，1980）。按照经济学的基本原理，景观的稀缺性越高，景观的价值也就越大，质量也就越优。所谓稀缺性，是指现实中人们在某段时间内所拥有的景观资源不能满足人们欲望的一种状态。景观的稀缺性还不同于商品的稀缺性，商品的稀缺性通常是指供不应求的状态；而景观是一种不可再生资源，其稀缺性更多地表现为其独特性、不可替代性和稀少性。例如，村落的一般性饮食民俗景观、装饰民俗景观、岁时节令民俗景观、婚丧民俗景观、农耕景观等，如果在大部分村落都能够找到，缺乏独特性和不可替代性，这类景观就不具备稀缺性。例如，中国湖泊众多，共有湖泊 2.48 万多个，其中面积在 1 平方千米以上的天然湖泊就有 2800 多个。但是，杭州西湖不同于一般的湖泊，具有独特性和不可替代性的自然和人文景观，显示出很高的稀缺性。西湖南、西、北三面环山，湖中白堤、苏堤、杨公堤、赵公堤将湖面分割成若干水面。湖泊天然地表水源是金沙涧、龙泓涧、赤山涧（慧因涧）、长桥溪4条溪流。湖区有100多处公园景点，有“西湖十景”“新西湖十景”，有60多处国家级、省级、市级重点文物保护单位和20多座博物馆，有断桥、雷峰塔、钱王祠、净慈寺、苏小小墓等遗址点缀其中，成为世界著名的自然文化景观。

7）文化性。主要指地域风情、历史遗址、民俗习惯、建筑特色、文化和科学价值、文物古迹、革命纪念地、园林、建筑、工程设施等人文景物和它们所处的环境以及风土人情等，集聚文化景观丰富性。土地质量的文化性，不是虚幻的传说，而是一个有光、形、色、体的可感特性，一定的空间形态和边界，较为独立的并易从区域形态背景中分离出来的空间客体。该客体具有深厚的社会文化内涵，有学习功能，有改善心智及浸入功能，可以通过其内涵引发人的情感、意趣、联想、移情等心理反应，即景观效应。例如，古人以声音作为主要创作元素，将山谷与水面的回声作为背景音，以乐器和人声作为主音，共同塑造人与自然声音互动的声景观，同时赋予声景以相关的文化主题，从而创造出深远的人文意境，这就是景观质量的文化性。

8）可达性。景观可达性（Landscape Accessibility）是指从空间中任意一点到该景观（源）的相对难易程度，其相关指标有距离、时间、费用等，是交通区位、公共设施和道路系统等完善程度的综合表征。它实际上反映了景观对某种水平运动过程的景观阻力，主要用来研究物种在穿越异质景观时所遇到的累计阻力。因此，也经常用可穿越性（peameatibility）及隔离程度（isolation）来表述，是景观提供给人类和其他生命服务的可能性或潜力。最简单地说，可达性是表示交通难易程度的一项技术指标，计算值愈大，则可达性愈好，景观质量越高，更有利于发展旅游观光业。

（六）土地生命质量评价的指标体系

土地系统中的人、物种、种群、生物群落、生态系统、流域等所有的系统，都渴望生存与成功，都具有一定的生命力。它们彼此之间虽然尺度相差悬殊，但自我保持稳定的机制却是相同的，即具有内稳态（homeostasis）的生命力特性。内稳态是指系统受到外界胁迫后，通过自身结构的变化来调节本身的生命状态，使其自身尽可能恢复到原有的健康水平，这种系统的生命本能特性为地球上万物的生存和延续提供了保障。以人体的温度变化为例，37摄氏度约是人体温度变化范围的平均值，当温度升高或降低时，内稳态的生理活动便会促使其体温恢复到正常水平。如果超出人体内稳态的反应能力，死亡就难免会降临。研究表明，湿生植物对地下水位的变动也有相应的内稳态活动。当地下水位上升时，土壤空隙中的氧气被地下水所占据，植物体吸收氧气减少，湿生植物或是净根系就会延伸至土壤内氧气充足的地方或是生长出新的不定根系组织，以扩大对氧气的吸收（Gill，1977；Koziowski，1984；Parker，1968；Ferguson，1994）。流域地貌形态的动态变化也表现出上述的内稳态反应，通过流域变宽、形成网状、河流分叉和向源侵蚀等，使流出系统的水量和沉积物同进入系统的水量和沉积物保持平衡（Heede，1986；赵羿等，2005）。不同的景观类型：森林景观、湿地景观、荒漠景观、洪泛平原景观、河流景观、农田景观等，虽都具有不同的内稳态行为，但都具有抵御干扰、恢复自身平衡的能力，以保持健康和生命的活力。从内稳态的角度看，表征土地生命质量的指标主要包括以下 4 个方面。

1）土地生物特性指标。主要包括上文已经详细列举的植被群落指标、后生动物指标、原生动物指标、微生物指标和生物复合指标 5 种类型。

2）土地生命活性指标。主要通过生物多样性降低、生物过程紊乱、群落结构退化、有害生物增加、森林覆盖率降低、牧草覆盖率下降、土壤生物活性下降、土壤主要微生物类型变异等土地生命退化指标，来表征土地的生命活性。

3）土地物理质量指标。主要包括气候、地质、地形、水文、土壤等生命物理要素的本底、优势、短板及其退化程度予以表征。例如，土层变薄、土体剖面构型破坏、土壤沙化、土地板结、地下水位下降、土地有效水分下降、土地洪涝灾害加剧等，表明土地生命质量的物理环境开始衰退，潜伏着对土地生命质量健康的不利影响。

4）土地化学质量指标。主要包括岩石矿物的化学组成、土壤和水体的化学特性、环境的化学污染等指标。例如，土壤的化学质量包括土壤矿物质、土壤酸碱度、土壤氧化还原反应、阳离子交换量、全部交换性盐基、可溶盐总量、酸性硫酸盐危害和和氮磷钾、硫钙镁及各种生命必需的微量元素含量等。如果土地的化学质量不能构成生命感应中心的场域，或者土壤养分含量下降、土地盐碱化提升、土地污染加剧等，表明化学环境不利于土地生命质量的提升，或者说土地生命的化学环境质量处于较低水平。

总之，如果土地的生态系统具有较强的恢复力（resilience）、生产力（productivity）和组织结构（organization），具有优良的水源涵养、污染净化、土壤有机质保持、水土保持、气候调节、生物栖息、生物多样性保护、生态系统服务、食物提供、疾病防治、健康维护等综合功能，则表明有较高的土地生命质量。

四、土地质量评价的技术方法

（一）土地质量评价单元的确定

评价单元是土地质量评价工作中最基本的评价单位，它是影响土地质量诸因素所构成的最基本单元，同一评价单元具有一致或相似的土地质量特性，而不同评价单元则各有不同。土地质量评价的最终结果是通过评价单元反映出来，评价单元的划分与土地质量评价工作量大小以及评价成果的科学性、实用性和精度等密切相关。划分评价单元的目的是要客观反映土地质量在一定空间内的差异，将土地质量等级落实到具体空间位置上，从而为土地的可持续利用和地球生命质量的提升提供科学依据。目前，土地质量评价中划分评价单元最为常见的方法主要有以下 6 种。

1）以土壤类型为基础划分评价单元。直接利用土壤分类系统中某一级作为评价单元，例如土属或土种作为评价单元等。但如果存在其他的土地特性在评价范围内具有较大的变异时，例如坡度变化较大时，需要考虑将土壤土与坡度土叠加后重新划定评价单元，也就是说需要考虑与其他土地特性叠加后划分评价单元。

2）以土地类型为基础划分评价单元。土地类型是根据土地各组成要素相互作用形成的综合体的相对性和差异性进行分类的结果，能比较好地反映土地自然条件和人类活动的相对均一性，是相对比较理想的土地质量评价单元选择。但是，到目前为止还没有一个统一分类标准的土地分类系统可供选用，在实际应用中会遇到一些操作上的困难。

3）以土地利用现状为基础划分评价单元。按土地利用现状的基础制图单元，例如一级地类或二级地类作为评价单元，结合田间末级固定工程（路、沟、渠）所包围的范围，同时结合地形、土壤、水利状况的相对一致性划分评价单元。该划分方法有利于揭示最小土地单元之间的相似性和差异性，比较适合对地力质量的评价。

4）以地理栅格为基础划分评价单元。将空间分割成有规律的网格，例如 30 米×30 米，每一个网格为一个单元，在各单元上赋予相应的属性值来表示土地的质量状况。地理栅格数据有利于实施空间数据库的有效管理，也更方便应用现代地理信息技术进行质量评价。

5）以生态位为基础划分评价单元。生态位又称生态龛，表示生态系统中每种生物生存所必需的生境最小阈值，是影响动物、植物种分布的主要生物因子，时常受捕食或植牧的影响。种适应的环境的物理因子限度，大体决定了其地理的或生境的规模的范围，但是种在这一范围内生存，取决于同生活在那里的其他种竞争资源。基于生态位划分评价单元，采用生物的现实资源生态位和最适生态位之间的贴近程度的思维，更能反映生物对其某种生境状态的适宜程度和质量高低（Grinell，1917；Ouyang et al，1994）。在土地质量评价中，生物对资源的需求被抽象为土地利用对区域资源环境的需求，生境状态则被理解为特定的区域资源环境，生态位质量即土地质量。在这个语境下，若将生态位理解为环境中的生物寻觅最佳生存的空间，则土地质量分区关键就是找到土地利用最适宜的空间位置。从土地的地力质量和生命质量评价来看，生态位更具针对性。例如，不同作物的耕作需求的耕作条件对气候、水分、土壤等要求严格，通过生态位方法可更好地辨识质量高低。

6）以空间叠加为基础划分评价单元。利用土地质量评价因子空间数据库，借助 GIS 进行各评价因子两两叠加并经拓扑分析后形成的最小图斑作为评价单元。

采用不同的评价单元各有其优缺点，以土壤类型图图斑为评价单元可以使各单元在土壤类型上相对一致，但不能保证各评价单元在气候、地形、水文等方面的相对一致性。以土地类型图斑为评价单元可以克服以土壤类型图斑为评价单元的某些不足，它综合考虑了土壤、地形、气候、水文等因素，但未考虑土地利用因素，而土地质量评价恰恰是针对土地特定利用方式而展开的。以土地利用现状图斑为评价单元虽然综合考虑了诸多因素，特别是保证了评价单元的界线在地面上与地块分布基本一致，也便于土地质量评价成果的应用，但一些大图斑（如面积较大的耕地、林地等）内部差异较大，该情况下只能保证图斑单元利用类型的一致性，而图斑单元内的土地质量属性差异因缺乏资料而无法得到客观反映，致使评价精度较差。根据评价比例尺以一定大小的栅格为评价单元，虽然栅格单元内土地属性和质量可以取得相对一致，但编制的土地质量评价图单元界线残留有栅格的痕迹，影响评价效果，栅格单元在实地缺乏明显的界线，且往往与自然田块、行政界线不一致而影响评价结果的实际应用。以数字化的评价因子图借助 GIS 空间分析功能进行两两叠加形成的最小图斑为评价单元，虽然可以保证评价单元土地属性和质量的一致性，但形成的评价单元数量大、较为破碎，且可能产生大量细小的碎多边形，同时也存在评价单元在实地缺乏明显界线，与自然田块、行政界线不一致等缺点。以生态位作为评价单元，是一种全新的探索和方向，有利于更好地评价土地的生命质量，但目前还不成熟，需要更深入的研究。

由于不同的土地用途或利用方式对土地质量要求各异，土地质量评价必须针对一定的土地用途或利用方式才有其确切意义，故在土地质量评价中，划分评价单元首先要考虑土地利用因素，通常可以采用土地利用现状图斑为初级单元，以保证各评价单元在土地利用方式上的一致性。考虑到以土地利用现状图斑为评价单元可能存在单元内部差异性较大，土地质量属性差异未能得到客观反映等问题，必须对初级单元做进一步划分。由于评价单元是按照土地质量均匀一致的原则划分的，而土地质量又由诸多影响因素决定，这些影响因素通常是评价的参评因子。因此，可借助 GIS 空间分析功能，以数字化土地利用现状图为基础图，与影响土地质量的各主要参评因子分级图进行两两叠加，经拓扑分析，并遵循一定原则对细小碎多边形进行适当归并处理后所形成的最小图斑作为评价单元。该方法划分的评价单元不仅可以保证各评价单元土地利用方式的一致性，而且也可保证各评价单元土地特性和土地质量的相对一致性。

（二）土地质量评价的方法选择

土地质量评价是根据指定土地利用方式下各类土地特性的综合性和差异性，确定土地质量等级并采用一定的方式进行描述的过程。土地质量评价的方法不下几十种，最常用的有以下 5 种方法。

1）根据单因素诊断评价土地质量。某些土地质量可以以单一的关键性诊断因素决定，即采用一定的方法和原则将关键性诊断因素的值转化为土地质量的值，以确定土地质量等级的高低。例如，根据洪水淹没频率或发生泥石流的频率或产能的高低，来确定土地工程质量的高低。

2）根据最小因子限制律评价土地质量。根据最小因子限制律，采用限制性最大的因素来决定土地质量的高低。例如，土地的地力质量是由有效积温、坡度、土层厚度、有机质含量、土壤养分、土壤结构、微生物区系、灌溉条件等综合因素决定的，如果土层厚度是影响多年生作物需求的关键限制因素，就可以视土层厚度是完全不能满足、基本不能满足还是不能很好满足的差异，来评定针对多年生作物利用的土地质量的高低。

3）根据多指标决策评价土地质量。通过空间与非空间化数据整合、经过多指标综合判断决策来评价土地质量的过程（何英彬等，2009），包括应用启发式近似法等多目标决策法、等加权叠加分析法、层次分析法、理想点方法等多属性决策法来评价土地质量。例如，根据有效积温、地形坡度、土层厚度、有机质含量、灌排水等条件差异，确定各个因素的权重，对各个因素进行量化，通过加强求和法来综合评定土地质量，就是最常用的多指标决策评价土地质量的方法。

4）根据空间叠加法评价土地质量。即采用不同图纸、计算机图纸、图层等依次叠加估测土地质量，包括早期的图纸叠加法、计算机辅助制图、地图代数等，典型的研究包括哈佛实验室开发的 SYMAP 和 GRID 系统（Murray et al，1971），Turner 和 Miles 基于适宜性地图的交通系统（Turner et al.，1971）。

5）根据人工智能法评价土地质量。即能够模拟、描述复杂系统，并为推理及决策服务的智能技术，主要包括模糊逻辑技术、神经网络方法、遗传算法、元胞自动机等，研究包括 Ferrand（1996）、Zhou et al. （1996）、Fu et al. （2015）、孟霖等（2018）等。

当下绝大多数土地质量评价所采用的方法，无论是空间叠加法还是人工智能法等，本质上都是一种综合评价法，或者称之为多指标决策评价。这种评价方法有其合理的方面，因为大凡评价都会涉及众多因素，用综合结果来表征评价的等级，在理论上是有依据的，在实际上也是可以被接受的。比如高考，就是采用各门科目的总和成绩来决定是否录取的。但这种方法也有其缺陷，对土地质量而言，决定其质量高低的可能是受木桶原理和最小因子限制律控制的，在某些情形下综合的结果并不能表征质量的高低。例如，水田利用的灌溉保证率极低，在这种情况下，即使其他指标分值较高，也不能认为土地质量是高的。再例如，土地有严重的重金属污染，其他指标的分值再高，对农业利用而言，土地质量也应该被认定为很低劣的。在土地质量评价中，有必要设置一些“一票否决”指标，如果这些指标不能满足基本要求，则就可评定该土地质量为低等级。

第三节　土地健康形成机理及诊断

一、土地健康形成的理论机理

（一）土地健康的概念内涵

土地健康的概念，最早是美国生态学家 Aldo Leopold 于 1941 年提出的。他认为土地在被人类利用改造的过程中，能够保证土地结构完整，生态功能良好，这就是健康的土地。人类应该有效地利用好土地，而不应该破坏它们的功能（Leopold，1941）。与此同时，Leopold 还用“土地疾病”这一概念来表示功能出现不合理时的土地。Schaeffer et al.（1988）强调，当生态系统的组织功能受损、自我维护能力降低时，生态系统就会出现疾病；而当生态系统没有疾病时，就代表生态系统健康。在此基础上，Berkes et al. （2012）再次对土地健康内涵进行了理解分析，表明土地健康的概念是一个包含社会、生态、自然等多层次系统间相互作用的过程。早期的土地健康内涵研究主要集中在土地生态系统健康理论领域，即从生态角度出发，结合土地生态系统内部的稳定性、多样性、复杂性和自我修复性，描述土地可持续发展的一种健康状态。在受到外界干扰时能够自我恢复，而且在凭借较少外部支持的情况下也能保持生态系统健康的土地，就是健康的土地（Costanza，1992；Ulanowicz，1992）。

随着研究的深入，学者们开始进一步思考“土地健康”对“生态系统健康”的重要性，并提出“土地利用系统健康”这一概念。蔡为民等（2004）从两个层面对土地利用系统健康的内涵进行了概括：一是土地利用系统是否健康应该看它本身是否健康，即它的内部结构是否合理、功能发挥是否有效；二是应该考虑土地利用系统与人类的关系，即土地利用系统阐述的效益能否满足人类社会发展的需要，并建立了土地利用系统健康评价的框架。之后，Berkes（2012）综合大量关于“土地健康”的研究，重新给出土地利用系统健康的定义，认为土地利用系统健康是在自然、社会、土地三者对土地进行生产使用的过程中，土地利用系统依然具备自我更新和自我调节的能力。Kalambukattu et al.（2013）、Verstegen et al.（2016）从土壤不同性质、土壤有机碳库、植物群落属性等角度出发对土地利用系统进行了研究，土地利用系统理论逐渐成熟。同时，关于土地利用系统健康评价的研究也在不断发展。早期的 Costanza et al.（1992）提出了有关生态系统健康水平量化指标的 8 个标准。随后，相关学者逐渐构建出驱动力-状态-响应、活力-组织-恢复力等重要的土地生态系统健康评价体系（de Groot et al.，2002）。科学家们继而研究出土地条件变化指标的土地健康评价指标体系，在指标体系的构建方面有了一定的成果。随着评价指标的完善，评价方法也逐渐扩展，土地健康位理论、PSR（压力-状态-响应）模型、集对分析模型、模糊综合评判法、物元分析法、三角模型、TOPSIS（逼近理想解排序）方法、寻踪投影模型、灰色关联模型等被应用于土地利用系统健康评价中（刘宝涛，2017）。

在理解土地健康的概念内涵时，需要科学理解土地功能、土地质量和土地健康三者之间的关系。土地功能是指能够为人类和其他生命系统提供持续性产品和服务的特性，诸如维持动物和植物生产力、改善水和土壤的质量、支持人类健康等一系列重要的内容。土地质量和土地健康在概念内涵上比较相近，在某些文献中也有混用的情况。但是，土地质量是描述土地静态地用于满足特定目标的能力，而土地健康是反映土地的动态状况，主要是对生命系统而言的。在大多数情况下，土地健康将土地视为生命有机体，主要表示土地质量中的动态活力，具有 4 个方面的特性：一是土地系统充满生命活力，二是土地系统富有生命营养，三是土地系统具有生命韧性，四是土地系统功能完善，强调土地的生命属性、生物多样性和生态系统服务功能。

（二）土地健康的驱动机理

土地是多组分的非均一介质，驱动土地健康变化的不仅与土地宏观因素的地理条件，与土地微观因素的化学、物理和生物要素相关，同时与各要素之间相互作用的复杂性和异质性相关。在不同界面和不同研究尺度上，土地各要素间的相互作用显著影响土地功能、质量和健康状况。土地健康与人体健康、生物体健康和流域健康具有相似的驱动机制，均取决于土地本身所特有的调节和反馈能力，即系统的内稳态（homeostasis）能力。内稳态是指系统受到外界胁迫后，通过自身结构的变化来调节本身的状态，使其自身尽可能恢复到原有平衡状态。健康的土地，能够维持内稳态的正常运行。如果土地在频繁的、较小的干扰过程中维持基本的平衡或者能够从一个较大干扰下快速恢复平衡，那么就可以认为该土地是“十分健康”的（Ferguson，1994；Callicott，1995；Murphy，1978）。更通俗地讲，土地健康状态是指没有生态疾病或者没有人类活动所引起的胁迫因子的存在，也可称之为没有“生态系统危困综合征”，没有出现功能紊乱的状态（Rapport，1989）。与一般意义上的景观健康不同，土地健康需要强调其生产能力的持续保持，能在生态系统和土地利用范围内具有良性的养分循环能力，能具有保持改善环境质量和促进动植物健康的能力（Doran et al.，1996；Mann et al.，2019；Karlen et al.，2019；Haney et al.，2018；Else et al.，2018）。

大部分人类活动都会对土地系统产生负面影响（Chi et al.，2018）。人类的各种社会活动，包括对土地的各种超强度利用、干扰和过度开发，破坏了土地系统的相对平衡状态，使土地系统的结构或功能减退或消失，导致土地健康状态恶化，是土地健康状态变化的最主要驱动机制。高强度的人类活动驱动土地利用和土地覆盖变化，导致区域气候、水文、土壤、生物多样性和生态系统服务价值发生重大变化，也影响区域的社会经济人文发展，从而影响土地健康水平（He et al.，2019）。随着高强度的农业开发，农业化肥的施用和工业废水的排放导致化学物质残留在土地剖面中，再经地表径流引发水体污染和富营养化，最终影响土地健康（Logan et al.，2019）。当然，自然条件如气候变化，也会影响土地健康状况，尤其是极端气候频发，会引发自然灾害和作物生产力下降，造成土地荒漠化和土地质量下降，影响土地生态系统的物质和能量循环，导致土地健康状况恶化（Tahmasebi et al.，2020）。

二、土地健康的诊断及其评估

（一）土地健康的诊断指标

土地健康评价，本质是一种诊断评价，它不是针对某一种特定的土地利用方式，而是将土地看作是一个“有机体”，以整个土地的自然社会复合系统作为评价对象，在满足人类社会可持续发展目标的约束下，诊断由自然因素和人类活动引起的土地结构功能紊乱和退化状态。它首先需要对土地系统功能紊乱进行分类，实行诊断、干预及因果关系的对比；其次需要能够判断土地系统主要参数是否偏离正常值的标准，即选择诊断指标体系、确定诊断指标标准，通过专家咨询等方法，确定诊断指标的权重；最后需要通过模型运算得出诊断结果。诊断体系建立和选择是土地健康诊断的关键内容，直接影响和决定诊断成果的质量。Mageau et al.（1995）认为，土地健康诊断指标主要与恢复力（resilience）、生产力（productivity）和组织结构（organization）3 个方面有关，这些指标可通过生物学（如生物多样性、本地物种与外来物种比、优势种的分布规模等）、自然地理学（如水文流动、土壤有机物质的保持能力、生物圈对水流及能流的控制等）以及社会经济学（如农业、林业及渔业的投入产出率等）的途径去获取（Rapport et al.，1998）。

土地健康诊断指标，也是用于鉴定土地健康状况的评价指标。由于土地系统存在复杂的相互作用关联，因此任何指标都难以与土地健康状况形成单一对应的关系，这就导致土地健康诊断指标的选择存在着相当的复杂性。在通常情况下，诊断指标的选择需要遵循以下 4 项原则：①表征性。所选择的指标要能够表征土地健康状态发生变化的关键过程。如水分、有机质等指标，就能较好地表征土地健康的状态变化。②敏感性。对土地功能、土地质量及土地健康的变化具有较强的敏感性和针对性，同时具有相对的稳定性。如土壤养分和土壤微生物组对土地健康的变化比较敏感，可选择作为诊断指标；但是对于速效氮、速效磷和速效钾等养分指标，由于稳定性比较差，就不适宜作为诊断指标。③可解释性。诊断指标能反映土地过程、土地功能和土地健康管理目标的时空变化，并为土地健康管理提供决策参考。例如，土地利用结构能反映时空变化，具有可解释性，也能为土地健康管理提供决策依据，可选做诊断指标；但大地构造指标虽然对土地健康也可能会有影响，但其解释性不充分，就不宜作为诊断指标。④适用性。所选择的诊断指标要具有可获取性，观测成本要相对比较低。

（二）土地健康的评估框架

土地健康的评估框架研究较多，主要有以下几种类型。

1）压力-状态-响应（PSR）评估框架。该框架在人地关系与可持续发展领域较为广泛，并衍生出驱动-压力-状态-影响（DPSI）和驱动-压力-状态-影响-响应（DPSIR）评估框架。压力-状态-响应（PSR）、驱动-压力-状态-影响（DPSI）和驱动-压力-状态-影响-响应（DPSIR）评估框架已应用到土地健康评价中，主要是依据原因-效应-反应的思路（Walz，2000）。其中，压力指标是指科学合理地阐明环境或人类活动的压力；状态指标是描述评估对象的功能、质量和数量的当前状况；响应指标是管理人员通过决策和行为产生的响应，促进评估目标的良性循环，最终构建一个彼此关联的有机整体（钟少华等，2019）。压力-状态-响应（PSR）模型是一种强大的方法，包括诸多影响因素，但更侧重评估对象与人类活动之间的因果关系（Zhao et al.，2019；Su et al.，2010）。

2）活力-组织-弹性（VOR）评估框架及该框架的扩展框架活力-组织-弹性-生态系统服务功能（VORF）。该框架从生态系统质量和为人类提供生态服务两个方面衡量土地的健康水平，应用较为广泛（Yan et al.，2016；Xiao et al.，2019）。在VORF系统中，活力指标揭示了土地生态系统的活动、新陈代谢或初级生产力，组织指标衡量了各个次级土地生态系统之间相互作用的数量和多样性，弹性指标表明了在面临外部干扰的情况下土地生态系统维持其原始结构的能力，生态系统服务功能指标主要体现土地生态系统提供的服务功能（He et al.，2019）。在该评估框架中，各个子系统通过定量方法来评估其指数，其中，活力指数主要选择归一化植被指数（NDVI）来代表，因为它与净初级生产力密切相关，并且已被广泛有效地应用于评估土地生态系统活力（Costanza，2012；Peng et al.，2017；Wang et al.，2017；Liao et al.，2018）；组织指数主要由景观格局指数来衡量景观的异质性，利用Shannon多样性指数和面积加权平均斑块分形维数计算（Howell et al.，2018）；弹性指数主要是抵抗外界干扰指数，由于土地利用对景观生态系统的复原力有显著影响，因此采用所有土地利用类型的面积加权生态系统恢复力系数的总和来衡量土地系统的恢复力（Colding，2007）；生态系统服务功能是指生态系统为人类社会提供商品和服务的能力，根据某种土地利用类型的生态系统服务价值与所有土地利用类型的平均生态系统服务价值之比，计算出每种土地利用类型的生态系统服务系数（Cheng et al.，2018）。随着高通量测序技术的突破和生物信息学的发展，土壤微生物组学与土地健康的研究得到了迅速发展。研究表明，土壤微生物组会影响元素循环、改善水土污染、提升土传病害根际免疫，选择微生物指标来评价土地健康状况可以更好地表征系统的活力和恢复力，可能是未来的重要方向之一（朱永官等，2021）。

3）基于免疫机理构建胁迫-状态-免疫和抗原-抗体评估框架（赵宏波等，2016；陈藜藜等，2017）。该评估框架是将评估对象视为一个生命有机体，其系统与生物系统的本质具有较高相似性，当评估对象面临侵害等威胁时，可以较好识别不利要素或存在隐患，并能够采取一定的防御策略，从而在一定程度上可以保障机体受损（陈清光等，2011；Fabio，2003）。基于免疫机理构建的评估框架侧重系统结构特征和运行机制，提供了一种强大的信息处理和问题求解范式（肖人彬等，2002）。其中，胁迫是指人类和社会经济活动引起生态系统的负荷作用；状态是通过活力、组织、弹性来反映；免疫是指生态系统所处的胁迫和状况。此外，该评估框架涉及的指标有生物丰度指数、生态质量指数、人均GDP、经济密度、人口密度、土地垦殖率、水土协调度、水网密度指数、农业机械化水平、化肥施用强度、人均粮食产量和机耕程度等（赵宏波等，2016）。

第四节　土地健康与人类生命健康

一、土地健康作为生命健康的根基

（一）生命是土地健康的同构物

正如本书在绪论中所指出的那样，人体中60多种化学元素与土地中元素的丰度曲线是非常近似的，说明人体的生命元素与土地的组成，都是大自然的同构物。图5-1为人体血液和地壳中元素含量比较。其相关性之大，各种元素波动起伏之相似，使人类不得不为大自然的造化能力所折服。可以毫不夸张地说：人类是地球化学的真正同构物（晏磊，1998）。地壳中的元素含量控制着生命元素的形成和分布，这一现象称为“含量效应”。“含量效应”作为一种规律，5亿年以来一直影响着生物的进化和生存发展。艾姆斯里（Emsley，1998）、赖德（Lide，2005）、戴维斯（Davies et al.，1991）和珀温（Bowen，1979）等的研究也得出了类似的结论。

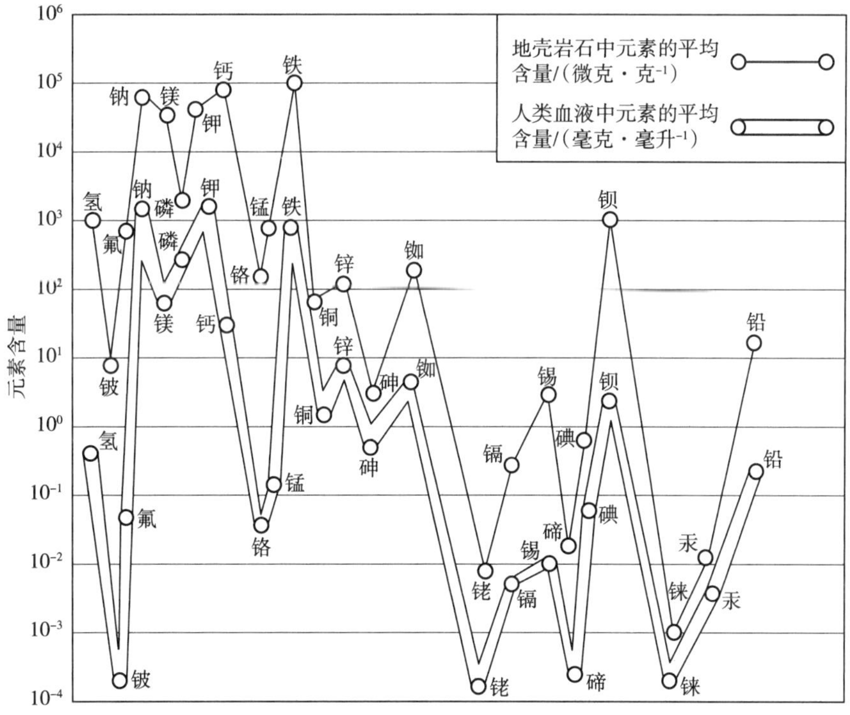

图5-1　人体血液和地壳中元素含量比较图

（据晏磊，1998）

图 5-2、图 5-3 是细菌和植物元素含量、植物和人体元素含量的比较。结果表明，细菌、植物和人体在元素丰度方面有很大的相似性，相关系数可分别达 0. 8175、0. 7779，尽管细菌、植物和人体在外观和习性方面存在着重大差异。这些比较显示，C、H、O、N、P、S 的丰度值不仅在细菌、植物和人体中都名列前茅，而且这些元素的分布顺序在这 3 类生物中也基本一致。在微量元素方面，细菌体内的元素含量也没有显示出与植物或人类有什么不同。对植物和动物的线粒体研究表明这两类生物的线粒体在形态学和对染色处理反应等方面体现出来的特征几乎完全一致。如果比较植物和动物体内分离出来的线粒体，几乎无法区别这些线粒体的来源。可见，微生物、植物和动物在细胞的化学组成上似乎依然保持其祖先的"原始性"，并且在元素吸收和利用方面基本继承了微生物所建立的功能，这一结论也与近代生物化学和分子生物学的研究结果不谋而合（李长生，2016）。

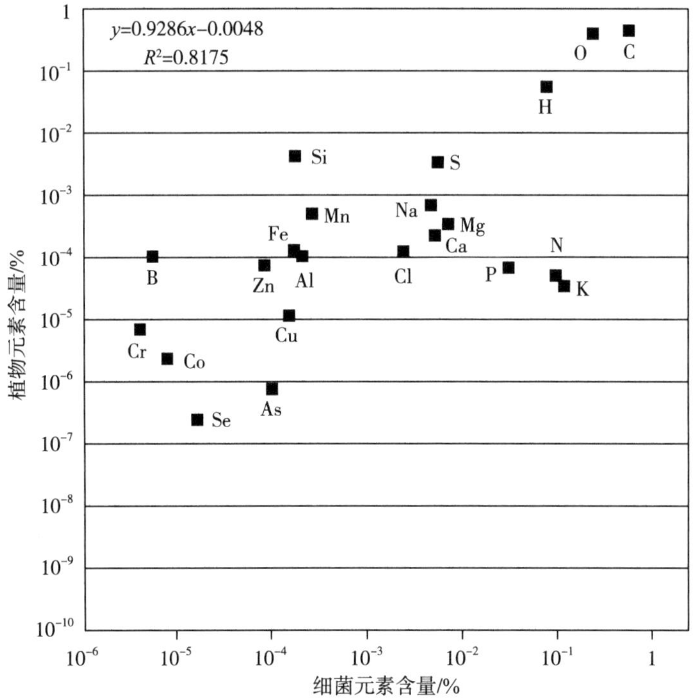

图 5-2　细菌和植物元素含量的比较图

（据李长生，2016）

以上研究是地质学家和生物学家所得出的结论：生命是地球化学的同构物。但进一步研究发现，地质学家是从风化壳中采取的样本，而且绝大多数取自风化壳的上层，实际上所采取的是土地样本，无非是学科的专业术语不同。不同的风化壳地球化学组成，表明土地质量有显著差异。从目前所取的样本来源看，生命是土地质量的同构物。

（二）土地健康是生命延续之基

地球生态系统的物质生产由两大部分组成，即初级生产和次级生产。初级生产就是指绿色植物通过光合作用制造有机物的过程，又称第一性生产，也就是土地的绿色生产力；

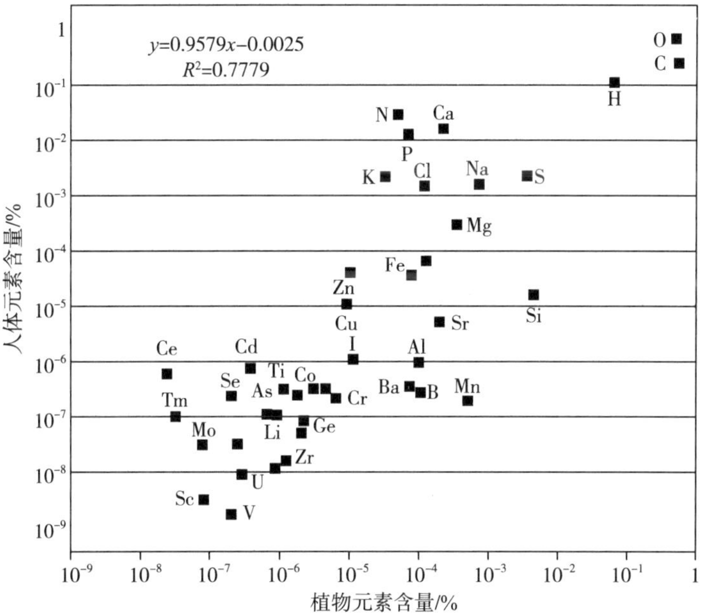

图 5-3　植物和人体元素含量的比较图

（据李长生，2016）

次级生产是指消费者和分解者直接或间接地利用植物产品的过程。其中，初级生产是最根本和最基础的，次级生产在很大程度上依赖于初级生产。地球上的生命，无论是何种生命，都必须依赖第一性生产而生存延续。事实上，地球上几乎所有的生命物质都直接或间接地源于光合作用所形成的第一性生产力。

几乎可以说，地球上生物界所有的食物都源于绿色植物的光合作用，作物、牧草、林产品等第一性生产也都取决于绿色植物的光合作用。不同区域的光能、二氧化碳和水的含量有明显差异，例如地球上的光能，来自太阳辐射，光能质量随纬度、海拔、大气干燥度及其季节变化而有很大不同。太阳光线的入射角是随着纬度的增高而由大变小的，它决定了到达地球表面的太阳辐射强度，也就是光能的大小，从而控制着生命层的热力环境。太阳辐射强度越大，生物生产量就越高。对于绿色植物进行光合作用有效的那一部分太阳辐射能，通常称为光合有效能量。光合有效能量因土地的地理纬度分布，绿色植物的生长季节及生理特性等不同而变化。例如，北半球 30 度和 60 度，1 月光合有效能量可相差近 10 倍。光照质量、纬度、海拔、干燥度、水等，都是土地质量的组成特性，也就是说，土地质量的组成特性控制着生命物质的形成和分布。习惯上，人们将单位面积第一性生产的量称之为土地绿色生产力，它可折合成生命需要的热量及蛋白质数量，结果用于对生命承载量的计算。

绿色植物的物质生产所需要的自然基本因素有 5 个：光能、热能、空气、水分和养料，其差异的本质是土地质量综合作用的结果。例如，在温暖的干旱区，当降水量从 200 毫米上升到 400 毫米时，土地初级生产力也几乎提高了一倍。由此不难得出结论，土地质量是生命存在和延续的根基性要素。

二、土地健康影响生命健康的证据

（一）地球化学疾病的土地健康观察

研究表明，地球表层土地元素的禀赋差异控制着生命元素的分布，这一现象又称为“丰度效应”（沈照理，1993）。“丰度效应”反映了生物与土地环境组成要素之间存在着密切的关系，也反映了生物与土地质量之间的动态平衡结构。根据人体内元素的含量，可将其划分为：①常量元素。占人体总量99.95%的元素，包括O、C、H、N、Ca、S、P、Na、K、Cl、Mg。②微量元素。仅占人体总重0.05%的元素。世界卫生组织公认的人体必需微量元素有Fe、F、I、Cu、Zn、Se、Mo、Mn、V、Cr、Co、Ni、Sn、Si等。微量元素参与人体内多种酶、辅酶、维生素、激素及核酸的形成，具有特异的生理功能（表5-3），与机体细胞增殖、新陈代谢等密切相关（何燕等，2008）。例如，H、O、C、M、P、S是人体蛋白质、脂肪、糖和核酸的物质成分，Ca、K、Mg是细胞内液的必要组成元素，Na和Cl则是细胞外液的必要组成元素。微量元素在体内参与体内近千种酶中50%~70%的构成或酶的激活剂的构成，是体内重要的载体和电子传递系统，参与激素等的合成和生理功能，调节机体的其他生理功能。

表5-3　人体内微量元素的生理功能表

功能分类	元　素
参与人体各种酶的组成	Fe、Cu、Zn、Mo、Se、Mn
具有催化作用	I、Cu、Ca、Mn、Cr、Co、Ni
增强机体免疫功能，提高抗病力	Zn、I、Se、Ti
有助于保护心血管	K、Na、Li、Ca、Mg、Ti、V、Se、Fe、Cu、Zn、Na、Co

（据蒋建强，2004）

由于母岩成因不同，不同土地类型中的地球化学元素含量是很不相同的。同样是火成岩，在玄武岩中富含镁、铁的硅酸盐矿物包括橄榄石、辉石、角闪石、黑云母等；而在花岗岩中则富含钾、钠、钙的硅酸盐和石英。在中国东部地区，就花岗岩和玄武岩两种岩石的化学成分做比较，花岗岩铅的含量26×10^{-6}、锌的含量40×10^{-6}、铜的含量5.5×10^{-6}、铬的含量6.6×10^{-6}、镍的含量5.2×10^{-6}、钴的含量3.0×10^{-6}，而玄武岩的相应含量为9.6×10^{-6}、120×10^{-6}、52×10^{-6}、203×10^{-6}、120×10^{-6}、47×10^{-6}，最大比值相差30.76倍，最小比值也相差2.71倍（迟清华，2003）。再加上后期人类对地球表面不同区域的影响差异，土地中各种化学元素的分布是很不均匀的。在食物链的作用下，如果人体的元素摄入量过多或过少，超出所能适应的变动范围，便会引发各种“地球化学性疾病”。由于这种疾病的发生具有地域特点，因此又称为地方病。这些问题涉及心血管病、克山病、脑出血症、癌症、地方性甲状腺肿、大骨节病、氟中毒和龋齿、砷中毒、汞中毒和水俣病、镉缺乏及镉中毒性疾病、钴中毒与骨痛病、地方性不孕症（伽师病）等。

食物和饮水是各类元素进入人体的主要途径，占人体元素总量的70%~90%。在不同的土地环境中，从土地到餐桌的这一食物链过程，导致人体各种元素的摄入量是不同的。

如果某些必需元素过低，使得该地区的生活人群对这些元素的摄入量偏低，造成体内元素缺乏，结果就会导致生态疾病的发生（表5-4）。中国比较流行的地球化学性疾病，主要包括地方性氟中毒、甲状腺肿、地方性砷中毒和大骨节病等。据相关统计，全国克山病、大骨节病、碘缺乏病的病区县数分别为326个、377个和2185个。地球化学性疾病通常只发生在某一特定地区，同一定的自然环境因素有密切的关系，如地质、地貌、水质、气候、食物、居住条件等，主要致病原因是土地中化学元素的分布不均衡，过多或过少都会引起某些特定的疾病。

1）克山病。它是以土地中硒缺乏为基本因素的多营养素缺乏病。该病临床特征为心肌凝固性坏死，伴有明显心脏扩大、心功能不全和心律失常，重者发生心源性休克或心力衰竭，死亡率高达85%。1935年在中国黑龙江省克山县发现克山病，由此得名。在高发期，中国15个省（区）都有发病，主要分布在东北到西南的一条带上，带内病区呈灶状分布。从兴安岭、太行山、六盘山到云贵高原的山地和丘陵一带多为病区，重病区海拔多在200~2000米之间，而海岸、平原、土壤盐渍化较深地区多为非病区。

2）大骨节病。它在国外主要分布于西伯利亚东部和朝鲜北部，在中国分布范围大，从东北到西南的广大地区均有发病，主要发生于黑龙江、吉林、辽宁、陕西、山西、河北、山东、河南、内蒙古、甘肃、青海、四川、西藏等省（区），多分布于山区和半山区，受威胁的人口达3500万以上（王治伦，2020）。大量研究发现，中国大骨节病病区分布与低硒土壤地带大体上一致，大部分病区土壤总硒含量在0.15毫克/千克以下，粮食硒含量多低于0.020毫克/千克；病区人群血、尿、头发硒含量低于非病区人群，病人体内可查出低硒相联系的一系列代谢变化；病区人群头发硒水平上升时，病情下降；补硒后能降低大骨节病的新发率，促进干骺端病变的修复。但也有研究表明，不少重要事实并不支持低硒是病症的唯一成因（安永会等，2010）。

3）地氟病。它又称地方性氟中毒，是长期从土地环境中摄入过量氟而发生的一种慢性全身性疾病，主要表现为氟斑牙和氟骨症，属于典型的地球化学性疾病。氟在自然界分布很广，均以化合物形式存在。土壤中氟化物可溶于水，容易被动物和植物所吸收。氟化物在肠道内吸收与其水溶性有关。因水氟大部分为易溶性，故吸收率往往在90%以上。食物中的氟约为40%~80%属易溶性，因而吸收率也较高。该病根据摄入途径分为两型：一为饮水型，即长期饮用含氟量高的水而患病，此型分布广，90%的患者属于此型；二为燃煤型，即在特定地区煤中含氟量过多，致使室内空气和烤干食物中氟含量增加而导致该病发生。研究表明，氟在世界各地的分布不均匀，全世界有30多个国家，以及我国除上海和海南外的其他省（区、市）几乎都有流行区。全国地氟病覆盖县市数为1515个，覆盖村落数为12.06万个，病区人口数为1.19亿。

4）地砷病。它又称地方性砷中毒。据统计，全球至少有2亿人面临着砷中毒的威胁，目前已知20多个国家流行不同程度的砷中毒。全世界已知高砷水源所形成的砷中毒病区主要分布在美洲和亚洲，其中智利是历史最早的病区，而近年孟加拉国、印度和中国是全世界病情最重、病区面积最大、受危害人口最多的国家，也是目前全球砷污染健康研究关注的核心区域。中国大陆地区的原生高砷地下水集中分布在北方干旱半干旱地区，自东向西分布在松嫩平原、大同盆地、河套平原、银川平原、青海贵德盆地和新疆奎屯地区，总体上呈东西向条带状分布。燃煤型地方性砷中毒是中国特有的由生活燃用高砷煤所致地球化学异常型地方病，主要发生在贵州西南部和陕西省南部地区。中国砷中毒具有类型多、发生省份多的特点，主要发生在新疆、山西、内蒙古、吉林、台湾等地。流行病学调查显示，当地居民饮用的深井水中砷含量越高，当地居民的砷中毒发病率就越高（林年丰等，1999；汤洁等，2013）。地砷病是居住在特定土地质量条件下的居民，长期通过饮水、空气或食物摄入过量的无机砷而引起的以皮肤色素脱失和（或）过度沉着、掌跖角化为主的全身性慢性中毒，是人体长期摄入过量砷所引起的地球化学性疾病。

5）地碘病。在微量元素对人体的影响中，碘的危害最严重。肌体缺碘会引起缺碘性甲状腺肿，摄入过量则会引起高碘性甲状腺肿。世界上最著名的严重病区是安第斯山、喜马拉雅山、阿尔卑斯山和比利牛斯山等一些偏远地区。中国缺碘引起的地方性甲状腺肿主要有以下几种类型：①山地丘陵淋溶型。主要是在山地、丘陵间，碘被淋溶殆尽，水中碘含量甚微，通常在0.5微克/升以下，如喜马拉雅山、天山等。②沙土漏碘型。沙土不容易保存碘而渗漏到地下深处，从而形成严重缺碘区，如新疆沙漠边缘地区及古河道地区。③泥炭沼泽碘被固定型。在泥炭土中，碳虽丰富，但植物有机体不能很好地被分解，碘释放不出，不溶于水，不易被植物吸收，造成相对低碘区，如东北三江平原。④石灰岩区碘的低效型。石灰岩地区饮水中含有大量的钙离子，钙离子过多妨碍人体对碘的吸收，钙离子还可以加速肾脏排泄点的作用，使机体加重相对缺碘，如贵州病区即属于这种类型。高碘区的发病通常与油田有关。石油产区的矿井水含碘量高达10000微克/升以上，这影响到附近地下水的含碘量，有的深井水含碘量高达1000微克/升，高于一般饮水的100倍左右。居民饮用此水可得高碘性甲状腺肿，如山东北部的某些县（符燕等，2006；谭见安，2004）。

表5-4 元素缺乏引起的疾病及其毒性一览表

元素	缺乏	毒性
铁	贫血	血色沉着病
铜	贫血、摇背症	慢性铜中毒、Wilson-Bedlington 病
锌	侏儒症、生殖腺发育迟缓、肠病性肢端皮炎	金属热、腹泻
钴	贫血、白肝病	心力衰竭、红细胞增多症
镁	生殖腺功能紊乱、痉挛、骨骼畸形、尿结石	共济失调
铬	糖代谢紊乱	肾损伤（肾炎）
硒	肝坏死、肌肉萎缩症（白肌病）	碱性病、蹒跚病

（据 Finkelman et al.，2005）

（二）长寿地理分布的土地健康观察

调查研究表明，中国百岁老人分布具有显著的区域集聚现象，基本沿胡焕庸人口密度线以南集中分布，多集中于有江河经过、气候条件适宜、生态环境优良的地区，土地质量差异对长寿老人的地理分布具有显著影响。

1）土地质量的气候特性对生命长寿的影响。研究表明，人体最适宜的气温是18~20摄氏度，而世界上大多数长寿区的气温都比较适中，平均气温在20摄氏度左右。中国大多数长寿区也都有其特殊的气象因素，诸如年平均气温在17~20摄氏度之间，年降水量为1250~1500毫米，年平均日照时间为1400~1800时之间等。人类和其他哺乳动物一样，其自然寿命与其生长期呈正相关，极限寿命一般为性成熟期的8~10倍、为生长期的5~7倍。由于寒带地区的人的性成熟期和生长期都要长于热带地区的人，因而寒带人的平均寿命要比热带人长10~30岁，以致有人指出若能将人的体温降低2~3.5摄氏度，人的平均寿命将从目前的70多岁提高到150岁（蔡慧等，2006）。由于空气中的负离子含量能够改善肺器官功能、降低血压、增强心肌功能、增强免疫系统、破坏细菌的细胞膜、使人精神振奋，以及对于呼吸道、支气管疾病、慢性鼻炎、偏头痛、更年期综合征、慢性皮肤病等具有显著的辅助治理作用，因而也具有显著的长寿功能。长寿地区负离子含量可高达10万~50万个/米^3，远高于一般地区的几十倍甚至上百倍，是形成长寿的重要因素（边磊等，2001）。

2）土地质量的地形特性对生命长寿的影响。世界上的长寿地区大多分布于海拔较高的山区。五大世界级“长寿之乡”都分布在海拔1000米左右的山区，例如，被誉为“世界长寿中心”的厄瓜多尔的比卡尔班巴村坐落在安第斯山山谷，海拔1370米；高加索位于黑海、亚速海和里海之间，是延绵不断的山区，平均海拔1500~2500米；巴基斯坦的罕萨位于海拔1000米以上的山区；中国新疆维吾尔自治区阿克苏长寿村位于平均海拔高度为1114.8米的山区，湖北省神农架林区塔坪村海拔1200米，西藏有不少百岁老人分布在平均海拔4000米以上的藏北高原和藏东高山峡谷地区，川西北高原阿坝、甘孜两州长寿地区平均海拔2500米以上，广西壮族自治区巴马瑶族自治县位于海拔435~698米的山区。但也有部分长寿地区分布于海拔较低的平原地带，如成都平原长寿区海拔300米以上（蔡慧等，2006）。海拔较高的山区，空气污染少，经常爬山能促进血液循环；为适应低氧、低气压的生活环境，心脏的排血率会增多，冠状动脉扩张，使人体组织利用氧的效能增强等，有助于促进人体寿命的延长。

3）土地质量的水质特性对生命长寿的影响。多数长寿地区水资源丰富、水质优良，有助于增强免疫功能和预防心脑血管疾病。对中国长寿之乡的研究表明，饮用水呈弱碱性和适度的Se、Fe、K含量，且其中高Ca、Co、Mn，而低Cr、Cd、Pb，是有助于当地长寿的一个有利因素（王五一等，2015）。四川省都江堰市长寿区居民的饮用水源自达古冰川泉水，溶解氧含量高并富含各种天然矿物质元素；新疆维吾尔自治区长寿区的水源是当今世界上最洁净的水源之一；河南省夏邑县饮用水呈弱碱性且富Fe、Mn、Zn、Se、Sr等微量元素，都是水质对生命长寿影响的证据。

4）土地质量的土壤特性对生命长寿的影响。土壤是生命赖以生存的最基础要素，土壤和水中的化学元素是生命体内某些酶、激素、核酸的组成部分，参与生命的代谢过程，对生命的健康和长寿具有重要影响。研究发现，高Mn、高Zn且低Cu低Cd的土壤分布与心血管发病率呈负相关，与长寿老人密度呈正相关；长寿人口比例的空间分布与土壤中某些元素的空间分布特征相似（郝喆等，2015）。新疆维吾尔自治区长寿老人均生活在富含微量元素Mn的红、黄土壤带，他们体内含Mn高于一般人的6倍，Mn有利于防治心血管病的发生，是抗衰老和抗癌元素，有“长寿金丹”之誉。湖北省的调查也发现，百岁老人头发中具有相对富Mn、富Se和低Cd的特点，而这一地区Se的含量比一般地区高2~3倍。百岁老人聚居区耕地里的土壤富含Mn、Zn、Cu、Pt、Ni、Cr、Cd等元素，Mn、

Zn 含量比一般地区高 3~7 倍（蔡慧等，2006）。由此可见，土壤条件，尤其是土壤中的微量元素组成、含量和结构配比，对生命健康有重要的影响。

当然，除以上 4 个方面的土地质量特性成因以外，遗传因子、饮食结构、性格心态、生活习惯、自然景观等对健康长寿也有重要影响。例如，研究发现 3 种人体基因线粒体 DNA 与长寿显著相关，独特的遗传基因是长寿的先天优势（Cai et al.，2009）。区域的饮食结构对人类的健康长寿具有显著影响，新疆维吾尔自治区和田地区的长寿老人长期食用一种由核桃、葡萄干、蜂蜜和玉米粉调制而成的索可马克，能延缓人体衰老，核桃中的磷脂可以有效调节人体脑神经功能；长期食用巴旦木、葡萄干等坚果类食品还能抗癌保肝、生精益气、延年益寿。广西壮族自治区巴马瑶族自治县长寿老人、海南省澄迈地区长寿老人、四川省眉山市彭山区长寿老人等，也都有健康的饮食结构。

三、土地健康影响生命健康的机理

（一）土地健康影响生命健康的一般性机理

春秋战国以后，人们就开始了对长寿与自然环境关系的探索，开始认知到人的寿命与气候、水土条件等有密切关系。中国最早的经典医学理论著作《黄帝内经》中的《素问·四气调神大论篇》指出气候的四季更替是“万物之终始，死生之根本”，人类只有适应这种更替，做到“春夏养阳，秋冬养阴”，才有可能获得长寿，“与万物沉浮于生长之门”（上海古籍出版社，1985）。现代研究表明，土地质量对生命健康的影响，主要是通过一种称之为“食物链”的机理而产生的。所谓食物链，是指在地球生态系统中，有机物的化学能在生态系统中层层传导的过程，也就是各种生物通过一系列吃与被吃的关系，把这种生物与那种生物紧密地联系起来，这种生物之间以食物营养关系彼此联系起来的序列，就像一条链子一样，一环扣一环，就称为食物链。简言之，在生态系统内，各种生物之间由于食物而形成的一种联系，叫作食物链（Food Chain）。例如，青草→野兔→狐狸→狼；禾谷类植物→昆虫→食虫鸟→鹰等。

按照生物与生物之间的关系可将食物链细分为捕食食物链、腐食食物链（碎食食物链）和寄生食物链。食草动物称为第一级消费者，它们吞食植物而得到自己需要的食物和能量，这一类动物如一些昆虫、鼠类、野猪、大象等。食草动物又可被食肉动物所捕食，这些食肉动物称为第二级消费者，如瓢虫以蚜虫为食，黄鼠狼以鼠类为食等，瓢虫和黄鼠狼等称为第一级食肉者。又有一些捕食小型食肉动物的大型食肉动物如狐狸、狼、蛇等，称为第三级消费者或第二级食肉者。又有以第二级食肉动物为食物的如狮、虎、豹、鹰、鹫等猛兽、猛禽，就是第四级消费者或第三级食肉者。在食物链中，人类大部分是依赖植物的茎根叶而生存，但也依赖食肉而生，例如食猪、牛、羊而生存，基本上以第一级消费者为主，也有部分处于第二级消费者。

无论地球生命是何级消费者，食物链中传递的化学能的本源，都来自土地及其质量的差异。土地质量是由气候、土壤、水文、地形、岩石、生物和人类活动等作用形成的一种综合属性，构成土地质量的气候、土壤、水质、地形等特性不同，土地质量的综合属性也不同。自然界唯一的生产反应是光合作用，光合作用是地球绿色植物最重要的和最基本的功能，是地球上唯一的将土地中大规模的无机物转化为有机物、把太阳能转化为化学能的过程。上文已经指出，地球上生物界所有生命需要的食物都源于土地上绿色植物的光合作用，而这种光合作用的效率和质量取决于土地质量的组成特性，后者控制着生命物质的形成和分布。上文也已经详细地指出，地球化学性疾病主要是由土地质量的差异引起的，长寿老人的地理分布虽然是多因素综合作用的结果，但土地质量是最基础的影响因素。也就是说，由于绝大部分生命的食物来自土地，所有的人都生存在特定的土地质量场之中，在食物链机理的作用下，就使得土地质量和生命健康的演化形成一种共轭过程。

（二）土地健康影响生命健康的病因学解释

从中医病因学的角度看，疾病是人体内部邪正斗争和阴阳失调的表现，外来风寒、风热或病菌、病毒都是健康的特定致病因素，是人与天地相参的结果。自《黄帝内经》出现中医理论体系建立以来，中医就认为，人体自身、人与人、人与天地从来就是一个无法割裂的整体。中医学认为，影响天地生机的常见自然因素是各种气候，而气候的异常变化可危害天地生机，造成生态平衡失调。《黄帝内经》中的《素问·异法方宜论篇》的主旨就在于说明东、西、南、北、中各个地域，由于自然环境的差异和生活条件的不同，各地居民的体质、病证和病因也随之而不同，因而治疗方法也应因地制宜。其中，岐伯针对黄帝“一病而治各不同，皆愈，何也”的提问，非常明确地回答：“地势使然也。”在第二段论述：“西方者，金玉之域，沙石之处，天地之所收引也。其民陵居而多风，水土刚强，其民不衣而褐荐，其民华食而脂肥。故邪不能伤其形体，其病生于内。其治宜毒药。故毒药者，亦从西方来。”（贾成祥，2008）隋唐时代医药学家孙思邈的《千金翼方·卷第十四·退居》“择地”“缔创”两节，要求居住环境应该选择“人野相近，心远地偏，背山临水，气候高爽，土地良沃，泉水清美”之处，“得十亩平坦之处，便可构居……若得左右映带岗阜形胜最为上地；地势好，亦居者安”，有利于人体健康。从现代观点看，这些中医病因学说就是认为：人体的健康状况与生态环境密切相连，也就是与土地质量的差异紧密相关。如果人体与土地质量的平衡关系被打破，就会发生“生态失调”，就会得病，从而影响健康长寿。

从西医病因学的理论看，人体是由分子、细胞、组织、器官、系统等多个层次，由蛋白质为基架、水为填充剂、维生素为连接剂、糖为能量的主要来源、脂肪为储能仓库、电解质和微量元素为激动剂构成的复杂巨系统。人体生命过程就是这些物质的合成与分解的代谢过程，疾病的发生主要有外界致病因素和机体内部致病因素两大病因。外界致病因素包括生物性、理化性和营养性因素等；机体内部致病因素包括免疫、神经内分泌、遗传变异、先天性、年龄、性别、社会、心理、精神因素及医源性因素等几个方面。这些因素可相互作用，导致疾病的发生和发展（周启星，2017）。外部致病因素具体可以分为以下五大类：①物理因素。包括降水量、温度、气压以及机械力、电离辐射、突然事故等。②化学因素。包括各种有毒的无机物、有机物和生物性毒物，如强酸、强碱、重金属、砷、苯、氰化物、一氧化碳等。③生物因素。包括病原微生物，如细菌、病毒、真菌、立克次氏体以及寄生虫等。④必需物质。包括维持生命活动的基本物质、各种营养元素、微量元素和纤维素等，如氧气、水、蛋白质、脂肪、糖、维生素、无机盐、硒、锌等。当体内必需物质缺乏或过多时，就会发生功能上的改变，可能因此而发病。⑤精神因素。包括强烈的精神压力、经济状态变坏等，都是导致疾病的重要因子。例如，居住条件恶劣、过度疲劳、竞争压力大等都可以削弱机体的抵抗力引起疾病。而这些物理因素、化学因素、生物因素和必需物质等，都是构成土地质量的重要特性。或者说，这些重要特性的综合作用，构成了土地质量的差异，可以土地质量进行综合表征。

从以上分析可以看出，无论是中医的整体论，还是西医的还原论，对致病的成因最后都会交集在生态环境——土地质量的因子上，都认为土地质量因子的缺陷和恶化，会导致疾病的发生。人是立于土地之上并依靠土地而生的，土地质量的缺陷和恶化，无疑会直接导致疾病的发生；土地质量的有利和优势，也无疑会直接促进生命的长寿。从机理上看，土地质量的变化，会通过食物链、化学元素之间的拮抗或场域整体的影响，作用于人体的神经机制、体液机制、组织细胞机制和分子机制，对人体不同层次系统和组成结构及功能产生影响，干扰其正常的生理生化活动。例如，细菌、病毒、衣原体、支原体、螺旋体、原虫等病原微生物的侵入，将会直接导致疾病的发生。毫无疑问，如果土地遭受污染，长期生活在该区域的生命体，会使机体适应能力下降，出现由污染引起的地方性疾病。例如八大公害事件，即比利时马斯河谷烟雾事件、日本水俣病事件、日本四日市哮喘病事件、日本富山骨痛病事件、日本米糠油事件、美国洛杉矶光化学烟雾事件、美国多诺拉镇烟雾事件、英国伦敦烟雾事件，就是由于生存的土地质量遭受严重污染，而导致悲剧的发生。

应该谨记：健康土地是世界最重要的公共产品，土地健康是人类最大的公共福祉。

参考文献

上海古籍出版社，1985. 二十二子：黄帝内经·素问［M］. 上海：上海古籍出版社.

安永会，贾小丰，李旭峰，等，2010. 中国大骨节病地质环境特征及其病因研究［J］. 中国地质（3）：563-570.

边磊，边庆年，崔万欣，2001. 自然地质环境与人类健康研究［J］. 石家庄经济学院学报（1）：82-86.

蔡慧，付小竹，葛淼，2006. 百岁老人与自然地理环境的关系［J］. 国外医学（医学地理分册）（2）：88-92.

蔡为民，唐华俊，陈佑启，等，2004. 土地利用系统健康评价的框架与指标选择［J］. 中国人口·资源与环境，14（1）：33-37.

曹宇，赵羿，吴玉环，2012. 熵、水与景观［M］. 杭州：浙江大学出版社.

陈华文，2018. 人类不是地球生命演化的旁观者［J］. 资源与人居环境（8）：51-53.

陈藜藜，宋戈，邹朝晖，2017. 基于免疫机理的黑龙江省耕地系统安全预警研究［J］. 中国土地科学，31（5）：79-88.

陈清光，段伟利，陈国华，2011. 基于免疫机理的化工园区安全生产预警机制设计［J］. 中国安全科学学报，21（9）：159-165.

迟清华，2003. 岩石化学元素丰度在地球化学块体研究中的意义［J］. 物探与化探（6）：428-430，444.

杜国明，刘彦随，于凤荣，等，2016. 耕地质量的演变与再认识［J］. 农业工程学报（14）：243-249.

符燕，张小磊，马建华，2006. 碘与地方性甲状腺肿［J］. 微量元素与健康研究（5）：64-66.

郭旭东，邱扬，连纲，等，2008. 区域土地质量指标体系及应用研究［M］. 北京：科学出版社.

郝喆，李永华，李海蓉，等，2015. 中国区域长寿与地理环境的耦合关系［J］. 中国老年学杂志（3）：1422-1423.

何燕，周国华，王学求，2008. 从微量元素与人体健康关系得到的启示［J］. 物探与化探（1）：70-74.
何英彬，陈佑启，杨鹏，等，2009. 国外基于 GIS 土地适宜性评价研究进展及展望［J］. 地理科学进展，28（6）：898-904.
黄昌勇，2000. 土壤学［M］. 北京：中国农业出版社.
贾成祥，2008.《素问·异法方宜论篇》“陵居”考释［J］. 北京中医药大学学报（9）：598-599.
蒋建强，2004. 环境地球化学与人体健康及农业生产的关系［J］. 物探与化探（4）：330.
李长生，2016. 生物地球化学［M］. 北京：清华大学出版社.
李光宇，吴次芳，2018. 土壤微生物研究在农田质量评价中的应用［J］. 土壤学报，55（3）：543-556.
林年丰，汤洁，1999. 我国砷中毒病区的环境特征研究［J］. 地理科学（2）：40-44.
刘宝涛，2017. 吉林省新型城镇化与土地健康利用协调发展研究［D］. 长春：吉林大学.
孟霖，郭杰，孙驰，等，2018. 基于供求关系的城镇建设用地适宜性评价：以扬州市为例［J］. 资源科学，40（1）：11.
阮仪三，1999. 城市建设与规划基础理论［M］. 天津：天津科学技术出版社.
沈照理，1993. 水文地球化学基础［M］. 北京：地质出版社.
谭见安，2004. 地球环境与健康［M］. 北京：化学工业出版社.
汤洁，卞建民，李昭阳，等，2013. 中国饮水型砷中毒区的水化学环境与砷中毒关系［J］. 生态毒理学报，8（2）：222-229.
汤晓敏，王祥荣，2007. 景观视觉环境评价：概念、起源与发展［J］. 上海交通大学学报（农业科学版）（3）：173-179.
唐政，李继光，李慧，等，2015. 喀斯特生态恢复过程中土壤原生动物的指示作用研究［J］. 生态环境学报，24（11）：1808-1813.
陶世龙，万天丰，程捷，1999. 地球科学概论［M］. 北京：地质出版社.
王龙凤，赵华甫，辛亮亮，2015. 古代土地评价对农用地分等指标遴选的启示［J］. 土壤通报，46（1）：25-30.
王五一，李永华，李海蓉，等，2015. 中国区域长寿的环境机制［J］. 科学决策（1）：1-12.
王希，2021. 十月获稻：人类与大地的万年之约［N］. 中国自然资源报，11-29.
王治伦，2020. 防治大骨节病 助力全民健康［J］. 中国地方病防治（6）：699-700.
肖人彬，王磊，2002. 人工免疫系统：原理、模型、分析及展望［J］. 计算机学报（12）：1281-1293.
晏磊，1998. 可持续发展基础［M］. 北京：华夏出版社.
姚玉敏，常佳，杨海燕，2021. 景观视觉环境质量评价研究现状与发展趋势［J］. 陕西学院学报（5）：110-119.
尹晓波，1998. 可持续经济发展中的资源配置优化［J］. 数量经济技术经济研究（2）：24-26.
张金屯，2004. 数量生态学［M］. 北京：科学出版社.
赵宏波，郑辉，苗长虹，等，2016. 东北粮食主产区农业生态系统健康格局与因子诊断：以吉林省为例［J］. 应用生态学报，27（10）：3290-3298.
赵羿，胡远满，曹宇，等，2005. 土地与景观［M］. 北京：科学出版社.
钟少华，时鹏，杨文刚，等，2019. 基于 PSR 模型的土地利用系统健康评价及障碍因子诊断：以延长县为例［J］. 水土保持研究，26（2）：283-289.
周启星，2017. 生态地学［M］. 北京：科学出版社.
朱永官，彭静静，韦中，等，2021. 土壤微生物组与土壤健康［J］. 中国科学（1）：1-11.
FAO，1976. A framework for land evaluation［R］. Rome：FAO.
FAO，1983. Guidelines：land evaluation for rain fed agriculture［R］. Rome：FAO.
FAO，1993a. An international framework for evaluating sustainable land management［R］. Rome：FAO.
FAO，1993b. Guidelines for land-use planning［R］. Rome：FAO.

U. S. Department of Agriculture, 1973. Forest service: national forest landscape management: V1 [R]. Washington, D. C. : U. S. Department of Agriculture.

U. S. Department of Agriculture, 1974. Forest service: national forest landscape management: V2 [R]. Washington, D. C. : U. S. Department of Agriculture.

Abdollahi L, Hansen E M, Rickson R J, et al. , 2015. Overall assessment of soil quality on humid sandy loams: effects of location, rotation and tillage [J]. Soil and Tillage Research, 145: 29-36.

Bai Z G, Dent D L, Olsson L, et al. , 2008. Proxy global assessment of land degradation [J]. Soil Use and Management, 24 (3) : 223-234.

Baveye P C, Baveye J, Gowdy J, 2016. Soil "ecosystem" services and natural capital: critical appraisal of research on uncertain ground [J]. Frontiers in Environmental Science (4): 41.

Bender S F, Wagg C, van der Heijden M G A, 2016. An underground revolution: biodiversity and soil ecological engineering for agricultural sustainability [J]. Trends in Ecology & Evolution, 31 (6): 440-452

Berkes F, Doubleday N C, Gumming G S, 2012. Aldo Leopold's land health froma resilience point of view: self-renewal capacity of social-ecological systems [J]. EcoHealth, 9 (3): 278-287.

Bindraban P S, Stoorvogel J J, Jansen D M, 2000. Land quality indicators for sustainable land management: proposed method for yield gap and soil nutrient balance [J]. Agriculture, Ecosystems and Environments (81): 103-112.

Bondi G, Wall D, Bacher M, et al. , 2017. Role of soil biology and soil functions in relation to land use intensity [C] // EGU General Assembly Conference Abstracts (4): 15021.

Bouma J , van Ittersum M K, Stoorvogel J J , et al. , 2017. Soil capability: exploring the functional potentials of soils [J/OL]. Global Soil Security, 2017: 27-44. DOI: 10. 1007/978-3-319-43394-3_ 3.

Bowen H J M, 1979. Environmental chemistry of the elements [M]. London: Academic Press Inc.

Bünemann E K, Bongiorno G, Bai Z, et al. , 2018. Soil quality: a critical review [J]. Soil Biology and Biochemistry (120): 105-125.

Cai X Y, Wang X F, Li S L, 2009. Association of mitochondrial DNA haplogroups with exceptional longevity in a Chinese Population [J]. PLoS One, 4 (7) : e6423.

Callicott J B, 1995. The value of ecosystem health [J]. Environmental Values (4): 345-361.

Chen S Y , Lin J Y, 2007. Developing a simplified river landscape assessment model: examples from the Chung-kang and Touchien Rivers, Taiwan [J]. Environmental Monitoring and Assessment, 127 (1): 489-502.

Cheng X, Chen L D, Sun R H, et al. , 2018. Land use changes and socio-economic development strongly deteriorate river ecosystem health in one of the largest basins in China [J]. Science of the Total Environment (3), 376-385.

Chi Y, Zheng W, Shi H, et al. , 2018. Spatial heterogeneity of estuarine wetland ecosystem health influenced by complex natural and anthropogenic factors [J]. Science of the Total Environment, 634 (1): 1445-1462.

Colding J, 2007. "Ecological land-use complementation" for building resilience in urban ecosystems [J]. Landscape and Urban Planning, 81 (1/2): 46-55.

Costanza R, 2012. Ecosystem health and ecological engineering [J]. Ecological Engineering (8): 24-29.

Costanza R, Norton B G, Haskell B D, 1992. Ecosystem health: new goalsfor environmental management [J]. Ecosystem Health New Goals for Environmental Management, 1992: 239-256.

Coyle C, Creamer R E, Schulte R P, et al. , 2016. A functional land management conceptual framework under soil drainage and land use scenarios [J]. Environmental Science & Policy (56): 39-48.

Daniel T C, Vining J, 1983. Methodological issues in the assessment of landscape quality [M] // Altman I, Wohlwill J F. Behavior and the natural environment. New York: Plenum Press: 39-84.

Davies J, 2017. The business case for soil [J]. Nature News, 543 (7645): 309.

Davies R E, Koch R H, 1991. All the observed universe has contributed to life [J]. Philosophical Transaction: Biological Sciences, 334 (1271): 391-403.

de Groot R S, Wilson M A, Boumans R M J, 2002. A typology for the classification, description and valuation of ecosystem function, goods and services [J]. Ecological Economics, 41 (3): 393-408.

Delgado-Baquerizo M, Maestre F T, Reich P B, et al., 2016. Microbial diversity drives multifunctionality in terrestrial ecosystems [J]. Nature Communications, 7: 10541.

Doran J W, 1994. Defining soil quality for sustainable environment, soil science society of America [M]. Madison, Wisconsin: American Society of Agronomy.

Doran J W, Sarrantonio M, Liebig M A, 1996. Soil health and sustainability [J]. Advances in Agronomy, 56 (8): 1-54.

Dubreuil A, Gérard G, Ruedi M, 2007. Key elements in a framework for land use impact assessment within LCA [J]. The International Journal of Life Cycle Assessment, 12 (1): 5-15.

Dumandki J, Pieri C, 2000. Land quality indicatiors: research plan [J]. Agriculture, Ecosystems and Enviornment (81): 93-102.

Else K B, Bongiorno G, Bai Z, et al., 2018. Soil quality: a critical review [J]. Soil Biology and Biochemistry, 120: 105-125.

Emmet-Booth J P, Forristal P D, Fenton O, et al., 2016. A review of visual soil evaluation techniques for soil structure [J]. Soil Use and Management, 32 (4): 623-634.

Emsley J, 1998. The elements [M]. 3rd ed. Oxford: Clarendon Press.

Epelde L, Becerril J M, Garbisu C, 2014. Adaptive long-term monitoring of soil health in metal phytostabilization: ecological attributes and ecosystem services based on soil microbial parametersxs [J]. International Journal of Phytoremediation, 16 (10): 971-981.

Ferguson B K, 1994. Stomwater infiltration [M]. Boca Raton, FL: CRC Press.

Ferrand N, 1996. Modeling and supporting multi-actor planning using multi-agent systems [C] // Santa Barbara: Third NCGIA Conference on GIS and Environmental Modeling.

Filip Z, 2002. International approach to assessing soil quality by ecologically-related biological parameters [J]. Agriculture Ecosystems and Environment (88): 169-174.

Finkelman R B, Centeno J A, Selinus O, 2005. The emerging medical and geological association [J]. Transactions of the American Clinical & Climatological Association, 116: 155.

Forman R T T, 1995. Land mosaics: the ecology of landscape and regions [M]. Cambridge: Cambridge University Press.

Fu B, Zhang L, Xu Z, et al., 2015. Ecosystem services in changing land use [J]. Journal of Soils and Sediments, 15 (4): 833-843.

Gill C J, 1977. Some aspects of the design and management of reserveior margins for multiple use [M] // Coaker T H. Applied biology: Vol 1. New York: Academic Press: 129-182.

Gonzalez F A, 2003. A study of artificial immune systems applied to anomaly detection [D]. Memphis: University of Memphis.

Grinell J, 1917. The niche relationship of the California thrasher [J]. Auk, 34: 364-382.

Haney R L, Haney E B, Smith D R, et al., 2018. The soil health tool: theory and initial broad-scale application [J]. Applied Soil Ecology, 125: 162-168.

Harrison R, Strahm B, Yi X, 2010. Soil education and public awareness [J]. Soils, Plant Growth and Crop Production (3): 196-218.

He J, Pan Z, Liu D, et al., 2019. Exploring the regional differences of ecosystem health and its driving factors in China [J]. The Science of the Total Environment, 673 (10): 553-564.

Heede B H, 1986. Designing for dynamic equilibrium in streams [J]. Water Resources Bulletin (22): 351-357.

Howell P E, Muths E, Hossack B R, et al., 2018. Increasing connectivity between metapopulation ecology and landscape ecology [J]. Ecology, 99 (5): 1119-1128.

Islam K R, Weil R R, 2000. Land use effects on soil quality in a tropical forest ecosystem of Bangladesh [J]. Agriculture, Ecosystems and Environment (79): 9-16.

Jacques D L, 1980. Landscape appraisal: the case for a subjective theory [J]. Journal of Environmental Management (10): 107-113.

Kalambukattu J G, Singh R, Patra A, et al., 2013. Soil carbon pools and carbon management indexunder different land use systems in the Central Himalayan Region [J]. Acta Agriculturae Scandinavica, 63 (3): 200-205.

Karlen D L, Veum K S, Sudduth K A, et al., 2019. Soil health assessment: past accomplishments, current activities, and future opportunities [J]. Soil and Tillage Research, 195: 104365.

Karr J R, 1996. Ecological integrity and ecological health are not the same [M] // Schulze P C. Engineering within ecological constraints. Washington, D. C.: National Academy Press: 97-109.

Kennedy A C, Smith K L, 1995. Soil microbial diversity and the sustainability of agricultural soils [J]. Plant Soil (170): 75-86.

Kliskey A D, Lofroth E C, Thompson W A, et al., 1999. Simulating and evaluating alternative resource-use strategies using GIS-based habitat suitability indices [J]. Landscape and Urban Planning, 45 (4): 163-175.

Kosmas C, Gerontidis S, Marathianou M, 2000. The effect of land use change on soils and vegetation over various lithological formations on Lesvos (Greece) [J]. Catena (40): 51-68.

Koziowski T T, 1984. Responses of woody plans to flooding [M] // Koziowski T T. Flooding and plant growth. New York: Academic Press: 129-163.

Lal R, 2018. Digging deeper: a holistic perspective of factors affecting soil organic carbon sequestration in agroecosystems [J]. Global Change Biology, 24 (8): 3285-3301.

Le Q B, Nkonya E, Mirzabaev A, 2016. Biomass productivity-based mapping of global land degradation hotspots [M] //Nkonya E, Mirzabaev A, von Braun J. Economics of land degradation and improvement: a global assessment for sustainable development. Cham: Springer: 55-84.

Leibig M A, Doran J W, 1999. Evaluation of point-scale assessments of soil quality [J]. Journal of Soil and Water Conservation (2): 510-518.

Leopold A S, 1941. Wilderness as a land laboratory [J]. Living Wilderness, 6 (7): 4317-4326.

Liao C J, Yue Y M, Wang K L, et al., 2018. Ecological restoration enhances ecosystem health in the karst regions of Southwest China [J]. Ecological Indicators, 90 (6): 416-425.

Lide D R, 2005. Section 14: Geophysics, astronomy, and acoustics: abundance of elements in the Earth's crust and in the sea [M] //Lide D R. CRC handbook of chemistry and physics. 85th ed. Boca Raton: CRC Press.

Logan M, Hu Z, Brinkman R, et al., 2019. Ecosystem health report cards: an overview of frameworks and analytical methodologies [J]. Ecological Indicators, 2019: 105834.

Mageau M T, Costanza R, Ulanowicz R E, 1995. The development and initial testing a quantitative assessment of ecosystem health [J]. Ecosystem Health, 1 (4): 201-213.

Mann C, Lynch D, Fillmore S, et al., 2019. Relationships between field management, soil health, and microbial community composition [J]. Applied Soil Ecology, 144: 12-21.

McHarg I L, 1969. Design with nature [M]. New York: Doubleday.

McKenzie D C, Moncada M P, Ball B C, et al., 2015. Reduction of yield gaps and improvement of ecological function through local-to-global applications of visual soil assessment [R] //Ball B C, Munkholm L J. Visual soil evaluation: realising potential crop production with minimum environmental impact. Wallingford, UK: CABI: 31-48.

Moebius-Clune B N, 2016. Comprehensive assessment of soil health: the cornell framework manual [R]. Ithaca: Cornell University.

Morris S J, Boerner R E J, 1998. Landscape patterns of nitrogen mineralization and nitrification in southern Ohio hardwood forests [J]. Landscape Ecology (13): 215-224.

Murage E W, Karanja N K, Smithson P C, et al., 2000. Diagnostic indicators of soli quality in productive and non-productive smallholders' fields of Kenya's Central Highlands [J]. Agriculture, Ecosystems and Environment (79): 1-8.

Murphy E A, 1978. The logic of medicine [M]. Baltimore: Johns Hopkins University Press.

Murray T, Rogers P, Sinton D, et al., 1971. Honey Hill: a systems analysis for planning the multiple use of controlled water areas [R]. Springfield: National Technical Information Service.

Ouyang Z, Weisman J, Wang R, 1994. Ecological niche suitability model with an application in Taojiang land use planning [J]. Journal of Environment Science, 6 (4): 449-456.

Parker J, 1968. Drought resistance mechanisms [M] // Koziowski T T. Water deficits and plant growth: Vol. 1 development, control, and measurement. New York: Academic Press.

Peng J, Liu Y, Li T, et al., 2017. Regional ecosystem health response to rural land use change: a case study in Lijiang City, China [J]. Ecological Indicators, 72: 399-410.

Pieri C, Dumanski J, Hamblin A, et al., 1995. Land quality indicators [R]. Washington, D. C.: The World Bank.

Rapport D J, 1989. What constitutes ecosystem health [J]. Perspective in Biology and Medicine, 33 (1): 120-132.

Rapport D J, Costanza R, McMichael A J, 1998. Assessing ecosystem health [J]. Tree, 13 (10): 397-402.

Rockström J, Schellnhuber H J, Hoskins B, et al., 2016. The world's biggest gamble [J]. Earth's Future, 4 (10): 465-470.

Ryder R, 1994. Land evaluation for steepland agriculture in the Dominican Republic [J]. The Geographical Journal (1): 74-86.

Räty M, Huhta V, 2003. Earthworms and pH affect communities of nematodes and enchytraeids in forest soil [J]. Biology and Fertility of Soils, 38 (1) : 52-58.

Saida A, Jusoff K, et al., 2013. Evaluation of land capability for agriculture in the upstream of Jeneberang Watershed, South Sulawesi [J]. American-Eurasian J. Agric. & Environ. Sci., 13 (8): 1027-1033.

Schaeffer D J, Herricks E E, Kerster H W, 1988. Ecosystem health: I. measuring ecosystem health [J]. Environmental Management, 12 (4): 445-455.

Schleyer C, Lux A, Mehring M, et al., 2017. Ecosystem services as a boundary concept: arguments from social ecology [J]. Sustainability, 9 (7): 1107.

Scholes R, Montanarella L, Brainich A, et al., 2018. Summary for policymakers of the assessment report on land degradation and restoration of the intergovernmental science-policy platform on biodiversity and ecosystem services [R]. Bonn : IPBES Secretariat.

Smith N J H, 1996. Effects of land-use systems on the use and conservation of biodiversity [M] //Srivastava J, Smith N J H, Forno D. Biodiversity and agricultural intensification: partners for development and conservation. Washington, D. C.: The World Bank.

Sparling G, Schipper L, 2004. Soil quality monitoring in New Zealand: trends and issues arising from a broad-scale survey [J]. Agriculture, Ecosystems & Environment, 104 (3): 545-552.

Steiner F, McSherry L, Cohen J, 2000. Land suitability analysis for the Upper Gila River Watershed [J]. Landscape and Urban Planning, 50 (4): 199-214.

Su M, Fath B D, Yang Z, 2010. Urban ecosystem health assessment: a review [J]. Science of the Total Environment, 408 (12): 2425-2434.

Swindale L D, 1978. Soil-resource data for agricultural development [M]. Hawaii: Hawaii Agricultural Expe.

Tahmasebi T, Karami, Keshavarz M, 2020. Agricultural land use change under climate variability and change: drivers and impacts [J]. Journal of Arid Environments, 180: 104202.

Teng Y, Wu J, Lu S, et al., 2014. Soil and soil environmental quality monitoring in China: a review [J]. Environment International, 69: 177-199.

Turner A K, Miles R D, 1971. The GCARS system: a computer assisted method of regional route location [J]. Highway Research Record (348): 1-15.

Turner M G, Gardner R H, 1991. Quantitative methods in landscape ecology. [M] New York: Springer-Verlag.

Ulanowicz R E, 1992. Ecosystem health and trophic flow networks [M]. Washington, D. C.: Island Press.

van Leeuwen J P, Saby N P A, Jones A, et al., 2017. Gap assessment in current soil monitoring networks across Europe for measuring soil functions [J]. Environmental Research Letters (12): 124007.

Verstegen J A, Karssenberg D, Hilst F V D, et al., 2016. Detecting systemic change in a land use system by Bayesian data assimilation [J]. Environmental Modelling & Software, 75 (C): 424-438.

Walz R, 2000. Development of environmental indicator systems: experiences from Germany [J]. Environmental Management, 25 (6): 613-623.

Wang X, Tan K, Chen B, et al., 2017. Assessing the spatiotemporal variation and impact factors of net primary productivity in China [J]. Scientific Reports, 7: 44415.

Wienhold B J, Karlen D L, Andrews S S, et al., 2009. Protocol for indicator scoring in the soil management assessment framework (SMAF) [J]. Renewable agriculture and food systems, 24 (4): 260-266.

Xiao R, Yu X Y, Shi R X, et al., 2019. Ecosystem health monitoring in the Shanghai-Hangzhou Bay Metropolitan Area: a hidden Markov modeling approach [J]. Envrionment International, 133 (12): 105170.

Yan Y, Zhao C L, Wang C X X, et al., 2016. Ecosystem health assessment of the Liao River Basin upstream region based on ecosystem services [J]. Acta Ecological Sinica, 36 (4): 294-300.

Yost R S, Uehara G, Fox R L, 1982. Geostatistical analysis of soil chemical properties of large land areas. I. Semi-Variograms [J]. Soil Science Society of Ameirca Journal (46): 1028-1032.

Zhao Y W, Zhou L Q, Dong B Q, et al., 2019. Health assessment for urban rivers based on the pressure, state and response framework: a case study of the Shiwuli River [J]. Ecological Indicators, 99 (4): 324-331.

Zhou J, Civco D L, 1996. Using genetic learning neural networks for spatial decision making in GIS [J]. Photogrammetric Engineering and Remote Sensing, (11): 1287-1295.

Zube E H, et al., 1982. Landscape perception: research, application and theory [J]. Landsc. Plann (9): 1-33.

第六章　土地生产力和承载力

第一节　土地生产力形成机理

一、土地生产力的3种类型

（一）土地生产力的基本含义

土地的本质特征，就是其具有生产生物产品的能力，即通常所称的土地生产力。早在1万多年前，人类祖先就开始了对土地生产力的观察和研究。整个中国早期农业，是一种立足于地球绕太阳轨道运转的一年四季、二十四节气、七十二物候、周而复始的物候生产，这是最有利于发挥土地生产力功能的利用方式。远在2000多年前，中国《管子·地员篇》就有土地质量等级高低的记载。在原始农业向传统农业和现代农业演化的过程中，人们采用区田种植、修建梯田、兴建陂塘、筑淤地坝、引洪淤灌、深耕熟耰、中耕管理、抗旱保墒、施用肥料、种植绿肥等措施，其核心都是挖掘土地增产潜力、提高单位面积的农作物产量，即提高土地生产力。几千年以来，国内外有关学者从不同学科、不同角度，都对土地生产力的内涵及其影响因素进行了大量深入细致的研究。近代对土地生产力的研究，不少学者认为始于1840年，以李比希（Libieg）提出的最小因子限制律为先导，开创了从土壤植物营养手段研究土地生产力的先河，推进了土地生产力的研究和发展。对于大规模的土地生产力正式研究，源于20世纪30年代的土地评价，其最初的目的是为增收土地税收服务的。德国较早开始该领域的研究，并于1934年形成了德国土地生产力评价方案。1961年，为加强土地保护和合理利用，美国农业部土壤保持局正式颁布了土地生产力评价系统，主要从土壤的特征出发进行土地生产潜力评价，分为潜力级、潜力亚级和潜力单位3级评价体系，将全国土地生产力分为8级。之后，加拿大和英国等英语系国家，纷纷采用美国的土地生产潜力分级体系进行生产力评价研究。1963年，加拿大推出了土地清查的土地潜力分级系统，不仅用于农业用地生产力评价，还用于林业、牧业、旅游和自然保护等用地的生产力评价。英国土壤局也于1969年推出了土地生产力的分级系统，根据土地对生产力的限制性将其分为7级。学者们所形成的共识是：土地生产力是一个多元函数，是自然因素与社会经济技术因素综合作用的结果。但至今为止，对土地生产力的确切内涵并未形成统一的认知。

在一般意义上，土地生产力是指在一定的技术水平和适宜用途条件下，土地生产生物产品的能力。更确切地说，它是土地能生产人们生理需要可能利用的能量和蛋白质量

（或粮食和肉蛋）的潜力，包括一切能适宜农业生产的耕地、园地、林地、牧草地、水域等。这里需要说明一下适宜用途的问题，它是指土地对不同利用方式的适应性和限制性，农用地的适种作物种类、组成和品质，林业用地的适种树种和材质，土地利用和改良的难易程度等都属于土地的适宜性和限制性范围。表示土地生产力的指标是单位面积土地所能生产的生物产品的量，主要以实物量来表征：如农作物亩产量、草地（牧场）亩均畜产品产量（载畜量）、每亩养殖面积水产品产量等；也有用货币量来表征的：如农作物每亩产值、农林牧渔业每亩产值等。以货币量表示的土地生产力指标，除受生产结构和各部门产品的经济价值不同的影响外，还受不同时期农产品价格变动的影响。如果没有特别说明，本书所指土地生产力主要指农地生产力，也就是土地生产生物产品的能力。由于影响土地生产力的因素具有不确定性、变动性和难控性，所以又将土地生产力分为现实生产力和潜在生产力。土地潜在生产力是指在一定外部环境条件作用下，土地生产力可以达到的上限。在非严格的条件下，土地生产力通常就是指土地潜在生产力，进一步可以区分为不同层次的土地生产潜力。

1）土地光合生产潜力。它是指土地上绿色植物在生长期间温度、水分、养分经营管理、自然灾害等均处于最佳状态时，土地生产力唯一的取决于光合有效能量的物质生产量。该生产力反映了土地生产潜力的理论上限，也反映了绿色植物对太阳辐射能的最高利用率，是土地生产潜力研究的基础。对于绿色植物进行光合作用有效的那一部分太阳辐射能称为光合有效能量，一般处于约 380～760 纳米波长范围内，即习惯所称的可见光谱部分。光合有效能量因土地的地理纬度分布、绿色植物的生长季节及生理特性等不同而变化。

2）土地光温生产潜力。温度对于绿色植物固定二氧化碳的生化过程以及消耗碳水化合物的呼吸作用，均具有很大的作用。在其他环境条件和太阳有效辐射相同的情况下，绿色植物的二氧化碳同化率主要取决于大气的温度条件。当植物生长的温度条件得不到最佳满足时，则影响土地生产力。因此，人们将只受太阳辐射和温度条件而得到的产量称为土地光温生产潜力。

3）土地气候生产潜力。除太阳辐射和温度条件外，水分也直接影响到绿色植物光合作用产物的积累。在温暖的干旱区，土地生产力与年平均降水量呈显著的正相关。当降雨量从 200 毫米上升到 400 毫米时，土地生产力几乎提高了一倍。由此，将太阳辐射、温度、降水量能得到最佳满足，其他环境和管理条件也十分理想的状态下，土地可以提供的生物产量或经济产量称土地气候生产潜力。实际上，土地气候生产潜力是在土地光温生产潜力的基础上，考虑水分对植物产量影响后所得到的土地生产潜力。

4）土地自然生产潜力。它是指充分考虑气候、土壤、地形、水文、地质等全部自然要素对植物产量影响后得到的土地生产潜力。一般来说，绿色植物的物质生产所需要的自然基本因素有 5 个：光能、热能、空气、水分和养料。养料主要是从土壤中吸收的。因此，气候和土壤是决定土地自然生产潜力的两个最基本因素。

5）土地经济生产潜力。在土地自然生产潜力的基础上，考虑人工控制因素对植物产生的影响而得到植物第一性生产力称为土地经济生产潜力，它是在一定时期内经努力可以达到的土地生产力。

土地的产出除了生物产品（价值）以外，还有生态系统服务价值产品和区位价值产品。在全球生态危机面临越来越严峻挑战的背景下，土地生态系统服务价值产品是土地的重要产出，其功能在某些场景下与产出生物产品的功能具有同等重要性。土地作为人类居住和其他经济社会活动的场所，它在自然、可达性、便捷性和经济密度等综合作用下提升了区位价值，不同区位价值反映的是不同的产出能力，这也应该成为土地生产力的范畴，这种价值与产出生物产品的价值具有某种同等重要性。因此，广义的土地生产力除了生产生物产品的能力以外，还应该包括生产土地生态系统服务价值和建设用地价值的能力。

（二）土地生态系统服务能力

土地是地球陆地表面上由生物、环境和自然资源组成的一个复杂而有机的生态系统，是各类生态系统在区域上的镶嵌体。在这个系统中，不同的植物、动物和微生物相互作用，构成了一系列相互依存的生态过程和生态服务。土地生态系统服务在维持人类社会的生存和繁荣方面起着关键性的作用，具有无法估量的价值。土地生态系统所提供的服务包括供给服务（如提供食物和水）、调节服务（如控制洪水和疾病）、文化服务（如精神、娱乐和文化收益）以及支持服务（如维持地球生命生存环境的养分循环）。它不仅为人类提供食物、医药和其他生产生活原料，还创造与维持了地球的生命支持系统，形成人类生存所必需的环境条件。同时还为人类生活提供了休闲、娱乐与美学享受，对人类的健康和福祉有着直接的影响。森林、草原和湿地等自然环境提供了人们进行娱乐、休闲和锻炼的场所，促进了身心健康。同时，植物的多样性为药物和医疗研究提供了宝贵的资源，为人类战胜疾病和保持健康提供了重要支持。不同的土地类型具有提供不同生态系统服务的能力，而土地生态系统服务是人类社会从各种生态系统获取的最主要惠益（李双成等，2018；Cowling et al.，2008）。所谓土地生态系统服务能力，就是指不同土地生态系统类型通过直接或间接方式为人类福祉提供的全部产品和服务能力。土地资源的再分配和土地利用结构的调整，都会改变土地生态系统服务的过程和结构，也会改变区域内土地生态系统向社会提供的各种产品和服务能力（Strazzela et al.，2021；Kindu et al.，2016）。据估算，全球自然生态系统每年的产值超过 150 万亿美元，其中呼吸的空气、可饮用的淡水、营养丰富的土壤和宜居的土地等，其服务价值是无法估量的（伊格诺托夫斯基，2023）。

（三）建设用地价值或价格

建设用地，尤其是城市建设用地，也称城市土地，是地球陆地表面上人口和生产经济活动最集聚的区域。由于土地位置的固定性，导致附着于土地的设施、地上物等人类经济活动投入也具有固定性，由此产生城市土地区位关系的特殊性。不同的城市土地区位，有不同的最高、最佳利用方式，对人类的居住、生产、娱乐、通行等需要有不同的满足能力。一定区域的区位状况，决定了该区域土地利用方式和类型的选择，这在中心地理论、工业区位论中均得到充分体现。不同的土地区位条件，产业集聚规模、人口及劳动力密度、交通设施通达度、公共设施便利度、生态环境优美度等都有着很大差异，由此生成的土地价值或价格也会有根本不同。不动产价格评估有一句约定俗成的行业话语，认为影响不动产价格的因素第一是区位，第二是区位，第三还是区位，可见区位对土地价值或价格有着决定性的影响。城市居民百姓也都知道，不同地段有不同的不动产价格。例如，沿街和背街因区位不同，不动产价格可以相差10倍以上。美国土地经济学家阿朗索（W. Alonso）在研究城市土地价值时，引入区位边际均衡和区位边际收益等空间经济学理论，提出竞标地租（bid rent）观点，即以竞标地租函数来求取个别厂商的区位结构均衡点，解释商业、服务业、金融业、住宅、工业、郊区农业等各类土地利用在城市空间内所形成的模式，从而形成城市内区位理论。其理论内涵是：在完全自由竞争的市场机制下，城市中各种活动对土地的使用必然竞争激烈，并通过土地供给，以土地需求的市场价格变化和自身能从土地上获得的经济利益来决定各自活动的最佳区位，以致形成地租和地价远离市中心逐渐降低，城市土地利用呈同心圆分布的理论模式。城市土地不同的价值或价格产出，本质上反映的是土地提供不同建设产品的能力。只不过是农用地提供的是生物产品，城市土地或其他建设用地提供的是建设产品，二者只是产品的类型不同，应该同属于土地生产力范畴。

上述土地生产生物产品能力、土地生态系统服务能力、建设用地价值等3种类型，可以统称为广义土地生产力。狭义土地生产力，通常指土地生产生物产品的能力。

二、土地生产力的变化机理

（一）土地生产力的多元影响因素

上文已经指出，土地生产力的形成是一个多元函数，是多种因素综合作用的结果。长期观测表明，一个区域土地生产力的高低，取决于自然条件（地形、水文、气候、生物特征）、经济条件（资金、劳动力、物质、交通）、技术条件（生物技术、工程技术、信息技术）、管理水平（直接管理、间接管理）和各种因素的协同适配状态。在相同的自然条件下，土地生产力主要取决于物质投入、科学技术和经营管理水平。在众多影响因素中，以下因素对土地生产力的形成具有关键性的作用。

1）太阳辐射能。俗话常说，万物生长靠太阳。这一俗话清楚而确切地表明：太阳辐射能是地球表面上一切生命有机体赖以生存和发展的最基本能量源泉，是植物制造有机物的唯一动能。绿色植物通过吸收光能、同化二氧化碳和水、生产有机物质并释放出氧气的过程，称为光合作用（photosynthesis）。光合作用是绿色植物最重要和最基本的功能，是地球上唯一的、大规模的将无机物生产成有机物、把太阳能生产成化学能，并释放氧气的过程。从光合作用的总反应式看，在化学上似乎只是一个简单的氧化还原过程，但实质上包括一系列复杂的光化学反应和酶促反应过程，本质上是能量转化和形成有机物的过程。在这个过程中，首先是把光能转变为电能，进一步形成活跃的化学能，最后转变为稳定的化学能，储存于碳水化合物中，为人类生活提供所必需的粮、棉、油、菜、果、茶、药和木材等，这就是土地生产力形成的基本原理。研究表明，地球上每年合成5000亿吨左右有机物，既满足植物本身生长发育的需要，又为人类提供食物来源。由于地球上不同区域的太阳高度角、日地距离和日照时间不同，就形成了不同区域土地生产力的基础性差异。例如，热带地区的土地生产力，要比冻原和高山地区的土地生产力高出近40倍。

2）水分供应量。水分是植物的主要组成部分，是植物光合作用合成有机物的原料。它作为介质影响着植物所需矿物质营养元素在体内的传输过程，有利于保持植物细胞组织的紧张度，让植株的茎部笔直，叶片舒展开来，从而保证有足够大的面积来进行光合作用。水分供应作物蒸腾的需要，而蒸腾可以调节作物的体温，还是植株根系从土壤中吸收养分的动力之一。全国1600毫米、800毫米、400毫米、200毫米等降水量线的划分，就表明不同区域有不同的水分供应状况，也表明了这些不同区域土地适宜性和生产力水平的差异。东部地区属于湿润、半湿润地区，以种植业（耕作业）为主，西部属于干旱、半干旱地区，以畜牧业为主；秦岭淮河以北属于半湿润地区，以旱地为主，以南属于湿润地区，以水田为主。世界上所有干旱地区，土地生产力都极其脆弱并且低下，主要原因就是水分无法充分供应。土地荒漠化，是一种土地生产力下降或丧失的现象，全球目前正以每年5万~7万平方千米的速度扩展，有10亿以上的人、40%以上的陆地表面受到荒漠化的影响。荒漠化主要集中在干旱、半干旱地区，荒漠化的原因除了植被破坏和过度放牧等因素以外，最重要的还是干旱少雨、水分不能满足需要等。

3）良种和良田。种子的质量直接影响着农作物的产量和质量，是影响土地生产力的至关重要因素。优质的种子能够保证较高的发芽率和苗期生长状况，提高作物抗逆性和耐受性。同时，良好的出苗率能够保证农作物群体的均匀生长，减少间作影响，从而提高总产量。20世纪60年代在全球兴起的“绿色革命”，核心就是通过利用“矮化基因”，培育和推广矮秆、耐肥、抗倒伏的高产水稻、小麦、玉米等新品种，大幅度提高粮食产量。由此，绝大多数国家获得了稳定的食物供应，消除了饥饿的威胁。例如，印度1966年从墨西哥引进高产小麦品种，同时增加了化肥、灌溉、农机等的投入，至1980年促进粮食总产量从7235万吨增至15237万吨，土地生产力提高了2.1倍，由粮食进口国变为出口国。中国科学家于1961年开始水稻杂种优势品种研究，首创的籼型杂交水稻于1973年实现“三系”配套，独创的两系法杂交水稻于1995年研究成功。中国成为世界上第一个成功应用水稻杂种优势的国家，截至2019年中国育成各类型杂交水稻品种超过7000个，累计种植面积约6亿公顷，增产粮食近9亿吨。当然，任何优良品种的优良基因，都必须在适宜的土地条件下才能发挥起作用，因其培育和选择都是适应栽培地区的土地环境和耕地制度而形成的。农田的类型、肥力、理化性能、耕作性能和设施保障条件，是影响土地生产力的重要因素。早在《禹贡》一书中，古人就将九州土地做了比较详细的划分，指出农田的等级不同，生产力也不同，应该征收不同的税赋。截至2022年底，中国已建设高标准农田10亿亩，耕地超过一半是高标准农田。新增建设高标准农田，亩均可提高粮食综合产能100千克；改造提升高标准农田，亩均可提高粮食综合产能80千克。高标准农田在节水、节能、节肥、节药、节劳等方面均有显著效果，亩均增收节支500元，农田防灾抗灾能力明显增强，显著提高了土地生产力。

4）良技和良管。科技发展对土地生产力产生了深远的影响，为土地生产力提升做出了重要贡献。品种改良大幅提高了土地生物品产出，农业机械化提高了土地生产效率，精准农业和智能农业实现了土地生产过程的优化和智能化，农业大数据分析为土地生产提供了科学决策的支撑。现代农业设施装备，成为土地增收的“利器”。智能农业通过引入人工智能、物联网和自动化技术，将土地生产过程中的各个环节进行优化和智能化。智能农机可以自动化操作，根据作业要求进行精确施肥、耕作、灌溉等，减少能源和资源的浪费，提高土地生产效率。良技推进良管共同发挥作用，使土地生产力得到了显著提升。智能传感器可以监测土壤湿度、温度、光照等参数，实时反馈给农民，帮助农民做出科学管理决策。智能设备和系统的运用，使得土地生产更加智能化、高效化和可持续发展。目前，中国农业科技进步贡献率突破 60%，农作物耕种收综合机械化率超过 70%，主要农作物良种实现全覆盖。藏粮于地，藏粮于技。2022 年全国粮食总产量 13730.6 亿斤[1]，比 2021 年增加 73.6 亿斤，粮食产量连续 8 年稳定在 1.3 万亿斤以上。

5）圈层间互作。土地生产力是包括光、热、水、气、营养元素以及耕作技术、投入劳动、管理水平等要素的有机综合。在数个要素综合作用的前提下，根据协同支配原理，唯有这些要素能达到最佳组合，才能取得最高、最佳的土地生产力。20 世纪 60 年代以来，尤其是 1995 年国际地圈-生物圈计划（IGBP）和国际全球环境变化人文因素计划（IHDP）联合提出土地利用和覆盖变化计划（LUCC）后，全球开始关注大气圈、生物圈和智慧圈等不同圈层的相互作用对土地生产力的影响。早期研究者从西非地区土地生产力下降的观察中发现：植被的退化使降水减少，使水气的复合作用减弱，于是限制了植物的生长，降低了土地生产力（Charney，2010）。2005 年推进的全球土地计划（GLP），目的是评估不同尺度和背景下，土地生态系统生产力如何受人类-环境耦合系统变化的影响，将土地利用变化对土地生产力的影响作为重要的研究内容。土地利用变化所导致的气候变化和植被变化，已经对土地生产力造成了巨大的影响。由于气温和降水量的变化，农作物的生长周期和产量都受到了很大的影响，而且增加了病虫害的风险，使农作物更容易受到侵袭，进而减少产量。不仅如此，全球变暖导致冰川融化，海平面上升，极端天气事件增加。这些变化破坏了许多土地生态系统，如森林与湿地侵蚀加剧、水资源减少。此外，随着气候变暖，水蒸气含量增加，降水模式也发生了变化。某些地区面临干旱，而其他地区则面临洪水。这种不平衡的水循环对土地生产力产生了显著的不利影响。研究者利用土地利用转换模型和 GLS 方程，对巴西亚马孙河地区森林砍伐所导致的农田生产潜力下降进行了估算，结果表明土地生产力在砍伐后的前 5 年内明显下降（Weinhold，1999）。持续推进的城市化，对土地生产力也有显著影响。研究表明：美国城市化削弱了植被的光合作用能力，导致其土地生产能力降低和净初级生产力（NPP）减少，单城市化占用农用地减少的 NPP 就能维持大约 6%美国人的能量需求（Imhoff et al.，1997，2000）。

（二）土地生产力变动的比例法则

几乎所有关于如何影响土地生产力的经济学原理，都是根据比例（proportionality）概念而展开的。该概念认为，一个正常的生产者如果要获得最大报酬的土地生产力，就必须以最适当的比例调配各种投入的生产要素。在正常的生产过程中，生产者一定会将资本、劳动力与其他生产要素一同投到土地上，以获取他们所希望的最大生产力。所投入的资本和劳动力的多少，因土地使用方式和目的的不同而异。在通常情况下，商业与工业以及某些特殊的农业生产，需要投入较多的资本和劳动力；而森林和牧草的生产所需要的劳动力和资本则相对较少。投入生产要素的比例是否达到最佳组合，是影响土地生产力的重要变量。在比例法则下，因素限制律、报酬递减律、用途均等律是 3 个最基本的关键性法则。

[1] 1 斤=500 克。

1. 因素限制律

土地生产力是众多影响因素综合作用的结果，当其中某个或某些因素的强度在原来的基础上脱离所有因素最佳组合的整体效应，单独地进一步增加时，则某个因素对于土地生产力的影响效应会变得越来越小，甚至成为土地生产力发展的限制因素。换句话说，在影响土地生产力的各因素中，如果某个或某些因素的强度过低，其他因素即使处于最佳状态，也难以提高土地生产力。即土地生产力受最小影响因素所支配，称之为因素限制律。例如，大约半个世纪前，澳大利亚开垦的数百万英亩的荒地，这里的自然条件较好，水分比较充分，温度状况也有较好的保证率，但是田野却像沙漠一样，完全是一片不毛之地的景象，即使一些先锋植物也不在这里生长。后来发现，这些开垦的土地中缺少一种微量元素钼，它是生物固氮中必不可少的催化剂。当给这里施加钼盐后，红花苜蓿开始生长，随后越来越茂盛，最终这里成为一个重要的牧场。

早在 1840 年，德国化学家李比西（Liebig）就认识到了上述现象，并提出最小因子限制律的理论。该理论认为：在各种植物生长因素中，如果有一个生长因素强度低于植物的最小需求量，则将使植物减产或抑制其生长发育。1905 年，英国学者布莱克门（Blankman）在李比西研究的基础上，正式确立了一个称为有限因子定律的法则，进一步描述了以上所说的现象。直到 1949 年，著名的德国农业化学家密茨里许（Mitscherlich）将其做了以下表述。

如果一种确定的植物，在理想的最优自然条件如 X_1^0、X_2^0、X_3^0 等时，能够产生出的生物质量 M_{max} 为植物的最大土地生产力；而当在非最优自然条件下，即 $X_1 \neq X_1^0$、$X_2 \neq X_2^0$、$X_3 \neq X_3^0$ 等时，则实际的土地植物生产力 M_r，可按以下公式表达：

$$M_r = M_{max}(1 - e^{-C_1X_1})(1 - e^{-C_2X_3})(1 - e^{-C_3X_3})\cdots \tag{6-1}$$

式中：系数 C_1、C_2、C_3 等取决于植物的品种及所考虑的因素的范畴；而 X_1，X_2，X_3 等分别代表各个独立的因素强度。

密氏函数适宜于在因子 X_1、X_2、X_3 等的数值变化不大的条件下。如果这些因素中的某一个或某几个因素处于很低的活力，而另外的因素却非同寻常地增加时，就出现了一个更为复杂的问题。在此情况下，土地的植物生产力只能发生下降以代替它的增长。其中所揭示的原理是：要保持土地生产力，首先要将各个因素组织在一个均衡对应的基础上；如欲进一步提高土地的植物生产力，则必须均衡地提高各个因素的对应强度，使这些因素重新组成一个恰当的比例水平。如果忽视这一点，盲目提高个别的要素强度，甚至增加到一个很不恰当的高水平，只能对土地植物生产力造成危害。这个现象密茨里许则采用另外一种函数形式：

$$M_r = M_{max}(1 - e^{-C_1X_1}) \cdot e^{-C_2}X_1^2\cdots \tag{6-2}$$

密茨里许是专门研究植物养分的，在作物施肥理论上有其独特的贡献。在密氏方程的基础上，M. Czarnowski 在 1964 年，针对土壤水分因素在植物初始生产力中的作用，进行了更加深入的推算。考虑到土壤水分（按容积百分比计算）的增加时，土壤内的通气性必然减少。土壤中水分的实际容积对其最大可能容积之比率称之为土壤水分比率，用 W 去代表，这样（1-W）就代表着土壤内为空气所充满的孔隙空间。将此应用于密茨里许方程时，即单一地考虑土壤水分比率 W 对于土地植物生产力的作用时，可以按照以下公式计算：

$$\frac{M_r}{M_{max}}=(1-e^{-C_1W})e^{-C_2W^2} \tag{6-3}$$

其图像表示如图 6-1 所示，其中的 $C_1=\frac{2}{3}$，$C_2=1$。

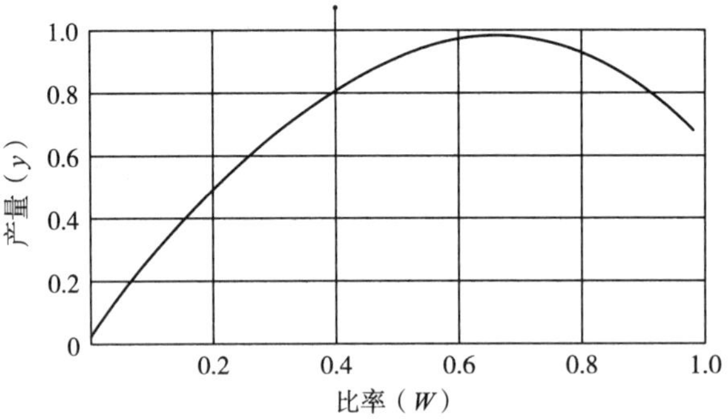

图 6-1　用土壤水分比率表达的密氏方程曲线图

由于：

$$e^W=1+\frac{W}{1!}+\frac{W^2}{2!}+\frac{W^3}{3!}+\cdots \tag{6-4}$$

而且已知 W 总是小于 1 的，仅仅需要考虑头两项即可，因此有

$$e^{-CW}\approx\frac{1}{1+CW}$$

$$1-e^{-CW}\approx\frac{CW}{1+CW} \tag{6-5}$$

于是：

$$M_r=M_{max}(1-e^{-C_1W})e^{-C_2W^2}\approx M_{max}\frac{C_1W}{1+C_1W}\cdot\frac{1}{1+C_2W^2}\approx M_{max}\frac{1}{\left[C_2W^2+\frac{C_2}{C_1}W+\frac{1}{C_1W}\right]+1} \tag{6-6}$$

由此式可以看出各个单一要素对于植物生产力的贡献。密茨里许公式是一个早期的涉及土地生产力计算的定量方法，在实际检验中具有一定的正确性（牛文元，1981）。

2. 报酬递减律

土地报酬递减律是土地生产力变化趋势的经济分析，由法国杜尔哥和英国安德森同时各自提出。它是指在技术不变、其他要素不变的前提下，对相同面积的土地不断追加某种要素的投入所带来的报酬的增量（边际报酬）超过一定界限后会呈现下降的现象。其中的土地报酬，可以理解为土地产品的产量或产值，体现了土地生产力。这里的土地报酬，是指土地产出与土地投入的对比关系，而绝不仅仅是土地报酬总量。该规律其实是指变动要素的报酬变化规律，是就某一个生产单位在一定不变要素的条件下，因投入变动要素（如劳动力）的数量不同，而导致的总产出量和变量要素的边际产量不同。它属于与生产关系无关的生产力范畴，是人们为找出要素的最佳组合及最佳投入量而提供的理论依据。因生物技术革命所培养出的光合能力更强、耐瘠和耐盐能力更高等新品种而提高了土地报酬，不属于报酬递减律研究的范畴。如果某一变动生产要素的投入量为 x 时，所生产出的产量为 y，它们的关系函数式可表示为

$$y = \varphi(x) \tag{6-7}$$

则有：平均产量 APP $= y/x$，它表示平均每生产单位生产要素所生产出来的产量。

边际产量 MPP $= \Delta y/\Delta x$。其中，Δx 表示变动生产要素的增加量，Δy 表示在相应情况下总产量的增加量，二者之比表示每增加一单位某种生产要素所增加的总产量。

如果 φ 函数是连续函数，那么边际产量还可通过其一次导数求得，即

$$\text{MPP} = \frac{dy}{dx} \tag{6-8}$$

总产量、平均产量和边际产量的变化可用图 6-2 表示。图 6-2 说明了如下 4 方面的内容。

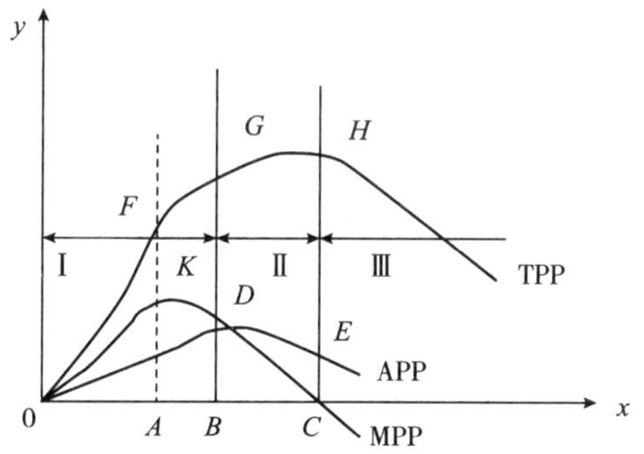

图 6-2　土地报酬变化阶段分析图

Ⅰ—第一阶段；Ⅱ—第二阶段；

Ⅲ—第三阶段；TPP—总产量；APP—平均产量；MPP—边际产量

1）当生产要素 x 从 0 增加到 A 点这段区域内，边际产量递增，直至达到最高点 K；总产量也递增，直至达到该曲线拐点 F；并且边际产量与总产量这两条曲线都是上凹的；平均产量也增加，但未达到最高点。用数学式表示为

$$\text{当}\ 0 < x < A\ \text{时}\quad \frac{dy}{dx} > 0,\ \frac{d^2y}{dx^2} > 0 \tag{6-9}$$

$$\text{当}\ x = A\ \text{时}\quad \frac{dy}{dx} > 0,\ \frac{d^2y}{dx^2} = 0 \tag{6-10}$$

由于在这段区域中，总产量和平均产量均未达到最高点，因此生产要素的投入量不应停止在 $0<x\leqslant A$ 的范围内。

2）当投入的生产要素 x 从 A 点继续增加至 B 点时，边际产量递减，其曲线下凹，并向下延伸；总产量以递减的速度增加，曲线下凹但仍向上延伸；当投入量增到 B 点时，

平均产量与边际产量相等。

3）当投入量从 B 点继续增加至 C 点时，平均产量开始递减，边际产量减至零，总产量达到最高点。用数学表示为

$$当 A < x < C 时 \quad \frac{dy}{dx} > 0,\ \frac{d^2y}{dx^2} < 0 \tag{6-11}$$

$$当 x = C 时 \quad \frac{dy}{dx} = 0,\ y_{max} = \varphi(C) \tag{6-12}$$

从实物报酬看，C 点总产量最高，为最佳投资点。

4）超过 C 点以后，再追加投资，边际产量为负值，即增加变动因素的投入，反而使总产量减少，显然变动因素的投入不能推进到第四阶段（毕宝德等，2005）。

土地除了用作生产农作物以外，也用来作为人类生活与工作的空间。在空间的使用上，报酬递减律也是一样有效的。例如，高层建筑楼层数的增加在技术上有其极限，而且多建一层楼固然会多增加一层楼的报酬，但是也会多增加一层楼的成本，而且因为安全的要求，成本会呈线性的递增。也就是说，报酬必然会因楼层的增高而递减。路面的交通流量问题也是一样，交通流量强度的增加会使报酬递减；技术的进步，往往会被数量的拥挤所抵消。最终，大公交可能也有所不济。再者，因为居住、工作与购物，往往两端都需要停车空间，当然这些都需付出成本。通勤的时间实际上也是生产成本的一部分，如果能将通勤的时间也列入工作时间计算，运输问题也许会抵消一部分生产技术上的利得。在空间与环境资源的使用上，如果在住宅区或商业区附近，有一块宽广的绿地会让人感到心旷神怡。反过来看，对生活质量更为重视的今天，人口聚集的密度愈大，愉悦的效用也会递减，所以城市里需要适当的开放空间，更要对开放空间加以特别保护。

3. 用途均等律

土地资源效率有两重含义：一是生产效率，比如土地作为一种要素，实现了该要素在生产可能性边界上的最大产量。二是配置效率，比如土地资源在不同用途、不同空间之间的配置要实现各种效益最大化，这样就要求在不同用途、不同空间之间的边际效益相等。用途均等律又称均等边际原则，它是指当利用有限的土地资源时，应将它适当地分配给各种用途，使其在每一种用途中所获得的边际报酬大致相等，这样才能使各种用途的总报酬最高。例如，将生产要素分别投入 3 片生产力不同的土地上，当 $MPP_1 = MPP_2 = MPP_3$ 时，即可以获得最大的总报酬，这就是等边际原则。这个原则鼓励土地利用者将资源向能得到更多纯收益的用途转移，并把投入在各种用途之间做恰当分配，以能使其总报酬达到最大。以表 6-1 所列实例来说明实现各种边际价值产出相等时所出现的土地利用问题。该例假设一个经营者有 30 个变动投入单位，每个单位的成本是 3 元。他想把这些投入用在 3 片土地上，每一片土地的生产函数都不相同。如果他的变动投入供给不受限制，那么应该把 3 片土地的生产都推进到边际要素成本 = 边际报酬的那一点，即在第一片地上推进到第十六个投入单位，在第二片地上推进到第十三个投入单位，在第三片地上推进到第九个投入单位。这样做需要 38 个投入单位，而他只能使用 30 个。在寻求对变动投入做最优比例分配时，可以对每片土地施加相同的数量（10 个投入单位）。这将得到 95+80+59 = 234（元）的总产值。这显然不是最优组合。因为第三片地上的第十个投入单位得不偿失。如

果把这最后一个投入单位从第三片地上移到第一片地上，就能保证 9 元的边际价值产出而不是 2 元，因而总产值将增加到 104+80+57=241（元）。把边际投入移向能赢得较高边际产出一方的进一步试验显示，经营者可以通过这样分配变动投入的比例来使报酬达到最大，即可以从用于每片土地上的最后一个变动投入单位中确保大约均等的边际产值。如果在第一片地上使用 13 个变动投入，第二片地上使用 10 个，第三片地上使用 7 个，从每一片地获得的边际价值产出都是 7 元，因而保证了 119+80+49=248（元）的最大总价值（蔡运龙，2000；Barlowe，1986）。

在比例法则之下，生产者可以使用不同的资源投入组合，来获取大致相同的报酬。如果某种资源的供给有限，则可以用别种资源来替代，也可以调整资源组合，或者寻找新的资源来降低成本增加产量。当某一种生产要素的价格提高超过它的替代品时，经营者可以转而使用替代品。例如，如果使用劳动力的成本提高超过使用机器的成本时，经营者就会考虑去装置自动化设备。同样地，如果土地的价格上涨超过使用其他资源，就会以资本或劳动力的投入来替代土地。同理，当新的生产技术或材料发明之后，就可以使用它们来替代传统的生产技术或材料。例如，蒸汽机的发明替代了大量的人力与畜力，大量的生产技术替代了传统的生产方式。未来也可能会发展出更新的生产方式，来替代某些有限的生产资源。

表 6-1　土地用途均等律的应用实例表

变动投入数量/个	第一片地		第二片地		第三片地	
	TPP/元	MPP/元	TPP/元	MPP/元	TPP/元	MPP/元
6	47	11	45	10	42	9
7	59	12	56	11	49	7
8	72	13	65	9	54	5
9	84	12	73	8	57	3
10	95	11	80	7	59	2
11	104	9	86	6	60	1
12	112	8	90	4	60	0
13	119	7	93	3		
14	124	5	95	2		
15	128	4	95	0		
16	131	3				
17	133	2				

（据 Barlowe，1986）

注：变动投入单位为 30 个，每个成本为 3 元；分配到具有不同生产函数的 3 片土地上，此时每单位产品的市场价值是 1 元。

众多因素都会影响土地生产力和土地生态系统服务价值，如气候、水文、地形、土壤、植被、地质、自然灾害、制度、政策、管理等。在过往研究中，重视到了各种投入要素的比例法则，但对元素耦合比例对土地生产力和土地生态系统服务价值的影响缺乏应有的关注。虽然光合作用是将游离、漫散的无机分子二氧化碳和水向有机分子转化，但要使碳、氢、氧这 3 个生命基本元素在有序化过程中变得更加高度有效，还需要氮、磷、钾和硫，还有钙、镁、铁、锰、钼、锌、铜等中量和微量元素的加盟。唯有生命基本元素与这些营养元素的适度耦合，才能提高土地生产力和生态系统的服务功能。碳氮比（C/N）耦合对土地生产力的影响，是一个典型的例子。不适度的碳氮比，会影响土地呼吸作用、氨化作用、反硝化作用、氮矿化作用、微生物作用、细胞凋亡等养分归还过程的反馈作用、叶绿素合成作用、光合作用等，直接影响土地生产力和生态系统服务功能（项文化等，2006）。比如微生物，每吸收 1 份氮大约需要 8 份碳。但由于微生物代谢的碳只有 1/3 能进入微生物细胞，其余的碳以二氧化碳的形式释放。对于微生物来说，同化 1 份氮到体内，必须相应需要有约 24 份的碳。如果不能满足，就会影响微生物的碳氮周转作用，影响土地生产力和生态系统服务功能。

第二节　土地生产力测算评价

一、农地生产力测算评价模型

（一）农地初级生产力测算评价

陆地生态系统的物质生产由两大部分组成，即初级生产和次级生产。初级生产是指绿色植物通过光合作用制造有机物质的过程，又称第一性生产；次级生产是指次级生产者（消费者和分解者）直接和间接地利用植物产品的过程。其中，初级生产是最根本的，它几乎是地球利用太阳能的唯一途径。所谓农地初级生产力，就是人们通常所称的植被净初级生产力（Net Primary Producitivity，NPP），它是指绿色植物在单位面积、单位时间内由光合作用所产生的有机物总量中扣除自氧呼吸后的剩余部分，这一部分用于植被的生长和生殖，又称净第一性生产力。它是人类赖以生存和发展的基础，是人类生存的粮食、纤维和染料的来源，其中大约 40%的生产力被人类直接或间接利用（Vitousek et al.，1986）。

人类对植被生产力的研究已经有很长的历史，德国著名化学家李比希（Liebig），是估算地球一年究竟可以产生多少初级生产力的第一人。他在 1840 年，设定地球的陆地表面全部都为密集生长着的草地所覆盖，这样每年每公顷土地可以获得的干物质产量达到 5 吨。在此基础上，他得到了全球陆地总表面每年可以同化碳的数量为 300 亿吨。之后，Schroeder 在 1919 年，就将地球陆地表面进一步分别处理为森林、农田、草地和荒漠 4 种基本类型，针对每种类型可以产生的生物物质量去进行总量的计算，其结果为每年全球陆地同化碳的数量达 163 亿吨，虽然二者对估算结论有较大悬殊，但毕竟都是有益的开创性探索。进入 20 世纪 60 年代以来，随着人口、资源、环境和发展问题的日益突出，各国学者对土地初级生产力的研究倍加重视，联合国教科文组织 1964—1974 年发起的国际生物学计划（IBP）的中心研究课题，就是对全球土地初级生产力进行评估。在此期间，建立了诸多模型对 NPP 的区域分布进行测算，如 Miami 模型、Thornthwaite 纪念模型、Chikugo 模型等（Leith et al.，1975；Uchijima et al.，1985）。1987 年之后，国际地圈-生物圈计划（IGBP）、全球变化与陆地生态系统（GCTE）和京都议定书（Kyoto Protocol）都把土地初级生产力研究确定为核心内容之一（IGBP，1998）。土地初级生产力的研究方法很多，不同学者从不同角度对土地初级生产力估算建立了不同的模型，常见的测算评价方法或模型主要有以下 5 种（王莺等，2010；朱文泉等，2005）：

1）站点实测法。包括应用直接收割法、光合作用测定法、二氧化碳测定法、pH 值测定法、放射性标记测定法、叶绿素测定法和原料消耗量测定法等，对所选站点的观测数据进行土地初级生产力计算。然后根据各种生态系统类型，用以点带面的方法外推区域及全球的土地初级生产力总量（Wittaker et al.，1975）。由于该方法是基于空间实测数据，迄今仍被用作全球土地初级生产力估算的参照。

2）气候生产力模型。该类模型主要利用气候因子，如温度、降水量、蒸散量等，与植物干物质生产建立相关性，通过相关统计分析估算土地初级生产力，如 Miami 模型、Thornthwatie 纪念模型和 Chikugo 模型等（Lieth et al.，1975；Box，1975；Uchijima et al.，1985）。这类模型的缺点是输入参数比较简单，忽视了其他环境因子的作用以及异常气候条件变化的影响。

3）生理生态过程模型。该模型又称为机理模型或生物地球化学模型，主要是通过对植物的光合作用、有机物分解及营养元素的循环等生理过程的模拟和仿真，来估算土地初级生产力。它可以与大气环流模式耦合，进行土地初级生产力与全球气候变化之间的响应和反馈研究。由于这类模型有较强的机理性和系统性，因而其可靠性相对比较高。如 Forest-BGG（Running et al.，1989）、CENTURY（Parton et al.，1993）、BIOME-BGG（Running et al.，1993）、CARAIB（Warnant et al.，1994）、TEM（McGuire et al.，1995.，1997）、SILVAN（Kaduk et al.，1996）、BEPS（Liu et al.，1997）、KGBM（Kergoat，1999）等，都是生理生态过程模型的代表。该类模型计算比较复杂，所需参数很多，而且难以获取，在尺度转换方面也存在较多问题，限制了模型的推广应用。

4）光能利用率模型。大量研究发现，由于土地总初级生产力的光能利用率受气候条件和环境因素的影响较小，不同植被间的差异也很小，因而土地总初级生产力与可吸收光合有效辐射的线性关系比较稳定，于是可以通过光能利用率来估算土地初级生产力（Prince et al.，1995）。该类模型主要有 GLO-PEM（Prince et al.，1995）、CA-SA（Potter et al.，1993）和 C-FIX（Veroustraete et al.，2002）等，总体上计算比较简单，参数可以直接通过遥感方式获取，时空分辨率也比较高，可以比较确切地获取土地初级生产力的季节性和年际动态。但是，不同植物的光能利用率、光合作用固碳与生物量积累和分配的关系、光合有效辐射和植物可吸收利用光合有效辐射的关系等均存在不确定性，在环境迅速变化条件下由遥感获得的植被指数（NDVI）也难以真实反映地表植被的信息，因此该模型的应用也受到限制。

5）遥感参数模型。随着遥感、地理信息系统和全球定位技术的快速发展，通过遥感手段采集植被、气候、水文、土壤等数据，结合地理信息系统和全球定位技术来估算土地初级生产力，已成为一种发展趋势，很适合于全球性的观测研究。这类模型中常用的 CASA 模型（Potter et al.，1993）、C-FIX 模型（Veroustraete et al.，1994；Veroustraete，1994）等，也是基于光能利用率模型测算原理的。另外一个常用的 BIOME-BGC（Melillo et al.，1993）模型是基于静态植被的生物地球化学模型，主要为了估算各类气候条件下生态系统的 C、N 和 H_2O 在大气-群落-土壤间循环的特征及温室气体（CO_2、CH_4和 N_2O）的交换通量，是从森林动力学模型发展而来的，以光合生物化学反应和土壤水平衡为基础，计算光合作用强度和土地初级生产力。遥感参数模型是基于大尺度范围的，模型的精度验证是一个很困难的问题。

以上各类估算方法都各有其优缺点，还需要深化研究并通过相互借鉴进行综合应用。已有研究表明，生理生态-遥感耦合模型将可能是土地初级生产力估算的主要发展方向，它融合了生理生态过程模型和光能利用率模型的优点，通过遥感手段快速获取参数，可以较好地反映区域及全球尺度的土地初级生产力空间分布及动态，可靠性和操作性相对较强。但是，目前对土地初级生产力形成的生理生态机制还未充分阐明，有些参数还随时间不断变动。比如作物有不同的光合作用类型，C-4 植物、C-3 植物在光合作用效率方面有很大差异；土地类型不同，光合作用效率也有差异，诸如此类问题都需要更深入的研究。

（二）潜在农地生产力测算评价

近几十年来，国内外许多学者从不同角度对潜在农地生产力，又称农地生产潜力测算评价进行了广泛的分析研究。其方法大致可以分为四大类，即实测法、经验估算法、趋势外推法和理论计算法。实测法是对农地所选站点的观测数据进行土地生产潜力计算，比较简易、可靠，但成本高，不适合大面积测算评价。经验估算法、趋势外推法和理论计算法各有优缺点，可相互补充、综合应用。

1. 经验估算法

经验估算法是通过统计某种因子与产量的关系得到土地生产潜力数据。Mitohlich 是最早建立这种模型的科学家之一。在所建模型中，最著名的是 Lieth 等人所建模型。他们根据一组与气候参数相匹配的生产力实测资料，拟合并讨论了 3 类产量模型，即迈阿密（Miami）模型、蒙特利尔（Montreal）模型（又称桑斯维特纪念（Thornthwaite Memorial）模型）、格思纳-里思（Gessner-Lieth）模型，这些模型计算所得均为气候土地生产潜力。这类数学模型是根据产量与环境要素之间的关系建立起来的，其中迈阿密（Miami）模型和桑斯维特纪念（Thornthwaite Memorial）模型使用较为普遍。迈阿密模型是用降水量和平均温度来估算生物生产量，它是 1972 年里斯（Lieth）根据世界各地作物产量与年均降水量、年均温度的关系在美国迈阿密举行的生物学学术会上提出的，其计算公式为

$$Y = \frac{3000}{1 + e^{1.315 - 0.119t}} \tag{6-13}$$

$$Y = 3000(1 - e^{-0.000664R}) \tag{6-14}$$

式中：Y 为生物生产量［克/(米^2·年)］；t 为年均温度（摄氏度）；R 为均年降水量（毫米）。因用以上两式所计算出来的生物产量有所差别，所以常用较低值来代表该地植物生产潜力。实际上农作物产量除受气温、降水量影响外，还与其他气候因素有关，用迈阿密模型计算的结果，其可靠性只有 66%~75%。因此，Lieth 在 Thortwaite 研究基础上，于 1974 年又提出了桑斯维特纪念模型。桑斯维特纪念模型是用实际蒸散量估算生物生产量的一种模型，其计算公式为

$$Y = 3000[1 - e^{-0.0009695(E-20)}] \tag{6-15}$$

式中：Y 为生物生产量；E 为年实际蒸散量（毫米）。因蒸散量受太阳辐射、温度、降水量、风等因素的综合影响，所以它比迈阿密模型更能反映实际情况。

2. 趋势外推法

趋势外推法是以产量的统计数据为基础，利用指数平滑、自然增长、回归方程、Logistic 曲线、灰色模型等方法，按历史发展趋势顺延外推，以确定未来的土地生产潜力。这种方法简单易算，一般不需要详尽的基础资料，而且计算结果直接与具体年份对应，因此实践中很多研究采用该方法。如“中国土地资源生产能力及人口承载量”项目就采用了这一方法，并取得良好效果。但由于该方法计算所得是推算值，因而难以提出因子对产量的作用机制并提出改进措施。在气候等因素变动比较剧烈的时段，趋势外推法很难获得理想结果。

3. 理论计算法

这一方法的理论基础认为土地生产潜力是通过植物的转化功能将水分、二氧化碳及养分合成有机物质来实现的。合成能力的大小通常取决于土地的潜力结构，该结构包括气候、土壤和种子类型。在相同种子类型的前提下，土地生产潜力主要取决于气候生产潜力和土壤生产潜力的有机叠合，其计算过程如下（邱道持，2005；吴次芳等，1995）。

（1）光合生产潜力

农作物总干物质中，90%~95%是由光合作用形成的，只有 5%~10%来自土壤养分。光合作用是合成碳水化合物的基本过程，土地生产力首先决定于来自太阳辐射中的光能。光合生产潜力就是当空气中二氧化碳含量正常、其他环境因素也都处于最适宜状态时，单位面积土地上高光合效能作物所能产生的物质产量。光合生产潜力一般运用太阳辐射及其有关指标计算。常见指标有太阳辐射总量、生理辐射总量、光能利用率、干物质产热率、日照时数等。Dewit 方法是常用计算方法之一，它运用短波入射辐射和日照时数计算光合生产潜力，容易理解，较为简便，但其中一些参数需根据各地区情况予以修正，限制了其应用范围。美国学者卢米斯（Loomis）和威廉姆斯（Wiliams）等利用量子效率等概念进行了生物产量的土地生产潜力计算，并在一定假设的基础上，得出了光合生产潜力计算公式：

$$Y = 0.154Q[\text{克}/(\text{米}^2 \cdot \text{日})] = 0.205Q[\text{斤}/(\text{亩} \cdot \text{日})] \tag{6-16}$$

式中：Y 为生物潜在产量；Q 为总辐射（卡[1]/厘米^2）。

[1] 1 卡=4.1868 焦。

中国的黄秉维综合了多方面的研究成果，全面考虑了作物群体对太阳能的利用、反射、漏射、吸收、转化、消耗等多种因素，认为光能最大利用率可达6.13%，提出了光合潜力公式：

$$Y = 0.123Q(\text{斤} / \text{亩}) \tag{6-17}$$

式中：Y 为作物光合潜力（斤/亩）；Q 为太阳总辐射量（卡/厘米^2）。

光合潜力在计算时做了一些假设，实际上是理想条件下的产量，在大田生产中不可能达到，因此只是作物高产的上限。

（2）光温生产潜力

光温生产潜力是采用最优农业技术措施下，充分利用光能和温度条件所可能得到的产量。在计算时，主要有两类：一类是在以上光合生产潜力计算的基础上，进行温度校正，温度校正系数可通过温度与作物光合速率的关系等用经验法拟订；另一类是综合考虑作物种类、光合特性、群体叶面积及作物产量形成的动态过程、机理等而计算。其中有代表性的是斯莱波斯（Slabbers）提出的瓦赫宁根（Wageningen）方法。该方法首先计算出标准作物干物质产量（Y_o）：

$$Y_o = F \cdot y_o + (1 - F)y_c \tag{6-18}$$

式中：Y_o 为标准作物干物质产量；F 为白天的阴天部分（云覆盖度），$F=(R_{SC}-0.5R_S)/0.8R_{SC}$，$R_{SC}$ 为晴天最大入射有效短波辐射［卡/(厘米^2·日)］，R_S 为实测入射短波辐射［卡/(厘米^2·日)］；y_o 为生育期间完全阴天时的标准作物干物质产量［千克/(公顷·日)］；y_c 为生育期间完全晴天时的标准作物干物质产量［千克/(公顷·日)］。

在计算标准作物干物质产量的基础上，进行以下几个校正：

1）气候影响校正［$ET_m/(e_a-e_d)$］。其中，ET_m 为生育期内日平均最大蒸发量（毫米/日）；e_a 为生育期内平均饱和水汽压；e_d 为实际水汽压。

2）作物种类校正（K）。

3）温度校正（CT）。

4）经济系数（CH）。

最后得到光温生产潜力的综合计算模型：

$$Y = Y_o \cdot ET_m/(e_a - e_d) \cdot K \cdot CT \cdot CH \cdot G \tag{6-19}$$

式中：G 为总生长期（日）；Y 为光温生产潜力（千克/公顷）。

这一方法主要适用于小麦、玉米、高粱、苜蓿等作物产量的估算。

（3）气候生产潜力

气候生产潜力是指在养分保持最适宜状态下，由光、温度和水分3个因子共同决定的产量。通常对光温生产潜力 Y_t 进行水分订正就可求得气候生产潜力 Y_w，即

$$Y_w = Y_t \cdot f(w) \tag{6-20}$$

式中：$f(w)$ 为水分订正系数。该方法特别适宜受水分限制的地区，是旱地产量的上限。关于 $f(w)$ 的计算方法，众多学者总结了许多方法，经典的模型为

$$f(w) = \frac{R + w - f - D}{ET_0} \tag{6-21}$$

式中：R 为降水量；w 为干旱季节地下水补给土壤水分；f 为河流补给量；D 为地下水补

给量；ET_0 为参考蒸散量。

（4）土地生产潜力

土地生产潜力是指由光、温度、水分和土壤因子共同决定的产量。通常，对气候生产力 Y_W 进行土壤肥力订正就可求算出土地生产潜力 Y_s，即

$$Y_s = Y_W \cdot f(s) \tag{6-22}$$

式中：$f(s)$ 为土壤订正系数，关于 $f(s)$ 的确定，常用的方法有

$$f(s) = (F_1a_1 + F_2a_2 + F_3a_3)/\sum F \tag{6-23}$$

式中：F_1、F_2、F_3 分别一等地、二等地、三等地的面积；$\sum F$ 为耕地总面积；a_1、a_2、a_3 分别一等地、二等地、三等地产量比值。

（三）农地生产力分等测算评价

对农地生产力进行分等级评价，如果从德国化学家李比希（Liebig）于 1840 年发表的《有机化学在农业和生理学中的应用》算起，已经有 180 多年的历史了。在这期间，人们对土地生产力分等评价进行了大量研究，相继提出许多计算模型和方法，但基本原理都是因子分数求和评价法。该方法最早由罗马尼亚农业部于 1962 年正式提出，具体是将土壤、气候、地貌等因子分别量化赋分，通过因子分数之和进行土地生产力的等级评价。20 世纪 70 年代，联合国粮农组织（FAO）推出的土地生产力综合评价指数（PI）模型，基本原理也是因子分数求和法。该模型的计算公式如下（FAO，1978）：

$$\mathrm{PI} = \sqrt[10]{F_1 \times F_2 \times F_3 \times F_4 \times pH \times Q \times T \times P \times E \times G} \tag{6-24}$$

式中：F_1 为土壤有机质含量；F_2 为土壤速效磷含量；F_3 为土壤速效钾含量；F_4 为土壤全氮含量；pH 为土壤酸碱度；Q 为土壤机械构成；T 为土壤有效厚度；P 为光热条件（≥0 摄氏度积温）；E 为水分供应能力和地形的高程；G 为地面坡度。该模型以自然条件状态下的土壤为研究对象，可用于一般的土地生产潜力评价，但并未考虑社会、经济、技术和管理等因素的影响。如果要考虑经济社会等因素的影响，可以在自然土地生产力评价的基础上，进行各影响因素的修订。

（四）主要农地生产力测算评价

农田、林地、草地、湿地[1]等不同类型的土地，其生产力形成的生理生态过程及光能利用率都是很不相同的。中国台湾地区曾经按农地用途不同分出 47 种类型，分别进行土地适宜性和生产力评价，认为此种精细化的分类评价，才更有实际价值。因此，农地生产力需要根据不同的农地特点进行分类评价。由于农地的比较效益较低，缺少更多投入研究的动力，因此现阶段大多只有宏观性的农地生产力评价，在中微观层面的应用价值相对有限。

1. 农田生产力测算评价

农田系统主要指耕地，包括水田和旱田，而水田和旱地生产力形成的生理生态过程以

---

[1] 湿地虽然不属于典型的农地，但由于其生产力评价的原理与农地比较相近，而与城市土地相差较大，所以将其放入农地生产力评价一并讨论。

及光能利用率也是很不相同的。在实际生产中，不同作物的光能利用率可以相差 3 倍以上。对于抗风性，甘蔗、玉米、小麦、水稻、马铃薯、番薯、大豆、蔬菜、果树等，也有根本性的差别。一般说来，影响农田生产力的因素主要是：①土壤肥力。如有机质、土壤结构、酸碱度、紧实度、渗滤性、持水率、耕层厚度、土壤质地、土壤通气、土壤侵蚀、速效氮、速效磷、速效钾、土壤排水性等。②土壤生物活性。如微生物量、碳氮比、土壤呼吸、微生物区系、磷酸酶活性、脲酶活性等。③土壤生态质量。如节肢动物、蚯蚓、种群丰富度、多样性指数、优势性指数、均匀度指数、杂草、环境质量等。④水文。如水分供应、地下水埋深、地下水矿化度、干旱、洪涝等。⑤农田设施。包括灌排系统、机械化耕作条件、道路通达度等。⑥技术管理。包括品种利用、化肥农药施用、水分管理、精耕细作、作物布局、耕作制度等。这六大因素的不同组合，会形成影响土地生产力的不同“场域”。如果在农田生产力评价中不能正确识别这些场域作用的“正”“负”效果，就很难得出更多有实际意义的评价结果。

2. 林地生产力测算评价

据 2022 年联合国粮农组织数据，在全球 1.29 亿平方千米的土地上，森林用地占 31.0%，远超于耕地 10.8%的占比。对林地生产力进行评价，对于认识保持水土、涵养水源、生物物种基因库、气候变化、径流动态等都有重要意义。林地生产力是在一定气候条件下的产物，其生产力大小主要依赖于森林自身特性和周围的立地条件，人类活动对林地生产力的影响要比农田生产力低很多。表征林地生产力的主要指标是生物量和产量，生物量可分为地上部生物量和地下部生物量，产量是单位面积内的生物量。影响林地生产力的主要因素有：①气候。包括降水量、相对湿度、温度、日照时速、太阳光辐射量、蒸发量、风速等。②地形。包括海拔高度、坡度、坡向、坡位、微地形等。③土壤。包括土壤结构、土壤水分、土壤温度、腐殖质、土层厚度、土壤化学成分等。④生物。包括植物群落类型、动物群落类型、微生物群落类型等。常用评价林地生产力的因素主要有土层厚度、腐殖层厚度、坡度、年均气温、年均降水量、海拔等。评价林地的立地条件通常采用光照、降水量、坡度、土层厚度、土壤微生态等，运用数量化方法将各因子定量化，根据定量分析结果划分林地的立地类型。采伐强度、非对称采伐、风灾、火灾、氮胁迫等干扰因素，也会影响林地的生产力。研究表明，树木的生物量可分 6 个不同的部分，针叶（B_1）、树干（B_2）、树枝（B_3）、大根和根株（B_4）、中级根（B_5）和细根（B_6）。此外，针叶这个生物量被分成若干个龄段。生物量的每个分量（$B_1 \sim B_6$），都有其相应氮的状态变量（$N_1 \sim N_6$）。对于所有的分量 i（$i=1, 2, \cdots, 6$）来说，新树木生物量的生产力可用以下 3 个方程式来描述（裴铁璠等，2001）：

$$P_1(t+1) = [a - bB_1(t)] \cdot N_1(t) \quad (6-25)$$

$$P_i(t+1) = [\alpha_i - \beta_i B_i(t)] \cdot N_1(t) \ (i = 2, 3, 4, 5) \quad (6-26)$$

$$P_6(t+1) = \delta N_1(t)\, t[\alpha_i - \beta_i(N_1(t)/B_1(t))] \cdot B_6(t) \quad (6-27)$$

式中：P_i 为对应 i 分量的生产力；t 为时间；a、b（都大于或等于零）为氮产生的参数；δ、α_i、β_i（都大于或等于零）为由观测群丛得出的拟合参数。研究发现，不同林木对氮素的利用效率存在差异。生长速度较快、生长周期较短的林木对氮素的利用效率通常较高，生长速度较慢、生长周期较长的林木对氮素的利用效率较低。通过合理施用微生物肥料、增加土壤中有益微生物的数量和活性，促进微生物与林木之间的合作，能提高氮素的利用效率，提升林地生产力。

3. 草地生产力测算评价

据 2022 年联合国粮农组织数据，草地在全球土地中的占比达到 35%，是所有土地类型中占比最高的。草地大多分布在内陆半干旱到半湿润气候地带，通常包括草甸草地、典型草地和荒漠草地等类型。不同于农田和林地，草地初级生产量的大小，直接决定着草场对牲畜的承载能力。草地净初级生产力（NPP）是草地碳固定能力的重要表征，对其进行评价对于分析草地在全球气候变化中的生态价值和贡献、研究陆地碳循环机制、合理利用草地资源、最大限度提高草地生产力等都有重要的理论和现实意义。由于草地初级生产力的重要性，因此在估算草地生产力时，会经常使用牧草气候生产力估算模式。国际上最著名的迈阿密模型，开始时是针对森林植被生物量的，后来也广泛应用于天然草场生物量估算。迈阿密模型有两个：迈阿密 1 模型和迈阿密 2 模型：

$$Y_T = 30000(1 + e^{1.315 - 0.119T}) \tag{6-28}$$

$$Y_P = 30000(1 - e^{0.000664P}) \tag{6-29}$$

式中：Y_T、Y_P 分别为根据一个地区年平均温度（T）、年降水总量（P）以迈阿密 1 模型和迈阿密 2 模型计算出来的天然草场的牧草产量（千克・公顷）（鲜重）。依据迈阿密模型的条件，在模型估计值中，取 Y_T 和 Y_P 两者各自的较小值，作为模型计算的产量值。使用迈阿密模型估算草地生产力，平均误差会达到 16%，说明还有其他很多因素也在影响着草地的生产力。一些初步研究表明，除了温度和降水量以外，土壤条件、寒潮进退、纬度、昆虫迁飞、树-草相互作用、火险干扰等也会影响草地的生产力。

4. 湿地生产力测算评价

根据 2022 年 6 月 21 日湿地国际网站报道：湿地仅占地球地表面积的 6%，但却是 40% 的动植物物种的家园，每年在淡水湿地中发现的新物种约 200 种。湿地储存了全球近 1/3 的土壤碳，发挥着存储、过滤和输送水的功能，同时保护着海岸、支撑着数百万人的生计。然而，湿地生态系统在全球气候和生物多样性中的作用长期被忽视，湿地生产力测算评价也未得到应有的重视。1970 年以来，全球湿地生态系统已经消失了 35%，其消失速度为森林资源损失速度的 3 倍（编辑部，2023）。湿地生产力的影响因素相对农田和林地要简单一些，主要是水、阳光和营养物质。如果湿地环境的游离氧不足，会促成厌氧生物呼吸导致的有毒副产品增多，细菌分解缓慢，泥炭逐步积累，影响根和微生物所需的营养物质。但降水和地面径流向湿地的注入量充足时，水和营养物质就不会成为限制因素。到目前为止，湿地生产力的测算评价缺少系统性的深入研究，其初级生产力测算评价还是沿用农田、林地和草地的基本模型。有研究表明，通过对 BIOME-BGC 模型进行参数优化，可以较好地模拟中国三江平原富锦地区小叶章湿地的初级生产力变化（刘夏等，2015）。当代湿地面临的最大问题是生产力持续退化。如何对湿地生产力退化进行测算评价，研究者们进行了有益的探索（裴铁璠等，2001）：

如果 $B(t)$ 是总生物量的生物量密度，$R(t)$ 是剩余大型植物的生物量密度，描述湿地生产力动态的模式，可写成如下的控制方程式：

$$\frac{\mathrm{d}B}{\mathrm{d}t}=r_1B\left(1-\frac{B}{K_1}\right) \tag{6-30}$$

$$\frac{\mathrm{d}R}{\mathrm{d}t}=r(B)\ R-\frac{r_0R^2}{K(B)} \tag{6-31}$$

$$B(0)=B_0\geqslant 0,\ R(0)=R_0\geqslant 0 \tag{6-32}$$

式中：t 为时间；R 为生物量密度；r_0 为小型植物的常定比增长率；$K(B)$ 为生物量 B 的负荷能量；r_1 为生物量 B 的定比增长率；K_1 为 r_1 的负荷能量；$r(B)$ 为剩余大型植物的比增长率函数。函数 $r(B)$ 和 $K(B)$ 满足如下条件：

在 $B>0$ 的情形下时为

$$r(0)=r_0>0,\ r'(B)<0 \tag{6-33}$$

对于有些 $\bar{B}$ 的情形时为

$$r(\bar{B})=0 \tag{6-34}$$

在 B>0 的情形下时为

$$K(0)=K_0>0,\ K'(B)<0 \tag{6-35}$$

$K'(B)$ 表示对 B 求导数，K 是不依赖于 B 的负荷能量，K_0 是不依赖于 B 的剩余大型植物的最大增长率。该方程式具有正的平衡状态 $[K_1,\ r(K_1)\ K(K_1)\ /r_0]$。

上述控制方程式的解析解为

$$B(t)=B_0\mathrm{e}^{r_1t} \tag{6-36}$$

对于无限大的 K_1，解即为

$$B(t)=\frac{K_1A_0\mathrm{e}^{r_1t}}{1+A_0\mathrm{e}^{r_1t}} \tag{6-37}$$

对于有限的 K_1：

$$A_0=\frac{B_0}{K_1-B_0} \tag{6-38}$$

并可写为

$$\ln B=\ln B_0+r_1t \tag{6-39}$$

或

$$\ln\left[\frac{B}{K_1-B}\right]=\ln\left[\frac{B_0}{(K_1-B_0)}\right]+r_1t \tag{6-40}$$

根据实地观察研究，当负荷能量不是很大的时候，有必要在以上各方程式的基础上做进一步分析，以估计 r_1 和 K_1。为此目的，在 t（以月为单位）和 $\ln[B/(K_1-B)]$ 之间的回归分析已依湿地生物量的密度数据进行过计算。初始条件 B_0 和湿地生物的负荷能量 K_1 分别取做 114 克/米^2 和 770 克/米^2。K_1 值是由下式计算出来的：

$$K_1=B_0(1+\mathrm{e}^{-k}) \tag{6-41}$$

式中：k 为用迭代方法确定的常数。

如果对剩余大型植物模拟，衰退比增长率 $r(B)$ 可设定为如下形式：

$$r(B)=r_0-\left(\frac{a_1B}{1+a_2B}\right)=r_0-\frac{a_1}{a_2}+\frac{a_1}{a_2(1+a_2B)} \tag{6-42}$$

式中：r_0 为大型湿地植物的常定比增长率；a_1 和 a_2 都为待用回归分析做估计的参数。利用伴有参数 a_1、a_2 和 r_0 的函数 r（B），通过时间序列的有限差分解 R（t），就可以求得湿地生产力退化的模拟结果。

（五）农地生产力上限测算评价

土地生产力的上限，是指在理想环境中，各类自然要素都处在最适合的水平上，也无病虫害及其他自然灾害的破坏，农作物所能达到的生产力，即为土地的最高生产力，也就是土地生产力的理论上限。在这种状态下，土地生产力的理论上限，唯一取决于农作物的光能利用效率。众所周知，绿色植物直接利用太阳能进行有机物质的生产和能量固定，其过程可用化学方程式表示如下：

$$6CO_2+\xrightarrow[\text{叶绿素}]{12H_2O(280\text{万焦能量})}C_6H_{12}O_6+6O_2+6H_2O \tag{6-43}$$

而光合作用速率 p 与太阳辐射强度 I 的关系为

$$bp^2-p(aI+p_m)+aIp_m=0 \tag{6-44}$$

式中：b、a、p_m 都为常数：b 为双曲线参数；a 为当 $I=0$ 时 $p-I$ 曲线的斜率：p_m 为光饱和时的光合作用速率，亦即 $I\to\infty$ 时 p 的渐近线值。

为通过上述方程式直接求出光合作用平均速率，方程式可以改写为

$$P=\frac{aI+p_m\pm[(aI+p_m)^2-4baIp_m]^{\frac{1}{2}}}{2b}$$

$$=\frac{aI+p_m+H}{2b} \tag{6-45}$$

式中：

$$H=[(aI+p_m)^2-4baIp_m]^{\frac{1}{2}} \tag{6-46}$$

在时间（t_1，t_2）内，光合作用平均速率 $\bar{P}$ 的表达式为

$$\bar{P}\equiv\frac{1}{t_2-t_1}\int_{t_1}^{t_2}P[I(t)\,\mathrm{d}t]$$

$$=\frac{1}{2b}\left\{a\bar{I}+p_m\pm\frac{1}{t_2-t_1}\int_{t_1}^{t_2}H\mathrm{d}t\right\} \tag{6-47}$$

曲线常数实质上描述直线情形下 $p\propto aI$ 与饱和情形下 $p=p_m$ 之间的曲线突变点。b 的最合理值是由温度、株型和植株密度等因素决定的。一般来说，当 b 值较大时（b 的极限值为 1），对应的植物是温度较低、植株比较稀的温带植物。这样，当 b 取极限值时，就可以求出光合作用平均速率的近似值，从而计算出土地生产力的上限值（裴铁璠等，2001）。

上述计算过程是复杂的，各种参数的求解也很难达到精确。根据光的波粒二象性，太

阳辐射能可以看成是一个非连续流状态。从光的量子概念出发，也可以测算出绿色作物的光能利用效率问题。事实上，农作物吸收的光能总值与其体内实行化学反应后所积累的能量，二者之间是不等值的。也就是说，农作物吸收的相当大一部分光能，由于其本身的生理生态特性、生长发育规律、形态结构特点和光化学反应基本规律的影响，比例相当大的光能就会被损失。按照最基本的光化学反应定则——爱因斯坦定律，每激活一个分子去参加反应，必须要有一个量子。每还原（激活）1 摩尔的反应物，就需要有 1 个“爱因斯坦”单位的量子值。因此，使用量子值而不使用光合有效能量 Q_φ，虽然在可见光范围内的量子总值与 Q_φ 是等值的，但是使用量子值理解作物进行光化学反应时，可以更加容易地去辨识所遵循的基本定律。在充分考虑到作物层对光能的透射、作物层对光的反射、作物对光合有效能量的无效吸收、光化学反应中的量子损耗、作物呼吸作用对于碳水化合物的消耗等五大因素之后，就可以比较容易地求出净光合作用产物及作物的光合作用效率，从而计算出作物最高理论生产力的上限。应用这一方法，在两个完全不相同的地域，美国所得到的作物生产力理论最大值为 61 克/(米^2 · 日)，中国华北平原估算出的作物生产力理论最大值为 66 克/(米^2 · 日)，二者有着十分惊人的相似（牛文元，1981）。当然，由于自然条件的复杂性，迄今为止，尚未见到一个最精确估算农地生产力理论上限的模式。但可以肯定的是，农地生产力存在这样一个基本事实：陆地上农作物的生产力水平不是可以无限提高的。这是人类在制定各类发展规划和计划、应对各类资源环境挑战时，必须要纳入考量的一个临界值。

二、土地生态系统服务价值评估

（一）土地生态系统服务的概念及其类型

生态系统服务的概念起源于 20 世纪 70 年代初（Study of Critical Environmental Problems，1970），随后其内涵被不同学者进行了拓展（Holdren et al.，1974；Westman，1977；Ehrlich et al.，1992），并在学界引起关注。自 20 世纪 90 年代以来，生态系统服务研究逐渐在生态学界、生态经济学界、国际组织和机构等领域相继展开。Daily 在其专著 *Nature's Service: Societal Dependence on Natural Ecosystem* 中指出，对生态系统服务的概念进行了完整的定义，即自然生态系统及其生态过程所提供的能够满足和维持人类生存的条件和效用，并对生态系统服务的源起、价值评估、服务功能等进行了较为系统的阐释（Daily et al.，1996）。从实质性的内容看，上述研究所指的生态系统服务是指土地生态系统服务，简称土地生态服务，而土地生态系统服务也是人类社会从各种生态系统获取的最主要惠益（刘耀林等，2019；Cowling et al.，2008）。1997 年，Costanza et al.（1997）在 *Nature* 杂志上发表论文，认为土地生态系统服务是生态系统所提供的商品和服务的总称，即人类以直接或间接的方式从土地生态系统中获取的各种收益。他们将土地生态系统服务分为气体调节、气候调节、扰动调节、水调节、水供给、控制侵蚀和保持沉积物、土壤形成、养分循环、废物处理、传粉、生物控制、避难所、食物生产、原材料、基因资源、休闲、文化等 17 种类型，并在此基础上对全球土地生态系统服务价值进行了货币化估算。随后，千年生态系统评估（MA）发布了报告，认为土地生态系统服务是指人类从生态系统中获得的效益，包括供给、调节、支持、文化等四大类服务，可以进一步细分为 23 项具体服务，且这些服务与人类福祉存在紧密、动态的相互作用（MEA，2005）。其中，供给服务指的是土地生态系统为人类生存和发展提供的各种产品，例如食物、清洁水、能源等；调节服务指的是土地生态系统为人类提供的调节性效益，例如保持空气质量、调节气候、涵养水源、废弃物处理等；支持服务指的是土地生态系统用以生产和支撑其他服务的基础服务，包括保持土壤、维持生物多样性等；文化服务指的是土地生态系统为人类提供的包括景观愉悦、美学欣赏、发展认知、休闲娱乐等功能在内的精神和意识层面的效益。

需要指出的是，以往土地生态系统服务研究视角多侧重于土地生态系统对人类的服务供给，然而随着人类福祉在研究中的重要性愈发凸显，已有学者尝试从人类需求角度探讨土地生态系统服务。离开了人类需求，土地生态系统的结构、过程和功能则不能构成土地生态系统服务（Boyd et al.，2007；Fisher et al.，2009）。Anton et al.（2010）、Kroll et al.（2012）以研究区域土地生态系统服务是否满足人类需求为主线，探讨了土地生态系统服务对人类福祉的影响。结合人类需求等不同视角，Burkhard et al.（2012）将土地生态系统服务定义为：土地生态系统的结构和功能加上其他的投入而对人类福祉产生的贡献。基于人类需求的视角将有助于土地生态系统服务与人类福祉之间的相互作用研究的深入推进，未来必须加强所建立指标体系的科学性与合理性、土地生态系统服务供给与需求平衡等方面的研究，而且还需要加强土地生态系统服务与其他生命福祉之间的相互作用关系，因为人与其他生命都是以土地为依托的生命共同体。

（二）土地生态系统服务价值的评估方法

不同的土地类型具有提供不同生态系统服务的能力（李双成等，2018；Fang et al.，2016）。研究表明，土地生态系统服务价值包括直接使用价值、间接使用价值、选择价值和存在价值等，不同的价值可以运用特定的方法进行评估。其中，直接使用价值指的是土地生态系统提供的产品和服务等带来的直接价值，例如食物、清洁水、景观愉悦等，可以通过市场价格进行估算；间接使用价值指的是不能通过商品化进行估价的土地生态系统服务所具有的价值，例如保持空气质量、调节气候、涵养水源、保持土壤、维护生物多样性等，通常可以借助于替代成本法等方法进行估算；选择价值指的是人类对将来可能以直接或间接的方式利用的土地生态系统服务愿意支付的费用，可以视为为未来土地生态系统服务的不确定性而提前支付的保险费用，通常可以选择条件价值法（CVM）等方法进行估算；存在价值指的是人类为确保土地生态系统服务的永续存在而愿意支付的费用，是土地生态系统本身内在的价值，与人类的利用与否无关，可以通过条件价值法等方法进行估算。

基于土地生态系统服务价值的不同类别，其服务力评估方法可以分为 3 类：①实际市场价值评估。即以土地生态系统产品和服务的实际市场价格进行评估，主要包括费用支出法、市场价格法等。其中，费用支出法以消费者对土地生态系统服务的实际支出费用表示市场价值；市场价格法以土地生态系统服务的市场价格表示经济价值，是目前被广泛应用的评估方法。②替代市场价值评估。即通过土地生态系统服务替代品的市场价格（影子价格）或者对应花费（消费者剩余）来表示土地生态系统服务价值，主要包括替代成本法、机会成本法、恢复和防护费用法、影子工程法、旅行费用法等。③模拟市场价值评估。即通过假想市场以消费者的支付意愿来表示服务价值，适用于缺乏实际市场价格和替代市场价格的价值评估，特别对于具有纯公共物品属性的土地生态系统服务，主要包括条件价值法等。其中，条件价值法指的是以通过询问或者调查问卷等形式而获得的人们对某种土地生态系统服务在统计学意义上的支付意愿来表示服务价值，受人们对土地生态系统服务的认知程度、价值观念、选择偏好等因素影响，统计结果具有一定的主观性。学者们基于生态系统的不同功能性状，采用各类方法对不同区域的土地生态系统服务价值进行了评估，取得了积极成效。然而方法的不同也导致研究结果缺乏可比性，探索一套具有可复制、可推广的生态系统服务价值评估方案，是未来研究的重要方向之一。根据核算路径的不同，可将已有的土地生态系统服务价值评估研究分为两类：一类是基于土地生态系统服务功能价值的评估（简称功能价值法），另一类是基于土地生态系统单位面积价值当量因子的评估（简称当量价值法）。

1）功能价值法。它是指通过对逐项计算得来的土地生态系统服务价格进行加求和得出服务价值。在每一项土地生态系统服务功能价值的计算中需要考虑该项土地生态系统服务机制，运用不同的方法、指标和参数，过程较为复杂。不少学者基于该方法对中国陆地、地表水、草地、森林、河流流域农田与湿地等不同类型的土地生态系统服务价值进行了评估，为中国土地生态系统管理和保护提供了重要的科学参考。

2）当量价值法。它指的是在厘清不同的土地生态系统服务功能的基础上，基于一定的标准确定不同类型土地生态系统的不同服务功能的价值当量，结合所参考土地生态系统服务的单位面积价格确定各类土地生态系统的各项服务功能的基准单价，再结合土地生态系统的面积确定服务价值。Costanza et al.（1997）运用与消费者支付意愿有直接或者间接关系的各类方法得到了全球 16 类群落 17 项土地生态系统服务的年价值当量，进而估算了全球土地生态系统服务价值。在此基础上，谢高地等（2003）通过对中国 200 位生态学领域研究人员进行问卷调查，确定了中国土地生态系统服务价值的当量因子，其中 1 个当量因子的价值为 1 公顷全国平均产量的农田每年自然粮食产量的经济价值，并据此对青藏高原土地生态系统服务价值进行了评估。随后，谢高地等（2008）又对中国 700 位具有生态学研究背景的专业人员进行了问卷调查，得到了两个时期（2002 年与 2007 年）中国土地生态系统服务价值当量。为了更加精细地体现土地生态系统服务价值的时间和空间异质性，谢高地等（2015）将土地生态系统细分为 14 类，基于 MA 的方法将土地生态系统服务细分为 11 项，通过 NPP、降水、土壤保持 3 类调节因子和年均价值当量表，实现了土地生态系统服务价值在更小时间尺度（月）和空间尺度（省域）的动态评估。可见，基于当量价值法的土地生态系统服务价值评估正在朝着更加精细化的方向发展，对于土地生态系统的类型、生态过程、时间和空间上的动态变化等因素提出了更高要求，这将有益于增强土地生态系统服务价值评估在土地生态系统管理实践中的指导价值。

目前，国外土地生态系统服务价值力测算评价模型主要有 InVEST、ARIES、SolvES、EcoAIM 等，应用最广泛的是美国斯坦福大学研发的 InVEST 模型。该模型基于大数据分析和空间建模，通过简化算法，能可视化分析全球、区域等不同尺度的土地生态系统服务价值。但是，土地生态系统服务价值评估涉及的数据众多且庞杂，如何将不同地区的数据参数统一量纲；在荒漠、戈壁、草原、湿地等不同类型的土地生态系统中，用统一模型或参数是否具有普适性等问题，还有待进一步深入探索。虽然土地生态系统服务价值评估的精度还有待不断提高，但初步结果显示，土地生态系统服务价值是非常巨大的，比传统农地生产力要高出许多倍。1997 年，美国康斯坦扎等人在测算全球生态系统服务价值时，首先将全球生态系统分为 17 类子生态系统，其中最主要的是土地生态系统。之后采用物质量评价法、能值分析法、市场价值法、机会成本法、影子价格法、影子工程法、费用分析法、防护费用法、恢复费用法、人力资本法、资产价值法、旅行费用法、条件价值法等一系列方法，分别对每一类子生态系统进行测算，最后进行加总求和，计算出全球生态系统每年能够产生的服务价值。结果表明：每年的总价值为 16 万亿~54 万亿美元，平均为 33 万亿美元，是 1997 年全球 GNP（Gross National Product，国民生产总值）的 1.8 倍（Costanza et al.，1997）。作者曾经对中国温州茶山公园的生态系统服务价值进行测算评价，研究结果表明：土地生态系统服务价值是传统农地生产力价值的 9 倍之多。

三、市地价值和价格评估

（一）市地价值和价格表征土地产出水平

建设用地有各种类型，在其价值和价格评估体系中，最主要和最成熟的是城市土地价值和价格评估，限于篇幅，本书仅阐述城市土地价值和价格评估。不过，虽然建设用地类型不同，但评估的原理和方法与城市土地是基本上相似的。城市土地价值（Land Value）和城市土地价格（Land Price），这是一对既紧密联系但又有区别的概念范畴。不同经济学家对这两个概念的理解，还有很大不同甚至是根本性的差异。例如，某些经济学家认为整个土地都是有价值的，即使完全未经人类劳动参与、尚未进入交易的天然土地，都是有价值的。而另一些经济学家则认为，科学的土地经济理论阐明，无论什么土地都是自然物，不是也不可能是劳动生产物，因而没有价值（周诚，1996）。一般说来，土地价值是指土地客体对于人类主体所表现出来的效用、效益或积极意义，可视为能够公正且适当反映土地作为商品、服务或金钱等值的总额。它通常用货币来衡量，于是就成为土地价格。后者是土地作为商品或服务在市场上的交换价值，是通过货币或其他形式进行衡量和交换的。土地价格的确定更多是由市场供求关系决定的，即供需关系决定了土地作为商品或服务的市场价格；而土地价值是指土地作为商品或服务的实际或预期的有用性和重要性。在通常的市场经济中，土地价格会受到土地价值的影响，土地价值高则土地价格也会高，反之亦然。但两者并不完全一致，土地价格可以高于实际的土地价值，也可以低于其实际的价值，主要受市场供求关系以及预期心理、主观认知等因素对价格的影响。由于土地价值和土地价格的评估认定是一个极其复杂的过程，至少受到超过 50 个以上的因素影响，因此在不是严格的意义下，人们通常不区分土地价值和土地价格。

土地价格是在交换过程中形成的，是土地占有或放弃占有的对价。土地价格是土地利用能力的标尺，是土地财产价值量的经济表征。交换的对价（地价或地租）取决于土地利用能力所决定的产出水平，即土地为使用者所能带来的收益高低决定使用者愿意为其付出代价的高低（朱道林，2023）。反过来，土地价格的高低也就反映了土地产出能力的高低，是以货币形式体现这种产出能力的标尺。土地价格的变化虽然受很多因素影响，但本质上是由土地的属性所决定的，这一点有别于其他商品价格。土地具有位置固定、总量有限、供给弹性小、可永续利用等特征，而这些独有的特性决定了土地价格的特殊性。它主要表现在：一是土地区位对于土地价格具有显著影响，土地区位不同其价格，往往存在巨大差异。二是土地总量有限决定了土地供给缺乏弹性。随着人口和经济社会增长，对土地的需求必然会不断增加。三是容易形成垄断价格，这是由土地位置固定和总量有限所决定的。四是土地价格具有很多形态，不同的产权形态和不同的交易关系会呈现不同的价格，如按交易方式有出租价格、出让价格、抵押价格、收购价格、入股价格；按产权性质有使用权价格、所有权价格等。

在城市，土地价值通过价格决定土地利用强度和土地利用类型的区位选择，影响和决定城市的空间结构和产出。随着城市土地价格由市中心向郊区递减，城市的人口密度、经济密度和土地利用强度也会相应降低，土地用途也会从商务中心向居住和工业转变。这是由于城市建筑空间的生产需要两个要素投入：土地和资本，即建房子需要土地和资金，建筑材料和所需的劳动力都可以通过资金来获得。由此得到建筑空间的生产函数是土地和资本的函数，可表达为 $H=H(L, K)$，其中 L 为土地投入量（土地面积）；K 为资本投入额；H 为建筑面积。该生产函数有 5 个特征（丁成日，2007）：

1）$\frac{\partial H(L, K)}{\partial L}>0$，意味着其他条件不变时增加土地投入将增加建筑面积的产出。

2）$\frac{\partial H(L, K)}{\partial K}>0$，意味着其他条件不变时增加资本投入将增加建筑面积的产出。

3）$\frac{\partial H^2(L, K)}{\partial K^2}>0$，意味着建筑面积的产出随资本投入的增加是以递减的速率增加的。这是因为随单位土地面积资本投入的增加（资本密度的增加），增加等量的建筑面积需要额外的资金来加固地基、建筑支撑、电梯等，这是由土地的递减规律效应所决定的。

4）建筑面积的生产函数是规模不变的，即 $H(mL, mK)=mH(L, K)$，显示对土地和资本投入同时增加 m 倍，建筑面积也将同时增加 m 倍。

5）资本投入与土地投入是可以相互替代的。资本投入与土地投入之间的相互替代指的是同样的建筑面积可由不同的土地与资本投入组合来实现。

从上述生产函数的 5 个特征可以看出：不同的土地投入会有不同的产出。在市场经济条件下，土地开发商会根据土地资本的相对价格，选择最优的土地投入量和资本投入量，以求利润的最大化。在其他因素不变的前提下，当地价上升时，开发商就会减少土地使用量，增加建筑密度和资本密度。在城市中心地价较高，土地开发商一定会利用资本去替代土地投入以此追求成本的最小化和利润的最大化，所以市中心建筑高度和资本密度都高。在城市边缘区，由于地价较低，土地开发商用土地去替代资本投入，所以建筑密度和资本密度都低。可见，城市地价是土地产出水平的表征，人口密度、经济密度、建筑高度等产出指标与土地价格的高低基本一致，其分布趋势具有相当的吻合度。

（二）城市地价形成的基本要素及其评估

尽管土地价格本质上是由土地的收益能力或者产出水平所决定的，但在市场上则会受到供求关系、买卖双方认知判断等众多因素影响。从城市土地价格形成的机制来看，影响因素可以分为如下十大类：①基底因素，如位置、面积、地形地势、地质、水文、承载力、宽度、深度、形状、日照、通风、温度、湿度、降水量、洪涝灾害等。②交通因素，主要由交通功能、道路宽度、路网密度、公交便捷度、地铁和交通设施状况等因子组成。③设施因素，包括基础设施和生活设施两大部分，如交通、能源、给水、排水、通信、商店、学校、医疗卫生院所、体育文化娱乐场所等。④环境因素，主要包括大气、水、噪声的污染状况和公园分布、绿化覆盖率以及特殊风景点等。⑤经济因素，主要包括经济发展状况、居民收入水平、财政和金融状况、储蓄和投资水平、银行利息和物价等。⑥社会因素，主要包括人口增减状况、社会安定程度、城市化进程以及房地产投机回报率等。⑦行政因素，主要包括地价政策、土地税收政策、规划政策、土地交易政策、土地和住房制度、城市行政变更等。⑧心理因素，对未来发展的预期、购买和出售心态、时尚风气、欣赏趣味、是否接近名家住宅、风水、价值观念变化等心理因素都会影响土地价格。⑨国际因素，国际经济状况、国际竞争、地缘政治、军事冲突等都会影响土地价格。⑩特殊因素，土地拥有者偶遇资金周转困难、某些重要人物死亡、土地竞投中某些单位或个人的急迫需要、整片开发中小块土地的待价而沽等，都会对土地价格造成影响。

土地价格是在多因素综合作用下形成的，并有其自身变化的规律，重点在于对市场的判断。目前，国际上公认的土地估价基本方法有市场比较法、收益还原法、假设开发法和成本逼近法。

1. 市场比较法

市场比较法的基本思路是根据替代原则，将待估地产与在较近期内已发生交易的类似地产加以比较对照，从已经发生交易的类似地产的既知价格，经影响地产的交易情况、交易期日、区域因素及个别因素等差别进行修正后，得出待估地产最可能实现的价格。这里所指的类似地产是指在用途、结构、区位等方面与待估地产相同或相似的地产。

用市场比较法评估地产价格的一般步骤是：首先收集较充裕的交易实例，然后从中选取与待估地产类似的一定数量的交易实例作为比较参照的交易实例，在此基础上再按照一定要求对这些供比较参照的交易实例依次进行交易情况修正、区域因素修正、个别因素修正和交易期日修正，最后得出被估价地产最可能实现的合理价格。

此方法的优点是富有说服力，然而当区域内地产交易较少或根本寻找不到类似的比较交易案例时，则此方法就难以应用。而且，在应用此方法进行地产评估时，要求评估人员知识丰富，并具有较强的判断能力及准确把握区域内房地产特性及交易市场行情的实际经验，才能使评估结果准确、可靠。

2. 收益还原法

收益还原法也叫投资法、收入资本化法，在土地经济理论上还时常被称为地租资本化法。它是在估算地产在未来每年预期纯收益的基础上，以一定的还原利率，将评估对象在未来收益还原为评估时日收益总和的一种方法。

收益还原法的理论基础是效用价值论，其基本思路是：由于土地具有固定性、永续性等特点，因此在占有某块土地时，不仅现在能取得一定的纯收益，而且能期待在将来源源不断地继续确实取得这个纯收益。这样，这一地块的价格，就相当于这样一个货币额，如果将此货币额存入银行，也会源源不断地带来一种与这个纯收益等量的利息收入。这项随时间的延续而能不断取得的纯收益折算为现值的总额，即为地产价格。

地产纯收益的收益还原法用公式表示：

$$地产纯收益 = 地产价格 - 地产还原利率 \quad (6-48)$$

式中：地产纯收益可分为实际收益和客观收益。实际收益是指在现状下实际取得的收益，一般不能直接用于估价。如城市中有一宗空地，目前不做任何作用，实际收益为零，甚至由于支付税费而成为负数，但并不表示该块土地不具备收益价值；再如某企业占用一宗交通便利的土地，但由于经营不善，总收益与总费用相减的结果可能为负数，这也不意味着此宗地产没有价格。客观收益是排除了实际收益中特殊的、偶然的要素后所能得到的一般正常收益，它可直接用于地价的估算。由上式可以看出收益还原法最关键的是纯收益和还原利率的确定。这就要求地产估价人员对社会经济情形、产业变化趋势以及地产市场行情有充分的认识，才能得到符合实际的评估结果。

该方法最适宜于为获取收益目的而使用的地产价格的评估。

3. 假设开发法

假设开发法又称剩余法、倒算法等，是国际上较为流行的评估方法。国内已经开展的土地使用权出让，基本上是依此方法来确定土地出让底价的。

假设开发法是一种对具有发展潜能的对地产进行估价的方法。例如一宗空地要计算出它有多少发展潜能，或一幢旧楼是否应该重建，就要靠假设开发法来估价。

假设开发法更深的理论依据完全类似于地租原理。其基本思路是采用倒算的方式，在估算出未来房地产正常交易价格的基础上，扣除建筑总费用、利息、利润之后所剩的余额即为地产价格。

用假设开发法计算土地价格的基本公式为

$$地产价格 = 房屋的预期总售价 - 建筑总成本 - 利润 - 税收 - 利息 \quad (6-49)$$

假设开发法适用于以下几种情况：①待开发的地产估价；②待拆迁改造的再开发地产的估价；③仅将土地或房产整理成可供更有效利用的土地或房地产的估价；④现有新旧房地产中地价的单独评估。

用假设开发法评估的可靠性如何，关键取决于以下两个方面因素：①是否根据地产估价的最有效使用原则和适法原则，正确地假设了地产的最佳开发利用方式（包括用途、使用强度、建筑物的式样、外观、内部设计与布局等）；②是否正确掌握了地产市场行情及供求关系，并正确判断了开发完成后的土地连同建筑物的售价。

由于假设开发法中上述预测包含着较多的可变因素，不同的估价人员对于同一宗地的估价结果有时相差很大，因此这种估价方法有时也被指责为较粗糙的方法。但是，当土地具有潜在开发价值时，假设开发法几乎是唯一实用和可靠的方法。

4. 成本逼近法

成本逼近法是以开发土地所耗费的各项费用之和为主要依据，再加上一定的利润、利息、应缴纳的税金和土地所有权收益来确定土地价格的估价方法。它与房地产估价中的成本法不同，后者是以建筑物或建筑改良物重新建造的费用，减折旧后求得建筑物价格，然后加上土地价格，最终得到房地产的价格。而成本逼近法却是用来估算地产价格的，两者的实际运用范围不同，但其基本思路源于成本法，因此，也有人称其为土地估价成本法。

成本逼近法的基本思路是把土地的所有投资包括土地取得费用和基础设施开发费用两大部分作为基本成本，运用经济学中等量资金应获得等量收益的投资原理，加上基本成本这一投资所应产生的相应利润和利息，组成土地价格的基础部分，并同时根据国家对土地的所有权在经济上得到实现的需要，加上土地所有权应得收益，即为地产价格。

成本逼近法用公式表示即为

$$\begin{aligned}\text{地产价格} = &\text{地产取得费} + \text{地产开发费} + \text{税费} + \\ &\text{利息} + \text{利润} + \text{地产所有权收益} \end{aligned} \tag{6 - 50}$$

成本逼近法一般适用于新开发地产的估价，特别适用于地产市场不发育、地产成交实例不多、无法利用市场比较法等方法进行估价的地产价格评估。同时，也适用于既无收益又很少有交易情况的学校、公园等特殊用地的地产价格评估。但由于在现实生活中地产价格的高低很大程度上取决于其效用，而不是其成本，而土地成本的增加并不总是增加其效用，所以成本逼近法在地产价格评估中有一定的争议。

除运用上述 4 种国际上公认的方法评估地产价格外，还可根据国情，采用因素比较修正法、级差收益测算法、租金剥离法、契价测算法、路线价法和回归估价法等对地产价格进行评估。

第三节　土地资源的承载能力

一、土地承载力演化与法则

（一）土地承载力的历史发展

承载力（Carrying Capacity）的概念由来已久，原本属于工程地质领域的概念，指地基的强度对建筑物荷重的能力。1845 年，美国国务卿在一份报告中首次使用了“Carrying Capacity”一词。这份报告宣称，鉴于不同船只的运载能力不同，对此提出了一种新的税种对其进行区分（Sayre，2008）。当初只是用来描述一艘船的最大有效载荷，但随着使用的日益频繁，这个术语逐渐形成了自己的独特含义。正如 Sayre（2008）所言：“这个术语最终摆脱了与征税的联系。”18 世纪末，马尔萨斯（Malthus）在著名的《人口原理》一书中，为承载力概念赋予了现代性内涵。1886 年首次被用来描述“一个国家的承载能力”。后来，这一术语逐渐被广泛应用到土地对动植物承载数量描述，将草地所能承载的牲畜量作为草地承载力的一种衡量指标（Mclaren，1997）。Clements（1920）认为，承载能力的量化估计，有助于促进政府对土地资源的有效管理，也可以帮助银行等金融机构对此进行资本化估计。在承载力研究中，土地人口承载力是讨论最为深入的一个方向，最早始于人们对人口与自然环境关系的讨论。早期（1970 年以前）土地资源承载力的研究是与生态学密切相关的，土地资源承载力概念大多是生态学上承载力定义的直接延伸，帕克（Park）和伯吉斯（Burgess）于1921年在相关研究中提出了生态学意义上的承载力概念，即“在生存空间、营养物质、阳光等特定环境条件下，某种个体存在数量的最高极限”，带动了土地资源承载力领域的研究（Park et al.，1982）。随后，1948年威廉·福格特（William Vogt）发表了著作《生存之路》，最早提出了土地资源承载力的概念，将其定义为“土地向人类提供饮食住所的能力决定于土地的生产潜力”，并延续马尔萨斯在《人口原理》中框架，以粮食为标准研究土地资源承载力（封志明，1994）。同期，威廉·阿伦（William Allan）也对土地资源承载力的概念做了进一步的细化，认为土地资源承载力指的是：“在维持一定水平并不发生土地退化的前提下，一个区域能永久供养的人口数量及人类活动水平。”而且，Allan综合考虑了土地面积、耕地面积、耕作要素等因素，提出了计算区域粮食人口承载力的计算公式（Allan，1965）。

进入20世纪60年代、70年代，自然资源的耗竭和环境恶化等全球性问题开始爆发，引发了承载力及其相关问题研究的广泛开展，其中尤以罗马俱乐部Meadows等人所著的《增长的极限》为杰出代表（Meadows et al.，2004）。该著作从本质上承认了承载力这一增长极限的概念，并对其进行了相应的衡量（Meadows et al.，1972）。70年代后期和80年代初期，联合国粮农组织（FAO）和教科文组织（UNESCO）也先后针对承载力展开了大量研究，并提出了相应的概念定义和量化方法（UNESCO et al.，1985）。80年代后期，联合国大会上的报告《我们共同的未来》明确提出了环境与发展的新方法论，即可持续发展理论。而承载力被认为是它的一个固有方面，并与之相结合而获得新的发展（世界环境与发展委员会，1997）。1995年，诺贝尔经济学奖获得者Kenneth Arrow等人在*Science*上发表了《经济增长、承载力和环境》一文（Arrow et al.，1995），在全球范围内引起了极大的反响，再一次带动了承载力研究的新热潮。随后，美国生态学会（Ecological society of America）以此为主题，在1996年的生态应用年会上组织了由众多相关专家参与的国际性研讨论坛。目前，土地资源承载力的概念在人口、农业、生态、自然资源管理以及城市规划等领域都得到了广泛的应用与研究。对此，人们也提出了各种各样的承载力概念。80年代，Garrett Hardin通过研究分别提出了文化承载力（Cultural Carrying Capacity）的概念（Hardin，1986）；到了90年代，Daily和Fearnside教授分别提出了社会承载力（Social Carrying Capacity）（Daily et al.，1992）和生物物理承载力（Biophysic Carrying Capacity）（Fearnside，1997）的概念。此外，也有不少学者将着眼点落在了生态、环境、水、地质以及区域等各方面的承载力上。至此，土地资源承载力的概念也开始走向综合性，即土地资源综合承载力。

与传统土地资源承载力相比，综合承载力更加全面，具体体现在两个方面：一方面，对于主体而言，不再仅限于耕地，而是包括了其他各类用地在内的广义土地；另一方面，承载对象也不仅仅是承载人口数量和人口消费压力，而是人类的各种社会经济活动。对于土地综合承载力的研究，大体上可以概括为如下几类（封志明，1994）：①基于生物生理特性的土地人口承载力。主要研究区域土地可供养的最大人口限度。②基于现实条件的土地人口承载力。依据现有的资源状况、消费水平以及生产力水平，估算既能满足当代人需要，又不危及后代人发展的最大土地承载力。③基于极限思想的土地人口承载力。以土地利用最优化为前提，以食物消费的高标准和高生活水平为基础研究未来的土地资源承载力。④基于相对资源的人口承载力。以参照区的平均物质生活水平以及保障这一生活水平的人均资源拥有量为基础，统计出研究区的资源量所能供养的人口总数。

Wei, et al.（2015）将城市资源承载力定义为一个由资源环境影响、城市基础设施服务、公众感知、制度环境以及社会支持 5 部分组成的承载力系统，分别从社会、经济、环境、文化等角度综合研究城市的承载力。此外，Mauerhofer（2008）通过研究提出了三维可持续理论模型（3-D Sustainability），将可持续发展理论切分为经济、环境和社会 3 个部分。就目前的研究来看，最后一个部分的研究相对不足。因此，Mauerhofer（2013）又对社会维度的可持续理论进行的深入研究，认为要实现社会纬度的可持续发展（即社会承载力），应该确保社会资本与人类资本的有效协调，重点在于人口增长、技术进步等应该符合环境的限制条件。总体而言，土地资源承载力的研究正由静态分析走向动态预测，由粮食单一指标走向综合指标体系研究。即在一定时期内，特定研究区域在一定社会、经济、生态环境条件下，土地资源所能承载的人类各种活动的规模和强度。其中，土地不仅仅是指耕地，还包括了建设用地等在内。而承载力也不仅仅指的是人口，还包括了人类的各种社会生产活动。

（二）土地承载力的概念定义

虽然承载力的概念在历史进程中有所变化，但整体而言其本质内涵并未发生改变。Cohen（1996）提出，应用于野生动物的承载力分析，旨在“表达自然区域（生态系统）支持动物生命的能力”。同样地，当将这一概念应用于衡量人类的承载能力时，主要是评估土地所能维持人类生活的程度。例如，对于一块特定土地的承载力，其答案可以相对简单地认为是一个具体的人口数，但其背后的复杂性在于支撑这一估算值的假设前提。因此，对承载力的定义不同往往在对这些内在限制或假设的探讨上也有所不同。House et al.（1975）将这一概念定义为：一个地区在可接受的生活质量水平下所能维持的人类活动水平，从而对社会约束水平进行量化推断。Whittaker et al.（1975）对承载力的定义更加偏向生态学视角，将其描述为：在不损害生物圈的情况下，各种资源能够长期稳定支持的人口规模。也就是说，在生态学中一般将其定义为“某一生境所能支持的某一物种的最大数量”，即种群的行为和数量所受到其赖以生存的环境的生物物理限制（图 6-3）（Lane，2014）。

土地资源承载力是衡量人口与土地资源关系的最基本指标，它是指某一特定人口数与所赖以维生的土地资源之间的关系。土地资源承载力可以用每个农民的可耕地面积或每人可耕地面积来表示。如果，用每人食物热量卡（calories）或营养量可以量度某一地区在某种消费水平之下，可以供养的人口数。那么，每人平均能源消费指数也可以量度某地区土地所能支持的工业社会的大小。在讨论人口与土地资源关系时，最重要的自然是粮食。但是除了粮食之外，人类对土地也有非农业的需求。例如，生产木材、纤维、燃料、住宅、能源、水、交通与通信、文化休闲与娱乐设施等。1992 年 6 月在巴西里约热内卢召开了联合国环境与发展大会（UNCED），通过了《21 世纪议程》作为 21 世纪世界环境与发展的行动计划纲领。在其文件的 5-23 节指出：“估计一个国家土地资源对人口的承载

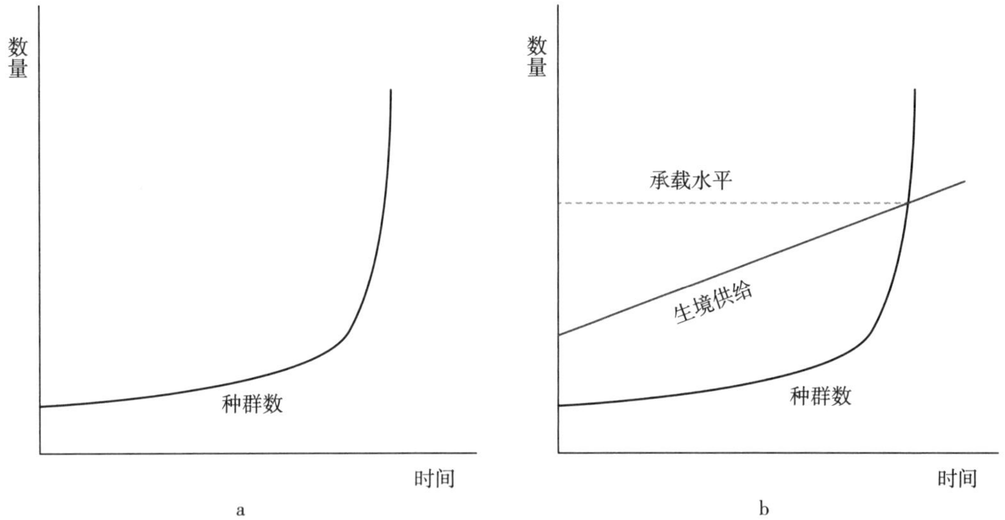

图 6-3 马尔萨斯视角下种群无限增长曲线图（a）与结合生境供给限制的承载力水平图（b）

注：根据马尔萨斯（Malthus）的指数增长理论，理论上讲，如果不加以控制，人口数量将以几何级数进行无限增长。但实际上，不可避免地会因为粮食产量等生境供给能力的限制，造成这种无限增长停止。

力，需要考虑满足人口生存与生活的需要，以及可持续发展的潜力。对于某些关键性资源，如水与土地；环境因素如生态系统（ecosystem）的健全与生物多样性（biodiversity），都要特别注意。"

对土地承载力的看法，费尔赛（Fearnside，1986）认为："可持续性的承载力是在一定的技术水准与消费形态之下，一个地方能够永久承载而不致降低环境质量的人口数。"弥道斯等（Meadows et al，1992）认为："承载力是指某一环境所能永久供养的生物数。"这一观念最初是指在某一块草原或牧场上，在不致减损土地肥力的条件下所能牧养的牲口数。若以人口而言，承载力的意义就比较复杂了，因为人类从环境所索取的资源以及所排放的废弃物种类繁多，而且技术、制度与生活方式的变化也非常大。承载力是一个动态的概念，它是经常随着气候及其他外在因素的变化而改变的。密勒（Miller，1992）认为："承载力是指一块土地在长时间使用，而且不致影响其物理、生态、文化与社会环境的状况下所能供的人口数。"他又接着说："虽然技术的进步，会使人类在某些方面超越自然承载力的极限，但是最终的承载力仍然要取决于可耕地、饮用水与其他资源的供应限度，其中能源则是现代社会不可忽略的限制因素。"事实上，土地资源对人口的承载力，并非只受土地、水、能源等自然因素的限制。哈定（Hardin，1991）从人类生态学（Human Ecology）的观点，提出在文化意义上的土地承载力，认为土地文化承载力与生活质量呈反比关系。也就是说，人类对清洁的空气、水、能源、荒野等所必需的资源需求愈多，则人口的数量更应该减少。人们对物质消费水平的增加，最后会使生态系统的承载力降低。人口的不断增加，不但会影响到个人的幸福，也会使整个社会的诸多问题更加棘手。再进一步地看，土地资源对人口的承载力应该考虑更多的因素。这些因素包括公共设施是否短缺、农业的技术与制度、生产力的成长、失业劳工的辅导、季节性或突然发生的环境变化、社会秩序、能源的供给、文化的优雅性、政治制度、教育资源、土地制度、财物的能力、管理技术、公共政策、个人自由、对灾变危机的处理、天然灾害与疫病等（韩乾，2013）。

综上所述，土地承载力是指在保持生态和环境质量不致退化的前提下，在一定时期和区域内，单位面积土地所容许的最大限度的生物生存量，是土地所能承载的人类各种活动的规模和强度的阈值。它包括两方面的含义：一方面，对于承载体而言，土地不仅包含耕地，还包括园地、林地、牧草地、城镇居民点及工矿用地、水域、交通用地和未利用土地等在内的全部土地；另一方面，对于承载物而言，不仅仅指承载人口规模和人口消费压力，还应是人类的各种社会、经济活动，如承载的城市规模、经济产值、交通规模、土地的纳污能力等。从一定意义上说，土地承载力是社会、经济、环境协调作用的中介和协调程度的表征。对土地承载力的研究，核心是要从可能性出发回答：土地能生产多少产品，能养活多少人口，能承载多大规模的人类活动，会不会造成资源环境品质退化。

（三）土地承载力的基本法则

自 200 多年前托马斯·马尔萨斯（Thomas Malthus）提出全球人口过剩的问题以来，土地承载力这个问题一直挑战着世界社会学家。马尔萨斯认为，尽管人类人口可能呈指数增长，但人类生存所需的资源仍然相对有限（Malthus，1959）。迄今为止，社会在很大程度上已经成功地生产出了地球上大多数居民吃、住、穿、行所必需的资源，尽管在舒适度方面差别很大，也不能完全令人满意。不少人认为，马尔萨斯关于人口过剩的预测之所以没有实现，是因为先进技术和高能量化石燃料的使用使得土地资源基础显著扩大（Lomborg，2001）。然而，这种工业化生产和消费模式已证明代价高昂，世界范围的环境退化、资源耗竭和社会不平等现象日益加剧，而不断增加的全球人类需求和经济社会活动强度又加重了这一问题的严峻性。有明显的迹象表明，人类社会正威胁着我们共同环境的土地生物物理极限，其中，人口数量、分布以及人类活动是首要原因（Lane，2014）。水、粮食、土壤和能源枯竭、气候变化、生物多样性丧失和环境退化等持续恶化的现象表明，人类社会当前的状况是不可持续的。2022 年全球 80 亿人口正在对现有的社会和环境系统施加如此大的压力，以致需要重新评估现有的土地及其他自然资源的管理方法。例如，2023 年《自然》杂志刊发的一篇最新研究发现，由于人类活动的加剧，全球地下水位正快速下降，将导致数十亿人赖以饮用、灌溉的源泉枯竭。该研究显示：2000 年至 2022 年间，71%的地下含水层系统水平下降，有 617 个含水层每年地下水位下降超过 0.1 米，占比达 36%。其中，地下水位下降最快的含水层位于西班牙，每年下降中位数达到 2.95 米。为了实现可持续的社会环境平衡，人类必须遵循土地承载力的基本法则。

1）任何时候都不可以逾越土地承载力。逾越土地承载力会使土地承载力降低，对人类或对牲畜都是相同的。2019 年夏季，位于美国奥克兰的全球足迹网络发布最新版的年度全球《生态足迹》报告。该报告指出，人类过度使用自然界的生物预算，透支高达 75%。由于超越了土地承载力，已导致物种濒危程度加剧，野生高等植物濒危比例达 15%~20%，223 种脊椎动物面临灭绝，约 44%的野生动物呈数量下降趋势；江河湖泊污染、臭氧层破坏、酸雨以及大气污染等诸多问题也凸显在世人面前，使土地承载力呈下降趋势

2）最大土地承载力并不是最适合的选择。最大土地承载力并不等于生活质量最高，甚至会降低生活品质，难以满足人们对美好生活的向往。正如前文所指出的那样，人类缺少节制的活动超越了土地承载力，它所造成的土地退化已经影响到32亿人的福祉，使地球出现第六次物种大灭绝的可能。每年因土地退化造成的生态系统服务价值损失高达全球总产值的10%以上（Le et al.，2016；Montanarella et al.，2018）。当前全球多达15亿人居住并依赖于退化的土地，80%的农业用地、10%~20%的牧场、87%的湿地正遭受严重退化（UNCCD，2015；MEA，2005；Gibbs et al.，2015；Davidson，2014；郭晓娜等，2019）。可见，就今日而言，土地似乎承载了全部人类活动，但已经影响到近半数人口的福祉，显然不是最适合的选择。

3）生活品质与土地承载力有呈反缩放趋势。随着人们对美好生活需求的日益增加，对清洁空气、水、能源、开敞绿地、荒野等必需的资源需求越多，则人口的数量更应该减少。换句话说，对土地物质和精神产品消费水准的增加，最终会使土地承载力降低，二者之间呈现反比例缩放趋势。城市使生活更美好，但更多人居住在城市，其洗车、浇花、洗手、洗澡、洗厕等需水量急剧增加。据统计，一个农民市民化后的用水量增加会超越20倍，导致全球和区域性缺水问题更加严重，土地承载力呈下降趋势。

4）单因素改进对提升土地承载力是无意义的。提升土地承载力受土地报酬递减律的制约，单因素改进某种要素并不必然带来承载力的提升，超越一定界限后反而会呈下降趋势。要提升土地承载力，必须要找出要素改进的最佳组合及最佳投入量。偏微分公式告诉人们，在同一个时间里，无法使一个以上的变量最大化。因此，必须选择使要素组合最优化，或者使某一个要素的平均福利最大化。

二、土地承载力的评价方法

（一）土地承载力评价方法回顾

在早期的研究中，国外许多学者探讨了土地承载力计算的依据为：在确保不会对土地资源造成不可逆负面影响的前提下，土地生产潜力所能容纳的最大人口数量。如1948年William Vogt在《生存之路》一书中提出以粮食产量为标准研究土地资源的承载力；1965年William Allan也以粮食产量为标准，对土地资源承载力进行了测算，从而得出某地区传统农业生产所能供养的最大人口规模或者人口极限（Allan，1965）。1970年以后，随着人口的急剧增长和需求的迅速扩张，以协调人地关系为中心的承载力研究再度兴起，并从土地领域扩展到整个资源环境领域。相应地，对于土地承载力相关估算方法也取得了重要发展。

1）1973年，澳大利亚科学家Millington和Gifford采用多目标决策分析方法，从各种资源对人口限制的角度出发，讨论了土地资源承载力，并估算了澳大利亚不同消费水平下的土地资源可承载的人口数量。该项研究考虑了澳大利亚的土地资源、水资源、气候资源等限制因素，除种植业外还考虑了畜牧业的发展潜力，分析了几种发展策略和相应的发展前景，指出按照澳大利亚的水资源条件，可以养活8000万人，届时能源将是主要的限制因素（Millington et al.，1973）。这种分时段设立不同模型的研究方法，从形式上弥补了静态分析的不足，但仍将资源限制看作给定的条件，未考虑经济系统的反馈作用（张红，2007）。

2）1977 年，FAO 开始进行发展中国家土地资源承载力研究，将世界土壤图和气候图进行叠加，把国家划分为若干个作为评价土地生产潜力基本单元的农业生态区，即农业生态区域法（Agro-Ecological Zone，简称 AEZ 法）。具体来说，该方法是一种综合探讨农业规划和人口发展的方法，它将气候生产潜力和土壤生产潜力相结合，来反映土地用于农业生产的实际潜力，并考虑了对土地的投入水平和社会经济条件与对人口、资源和发展之间的关系，指出不同的土地利用方式（投入水平）下，可以有不同的人口承载量（FAO，1978）。然而，该方法研究的是封闭的土地生态系统承载力，在实现过程中需要按照实际情况对参数进行修订，计算过程也较为繁琐。

3）20 世纪 80 年代初，在联合国教科文组织（UNESCO）的资助下，由苏格兰特洛赫里资源利用研究所的 Malcom Sleeser 提出了一种承载力估算的综合资源计量技术——ECCO（Enhancement of Carrying Capacity Options）模型（UNESCO et al.，1985）。该模型采用系统动力学方法，综合考虑人口、资源、环境与发展之间的关系，模拟不同发展策略下，人口变化与承载力之间的动态关系。该模型已在肯尼亚、毛里求斯、赞比亚等发展中国家得到成功应用，并有效促使土地承载力预测研究由静态走向了动态。该方法的优势在于系统内各变量具有因果关系，涵盖要素全面，具有动态性和直观性特点，可进行方案优选设计。但由于系统比较复杂，若缺乏相关数据将会影响模型的构建。

4）进入 20 世纪 90 年代以来，相关研究开始走向开放性和动态性，由土地资源单一系统扩展到整个自然-经济-社会复合的一体化资源系统。1992 年，加拿大的 Mathis Wackernagel 和 Willian E. Rees 确定了使用生态足迹方法（Ecological Footprint）来衡量人类对自然资源利用程度，以及自然界为人类提供的生态服务支持功能（Wackernagel et al.，1996）。通过估算维持人类的自然资源消耗量，以及同化人类废弃物所需的生物生产性空间面积，并与给定区域的生态承载力进行比较，从而衡量区域的可持续发展状态。该方法考虑了资源的流动性，生态足迹可以跨越地域界线，纳入相关的环境及生物多样性因素，但无法全面反映社会经济活动等因素。

5）进入 21 世纪，土地承载力评价方法的研究，大体上可以分为社会手段（Societal-Based Models）、环境手段（Environmental-Based Models）以及系统手段（System-Based Models）三大类（Wei et al.，2015）。其中，社会模型主要通过经济及人口统计分析研究社会配置；环境模型主要是研究自然资源的限制以及环境的影响；系统模型则是考虑系统内部的各个因素从而全面地分析承载力。此外，还出现了一系列交叉领域的评价模型：①能值分析法。主要是基于热力学和系统理论，并结合生态和经济因素来评价土地承载力。其优势在于定量分析了自然资源和生态过程对人类活动的影响。采用一致的能值标准，以统一的能值标准为量纲，把系统中不同种类、不可比较的能量转化成同一标准的能值来衡量和分析，从而评价其在系统中的作用和地位，综合分析系统的能量流、物质流、货币流等，得出一系列反映系统结构、功能和效率的能值分析指标，从而定量分析系统的功能特征和生态、经济效益。②IPAT 方程。即由“I”（环境负荷）、“P”（人口数量）、“A”（人均 GDP）以及“T”（单位 GDP）4 部分组成。主要优势在于计算人类活动对环境的影响，但是该方程只能指示对环境影响的增减，而不能确定相关的阈值。③图解模型。主要通过图形手段绘制人类增长随时间的变化，分为两种形式：指数增长和逻辑增长。但是该模型无法确定一个确切的承载力值。④压力-状态-响应（PSR）模型。PSR 模型使用原因-效应-响应这一思维逻辑，体现了人类与土地之间的相互作用关系。人类通过各种活动从土地中获取其生存与发展所必需的资源，同时又向环境排放废弃物，从而改变了土地资源储量与环境质量，而土地和环境状态的变化又反过来影响着人类的社会经济活动和福利，进而社会通过土地政策、环境政策、经济政策和部门政策及通过意识和行为的变化来对这些变化做出反应。如此循环往复，构成了人类与土地之间的压力-状态-响应关系。PSR 模型回答了发生了什么、为什么发生、我们将如何做 3 个可持续发展的基本问题，特别是它提出的所评价对象的压力-状态-响应指标与参照标准相对比的模式受到了很多国内外学者的推崇，广泛地应用于区域环境可持续发展指标体系研究、水资源与土地资源指标体系研究、农业可持续发展评价指标体系研究以及环境保护投资分析等领域。

6）对于城市土地承载力研究，主要有三大类的城市土地承载力评价方法。①从土地总量和人均用地标准出发的传统方法。传统上，城市土地承载力研究沿袭农地承载力评价的思路，以可利用土地总量（供给）和人均用地需求来计算。Knaap（2009）从供给和需求两方面着手，分三步骤进行，包括测算当前城市发展可利用的土地量；预测未来城市发展的土地需求以及研究如何利用土地以承载未来的需求。此外，在部分地区，还有两个政策性工具配合传统方法：第一是城市增长边界，主要是划定范围，限制边界外的城市增长；第二是需求协调，在用地总量限制下调配各项需求。②以城市发展模拟和容量分析为主的模型方法。一般而言，城市土地承载力相关的模型都包含于城市规划、城市扩张研究等领域的模型之中，如城市仿真模型（Urban Sim Model）和增长模型（Growth Management Simulation Model，简称 Growth Model）。Waddll（2002）以美国俄勒冈州的尤金-斯普林菲尔德都市区为例介绍了城市仿真模型及其应用，可以得到城市地块适宜的土地利用类型和可承受的开发利用强度。美国马里兰州规划部门对该州的住宅用地进行分析时运用了增长模型，使用人口、家庭、工作岗位以及其他构成增长情景的因素来评价土地利用的发展（Ehrlich et al.，2004）。本质上讲，增长模型是用特定指标（如住宅密度、开发强度）来计算承载力，即可开发的土地总量。此外，国内学者如谭文垦等（2008）建构的城市综合承载力理论模型，把城市综合承载力划分为基底的承载力、容器（城市）内部的承载力以及容器本身容量的发展能力三部分。而徐琳瑜等（2005）则是从生物免疫模型中得到启示，建立了城市生态系统承载力计量模型，把城市生态系统承载力分为天然承载力和获得性承载力两部分，分别进行计算并对结果进行耦合。③侧重因子分析的指标体系法。Onishi（1994）较早就把承载指标评价方法用于城市发展的研究中。随后，Oh et al.（2004）开发了一种评价城市承载力的综合框架，把承载力的概念纳入城市发展管理之中，指出应根据城市当前的基础设施和土地用途确定发展的密度，并在此基础上发展起一种城市承载能力评估系统。而国内学者研究中，往往对城市土地承载力指标体系的构建存在不同的看法，赵鑫等（2007）认为城市建设用地承载力由人口承载力、经济发展承载力和生态承载力三方面构成，赵淑芹等（2006）则构建了土地自然承载效果、土地经济承载效果、土地社会承载效果以及土地生态承载效果四层次的指标体系。

（二）土地承载力评价基本方法

近年来，对土地承载力的研究发展迅速，不同的研究者从不同角度、用不同方法对土地承载力进行了广泛的探讨，主要有以下几类评价基本方法。

1. 以粮食为基数的土地承载力

这类方法是土地承载力研究的早期方法，以威廉·阿伦（William. Allan）为代表。1949年，威廉·阿伦在研究非洲土地利用时提出了这类土地承载力的计算公式。其目的是计算出某一地区的集约化农业生产所能提供的粮食能养活的人口数，或者说给出承载人口的上限。这类承载力研究所依据的定义是："在不发生土地退化的前提下，某一地区的土地能供养的最大理论人口。"康克林（H. C. Conklin）和卡内诺（R. Carneiro）也分别在1959年和1960年提出了类似的计算方法。这些方法的基本出发点为

$$\frac{理论人口(承载能力)}{现有人口}=\frac{可供利用的耕地}{现有利用的耕地} \quad (6-51)$$

这类方法主要考虑了土地资源的数量和开发前景，并以此来估算区域内人口承载量。把人口因素作为外生变量，不考虑人口对农业生产的反馈作用，也不考虑达到集约化农业生产所需要的投入量，所以只能对某一时段内该地区所能养活人口数量进行粗略估计。该方法考虑因素少，计算简单，但需要很高水平的专业知识支持。中国一些学者也提出过计算土地人口承载力的类似方法（申元村，1990；梅成瑞，1988），计算公式可概括为

$$P=\frac{Y}{L} \quad (6-52)$$

式中：P 为一定区域内的土地人口承载力；Y 为总产量；L 为人均生活水准。

$$Y=Y_1S_1+Y_2S_2+\cdots+Y_nS_n \quad (6-53)$$

式中：Y_1、S_1 分别为一等地（或类型）单位面积的产量和面积；Y_2、S_2 分别为二等地（或类型）单位面积产量和面积，以此类推。

由于在计算过程中既考虑了土地资源的数量和质量，还考虑了投入水平等社会经济因素，故可以根据不同的投入水平来计算土地人口承载力。

2. 以农业生态区划法评价的土地承载力

这是联合国粮农组织从1977年开始实施的一种研究土地承载力的方法。该方法以国家为单位进行计算，主要分为以下6个步骤：①土地条件清查。按作物和草地类型的土地利用要求所对应的指标，对所要评价的土地进行数量、气候、土壤、水文等条件进行清查。②划分农业生态单元。农业生态单元图是由气候图、土壤图、地貌图和行政界限图叠加而成的，主要通过地理信息系统的叠加分析完成。③土地利用方式和投入水平选择。土地利用方式可划分种植业、畜牧业、水产业三大类型。种植业又可以分为水田、水浇地、旱地3种种植方式，作物类型可划分水稻、小麦、玉米、高粱、谷子、甘薯、马铃薯、大豆、花生、油菜、甜菜、甘蔗、青稞等。畜牧业和水产业也需要进一步细分。投入水平可分为高、中、低3类方案。④土地生产潜力计算。它主要指土地生产食物的潜力，主要计算耕地、草地、林地、水域所能生产食物的能力。⑤人均营养和消费水平预测。营养和消

费水平是指人对热量、蛋白质、脂肪等消耗水平，它直接影响土地承载量的多少。⑥土地人口承载力计算。按人均每人每年所需热量和蛋白质并折合为平均食物量，最好区分不同年龄、性别和工种，然后按一定行政区域内的土地生产潜力，通过投入水平系数修正计算所能承载的人口数量。由于土地承载力受到诸如水、热量等一些环境因素的限制，在计算土地承载力时，还需要考虑土地的非食物性生活必需品的供求平衡。

3. 以资源平衡为基础的土地承载力

不同的资源分配和组合方式所产生的生态经济效益差别很大，根据资源的特征对农业结构进行合理的调整，充分发挥资源配置效益，可大大提高土地承载力。这类方法从本区域土地资源、气候条件和水资源特点和限制因素出发，得出种植业和畜牧业的可能发展潜力，并从资源平衡角度出发，利用线性规划模型，确定农林牧用地和农作物的合理结构，求得最优农业结构时的年最高土地生产总值（K）。然后计算不同生活水平下人均占有的土地产值（L），则可计算土地承载力（K/L）。

4. 基于生态足迹的土地承载力

生态足迹认为人类生活都需要一定的地球表面资源与环境来支持，关注人类社会经济对环境与资源消耗量的衡量，强调从资源与环境的生物生产功能入手，用面积量级表征人类资源消费和废弃物排放过程中对生态环境的占用程度（方恺等，2012）。其一般基于在以下两个前提（Rees，2003）：①人类可以确定自身消费的绝大多数资源及其所产生的废弃物的数量；②这些资源和废弃物流能折算为提供相应资源与环境功能所需要的生物生产土地面积。本质上，生态足迹关注人类对资源环境的压力，认为在一定人口的消费水平下，需要多少具有生物生产型的资源或环境面积来支撑。同时，该理念中的人类活动体现了对区域经济、科技及区际贸易的表达，人类活动的资源环境要素消费量即是以上特征的表征，部分理念或定义也直观地体现了区域开放性背景下的人类消耗，如全球公顷（global hectare）的生物生产性土地面积。

基于生态足迹的资源环境承载力评价主要有以下两种方法体系，即基于过程分析框架和基于投入产出分析框架（陈冬冬等，2006）。基于过程分析方法是基于生物生产力，采用过程分析，一般与物流分析技术、产品生命周期法、能值分析法等结合。基于投入产出分析方法通常依托货币投入产出表或实物投入产出表，采用投入-产出方法估算生态足迹。基于过程分析的生态足迹方法包括：一是 Wackernagel et al.（1996）提出的综合法，即从自上而下视角利用整合的国家级数据，一般用于国家层级的生态足迹计算，典型的研究如 Monfreda et al.（2004）、Wackernagel et al.（2004）、方恺（2015）、Fang et al.（2018）等；二是 Simmons et al.（2000）提出的成分法，即以个人衣食住行活动或终端消费为出发点，以自下而上的视角通过物质流分析得到主要消费品消费量及废物生产情况，适用于省市、企业、家庭、个人等尺度，典型的研究如李广军等（2005）、Fang et al.（2015）。投入产出分析方法一般基于记录产品所耗资源的价值流的投入产出表（IOT，Input-Output Table）框架，通过 IOT 追踪国内的最终消费来估测生态足迹，其典型研究如 Feng et al.（2014）。

5. 模型模拟计算方法

土地承载能力评价是一个涉及因素多、各因素之间又没有紧密的、简单的关系并具有复杂性、动态性和模糊性等特点的系统工程。在研究时仅依靠直觉的经验判断法、常规的静态定量方法或单纯追求最优解的数量方法（如线性规划）的局限性是显而易见的。而系统动力学等模型方法恰好能满足土地承载能力评价的需要。系统动力学模型除能动态跟踪和不受线性约束外，还将系统视作信息反馈系统，可以充分地将决策者的思维、各方面的专家意见及群众的经验等通过模型得以体现，在计算机上进行人机对话实验，通过反馈系统了解系统的发展趋势，揭示其内在规律性。英国科学家斯莱瑟（Malcom Slesser）应用系统动力学方法提出了资源承载能力估算的综合资源计量技术 ECCO（Enhancement of Carrying Capacity Option）方法，或称提高承载力的备择方案。该方法运用资源计算系统评价一个国家的承载能力，它将人口、资源、环境和发展之间的相互关系纳入今后发展规划，通过建立系统动力学模型，模拟不同策略（方案）下，人口变化和资源承载力之间的关系及其动态变化。由于该方法可对决策者提出的多种策略方案进行仿真模拟，可在较短时间内预测各种承载力方案的长远效果，有利于评价各种决策方案的优劣，因而具有较好的应用前景。

三、对土地承载力的再认识

（一）土地承载力研究的固有缺陷

无论对土地承载力做何种理解，其基本内涵主要指一个区域能永久供养的人口数量及人类活动水平。它假设存在一个区域封闭系统，测算系统内土地生产潜力对人口的承载力。但是，在全球化和市场结构条件下，几乎任何区域都是一个开放系统，不断地与外界进行物质和能量的交换。正如批评家们认为的那样：任何逐个国家（地区）的承载力研究都有缺陷，因为土地和气候不一定成为承载人口数量的制约因素。通过货币媒介和市场交易，所有资源（含非物质性知识、服务等）从理论上说均可挽回粮食的短缺。甚至水资源短缺，也可以通过重大工程建设，比如南水北调，解决承载力不足的问题。因此，假设存在一个封闭系统的土地承载力研究，其指导意义和实践价值就大打折扣了。

更何况承载力原本属于工程地质领域的概念，它是指地基的强度对建筑物荷重的能力，是一个相对静态的概念。最初被借用来研究区域畜牧业的承载力时，问题并没有那么突出。因为畜牧业所养畜的区域和养畜的数量是相对固定的，在固定区域内计算放牧的承载力，也算比较接近承载力的最初概念。但是后来这一概念被广泛地引用到生态学、经济学、人口学、环境学、地理学、水资源学、土地资源学、旅游学等领域，就越来越偏离承载力的原本内涵和属性了。例如土地承载力，又称土地资源人口承载力，由于在当代社会人口的流动性是非常频繁的，一个区域的人口绝对不是一个静态的概念，人口流动的不确定性自然而然地就反映到对土地承载力评估的结果上来了，这就使得评估结果与实际状况会出现很大偏差。事实上，一个本身是相对静止的概念被用于研究流动的问题时，缺陷或不合理性是必然会产生的。

（二）节约集约改变土地承载能力

土地是一种最终服务于消费的生产要素。人口的增长和日益增加的经济活动导致了区域的土地资源不断稀缺。个人财富的不断增长和提高，建立在损耗土地生产要素的基础之上。因此，可按照经济学生产要素的作用机理和收益的变动规律来建构土地承载力评价的基本原理。

在宏观尺度，参照 Paul et al.（2005）对土地集约利用经济学机理的研究，可建构出基于土地资源节约集约利用的土地承载力评价原理。在承载力和土地消耗中存在一种平衡模式。在图 6-4 中，福利可能性曲线（PPC_1）包括所有可能的承载力与土地消耗的组合。社会消耗无差异曲线（I_1，I_2，I_3）描述了优先选择的空间与消费束，对两者而言，社会经济即为效用。社会所能消费的越多，那么它的效用或者福利就越高，故 $I_3>I_2>I_1$。可达到的最高的福利是消费束在无差异曲线（I_2）与福利可能性边界在点 W_2 相切。土地消耗是 R_2，土地承载力为 C_2。W_1 点在福利可能性边界的下方。这个福利结果是没有效率的，因为同样的经济活动，社会可能会享受更多的土地空间（C_3），或者相同的土地空间有更多的消费（R_3）。当资源节约集约利用水平提高，福利可能性曲线 PPC_1 移向 PPC_2。那么在 I_3 和 PPC_2 的相切点 W_3 处，可以达到更高的福利状态。PPC_2 与福利可能性曲线 PPC_1 相比，消耗相同土地要素 R_4，承载力明显提升，C_4 大于 C_5。

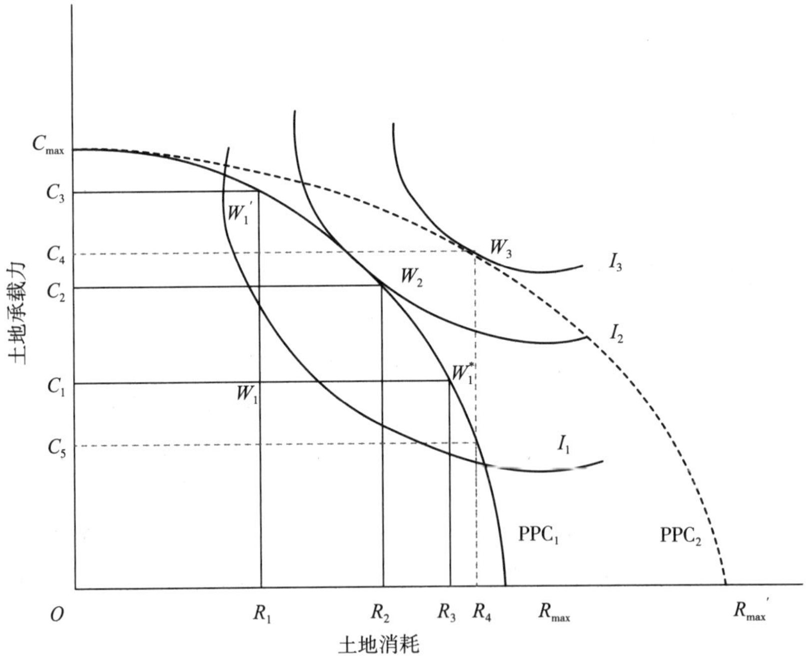

图 6-4　节约集约利用视角下的土地承载力评价机理示意图

（据张茂鑫等，2020，有修改）

在微观尺度，土地资源使用的集约度往往用集约边际与粗放边际来表达。所谓集约边际，是指在一块固定大小的土地单元内，投入资本、劳动力、管理等生产因素，直到最后一单位的生产因素所获得的边际报酬，刚好等于其边际成本的那一点。粗放边际只发生于最低品质的土地单元内，且当投入生产要素达到集约边际，报酬仅够支付生产成本时。当考虑土地利用的集约度与土地承载力的关系时，重要的是区别集约利用和粗放利用，区别利用的集约边际和粗放边际。土地利用中的集约边际是集约度的最高限度；土地利用的粗放边际可以看成是集约度的最低限度。在图 6-5 中，*MN* 表示集约边际，*NR* 表示粗放边际。由于不同土地单元的集约度不同，土地承载力也会随之下降。价格和成本条件变化时，集约边际和粗放边际的位置都会有所移动；集约度下降时土地承载力也会随之下降。假使生产成本增加或者产品价格降低，则集约边际便会从 *MN* 移至 *M′N′*，因为必须紧缩土地生产要素的使用；而粗放边际则会从 *NR* 紧缩至 *N′R′*，表示减少土地的使用。而当生产成本降低或产品价格提高时，则会增加投入土地生产要素，使 *MN* 上升至 *M″N″*，或者扩张土地的开发，使 *NR* 扩张至 *N″R″*。因为这样做，会获得更大的报酬，从而直接影响土地承载力（张茂鑫等，2020）。

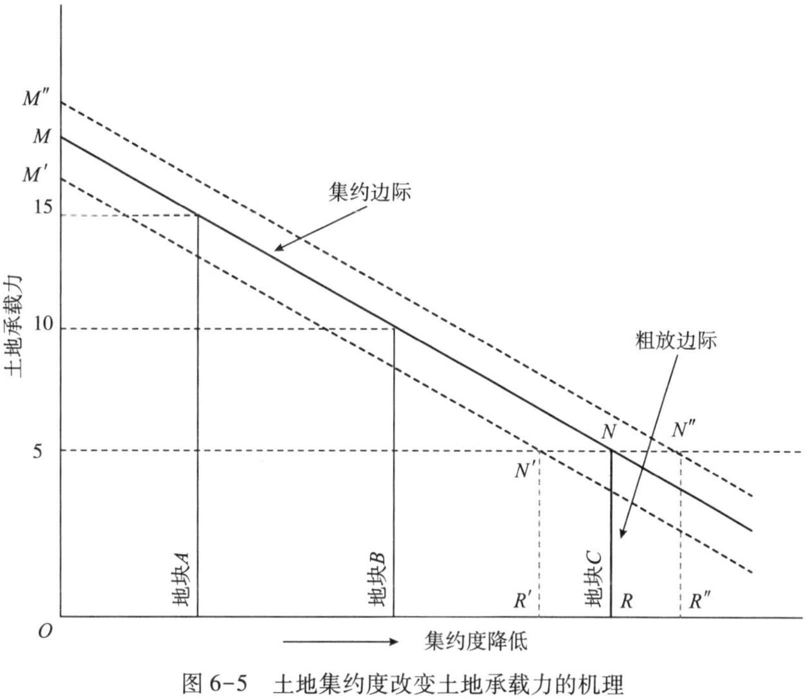

图 6-5　土地集约度改变土地承载力的机理

（据张茂鑫等，2020，有修改）

（三）土地承载力概念的再认识

随着人类社会进入地球村时代，土地承载力的承载对象是具有一定主观能动性的人，土地生态系统也不再仅仅是一个自然系统。在这一背景下，区域作为一个开放系统，区域内土地资源的短缺可以通过多种途径实现相互补给。传统上以承载人口数量或活动强度为目标的土地承载力研究，普遍采用一种简单静态的数量阈值来表征土地承载力，这在某种程度上会失去其实际意义。本质上，土地承载力是人地关系，是土地对人类需求的满足程度。随着经济社会与人类需求的发展，一个区域的土地承载力，除了土地所提供的粮食需求外，还包括人们对居住舒适、生活便利、公共安全、健康文化以及教育环境等各种类型的需求。由此，土地承载力衍生出环境承载力、生态承载力、社会承载力、文化承载力等多种内涵。不难发现，土地承载力是一个复杂的系统，是由资源环境影响、基础设施服务、公众感知、制度环境、社会支持与响应等部分组成（图 6-6），分别从社会、经济、环境、文化等角度综合研究城市的承载力（Wei et al.，2015）。对此，人类必须探索这个复杂系统的行为特征与变化规律，从而有效调控这一复杂系统朝向有利于人类生存与发展的方向演化。

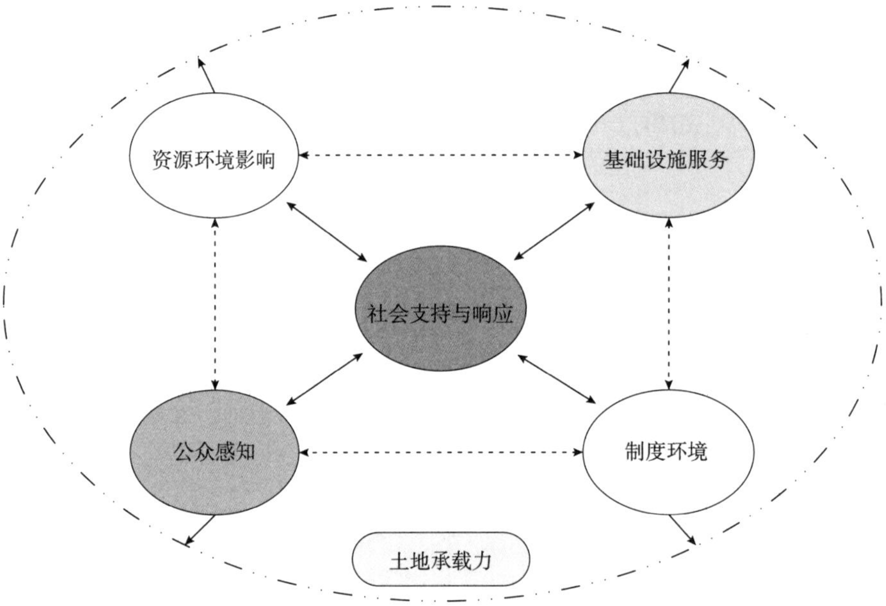

图 6-6　土地承载力系统组成图
（据 Wei et al.，2015）

在现代社会，土地承载力无论从概念还是内涵上已经有了很大的变化。从人地系统这种复杂的有机结构、物质和能量流动以及可实践性出发，将土地承载力定义为：在不损害土地健康和相关生态系统服务功能的前提下，某一区域可以允许的最大土地资源消耗量和废弃物排放率。根据这一概念定义，可以概括为两条底线和两条顶板。

1. 底线一：不损害土地健康

土地如其他生命体一样，有其新陈代谢、自我调节和自我恢复的能力。也就是在内外扰动或压力不超过土地系统防御能力的情况下，扰动或压力撤除之后系统应该能够从偏离状态重新恢复到原来的平衡状态，即土地系统的韧性。在韧性范围内，土地可以维持生产，保护环境质量，促进土地资源与人类社会的健康发展，同时维持系统的自我恢复能力。从土地健康视角看，当受到外界冲击后土地系统仍具有自我恢复韧性，则表明土地系统是健康的。但是，如果外界冲击超过了系统的自我恢复韧性，意味着外界干扰超越了土地承载力，就会导致土地退化，从而危及土地健康，不利于土地资源的可持续利用。

2. 底线二：不损害生态系统服务功能

无论何种土地利用方式，都会直接或间接地参与到土地生态系统的物质交换和能量流动的循环运转过程中。从生态系统服务功能视角看，土地能够为生物栖息、植物生长、动物繁衍、环境净化与修复、物质与能量循环、景观生态变迁记载等提供重要的支撑和基底。人类活动对土地系统的干扰，有效促进了经济社会的快速发展，同时也导致了相关生态系统服务功能的损害和退化，如生物多样性的退化、环境生态功能的消减等，这表明人类扰动超越了土地承载力。由于生物多样性退化、生态环境破坏等对土地生态系统造成无法估计的损失，这也必将会导致土地生态系统发展的不可持续性。

3. 顶板一：不超越最大土地资源消耗量

所谓不超越最大土地资源消耗量，就是要实现土地资源的优化配置。一方面，就土地利用而言，土地具有多用途性，主要包括耕地、园地、林地、草地、城乡建设用地、交通运输用地、水利设施用地等。不同的土地用途必然会产生不同的效益，从而满足当今人类社会日益增长的物质及文化需求。因此，土地利用所面向的目标也具有复合多样性，如经济发展、粮食安全、生态环境保护、社会稳定安全、生物能源价值等。可持续土地利用的核心本质在于对不同土地用途进行一般均衡分析，试图找出一套最优或者满意的配置方案。例如，如果将粮食安全和经济发展同时作为生产目标，一般将粮食安全摆在更加重要的位置上，在耕地保护限制和经济发展压力的双重推动下，必然会导致边际用地被占用。这种配置模式中，边际用地被不断投入效用更高的用途中，超出了土地承载力的极限，会造成土地资源的破坏。

4. 顶板二：不超越最大废弃物排泄率

土地天然具有净化和修复的功能，可以通过扩散、分解、沉淀、吸附等途径对废弃物进行一定程度的消解。然而，当废弃物的数量或强度超越土地的净化消解能力，必然会造成土地生态功能的退化或丧失。此外，废弃物往往具有累积效应，一旦集中起来将形成巨大的负担，不容忽视。至于最大废弃物的排泄率，指的是人类生产生活的废弃物排泄数量或强度，相比于土地的净化修复能力而言的临界阈值。从这一角度出发，人类活动规模和强度的设定，也应该同时预先控制在这一顶板之下。

根据以上分析，需要构建更加复杂综合的模型，以综合考虑一系列相互关联的数据，同时也更加适用于现实情境。通过相关文献的分析发现，一般而言，现有的承载力模型往往包含了相似的基本原理。大多数的研究认为，承载力分析是通过所需的输入（input）或相应的输出（output）来定义人口的限制。这些输入和输出是由文化、技术、经济或物质条件决定的，它们构成土地承载力的基本决定因素。从本质上讲，土地属性属于输入端或供应端的限制因素，而环境影响则代表输出端的承载力障碍。种群或人口数处在这两者之间，这也构成了土地承载力的基本模型。该模型基本要素包括资源、影响、人口、局部性边界、全球性边界。而现有的土地承载力模型或方法往往侧重于其中一个或几个要素。全球性边界（Global Boundary）构成了人类承载能力的最外层边界和极限。但也有学者认为，应该采取局部性地方或区域边界作为研究对象，以界定人口承载的极限（Graymore, et al., 2010；Peters et al., 2007；Summers, 2004）。针对不同的土地承载力研究情景，其资源输入影响输出有可能发生在全球性边界内，也有可能发生在局部性地方区域边界内。在概念拓展的背景下，对于土地承载力评价方法，大体上可以从社会手段、环境手段、系统手段三大类分别推进（Wei et al.，2015）。

第四节　土地环境容量和生态足迹

一、土地环境容量

（一）土地环境容量的基本概念

“环境容量”一词源于日本（夏青，1981），其英文表述为“Environmental Capacity”（Borsuk，et al.，2002；IMO/FAO/UNESCO/WMO/WHO/IAEA/UN/UNEP Joint Group of Experts on the Scientific Aspects of Marine Pollution & World Health Organization，1986）。从广义上讲，环境容量包含了：①水、土地、大气等环境对各类活动的承载能力；②环境对水、土地、大气等体量的容纳能力；③水、土地、大气等环境的纳污能力。从狭义上讲，环境容量指的则是在保持水、土地、大气等功能用途的前提下，在一定环境目标下，环境对排放其中的污染物所具有的容纳能力，是满足环境标准的最大允许污染负荷量（张永良，1992）。在一般意义上，环境容量可以概括为：一个环境单元在满足环境目标的前提下，所能接受的最大污染物的数量（刘浩东，2020），主要反映了环境自身维持和功能调节的能力。

土地环境容量是指土地在一定时间内，能够容纳或负荷特定污染物质的能力，通常指土地所容许承纳的污染物质的最大数量或负荷量。更确切地说，它是一定土地单元在一定时限内遵循环境质量标准，既维持土地生态系统的正常结构与功能，保证农产品的生物学产量与质量，保障栖息地生物的生命健康，又不使环境系统污染超过土地所能容纳污染物的最大负荷量。不同土地的环境容量是不同的，同一土地对不同污染物的容量也是不同的，这涉及土地的净化能力。土地环境容量最大允许极限值减去背景值（或本底值），得到的是土地环境的静容量；考虑土地的自净作用与缓冲性能，即土地环境的静容量加上这部分土地的净化量，称为土地的全部环境容量或土地环境的动容量。土地环境容量具体包括：①土地环境吸附容量。它是指土地对污染物质进行吸附和固定的能力，主要依赖于土地的氧化还原性质、有机质含量和矿物组成等因素。吸附容量可以通过测定土地的物理和化学性质来评估，一般以土地的吸附等温线和吸附量等指标来表示。②土地环境迁移容量。它是指土地对污染物质进行迁移和传播的能力。污染物质在土地中可以通过水分运动、气体扩散和微生物活动等途径迁移，迁移容量主要受土地孔隙结构、水分滞留特性和土地通透性等因素的影响。迁移容量可以使用土地透水系数、加权潜能和分配系数等指标来表示，以评估土地对污染物质的迁移性能。③土地环境转化容量。它是指土地对污染物质进行生物、化学和物理转化的能力。土地中的微生物、根系和其他活性成分可以对污染物质进行降解、转化和吸附等，转化容量主要受土壤有机质含量、土地微生物丰度和土地湿度等因素的影响。转化容量可以通过测定土地的微生物活性、酶活性和降解速率等指标来评估。如果说土地承载力主要是针对土地提供食物与人口的关系的，那么土地环境容量则主要是针对土地禀赋与环境污染物的关系的。其实，与其说人类关注的是土地环境容量，不如说人类更关注的是土地环境容量的剩余部分（Unused Portion of the Environmental Capacity）。假设将土地环境容量想象成一个木桶，木桶所能容纳的水量是有限的。如果人类活动排放污染物强度和规模超过了土地的环境容纳量，也就意味着注水量超过了木桶固有的盛水量。其中土地环境容量剩余部分的比例，就类似于木桶中剩余的盛水量。因此，也可以将土地环境容量理解为土地对污染物的承载力。

土地环境容量的研究，主要缘起于可持续发展思想。早期，马尔萨斯等人提出的“环境限制思想”（Pearce et al.，1990），被认为是可持续发展概念的前身。而 Kidd（1992）所强调的承载力概念，被用来描绘人与自然的关系，认为地球的承载力决定了增长的极限，并最终衍生出可持续发展的意识。无论是环境限制思想还是承载力概念，都与可持续发展概念颇为相似，均强调“当前的使用不应造成长期的损害”。20 世纪 60—70 年代开始，越来越多的人开始关注环境保护。国际自然保护联盟（IUCN）在 1980 年首次尝试将环境和发展整合到保护领域。1987 年世界环境与发展委员会（WCED）发表了《我们共同的未来》报告。该报告首次阐述了可持续发展的概念：既满足当代人的需求，又不损害后代人满足其自身需求的能力。WCED 对可持续发展的定义是一个重要的转折点，在全球范围内引发了激烈的辩论。1992 年举行的联合国环境与发展大会（又称“里约会议”），对可持续发展而言又是一次重要突破，产生了《21 世纪议程》《里约环境与发展宣言》《联合国气候变化框架公约》及《保护生物多样性公约》等一系列重要成果，促进世界各地研究人员更加深入全面地思考可持续发展问题。对于可持续发展的形式，Williams et al.（2004）指出，在人类需求与地球环境供给能力之间，往往存在着不匹配的情况，即环境悖论。土地环境容量与可持续发展存在理念上的一致性，都是关注人类需求与地球环境供给之间的矛盾和不匹配。因此，可持续发展理念也就成了土地环境容量的重要目标和原则，也就是要在平衡人类需求发展和环境供给能力基础上，提出土地环境容量的量化标准和核心理念。

（二）土地环境容量的计算分析

对于环境容量研究的目的在于对排放进入环境的污染物等进行总量控制，以此实现对土地等环境的治理与保护。具体的思路是计算出土地环境容量之后，结合计算结果对现状污染物等排放进行重新的优化配置。下文以土壤重金属环境容量为例，阐述土地环境容量的估算和预测模型（侯凤兰，2019）。

1. 土地重金属环境容量估算与评价

土地环境容量指的是在一定土地环境单元中，一定时间内所容许吸纳的污染物等的最大数量。以土地重金属为例，土地环境的纳污能力往往是与污染物的允许排放量相关联的，其研究结果将为土地环境的治理与管控提供支撑。土地重金属环境容量估算的模型如下：

$$W_i = M \cdot (C_i - C_p) \times 10^{-6} \qquad (6-54)$$

$$W_b = M \cdot (C_i - C_b) \times 10^{-6} \tag{6-55}$$

$$W_y = W_b - W_i \tag{6-56}$$

式中：W_i 为第 i 种重金属的现存环境容量；W_b 为第 i 种重金属的总环境容量；W_y 为第 i 种重金属的已用环境容量；M 为单位面积表层土地的重量；C_i 为第 i 种重金属的土地风险基准值；C_b 为第 i 种重金属在土地中的背景值；C_p 为第 i 种重金属在土地中的实测浓度。

土地综合环境容量是衡量土地污染程度的重要工具，上述估算模型所得到的是土地中单一重金属元素的环境容量，无法全面反映土地的综合环境容量，因此，引入了相对环境容量的概念，计算公式如下：

$$P_i = W_i / W_b \tag{6-57}$$

$$I = \frac{1}{n} \sum_{i=1}^{n} P_i \tag{6-58}$$

式中：P_i 为第 i 种重金属的相对环境容量；I 为土地重金属环境容量的综合指数；n 为重金属的种类。具体的评价标准见表 6-2。

表 6-2　土地重金属环境容量评价标准表

等级	综合指数	容量水平
高容量	$I>1$	容量很大，基本未受到污染
中容量	$0.7<I\leqslant 1$	容量较大，受到轻度污染
低容量	$0.3<I\leqslant 0.7$	容量较小，受到中度污染
警戒	$0<I\leqslant 0.3$	容量很小，受到严重污染
超载	$I\leqslant 0$	无容量，污染超过了风险基准值

（据侯凤兰，2019，有改动）

2. 土地重金属环境容量预测模型

土地环境容量往往具有时空动态性特征，因此，其量值也并非一个固定不变的静态值，而是随着时间的推移而不断发生变化。对于土地重金属而言，当其进入土体后，其含量通常会随着时间的推移、污染物输入水平、植物吸收、地表径流及下渗等因素影响而处于一个动态的变化过程，因此土地对污染物的环境容纳量是一个变动的量值。假设每年输入的重金属污染物均为 P，则当 $t=0$ 时，重金属的输入量为 P，该值由土地污染物累积量等于风险临界容量时求得；当 $t=1$ 时，重金属的输入量变为 $P\times K$（K 为残留率，$0<K<1$），同时又有 P 的输入，于是利用递推关系公式可预测得到 t 年后重金属在土地中的环境容量值，具体计算公式如下（侯凤兰，2019）：

$$W(t) = W(0) + \frac{P(1-K^{t+1})}{1-K} \tag{6-59}$$

式中：$W(t)$ 为 t 年后土地重金属环境容量值（千克/公顷）；$W(0)$ 为重金属的环境容量现状值（千克/公顷）；K 为残留率，表示经过 1 年利用后，某重金属元素在土地中的含量与上一年土地中含量及当年输入量之和的比率。相关研究表明，重金属在土地中不易被自然淋溶，迁移残留率一般在 90%左右，故在此可取 $K=0.9$。

二、土地生态足迹

（一）土地生态足迹的缘起变迁

伴随着经济的飞速发展和人口的剧增，人类对资源的消耗速度越来越快，在很长一段时间里，经济增长是以掠夺大量的自然资源，甚至是破坏土地生态环境为代价的。美国德内拉·梅多斯等人合著的经典著作《增长的极限》中指出，人类生态足迹的影响已经过大，而生态系统的自我修复能力已经滞后，若继续维持现有的增长速度，人类经济与人口增长只需百年或更短时间就将达到极限（梅多斯等，1972）。不仅是陆地空间，对于海洋空间的开发利用情况，也有学者通过研究发现，人类目前已经开发了超过全球35%的大陆架区域（Pauly et al.，1995）。自然资源的大量消耗，在保证了全球经济快速增长的同时，也使地球环境发生了重大的变化，为人类社会带来了很多负面影响，有些甚至是灾难性的（Barnosky et al.，2012；Scheffer et al.，2009）。这导致了从全新世（Holocene）到人类世（Anthropocene）的过渡（Crutzen，2002；Steffen et al.，2011）。

Overby（1985）指出：无论科技水平如何，人类生存发展都离不开自然界所提供的生态产品和服务。而随着人口的不断增加和人均自然资源消耗的增长，人类对于生态产品和服务的需求越来越大。William E. Rees 提出了“个人小行星”（Personal Planetoid）的概念，认为要支持一个人日常生活所需的生态产品与服务，其实质就是人均生态足迹。进而，提出了生态足迹的概念，即可以将人类活动对生态环境的影响，折算成相应的生态生产性土地面积，并且将之与区域范围内可提供的生态生产性土地面积进行比较，从而判断一个区域内的生态盈亏情况，以此可以评价当前人类对土地资源的消费利用状况（Rees，1992）。随后，William E. Rees 与其博士生 Mathis Wackernagel 一起，进一步完善了生态足迹的概念，逐步发展形成了生态足迹模型（Wackernagel et al.，1996，1997a）。该模型有效地把人类活动与自然环境之间的相互作用定量化。人类社会作为生物圈的子系统，人类活动也必然会在生物圈中展开，并且会反过来对生物圈产生影响。至于经济系统，可以理解为生态系统的一个次级系统，要维系经济系统的有序状态，就要不断从生态系统中摄取低熵物质，释放高熵物质（Ayres，1998）。也就是说，经济增长是以增加生态系统的无序性为代价的，随着生态系统熵值的增加，生态系统会逐步转化为无序状态。可见，经济系统对生态系统的影响是非常关键的，而当前各地以经济发展为主导的制度普遍忽略了这一重要关系。

传统上对于人类社会发展的研究，往往忽略了人类活动对生态环境的影响，多采用的是经济学的视角，即以货币的形式来评价经济活动或衡量自然资源利用，但这存在着很多的不足：①自然资源定价难；②货币无法衡量自然资源的存量及再生情况；③货币无法对生态环境的结构和功能进行衡量评价（柳乾坤，2016）。而生态足迹概念的提出，将经济学与生态学联系到一起，正好弥补了上述的不足，可以为衡量人类活动对生态环境的影响提供重要的依据。

（二）土地生态足迹的基本假设

生态足迹分析（Ecological Footprint Analysis，EFA）最初是为了评价人类活动对城市可持续性的影响而引入的（Rees，1992）。它以土地面积为基础，对生物资源的输入和碳排放的输出进行建模，并与城市生态系统的再生和同化能力进行比较，从而判断这种情况是否仍然是可持续的（Rees，1997）。这一概念的提出，在很大程度上提高了公众对环境问题的认识，也唤起了一系列有效的政策行动。一个经济体的生态足迹或适当的承载力代表了维持这个经济体所必需的生态能力。总体而言，生态足迹模型是通过测定维持人类生存与发展的自然资源消费量，以及吸纳人类产生的废弃物所需的生态生产性土地面积大小，与给定的一定人口的区域生态承载力（Ecological Capacity）进行比较，评价土地对当前资源消费的承载状况（杨开忠等，2000）。一方面，生态足迹是以生态生产性土地面积来度量一个区域内的资源消费和废物吸纳水平；另一方面，生态足迹以一种规划方法，通过计算个人、国家或地区所消费的全部资源，以及吸纳全部废弃物所需的具有生态生产能力的土地面积。基于此，可以实现将人类对生态环境的关注转化为环境保护的实际行动，从而真正推动可持续发展。针对生态足迹理论的量化分析，Rees 等提出了如下几个基本假设（刘钦普，2007）。

1）人类要想维持生存，必须消耗自然界中各种自然资源产品及服务，而人类可消费的自然资源及其所产生的废弃物的数量是可确定的。对于一个国家来说，每年消费的自然资源及产生的废弃物一般都有具体的机构来统计，特别是在能源、农林产品方面的消耗情况。

2）人类消耗生物资源数量的多少，直接与能够产生这些资源及吸纳废弃物的土地面积有关系。也就是说，人类利用的生物资源以及排放的废弃物的多少，能够折算成用于资源生产和吸收废弃物的生态生产性土地面积。

3）将不同类型的生态生产性土地面积按照其生产力进行折算之后，可以进一步将其统一成相同的单位量纲。这样，每公顷的耕地、草地、林地等，尽管生产的产品或服务不同，生产能力也存在差异，但是都可以折算成世界平均生产力水平下的等值面积，即标准公顷，以便于进行比较和进一步探索研究。

4）各种类型的土地的作用（提供资源或吸纳废弃物）往往是单一性的，且经常存在相互排斥不兼容的情况，通过标准化量化之后，就可以实现相加。每标准公顷代表着等值的生产力，通过加和的结果可以表示人类的需求，即生态足迹。

5）标准公顷也可以用于表示生态承载力的供给。人类需求的总面积（总的生态足迹）可以与环境所能提供的生态承载力或生态容量进行比较，因为两者都采用的是标准化的公顷面积。

6）人类需求的土地面积（生态足迹）可以超过环境可供给的土地面积（生态承载力），但如果出现这类情况，表明需求超过了现有自然资本的再生产能力，超过的部分即为“生态赤字”。对于生态赤字，可以通过两种方法进行消除：一是通过进口，这会导致生态贸易赤字；二是通过过度使用本地资源，这将会导致自然资本的耗竭。

基于上述这 6 点假设，就可以采用生态足迹指标来对资源环境的可持续性进行检验评估。

（三）土地生态足迹的核心概念

为了确保生态足迹模型在实践应用中的可行性和准确性，有必要把握其中的一些核心概念。

1. 生态生产性土地

生态生产性土地一般指的是具有生态性生产能力的陆域空间或水体空间，是生态足迹分析法为人类消费的各类自然资源和能源提供的统一量化基础。生态生产是指生态系统中的生物从外界环境中吸收生命过程所必需的物质和能量，转化为新的物质的过程，从而实现物质和能量的积累。生态足迹分析法用生态生产性土地来代表自然资本，这极大地简化了对自然资本的统计，因为相对于自然资本项目，各类土地之间更容易建立起等量关系，从而方便计算自然资本的总量。全球现有约 112 亿公顷的生态生产性土地，包括耕地、林地、牧草地、渔业用地和建成区等，这些土地集中了地球生物圈绝大部分的可再生资源。根据 Wackernagel et al.（1997b）的研究，一般可以将生态生产性土地划分为如下六大类。

1）耕地（Arable Land）。从生态学角度来说，耕地是这六大类土地中生产力最高的，因为人类赖以生存的食物大多来自耕地，同时也是植物生物量聚集最多的土地类型。根据联合国粮农组织（FAO）的报告数据，几乎所有的优质耕地（约 13.5 亿公顷）都已处于耕种状态。同时，由于严重的退化，每年约有 1000 万公顷的耕地遭到弃耕（Pimentel et al.，2007）。这意味着，从人均视角来看，目前世界人均耕地面积不足 0.25 公顷。

2）牧草地（Pasture）。一般指的是用于放牧及饲养牲畜的土地。目前全球约有 33.5 亿公顷的牧草地（人均约为 0.6 公顷）。相比而言，牧草地的平均生产力远低于耕地，在积累生物量的潜力上也远远不及耕地。对于牧草地，其生态生产力可通过单位面积所能承载的牛羊数、牛奶与肉类产量来计算。此外，牧草地的扩张也是森林面积收缩的主要原因之一。

3）林地（Forest）。指能够生产木材产品的人工林或天然林。当然，如果管理得当，它们也有许多其他功能，如防止侵蚀、气候稳定、维持水循环及保护生物多样性等。据统计，全球约有 34.4 亿公顷林地，而人均只有 0.6 公顷（Wackernagel et al.，1997b）。今天，除了一些残存的人迹罕至的丛林地区外，大多数森林是生态性生产力较低的土地。

4）化石能源用地（Fossil Energy Land）。化石能源用地是应该保留用来吸收二氧化碳的土地（Wackernagel et al.，1997b），或者说是在可持续发展理念下支持当前能源消费所需要的土地面积（刘钦普，2007）。理论上讲，为了保证自然资本总量不减少，人类应该储备一定量的土地来补偿因化石能源消耗而损失的自然资本量。但实际上，当前人类用作吸收二氧化碳的土地面积少得可怜。换句话说，目前人类消费的生物化石能源既未被替代，其废弃物也未得到很好的吸纳。从这个角度看，人类现在是在直接消费自然资本，而不是依赖其"收益"而生存。此外，将用于二氧化碳吸收的生态空间同生物多样性保护和林地分列，但这并不意味着重复计算。为了吸收大量的二氧化碳，需要大量的新生林，因为老年林只能吸收少量的二氧化碳。相比之下，这些"新生林"的生物多样性低于"老年林"。同时，吸收二氧化碳的森林不能用于木材生产，因为这反而会再次释放二氧化碳。当然，这些二氧化碳吸收的生态空间也可以同时提供其他功能，如调节水土和防止水土侵蚀等。目前还没有证据表明哪个国家专门拿出一部分土地用于二氧化碳的吸收。但出于生态经济研究的慎重考虑，在生态足迹的需求方面，有必要考虑二氧化碳吸收所需要的化石能源的土地面积（刘钦普，2007）。

5）建成区（Built-up Area）。指的是各种公共服务、道路交通、水利建设、工业生产等需要占用的土地。目前全球人均建成区面积约为0.03公顷。由于大多数人类的居住区往往也是世界上最肥沃的土地，建成区同时也是导致优质耕地流失的重要原因之一。随着城市化进程的不断加速，大量可用于生产的耕地被建设侵占，转化为建成区。也就是说，建成区的增长意味着土地生物生产能力的降低，造成了全球生态服务能力无法挽回的损失。

6）水域与海洋用地（Water，Sea Area）。水域一般包括海洋、河流、湖泊等。在地球上，海洋大约覆盖了366亿公顷的土地，人均6公顷多。在这6公顷多的海域中，大约有0.5公顷的海域承载着95%的海洋生态产品（Cox et al.，1979）。目前这种海洋生物产量已接近极限。由于人们喜爱的鱼类在食物链中处于较高的位置，从海洋中获得的食物仍然有限。这0.5公顷的土地每年提供大约18千克的鱼，其中只有12千克最终出现在人们的餐桌上，这只保证了人类热量摄入的1.5%。用海洋的面积（而不是很多人直觉上认为的体积）来衡量海洋的生态活动是有意义的，是海洋的表面积决定了它的生产力，因为太阳能的捕获和与大气的气体交换都与预期表面积成正比。

2. 生态承载力与自然资本

生态承载力（Ecological Capacity）也称生物承载力，是指在不损害生态系统生产力，同时又能保证其功能完整的前提下，所能提供的自然资源以及吸纳的废弃物的最大量。传统研究中所采用的生态承载力普遍以人口计量为基础。然而，在现实世界中，贸易、技术进步、地区之间的差异等因素不断地向这个指标发出挑战，所以单从一个方面来衡量生态容量是不准确的。为此，根据Garrett Hardin的思想，同时结合生态足迹理论，可以将一个地区所能提供给人类的生态生产性土地的面积定义为该地区的生态承载力，以表征该地区生态容量。生态容量可以理解为是在一定自然、社会、经济技术条件下，某地区所能提供的生态生产性土地的极大值。

不同于传统的经济学视角，生态经济学认为自然资本（Natural Capital）与传统资本之间存在显著的性质差异，人造资本一般充当的是将自然资源转化为产品流或服务流的媒介（钟方雷等，2008）；而自然资本则与之不同，这是一种特殊的资本，其价值不仅体现在自然资源的经济价值上，还在于其独有的生态价值，以及随着其存量资本的减少所产生的机会成本（蒋萍等，2012）。目前，尽管各方对自然资本的界定不尽相同，但多数生态经济学家普遍认同的是Daly（1996）的观点：自然资本是指能提供产品流或服务流的自然收益和自然资源贮藏，主要包括流量资本和存量资本两部分。其中，流量资本能维持年际可再生资源流及其生态服务的供给，在其不足时，存量资本将作为补充而被消耗（方恺等，2012）。此外，在生态经济学领域有一个共识：维持可持续发展的最低限度是保证自然资本的存量不减少（Costanza et al.，1992；Pearce et al.，1989；Wackernagel et al.，1997b）。

3. 均衡因子

在生态足迹的计算中，由于各类生态生产性土地的生产能力各异，要将这些具有不同生产力的土地面积统一转化为标准面积，并通过加总计算得到生态足迹和生态承载力。在此过程中，需要对计算得到的各类生态生产性土地面积乘以一个均衡因子（Equivalence

Factor)。某类生态生产性土地的均衡因子等于该类土地的平均生态生产力除以全部土地的平均生态生产力。表6-3是Wackernagel等计算分别得到了1993年和2001年各类生态生产性土地的均衡因子（Wackernagel et al.，1997b；Monfreda et al.，2004）。

表6-3　1993年及2001年全球生态生产性土地的均衡因子表

生态生产性土地类型	1993年均衡因子	2001年均衡因子
耕地（全部）	2.8	2.1
基本耕地		2.2
贫瘠耕地		1.8
牧草地	0.5	0.5
林地	1.1	1.4
海域用地	0.5	0.4
建成区	2.8	2.2
水库用地		1.0
化石能源用地	1.1	1.4

（据刘钦普，2007，有修改）

各类生态生产性土地的等量化处理，其目的在于方便国际比较，因为很难准确计算全球各类生态型产量的总平均值，同时产量每年会发生变化。另外，还有一些其他的研究人员或组织机构提出了各自的均衡因子估算值，如表6-4。对比几种不同的均衡因子估算值，可以发现几点共性：①几种地类中耕地的生产力最高，海域用地最低。②建设用地由于多为农转用而来，故其生产力数值与耕地相同。③可用于吸纳二氧化碳的化石能源用地均为林地。

表6-4　几种典型的生态生产性土地均衡因子估算值表

生态生产性土地类型	Nicky et al.（2001）	WWF（2000）	WWF（2002）	EU（2002）
耕地	2.83	3.16	2.11	3.33
牧草地	0.44	0.39	0.47	0.37
林地	1.17	1.78	1.35	1.66
建设用地	2.83	3.16	2.11	3.33
海域用地	0.06	0.06	0.38	0.06
化石能源用地	1.17	1.78	1.35	1.66

（据刘钦普，2007）

4. 产量因子

即便是相同类型的生态生产性土地，其潜在生产力也会在不同国家或地区之间存在差异，需要进行适当的调整，才能进行国家或区域之间的横向比较。具体方法是将该生态生产性土地的面积乘以产量因子（Yield Factor）。至于产量因子，指的是某一国家或地区的某一类生态生产性土地的产量与该类土地全球平均产量之比。也就是说，对于各个国家或地区而言，都有其独有的一套产量因子标准，而且每年都会发生变化。产量因子在很大程度上能够有效反映一个国家或地区可再生资源的潜在生产力以及常规的技术管理措施。即对于一个国家或地区而言，其产出依赖于当地的土壤肥沃程度和种植技术水平，能够反映出一个国家或地区的平均水平。对于地区差异很大的一些国家或地区，在进行精确分析时，应该对每个国家或地区设定符合本地情况的产量因子。

（四）土地生态足迹的计算方法

常见的几种生态足迹计算方法，包括综合法、成分法、投入产出法、能值法等。尽管这些方法在原理上存在区别，但其计算都普遍遵循如下 5 个步骤。

1. 计算各主要消费项目的人均年消费量

（1）划分消费项目

生态足迹计算中的人类消费主要由两部分组成：一是生物资源的消费；二是能源的消费。生物资源消费部分包括农产品、动物产品、林产品、水果和木材等；能源消费通常包括煤、焦炭、燃料油、煤油、汽油、柴油和电力等。

（2）计算区域第 i 项年消费量

在计算上述两种消费时，必须考虑贸易调整部分，公式如下：

$$\text{年消费总量} = \text{产出} + \text{进口} - \text{出口} \tag{6-60}$$

（3）计算第 i 项人均年消费量值

$$C_i = \frac{\text{年消费总量}}{\text{人口数}} = \frac{(P_i + I_i - E_i)}{N} \tag{6-61}$$

式中：i 为消费项目的类型；C_i 为第 i 项消费项目的人均消费量；P_i 为第 i 项消费项目的年生产量；I_i 为第 i 项消费项目的年进口量；E_i 为第 i 项消费项目的年出口量；N 为人口数。

2. 计算生态生产性土地面积

$$A_i = \frac{C_i}{Y_i} = \frac{(P_i + I_i - E_i)}{(N \cdot Y_i)} \tag{6-62}$$

式中：A_i 为第 i 项消费项目折算成人均占有的生态生产性土地面积（公顷/人）；Y_i 为生态生产性土地生产第 i 项消费项目的全球年平均产量（千克/公顷）。

在计算能源消费项目的生态足迹时，将这些能源消费转化为化石能源用地面积。两者之间可以通过一定的换算因子进行折算。例如，Wackernagel 等确定的煤、石油、天然气和水电的全球平均土地产出率分别为 550 亿焦/(公顷·年)、710 亿焦/(公顷·年)、930 亿焦/(公顷·年)、10000 亿焦/(公顷·年)。据此，可以将能源消费所消耗的热量折算成一定的化石能源土地面积（张志强等，2000）。

3. 计算生态足迹

（1）汇总计算 A_j

汇总生产各种消费项目人均占有的各类生态生产性土地，即生态足迹组分 A_j（$j=1, 2, \cdots, 6$）：

$$A_j = \sum A_i \tag{6-63}$$

（2）计算均衡因子 r_j

$$r_j = \frac{\text{第}j\text{类土地的平均生态生产力}}{\text{各类生态生产性土地的平均生产力}} \tag{6-64}$$

（3）计算土地等价量 EF_j

计算人均占有的各类生态生产性土地的等价量，即可比的各类生态生产性土地面积 EF_j：

$$EF_j = A_j \times r_j \tag{6-65}$$

（4）计算各类人均生态足迹的综合 EF

$$EF = \sum EF_j \tag{6-66}$$

4. 计算区域生态承载力（生态容量）

（1）计算研究区域各类生态生产性土地的面积 a_j

（2）计算产量因子 y_i

$$y_j = \frac{\text{一个国家(或地区) 第}j\text{类土地的平均产量}}{\text{全球同类土地平均产量}} \tag{6-67}$$

（3）计算各类人均生态容量 EC_j

计算区域能提供的可比的（等价的）生态生产性土地面积：

$$EC_j = \text{某类人均生态生产性土地的面积} \times \text{均衡因子} \times \text{产量因子} \tag{6-68}$$

$$EC_j = a_j \times r_j \times y_j \tag{6-69}$$

（4）计算总的人均生态容量 EC

$$EC = \sum EC_j \tag{6-70}$$

5. 计算生态赤字（盈余）

$$\text{生态赤字(盈余)} = \text{生态足迹} - \text{生态容量} \tag{6-71}$$

$$ED = EF - EC \tag{6-72}$$

如果 ED 为正值，则为生态赤字，否则为生态盈余。

参考文献

编辑部，2023. 湿地国际呼吁国际社会制定全球湿地保护和恢复目标［J］. 中国林业产业（6）：62.

世界环境与发展委员会，1997. 我们共同的未来［M］. 长春：吉林人民出版社.

毕宝德，柴强，李玲，等，2005. 土地经济学［M］. 北京：中国人民大学出版社.

蔡运龙，2000. 自然资源学原理［M］. 北京：科学出版社.

陈冬冬，高旺盛，陈源泉，2006. 生态足迹分析方法研究进展［J］. 应用生态学报，17（10）：1983-1988.

丁成日，2007. 城市空间规划［M］. 北京：高等教育出版社.

方恺，2015. 生态足迹深度和广度：构建三维模型的新指标［J］. 生态学报，33（1）：267-274.

方恺，Reinout H，2012. 自然资本核算的生态足迹三维模型研究进展［J］. 地理科学进展，31（12）：8.

封志明，1994. 土地承载力研究的过去、现在与未来［J］. 中国土地科学（3）：1-9.

郭晓娜，陈睿山，李强，等，2019. 土地退化过程、机制与影响：以土地退化与恢复专题评估报告为基础［J］. 生态学报，39（17）：6567-6575.

韩乾，2013. 土地资源环境经济学［M］. 台北：五南图书出版股份有限公司.
侯凤兰，2019. 青格达湖水体-沉积物-沿岸土壤系统重金属污染及环境容量研究［D］. 乌鲁木齐：新疆大学.
蒋萍，刘渊，2012. 可持续范式与可持续发展测度［J］. 江西财经大学学报（1）：11-17.
李广军，顾晓薇，王青，等，2005. 沈阳市高校生态足迹和生态效率研究［J］. 资源科学，27（6）：140-145.
李双成，谢爱丽，吕春艳，等，2018. 土地生态系统服务研究进展及趋势展望［J］. 中国土地科学，32（12）：82-89.
刘浩东，2020. 延河典型污染河段水环境容量研究［D］. 西安：西北大学.
刘钦普，2007. 基于生态足迹改进模型的江苏省耕地利用可持续性研究［D］. 南京：南京师范大学.
刘夏，王毅勇，范雅秋，2015. 气候变化情景下湿地净初级生产力风险评价［J］. 中国环境科学，35（12）：3762-3770.
刘耀林，郝弘睿，谢婉婷，等，2019. 基于生态系统服务价值的土地利用空间优化［J］. 地理与地理信息科学，35（1）：80-88.
柳乾坤，2016. 基于改进三维生态足迹模型的土地承载力指数研究［D］. 杭州：浙江大学.
梅成瑞，1988. 土地人口承载量研究中的几个问题［J］. 自然资源学报（1）：86-94.
梅多斯 德内拉，兰德斯 乔根，梅多斯 丹尼斯，1972. 增长的极限［M］. 北京：机械工业出版社.
牛文元，1981. 农业自然条件分析［M］. 北京：农业出版社.
裴铁璠，于系民，金昌杰，等，2001. 生态动力学［M］. 北京：科学出版社.
邱道持，2005. 土地资源学［M］. 重庆：西南师范大学出版社.
申元村，1990. 土地人口承载能力研究理论与方法探讨［J］. 自然资源（1）：21-26.
谭文垦，石忆邵，孙莉，2008. 关于城市综合承载能力若干理论问题的认识［J］. 中国人口·资源与环境，18（1）：40-44.
王莺，夏文韬，梁天刚，2010. 陆地生态系统净初级生产力的时空动态模拟研究进展［J］. 草业科学（2）：77-88.
吴次芳，叶艳妹，1995. 土地科学导论［M］. 北京：中国建材工业出版社.
夏青，1981. 水环境容量［J］. 环境保护科学（4）：21-29.
项文化，黄志宏，闫文德，等，2006. 森林生态系统碳氮循环功能耦合研究综述［J］. 生态学报，26（7）：2365-2372.
谢高地，鲁春霞，冷允法，等，2003. 青藏高原生态资产的价值评估［J］. 自然资源学报，18（2）：189-196.
谢高地，甄霖，鲁春霞，等，2008. 一个基于专家知识的生态系统服务价值化方法［J］. 自然资源学报，23（5）：911-919.
谢高地，张彩霞，张雷明，等，2015. 基于单位面积价值当量因子的生态系统服务价值化方法改进［J］. 自然资源学报，30（8）：1243-1254.
徐琳瑜，杨志峰，李巍，2005. 城市生态系统承载力理论与评价方法［J］. 生态学报，25（4）：771-777.
杨开忠，杨咏，陈洁，2000. 生态足迹分析理论与方法［J］. 地球科学进展（6）：630-636.
伊格诺托夫斯基，2023. 地球生命笔记［M］. 栗河冰，译. 南宁：接力出版社.
张红，2007. 国内外资源环境承载力研究述评［J］. 理论学刊（10）：80-83.
张茂鑫，吴次芳，李光宇，等，2020. 资源环境承载力评价的再认识：资源节约集约利用的视角［J］. 中国土地科学，34（8）：98-106.
张永良，1992. 水环境容量基本概念的发展［J］. 环境科学研究，5（3）：59-61.
张志强，徐中民，程国栋，2000. 生态足迹的概念及计算模型［J］. 生态经济（10）：3.
赵淑芹，王殿茹，2006. 我国主要城市辖区土地综合承载指数及评价［J］. 中国国土资源经济，19

(12): 24-27.
赵鑫，刘平，曾灿，2007. 小城镇不同空间发展模式的土地承载指数分析 [J]. 安徽农业科学，35 (22): 6837-6840, 6976.
钟方雷，徐中民，张志强，2008. 生态经济学与传统经济学差异辨析 [J]. 地球科学进展 (4): 401-407.
钟兴菊，龙少波，2016. 环境影响的 IPAT 模型再认识 [J]. 中国人口·资源与环境，26 (3): 61-68.
周诚，1996. 土地价值简论 [J]. 中国土地科学 (10): 1-4.
朱道林，2023. 土地经济学论纲 [M]. 北京：商务印书馆.
朱文泉，陈云浩，徐丹，等，2005. 陆地植被净初级生产力计算模型研究进展 [J]. 生态学杂志 (3): 296-300.
EU, 2002. EU ecological footprint [R]. Brussels: STOA, European Union.
FAO, 1978. Report on the agro-ecological zones project Vol. 1: methodology and results for Africa [R]. Rome: FAO.
IGBP, 1998. The terrestrial carbon cycle: implications for Kyoto Protocol [J]. Science (280): 1393-1394.
IMO, FAO, UNESCO, WMO, WHO, IAEA, UN, UNEP Joint Group of Experts on the Scientific Aspects of Marine Pollution & World Health Organization, 1986. Environmental capacity : an approach to marine pollution prevention [R]. Rome: FAO.
MEA (Millennium Ecosystem Assessment), 2005. Ecosystems and human well-being: biodiversity synthesis [R]. Washington, D. C. : World Resources Institute.
Study of Critical Environmental Problems (SCEP) , 1970. Man's impact on the global environment: assessment and recommendations for action [M]. Cambridge: MIT Press.
UNCCD (United Nations Convention to Combat Desertification) , 2015. Sustainable financing for forest and landscape restoration [R]. Rome: UNCCD.
UNESCO, FAO, 1985. Carrying capacity assessment with a pilot study of Kenya: a resource accounting methodology for exploring national options for sustainable development [R]. Paris : UNESCO; Rome: FAO.
WWF, 2000. Living planet report 2000 [R]. Gland, Switzerland: World Wild Fund for Nature.
Allan W, 1965. The African husbandman [M]. [S. l.]: Lit Verlag.
Anton C, Young J, Harrison P A, et al. , 2010. Research needs for incorporating the ecosystem service approach into EU biodiversity conservation policy [J]. Biodiversity and Conservation, 19 (10): 2979-2994.
Arrow K, Bolin B, Gostanza R. et al. , 1995. Economic growth, carrying capacity, and the environment [J]. Science, 268 (5210): 520-521.
Ayres R U, 1998. Eco-thermodynamics: economics and the second law [J]. Ecological Economics, 26 (2): 189-209.
Barlowe R, 1986. Land resource economics: the economics of real estate [M]. 4th ed. New Jersey: Prentice-Hall.
Barnosky A D , Hadly E A , Bascompte J, et al. , 2012. Approaching a state shift in earth's biosphere [J]. Nature, 486 (7401): 52-58.
Borsuk M E , Stow C A, Reckhow K H, 2002. Predicting the frequency of water quality standard violations: a probabilistic approach for TMDL development [J]. Environmental Science & Technology, 36 (10): 2109-2115.
Box E, 1975. Quantitative evaluation of global primary productivity models generated by computers [C] // Lieth H, Whittaker R H. Primary productivity of the biosphere. New York: Springer-Verlag: 305-328.
Boyd J, Banzhaf S, 2007. What are ecosystem services? the need for standardized environmental accounting units [J]. Ecological Economics, 63 (2-3): 616-626.

Burkhard B, de Groot R, Costanza R, et al., 2012. Solutions for sustaining natural capital and ecosystem services [J]. Ecological Indicators, 21: 1-6.

Charney J G, 2010. Dynamics of deserts and drought in the Sahel [J]. Quarterly Journal of the Royal Meteorological Society, 101 (428): 193-202.

Clements F E, 1920. Plant indicators: the relation of plant communities to process and practice [M]. Washington, D. C.: Carnegie Institution of Washington.

Cohen J E, 1996. How many people can the earth support [M]. New York: W. W. Norton & Company.

Costanza R, Daly H E, 1992. Natural capital and sustainable development [J]. Conservation Biology, 6 (1): 37-46.

Costanza R, et al., 1997. The value of the world's ecosystem services and natural capital [J]. Nature (387): 253-260.

Cowling R M, Egoh B, Knight A T, et al., 2008. An operational model for mainstreaming ecosystem services for implementation [J]. Proceedings of the National Academy of Sciences-PNAS, 105 (28): 9483-9488.

Cox G, Atkinswrited M, 1979. Agricultural ecology: an analysis of world food production systems [M]. [S. l.]: W. H. Freeman.

Crutzen P J, 2002. Geology of mankind [J]. Nature, 415 (6867): 23.

Daily G C, Ehrlich P R, 1992. Population, sustainability, and Earth's carrying capacity [J]. Bioscience, 42 (10): 761-771.

Daily G C, Ehrlich P R, 1996. Socioeconomic equity, sustainability, and Earth's carrying capacity [J]. Ecological Applications, 6 (4): 991-1001.

Daly H E, 1996. Beyond growth: the economics of sustainable development [M]. Boston: Beacon Press: 25-76.

Davidson N C, 2014. How much wetland has the world lost? long-term and recent trends in global wetland area [J]. Marine and Freshwater Research, 65 (10): 934-941.

Ehrlich P R, Ehrlich A H, 1992. The value of biodiversity [J]. AMBIO, 21 (3): 219-226.

Ehrlich R L, Scott A E, Steele M S, et al., 2004. Final report of the development capacity task force [R]. [S. l.]: Maryland Department of Planning.

Fang C L, Liu H M, Li G D, 2016. International progress and evaluation on interactive coupling effects between urbanization and the eco-environment [J]. Journal of Geographical Sciences, 26 (8): 1081-1116.

Fang K, Heijungs R, 2015. Rethinking the relationship between footprints and LCA [J]. Environmental Science & Technology, 49 (1): 10-11.

Fang K, Zhang Q, Yu H, et al., 2018. Sustainability of the use of natural capital in a city: measuring the size and depth of urban ecological and water footprints [J]. Science of the Total Environment, 631-632: 476-484.

Fearnside P M, 1986. Human carrying capacity of the brazilian rainforest [M]. New York: Columbia University Press.

Fearnside P M, 1997. Human carrying capacity estimation in Brazilian amazonis as a basis for sustainable development [J]. Environmental Conservation, 24 (3): 271-282.

Feng W, Zhan J, Shi C, et al., 2014. An extended input-output table for environmental and resources accounting [J]. Chinese Journal of Population, Resources and Environment, 12 (1): 33-41.

Fisher B, Tuner R K, Morling P, 2009. Defining and classifying ecosystem services for decision making [J]. Ecological Economics, 68 (3): 643-653.

Gibbs H K, Salmon J M, 2015. Mapping the world's degraded lands [J]. Applied Geography, 57: 12-21.

Graymore M L M, Sipe N G, Rickson R E, 2010. Sustaining human carrying capacity: a tool for regional sustainability assessment [J]. Ecological Economics, 69 (3): 459-468.

Hardin G, 1986. Cultural carrying capacity: a biological approach to human problems [J]. Bioscience, 36

(9): 599-604.
Hardin G, 1991. Paramount positions in ecological economics, in ecological economics [M]. New York: Columbia University Press.
Holdren J P, Ehrlich P R, 1974. Human population and the global environment [J]. American Scientist, 62: 282-292.
House P W, Williams E R, 1975. The carrying capacity of a nation: growth and the quality of life [M]. Lexington: Lexington Book.
Imhoff M L, Lawrence W T, Elvidge C D, et al., 1997. Using nighttime DMSP/OLS images of city lights to estimate the impact of urban land use on soil resources in the United States [J]. Remote Sensing of Environment, 59 (1): 105-117.
Imhoff M L, Tucker C J, Lawrence W T, et al., 2000. The use of multisource satellite and geospatial data to study the effect of urbanization on primary productivity in the United States [J]. Geoscience and Remote Sensing, IEEE Transactions on, 38 (6): 2549-2556.
Kaduk J, Heimann M, 1996. A prognostic phenology scheme for global terrestrial carbon cycle models [J]. Clim. Res. (6): 1-19.
Kergoat L, 1999. A model for hydrologic equilibrium of leaf area index on a global scale [J]. J. Hydro., 212-213: 267-286.
Kidd C V, 1992. The evolution of sustainability [J]. Journal of Agricultural & Environmental Ethics, 5 (1): 1-26.
Kindu M, Schneider T, Teketay D, et al., 2016. Changes of ecosystem service values in response to land use/land cover dynamics in Munessa-Shashemene landscape of the Ethiopian highlands [J]. Science of the Total Environment, 547: 137 147.
Knaap G J, 2009. Toward model statutes for the land use element: an assessment of current requirements and practices, in modernizing state planning statutes [R]. Chicago: American Planning Assocication.
Kroll F, Müller F, Haase D, et al., 2012. Rural-urban gradient analysis of ecosystem services supply and demand dynamics [J]. Land Use Policy, 29 (3): 521-535.
Lane M, 2014. The development of a carrying capacity assessment model for the Australian socioenvironmental context [D]. Brisbane: Queensland University of Technology.
Le Q B, Nkonya E, Mirzabaev A, 2016. Biomass productivity - based mapping of global land degradation hotspots//Nkonya E, Mirzabaev A, von Braun J. Economics of land degradation and improvement: a global assessment for sustainable development. Cham: Springer: 55-84.
Lieth H, Wittaker R H, 1975. Modeling the primary production of the world [C] // Lieth H, Whittaker R H. Primary productivity of the biosphere. New York: Springer-Verlag: 237-263.
Liu J, Chen J M, Cihlar J, et al., 1997. A process-based boreal ecosystem productivity simulator using remote sensing inputs [J]. Remote Sensing of Environment (62): 158-175.
Lomborg B, 2001. The sceptical environmentalist: measuring the real state of the world [M]. Cambridge: Cambridge University Press.
Malthus T R, 1959. Population: the first essay [M]. Michigan: University of Michigan Press.
Mauerhofer V, 2008. 3-D sustainability: an approach for priority setting in situation of conflicting interests towards a Sustainable Development [J]. Ecological Economics, 64 (3): 496-506.
Mauerhofer V, 2013. Social capital, social capacity and social carrying capacity: perspectives for the social basics within environmental sustainability [J]. Futures (53): 63-73.
McGuire A D, Melillo J M, Kicklighter D W, et al., 1995. Equilibrium responses of soil carbon to climate change: empirical and process-based estimates [J]. J. Biogeogr., 22 (4/5): 785-796.

McGuire A D, Melillo J M, Kicklighter D W, et al. , 1997. Equilibrium responses of global net primary production and carbon storage to doubled atmospheric carbon dioxide [J]. Global Biogeochem. Cyc. , 11 (2): 173-189.

Mclaren C, 1997. Dry sheep equivalents for comparing different classes of livestock [J]. Agriculture Notes, 1997: 1-4.

Meadows D H , Meadows D L , Randers J, et al. , 1972. The limits of growth: a report for the club of Rome's project on the predicament of mankind [M]. London: Pan.

Meadows D H, Meadows D L, Randers J, 1992. Beyond the limits: global collapse or a sustainable future [M]. London : Earthscan Publications.

Meadows D H, Randers J. Meadows D L, 2004. Limits to growth: the 30-year update [M]. Vermont: Chelsea Green Publishing.

Melillo J M, McGuire A D, Kicklighter D W, et al. , 1993. Global climate change and terrestrial net primary production [J]. Nature (363): 234-240.

Miller M, 1992. Has the United States exceeded its carrying capacity [J] Wild Earth (18): 81.

Millington R, Gifford R, 1973. Energy and how we live [M]. [S. l.]: Australian UNESCO Seminar Committee for Man and Biosphere.

Monfreda C , Wackernagel M, Deumling D, 2004. Establishing national natural capital accounts based on detailed ecological footprint and biological capacity assessments [J]. Land Use Policy, 21 (3): 231-246.

Montanarella L, Scholes R, Brainich A, 2018. The IPBES assessment report on land degradation and restoration [R]. Bonn: Secretariat of the Intergovernmental Science-Policy Platform on Biodiversity and Ecosystem Services.

Nicky C , Craig S, Mathis W, 2001. Sharing nature's interest: ecological footprints as an indicator of sustainability [M]. London: Earthscan Publications Ltd.

Oh K , Jeong Y , Lee D , et al. , 2004. Determining development density using the urban carrying capacity assessment system [J]. Landscape and Urban Planning, 73 (1): 1-15.

Onish T, 1994. A capacity approach for sustainable urban development: an empirical study [J]. Regional Studies, 28 (1): 39-51.

Overby R, 1985. The urban economic environmental challenge: improvement of human welfare by building and managing urban ecosystems [C] //The POLMET 85 Urban Environment Conference. Washington, D. C. : The World Bank.

Park R F, Burgess E W, 1982. Potential population supporting capacities of lands in the developing world [R]. Rome: FAO.

Parton W J, Scurlock J M O, Ojima D S, et al. , 1993. Observations and modeling of biomass and soil organic matter dynamics for the grassland biome worldwide [J]. Global Biogeochem. Cyc. (7): 785-890.

Paul M, Erik L, 2005. Land as a production factor [C] // Paper to be Presented at 45th Congress of the European Regional Science Association. Amsterdam: 45th Congress of the European Regional Science Association: 23-27.

Pauly D, Christensen V, 1995. Primary production required to sustain global fisheries [J]. Nature, 374 (6519): 255-257.

Pearce D W , Markandya A, Barbier E B, 1989. Blueprint for a green economy: a report for the UK Department of the Environment [R]. London: London Environmental Economics Centre, UK.

Pearce D W, Turner R K, 1990. Economics of natural resources and the environment [M]. Baltimore: JHU Press.

Peters C J , Wilkins J L, Fick G W, 2007. Testing a complete-diet model for estimating the land resource requirements of food consumption and agricultural carrying capacity: The New York State example [J]. Renewable Agriculture and Food Systems, 22 (2): 145-153.

Pimentel D, Pimentel M H, 2007. Food, energy, and society [M]. Boca Raton: CRC Press.

Potter C S, Randerson J, Field C B, et al., 1993. Terrestrial ecosystem production: a process model based on global satellite and surface data [J]. Global Biogeochemical Cycle (7): 811-841.

Prince S D, Goward S N, 1995. Global primary production: a remote sensing approach [J]. Journal of Biogeography (22): 815-835.

Rees W E, 1992. Ecological footprints and appropriated carrying capacity: what urban economics leaves out [J]. Environment and Urbanization, 4 (2): 121-130.

Rees W E, 1997. Urban ecosystems: the human dimension [J]. Urban Ecosystems, 1 (1): 63-75.

Rees W E, 2003. Ecological footprints: a blot on the land [J]. Nature, 421 (6926): 898.

Running S W, Nemani R R, Peterson D L, et al., 1989. Mapping regional forest evapotraspiration and photosynthesis by coupling satellite data with ecosystem simulation [J]. Ecology (70): 1090-1101.

Running S W, Hunt E R, 1993. Generalization of a forest ecosystem process model for other biomes, BIOME-BGC, and an application for globa-l scale models [C] // Ehleringer J R. Scaling physiological processes: leaf to globe. San Diego: Academic Press: 141-158.

Sayre N F, 2008. The genesis, history, and limits of carrying capacity [J]. Annals of the Association of American Geographers, 98 (1): 120-134.

Scheffer M, Bascompte J, Brock W A, et al., 2009. Early-warning signals for critical transitions [J]. Nature, 461 (7260): 53-59.

Simmons C, Lewis K, Barrett J, 2000. Two feet-two approaches: a component-based model of ecological footprinting [J]. Ecological Economics, 32: 375-380.

Steffen W, Persson Å, Deutsch L, et al., 2011. The Anthropocene: from global change to planetary stewardship [J]. AMBIO, 40 (7): 739.

Strazzela E, Atzori R, Meleddu D, et al., 2021. Assessment of renaturation measures for improvements in ecosystem services and flood risk mitigation [J]. Journal of Environmental Management, 292: 112743.

Summers P, 2004. Population carrying capacity in Noosa Shire [M]. Tewantin: Noosa Shire Council.

Uchijima Z, Seino H, 1985. Agroclimatic evaluation of net primary productivity of natural vegetations (1) Chikugo model for evaluation net primary productivity [J]. Journal of Agricultural Meteorology, 40: 343-352.

Veroustraete F, 1994. On the use of ecosystem modeling for the interpretation of climate change effects at the ecosystem level [J]. Ecological Modelling (75): 221-237.

Veroustraete F, Patyn J, Myneni R B, 1994. Forcing of a simple ecosystem model with FAPAR and climatic data to estimate regional scale photosynthetic assimilation [C] // Vegetation, modelling and climate change effects. The Hague, Netherlands: Academic Publishing: 151-177.

Veroustraete F, Sabbe H, Eerman E, 2002. Estimation of carbon mass fluxes over Europe using the C-FIX model and Euroflux data [J]. Remote Sensing of Environment (83): 376-399.

Vitousek P M, Ehrlich P R, Ehrlich R H, et al., 1986. Human appropriation of the products of photosynthesis [J]. Bio. Science (36): 368-373.

Wackernagel M, Rees W E, 1996. Our ecological footprint: reducing human impact on the earth [M]. Gabriola Island: New Society Publishers.

Wackernagel M, Rees W E, 1997a. Perceptual and structural barriers to investing in natural capital: economics from an ecological footprint perspective [J]. Ecological Economics, 20 (1): 3-24.

Wackernagel M, Onisto L, Callejas L A, et al., 1997b. Ecological footprints of nations: how much nature do they use? how much nature do they have [R]. Xalapa: Universidad Anahuac de Xalapa, Centro de Estudios para la Sustentabilidad.

Wackernagel M, Monfreda C, Schulz C, et al., 2004. Calculating national and global ecological footprint time series: resolving conceptual challenges [J]. Land Use Policy, 21: 271-278.

Waddell P, 2002. UrbanSim: modeling urban development for land use, transportation and environmental planning [J]. Journal of the American Planning Association, 68 (3): 297-314.

Warnant P, Francois L, Strivay D, et al., 1994. CARAIB: a global model of terrestrial biological productivity [J]. Global Biogeochem. Cyc. (8): 255-270.

Wei Y, Huang C, Lam P T I, et al., 2015. Sustainable urban development: a review on urban carrying capacity assessment [J]. Habitat International, 46: 64-71.

Weinhold D, 1999. Estimating the loss of agricultural productivity in the Amazon [J]. Ecological Economics, 31 (1): 63-76.

Westman W E, 1977. How much are nature's service worth [J]. Science, 197: 960-964.

Whittaker R H, Likens G E, 1975. The biosphere of man [M]. New York: Springer-Verlag.

Williams C, Millington A, 2004. The diverse and contested meanings of sustainable development [J]. Geographical Journal, 170 (2): 99-104.

Wittaker R H, Lidens C E, 1975. The bilsphere and man [C] // Lieth H. Primary productivity of the biosphere. New York: Springer-Verlag: 55-115.

第七章　土地资源

第一节　土地资源与人和环境

一、土地资源与人和环境的整体逻辑

（一）资源、环境和生态的内涵界定

资源的“资”是指“有用”或“有价值”的东西，如生产资料和生活资料；“源”是指“来源”，尤其是指“资财的来源”。通常认为，资源与生产要素（Factors of Production）同义，是指使用于生产过程的任何原动力（agent）。经济学认为资源无外乎3种：自然资源、资本资源和人力资源，或者说土地、资本和劳动，通常称为基本生产要素，其中资本包括资金、房屋、机器设备、基础设施等。由于所有的自然和人类活动，都以土地为基础，所以很难把自然与土地分开，在很大程度上可以认为，土地就是自然，自然就是土地。威廉·配第的名言“劳动是财富之父，土地是财富之母”，这里的土地既指自然资源。一些学科对资源做狭义的理解，仅指自然资源。

对于自然资源，学术界和有关组织的理解并不一致。①《辞海》对自然资源的定义是：“一般天然存在的自然物（不包括人类加工制造的原材料），如土地资源、矿藏资源、水利资源、生物资源、海洋资源等，是生产的原料来源和布局场所。”该定义强调自然资源的天然性，也指出了空间（场所）是自然资源。②联合国在1970年的一份文件中指出：“人在其自然环境中发现的各种成分，只要它能以任何方式为人类提供福利，都属于自然资源。从广义来说，自然资源包括全球范围内的一切要素。”1972年联合国环境规划署指出：“所谓自然资源，是指在一定的时间条件下，能够产生经济价值以提高人类当前和未来福利的自然环境因素的总称。”可见，联合国的定义强调自然资源的福利本质。③《大英百科全书》对自然资源的定义是：“人类可以利用的自然生成物，以及形成这些成分的源泉的环境功能。前者如土地、水、大气、岩石、矿物、生物及其群集的森林、草场、矿藏、陆地、海洋等；后者如太阳能、环境的地球物理机能（气象、海洋现象、水文地理现象）、环境的生态学机能（植物的光合作用、生物的食物链、微生物的腐蚀分解作用等）、地球化学循环机能（地热现象、化石燃料、非金属矿物的生成作用等）。”该定义明确指出环境功能也是自然资源。所有这些定义在表述上各有侧重，但都把自然资源看作是天然生成物，而把人类劳动的结果排斥在外。事实上，整个地球都或多或少地带有人类活动的印迹，地球已经进入“人类世”，不包括人类劳动结果的纯自然生

成物，几乎已经不存在。土地资源、水资源、森林资源等，都凝结了人类劳动的成果。因此，现代自然资源的概念，应该是指人类能够从自然界获取以满足其需要和欲望的任何天然生成物及其作用于其上的人类活动结果（蔡运龙，2000）。

环境是影响地球机体生命和生长的全部外界条件的总和，既包括大气、水、土壤、植物、动物、微生物等自然环境因素，也包括制度、行为准则等社会环境因素。狭义上的环境，是相对于某项中心事物而言的周围情况，通常指自然环境（黎祖交，2013）。在环境学领域，中心事物是指人类，环境是以人类为主体的，与人类生存繁衍密切相关的外部世界，是相对于人类这个主体而言的一切自然环境要素的总和。所谓自然环境，只要不是人为的（artificial）一切生物和非生物的自然事物，都在它的涵盖范围之内（Johnson et al，1997）。自然资源和自然环境的差别，主要是观测的视角不同。从满足人类需要数量、效率和稀缺性的角度看，大气、水、土壤是人类赖以生存的自然资源；但从质量、退化和健康影响的角度看，就变成了大气环境、水环境和土壤环境。自然资源和有价值的自然环境，是硬币的正反两面，属于同一个硬币。在研究自然资源的开发利用时，必须充分考虑其代表环境的孪生效应。资源利用的合理与否，会深刻改变环境质量。

生态，其产生最早是从研究生物个体开始的，通常是指生物在一定自然环境下生存和发展的状态，也指生物的生理特性和生活习性。随着研究的深入，从生态走向生态学，后者是研究生物与环境之间相互关系的科学。其中，生物包括动物、植物、微生物及人类本身，由生物个体、种群或几个群落所组成，包括生产者、消费者和分解者三大功能类群，即不同的生物系统；环境是指生命以外的部分，由影响有机体的所有物质和能量所组成，包括太阳辐射、无机物质、有机物质、土壤以及大气、水、光、温度等。简言之，生态学也可以称为环境生物学（Environmental Biology）。生态系统，是指在自然界的一定地域空间内，生物与环境构成的统一整体。根据环境特性可以将生态系统划分为海洋生态系统、森林生态系统、草原生态系统、淡水生态系统等。在没有巨大自然灾难和强烈人为干预的前提下，地球上的生物与环境之间是处于平衡状态的，小的干扰会通过负反馈机制得到纠正。生态系统是一个开放系统，为维护其自身的平衡，生态系统需要不断输入能量，否则就有崩溃的危险。生态系统的范围可大可小，相互交错。太阳系是一个生态系统，地球是一个生态系统，农田也是一个生态系统，太阳辐射会源源不断地给这些生态系统输入能量。

资源、环境和生态是个三位一体的“三棱镜”。它们从不同侧面，描述和表征自然-人类综合体这个“棱镜”的不同性质。资源关注数量、枯竭和节约，环境关注质量、退化和保护，生态关注平衡、破坏和恢复。“节约优先、保护优先、自然恢复”的方针，正体现了资源、环境和生态三者关注需求的差异（黎兵等，2021）。在自然资源开发利用的人类活动过程中，需要关注对环境和生态的影响，将资源开发与环境影响评价和生态平衡恢复纳入一个整体框架进行系统设计。

（二）土地资源与人和环境的整体性

资源和环境的主体都是人，因此人是影响资源和环境最重要的因素。人类对土地资源的需求是引致性需求，也就是说，人类需要土地资源是因为土地资源能够生产人类所需要的食物、衣物、原料、房屋以及拥有土地所获得的满足感。除了人口数量之外，人口的结构、人口的空间分布、人口的价值观、人口的教育水平、人口的科技能力、人口的性质变化等因素，也会影响对土地资源的需求。在各种资源中，土地是最重要也是最根基性的资源。因为土地资源本身不但是一种资源，其他资源也由它而生。由于人口数量增加和性质变动，不仅引致对土地资源的需求变动，也会对环境构成威胁。诸如森林破坏、水资源短缺、土壤污染、水土流失、失去生物多样性、产生温室效应等。这种威胁会直接影响各类生态系统之间的互动和结构功能，这些功能包括基因库的孕育、水文的循环、防洪与给水区的保护、内陆及沿海鱼类的养护、气候的稳定以及人类生活与休闲游憩的需要。环境的破坏和退化，诸如水污染、土地退化、地球生态系统服务功能下降等，会进一步加剧土地资源危机。可见，土地资源-人-环境是一个不可分割的整体，需要纳入一个系统进行综合考量。

应该深刻认识到：①土地资源是一个动态的概念。在狩猎采集社会里，土地与水、阳光、空气一样，并不被看作是资源。随着人口的增加和灌溉技术的使用，土地即成为资源。当人类生活水平较低时，能生产食物的土地才称之为资源。当生活水平提高以后，人们就把土地上的风景、历史文化遗迹、特别民俗风情等审美性要素也当作了资源。新疆的戈壁大漠，20 多年前还没有人认为是土地资源。进入 21 世纪，当社会从生存性需求转向品质性需求时，戈壁大漠就成为可满足人们旅游观光需要的重要土地资源。也就是说，土地资源是随着人口性质及其对环境品质的需求而不断改变的，它们是相互关联的动态系统。②技术在解决土地资源短缺问题时是有负作用的。更加机械化、集约化和现代化的土地资源利用，诸如大量施用化肥和农药等，显著地提高了土地资源的食物产出量和人均拥有量，却导致了一片又一片农田污染，消灭了一个又一个水生物种，破坏了一群又一群的微生物区系，压碎了一簇又一簇的土壤团粒结构。在城市，技术的进步是发展摩天大楼，集聚更多的人口和产业，结果导致人满为患、物满为患。为了解决这些城市病，似乎只能再次依靠技术进步。于是，建设大量高速路网、楼顶直升机场、地下运输系统，快速解决人流和物流问题，使得建筑物更高、人口更密集、产业更集聚，因此似乎解决了土地资源短缺问题。然而所有这些城市，都面临光污染、噪声污染、水污染、社会服务不足、贫富差距拉大、人际关系淡漠、精神负担加重、焦虑抑郁人口增加，使人们的生活质量下降。从经济学角度看，虽然新技术可以使平均单位经济活动所造成的环境伤害减少，但是因为经济扩张所带来的总体环境伤害仍然会增加。换句话说，土地资源短缺问题，并不是依靠人类技术进步就可以完全解决的，还是需要充分考虑土地资源-人口-环境的内在整体平衡。

二、土地资源稀缺性本质及其分类

（一）土地资源稀缺性本质

土地之所以成为资源，源于土地的稀缺性。所有土地资源的稀缺性，是指土地资源在特定时空内所拥有的数量，不能满足人们欲望的一种状态。它反映人类欲望的无限性与土地资源的有限性之间的矛盾，表明土地资源存在一个极限。但是土地资源的稀缺性问题，不仅仅是土地面积极限所造成的，土地资源的不合理利用、不适当管理、人口增长过快、认知偏差、经济社会结构不适应等因素，也是形成土地资源稀缺性的主要原因。对土地资源稀缺性的本质，需要从全球和区域两个尺度上进行认识。

1. 全球性土地资源稀缺的本质

根据联合国粮农组织数据，世界耕地面积总量为 13.98 亿公顷，2020—2021 年度世界谷物产量 27.40 亿吨，世界谷物消费量 27.44 亿吨，全球粮食供需总体平衡，世界有能力生产出足够的食物养活所有人，土地资源似乎并没有表现出稀缺性。但是，全球仍有超过 15 亿人无法负担能满足必需营养需求的食物，超过 30 亿人无法负担哪怕是最低价的健康膳食。这些表明土地资源的稀缺性问题突出。这种稀缺性的本质主要源于以下三大成因：①耕地资源的区域分布和生产能力很不平衡。全世界耕地资源的区域分布很不平衡，生产能力相差也很大。如果按人均耕地水平进行统计，耕地资源区域分布的不均衡特征更加明显。比如，欧洲与北美洲的耕地面积之和，约占世界耕地面积的近 40%；而两洲人口之和，则不超过世界总人口的 20%。就国家来看，发达国家人均耕地占有水平普遍高于发展中国家。澳大利亚、美国、加拿大等发达国家人均耕地占有水平均居世界前列，英国、法国等欧洲国家人均耕地占有水平也居世界平均水平之上。中国、印度等发展中大国人均耕地占有水平则远低于世界平均水平。这种不均衡性，影响耕地、淡水资源之间及其与各种生产要素之间的组合和配置，制约耕地粮食增产潜力的释放和发挥。②不合理的国际经济秩序和地缘政治加大了土地资源的稀缺性。美国、加拿大等耕地资源丰富的发达国家，通过各种补贴政策和信贷政策加大对粮食生产的调控，诱导一些不发达国家放弃粮食生产，进一步加剧各国之间耕地生产的不平等现象，使世界饥饿人口数不断增加。当面临疫情和战争的突发情形时，一些发展中国家根本无力负担健康丧失的费用，从而加剧全球供应量的矛盾，进一步影响了耕地资源的稀缺性。总之，在不合理的国际经济秩序下，耕地资源丰富的美国、加拿大等国家，保护耕地没有特别的紧迫性；而在一些耕地资源短缺的欠发达国家，又无力去保护耕地，这就使得耕地保护的难度有增无减，从而使土地资源表现出稀缺性。例如，世界银行数据库 2022 年 11 月 21 日的更新数据，在 2021 年的疫情期间，消费者食品价格上涨，世界各地无力负担健康丧失的人数增加了 1.12 亿，从而使无力负担健康丧失的人口总数接近 31 亿。③耕地质量退化需要在很长时间内进行大量投入才能得到一定治理。由于土地质量具有不可逆性，其改良需要长时间的大量投入。而且耕地质量退化更多地发生在气候干旱和经济欠发达的国家和地区，自然系统和人类系统的叠加效应，使得全世界土地退化不但没有减少，反而有加剧的趋势。此外，土地退化也对减缓和适应气候变化造成不利影响。另据报道，大约世界 1/3 的耕地，表土侵蚀速度快于新土形成速度，大片土地将无法进行作物生产，加剧了土地资源的稀缺性。

2. 区域性土地资源稀缺的本质

区域性土地资源稀缺除了受全球性土地资源稀缺的影响以外，其本质主要受以下 4 个方面因素的影响。

1）土地资源分布与经济发展差异错位造成的土地资源稀缺。中国土地资源的显著特点是区域分布很不平衡，90%以上的耕地、林地和水域分布在东南部的湿润和半湿润地区，其余10%的耕地、林地和水域分布于全国其他67.8%的地区；长江、珠江、浙江、福建、台湾及西南诸河流域的水量占全国总水量的82.3%，而这些地区的耕地仅占全国耕地的36.0%；黄河、淮河及其他北方诸河流域水量约占全国总水量的17.0%，而耕地却占全国的63.7%。人口密度在东、中、西部分布也有显著差异：东部地区为480（人/千米^2），中部地区为184（人/千米^2），西部地区为57（人/千米^2）。经济发展水平的地区分布更是很不均衡，东部地区（包括北京、天津、上海、山东、辽宁、浙江、江苏、福建、海南、广东、河北）11个省（市）占全国GDP的64%，西部地区（包括甘肃、广西、贵州、内蒙古、宁夏、青海、山西、四川、西藏、新疆、云南、重庆）12个省（区、市）仅占全国GDP的18%。不同区域的文化基因也有很大差异，例如根植于商业基因的东部沿海文化和发育于官场基因的北方文化，直接影响价值取向和办事效率。这种资源禀赋、人口分布、经济发展水平和文化基因等方面的区域差异，导致了对土地政策的诉求和适应性的地区差异。

2）粗放利用方式形成的土地资源稀缺。土地粗放利用方式是加剧土地资源稀缺性的重要诱因。因此，改变土地粗放利用方式，推进土地节约集约利用是缓解土地稀缺性的有效途径。土地资源节约集约利用，是指在不影响国家经济社会发展、不降低人类健康水平和不带来生态环境损害的前提下，通过节省土地资源的耗费、增加生产要素的投入、整合区域内外资源、优化空间结构等措施，使土地资源利用效率达到一个合理水平，以满足更多人消费的行为。土地资源节约集约利用包括生产、生活和生态3个方面的总和效益最大化，要求在各项土地资源开发行为中按照经济技术要求节省土地资源的消耗，在土地资源利用中必须提高投入和产出的强度，提高土地资源利用的集约化程度，以满足社会发展、经济建设和生态文明的可持续性。人口的增长和日益增加的经济活动导致了区域土地资源不断稀缺。个人财富的不断增长和提高，建立在损耗土地资源环境生产要素的基础之上。因此，必须按照经济学生产要素的作用机理和收益的变动规律来建构土地资源节约集约利用的基本逻辑。当考虑土地资源利用的集约度与土地资源环境承载力的关系时，重要的是区别土地集约利用和土地粗放利用、土地利用的集约边际和粗放边际。土地资源利用中的集约边际是集约度的最高限度，土地资源利用的粗放边际可以看成是集约度的最低限度。第三次全国国土调查耕地面积为12786.19万公顷（191792.79万亩），如果将其中的10亿亩建成高标准农田，适度提高复种指数，加大抛荒治理力度，亩均粮食可提高100千克，总产量可增加1000亿千克，相当于2023年全国粮食总产量6954亿千克的1/7。可见，集约利用土地是缓解耕地稀缺性的有效途径。

3）环境问题导致的土地资源稀缺。环境问题导致的土地资源稀缺主要表现为两个方面：一是由自然因素引起的环境问题，主要包括气候变化、极端气候、病虫害、地质灾害等加剧了土地资源稀缺。二是人类不合理利用和管理土地所造成的土地资源稀缺。如城市化过程中过度占用优质耕地，将会降低耕地生产能力，加剧耕地资源稀缺。高强度的土地开发利用，使土地利用率和土地更新能力两者之间不能达到平衡，则其稀缺性加剧不可避免。

4）制度和文化引起的土地资源稀缺。土地制度、土地政策、土地治理结构对土地保护效果、土地资源配置效率、土地利用绩效、城市增长管理、土地质量退化、地力保持、土地开发规模、土地供需平衡等都有显著影响，从而直接或间接地影响土地资源稀缺。例如，国家政策鼓励对土地沙漠化、水土流失、土地污染的治理，鼓励藏粮于地和藏粮于技，都会缓解土地资源稀缺。文化、传统和习俗等社会基础范畴，也会影响对土地的保护、占用和利用效率，从而影响土地资源稀缺。如在中国的草根文化里，人们挣钱和存钱是为了“买房子和娶媳妇”，而且把拥有房子看作是身份和财富的象征。国家虽然不是很发达，但住房自有率是全世界最高的，2023 年城镇居民家庭的住房拥有率为 96%，美国只有 70%，德国只有 40%。一些富起来的农民，除了在农村有住房，还在城里买住房，存在着显著的“两栖”占地现象。据统计估算，全国“两栖”占地总面积超过 20000 平方千米。如此，必然会加大土地资源稀缺。

（二）土地资源分类及优先级

世界各国按照土地利用形态对土地资源的分类方法很多。土地经济学家巴洛将土地资源分为住宅用地、工业与商业用地、谷类作物用地、牧草地、林地、矿产用地、游憩用地、交通运输用地、设施用地、贫瘠荒地（Barlowe，1986）。中国台湾地区将土地资源分为建筑用地、直接生产用地、交通水利用地与其他土地。如果从国土空间规划、资源环境保护和土地政策的角度看，美国宾夕法尼亚大学景观建筑系教授麦克哈格（Ian McHarg）的土地资源分类，更有利于协调开发和保护的矛盾。他将土地资源区分为自然使用、生产使用与城市使用 3 类。

1）自然使用土地。主要指国家公园、自然保护区、自然公园、种质资源保护地、生态功能保护地、社区保护地等自然保护地类型。据 2021 年联合国环境规划署与国际自然保护联盟共同发布的《保护地球报告》，全球有记录的自然保护地和保留地中，陆地和内陆水域生态系统占地达 2250 万平方千米，沿海水域和海洋达 2810 万平方千米。全球有 65.5%的陆地和海洋生物多样性关键区，部分或全部已被划定为自然保护地和保留地。根据世界保护地数据库（WDPA）的最新统计，截至 2018 年 5 月，美国共有各类保护地 34075 个，其中，陆地保护地 123.3 万平方千米，占陆地总面积的 12.99%；海洋保护地面积 352.6 万平方千米，占海洋总面积的 41.05%（IUCN，2018）。欧盟 27 个成员国总领土面积的 17%已经被纳入自然保护地类型，超过 1000 种动植物和 200 多个栖息地受到欧盟 Natura2000 自然保护地网络的保护。截至 2020 年底，中国有国家公园、自然保护区与自然公园三大类自然保护地，总数量（不含港、澳、台）超过 10000 个，总面积占陆地面积的 18%以上。

2）生产使用土地。主要指农业、林业、渔业、牧业等使用的土地。据 2022 年世界银行数据库数据，全球 1.2 亿平方千米的土地上，用于种植作物的耕地占 10.8%，森林用地占 11.0%，草原等用地占 35.0%，合计占 56.8%。据第三次全国国土调查数据，中国耕地 191792.79 万亩、园地面积 30257.33 万亩、林地面积 426188.82 万亩、草地 396795.21 万亩，合计 1045034.15 万亩（696.69 万平方千米），约占陆地面积的 73%左右。人均耕地世界为 2.76 亩、美国为 7.24 亩、加拿大为 15.66 亩、澳大利亚为 18.60 亩、俄罗斯为 12.62 亩、乌克兰为 11.06 亩、中国为 1.35 亩，中国的人均耕地远低于世界平均水平，只有澳大利亚的 7%左右。

3）城市使用土地。主要指城市居民点使用的土地。据2022年世界银行数据库数据，全球居民点和基础设施用地仅占1.2%左右。据第三次全国国土调查数据，城镇村及工矿用地52959.53万亩，其中城市用地7832.78万亩，建制镇用地7693.96万亩，合计城镇使用土地15526.74万亩（10.35万平方千米）。据《世界城市报告2022》，预计在未来50年内，与2020年的城市用地面积相比，低收入国家、中低收入国家和高收入国家的城市用地面积增幅将分布达到141%、44%和34%，中高收入国家的增幅为13%，一些小城市和韩国、日本、俄罗斯等国家的某些大城市，城市土地使用面积将会缩小。

按照上述土地资源分类，土地资源使用的优先级如下：自然使用土地占有第一优先的地位，即使是农业生产也要排除。第二优先的是直接生产用地，包括农业、林业、渔业、牧业等使用，工业生产也在排除之列。第三优先的是城市使用土地，在以上第一、第二优先使用的土地确定划出之后，剩余的土地才能供城市建设使用。换句话说，不适合前两者使用的土地才适合做城市建设使用。这是一个非常重要的土地资源分类原则，不论是在土地资源与环境的研究上，还是在土地资源规划或国土空间规划上，都是一个最基本的概念与原则。按照该土地资源利用的优先级顺序，土地资源保育区域应该包括那些如果开发便会造成严重环境伤害的区域，如具有稀缺性、无可取代、风景游憩、历史文物与优质农地、森林等资源的区域。或者容易遭受天然灾害破坏而需要长期保护的土地资源区域。这些土地，如湿地或水源地等，应该禁止开发或设定极严格的管制条件。土地资源保育区域又可分成三大类：第一类是极度环境生态敏感的区域，如洪水平原、湿地、集水区、海岸、水源地、野生动物栖息地等，这些土地资源需要最严格的管制。第二类是重要资源土地资源区域，如高等级的耕地或森林。第三类属于一般性环境敏感区域，这类土地资源区域如果采用某种较低的保护标准，可以被适度开发利用（韩乾，2013）。

第二节 土地资源调查和评价

一、土地资源调查

（一）土地资源调查的目的

1）为土地资源开发利用和管理提供基础数据。要合理开发利用土地首先必须查清土地资源的数量、质量和空间分布。如果土地资源“家底”不清，耕地面积不实，土地研究就缺乏准确的统计数据。无论是土地利用、土地整治、土地保育和土地管理，都必须以土地资源的基本家底为依据。

2）是土地评价和土地利用规划的基础和前提。土地资源调查—土地评价—土地利用规划是一个完整的串联序列，后者必须以前者为基础和前提。如果土地资源家底不清，则无法对土地的适宜性、限制性、生产潜力、质量等级进行科学评价。土地利用规划是以土地资源合理利用为核心，如果没有土地资源调查和土地评价提供的基础图件和属性数据，规划是无法提供土地资源配置方案的。

3）是国情国力调查的重要手段和内容。土地资源调查是重要的国情国力调查内容。第二次全国土地调查和第三次全国国土调查，都是一项重大的国情国力调查。其目的是全面查清全国土地利用状况，掌握真实的土地数据，建立和完善土地资源调查、统计和登记制度，满足国家经济社会发展和宏观决策的需要。

4）是制订国民经济和社会发展各项规划的重要依据。掌握真实准确的土地数据，是促进经济社会全面协调可持续发展的客观要求，也是推进城乡统筹发展、保障国家粮食安全和促进社会稳定的重要内容，更是编制国民经济和社会发展各项规划、加强国民经济宏观调控、实施科学规划的重要依据。

（二）土地资源调查的内容

土地资源调查是指运用土地资源学的知识，借助有关的科学方法和手段查清各类土地资源的类型、数量、质量、利用方式、空间分布和历史演变规律及其生产潜力、适宜性、限制性、土地利用特点、权属关系和管理状况的综合性实践活动。它包括土地条件调查、土地类型调查、土地利用现状调查、地籍区域土地资源综合调查、专项土地资源调查等，其目的是为土地资源合理利用和科学管理提供基础数据和决策依据。

1）土地条件调查。土地条件调查是指对地貌、水文、地质、土壤、气象、生物等自然条件以及对土地的地理位置、投入产出关系等社会经济条件的调查，为土地经济评价、土地适宜性评价等提供基础数据。

2）土地类型调查。土地类型调查是指运用常规调查方法，结合遥感影像解释，揭示一个地区土地类型的生成环境、发生机制、分异规律以及各个土地类型的数量、特征、分布和演替规律。它是在土地条件调查的基础上，以综合研究和划分土地类型为目的的土地资源调查。

3）土地利用现状调查。土地利用现状调查是指以土地用途和土地利用方式为对象的土地资源调查。根据《第三次全国国土调查技术规程》，它以县为基本单位，调查的主要内容包括：①土地利用现状与分布状况。主要查清耕地、园地、林地、草地、商服用地、工矿仓储用地、住宅用地、公共管理与公共服务用地、特殊用地、交通运输用地、水域及水利设施用地、其他土地等现状与分布。②境界与土地权属限界。将城镇国有建设用地范围外已完成的集体土地所有权确权登记和国有土地使用权登记成果落实在土地调查成果上，对发生变化的开展补充调查。③专项用地调查与评价。主要包括耕地细化调查、批准未建设的建设用地调查、耕地质量等级调查评价和耕地分等定级调查评价等。④土地利用数据库建设。包括建立国家、省、市、县 4 级土地调查及专项数据库，建立各级土地调查数据与专项调查数据分析与共享服务平台。⑤成果汇总。主要包括数据汇总、成果分析及数据成果制作与图件编制等工作。

4）区域土地资源综合调查。区域土地资源综合调查的特点是对特定区域土地资源的要素类型现状、开发潜力等进行多学科的综合调查，形成系列图件和综合成果。

5）专项土地资源调查。专项土地资源调查是指具有特殊目的、特殊要求和特殊项目的土地资源专业调查。如为更详细和更准确地查清各种利用类型耕地的数量、质量和分布而进行的耕地资源调查；为发展旅游业所进行的风景和旅游用地资源调查；为土地开发和耕地占补平衡而进行的耕地后备资源调查等。这些调查比一般的土地资源调查更有针对性，技术要求也更详细。如风景旅游用地资源调查，不仅要调查景点位置和分布面积，还要调查景点的特色、交通的方便程度、潜在的旅游价值、周围的生态环境等。其调查比例尺通常会更大，分类和记载的内容也会更详细。

（三）土地资源调查的方法

土地资源调查的主要成果是各种专题图件，如土地利用现状图、土地类型图、各土地资源要素图等。由于比例尺的不同，所要求的精度不同，因而在土地资源调查中采用的方法不同。一般的1∶1万、1∶2.5万、1∶5万，甚至1∶10万比例尺土地资源专题图主要采用航空遥感和多光谱高分辨率卫星遥感方法；小于1∶10万的比例尺土地资源专题图则目前已采用卫星遥感的方法；而大于1∶1万的超大比例尺土地资源调查虽然也有用航测的方法施测的，但更多的却是用经纬仪测图法、平板仪测图法或数字测绘法施测。

第三次全国国土调查（简称“三调”）相比第二次全国土地调查（简称“二调”），其技术方法与手段、调查精度与质量控制、工作程序与组织模式等都进行了优化。一是国家统一制作优于1米分辨率的数字正射影像图，统一开展图斑比对工作，为地方直接提供底图数据和资料。二是“三调”采用城乡一体化调查技术路线，既有利于保持调查工作的整体性，也有利于调查成果的管理应用。三是“三调”将采用基于“互联网+”的核查技术方法，各地在实地调查时可利用全国统一核查举证平台系统，拍摄带有定位、方向的实地照片，国家同时根据举证资料开展在线核查审核，确保成果质量。四是“三调”的调查比例尺由“二调”的1∶1万 提高到了1∶5000，调查精度有了较大提高。同时，为便于调查成果管理和应用，“三调”将线状地物全部以图斑化方式表达。五是“三调”在调查精度上，农村土地利用现状调查采用优于1米分辨率覆盖全国的遥感影像资料，城镇内部土地利用现状调查采用优于0.2米分辨率的航空遥感影像资料。六是“三调”在最小上图图斑面积上，建设用地和设施农用地实地面积200平方米；农用地（不含设施农用地）实地面积400平方米；其他地类实地面积600平方米，荒漠地区可适当减低精度，但不应低于1500平方米。七是“三调”在数学基础上，采用2000国家大地坐标系及1985国家高程基准，投影方式采用高斯-克吕格投影。在土地利用现状调查的基础上，采用标注属性和建立系列单独图层等方式，进一步细化和扩充了图斑调查内容。①增加了耕地种植属性及细化调查标注、种植园用地细化标注、草地标注、工业用地细化标注、城镇村及工矿用地标注等内容；②在国土调查数据库中建立了临时用地、批准未建设土地、城镇村等用地、光伏板区、推土区、拆除未尽区、自然保护区等单独图层，以满足自然资源和空间统一管理工作需要（李卓聪，2019）。由此可见，土地资源调查方法是随着科技进步和经济社会发展需要，不断调整和完善的。

二、土地资源评价

（一）土地资源评价的准则

土地资源评价，不能做到像对飞机质量评价那样定量和明确。它是介于自然科学和社会科学的范畴，难免带有一种主体性价值表达的意味，是一种情感和理性的混合。如适宜与否、适宜的等级边界，都带有一定的主观价值判断。因此，评价标准就成为决定评价成果成败的关键要素。建构和选择评价标准，总有价值主体的“我”在内；无论优点或是缺点，总是包含以决定论为前提的预见。所以，需要遵守一些基本准则，而且灵活运用这些准则，才能使评价发挥应该有的效用。否则，可能会因某些个人的价值偏好而产生误导。这些准则主要包括：

1）全面性准则。为了更好地发挥土地资源评价的作用，需要对影响土地资源性能的各种因素进行全面分析。如果需要评价土地资源的适宜性，不能只限于对土地自然属性的认识，还需要引入公众参与，从社会经济可持续发展的目标出发，全面评价土地用途或者土地利用行为对土地生产力安全性、稳定性、经济性和社会可接受性的影响，切实保证当前的土地利用不会对未来的土地利用造成不利的影响。

2）事实性准则。这一准则强调评价要以事实为依据。当然，评价中的事实不同于一般的科学事实，还包括价值事实。后者是一种主体性事实，主要包括主体的生理事实、心理事实、社会组织事实、社会关系事实、社会活动事实等。在土地资源评价的建构过程中，一方面要能充分反映科学事实，诸如反映土地资源物理形态、化学过程和生物变化等，还要能充分反映价值事实，诸如反映社会公平正义、公众幸福感受、生态文明进步等。数据是坚持评价事实性准则的基础和关键。是否能全面、系统、客观和准确地采集到各种数据，是土地资源评价成败的关键。

3）针对性准则。不同的土地利用对土地条件的要求是不相同的。水稻喜湿，玉米和棉花怕渍，排水困难的冲积泛滥平原适宜种植水稻，但对玉米和棉花的适宜性却大大降低。中国幅员辽阔，东、西、南、北、中差异大，全国的统一标准不可能完全反映地域特点，必须根据地区情况，制定更有针对性的地方标准和操作方法。一般说来，针对性越强，实用性就越大。

4）可测度准则。在评价信息识别的过程中，需要将定性和定量相结合，但要以可测度为基本准则。评价指标要尽可能把信息定量化而使其更加清晰和明了，否则更容易夹杂太多的主观成分，其客观性就会受到影响。在信息识别过程中，可测度准则可通过以下两方面予以更好地实现。一是应用现代计算识别评价信息，如农作物生产力指数、载畜量指数、结构指数、强度指数等；二是把评价信息转换成处于 0~1 之间的系统转换指数。只有通过建立可测度的科学评价信息，才能够对土地资源做出合理的评价。

5）扎根性准则。该准则借助了扎根理论的思想精髓。一是认为信息获取要始终坚持“扎根精神”，进入现场进行大量细致的调查研究，体现实证主义的科学性。二是认为要通过寻找信息变量间的因果机制简化信息关系。三是认为要以建构主义方式，通过解释主义的因果关系反映出实证主义的信息客观性。无论采用哪种方法获取信息，都必须扎根社会调查、扎根现场调查、扎根居民调查，才能更准确地辨识信息。

（二）土地资源评价的类型

所谓土地资源评价，就是对土地用于规定目的时的性能进行评定，包括适宜性、限制性、生产潜力及土地利用效益等。由于土地用途多种多样，每种用途对土地的要求都有很大差别，如种植业、畜牧业、林业、城镇、交通、旅游等，每种土地用途还可以继续细分，其结果就是一个庞大的体系。在中国台湾地区，仅仅种植业，就区分为 40 多种，需要分别评定其适宜性。现阶段的土地资源评价大多比较粗线条，很难满足精细化土地利用和管理的需要。例如种植业，水稻、小麦对水分的要求完全不同，放在同一类进行评价，必然影响评价结果的针对性和可用性。在通常情况下，土地资源评价与土地评价为同义语。根据目的不同，土地评价可以分为土地适宜性评价、土地生产潜力评价及土地经济评价等。

1）土地适宜性评价。土地适宜性评价是指对特定土地用途的适宜类型和适宜程度、限制类型和限制程度进行综合评定的过程。它可以分为，当前适宜性评价和潜在适宜性评价。前者是指在不进行大型土地整治的情况下，对土地的适宜类型和适宜程度进行评价；后者是指在完成大型土地整治后，对土地的适宜类型和适宜程度进行评价。具体可以分为两大类：①农用地适宜性评价。主要是指对土地为农作物、牧草、林木正常生长所提供的生态环境条件的综合鉴定。它需要指出某块土地针对这类特定利用方式是否适宜，如果适宜，适宜程度如何，并评定其等级。②建设用地适宜性评价。包括建设用地自然条件适宜性评价、建设用地生产布局适宜性评价、建设用地景观设计适宜性评价等。

2）土地生产潜力评价。土地生产潜力是在正常土地利用和经营管理水平下，土地自然要素相互作用所表现出来的潜在生产力。它主要包括 3 个部分：一是气候潜力。它是指与土地生产过程中有关的气候变化因素的强度、组合及分布，主要包括光合潜力、光温水潜力及其由它们合成的气候潜力。二是土壤潜力。即土体内部影响植物生长的各种要素的组成、强度和拼合形式。三是地形植被等潜力。即地形和植被等因素的组成、结构及组合形式。土地生产潜力评价主要是依据土地的自然性质（如气候、土壤、地形等）及其对土地某种持久能力的限制程度，所进行的潜在生产力的等级划分。土地生产潜力评价不同于土地生产能力评价，后者要综合考虑自然、人口、社会、技术、经济条件等相互作用，随着灌溉条件、耕作施肥技术、保墒保温技术的不同，土地生产能力会有一定差异。实践中的耕地产能评价，就是一种耕地生产能力评价，既考虑潜在土地自然生产力，也考虑农田基础设施、化肥农药等农业生产投入的影响。

3）土地经济评价。它是对一定利用方式下土地利用经济效益的评价，主要以可比的经济效益指标，如单位面积土地产值、产量、净产值、纯收入、成本效果系数、投资回报率、级差收入等，表示其评价结果的过程。根据土地用途和利用方式的不同，土地经济评价可分为以下两种类型。①农用地经济评价。通常用土地经济效果来进行农用地经济评价，表征土地经济效果的指标主要有单位面积土地的产量或产值、单位面积土地的净产值、单位面积土地的纯收入、农用地价格等。②建设用地经济评价。它主要包括两个方面的评价：一是建设项目经济评价，主要是通过财务评价和国民经济评价，为建设项目的科学决策提供经济方面的依据；二是建设用地估价，主要是通过收益还原法、市场比较法、假设开发法、成本逼近法等对建设用地的价值或价格进行估算。

4）土地质量评价。土地质量评价是根据土地特性及一定的土地利用方式选择土地质量，评定土地质量等级，并描述出土地质量满足人们需要程度的过程。选择土地质量，是指根据不同的土地利用方式或针对不同的目标，选用不同的土地质量指标。如农用地质量评价，可选用土壤养分、土层有效厚度、灌排有效性、洪涝灾害状况等；而城市用地质量评价，则可选用交通通达度、基础设施完善度、生态环境优劣度等。土地质量评价与土地适宜性评价，在指标选择等方面有某些相似之处，同一种利用方式的土地质量等级高，其适宜性等级也高。但是，二者的评价目的和观测视角是不同的，土地适宜性评价主要解决土地的适宜性和限制性问题，土地质量评价是土地适宜性评价的基础和依据，也是土地生产潜力评价的先行基础，而且有着更广泛的目的和用途，包括土地质量退化评价、土地工程质量评价、土地景观质量评价、土地生命质量评价等，而所有这些内容都是土地适宜性评价所不涉及的。

5）土地集约利用评价。它是一种评估土地使用效率和经济效益的方法，旨在通过增加土地投入、提高土地使用强度和改善土地利用管理来提升土地的利用效率。广义上，土地集约利用评价可以属于土地经济评价范畴，但土地集约利用评价除去评价土地产出的经济效果，技术集约水平、劳动力集约水平等也属于土地集约利用评价的范畴，空间结构是否优化集约也属于土地集约利用评价范畴。土地集约利用评价与土地经济评价的目的也不相同，前者主要是以土地资源节约集约和环境保护为目标的，后者主要是鉴定经济效果的优劣。土地集约利用评价的常用指标，主要是土地投入强度、土地产出效益、土地使用强度和土地利用结构等。

6）土地可持续利用评价。它是在土地适宜性评价、土地质量评价和土地潜力评价等基础上发展起来的一种新型评价方式，是对土地适宜性评价和土地质量评价在时间方向上的延伸，是一个动态的概念，更关注土地利用对未来自然、生态、经济和社会的影响。1993 年，联合国粮农组织（FAO）在《可持续土地评价纲要》中确定了土地可持续利用评价中的 5 项基本标准，包括土地生产性、土地保护性、土地稳定性及经济可行性和社会可接受性。具体评价指标包括：①自然指标，指气候、地貌、地质、土壤、水文等；②生物指标，指生产性生物、有益性生物和破坏性生物等；③经济指标，指劳动力、资本、知识、效率、生产成本、生产价格、收入、获利性、风险等；④社会指标，指社会公平公正、民主参与、社会激励、财富分配、利用冲突、资源共享、安全性、社会文化磨合等。

此外，还有土地生态评价、土地风险评价、土地安全评价、土地退化评价、土地健康评价、土地污染评价、土地人口承载力评价、土地工程承载力评价等类型。

（三）土地资源评价的方法

土地资源评价的方法一般可分为定性评价方法和定量评价方法。定性评价方法就是经验法。经验法就是有经验的评价工作者根据收集到的土地质量和土地利用要求的数据，依据一定的原则，直接利用自己的经验确定土地的等级。该方法的优点是充分利用了人们积累的经验，具有一定的灵活性；缺点是不同的评价工作者从同一组数据所得出的结论可能不同，只有当评价工作者具有丰富的经验时这种方法才可靠。在实践中土地资源评价更多地采用定量评价方法。土地定量评价方法，是根据土地评价目的，选择相关的土地性质，并根据它们的重要性分别赋予其数值；然后按照一定的数学运算方式将这些数值加以结合，得到总的土地性能指数；最后将这些指数进行适当的划分，并与一定的土地潜力等级、土地适宜性等级或土地质量等级联系起来，对土地资源做出等级评定。土地资源评价的主要方法有：

1）多因子综合评价法。它指根据土地资源评价的目的，综合选取影响土地特性的自然和社会经济因子，然后对各因子进行量化，采用一定的模型对数量化值进行等权或加权计算，最后按照总分值高低来表征土地等级的一种方法。该方法目前在土地资源评价中应用最为广泛。

2）最低限制因子评价法。该方法依据土地限制律，选择多个限制因子作为评价指标，各限制因子按其对土地资源利用的限制程度进行指标分级，即划分为不同级别的定量或定性的评价指标或标准，然后将评价对象各个限制因子评定其级别，最后以限制因子评定的最低级别来确定被评价对象的等级。

3）标准值对照评价法。该方法是按照国际上或国家规定的质量标准，或者按照科学界公认的质量分级标准，将它与被评价土地单元质量特征的实际值对照，确定土地资源评价结果的过程。该方法的最大好处是评价结果便于区域之间的对比。

4）样地评价法。该评价方法的基本原理是比较法，通过在评价区域内选择单元质量最高或最低的标准样地，将其他单元与标准样地单元进行比较，确定它们之间在质量上相对差异大小的数值，按该数值差异分别确定各单元的等级。或者通过最低和最高标准样地的内插，确定其他单元的土地等级。在农用地分等定级和林地评价中，经常用该方法，相对比较省时、省力。

随着科学技术的发展和计算机的普遍应用，土地资源评价的具体计算通常采用数学方法和计算机工具，如主成分分析法、聚类分析法、回归分析法、灰色关联分析法、模糊综合评价法、BP 神经网络模型、遗传模糊神经网络模型、地统计学、数据包络分析法、专家系统评价法等。

第三节 土地资源多向度耦合

一、土地资源多向度关联耦合原理

（一）土地与多向度资源的耦合机理

研究表明，超过 40%的世界人口受到缺水影响，52%的农业土地受到土壤退化的影响，森林生态系统的面积在 2010—2015 年间减少了 330 万公顷。而且，土地、植被、水和人口在不同的时空尺度上都是耦合在一起的（Fatichi et al. , 2016）。事实上，土地资源是地球表层大气圈、生物圈、土壤圈、水圈、岩石圈和智慧圈等多圈层资源综合作用和协同进化的产物，是连接多圈层资源的关键界面，构成结合自然系统和人类系统，即生命和非生命联系的中心纽带。其中一个圈层资源的改变，必然会导致其他圈层资源的同时变动。例如，部分地区的植树造林活动，可能会造成整个流域径流量的减少和土壤干湿状态的变化（Zhang et al. , 2018）。

土地资源与其他资源是一个互补互动的相生系统。按照热力学基本定律，维护土地资源与其他资源互动的整体性，应该是绝对的和无条件的。仅仅就土地资源看土地资源，而不是选择从土地资源走向互联相生的资源整体，就容易陷入顾此失彼的陷阱。土地资源的研究需要以整体性的新物质主义（New Materialisms）视角重新思考“天-地-人-生-物”的关联，即用一种后结构主义和后现代的意义来阐述土地资源的物质循环和量子纠缠机制。国家生存空间（Living Space）的概念，就认为一个国家的生存能力，除了有安定的政治环境和强大的军事力量做后盾外，还需要有人口、资源、环境的整体保障和协调发展。考虑到人类的生存与发展并不只是依赖某些个别方面，它以人类相关的全部资源的共同作用为前提。于是，研究者以经济学中的一般经济均衡原理为理论基础，从人类生态学的角度出发，结合生态学上生态位的有关原理，提出了国家生存理论框架模型。生存空间基本模型表明，资源、环境、人类和物理空间都是一个整体，其中土地资源占有核心地位（曾本详等，1991；封志明，1993），该模型的基本结构表达如下：

$$L = f(V,\ R,\ E,\ \alpha)\ [1 + g(\gamma)\ ] = A \cdot \prod_{i=1}^{n} \prod_{j=1}^{m} P_{ij}^{2}(n,\ m) \qquad (7-1)$$

式中：L 为生存空间，它是物理空间（V）、土地等自然资源系统（R）、环境资源系统（E）及其相互之间错综复杂的相互作用系统（α）的函数，具体表现为人类有效占据极限生存空间（A）的既有部分；γ 为上述系统外的综合影响系统；g 为 γ 的函数，表示外部系统对该系统的总体影响作用。极限生存空间（A）是客观存在着的一个最大生存空间，它是指在国家一定时期的智力水平下，使 V、R、E、α 等达到一种最理想的空间开发状态，且 α、γ 达到最适状态时的生存空间大小，即

$$A = \lim_{V.R.E.\alpha.\gamma \to \max \to opt} f(V,\ R,\ E,\ \alpha)\ [1 + g(\gamma)\ ] \qquad (7-2)$$

极限空间可视为常量，国家的全部努力只是趋近它，但不可能实现。即国家不可能完全有效占据可能拓展的极限生存空间，国家对极限空间 A 的有效占据宽度 B 永远小于 1。其中：

$$B = \prod_{i=1}^{n} \overset{m}{\underset{j=1}{X}} P_{ij}^{2}(n,\ m) \qquad (7-3)$$

式中：P_{ij} 为国家对各系统（i）中的不同系统组分、过程（j）进行有效占据的程度；n、m 分别为系统数及每个系统内的组分及过程数。

土地资源固定资本、土地资源的开发、土地资源作为商品的生产以及这些商品的最终利用等，还有如人力资源、智力资源、资本等资源形式，都是作为一个整体来支撑可持续发展的，科学家们正在建立一种有机联系的概念性框架（Butlin，1981）。通过引入资源模型，就可以清晰地表达这种框架。其中最基本的关系，代表着土地资源最终产品的生产或服务，无论其表达形式是产品还是服务，都将为广义的消费者所利用。毫无疑问，土地资源连同其他资源的总量就构成了国内生产总值（GDP）的主体，它表达着资源模型的基本关系：

$$GDP(t) = f[L_0(t),\ K_0(t),\ R_0(t),\ t] \qquad (7-4)$$

式中：f 为生产函数，它代表着国民经济对于最终产品或服务的转化能力；L_0（t）为所利用的劳动力；K_0（t）为基础投资；R_0（t）为土地等自然资源的投入；t 为时间。随着时

间的推移，资源的效用将会发生相应的变化。这种变化，无疑与技术进步或其他因子的改变有关。任何一个国家或地区，都倾向于在它们的发展进程中，使用更多的相对丰富的投入，于是在各个国家或地区中，必定会出现各种不同资源的投入组合（牛文元，1997）。可见，土地作为一种资源，必须与其他资源配合，而且其他资源必须投到土地上，才能产生最终产品或服务。目前国际上建构的地球系统模式，以描述地球系统不同圈层的动力、物理、化学和生物等过程的物理模型为基础，在大型计算机上通过程序化完成和实现对这些方程组的数值求解，从而得出不同时刻各个圈层主导要素的变化规律。未来土地资源系统，应该融入地球系统，实现两者的双向耦合。

（二）土地资源耦合协调度测度模型

耦合度是描述系统或要素之间相互作用影响的程度。当系统之间或系统内部要素之间互惠互利时，为良性耦合；反之，彼此相互掣肘时，为恶性耦合。耦合协调度模型是在耦合度模型的基础上，通过借鉴物理学中容量耦合概念及容量耦合系数模型拓展而来的（Illing worth，2009）。根据物理学中的容量耦合系数模型，经济-资源-环境系统相互作用的耦合度模型如下：

$$C=\left[\frac{f(x)\cdot g(y)\cdot h(z)}{[f(x)+g(y)+h(z)]^{3}}\right]^{\frac{1}{3}} \tag{7-5}$$

式中：C 为耦合度；$f(x)$ 为经济子系统的综合评价函数；$g(y)$ 为土地等资源子系统的综合评价函数；$h(z)$ 为环境子系统的综合评价函数，即

$$f(x)=\sum_{i=1}^{m}a_i x_i' \tag{7-6}$$

$$g(y)=\sum_{j=1}^{n}b_j y_j' \tag{7-7}$$

$$h(z)=\sum_{k=1}^{l}c_k z_k' \tag{7-8}$$

式中：x_i'、y_j'、z_k' 分别为经济、资源与环境子系统中经过标准化处理的各指标值；a_i、b_j、c_k 分别为采用熵值赋权法计算得出的经济、资源与环境子系统中各指标的权重。引入协调度模型来评价经济、资源、环境子系统之间的协调程度，以反映其相互协调发展水平，其计算公式如下：

$$D=\sqrt{C\times T},\ T=\alpha f(x)+\beta g(y)+\gamma h(z) \tag{7-9}$$

式中：D 为协调度，$D\in[0,1]$；C 为耦合度；T 为区域经济-资源-环境系统综合评价的总分值；α、β、γ 为待定系数，在实际应用中，最好使 $T\in(0,1)$，如此可以保证 $D\in[0,1]$，以便于使用。参照经合组织（OECD）的划分标准可将协调度分为7个等级：严重失调、中度失调、低度失调、勉强协调、中度协调、良好协调、优势协调，其临界值分别为0.3、0.4、0.5、0.6、0.7、0.8。根据协调度等级，就可以计算土地资源与其他资源及经济和环境等要素的协调程度，从而为土地资源利用结构、空间布局及其与其他资源环境联动的优化提供依据。

二、土地资源与若干典型资源耦合

（一）土地资源与水资源耦合

2021年12月9日，联合国粮农业组织（FAO）发布的《2021年世界粮食和农业领域土地及水资源状况：系统濒临极限》报告数据显示，人为土壤退化波及34%的农地（16.6亿公顷）；城市扩张正在侵蚀良田；全世界生产的粮食中超过95%源自土地，但可供进一步开发的高产土地少之又少；2000年至2017年，人均用地面积减少了20%；水资源短缺正在危害全球粮食安全和可持续发展，同时危及农业地区32亿人的生计。联合国教科文组织发布的《2022年联合国世界水发展报告》指出，全球2/5的人口缺少生活用水，近40亿人在一年中至少有1个月面临严重缺水，21亿人被迫饮用污染水。2023年世界资源研究所（WRI）发表的数据显示，占全球人口25%的25个国家正面临极高的用水压力，这意味着上述国家每年消耗的水资源已超过其可循环供水总量的80%。据联合国政府间气候变化专门委员会（IPCC）预测，即便是在全球气温上升幅度得到一定控制的乐观情况下，预计到2050年也将有另外10亿人面临极度缺水的困境。

从人类发展的历史看，是水与土地的融合产生了人类的文明。或者说古代的社会都是在“平治水土”的基础上发展起来的，人类的文明都发源于土地肥沃和水源充足的地方。正如《管子·水地》中说：“食之所生，水与土也。”可见水与土犹如硬币的正反两面，彼此密不可分，都是人类不可或缺的基础性资源，二者对人类可持续发展的重要性和生产实践的需求是难分伯仲的。人类面临的水资源危机，会进一步加剧土地资源风险和挑战。从整体来看，水土资源是区域生态经济系统中具有基础性、战略性和敏感性的根基性因素，也是生产、生活和生命的重要物质基础，其匹配分布状况及变化直接影响社会经济发展和人类生命安全。中国人多地少，土地资源稀缺，其中重要原因就源于水土资源的不匹配分布。北方地区水资源占20%，耕地资源占60%；南方地区水资源占80%，耕地资源占40%。华北地区的耕地占全国耕地的38%以上，且人口稠密，工业发达，需水量大，而水资源只占全国的6%。2018年水利部水利水电规划设计总院的《基于国家主体功能区水中长期供求保障对策》指出：①17个粮食主产区中8个分布在北方水资源紧缺地区，还有4个主产区内局部地区水资源开发利用程度已近饱和，其粮食产量占全国粮食产量的65%；②21个重要经济区中15个分布在水资源环境超载或接近超载地区，其中12个水资源严重短缺，这些地区的水资源开发利用程度已达60%以上，南方黔中、北部湾经济区也存在水资源紧缺问题；③17个国家能源基地中16个分布在水资源环境超载或接近超载地区，其中14个分布在资源性缺水的黄河和西北内陆河流域，这些基地平均水资源开发程度已超80%。可见，强化土地资源与水资源的耦合研究，对于充分发挥土地资源的潜力和效率具有至关重要性。整体来看，水土资源耦合发展过程分为3个阶段：前期阶段主要围绕水土关系探讨农业生产问题；探索阶段则是借助模型进行测算和模拟，从水土耦合系统模型、水土资源有机碳、地下水位流动研究、土壤水分与植被耦合等方面展开研究；成熟阶段更注重治理与管理及应对气候变化（闫文智等，2024）。未来需要加强以下3个方面的研究。

1）水土资源耦合关系研究。水土资源耦合是在生态格局相对稳定和安全的前提下，依据水土资源在时空尺度异质性和资源可持续发展与再生原则，通过各种干预及先进的技术手段，对区域有限的水土资源进行耦合效应的合理化增大和景观生态规划，目的在于维持土地与水资源生态系统的相对平衡（姚健，2020）。随着系统耦合协同理论越来越多地被用于区域经济-环境系统研究、农业环境与经济发展关系研究、区域水土资源配置研究等领域，需要特别关注水土资源耦合关系研究（王滨，2012）。在具体研究过程中，应将水土资源作为一个相互联系、相互制约的综合体，通过各种理论模型和分析计算方法进行定量研究。2000 年，Christopher et al. （2000）以 Chesapeake 湾地区为研究区域，探讨了水质变化对土地资源价值的相应影响。Straatman et al. （2011）应用土地利用细胞自动机结合水资源约束模型，对土地资源开发进行了规划。王倩等（2020）运用 DEA 模型，从时空维度对各县域单元的农业水土资源配置效率与粮食产量的耦合协调水平进行分析，探究了农业水土资源配置与粮食产量之间的关系，为实现粮食的稳产、增产提供了决策依据。

2）水土资源优化配置研究。水土资源的系统耦合优化配置是对区域有限的水资源和土地资源进行生态位和时空上的系统耦合效应增大和景观生态规划设计，以维持土地生态系统的相对平衡，实现水土资源的可持续利用，达到经济、社会和生态综合效益的最优化（郑重等，2008）。传统的研究多基于灌溉用水的视角测度单位耕地面积拥有或可利用的农业用水量，如王让会等（2006）根据系统动力学理论的耦合模型，对生态用水量进行了估算；Latinopoulos（2009）建立了一个多准则决策模型，以期对希腊的水资源和土地资源进行有效配置；Singh（2016）则引入地下水平衡约束，在优化资源配置的同时也能缓解水涝盐渍化等灌溉环境问题。随着虚拟水、水足迹概念的提出，相关学者基于水足迹理论，进一步分析了用水结构的变化（黄晶，2010），并运用模型对未来的水资源进行了安全预警（王博，2015）。在水土资源优化配置和耦合研究中，多以整个研究区域作为研究单位进行配置研究，其成果在一定程度上促进了水土资源的可持续利用与发展。但相关研究匹配单元尺度较大，空间性不明显，难以将水土资源进行精确匹配。基于此，Nirala（2010）通过线性规划模型对水土资源进行优化配置，实现了年净收益最大化；Lalehzari et al. （2016）使用非支配性排序遗传算法，考虑了农业地区水土资源分配中目标问题，有效提高了灌溉调度的精度；Ashwini et al. （2023）和 Jayanthi et al. （2022）等根据水土资源匹配的时空格局研究，获取了水土资源的管控方案。未来，需在微观尺度和复杂系统多因子影响条件耦合协调的基础上，进一步开展水土资源优化配置研究。

3）水土资源与粮食安全关系研究。粮食安全是世界性问题，具有不确定性。Brown（1995）指出，影响粮食安全的主要因素包括：①水资源严重短缺；②耕地数量将会随着工业化进程的加快而不断减少；③由经济发展和人口增加导致的粮食供需缺口将继续扩大。其中，水土资源作为人们赖以生存的物质基础，学者们普遍认为水土资源和粮食消费的空间不匹配，会对区域农业和食物安全的可持续发展产生直接影响（He et al. , 2022；杨婷婷等，2022）。未来需要从水资源管理、耕地资源保护、农业生产技术等方面开展探索。Gorantiwar et al. （2006）构建了基于 AWAM 的农业水土资源优化配置模型，并将其应用到灌溉制度的制定中；Jensen（2007）采用数理统计方法研究农作物水资源利用状况，分析农作物的用水生产效率，并将水文模型与作物用水生产过程相结合，研究了提高农作物产量的方法和途径；Gibson et al.（2015）依据水土不匹配等级对耕地数量和结构，提出了优化策略或提高农作物产量的方案；陈紫璇等（2019）则根据耕地分配模式与水资源的耦合关系，分析了其与水土资源匹配变化特征的耦合规律。这些都是有益的探索。

（二）土地资源与能源资源耦合

全世界关于能源的定义不少于20种，按照《大英百科全书》解释："能源是一个包括所有燃料、流水、阳光和风的术语，人类用适当的转换手段便可让它为自己提供所需的能量。"本书所说的能源概念，主要指能矿资源，是从地球本身发掘出来的矿产资源，如石油、煤、铁、铜，以及其他各种金属、非金属矿物质，供人类使用，其供给是有限的，而且是不可再生的，是当代经济社会极其重要和稀缺的资源。能源的开发和有效利用，是人类文明进步的基础和动力，关系到国计民生和国家安全，是国民经济的重要物质基础。人类面临的两大问题：一是环境退化严重，二是能源资源枯竭。能源、土地和水，是支配人类可持续发展的三大基本要素。如果单就能源与土地资源利用来看，对土地资源的开发利用，至少到目前为止，除了考量区位与地点的选择、公共设施的便利与否、法规的限制等外，很少有对能源的利用进行综合考量的。然而，能源与土地资源的开发利用密切关联。合理的土地利用能减少对能源的需求，能源的供给结构也会影响土地资源的配置方式。人类已经进入如何应对全球气候变化和建构绿色低碳社会的时代，如何推进土地资源与能源资源的耦合，具有重大的理论价值和现实意义。

1）各级政府的土地利用和土地资源配置计划，必须以能源的需求与供给为主要的考量因素，而加以管制（Burchell et al.，1982）。总体上，能源与土地资源配置的耦合，可以作为影响都市圈、城市及里邻地区能源供给与节约的主要考虑因素。展望未来，能源的消费只会增加不会减少。未来土地资源配置与人造环境（Built Environment）的开发与管制，必须进行统筹安排。城市住宅密度高而且紧凑，会消费较少的能源。因为密度高或为集合住宅，交通运输与其他目的的活动，会对能源的需求会比较少。城市的紧凑性，居民不需要长途跋涉去工作、购物与休闲娱乐，而且易于搭乘公共交通工具。

2）推进土地的混合利用，有利于提高能源使用效率。有研究表明，"高密度有计划的蔓延"要比"低密度独栋分区住宅的蔓延"，节省40%的能源（Burchell et al.，1982）。要通过推进土地混合利用，发展公共交通运输系统，改善传统土地使用分区管制规则，有利于大幅度降低对能源的需求（Alvarez，2008）。共生（cogeneration）与分区（district）能源系统技术都需要高密度与混合的土地使用相结合。住宅区的开发应该接近已有的公共设施，如购物、学校、就业等公共设施。要增加不同土地使用的混合，例如住宅与零售、住宅与休闲游憩、住宅与就业等，并且使各种开发能提供便利且在适当通勤距离的公共交通运输设施。此外，要做簇群式（cluster）开发，以避免多占开放空间，方向要坐北朝南。交通工具最好以步行、自行车与公共交通工具为主。

3）土地资源与能源资源的耦合，能遏制城市持续蔓延。从历史上看，廉价与充沛能源的离心力，造就了当下城市的蔓延式发展。自从1973年石油输出国组织（OPEC）国家的石油禁运，造成能源危机之后，才使人们觉醒，开始讨论如何通过能源供给，来遏制城市的继续蔓延、鼓励城市的紧凑（compact）发展。小型、独栋或连栋的住宅与花园式的公寓，既浪费能源也会助长城市蔓延。在开发的区位方面，重点应该放在接近城市中心复苏地区，或稍微外环的区位。这样可以减少城市蔓延，增加城市边界内填入式（infill）的开发与旧市区的再开发。商业办公土地要去中心化（decentralization），并且要考虑开发的规模。

4）在确定在某一方面节省能源的方法时，要充分考虑到不至于造成另一方面能源的耗用。例如，种树可以减少夏季的炎热，但是也会影响冬天时从阳光取暖；装置太阳能集光板的空间，可能影响建筑物的最适的空间密度。就太阳能来说，将其设置在平屋顶上比较普遍，这里树荫无法遮盖，有利于太阳能的收集。在老旧的建筑物上装置太阳能设备，要比装置在新而且低矮的建筑物上困难而且昂贵。风力就不能在高密度的地方发展，因为高密度的高建筑物会阻挡气流。太阳能也不适宜于高密度地区，因为阳光的照射与收集，需要较大的空间，所以在中等密度的郊区比较适宜。

5）未来土地资源与能源的耦合策略，应该充分考虑：①能源与城市未来的土地利用形态、节省能源消费的土地利用方法、确保适当能源供给的土地资源配置模式、各级政府实施能源敏感区土地管制的规则。②节省能源消费的土地利用方式，是为了节省能源，土地利用如何从开发的区位、规模、集中度以及建筑、设计等方面着手，来切实改善能源使用效率。③未来的建筑基地设计，要注意外部的能源消费因素，例如景观的规划，植栽要用落叶乔木，使夏季有阴凉、冬季有阳光，街道的水泥与柏油路面要窄，以减少太阳热能的吸收。结构的设计，要有最大化的能源保护能力，而且能利用大自然所提供的取暖、纳凉与调节空气的系统。如果需要能源系统，最好装置整体的中央系统。④要充分考虑能源敏感土地利用的方向、实施与可能造成的结果。哪一种土地利用的改变与管制架构的设计，可以促进能源的节约？这些改变的重点是什么？是否有创新的思维？它们在既定的法律、经济与其他制度条件之下，将如何进行？新一代的能源敏感管制措施，是否会影响人造环境？如果会，又会影响到何种程度？⑤如何实现把节约能源、节约土地及节约水资源的耦合，作为人类可持续发展的最高目标。应该清晰地认识到，各种节约能源和水资源的方法，必须通过与土地资源系统的耦合才能更有效实现（韩乾，2013）。⑥2019 年联合国政府间气候变化专门委员会（IPCC）发布了《气候变化与土地特别报告》，使土地利用对气候变化的影响引起全球普遍关注。如何通过土地利用类型、结构、强度和管理方式的优化，强化与能源资源的耦合，促进低碳土地资源配置和开发利用，也是未来土地资源与能源资源耦合的重要方向之一。

（三）土地资源与交通资源耦合

交通是土地利用演化中的重要驱动因素（王雪微等，2015）。土地利用和交通互动体系实际上就是可达性通过影响一系列土地利用和交通因子，最终影响人们行为模式的过程（Wegener et al.，2004）。城市基础设施网络、公共交通价格等会在很大程度上影响城市居民的出行行为及土地使用方式（Oh et al.，2009）。周素红等（2005）研究了土地开发布局对交通发展的影响，并将城市用地规划划分为分散化、集中化与折中化三大类，发现不同开发模式下的用地格局会对交通发展产生不同影响。杨励雅等（2007）运用随机效用、灰色系统等理论构建二者互动关系的模型及算法，表明在城市不断发展中，两者存在着深刻的耦合关系，土地规划决定着交通规划，交通规划又在一定程度上引导着土地利用结构的变化。Odette et al.（2008）从区域的角度全面探讨了交通系统与土地利用之间各内涵要素之间的耦合关系，发现土地利用形态是产生交通的源泉，决定交通的发生、吸引及方式选择；区域交通的发展改变了区域内各地区的可达性，因而对城市用地的规模、强度及空间分布具有决定性作用。大量研究表明，土地利用与交通是一种互为因果的关系，必须高度重视土地资源与交通资源配置的耦合（靳来勇，2009；钱寒峰等，2010；Dulal et al.，2019）。为了有效推进土地资源与交通资源的耦合，需要不断深化以下各项研究。

1）协调土地利用空间格局与交通线网布局。土地利用空间格局与交通系统的线网布局结构相辅相成。一方面，交通系统线网布局应当以土地利用空间格局为基础；另一方面，土地利用一般是沿交通线网布局，有利于引导土地利用空间格局更加合理。用地布局不合理，土地利用空间格局与交通线网布局之间缺乏统筹安排与协调，是影响土地利用和交通效率的重要因素。

2）协调土地利用功能布局与交通系统布局。土地利用功能布局影响着交通出行量大小、出行距离长短和出行空间分布，其与交通系统的协调与否直接影响到交通状况。土地利用功能布局不合理，如就业岗位集中区与居住区相距太远，会导致市民上下班距离过长，职住过于分离会增加城市的无效交通流量；城市商业区过分集中，则会导致居民日常购物的便捷度下降，特别是强单中心城市甚至会由于购物出行集中于某一地区，造成通往该地区的道路交通严重拥堵。所有这些都表明土地利用功能布局与交通系统布局的相互协调对交通系统的顺畅运行有着重要的作用。因此，协调好土地利用功能布局与交通系统布局的关系，规划安排好就业、居住、商业服务和各功能区之间的良好联系，将大大减少日常出行距离及交通流量，减少城市道路的交通负荷。

3）协调土地开发与交通系统建设。道路的建设及分布影响着土地开发的空间分布、利用方向及强度，同时土地开发产生大量的交通需求将反作用于其所依赖的交通系统。如沿城市道路布置过多的吸引大量人流与物流的土地利用，或者是土地开发缺乏必要的交通设施支持，都将导致严重的交通问题。如何协调好城市土地开发与交通系统的关系，对城市交通的健康发展和土地可持续利用有直接作用。诸多大城市习惯于把大型商场、影剧院、书店、饭店和高级宾馆等大量吸引人流与物流的大型公建集中布置于交通干道两侧及交叉口四周，过于集中的交通出行与吸引活动容易形成城市交通瓶颈，往往造成干道和交叉口的拥堵。

4）推进土地利用与交通一体化规划。在空间规划运作的每一个阶段中，其实都存在着用地布局规划与城市交通规划的互动作用。两者通过内容的互补、层次的交叠，把多次反馈的结果用以指导下一层次的规划。按照土地利用规划与交通规划相协调的需要，这种交互作用过程应该贯穿于用地布局规划和城市交通规划的始终。实施总体规划阶段的土地利用-交通一体化规划编制就是要在国土空间规划中充分考虑交通因素，建立空间规划与交通规划的相互渗透、互为前提的机制，以实现交通规划与空间结构形态、用地布局及其发展具有整体的协调一致性，从而实现土地利用效率的提高和交通的可持续发展。

5）强化土地资源与交通资源配置一体化模型建构。交通规划与土地资源开发利用一体化模型作为模拟预测城市演化过程的重要工具，能够将土地系统和交通系统量化，更有助于寻找两者之间的耦合点。Lowry（1964）提出了一个综合考虑土地利用与交通相互作用的模型，使用统计分析方法模拟了城市居民及其社会活动的空间区位分布，开创了土地使用与交通相互关系研究的先河。随后，不断有学者和规划人员对其进行改进和扩展，其中较具代表性的有：Prastaco的土地使用优化系统模型和金光直的芝加哥区域模型；能够在空间角度上描述土地利用变化的ME-PLANning模型、DELTA模型和交通与土地利用模型；元胞自动机模型以及由此发展出的CLUE-S模型和SLEUTH模型等。这些模型的使用促使土地利用变化与交通耦合的描述更加地精确直观。随着信息技术的发展，相关模型愈加多元化、综合化。如Veldhuisen et al.（2000）通过GIS技术对日常活动模式的微观模拟，建立微观模拟区域规划模型，是把具体软件技术应用在城市交通与土地利用方面的典例。Dong et al.（2012）通过语义网络模型构建了包括城市交通与土地利用在内的综合系统模型，通过语义网络模式不仅可以为网络节点赋值，还能够为节点之间的关系链赋值。邓进（2015）以北京为例建立非参数回归模型，并结合非参数密度估计，探究城市轨道交通车站客流特征与周边土地利用互动关系。谢文智（2017）运用系统动力学的研究方法，建立了湖北武汉城市土地利用与交通系统的相互反馈作用的模型。通过模型建构，能够更好地定量表达土地资源与交通资源耦合的互动关系。

第四节　土地资源资产化认知

一、土地资源资产化的基本原理

（一）土地资源资产化的内生性

土地资产，通常是指具有权益属性的土地，即作为财产的土地。这一概念包括以下3层含义：①土地资产具有稀缺性，在社会生产过程中具有服务能力和贡献能力，是不可替代的经济资源。对企业生产而言，土地资产如同厂房一样，是不可移动的、有形的固定资产。②土地资产具有能为社会带来经济利益的服务潜力。换句话说，通过对土地资产的有效使用，能为社会的未来发展产生经济效益。③土地资产在不同的社会生产方式条件下表现为一种可占有的权益。即谁拥有对土地的权力，谁就拥有物质财富，所有者就可凭借其对土地的所有权获得权益。在现代社会，尤其是在市场环境条件下，土地资源会表现出较强烈的资产化倾向。

资产一词，本质上还是会计学用语。欲实现土地资源资产化在经济社会发展中的实际功效，还需要实现土地资产的资本化，而且要使资本能够交易化和货币化。要实现交易化和货币化，就需要对土地资源资产进行清查统计、资产核算、资产配置、资产收益管理，尤其需要建立土地生态价值、土地空间价值、土地生产价值、土地自然价值的实现机制。这是一个极其复杂的问题，还需要在理论上和实践上做更深入的探索。

（二）土地资源报酬和土地资源产权

1）土地资源报酬。土地作为一种重要的生产要素，必然参与到人类生产与生活的各种过程，由此体现出不同形式的经济关系。土地资源经济报酬——地租，就是土地经济关系的一种重要形式。地租的经济报酬，包括使用土地本身和改良物所得的报酬。它又可以细分为：①质量差别地租，学术界经常又称为李嘉图地租（Ricardian Rent），主要是由土地肥沃程度不同导致经济报酬不同所引致的；②位置差别地租，主要是由于土地区位不同所产生的地租。无论哪一种地租形态，都是土地产出的一部分，都是土地经济报酬最直接的表现形式。由于地租源于土地的产出，地租的高低取决于土地产出的产品价格。它是生产者使用土地的代价，也是租用土地的主体按照土地条件和产出能力所能支付的最高代价。在亚当·斯密建构的经济体系中，劳动的工资、资本的利润、土地的地租都是存在一个自然率的。在生产要素的分配关系中，地租占总产值的份额不宜高于1/3。如果地租份额高于1/3，劳动报酬的工资和资本报酬的利息都会降低，否则租地生产者就会亏损，土地生产难以为继。由于地租的存在，土地资源在各种不同用途的使用之间就会形成竞争性配置，也影响租赁方式、租税制度、土地开发保护等土地资源政策。简言之，地租存在所导致的土地资源经济报酬差异，是土地资源资产化的内在机理之一。

2）土地资源产权。土地资源产权主要是指土地资源财产权，它有两种含义：①经济财产权，是指享用一项财产的能力；②法律财产权，是指国家赋予个人的权力。经济财产权是目的，是人们所追求的，而法律财产权是达到目的的手段（Barzel，1997）。土地资源经济财产权如果缺乏土地资源法律财产权的保障，就无法得到实现。因此，土地资源产权是民事权利主体所享有的具有土地经济利益的权利，是一定社会形态下土地占有、支配、流通和分配关系的法律表现。通俗地讲，就是对土地财产的享有及支配等经济活动所产生的经济利益，需要立法反映、记载和承认，属于民法和经济法范畴。在人类历史演变的进程中，由于土地资源的稀缺性并存在报酬，土地的占有、分配和使用就日益变得紧张，甚至引起矛盾。为防止各种冲突，解决经济纠纷，同时为清晰预置经济关系提供规则，人类逐步形成了各种类型的土地产权关系，通过产权界定来保护财产权，形成有序的经济关系。它是一种排他性但不是绝对的土地权利。其中的排他性，是指土地产权主体可以排除他人干预其行使权利；非绝对的土地权利，是指产权主体必须受到国家主权的监督和保护干预。土地产权的排他性，就意味着产权主体可以出售、赠予、交换、遗赠、出租、抵押、分割、设定地产权、地役权和典权等，而排除他人的干涉。由于土地用途和相互关系的多样性，其上的权利便有许多种。所以土地产权在本质上是一个“权利束”，是由许多权利构成的，如产权的排他性、收益性、可让渡性、可分割性等。它们可以分散拥有，也可以聚合拥有。土地具有价值，再通过产权界定，土地资源就在真正意义上实现了资产化。

二、土地资源资产化的利弊分析

（一）土地资源资产化的绩效

土地资产是具有经济价值的土地资源，它具有明确的权属关系与排他性，是土地的经济形态，也是资本的物的表现形式（原玉廷等，2013）。土地资源资产化对经济社会发展和人类文明演进具有以下绩效。

1）提高土地资源的生产报酬。土地资产是产权主体占有土地资源作为其财产的权利，当土地资源通过产权和所有权进行界定时，土地资源就转化为了资产，这一过程的关键方面是土地使用权的资产化，使农民获得经济报酬和收入（Zhu et al.，2021）。许多研究表明土地资源资产化有助于农民增收、农业升级（于传岗，2011）。把土地视为农民的一项资产，更有利于激励个人保护土地和增加对土地的投资，通过土地资产化改变传统的土地利用模式，挖掘出土地潜在的经济收益，让土地成为个体财产性收入的重要来源（陈晓君，2012）。对土地资源进行资产化管理能够提高土地资源利用的效率，实现土地资源收益最大化。在这一过程中，对农民的权益合理安排并给予制度化、规范化的保障，将会给农民的合法权益以充分的保障。对于农垦土地而言，农垦土地资产化能够显化土地价值，改善农垦企业资本结构，增加农垦企业有效资产，增强农垦经营主体融资能力和抗风险能力（范志明，2015）。土地资源资产化即是将土地资源转化为可以交易、流通的资产形式，有利于实现土地经济收益最大化。

2）有利于土地资源优化配置。土地资源资产化，可以提高土地的使用效率，使得土地效用最大化，从而达到优化土地资源配置的目的。在市场机制下，土地出售或者出租给能够产生价值的使用或者能够出最高地租者，有利于优化配置土地资源。权小虎（2010）的研究表明，土地资源资产化能够实现土地要素的自由流动，有利于合理化经济结构、促使金融业的发展，最终实现土地的规模经营和集约经营，促进土地资源的优化配置。此外，许多学者还研究了城市土地资产化，包括地租和土地财政，并阐述了土地在促进城市化、增加政府收入、加速资本积累和优化配置资源方面的作用（Lin et al.，2011）。

3）减少某些社会成员间的纠纷。通过土地资源资产化，能更好地保护土地财产权利不受他人侵犯，可减少土地权属纠纷，可保证不动产大规模、低成本地进行迅速交易，不动产产权的精确记录可提高借贷信用，土地产权界定和法律保障使得拥有土地的劳动力能有序地从本地迁移至外地就业。所有这些功能，都能够减少一些社会成员之间的矛盾。不仅如此，土地资源转化为可以交易、流通的资产形式，实现土地经济收益最大化的同时，通过土地资产也能更好地支撑经济社会发展目标的实现。

4）增加政府收入和降低成本。在土地资产被投入市场之后，能够为所有者带来预期收益，产生增值，土地资产就转化为了土地资本。Gao（2019）认为，土地资产化是地方政府财政收入的重要来源，也是撬动银行资金、城市基础设施和房地产投融资的重要工具。在一定程度上能够促进投资，带动经济增长，如通过闲置土地再开发建设高速公路，很多基础设施等通过挖掘新建工业和商业建筑的潜力，进一步提高了附近土地的价值（Ernesto et al，2023），增加了政府收入。由于土地资源资产化，在很长一段时期内，土地已经成为中国政府的第二财政。20 世纪 90 年代至 21 世纪前 20 年的 30 年间，沿海一些城市来自土地直接和间接的收益，可以占到地方财政收入的 70%~80%。在美国很多州，地方政府财政收入的 50%以上来自不动产的税收收入，个别州甚至可以达到 70%以上。与此同时，赋予个体财产权，可以有效减少政府在交易、行政与管理上的成本（Bjork，1982）。

5）有助于世代间的资源配置。从理论上分析，如果土地财产权有保障，人们就会保育土地资源供未来持续利用；反之，如果土地财产权没有保障，人们就会导致资源的耗用，因为人们会担心土地财产随时落入别人手中。没有财产权保障的土地资源，就会变成开放性资源（Open Access Resources），很容易形成“公地悲剧”。如曾经的石油或者天然气，很难在地表界定其产权，在此背景下最有利的策略选择，就是尽快地把地下储存的石油或者天然气抽光，以免被别人捷足先登。因此，就无法维持一个最佳的抽取率，导致乱采滥卖石油、天然气，无法实现可持续的资源利用。

（二）土地资源资产化的弊端

土地资源除了上述阐述的资产化属性以外，它还具有很强的自然属性和公共属性。按照 1999 年联合国粮农组织和环境规划署在《土地的未来》一书中所阐述的土地功能或属性，其中可以资产化的商品属性只占全部土地属性的 1/10。土地位置固定性、土地利用外部性、土地供给无弹性、土地功能多样性、土地资源稀缺性、土地质量变异性、土地使用长久性、土地空间生命性、土地价值递增性和土地不可替代性等特性，都是完全不同于一般商品的，是不能资产化的。例如，细菌在耕作层中大约有 4000~7000 种近 10 亿的细菌，约有 336 千克/公顷，真菌有 540 千克/公顷，在 1 克肥沃表土中原生动物可多达 100 万个，土地中庞大的微生物群落直接影响地球生态系统的结构和功能，这是一般商品所完全不具备的，也是不能进行资产化的。土地资源的公共属性，是指土地资源的分配和使用不能只满足私人经济利益的最大化，还必须充分考虑人类社会发展和资源可持续利用的整体要求，是不能按照资产化规则进行处置的。因此，土地资源资产化，存在以下诸多弊端。

1）加剧生态退化。土地是一个精密镶嵌的复杂生态系统，地球生命依土地而生存发展。追求土地资源资产化的经济效率，会直接影响土地生态系统的结构失衡和功能退化。美国在推进西部土地大开发过程中，由于信仰私有化和市场化为最高准则，全面推进土地资源资产化，结果导致“黑风暴”波及美国本土 27 个以上的州，占整个国家 75%的面积，成千上万的人被赶出家园，芝加哥每个市民平均分得 4 磅[1]尘土。据当时的专家估计，除了大平原麦地上 3 亿多吨肥沃表土全部丧失外，密西西比河每年把 4 亿吨土壤冲进了墨西哥湾。美国得克萨斯州南部和墨西哥，在市场化的导向下农民为了追求土地资源经济效率的最大化，不断开采地下水，导致地下水枯竭，结果使大片大片的土地荒芜。纵观许多古文明的兴衰，可以发现这些文明之所以从强盛走向衰落，是因为他们在文明发展过程中很少或根本没有遵循土地的整体性规律和遵循土地的长远性利益约束，而是不断地强化土地资源私人所有、经济效率和资产化属性，从而导致自然生态系统的崩溃，最终酿成文明的衰败。美索不达米亚文明、玛雅文明、哈巴拉文明等的衰败都是如此。

2）损害社会公平。土地资源具有很强的公共属性。由于每个人的天性禀赋、发展机会和家族条件都有很大差异，如果土地资源的分配和使用是根据竞争而非需要，就会造成社会的不公平，就很难实现“耕者有其田”“居者有其屋”。先看看印度、巴西和墨西哥

[1] 1 磅=0.453592 千克。

随处可见的贫民窟。为什么会有如此多的城市贫民窟？原因就在于这些国家实行土地私有制、土地市场化和土地资源资产化，结果导致大量弱者的土地被兼并，土地兼并后产生大量的无地农民。因为他们极端贫困，没有生活来源，所以自动拖家带口来到城市，变成城市贫民窟的贫民。再看看中国几千年的土地制度演变历史，把土地交给资本或资产，就从来没有成功过。历史上，当实行土地私有制表现出某种效率的时候，总是伴随着“土地兼并”，土地兼并损害社会公平，结果必然引发社会动荡，社会动荡导致土地生产力的毁灭性破坏，几千年的历史很少有例外。土地资源资产化会导致土地价值的上涨及土地资源的集中化，造成社会和经济的不平等。

3）助长投机腐败。在土地资源资本化的背景下，土地是巨额的资产。随着人口增加和经济社会发展，土地在一定时期内具有很强的增值性。例如，1976—1999 年，日本土地资产占整个国民财富 50%以上，其中较高的 1990 年土地资产占整个国民财富约 70%。在东京商业繁华区，在 1976—1991 年间，地价高涨，土地资产额的年增长率达到 32.8%（马场元，2001）。在巨额资产增值的诱导下，土地投机盛行，隐性交易大量存在，各种恶性竞争频频发生，土地寻租行为普遍，腐败行为无法控制，企业平等竞争和现代企业制度无法建立，不受控制的土地开发和过度的土地资产化迫使土地资产化模式发生转变，从而阻碍土地的可持续发展（欧阳平等，2010）。再看看菲律宾，在第二次世界大战后的 20 世纪 50 年代至 70 年代之间，与日本、缅甸同属亚洲最富国之一，是新兴工业国家及世界的新兴市场。可是，1946 年菲律宾宣布独立后，实行彻底的土地私有化和土地资源资产化制度，导致土地主要集中在大地主、封建家族和大资本家手中。截至 2012 年阿基诺三世家族名下的土地，仅路易西塔庄园就有近 5000 公顷。土地资源资产化导致大规模土地兼并，土地投机、政党分肥，党魁借此机会假公济私、投机取巧、行贿受贿，腐败现象滋生蔓延，使得社会矛盾不断加剧，冲突经常发生，社会经济发展每况愈下。2016 年，菲律宾的人均 GDP 仅 2973 美元，成为亚洲最落后的国家之一。

4）增加社会冲突。土地的资产属性对应着土地的权利，土地资源资产化必然引发土地权利的归属及其关联利益的分配问题，比如争议较多的乡村土地发展权如何设定，国家的农业补贴是对应土地所有权还是土地使用权等，社会冲突普遍增加（王海卉，2021）。在土地资源资产化的背景下，土地不仅表现在作为农业生产资料创造农业产品价值，而且还作为与资本、劳动力并存的生产资料的特性产生巨大的地租收益。这种巨大资产的利益性，必然导致会围绕土地而产生各种各样的矛盾、冲突和博弈。在城市郊区及沿海发达地区，城市扩张和第二、第三产业的发展带来巨额的土地级差收益，也因此引发了更为激烈的各方对土地级差收益的争夺，甚至引发群体性事件。这两种围绕土地发生的各种冲突、博弈分为性质迥异的两类：一是围绕土地征收而发生的土地冲突，二是为农地权益归属而发生的冲突。回顾中国历史不难发现，由于土地资源资产化导致的土地冲突——大规模国人暴动或农民起义，直接动摇了国家政权稳定，并促进了政权更替。公元前 841 年西周晚期发生的惊天动地之“国人暴动”事件，1851 年爆发的太平天国运动，都是这方面的例证。

5）危害公共利益。正如上文所指出的那样，土地内生很强的公共属性。随着人口的增多、集聚及人类活动方式的改变，土地的公共性还在不断扩展（刘尚希，2015）。不管是在实行土地公有制的国家还是实行土地私有制的国家，土地的公共属性是自然存在的。在世界范围内，无论采用何种产权所有制，基于公共性的土地用途管制都是国家治理体系中的重要内容。即使最崇尚自由和以保护私人财产至上的美国，大约有 39000 个政府对私人土地施加某种程度的限制，包括联邦政府、50 个州政府、3034 个县政府，还有 19431 个市政府和 16506 个镇政府，通过立法实施国土空间用途管制，近 90%的美国人生活在实行国土空间用途管制的城市和乡村。可是，土地资源资产化，会导致土地交由市场来自由调节，土地的公共性就会受到严重侵蚀。例如，日本于 1966 年开始建设成田国际机场，46 年过去了，其中不知付出了多少交易费用，可是到 2012 年还有 8 户钉子户未搬迁。机场原设计 A、B、C 3 条跑道，到 2012 年才建成了 1 条半。可见土地资源的资产化，公共利益的实现就难以得到保障。

6）影响永续利用。为了获取更高的经济收益，资产化还可能导致过度开发和环境破坏，对生态环境造成不可逆转的损害。从长期来看，土地资源资产化无法提高土地的生产效率，反而引发土地投机、耕地资源被占用等威胁，从而引发粮食危机和国家安全危机，影响土地的永续利用和经济社会可持续发展（贺振华，2006）。程建等（2022）指出，土地资源资产化是不可持续的，会导致宏观经济风险、有损公平、扭曲经济结构、阻碍技术进步等负面效应。土地可以在公开市场进行自由交易，但在交易过程中会发生市场失效和土地资本无效，造成土地利用动荡，影响土地永续利用，因而需要政府的干预弥补资产化的缺陷（Macmillan，2000）。从土地资源资产化的角度看，把城郊优势耕地变成城市建设用地，经济收益可以翻上几十倍，是一项十分理性的行为。事实上，只要给予足够高的征地费，多数农民也欢迎将耕地变成建设用地。可是，优势耕地面积的持续下降，会降低粮食的生产能力，影响耕地的永续利用和社会的可持续发展。中国在 2009—2019 年间，耕地面积从 13538 万公顷减少到 12786 万公顷，年平均减少 75.2 万公顷。其原因是多方面的，过度的土地资源资产化是不争的动因。因为地方政府和农民都有将耕地转化为建设用地的冲动，他们都能从中获得土地资源资产化带来的好处。但是，耕地资源的永续利用却受到了严重影响，粮食安全受到了严重威胁。

参考文献

蔡运龙，2000. 自然资源学原理［M］. 北京：科学出版社.

陈晓君，2012. 土地资产化与农民财产性收入的关联性分析［J］. 新疆财经大学学报（1）：5-11.

陈紫璇，陈云浩，雷添杰，2019. 中国耕地变化及耕地与水资源的匹配研究［J］. 水利水电技术，50（2）：69-78.

程建，朱道林，赵江萌，等，2022. 中国土地资本化问题研究综述［J］. 资源科学，44（2）：221-231.

邓进，2015. 城市轨道交通车站客流特征与周边土地利用互动关系［D］. 北京：北京交通大学.

范志明，2015. 农垦国有土地资源资产化资本化研究［J］. 中国土地（10）：30-32.

封志明，1993. 人类生存空间的框架模型及拓展途径［J］. 战略与管理（0）：83-86.

韩乾，2013. 土地资源环境经济学［M］. 台北：五南图书出版股份有限公司.

贺振华，2006. 农户外出、土地流转与土地配置效率［J］. 复旦学报（社会科学版）（4）：95-103.

黄晶，宋振伟，陈阜，2010. 北京市水足迹及农业用水结构变化特征［J］. 生态学报，30（23）：6546-6554.

靳来勇，2009. 城市土地利用与城市交通互动机理模型研究［J］. 四川建筑，29（S1）：67-69.

黎兵，王寒梅，史玉金，2021. 资源、环境、生态的关系探讨及对自然资源管理的建议［J］. 中国环境管理（3）：121-125.
黎祖交，2013. 正确认识资源、环境、生态的关系［J］. 绿色中国（3）：46-51.
李卓聪，2019.《第三次全国国土调查技术规程》2 月 1 日起实施［N］. 中国自然资源报，01-31.
刘尚希，2015. 正确认识“土地财政”［OL］. 中华人民共和国财政部网站. http：//www. mof. gov. cn/zhengwuxinxi/diaochayanjiu/201505/t20150501_ 1226052. html.
马场元，2001. 土地资产的变动和景气循环：日美土地资产之比较［J］. 中国土地（9）：40-47.
牛文元，1997. 持续发展导论［M］. 北京：科学出版社.
欧阳平，秦静，2010. 我国土地资源资产管理主要问题及机制创新［J］. 中国国土资源经济，23（6）：36-38，56.
钱寒峰，杨涛，杨明，2010. 城市交通规划与土地利用规划的互动［J］. 城市问题（11）：21-24.
权小虎，2010. 试论新农村建设中的土地使用权资本化［J］. 生产力研究（8）：44-45，47.
王滨，2012. 黑龙港地区水土资源综合质量评价与耦合协调关系研究［D］. 石家庄：中国地质科学院.
王博，2015. 基于水足迹理论的吉林省辽河流域城市化进程中水资源可持续利用评价与优化配置研究［D］. 长春：吉林大学.
王海卉，2021. 乡村土地资本化的理论借鉴与实践效应研究［J］. 规划师（22）：5-11.
王倩，栾福超，2020. 增产格局视角下粮食生产与水土资源配置的耦合协调关系分析：以三江平原为例［J］. 天津农业科学，26（5）：36-44.
王让会，于谦龙，李凤英，等，2006. 基于生态水文学的新绿洲生态用水若干问题［J］. 水土保持通报，25（5）：100-104.
王雪微，王士君，宋飏，等，2015. 交通要素驱动下的长春市土地利用时空变化［J］. 经济地理，35（4）：155-161.
谢文智，2017. 城市土地利用与交通互动的系统动力学模型研究［D］. 武汉：华中科技大学.
闫文智，赵翔宇，王凯歌，等，2024. 农业水土资源耦合研究进展与展望［J］. 中国农业资源与区划（3）：1-12.
杨励雅，邵春福，2007. 城市交通与土地利用协调关系的数据包络分析模型［J］. 交通运输工程学报，7（6）：107-112.
杨婷婷，张雪妮，高翔，等，2022. 中国粮食省份间流通及对虚拟水土资源的影响［J］. 草业科学，39（8）：1686-1697.
姚健，2020. 基于系统耦合及 3S 技术的区域水土资源耦合模式的研究进展［J］. 农业技术与装备（8）：58-59.
于传岗，2011. 我国地方政府主导型土地流转模式、流转成本与治理绩效分析［J］. 农业经济（7）：49-50.
俞奉庆，蔡运龙，2003. 耕地资源价值探讨［J］. 中国土地科学（3）：3-9.
原玉廷，彭邓民，2013. 刍议马克思土地资本理论与我国土地改革现实：兼论构建中国特色土地经济学理论体系［J］. 经济问题（1）：23-26.
曾本祥，王勤学，封志明，等，1991. 生存空间理论探讨［J］. 中国人口·资源与环境（3/4）：64-69.
郑重，张凤荣，2008. 系统耦合效应与水土资源优化配置的诠释［J］. 石河子大学学报，8（8）：415-417.
周素红，杨利军，2005. 城市开发强度影响下的城市交通［J］. 城市规划学刊（2）：75-80，49.
Odette M V，刘艳芳，牛继强，2008. 区域交通与土地利用耦合关系研究［J］. 国土资源科技管理，25（6）：6-10.
IUCN，2018. World database on protected areas［EB/OL］. 2018-09-11. https://www. iucn. org/fr/node/26847.

Alvarez T C, 2008. Don't take my sunshine away: right-to-light and solar energy in the twenty-first century [J]. Pace Law Review (28): 558.

Ashwini K, Verma R K, Sriharsha S, et al., 2023. Delineation of groundwater potential zone for sustainable water resources management using remote sensing: GIS and analytic hierarchy approach in the state of Jharkhand, India [J]. Groundwater for Sustainable Development, 21: 100908.

Barlowe R, 1986. Land resource economics: the economics of real estate [M]. 4th ed. Englewood: Prentice-Hall.

Barzel Y, 1997. Economic analysis of property rights [M]. 2nd ed. Cambridge: Cambridge University Press.

Bjork G C, 1982. Life, liberty and property [M]. [S. l.]: Lexington Books.

Brown L R, 1995. Who will feed China? wake-up call for a small planet [M]. New York: W. W. Norton & Company.

Burchell R W, Lisokin D, 1982. Energy and land use [M]. New Brunswick: Rutgers, The State University of New Jersey.

Butlin J A, 1981. Economics and environmental policy [M]. London: Longman.

Christopher G L, Nancy E B, 2000. Evidence of the effects of water quality on residential land prices [J]. Journal of Environmental Economics and Management, 39 (2): 121-144.

Dong J, Zou G T, 2012. Semantic network method of urban design scheming [J]. Advanced Materials Research, 368-373: 3384-3387.

Dulal S, Rouf K A, Muhaiminul I, 2019. Exploring the connections between land use and transportation: a case study of Shaheb Bazar to Rail Gate Road, Rajshahi City [J]. LOGI, 10 (1).

Ernesto L, Claudia S, Nicolás H, et al., 2023. Land and housing price increases due to metro effect: an empirical analysis of Santiago, Chile, 2008—2019 [J]. Land Use Policy, 132: 106793.

Fatichi S, Pappas C, Ivanov V Y, 2016. Modeling plant-water interactions: an ecohydrological overview from the cell to the global scale [J]. WIREs Water (3): 327-368.

Gao B, 2019. Can land marketization improve the income gap between urban and rural areas: empirical evidence from 232 cities at and above the prefecture level in China [J]. J. East China Norm. Univ, 51: 140-149.

Gibson G R, Campbell J B, Zipper C E, 2015. Sociopolitical influences on cropland area change in Iraq, 2001—2012 [J]. Applied Geography, 62: 339-346.

Gorantiwar S D, Smout I K, 2006. Model for performance based land area and water allocation within irrigation schemes [J]. Irrigation and Drainage Systems (20): 345-360.

He Y, Wang Z, 2022. Water-land resource carrying capacity in China: changing trends, main driving forces, and implications [J]. Journal of Cleaner Production (331): 130003.

Illingworth V, 2009. Penguin dictionary of physics [M]. London: Penguin Books Ltd.

Jayanthi M, Kumaran M, Vijayakumar S, et al., 2022. Integration of land and water resources, environmental characteristics, and aquaculture policy regulations into site selection using GIS based spatial decision support system [J]. Marine Policy, 136: 104946.

Jensen M E, 2007. Beyond irrigation efficiency [J]. Irrigation Science (25): 233-245.

Johnson D L, Ambrose S H, Bassett T J, et al., 1997. Meanings of environmental terms [J]. Journal of Environmental Quality, 26 (3): 581-589.

Lalehzari R, Asce S M, Nasab S B, et al., 2016. Multiobjective management of water allocation to sustainable irrigation planning and optimal cropping pattern [J]. Journal of Irrigation & Drainage Engineering: 05015008.

Latinopoulos D, 2009. Multicriteria decision-making for efficient water and land resources allocation in irrigated agriculture [J]. Environment, Development and Sustainability (2): 329-343.

Lin G, Yi F, 2011. Urbanization of capital or capitalization on urban land? land development and local public finance in urbanizing China [J]. Urban Geogr, 32: 50-79.

Lowry I S, 1964. A model of metropolis [M]. Santa Monica: Rand Corporation Press.

Macmillan D C, 2000 . An economic case for land reform [J]. Land Use Poliey, 17: 49-57.

Mankiw N G, 2020. Principles of economics [M]. Boston: Cengage Learning.

Nirala S K, 2010. Optimal allocation of land and water resources of the Hirakud command [J]. Environment and Ecology (3B): 2129-2135.

Oh Y T, Kim T H, Park J J, et al. , 2009. An empirical analysis of influencing factors toward public transportation demand considering land use type Seoul subway station area in Seoul [J]. KSCE Journal of Civil and Environmental Engineering Research, 29 (4D): 467-472.

Singh A, 2016. Optimal allocation of water and land resources for maximizing the farm income and minimizing the irrigation-induced environmental problems [J]. Stochastic Environmental Research & Risk Assessment, 31 (5): 1-8.

Straatman B, Hasbani J G, Tang T, et al. , 2011. Linking a land-use cellular automata with a water allocation model to simulate land development constrained by water availability in the Elbow River Watershed in Southern Alberta [J]. Geomatica, 65 (4): 365-374.

Veldhuisen J, Timmemans H, Kapoen L, 2000. PAMBLS: a regional model based on the microsimulation of daily activity travel pattens [J]. Enviromentand Planning A (3): 427-443.

Wegener M, Fürst F, 2004. Land-use transport interaction: state of the art [OL]. SSRN 1434678.

Zhang S L, Yang D W, Yang Y T, et al. , 2018. Excessive afforestation and soil drying on China's Loess Plateau [J]. J Geophys Res-Biogeosci (123): 923-935.

Zhu D, Li Y, Zhang L, 2021. On the nature and source of land price [J]. China Land Sci (35): 1-6.

第八章　土地利用

第一节　土地利用原理

一、土地利用的内涵阐释

（一）土地利用的不同理解

在一万多年前的新石器时代，人类已经开始了有目的地干预利用土地的自然再生产过程，以增加食物和其他生活资料的生产能力。但是，迄今为止，人们对土地利用含义的认识尚不一致。不同的学者从不同的角度对土地利用的内涵进行了认识和阐述，几种代表性观点如下：

1）以土地利用经济属性为出发点的理解。一是认为，土地利用是指人类通过特定的行为，以土地为对象或手段，利用土地的特性，获得物质产品和服务，满足自身需要的经济活动过程。这一过程是人类与土地进行物质、能量、价值和信息交流及转换的过程（毕宝德，2001）。这种观点是把人作为主体，把土地作为一种劳动对象，利用土地的功能来获得满足人们需要所进行的一种经济活动。二是认为，土地利用是人们根据土地资源的特性、功能和一定的经济目的，对土地的使用、保护和改造（刘书楷，1999）。这种观点侧重土地利用的过程。在这里人仍然是主体，要根据土地的特性，在利用和改造土地的同时要保护土地。三是认为，土地利用就是指对于某一国家、某一地区、某一单位之土地，在社会需要的不同方向上，在国民经济各个不同部门之间，在各个不同项目上的分配和使用（周诚，1999）。这种观点强调的是土地资源的配置，认为土地利用是在一定的区域范围内，根据人们需求的不同，在各个部门之间的配置。国外也有学者认为，土地利用通常被视为人类对土地资源的使用与安排（Turner et al.，1994）。四是认为，土地利用实质上是一个自然、经济、社会和生态等多种类型的子系统有机复合而成的生态经济的持续运动过程（刘彦随，1999）。这种观点是把土地利用放在自然、经济、社会和生态这样一个大的系统中来考察，强调的是土地利用系统，是从系统论的角度来阐述土地利用的。五是认为，土地利用是一个特定地区内的自然、经济和技术条件共同作用的产物（陈百明，1996）。这种观点是侧重影响土地利用的各要素，这里包括自然要素、经济要素以及技术进步，等等。

2）以土地功能为出发点的理解。一是认为，土地利用就是指由土地质量特性和社会土地需求协调所决定的土地功能过程（王万茂，2004）。这种观点强调土地利用应该把土地本身的质量与社会需求结合在一起。二是联合国粮农组织（FAO）认为，土地利用是由自然条件和人为干预所决定土地的功能。联合国粮农组织（FAO）侧重土地利用是主体和客体相互作用，即人和土地的相互作用所决定土地的功能。

3）以土地利用对人的需求为出发点的理解。一是认为，土地利用是指人类对特定土地投入劳动力资本，以期从土地得到某种欲望的满足（林英彦，1995）。这种观点强调人利用土地，对土地进行投入以获得人类所需要的某种需求。二是认为，土地利用是指人类通过一定的行动，以土地为劳动对象（或手段），利用土地的特性，来满足自我需要的过程（国家土地管理局土地利用规划司，1991）。这种观点强调对土地的索取。

4）以土地利用时空角度为出发点的理解。印度学者曼德尔认为，土地利用是指既定时间、空间和特定地点的一切已开发和空闲土地的表面状况。印度学者曼德尔主要是以土地利用的时间和空间维度出发，强调土地的表面利用。

此外，也有学者从社会学和政治学视角出发，认为土地利用本质上更是关于权力与资源的分配问题，通过权力分配与利益协调，促进土地资源的可持续利用与开发（Haar et al.，2010）。

（二）土地利用的内涵本质

虽然人们对土地利用含义的认识并不统一，在文字表述上也各有差异，但是，从土地利用行为的缘起来看，土地利用是针对人的需求而展开的。因此，可将其定义如下：土地利用是指人类通过特定的行为，以土地作为劳动对象或手段，利用土地的特性来满足自身需要的过程。满足自身需要包括满足人类生产和生活需要以及满足人类生存舒适的需要。例如在土地上建造房屋以便居住，或在土地上种植农作物以便得到粮食，或在土地上建设球场以便从事体育运动等。土地利用可以根据利用方式分为生态利用、空间利用、景观利用和自然利用4种既联系又有区分的不同类型：

1）土地的生态利用。是指土地作为生态系统通过物质循环和能量转化生产植物、动物等生物性产品的过程。生态利用的核心是生产利用，主要是直接提供了人类生存所必需的基本农产品，如粮食、棉花、油料、肉类等；生态利用的另一个维度是增加植被覆盖，起着改善环境、维护生态平衡的作用。在生态意义上，土地是可更新资源，简单地说土地是不可更新资源，认为土地是不可更新资源的表达是不准确的。例如，余姚市河姆渡遗址发现，7000年前，先祖就已在余姚这块土地上种植水稻，可是至今余姚人仍在同一块土地上年复一年地收获水稻产品。

2）土地的空间利用。是指利用土地的空间特性，为人类各种生产和生活活动提供场地、基地和操作空间。对于工业、商业、住房、运输等非农产业，土地的空间利用尤为重要。土地空间是有一定规模的，在一定时期内，随着社会经济活动的延伸，可利用的土地空间必然日益减少。从这种意义上说，作为空间的土地与不可更新资源有一定的相似之处。当然，作为空间的土地与矿产等不可更新资源还是有区别的，前者可以再开发、再利用，后者在开发利用中则不可避免地逐渐耗尽。

3）土地的景观利用。是指利用土地的景观功能发展旅游、娱乐业等，它也是现代土地利用的一种重要方式。景观利用与生态利用、空间利用有不同之处，它主要利用土地的美学价值和观赏价值，而不是它的自然物质。

4）土地的自然利用。是指那些如果被开发便会造成严重环境伤害的土地，包括具有稀缺性、不可替代性、历史古迹文物、易受自然灾害破坏等环境敏感的土地类型，如自然保护地、森林公园、风景名胜区、世界文化自然遗产、地质公园等。土地景观利用与土地自然利用在某些地域会有一些交叉，但存在着本质性的差别，就是土地自然利用需要实施更严格的保护乃至禁止任何开发。同一块土地，可以同时包含上述两种或更多种利用。

总体上，土地利用，就生产力方面看，它为一切生命的滋生、存在和繁衍提供了条件，为人类进行生产和生活提供了场所，为社会生产奉献着一切初始的物质基础；就社会关系而言，土地利用还反映了人与人，人与地的种种关系，决定着人们在生产生活过程中所建立的社会关系和利益分配机制。土地是土地利用的基本要素，但不是唯一的要素。只有将土地、劳动、资本、技术、信息、管理等紧密结合在一起，才能使土地的功能得到充分发挥，以满足人类的种种需要。

土地利用是人类社会生产活动随着人类的出现而产生的。在原始捕猎阶段，人类只是自然食物的采集者和捕食者，主要是利用土地，视土地产品为人类所需的食物来源。随着社会生产力的发展，人类社会出现了农业和畜牧业，为了扩大种植面积，采用刀耕火种、不合理垦荒、破坏草原、砍伐森林等措施，导致了严重的水土流失、河流泛滥、风沙危害和土地盐渍化、沼泽化。随着大工业的兴起和农业化学的发展，在提高粮食单产的同时，使土地和环境遭受污染。这一切都是由不合理的土地利用带来的严重后果，促使人们冷静地思考人类在自然界的位置，重新审视土地利用的本质问题。

土地利用实质上是一个自然、经济、社会和生态等多种因素相互作用的持续运动过程，其本质是一种人地关系，是人类为了满足某种欲望对土地实施干预的过程，是人地关系的首要问题，也是人地关系的核心问题。它是土地自然生态子系统和土地社会经济子系统以及人口子系统为纽带和接口耦合而成的复合系统。在人地关系中，人居于主导地位而起着决定性作用，因而土地利用的状况和能否为人类社会发展提供必需的物质资料及其满足的程度，不仅取决于自然环境的条件，而且取决于人付出的劳动、资本和技术投入。就人的因素而言，人的能力、素质及利用土地的愿望以及方法等极为复杂，土地利用的实践要求因人、因时、因地遵循客观规律，包括自然规律与经济规律。土地利用中人与土地的关系呈相互交织作用的状态，既受经济规律的制约，又受自然规律的支配。人们可以依据一定的经济目的自行选择和决定如何利用土地，同时又受到自然条件和自然规律的约束。因为土地利用既涉及人这一主体，又涉及土地这一客体。这就要求人们对土地利用的研究，必须从人地关系的动态发展着眼，从时间、空间上综合考虑人地关系的相互作用。

人口数量与质量是决定土地利用的根基性要素。人口增加除了会引起粮食需求增加外，同时也会引起住宅、工厂、休闲娱乐、交通水利等设施用地的需求增加，还会引起产业结构和社会需求结构的变化。因土地数量与位置固定，由此会引起土地利用的竞争及土地变更使用等问题。由于各种土地利用都是为满足人的需求而进行的，而人类需求的程度会随人口数量及人口素质而变化，因此土地利用方式、结构和布局也会随着人口的变化而改变。人口除了有总量上的增减之外，还会造成区域性的流动，尤其是随着城市化进程的推进，大量农村地区人口向城市集中，欠发达地区向经济发达地区集中，从而形成区域之间发展的不平衡，如何促进区域统筹发展也成为土地利用的基础命题。

土地利用研究的核心问题，是围绕如何处理好人与土地之间的相互作用关系而展开的，它以促进人地关系的和谐、实现人地系统的持续发展为终极目标。拟解决的重大科学问题主要体现在以下几个方面：

1）人类需求与土地利用之间的相互作用过程、时滞、惯性和动力机制，包括土地利用系统协调发展的概念框架和创新模型。

2）如何确定不同类型和不同区域土地利用系统的脆弱点、恢复力、限制、边界、退化风险、激励结构、可持续性轨迹、长期趋势和演变规律。

3）怎样才能将土地利用系统中独立的规划、监测、评价、决策支持、市场结构、社会标准和科学信息最大限度地整合成为更有效的社会学习和管理系统。

4）土地利用系统安全运行的尺度效应、层级、测度、评价、利益平衡、权利关系、行动结构及其社会学、管理学和决策学原理。

5）土地利用系统中自然科学和社会科学研究方法、技术工具和模型系统的综合集成和开发。

（三）土地利用的基本特点

地球上的每一片土地，都有各自的一段历史。同一块土地，既可以做生态利用，也可以做空间利用，还能做景观利用。例如，一个造型别致的城市公园，就同时包含了空间利用和景观利用；而所谓观光农业，则同时包含了生态利用、空间利用和景观利用。土地利用随着社会的发展而不断变化，不同历史时期有不同的特点，反映着人类对土地利用认识的发展。土地利用变化是人类活动作用于自然资源与环境的一种最为显著的表现形式，其发生和发展有两个前提：一是土地利用类型与利用方式转换的可能性，它受到区域自然地理环境背景的直接控制，主要包括气候、地貌、土壤，以及原生土地覆盖类型等；二是人类活动的干扰，主要表现为人类影响的可达性与频率以及对土地利用方式的选择。包括人口分布、交通状况、社会需求，以及经济产业结构等。对于具有区域尺度特征的土地利用变化，国家政策引导会起到关键的作用。尽管如此，土地利用还是会呈现出以下基本特点：

1）土地利用方式的相对分散性。土地具有位置的固定性和位置的差异性，对土地只能是因地制宜地分别加以利用，因而土地利用方式是相对分散的。这一特点在农用土地上表现得更为明显。农业（种植业）是利用绿色植物从土地中吸取营养物质，将太阳的光、热能转化为生物能，生产农产品。并不是所有的土地都进行上述过程。因此，农业生产只能是根据土地质量（土壤）状况及环境分散地进行利用和生产。土地利用方式相对分散这一特性，要求人们在利用土地时要进行区位选择，并注意地区间的交通通信联系，以提高土地利用的综合区位效益。

2）土地利用方向变更的困难性。一宗土地往往有多种用途，当土地一经投入某项用途之后，欲改变其利用方向，一般来说是比较困难的。这首先受土地自然条件的限制。如在北方寒冷地区不能改种热带和亚热带植物（如橡胶、柑橘等），在海拔几千米并缺乏水源的地区不能建设现代化工厂等。其次，由于在工农业生产上轻易变更土地利用方向往往会造成巨大经济损失，因而是不合理的。在农业生产中，由于农作物生长周期较长，在生长周期没有结束时，改种其他作物或做其他用途，势必造成一定的经济损失；林木等多年生植物，生长周期更长，投入的资金和劳动更多，任意改变土地用途经济损失很大。在建筑业和其他非农产业中，建筑物和其他设施使用周期很长，如果在建成后随意改变土地利用方向，其经济损失将更为巨大。土地利用方向变更困难这一特征，要求人们在确定土地利用方向时，一定要进行详细勘察，做出长期周密的规划，决不能朝令夕改，任意改变土地用途。

3）土地利用报酬递减的可能性。土地供给的稀缺性要求人们集约地利用土地。在土地利用过程中，为了追求更高的经济效益，人们在同一块土地上不断地追加人力、物力和财力投入，以求得产品不断增加时，由于“土地报酬递减规律”的存在，在技术不变的条件下，最终会出现其产出物的增加低于人们在这块土地上投入物的增加，乃至出现负值的现象。这个规律在农用地中的表现最为明显，这就要求人们在利用土地增加投入时，必须寻找在一定技术、经济条件下投资的适合度，确定适当的投资结构，并不断改进技术，以便提高土地利用的经济效果，防止出现土地报酬递减的现象。在非农建设用地中也同样存在着这样的规律。

4）土地利用后果的外部性。外部性是指一项经济活动不仅决定着自己的经济效益，还给活动以外的第三者或者社会带来影响。如果这种影响降低了第三者的福利水平，就是外部不经济；相反，如果这种影响提高第三者的福利水平，就是外部经济。土地是自然生态系统的基础因子，土地互相联结在一起，不能移动和分割，这是由于土地的自然属性所决定的。因此，每块土地和每一区域不合理的土地利用，不仅影响本区域内的自然生态环境和经济效益，而且必然影响到邻近地区甚至整个国家和社会的生态环境和经济效益，产生巨大的社会后果。例如在一块土地上建设一座有污染的工厂，就会给周围地区带来环境污染；在一个城市中心的繁华地段建设一座占地很大而单位面积效益较低的仓库、停车场等，不仅使该地段的土地效益不能充分发挥，而且还影响城市繁华地段综合效益的提高。可以看出，任何土地利用都离不开周围其他土地，并对其产生影响，如果不加以限制，必然会导致土地利用的相互干扰，从而使土地利用效率降低，社会经济混乱。正是由于土地利用后果的巨大外部性，要求任何国家都要以社会代表的身份，对全部土地的利用进行宏观的规划管理、监督和调控。

5）土地利用的永续性。土地是一种可更新的资源，在一定条件下不会因使用而减少和消失。虽然土地可能因不当的利用方式不同而改变其性质或出现退化，但它的面积和空间位置是不会改变的。在农业土地利用的过程中，土壤养分和水分虽不断地被植物吸收和消耗，但是通过施肥、灌溉、耕作、作物轮作等措施，可以不断地得到恢复和补充，从而使土壤肥力处于一种周而复始的动态平衡中。土地若能合理利用，其生产能力不但不会随着时间的推移而丧失，相反，还会随着科学技术的进步而得到提高。因为，土地具有“储蓄银行”的作用，投入土地的活劳动和资本，除转化为农产品外，其余部分则凝聚在土地中。同时，随着科学技术的进步及其在农业中的应用，可以更好地将土壤中的有效肥力释放出来，从而提高土地生产力。人类祖先使用过的土地至今仍在周而复始地使用，这一事实充分证明了土地利用具有可持续性。但必须指出只有处理好用地和养地之间的关系，保持土地中各种生态因子之间的动态平衡，才能使土地生产力得以不断提高，土地利用才能不断更新。保证土地永续利用并不断提高土地的生产潜力，是人类所面临的一个极其重要而持久的任务。

6）土地利用的动态性。土地利用不是一成不变的，它是一个动态过程。土地的用途，土地资源的分配，土地利用效益是随着社会经济因素和自然因素的变化而不断变化的。地球表面原是一片原始自然状态，人类早期的土地利用方式是向自然生态系统直接索取，如采集、狩猎等。定居生活的开始使原始农业成为主要的土地利用方式，这是人类历史上土地利用方式的第一次重大转变。在自然因素和社会经济因素作用下，原始森林逐渐缩小，耕地逐渐扩展。18 世纪后期，人类社会开始了工业化进程，工业化与城市化相伴而生，城市迅速发展，大量人口涌入城市，城市规模迅速扩张，城镇用地又不断吞食着耕地。生产的发展，科学技术的进步，又使不少沙漠变成了绿洲，荒芜的不毛之地变成了良田，土地利用的集约程度和效益不断提高。当然，不排除在某个时期、某个地区，土地利用的逆向变化。

7）土地利用的区域性。地球幅员辽阔，土地资源分布极不均衡。国家之间、区域之间土地资源禀赋不同，土地利用差异显著。而不同区域自然条件、经济发展水平和所处的发展阶段不同也加剧了土地利用的区域性。过去一个时期，由于缺乏对土地利用区域性的认识，对区域土地利用的统筹协调力度不够，使得区域差异拉大，产业结构趋同，重复建设严重、资源不合理利用及生态环境恶化等问题日益突出。在区域问题上，土地利用需要更注重区域内和区域间的协调发展。

（四）几个相关概念的区分

1）土地使用。由于土地具有用途多样性的特点，使得一块土地在进行利用之前面临作何种利用更为有利的选择性问题。而这种用途的选定，需要考虑经济、社会和生态等效益，因而必须进行土地利用的战略分析和规划设计。故谈到土地利用，并非单纯地指对一块土地投入劳动、资本和技术，还包括利用的选择与规划设计等意义在内。一般而言，土地利用是指全国、某一区域、某一单位的全部土地而言，是指在这个范围内的土地在不同用途上的开发利用活动。而土地使用则是指通过投入人力、物力，具体地发挥某一块土地的使用价值。相对而言，土地利用具有宏观性、全局性、抽象性，而土地使用则具有微观性、局部性、具体性。土地利用涵盖的意义比土地使用更为广泛。土地利用与土地使用在学术意义上虽然有上述之差别，但在一般用语上并不做严格区分。

2）土地集约利用。土地集约利用是土地粗放利用的对称，可以分为农业土地集约利用和城市土地集约利用两大部分。一般用单位面积上的资本、劳动、技术的结合程度表示土地利用的集约度。土地利用集约度的提高是有限度的，它遵循土地利用报酬递减规律。理论上，当对土地进行连续投入资本和劳动力达到经济上的报酬递减点，即边际收益等于边际成本时，经营者将不会再提高追加投入，这一临界点就是土地利用的集约边界，达到了集约边界的土地利用称之为理论上的集约利用。反之，未达到集约边界的土地利用称之为理论上的粗放利用。所谓农业土地集约利用，是指在一定面积的土地上，集中地投入较多的生产资料和活劳动，使用先进的技术和管理方法，以求在较小面积的土地上获得高额产量和收入的一种农业土地利用方式。城市土地集约利用的概念是从农业土地集约利用引申而来的，由于城市土地利用的特殊性，其内涵远比农业土地集约利用丰富和复杂。迄今为止，中外学者关于城市土地集约利用的概念和内涵尚未达成共识。由于城市功能的多样性，城市土地利用价值或效果很多方面不是经济指标所能衡量的，也就是说其集约度很难简单地采用经济投入产出指标对土地集约状况进行衡量或评价。因此，通常认为城市土地集约利用是在特定时段、特定区域内的一个动态的、相对的概念。国际上，通常用容积率、资本密度、技术密度等来表征城市土地的集约利用水平。

3）土地合理利用。土地合理利用是一个并不清晰的概念，合理与不合理既涉及工具理性，又涉及价值理性，目前还缺乏基本共识。一般认为，土地合理利用就是通过一系列的手段和组织，根据土地的不同类型、性质和生态环境条件，选择土地的最佳开发利用目标和途径，最大限度地发挥资源的优势和结构功能，以取得令人满意的生态、经济和社会效益的土地利用行为。土地合理利用评判的标准主要有以下几方面：①土地利用方式与土地适宜性是否一致；②土地利用是否符合社会的长远利益；③土地是否得到了节约集约利用；④土地利用是否取得了较高的经济效益，并取得了良好的环境生态和社会经济效益；⑤土地是否可以保持永续利用。土地合理利用是一种良性土地利用的结果，而相对于土地集约利用来说，土地合理利用涉及的内容和范围要比集约利用更为广泛。

4）土地可持续利用。土地可持续利用的思想是 1990 年 2 月在新德里由印度农业研究会美国农业部和美国 Rodale 研究中心共同组织的首次国际土地持续利用系统研讨会上正式确认的。以后又分别于 1991 年 9 月在泰国清迈举行了发展中国家持续土地管理评价国际学术研讨论和 1993 年 6 月在加拿大莱斯布里奇大学举行了 21 世纪持续土地管理的国际学术研讨会，这两次会议的主要结果是提出了可持续土地管理（利用）的五大基本原则和评价纲要。土地可持续利用是指当代人的土地利用不能对后代人的土地利用构成危害。它有 5 个评价标准：①生产性。土地利用方式有利于保持和提高土地的生产力，包括农业和非农业用途的土地生产力以及环境美学方面的效益。②安全性。有利于降低生产风险的水平，使土地产出稳定。③保护性。保护自然资源的潜力和防止土壤与水质的退化，即在土地利用过程中必须保护土壤与水资源的质与量，以公平地给予下一代。④经济可行性。如果某一土地利用方式在当地是可行的，那么这种土地利用一定有经济效益，否则肯定不能存在下去。⑤社会可接受性。如果某种土地利用方式不能为社会所接受，那么，这种土地利用方式必然失败。

土地可持续利用与土地合理利用两个概念的联系大于区别。土地合理利用是土地可持续利用的基础和条件，土地可持续利用是土地合理利用的判断标准和前提。在通常情况下，土地可持续利用更加关注时间的连续性和长期性。例如在以代际为期的长时间尺度上，严格控制农用地转化为建设用地，在某几年之内可能是不合理的土地利用方式，在更长的时间尺度上可能是可持续的利用。

二、土地利用的基础理论

（一）土地利用的生态理论

土地利用是地球各类生态系统得以维持的关键因素。在土地利用等人类活动的驱动干扰下，自然生态系统的状态将会随之变动，一旦突破临界阈值，将会导致状态转移，导致土地生态系统退化。土地利用的生态学理论，主要包括以下 5 个方面。

1）生态系统结构理论。任何生态系统都具有特定的结构，不同的结构决定了生态系统的不同功能。所谓生态系统结构，是生态系统中的组成成分及其在时间、空间上的分布和各组分间的能量、物质、信息流的方式和特点。通常认为，生态系统的结构包括：物种结构、时空结构和营养结构 3 个方面。按照生态系统结构理论，土地利用在物种结构方面，应当保障物种的多样性，由此才能有利于系统的稳定和持续发展；在时空结构方面，要有利于充分利用光、热、水、气、地资源，提高光能的利用率；在营养结构方面，要有利于实现生物物质和能量的多级利用和转化，形成一个高效的、无废物的系统。维护生态系统的结构平衡，是土地利用需要优先考虑的问题。

2）生物群落演替理论。生物群落的演替是指在生物群落发展变化过程中，由低级到高级，由简单到复杂，一个阶段接着一个阶段，一个群落代替另一个群落的自然演变现象。在通常情况下，开始是先锋植物侵入遭到破坏的地方并定居和繁殖。先锋植物改善了被破坏地段的生态系统后，随着其他更适宜物种的生存和繁衍，比如更能忍受有限的资源或具有更大的竞争优势，先锋植物逐步被取代。在遭到破坏的群落地点所发生的这一系列变化就是演替。演替有原生演替和次生演替两种基本类型，发生哪一种类型的演替由演替过程开始时的土地条件所决定。无论是原生演替还是次生演替，都可能通过人为手段加以调控，从而改变演替速度或方向。土地利用需要在生物群落演替理论的指导下，通过物理、化学、生物或工程等技术手段，调控土地生态系统的演替过程和发展方向，恢复或重建生态系统的结构和功能。

3）竞争和生态位理论。任何物种的生存和发展，都离不开资源的保障。在资源稀缺的情景下，出于生物的本能，物种便会开始资源竞争。资源竞争是指物种对空间、营养物质、光等资源的竞争，竞争分为种内竞争和种间竞争。从微生物、浮游植物到高等植物，及至浮游动物的实验都表明，资源供给浓度会影响或决定一个种群数量的衰退、增长或维持不变。生态位是指每个个体或种群在种群或群落中的时空位置及功能关系，它表示生态系统中每种生物生存所必需的生境最小阈值。在自然环境里，每一个特定位置都有不同种类的生物，其活动以及与其他生物的关系取决于它的特殊结构、生理和行为，因而每种生物都具有自己的独特生态位。具体来说，每一种生物均占有各自的土地空间，在群落中具有各自的功能和营养位置，以及在温度、湿度、酸碱度、氧化还原电位等环境变化梯度中所居的地位。一个种的生态位，是按其食物和生境来确定的，生境是指某个种的个体或群体为完成生命过程需要的、一定面积上的资源和环境条件。在土地利用工程中，要避免引进生态位相同的物种，尽可能使各个物种的生态位错开，避免种群之间的直接竞争，重视维持生态系统的生物多样性，例如采取灌木与草本搭配、冷季型草与暖季型草搭配、针叶林与阔叶林搭配等，以保证群落的稳定性。

4）生态适宜性理论。生态适宜性，是指在一个具体的地域空间范围内，环境中的要素为生物群落所提供的生存空间的大小及对其正向演替的适合程度。温度、湿度、食料、氧气、二氧化碳和其他相关生物等生态因子都会对生物生长、发育、生殖、行为和分布产生直接或间接的影响。任何一种生态因子只要不能满足生物的需要，或者超越生物的耐受范围，它就会成为这种生物的限制因子。这种影响生物生存发展的生态因素，存在着强度"阈限"的现象，称之为"因素限制律"。土地利用应该重视寻找土地利用的限制因子，重视生态适宜性评价，根据当地的气候、地形、土壤、水文、地质等来选择适合当地生长的生物种类，找出与当地环境相适宜的物种，使生物种类与环境因子相适宜。在干旱地区的荒漠化治理过程中，水是最重要的限制因素。如果种上杏仁桉树，一棵该树种每年能蒸发 175 吨的水，这不仅不能治理荒漠化，反而加剧了地下水的干涸。

5）生态平衡理论。一个生态系统能够长期保持其结构和功能的相对稳定性，例如，组成成分和数量比例持久地没有明显地变动，物质和能量的输入和输出接近相等，这种状态叫生态平衡（杨小波等，2000）。生态系统的相对稳定性有两层含义：一层意思是指生态系统的结构和功能长期、持久地保持相对不变，即具有长期的相对稳定性；另一层意思是指生态系统在环境改变和人类干扰的情况下，能通过内部的调整，以维持结构和机能的稳定。因此，生态系统的平衡是动态的平衡，它主要包括生态系统中各组分间相互作用的动态平衡、生态系统中能量和物质输出与输入间的动态平衡、生态系统中有机体与环境之间的协调一致或者说是资源利用与资源更新的动态平衡。生态系统本身能够维持相对平衡状态，是由于系统中每个营养级都会受到食物源和捕食者的限制，系统本身具有自我调节。但是，生态系统这种维护自身相对平衡的能力是有条件、有一定限度的，即对生态平衡的干扰不能超过系统本身的承受极限（被称作"生态阈限"）。当干扰因素的影响超过生态系统的生态阈限时，自我调节能力将随之降低或消失，从而引起生态失调，甚至造成生态系统的崩溃，具体表现在生态系统的营养结构破坏、有机体数目急剧减少、生产力衰退、物质循环和能量流动受阻等。生态系统维持其相对平衡的能力和自我调节的能力与生态系统的复杂性有关，一般来说，生态系统内部的生态环境类型越多、生物种类越丰富、结构越复杂，生态系统自我调节的能力越大，越容易保持平衡；相反，结构简单的生态系统不易保持平衡。例如，环境优越、生物种类复杂的热带雨林很少出现像温带森林，尤其是人工群落那样的昆虫"爆发"现象，就是一例。从热力学观点看，生态系统是一个开放的系统，它和自然界的其他系统一样，变化的趋势是熵的增加，放出能量，从有序到无序，最大的无序才称作"平衡"。地球表层的平衡就是"死寂"，意味着一切终止。如果强调"生态平衡"是"有序"的增加，根据热力学理论，生态系统是不能达到"平衡"的。生态系统的稳定性只能作为生态系统内各物种间存在的拮抗力的平衡，生态系统的"平衡"只能靠稳定因素起作用，即从外界不断地向系统输送能量（负熵流），才能维持系统的有序，即生态平衡是靠负熵流来维持的。在这种意义上，生态系统的不平衡是绝对的，平衡则是相对的，是要靠外加因素才能实现的。生态系统对于外界的干扰，在结构和功能上产生一系列应变措施，以维护其内部的稳定，它主要包括 4 个原则（温国胜，2013）：一是物质保护原则，即保证生态系统内部物质循环的连续性；二是生产保护原则，即生态系统的生产者总是调整自己以适应环境的变化；三是结构保护原则，即生态系统的结构是内稳态机制的载体，所有生态系统都有趋向于恢复因突变事件造成破坏的机制；四是关系保护原则，即发生在生态系统中的各种过程都是由群落内稳态机制控制的，稳态机制的作用导致群落对生境条件进行调节，尤其是使某些因素和压力造成的波动减少。从人类的利益出发，要求人们根据生态系统的客观规律，持续不断地来调控土地生态系统，以维持土地生态系统的相对平衡。土地生态平衡的调节主要通过系统的抵抗力、恢复力、自治力以及内稳态机制来实现。①抵抗力。它是土地生态系统抵抗外部干扰、维持系统结构功能原状的能力。抵抗力与系统发育程度有关，发育越成熟，结构越复杂，抵抗力越强。例如，森林系统抵抗病虫害的能力一般比农田系统强，热带森林又比温带森林强。环境容量、自净力都是系统抵抗力的表现。②恢复力。它是指土地生态系统遭受外部干扰后，系统恢复到原状的能力。土地生态系统的恢复能力常是由生命系统的生命力和种群世代延续的基本特征决定的。一般而言，生物的世代短、结构比较简单的土地生态系统恢复力强。③自治力。它是指土地生态系统对于发生在内部的各种现象的自我控制能力。如果土地生态系统内物质和能量的资源量大于环境的交换量，则系统有足够能量和物质的保持量以支持生态系统稳定；如果土地生态系统内物质和能量的资源量小于环境的交换量，则在外部条件波动的情况下，没有足够的能量和物质以抵抗外部压力的支配。④内稳态机制。它是指内部组织和结构的一种调节功能，即调节能量流动和物质循环的能力，调节土地生态系统中各种成分之间营养关系的能力。

（二）土地利用的区位理论

区位理论也称区位经济学、地理区位论，是关于人类活动的空间分布及其空间中相互关系的学说，主要研究人类经济行为的空间区位选择及其优化组合（田莉等，2016）。土地利用的区位理论，是阐明某种土地利用的适当区位该如何选定，或是在一定的场所该进行何种形式土地利用的理论。所谓区位是指如住宅、工厂、商店、学校、农场等所占据的场所或地段。这种场所或地段的基本属性，一般是以位置来表示的，故通常是将区位理解为以占据或应占据的位置。区位除了表示场所以外，还经常表示占据场所的行为。因此，土地利用区位理论主要指导人们为实现其目的如何寻求有利的场所，或在一定的场所上如何更有效地发挥其特性和功能。由于土地利用需要有各种条件来配合，例如住宅需要有学校、市场、医院、车站等，工厂需要有原料、运输、劳力等，商店需要有方便的交通与人群的集聚，农场需要农路水路设施及良好的气候和土壤条件，而这些设施或条件通常是固定的，因此要从事某种土地利用时，必须寻找符合其条件的立足点，而区位理论就是在探讨各种土地利用的最佳位置选择。区位理论在土地利用中具有如下指导意义。

1）当地的环境条件是限制土地利用格局的重要因素之一，位置的限制使利用生态格局和过程作为衡量土地利用效率和可持续性模式成为可能。重要的生态过程如基本的生产和分解速率，受土壤养分、温度、水分等因系的有效供应限制，这些因素有效供应的时间格局又受天气和气候的调节。在没有持续性人为管理输入的情况下，生态过程速率只是在一定范围内波动（如沙漠中种植农作物的灌溉）。长期缓慢的人类干扰有可能扩大这些范围。但不能完全超越位置的限制。例如，通过短期内增加沙漠高地水分的供应可以增加生产力，但这种较高生产力通常不能在干旱的土壤条件下长期生存，因为那里有高蒸散率和产生盐碱化等负面影响的存在。

2）土地利用方式要与当地的生态环境条件相匹配。农业生产要求有利的温度、土壤、养分和水分条件。这些是植物生长和提高生产力的主要限制因素，这些因素的时间格局是天气和气候控制的结果，它们限制着当地的农业生产和特定作物的适应性。利用植物对特定位置的适宜性和定位，在适宜的景观环境中的农业和自然植被斑块可以实现可持续的农业土地利用，缩小相邻区域的农业影响，并能实现更有效的资源利用。许多土地利用方式之所以失败，其原因就在于物种的组成和生态过程与当地的物理、化学及气候条件不匹配。

3）土地生态系统结构和功能的自然存在方式，提供了可持续的和具有生态基础的农业生产模式，只有适应了一个地区环境特殊限制的物种才能够在那里繁荣。由于土地覆被变化和土地利用强度增加而引起的物种消失，很可能不易被恢复和替代。

4）在当地区位条件限制下不能维持下去的土地利用，从长期和宏观角度来看代价是很大的：唯一合理的土地利用格局和方式是居住和产业、建设结构和景观设计必须与地方和区域的水文、气候条件以及生物地球化学循环相适应，推进景观、土地利用与自然资源的系统设计。

5）区位理论可以指引各种土地利用的最佳位置选择，有助于土地政策的推进和落实。例如，政府决定将部分农地供其他产业使用，但将何处农地为其他产业使用，这有赖于区位理论来予以决定，并由此建立良好的土地利用秩序。

土地利用区位选择理论的核心概念是“最适区位”，即在一定的市场需求和生产技术条件下，选择最合适的土地利用区位。但是，这一理论面临着多种挑战。一方面，随着城市扩张与经济发展，土地资源短缺问题愈发突出，需要更加科学的区位选择。另一方面，气候变化、环境污染、人文景观保护等因素也需要考虑进去，实现土地利用可持续发展。面对这些挑战，需要采取对策，如借助大数据等手段，提高土地利用决策的精准性和科学性，采用绿色开发、节约用地和精细化利用等可持续的开发方式，同时推进对可持续发展理念的认识，以期更好地引领城市发展和土地利用的协调进程。

（三）土地利用的时效理论

土地利用过程在或长或短的时间范围内进行着，其系统随时间而发生动态变化。在土地利用系统中，生物的新陈代谢过程可发生在秒到分钟的时间范围内，土壤腐殖质分解发生在几个小时到几十年内，土壤形成需要几十年到若干个世纪。该系统的动态变化随气候的变动既表现为季节间和年度间的规律，又表现为长时期的演替变化规律。土地利用时效理论认为对给定的土地类型和空间区位，土地利用潜力、容量和效益会出现随时间推移的动态变化，带动土地利用价值量的增加或减少。引起这种在时间尺度上动态变化的主要原因，在于人类对土地的利用，所涉及的自然、经济、社会、文化、环境和生态等因素是在动态变化的。例如，随着技术进步和人地对比关系的日益尖锐，大规模处于未利用状态的海涂变成了农用地或建设用地；随着高品质、高经济价值资源量的减少以至最终枯竭，原长期用作矿山或工业使用的土地，将被弃置或复垦后用于农、林、牧、娱乐等产业。时效理论在土地利用中具有以下指导意义：

1）土地利用系统当前的组成、结构和功能无不是发生在几十年前至若干个世纪前的历史事件或状况的部分结果。一个土地利用系统能够反映出过去土地利用所遗留下来的物种或土壤特征（Foster，1992；Motzkine et al.，1996）。因此，历史信息对于了解土地利用系统的本质是非常必要的，包括它对土地利用变化和其他干扰的反映，这就使当前的土地利用能够借鉴以往土地利用中的经验教训来限制和影响未来的土地利用方式。

2）人类行为对土地利用系统的影响常常多年后才被发现。这是由于系统的时滞效应造成的，即任何土地利用系统在给定一个输入后都要在若干时间后才能有响应输出。例如，养分输入的改变可能会使植物的生长速度和物种组成发生变化（Inouye et al.，1995），相应的植物群落中的这些变化也会使土地利用系统中较高一级的营养级、养分库和土壤中的有机物发生改变，且这些变化还会在土地利用系统中逐级传递下去，而所有这些变化都是在慢慢地发生，并不会在瞬间完成。再例如，城市土地出售以后，通常需要3~5年才能开发出土地产品（楼房）。人们的实际效用是对楼房的需求而不是土地，如此一来，土地供应所反映出的楼房需求就具有滞后性。

3）土地利用的结果会使发生了的景观长时期存在，这就使未来的土地利用在几十年或若干个世纪中受到影响和限制。例如，高强度的皆伐将剧烈地改变森林景观，并使林地数十年停止收获（Wallin et al.，1996），围湖造田对改变水害也同样会带来长期的滞后影响。人们想迅速地恢复到从前的生态状况通常是不可能的，或许也不应该这样期望。

4）以土地利用系统结构和过程为特征的变动和改变意味着对土地利用和管理的长期影响可能是很难预测的。其中主要原因是将土地利用及长期影响视为低频率事件而被忽略，这将导致对土地利用系统的干扰进一步加剧，因为类似这样的低频率事件如百年一遇的洪水或暴雨事件（Dale，1998）的发生周期都大于人的寿命（如森林演替）。当前的全球气候变化，尤其是极端气候的频繁发生，可能与工业革命以来土地利用不当有密切联系，而且对未来还会产生何种影响，存在着很大的不确定性因素。

5）当土地利用过程主要表现为追求资产目标时，土地利用将显示以下经济特征：①巨大的土地开发时间成本，包括等候成本和促熟成本。土地开发总要花一定的时间，在完成改良和开发并能够用于生产或消费之前一般需要花费几年时间。在这个过程中始终包含着货币的时间价值、风险和投机因子，开发项目在短期内还不能带来经济收入，由于不动产开发投入特别巨大，因而会大大增加土地开发的时间成本。所谓等候成本，可以定义为从土地经营者第一次投入资本和劳动力，到投资收回再用于下一次实际经营这段时间内，由于等候而产生的成本。等候成本主要有两类，即投资利息和在开发及正常销售阶段内所必须交纳的税金。所谓促熟成本，是指将土地资源从较低用途向较高用途转化的促熟过程中，由于财产持有所增加的成本。例如，一个土地开发者，开始可能认为在3年之内他可将其所有的地段出售掉，但实际上是他持有该财产的时间达5年之久，从而在后两年内要追加占有费用（利息和税金），它们构成了促熟成本。促熟成本的产生是由于开发者们过早开发，也由于在项目以其要价出售以前有必要进一步促熟。②土地资产呈现自身所特有的增值性。一般来说，对于所有人为建造物而言均存在一个折旧问题，即其建造物将会随着时间的推移而发生不同程度的磨损。但是，土地不会因时间推移而产生磨损，即土地不存在折旧现象。相反，土地不仅不存在折旧，反而会因人口的增加、经济社会的发展、人们生活水平的提高以及整个社会资本有机构成的增加等，导致人们对土地的需求增加，而土地的稀缺性又使得土地供应是有限和缺乏弹性的，因此土地将会呈现较为一定的增值趋势。当然，其增值程度在不同社会经济状态和不同区位是不同的，一般而言，社会稳定、经济发展的时候土地的增值性较明显，而城市市区和郊区的土地的增值性则相对较大。

（四）土地利用的干扰理论

干扰理论的基本内容是，干扰的类型、强度和持续时间，形成了种群、群落和生态系统的特征，干扰是使生态系统发生混乱的时间。干扰的分类有不同的标准，但最常见的是按照干扰的来源分为自然干扰和人为干扰两大类。自然干扰指无人为活动介入的在自然环境条件下发生的干扰，比如地壳上升、火山爆发、海啸等。它们常常对事件发生区的土地生态系统产生破坏性甚至毁灭性的影响。人为干扰是在人类有目的的行为指导下，对自然生态系统进行的改造或建设，比如围垦、放牧、工程建设等。人为干扰的方式多种多样，影响的空间范围可大可小，变化很大。而对某一土地生态系统的影响程度也有很大差异。如将一片森林或草地开垦为农田，就从根本上毁灭了原有的土地生态系统。而轻度或中度放牧则只是改变原有草原群落各物种在群落中的作用和比例，对群落的总体组成和基本性质影响较小。与干扰程度相对应的是系统的稳定性，它是指土地生态系统对干扰的抵抗能力及干扰过后的恢复能力。土地系统的稳定性应是系统各要素如气候、地貌、岩石和土壤、植被、水文等的稳定性之综合。除特殊情况下（风蚀、水蚀强烈的地区），非生命要素相对稳定，因此，在实际评价系统的稳定性时，主要考虑植被和动物要素的变化。植被和动物要素的稳定性表现在两个方面：首先是对干扰有较高的抵抗力（生物量较大的情况下）；其次是干扰后能快速恢复（生物量较小的情况下）。客观事物的稳定是相对的，系统的稳定无非是低的干扰强度遇上高的抗干扰性。干扰的影响在很大程度上受它们的强度、持续时间、频率、发生时间和空间效果（被影响地区的面积和形状）的限制，干扰对发生在地表和地下的过程均可以施加影响。干扰强度是指每次每单位面积上该事件的物理力（对火因素来说，每个时间段、每单位面积所释放的热量）。干扰频率是指在一个时间段内事件发生的平均次数。干扰理论在土地利用中的影响主要体现在：

1）改变自然干扰机制或可诱发新干扰的土地利用变化有可能引起物种的多度和分布、群落组成和生态系统功能的变化。土地管理者和规划者应该知道自然界中干扰存在的普遍性，高强度、低频率的干扰如飓风和百年一遇的洪水，将会对土地利用造成颠覆性影响。

2）由于土地生态系统具有时空动态性，因此土地利用政策设计应与干扰所诱发的土地变化进行综合考量，防止土地政策对土地生态系统造成不良后果。通过制定政策鼓励开发边际土地来补充耕地应建设占用所带来的损失，对于维护粮食安全是必要的措施。但需要综合考虑开发边际土地对生态环境所带来的负面后果，诸如对水土流失、生物多样性减少等造成的影响。

3）自然存在的干扰可以为土地利用实践提供一种建立于干扰基础之上的模式，但必须意识到自然和人工行为之间的确有很大的不同。例如，伐木有时被看作是天然森林火灾的代名词，但这两种干扰之间的一些生态属性和影响是绝对不同的。天然森林火灾可导致小规模土壤干扰，火灾之后大而粗的木头留下来慢慢腐化，这将使上好的燃料被消耗掉；伐木将导致显著的土壤干扰，当大树干被移走后，好的枝条依然存在。这样的树木移出将影响死亡的树木残留物所导致的自然结构和营养补充，进而强烈影响森林中的水分分布。

4）人类居住地对易于干扰的景观脆弱性，将很可能导致人文价值取向与自然干扰机制维护之间对于是否有必要保留这些景观的问题上存在冲突。例如，在周期性发生野火的林区，建造房屋将导致既危及人类生命也承担风险的双重压力。是否要保留这片森林景观，是会存在矛盾冲突的。人类必须在两种重要性之间进行选择，然后决定土地利用干扰的方向和强度，是搬迁居民点，还是砍伐这片森林景观。

5）国家及地方政策会强烈干扰土地利用的方式、方向、强度和效率。由于土地的公共资源或“准公共产品”属性使其在市场机制下难以得到有效保护或供应，土地利用的整体性和关联性使其外部性问题较之其他资源的利用和产品生产更加突出，土地的区位性和不可移动性、不可增加性使土地经营垄断易于发生，土地利用中的信息不对称和不完全问题日益突显增加了国家经济安全和粮食安全的风险，土地资源的自然禀赋差异和经营垄断等可能会拉大分配性不公，土地用途的难恢复性使宏观经济波动有演化为土地宏观失衡的危险。因此，许多国家和地方政府都会采取相应的政策对土地利用实行强有力的干预（扰）。土地利用的政策干预（扰），可以限制土地集中在少数人手中，可以影响土地利用的集约程度，可以改变土地利用的形态，可以促进或限制土地资源的开发，土地利用规划就是政府干预土地利用的典型案例。当然，政府对土地利用的干预也会存在失灵的问题，包括功能性失灵、制度性失灵和体制性失灵，造成土地的低效利用。

（五）土地利用的多样性理论

自然生态系统的演化规律告诉人们：多样性才有稳定性；社会人文系统演替的经验表明：多样性才能有多种选择的可能性，多样性是人类家园活力的根基。

生命基因是一种多样性的存在，地球上各类生物都有很高的遗传异质性。地球上的任何一个生命系统，都是由遗传多样性、物种多样性和生态系统多样性组成的共同体。这种生物多样性是地球生命共同体的血脉和根基，它不仅能满足人类对食品、药品、燃料、工业原料、游憩和审美等直接需求，还能有效调节气候、涵养水源、保持土壤肥力、净化环境，从而间接支持人类的其他生产生活活动。牛津英语词典中对多样性的定义是：“状态或品质在本质上的不同。”英国人 Rosenzweig 指出，多样性的概念包括两个基本组分和两个不可回避的价值判断。基本组分应为来源于不同客体可以统计的性质，无论这些客体是不同颜色的球、不同蛋白质的 DNA 物质、较高系统分类等级类型或土壤类型、生态景观中的生境地，它们都具备两个基本的特征：一是在一个混合体或样区中存在不同客体数目（如土壤类型）；二是不同类型客体的相对数量。价值判断则包括：一是所选择的级别可否具备显著的不同以此来区分客体的类型；二是属于某一特定级别的客体是否足够的相似并可以归为一类。多样性概念与分析方法广泛应用于生物物种的计量和分析等生态学研究中。通常认为，生物多样性是一个包括物种、基因和生态系统的概括性术语。1992 年巴西联合国环境与发展大会通过的《生物多样性公约》将生物多样性定义为：“所有来源的形形色色生物体，这些来源除其他外包括陆地、海洋和其他水生生态系统及其所构成的生态综合体；这包括物种内部、物种之间和生态系统的多样性。”

上述定义表明“生物多样性”包括所有植物、动物和微生物的所有物种和生态系统，以及物种所在的生态系统中的生态过程。因此，生物多样性通常被分为 3 类，即遗传多样性、物种多样性和生态系统多样性。遗传多样性是指遗传信息的总和，包含在栖息于地球的植物、动物和微生物个体的基因；物种多样性是指地球上生命有机体的多样化，虽然实际上已描述的仅 140 万种，但已被专家估计在 500 万至 5000 万种之间或更多；生态系统多样性与生物圈中的生境、生物群落和生态过程等的多样化有关。生物多样性的 3 个层次之间是相互依赖、密不可分的，尤以生态系统多样性作为物种多样性和遗传多样性的基础与存在保证。保护生态系统的多样性则维持了系统中能量和物质运动的过程，保证了物种的正常繁育与进化过程，以及物种与其环境间的生态学过程，从而保护了物种在原生环境下的生存能力和种内的遗传变异度。生态系统是由生物群落和生物群落环境这两个最基本的要素组成的，而生物群落是生态系统的核心。由于生物群落是由若干生物物种所组成，因而，保护生物多样性的根本措施是建立各种自然保护区，就地保护多样化的生态系统及其生物资源。

土地利用中的多样性理论主要包含两个方面的内容：一是土地利用的多样性，它是源于土地的多样性和由于人类需求的多样化；二是土地利用对生物多样性的影响。土地利用是一个复杂的生态系统。土地生态系统的多样性，即物种多样性、结构多样性和空间多样性，是土地利用系统合理性和稳定性的重要特征。土地利用空间配置的多样性，表现为丰富多彩的景观，是其他多样性的基础。在 1971 年，空间多样性首先被著名的生态学家 Haber 运用于分异土地利用（Differential Land Use）研究。这个概念的持续研究后来被表达为：①在给定的区域自然单元内，一般土地利用类型不能太单一，至少 10%～15%为它用或自然保护区；②在一个给定的自然单元之内或它的主要部分——集约农业或城市工业土地利用，至少有平均 10%的表面被自然区或半自然区占据；③优势土地利用必须在自身之内多样化，应避免大片土地利用同一化。按照这一原则表达和现代分维几何学的思想，可建立土地利用合理性判断的基本模型。

若区域 R 在时刻 t 有 n 个利用块，这 n 个利用块可划分为 m 类，且面积的广义矩阵为

$$S(R,t)\Rightarrow\begin{bmatrix}S_1(R,t)\\S_2(R,t)\\\vdots\\S_m(R,t)\end{bmatrix}\Rightarrow\begin{bmatrix}S_{11}(R,t),\ S_{12}(R,t),\ \cdots,\ S_{1n1}(R,t)\\S_{21}(R,t),\ S_{22}(R,t),\ \cdots,\ S_{2n2}(R,t)\\\vdots\\S_{m1}(R,t),\ S_{m2}(R,t),\ \cdots,\ S_{mnm}(R,t)\end{bmatrix}\tag{8-1}$$

广义概率矩阵为

$$P(R,t)\Rightarrow\begin{bmatrix}P_1(R,t)\\P_2(R,t)\\\vdots\\P_m(R,t)\end{bmatrix}\Rightarrow\begin{bmatrix}P_{11}(R,t),\ P_{12}(R,t),\ \cdots,\ P_{1n1}(R,t)\\P_{21}(R,t),\ P_{22}(R,t),\ \cdots,\ P_{2n2}(R,t)\\\vdots\\P_{m1}(R,t),\ P_{m2}(R,t),\ \cdots,\ P_{mnm}(R,t)\end{bmatrix}\tag{8-2}$$

式中：$S(R,t)=\sum_{i=1}^{m(R,t)}S_i(R,t)$，　$S_i(R,t)=\sum_{j=1}^{n_i(R,t)}S_{ij}(R,t)$，

$P_i(R,t)=\dfrac{S_i(R,t)}{S(R,t)}$，　$n(R,t)=\sum_{i=1}^{m(R,t)}n_i(R,t)$，

则利用分维几何学的原理可推得

$$CD_{1/2}(R,t)=\frac{-2\left(\ln\left(\sum_{i=1}^{M(R,t)}\sum_{j=1}^{n(R,t)}\right)P_{ij}^{1/2}(R,t)-0.2695\right)}{\ln\varepsilon}\tag{8-3}$$

式中：$\varepsilon=\max|P_{ij}(R,t)|$；$CD_{1/2}(R,t)$ 为某区域土地利用多样性指数。当

$CD_{1/2}$（R，t）$\leqslant 0$ 时，表明土地利用处于严重病态（欧海若，2002）。

土地利用本身具有多样性，土地质量的差异性、土地位置的差异性、土地利用的适宜性等决定了在土地利用过程中，人类必然要根据不同自然条件的土地来决定土地利用方式。在一个国家中，既有荒凉的山区冻土带，也有高山雪原，还有灌溉条件良好的低地和富饶的森林。同样，土地利用也具有多样性。生产粮食和木材、住房、机场、高尔夫球场、运动场和加工工业等。维护土地利用的多样性，才能更好地保持土地的稳定性和生命活力。

（六）土地利用的外部性理论

外部性是普遍存在的空间现象。从经济学的角度看，外部性是指外溢的成本或利益，也就是在市场交换时，非有意造成的结果，或非有意造成的副作用（side effect）。外部性可能是有利也可能是有害的，如果有害也就是外部不经济或称负外部性，如污水排放；如果是有利的又称正外部性或外部经济性，如植树造林。外部性实质上是私人成本和社会成本、私人收益和社会收益之间发生的偏离。不少经济学家，比如庇古（Pigou）和科斯（Coase）等，都试图通过市场的途径来解决国土空间开发利用的负外部性问题，但均未取得预期效果。

外部性是普遍存在的土地利用现象。外部性用经济学的语言表述即为

$$U^L = U^L(X_1,\ X_2,\ \cdots,\ X_n;\ K) \tag{8-4}$$

式中：X_i（$i=1$，2，…，n）为经济主体 L 的行为；K 为除 L 之外的所有其他经济主体的行为。影响 K（或被影响者 L）可以是个人、集体、也可以是由个人或集体操纵的实体。外部性使得 L 的效用除自身因素外，还受 K 的经济行为影响，而且这种影响具备一定的（正或负）福利意义。一般而言，正外部性遵循边际效用递减规律，即承受者的效用水平随着外部性施放者行为水平和正外部性数量的增加而降低，负外部性随着外部性施放者行为水平的增加而递增（图 8-1）。

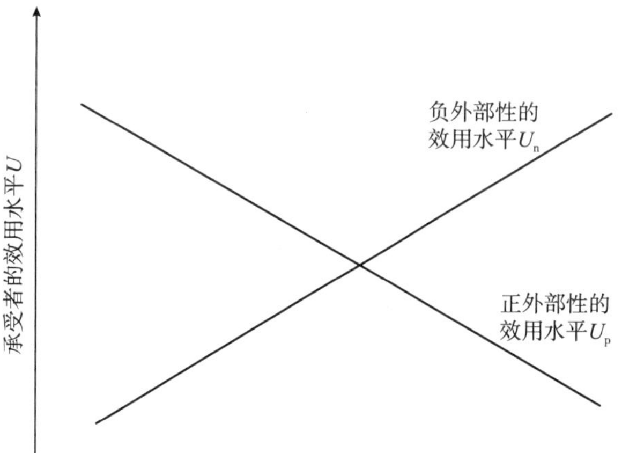

图 8-1　外部性的效用水平特征示意图
（据张全景等，2008，有修改）

外部性的存在，是土地资源配置市场失灵的重要原因，降低外部性便成为土地利用规划和土地用途管制存在的基本依据。污染可能是在个体经济学里最常被引用的例子。外部效果是指外溢的成本或利益，也就是在市场交易时，非有意造成的结果，或非有意造成的副作用。例如：一个工厂造成污染，则它的边际私人成本函数便会低于它的边际社会成本函数，如图 8-2 所示，生产 Q_1 的量而非理想的 $Q*$ 的量。外部效果有正向的利益，也有负面的害处。例如：所有权人对国土空间的绿化，从 Q_1 增加到 $Q*$ 的理想水平，便会产生改善空气品质、减少水土流失、减缓气候变暖、美化邻里国土环境等利益，边际私人成本便等于边际私人利益。

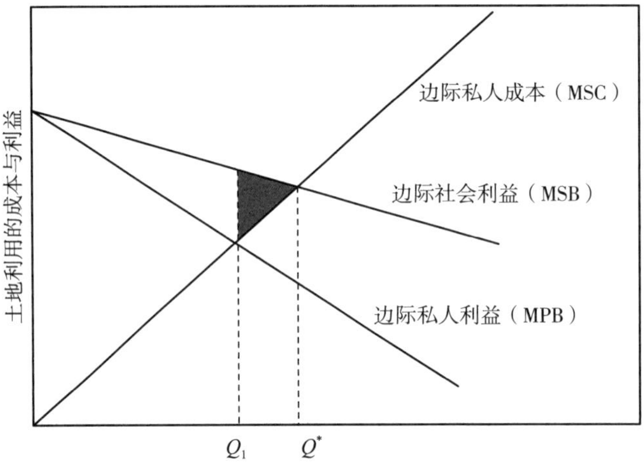

图 8-2　土地利用的成本与利益示意图

（据张全景等，2008，有修改）

具体而言，外部性具有如下基本特征：第一，它是经济活动中的一种溢出效应。在受影响者看来，这种溢出效应不是自愿接受的，而是对方强加的。如耕地的过度非农化，带来的生态环境的破坏和粮食安全的威胁，会迫使所有享有生态环境福利和粮食安全好处的人无奈地接受。第二，经济活动对他人的影响并没有反映在市场机制的运行过程中，而是在市场运行机制之外。在完全竞争的市场机制条件下，如果经济主体的活动引起其他经济主体的收益的增减变化，则会通过价格形式反映其收益变化，市场竞争的结果是可以达成帕累托效率状态，但由于外部性存在，此时其价格不能反映经济主体的全部成本，各个参与者所传递的市场供求不再真实。第三，外部性不可能消除，尤其对于土地利用的生态环境系统而言，通常其影响力和影响范围都比较大。因此，不可能实现理想的帕累托最优境界，只能需求次优的解决方案。对于外部性造成的土地利用影响只能通过利益补偿或相应惩罚来解决（王雨濛，2013；张全景等，2008）。

三、土地利用的经济原理

（一）土地利用的 3 对经济逻辑

土地是人类生存和发展的重要资源，其利用方式对社会、经济和环境的影响深远。随着经济的发展，土地的价值也在不断增长，如何更高、更好地利用土地已成为人们关注的焦点，其背后隐藏着许多经济学原理。因此，土地利用的经济分析是必要且重要的。然而，不同于经济学分析中对一般商品或服务的经济分析，土地具有其特殊性，土地利用经济分析也有特殊之处。例如，土地不同于普通的商品生产，其供给弹性就有其特殊性——普遍缺乏弹性。在短时期内土地供给是缺乏弹性的，甚至在极端情况下会出现供给的完全无弹性，也就是无地可供的情况。土地利用研究的经济分析需要借助经济学思维和供给提供的有力帮助，又要认识到土地利用研究不仅涉及经济分析的问题，而且不能只依赖和受限于经济学分析。但是，经济学的基本逻辑还是深刻影响着土地利用的方式、结构和效益。

1. 供给与需求

供给与需求是市场经济机制运转中的两个核心影响因素。供给与需求的关系随之引出了商品生产的数量和价格问题。土地利用的供求分析可以说是土地利用经济分析的起点和终点，其中，土地需求是土地供给的起因，在很大程度上对土地利用产生某种决定性的影响。从供求关系来看，两者相互作用，并结合价格机制予以体现，从而形成真正有效的需求和供给。供求理论认为，在市场中，土地资源的数量和质量，以及人们对土地资源的需求程度，决定了土地资源市场的价格。当土地资源供应相对不足，需求旺盛时，土地资源的价格会上涨；而当土地资源供应相对充足，需求不够时，土地资源的价格则会走低。从需求侧看，一方面是土地资源的需求量；另一方面是买方对土地资源的需求意愿。前者取决于人口、城市化发展等方面的变化；而后者受到市场价格、土地用途、商业价值等因素的影响。同样地，从供给侧看，主要由两方面反映出来，分别是土地资源的实际供给数量和卖方对土地资源的供给意愿。在土地利用实践中，必须重视这一理论的基础性作用。

经济学的研究表明，任何产品或服务的供给数量是卖方（sellers）愿意且能够提供销售的数量。商品的价格同样在市场经济中对与商品或服务的供给数量起到关键性的影响作用，当某种资源要素的价格持续走高时，提供这种要素资源的可获取的利润就更多，生产者就越有经济动机增加这种产品或服务的供给数量。在中国的快速城市化进程中，由于土地非农化用途的转变能够带来巨大的经济利益，地方政府就存在通过异地农田有偿代保、折抵指标等手段将耕地转化为建设用地并向市场提供以获取土地出让收益的强烈动机。反之，当该要素资源的市场价格下降，供给后所获得的利润下降时，生产者就会相应地减少供应，当价格低于一定水平时，生产者甚至会选择停止向市场供给的极端做法。这与供给定律（The Law of Supply）是相符合的：当其他各类条件都保持相同时，一种产品或服务的价格上涨，该产品或服务的供给数量就会相应地增加，而当这种产品或服务的价格下降时，供给的数量将会随着减少。市场中的总体供给同样由所有卖家的供给数量综合构成。供给曲线（supply curve）展现了在控制那些影响卖家销售量大小的各种影响因素后，在某一价格水平上对应的供给数量的变化情况。当这些被假定是恒定的各种影响因素发生变动时，供给曲线同样会发生移动。供给曲线整体向右侧偏移时称为供给增加（increase in supply），向左侧偏移时称为供给减少（decrease in supply），这些可能存在的影响土地利用的因素包括：原材料的价格、科技进步、对未来的预期、市场中卖家的数量多寡等。

古典经济学派（The Classical School）认为供给（生产成本）是决定交换价值的主要

因素。在边际学派（The Marginalist School）的微观经济学思想中，只强调需求的单方面作用。新古典主义经济学（The Neoclassical Economics）将二者结合，认为供给与需求的共同作用决定了市场的均衡价格，并进一步指出供给的背后是货币成本和主观成本，需求的背后是效用和边际效用的递减（Brue et al.，2012）。供需理论指出市场经济的自发力量能够通过价格的调节作用最终使得供给与需求趋于平衡。这启示人们，土地利用的经济分析不仅要注重需求，而且不能忽略供给侧的影响作用，二者不可偏废。从经济学理论中讨论的一般产品或服务的均衡问题出发，可将均衡问题延伸到土地利用的空间维度，可以发现均衡思想对于土地利用的一些启发作用。保罗·克鲁格曼将不完全竞争和收益递增引入空间经济学分析框架中，构建了中心-边缘模型（Krugman，1991）。新经济地理学的理论研究揭示了土地利用空间集聚现象的形成以及经济活动主体的空间选择与空间分布如何影响空间均衡的实现。随着新经济地理学理论研究的丰富，相关研究进一步通过跨区域一般均衡分析来论证空间均衡的稳定性（Fujita et al.，2002；Tabuchi et al.，2004），这对分析土地利用供给与需求的空间分异，是有指导意义的。

2. 稀缺与选择

总体来看，人类社会的各种欲望是无穷无尽的，而一定时期内能够满足这些欲望的可利用资源总是有限的。因此，稀缺是人类社会发展中不得不面对的问题。聚焦到空间的载体土地要素上来看，虽然地球上始终有未经人类使用过的土地存在，此时如果做出土地供应不足的判断，似乎看起来并不符合逻辑。但反之，如果土地资源的分配是自由而不受限制的，为什么社会中还有以高价获取土地利用权利的现象存在呢？人的需求具有多样性，而土地具有空间不可移动性和异质性，处于不同区位的土地能够满足的需求也是不同的，用于农业的土地资源其土壤肥力的差异是巨大的，位于市郊的住宅能够满足居住对优质的空气和安静的环境的需求；产业布局更倾向于选择靠近交通干线和港口的城市，因为更能满足它们靠近市场和节约运输成本的需求。因此，由于具有某种适用性从而能满足某种需求的土地资源供应，一旦面临不敷需求的局面时，稀缺问题就会出现。因此，资源的稀缺性与欲望的无限性、需求的多样性之间的矛盾要求人们尽可能有效地配置资源，也即将资源配置到能够充分发挥其效用的最佳用途并满足尽可能多的需求的地方去。资源的稀缺性是经济社会科学研究建立的基本假设，适用于各种资源要素的配置问题研究。由于区位的存在，稀缺性之于空间维度又有其特殊性。稀缺性原理的存在对土地利用的影响要比其他的资源利用影响更大。

稀缺的存在则会进一步促进选择和竞争的出现。“人们总是面临均衡与取舍”是经济学十大原理之首（Mankiw，2020）。面对稀缺的资源和众多的需求者，人们必须通过竞争才能够获取对资源的使用权，例如价高者得的原则就是通过出价竞争的形式对需求者进行筛选，需求者则根据资源带来的效用及其出售的价格进行比较权衡，最终做出购买还是放弃购买的选择，做出选择的成本就是为了得到它而放弃的东西，也就是机会成本（Opportunity Cost）。这在城市土地资源的分配与利用中也是一个经常性的问题。可供利用的建设用地资源总是有限的，若将其用于工业园区的建设则意味着用于居住用途的用地资源相应地减少。从土地利用的角度来看，土地利用空间效率与空间公平是一对需要选择与权衡的关系。土地利用空间效率的实现意味着国家和社会将有限的资源配置到能够最大限度调配和投入到能够充分发挥效率的地区去，将经济基本盘做大，但同时也意味着投入较弱的地区发展的迟缓以及空间差距的扩大，而空间公平的实现则意味着在空间上尽可能均衡地分配有限的资源，但忽略地区要素禀赋和区位优势的做法将使空间效率无法被充分激发出来。因此，政府在制定土地利用政策时需要面对空间效率与空间公平之间的冲突选择。

3. 边际与弹性

“理性的经济人运用边际思想进行思考（Rational people think at the margin）”位居经济学十大基本原理第三位（Mankiw，2020）。边际变化（Marginal Change）描述了相对于既定行动计划一个微小的增量的调节作用。理性的经济人在做出经济决策时比较的是边际收益（Marginal Benefits）与边际成本（Marginal Costs）。一个理性的经济人只有在获得的边际收益大于付出的边际成本时才会采取行动。边际学派的开端可追溯到1871年，但古典学派的大卫·李嘉图（David Ricardo）在其地租理论中早已运用了边际的思想方法。大卫·李嘉图运用农业中收益递减的概念发展并阐述了地租理论，这使得大卫·李嘉图成为第一个在经济学分析运用和表述边际原理的经济学家，他的地租理论也成为后来崛起的边际学派的思想源头。威廉姆·斯坦利·杰文斯（William Stanley Jevons）阐述了与大卫·李嘉图的劳动价值论不同的观点，在边际效用递减规律的基础上认为价值完全由效用所决定，即效用价值论。总效用随着对该产品的消费而不断增加，但总效用的增加建立在递减的增加速率上，这意味着每一个单位产品消费的增加所带来的总效用的增加值都要小于前一个单位的总效用增加值。随着产品消费的增加，边际效用呈现出明显的递减趋势，这种边际效用可称之为“效用的最终程度（final degree of the utility）”。

边际思维及理论的应用对土地利用的相关研究大有裨益，例如当人们想要处理好土地利用开发与保护的关系时，需要对土地资源的价值做出合理的评估。在有关土地资源的价值判定问题研究中，马克思的劳动价值论、马歇尔的局部均衡价值论以及凯恩斯和后凯恩斯主义对马歇尔局部均衡价值论的修补都没有很好地揭示和回答土地资源的价值判断和价值本质问题。边际学派指出效用是价值的源泉，边际效用决定价值量的大小。因此，土地资源的使用价值就在于它能够满足人类社会需求的效用，这就是土地资源价值的质；根据边际效用递减规律，当土地资源相对于需求为无限大时，边际效用递减为零，此时土地资源是无价的，但从人类社会发展对土地资源的禀赋而言，土地资源是普遍稀缺的，所以边际效用就决定了土地资源价值的量（俞奉庆等，2003）。边际学派提出的边际效用价值论，基本阐述清楚了土地资源价值的本质所在。时至今日，边际效用价值理论仍然被经济学各流派所广泛接受和应用。

需求定律或供给定律仅仅回答了在其他各类条件都保持相同的情况下，当某种商品或服务的价格变动时，对该商品或服务的需求量或供给量是增加还是减少，即只解决了价格变动发生后的需求或供给的变动方向问题。如果想要得到有关价格变动冲击影响的更加详细的答案，即研究变动的程度或其具体影响究竟有多大的问题，需要引入弹性（elasticity）的概念予以解答。需求价格弹性描述了相对于价格变动的需求量的变化程度，当需求的变动程度较大时称为具有弹性，而当需求变动程度比较微小时称为缺乏弹性。替代品的可得性、必需品还是奢侈品的属性、市场的边界范围以及时间长度均对需求价格弹性产生影响。根据需求价格弹性的不同，需求曲线被刻画为不同的类型，即完全弹性、富有弹性、单位弹性、缺乏弹性和完全无弹性。一个人无论身处任何国家或地区，住房都是一种基本的生活需求，经过大量数据调查后的估算结果显示住房的需求价格弹性小于1且略高于对鸡蛋和米饭等食品的需求价格弹性，显示出了充足的住房保障提供的必要性。需求价格弹性能够为土地利用的决策提供有价值的参考。供给价格弹性则刻画了供给量受价格变动的影响程度。同样地，当供给量因价格变动冲击而发生较大变化时，称之为富有供给弹性，而当供给量的变化微乎其微时，称之为缺乏供给弹性。与需求价格弹性有所不同，时间（周期）因素是供给价格弹性中的一个关键性的影响因素，人们购买某种产品或服务的需求可以随着价格的变动迅速做出调整，但企业在内添置设备、扩建厂房以增加产能供应在短期内绝非易事。因此，长期内的供给价格弹性往往高于短期内的供给价格弹性。在某些产品市场中，供给价格弹性并未一成不变，在企业产能的限制下，供给价格弹性通常会经历从富有弹性到缺乏弹性的变化过程。供给与需求价格弹性的经济学分析为土地利用的经济分析提供了理论基础。土地利用作为一个复杂系统，决定了土地利用经济分析对象可能出现极端的或变化复杂的弹性分析状况，如土地资源的供给与需求弹性、城市住房的供给与需求弹性等，对这些情况加以仔细审视能够为土地利用决策指引方向。

边际土地是指在不改变现有土地用途的情况下，通过增加一单位产量所获得的额外收入刚好能够覆盖新增的生产费用（如开垦土地的费用、投资成本以及生产过程中产生的其他费用），且不会产生剩余或亏损的土地。简而言之，边际土地是在一定生产条件下，生产收益恰好等于所有相关费用的支出，从而实现收支平衡的土地。如果生产的收益不足以完全覆盖所有的费用，那么这部分土地就被称为次边际土地或者劣质土地。边际土地的概念在西方土地经济学中常用来研究土地利用水平和效率问题，其形成和性质受到土地的肥力、地理位置以及农产品价格和生产费用水平的影响，边际土地的特性随着这些因素的变化而变动。有关土地利用边际分析的定量研究，本书第四章已有详细分析，不再赘述。

（二）土地利用的若干经济理论

1. 土地利用的集约经济理论

土地集约利用的概念最早由李嘉图等学者在地租理论中提出。其基本内涵指在一定面积的土地上，集中地投入较多的生产资料和劳动，使用先进的技术和管理方法，以求在较小面积的土地上获得高额产量和收入的一种农业经营方式，即通常的精耕细作经营方式。最直接的研究土地集约的经典理论是土地报酬递减理论。该理论认为在一定科技条件和若干要素投入量保持不变的情况下，土地边际收益会随某一种要素投入量不断增加而出现由递增到递减的现象。土地经济学家查得·T. 伊利在其所著的《土地经济学原理》中指出："对现有已利用的土地增加劳动和资本，这个方法叫作土地利用的集约。"衡量城市土地利用集约程度的指标有：①资金集约度（即单位面积城市土地上的土地投资额，表现为土地上的土地投资与土地面积之比）；②技术集约度；③人口集约度。全球都面临人多地少和需求不断增加的问题，推进土地集约利用，是土地利用的内生要求和必然趋势。

需要指出，土地资源集约利用的问题范畴已经超出了传统经济的研究范畴，涉及公共产权、制度环境、资源利用者的个体特征与行为选择、经济发展的可持续性和社会自用供给的稳定性，公共管理学、政治学、社会学和行为心理学的理论都应该发挥各自在促进土地资源集约利用中的指导作用。集约发展的道路是人均资源客观约束下的理性选择。但集约理念经常在实践中出现“一刀切”的状况，有时又成为“紧箍咒”，集约发展的理念的过度使用或不恰当使用使其成了制约合理发展的“绊脚石”，资源过度集约利用可能会产生削弱经济竞争力等负面影响。发展集约经济必须要阐明的一个观点是，集约经济需要在不影响经济社会正常的发展速度下、在不降低社会生活水准的基础上以及在不损坏生态环境平衡的前提下，尽可能地节省资源消耗，优化资源利用的结构，使资源利用的效率不断提高以达到理想的产出和效益。这不但需要对资源投入总量有所限制，还需要技术进步的支持，同时需要在时间上考虑资源集约利用的阶段性特征，在空间上考虑相应的地区差异，尽可能达成经济利益、社会利益和生态环境利益的兼容，短期目标与长期目标的结合。土地集约利用不单纯是市场配置资源的简单问题，还涉及政府主体的制度设计与监督、社会公民的参与执行。根据 Williamson（1998，2000）提出的由社会基础、制度环境、治理结构和资源配置构成的四层次分析框架。从最底层的资源配置角度来讲，土地集约利用经济主要考虑资源投入和产出收益的关系，包含资源利用率和投入强度的提高、资源利用结构和布局的优化等丰富的内涵，或者可以理解为在社会基础、制度环境和治理结构既定的背景下尽可能地实现资源配置和利用层次上效率和效益的不断优化。从治理结构的角度来看，土地集约利用经济的发展主要关注如何通过选择优化的治理结构降低交易费用，这要求在集约利用经济治理中需找政府与市场的适宜边界。从制度环境的角度来看，空间内诸多要素的社会主义共有使土地资源集约利用成为一种公共行为，其执行的成本难以内部化，这导致社会公众集约利用资源的行为缺乏足够的内在激励。因此，制度环境应该尽量创造激发自主性、公平透明又避免投机的规则，起到激励与约束相容的作用。最上层的社会基础在短时期内是很难改变的，因此重点在于利用勤俭节约等传统文化和价值观引导资源集约节约利用，并努力克服与资源集约利用相矛盾的文化糟粕和风俗习惯的负面影响。

2. 土地利用的集聚经济理论

在经济学研究中，对于集聚现象的初始观察也是从生产活动的细微处开始的。1776 年英国经济学家亚当·斯密（Adam Smith）在其著作《国富论》（*The Wealth of Nations*）的开篇中就写到他对指针行业生产环节中劳动分工的详细观察，他描述到：“在不是用机器的情况下，一个技能不够熟练的工人每天能制造不足 20 根针。但如果在指针业的工厂中，当 10 个工人被分配到指针工序的 18 个环节中去后，生产效率将极大地提升，分工协作下制针厂一天可以生产 48000 枚针。”后者的劳动生产率是前者的约 250 倍。斯密在对这一现象观察后形成的经典著作中，提及了两个重要限制条件（假设条件）：其一，劳动分工的收益大小取决于市场的规模；其二，并非所有的生产活动中都存在规模报酬递增。由此给出的启示是，生产集聚的区位应该布局在天然形成的交通要冲上，过去是内河水道。在全球化的时代，产业布局应该接近海港，这样便可以以较低的成本高效地融入更大规模的市场，也就意味着生产效益的最大化。在偏远的乡村，自给自足的农业生产可以不依赖大市场，但一旦涉及农产品加工和商贸，就需要更大的定居点提供的劳动和消费群体。集聚是现代经济社会发展的重要推动力量，城市的出现和城市化的进程与人口和经济活动的空间集聚紧密关联。从发达经济体的经验来看，制造业和人口高度集聚于部分高度工业化和城市化地区，如美国东西海岸核心发达地区；日本的东京、大阪和名古屋都市区；澳大利亚40%以上的人口集中在悉尼和墨尔本两大城市，土地资源尚有很大部分尚未开发（Forster, 2004）。中国的珠三角、长三角、京津冀等城市群，也都是依赖集聚经济的发展，而成为中国最有活力的区域。

集聚效应来源于共享（sharing）、匹配（matching）和学习（learning）3种微观机制（Duranton et al., 2004）。共享机制主要是指厂商可以共同分享不可分割的基础设施、共同分担风险、共同分享专业化和多样性所带来的收益；学习机制主要是至人与人在同一空间内部集聚有助于面对面交流和相互学习新技术、组织形式、管理经验，也有利于新知识的生产、积累与扩散；匹配机制则是指空间集聚是厂商从事生产活动的各种资源要素匹配效率的优化提升，如雇主与雇员、买家与供应商、企业与商业银行之间的更好、更快速的配对。传统经济地理学没有很好地解释为什么在自然资源禀赋并不具有优势的地区也形成了工业集聚的中心，而自然资源条件相似的两个地区在工业集聚中却表现存在巨大的差异性（金煜等，2006）。面对这一问题，经济学家尝试跳出简单的自然地理因素寻找答案。20世纪70年代兴起的新贸易理论引入了收益递增的假设，这一假设的引用深刻地启发了经济地理学的研究，作为新贸易理论代表人物的保罗·克鲁格曼将收益递增引入了经济地理学研究，并开创了新经济地理学。新经济地理学在解释工业集聚和地区发展差距方面取得了巨大的成功。地理位置和历史优势是集聚的起始条件，规模报酬递增和正反馈效应导致了集聚的自我强化，使得优势地区保持领先地位（Fujita et al., 1999）。保罗·克鲁格曼由于对经济活动空间集聚和贸易模式的揭示而获得了2008年的诺贝尔经济学奖，以至于2009年世界银行发展报告以密度、距离和分割为主题探讨了经济集聚这一现象。总之，追求集聚意味着比较优势的充分发挥、效率的提升和市场竞争能力的增强。区位经济研究、经济地理研究的一个核心议题就是尽可能发挥由空间集聚带来的正外部性并尽可能避免由此造成的负外部性。

由于土地资源约束和人口规模的限制，从国家宏观战略出发，集约式的发展模式是土地利用整体理性的合理选择。但是面对产业链不断延伸、社会分工不断细化的深度全球化的世界，为了能够在世界市场的激烈竞争中体现和保持比较优势，必须在具有土地资源禀赋和具有基础优势的局部地区选择集聚发展的道路，即土地利用局部理性应充分体现集聚经济的发展路径。总体上来看，土地利用集聚发展是经济增长的必然选择，是城市化的必然选择，是全球化的必然选择。例如，中国作为世界上最大的发展中国家，发展的问题仍然是首先需要解决好的问题。改革开放四十多年来的经济增长已经从人均GDP不足200美元的低收入国家变成了人均GDP突破1万美元大关的中等偏上收入国家。人口从分散的农村转移到集聚的城市就业的结构性跳跃对经济增长的贡献巨大，产业的空间集聚，基础设施的大规模投资、技术和知识的共享促使经济生产率不断迈上新台阶，这些经济增长的关键驱动要素离不开土地利用活动集聚的支撑。在全球化的激烈竞争中，企业需要维持生产效率的优势地位，这决定企业会更加倾向与集聚地区的大市场，以方便它们充分利用集聚形成的规模经济（Okubo et al., 2010），而拥有高学历的劳动人口同样更加倾向于选择集聚规模较大的城市，一方面，他们可以更快地找到合适的工作机会；另一方面，大城市的回报率也更高（Di Addario et al., 2010），由此，集聚　与效率提升、竞争能力强化之间相辅相成，形成良性循环。总之，土地利用的集聚发展路径才能保证在全球化的激烈市场竞争中保持比较优势并占据一席之地。

3. 土地利用的产权经济理论

市场的力量是强大的，市场规模的大小决定了劳动力分工的规模和效益，而劳动力分工带来与提高生产力紧密相关的创新和技术进步，生产力的不断提高才创造出了社会的财富，这就是市场的基本逻辑。这种富有力量的强大逻辑来自自由和产权两个基本要素。产权作为约束人们从事经济交易的规则，需要有除交易当事人以外的第三方确保交易合约议定的有效性。在狭小的地理范围内，可以由威信较高的人充当仲裁者的角色，但当交易范围突破传统的熟人社会时，就需要寻找更高权威的仲裁机构，而国家作为交易仲裁者的角色应运而生，国家不但被全社会所认可，而且在界定和执行产权时处于垄断地位，人们需要国家的强制性手段来维护产权的稳定秩序。

罗纳德·科斯（Ronald Coase）于1937年和1960年先后发表了《企业的本质》（*The Nature of the Firm*）和《社会成本问题》（*The Problem of Social Cost*）这两篇现代西方经济产权经济理论的经典代表作。前者主要提出在市场经济机制运行中存在摩擦——交易成本，体现了对正统微观经济理论的批判；后者主要体现了对产权作用的认识。这两篇代表作的发表标志着产权经济理论正在从一种思想和观点逐渐发展为一门独立的学科，也就是产权经济学。科斯的追随者在总结了他的观点后，提出了科斯定理（Coase Theorem）：在交易成本为零的情形下，无论初始产权如何分配，交易双方通过协商最终都能使得资源配置达到帕累托最优；在交易成本不为零的情形下，不同的权利界定将导致不同的资源分配结果；由于交易成本的存在，不同的权利界定和分配将带来不同效益的资源分配结果。此时，产权体系的构建将成为资源配置达到帕累托最优的基础。对于外部性问题，只要给定如下假定条件：产权被清晰地界定、交易成本足够低、受影响的交易者尽可能少、不存在财富效应，则即使没有政府的干预，市场机制也能够达成同等效率的分配结果。科斯定理指明市场经济的本质不是价格而是产权，只要产权明确地存在，交易双方自然能够协商出一个合理的价格。

土地作为一种要素商品，其配置效率的提高仍然需要明晰的产权和交易成本降低（Coase，1937，1960）作为前提基础，这是市场经济的一般规律，在基于全球土地市场发展的研究中同样得以印证（钱忠好，2002；程令国等，2016）。产权与土地利用之间存在着密不可分的关系。在土地利用中，产权理论可以解释土地资源的合理利用和配置问题，同时还能够支持构建有效的市场机制。在世界范围内，有许多不同种类的产权制度，包括开放产权（open access）、公共产权（communal/common property）、私有产权（private property）和国有产权（state property）（Feder et al.，1991）。开放产权发生在没有明确产权主体的情况下，因而任何人都可以随意获取利益，并且没有责任或义务。到了公共产权，产权主体往往是一个集体，集体拥有整体的所有权并有权排斥非集体成员，而个人成员对财产的使用和维护既有权利也有义务。在私有产权的情况下，个体拥有所有权/使用权，但受到责任和限制（由国家或其他第三方设置）的约束。对于国有产权，政府公共机构制定了进入和使用财产的规则，个人有义务遵守这些规则（Dale et al.，2000）。土地产权的存在对国家、社会和个人都有着重要的影响。在国家层面，土地产权的合理设置可以促进土地资源的有效利用和保护，从而提高国家的社会经济效益；在社会层面，土地产权的明确可以带来经济效益和社会福利的提升；在个人层面，土地产权可以有效保障个人的权益。总之，土地产权不仅是现代化社会经济发展的必要条件，也是构建社会公正和促进人民生活改善的关键要素。在土地利用中，产权起到至关重要的作用，是土地经济发展和社会资源配置的关键。首先，产权确立了产权主体对土地资源的所有权或使用权，保证了其权益。这样，土地所有者或使用者就能够依据自己的意愿将土地用于自身的经济发展和利益最大化。其次，产权主体拥有土地产权，就能够依照市场需求来合理分配土地资源，从而促进土地资源的高效利用，达到社会合理配置资源的目的。此外，产权的确立还能够引导土地所有者更好地管理和保护土地，防止滥用和破坏土地资源，从而保护生态环境。最后，土地产权的确立还可以为开展土地流转、拍卖、租赁等市场交易提供保障，促进市场经济的发展。值得一提的是，土地利用治理的成功与否与土地产权理论密切相关，因此在确定土地利用方案时，必须考虑合适的产权安排和土地利用方式。

4. 土地利用的博弈经济理论

博弈论（Game Theory），也称对策论，是研究决策者在决策各方相互作用条件下如何进行决策及有关这种决策的均衡问题的理论（张维迎，1997；Montet et al.，2003）。在2000多年前，中国战国时代的“田忌赛马”就孕育有对策论的朴素思想。最近十几年，尤其在1994年纳什（Nash）等人因对策论的贡献获诺贝尔经济学奖后，对策论的理论研究和应用研究进入快速发展时代。“囚徒困境”是对策论中的一个经典例子。假如甲和乙两人一起偷窃，作案过程中被警察抓到，但是警察没有当场获取物证而无法起诉。在警察局里，警察将甲乙两人分别关押，并单独告诉甲、乙双方：如果两人都不坦白交代，两人都将被关押1年；如果一方交代而另一方不交代，交代的一方可因立功表现而不予起诉，不交代的一方将处以重刑，要关押10年；如果双方都坦白交代，两人都将分别都要关押5年。甲乙两人面临的对策如表8-1所示，在这种情况下，甲乙两人如何选择各自的策略呢？是否会选择两人都不坦白的最优方案？Luce et al.（1957）研究给出了双方均衡对局，指出甲乙两人会都分别坦白，获得次优对策方案，而并非两人都不坦白的最优对策方案（谢康，1998）。

表8-1 囚徒困境中的各对策的赢得值一览表

乙的策略 / 甲的策略	不坦白	坦白
不坦白	-1，-1	-10，0
坦白	0，-10	-5，-5

基于对策论的模型有很多类型，主要有以下3个方面的分类：其一，“二人”或“多人”对策。一个对策模型中，只有两个局中人的对策模型称为“二人对策”，由两个以上局中人的称为“多人对策”。其二，“有限”或“无限”对策。局中人的策略是有限的称为“有限对策”，策略是无限的称为“无限对策”；其三，“零和”或“非零和”对策。对策结束后，各局中人的赢得之和总是零的对策称为“零和对策”，不总是零的称为“非

零和对策”（罗蕴玲等，1998）。可见，最简单的情形是“二人有限零和”对策问题，这也是对策论研究最成熟和应用最广泛的对策模型。上面提到的“囚徒困境”问题是一个“二人有限非零和”对策问题。由于非零和对策情形往往可通过变换成类似零和的情形，所以，“二人有限非零和”对策问题可转换成类似“二人有限零和”对策问题（张盛开等，2002）。

土地利用过程中存在着大量的博弈关系。例如，土地收益分配中地方政府与中央政府的博弈，地方政府与用地者之间以及各用地者相互之间的博弈，征地利益分配冲突中的博弈，工业地价制定过程中中央政府与地方政府的博弈，土地出让方式市场化和非市场化的博弈，不同土地利用方式和用途之间的博弈等，都是土地利用过程中普遍存在的博弈关系。博弈论作为一门方法论学科，它综合应用数学、逻辑学等学科方法，可用于全面而完整地分析土地利用过程中决策的博弈分析，为人们就具有博弈性质的土地利用问题如何做出合理决策提供科学的方法（Müller，2001；Samuelson，2001；van Mierlo et al.，2004；Shin et al.，1997；Camerer，2003）。

5. 土地利用的行为经济理论

行为经济学研究就是从人的现实决策过程出发，建立符合心理学事实的个体决策模型，并以此来分析具体的经济行为和经济现象（刘凤良等，2008）。与传统经济学研究固守一些公理化的假设所不同，行为经济学强调经济学研究的假设需要与现实世界中的实际情况相符合。行为经济学将行为分析理论与经济运行规律、心理学与经济科学有机结合起来，以发现现今经济学模型中的错误或遗漏，进而修正主流经济学关于人的理性、自利、完全信息、效用最大化及偏好一致基本假设的不足。2008 年次贷危机发生后，行为经济学和基于有限理性假设的行为心理学更广泛地进入公众视野。研究表明，对经济决策制定具有系统性影响的 3 个心理特征是：有限的理性、有限的意志力和有限的利己主义，它们正成为新的行为经济学的核心要素。广义而言，行为经济学把五类要素引入经济分析框架：①认知不协调；②身份—社会地位；③人格—情绪定势；④个性—偏好演化；⑤情境理性与局部知识。正如 Thaler（1985）在其提出的心理账户（Mental Accounting）理论中所论述的那样，人们会建立不同的心理账户，有独立的预算和参考点，并根据心理账户中的成本与收益分析权衡究竟应该采取哪种行动。人们对得失的敏感度是不对称的，失去造成的痛苦远多于获得带来的快乐。也就是说，人们尤其不愿意遭受损失、认知限制，以及由于贪婪、冲动、惰性等弱点而导致的各种对事物判断的认知偏差。

事实上，人们的土地利用行为选择往往受社会因素影响，并不是完全的自主性行为。人们在土地利用决策中会做出许多次优选择，从某种意义上说，这种次级选择并没有基于最优的经济利益实现而进行考量，这种决策行为直接或间接地影响了整个社会。因此，当人们有可能做出土地利用次优选择时，有必要对这种决策制定的行为和选择加以干预。“助推”的独到之处就在于他是利用人类的思维固有特点而非强制性的手段对人类的行为决策加以干预。这填补了经济学在研究人的行为及其影响因素时长期忽略的问题，提供了一种更为温和有效的管理政策工具。“助推”的一个重要部分在于如何设计一种友好的土地利用选择系统，既能够以一种可控的方式改变人的行为，又不会妨碍任何可能的选择。简言之，在不影响土地利用决策权力的前提下，任何能够对土地利用决策制定产生积极影响的政策工具都可以被视为“助推”工具。在土地利用区位选择上，行为经济学也提供了新的范式。土地利用区位选择的主体是人，区位选择行为也是人的经济行为的一种表现形式。人的有限理性意味着人在做出选择时获得的信息是不完全的、人的预测能力和认知能力是有限的，人的偏好也处在动态变化中。因此，人在进行土地利用区位选择时，同样处于非完全竞争和非完全信息的环境中。个体对自身成本与收益的衡量、个体对信息的处理和利用能力以及个体在做出选择时面对的不同的约束条件等个人因素对区位选择的决策形成具有重要影响。企业的土地利用区位选择依赖于组织管理目标之间的相互作用（Hamilton，1978），采用不同组织结构的企业会做出不同的土地利用区位选择，这与企业的管理行为紧密相关。总之，行为经济学影响下的土地利用区位理论研究打破了新古典区位论中区位选择局限于利润最大化、完全信息和企业组织静态单一的刻板假设（Wood，1987）。

6. 土地利用的区域经济理论

早期的区域经济分析囿于古典区位分析方法的局限，单纯关注区域经济利益分析。沃尔特·艾萨德（Walter Isard）不满足于这种低水平的区域经济分析（Isard，1975），于20世纪40年代创立了包含经济学、地理学、社会学、政治学和城市规划等学科的区域科学（Regional Science）（艾萨德，1991），虽然区域科学包含范围甚广远，超出区域经济学研究的范畴，但它对区域经济学的产生有着重要的影响。20世纪50年代，全球出现了一个发展的黄金时期，投资者纷纷将资金投向基础设施完善、经济发展水平较高的地区，这造成了区域经济发展差距的扩大。区域经济学的在这种背景下诞生，主要研究如何促进区域协调发展，并关注政府在干预区域经济发展中的作用（张可云，2013）。区域经济学理论体系由区域发展理论、区域关系理论和区域政策理论3个方面组成。区域发展理论主要关注区域内部的自然资源禀赋和社会经济条件，并在此基础上研究区域内部发展的问题；区域关系理论研究一个区域与其他区域之间的相互关系，重点关注区域之间的分工、专业化发展与区域贸易的发展状况；区域政策研究主要关注区域经济发展的战略、规划、制度和环境，并对区域发展与区域关系中出现的问题提出相应的解决方案。

土地利用的区域经济理论，主要关注几个重大问题：①土地利用区域生产的专业化发展。大机器生产的工业化发展为生产规模的扩大创造了条件，使规模经济效益的实现成为可能。科技进步产生了现代化的交通和通信技术，使得区域之间的联系变得更加便捷，同时也降低了联系的成本。全球化的盛行将全球各地区的经济发展融为一体，形成你中有我、我中有你的经济格局，各地区之间互为原料市场和消费市场。在激烈的全球化角逐中，要想在全球市场竞争中获取优势，土地利用必须充分认识、利用和挖掘本地区的区位和资源要素优势，大规模集中发展本地区有先天优势或比较优势的某类产业或产品，并在产业发展中利用最先进的生产技术、生产设备，通过做大产业发展的规模，获取规模效益，降低生产成本，不断提高产业生产率，将产业发展的经济收益最大化，使其成为能够主导和支撑区域经济发展的核心产业。②土地利用的区域分工与合作。工业革命的发展使得部门分工得到迅速发展，生产分工越来越趋于细化。在地域分工和商品交换日益频发的背景下，区域之间的经济协作也相应发展起来。经济全球化和区域一体化将区域分工推向了一个新的高度。土地资源要素禀赋的区域差异是长期的、深刻的，是区域之间普遍存在的客观规律，这导致区域之间土地利用经济活动方式和内容的差异性，促进区域之间土地产品的交换与流动，同时也塑造着区域之间经济发展的竞争性或互补性关系。除土地等资源要素禀赋的区域差异性之外，与区域优势相关的经济利益是区域分工的重要促进条件。区域分工能够充分发挥各地区的比较优势，最大限度地利用生产要素并提高劳动生产率，一方面强化本地优势产品的竞争力，另一方面能够充分利用区域间产品的互补性，有利于区域经济利益实现的最大化。区域经济合作通过建立和组织各地区之间的经济联系，输出本地区有生产优势的生产要素，输入本地区经济发展所需的稀缺生产要素，将土地等生产要素在地区之间转移、组合并实现区际的优化配置。③土地利用的区域间优势互补。土地利用决策首先需要做好区域协调统筹的功能规划，明确区域内部各个地区在区域经济发展中的主要职责。区域空间可以根据区域内经济社会发展与资源生态保护的总体平衡关系划分为重点开发区、优化开发区和限制开发区等不同区域经济发展功能模块，重点开发区为区域经济增长极，通过集聚区域内的优质要素资源引领整个区域经济的增长；优化开发区为区域经济重点开发区的外围支撑，主要通过与区域增长极形成产业发展的配套协同并延长产业链，促进区域经济的一体化、协同化发展，避免同质化竞争和重复建设；限制开发区主要是生态资源丰富或生态环境脆弱的地区，不适宜人口的过度集聚和工业开发，主要通过为区域发展提供生态产品和优质生态环境维护区域经济发展的可持续性。在区域功能分工规划的基础上，促进土地资源配置的优化和重点区域土地综合承载力的提高。

7. 土地利用的多元价值理论

在土地利用过程中，有必要全面认识土地资源的价值。一般而言，根据土地资源对于人类福祉的效益，可以将土地资源的价值分为使用价值和非使用价值两大类（Gomez-Baggethun et al.，2010）。在此基础上，又可以进一步细分为：直接使用价值、间接使用价值、选择价值和存在价值四类。其中，直接使用价值指的是直接利用（土地）资源所产生的价值，通常与商品或可销售的产品有关（Dimal，2019）。间接使用价值则是从环境所提供的用于支持当前生产或消费活动的各种功能效益，如生态系统服务。对于土地资源而言，往往具有一种或多种间接使用价值，其价值大小并非完全取决于土地资源本身（吴次芳等，2009）。至于选择价值，又称为期权价值，这是一种用于其他选择的潜在的收益价值，并非一般意义上的使用价值。它一方面来自土地使用者之间偏好的差异；另一方面则是由于土地利用的不可逆性和对未来需求的不确定性而产生的（Dimal，2019；Plottu et al.，2007）。最后，存在价值，在某种意义上是人类对土地价值的一种评判，对此，一般通过支付意愿的形式来表示（吴次芳等，2009）。也就是说，人们愿意支付收益中一部分，用于确保土地资源（包括其他自然资源）的存在与延续。总之，这 4 种价值虽然各有特点，但相互联系密不可分，往往是以一种多元价值谱的形式表现出来的。当使用价值为主导时，表现出更好的感知效益和更多的有形资产；相反，当非使用价值为主导时，则表现出更差的感知效益和更少的有形资产。

随着社会经济的不断发展，在土地利用实践中，不仅要关注土地利用的经济价值，而且要更加注重综合效益。土地利用的经济价值属于直接使用价值范畴。在农地利用中，其高低主要取决于土地资源的质量和土壤肥力。而在城市土地利用中，区位条件则往往是决定经济价值高低的关键因素之一。土地利用的生态价值则由间接使用价值、选择价值以及存在价值组成。在实践中，土地利用的生态价值不易通过市场交易体现出来，但却能保证或增加经济活动的直接使用价值（吴次芳等，2009）。此外，土地利用还具有社会价值和美学价值。鉴于土地利用的价值多重性特点，土地利用过程中有必要权衡各种价值，使其产生的总价值最大。而土地的多重利用方式体现了其价值的多元性，不同的利用方式可以相互转化和补充。对于土地利用管理实践而言，应该充分考虑其多元价值，采取适当的利用方式，在保障生态价值的基础上，增加土地利用的经济价值和社会价值。同时，尽可能提升其美学价值，最大限度地发挥其潜在的经济、社会和环境效益。

8. 土地利用的竞标地租理论

土地利用一直是社会经济发展中的重要议题，背后隐藏着种种利益博弈和竞争。而竞标地租理论便是解释其中现象的一种经济学理论。竞标地租（Bid Rent）是指某人愿意向不同位置的土地支付的最大费用，它是投标者为了某一用途而利用土地所愿意支付的最高费用（歌德伯戈等，1990）。竞标地租理论认为，在土地的利用过程中，地租是由市场竞争决定的。土地所有者借助竞争机制，将土地出租给出价最高者，而租金则根据竞争价格决定。在阿隆索（Alonso，1964）、米尔斯（Mills，1967）、穆斯（Muth，1969）和伊文斯（Evans，1985）等人的努力下，完成了对竞标地租理论的丰富和完善，该理论也开始被城市经济学接受，成为研究城市土地利用结构以及城市经济结构的基础。这也同样符合土地资源最佳利用的“最高”和“最好”原则，即土地不仅应被出价最高的人使用，而且应该用于产生最高效益的用途（丁成日，2007）。

由于不同的土地利用类型有着不同的生产率，且对交通的依赖度不一，因而会形成不同的地租竞标曲线。根据出价最高者获得土地的原则，商业用地往往在最靠近市中心的位置最有竞争力，竞标的价格最高，其他土地用途无法与之相较。在中间位置，工业用地往往是竞标的胜出方；再往外则是住宅用地。至于农业用地，由于农业生产的低附加值，使得农业地租远小于城市地租，故将其看作是空间不变的。在当下迅速发展的城市化进程中，土地资源的竞争非常激烈。按照竞标地租理论，在市场竞争中，土地的利用价值越高，所产生的土地租金也就越高，这就为国家、地方政府提供了更多的用于公共事业建设的资金，可以支持更多的城市建设，并且促进城市化进程。同时，竞争促进了企业对资产的高效利用，使得企业在更短的时间内获得更高的效益。随着人口不断增长和城市化进程的加速，土地资源的供求关系更加复杂化，不同地区之间土地价值的差异也越来越明显。如果不合理开发和利用土地资源，就会导致资源浪费、环境恶化等问题。而竞标地租理论的运用，可以使得市场机制更为灵活，供求关系得到有效的调节和优化，促进土地资源的合理分配和利用，达到经济效益和社会效益的最优化。

第二节　土地利用规划

一、土地利用规划的现代本质

（一）土地利用规划的本质属性

土地利用规划是以土地合理利用为核心，以最佳综合效益为目标，依据土地自然地理特点、社会经济条件和发展用地需求，在时间上和空间上对区域内全部土地利用所做出的具体部署和安排。规划意义上的土地利用，是广义的，通常包括土地保育、土地整治和土地开发等内容。它可以理解为人们为了改变并控制土地利用方向，优化土地利用结构和布局，提高土地产出生产能力和效益，根据社会发展要求和当地自然、经济、社会条件，对一定区域范围内的土地利用，进行空间上的优化组合并在时间上予以实现的统筹安排。其核心命题是围绕如何处理好人与土地之间的相互作用关系和协调开发与保护的矛盾而展开的，是对土地保育、利用、开发、整治所做的整体性统筹安排。

现代土地利用规划概念起源于1948年美国数学家诺伯特·维纳（Norbert Wiener）确立和命名的控制论。它是对土地利用系统发展战略的总体谋划，是在众多的抉择中经过合理的评估和选择确定组合目标的过程。以控制论为基础的现代土地利用规划，其重点不在于详细描述预期达到的最终状态，而是着重研究土地利用规划所要完成的目标，为实现目标可能采取的途径和政策措施；同时分析各种政策、措施可能造成的各种土地利用后果，并从中找出最满意的行动方案。这种规划的基本思路是：根据土地利用系统自身的功能与外部环境条件确定规划的目标和任务，在此基础上研制可以随区域的发展和变化而不断调整的信息系统，利用这种信息系统编制未来不同时期、不同政策背景下形成的各种区域土地利用状态的比较或模拟方案。然后，按照从目标和任务引申出的准则对各土地利用方案进行比较和评价，以便产生被推荐的策略性控制系统。它可简单地归结为：问题—目标—方案—评价—选择—连续的反馈和监督。现代土地利用规划的本质属性，突出表现在以下4个方面。

1）对管理目标的贡献性。在积分决策学中，规划亦称为管理目标。各种规划的目的，在于解决系统所面临的问题，并实现系统所确立的目标。土地利用规划是把目标与实施计划联系起来的纽带。

2）对社会发展的公共性。规划是一个中性概念，可以为大多数人服务，也可以迎合少数人的利益；既能用于发展市场经济，也可满足政府干预的需要。对于土地利用规划，主要是从社会经济发展角度考虑，是为公众利益服务的，因而具有公共性。

3）对未来状态的预测性。预测是规划的基础，几乎可以说，没有预测就没有规划。正是科学预测提供的未来信息，为规划提供了不可缺少的先决条件，从而提高了土地利用系统在未来实践中的应变能力。但是，预测毕竟只是一种判断，而不是现实。因此，规划本质上具有不确定性。为了提高应变能力，通常要求规划具有弹性和可调性。

4）对系统组织的有效性。面对现代复杂多变的土地利用系统，尤其是市场、资源、技术和政治方面都已进入国际化竞争的年代。几乎可以说，没有周密科学的规划，就不能采取有效的土地利用组织行动，系统活动就没有标准，系统中的属员也就失去了行为指南。按照现代耗散结构理论与自组织系统学说，土地利用规划能使系统从无序到有序，对系统具有普遍的有效性，使系统效果总体最佳。

（二）土地利用规划的主要任务

土地利用规划的目的是从社会整体利益出发，以便取得一个比单纯的私人或企业开发利用土地要高得多的综合效益，从而使土地利用既能不断提高土地生产力，降低风险，又能保护生态环境，同时在经济上可行，社会上可接受。为此，土地利用规划需要完成以下基本任务。

1）分析土地利用问题。规划始于问题。如果土地利用的现状以及未来的土地利用没有问题，则一般说来无须进行土地利用规划。为了查清过去、现在和将来可能出现的土地利用问题，土地利用规划的首要任务必须把握社会经济发展态势，查清土地利用现状的问题和优势，分析后备土地资源开发潜力，对土地供需状况进行科学预测，评价土地的适宜性和限制性，估算区域的土地资源人口承载量，从而明确土地利用规划所要解决的主要问题的类型和性质，并形成问题报告书。

2）明确土地利用目标和基本方针。土地利用目标是合理组织土地利用的发展方向和要求达到的价的。它具有概括性、全局性、约束性、时效性、可达性、层次性和可观测性，是土地利用规划的行动指南和编制及实施规划方案的依据。目标的确定通常根据区域社会经济发展对土地利用的要求、土地利用需要解决的问题、土地开发利用潜力、上级规划的政策指南或控制性指标等方面的因素综合进行。应当详细描述目标与目标，目标与措施或政策之间的相互关系，这有助于人们了解土地利用这个错综复杂的大系统。与此同时，应完成以下提问过程：目标是什么——为什么要确定这个目标——目标与政策是否配套。在明确土地利用目标的基础上，拟定土地利用的基本方针，以进一步确定土地利用的方向和政策指南。其中包括确定农用地利用的基本方针、建设用地利用的基本方针和未利用地开发的基本方针等。

3）拟定土地利用控制指标。进入20世纪70年代以来，全球土地与粮食、土地与环境、土地与建设的矛盾十分尖锐，拟定土地利用的控制性指标，保证土地资源的可持续利用和社会经济的可持续发展，是土地利用规划的重要任务之一。土地利用控制性指标的拟定主要依据土地利用目标和基本方针，上级下达的控制性指标并结合当地实际情况综合进行。它具有强制性、可操作性和可达性，是调整土地利用结构和布局的主要依据。这一指标可包括诸如基本农田保护面积，耕地保有量，建设占用耕地数量，土地生态保护面积等。

4）土地利用结构和布局调整。它是为了实现土地利用的目标，贯彻土地利用的基本方针，落实土地利用控制指标，具体调整和确定各类用地的规模和结构，并在时间和空间上进行布局的过程。它主要包括：①规划期末各类用地的规模，规划期内各类用地增减变化的指标调整；②调整后各类土地利用指标在空间上的落实，编制规划图。对于土地利用总体规划，规划图的比例尺大多是小于1∶1万的；而对于土地利用详细规划和专项规划，布局调整大多是在大比例尺上进行的，其比例尺通常大于1∶1万。

5）制定实施规划的政策和措施。土地利用规划能否达到预期目的，关键在于实施。而实施规划的关键又在于是否具有配套和切实可行的政策及措施。规划的任务之一就是要研究目标与政策及措施之间的关系，分析采取何种政策、措施能更有效地实现规划的目标和方案，从而制定行之有效的政策和措施。

（三）土地利用规划的社会功能

土地利用规划在强化城乡土地统一管理、生产力布局调整和产业结构优化、土地保育、土地利用方式转变以及对于缓解人口增长、资源短缺、环境恶化和区域发展的矛盾等方面都具有重要作用。它以实现土地的高质量生产、高品质生活和永续利用为目标，是经济社会发展的空间政策、各类开发保护建设行动和用途管制的依据。具体地说，其社会功能主要表现在对土地利用的控制、协调、组织和监督 4 个方面。

1）控制。土地是农业最基本的生产资料，是一切生产发展的基础。土地面积的有限性和位置的固定性，将直接影响人类社会的发展。随着国民经济的发展，各部门、各行业都需要占用土地，这势必加剧人地矛盾。为了保持人口与土地，特别是人口与耕地的平衡关系，国家必须通过土地利用规划，控制部门、行业的用地结构和规模，对土地利用实行有效的控制。

2）协调。通过土地利用规划，一方面实现区域内人口、资源、环境的和谐；另一方面通过对区域内国民经济各部门、各行业的用地量的合理分配，解决国民经济各部门、各行业土地需求的矛盾，保证各产业之间的协调发展。

3）组织。合理安排土地利用是土地利用规划最基本的功能。它在宏观上是通过土地利用规划，给国民经济各部门、各行业合理分配土地资源，并在用地上加以具体落实，正确处理好土地开发、利用、整治、保育间的关系，通过法律形式予以固定，成为国民经济各部门、各行业共同遵照执行的规范；微观上，则通过土地利用规划的细部配置，为专项土地利用提供依据。

4）监督。以土地利用规划为依据，对各部门的土地保育、利用、开发、整治等情况进行监督和检查，以保证土地资源的可持续利用。

二、土地利用规划的存在依据

（一）降低土地利用的负外部性

土地作为人类生存、繁衍、活动的载体，也是社会与经济发展的重要基础条件。它与一般自然资源最重要的不同，就是土地利用具有显著的外部性。在土地利用过程中，受到多种因素的影响，例如土地本身的性质、经济活动的复杂性等，外部性的产生是不可避免的。从经济活动来看，土地作为生产和经济建设的基础，人们必然在生产生活中与土地有着复杂的互动过程，而随着社会经济的发展，人类活动对土地的影响也越来越深刻。而每块土地的利用方式都具有社会性，不仅关系着本区域内的环境和经济效益，而且必然会延伸至周边地区。例如，上游森林砍伐所造成的水土流失会对下游的河道形成淤塞造成不良影响；垃圾填埋场的兴建会严重地限制附近土地利用方式的选择，从而降低土地的价值；某土地使用者使用土地进行化工生产时，对相邻土地造成污染，负外部性使得社会其他成员蒙受损失，但清除污染的费用并不由造成污染的土地利用者承担，等等。应该指出的是，土地利用负外部性的造成不仅限于个人或公司的经济活动，地方政府也可能是土地利用负外部性形成的根本动因。例如，地方政府为片面追求短期的经济利益，大面积占用优质耕地推进开发区建设，就是对后代人的土地利用产生显著的负外部性。

不少经济学家试图通过市场的途径来解决土地利用的负外部性问题，但均未取得预期效果。庇古（Pigou，1932）认为对付负外部性最有效的方法是，可以通过课税或补贴予以解决。但是在实际操作上，因为信息不对称和不完全，它面临以下难以解决的困境，而事实上无法解决土地利用的负外部性问题：①不可能获得准确的课税或补贴的利益和成本函数；②当污染者或污染源众多时，如何调查和确认负外部性产生的主体；③如何确定负外部性对不同财产造成的受害程度；④如何测定排放量，如何确定它与课税标准之间的对称关系；⑤最适税率如何计算，如何保证高效率和低效率主体之间的公平；⑥解决不了课税或补贴的技术标准，就无法立法，也就无法实施。科斯（Coase，1988）相信可以通过市场机制解决负外部性问题。他认为：在没有交易成本，且产权明确界定的条件下，外部性有关当事者会有一种市场力量促使其进行交易，而使得外部性内部化，从而实现资源的优化配置。但是在现实中，科斯定理同样面临以下难以解决的困境，而无法解决土地利用的负外部性问题：①交易成本微不足道或等于零的假设，并不适用于土地利用所造成的环境生态外部性，因为土地利用不当所造成的外部性和受害的个体可能是为数众多的，有时甚至是难以计数的。②即使交易成本为零，也不可能产生一个有效率的外部性市场，因为有效率的外部性市场会有多样性的定价，通常是通过讨价还价完成的，对于这一点科斯定理并不可能。③财产权的界定会影响交易的结果。因为财产权界定会影响交易主体的产出效果，而外部性又与产出效果有关，这是一个类似悖论的死循环。④如果土地利用活动对人的健康造成了损害，抑或对土地造成了污染，而这种污染又超出了土地的自我净化和自我修复能力，那么此时无论该土地利用主体是否获利或者获利多少，都应该通过改进技术将这种负面影响内部化，这与产权是否明晰无关。⑤产权界定会在一定范围和一定程度上提高产权主体的土地利用所得，但这种所得效果会影响外部性的边际价值（Kahn，1998）。⑥土地利用所产生的负外部性，寻找和信息成本、议价与决策成本、检验与执行成本均很高，使得协商和交易成为不可能。而土地利用规划，通过合理的功能分区和政策分区，实行严格的分区用途管制，例如把住宅区和工厂区分开布置，把垃圾填埋场布置在无人居住区，把飞机场布局在比较偏远的郊区，对流域的上游限制开发，等等，就能把土地利用的负外部性问题降到最低。科学的土地利用规划，有利于妥善处理山、水、田、城、人之间的关系，建立山水林田湖草生命共同体，协调不同土地利用之间造成的冲突，较好地解决土地利用可能影响资源利用、危害生态环境、影响产业发展、影响区域发展和产生社会伤害等负外部性问题。

（二）维护土地利用的公共利益

从公共政策方面来看，公共利益是一切政策的出发点和最终归宿，也是公共政策的灵魂和目的。无论在规范层面还是在实践层面上，“公共利益”存在的必要性都无可争议。而土地利用规划作为一项公共政策，公共利益是其价值旨归，更是其合法性的基本依据。土地利用规划是确定土地利用未来空间、土地资源合理分配、推动社会经济稳定发展的综合部署，是一定时期内土地利用的蓝图，也是国家发展规划的重要组成部分。从世界各国的土地利用规划实践来看，其起点就在于维护土地开发利用的公共利益，协调各区域，提升生产、生活和生态空间的和谐有序。从根本上说，土地利用规划是协调社会不同利益的一种工具，其根本目标就在于实现公共利益的最大化，提供一个优美而令人愉快的公共环境，也是其合法性的根本来源（王勇等，2010）。而土地利用规划正是针对公共利益，建立起土地利用集聚开发、分类保护、综合整治三位一体的空间治理新体系，实质上就是对土地利用的未来发展进行方向的引导与资源配置，其中重要的一点就在于维护涉及全社会的公共利益。同时，由于公共利益的特点，也需要有合理的规划体系存在来实现社会公众对公共利益的共享。

（三）坚持土地分配的公平正义

当土地变成一种重要的社会资源而在不同利益主体之间加以分配时，调节人与人在土地资源分配中的矛盾，以寻求土地资源分配的公平正义途径，将面临巨大的社会阻力。因为在解决土地问题和分配资源的博弈中，尤其是在市场环境条件下土地变成一种重要的资产或资本时，必然牵涉不同社会阶层的利益关系，存在着强势和弱势的分野。在这种复杂的利益关系中，维护公平正义就成了首先和必然的选择。否则，由于先天的生理、地域等因素，个人会在参与能力方面存有差异，强者就会通过土地剥削以谋取更多的利益，贫富差距由此会不断扩大化。人们出于利己本性和生存的需要，就会出现“人对人像狼一样”的互相斗争，这是任何人都不愿看到的社会悲剧。

从规划与资源的角度来看，规划重要功能之一就是对土地资源的合理分配。随着社会经济快速发展和人们对资源需求的不断增加，日益稀缺的土地也成为资本逐利的目标，而由于土地资源的稀缺性、土地产权的排他性以及不同利益主体对土地用途的不同偏好，往往会出现对土地分配的多方博弈，这就要求土地利用规划需要从单纯的技术角色向公共政策方向转变。土地利用规划不仅包括传统的物质性规划，而且更注重不同利益主体之间资源分配矛盾的协调，维护土地资源分配的公平正义。在微观上，为各项具体建设活动分配土地资源，使之处于有序的架构中，实现综合效益最大化；在宏观上，土地利用规划作为弥补市场失灵和政府宏观调控的手段，协调区域之间、部门之间等各利益主体之间的关系，以实现土地资源分配的公平正义。土地规划之所以能够维护公平正义，主要是透过警察权进行土地用途分区和管制。警察权的目的就在于增进、保护和维护全体人民的公共卫生、安全、便利、福利、道德和持续再生产，以保证空间资源分配和占有的公平正义。科学合理的土地用途管制，能为全体人民，尤其是不同的少数或弱势群体提供资源需要和空间期望。这些需要和期望包括穷人买得起合适的住房、为残疾人服务、对妇女安全的环境、改进人行道的舒适性、完善基础设施和公共设施、减少环境污染、保护农用地和其他资源、保护历史遗产、维护公共健康和安全、增加景观美等。

（四）建立土地利用的良性秩序

土地利用的良性秩序，意指在土地利用过程中能够保持某种良好程序的一致性、连续性和确定性，是国家事务和资源配置的良好协调机制。随着生产力的发展与社会经济水平的不断提高，人类对土地的改造与利用程度也不断加深，在获得社会经济发展成果的同时，也必然会产生许多土地利用方面的问题，而针对这些问题，建立起合理有效的土地利用良性秩序尤为关键。

在市场条件下，实现土地利用的良性秩序不会自动发生，而是需要通过规划才能建立的。土地利用规划作为土地开发利用引导和约束，对建立土地利用和空间生产良性秩序具有重要的影响：①能整合土地利用的多元需求。由于土地利用规划作为重要的土地利用治理工具，是在调查、评价和预测多方面需求的基础上完成的，包括经济需求、社会需求、生态需求，也包括各个部门和各种产业的需求，能更好地保障多元土地利用需要。在综合考虑土地利用多元需求的情况下协调资源配置、引导土地利用开发，能最大化地实现土地利用的综合效益，保障土地利用活动的有序运行。②能引导土地利用的合理发展。市场模式下的土地开发利用结构并不合理，往往过多地集中于经济发展而忽略了其他方式的空间生产，造成土地利用公益性的缺失，例如工业用地偏多、生活用地偏少，生态空间供给不足，经济生产与生态生产的空间矛盾突出。土地利用规划在保证社会经济稳定发展的前提下，会更加注重对土地利用公益性的维护，防止土地利用的单一化与资本化。③能优化土地利用的经营结构。建立土地利用的治理秩序，不仅需要整合土地利用的多元需求、引导土地利用的合理发展，还需要优化土地利用的经营结构。土地利用规划通过对土地利用发展战略和目标体系进行空间落实和总体部署，根据不同土地利用的实际状况，结合地区的发展优势，明确土地利用的发展方向、控制开发强度、规范开发途径，从而推动建立土地利用的治理秩序，提高土地利用的效率和效益。

三、土地利用规划的结构体系

（一）按规划时限划分

按规划时限不同，一般可将规划分为长期规划、中期规划和短期规划。长期规划年限达 10 年以上，短期规划年限小于 5 年，中期规划介于二者之间。大多数土地利用总体规划属于长期规划，它是编制中、短期规划和年度用地计划的依据。一般而言，中、短期规划多属于过渡性规划，是长期规划的深化和补充，是由宏观向微观过渡的规划。

（二）按规划范围划分

根据规划范围大小，可将土地利用规划分为国家规划和地方规划。通常按行政区域范围将规划分为全国、省级、地市级、县（市）级、乡（镇）级 5 个层次。在各个层次之间，还可以根据需要，按自然区域范围或经济管理区域范围进行不同层次的跨行政区域的土地利用规划。例如跨省（区）的三北防护林地区的土地利用规划和京津冀地区的土地利用规划，跨市地的三江平原地区土地利用规划，跨县（市）的杭州市丘陵山区土地利用规划等，都属于跨行政区域范围的土地利用规划。

（三）按规划性质划分

按规划性质的不同，包括规划地位、作用和服务功能的差异，可将规划分为土地利用总体规划、土地利用专项规划和土地利用详细规划。

1）土地利用总体规划。它是对一定地域范围内，全部土地保育、利用、开发、整治所做的总体的、战略的部署和安排。它具有总体性、综合性、宏观指导性和行政控制性，主要解决跨部门、跨行业的土地利用问题，是土地利用管理和土地利用规划的“龙头”。通常开展的土地利用总体规划是按行政区域进行的，分为全国、省级、市地级、县（市）级和乡（镇）级 5 个层次。

2）土地利用专项规划。它是在土地利用总体规划的框架控制下，针对土地保育、利用、开发、整治的某一专门问题而进行的规划。土地利用专项规划通常是为改善和保护土地的生态环境，提高土地利用率和产出率而编制的，如土地开发复垦规划、盐碱地治理规划、土地整理规划等。这类规划一般是在同级行政区域内进行，是同级土地利用总体规划的有机组成部分，也有跨越行政界线，在更广泛的范围内进行的规划，如小流域水土流失治理规划，风沙治理规划等。

3）土地利用详细规划。它是在总体规划或土地利用专项规划的控制和指导下，直接对某一地段或某一土地使用单位的土地利用及其配套设施做出具体的安排，是土地利用总体规划或土地利用专项规划的深入和细化。如农场土地利用规划、林场土地利用规划、村庄用地规划等。从土地利用详细规划的作用来看，有两种类型，即控制性土地利用详细规划和开发性土地利用详细规划。控制性土地利用详细规划是地方政府为规范和控制土地使用者的微观土地利用行为而编制的规划，它详细规定了各类土地的使用范围、使用界线、使用强度、利用要求、限制条件等。开发性土地利用详细规划则是为了指导某一地段、地块或某一土地使用单位的土地如何开发利用而进行的具体规划。

四、走向可持续土地利用规划

（一）可持续是规划的核心原则

可持续性是针对未来的，规划也是针对未来的。因此，可持续性一直是规划学中长时间的核心概念。在英国的规划体系中规划首要目的在《规划政策声明》中得到阐明，它陈述道：可持续发展是支撑规划的核心原则。可持续发展的灵魂是这样一条简明的观念，确保每个人，现在和未来世代的人，拥有一种更好的生活质量（DCLG，2005）。按照可持续性的价值取向，至少要确保今日所编制的规划，从长远来看是正当的和有益的。即使短期动机，如果要回应当下的需求或需要，在决策中不能成为压倒性因素。在进行计算和决策时，需要充分考虑环境的影响和生态的平衡。为了推进可持续发展，土地利用规划特别重视维护以下公共利益：①保护农用地和其他资源：耕地、农用地、水资源等；②环境：洪涝、滑坡、污染、废物处理设施等；③遗产和生物多样性保护：天然遗产、生物多样性；④能源：低密度的开发导致能源浪费；⑤交通：实现土地利用与交通的有机耦合；⑥公共设施：按公共设施布局组织土地利用；⑦住房保障：解决低收入家庭的住房问题；⑧健康与安全：日照、供水、防火、排污，精神和情感上的健康等；⑨便利：不同区位之间的时间和距离关系；⑩效率：主要是指公共费用，尤其是建造新基础设施的费用；⑪公平：谁付钱和谁受益；谁被摒弃；⑫视觉美：土地利用格局美、开发地块环境美；⑬其他公共利益因素：公共道德、避免投资者破产等。

（二）规划实践中的可持续判断

在规划实践中，决策其可持续性水平，至少需要从以下 4 个方面去进行判断。

1）土地适宜性。是否按照土地的适宜性对土地资源进行规划，是土地利用规划是否具有可持续性的重要诊断标准。因此，一个可持续的土地利用规划，必须要进行土地适宜性评价。它是以特定土地利用为目的，评价土地适宜性程度的过程。要从土地利用研究和土地调查开始，明确土地利用条件和每一个土地单元的属性和相关的经济社会生态条件，在此基础上进行土地利用的适宜性比较，以及相关经济、社会、生态、文化条件的分析。然后根据比较和分析确定土地适宜性和适宜程度、限制性和限制程度，最终评定出适宜性等级。由于农用地和建设用地的土地利用方式存在根本性的不同，土地利用规划中的土地适宜性评价可分为农用地适宜性评价和建设用地适宜性评价等。此外，更加专业的旅游适宜性评价、交通适宜性评价、水利适宜性评价、港口码头适宜性评价、军事工程基地适宜性评价、休闲度假地适宜性评价、大型产业集聚区适宜性评价等，在地方市、县层面的土地利用规划中，也都有开展的必要和需求。可以认为，没有科学的土地适宜性评价，土地利用规划就会失去科学的基础，可持续性就难以保证。

2）土地资源承载力。土地资源承载力是土地利用可持续性的基础支持系统。如果在考虑资源世代分配的情景下，可以满足资源承载力的需要，则表明土地利用规划具备了持续性的条件；如若不能满足，就应该依靠科技进步或其他路径来挖掘和替代资源，务求“基础支持系统”保持在区域发展需求的范围之中。一个国家或地区的土地资源承载力，是指在可预见的时期内，利用本地区的土地资源和其他自然资源，以及智力和技术等，在保障与其社会文化准则相符合的物质生活水平的情况下，所能持续供养的人口数量。在生态学中一般将资源承载力定义为“某一生境所能支持的某一物种的最大数量”。从土地利用规划的角度看，可以将土地资源承载力定义为：在不损害土地健康和相关生态系统功能的前提下，某一给定区域可以允许的最大土地资源消耗。这一概念包括以下两条底线：一是不损害土地健康，即不损害土地在其生态系统界面内维持生产，保障环境质量，促进生物与人类健康和维护自我恢复的能力；二是不损害相关生态系统功能，诸如不会引起物种退化或消失等。

3）土地环境容量。土地环境容量可以定义为：在人类生存和自然生态不受损害的前提下，某一土地环境所能容纳污染物的最大负荷量。影响土地环境容量的因素很多，概括起来主要有以下 5 个方面：①土地环境自净能力；②土地环境的自然背景值；③土地环境的质量标准；④土地污染物的类型和结构；⑤土地污染物的规模、强度和速度。1982 年，德国经济学家施伯特（Horst Siebert）第一次提出了环境空间的概念。他把生态系统的资源再生功能与污染的吸收功能，视为对经济活动的限制条件，而把它们对环境产生影响的极限叫环境空间（Environmental Space）。1987 年，荷兰经济学家欧普斯楚（Hans Opschoor）开始研究环境空间实际上到底有多大，是不是一个可以实际应用的工具。他认为环境空间反映出环境资源的稀缺性与有限性，它与承载力不同，它不是要计算生物圈（biosphere）能容纳多少人口或动物，而是要表征环境的潜力。对土地而言，环境空间就是在某一个时期中，不至于对土地生态系统或维持生命系统造成不可逆转损伤的极限下，土地生态系统所能支持生命的潜能。此一概念类似于生态足迹（Ecological Footprint），但是生态足迹只是针对某种生活形态下的土地使用而言，但环境空间的范围较广，包括气候变迁等问题（韩乾，2013；Dresner，2002）。事实上，环境空间就是把每一项环境元素分别看待，使之都能在生态系统支持的能力之内，而不至于受到不可逆转的损伤，生态系统所能支持的各种元素活动的总和，就是环境空间。简言之，土地利用规划中的全部行为和要素配置，均应维持在环境的允许容量之内，否则土地利用的持续发展将不可能延续。

4）土地生态系统服务功能。至少保障土地生态系统服务功能不降低、力求土地生态系统服务功能有提升，是土地利用规划的重要职责，也是判断土地利用规划是否具备可持续性的重要诊断指标。生态系统服务（Ecosystem Services）是指人类从生态系统获得的所有惠益，包括供给服务（如提供食物和水）、调节服务（如控制洪水和疾病）、文化服务（如精神、娱乐和文化收益）以及支持服务（如维持地球生命生存环境的养分循环）。它是土地生态系统产品和生态系统功能的统一。土地生态系统服务功能是指土地生态系统与生态过程所形成及所维持的人类赖以生存的自然环境条件与效用。一类是土地生态系统产品，如食品、原材料、能源等；另一类是对人类生存及生活质量有贡献的土地生态系统功能，如调节气候及大气中的气体组成、涵养水源及保持土壤、支持生命的自然环境条件等。生态系统服务的功能主要包括：生产生态系统产品、产生和维持生物多样性、调节气候、减缓旱涝灾害、维持土壤功能、传粉播种、有害生物的控制、净化环境、景观美学与精神文化功能等 9 个方面。生态足迹是表征土地生态系统服务是否具有可持续性的重要指标。它是指给定人口和经济条件下，维持资源消费和吸收废弃物所需要的生物生产型土地面积（包括陆地和水域）。其基本思想就是通过对生态足迹和生态承载力（区域能提供的生物生产土地面积）的计算和比较分析，来判断人类对自然资产是否过度利用，生态系统服务是否具有可持续性。

第三节　土地利用模拟

一、模拟与土地利用模拟实验

（一）模拟的概念、功能及其局限性

科学研究的一般思路是：首先描述事物是如何运转的，然后再设法理解为什么会如此运转（Gordon，2005）。当人们在刻画土地系统的行为特征之后，就需要进一步揭示其支配规则和因果关系。由于土地系统很难在室内进行受控实验，也很难在现实生活中直接进行实验，即使进行实验也是得不偿失的。而根据实际问题建立模型，并利用模型进行实验，比较不同后果，选择可行方案，不失为有效的替代方案。随着现代计算机技术的快速发展，通过计算机等现代技术进行模拟就成为寻找土地系统演化机制的重要分析手段。

模拟是对现实世界真实事物、事态或者过程的一种模仿或虚拟。通过模拟实验，人们可以判断一个系统的作用条件和历程改变之后，最终将会生成何种效果。其关键问题包括有效信息的获取、关键特性和表现的选定、近似简化和假设的应用，以及模拟的重现度和有效性。模拟方法最初是从各个领域独立发展起来的。20 世纪 50—60 年代，由于系统论和控制论的发展以及计算机技术的广泛普及，不同领域的模拟方法逐渐开始交融，形成更为综合的模拟实验方法和技术。通常人们对模拟有 3 种不同的理解：①认为模拟就是用模型去描述系统的结构和行为，以研究该系统某方面的变化如何影响其他方面或整个系统；

②认为模拟就是对模型的方程组特别是动态方程组进行按期的求解，以探测模型的灵敏度，规划中经常应用的预测即为一种模拟；③认为模拟就是在模型的范围内对所有可替换的结合方式进行有控制的实验，观察它们的后果，从中选择较好的特定结合方式。所有这些理解都应该属于模拟的范畴，共同点都认为模拟离不开模型的建立和应用。

模拟的步骤通常包括：确定问题、收集资料、制订模型、建立模型的计算程序、鉴定和证实模型、设计模型实验、进行模拟操作和分析模拟结果如何应用。当下的计算机模拟，主要有以下功能：一是非线性方程的求解。土地是复杂系统，相应的数学模型主要是非线性模型。当非线性模型无法寻求解析解时，就需要数字解，此时计算机模拟就可以发挥作用。二是理论设想和推导结果的检验。当人们构建某种假设或者模型的时候，当无法判断改变系统条件之后演化结果将会如何时，此时就可以利用模拟分析进行检测。三是作为系统受控实验的替代品。对于土地利用系统的变化过程很难进行实验室实验，此时可以设法利用计算机模拟实验揭示土地利用系统背后的因果关系。四是能研究不同时期相互间的动态联系，反映系统行为随时间变化而变化的情况。在土地系统研究中，模拟、实验和理论可以形成三位一体的功能互补关系（Armstrong，2000）。

世界上没有完美的事物，也很难有万能的工具。计算机模拟可以弥补土地系统不可实验性的某些不足，但模拟实验也有其自身难以克服的局限性：一是难以揭示系统的本质概念。大量研究表明，模拟能够模仿或虚拟多种自然现象和社会系统的变化，其中不乏得出海量的数据和图像，但所揭示的理论和所提炼的本质概念十分有限（Torrens et al.，2001）。二是模拟所选择的方案，可能不是最佳方案。模拟方案通常是根据过往的数据和环境所生成的，而且有许多假设条件，但未来必定不同于过往，假设也不能等同于现实，因而所选择的模拟方案对于现实而言可能不是最佳或最优方案。三是模拟结果的可重复性经常不尽如人意。土地系统模拟主要是通过建立模型在GIS平台上进行的，在计算过程中通常需要设定边界条件和模型简化。由于各家模拟研究的模型简化、边界条件设定和程序规则并不一致，别人很难进行重复操作和检验，可重复性和可检验性都比较差，因而其学术意义或者科学价值就受到影响。四是当模拟的规模很大时，通常较难取得各类参数和模拟细节，会导致模拟结果失真。其运用范围也只能限于能考察的情境，一旦出现不能模拟的特殊情况，就会导致模拟实验失败。

（二）土地利用模拟实验的关键问题

快速的工业化和城市化以及持续的经济和人口增长，迫使土地利用结构和方式发生了巨大改变，进而区域及至全球生态环境造成影响，如耕地流失、土地退化、水土污染、森林面积和生物多样性减少等。为了深度探究土地利用变化机制，分析影响土地利用变化的自然及人文驱动因素，提高土地利用变化的预测能力，从20世纪90年代以来，全球开展了以土地利用变化为主要内容的土地利用模拟实验。从30年来的研究实践看，土地利用模拟实验需要重视解决以下关键问题：

1）人地系统的互动认知。所有土地利用行为及其变化，都是在人地系统中进行的。人地系统是地球表层上人类活动与资源环境相互作用而形成的复杂巨系统，它具有整体性、开放性、动态性、非线性、远离平衡态和能观能控性。随着人类文明的演化，在不同的历史阶段，有着明显不同的人地系统结构和功能。一方面，人类活动对土地利用变化产生深刻影响，并以驱动因子的形式体现在土地利用模拟过程中；另一方面，土地利用变化的方向和强度，也会深刻影响人类的活动和认知。它们是一对互动的过程，对此目前还缺少深刻揭示。如果对两者的互动过程缺乏科学认知，数据和模型选择均取决于数据可获得性和研究者的偏好，最终输出结果的精度和适用性都会偏离人地系统实践。未来的土地利用模拟，必须深化人地系统相互驱动的认知，建立人地系统演化的理论逻辑，才能形成土地利用模拟的科学范式。

2）数据获取和数据精度。土地利用模拟研究中经常使用的数据包括两大类：土地利用历史数据和各类驱动因子环境数据。其中，土地利用历史数据主要来源于遥感技术产品和野外调查数据，这些数据本身存在的误差和不确定性在很大程度上降低了模拟结果的准确性。同时，这些数据存在个体属性和行为规定确定困难等问题，难以精细地反映复杂的人地系统互动过程。各类驱动因子的环境数据，在逻辑上需要与土地利用数据在时空分辨率上相统一，这在实践中几乎很难实现，从而影响模拟精度。人文系统对土地利用变化影响深刻，政策制度、价值偏好、经济水平、文化背景、技术发展程度等因素，土地利用变化都会产生显著响应，而且不同区域的响应程度还有很大差别。目前的土地利用模拟，在空间上均采用“地方”均一性，无法考虑像元空间差异，无疑增加了模拟结果的不确定性。

3）时空尺度和参数校准。土地利用系统的最大特点是具有时空尺度依赖性，即在不同时空尺度上，土地利用系统的结构功能和驱动力都是不相同的。在不同时空尺度上，个人、社会形态和文化群体对土地利用的影响是有根本性不同的，而且没有预先确定的因果关系，都不能从大型结构中读出小事件和过程的影响细节（Howitt，2002）。并且，在不同时空尺度上，驱动土地利用变化的影响因子，其精细化程度是不相同的。如何使选择土地利用驱动因子的精细化程度，与时空尺度相匹配，目前仍然缺乏理论依据和方法论支撑。如果时空尺度的选择仅仅取决于研究者的目的或者偏好，以及数据的可获得性或是经验判断，那么参数选择便带有主观性和随机性，缺少参数校准的理论逻辑和程序规则，土地利用模拟的结果必然是不能令科学满意的。此外，土地利用系统具有高度的时空异质性，不同时空尺度上获得的结论并不能简单地上推或下推，需要掌握土地利用系统及其变化的内在规律和尺度依赖性，最终才能实现尺度综合。但如何进行尺度综合，如何找到不同时空尺度间的“联结点”，目前仍然面临严峻挑战（乔治等，2022）。

4）模型选择和耦合模拟。按照最一般的理解，一个“模型”可以定义为恰到好处的“现实简化”。模型中最常见的是数学模型，它是用数学语言对现实进行的不多不少、恰到好处的简化表达（Longley，1999）。面对复杂的土地利用巨系统，几乎没有任何单一的模型能够揭示土地利用变化的所有复杂特性。目前常见的土地利用变化模型，包括马尔科夫模型、系统动力学模型、元胞自动机、SLEUTH 模型、CLUE-S 模型、多主体模型、FLUS 模型和 GeoSOS 模型等，都有各自的前提假设、适用范围、优势和限制。因此，模型选择、多模型耦合或综合其他方法改进现有模型，就成了土地利用模型发展的主要趋势（Rounsevell et al.，2012）。如何构建模型以及如何选择模型，不仅要看假设是否实际，行为规则如何定义，还要分析模型与现实之间、模型与计算之间的差别。如何选择模型，尤其是如何将不同模型进行更有效的耦合，以提高模拟结果的解释力和预测力，并不断开拓新的知识领域，还有待更深入的探索。

二、土地利用需求的预测模拟

（一）预测模拟的原理

预测模拟，是人们对未来或不确定事件的行为和状态做出的主观判断。预测模拟的立足点是过去和现在，着眼点是未来。预测模拟的实质是预测者选择和使用一种逻辑结构使过去、现在与未来相通，以达到描述未来状态和特征的目的。预测模拟的主要原理如下：

1）惯性原理。事物的发展和系统的运行在没有受到外力强烈干扰的情景下，通常都会有一定的惯性，即过去和现在的情景将会持续到未来。这一原理在时间序列分析的预测基础中，可定义为时序的随机平稳性。如果所分析的时间秩序不具有随机平稳性，就不能利用时序分析的预测模拟技术进行科学的预测。不仅外推法如此，宏观计量经济模型分析也是如此。如投入-产出分析，它进行预测模拟的先决条件是不变的投入系数和不变的部门经济结构的形式。当然某些技术系数肯定会随时间而变，但是很明显，只要这些改变是有规律的，那么这种不变性就仍然存在。在这种情况下，不是系数本身保持不变，而是修正系数的方法保持不变。惯性原理，历来被人们认为是一条经验法则。这种经验法则之所以能奏效的主要原因就是由于系统结构的稳定而使预测模拟事物发展的趋势稳定。正是这样，人们才能对事物的进程进行模拟和预测（严金明，2001）。

2）类比原理。它是根据两个具有相同或相似特征的事物间的对比，从某一事物的某些已知特征去推测另一事物的相应特征，从而对预测对象的未来做出判断的预测方法。类比方法是在两个特殊事物之间进行分析比较，它不需要建立在对大量特殊事物分析研究并发现它们的一般规律的基础上。因此，它可以在归纳与演绎无能为力的一些领域中发挥独特的作用，尤其是在那些被研究的事物个案太少或缺乏足够的研究、科学资料的积累水平较低、不具备归纳和演绎条件的领域。其基本模式是：若 A 对象具有属性 a、b、c、d，且 B 对象具有属性 a、b、c，可推断 B 对象具有属性 d。类比推理的过程，是从特殊到特殊，由此及彼的过程。由这种方法所得出的结论，虽然不一定很可靠、精确，但常常富有创造性，往往能将人们带入完全陌生的领域，并给予许多启发。例如，将沿海发达城市与西部相对欠发达城市进行类比，就可以大致推断西部相对欠发达城市的未来发展趋势。

3）关联原理。在社会经济和土地利用系统中，许多变量之间常存在着关联关系或相关关系，如正相关、负相关等。通过这种关联关系分析，就可以对预测事物的未来变化进行模拟判断。多元回归分析的预测技术，就是根据这种关联原理，从样本对整体进行估计、验证和模拟，对事物的未来进行预测。

4）概率原理。它是指任何事物的发展都有一定的必然性和偶然性，社会经济发展和土地利用过程也不例外。通过对事物发展偶然性的分析，找出其发展规律，从而进行预测。马尔可夫链预测模型，就是应用概率原理进行预测的一种方法。在马尔可夫链的每一步，系统根据概率分布，可以从一个状态变到另一个状态，也可以保持当前状态。状态的改变叫作转移，与不同的状态改变相关的概率叫作转移概率。随机漫步就是马尔可夫链的例子。随机漫步中每一步的状态是在图形中的点，每一步可以移动到任何一个相邻的点，在这里移动到每一个点的概率都是相同的。该模型对于短期的事件预测，有效性相对较高。

在未利用地需求的预测模拟过程中，每一项内容的预测模拟，每一种方法的选择，都要看是否符合上述预测模拟的基本原理。如果违背预测模拟的基本原理，预测模拟也可能会变成“陷阱”。

（二）预测模拟的方法

土地利用需求预测的内容主要包括：产业、就业、人口、住房、土地、基础设施、交通、绿色空间等。其中就业和人口预测是核心，知道了就业和人口，土地、住房、基础设施、交通需求等的预测就变得相对简单。而人口分布又与就业机会高度相关，因而就业预测就成为关键的关键。但就业机会与产业发展高度关联，因此在土地利用需求预测模拟过程中，产业发展和就业机会的预测模拟就变得更加重要。从产业和就业的角度看，预测模拟方法可分为直观预测模拟法、因果预测模拟法和时间序列预测模拟法；其中，直观预测模拟法一般用于定性预测模拟，而因果预测模拟法和时间序列预测模拟法主要用于定量预测模拟。在选择预测模拟方法时，一般考虑 6 个基本要素：预测模拟的应用范围、预测模拟的资料性质、模拟模型的类型、预测模拟方法的精确度、预测模拟方法的适用性、使用预测模拟的费用。

1. 直观预测模拟法

直观预测模拟法一般用于定性预测模拟，常用的有头脑风暴法、专家会议法、主观概率法、特尔菲法等。特尔菲预测模拟法也称专家匿名调查征询法，是目前预测模拟中使用最为广泛的定性预测模拟法。特尔菲法的基本思路是由预测模拟工作小组对每一轮意见进行整理汇总，并作为参考资料再发给每位专家，供他们分析判断，作为提出新一轮意见的参考依据，如此多次反复，专家的意见日趋一致，使结论可靠性增大，从而取得满意的预测结果。

使用特尔菲法必须坚持如下 4 条原则：第一条是匿名性，对被选中的专家要求保密，不让他们彼此互通信息，使他们不受权威、资历等方面的影响。第二条是反馈性，在预测模拟过程中，要进行几轮（3~5 轮）征询专家意见。由于每一轮预测模拟之间的反馈和信息沟通，可进行比较分析，因而能达到相关启发，提高预测模拟准确度的目的。这样，征询过程通常都会呈现逐步收敛的趋势，容易集中各种正确的意见。第三条是统计特性，特尔菲法的每次信息反馈，都要用数理统计方法进行整理分析。第四条是专业性和代表性，在选择专家时，通常需要选择从事本领域技术工作持续 10 年以上的专家，专家数量尽可能在 16 位以上，而且要有不同领域的技术专家，以保证专家的专业性和代表性。

特尔菲预测模拟法的主要优点是简明直观，避免了其他专家预测法受到权威和大多数人意见牵制的弊病，可通过信件、电子邮件等通信途径进行，不受地区和人员的限制，费用较低，由于进行了意见反馈，能引导专家的思维。但是特尔菲法也存在着缺点，主要是预测模拟结果受主观认识的制约，专家思维的局限性会影响预测模拟的结果；同时在技术上仍不够成熟，如专家的选择没有明确的标准，预测模拟结果的可靠性就会受到影响。

2. 因果预测模拟法

因果预测模拟法有回归预测法、前导指标法、投入产出法等，其中回归预测法最为常用。回归模型的基本形式如下：

$$Y = f(X_1, X_2, \cdots, X_k) + \varepsilon \tag{8-5}$$

式中：Y 为被解释变量（因变量），即预测目标；X_1，X_2，…，X_k 为解释变量（自变量），代表影响因素，k 为解释变量个数；ε 为随机扰动项。一般而言，Y 是不确定量的，X_1，X_2，…，X_k 是可以控制或预先给定的，Y 对 X_1，X_2，…，X_k 存在单向的依存关系。常用模型主要有多元线性回归模型、非线性回归模型等。

3. 时间序列预测模拟法

时间序列预测模拟法是以某一指标的时间序列反映的区域社会经济现象发展形态为依据，进行趋势外推，预测模拟其未来发展趋势和水平的常用方法。时间序列预测模拟法的模型很多，较常用的有曲线（直线、抛物线、指数、对数）外推模型、指数平滑模型、移动平均模型、灰色预测模型等。

在不确定性日益增加的复杂社会，时空关系越来越测不准，所有预测模拟只能作为土地利用决策的一种参考，必须结合更深入细致的地方调查、情境分析和宏观发展趋势研判，才能对未来的前瞻性做出科学预判。应该清楚地认识到，绝大多数预测模拟方法都是以现状和稳定的趋势为前提的，可现实中的趋势大多是复杂且不稳定的。例如，对城市就业人口的预测模拟，趋势外推法在大多数情况下并不适用。众所周知，2018 年的中美贸易战，就直接影响了城市就业；2017 年以来国家加大了乡村振兴力度，部分城市就业人口又返回乡村，如此等等，所有这些不确定因素都会改变城市就业人口变化对土地利用需求的稳定趋势。

系统动力学、多智能体和元胞自动机等，也是常用的土地利用需求预测模拟技术，详见见第九章，本章不再赘述。

三、土地利用的扩展现实技术

（一）扩展现实及其相关概念的区分

模拟技术的发展方向之一，就是向扩展现实技术延伸和拓展，借助扩展现实技术进一步发挥模拟实验的研究功能。扩展现实（XR）是一个涵盖性术语，包括增强现实（AR）、虚拟现实（VR）和混合现实（MR）及其他因技术进步而可能出现的新型沉浸式技术，是元宇宙的核心技术之一。扩展现实技术是虚拟仿真发展的趋势，它可以通过创建虚拟环境或在真实环境中添加虚拟元素，从而为用户提供全新的沉浸式体验（刘兵等，2022）。虚拟现实（VR）是集计算机技术、传感器技术（电子信息）、人类心理学及生理学（仿真技术）于一体的综合技术，其是通过利用计算机仿真系统模拟外界环境，给人以环境沉浸感，主要模拟对象有环境、技能、传感设备和感知等，为用户提供多信息、三维动态、交互式的仿真体验。增强现实（AR）是指将真实世界信息和虚拟世界信息“无缝”集成的新技术，是把原本在现实世界的一定时间空间范围内很难体验到的实体信息（视觉信息、声音、味道、触觉等），通过电脑等科学技术，模拟仿真后再叠加，将虚拟的信息应用到真实世界，被人类感官所感知，从而达到超越现实的感官体验。真实的环境和虚拟的物体实时地叠加到了同一个画面或空间同时存在，并广泛运用了多媒体、三维建模、实时跟踪及注册、智能交互、传感等多种技术手段，将计算机生成的文字、图像、三维模型、音乐、视频等虚拟信息模拟仿真后，应用到真实世界中，两种信息互为补充，从而实现对真实世界的“增强”。区别于传统的超文本、平面图像等二维媒介及传统三维图像或视频，沉浸式技术依托跨媒介、非结构化的视、听、触等多感官刺激途径，不断激发人的创造性思维，以实现虚拟世界与现实世界之间的无缝转换。目前，扩展现实的基建、硬件等仍在起步发展阶段，给人类思想认知层面会带来哪些影响，在实施过程中会产生哪些风险，如何构建伦理框架共识等问题，都还需要进一步探索。考虑到扩展现实还处于起步发展阶段，许多研究者可能还不熟悉，现将相关概念的区分阐述如下：

1）元宇宙。元宇宙理念来自科幻小说《雪崩》，描述了与现实世界相脱离的网络一代对两个平行世界的感知和认识（郭全中，2022）。作为一种虚拟世界，元宇宙融合了扩展现实、人工智能等多种技术，提供了沉浸式交互体验和多用户协作的平台，是现实世界在虚拟空间的映射，将成为下一代互联网发展的全新范式。但是，当前学术界对元宇宙概念内涵的认知并不一致。Mvstakidis（2022）认为元宇宙是互联网络定义，是一个在持久的多用户平台建立的沉浸式社交网络环境，能够将物理现实与数字虚拟相结合。陈刚（2022）指出，元宇宙是利用科技手段链接与创建的虚拟世界，它与现实世界映射与交互，是一个具备新型社会体系的数字生活空间。任兵等（2023）则认为，元宇宙既是新一代数智技术集成与应用的时空形态，也是创造和提升新的社会生产关系与创造力的社会形态，其广阔的数智技术前景和强大的社会影响潜力将会推动人类社会实现整体性价值飞跃。随着互联网 3.0、工业 4.0 和社会 5.0 的发展，元宇宙已成为备受关注的产业领域与研究热点。在自然资源领域，仇巍巍等（2024）提出构建虚实融合的国土空间规划平台、自然资源仿真交互平台、人机融生虚拟政务服务平台，探索了元宇宙在自然资源综合管理应用的可行性。

2）实景三维（模型）。它是对一定空间范围内人类生产、生活和生态空间进行真实、立体、时序化表达的数字空间，主要通过数据获取、三维建模、物联网数据等关键技术，为人们提供更为直观且精准的数据可视化模型（李璐，2024）。实景三维既要真实反映物理世界，还要实现可计算、可分析，最终形成不同应用需求下不同粒度、不同模态的实景三维（仇巍巍等，2024），因而被视为一种全新性、复杂性和突破性特点的新型基础产品。该模型应用广泛，为城市规划、自然资源管理、环境保护等多业务领域提供了数字化支撑。

3）数字孪生技术。它反映了相应物理实体产品的全生命周期过程，也被称为数字映射或数字镜像，是数字化发展的高级阶段（王进峰等，2023）。数字孪生概念源于工业系统，至今广泛应用于制造、建筑、航空航天、铁路、水利水电和城市等诸多领域，且在不同的领域也被赋予了不同的内涵。但其本质可以理解为数字生态与物理生态的结合，并通过实时传递物理世界信息促进孪生体做出相应改变，如更准确地诊断、更好地短期预测、改善系统内各要素之间的互动等（朱庆等，2022）。面向新型智慧城市和数字经济等国家战略对可持续的数字孪生建模的重大需求，传统模拟技术的内涵和外延可通过三维轮廓建模到三维实体建模、从动态更新到实时映射、从几何建模到行为过程建模与机理建模等途径不断丰富和拓展。

综上所述，扩展现实与元宇宙、实景三维（模型）和数字孪生技术等概念，相互之间有密切联系，但也存在着某些区别：元宇宙本身并不是新技术，是对包括5G、云计算、人工智能、虚拟现实、区块链、物联网、人机交互等技术的集成，是一种可与现实世界交互的虚拟世界，具备新型社会的数字生活空间。实景三维（模型）是指通过在实地进行测量和拍摄，利用计算机技术来对建筑物、景观和场所等进行三维建模的技术，它是对人类生产、生活和生态空间进行真实、立体、时序化体现和表达的数字虚拟空间。数字孪生技术是利用计算机技术与人工智能等先进技术，在数字平台上建立高度真实的物理对象的三维模型，以应用于设计、仿真、虚拟现实等领域，其发展与应用也离不开实景三维建模的基础，是实景三维建模的另一个表现形式。它不仅能够建立高精度的三维模型，还可以根据三维模型的数据建立数字孪生模型，以实现物理实体的数字化复制。

（二）扩展现实技术与土地利用空间认知

过往的土地利用规划方案，主要通过二维平面图表示出来，后来发展到计算机图形学和GIS的动态显示。规划后的真实效果，人们无法体验。借助扩展现实技术，规划师可以将土地利用方案实施后的效果逼真地显示出来。决策者可以坐在计算机前利用头戴式显示器（HMD）和数据服装形成一种身临其境的现场感受，从而对规划方案有一个更准确的评价，以便发现问题并提前调整方案。土地利用是一个逆的过程，事先全面、准确把握规划方案的虚拟效果十分必要。虽然扩展现实技术无法解决土地利用演化的不可预测问题，扩展现实效果与未来的真实效果可能会很不相同。但有了扩展现实形成的直观体验，大大加深了对土地利用动态变化的空间认知，为土地利用规划方案的评价和优化提供帮助。

随着城镇化进程的加速推进，城镇建设开发逐渐涌现出用地布局不合理、土地利用效率低等一系列问题。而传统的技术与方法已无法适应对新型城镇化进程中在不确定条件下土地利用空间的认知需求，阻碍城镇土地利用结构、布局和功能优化。扩展现实技术作为一种先进的三维技术，在城镇土地开发利用中主要应用在规划设计和决策支持两个方面。在规划设计方面，扩展现实技术通过模拟城镇的三维空间，将农用地、建设用地以及未利用土地等要素以动态的可视化形式呈现出来，能够让规划者们亲身体验虚拟城镇中的各个场景，了解规划区域的情况并预测未来城镇建设用地规模，从而设计出科学合理的城镇建设开发方案。同时，该技术将城镇土地开发利用的设计方案以三维、立体的形式展现出来，能够使决策者更为直观地了解城镇空间布局形态和功能结构，为制定评估方案及实际效果评估提供参考，从而避免盲目开发利用造成土地资源的浪费或生态环境的破坏。

随着经济的快速发展，人类对土地开发利用的广度和深度日趋加大。由于土地利用方式的不合理，导致土地生态环境逐渐恶化，土地质量下降，生态环境问题频发（余艳艳等，2017），而扩展现实技术的出现则为解决这些问题提供了新途径。首先，扩展现实技术可以提供一个足够真实的环境，人们可以在其中实时观察土地利用生态系统的运行和演化，加深对土地保护重要性的空间认知。以森林生态系统为例，由于现实中森林资源勘探人力、物力投入大，安全风险高，无法有效监控，商业开采、乱砍滥伐、毁林开荒等人为和非人为因素导致森林生态系统被破坏。而通过搭建虚拟森林，人们不仅可以身临其境地观察森林生态系统的运行，了解森林资源的重要性，还可获得感知设备采集到的土壤数据、气象数据、水文数据等真实数据，并在接收到各实体要素的信息后做出反馈，从而对虚拟的环境进行操作或管理，实现对森林资源的保护与修复。其次，高度真实的环境模拟也为科学家和研究人员进行模拟实验和科学研究提供了支撑。通过实时追踪、更新土地利用信息，科研人员能够精准分析生态环境的现状、异常，对未来发展做出预测。在数字化发展背景下，将先进的扩展现实技术应用到地理信息中已成为一种新的发展趋势（刘曙铭，2021）。而面对过度开发和竞争性利用对土地生态系统造成的前所未有的压力，充分利用扩展现实技术的优势，扩大该技术在土地利用与管理中的应用范围，有利于深化土地利用空间认知并推动土地生态系统可持续发展。

此外，扩展现实技术作为三维地理信息系统的关键技术之一，有利于通过实时观察三维空间中的不动产信息，为人们提供准确的不动产数据，带来三维动态和交互式的仿真体验，更好地认识在土地利用过程中不动产信息的空间变化。首先，通过扩展现实技术能够随时随地观察三维空间中的土地和房屋，并依据不动产编码规则对具体地块和房屋单元信息进行编码，助力人们分析不动产的各种权属属性，确保在法律规定背景下登记各种不动产权利。同时，该技术将不同区域条件下的房屋、土地、林地、草原等不动产资源进行优化组合，以电子信息方式集中展示，不仅实现了对不动产资源的精确化分类，使产权信息表达更为直观、生动，也为后期查询统计与分析工作打下了坚实基础。其次，采用扩展现实技术对不动产布局进行建模，模拟真实土地场景，再通过添加纹理、烘焙等技术手段将场景真实化，可建立起完整的虚拟与现实交互的不动产登记管理信息平台，这在一定程度上解决了不动产登记数据信息定位难、落宗关联迟缓等问题的痛点（赵磊，2023），加深了对土地权属纠纷发生的空间场景认知，有利于避免土地权属纠纷等矛盾的产生。

第四节　土地利用工程

一、土地利用工程的基本原理

（一）如何理解土地利用工程

对土地利用工程的概念内涵，目前各方理解并不一致。许燮谟等（1987）认为，土地利用工程是根据土地生态系统平衡的原理，遵照国民经济计划的需求，对不同区域、不同类型和不同利用目的的土地，进行开发利用、改造治理与保护的综合工程技术。许牧等（1990）认为，土地利用工程主要研究对不同类型或不同利用目的的土地进行开发、利用、治理、保护的综合工程技术。《现代地理学辞典》（左大康，1990）中对土地利用工程的描述是：土地利用工程是有关土地开发利用、治理改造、保护管理的各种工程的总称。《土地大辞典》（马克伟，1991）指出：土地利用工程是对土地进行合理开发、利用、治理与保护的综合工程技术。《土地基本术语》（GB/T 19231—2003）认为，土地利用工程是对土地进行开发、利用、改良和保护的综合工程技术措施。总体上看，上述不同学者对土地利用工程内涵的表述，有其科学性和合理性。但是，这些表述太拘泥于具体的工程行为，缺少简明性和概括性，不利于学科的规范。因为，对具体的土地利用工程行为，除了开发、利用、治理、保护、改造外，还有整理、整治、复垦、维护、养护、修复、建设等，如果把这些行为都放到定义中去，定义则显得很冗长，如果不放进去又不全面，这也是导致目前各方理解不一致的重要原因。

根据以上分析，可将土地利用工程表述为：它是提升土地效能、改善土地质量和保育土地生态的工程技术措施总称。主要有两层含义：第一，它是有关土地利用工程技术措施的总和；第二，其主要目标和内容是提升土地效能、改善土地质量和保育土地生态环境。土地利用工程是运用工程手段解决土地利用问题，把未利用地变成可利用地、把已利用地进行高效利用并维护生态系统服务功能的综合性工程措施。在原生态意义上，土地利用工程主要是针对项目或建设行为而言的。其研究对象的核心是土地利用工程项目，或者说是土地利用工程项目的建设行为。所谓土地利用工程项目，具有以下基本特征：①有明确的项目区域范围；②有明确的建设目标和内容；③有明确的工程起止时间；④有明确的各类用地指标调整方案；⑤有明确的工程布置或综合措施方案；⑥有明确的工程投资概预算和资金保障；⑦有明确的工程效益指标。如果不把研究对象界定在工程项目的层面上，就容易将土地利用工程边界无限泛化。土地利用工程的具体内容，主要包括以下几个方面：

1）土地生态利用工程。主要包括农地利用工程、耕地改良工程、农地开发工程、土地生态保育工程、自然保护地建设工程、土地绿色工程等，其目的是提供更多数量和更高品质的农产品，确保粮食安全；维护生态系统平衡，不断提升生态系统服务功能。

2）土地空间利用工程。主要包括城市土地利用工程、村庄土地利用工程、基础设施土地利用工程、建设用地整备工程、低效建设用地再开发工程等，其目的是为人类各种生产、生活提供更丰富、更高效和更优质的场地、基地和操作空间，满足城市化、工业化和人们对美好生活向往的建设空间需求。

3）土地景观利用工程。主要包括风景旅游用地利用工程、休闲旅居用地利用工程、文化景观利用工程、自然景观利用工程等，其目的是通过工程措施更充分利用土地的美学价值和观赏价值，提升土地的景观魅力性、场所品质性、文化独特性和精神生活丰富性。

需要指出的是，土地利用工程的概念内涵是不同于农业工程的。农业工程涉及的面很广，主要包括农村能源工程、农地利用工程、农业生物环境工程、农业物料加工与处理工程、农业系统工程和农业人类工程等方面。它与土地利用工程的交集是农地利用工程，但后者只是土地利用工程的部分组成，而且各自的目标、着力点和采用的工程措施也有区别。在通常情况下，土地利用工程之下的农地利用工程，会依据空间规划采用结构优化、布局调整、功能迭代、土地整理等综合工程措施；而农业工程之下的农地利用工程，更多的会采用农田水利工程等改良措施。

（二）土地利用工程基础原理

土地利用工程涉及自然科学、技术科学、经济科学、社会科学等众多学科领域。土地学、土壤学、水利学、生态学、地质学、水文学、地理学、测量学、遥感学、建设学、社会学、经济学以及数学、物理学、化学、生物学等多个学科的诸多原理，经过融合和创新，共同支撑土地利用工程解决各类土地利用问题。其基础原理至少包括以下多个学科维度的综合：

1）土壤学。土壤是土地的核心物质组成，土地利用工程需要遵循土壤学的基本原理。土壤学的基本原理主要包括土壤形成发育、土壤质地和结构生成、土壤有机质分解转化、土壤生物空间分异、土壤水运动、土壤空气和热量变化、土壤胶体化学和表面反应、土壤酸碱性和氧化还原反应、土壤养分循环、土壤力学和耕性效应等，是土地利用工程消除障碍因子、防止退化和提高生产力的理论依据。

2）地理学。它是研究地球表层空间地理要素及其综合体空间分布规律、时空演替过程和区域特征的一门综合性学科，与土地利用工程的研究对象具有多维重叠性。自然地理学、人文地理学、经济地理学、水文地理学、交通运输地理学、聚落地理学、历史地理学、社会地理学、区域地理学、地图学等地理学的分支学科，为研究土地利用工程的时间和空间效应，以及如何因地制宜采取工程措施，提供理论支撑。

3）生态学。它是研究有机体与其周围环境相互关系的科学，其基本原理通常包括4个方面的内容：个体生态学、种群生态学、群落生态学、生态系统生态学。土地是一个生态系统，土地利用工程的基本宗旨就是维护其生态系统永续发展，并不断提高生态系统的服务能力。生态系统结构、生态平衡、生物群落演替、竞争和生态位、生态适宜性、生物多样性、景观生态、恢复生态等原理，是土地利用工程在实践中必须遵循和不能违背的准则。

4）地质学。它是研究地球物质组成、内部构造、表面特征以及地球发展历史中的各种地质作用和曾经生活于其上的生命的形式及其演变的科学。土地利用工程是在地球表层进行的各种建设活动，地球表层的物质组成和运动规律，直接影响工程模式和工程措施选择，也影响工程的效益和可持续性。矿物学、岩石学、地球化学、构造地质学、第四纪地质学、水文地质学、工程地质学、地震地质学等地质学分支学科，可为土地利用工程实践奠定基础。

5）社会学。它主要通过社会关系和社会行为的研究，来阐明社会结构和社会过程的发生演化规律。广义的社会科学涵盖经济学、政治学、法学、伦理学、历史学、社会学、心理学、教育学、管理学、人类学、民俗学、国际关系学、民族学、区域国别学等，是人类社会结构及活动的知识体系。说到底，土地利用工程是为人和社会服务的，社会组织、社会制度、社会运行、集体行动、社会分层、社会流动、社会变迁、家庭结构、社会冲突、社会文化、城市化、乡村化、社会响应等，都会直接或间接地影响土地利用工程的组织模式、创新方式和投入产出效果。

6）水文学。它是研究大气层、地球表面以及地壳内各种水体形成、物理化学性质、循环分布及其对环境影响的科学。河流水文、河口水文、湖泊水文、沼泽水文、冰川水文、地下水水文、水文平衡、水文混合、水文统计等水文学分支学科的基本原理，都是开展土地利用工程的基本遵循。例如，水文平衡是土地利用工程实践中应用最广的基本原理，任何土地利用工程活动都不能破坏水量平衡、沙量平衡和盐量平衡等基本水文平衡关系。

7）水力学。它是研究以水为代表的液体机械运动规律及其在生产实践中应用的学科。其基本原理：一是研究水在相对平衡状态时的规律，确定水体对各种边界的作用力；二是研究水流的运动规律，分析各种条件下的过水能力、水力荷载、水能消耗、水流性态和混合输移。水静力学、水运动学、水动力学、水力学相似原理以及阻力与升力、水头损失、孔口出流、管道水流、明槽水流、建筑物下游水流衔接和消能、水工模型试验等，都是土地利用工程勘测、规划、设计、施工和运行管理的依据。土地利用工程实践中具体的灌溉、河道整治、输水管、涵洞、河渠和水工建筑物的设计等，都必须以水力计算为依据。

8）工程力学。与工程结构力学有关的力学通常称为工程力学，其内容包括材料力学、结构力学和弹性力学等。广义的工程力学，还包括工程流体力学和岩土力学等。在土地利用工程实践中，所涉及的道路工程、边坡工程、基坑工程、土的物理状态及工程分类、土的强度特性、土的动力性质、地基分析、挡土墙压力计算、土坡稳定分析、土工结构承载力计算都需要依据工程力学的原理和方法。为了使土地利用工程符合经济原则，又要求少用材料或用廉价材料，工程力学的任务就是合理地解决这一矛盾，为实现既安全又经济的设计提供理论依据和计算方法。

此外，可持续发展理论、胶体与界面化学原理、国土空间结构布局优化原理、自然资源平衡分析等，也是土地利用工程需要遵循的基础原理。总体上说，上述土壤学、地理学、生态学、地质学、社会学、水文学、水力学、工程力学等原理，构成了土地利用工程的基础原理。

二、土地利用工程的实验设计

（一）土地利用工程的实验设计准则

科学技术研究有三大实验基地：一是用于研究自然界演化规律的大自然这个天然实验基地；二是用于研究物质组成和变化规律的实验室；三是研究人类活动与自然界相互影响的这个最庞杂的人类社会。大量事实表明，土地利用工程的发展及其对国民经济的推动作用，不仅需要在实验室进行实验研究，还要依赖于野外考察和实验站的长期观测实验、示范与资料积累。实验方法对促进土地利用工程的发展具有十分重要的作用。但是，土地利用工程涉及的实验方法是一个非常复杂的系统，与生态学、土壤学、农学、水科学、物理学、化学、地质学、地理学、生物学、遥感、地理信息系统等学科中的许多专业内容密切相关，因此需要把握实验设计的基本准则。

在实验设计中通常会存在混杂因素和非独立性等问题。对此，将可重复性（Replication）和随机化（Randomization）纳入实验设计可以在很大程度上抵消上述问题，这也就形成了土地利用工程实验设计的两大基本原则（Gotelli et al.，2013）。作为土地利用工程中的重要一环，其实验设计也同样需要遵循可重复性和随机化两大基本原则。可重复性指实验应考虑到实验误差和干扰因素，尽可能地保持实验条件的稳定与一致性，使得其他人或者同一实验的不同阶段能够重复此实验获得相同的结果。至于随机化，其操作具有很大的灵活性，可以通过摇骰子、抛硬币或者利用电子表、电脑等工具生成随机数的方式实现随机化。对于土地利用工程而言，一方面是在选取研究区域或设置样方时，随机指定具体的区位或位置；另一方面是在处理组和对照组的选择时，通过随机化方法指定。可重复性和随机化需要相互配合才能起到重要作用。如果没有足够的重复，随机化并不能显著缓解混淆因子的影响，反之亦然。比如，在只有一个重复（样本量为1）的极端情况下，基本可以说处理和对照之间必然存在潜在的混淆因素。在土地利用工程实验设计中，研究者需要时刻将可重复性与随机化牢记于心。土地利用工程实验设计应基于科学思维和研究问题，尽可能控制干扰因素，提高实验结果的科学性和有效性。一般而言，土地利用工程研究者主要通过控制实验和观测实验的方法获取数据。

（二）土地利用工程控制实验的设计

控制实验（Manipulative Experiment）是一种科学实验设计方法，目的是通过对比不同变量对研究结果的影响来验证实验假设。控制实验需要选取一个变量作为因变量，其他可能对其产生影响的变量都被控制或保持不变，这些变量成为自变量。在土地利用过程中，控制实验的设计应该根据研究目的选择与土地利用相关的因变量和自变量，并保证实验结果的可重复性。在实验前，需要明确研究假设、制定实验方案、选择实验对象和样本等。在实验过程中，需要严格按照实验方案操作，记录实验数据，及时进行数据分析和统计，以确保实验结果的可信度和可靠性。在控制实验的设计中，应该注意控制变量与实验变量之间的相互作用，同时也需要进行不同水平或处理的重复实验，以验证实验结果的正确性。这样设计出的控制实验能够更加准确地评估土地利用的效果和影响。

假设想探索两个研究对象之间的关系，从而为因果关系的推断提供重要的依据。在控制实验中，可以首先在封闭的样方中将对象A（响应变量）设定为一系列梯度，之后观察对象B（预测变量）的大小。获得实验数据后将二者绘制到二维散点图上，其中横坐标用来表示预测变量（对象B），纵坐标表示响应变量（对象A）。实验设定的统计零假设总是认为二者不存在确定的关系，因此这里的零假设是不管样方中对象A或高或低，都与对象B没有关系（图8-3a）。备择假设是认为二者存在某种关系，这里可以假设在对象B大的样方中，对象A也更大（图8-3b）。对此可以利用回归等数据分析方法对“是否接受零假设”进行判定。如果明确拒绝了零假设，可以通过对回归模型参数（斜率）的估计来量化二者间关系的大小。

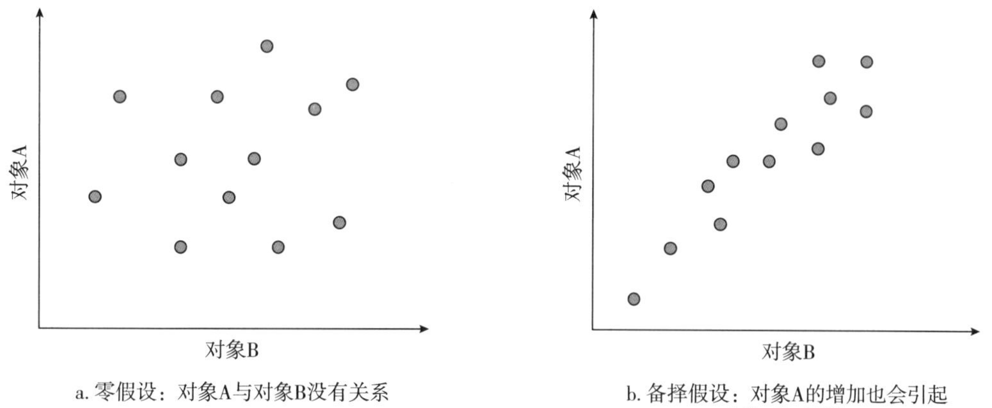

a. 零假设：对象A与对象B没有关系

b. 备择假设：对象A的增加也会引起对象B造成增加

图8-3　控制实验设计：对象A与对象B关系的统计假设图
（据Gotelli et al.，2013，有修改）

尽管这种人为控制的样地实验很常用也很有效，但也存在一些局限。第一，这类样地实验通常只能在较小的空间尺度上进行，但小样方的结果往往难以直接推广到大尺度上。而要扩大样方面积，则很可能会导致可重复性不够（Kareiva et al.，1988）。第二，样地实验通常不得不局限于一些易于控制的对象，造成研究结果很难推广。第三，对于土地利用实验设计而言，控制手段很难做到仅影响一个变量，而且样地实验的设计可能过于复杂而导致难以实施（Gotelli et al.，2013）。因此，在土地利用相关研究中，控制实验的设计很少，更多的往往是借助观测实验完成的。

（三）土地利用工程观测实验的设计

观测实验也叫自然实验，是指研究者利用变量在自然条件下的变异（比如海拔、温度）开展研究（Cody，1974）。自然实验中没有人为控制，虽然也叫实验，但本质上并不属于狭义的“实验”。观测实验是一种常见的土地利用工程研究方法，其主要目的是通过对不同土地利用情景或模式下的自然环境、土壤类型、生物多样性、水文条件等进行观察和记录，以了解不同土地利用工程方式对自然生态系统的影响，为科学合理地规划土地利用提供参考依据。

在设计观测实验时，需要先确定研究目标和研究对象，选择适当的研究区域和实验时段，确定观测指标，并制定合理的观测计划和观测方法。观测指标通常包括土地利用类型、土壤理化性质、植被覆盖度、土壤有机质含量、土壤微生物数量等多个因素。观测时间通常需要覆盖不同季节和不同年份，以反映不同气候条件下的土地利用过程。在观测过程中，需要采用科学合理的观测方法和技术手段，如使用遥感技术获取地表覆盖信息、测量土壤 pH 值和水分含量、采集和鉴定土壤和植物样品等，以确保数据的准确性和可靠性。最后，需要对观测数据进行统计和分析，识别不同土地利用工程方式之间的差异和影响因素，为制定科学合理的土地利用工程方案提供依据。

相比而言，观测实验与控制实验在结果解释上存在一定的差异性。一方面，观测实验由于缺乏对实验环境的控制，很可能在结果中混淆其他因素的影响。因此，在观测实验中，人们解释因果关系时显得信心不足。另一方面，观测实验通常是在同一时间点采集数据，而不像控制实验是先控制了预测变量，再研究响应变量。这一问题导致在观测实验中研究者无法完全确定因果关系的方向。在实践中，观测实验通常与控制实验相结合，以更全面地了解土地利用过程中的复杂生态系统动态。

（四）土地利用工程准自然实验设计

近年来，土地利用工程的问题越来越受到人们的关注，而准自然实验设计作为一种有效的研究手段，正在被越来越多的学者重视。相比于传统的实验设计，准自然实验虽然也是基于随机对照实验方法的思想进行比较得到感兴趣变量的因果效益，但不同点在于准自然实验是利用特定的标准而不是随机分配得到处理组和对照组（杨少瑞，2018）。对此，常用的准自然实验设计方法包括断点回归、双重差分、倾向得分匹配和工具变量等。

1. 断点回归

断点回归设计是一种准实验评估方法，可以有效解决选择性偏误的问题。此方法被认为是最接近随机对照实验的方法之一，由 Thistlethwaite et al.（1960）提出。在 Lee（2008）的看法中，断点回归设计在相对更弱的假设条件下同样可信，可作为一种因果识别方法使用。该方法利用特定的规则或政策在个体连续变量上形成已知的断点（也被称为临界值），并根据断点将个体区分为处理组和对照组，使得在断点的右侧，即大于临界值时，个体接受干预，反之不接受。在断点回归设计中，断点一侧的个体可以作为对照组，以反映处理组未接受干预的情况。因此，通过比较断点两侧样本结果的均值，在一定的可比条件下，可以得到干预效果。

在土地利用工程研究中，应用断点回归模型可以研究某个工程策略或政策改变对于土地利用的影响。比如，可以通过将某个区域划分多个区域，并将某个变量改变在不同区域实施来实现断点回归分析。当实行某种政策或策略时，人们通常会将某个区域视为实验组，而其他区域则作为对照组。通过比较两组的结果，可以研究工程措施或政策对于土地利用等方面的影响。而断点回归模型则可以将这种差异量视作实验组和对照组之间的差异，并将差异归于工程措施或政策的因素，从而用来研究这种因素对于土地利用的影响。这种方法具有一定的实用价值，可以用来指导土地利用工程的准实验设计。

2. 双重差分

双重差分法是一种利用自然实验进行工程冲击或其他自然事件冲击研究的方法，通过获取处理组和对照组可比的样本，从而计算出工程干预的平均处理效应。与随机对照实验不同，使用双重差分法时需要注意处理组样本与对照组样本之间的本质差异可能会影响结果的准确性（杜尔劳夫等，2016）。因此，平行趋势假设是双重差分法的重要基础假设。平行趋势假设指在工程干预之前，处理组和对照组在结果变量上具有相似的时间趋势，即它们的平均差异保持不变或近似相等。只有在平行趋势假设成立时，才能得到完全由工程干预引起的处理组和对照组之间的平均差异。此外，双重差分估计的样本量至少需要包含两个时期，以满足平行趋势假设的要求，并确定是否可以进行双重差分估计。

双重差分模型也是一种常见的经济计量模型，广泛应用于土地利用研究中。该模型适用于评估土地利用规划政策或土地利用工程措施的效果，检验土地利用变化对经济、生态、社会和环境影响的验证。该模型的基本思想是通过对比处理组和对照组在工程措施变化前后的差异来评估工程的影响。它通过首先对研究区域进行划分，分为受工程变化影响的处理区和不受影响的对照区；其次，利用面板数据（即重复观测的时间序列数据）研究过程，比较两组区域变量在工程干预前后的差异，来确定该工程对土地利用格局的影响。

双重差分模型的优点在于可以消除区域间差异性和个体差异性的影响，从而更加准确地评估土地利用工程的影响，避免了误差因素的干扰。然而，在实际应用中也存在数据收集和处理难度大、结果分析不够理性等问题，因此研究者需要在实践中不断完善和改进该模型，以确保结果的可信性和准确性。

3. 倾向得分匹配

倾向得分匹配法利用协变量构建并处理与实验组在可观测变量上无显著统计差异的对照组，从而解决非随机化研究中常见的选择偏误问题。虽然倾向得分匹配是一种非随机化的数据处理方法，但其分析框架与随机对照实验方法一致，即鲁宾因果模型（Rubin

Causal Model)。二者之间的主要区别在于，随机对照实验利用随机化消除选择偏误，而倾向得分匹配则在更严格的假设条件下消除偏误。

倾向得分匹配模型在土地利用工程研究中也有广泛的应用。该模型通过匹配实验组和对照组，来挖掘两组数据之间的差异性。在土地利用工程实践中，可以通过选择一些具有代表性的地块，将其作为实验组，然后根据相关因素（如地形、气候、土壤等）筛选一些类似地块作为对照组，对其进行比较。借助倾向得分匹配模型，可以减少实验组和对照组之间的混杂因素，避免因其他因素干扰而导致实验结果偏差。这种方法不仅在土地利用工程领域具有重要应用，也广泛应用于其他学科，在实证研究中发挥着重要的作用。倾向得分匹配模型固然优秀，但有些研究主题则可能需要其他的模型进行研究和分析。例如，工具变量模型可以解决因果行为中存在的内生性问题。

4. 工具变量

工具变量在解决回归估计中的内生性问题方面起到重要作用，特别是在存在遗漏变量的情况下。计量经济学中，工具变量的思想非常成熟和简洁。其核心思想是寻找一种与内生解释变量 x 相关，但与误差项 u 不相关的变量，用该工具变量 z 代替内生解释变量进行回归，从而解决内生性问题。

工具变量模型可以在土地利用工程研究中提供一个严谨的实验环境，来估计土地利用工程措施或决策的效果。在使用工具变量模型进行研究时，需要一个预测变量，即工具变量，来影响土地利用工程措施或决策的实施。工具变量必须满足两个条件：它必须与实际的利用措施或决策相关，同时它必须不直接影响土地利用结果。这将确保分析结果是准确的，并且能够提供不带偏差的土地利用工程效果估计。工具变量模型是一种重要的研究工具，用于识别工程措施变化的影响，并提供精确的效果估计，可为工程方案制定者提供有关过渡策略和工程影响的重要见解。这样的模型可以为地方政府、实施激励计划和其他相关研究提供更深入的理解。

尽管准自然实验设计存在一些局限性，例如难以完全模拟自然环境，但是其在土地利用工程领域的应用前景十分广阔。未来，随着科技的不断发展和研究方法的不断创新，准自然实验设计在土地利用工程领域的应用将会越来越广泛。

三、土地开发和再开发工程

（一）土地开发工程

土地开发有狭义和广义之分。狭义土地开发是指对未利用地的开发，是一种采取扩大用地面积来达到产品产量和（或）服务的土地开发方式，属于外延开发的范畴。通常是通过对能利用而尚未利用的荒地、荒山、荒滩和荒水的开发，补充耕地数量，提高土地利用率，增加农林牧渔产品产量，为社会提供更加丰富多样的农产品。广义土地开发是指由于人类生产和生活的需要，通过物理、化学、生物或综合的措施，扩大土地有效利用范围或提高土地利用集约高效程度的活动，它包括土地深度开发在内。土地深度开发，是指对单位面积土地增加物质、劳力、技术和管理投入，以提高土地利用率和生产率的土地开发范式。改造中低产田、低产园、低产林、低产草地和低产水面等，都属于土地深度开发范畴，也称为土地再开发工程。按开发后土地用途的不同，狭义土地开发可以划分为农用地开发和建设用地开发。

1. 农用地开发工程

农用地开发工程，又称农业土地开发工程，是指将各类盐碱地、荒草地、荒漠化土地、滩涂等可开发利用土地改造为农用地过程中所采用的各种手段和措施。目前，国外大规模农用地开发较为普遍，如荷兰的围海造田工程，埃及和中东国家的沙漠开发等。新中国成立以来，就特别重视土地开发。20 世纪 50 年代中期，中央决定在新疆成立生产建设兵团，着力推进大规模土地开发建设，使亘古荒原、戈壁荒滩和崇山丘陵的未利用地得到有效开发，创造了土地开发和发展边疆经济的奇迹。在同一时期，先后有 14 万名复转官兵、20 万名支边青年、54 万名城市知识青年、5 万名大专院校毕业生以及众多农民组成的垦荒大军，绘就了“东北黑土地、屯垦七十载、塞外稻花香、中华大粮仓”的壮美历史画卷，如今，北大荒形成了 450 亿斤以上的粮食生产能力，全国农垦粮食生产能力接近 700 亿斤，商品率超过 90%。目前，农用地开发工程较常见的有滩涂围垦工程、荒草地和盐碱地开垦工程等。

滩涂围垦工程包括海滩、海涂、河滩和湖滩地等围垦工程。对滩涂资源的开发根据其本身特点主要有 3 种类型，即高滩围涂、沿江围涂、堵港围涂。高滩围涂工程是指滩面已淤涨到“适围高程”，直接筑堤建闸，达到围垦造田之目的。此方式的优点，首先是能围堤后自然排水，节约机排费用；其次是筑堤、建闸施工方便容易，费用开支较省；再则是围涂后因涂面较高而土地利用率较高，种植利用率可达 90% 以上。沿江围涂工程是指结合江道整治进行围涂选地的工程。沿海许多入海江河，从泄洪、防潮、通航等目的出发，需对江河进行综合整修和治理，其中也包括围涂造地的内容。沿江围涂需综合考虑各方效益，按适当缩窄、稳定河槽的要求，进行堤线规划，然后抛坝促於，或视自然淤积情况，在原有海堤与规划堤线之间进行围垦。堵港围涂工程是指筑坝堵港湾，建成港湾水库，结合围垦港湾内的滩涂的堵港工程。堵港围涂工程可以御咸蓄淡，建成港湾水库；同时对港湾内滩涂或直接开发利用，或再筑内围堤塘进行垦殖利用。

荒地（指宜农荒地）是以发展农业为目的，适宜于开垦种植农作物与人工牧草和经济林果的荒草地、疏林地、灌木林地、盐碱地等。对于大面积的荒地开垦是一项综合性的工程，它包括荒地勘测调查、评价、土地开发工程规划、工程施工等方面内容。在各类宜农荒地进入大规模开发之前，由于大多数垦区自然环境条件复杂，而且数量和质量在空间分布也不相同，必须对垦区进行综合的勘测和调查。对垦区的勘测和调查手段包括卫星遥感、航测、地面测量，大规模普查及典型或重点调查等。由于对宜农荒地的开发必须结合各垦区的特点进行，所以必须对宜农荒地进行科学合理的分类，这样便于认识荒地资源的特点、它的共性与个性以及它们之间在形成、发育上的相互关系。宜农荒地评价包括适宜性、限制性和生产潜力评价，适宜性指荒地宜垦程度及适种作物、牧草的种类；限制性指荒地开发和利用中的限制因素和限制程度；生产潜力指荒地开发后所能达到的生产水平。对垦区内宜农荒地进行开发前，进行必要的规划工作是一项具有重大经济意义的措施。它一般包括两部分：一是进行区域性土地开发总体规划；二是对垦区本身进行详细规划。垦区开垦工程施工，首先要选择合适的开垦时期，然后进行荒地选择，再进行大型的机械化开垦施工。如清理平整施工、确定合理的耕作法、合理选择调整开垦机具等。

无论哪种农用地开发工程，都必须在国土空间规划或土地利用规划以及土地工程专项规划的指导下推进，将开发与保护相结合，防止因过度开发造成生态环境退化。

2. 建设用地开发工程

建设用地的开发从狭义上讲，是把农业用地和荒地采用某些技术和工程措施进行开挖、回填、平整和改造活动，使其成为适宜于建设公路、铁路、机场、港口、城市和工业与民用建筑、矿山开采等建设用途。从广义上讲，还包括已开发的建设用地的维护和改造，如旧（老）城区的拆迁改造等，即建设用地的再开发。本节的建设用地开发工程主要指狭义的建设用地开发工程技术手段方法和措施。

建设用地开发工程建设的一般过程包括如下几个阶段：①依据国土空间规划，根据社会经济建设和发展的需求以及客观经济实力，提出适宜的建设项目建议书；②组织有关专家对建设项目从技术、生产、社会效益、生态效益和经济效益等方面进行可行性论证；③根据经送审批准后的项目可行性研究报告，选择几个拟建工程项目场地，然后根据各个场地的自然、经济、道路交通、水文地质和工程地质条件进行对比、分析和评价，从中选择一个条件较好的建设场地；④在选定的建设场地上进行进一步的工程地质勘察，准确地取得工程建筑规划、设计、施工和使用所需的全部地质资料；⑤根据工程地质勘察资料对建筑地基的工程地质性质，如稳定性、地基承载力，总沉降量等做出科学的评价，并对不符合工程建筑要求的地基进行加固处理；⑥进行场地平整和必要的基础建设，如用于城市住宅小区的建设用地开发工程就包括场地的“三通一平”或“七通一平”，以利于后续工程施工建设工作的开展。如果仅从技术手段、方法和措施考虑，则建设用地开发工程主要包括建设场地的评价和确定、工程地质勘察、地基的工程性质评价和软弱地基的加固处理以及场地平整和必要的基础建设。

建设用地的分类方法很多，根据建筑物在土地中的部位、结构特征、工作条件，也即根据土地开发的特点，把建设用地分为城市及工业与民用建筑用地、交通建设用地、桥梁建设用地、隧道及地下洞室建设用地和水工建筑用地等。其中，城市及工业与民用建筑用地开发工程是分布最为广泛的类型。城市及工业与民用建设用地每年的需求量很大，而且大部分城镇都是占用城镇周围地势最平、肥力最好、产量最高的城郊农业用地。为此，应该向地上争拓空间，发展空间结构；向地下发展，充分利用地下空间；向未利用地要建设用地，将其最大限度地加以开发利用，以节约耕地，提高土地利用率。

（二）土地再开发工程

随着工业化、城市化的推进和现代性的确立，城市正在大规模重建和过滤，它们都将资本、土地、经济、权力、建筑和城市等问题共同放置在“空间”视域中予以重新考察。任何外部和内部新型空间关系都是从国家、金融资本和土地利益的结盟中创造出来的，都是通过强大的金融资本与地产资本结合在一起，来改变城乡空间结构和空间再生产过程。城市更新（Urban Renewal）、城市再开发（Urban Redevelopment）、城市再利用（Urban Reuse）、城市再生（Urban Regeneration）、城市复兴（Urban Renaissance）和城市土地再开发（Urban Land Redevelopment）等多种称谓，虽然这些概念要强调的侧重点有所差异，但从本质上看，都指城市土地的功能置换和循环利用，核心是城市土地再开发，都属于空间再生产的范畴（叶磊等，2010）。在一般意义上，旧城改造也可以纳入城市更新的范畴，其目的都是为了优化土地利用空间格局，改善土地区位、城市面貌和居住条件，也有利于刺激经济发展，实现社会公平和正义（吴次芳等，2014）。以深圳为例，城市更新范围包括政策设定的旧工业区、旧商业区、旧住宅区、城中村及旧屋村等，并不覆盖整个建成区。城市更新对象主要针对已建设用地，根据实际情况采用综合整治、功能改变、拆除重建 3 种不同的实施模式❶。除了物质性空间的改善外，城市更新还包括城市功能提升、产业转型升级、社区重构、文化复兴等非物质空间内容，本质上都属于土地再开发行为。

土地再开发的对象是指建筑物、公共服务设施、市政设施等有关城市生活环境要素的质量全面恶化的地区。这些要素已无法通过其他方式，使其重新适应当前城市生活的要求。这种不适应，不仅降低了居民的生活品质，甚至会阻碍正常的经济活动和城市的进一步发展。因而，必须对整个地区重新考虑合理的使用方案。建筑物的用途和规模、公共活动空间的保留或设置、街道的拓宽或新建、停车场地的设置以及城市空间景观等，都应在土地再开发规划中统一考虑。土地再开发工程应对现状作充分的基础调查，包括该地区自身的情况以及相邻地区的情况，坚持有机更新和微更新为主体的原则。城市有机更新主张城市土地再开发应该按照城市内在的秩序和规律，顺应城市的肌理，采用适当的规模，合理的尺度，依据再开发的内容和要求，在可持续发展的基础上探求城市的更新发展，不断提高城市土地再开发的质量，使得城市土地再开发区的环境与城市整体环境相一致。微更新也就是局部更新，避免大拆大建，大致可细分为以下 3 种情况：①若建筑物经维修、改善和更新设备后，尚可在相当长的时期内继续使用的，则应对建筑物进行不同程度的改建。②若建筑物经维修、改善和更新设备后仍无法使用，或建筑物密度过大，土地或建筑物的使用不当，或因土地或建筑物的使用不当而造成交通混乱、停车场不足、通行受到影响等情况时，则应对造成上述各种问题的原因通过各种方式予以解决，如拆除部分建筑物，改变建筑和土地的用途等。③若该地区的主要问题是公共服务设施的缺乏或布局不当时，则应增加或重新调整公共服务设施的配置与布局。微更新的方式比重建需要的时间短，也可减轻安置居民的压力，投入的资金也较少，这种方式适用于需要更新但仍可恢复并无须重建的地区或建筑物。微更新的目的不只限于防止其继续衰败，更是为了全面改善旧城地区的生活居住环境。不论哪一种方式，都需要保护好历史城区的传统风貌和整体环境，保护真实历史遗存。

土地再开发工程是在由明确的土地产权主体条件下展开的，牵涉复杂利益的协调，必须充分尊重产权人的意愿。这时候的公众参与就不是简单走形式的意见征询，而是直接利害相关人实质性参与的协商和谈判过程。规划师不仅要进行空间设计，还需要考虑不同交易方式带来的成本变化，需要参与降低交易成本的规则设计。在存量土地再开发规划编制中，交通、市政就不是被动的配套，而将成为土地再开发规划调整的约束门槛。基础设施的服务和承载能力，是规划确定开发功能和总量的前提条件。应该充分认识到，再开发是对土地使用机会成本的反映，其时机取决于（既定的）建筑物价值和（潜在的）地块价值之间

---

❶ 《深圳市城市更新办法》（2009 年 10 月 22 日深圳市人民政府令第 211 号发布，自 2009 年 12 月 1 日起施行）；《深圳市城市更新办法实施细则》（2012 年 1 月 21 日深府〔2012〕1 号）。

的相对变化关系。随着时间的推移，建筑物的价值由于建筑物的功能失调和物质老化而递减，当建筑物的价值开始小于地块的价值时，为了充分体现土地的价值，地块就应当重新开发，以发挥土地本身的价值。土地的再开发过程主要通过市场的供求机制而发生作用，因此要十分重视市场机制在土地再开发工程中的作用和影响，把握好土地再开发的时机选择。

存量建设用地再开发是在保持建设用地总规模不变、城市空间不扩张的条件下，主要通过存量用地盘活、优化、挖潜、转换、提升等行为而实现城市的可持续发展。通过土地再开发工程提供优质高效的城市空间，来支持经济的持续增长、民生福利改善和生态环境质量提升，是土地再开发工程追求的基本目标。面对土地资源的紧缺，要倡导基础设施建设与土地综合开发相结合的模式，提高城市运作效能，这是未来城市地区发展的主要方向和重点。

四、高标准农田建设工程

（一）高标准农田建设工程内容

土地利用工程主要是针对土地利用项目所采用的调查、规划、设计、建设、评估与管理措施，其本质是一种建设活动，高标准农田建设就是为保证粮食安全所实施的一项重要土地利用工程。根据《高标准农田建设通则》国家标准的定义，高标准农田是指土地平整、集中连片、设施完善、农田配套、土壤肥沃、生态良好、抗灾能力强，与现代农业生产和经营方式相适应的旱涝保收、高产稳产，划定为永久基本农田的耕地。高标准农田建设工程以全面提升农田质量、提高农业综合生产能力为目标，以充分体现区域特色为重点，面向现代农业机械化、规模化和产业化，统筹农田基础设施建设和地力提升，各项工程措施主要服务于粮食生产、水土资源节约集约利用和生态环境保护。截至 2023 年底，全国已累计完成高标准农田超过 10 亿亩。建设高标准农田，是巩固和提高粮食生产能力，保障国家粮食安全的基础工程。高标准农田建设工程主要包括以下建设内容：

1）田间基础设施工程。主要内容包括田网、渠网、路网、电网等建设，具体包括田块平整工程、灌溉与排水工程、田间道路工程、农田防护和生态环境保护工程、农田输配电工程等，其目的是提高农田抗灾减灾能力、农田排灌能力和农机作业能力。

2）基础地力建设工程。主要内容包括土地平整、土壤改良与地力培肥建设，实施秸秆还田、绿肥种植、增施有机肥等。其主要目的在于消除土壤障碍因子，改善土壤物理化学性状，提高土壤肥力，为植物生长、合理利用土地创造良好的土壤条件。通常借助于水利和农业等技术措施，减轻或消除土壤中存在的影响土壤肥力和植物生长发育的因素。如土壤含有盐碱，或酸性过大，或土质过沙过黏，或排水或通气不良等不利因素，使之变成高产土壤，提高农田基础地力和农业生产能力。

3）现代科技支撑工程。主要内容包括集成包含水肥一体化智能灌溉施肥、生长环境智能化监测、生产管理信息化农业物联网技术，从而利用新技术、新模式提高现代农业科技应用能力。

（二）高标准农田坡地改造工程

地面坡度的不同级别，对耕地利用的影响不同。≤2 度一般无水土流失现象；2~6 度可发生轻度土壤侵蚀，需注意水土保持；6～15 度可发生中度水土流失，应采取修筑梯田、等高种植等措施，加强水土保持；15～25 度水土流失严重，必须采取工程、生物等综合措施防止水土流失；>25 度为《水土保持法》规定的开荒限制坡度，即不准开荒种植农作物，已经开垦为耕地的，要逐步退耕还林还草。根据 2021 年全国国土利用调查资料。全国坡度≤2 度、2～6 度、6～15 度、15～25 度、>25 度的耕地占比分别为 61.9%、15.4%、13.4%、6.0%和 3.3%，其中 2～25 度的耕地占比达到 34.8%。也即，全国超过 1/3 的耕地都有发生水土流失的风险。要把这部分耕地建成高标准农田，最主要的建设工程是对坡地的农业工程改造，关键是进行水平梯田的建设。其优点：一是可改造地形，便于耕作；二是可蓄水拦泥，防止水土流失，增加地力。水平梯田设计主要是研究确定在不同条件下梯田的合理断面，确定田面宽、田坎高和田坎侧坡三要素（图 8-4）。

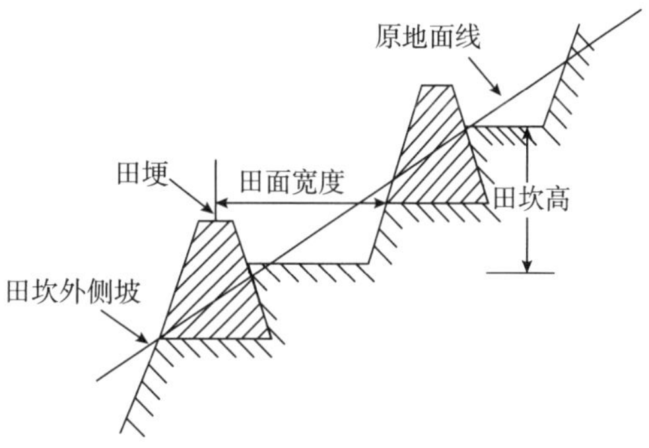

图 8-4　梯田断面要素图

田面宽度不宜太窄，也不宜太宽。最窄不要小于 2 米，10 度以上丘陵陡坡地，田面宽度不小于 8 米为宜。从机耕角度考虑，手扶拖拉机耕作的田面宽度应在 4 米以上，胶轮拖拉机牵引双铧犁耕作的最小宽度应在 10 米以上。田坎高度要根据土质好坏决定。一般土质田坎高度在 0.9～1.8 米为宜，田坎外坡的确定以能使田坎稳定而少占耕地为原则。边坡大小与田坎高度和筑埂材料有关，田坎愈高田坎外坡应愈缓，一般在 70 度左右。

除了改造成水平梯田以外，也可以因地制宜改造成坡式梯田，即在两条沟埂之间的田面保持一定的斜坡；或者改造成隔坡式梯田，它是沿原自然坡面隔一定距离修筑一水平梯田，在梯田与梯田间保留一定宽度的原山坡植被，使原坡面的径流进入水平田面中，增加土壤水分以促进作物生长。隔坡梯田模式适用于年降水量 300～400 毫米、坡度 15 度以上的坡地，在黄土高原具有广泛的适用性。隔坡梯田上方坡地产流可被下方水平田面拦蓄利用，减少径流增加效果显著且修筑省工。

第五节　土地利用科学

一、土地利用是复杂科学

（一）土地利用是一个复杂系统

复杂性科学兴起于 20 世纪 80 年代，是系统科学发展的新阶段。英国著名物理学家霍金称“21 世纪将是复杂性科学的世纪”。复杂性科学是对还原论的批判和超越，也是对整体论的追求和超越，更是对融贯论（Syncretism）的创建与追求。复杂性科学发展至今，各种理论不断得到丰富发展。耗散结构、协同学、超循环理论、突变论、混沌理论、分形理论、自组织理论等都相对比较成熟。而涌现生成理论、复杂适应系统理论、进化计算理论、人工生命理论和复杂网络理论等则处于快速发展的阶段。无论理论多么精彩纷呈，但都将非还原论作为其方法论的基础。当下研究的基本结论是：简单性科学是运用还原论方法的科学，而复杂性科学是运用非还原论方法的科学。通常认为，凡是不能用还原论方法处理或不宜用还原论方法处理的问题，而要用或宜用新的科学方法处理的问题，都是复杂性问题，复杂巨系统就是这类问题（许国志，2000）。

从现代土地利用的角度来看，它是指人们实际从事各种社会经济生态文化活动的地域综合和主体性存在，包括物理-地理空间、社会-经济空间、心理-文化空间、生态-生命空间等互作耦合空间的土地利用。如果这些互作空间是一种复合（complicated）的关系，也就是可以从其单个空间组成而获得关于系统空间的某种完整描述，诸如发动机和计算机等机器部件与整体功能的关系一样，则土地利用就谈不上是一种复杂系统。但问题是，土地利用空间的系统组成之间、系统与环境之间具有相互作用的复杂（complex）关系。例如，同样的雨量增加，对沿海湿润地区土地利用的影响可能是不利的，甚至是灾难性的；但对西部干旱地区土地利用的影响可能是十分有利的，对提升土地生产力甚至起到关键性的作用。也就是说，作为整体的土地利用学系统不可能只通过分析这些组分得到完全理解。而且，这样的一些关系并不是固定不变的，而是流动着和变化着的，很多情况下是作为自组织（self-organisation）的结果。例如，自从人类社会产生以来，人类土地利用的社会活动、生产活动、经济活动大大地改变了空间的基本格局。土地利用空间被赋予了社会内涵、经济内涵、生态内涵和文化内涵。土地利用空间的层次结构也从单一的物质属性演变成了多层次复杂结构并存的格局。同一个文化空间，作用于同一个物质空间，由于社会空间、经济空间和生态空间的差异，会表现出完全不同的功能和效果。事实上正是空间的这种顽固（robust）本性，即在不同条件下以同样的方式发生作用的能力和效果不同，保证了土地利用系统的生存和确定了土地利用作为复杂系统的特征。

土地利用作为一个复杂系统，其特征主要包括：其一是非线性，也就是各类土地利用对整体的功能和贡献不是简单的线性关系。例如同样的农地利用和市地利用，在不同地区和不同时期所产生的土地利用效果是很不相同的。土地利用系统内部有很多子系统，诸如耕地利用系统、林地利用系统、草地利用系统、市地利用系统、交通利用系统以及社会系统、经济系统、生态系统等，这些子系统之间又是相互依赖的（interdependence），子系统之间有许多协同作用，可以共同进化（coevoluing）。在土地利用系统中，子系统会分为很多层次，大小也各不相同（multi-level & multi-scale）。其三是不确定性。土地利用是带有预期性的决策，主要是针对和面向未来的，而未来充满着众多变数和不确定性。不确定性原理（Uncertainty Principle）由海森堡于 1927 年提出。这个理论是说，你不可能同时知道一个粒子的位置和它的速度，粒子位置的不确定性，必然大于或等于普朗克常数除于 4π，这表明微观世界的粒子行为具有很大的不确定性。在宏观世界，经济社会发展变化是随着市场变动而调整的，这就使得土地利用充满着不确定性。同时，正如德国物理学家海森堡所指出的那样：在因果律的陈述中，即“若确切地知道现在，就能预见未来”，所以错误的并不是结论，而是前提。因为人们并不能知道现在的所有细节，只是一种原则性的判断而已。此外，土地利用还存在着突现性、不稳性和难预测性等特征。

（二）土地利用的不确定性现象

土地利用方式选择的重要特征是指向未来的，而土地利用过程是一个信息不完全的灰色系统，存在着众多的不确定性因素。当面对这些具有不确定性的情况时，就需要运用不确定性理论来解决问题。不确定性理论是现代数学和科学领域中的一个重要学科，它致力于研究各种类型不确定性关系的建模和分析方法。至于土地利用的不确定性，指的是在土地利用和管理的过程中，存在着各种未知和不确定的因素，这些因素主要包括自然、社会和经济等方面的因素。其主要思想是在现有数据的基础上考虑不同参数的概率值，以此预测未来土地利用的可能性及其结果。

该理论一般需要考虑三方面的内容：土地利用的不确定性、决策者的风险态度和相关风险评估的概率。其中，土地利用的不确定性是指在做出决策前，由于信息不完全或未来条件的不可预知性而存在的不确定性。决策者的风险态度是指个体对决策过程中风险的接受度及其影响决策过程的态度。相关风险评估的概率是指基于现有数据和对不确定性因素的理解，计算出各种选择对不同结果产生的影响和可能性。在实践中，运用土地利用不确定性理论通常需要建立数据模型，并对不同因素进行定量概率分析。通过构建模型计算不同土地利用策略的成本与收益，进而选择最优方案。对于决策过程中未知的因素，可以通过对已知数据的敏感性分析，评估其对结果的影响并确定风险承受度。总的来说，土地利用不确定性理论是应对土地利用决策风险的一种有效方法。在实际应用中，需要根据具体情况进行调整和完善，以取得更好的应用效果。

从土地利用规划的角度来看，不确定性的种类至少包括 4 种：环境的不确定性、价值的不确定性、相关决策的不确定性及方案寻找的不确定性。若从更深入的层次来看，不确定性源于信息经济学上所谓的信息扭曲（garbling）（Marschak et al.，1972）。具体而言，不确定性的产生是由决策者对所处系统认知不足所造成的。土地利用规划与决策制订必然发生在一个动态演化的系统中。然而由于系统具有变化多端的复杂性，且人们认知能力有限，在制订土地利用计划或决策时不确定性是不可避免的。但是如果能了解认知能力的有限性以及复杂系统的特性，也许便能更有效地处理土地利用规划与决策制订所面临的不确定性。举例来说，城市土地利用是一个极其复杂的系统，人们由于受信息处理能力的限制，往往将城市土地利用简单地认知为树状的层级式结构，而实际上该系统为半格子状（semi-lattice）结构（Alexander，1965）。再如，一般人亦认为组织结构是层级式的，而实际上组织系统极为复杂且其演化亦难以预测。基于认知能力的限制，对复杂系统产生扭曲的意象，使所发展出的土地利用规划模式（如理性规划与决策），在解决实际问题时经常失去效果（赖世刚等，2010）。中国 2006—2020 年版的土地利用总体规划，通过科学预测计算是 2020 年可实现保护永久基本农田保护面积达到 2939 万亩的目标。然而根据国土“三调”结果显示，2020 年现状永久基本农田面积仅有 1858 万亩，相差 1081 万亩。在实行世界上最严格的耕地保护制度下，也仅达到了目标值的 63.22%，足见土地利用过程的不确定性和复杂性。

（三）土地利用决策的范式转型

面对土地利用的复杂性和不确定性，过往决策模式的应对方案是建立一个小世界，假设小世界未来可能的状态已经给定，便以主观概率来表示各种状态发生的可能性，然后通过效用及主观概率建构效用理论定理，决策者便可从容而理性地选择最佳行动，使决策者的效用最大化。但是，认知心理学的大量研究已经确认这种模式缺少实质意义（赖世刚等，2010）。也即，在复杂性和不确定性的背景下，土地利用决策需要有根本性的范式转型。

量子场论表明，世界是个统一的整体，世界中万事万物间的关联，共同组成了一个复杂网络。在量子力学中，量子之间的纠缠关联是普遍存在的、常态进行的（陈洪安等，2021）。量子世界的不确定性、多元性、可变性、概率性和涌现性，对人类认识自然世界和人文世界，有更深层次的启示：自然世界是充满不确定性的；前进的道路是非线性的，也不是单向的；人的主观能动性需要合理使用（蓝志勇，2021）。量子思维提醒人们：在认识土地利用对象时，需要摈弃线性论、因果决定论式的认知方式，以概率因果论的思维把握土地利用对象的不确定性、多元性、可变性、概率性和涌现性等特征。例如，随着科学技术与社会经济的发展，土地利用结构与组织方式越来越复杂，并相互依赖。超大城市土地利用拥有庞大的空间体量、复杂的系统运作，这使得土地利用决策涉及面广、难度巨大。另一方面，超大城市土地利用的形成恰恰表明了它本身所具有的自生自发的隐藏秩序、网络关联性和自组织性，超大城市土地利用的决策可以与社会治理交织，充分利用超大城市自发调节的适应性。由于其超级规模和复杂系统，超大城市土地利用的方式、行动可能形成多种效应。初始条件的敏感性理论指出，初始条件下微小的变化都能带动整个系统的长期而巨大的连锁反应，产生“蝴蝶效应”；起点上的微小优势经过关键过程的级数放大产生更大级别的优势积累，形成优势富集效应；相较于其他规模的城市，超大城市土地利用同时存在集聚产生的正效应和拥挤产生的负效应。超大城市的土地利用决策是一个动态的过程，事半功倍与事倍功半的效果、超大效应的正负性都有存在的可能，既可能带来巨大的经济效益与积极的社会影响，也可能造成巨大的经济损失和消极的社会影响。为此，以量子思维来认知当代土地利用，避免陷入线性论、因果决定论的窠臼，就显得尤为必要（黄怡，2019）。

生态与社会之间形成的互馈及耦合效应，铸造了一个具有非线性、涌现性、复杂性、不确定性以及多层次嵌套结构的社会-生态系统，这一系统的出现对土地利用决策带来了严峻挑战，也为超越传统的土地利用决策提供了新机遇。量子力学从科学到技术的演进，将带给人们远远不同于相对论力学的土地利用图景。因此，未来的土地利用决策需要以量子理论为指引，以量子思维和复杂性范式重构土地利用决策的认知方式、范式选择和行动方案。例如耕地异地占补平衡的土地利用决策，从初步看有利于促进粮食安全、乡村振兴和落实资源向优势地区倾斜的国家战略，但由于各地资源禀赋不同、生态环境不同，过于强调占补平衡结果导致了土地不合理的开发和粗放利用，反而影响了区域的协调和高质量发展。例如，2010 年以来，全国减少的耕地中 60%发生在中部和东部耕地等级较高的地区，非农建设占用耕地近 50%为优质的水田和菜地。全国优质耕地占比从 2009 年的

32.65%减少至2019年的29.49%。这与内蒙古、新疆、甘肃等西北省份大量开垦耕地，而江苏、上海、安徽、福建、浙江、广东等东部地区占用更多优质耕地密切相关。2016—2018年间，新增耕地主要集中在水资源短缺的华北和黄淮地区。由于耕地占补平衡的需要，全国湿地、草场、森林、沼泽等生态空间被大量挤占，近40年来人工围垦已致使中国超过半数的滨海滩涂消失。未来随着干旱事件和极端气候频率增加，粮食和生态安全风险将不断加大。因此，要根据不同情境制定不同的策略，对于那些处于“相干态”的土地利用问题，不能贸然采用一刀切处理方式，要尝试进行问题剥离，再分别对不同的土地利用问题采取不同的处理策略。

二、土地利用科学的使命

（一）土地利用科学的发展和成熟

对土地利用问题进行研究，在国外其最发轫可追溯到古希腊思想家柏拉图（Plato）和亚里士多德（Aristotle），他们认为土地与人口应该保持适当比例，唯此才能使社会安定、和谐、富于秩序。瓦罗在《土地》章的开篇中就谈到如何根据土地的构造、土地的种类来选择不同的耕种方法。在中国，距今约六七千年前，黄河流域、中原地区、江浙地区的母系氏族公社进入了繁荣阶段，代表这一阶段文化面貌的西安半坡村遗址，就具备了当代土地利用规划的雏形。20世纪20年代以来，随着人口的增加、人类不合理的土地利用方式如森林砍伐、矿山开采、陡坡开垦、过度放牧、城市化建设等造成的土地退化，同时伴随着航空遥感技术的飞速发展，土地利用科学发展进入了近现代孕育阶段。

20世纪70年代以来，随着人口增长、资源短缺、环境变化与区域发展问题的日益突出，同时也伴随着环境科学、生态科学，以及系统工程、遥感技术与计算机技术等相邻学科群的兴起，土地利用学科开始破土而出，并得到了迅速的发展。1993年，国际地圈-生物圈计划/全球环境变化中的人类因素计划（IGBP/HDP）将“土地利用与全球土地覆盖变化的联系”列为IGBP/HDP的核心计划。之后，国际全球环境变化人文因素计划（IHDP）、国际生物多样性计划（DIVERSITAS）等全球性项目，也都把土地利用及其变化作为研究的重点领域。最初，土地利用科学一直在景观生态学领域备受关注（Naveh，1991），随着“人与环境相互作用”之类的更综合的概念出现，土地利用科学被赋予了一个综合的社会生态系统视角，并因可持续性概念的引入和公众对环境问题的日益关注而得到快速发展（Aspinall，2006；Tress et al.，2005）。Foley et al.（2005）认为，土地利用科学可以被定义为一门包容性的、跨学科的学科，它关注与土地利用的性质和时空变化，以及产生这些利用模式和变化的社会、经济、文化、政治、决策、环境和生态因素。Aspinall（2008）指出，土地利用科学的基础科学问题包括关注景观、气候、社会经济和生态系统之间的整合和反馈，自然和人类系统耦合的复原力、脆弱性和适应性，土地利用规模问题和准确性，从而解决土地利用科学中的政策和管理问题，如解决不断发展的公共和私人土地管理问题和决策、人类和环境对变化的反应等。可见，土地利用科学已成为全球变化研究和可持续性科学的一个组成部分（Meyfroidt et al.，2018）。Jasper et al.（2020）则从土地利用的角度探讨了农村和城市之间的关系，他们认为土地应该沿着从农村到城市的梯度来表征，土地利用通常兼具农村和城市功能。而不同类型定居点之间复杂的迁移和流动模式，进一步模糊了农村和城市地区的差别，应当采取更具包容性的方法来分析农村和城市土地利用系统以及针对这些系统的规划和政策。科学家们普遍认同，土地利用是地球系统功能的核心部分，反映了从地方到全球尺度上人类与环境的相互作用，是当代最需要不断推进的关键学科之一（Aspinall, 2006）。全球专业性《土地利用科学杂志》（*Journal of Land Use Science*），于2006年在英格兰问世。该杂志汇集了一大批在多时间、空间和社会尺度上的研究专家，为自然和人类系统界面上土地利用科学的理论和经验研究，提供了一个国际性交流平台。在国际相关组织推动和各国科学家的共同努力下，土地利用科学（Land Use Science）逐渐走向成熟。

（二）土地利用科学的使命和前景

半个多世纪以来，人类所进行的土地利用不仅限于导致区域性植被破坏、土地资源退化，而且正在通过土地利用循环的改变和栖息地的丧失，影响全球碳循环、区域气候、大气圈和大气环流、水质分布以及生物多样性，在一定程度上改变了地球陆地表面的结构和功能。土地利用科学的核心使命就是要突破传统的土地利用思维定式，以理智的视角与泛爱的历史责任感重新认识土地利用。展望未来的发展趋势，土地利用科学的使命和前景需要在下述领域展开。

1）完善土地利用科学的基础理论架构。在未来很长的一段时间内，土地利用科学面临的首要任务是要完善理论构架与验证理论构架。而理论构架研究有赖于它的概念、术语、变量的建立与展开，有赖于它的语言规范的建立和其他科学理论的引入、消化、吸收、改造和提高，也有赖于它的方法论的完善。土地利用科学有必要建立以土地可持续利用为内核的多层次、多尺度的理论构架。以人类生态哲学观和生物生存空间观相结合的全息土地利用观，将可能成为土地利用科学的理论基础。近期加强以下理论研究尤其重要：①土地利用的第一性生产力原理；②土地利用结构与功能的联系和反馈原理；③土地利用系统能量和养分空间流动原理；④土地利用稳定性与脆弱性演变原理；⑤土地利用系统调控机制与恢复原理；⑥土地利用空间和时间的动态变化机理等。

2）阐明土地利用与环境的相互作用机制。土地利用作为自然系统和人类系统耦合的范例，必须深度阐明土地利用与人和环境之间的相互作用机制：①景观、气候、社会经济和生态系统之间的整合和反馈机制；②社会经济和生物物理过程的相互作用过程，多个组织层面之间的相互作用，人与土地利用之间的多种联系，个人、社会、人口、经济、政治和文化因素与土地利用的相互关系；③土地制度变化反映了在非常广泛的空间和时间尺度上运作的社会经济过程，包括全球化、贸易和市场、国家、区域、地方或家庭/个人一级的政策和土地管理决定等，它们与土地利用决策的关联机制；④土地利用对气候和其他环境变化具有强烈和直接的影响，需要建构纳入地球气候系统的土地利用新模式；⑤应当建立更好的景观、气候、生态（环境）和社会经济系统之间整合和反馈的概念模型。

3）建立更综合的土地利用科学技术方法体系。土地利用科学需要建立更加有效和低成本的技术方法体系，综合运用计算机技术、大数据技术、遥感技术、监测技术、模型方法等，更合理、更充分地挖掘出隐藏在大批数据中的经验规律和自然法则。其中比较重要的是要提高遥感陆地表面观测的质量和覆盖范围，对生物圈表面目标进行光谱学分析，以提供关键表面结构和生物地球化学性质的定量值。研究表明，使用多光谱数据时间序列（Asner et al.，2005a）和高光谱分辨率空间传感器（Asner et al.，2004a，2005b）进行光谱分解可以大大改善土地利用的分辨率。中等像元分辨率（40~60 米）和高全球覆盖周期（15~30 天）可以显著提高土地利用方式导致的土地覆盖变化检测的精度和灵敏度。

4）强化土地利用恢复力、脆弱性和适应性研究。随着对土地系统作为自然和人类系统耦合范例的理解日益加深，有一种趋势是在可持续性科学的背景下解释土地利用系统（Kates et al.，2003）。作为这一研究的一个组成部分，研究涉及脆弱性、恢复力以及土地利用和土地系统的适应性。可持续性、脆弱性、恢复力和适应性都具有很强的时间要素，不仅指土地利用系统对变化的响应能力，还指土地利用系统影响社会经济和环境系统对变化的响应能力。

5）为人类可持续利用土地提供决策和应用方案。土地利用科学的核心使命，就是要为人类可持续利用土地提供决策依据和解决方案。包括改善陆地和沿海生态系统的土地利用管理和保护，支持可持续农业和防治荒漠化，监测和保护生物多样性，明确森林面积、土地退化、物种分布、外来物种、生态系统和栖息地类型的范围和位置、生态系统的破碎化和群落组成、耕作和清理以及放牧影响。土地利用科学研究需要提供对不同情景和结果进行出色分析的方法，为城市增长所带来的广泛相互作用和后果，为在人类的直接需求和维持生物圈长期提供产品和服务的能力之间进行权衡，以及为具有负面影响的区域土地利用可能通过气候-地表相互作用产生的全球后果等提供决策依据和解决方案（Asner et al.，2004b）。

参考文献

国家土地管理局土地利用规划司，1991. 土地利用［M］. 北京：中国财政经济出版社.

艾萨德 瓦尔特，1991. 区域科学导论［M］. 北京：高等教育出版社.

毕宝德，2001. 土地经济学［M］. 北京：中国人民大学出版社.

陈百明，1996. 土地资源学概论［M］. 北京：中国环境科学出版社.

陈刚，2022. 元宇宙背景下媒体如何深度融合［J］. 传媒（14）：15-16.

陈洪安，陈留，李亚琪，等，2021. “量子人”假设：一个基于前景理论的观点［J］. 安徽师范大学学报：自然科学版，44（3）：205-214.

程令国，张晔，刘志彪，2016. 农地确权促进了中国农村土地的流转吗［J］. 管理世界（1）：88-98.

丁成日，2007. 城市空间规划：理论、方法与实践［M］. 北京：高等教育出版社.

杜尔劳夫 史 N，布卢姆 劳 E，2016. 新帕尔格雷夫经济学大辞典［M］. 2 版. 北京：经济科学出版社.

歌德伯戈 M，钦洛依 P，1990. 城市土地经济学［M］. 北京：中国人民大学出版社.

郭全中，2022. 元宇宙的缘起、现状与未来［J］. 新闻爱好者（1）：26-31.

韩乾，2013. 土地资源环境经济学［M］. 台北：五南图书出版股份有限公司.

黄怡，2019. 超大城市空间治理的价值，挑战与策略［J］. 学术交流（10），131-142.

金煜，陈钊，陆铭，2006. 中国的地区工业集聚：经济地理、新经济地理与经济政策［J］. 经济研究（4）：79-89.

赖世刚，韩昊英，吴次芳，2010. 行为规划理论刍议［J］. 浙江大学学报（人文社会科学版）（2）：89-97.

蓝志勇，2021. 新科学对推动哲学社会科学和公共管理研究范式创新的启示［J］. 中国行政管理（3），6-12.
李璐，2024. 实景三维模型的建设技术与应用研究［J］. 大众标准化（1）：143-145.
林英彦，1995. 土地利用概要［M］. 台北：文笙书局.
刘兵，孟立秋，2022. 扩展现实与地理空间认知研究进展与展望［J］. 武汉大学学报（信息科学版），47（12）：2047-2053.
刘凤良，周业安，陈彦斌，等，2008. 行为经济学：理论与扩展［M］. 北京：中国经济出版社.
刘书楷，1999. 刘书楷论文选集［M］. 北京：学苑出版社.
刘曙铭，2021. 虚拟现实技术及其在地球科学中的应用探析［J］. 信息系统工程（7）：91-93.
刘彦随，1999. 区域土地利用优化配置［M］. 北京：学苑出版社.
罗蕴玲，杨义群，1998. 数量经济学导论［M］. 北京：学苑出版社.
马克伟，1991. 土地大辞典［M］. 长春：长春出版社.
欧海若，2002. 土地利用规划模式选择与模型应用研究［M］. 北京：中国大地出版社.
钱忠好，2002. 农村土地承包经营权产权残缺与市场流转困境：理论与政策分析［J］. 管理世界（6）：35-45.
乔治，蒋玉颖，贺瞳，等，2022. 土地利用变化模拟研究进展［J］. 生态学报（13）：5165-5176.
仇巍巍，吴初国，齐书花，等，2024. 实景三维与元宇宙及其在自然资源领域的应用探究［J］. 自然资源信息化（2）：1-7.
任兵，陈志霞，张茂茂，2023. 迈向数智时代的城市元宇宙：概念界定与框架构建［J］. 电子政务（6）：88-99.
田莉，等，2016. 城市土地利用规划［M］. 北京：清华大学出版社.
王进峰，问丛川，花广如，2023. 面向概念、技术与应用的数字孪生综述［J］. 中国工程机械学报，21（2）：112-116，133.
王万茂，2004. 土地利用规划学［M］. 北京：中国农业出版社.
王勇，李广斌，2010. 程序正义视角下的城乡规划公共利益实现初探［J］. 规划师，26（2）：50-55.
王雨濛，2013. 土地用途管制与耕地保护及补偿机制研究［M］. 北京：中国农业出版社.
温国胜，2013. 城市生态学［M］. 北京：中国林业出版社.
吴次芳，宋戈，2009. 土地利用学［M］. 北京：科学出版社.
吴次芳，杨雪锋，鲍海君，2014. 土地政治学［M］. 杭州：浙江人民出版社.
谢康，1998. 信息经济学原理［M］. 长沙：中南工业大学出版社.
许国志，2000. 系统科学［M］. 上海：上海科技教育出版社.
许牧，陈瓦黎，1990. 试论土地科学［J］. 中国土地科学（1）：4.
许燮谟，陈章琛，1987. 土地利用工程［M］. 北京：农业出版社.
严金明，2001. 中国土地利用规划：理论、方法、战略［M］. 北京：经济管理出版社.
杨少瑞，2018. 发展政策评估的实验方法及其应用研究［D］. 武汉：华中科技大学.
杨小波，吴庆书，等，2000. 城市生态学［M］. 北京：科学出版社.
叶磊，马学广，2010. 转型时期城市土地再开发的协同治理机制［J］. 规划师（10）：103-107.
余艳艳，杨海，周浩，2017. 基于县城天度的土地术用变化生态环境效应评价［J］. 江苏农业科学，45（10）：14-20.
俞奉庆，蔡运龙，2003. 耕地资源价值探讨［J］. 中国土地科学（3）：3-9.
张可云，2013. 区域科学的兴衰、新经济地理学争论与区域经济学的未来方向［J］. 经济学动态（3）：9-22.
张全景，欧名豪，王万茂，2008. 中国土地用途管制制度的耕地保护绩效及其区域差异研究［J］. 中国土地科学（9）：8-13.

张盛开，张亚东，2002. 关于对策问题［J］. 科学通报，47（3）：161-166.
张维迎，1997. 博弈论与信息经济学［M］. 上海：上海三联书店，上海人民出版社.
赵磊，2023. 三维地理信息系统在不动产登记管理中的应用［J］. 科技创新与应用，13（6）：179-182.
周诚，1999. 国有市地年租制产权探索［J］. 中国土地科学（4）：1-4.
朱庆，张利国，丁雨淋，等，2022. 从实景三维建模到数字孪生建模［J］. 测绘学报，51（6）：1040-1049.
左大康，1990. 现代地理学辞典［M］. 北京：商务印书馆.
DCLG, 2005. Planning policy statement 1 [R]. London: Department of Communities and Local Government.
Alexander, 1965. A city is not a tree [J]. Architectural Forum (122): 58-61.
Alonso W, 1964. Location and land use: toward a general theory of land rent [M]. Cambridge, Massachusetts: Harvard University Press.
Armstrong M P, 2000. Geography and computational science [J]. Annals of the Association of American Geographers, 90 (1): 146-156.
Asner G P, et al., 2004a. Drought stress and carbon uptake in an Amazon forest measured with spaceborne imaging spectroscopy [J]. Proceedings of the National Academy of Sciences, 101: 6039-6044.
Asner G P, Heidebrecht K B, 2004b. Desertification alters ecosystem-climate interactions [J]. Global Change Biology, 10: 1-13.
Asner G P, et al., 2005a. Ecosystem structure along bioclimatic gradients in Hawaii from imaging spectroscopy [J]. Remote Sensing of Environment, 96: 497-508.
Asner G P, et al., 2005b. Selective logging in the Brazilian Amazon [J]. Science, 310: 480-482.
Aspinall R J, 2008. Basic and applied land use science [J]. Land Use Change: Science, Policy and Management 2008: 1-15.
Aspinall R, 2006. Editorial [J]. Journal of Land Use Science, 1 (1): 1-4.
Brue S, Grant R G, 2012. The evolution of economic thought [M]. Mason: Cengage Learning.
Camerer C F, 2003. Behavioural studies of strategic thinking in games [J]. Trends in Cognitive Sciences, 7 (5): 225-231.
Coase R H, 1937. The nature of the firm [J]. Economica, 4 (16): 386-405.
Coase R H, 1960. The problem of social cost [J]. The Journal of Law and Economics, 3: 1-44.
Coase R H, 1988. The firm, the market, and the law [M]. Chicago: University of Chicago press.
Cody M L, 1974. Competition and the structure of bird communities [M]. Princeton: Princeton University Press.
Dale P F, Mclaughlin J D, 2000. Land administration [M]. Oxford: Oxford University Press.
Dale V H, 1998. Managing forests as ecosystems: a auccess story or a challenge oheal [M] // Pace M L, Groffman P M. Successes, limitations, and frontiers in ecosystem ecology. New York: Springer-Verlag.
Di Addario S, Vuri D, 2010. Entrepreneurship and market size: the case of young college graduates in Italy [J]. Labour Economics, 17 (5): 848-858.
Dimal M O R L, 2019. Valuing soil's economic worth [D]. Enschede: University of Twente.
Dresner S, 2002. The principles of sustainability [M]. London: Earthscan Publications Ltd.
Duranton G, Puga D, 2004. Chapter 48: Micro-Foundations of Urban Agglomeration Economies [M] //Henderson J V, Thisse J. Handbook of Regional and Urban Economics. Amsterdam: Elsevier: 2063-2117.
Evans A, 1985. Urban economics: an introduction [M]. Oxford: Blackwell.
Feder G, Feeny D, 1991. Land tenure and property rights: theory and implication for development [J]. World Bank Economic Review, 5 (1): 135-153.
Foley J A, et al., 2005. Global consequences of land use [J]. Science, 309: 570-574.

Forster C, 2004. Australian cities: continuity and change [M]. 3rd ed. New York: Oxford University Press.
Foster D R, 1992. Land-use history (1730—1990) and vegetation dynamics in central New England, USA [J]. Journal of ecology, 1992: 753-771.
Fujita M, Krugman P, Venables A J, 1999. The spatial economy: cities, regions, and international trade [M]. Cambridge: The MIT Press.
Fujita M, Thisse J F, 2002. Economics of agglomeration: cities, industrial location, and regional growth [M]. Cambridge: Cambridge University Press.
Gomez-Baggethun E, Groot R D, Lomas P L, et al., 2010. The history of ecosystem services in economic theory and practice: from early notions to markets and payment schemes [J]. Ecological Economics, 69 (6): 1209-1218.
Gordon K, 2005. The mysteries of mass [J]. Scientific American, 293 (1): 40-46, 48.
Gotelli N J, Ellison A M, 2013. A primer of ecological statistics [M]. 2nd ed. Sunderland Sinauer Associates Inc.
Haar C M, Wolf M A, 2010. Land use planning and the environment: a casebook [M]. Washington, D. C.: Environmental Law Institute.
Hamilton F E I, 1978. The changing milieu of spatial industrial research [J]. Contemporary Industrialization (1): 1-19.
Howitt R, 2002. Scale and the other: levinas and geography [J]. Geoforum, 33 (3): 299-313.
Inouye D, 1995. Variation in undisturbed plant and animal populations and its implications for studies of recovering ecosystems [M] //Cairns J. Rehabilitating damaged ecosystems. Boca Raton: CRC Press.
Isard W, 1975. Introduction to regional science [M]. Upper Saddle River: Prentice-Hall.
Jasper V V, Torben T B, Marta G, et al., 2020. Bridging the rural-urban dichotomy in land use science [J]. Journal of Land Use Science, 15 (5): 585-591.
Kahn J R, 1998. The economic approach to environmental and natural resources [M]. 2nd ed. Chicago: The Dryden Press.
Kareiva P, Andersen M, 1988. Spatial aspects of species interactions: the wedding of models and experiments [C] //Berlin: Community Ecology: 35-50.
Kates R W, Parris T M, 2003. Long-term trends and a sustainability transition [J]. Proceedings of the National Academy of Sciences, 100: 8062-8067.
Krugman P, 1991. Increasing returns and economic geography [J]. Journal of Political Economy, 99 (3): 483-499.
Lee D S, 2008. Randomized experiments from non-random selection in U. S. house elections [J]. Journal of Econometrics, 142 (2): 675-697.
Longley P A, 1999. Computer simulation and modeling of urban structure and development [M] //Pacione M. Applied geography: principles and practice. London: UCL Press.
Luce R D, Raiffa H, 1957. Games and decisions: introduction and critical survey [M]. Hoboken: Wiley.
Mankiw N G, 2020. Principles of economics [M]. Boston: Cengage Learning.
Marschak J, Radner R, 1972. Economic theory of teams [M]. New Haven: Yale University Press.
Meyfroidt P, Roy Chowdhury R, de Bremond A, et al., 2018. Middle-range theories of land system change [J]. Global Environmental Change, 53: 52-67.
Mills E S, 1967. An aggregative model of resource allocation in a metropolitan area [J]. American Economic Review, 57 (2): 197-210.
Montet C, Serra D, 2003. Game theory and economics [M]. New York : Palgrave Macmillan.
Motzkine C, Foster D, et al., 1996. Controlling site to evaluate history: vegetation patterns of a New England

Sand Plain [J]. Ecological Monographs (66): 345-365.

Muth R M, 1969. Cities and housing: the spacial pattern of urban residential land use [M]. Chicago: University of Chicago Press.

Mvstakidis S, 2022. Metaverse [J]. Encyclopedia, 2 (1): 486-497.

Müller M, 2001. Global and local game tree search [J]. Information Sciences, 135 (3): 187-206.

Naveh Z, 1991. Some remarks on recent developments in landscape ecology as a transdisciplinary ecological and geographical science [J]. Landscape Ecology, 5 (2): 65-73.

Okubo T, Picard P M, Thisse J, 2010. The spatial selection of heterogeneous firms [J]. Journal of International Economics, 82 (2): 230-237.

Pigou A C, 1932. The economics of welfare [M]. 4th ed. London: Macmillan and Co.

Plottu E, Plottu B, 2007. The concept of total economic value of environment: a reconsideration within a hierarchical rationality [J]. Ecological Economics, 61 (1): 52-61.

Rounsevell M D A, Pedroli B, Erb K H, et al., 2012. Challenges for land system science [J]. Land Use Policy, 29 (4) : 899-910.

Samuelson P A, 2001. Some game theory anecdotes [J]. Japan and the World Economy, 13 (3): 299-302.

Shin S, Suh S, 1997. Double Implementation by a simple game form in the commons problem [J]. Journal of Economic Theory, 77 (1): 205-213.

Tabuchi T, Zeng D, 2004. Stability of spatial equilibrium [J]. Journal of Regional Science, 44 (4): 641-660.

Thaler R, 1985. Mental accounting and consumer choice [J]. Marketing Science, 4 (3): 199-214.

Thistlethwaite D L, Campbell D T, 1960. Regression-discontinuity analysis: an alternative to the expost factor experiment [J]. Journal of Educational Psychology, 51 (6): 309-317.

Torrens P M, O'Sullivan D, 2001. Cellular automata and urban simulation: where do we go from here (editorial) [J]. Environment and Planning B: Planning and Design (28): 163-168.

Tress G, Tress B, Fry G, 2005. Clarifying integrative research concepts in landscape ecology [J]. Landscape Ecology, 20 (4): 479-493.

Turner B, Meyer W B, Skole D L, 1994. Global land-use/land-cover change: towards an integrated study [J]. Ambio, 23 (1): 91-95.

van Mierlo J, van den Bulck J, 2004. Benchmarking the cultivation approach to video game effects: a comparison of the correlates of TV viewing and game play [J]. Journal of Adolescence, 27 (1): 97-111.

Wallin D O, Swanson F J, et al., 1996. Comparison of managed and pre-settlement landscape dynamics in forest of the Pacific Northwest, USA [J]. Forest Ecology and Management (85): 291-309.

Williamson O E, 1998. Transaction cost economics: how it works; where it is headed [J]. De Economist, 146 (1): 23-58.

Williamson O E, 2000. The new institutional economics: taking stock, looking ahead [J]. Journal of Economic Literature, 38: 595-613.

Wood P A, 1987. Behavioral approaches to industrial location studies [M] // Lever W F, Industrial change in the United Kingdom. London: Croom Helm.

第九章　土地变化

第一节　土地变化内涵

一、土地变化的综合内涵

（一）土地作为时间的函数

整个科学的发展都表明，理解和思考世界的最佳方式应该基于变化，而非不变。理解和思考土地问题也不例外，需要深刻认知土地系统各种变化的事件，而不仅仅是物质构成。土地作为多因素作用的综合体，具有随时间推移而不断变化的动力学特征。所谓某一时段的土地，包括其数量、质量和生态属性，都只是土地在随时间变化过程中的瞬间特定情况。因此，土地可用以下数学函数式予以描述：

$$L = f(x, y, z, T) \tag{9-1}$$

式中：x、y、z 为三维空间坐标；T 为时间。

土地的时间函数，表现为地球形成以来的地质时期，人类出现以来的考古时期，人类文明出现以来的历史时期，以及当代社会的年、月、旬、周、日、时等。土地时间是土地实体的存在形式之一，表现为连绵不断和周而复始等多种形式。地表的岩石在气候水文等因素作用下转变为土壤母质，再形成具有生产能力的土地，都需要一定的时间。土壤母质类型、气候水文条件以及人类活动强度的差异，又会影响土地过程的地质大循环和生物小循环速率。据报道，在湿润气候下，石灰岩只需 100 年就可产生剥蚀，而抗蚀性较强的砂岩经过 200 年才可看出风化的痕迹。随成土年龄的增长土壤才会渐渐形成发生层，产生剖面分异。例如，中国南方的紫色砂岩经十余年的风化成土就可形成较肥沃的土壤。在俄罗斯平原上，3000 年便可形成 40 厘米厚的黑钙土，7000 年就可形成 150 厘米厚的黑钙土，形成速率达 0.2 毫米/年。对于火山岩发育的幼年土壤，形成每厘米土需 1.3 年；而非洲的氧化土，每厘米土的形成时间却需要 750 年（黄昌勇，2000）。

从原始采集走入农耕时代，先民们就在辽阔的土地上辛勤耕种。为了满足日益增长人口对食物和居住的需求，他们向平原要地，开垦低湿沼泽地与水争地，开垦丘陵山地与林木争地，向盐碱地、沙石地和水面要粮，将成千上万的耕地或其他土地转化成居住用地。同时，它们通过培肥地力、高低畦整地、修建梯田、兴建陂塘、筑淤地坝、引洪淤灌、造林种草、沟洫制度、土地整理、生态修复等措施，改变并提升土地的生产和生态功能。在 1 万多年的历史进程中，土地的结构、质量、功能等都发生了巨大改变。据资料记载，在公元前3000年左右，全世界人口只有500万左右，那时候还没有城市用地的类型；到了2020年，据世界银行WDI数据库，世界人口已经达到77.5亿。据联合国粮农组织数据，2021年在全球1.29亿平方千米的土地上，用于种植作物的耕地占10.8%，森林用地占31.0%，草原等生态用地占35.0%，居民点和基础设施用地占1.2%，内陆水体面积2.6%，其余则为植被稀疏或不毛之地，与公元前3000年的土地利用结构比较，已经发生了根本性的变化。可见，土地是时间的函数，理解土地必须从动态的观点才能揭示其演变机制。由于时间变化充满不确定性，在理解土地是时间的函数时，要特别注重非线性、混沌、复杂性、平衡稳定性等方法在时间变化研究上的重要性。

（二）土地变化的多维内涵

在很多场景下，人们通常将土地变化理解为土地利用变化。其实土地变化的内涵，要比土地利用变化丰富很多。由于形成土地的自然环境要素和人文社会要素都在不断变化，就构成了土地"过去""现在"与"未来"的不同状态。土地变化研究涉及变化的状态、变化的原因、变化的机制、变化的后果等方面，特别关注与此有关的"发育""演化""演替""周期""平衡""循环""阈限""突变""涌现"等概念。根据土地变化的性质不同，可以区分为以下几种主要类型：

1）土地利用变化。它是指人类改变土地利用结构和管理方式，导致地球表面土地覆被性质变化的过程，如热带森林变成农田、牧场变成耕地、农地铺上沥青成为道路、有绿色植物的土地浇筑发展成为城市等，都是典型的土地利用变化案例。土地利用是土地覆盖变化最重要的影响因素，土地覆盖的变化反过来又作用于土地利用，二者构成了土地的两种属性，很难进行完全区分。在通常情况下，土地覆盖是指地球表层的自然属性和生物物理属性，如耕地、林地、草地、湿地、公路、建筑等；而土地利用是指现存的经营方式和环境，意含更多的社会经济成分。1995年，国际地圈-生物圈计划（IGBP）和国际全球环境变化的人文因素计划（IHDP）联合提出了土地利用和土地覆盖变化计划（LUCC），将两者作为统一体开展研究。由于土地覆盖和土地利用变化会通过对地表反照率、蒸散、温室气体的源和汇，以及气候系统的其他性质的改变而产生辐射强迫，进而影响区域或全球气候。因此，土地利用/土地覆被已成为全球变化研究的核心领域和热点问题之一，也成为土地学研究的核心内容之一。

2）土地质量变化。犹如质量是产品的生命一般，土地质量变化关系到土地的功能能否满足人类社会的需要。20世纪70年代以来，随着工业化和城市化的快速推进，尤其是人口的快速增长，过度和不合理的土地利用导致土地质量呈现明显的退化趋势，表现为生物生产力、生态完整性和对人类利用价值的长期性减少或损失。全球变暖也正在改变地表过程和陆地生态系统及其组成、结构和功能，进而导致土地质量退化。特别是极端高温和干旱频率及强度的变化，加速了旱地质量退化和沙漠化进程，严重威胁人类可持续发展（Gauthier et al.，2015；Seddon et al.，2016）。土地质量变化可以是正向的，表现为土地质量的改善或提升，使土地有更高的生产能力和生态系统服务功能。土地质量变化也可以是负向的，表现为土地质量的退化和多功能丧失。全球大面积的土地质量退化主要表现为荒漠化、水土流失和石漠化，此外还有土地次生盐渍化、土地污染、耕地贫瘠化等。研究表明：全球荒漠化区域面积约1540万平方千米，水土流失区面积约1430万平方千米，石漠化区域面积约110万平方千米（张云芝等，2021）。据联合国粮农组织2015年12月发布的《世界土壤资源状况》报告，目前全球33%的土地由于盐碱化、板结、酸化和化学污染等原因，正处于中度到高度退化之中。人为因素造成的盐渍化影响全球76万平方千米的土地。由于侵蚀，每年导致250亿~400亿吨表土流失，造成谷物年产量损失约760万吨。

3）土地功能变化。对于何谓土地功能，目前学界的认知并不一致。通常认为，土地功能是土地提供产品和服务的能力（Verburg et al.，2009）。这是一个与土地质量变化相关联的综合性概念，集中表达全部土地所具有主动或被动服务人类及其他生命需求、提供有益产品的特性。1994年亚太经合组织（ESCAP）提出土地具有生产食物及纤维功能的同时，还具有生物环境、气候调节、水文等多种功能（Os et al.，1995）。1999年FAO提出土地具有支撑人类和其他陆地生态系统等10个基本功能（FAO，1999）。可见，土地功能由两部分组成：一是土地自身所具备的功能；二是服务人类或与人类需求有关的功能。由于土地质量的变化，尤其是人类需求的变化，土地的功能也会发生变化。在农业社会，土地的主要功能是生产能力；而在生态文明社会，土地的功能除了生产能力以外，对生物多样性和生态系统服务的功能开始上升为主要功能。生物多样性和生态系统服务政府间科学政策平台（IPBES）土地退化和恢复专题评估指出，人类活动造成的土地功能退化已经影响到32亿人的福祉，使地球出现第六次物种大灭绝。每年因土地功能退化造成的生态系统服务价值损失高达全球总产值的10%以上（Le et al.，2016；Montanarella et al.，2018）。

4）土地韧性变化。“韧性”一词源于工程领域，强调外力冲击后系统的恢复能力。1973年，加拿大生态学家Holling将韧性的概念引入生态学领域，用来表示自然系统在遭受干扰后保持稳定状态的能力。2002年，倡导地区可持续发展国际理事会（ICLEI）提出“韧性城市”的概念之后，韧性变化得到全球的高度关注。目前，对土地韧性研究甚少，但应该是土地的重要属性。所谓土地韧性，是指土地在受外力冲击后保持其主要特征和功能不受明显影响的能力。比如在一定限度内，环境污染物输入和自然灾害对土地的干扰，土地能够通过自组织恢复其原有的功能不受明显影响。海绵城市建设，使得城市土地在适应环境变化和应对自然灾害等方面就具有良好的韧性，下雨时吸水、蓄水、渗水、净水，干旱时将蓄存的水“释放”并加以利用。农田水利建设、土壤改良和水土保持措施，都能显著提高土地的抗旱防灾韧性。矿山土地经采矿扰动后，土地的主要生产和生态功能几乎丧尽，但经过表土剥覆、充填复垦、挖深垫浅、坡面治理、兴修水利、农田防护、生物修复和景观建设等，土地也可以基本上恢复其原有的韧性。在极端气候频发和人类活动不断加剧的背景下，研究土地韧性变化也应该是土地变化的题中之义。

二、土地变化与全球变化

（一）全球变化影响土地多功能性

全球变化是指由自然和人为因素而造成的全球性的环境变化，主要包括大气成分变化、气候变化以及由于人口、经济、技术和社会压力而引起的土地变化等（周广胜等，2004）。张兰生等（2000）将“全球变化”定义为一种新的地球观，它以地球系统的概念为基础，从整体上研究该系统在各个时间尺度上的变化，集中研究那些把系统中所有部分紧密联系在一起的、导致系统发生变化的过程和机制。其中，人类活动导致的全球变化及人类对全球变化的适应则备受关注。叶笃正等（2002）认为全球变化是20世纪80年代开始，关注10~100年尺度上全球范围变化的一个新兴科学领域，其科学目标是描述和理解人类赖以生存的地球环境系统的运转机制、变化规律以及人类活动对地球环境的影响。基于自然因素和人文因素的可控性，全球变化能够改变陆表关键要素的变化趋势、周期及空间格局。评价和预估陆地表层关键要素的相互作用及其对全球变化的响应和反馈，对认识和应对气候变化具有重要意义（王开存等，2024）。

近代关于全球变化的研究，从19世纪40年代瑞典科学家J. L. R. Agassiz进行阿尔卑斯山脉冰川研究开始，到20世纪50年代前气候学家描述出气候历史轮廓和各时期气候变化特征；此后，又逐渐认识到气候变化是自然变化和人为变化叠加的结果，需要将气候变化的研究纳入系统论的概念，将大气、海洋、生物、岩石以及人类活动等互相影响的因素作为一个整体，进行多学科交叉研究。1974年，在瑞典召开的世界气象组织和国际科学联盟理事会的联席会议，明确提出了“气候系统”这一概念。气候系统概念的提出，扩展了气候学研究领域，有力推动了全球变化研究的进展。随着全球环境问题的日益突出和全球变化的发展趋势，人们开始思考短尺度气候变化问题，并将地球视为一个“地球系统”，关注人类活动在全球变化中的作用。“地球系统”强调研究地球的整体性和动态性，成了研究全球变化科学的动因。此后，全球各界对“全球变化”这一全球性问题展开了广泛的联合研究和共识缔结，并制定了《世界气候研究计划》《国际地圈生物圈计划》《国际全球环境变化人文因素计划》和《国际生物多样性计划》等联合计划，全球变化研究呈现出明显的发展特点和趋势。21世纪以后科学的大发展、大进步也为“全球变化研究”的顺利兴起提供了技术支持和原理肯定。

随着全球变化对陆地生态系统的强烈影响逐渐改变了陆地生态系统固有的自然过程，关于全球变化与生态系统的研究受到了前所未有的关注，并逐渐发展成了一个宏观与微观相互交叉、多学科相互渗透的前沿科学领域。相关研究主要是从生态系统的物质循环与能量平衡的角度，研究地圈-生物圈-大气圈的相互作用，探讨不同尺度下（如全球、大陆和流域等）复杂生态系统的动态过程、系统内部各亚系统间的耦合关系，以及各种生态环境问题的相互作用等科学问题（傅伯杰等，2005）。

20世纪80年代以来，世界之所以对全球变化如此关注，开展了国际地圈-生物圈计划（International Geosphere-Biosphere Programme，IGBP）、国际全球环境变化人文因素计划（International Human Dimension of Global Environmental Change Programme，IHDP）、世界气候研究计划（World Climate Reasearch Programme，WCRP）等一系列全球变化研究计划，其中重要的原因是因为全球变化已不再是局地性问题，而是对全球生态系统和土地的多功能性产生了深刻影响，直接威胁到人类的生存和需要。由来自全球52个国家的107位专家撰写，共审阅7000余篇公开发表的文献，在28275条修改意见的基础上历时2年于2019年8月8日在日内瓦发布的《IPCC气候变化与土地》特别报告指出：全球气候变化包括气温升高、干旱加剧、极地范围缩小、极端天气（干旱、热浪、特大降雨、强风）频发等，已经在不同时空尺度上影响土地的多功能性和状态，进而导致土地退化，而且不可逆转（陈睿山等，2021）。

事实上，全球变化已经在不同的时间和空间尺度上深刻地影响了土地生态系统的结构和多功能性。全球旱地和沙漠化进程，与地表温度升高和蒸散增加的气候变化密切关联。极端高温天气事件的次数和强度增加，特别是频繁且长时间的干旱，极易引发森林火灾进而造成林地功能退化。2001—2015 年，全球森林退化主要归因于商品驱动的森林砍伐［（27±5)%］，林业发展［（26±4)%］、农用车开垦［（24±3)%］，野火［（23±4)%］，城市扩张［（0.6±0.3)%］（Curtis et al.，2018）。野外观测实验发现，水分增加会提高全球旱地利用的多功能性，并且相比较于温度和养分，降水改变对旱地利用的多功能性影响更加强烈（Maestre et al.，2012；Delgado-Baquerizo et al.，2016）。在过去的 100 年里，气候变化等因素所导致的土地退化，已经使农田的多功能性及其恢复能力显著下降。以美国为例，已经使 44 亿磅营养物质在环境中丧失、9.96 亿英亩土地受到侵蚀、增加 4840 万吨的水用于灌溉，这就使得土地利用的多功能性持续下降（TNC，2020）。除了温度、降水等气候变化影响土地利用的多功能性以外，由于化石燃料和化石肥料消耗增加所导致的全球范围内大气氮沉降速率急剧上升，会增加土地生态系统氮的有效性，导致土地酸化，影响植物和土壤微生物多样性，进而影响土地利用的多功能性（Galloway et al.，2004；付伟等，2020）。

全球尺度上土地生态功能退化区主要有荒漠化区、水土流失区和石漠化区，从其空间分布研究中发现：荒漠化区主要分布在亚洲中部的蒙古高原，中国西北部，南亚次大陆西部，西亚的阿拉伯半岛和伊朗高原，欧洲东南部，非洲撒哈拉沙漠北缘及南缘，北美洲的中部大平原，南美洲的巴塔哥尼亚高原等地区。水土流失区主要分布在位于亚洲东部的中国黄土高原和东南亚的中南半岛，印度次大陆，欧洲地中海沿岸地区，东欧平原，非洲的撒哈拉沙漠南缘，非洲东部和南部，北美洲的密西西比河流域，南美洲的亚马孙河流域南部。石漠化区主要分布在中国西南部地区、欧洲地中海沿岸地区以及北美洲墨西哥高原南部地区（张云芝等，2021）。导致土地生态功能退化的主要因素除了人类不当的土地利用干扰以外，全球气候变化尤其是气温上升具有显著的影响。由于全球气候干旱，区域性植被指数（NDVI）下降，导致土地生态功能退化加剧，这在俄罗斯中部、沙特阿拉伯中部、非洲中东部、南美洲东部等地区尤其明显（Chen et al.，2019；Kalisa et al.，2019；Iegorova et al.，2019；张云芝等，2021）。

（二）土地变化对全球变化的影响

由于工业化城市化的推进和人口的持续增长，已经导致地球上大约有 1/3~1/2 的无冰表面被人类改造利用过（Vitousek et al.，1997）。这种大面积的土地变化会对气候、生物多样性、水文循环等全球变化产生深刻影响。

1）土地变化对全球气候变化的影响。大规模的土地利用/覆盖变化，已经深刻改变了生物地球化学循环，使大气中的化学成分发生变化；同时通过改变下垫面的生物物理参数，打破地表能量和水分收支平衡，从而影响全球的气候系统变化，其结果已经被 IPCC 气候评估报告所引用（IPCC，2019）。高强度的土地变化区域，通过引起区域垂直方向辐射平衡变化、水文和水汽垂向输送变化、沙尘等地表物质垂向输送变化以及通过城市热岛和城市热释放等，产生气候效应。已有研究表明，化石燃料的大量燃烧和非持久性的土地利用等人类活动由于改变了碳素循环的平衡性，导致大气中 CO_2 浓度升高，是造成气候变暖的主要原因（Watson et al.，2000；IPCC，2019）。森林消失、土壤碳的氧化、化石燃料的燃烧等都使大气中 CO_2 浓度增加，土地变化对 19 世纪全球大气 CO_2 含量增加起着重要作用，其作用仅次于化石燃料的燃烧。1850—1990 年间，土地变化导致 12.4 亿亿克碳释放到大气中，约相当于同期化石燃料燃烧释放量的一半（Houghton，1999）。从第二次工业革命开始至今，全球大约有 35%的人为 CO_2 释放是由土地变化直接引起的，从而使全球碳循环发生改变，以致影响全球气候系统变化（Houghton et al.，2001）。

2）土地变化对全球水文循环的影响。土地变化会引起地球表层下垫面的生物物理属性，如地表反射率、粗糙度、植被叶面积指数和植被覆盖度等发生改变，由此会打破地表的水热平衡，改变水分在蒸发、地表径流、土壤水、地下水之间分配。某个地区的土地变化，如灌溉系统改变、大坝建设和森林砍伐都会改变蒸发模式，从而潜在地影响较远地区的水文循环。在泰国东北部，应用土壤和水评估工具（SWAT+），在校准模型后模拟基线（1981—2010 年）和近期（2021—2050 年）的水文变量（蒸散、土壤湿度、地表径流和水量）的研究表明：土地变化导致的城市面积增加使地表径流增加 38%~87%，在气候变化和土地变化这双重压力源的作用下，土壤水分将减少（8%~9%）（Khadka et al.，2023）。在中国小兴凯湖流域，使用具有动态土地变化输入和时变参数的土壤和水评估工具（SWAT+）来模拟小兴凯湖流域的流量，土地变化对水文循环的影响率为 24.76%（Xiao et al.，2023）。在中国北方农牧交错带，在造林情景中，降水循环利用率增加到 6.31%，而在退化情景中则减少到 5.19%，直接表明土地变化会影响区域大气水收支（Wang et al.，2023）。Ruud van der Ent 研究发现，亚马孙流域森林蒸发对秘鲁、玻利维亚、阿根廷、乌拉圭、巴拉圭以及巴西南部等地区的降雨贡献率超过了 50%。中非国家刚果（金）森林通过大气蒸发，将数吨水输送到西非国家。全球尺度的水文循环估算表明，陆地降水的 40%来自土壤蒸发，陆地蒸发的 57%以降水的形式返回土壤。中国 80%的水资源来源于欧亚大陆的水分蒸发，南美洲里德拉普拉塔流域 70%的水来源于亚马孙流域的水蒸发（Keenleyside，2012）。

3）土地变化对全球水土流失的影响。土地利用方式、结构、质量、布局、强度的变化，都会改变土壤物理性质、地表径流、土壤养分和水分变化，尤其是会改变地面的植被覆盖，从而改变覆盖区产汇流形成机制，最终影响水土流失。不合理的土地利用方式和地表植被覆盖减少对土壤侵蚀具有加速效应。应用最广泛的美国通用土壤侵蚀方程式 USLE（Universal Soil Loss Equation），其数学表达式为

$$A = R \cdot K \cdot L \cdot S \cdot C \cdot P \qquad (9-2)$$

式中：A 为年平均土壤侵蚀量（吨/公顷）；R 为降水及径流因子；K 为土壤侵蚀性因子；L 和 S 为地形因子；C 和 P 为土地利用和管理因子，其中 P 为水土保护措施因子，C 为地表植被覆盖因子。土地变化实质上就是改变了 USLE 模型中的 C 值，从而影响土壤理化性质，改变土壤的环境条件，使水土流失的效应有了明显的差异。研究表明，由于耕地、林地、园地、牧草地和未利用地的土壤侵蚀方式与强度不同，因而土地利用结构的变化会导致水土流失量的变化。土地利用的植被变化对减缓黄土高原地区水土流失的贡献率高达 50%~75%，而降水的贡献率仅为 0%~25%之间（郎燕等，2021）。1977 年至 2015 年间，

在热带集水区域，植被覆盖率大幅下降，从79.5%降至29.5%，土壤侵蚀率急速升高，超过每年每公顷120吨（García et al.，2021）。不同质量的土地，由于其物理化学和生物性质不同，土体的黏结性、黏着性、胀缩性、抗蚀性、抗冲性等都有明显的差异，就直接导致水土流失量的差别。例如水稳性团聚体含量较高、松散性及分散性适中、孔隙度也较高的旱地，有利于雨水渗透，减少地面径流，就可以减少水土流失。世界水土流失最严重的地区，除了本身地面坡度较大、土质松散以外，最重要的因素就是土地利用方式不当、地面植被遭破坏、滥伐森林、过度放牧等土地变化所引致的，如中国的黄河流域、印度河流域、非洲的尼罗河流域以及拉丁美洲的亚马孙河流域等，都是如此。

4）土地变化对全球生态变化的影响。不同的土地类型具有不同的生态系统结构、群落组成和生物量，它们以不同的速率吸收和固定养分（如碳和氮），对全球生物地球化学循环、陆地生物种类的丰度和组成、气候等有重要影响。土地变化，包括森林变成农田或草地、农田或草地上造林、工业化和城市化导致的下垫面改变、交通水利和开矿活动导致的地形破碎等，都会影响生态系统破碎化、有效栖息地面积减少、生物多样性改变、物种分布格局、生境条件变化、生境隔离、种间关系、土壤微生物群落等生态结构和功能。研究表明，由于土地变化会影响能够有效维持生态系统过程和多样性的物种组成，因而成为影响生态系统多功能性的重要因素（Wen et al.，2020；Eisenhauer et al.，2018）。土地利用强度改变，会影响地上生物量、土壤有机碳含量、根系生物量、根系分解能力、土壤团聚体、土壤硝化速率、土壤磷保留指数、固氮能力、反硝化能力、溶解无机氮吸收能力、丛枝菌根真菌菌丝长度、害虫防治、病原菌调控、授粉能力、总初级生产力等生态系统功能，从而影响生态系统变化（Allan et al.，2015；Alsterberg et al.，2017）。在世界的许多地方，自然土地格局的改变影响了生态系统的生物多样性、植物和动物的种群动态、初级生产力等，影响了全球生物地球化学循环和大气中温室气体的含量、改变了区域大气化学性质及过程，对局部、区域及全球气候都产生了广泛而深刻的影响（叶笃正等，1997）。

第二节　土地利用变化

一、土地利用变化的研究目标和内容

（一）土地利用变化的研究目标

地球已经进入“人类世”时代，人类对地球系统的影响极其广泛，但主要表现在两个方面：一是通过化石燃料燃烧和其他矿物能源使用，干扰地球系统的生物地球化学循环，如碳循环、氮循环和水循环；二是通过各种土地利用活动改变地球陆地表面的覆盖性质，如热带森林变成农田，牧场变成耕地，土壤铺上沥青成为道路，有绿色植被的土地浇筑发展为城市等。20世纪70年代以来，全球土地利用和土地覆盖变化（LUCC）速率不断增加，其变化的复杂方式与自然气候系统、地球系统、生物地球化学、生态系统和自然资源的变化密切相关。在IGBP和HDP等国际组织的推动下，LUCC研究在近30年取得显著进展。其研究目标主要有以下 4 项。

1）识别和阐明 LUCC 驱动力。通过探讨从全球到地区和区域范围内的人与生物物理驱动力、土地利用和土地覆盖之间关系变量，来提高全球 LUCC 的模拟和预测能力，实现模拟和预测 LUCC 的动态，从而认识原因与覆盖的关系。

2）建立 LUCC 模拟模型。识别在不同社会经济和环境背景下改变土地利用的多重驱动力，提出 LUCC 的系统理论，开发不同时空尺度下 LUCC 的耦合模型。

3）观察和监测 LUCC。通过国际合作致力于数据监测和采集，按共同方式进行案例研究，以促进不同类型的比较评价。为了对过程速率进行定量化，将开展 LUCC 动态监测、野外现场研究，将变化的模式和引起变化的过程结合起来，最终建构自然系统和人类系统相互耦合的复合模型和新认知。

4）评估 LUCC 系统的后果，如脆弱性、弹性、效应和可持续性等（Lambin et al.，2005；Turner Ⅱ et al.，2007）。

（二）土地利用变化的研究内容

1996 年在荷兰举行了有关 LUCC 的国际会议，会上提出了关于 LUCC 的 5 个框架问题及 3 个焦点。5 个框架问题为：①过去的 300 年中人类利用土地是如何改变土地覆盖的？②在不同历史阶段、不同地理单元土地利用变化的主要人文因素是什么？③在今后 50~100 年中土地利用变化将如何影响土地覆盖？④直接的人文和生物物理过程是如何影响特定土地利用类型的承载力的？⑤气候和全球生物地球化学变化怎样影响土地利用和土地覆盖？反之又如何？3 个焦点分别为：土地利用动态变化——典型对比分析研究；土地覆盖动态变化——直接观察和诊断模型；区域的与全球的模式——综合评价的框架。在现阶段，LUCC 的主要研究内容包括以下几个方面：

1）LUCC 的互动机制研究。土地利用的变化机制通过区域性个案的比较研究，分析影响土地使用者或管理者改变土地利用和管理方式的自然和社会经济方面的主要驱动因子，建立区域性的 LUCC 经验模型；土地覆盖的变化机制主要通过遥感图像分析，了解过去 20 年内土地覆盖的空间变化过程，并将其与驱动因子联系起来，建立解释土地覆盖时空变化和推断未来 10 到 20 年的土地覆盖变化的经验性诊断模型。LUCC 的机制对解释土地覆盖的时空变化和建立 LUCC 的预测模型起到关键作用。

2）LUCC 对生态环境的影响。LUCC 已经导致或正在导致全球物种的数量和种类的显著损失，随着生物多样性的衰竭，地球生态系统的结构及功能也面临着危险。自然系统向农业系统及其他人类土地利用的转变，导致了二氧化碳排放量约为燃料的 30%，对区域气候、水文具有重要影响。土地利用变化会引发与土地利用密切相关的水分循环的变化，区域蒸发量及降水量的显著减少，会带来大面积的森林消亡。LUCC 直接影响着土壤退化、地表径流变化及地下水的下渗量等。全球环境变化组织已越来越认识到，LUCC 本身就是持续发展性议题的中心；与 LUCC 的持续发展相联系的许多突出问题，如地下水衰竭，可能在近期引发出对 LUCC 动力机制有影响的大尺度环境问题。LUCC 对地球生态环境的影响路径、过程、效益及改进方式等，将成为 LUCC 的主要内容之一。

3）LUCC 自然及人类驱动力研究。要想认清土地利用变化的原因，提高预测未来变化的能力，开展 LUCC 的自然和人类驱动力研究是十分必要的。为此，应对物种、生态的特性和过程、生态系统如何与 LUCC 关系进行分析，加强自然环境和生态参数同时发生变化的陆地生态系统大尺度模型的研究。LUCC 分析要求有跨尺度的动力机制，即不仅有人类历史，而且有自然历史方面，必须考虑系统演化的全过程，而不能简单解释为现有驱动力平衡的结果。LUCC 取决于管理的、社会的及自然生物的驱动，这些驱动力都是由可确定的系统或机构所产生的能量、物质或信息流。土地利用以多种方式变化着，它会因以下原因而变化：自然生物驱动力的独立变化（如气候及大气变化、自然侵蚀与沉积）；人类活动直接改变（如毁伐森林）；干预自然生物领域（如因抽取地下水而导致水位下降、径流量减少及改变植被）；自然生物中一组更为复杂的人类活动链，它反作用于人类活动，从而直接改变土地利用。人类驱动力具体的研究内容包括：首先以具有广泛相似性的社会和环境条件，并产生相似的 LUCC 模式的相似的人类驱动力为标准，把全球陆地区域划分为若干类别。通过对类别和状态研究，可以得到比全球集合方法给出的原因与覆盖动态更高的分辨力。要系统考虑的独立变量（驱动力）包括：人口结构、技术进步、贫富差距、经济水平、政治结构、发展阶段、文化信仰等。要在全球或区域范围内，研究这些变量的相互作用和权衡各驱动力的相对重要性。

4）建立区域、国家和全球的模型。开发新一代 LUCC 模型的建模基础，需要在数据库建设和方法改进上进行长期工作。目标是开发一种综合框架和一系列能模拟 LUCC 的地区性和全球性模型；提出 LUCC 的规划和相关的自然参数；提高区域和全球机制方面的主要驱动因子及 LUCC 关系的认识水平；研究 LUCC 对外部变量的敏感程度。由于主要驱动因子长期变化的不确定性，应该建立有关社会经济发展和针对 LUCC 可能性政策确定的预测方案。此外，还必须开展把水资源引入 LUCC 预测研究、模型可信度与敏感性分析研究等。在构造区域或全球 LUCC 模型中必须仔细考虑驱动力的类型、空间特征和时间尺度等问题，建立的模型应能够说明在区域、国家和全球水平上的相互作用。

5）推进 LUCC 与碳汇评估交叉研究。LUCC 改变了地球原有的空间格局，也深刻改变了地球生态系统的结构、过程和功能，进而影响地球生态系统各部分的碳循环和碳分配（Lambin et al.，2001a；陈广生等，2007）。LUCC 的碳效应研究已经从多个层面展开，在 LUCC 对陆地生态系统碳循环的影响、对碳储量的影响等方面，都取得了重要进展（Houghton，1999；Olofsson et al.，2008；van Minnen et al.，2009；Ramankutty et al.，2007）。在全球气候变化加剧和“碳中和”的背景下，将 LUCC 与碳汇评估结合，从时间和空间维度上评价碳汇的形成机制，深化土地利用类型碳汇评估、生态系统服务碳汇评估、土壤和植被碳汇评估等，可为实现碳达峰、碳综合目标提供科学依据和参考（王春晓等，2024）。

二、土地利用变化的动力机制和模拟

（一）土地利用变化的动力机制

LUCC 是一种空间演替现象，具有高度的空间异质性；在变化的类型、结构、功能以及机制上还具有高度的复杂性。深入探索 LUCC 的动力机制以及基本过程，才能更科学地预测未来 LUCC 的发展趋势。LUCC 与全球环境变化构成了一个复杂的相互作用系统，人类活动与 LUCC、环境对人类影响的反馈以及人类的反应相互交织在一起，它们在不同时空尺度有不同联系，使得这一系统更为复杂化。其动力机制主要表现为以下 3 个驱动过程：

1）环境变化驱动过程。环境变化驱动因子主要包括气候变化、土地属性、土壤过程、植被演替以及自然界发生的突发性干扰，如洪水、地质灾害和林火等。以气候变化为例，全球变暖会改变土地过程和土地生态系统及其组成、结构和功能，进而导致 LUCC 变化。气候变暖有利于喜热物种生长，但会造成耐寒土地生态系统退化（Rumpf et al.，2018）。气候变化使森林面积在热带地区呈减少趋势，而在温带和寒带地区则呈增加趋势（Chen et al.，2019；Song et al.，2018）。可见，气候变化对 LUCC 的影响是极其复杂的，在不同地区有不同的表现。不同驱动因素对 LUCC 的影响作用，在不同时间范围的影响是不相同的。如土壤养分的流失会对土地生产率、植被变化和土壤侵蚀造成近期影响，对景观变化和土地生产率造成中期影响，对气候变化可能会造成长期影响。

2）社会经济驱动过程。社会经济驱动因子主要包括人口变化、城市化、工业化、技术进步、产业变革、富裕程度、政治结构和文化形态等。该因子常常通过个体、家庭、企业、政府等主体的土地利用决策和行为，以及决策和行为之间相互联系的涌现性，形成由地块至区域等不同尺度的 LUCC 差异化格局。例如，工业化城市化的推进和人口增加导致的森林砍伐、边际土地开发、地下水抽提等，是 LUCC 的主要驱动力。2020 年世界粮食奖获得者拉坦·拉尔教授指出，自工业革命以来，已有约 1350 亿吨土壤流失。如果不采取行动遏止其退化速度，则全球土壤的未来堪忧。据 2015 年 9 月联合国粮农组织发布的《2015 全球森林资源评估报告》，过去 24 年间，由于人口增长和农业扩张，全球森林面积明显减少。1990 年全球森林面积 41.28 亿公顷，森林覆盖率 31.6%，且绝大部分是未受到破坏的原始森林；2015 年森林面积减少到 39.99 亿公顷，森林覆盖率降为 30.8%，减少了 1.29 亿公顷，相当于整个南非的国土面积。LUCC 的种种驱动力，会反馈作用于驱动力，形成各种不利的互反馈后果。

3）远程耦合驱动过程。自 20 世纪 50 年代以来，经济全球化开始得到全面发展。进入 20 世纪 80 年代中期，信息技术取得了突破性进展，全球化进程加速推进。在全球化背景下，发生在全球、洲际和区域尺度上的人类活动越来越频繁，交织成网的远洋航行、空运航线、路桥通道和跨海隧道上繁忙的客货运输景象已成为常态。人类交通运输和信息技术的进步，使得远距离相互作用成为一种日益普遍的现象，尤其是在全球贸易上，表现十分突出。据统计，从 1950 年到 2023 年的 73 年中，全世界的商品出口总值从约 610 亿美元增加到 307000 亿美元，增长超过 503 倍。大规模的远程国际贸易和人口流动，以及这些因素与不同区域气候变化和城市化等因素的耦合，成为远距离相互作用驱动 LUCC 的重要变量。这些远距离相互作用的变量包括货物和产品贸易、外商直接投资、跨国土地购买、人口迁移、技术转让、废物转移、远距离调水、物种扩散、地缘政治等，是影响 LUCC 不可忽视的驱动因素（马恩朴等，2019）。研究表明 2002—2020 年间，全国粮食贸易中虚拟耕地资源净进口量整体呈现波动上升趋势，由 2002 年的 303.85 万公顷上升到 2020 年的 4627.64 万公顷，增长了 14 倍有余，年均增长率为 15.41%。从东部、中部、西部地区来看，东部地区粮食贸易中虚拟耕地资源始终为净进口状态，整体呈现波动上升趋势，与全国粮食贸易中虚拟耕地资源净进口量走势较为相似，由2002年的429.59万公顷上升到2020年的3620.11万公顷（曹冲，2023）。这种远距离大规模的粮食贸易，会在一定程度上改变进口国和出口国的LUCC格局。

（二）土地利用变化的空间模拟

20世纪90年代以来，土地利用变化的空间模拟研究在国际上开始受到广泛重视。经历了30多年的快速发展，已形成类型众多、特色各异的LUCC空间模拟模型，实现了从数量模拟到时空格局模拟，从单一模型向多种模型耦合的跨越。国际学者通常将LUCC模型分为经验统计模型、随机性模型、优化式模型、基于动态过程的模型等4大类别（Lambin et al.，2000）。当前研究主要在元胞自动机（Cellular Automata，CA）模型和CLUE-S（Conversion of Land Use and its Effects at Small Region Extent）模型的基础上进行改进，马尔科夫模型、系统动力学（System Dynamics，SD）模型、Logistic回归和随机森林等均可计算CA模型和CLUE-S模型中所需的土地利用需求，多标准评价、地理加权回归、多主体模型以及人工神经网络等方法也多被用于CA模型的扩展。这些模型广泛应用于各种区域和尺度LUCC预测实例研究并研发软件系统和数据集（乔治等，2022）。以下对常见的系统动力学模型、多智能体模型和元胞自动机模型进行简要阐述，以便更深刻地理解如何进行土地利用变化的空间模拟。

1. 系统动力学模型

LUCC的动态模拟需以连续性的模型来实现，系统动力学模型可以较好地进行模拟。系统动力学SD（System Dynamics）模型是建立在控制论、系统论和信息论基础上，研究因果关系网络分析结构中，反馈系统结构、功能以及动态行为的一类模型。其突出特点是能够反映复杂系统结构、功能与动态行为之间的相互作用关系，处理非线性的多重反馈问题，对复杂系统进行动态的模拟，提供决策支持，而不再完全依赖土地利用历史时间序列。

最早的SD模型可以追溯到1970年由系统动力学创始人J. W. Forrester提出的“世界模型”。目前国内外众多研究表明SD模型可以反映系统复杂行为，模拟出系统运行的场景。在LUCC中进行SD模型的动态模拟可以分为这样几个步骤：

1）定义系统。定义系统就是确定土地利用动态模拟要解决的问题和发展的目标。通过对土地利用现状的初步分析，预测土地利用系统的可能出现的期望状态，然后分析土地利用系统的有关特征，最后确定系统的问题，并描述出与问题有关的状态，以及估计问题产生的范围与边界、选择适当的变量。

2）分析因果关系。系统动力学是把研究的对象作为系统来处理的，根据反馈动力学的原理，把反馈环看成是系统的基本组件。多个反馈环的组合构成了复杂系统。系统在与外界的相互作用以及内部各要素之间的作用，系统总处于不断变化之中，系统动力学通过因果关系图分析系统各要素之间作用的因果关系。因果关系的分析将系统的要素通过箭头表示。然后根据系统边界诸要素间的因果关系形成反馈环。

3）建立系统流图。系统动力学模型流图包括流位（系统内部的定量指标）、流率

（描述系统实体在单位时间内的变化率）、流线（表示对系统的控制方式）和决策机构（由流位传来信息所确定的决策函数）等。

4）构造方程与运行模型。根据系统的对应关系构造符合时空变化的方程，然后利用计算机仿真语言，将系统动力学模型转化成系统的仿真模型。

5）结果分析。借助计算机软件，输入对应参数以及相关控制语句运行模型，得出结果。再对结果进行分析，若存在错误或缺陷可对模型进行修正，直到得到满意的结果。

2. 多智能体模型

多智能体系统是多个智能体组成的集合，它的目标是将大而复杂的系统建设成小的、彼此互相通信和协调的，易于管理的系统。多主体建模方法（Agent Based Modeling，ABM）是一种“自下而上”的微观模型，是一类模拟自治智能体的行为和相互作用以期评估它们对整个系统的影响的计算模型，结合了博弈论、复杂系统、突现论、计算社会学、多智能体系统等元素。究其本质，ABM 能被视作一种确定个体团体行为的可能的系统级结果的方法。ABM 既支持确定性层次模型的建立，又支持整体系统（其中多层次随机规则以不可约的方式协同工作，产生整个系统级的结果）的创建。例如 ABM 可以表达多层次系统中的反馈，高层的智能体和低层的智能体同时影响和限制彼此（张戈，2018）。大多数 ABM 模型包含：①多尺度的数个智能体；②决策方法；③学习规则和适应过程；④相互作用的拓扑结构；⑤环境。

ABM 在 20 世纪 90 年代后期，随着复杂性科学的兴起和计算机技术的发展，开始引起土地利用研究者的重视。ABM 关注的是土地利用空间系统中大量智能体之间的关系与交互，可通过模拟异质性的个体决策者的社会经济以及空间行为来表达宏观空间结构的总量特征，体现从不稳定中产生秩序规律。ABM 可以使用机器学习算法来模拟智能体的有限理性行为、某些非线性的因素，例如政策法规等的影响也可以显化在模拟中。因此，ABM 的研究需要对 LUCC 的决策者建立微观行为模型，通过观察微观智能体与系统之间及智能体之间的交互作用，来研究系统层面整个区域的土地利用空间的演化过程，在土地利用动态变化的复杂模拟中，可以建立通过社会、经济、政策等因子反映不同类型智能体的决策偏好，并为不同类型的智能体定义行为以实现智能体之间、智能体与环境之间的交互。

3. 元胞自动机模型

元胞自动机（Cellular Automata，CA）最初由数学家 Stanislaw M. Ulam 和 John von Neumann 于 20 世纪 50 年代所提出，是一种时间和空间都离散的动力系统。散布在规则格网中的每一元胞取有限的离散状态，遵循同样的作用规则，依据确定的局部规则作同步更新。大量元胞通过简单的相互作用而构成动态系统的演化。不同于一般的动力学模型，元胞自动机不是由严格定义的物理方程或函数确定，而是用一系列模型构造的规则构成。凡是满足这些规则的模型都可以算作是元胞自动机模型。因此，元胞自动机是一类模型的总称，或者说是一个方法框架。其特点是时间、空间、状态都离散，每个变量只取有限多个状态，且其状态改变的规则在时间和空间上都是局部的。元胞自动机最基本的组成元胞、元胞空间、邻居及规则四部分。简单讲，元胞自动机可以视为由一个元胞空间和定义于该空间的变换函数所组成，如图 9-1 所示。

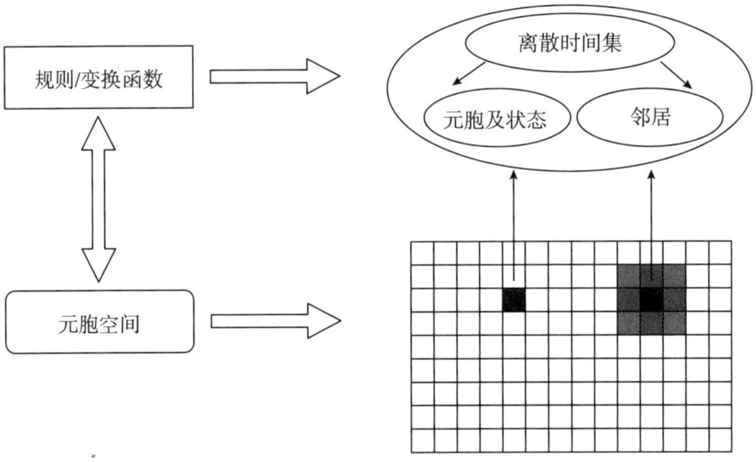

图 9-1　元胞自动机组成图

在 LUCC 模拟中元胞自动机有着广泛的运用，因其具有较高的灵活性和可扩展性，以 CA 核心原理为基础而开发的 CLUE-S、SLEUTH 等经典模型，为探索土地利用变化系统演替、土地利用扩张机制等提供了全新的认知视角（岳文泽等，2017）。传统城市 CA 模型是出现最早、应用最广泛的一种形式。英国伦敦大学的高级空间研究中心较早对城市 CA 模型的理论背景、扩展机制、应用方法等进行了系统研究，广泛研究了城市扩张、土地利用、住宅户型等的动态演化。LUCC 空间系统的复杂性，很难仅仅通过某一模型进行描述。要扩展 CA 模型的应用能力，需要将其与其他空间模型进行集成。最为常见的是 CA 与 GIS 的集成，通过发挥 CA 在时空动态建模方面的优势并利用 GIS 强大的空间数据管理能力进行优势互补。此外，将 CA 模型与分形算法结合，可体现空间系统所具有的分形特征，更好地预测并控制空间系统的演化方向。神经网络模型、遗传算法等也可以与 CA 模型集成以进一步提高 CA 模型的应用能力。利用不同的模型或方法挖掘 CA 模型的转换规则，能够提高模型的预测模拟能力和科学性。通过 Markov 过程得到的土地利用类型转移概率矩阵可以作为 CA 全局转换规则，进一步利用层次分析法、加权线性合并、频率比等提取限制因子并计算其权重，结合约束条件生成适宜性图集，可有效提高 CA 模型模拟精度（Aburas et al.，2017）。

常用的马尔科夫模型、系统动力学模型、元胞自动机模型、SLEUTH 模型、CLUE-S 模型、ABM 模型、FLUS 模型、GeoSOS 模型等各种模型，在 LUCC 模拟过程中都有其明显的优势和限制（乔治，2022）。任何单一模型都无法精确刻画 LUCC 的所有复杂特征，多模型集成或与其他方法耦合就成为 LUCC 空间模拟发展的基本趋势（Rounsevell et al.，2012）。但是，对不同模型集成或耦合的数学机制、物理学机理、有效性等还面临挑战。此外，现有主流模型很少考虑 LUCC 的非线性复杂关系，也未考虑栅格内部土地利用的非均质特性等，都有待持续探索。

第三节　土地质量退化

一、土地质量退化的概念和类型

（一）土地质量退化的基本概念

土地包括数量、质量和生态等多个维度，土地质量退化是土地变化的重要内容，对全球变化和经济社会发展都有深刻影响。从理论上说，土地退化包括数量退化和质量退化，但习惯上土地数量退化称土地数量减少，土地退化就指土地质量退化，二者可以互用。《联合国防治荒漠化公约》将土地退化定义为：由于使用土地或由于一种营力或数种营力结合致使干旱、半干旱和亚湿润干旱地区雨浇地、水浇地或草原、牧场、森林和林地的生物或经济生产力和复杂性下降或丧失，其中包括：风蚀和水蚀致使土壤物质流失；土壤的物理、化学和生物特性或经济特性退化；自然植被长期丧失（UNCCD，1993）。联合国政府间气候变化专门委员会（Intergovernmental Panel on Climate Change，IPCC）在 2019 年 8 月对外正式发布的《气候变化与土地特别报告》将土地退化定义为：由包括人为气候变化在内的人类直接或间接作用引起的土地状况的负面趋势，表现为生物生产力、生态完整性或对人类价值的长期降低，并且这三者中至少有一个丧失（IPCC，2019）。根据国际组织的有关定义，土地质量退化是指土地原有结构和功能日趋减少或丧失的演替过程。生物多样性和生态系统服务政府间科学政策平台（IPBES）土地退化和恢复专题评估指出：人类活动造成的土地退化已经危及 32 亿人的福祉，使地球出现第 6 次物种大灭绝，每年因土地退化造成的生态系统服务损失高达全球总产值的 10%以上（Le et al.，2016）。据 2020 年 2 月 27 日世界银行 WDI 数据库的数据，全球 33%的土地由于盐碱化、板结、酸化和化学污染等原因，正处于中度到高度退化之中。由于土地侵蚀，每年导致 250 亿~400 亿吨的表土流失，造成谷物年产量损失约 760 万吨，人为因素造成的土地盐渍化影响全球 76 万平方千米的土地质量。1990—2020 年的 30 年间，全球森林面积累计减少 1.78 亿公顷。研究表明，全球 80%的农业用地、10%~20%的牧场、87%的湿地正遭受严重退化（MEA，2005；Gibbs et al.，2015；Davidson，2014）；每年因土地退化造成的经济损失最少约 400 亿美元（UN-FAO，2009），土地退化对生物多样性、生态系统服务及人类福祉产生不可逆的影响，已造成全球 34% 的生物多样性丧失（2010 年）。预计到 2050 年，这一比例将高达 38%~46%（van der Esch et al.，2017）。退化的土地失去了提供基本生态系统服务的能力，包括资源，栖息地，健康的土壤，清洁的水和空气。在过去的几十年里，土地的积极多维作用被严重改变，大规模的土地退化已经影响到全球许多地区和生态系统。世界上大约 60%的主要生态系统服务已经退化或被不可持续地使用，特别是在陆地系统中，土地受到来自农业、渔业、林业、工业和城市化大规模增长相关的多重压力。

联合国和《联合国防治荒漠化公约》（UNCCD）已经提出使用净初级生产力（NPP）来评估土地退化。在过往的研究中，大多数学者都是通过使用或借助净初级生产力来监测土地退化和评估土地退化的生态经济损失。例如，Sutton et al.（2016）使用了土地退化的简化表示，即用净初级生产力的占用（HANPP），作为生态功能受损或减少的替代措施，估计土地退化导致的生态系统服务价值的减少。Kang et al.（2020）使用净初级生产力（NPP）和水利用效率（WUE）作为植被生产力和与物种组成相关的生态生理特性的代用指标，将二者结合起来建立了一个生态生理学框架来评估 1982—2012 年东北亚干旱地区（NADR）的土地退化程度。有专家创新性地使用特定地区的净初级生产力（NPP），并利用遥感数据划分土地能力等级（LCC），通过标度（LNS）方法评估了中国黑河流域（HRB）的土地退化，LNS 定义为当前 NPP 与参考 NPP 的比率，以表示与最佳环境条件相比当地的土地退化程度和趋势（Li et al.，2020）。其中，Giuliani et al.（2020）建立了土地退化指标考核模型具有一定的代表性。他们将该考核模型拆分为 3 个子指标：土地覆盖率和土地覆盖变化率；土地净初级生产力（NPP）趋势；碳储量（地上和地下）趋势，该指标的量化是基于对子指标变化的评估，以得出退化土地的比例。如果次级指标中的一个数值为负值，那么该土地单元就被认为是退化的，任何分项指标的稳定或改善都不能抵消其他指标的退化影响。

土地退化通常是针对特定环境的，所以单一指标很难捕捉到土地状态和条件的全部复杂性（Gilbey et al.，2019）。通过足够可信的次级指标，可以解决不同类型的土地退化方式，如通过土地覆盖或生产力趋势了解土地退化过程，同时通过碳储量指标观测生物多样性和气候条件的变化（Cowie et al.，2018）。这些细分指标目前广泛被学术界接受，用于监测反映生态系统服务能力的主要因素和驱动变量（Fu et al.，2015）。这种指标的定义和计算方法被认为在技术上和经济上对生态系统观测是可行的（Bojinski et al.，2014）。

值得注意的是：①土地退化和土地退化中性是两个概念。土地退化中性是一种状态，即支持生态系统功能和服务，以及加强粮食安全所需的土地资源的数量和质量，在特定的时间和空间范围内和生态系统中保持稳定或增加（UNCCD，2016）。它的目的是通过制定保护措施和可持续的土地管理做法，以恢复退化地区的土地来平衡生产性土地的损失（Gilbey et al.，2019）。实现土地零退化和后来所谓的土地退化中性已被纳入可持续发展目标（SDG），当充分支持生态系统服务的土地的质量和数量得到维持或改善时，就称为达到了土地退化中性（UNCCD，2015）。②土地退化和荒漠化有不同的内涵。《联合国荒漠化公约》对荒漠化的定义是：包括气候变化和人类活动在内的种种因素造成的干旱、半干旱和亚湿润干旱地区的土地退化（UNCCD，1994）。也就是说，荒漠化只是土地退化的一种类型，特指干旱、半干旱和亚湿润干旱地区（统称为旱地）出现的土地退化，因此荒漠化也不等同于“沙漠化”，更不等同于“土地退化”。

（二）土地质量退化的主要类型

对土地质量退化的分类，目前并未形成共识。Prăvălie（2021）通过跨学科和整体的方式调查全球土地退化的多维性质、原因、空间足迹和多重后果，基于在 500 多篇可靠的科学论文中调查到的各种信息，将目前土地退化的类型分为以下 17 种：干旱、生物入侵、海岸侵蚀、水蚀土地、风蚀土地、土地污染、土地沉降、滑坡、永久冻土融化、盐碱化、土壤酸化、土壤生物多样性损失、土壤压实、土壤有机碳损失、土壤密封、植被退化和水涝。其中干旱、盐碱化、水蚀土地、植被退化、土壤有机碳损失等被认为是对地球生命产生重要影响的土地退化类型。Genske（2003）将土地退化类型分为城市土地退化、农田退化、森林与草地退化、湿地退化等几种，这是一种根据土地利用类型不同所划分的土地退化类型。综合国内外研究，结合作者的实践和理解，认为主要的土地退化类型可以分为以下5种。

1）土地沙漠化。土地沙漠化的重要过程是风蚀和风力堆积的过程，其本质是在原非沙漠的地区出现沙漠景观，其驱动力是人类活动诱导下的风沙作用，诸如滥肆开垦、过度放牧、滥樵滥采、水资源利用和开发建设不当等。土地荒漠化有多种类型，包括沙质荒漠化、盐渍荒漠化、石质荒漠化、高寒荒漠化，其中沙质荒漠化又称土地沙漠化。可见，土地沙漠化只是土地荒漠化中的一种类型，不过是其中危害最大的一种。土地沙化反映的是一种因土壤受侵蚀、表层土粉粒流失逐渐沙化，并导致生产力下降的现象。土地沙化是荒漠化的前一种状态，如果土地沙化得不到有效遏制，就会变成沙质荒漠化，也就是土地沙漠化。本书没有将土地荒漠化列为一种单独类型，只是因为土地荒漠化包含的类型太多，不符合分类学的基本准则。据有关资料统计，目前全世界沙漠面积约有3140万平方千米，约占全球陆地总面积的21%。沙漠的类型有热带、亚热带沙漠和温带沙漠两种。具体地说，在北半球有北非的撒哈拉沙漠、西亚的阿拉伯沙漠、印度西北部的塔尔沙漠等。其中撒哈拉沙漠面积900多万平方千米，几乎与整个欧洲大陆面积相等，为世界上最大的沙漠。在南半球有澳大利亚大沙沙漠、吉布森沙漠、维多利亚大沙漠、智利北部阿塔卡马沙漠、南部非洲的卡拉哈里沙漠和纳米布沙漠。温带沙漠主要分布在中纬度远离海洋深居内陆的地区，中亚的克齐尔库姆（乌兹别克斯坦）沙漠、卡拉库姆沙漠（土库曼斯坦），以及中国西北的沙漠属此类沙漠。根据2019年11月全国第5次土地荒漠化和沙化的监测数据，全国沙漠化面积约为182.6346万平方千米，约占全部荒漠化土地面积的69.93%，主要分布在新疆、内蒙古、西藏、甘肃和青海5个省份。

2）水土流失。它是指雨水不能就地消纳、顺势下流、冲刷土壤，造成水分和土壤同时流失的现象，其成因主要是地面坡度大、土质松散、植被遭受破坏、土地利用措施不当或过度放牧等引起的。水土流失会造成江河湖泊严重淤积甚至溃决泛滥，对农业生产造成跑水、跑土和泡肥，以及切割、蚕食、淤积和埋压农田，甚至对农业水利设施造成危害，导致生态环境破坏、自然灾害加剧、威胁下游地区生产建设和人民生命财产安全。据联合国粮农组织的专家估计，全世界约有2500万平方千米的土地遭受水土流失，占陆地总面积的16.7%，每年流失土壤260亿吨（张凤荣等，2006）。据水利部2018年全国水土流失动态监测成果，全国水土流失面积273.69万平方千米，占全国国土面积（不含港、澳、台）的28.6%。与2011年相比，水土流失面积减少了21.23万平方千米，相当于一个湖南省的面积，减幅为7.2%。水土流失类型主要分水力侵蚀和风力侵蚀两种，其中水力侵蚀面积115.09万平方千米，占水土流失总面积的42%，占国土面积的12%；风力侵蚀面积158.60万平方千米，占水土流失总面积的58%，占国土面积的16.6%。

3）土壤盐碱化。它主要发生在干旱、半干旱、半湿润地区，是指易溶性盐分在土壤表层积累的现象或过程，可分为以下3种类型：①现代盐渍化，在现代自然环境下，积盐过程是主要的成土过程；②残余盐渍化，土壤中某一部位含一定数量的盐分而形成的积盐层，但积盐过程不再是目前环境条件下主要的成土过程；③潜在盐渍化，心底土存在积盐层，或者处于积盐的环境条件（如高矿化度地下水、强蒸发等），有可能发生盐分表聚的情况。潜在盐渍化的土壤，如果灌溉措施不当或不恰当地利用，盐分就会趋于向表层集聚，形成次生盐渍化。据联合国粮农组织（FAO）和联合国教科文组织（UNESCO）的不完全统计，全世界盐渍土面积近 10 亿公顷，每年还有约 12 万公顷土地发生次生盐渍化（赵其国，2001）。中国盐碱土的分布比较广泛，由于统计的口径不一样，导致其说法、面积不一样，其分布区是根据它的土壤类型和气候条件变化决定的，主要分为滨海盐渍区、黄淮海平原盐渍区、荒漠及荒漠草原盐渍区、草原盐渍区 4 个大类型。有研究认为，中国盐渍土总面积约 1 亿公顷，其中现代盐渍化土壤约 0.37 亿公顷，残余盐渍化土壤约 0.45 亿公顷，潜在盐渍化土壤约 0.17 亿公顷（黄昌勇，2000）。但据全国第二次土壤普查报告统计，全国盐碱土的面积为 3470 万公顷，其中盐土 1600 万公顷，碱土 86.66 万公顷，各类型盐化、碱化土壤 1800 万公顷，尚有 1733 万公顷潜在盐渍化土壤（全国土壤普查办公室，1998）。

4）土地贫瘠化。它是指土地中的土壤养分总量及有效性不断下降的过程，狭义上是指土地在生物生产过程中，单位时间内向土地投入的有效养分含量不足以弥补同期植物从土地中吸收的养分量，造成土地有效养分含量下降，从而影响植物正常生长的一种退化现象。耕地贫瘠化，是土地贫瘠化中最主要的一种类型。土壤侵蚀和水土流失、土地沙化、土地荒漠化、养分流失、土壤污染、土地开垦、养分投入不合理、土地利用结构不合理、耕作制度不合理等都可以造成土地贫瘠化。研究表明，全国耕地的总体养分平衡指示为 0.81，处于养分失衡状态。全国仅有青藏高原和华南区的耕地养分平衡指数大于 1，耕地养分略有盈余，其他各区域的耕地均表现出养分的贫瘠化（张凤荣，2006）。与 20 世纪 80 年代对比，东北地区黑土有机质含量明显下降，伴随黑土有机质流失以及土壤盐碱化过程，土壤全氮、全磷、全硫以及锰、锌等营养元素在一定程度上随之流失。其中松辽平原区土壤有机碳减少面积达 54.45%，有机碳减少了 13100 万吨，其中向大气释放碳数量为 2620 万吨（戴慧敏等，2020）。

5）土地生物退化。生物是土地质量的重要构成特性，人类通过改变土地利用方式等活动对地球生态系统施加压力，带来了生物多样性丧失、物种灭绝加速、生态服务功能下降等土地生物退化困境，是土地质量退化的重要类型，在传统土地质量退化研究中没有得到应有关注。土地生物退化会影响地球多个生态系统功能，例如森林中树种多样性的减少会同时降低生产力、水土保持能力、温室气体减排等多种功能（Garland et al.，2021）。2010 年，已经造成全球 34% 的生物多样性丧失，预计到 2050 年将可能高达 38%～46%（van Gardingen et al.，2017）。2015—2020 年间，全球去森林化速度每年约 100 万公顷；1970—2015 年，全球湿地范围趋势指数平均下降 35%，生境遭受严重且持续的破碎化和其他形式的退化，加剧了全球土地生物退化和物种生存能力降低（生物多样性公约秘书处，2020；Wei et al.，2014；Molnár et al.，2011；Malcolm et al.，2006）。

（三）土地质量退化的影响因素

1994 年的《荒漠化公约》指出：土地退化可由不同的驱动因素引发，主要由人类活动和气候两方面的因素组成。传统观点认为人口增长导致了农业的急剧扩张，同时自然资源和矿产的开采、快速的城市化进程，这些都对土地退化产生了巨大影响（Ivits et al.，2013）。Jiang 通过建立土地退化最优指数（Optimal Land Degradation Index）使用约束优化算法（Constrained Optimization Algorithm）监测土地退化，对中亚地区进行监测，得出结论干旱是土地退化的主要驱动力，乌斯秋尔特高原降水减少和温度升高的复合效应导致土地干旱产生，同时 24.01%的土地退化区域是人为干扰造成的，主要分布在咸海周边地区（Jiang et al.，2022）。土地退化导致的气候变化显著降低了全球土地的农业生产力，因为土地活动是目前生活在世界许多农村退化环境中的数亿人的主要收入来源，也导致了社会经济不平衡的加剧，增加了贫困和社会不平等（UNCCD，2016）。

有别于传统观点，Jean-Luc 认为土地退化的主要驱动因素是人类对商品的消费。为了扭转土地退化这一负面趋势，需要通过消费者透明的“从农场到餐桌”的土地健康信息，结合高效的土地利用规划，使土地利用和管理决策更加优化，实现多重效益，实现土地产品的非商品化。将商品的消费和生产与土地退化联系起来，需要把有关土地可持续利用和管理的信息嵌入消费者在购买时可以了解的产品中（Chotte et al.，2021）。Ghebrezgabher et al.（2019）认为发达国家的高消费生活方式和新兴经济体日益增长的消费导致不可持续的土地使用管理策略，例如，为作物或牧场生产破坏生态系统，成为土地退化的主要驱动因素。创新的区块链解决方案可以解决这一反馈问题，通过实现食物可追溯性，从而获得食物生产地区的土地质量，生物多样性，生态系统的健康等（Horton，2020）。鼓励这种创新可以将可持续消费与可持续土地管理相结合，将把商品变成“去商品化”，有效地激励土地质量恢复，抑制土地质量退化。通过更明智的消费者选择和更优的土地使用规划决策，努力减少“流离失所”的土地退化，这将减轻对生物多样性的压力（Bennett et al.，2019）。

对于土地质量退化驱动力的分析，Li 引入了复杂的生物物理学和社会经济学模式，通过分析认为土地质量退化过程具体指的是陆地生态系统生物生产力的静态模式和动态趋势的时空变化，发现全球土地质量退化的不规则过程是由相关的生物物理属性与不同地区和年份的当地社会经济相互作用共同驱动的（Li et al.，2020）。Gabriel 则通过热力学提供的宏观视角来理解土地质量退化对人类生存的作用。他认为人类和人类活动都是生态系统的组成部分，而不是外部驱动力，人类和自然耦合系统（CHANS）往往会随着时间的推移而增加其整体复杂性。为了实现防治土地质量退化更有效方法是管制而不是试图消除土地质量退化，监测生态退化轨迹可能比评估土地质量退化状态更有效，最大限度地提高同类土地的用途转换潜力，可以减少土地质量退化（del Barrio et al.，2021）。

二、土地质量退化对生命的影响

（一）不同形式土地质量退化对地球生命的影响

土地是地球生命的基本支持，是陆地生物多样性的生物基础，为动植物提供各种生物栖息地和基因储备（MEA，2005）。在全球范围内，地球陆地面积的 1/5（20 多亿公顷）正在面临严重的土地退化，土地退化正在破坏约 32 亿人的福祉，导致物种灭绝。随着人口的增加，许多地区，特别是旱地，土地退化与贫困之间发生了恶性循环（《联合国荒漠化公约》，2017 年)。土地退化通过不同的形式不仅对生态环境造成重大影响，而且还对地球生命直接或间接造成了影响。

干旱作为最为常见的土地退化途径，对地方生态环境产生多种重大影响，如加速荒漠化或加剧世界各地众多结构和功能的生态系统变化（Berdugo et al.，2020)。干旱影响了全球约 780 万平方千米的可耕地，约占全球可耕地面积 1400 万平方千米的 55%，受影响地区的范围和可耕地是全球粮食安全至关重要的农业系统的重要组成部分（Prăvălie et al.，2021)。在干旱条件下，沙尘暴也会对人类健康造成相当大的负面影响（如产生与呼吸系统疾病有关的 PM_{10} 和 $PM_{2.5}$ 颗粒)，而且还会对农业生产力（通过对作物的机械损害)、土壤质量（土壤侵蚀）或水质（饮用水供应污染）造成影响（Goudie，2014)。同时干旱会导致地下水资源的减少，已经有证据表明，在过去几十年里，全球干旱地区的主要含水层在干旱和人类过度开发地下水的双重压力下，如阿拉伯、中东北部或加利福尼亚州中央谷地含水层，地下水接近消耗殆尽（Dalin et al.，2017)。目前全球约 20 亿人生活在干旱地区，到 2050 年，在干旱地区生活的人口数量可能会增加 40%~50%，这种预期的人口增长，加上未来几年可能继续恶化的生态环境，将导致严重的社会问题，如贫困、土地遗弃、失业、武装冲突和粮食不安全等（Stavi et al.，2021)。这不仅仅对人类造成极大威胁，同时也对动植物乃至微生物的生命安全提出了严峻的考验。

土地盐碱化通常被认为会对土地的生态和农业生态生产力造成毁灭性的打击，由于土壤溶液中高浓度的溶解盐类会对植物和栖息动物造成直接的负面影响（Minhas et al.，2020)。土地盐碱化是全球旱地的典型问题，一方面是因为旱地系统中没有足够的淡水用于浸出任何累积的盐分（Rozema et al.，2008)；另一方面是干旱地区水的蒸发量大于降水量，导致了盐分在土壤中的过度积累（Hassani et al.，2020)，这一过程在干旱条件下（特别是在干旱和半干旱气候区）的存在被认为是不可逆转的。最近的一些分析证实，土地盐碱化是在干旱环境中严重的生态失衡，在澳大利亚、中国、哈萨克斯坦或伊朗等国家，土地盐碱化程度持续加剧。由于土地盐碱化往往是与干旱地区挂钩，所以也可以认为土壤盐碱化是干旱的延续表现形式（Perri et al.，2020)。土地盐碱化直接威胁到生态环境中动植物的生命安全，间接加剧了全球粮食紧缺造成的生存威胁。

植被常被认为是土地的重要组成部分，在评估土地退化时，任何形式的植被生态破坏或损失都被解释为土地退化的重要表现形式，因为它会造成土地生产力下降、生物多样性下降和土地生态系统的破坏（Schlesinger et al.，2016)。植被退化在全球范围内以不同形式持续发生，但植被生物量的下降基本上是生态系统对长期干旱条件的反映（Ivits et al.，2016)。土地退化的不同途径之间是会产生协同效应的，往往不是单一途径对地球生命产生重大威胁。在过去的几十年里，由于干旱、干燥和人类行为（人类点火、土地清理、城市化和其他原因）的相互作用，全球许多地区似乎变得更容易发生植被火灾（Kelley et al.，2019)。植被作为全球重要碳库，植被退化不仅会改变土地的状态，还会改变地球的气候稳定性，主要表现为重大森林山火造成的二氧化碳排放，包括 2019 年亚马孙、澳大利亚和印度尼西亚的森林火灾（Folke et al.，2021)。植被火灾可以触发或放大全球不同地区的许多土地退化途径，尽管这一生态过程通过生物化学反应在地球系统的功能中发挥了重要作用，如产生了大量的无机盐。但植被火灾造成的土地退化会造成土壤侵蚀加剧、水生系统富营养化（由于湖泊中的河流沉积物和营养物质氮、磷的增加可能引发藻类大量繁殖）或永久冻土融化（Bowman et al.，2020）。

水蚀土地作为全球分布范围最广泛的土地退化途径，对现有健康土地有着不可逆的损伤。在激进的水流作用下，土壤从其原始位置形成位移，从而产生了许多负面影响，如降低持水能力和渗透率，减少有机物和营养物质的含量，退化土壤结构或减少土壤深度和肥力等（Sartori et al.，2019）。当前学术界对水流侵蚀土壤率的定义是10吨/公顷/年，作为可容忍的土壤侵蚀阈值。在2001年至2012年期间，全球水侵蚀增加了2.5%，特别是由于耕地扩张导致的土地利用变化是其主要原因（Borrelli et al.，2017）。水蚀土地是对全球粮食安全的一个严重威胁，会导致农业产量下降、粮食价格提高或农业食品商品的贸易减少对世界上许多国家的社会经济造成破坏（Sartori et al.，2019）。水蚀土地除了会导致粮食短缺，危害地球生命外，同样会造成严重的温室效应。1850年后，全球水侵蚀从土壤中带走了7.4亿亿克碳，主要是在农业和草原系统（Naipal et al.，2018）。目前对水土流失造成的碳净增量无法做出结论，但未来可能以土壤碳的净损失为特征，分析土壤作为庞大的固碳源，在水土流失和其他协同压力中造成大量碳排放并进入空气中氧化，造成更严重的气候变暖（Lugato et al.，2018）。

碳中和作为当前的学术热点，土壤有机碳（Soil Organic Carbon）的损失也是土地退化的一项重要指标。土壤有机碳损失是气候变化的加速载体，因为土壤碳是地球最大的碳储库，数据显示全世界土壤顶部1米处的存量约为150亿亿克（相当于大气碳含量的2倍，约为陆地植被含碳量的3倍）（Lal，2018）。到2050年，预计全球土壤有机碳损失将达到6.5亿亿克，主要原因是土地利用变化、不良的土地管理方法、耕地水蚀和燃烧、气候变暖等，这些情况都会对全球农业生产力造成较大打击（Montanarella et al.，2018）。从土地垂直结构来看，顶层土地受人类活动变化的影响最大（据估计，超过75%的表土土壤有机碳受到土地利用活动的直接影响）（Harden et al.，2018）。由于土壤有机碳是土壤养分可用性以及土壤肥力和生产力的重要指标，可以预见，如果未来几十年世界土壤中的碳储存量剧烈减少，土地退化和社会不安定问题如粮食不安全、人类迁移、土地废弃、农村人口减少、贫困加剧，造成的不平衡会进一步扩大（Billings et al.，2021）。气候变暖同样作为土壤有机碳损失造成的严重后果，会反馈作用于土壤中的碳库，因为土壤中的主要碳输入（光合作用产生的植物碳产量）和主要碳输出（微生物分解导致的呼吸损失）产生了不平衡。虽然目前气候变暖对这一平衡的影响仍然有限，但在接下来的几十年里，温度上升预计将造成大规模的土壤有机碳损失，特别是在持有最大碳储量的北半球的高纬度地区，二者可能会相互作用导致全球气候加速变暖（Davidson，2016），对人类社会和生物多样性造成毁灭性打击。

考虑到不同土地退化途径加速演变和气候变化的预期累积影响，这将对全球粮食安全构成巨大挑战，或将在全球范围内造成10%的平均作物产量损失，在地球的某些地区将高达50%（Montanarella et al.，2018）。不同类型的土地退化途径都对生物多样性造成了严重的威胁，土地退化对环境的不可逆转导致物种加速灭绝。土地退化不仅破坏了自然的平衡，使生态系统更加脆弱，而且还降低了生物对环境破坏的抵抗力。联合国统计司使用红色列表指数（The Red List Index）表示物种灭绝风险，值为1表示在不久的将来没有物种面临灭绝风险，而值为 0 表示所有物种都灭绝）。指数从 1990 年的 0.82 下降到 2015 年的 0.75，到 2020 年下降到 0.73，这意味着超过 31000 个物种面临灭绝的威胁，这主要是由于不可持续的农业、森林砍伐，不可持续的收获和贸易以及外来入侵物种造成的栖息地丧失。如果目前的趋势继续下去，到 2030 年，红色名单指数将降至 0.70 或以下❶。

当前，COVID-19 大流行强调了生物多样性、环境的人类化、人畜共患病和人类健康之间的多重复杂关系（Chotte et al.，2021）。土地退化通过人畜共患病这一途径对地球生命造成威胁。人畜共患病出现的原因是城市化和农业集约化导致的土地退化，从而造成生物多样性的减少。Morand 通过调研发现，东南亚啮齿动物传播病原体的丰富性随着栖息地破碎化、农业覆盖和森林砍伐的增加而增加，这会增加人畜共患病的概率（Morand et al.，2019）。联合国《2020 年可持续发展目标报告》中也提出，75%的新发传染病，如禽流感和埃博拉病毒，是人畜共患的，传播是通过人类与受到土地退化影响的野生动物接触而发生的，往往是发生在人类活动对其栖息地的破坏❷。

目前土地退化对地球生命影响的研究仍处于理论探索阶段，由于不同土地退化途径的差异，仅以土地退化这一概念出发无法涵盖当下所有土地退化途径产生对地球生命的威胁，只能从其中的单一途径进行分析，且由于生态环境的差异不同，很难定向的建立某种途径与地球生命之间的联系。但是 Gabriel 借助热力学提供了一个新的视角，通过构建人类和自然耦合系统（CHANS）可以从一定程度上使观测尺度扩大到整个生态系统，并能做到随着时间推移而增加复杂性。这一理论将通过将人类和自然耦合系统（CHANS）分为两类，一类是由人类组成的消耗性前地（Foreland，FL），另一类是其环境中的生产性后地（Backland，BL）。FL 维持其秩序的代价是简化 BL，使其成为一个熵汇来定义生态退化的本质（del Barrio et al.，2021）。如何在其中进行更具象的分析，以具体到每一个路径的单独影响，是未来值得关注的研究方向。

（二）土地质量退化引致地球生命代价的典型案例

1. 案例一

土地质量退化是一种普遍的系统性现象，它发生在世界上所有陆地地区，并具有多种表现形式。人类活动造成的日益严重的土地质量退化正在破坏五分之二人类的福祉，促使物种灭绝，加剧气候变化。2018 年由生物多样性和生态系统服务政府间科学政策平台（Intergovernmental Science Policy Platform on Biodiversity and Ecosystem Services，IPBES）编制的报告显示，土地退化也是导致人类大规模迁移和冲突增加的一个主要因素。截至 2010 年，土地退化造成的损失相当于世界年度生产总值的 10%左右。目前已经证实，土地退化造成的生境损失和通过退化造成的生境适宜性下降是生物多样性丧失的主要原因。土地退化已经对全世界的生态系统功能产生了明显影响，在全球 23%的陆地上，生态系统生物量和农业的净初级生产力目前低于自然状态下原本应有的生产力，相当于全球净初级生产力减少了 5%（Montanarella et al.，2018）。该报告第二章 A3 节已经详细证明土地

❶❷ Unstats. un. org. 2021. The sustainable development goals report, 2020. ［OL］ Available at: <https://unstats. un. org/sdgs/report/2020/goal-15/> ［Accessed 6 December 2021］.

退化造成了严重的物种丧失，通过区位的对比分析得出结论：人类活动范围内造成的土地退化显著降低了当地的原始物种丰度。

2. 案例二

人类活动对动物栖息地产生了转化或退化的影响，正在导致全球生物多样性的下降。Tim通过建立地理学和分类学覆盖的陆地数据库，解释了人类活动造成的土地退化或转化是如何影响生物多样性的（Newbold et al.，2015）。研究结果发现，样本区内受影响最严重的栖息地内的物种丰富度平均减少了76.5%，总丰度减少39.5%，基于稀疏度的丰富度减少40.3%。因此作者估计在全球范围内，这些来自人类影响的栖息地压力已经导致样本内平均物种丰富度下降13.6%、总丰度下降10.7%和基于稀有物种的丰富度下降8.1%，其变化显示出明显的空间差异。如果不采取措施，在“一切照旧”的土地使用情景下，预计全球生物多样性会出现快速的进一步损失；预计到2100年，全球范围内的物种丰富度将进一步下降3.4%，损失主要集中在生物多样化但经济贫困的国家。该研究基于模型建立了地块级物种丰富度的全球模型，表明土地质量退化已经造成物种丰富度持续降低。

3. 案例三

纳米比亚从20世纪以来，由于人类活动导致土地利用方式的改变严重影响了自然生态的过程。这些生态变化导致的后果是当地的主要植被稀树草原持续减少，并转化为以刺槐为主的灌木丛，几乎没有草地的覆盖。灌木丛由于其特殊的植物特性，不仅降低了纳米比亚畜牧业的生产力，同时对当地的蜥蜴物种造成了严重的危害。Jesse通过在中部地区的牧场中，使用视觉调查来研究当地的蜥蜴物种组合，比较了与开阔的稀树草原和被灌木侵占的生境相关的蜥蜴组合，当地的4种蜥蜴占所有蜥蜴物种观测值的97.5%（Meik et al.，2002），包括*P. undata*、*M. varia*、*M. striata*和*L. bradfieldi*，其中只有*P. undata*是陆生的，其他3个物种基本上是树栖的。*M. varia*在所有的稀树草原地块中被发现，但在所有灌木丛地块中没有发现。2个物种（*P. undata*和*L. bradfieldi*）在灌木丛包围的地块中数量较少，1个物种（*M. striata*）在灌木丛地块比在稀树草原地块更丰富。由于当前纳米比亚的稀树草原的土地质量仍在不断退化中，伴随产生的结果是*M. striata*的数量会持续上升，而其余3种蜥蜴数量会持续性下降，其中*M. varia*甚至会走向灭绝。土地退化产生的当地生态环境变化，不仅会导致生态物种结构的变化，而且也重组了当地的热带草原蜥蜴的物种组合方式，在这个过程中就会有不适宜生存的特定物种消失，走向灭绝。Jesse的调查结果与不断积累的证据相一致，表明稀树草原土地质量退化导致的灌木丛侵占及其相关的生态影响正在重组整个南部非洲的热带草原生态系统。

4. 案例四

印度尼西亚的珊瑚礁资源是世界上最丰富和最多样化的珊瑚礁之一。目前威胁印度尼西亚珊瑚礁资源主要分为两大类：急性威胁主要是指短时间内造成的巨大破坏，包括捕鱼损伤、船舶搁浅等，但这些危害并不持久且通常珊瑚礁可以自我恢复。慢性威胁是指长期改变物理或生物环境导致对珊瑚礁的损伤，主要是指土壤污水排放、工业污染等。近些年由于政府的大力整治，工业工厂已大部分搬离珊瑚礁所在海域，农业生产造成的污染径流是珊瑚礁面临的越来越重要的压力源。即使压力源被消除，珊瑚礁通常不会从慢性威胁中恢复。Evan 通过对 3 个地区 15 个珊瑚礁的横向定量评估，计算物种面积曲线估算不同类型珊瑚礁退化对栖息地内物种多样性的变化。研究结果显示，与未受污染的珊瑚礁相比，受土壤污染的珊瑚礁 3 米深处物种多样性减少了 30%~50%，10 米深处的多样性减少了 40%~60%。在浅水区被炸毁或被抛锚的珊瑚礁的多样性比同一地区未被破坏的珊瑚礁少 50%左右；但在 10 米深的地方，相对减少只有 10%，体现出急性威胁对物种多样性的危害远低于慢性威胁。同时该研究在 15 年后重新取样，发现印度尼西亚以珊瑚为基础的渔业资源急剧下降（Edinger et al.，1998）。可见，陆地上的土地质量退化，已经影响到海洋生物多样性的结构和功能。

5. 案例五

全世界许多鸟类种群数量都在快速下降，其中人类活动导致的栖息地破坏是主要驱动因素。伴随着热带雨林的高砍伐率，局部地区出现了生态系统功能恶化和严重的物种灭绝。哥伦比亚作为世界上鸟类物种最多的国家，森林的砍伐率居高不下。Pblao 通过计算哥伦比亚所有依赖森林的物种以及各种物种的历史、近期和预测未来的栖息地损失，使用损失指数解释栖息地变化对一个生态环境中物种结构组合中所有物种的影响（Negret et al.，2021）。结果发现，在分析哥伦比亚的 550 个依赖森林的物种中，几乎所有的物种（$n=536$；96.5%）都失去了栖息地，18%的物种到 2015 年至少失去了一半的栖息地。使用损失指数（Loss Index）来捕捉森林鸟类组合的栖息地损失的严重程度，发现哥伦比亚目前的损失指数是 35，这意味着 35%的鸟类物种已经失去了至少 35%的栖息地。然而，区域差异很大。如果最近的森林损失趋势继续下去，哥伦比亚的国家损失指数预计将在 2040 年上升到 43。对该国区域特有物种的威胁评估显示，预计到 2040 年将失去 50%或更多历史栖息地的物种中，有 12 个（30%）目前未被 IUCN 列为受威胁物种，这表明有许多未列入名录的物种因持续的栖息地退化而面临即将灭绝的威胁，这种支配整个物种组合的广泛栖息地退化对热带森林生态系统有重大的影响。

6. 案例六

随着亚马孙雨林中树冠的消失，世界上最大的鹰物种之一——哈比鹰的种群数量正在减少（Miranda et al.，2021）。研究人员发现，哈比鹰作为食物链的顶端生物，其食物主要来自生活在树冠森林中的特定猎物：双趾树懒、棕色卷尾猴和灰色毛猴。但随着森林的不断砍伐，土地质量开始退化，其主要猎物数量也在不断下降，食物供应的减少并没有使其改变替代猎物。同时哈比鹰会减少饲养幼雏的食物供给，导致雏鹰成活率大大降低。人类活动造成栖息地退化和导致猎物的减少通常会迫使捕食者改变其猎物目标范围，以满足基本的生存。例如美洲虎在半荒芜栖息地生存时会以犰狳为食，金雕在缺乏通常的猎物的地方会大量捕食中级捕食者。同时一些大型食肉动物会将捕食目标转向饲养家畜，一旦栖息地的退化加剧了这些人类与野生动物之间的冲突，那么这些顶级食肉动物往往会在整个景观范围内遭到灭绝。

Miranda 观察了 16 个活跃的哈比鹰巢穴发现，哈比鹰的摄食率随着森林被砍伐增加而下降，在森林砍伐率为 50%~70%的观察区中，有 3 只羽翼丰满的雏鹰死于饥饿。由于森林砍伐率大于70%的观察区中未发现哈比鹰巢穴，且在森林砍伐率大于50%的观察区中，雏鹰无法得到充足的食物供给，因此将哈比鹰的繁殖能力设定了50%的森林覆盖率门槛。扩大观察区的研究表明，在428800平方千米土地的亚马孙热带雨林研究区域中，35%的丛林不能支持哈马比鹰的种群繁殖。研究表明它们通常表现出严格的巢址忠诚度，连续几十年都在同一棵特定的T型突起的巢穴树上繁殖。但这些树通常具有巨大的商业价值，自19世纪以来，它们的全球分布已经收缩了41%，目前它们分布范围的93%是在亚马孙森林内，这是它们最后的据点。如果森林土地质量继续退化，哈马比鹰的种群将面临灭绝之灾。

7. 案例七

圣赫勒拿岛是南大西洋上的一个鼓励火山岛，目前所知岛上共包含约50种植物，其中有40种是该岛独有的。在这些独有的植物中，就包含已经被认为野外灭绝的圣赫勒拿红杉（St Helena Redwood）。本地植物群的遗迹表明，它最初形成了大致有4个海拔区：海拔0~400米主要生长的是灌木丛和稀疏的野草；海拔400~600米属于干旱地区，主要是一些耐旱的胶木和菊科植物；海拔600~720米是中生代林地，圣赫勒拿红杉广泛分布于这一海拔；海拔720~820米主要分布一些蕨类植物和灌木丛。在1659年英国东印度公司第一次在该岛殖民时，圣赫勒拿红杉还是一种常见的本土植物。由于其数量繁多，且树皮适合鞣制皮革并提供大量木材，殖民者对其进行了泛滥式的砍伐。19世纪末，当地人意识到红杉数量急剧下降后，开始通过引进种植新的木材树和进口木材加工。但是由于自然栖息地被大量转化为农田，且新引进的外来物种对其原有栖息地造成抢夺和竞争，最后一棵野生的圣赫勒拿红杉树在20世纪50年代死亡。它在野外的灭绝是开垦农田、建设牧场、人为引进外来物种造成的结果。与此同时，在中生代林地区与圣赫勒拿红杉伴生的一些动植物也随之消失，如菊科白菜树等物种（Cronk，1983）。

8. 案例八

研究表明，受到人类活动造成土地质量退化的影响，已导致下列动植物灭绝：

1）夏威夷乌鸦。是鸦科鸦属的一种，生活在森林中，主要食物是蜥蜴、种子、昆虫等，有时会吃大型的蝴蝶。虽然化石遗骸表明它曾经在夏威夷的所有主要岛屿上相对丰富，但这种乌鸦现在已经灭绝了。乌鸦容易受到种群波动的影响，但其栖息地的破坏是一个关键因素。现存的夏威夷乌鸦全部都是人工繁殖的或是饲养的。[1]

2）扇青藓属。是玻利维亚特有的青藓科物种，这是一种苔藓，可以生长在另一种植物上，而没有空气，雨水，有时还有周围的碎片，并从中获得水分和营养。其灭绝归因于其森林栖息地及其邻近地区多年来已被砍伐和耕种。[2]

3）阿曼尼平翅。由于整个东非的森林栖息地几乎完全被破坏，该物种承受了越来越大的压力，以至于总种群被认为约为250个成熟个体。这种昆虫是坦桑尼亚乌桑巴拉山脉东部Amani-Sigi森林保护区500米（1600英尺）长的溪流一带的特有物种。由于其占用面积小，并且该地区的山地森林不断遭到破坏，国际自然保护联盟已将阿曼尼平原的保护

[1][2] https://greentumble.com/10-species-lost-to-deforestation/.

状况评估为“极度濒危”。目前只在森林保护区内的溪流周围只剩下一个可行的种群；据估计，这条溪流的任何变化都可能导致该物种的灭绝。❶

4）谷精草属植物。上一次是 1943 年在塞内加尔（Senegal）的科学考察中被收集到。但后来由于盐矿的开采，它们的栖息地随之被摧毁，进而导致了其灭绝。❷

5）贾尔帕假溪蝾螈，是危地马拉的特有种，是其属中最东南部的成员。该物种仅生活在塞罗米拉蒙多以西，海拔 2525 米的一片阔叶林，据记载它们也居住在附近孤立的火山峰上。它曾经是其范围内相对常见的物种，但由于伐木和畜牧业造成的栖息地丧失导致种群数量急剧减少。最后一次已知的目击事件发生在 1976 年。❸

第四节　土地变化科学

一、土地变化科学的形成发展和人类价值

（一）土地变化科学的形成发展

人类早在 2000 多年前就观察到土地的变化，认识到在各种自然和人类活动影响下，土地会从生土变成熟土。如果管理不当，熟土也会发生退化。从古代《尚书·禹贡》的记载来看，要将“土”熟化成“壤”，需要通过人类劳动在外力协助下才能生成。《吕氏春秋·任地篇》指出：土壤肥力是土壤运动新陈代谢的产物，土地可以由于人们的耕作和生产活动而变成肥沃，也可以因为人们的耕作和生产活动不当而变得贫瘠。19 世纪末，俄国土壤学家 B·B·道库恰耶夫提出的 5 大成土因素学说，就包括了成土时间对土壤发育的影响，不少学者还把土壤形成分为 5 个阶段：初期、青少年期、壮年期、老年期、最后阶段，它们是一个动态变化系统（黄昌勇，2000）。20 世纪 20 年代以来在全球范围内兴起的土地调查、土地类型、土地适宜性评价和土地利用等研究，都十分重视将土地变化与环境变化和社会经济变化联系起来，以变化的观点揭示土地类型和质量的动态规律。如苏联马克耶夫将陆地上水平地带的土地类型分布，分成 27 种，从动态变化的观点揭示这些土地类型的演化分布规律（刘卫东，1994）。所有这些研究，都为土地变化科学的形成奠定了良好的基础。但是，真正意义上的土地变化科学，是 20 世纪 90 年代以来，由全球变化催生形成和发展的。

20 世纪 90 年代初，IGBP 与 IHDP 推出 LUCC 科学研究计划，并将其作为全球变化研究的核心项目。研究发现，土地系统的变化主导了气候变化、生物多样性和生态系统服务、土地退化及人类-环境耦合系统的脆弱性等结果，而理解这些变化的动态需要关注土地覆盖（生物物理条件）和土地利用（人类利用）作为一个耦合的人类-环境系统（Kates et al.，2001）。基于此，催生了一门全新的学科——土地变化科学（LCS）。Turner Ⅱ et al.（2007）

❶ https://greentumble.com/10-species-lost-to-deforestation/.

❷ https://zhuanlan.zhihu.com/p/354255030.

❸ https://en.wikipedia.org/wiki/Pseudoeurycea_exspectata.

认为，土地变化包括土地利用和土地覆盖的变化，是由于人类和环境的相互作用以及它们在土地系统内的长期反馈而导致的陆地生态系统的变化。因此，可将土地变化科学定义为“跨学科领域，旨在理解土地覆盖和土地利用作为一个耦合的人类环境系统的动态，以解决与环境和社会问题相关的理论、概念、模型和应用，包括两者的交集”。

进入21世纪以来，土地变化科学得到了长足发展。2003年，IGBP提出了土地变化科学的范式；2004年，美国航空航天局（NASA）在汇总1996—2001年的研究项目时提出土地变化科学是真正的综合学科。《土地变化科学：观察、监测与认识地表变化》一书明确指出：土地变化科学日渐成为大型、跨学科的科学项目，并与其他NASA项目，如陆地生态学、陆地水文学、水循环、碳循环和应用项目等关系密切，是最先进的土地变化研究成果。该书共分5部分26章，第一次系统阐述了土地变化科学的学科性质、研究范式和面临的挑战，标志着新学科——土地变化科学（LCS）的正式诞生（秦明周，2012）。原本土地利用变化科学只是作为土地利用科学研究的一个子领域，近20年来，土地变化科学已经从土地利用科学中分离出来，成为一个具有独立研究对象和研究范式的成熟学科。它以耦合的人类-自然系统（Couple Human and Natural Systems）为研究对象（Liu et al.，2007），重点分析研究土地变化的过程、原因、结果和效应，从本质上揭示土地变化系统的综合复杂性，突破了传统土地利用变化研究的不足之处（Gutman et al.，2004；Rindfuss et al.，2004；吴文斌等，2007），成为土地学领域重要的分支学科。Turner Ⅱ et al.（2007）发表《全球化及变化与可持续性的新兴科学——土地变化科学》论文，配之以其他5篇论文，在美国科学院院刊PNAS出版了“土地科学专辑”，系统总结了LCS的研究进展、主要成果，将土地变化科学总结为5个方面：土地特性观测监测、土地变化为耦合系统、生物物理影响与反馈、模型、综合与评估，可以视作LCS高层次“里程碑式”的科学建树。土地变化科学已逐步发展为一门新兴学科，成为地学领域最重要的前沿科学之一（路云阁等，2006）。

（二）土地变化科学的人类价值

随着当代对气候变化、全球环境变化和可持续性的关注日益增加，土地变化科学试图在其类型和规模方面了解引起土地变化的人类和环境动态过程，因而成为解决这些具有人类挑战性问题的独特科学方向。

1）可增加人类福祉。人类驱动的土地变化对地球生态系统的结构和功能具有广泛的意义，对人类福祉也有同样深远的影响。在工业时代化石燃料燃烧到来之前，森林砍伐和灌溉是人类向大气释放温室气体的最大来源，而今天大气中人类引起的二氧化碳当量中有35%是由土地利用/覆盖变化引致的（Williams，2005；Foley et al.，2005）。而这些土地变化，目前为全球60多亿人提供了食物、纤维、水和其他利益，它们支持着有史以来最高的全球人均消费。20世纪后半叶以来，与这种空前的土地生产水平相匹配的土地变化，是导致生物多样性减少、土地退化、极端气候频发的直接因素。当下，多达50%的地球无冰陆地表面已经发生了变化，几乎所有的土地都在某种程度上受到了景观破碎化、气候变化和对流层污染等过程的影响（Noble et al.，1997；Chameides et al.，1994；Law et al.，2007；Auffhammer et al.，2006）。这一变化很大程度上是土地变化的直接后果：40%的土地表面用于农业（包括改良牧场和共适应草地），占全球年取水量的近85%（Foley et al.，2005b），超过自然成为氮排放的主要来源（Matson et al.，1997；Galloway et al.，2003）；33亿只反刍动物在牧场放牧，产生甲烷（Raven，2002）。在佛罗里达州南部，城市和农业用地对自然土地覆盖的大规模替代减少了那里的降水（Pielke，2005），这与其他地方发现的土地变化——区域气候影响一致（Pielke et al.，2002）。更引人注目的是，大规模的灌溉农业项目引发了咸海及其渔业的崩溃，其反馈包括从干燥的海床上吹散的地表盐沉积在邻近的农业用地上，甚至是流入海洋的冰川河流的源头上（Bos et al.，2001；Turner Ⅱ et al.，2007）。因此，推进土地变化科学的研究，有利于减缓土地退化、生物多样性减少等趋势，增加人类福祉。

2）促进可持续发展。环境和经济社会的可持续发展，是21世纪面临的中心问题之一。它直接关系到人类文明的延续，也成为诊断国家是否健康运行的标准。为了满足人口增加、工业化城镇化推进和消费结构升级对土地的需求，大片森林被砍伐、成片湿地被占用、大规模优质耕地被转换成建设用地。研究表明：近40年全球粮食翻番，养活60亿人关键是化肥使用、灌溉等土地变化，农业用水占全年水需求在许多国家已达70%~90%（Gilbert，2010；Tilman et al.，2002）。如何改革当前的土地利用技术增产粮食，如节水灌溉、循环利用、提高水肥利用效率、增加作物多样性等、减少农业对生态系统的影响等（Fedoroff et al.，2010；Pretty，2008），减缓土地变化的进程和速度，已成为全球可持续发展面临的严峻挑战。土地变化科学通过开发事前可持续性影响评估工具，通过对可持续发展影响最大的农业用地与粮食安全关联研究，通过对土地变化与生态系统服务和土地多功能的耦合研究，可为人类可持续发展提供新理论和新依据。例如，欧共体推出的SENSOR项目，开发了事前可持续性影响评估工具（SIAT），将全球经济与决策情景转化为土地利用变化（Helming et al.，2008；Helbron et al.，2011），特别是它构建了跨学科、创新的土地利用多功能（LUFs）概念及其定量综合SIA概念与模型，可为不同土地利用提供的与经济、环境和社会最密切的服务与产品整合分类及其可持续性影响提供评估框架和测定依据（Pérez-Soba et al.，2008）。土地变化科学将自然或生态系统为人类提供的福祉，如生命支持系统、文化功能等难以理解的概念归化为客观的土地功能，打破了人类与自然分割的藩篱，有力促进了可持续发展的空间整体性研究。尤其是当土地变化科学逐渐由对土壤质量变化、重金属污染等转向了节水、增粮和生态保护等研究，将土地功能多样性和人的社会角色、土地利用决策的优先性、生态系统服务联系连接在一起，采用基于矩阵的方法转换，定量和整合社会生态信息，调解社会角色间土地利用冲突等应用性研究时，对可持续发展就具有更实质性的贡献（Díaz et al.，2011；Tatalovic，2009）。

3）为人类发展提供预期。适应和减缓全球环境变化，需要增加新知识生产满足全球、区域和地方尺度政策和决策的需求（DeFries et al.，2012；Turner Ⅱ et al .，2013）。决策者必须要考虑不断变化的生计和土地利用模式的地方现实，以及它们与嵌入当地变化过程的区域/国家和全球背景的相互作用（An et al.，2005；Liverman et al.，2008；Valbuena et al.，2010；Verburg et al .，2009），以便为人类未来发展提供预期应对方案。随着新数据源和新方法的出现，数字数据量出现了前所未有的增长，新的数字方法、工具和研究基础设施的改进，促进土地变化科学取得了突飞猛进的发展（Kong，2015）。经过30多年的研究积累，土地变化科学已经开发了可用于评估和解释土地变化模式、驱动因素、相互联系和未来趋势的模型和工具，并产生了大量方法创新和经验观察数据（Arowolo et al.，2018）。由于大量数据集可用于整个地区、国家甚至全球尺度，因此越来越有可能在全球或国家尺度覆盖范围内，以更高的空间分辨率分析土地变化趋势和结果（Levin et al.，2019）。因此，土地变化科学研究能够为人类的发展提供预期，以便尽早和尽可能详细地制定规划方案和应对措施。

二、土地变化科学的核心命题和未来挑战

（一）土地变化科学研究的核心命题

20 世纪 90 年代以来，LUCC 作为土地变化科学的重点研究领域引起了世界关注。从最初对于 LUCC 的单一性研究，到开始探讨地球系统变化与可持续发展相关的科学问题，再到注重大规模、跨学科和综合性，相关研究从多个尺度上揭示了人类活动和生物物理过程对土地变化的驱动作用（Lambin，2001b），且越来越多地集中在土地变化监测、土地变化驱动力、土地变化模拟研究等方面（Lambin，2005），并由此延伸出土地变化科学的 3 个研究焦点：①土地系统变化的原因和本质——强调对人类活动，尤其是对土地利用活动产生的影响；②土地系统变化的影响——强调不同程度的土地利用对生态系统产生的影响；③综合分析和建模——强调复杂系统的突变性质和非线性特征，构建适应系统复杂性的一组时空模型（路云阁等，2006）。在 LUCC 研究的基础上，土地变化科学更加广泛地关注不同时间尺度和空间尺度的土地变化过程，相关研究涉及数据处理、格局与过程的表征、驱动力的影响、模型运用、生态环境效应以及土地政策与可持续管理等方面，其核心命题主要由以下几项组成：

1）土地变化的动态监测。土地变化科学作为可持续性研究的一部分，最基本和最关键的组成部分之一就是对土地变化的观察、监测和表征。而遥感（特别是卫星遥感）能够以不同的光谱、空间和时间分辨率提供全球陆地表面的天气和重复测量（Zhu et al.，2022），且能够实时地监测土地变化信息（Shang et al.，2022），为资源管理者和决策者提供参考，因而受到了广泛关注。基于遥感视角，许多学者重点关注土地变化科学的两个主要领域的方法和应用：环境遥感（RSE），即自然引起的土地变化；社会遥感（RSS），即人为引起的土地变化（Wang et al.，2020）。Zhu et al.（2022）构建了土地变化多面观的新框架，强调了为具体的土地变化问题选择“正确”的光谱波段和遥感数据的空间分辨率的重要性，并从变化位置、变化时间、变化目标、变化度量和变化动因 5 个方面提出了建议。如何通过观测和监测，揭示土地变化的内在规律和结果，始终都是土地变化科学研究的核心命题。

2）土地变化的驱动机制。Ehrlich et al.（1990）指出，土地利用演变的人类社会驱动力主要包括人口、富裕程度和技术。刘纪远等（2009）对中国 20 世纪 90 年代和 21 世纪初的土地利用变化驱动力进行分析，认为政策调控和经济驱动是导致 20 世纪 90 年代土地利用变化时空差异明显的主要因素，而 21 世纪初人类活动和气候变化共同造成土地利用变化格局的改变。何凡能等（2015）研究表明过去 300 年里中美两国土地利用变化的

主要驱动因素是政策、人口、农业技术，但中国的根本驱动因素是人口数量，而美国是经济利益。由于驱动因素受时间和空间尺度的影响较大，驱动机制也错综复杂。相关研究要么在某一个具体空间尺度上讨论驱动力的构成及权重大小（Mertens，2000），要么以此为基础更深尺度地探索驱动力的变化情况（Yerberg，2002）。由于经验观察或动态监测难以揭示土地变化的复杂联系，因此，阐明土地变化驱动因素和内在机制就成为科学研究的必然选项。

3）土地变化的模型建构。模型是用来理解土地系统动态性和复杂性的一个非常关键的工具。早期的土地变化模型注重分别模拟自然覆被变化和人类土地利用空间格局与变化，缺乏对土地变化背后过程和驱动力的探究（戴尔阜等，2018）。在后期的发展过程中，学者逐渐将人类决策过程纳入模型，并探讨人地系统耦合机制（Schmid et al.，2021）。当前，基于不同研究目标的多学科方法已在土地变化模型中得到应用，如 Parker et al.（2003）将土地变化模型整合为六类，它们分别是基于方程的模型、系统模型、专家模型、进化模型、元胞模型、混合模型和多主体模型，并提出了“能够刻画人类决策行为驱动力的多主体模型与空间直观的元胞自动机模型二者整合是土地变化模型的发展方向”。有专家以多主体模型（ABM）为过程导向模型，刻画了微观主体的决策行为，以此揭示了土地变化驱动力，为理解土地变化过程发挥了重要作用（戴尔阜等，2019）。土地变化的模型是复杂的，它们是人类和环境动态的耦合，而且还深受尺度不同的影响，土地变化建模还面临许多困难和挑战。

4）土地变化的综合效应。土地变化对自然系统和人类系统的影响效应是综合的，涉及自然、社会、经济、生态、文化等多个领域，目前与土地变化科学目标相一致的具有广泛解释和可持续功能的整体性评估数量还很少（Turner et al.，2003；Kasperson et al.，1995）。当前，国内外学者主要关注土地变化的生态效应研究。土地变化的生态效应研究内容，有关土地变化对生态环境影响的研究较多，且主要集中在全球和区域大气、水文、土壤效应以及对生态系统和生物多样性等方面（Roger et al.，2005；DeFries et al.，2004）。如 Vitousek（1994）指出，土地变化是生物多样性变化的重要驱动力，它与其他许多全球变化因子相互作用影响着生物多样性。此外，关于土地变化的生态环境，相关研究还重点关注快速城市化地区建设用地扩张对原有生态系统的干扰（Burton et al.，2009），以及土地利用政策和管理策略对物种和群落的影响等（Käyhkö，2008）。马宗文等（2011）基于土地变化科学的生态效应，指出土地变化科学的研究应向着更加集成化、理论化和模型化的方向，建立多元素耦合、多尺度集成的机理模型以及综合定量评价。对土地变化的综合效应及其评估研究，为配合全球环境变化和可持续发展提供决策信息，是土地变化科学的历史使命和时代责任。

5）土地变化的应对策略。观测和监测表明，陆地表面日益受到人类的支配，成为大多数土地变化轨迹的推动力和基础。研究表明，从 2000 年到 2005 年，尽管北美和西伯利亚发生了大量砍伐，但全球温带森林仍在净增长。相比之下，世界湿润热带森林在 1990 年至 1997 年期间损失了 5140 万公顷/年，但再生面积增加了 1032 万公顷/年，年净损失为 0.43%（Achard et al.，2002）。这些数字不包括选择性采伐和焚烧的影响。据估计，至少在亚马孙地区，选择性采伐和焚烧的影响与热带森林转化的面积相当（Asner et al.，

2005；Nepstad et al.，1999），而且所有的计算还不包括不确定性估计（Kintisch，2007）。2000年全球耕地和牧场面积估计分别为1510万平方千米和2830万平方千米（Ramankutty et al.，2008）。也许令人惊讶的是，耕地密度最大的是东欧，而牧场面积在亚洲和非洲最为普遍。在发展中国家，城市扩张每年将消耗100万至200万公顷的耕地（Döös，2002），其中大部分是优质农业耕地。土地变化科学如何通过深入细致的研究提供减缓耕地和森林减少的应对策略，以保障人类的食物和生态安全，是需要长期探索的核心命题。土地变化会捕获自然生态系统，并对物理世界产生深刻影响。荒野、公园、生物多样性保护区等区域，会受到城市化、工业化、农业转型、森林转型、人口转型等诸多因素影响。保护区外的土地利用、压力和变化深刻影响保护区内的生物群落（DeFries et al.，2007）。例如，肯尼亚角马繁殖地的商业谷物农场的发展影响了马赛马拉自然保护区这一关键物种的数量（Homewood et al.，2001），而美国黄石国家公园周边的郊区发展引发了一系列复杂的生物多样性反应，如河岸栖息地、麋鹿冬季活动范围和迁徙走廊的丧失（Gude et al.，2007；Parmenter et al.，2003）。在许多情况下，保护区的建立影响到居住在保护区内或附近的人们的生存方式，对人类福祉和保护区生态系统产生干扰（Naughton-Treres et al.，2006）。例如，中国诸多自然保护区的木材燃料收集和农业用地的扩张正在减少珍稀动物栖息地的面积，以及这些栖息地在保护区内和保护区外的连通性。如果保护区以外的居民获得了新的经济机会，有助于减少那里的栖息地损失，稳定栖息地与保护区的连通性，同时增加家庭收入（Liu et al.，2007；Vina et al.，2007）。这些关系的阐述表明，引起保护区土地变化是由诸多因素引致的，对保护区的监测评估和制定应对策略，需要更广泛的对影响保护区及其周围的人类-环境关系进行系统分析❶，并充分考虑保护区边界、进入规则和资源利用结构，是一个极其复杂的问题。但是，为保护和养护生物多样性，采取减缓土地变化的应对策略，是必须和必要的。因此，如何通过制定应对策略减缓或减少土地变化所产生的负面效应，是土地科学需要长期投入研究的重大课题。

（二）土地变化科学研究的未来挑战

土地变化是一个耦合系统，是人类和环境的相互作用以及它们在土地系统的长期反馈而导致的陆地生态系统和生命状态的变化。土地变化科学需要理解作为一个耦合的人类环境系统的动态，以解决与环境和社会问题相关的理论、概念、模型和应用，包括两者的交集。由于土地变化过程的复杂性和多尺度性，如何从局部土地变化及其驱动因素和后果的研究，形成区域或全球格局的广义知识；如何阐明大规模土地变化过程与当地所有者、决策机构和居民行动之间的复杂相互作用；如何从个别研究的范围从跨越数百年区域到全球评估，以及阐明其中的远距离联系等，都将面临诸多挑战。

1）如何处理土地变化中的尺度效应问题。已经证明土地变化的成因和结果都是具有尺度依赖性的，土地变化的格局、过程、效应和管理也都具有尺度依赖性。为阐明土地变化的复杂过程，必须区分地方尺度、区域尺度等不同尺度的影响，只有多尺度的综合才能

❶ Nature's geography：new lessons for conservation in developing countries［M］. Madison：Univ. of Wisconsin Press，1998.

反映土地变化的实质，并预测土地变化的未来前景（陈睿山等，2010）。可是，土地变化的尺度问题，牵涉到土地系统的异质性、等级性、层次性以及系统响应与反馈的非线性，还涉及干扰因素的影响和主观认识的局限。例如，由土地变化引起的降水和温度的局地尺度变化或流域洪水（Pielke，2005），以及“城市热岛”效应的区域范围，来自城市工业区的各种污染物往往在大的空间尺度上与肥料释放的氧化亚氮相互作用，从而降低作物的土地生产力（Chameides et al.，1994）。如何进行综合集成，如何处理不同尺度的数据，如何分析驱动力的尺度、模型的尺度、效应的尺度、管理的尺度等问题，在很长时间内都面临巨大的挑战。尤其是，如何获取与不同尺度相匹配的社会经济、政策管理、环境生态、资源禀赋、土地利用和遥感等数据，在实践中是十分困难的。

2）如何耦合土地变化的自然和人类系统。Alvarez-Martinez et al.（2011）认为，土地变化科学的初衷是为了更好地理解影响地球系统结构和功能与人类系统是如何耦合的，以及这种耦合的动态变化规律，从而将社会经济系统和生态系统中的具体知识结合起来，为人类可持续发展提供解决方案。但是，这种耦合涉及社会、经济、地理和自然科学等多个领域，不同系统的联系是非线性的，而且具有不确定性。如热带森林的变化，与移民、原住民、规划管制、财产制度、土地产权制度、国家政策、贫困程度、气候变化、国际贸易等诸多因素密切联系，有时对直接原因的关注反而增加了犯疏忽错误的可能性（Lambin et al.，2001b；Serneels et al.，2001）。有机耦合土地变化的自然系统和人类系统，将面临诸多困难和阻碍。

3）如何提升模型解释力和工具有效性。土地变化模型是复杂的，因为它们是人类和环境动态的耦合，并且需要在空间上明确其边界（Agarwal et al.，2002；Irwin et al.，2001；Kaimowitz et al.，1998；Verburg et al.，2002）。土地变化建模允许通过情景构建来测试人类与环境相关系统的稳定性，这些模型倾向于将先进的统计建模工具应用于空间明确的数据集，或者基于一组理想化的行为规则来模拟人类-环境系统。统计模型依赖于土地变化过程是平稳的假设，而基于过程的模型则表示与系统属性变化相关的过程随时间的变化。一旦超过某个阈值，系统模型就会失效。即或由单一事件触发，无论它们是生物物理的，例如干旱、飓风、土壤退化，还是社会经济的，例如技术创新、战争、经济危机等，都是如此。土地变化模型要么是在人类-环境系统作为一个整体的尺度上设计的，例如，IMAGE（全球环境评估综合模型）、CLUE-S（土地利用变化转换及其影响）和SALU（萨赫勒地区土地利用）等，要么是在代表决策的个体单位的尺度上设计的，这些决策单位彼此之间以及与环境会发生交互作用（Verburg et al.，2002）。如何将研究不同尺度、不同类型和不同过程的土地变化模型综合起来，就需要研制更有效的合成方法和工具。如何提升模型的解释力，并寻找到更有效的工具和方法，目前还面临方法论上的困境（Rindfuss et al.，2004）。

4）如何形成更可持续的土地结构和功能。人类环境子系统的耦合及其空间明确结果的评估为土地变化科学带来了许多重大挑战，但最重要的是如何通过土地变化科学研究寻找可持续的土地结构和功能，这是土地变化科学研究的出发点和归宿。这种探索是针对可持续发展科学的首要任务——在减少对地球系统的威胁的同时为人类提供保障（Kates et al.，2001），并在“双赢”解决方案的背景下人类子系统维持社会从环境子系统中获得的生态系统服务的福祉。这些解决方案涉及一套复杂的耦合系统结果，这些结果通常以空间不一致的方式在整个景观中进行处理和交付。为景观或区域提供完整的生态系统产品和服务很少能通过留出一块土地来提供，无论这块土地有多大，最适合人类使用的土地往往与提供某些产品和服务的最关键的土地相吻合。因此，要设法达成解决办法，提供社会所需的各种服务和服务水平，就需要为有关地区寻找到适应的土地使用模式和结构（Chan et al.，2006）。然而，一个地方的可持续土地结构和功能，如果在不同的地方复制或扩展到更大的评估单位，如生物群系或大陆，则不一定产生类似的结果（Li et al.，2006；van Gardingen et al.，1997）。在分析的升尺度上，局部解的聚集可能导致对耦合系统的两个部分的威胁。在一个快速接近整个地球表面的治理和事实上的规划的世界中，获得可持续土地结构和功能的问题构成了一个严峻的挑战。

5）如何提供更有针对性价值的解决方案。土地变化科学研究有许多组成部分，其中最基本和最关键的组成部分之一就是通过对土地变化机制、监测和表征等研究，为不同主体、管理者和决策者提供更有针对性价值的解决方案。诸如，为碳抵消和减缓热带森林损失以及在干旱地区防治土地退化（Reynolds et al.，2007；Coomes et al.，2008）等问题的实践提供解决方案；在诸如人类-环境耦合系统的复原力-脆弱性等主题上提供解决方案（Luers et al.，2003；Turner Ⅱ et al.，2003）；为确定可持续和不可持续土地系统的特征，从退化综合征到治理规则的土地利用实践，再到将生态系统与人类福祉联系起来（Ostrom et al.，2006；Schellnhuber et al.，1997）提供解决方案等。虽然遥感，特别是卫星遥感，能够以不同的光谱、空间和时间分辨率提供全球陆地表面的天气和重复测量（Zhu et al.，2022），并且能够实时地监测土地变化信息（Shang et al.，2022），为资源管理者和决策者提供参考，但是，由于空间精确定位和整合大量案例的技术挑战，模型的概念化设计与计算化设计还不匹配，模型解释力和工具有效性仍然不能令人满意（Ellis，2012）等原因，土地变化科学研究还常常难以在更广泛领域和更高层次上提出更有针对性的解决方案。

参考文献

全国土壤普查办公室，1998. 中国土壤［M］. 北京：中国农业出版社.

生物多样性公约秘书处，2020. 全球生物多样性展望［R/OL］. 5 版. https://www.cbd.int/ gbo/ gbo5/ publication/ gbo-5-zh.pdf.

曹冲，2023. 中国粮食贸易中虚拟耕地资源流动的区域差异及分布动态演进［N］. 科技导报，11-24.

陈广生，田汉勤，2007. 土地利用/覆盖变化对陆地生态系统碳循环的影响［J］. 植物生态学报，31（2）：189-204.

陈睿山，蔡运龙，2010. 土地变化科学中的尺度问题与解决途径［J］. 地理研究，29（7）：1244-1256.

陈睿山，郭晓娜，熊波，等，2021. 气候变化、土地退化和粮食安全问题：关联机制与解决途径［J］. 生态学报，41（7）：2918-2929.

戴尔阜，马良，2018. 土地变化模型方法综述［J］. 地理科学进展，37（1）：152-162.

戴尔阜，马良，杨微石，等，2019. 土地系统多主体模型的理论与应用［J］. 地理学报，74（11）：2260-2272.

戴慧敏，刘凯，宋运红，等，2020. 东北地区黑土退化地球化学指示与退化强度［J］. 地质与资源，29（6）：510-517.

付伟，武慧，赵爱花，等，2020. 陆地生态系统氮沉降的生态效应：研究进展与展望［J］. 植物生态学报（44）：475-493.
傅伯杰，牛栋，赵士洞，2005. 全球变化与陆地生态系统研究：回顾与展望［J］. 地球科学进展，20（5）：556-560.
何凡能，李美娇，肖冉，2015. 中美过去300年土地利用变化比较［J］. 地理学报，70（2）：297-307.
黄昌勇，2000. 土壤学［M］. 北京：中国农业出版社.
郎燕，刘宁，刘世荣，2021. 气候和土地利用变化影响下生态屏障带水土流失趋势研究［J］. 生态学报，41（13）：5106-5117.
刘纪远，张增祥，徐新良，等，2009. 21世纪初中国土地利用变化的空间格局与驱动力分析［J］. 地理学报，64（12）：1411-1420.
刘卫东，1994. 土地资源学［M］. 上海：百家出版社.
路云阁，蔡运龙，许月卿，2006. 走向土地变化科学：土地利用/覆被变化研究的新进展［J］. 中国土地科学（1）：55-61.
马恩朴，蔡建明，林静，等，2019. 远程耦合视角下的土地利用/覆被变化解释［J］. 地理学报（3）：421-431.
马宗文，许学工，2011. 土地变化的生态效应研究方法［J］. 地理与地理信息科学，27（2）：80-86.
乔治，蒋玉颖，贺疃，等，2022. 土地利用变化模拟研究进展［J］. 生态学报，42（13）：5165-5176.
秦明周，2012. 全球变化催生的新学科：土地变化科学［J］. 河南大学学报（自然科学版）（5）：584-587.
王春晓，李明倩，2024. 基于文献计量的土地利用变化与碳汇评估交叉研究进展［J］. 生态学报（13）：1-11.
王开存，王灿，李龙辉，等，2024. 陆表自然和人文要素相互作用："全球变化及应对"重点专项研究进展［J］. 大气科学学报，47（1）：1-22.
吴文斌，杨鹏，柴崎亮介，等，2007. 基于Agent的土地利用/土地覆盖变化模型的研究进展［J］. 地理科学，27（4）：573-578.
叶笃正，符淙斌，1997. 全球变化的主要科学问题［J］. 大气科学，18（4）：498-512.
叶笃正，符淙斌，董文杰，2002. 全球变化科学进展与未来趋势［J］. 地球科学进展，17（4）：467-469.
岳文泽，高佳斌，熊昌盛，2017. 基于CA非均质性邻接关系的城市扩张模拟［J］. 浙江大学学报（工学版），51（11）：2232-2238.
张凤荣，吴克宁，胡振琪，2006. 土地保护学［M］. 北京：科学出版社.
张戈，2018. 基于智能体的城市土地利用规划决策支持模型研究［D］. 南京：南京大学.
张兰生，方修琦，任国玉，2000. 全球变化［M］. 北京：高等教育出版社.
张云芝，胡云锋，韩月琪，等，2021. 全球主要生态退化区和研究热点区的空间分布与演变［J］. 生态学报（19）：7599-7613.
赵其国，2001. 21世纪土壤科学展望［J］. 地球科学进展（5）：109-114.
周广胜，许振柱，王玉辉，2004. 全球变化的生态系统适应性［J］. 地球科学进展，19（4）：642-649.
TNC，2020. 土壤健康：反思与重构［M］. 陈能场，等，译，北京：中国环境出版集团.
FAO，1999. The future of our land：facing the challenge-guidelines for integrated land use Planning［M］. Rome：FAO，UNEP.
IPCC，2019. Climate change and land：an IPCC special report on climate change，desertification，land degradation，sustainable land management，food security，and greenhouse gas fluxes in terrestrial ecosystems［M/OL］［2019-09-16］. https://www.ipcc.ch/srccl.
MEA（Millennium Ecosystem Assessment），2005. Ecosystems and human well-being：biodiversity synthesis

[M]. Washington, D. C.: World Resources Institute.

UN-FAO, 2009. LADA: assessing the status, causes and impact of land degradation [R]. Rome: FAO.

UNCCD, 1993. United Nations Convention to Combat Desertification in those countries experiencing serious drought and/or desertification, particularly in Africa [R/OL]. https://knowledge.unccd.int/taxonomy/term/1993.

UNCCD, 1994. The United Nations Convention to Combat Desertification in those countries experiencing serious drought and/or desertification, particularly in Africa [R]. Secretariat of the United Nations Convention to Combat Desertification.

UNCCD (United Nations Convention to Combat Desertification), 2015. Sustainable financing for forest and landscape restoration [R]. Rome: UNCCD.

UNCCD, 2016. Report of the conference of the parties on its twelfth session, held in Ankara from 12 to 23 October 2015. Part two: Actions. ICCD/COP (12) /20/Add. 1. United Nations Convention to Combat Desertification (UNCCD), Bonn [R/OL]. http://www.unccd.int/Lists/OfficialDocuments/cop12/20add1eng.pdf.

Aburas M M, Abdullah H S, Ramli F M, et al., 2017. Land suitability analysis of urban growth in Seremban Malaysia, using GIS based analytical hierarchy process [J]. Procedia Engineering (198): 1128-1136.

Achard F, Eva H D, Stibig H J, et al., 2002. Determination of deforestation rates of the world's humid tropical forests [J]. Science, 297 (5583): 999-1002.

Agarwal C, Green G M, Grove J M, et al., 2002. A review and assessment of land-use change models: dynamics of space [J]. Time, and Human Choice, 297.

Allan E, Manning P, Alt F, et al., 2015. Land use intensification alters ecosystem multifunctionality via loss of biodiversity and changes to functional composition [J]. Ecology Letters (18): 834-843.

Alsterberg, et al., 2017. Habitat diversity and ecosystem multifunctionality: the importance of direct and indirect effects [J]. Science Advances, 3 (2): e1601475.

Alvarez-Martinez J M, Suárez-Seoanea S, de Luis Calabuig E, 2011. Modelling the risk of land cover change from environmental and socio-economic drivers in heterogeneous and changing landscapes: the role of uncertainty [J]. Landsc. Urban Plann, 101: 108-119.

An L, Linderman M, Qi J, et al., 2005. Exploring complexity in a human-environment system: an agent-based spatial model for multidisciplinary and multiscale integration [J]. Ann. Assoc. Am. Geogr., 95 (1): 54-79.

Arowolo A O, Deng X, Olatunji O A, et al., 2018. Assessing changes in the value of ecosystem services in response to land-use/land-cover dynamics in Nigeria [J]. Sci Total Environ, 636: 597-609.

Asner G P, Knapp D E, Broadbent E N, et al., 2005. Selective logging in the Brazilian Amazon [J]. Science, 310 (5747): 480-482.

Auffhammer M, Ramanathan V, Vincent J R, 2006. Integrated model shows that atmospheric brown clouds and greenhouse gases have reduced rice harvests in India [J]. Proceedings of the National Academy of Sciences, 103 (52): 19668-19672.

Bennett M L, McBratney A, Field D, et al., 2019. Soil security for Australia [J]. Sustainability, 11: 3416.

Berdugo M, Delgado-Baquerizo M, Soliveres S, et al., 2020. Global ecosystem thresholds driven by aridity [J]. Science, 367 (6479): 787-790.

Billings S A, Lajtha K, Malhotra A, et al., 2021. Soil organic carbon is not just for soil scientists: measurement recommendations for diverse practitioners [J]. Ecological Applications, 31 (3): e02290.

Bojinski S, Verstraete M, Peterson T C, et al., 2014. The concept of essential climate variables in support of climate research, applications, and policy [J]. Bulletin of the American Meteorological Society, 95 (9): 1431-1443.

Borrelli P, Robinson D A, Fleischer L R, et al., 2017. An assessment of the global impact of 21st century land use change on soil erosion [J]. Nature Communications, 8 (1): 1-13.

Bos M G, et al., 2001. The inter-relationship between irrigation, drainage and the environment in the Aral Sea Basin [R]. Dordrecht: Springer.

Bowman D M J S, Kolden C A, Abatzoglou J T, et al., 2020. Vegetation fires in the Anthropocene [J]. Nature Reviews Earth & Environment, 1 (10): 500-515.

Burton L M, Samuelson J, Lmackenzie D M, 2009. Ripa-rian woody plant traits across an urban-rural land use gradientand implications for watershed function with urbanization [J]. Landscape and Urban Planning, 90: 42-55.

Chameides W L, Kasibhatla P S, Yienger J, et al., 1994. Growth of continental-scale metro-agro-plexes, regional ozone pollution, and world food production [J]. Science, 264 (5155): 74-77.

Chan K M A, Shaw M R, Cameron D R, et al., 2006. Conservation planning for ecosystem services [J]. PLoS Biology, 4 (11): e379.

Chen C, Park T, Wang X H, et al., 2019. China and India lead in greening of the world through land-use management [J]. Nature Sustainability, 2 (2): 122-129.

Chotte J L, Orr B J, 2021. Mitigating "displaced" land degradation and the risk of spillover through the decommoditization of land products [J]. Land Use Policy, 109: 105659.

Coomes O T, Grimard F, Potvin C, et al., 2008. The fate of the tropical forest: carbon or cattle [J]. Ecological Economics, 65 (2): 207-212.

Cowie A L, Orr B J, Sanchez V M C, et al., 2018. Land in balance: the scientific conceptual framework for land degradation neutrality [J]. Environmental Science & Policy, 79: 25-35.

Cronk Q C B, 1983. The decline of the redwood *Trochetiopsis erythroxylon* on St Helena [J]. Biological Conservation, 26 (2): 163-174.

Curtis P G, Slay C M, Harris N L, et al., 2018. Classifying drivers of global forest loss [J]. Science, 361 (6407): 1108-1111.

Dalin C, Wada Y, Kastner T, et al., 2017. Groundwater depletion embedded in international food trade [J]. Nature, 543 (7647): 700-704.

Davidson E A, 2016. Projections of the soil-carbon deficit [J]. Nature, 540 (7631): 47-48.

Davidson N C, 2014. How much wetland has the world lost? long-term and recent trends in global wetland area [J]. Marine and Freshwater Research, 65 (10): 934-941.

DeFries R, Eshleman N K, 2004. Land-use change and hydro-logic processes: a major focus for the future [J]. Hydrological Processes, 18 (1): 2183-2186.

DeFries R, Hansen A, Turner B L, et al., 2007. Land use change around protected areas: management to balance human needs and ecological function [J]. Ecological Applications, 17 (4): 1031-1038.

DeFries R S, Ellis E C, Chapin Ⅲ F S et al., 2012. Planetary opportunities: a social contract for global change science to contribute to a sustainable future [J]. Bioscience, 62 (6): 603-606.

del Barrio G, et al., 2021. Land degradation means a loss of management options [J/OL]. Journal of Arid Environments, 189. DOI: 10. 1016/J. JARIDENV. 2021. 104502.

Delgado-Baquerizo M, Maestre F T, Eldridge D J, et al., 2016. Biocrust-forming mosses mitigate the negative impacts of increasing aridity on ecosystem multifunctionality in drylands [J]. New Phytologist (209): 1540-1552.

Döös B R, 2002. Population growth and loss of arable land [J]. Global Environmental Change, 12 (4): 303-311.

Díaz S, Quétier F, Cáceres D M, et al., 2011. Linking functional diversity and social actor strategies in a framework for interdisciplinary analysis of nature′s benefits to society [J]. PNAS, 108 (3): 895-902.

Edinger E N, Jompa J, Limmon G V, et al., 1998. Reef degradation and coral biodiversity in Indonesia: effects of land-based pollution, destructive fishing practices and changes over time [J]. Marine Pollution Bulletin, 36 (8): 617-630.

Ehrlich P R, Ehrlich A H, 1990. The population explosion [M]. New York: Simon & Schuster.

Eisenhauer N, Hines J, Isbell F, et al., 2018. Plant diversity maintains multiple soil functions in future environments [J]. eLife (7): e41228.

Ellis E C, 2012. The globe project: accelerating global synthesis of local studies in land change science [J]. Baltimore, Maryland, USA: Newsletter of the Global Land Project, 8: 5-6.

Fedoroff N V, Battisti D S, Beachy R N, et al., 2010. Radically rethinking agriculture for the 21st century [J]. Science, 327 (5967): 833-834.

Foley J A, DeFries R, Asner G P, et al., 2005a. Global consequences of land use [J]. Science, 309 (5734): 570-574.

Foley J A, et al., 2005b. Global consequences of land use [J]. Science (309): 570-574.

Folke C, Polasky S, Rockström J, et al., 2021. Our future in the Anthropocene biosphere [J]. Ambio, 50 (4): 834-869.

Fu B, Zhang L, Xu Z, et al., 2015. Ecosystem services in changing land use [J]. Journal of Soils and Sediments, 15 (4): 833-843.

Galloway J N, Aber J D, Erisman J W, et al., 2003. The nitrogen cascade [J]. Bioscience, 53 (4): 341-356.

Galloway J N, Dentener F J, Capone D G, et al., 2004. Nitrogen cycles: past, present, and future [J]. Biogeochemistry (70): 153-226.

García M J P, Giraldez C J V, Vanwalleghem T., 2021. Climate and land use change effects on sediment production in a dry tropical forest catchment [J]. Water, 13 (16): 2233.

Garland G, Banerjee S, Edlinger A, et al., 2021. A closer look at the functions behind ecosystem multifunctionality: a review [J]. Journal of Ecology, 109 (2): 600-613.

Gauthier S, Bernier P, Kuuluainen T, et al., 2015. Boreal forest health and global change [J]. Science, 349 (6250): 819-822.

Genske D D, 2003. Urban land: degradation-investigation-remediation [M]. Berlin: Springer.

Ghebrezgabher M G, Yang T, Yang X, et al., 2019. Assessment of desertification in Eritrea: land degradation based on landsat images [J]. Journal of Arid Land, 11 (3): 319-331.

Gibbs H K, Salmon J M, 2015. Mapping the world's degraded lands [J]. Applied Geography, 57: 12-21.

Gilbert N, 2010. How to avert a global water crisis [EB/OL]. [2012-01-30] http://www.nature.com/news/2010/101004/full/news.2010.490.html.

Gilbey B, Davies J, Metternicht G, et al., 2019. Taking land degradation neutrality from concept to practice: early reflections on LDN target setting and planning [J]. Environmental Science & Policy, 100: 230-237.

Giuliani G, Mazzetti P, Santoro M, et al., 2020. Knowledge generation using satellite earth observations to support sustainable development goals (SDG): a use case on Land degradation [J]. International Journal of Applied Earth Observation and Geoinformation, 88: 102068.

Goudie A S, 2014. Desert dust and human health disorders [J]. Environment International, 63: 101-113.

Gude P H, Hansen A J, Jones D A, 2007. Biodiversity consequences of alternative future land use scenarios in Greater Yellowstone [J]. Ecological Applications, 17 (4): 1004-1018.

Gutman G, Janetos A C, Justice C O et al., 2004. Land change science: observing, monitoring and understanding trajectories of change on the earth's surface [M]. Dordrecht: Springer.

Harden J W, Hugelius G, Ahlström A, et al., 2018. Networking our science to characterize the state, vulnerabilities, and management opportunities of soil organic matter [J]. Global Change Biology, 24 (2): e705-e718.

Hassani A, Azapagic A, Shokri N, 2020. Predicting long-term dynamics of soil salinity and sodicity on a global scale [J]. Proceedings of the National Academy of Sciences, 117 (52): 33017-33027.

Helbron H, Schmidt M, Glasson J, et al., 2011. Indicators for strategic environmental assessment in regional land use planning to assess conflicts with adaptation to global climate change [J]. Ecological Indicators, 11 (1): 90-95.

Helming K, Tscherning K, et al., 2008. Exante impact assessment of land use changes in European regions—the SENSOR approach [J]. Sustainability Impact Assessment of Land Use Changes, 2008, Part I: 77-105.

Homewood K, Lambin E F, Coast E, et al., 2001. Long term changes in African savanna wildlife and land cover: pastoralists or policies [J]. Proceedings of the National Academy of Sciences of the United States of America, 98 (22): 12544-12549.

Horton C, 2020. From farm to fork: how blockchain is enabling transparency and traceability [J/OL]. Food and Farming Technology. https://www.foodandfarmingtechnology.com/features/from-farm-to-fork-how-blockchain-is-enabling-transparency-and-traceability.html. (Accessed 17 January 2021).

Houghton R A, 1999. The annual net flux of carbon to the atmosphere from changes in land use 1850—1990 [J]. Tellus B, 51 (2): 298-313.

Houghton R A, Hackler J L, 2001. ORNL/CDIAC-131, NDP-050/R1 [R]. Oak Ridge, TN: Oak Ridge National Laboratory.

Iegorova L V, Gibbs J P, Mountrakis G, et al., 2019. Rangeland vegetation dynamics in the Altai mountain region of Mongolia, Russia, Kazakhstan and China: effects of climate, topography, and sociopolitical context for livestock herding practices [J]. Environmental Research Letters, 14 (10): 104017.

Irwin E G, Geoghegan J, 2001. Theory, data, methods: developing spatially explicit economic models of land use change [J]. Agriculture, Ecosystems & Environment, 85 (1/3): 7-24.

Ivits E, Cherlet M, 2013. Land-productivity dynamics: towards integrated assessment of land degradation at global scales [J]. Joint Research Centre-European Commission, European Union, 10: 59315.

Ivits E, Horion S, Erhard M, et al., 2016. Assessing European ecosystem stability to drought in the vegetation growing season [J]. Global Ecology and Biogeography, 25 (9): 1131-1143.

Jiang L, Bao A, Jiapaer G, et al., 2022. Monitoring land degradation and assessing its drivers to support sustainable development goal 15. 3 in Central Asia [J]. Science of The Total Environment, 807: 150868.

Kaimowitz D, Angelsen A, 1998. Economic models of tropical deforestation: a review [J]. Intl & Comp L Q, 9 (1): 29-36.

Kalisa W, Igbawua T, Henchiri M, et al., 2019. Assessment of climate impact on vegetation dynamics over East Africa from 1982 to 2015 [J]. Scientific Reports, 9 (1): 16865.

Kang W, Kang S, Liu S, et al., 2020. Assessing the degree of land degradation and rehabilitation in the Northeast Asia dryland region using net primary productivity and water use efficiency [J]. Land Degradation & Development, 31 (7): 816-827.

Kasperson J X, Kasperson R E, Turner Ⅱ B L, 1995. Regions at risk: comparisons of threatened environments [M]. Tokyo: United Nations Univ. Press.

Kates R W, Clark W C, Corell R, et al., 2001. Environment and development [J]. Science, 292: 641-642.

Keenleyside K, 2012. Ecological restoration for protected areas: principles, guidelines and best practices [M]. Gland: IUCN.

Kelley D I, Bistinas I, Whitley R, et al., 2019. How contemporary bioclimatic and human controls change global fire regimes [J]. Nature Climate Change, 9 (9): 690-696.

Khadka D , Babel S M , Kamalamma G A, 2023 . Assessing the impact of climate and land-use changes on the hydrologic cycle using the SWAT Model in the Mun River Basin in Northeast Thailand [J]. Water, 15 (20): 10. 3390/W15203672.

Kintisch E, 2007. Improved monitoring of rainforests helps pierce haze of deforestation [J]. Science, 316 (5824): 536-537.

Kong N N, 2015. Exploring best management practices forgeospatial data in academic libraries [J]. Journal of Map & Geography Libraries, 11 (2): 207-225.

Käyhkö N, Skånes H, 2008. Retrospective land cover/land use change trajectories as drivers behind the local distribution and abundance patterns of oaks in south-western Finland [J]. Landscape and Urban Planning, 88 (1): 12-22.

Lal R, 2018. Digging deeper: a holistic perspective of factors affecting soil organic carbon sequestration in agroecosystems [J]. Global Change Biology, 24 (8): 3285-3301.

Lambin E F, Rounsevell M D A, Geist H J, 2000. Are agricultural land-use models able to predict changes in land-use intensity [J]. Agriculture, Ecosystems & Environment, 82 (1-3): 321-331.

Lambin E F, Turer B L, Geist H J, et al. , 2001a. The causes of land-use and land-cover change: moving beyond the myths [J]. Global Environmental Change, 11: 261-269.

Lambin E F, Turner Ⅱ B L, Geist H J, et al. , 2001b. The causes of land-use and land-cover change: moving beyond the myths [J]. Global Environmental Change: Human and Policy Dimensions, 11 (4): 5-13.

Lambin E F, Geist H J, 2005. Land- use and land- cover change: local processes and global impacts [M]. Berlin, Heidelberg: Springer.

Law K S, Stohl A, 2007. Arctic air pollution: origins and impacts [J]. Science, 315 (5818): 1537-1540.

Le Q B, Nkonya E, Mirzabaev A, 2016. Biomass productivity - based mapping of global land degradation hotspots [M] //Nkonya E, Mirzabaev A, von Braun J. Economics of land degradation and improvement: a global assessment for sustainable development [M]. Cham: Springer.

Levin G, Svenningsen S R, 2019. Digital transdisciplinarity in land change science-integrating multiple types of digital data [J]. Geografisk Tidsskrift-Danish Journal of Geography, 119 (1): 1-5.

Li F, Meng J, Zhu L, et al. , 2020. Spatial pattern and temporal trend of land degradation in the Heihe River Basin of China using local net primary production scaling [J]. Land Degradation & Development, 31 (4): 518-530.

Li H, Wu J, 2006. Uncertainty analysis in ecological studies [M] // Wu J, Jones K B, Li H, et al. Scaling and uncertainty analysis in ecology: methods and applications. Dontrecht: Springer: 45-67.

Liu J, Dietz T, Carpenter S R et al. , 2007. Coupled human and natural systems [J]. Ambio, 36 (8): 639-649.

Liverman D, Cuesta R, 2008. Human interactions with the earth system: people and pixels revisited [J]. Earth Surf Process, 33: 1458-1471.

Luers A L, Lobell D B, Sklar L S, et al. , 2003. A method for quantifying vulnerability, applied to the agricultural system of the Yaqui Valley, Mexico [J]. Global environmental change, 13 (4): 255-267.

Lugato E, Smith P, Borrelli P, et al. , 2018. Soil erosion is unlikely to drive a future carbon sink in Europe [J]. Science Advances, 4 (11): eaau3523.

Maestre F T, Quero J L, Gotelli N J, et al. , 2012. Plant species richness and ecosystem multifunctionality in global drylands [J]. Science (335): 214-218.

Malcolm J R, Liu C R, Neilson R P, et al. , 2006. Global warming and extinctions of endemic species from biodiversity hotspots [J]. Conservation Biology, 20 (2): 538-548.

Matson P A, Parton W J, Power A G, et al. , 1997. Agricultural intensification and ecosystem properties [J].

Science, 277 (5325): 504-509.

Meik J M, Jeo R M, Mendelson Ⅲ J R, et al., 2002. Effects of bush encroachment on an assemblage of diurnal lizard species in Central Namibia [J]. Biological Conservation, 106 (1): 29-36.

Mertens B, Sunderlin W, Ndove O, et al., 2000. Impact of macro-economy change on deforestation in South Cameron: integration household survey and remotely-eneed data [J]. World Development, 28: 983-999.

Minhas P S, Ramos T B, Ben-Gal A, et al., 2020. Coping with salinity in irrigated agriculture: crop evapotranspiration and water management issues [J]. Agricultural Water Management, 227: 105832.

Miranda E B P, Peres C A, Carvalho-Rocha V, et al., 2021. Tropical deforestation induces thresholds of reproductive viability and habitat suitability in Earth's largest eagles [J]. Scientific Reports, 11 (1): 1-17.

Molnár P K, Derocher A E, Klanjscek T, et al., 2011. Predicting climate change impacts on polar bear litter size [J]. Nature Communications, 2: 186.

Montanarella L, Scholes R, Brainich A, 2018. The IPBES assessment report on land degradation and restoration [R]. Bonn, Germany: Secretariat of the Intergovernmental Science-Policy Platform on Biodiversity and Ecosystem Services.

Morand S, Blasdell K, Bordes F, et al., 2019. Changing landscapes of Southeast Asia and rodent - borne diseases: decreased diversity but increased transmission risks [J]. Ecological Applications, 29 (4): e01886.

Naipal V, Ciais P, Wang Y, et al., 2018. Global soil organic carbon removal by water erosion under climate change and land use change during AD 1850-2005 [J]. Biogeosciences, 15 (14): 4459-4480.

Naughton-Treves L, Alvarez-Berríos N, Brandon K, et al., 2006. Expanding protected areas and incorporating human resource use: a study of 15 forest parks in Ecuador and Peru [J]. Sustainability: Science, Practice and Policy, 2 (2): 32-44.

Negret P J, Maron M, Fuller R A, et al., 2021. Deforestation and bird habitat loss in Colombia [J]. Biological Conservation, 257: 109044.

Nepstad D C, Verssimo A, Alencar A, et al., 1999. Large-scale impoverishment of Amazonian forests by logging and fire [J]. Nature, 398 (6727): 505-508.

Newbold T, Hudson L N, Hill S L L, et al., 2015. Global effects of land use on local terrestrial biodiversity [J]. Nature, 520 (7545): 45-50.

Noble I R, Dirzo R, 1997. Forests as human-dominated ecosystems [J]. Science, 277 (5325): 522-525.

Olofsson J, Hickler T, 2008. Effects of human land-use on the global carbon cycle during the last 6,000 years [J]. Vegetation History and Archaeobotany, 17 (5): 605-615.

Os J, Klundert A, Dietvorst A, et al., 1995. Back to the future: new functions for rural areas in Europe [C] //Schoute J, et al. Scenario studies for the rural environment. Dordrecht: Kluwer Academic Publishers: 611-616.

Ostrom E, Nagendra H, 2006. Insights on linking forests, trees, and people from the air, on the ground, and in the laboratory [J]. Proceedings of the National Academy of Sciences, 103 (51): 19224-19231.

Parker D C. Manson S M, Janssen M A, et al., 2003. Multiagent systems for the simulation of land-use and land-cover change: a review [J]. Annals of the Association of American Geographers, 93 (2): 314-337.

Parmenter A W, Hansen A, Kennedy R E, et al., 2003. Land use and land cover change in the Greater Yellowstone Ecosystem: 1975-1995 [J]. Ecological Applications, 13 (3): 687-703.

Perri S, Suweis S, Holmes A, et al., 2020. River basin salinization as a form of aridity [J]. Proceedings of the National Academy of Sciences, 117 (30): 17635-17642.

Pielke Sr R A, 2005. Land use and climate change [J]. Science, 310 (5754): 1625-1626.

Pielke Sr R A, Marland G, Betts R A, et al., 2002. The influence of land-use change and landscape dynamics on the climate system: relevance to climate-change policy beyond the radiative effect of greenhouse gases [J].

Philosophical Transactions of the Royal Society of London. Series A: Mathematical, Physical and Engineering Sciences, 360 (1797): 1705-1719.

Pretty J, 2008. Agricultural sustainability: concepts, principles and evidence [J]. Phil. Trans. R. Soc. B., 363: 447-465.

Prăvălie R, 2021. Exploring the multiple land degradation pathways across the planet [J]. Earth-Science Reviews, 2021: 103689.

Pérez-Soba M, Petit S, Jones L, et al., 2008. Land use functions: a multifunctionality approach to assessthe impact of land use changes on land use sustainability [J]. Sustainability Impact Assessment of Land Use Changes, Part V: 375-404.

Ramankutty N, Gibbs H K, Achard F, et al., 2007. Challenges to estimating carbon emissions from tropical deforestation [J]. Global Change Biology, 13 (1): 51-66.

Ramankutty N, Evan A T, Monfreda C, et al., 2008. Farming the planet: 1. geographic distribution of global agricultural lands in the year 2000 [J]. Global Biogeochemical Cycles, 22 (1): 1-19.

Raven P H, 2002. Science, sustainability, and the human prospect [J]. Science, 297 (5583): 954-958.

Reynolds J F, Smith D M S, Lambin E F, et al., 2007. Global desertification: building a science for dryland development [J]. Science, 316 (5826): 847-851.

Rindfuss R R, Walsh S J, Turner B L et al., 2004. Developing a science of land change: challenges and methodological issues [J]. Proceedings of the National Academy of Sciences, 101 (39): 13976-13981.

Roger A, Pielke S, 2005. Land use and climate change [J]. Science, 310: 1625-1626.

Rounsevell M D A, Pedroli B, Erb K H, et al., 2012. Challenges for land system science [J]. Land Use Policy, 29 (4): 899-910.

Rozema J, Flowers T, 2008. Crops for a salinized world [J]. Science: 1478-1480.

Rumpf S B, Hülber K, Klonner G, et al., 2018. Range dynamics of mountain plants decrease with elevation [J]. Proceedings of the National Academy of Sciences of the United States of America, 115 (8): 1848-1853.

Sartori M, Philippidis G, Ferrari E, et al., 2019. A linkage between the biophysical and the economic: assessing the global market impacts of soil erosion [J]. Land Use Policy, 86: 299-312.

Schellnhuber H J, Block A, Cassel-Gintz M, et al., 1997. Syndromes of global change [J]. GAIA-Ecological Perspectives for Science and Society, 6 (1): 18-33.

Schlesinger W H, Dietze M C, Jackson R B, et al., 2016. Forest biogeochemistry in response to drought [J]. Global Change Biology, 22 (7): 2318-2328.

Schmid M, Heinimann A, Zaehringer J G, 2021. Patterns of land system change in a Southeast Asian biodiversity hotspotl [J]. Applied Geography, 126: 102380.

Seddon A W R, Macias-Fauria M, Long P R, et al., 2016. Sensitivity of global terrestrial ecosystems to climate variability [J]. Nature, 531 (7593): 229-232.

Serneels S, Lambin E F, 2001. Proximate causes of land-use change in Narok District, Kenya: a spatial statistical model [J]. Agriculture, Ecosystems & Environment, 85 (1/3): 65-81.

Shang R, Zhu Z, Zhang J, et al., 2022. Near-real-time monitoring of land disturbance with harmonized Landsats 7-8 and Sentinel-2 data [J]. Remote Sens of Environ. (278): 113073.

Song X P, Hansen M C, Stehman S V, et al., 2018. Global land change from 1982 to 2016 [J]. Nature, 560 (7720): 639-643.

Stavi I, Roque de Pinho J, Paschalidou A K, et al., 2021. Food security among dryland pastoralists and agropastoralists: the climate, land-use change, and population dynamics nexus [J]. The Anthropocene Review, 2021: 20530196211007512.

Sutton P C, Anderson S J, Costanza R, et al. , 2016. The ecological economics of land degradation: impacts on ecosystem service values [J]. Ecological Economics, 129: 182-192.

Tatalovic M, 2009. Irrigation reform needed in Asia-Farms must feed a growing population with a minimal impact on the environment [EB/OL]. [2012-01-20] http://www. nature. com/news/2009/090817/full/news. 2009. 826. html.

Tilman D, Cassman K G, Matson P A, et al. , 2002. Agricultural sustainability and intensive production practices [J]. Nature, 418: 671-677.

Turner II B L, Geoghegan J, Foster D R, 2003. Integrated land-change science and tropical deforestation in the Southern Yucatán: final frontiers [M]. Oxford : Clarendon.

Turner II B L, Lambin E F, Reenberg A, 2007. The emergence of land change science for global environmental change and sustainability [J]. PNAS, 104 (52): 20666-20671.

Turner II B L, Janetos A C, Verbug P H, et al. , 2013. Land system architecture: using land systems to adapt and mitigate global environmental change [J]. Glob. Env. Change, 23 (2): 395-397.

Valbuena D, Verburg P H, Bregt A, et al. , 2010. An agentbased approach to model land-use change at a regional scale [J]. Landsc Ecol. (25): 185-199.

van der Esch S, Ten Brink B, Stehfest E, et al. , 2017. Exploring future changes in land use and land condition and the impacts on food, water, climate change and biodiversity: scenarios for the UNCCD global land outlook [M]. Hague: PBL Netherlands Environmental Assessment Agency.

van Gardingen P R, Curran P J, Foody G M, 1997. Scaling-up: from cell to landscape [J]. Quarterly Review of Biology, 50 (4): 547-548.

van Minnen J G, Goldewijk K, Stehfest E, et al. , 2009. The importance of three centuries of land-use change for the global and regional terrestrial carbon cycle [J]. Climatic Change, 97 (1): 123-144.

Verburg P H, Soepboer W, Veldkamp A, et al. , 2002. Modeling the spatial dynamics of regional land use: the CLUE-S model [J]. Environmental Management, 30: 391-405.

Verburg P H, van de Steeg J, Veldkamp A, et al. , 2009. Form land cover change to land function dynamics: a major challenge to improve land characterization [J]. Journal of Environmental Management, 90 (3): 1327-1335.

Vina A, Bearer S, Chen X, et al. , 2007. Temporal changes in giant panda habitat connectivity across boundaries of Wolong Nature Reserve, China [J]. Ecological Applications, 17 (4): 1019-1030.

Vitousek P M, 1994. Beyond global warming: ecology and global change [J] . Ecology, 75 (7): 1861-1876.

Wang L, Diao C, Xian G, et al. , 2020. A summary of the special issue on remote sensing of land change science with Google Earth Engine [J]. Remote Sensing of Environment, 248: 112002.

Wang X , Zhang Z , Zhang B , et al. , 2023. Quantifying the impact of land use and land cover change on moisture recycling with convection-permitting WRF-tagging modeling in the agro-pastoral ecotone of Northern China [J]. Journal of Geophysical Research (Atmospheres), 128 (8): 10. 1029/JD038421.

Watson R T, Verardo D J, 2000. Land-use change and forestry [M]. London: Cambridge University Press.

Wei F W, Nie Y G, Miao H X, et al. , 2014. Advancements of the researches on biodiversity loss mechanisms [J]. Chinese Science Bulletin, 59 (6): 430-437.

Wen Z, Zheng H, Zhao H, et al. , 2020. Land-use intensity indirectly affects soil multifunctionality via a cascade effect of plant diversity on soil bacterial diversity [J]. Global Ecology and Conservation (23): e01061.

Williams M, 2005. Deforesting the earth: from prehistory to global crisis [M]. Chicago: Univ of Chicago Press.

Xiao F, Wang X, Fu C, 2023. Impacts of land use/land cover and climate change on hydrological cycle in the

Xiaoxingkai Lake Basin [J]. Journal of Hydrology: Regional Studies (47): 1-18.
Yerberg P H, Welmoed S, Veldkamp A, et al., 2002. Modeling the spatial dynamics of regional land use: the CLUE-S model [J]. Environmental Management, 30 (3): 391-405.
Zhu Z, Qiu S, Ye S, 2022. Remote sensing of land change: a multifaceted perspective [J]. Remote Sensing of Environment, 282: 113266.

第十章 土地保育

第一节 土地保育源流和特性

一、土地保育的源流梗概

（一）土地保育的缘起历史

自有历史记录以来，人类就认识到人与土地的依存关系，开始关注“地力常新”的土地保育问题。据考古发现中国农田施肥起源很早，在殷墟文物甲骨文中已有“粪田”二字，说明通过施肥来保育土地至少已有3000余年历史。《周礼·草人》根据当时9种不同土壤，记载用各种畜粪进行了变瘦土为肥土的保育土壤工作。这说明中国古代已广泛应用草、绿肥、动物便等有机肥料来增加土壤养分和改良土壤。战国时代荀子说：“多粪肥田，是农夫众庶之事也。”韩非子也说：“积力于田畴，必且粪灌。”北魏《齐民要术》中记载：“谷田必须岁易”“凡谷田，绿豆、小豆底为上，麻、黍、胡麻次之，芜菁、大豆为下”等，表明祖先就非常重视耕地轮作休耕的保育工作。18世纪工业革命以来，尤其是从19世纪开始，由于科技的进步，人类改变土地环境和利用土地的能力增加了数倍之多。为了满足日益增长的人口需要，草原和森林快速变成耕地，土地利用强度迅速提高。于是，土壤肥力开始下降，地力不断退化。1840年，德国著名化学家李比希（Liebig）出版了《化学在农业和生理学上的应用》一书，认为作物从土壤中吸走的矿物质养分必须以肥料形式如数归还，否则土壤将日益贫瘠。英国古典经济学家马尔萨斯、李嘉图和弥尔也注意到土地资源的稀缺性，会导致其报酬不断递减，必须重视土地的保育。之后，约在19世纪和20世纪之交，美国形成了包括土地在内的资源保育运动（Conservation Movement），首先强化对公有土地使用的各种保育政策。

20世纪中叶以来，人口增长迅速，为了利用土地生产更多的粮食，全球快速加大改良品种、增加灌溉、施用化肥、喷洒农药、改进耕作制度进程。据统计，第二次世界大战以来至2021年，全球化肥农药施用量增加了几百倍，全球粮食产量从20世纪中期的6.3亿吨增长至2021年的7.8亿吨，基本上满足了人口数量从1950年的25.2亿增长至2021年78.9亿的需要。但是，过度集约化的土地利用，必然会破坏地球生态平衡，引起土地营养失衡、影响土壤土质和生物多样性，导致土地日益贫瘠、酸化和盐渍化倾向加剧、污染物日益积累、地下水不断被开采、干旱化趋势加快（Norse et al.，2015；鲁如坤等，2000）。研究表明，几乎80%的环境污染直接来源于农田过度施用氮肥和磷肥（杨琳等，2005；Chadwick et al.，2015）。人类开始认识到，人是地球上对其本身所赖以生存土地的最严重破坏者。如果不能加大土地保育、加快发展生态保育型土地利用，人类的发展将不可持续。

（二）土地保育的全球行动

1974 年，世界基督大会（World Council of Churches）关注到许多区域的发展已经面临可持续性的挑战。这个可持续发展的理念，在 20 世纪 80 年代由国际自然与自然资源保育联盟（International Union for Conservation of Nature and Natural Resources）开始加以推广（Dresner，2002）。1983 年，联合国在其第 38 届大会中，通过成立世界环境与发展委员会（World Commission on Environment and Development）。该委员会经过 4 年的研究，在 1987 年发表了《我们共同的未来》研究报告。这一报告正式提出可持续发展的概念，并最后为各界所广泛引用。20 世纪 90 年代以来，可持续发展成为全人类共同关注的主题。土地是人类可持续发展的根基和关键性要素，在此背景下，土地保育运动在全球得到普遍倡导和推行。加强耕地保护，保护土地资源，评估耕地生态影响，以实现可持续发展，成为全球共识。美国、日本、荷兰、德国、英国、以色列、埃及、中国等国家，都先后发起耕地保护运动。以美国为例，一是通过划定城市发展边界、城市建设区和农业区的方式来保护耕地；二是通过对农地保留农业用途的退税和税收优惠来保护耕地；三是通过在农地上设定限制其用于非农业用途的他项权，把农地所固有的开发权依法通过不同的方式一次性转让给他人，从而防止耕地作为城市建设等，来推进耕地保护。中国实施了世界上最严格的耕地保护制度，在《全国国土空间规划纲要（2021—2035 年）》中明确至 2035 年，全国耕地保护面积不得少于 18.65 亿亩，其中永久基本农田保护面积不得少于 15.46 亿亩，继续强化耕地数量、质量、生态三位一体的保护，严守耕地保护红线。

与此同时，耕地休养也成为很多国家和地区对土地采取休养生息、维持和提高地力的重要土地保育行动。比如，美国的农地休耕项目（Conservation Reserve Program）、欧盟的共同农业政策（Common Agricultural Policy）、澳大利亚的夏季休耕（Summer Fallow）、印度望天田的季节性休耕（Rainfed Rice Fallow）、日本的农田休耕项目、中国台湾地区的稻米生产及稻田转作计划与水旱田利用调整计划等，对土地进行周期性免耕，并结合针对性的养护措施，改善土壤碳、氮、磷、钾、有机质和酶、微生物、生物含量（Papatheodorou et al.，2013；Hamer et al.，2008），土壤质地、结构、孔隙性等物理性状（Kaschuk et al.，2006）和 pH 值、吸附性等化学性状（Tongkoom et al.，2013；邓琳璐等，2013），保持水土、涵养水源、保护生物多样性等生态环境功能（Wachenheim et al.，2014），促进实现土地的永续生产能力。进入 21 世纪，由于土地过度开发和超负荷利用，进一步造成土壤肥力下降、水土流失、局部与区域生态恶化等问题日益凸显（Schmid et al.，2007；Schuler et al.，2010）。耕地休养作为一项土地保育的公共政策应运而生，并为世界上许多国家和地区推行（Armstrong et al.，2011）。随后，生态环境保护和土地永续利用逐渐成为这些计划的主要目标（Stubbs，2010）。为了减少土壤侵蚀，提高河流、湖泊水质，保护野生动物栖息地等环境效益，计划休耕面积不断扩展。促进欧洲农业可持续发展和促进环境保护，是休耕的主要政策目标之一（Giacomo et al.，2014）。由于农业对地表水的非点源污染源造成的污染估计占欧盟的55%，因此以休耕为主体的土地保育政策都被人们寄予厚望（Boyle，2014）。

世界各国除了加强对耕地的保育以外，还通过建立保护地（Protected Area，PA）来保持生物多样性和生态系统功能，对重要土地生态系统服务区域进行全生命周期保育。该项运动始于19世纪，主要由北美、澳大利亚、欧洲以及南非等地区的国家发起，其目的是对当地特殊的自然景观及野生动物加以保育（Phillips，2004）。1872年美国设立的“黄石国家公园”，被认为是世界范围内保护地建设运动的开端。之后，美国、日本、英国、澳大利亚、加拿大等国家分别根据本国国情推进保护地建设。1948年世界自然保护联盟（International Union for Conservation of Nature），简称IUCN，在法国枫丹白露（Fontainebleau）成立，为全球土地保护运动提供了重要的技术支持和理论支撑。IUCN将保护地分为严格保护地（严格自然保护地和荒野保护地）、国家公园、自然遗迹或遗产、生境/物种管理区、陆地与海洋景观保护地以及自然资源可持续利用保护地6类（Dudley，2008），得到了全球广泛的认可和实践。目前，保护地已经覆盖16.7%的全球陆地面积，总面积超过中美洲和南美洲之和。在全球范围内，2018年保护地已经对47%的陆域生物多样性关键区域（Key Biodiversity Area，KAB）、43.5%的淡水资源以及44%的海洋生物多样性关键区域实施了全面或部分保育（IUCN，2019）。世界生物多样性保护公约缔约方大会提出，到2030年保护地应覆盖全球陆地的30%。全球自然协议（Global Deal for Nature）也提出保护全球至少30%的区域以应对气候变化的影响（Dinerstein et al.，2019）。中国《全国国土空间规划纲要（2021—2035年）》对全国生态保护红线进行了规定，不得低于315万平方千米，其中陆域生态保护红线不低于300万平方千米，占陆域国土面积的30%以上，海洋生态保护红线不低于15万平方千米。中国自然保护地包括国家公园、自然保护区及自然公园3种类型，2020年已建立各级各类自然保护地1.18万处，占国土陆域面积的18%、领海面积的4.6%，是全球生物多样性保护贡献最大的国家之一。

二、土地保育的概念特性

（一）土地保育的概念

中文“保育”一词，原本是指养育，出自《后汉书·清河孝王庆传》。土地保育（Land Conservation）是保护和养育的合称，是指土地通过保护和养育能够维持其安全和完整的状态；或者说土地在其可被允许的范围内能够智慧地利用（wise use），而不至破坏其自然的原貌（Barlowe et al.，1986）。其本质是防止土地被损坏、被废弃或被毁坏，以致影响土地的永续利用。从社会经济的角度看，土地保育是一种适时适量的善用（the wise or optimum use of land resources over time）。从这个角度看，土地保育所重视的是土地使用时机（timing）的选择。因此也有土地资源经济学家把土地保育定义为：重新分配土地资源现在与未来使用的合理比率。但从整体上来看，土地保育的核心思想是关注在土地资源日益稀缺的情形下，如何能通过土地政策制定和技术改进的实施，以保障土地资源的永续利用。它应该是属于人类生态学的范畴，是人类文化与自然界之间的互动，需要从伦理、道德、生态和环境等方面进行综合考量。在现阶段，土地保育的主要类型可以分成以下几种。

1）耕地保育。对耕地数量、质量和生态进行全面保护，推进基本农田保护建设。通过土地整治、农田水利建设、农田灌排、培肥地力、轮作休耕、精耕细作等养育措施，保持或提高耕地质量及其生产能力。

2）林地保育。通过优化林地布局、适地适种、划分林区和林班、强化防火设施建设、改善局部立地条件、封山育林、调节径流、防止不合理砍伐等综合措施，保持或提高森林蓄积量、碳汇及林地生产能力。

3）草地保育。通过改善水源、改良土壤条件和地表状况、划分季节放牧场、对不同畜群合理划分放牧地、确定合理载畜量、设计合理轮牧小区和轮割区等综合措施，保持或提高草地载畜量及草地生产能力。

4）湿地保育。通过准确识别干旱、水涝、盐害、污染等环境胁迫因子，按照水文情势完整性和景观多样性的原则，建立湿地保护区，减少对湿地占用，改善湿地基底稳定性、水质水量、环境污染、生物结构等，提高湿地的功能和生产力。

5）景观保育。对城市景观、农田景观、乡村文化景观、能源景观、自然景观的结构、形态、组分、格局、多样性、稳定性、美学价值、遗产价值等进行综合评价规划保护和呵护，维护并改善景观的自然生态和文化美学功能。

6）敏感地保育。敏感地是指对人类生产生活活动具有特殊敏感性或具有潜在自然灾害影响，极易受到人为不当开发活动影响而产生生态负面效应的区域，如生态屏障、河流水系、滨水地区、海滩、特殊或稀有植物群落、野生动物栖息地以及沼泽、海岸湿地等。通过建立自然保护地、划定生态保护红线、完善自然灾害风险防控、减缓人类活动强度等措施，保护和养育地球敏感地。

7）特殊地保育。地理标志农产品、历史文化遗址、天然药用植物等分布的特别区域，具有特别的历史、文化和功能价值，需要进行特别的保护和养育。一旦被损坏，将会造成“千古恨”。例如，传统中药材的80%为野生资源，有些药用植物为中国所特有，如人参、杜仲、银杏等，需要采取特别的保育措施。

（二）土地保育的特性

从根本上说，土地保育不同于土地修复。土地修复的对象主要是指对已经损坏的土地系统，采用工程和非工程措施，对土地功能进行恢复，比如对废弃矿山、污染土地、荒漠化土地的功能进行恢复。而土地保育的对象，主要不是针对已经损坏的土地系统，而是针对所有土地，进行土地数量、质量和生态的保护，在保护的基础上采取工程和非工程措施进行养育，使其地力不衰退并尽可能逐步提升，就像养育婴儿一样使其不断成长。它具有以下基本特性：

1）未来性。土地保育是一种投资，也是一种使命。在某种程度上，它是要牺牲现有的一些土地利用价值，以成就更有价值的未来。就像印第安人所指出的那样：土地利用必须考虑对第七代人的影响。土地保育在本质上，是为了更好保障未来世代的福祉，将大自然留给人类的土地遗产，保持其原貌并尽可能提升其品质，传承给下一代。土地保育的未来性，是不能按照当下的经济价值进行衡量的，这是一种历史责任。

2）养育性。它是土地保育的核心要义之一，如同养育婴儿供养其生命所需，使其不断成长和繁衍一般。在利用土地的过程中，需要精心养护土地。例如通过合理施用化学肥料、增加有机肥料投入、向土地施入有益生物菌肥料、增加土壤调理剂施用、改善农田灌排设施、建立天敌防御结构等，不断提升土地的生产能力和生态服务功能。在土地保育过程中，土地生态群落及其成员值得在道义上进行关心和思考。要完全避免对土地的伤害几乎是不可能的，但必须尽可能减少对环境产生不利影响。人类对土地健康应该有一种责任感，通过土地养育保障土地提供的未来福祉有提升，至少不能削弱下一代的土地利益。

3）安全性。土地利用具有不可逆转性（irreversibility），一旦突破临界区（critical zone），就不可能很经济地恢复其原有的永续性。在土地保育过程中，要特别重视最低安全标准（safe minimum standard），就是导致土地产生突变性退化的临界点。如果超过最低安全标准，就可能会导致物种甚至人类文明的衰亡，历史学家汤恩比（Arnold J. Toynbee）以及其他学者，都做过此项研究（Toynbee，1972）。土地保育的安全性，其范围需要超越人类而遍及生物界。要重视保障生物群落健康和高效能生产以及高质量生活，重视保育生物群落的自我恢复能力。

4）层次性。土地是一个多层次的分级系统，具有明显的多尺度空间分异规律。土地保育必须分清不同的层次，明确各自的目标和任务，才能使系统有序运行，如国家土地保育，区域或地区土地保育、片段土地保育，地块土地保育等。从层次性的角度看，人类不可能在改变土地生态系统中某种成分的同时，又使其周围的环境保持不变。在进行土地保育的过程中，要充分重视土地与生态环境之间相互联系和相互制约所构成的互动整体。比如，在进行土地保育时，应该同时重视对水资源的保育，将土地保育与水资源保育视作一个整体同步推进。在保育土地的食物安全能力时，要同时重视保育土地的生态安全、景观安全和文化安全。

第二节　土地保育目标和准则

一、土地保育目标：永续发展

（一）可持续发展与土地保育

可持续发展的概念和主题，自从在20世纪80年代被提出的那一刻起，就广泛地被全球各界所认同，并作为21世纪国家发展战略目标的选择和诊断国家健康运行的标准。它是环境保护和经济发展两种主张的交汇点，既要满足当代人的需求，又不对后代人满足其需求的能力构成危害。其中可持续的含义，是指对资源的保育和对环境的保护；发展的含义，主要指经济的不断增长和社会的不断进步。它们是一个密不可分的关联系统，既要达到发展经济的目的，又要保护好人类赖以生存的大气、淡水、海洋、土地和森林等自然资源和环境，使子孙后代能够永续发展和乐生栖居。

土地是人类生产、生活和生态发展的根基，是地球陆地表层系统具有特定结构-秩序-功能的整体存在，是地球物种生存的安全空间。20世纪70年代以来，随着人口增加和工业化与城市化的推进，人地系统失衡已成为当代世界发展的重大软肋，加快推动人与土地和谐共生具有时代紧迫性。重新思考“天-地-人-生-物”的整体性关系，给自然留下更多生态空间，给农业留下更多良田，给子孙后代留下天蓝、地绿、水净的土地家园，是历史的使命和时代的责任。要实现这一目标，就离不开对土地精心和细致的保育。如果人类不能以最高的智力水准与泛爱的历史责任感，去保护和养育土地的健康水平、生产能力和完整状态，就无法保障土地的永续利用，就会使人类的可持续发展失去根基。事实上，可持续发展的重要内涵之一，就是要在发展之中遵守土地保育的原则，以建立新的道德观念和价值标准，学会尊重自然、师法自然、保育土地，与自然和土地和谐相处。土地保育并不需要人们牺牲生活品质和经济增长，而是要将土地保育融入人们的日常生活和生产实践中，在尊重人与土地和谐共生的框架内，使得土地利用能够更节约、更健康、更精致、更优化和更可持续。

（二）土地保育保障生命安全

观察整个地球陆地表层生态系统，就是一个土地圈生生不息的物种自组织生命社区。大量研究表明：土地的结构、功能、强度、形态、方式、分布、分异等任何演替或变化，都会影响气候变化、生物多样性、水资源利用、地球化学循环、水土流失、城市化进程、交通能源效率、媒介传播疾病、抗生素耐药性、心理健康、人口增长、经济发展乃至技术进步，最终直指生命安全。例如，抗生素、杀真菌药、抗疟疾药、麻醉剂、止痛药、凝血剂、抗凝血剂、强心剂和心律调节剂、免疫抑制剂、人工荷尔蒙、荷尔蒙抑制剂、抗癌药、退烧药、消炎药、避孕药、利尿剂、抗利尿剂、抗忧郁药、肌肉松弛剂、发红剂、抗充血剂、镇静剂以及堕胎药等基因生化工程，都是土地圈的直接产品。如果土地的健康水平和生产能力没有得到持续保育，一旦退化就会直接影响物种的生存效度。

世界是遵循 $E=MC^2$ 的爱因斯坦公式的，宇宙的演替沿着“递弱代偿”规律进行，并不遵循斯密的经济术语、科斯的产权规则和洛克的权力游戏，所有这些理论最多都只不过是“真理融贯论”而不是“真理符合论”。世界的所有物质，依其发生学顺序，都会呈现出存续质量递减、存续时效递短以及存续稳定性递失的态势。越高级的物种，其整体存续能力越低。不是物种的岩石已经存在 47 亿年，单细胞生物蓝藻存活 20 亿年，多细胞生物恐龙存活近 2 亿年，多数哺乳动物存活 9000 万年。阿尔达布拉巨龟的寿命长达 255 年，海蛤的寿命可以超过 400 年，人的寿命至今还很难超过 120 年。可见，高级生命的生存效度是很脆弱的。当下“人类世”或“熵世”概念的建立，表明人类文明的灭绝性力量和熵增已经抵达行星尺度。如果土地这一生存根基再不能得到恰当保育，整个地球生命将可能会进入“剩余时间”的进程。

生命基本需求的 7 个要素 1 万年来都没有改变：食物、能源、水、安全、健康、环境、栖息之所，而所有这些都与土地直接关联，也是土地的功能和使命，这是真相和事实。如果土地的功能不能得到保育，人类、动物、植物和微生物的生命，都会受到毁灭性的冲击。最新研究表明，在威胁哺乳动物生命的所有因素中，排在前 3 位的是人类过度利用土地（32%）、土地生境丧失（25%）、人类干扰（20%），至于自然灾害、火灾、物种入侵等因素所占比例都在 4%以下（吴次芳等，2020）。可见，如果能够强化土地保育，也许能够挽救大部分哺乳动物的生命。古丝绸之路沿线文明的消失、美索不达米亚文明的衰落、环地中海文明的衰败、黄土高原的历史变迁、美国太平洋上空的尘暴、苏联中亚的黑色风暴、黎巴嫩雪松的命运、美洲新大陆的毁坏、热带森林的毁灭、海湾的“红潮”事件、英国本土鸟类大幅度减少、全世界每天75个物种灭绝等，都是土地没有得到应有保育而导致的结果。印度泰米尔纳德邦和古吉拉特邦，美国得克萨斯南部和墨西哥，土地利用过程中片面追求经济效率的最大化，不重视水土资源保育，不断开采地下水导致地下水枯竭，结果使大片大片的土地荒芜。国际减灾战略的研究表明，滑坡等地质灾害的形成，主要是源于缺乏科学的土地保育所造成的。目前，美国、瑞士、意大利、新西兰、日本、韩国、中国等国家，减灾战略已开始从工程性“硬措施”转向土地利用限制和土地保育等“软”措施，其中通过土地规划并加强土地保育来减少灾害地区的发生频率是最重要的手段。在中国台湾地区，通过土地保育减少灾害来保障生命安全，已成为土地领域的重要研究方向。如此看来，通过维护和保育土地整体性、健康和功能来保障生命安全，应该是绝对和无条件的。

二、土地保育准则：融入自然

（一）融入自然是核心准则

生命的诞生和物种的灭绝，都是自然界各圈层间相互作用的结果。地球的生物圈是由生物及其所依赖的水、阳光、土地、空气、各种生命、各种有机物和无机物、地表、水文、大气层等共同构成的，生命在生物圈里进行物质、能量和信息交换，每一个细胞都来源于自然界的各种元素构成。生命承载着自然的使命，生命演化过程只是自然界耗散进程的一部分，在很多情形下只是自然界演化的一种瞬间存在。因此，人类必须融入自然，成为自然的一部分，必须适应大自然的变迁，与自然共同塑造生命。根据热力学第二定律，人类对自然的掠夺性过程必然促进自然系统的熵增加，以导致更大的自然系统混乱的代价，是有限资源环境灾难和家园失守的根源。热力学第二定律还提示，动物生命繁衍所导致的能量分布的无序化，即熵增过程是不可逆转的。自然中的质量物态是奇点状态下自然能量衰变或自然熵增递变的产物。物质是能量的衰变存在形态，自然物质的演化路径一开始就注定要继续衰变下去，这个衰变进程将体现为无机物态的变构进程和生物物种的变异进程。

任何物种的生存和发展，都离不开土地资源的保障。在土地资源稀缺的情景下，出于生命的本能，物种会开始资源竞争。土地资源竞争是指物种对空间、营养物质、光等资源的竞争，竞争分为种内竞争和种间竞争。从微生物、浮游植物到高等植物，及至浮游动物的实验都表明，土地资源供给浓度会影响或决定一个种群数量的衰退、增长或维持不变。生态位是指每个个体或种群在种群或群落中的土地时空位置及功能关系，它表示土地生态系统中每种生物生存所必需的生境最小阈值。在自然环境里，每一个特定位置都有不同种类的生物，其活动以及与其他生物的关系取决于它的特殊结构、生理和行为，因而每种生物都具有自己的独特生态位。也就是说每一种生命都占有各自的土地空间，在地球生命系统中具有各自的功能和营养位置，以及在温度、湿度、酸碱度、氧化还原电位等环境变化梯度中所居的地位。一个种的生态位，是按其食物和生境来确定的，生境是指某个种的个体或群体为完成生命过程需要的、一定面积上的资源和环境条件。毫无疑问，竞争提升了生命力。但是，竞争如果不能和共生相伴，生命系统会由于竞争的白热化而走向崩溃。所以，要避免引进生态位相同的物种，尽可能使各个物种的生态位错开，避免种群之间的直接竞争，重视维持土地生态系统的生物多样性，使生物群落保持共生，才能保证生命的稳定性和延续性。在土地资源有限性的条件下，这些高度集聚的人口都需要各自的生态位，他们会相互竞争。如果不能寻找到生物圈生命“共生”的生存方式，生命就会走向“死寂”。

土地保育作为人类智慧的一种选择，其核心原则就是要领悟地球的生命存在和脆弱性，守护地球生命的韧性和持续性，将保育融入自然，这是土地保育的逻辑起点。如果自然环境的持续衰退不能得以保育，地球生命就会进入第六次大灭绝，任何所谓可持续发展都将归零。自远古时代起，人类就有择水而居、择木而栖等融入自然的传统，更有天人合一和道法自然等文化传统，由此也孕育了土地保育融入自然的朴素思想。只是从工业革命以来，人类一直奉行以“物”为核心的土地利用观，导致人与土地的和谐在逐步消失，致使土地生态环境不断退化。1969 年，麦克哈格出版了著作《设计结合自然》（*Design with Nature*），该著作超越了传统城市设计过于关注形式、功能及审美的价值取向，而转为关注生命安全、生存环境和生态平衡的价值取向。按照麦克哈格的主张，设计结合自然的核心内容是要协调好人与自然的关系、协调好社会与环境的关系、协调好设计与场地的关系（张蕊，2014）。从系统论的角度看，土地保育在宏观层面首先要融入更大的区域自然，与更大区域的自然地理结构、生态系统结构和生物地球化学循环相融合；然后，才是中微观层面土地保育融入自然的问题。但无论在哪个层面，土地保育都需要强调本于自然的自然属性，在追求土地利用效益的理性操作下也不能偏离它本于自然以及与自然共生的基本准则。这里的融入自然，主要是指土地保育要融入自然地理格局和符合区域生态系统物质能量循环规律，不能破坏土地的自然结构和大地肌理。

（二）土地保育的实践准则

由丁上地分布幅员广大，自然条件相差悬殊、地区之间发展也很不平衡，在可持续发展的背景下，很难有一套固定的模式和方法。因此，在坚持土地保育融入自然这一核心原则的基础上，以下实践准则或者说操作策略，是值得十分重视并具有应用价值的。

1. 耕地优先准则

耕地是土地的精华，是人类食物的主要提供者，88%的食物由耕地提供。耕地是粮食生产的物质基础，民以食为天，耕地保育关系到人类粮食安全。耕地质量的养育和数量的保护，对于农业的可持续发展至关重要。保育耕地有助于保护和恢复土壤肥力，提高农作物产量，进而支持人类生命的可持续发展。全球城镇化和工业化的快速发展，导致耕地被大量占用和转用，耕地数量不断减少，耕地结构不断变化，耕地安全底线受到威胁。自然灾害和人为破坏，导致耕地遭受水土流失、盐碱化、沙化、污染等退化现象，耕地质量不断下降，耕地生产力受到严重影响。耕地利用经济比较效益低，导致科学技术和管理水平滞后，使耕地资源的潜力没能充分发挥。进入 21 世纪，人口不断增多，耕地逐渐减少，人民生活水平不断提高，保持人类食物可持续发展首先要确保耕地的数量和质量。据

2018 年世界银行数据，全世界耕地面积为 13.98 亿公顷，人均耕地 0.1867 公顷，而且后备耕地资源极其有限。随着全球对用作食品、饲料和生物能源的农业商品需求的增加，耕地的压力也在增加。同时，耕地是应对 21 世纪主要挑战的重要资源——生物多样性的丧失和全球气候变化。因此，在实践操作层面上，土地保育要将耕地保育放在优先地位，实现藏粮于地和藏粮于技，保障人类食物的持续供给。

2. 水土联动准则

水与土地作为自然生态环境系统的重要组成部分，两者对土地利用的密切关系无须赘言。在一般意义上，水是自然界物质循环的重要动力来源，而相应的土地物质则作为水循环的重要媒介。因而，水是土地承载功能、生育功能、自组织净化功能等发挥最大潜力的基本条件，水资源利用的合理与否，直接关系到土地的生产效率和功能；而土地的开发利用水平也直接影响着水的利用，高效率的土地利用则为水资源的合理利用创造了相应条件。水与土地两者之间相互依赖和相互制约，与社会经济活动相结合，构成了人类文明的动态系统结构。国内外的研究表明，土地与水存在耦合规律，对人类的可持续发展犹如一枚硬币的正反两面密不可分，共同影响区域资源环境的生产能力和承载能力（Christopher et al.，2000；Schilling et al.，2008；Sjöstedt et al.，2011；Garmendia et al.，2012）。

要维持土地的持续生产能力，特别是农业，除了品种改良、技术进步和合理施用化肥农药以外，水的合理使用和保育是不可或缺的。在某种程度上，水的保育比土地保育还要复杂，因为水资源的供给大多是超越地方行政疆界的，跨越国界也是很常见的现象，其中不仅涉及区域利益，还牵涉不同国家之间的利益。因此，水资源保育至少要以集水区为单位来进行，而众多集水区又包含在整个流域之中。集水区的修复涉及水土保持、农场保育、森林保育、牧草地保育、减少洪涝灾害、防止河床淤积等，还涉及城市和工业用水、鱼类和野生动物的保护以及提供游憩机会和水权分配等。如果土地资源保育不能联动水资源保育，就很难有高的土地生产能力，在干旱和半干旱地区尤其如此。由于土地与水资源交互作用形成复杂的、非线性的多重反馈系统，因而水土联动保育的过程是一个系统工程。必须遵循系统协同性原则，即构成土地和水系统之间，以及水土系统与外界环境之间形成一种相互促进和协同发展的保育机制，以确保系统协调持续发展目标。

3. 生命伦理准则

现实的土地保育决策大多只定位在经济、技术、法律或政治的层面，很少有决策直接包含伦理选择问题。这其中除去认识上的偏差以外，更重要的原因是人类自身利益与土地保育之间的冲突。例如一片河边地是作为野生动物栖息地、林荫地还是工业用地或住宅用地，就面临土地保育的两难伦理选择。但无论如何，从可持续发展的观点看，人类在土地保育过程中必须遵循基本的生命伦理原则。一是超越经济性准则。土地保育的功利主义目标必须受到道德责任的约束，要超越狭隘的经济范畴。比如，土地保育行为不能以单纯增加耕地数量为主要目的，要以提高耕地质量、维护土地健康和创设人地共荣为其基本宗旨。二是分配公正准则。当人与生物利益在土地保育过程中发生冲突时，冲突各方应尽可能等同分配并共享土地资源，例如划分永久性环境保护区，实施环境整合规划、轮作、轮猎等，以保证人与生物之间的分配公正。要尽可能保留一定数量和面积的沟塘和低洼地，为野生动植物留下一片合适的栖息场所和生存、繁衍的空间环境。三是世代义务准则。土地伦理学认为土地保育对将来的子孙后代承担有重要的义务，人类没有权利去破坏重要的或无法替代的文化资源和遗产。所有的土地保育必须综合考虑它们的长期影响，尤其是对下一代的可能产生的后果。例如大规模围海造田和毁林开荒，似乎对维护眼前的耕地数量平衡是至关重要的，但它可能会导致削弱下一代的利益。按照土地利用伦理的观点，应避免家长式的土地保育行为，以个人喜好替代社会风险评估势必对世代利益构成危害。四是重塑公平准则。如果说完全避免对生物及环境造成某种伤害几乎是不可能的，那么在土地保育过程中，就应当设法通过土地生态重建、环境复原等保育方式给生境以补偿。例如根据土地保育区所在地的社会、经济、环境承受能力，合理确定土地保育的规模、速度和配套工程等级，通过基于自然的土地整理方式，重塑人与其他生命的公平栖息环境。

4. 生态连通准则

土地生态系统的重要特征是具有整体性和连通性，影响土地生态系统功能和生物多样性保护的重要因素是其整体性和连通性受到破坏。土地保育如果没有充分考虑连通过程，就很容易破坏景观的网络格局，而影响结点的可接近性，影响物种流能迅速从源达到汇，增加了路途过程中能量的消耗，提升了捕食者袭扰的概率，从而造成“生物孤岛”，影响生物的多样性。由于自然保护区、生态红线区、孤立雨林或高山、湖泊、戈壁、沙漠、山地、孤立雨林，甚至人类社会包围下的小块自然栖息地的物种数量状况等都可当作类似的岛屿，如何保障土地生态系统的完整性和连通性，如何才能不会造成“生态孤岛”，是土地需要特别加以重视的一个重要概念。在具体的土地保育过程中，需要从以下两方面来提高土地生态的连通性。

1）融合景观连通理论设计土地生态连通性。景观连通性主要是指结构连通性、功能连通性和栖息地连通性，它可以通过以下几个方面得到反映：斑块的大小和形状、同类斑块之间的距离、廊道是否存在、不同类型树篱之间相交的频繁和由树篱组成的网络单位的大小等。度量景观连通性目前已有多种方法，例如 Forman（1995）利用连接与节点的数量，通过一个简易公式对连通性（con）进行计算：

$$\mathrm{con} = L/3(V-2) \qquad (10-1)$$

式中：L 为连接的数量；V 为节点的数量。这种方法在景观连接与节点均容易识别的精密尺度下比较方便使用。但在区域尺度和景观尺度上，土地空间高度多样化和复杂化，比如有不同形式的连通性等，就需要借助 GIS 的新工具对连通性进行量化，景观生态学家和科学家们还开发了多种可供公众使用的景观连通度计算模型（McGarigal et al.，2002）。美国农业部的《森林服务通用技术报告》连通性计算模型，可从网站上下载，其中 FRAGSTATS 主要是基于斑块内聚力指标、连接性指标、可通行性指标等进行综合计算（Mace et al.，2012）。FRAGSTATS 空间分析模型以 GIS 数据作为输入层，计算出连通性及许多其他景观参数，在实际应用中已经表现出较高的效率（陈思清等，2017）。

2）运用复杂网络理论设计土地保育的生态连通性。大量研究表明，土地空间生态连通性主要取决于生态网络的连通性（zhao et al.，2019；荣月静等，2020），可运用复杂网络理论和方法完善生态网络节点体系，提升土地空间的生态连通性。基于复杂网络理论和方法，通过度分布、平均路径长度、集聚系数、介数等控制参量的表征和测度，建构土地空间重要生态节点分布的小世界网络模型和无标度网络模型分析框架。在此基础上，采用土地利用数据、遥感影像数据、POI 数据、社会经济数据、生态保护红线划定等相关数据建立数据库，选取地形地貌指数、植被指数（NDVI）、水体指数、土地利用变化率等进行多指标综合评价，结合 GIS 综合分析提取不同尺度和不同类型的生态节点。根据生态网络的特性，采用符合生态节点网络生成规则的无标度网络 Scalefree Rank 算法，从节点权威性角度来识别网络中的重要生态节点。同时，从网络的功能——传播角度，采用 Small-world Rank 算法从节点传播能力角度来识别网络中的重要节点。通过比较权衡，设计“资源型战略点-结构型战略点-生态廊道-结构型薄弱点”的土地空间重要生态网络节点体系，有利于提高土地空间的生态连通性（张晓琳等，2020）。

5. 因地制宜准则

本书在第四章中已经指出，每一种土地利用方式都有其最适宜的特定自然生境，都可视为一个“生命感应中心”，其生长发育总是围绕这一生境而展开的。因此，中国自古以来就特别重视“相土之宜而布其利”，也就是始终坚持因地制宜准则。土地保育也不例外，需要根据土地结构、功能、形态以及土地利用的密度、分割和可接近性等地方情境，因地制宜设计在地性保育方案。一种尺码不能适应所有需求，土地保育需要超越“百灵丹”或固化的处方，去发明一种机制性的诊断方法，努力创造并运行一系列专门应用于具体场景的在地性土地保育治理系统。以溪河水体护坡的土地保育为例，在设计中需要根据因地制宜原则选择自然生态护坡、人工生态护坡和自然与人工相结合的护坡等多种不同的形式，使得自然美首先存在于人工环境与自然环境协调的统一之中：①自然生态护坡宜在大面积的水面沿岸，提倡采用天然土质驳岸，缓坡种植保水固土草皮或天然草灌植被，后方种植高大乔木形成纵深景观层次。②人工生态护坡则适合在局部有特殊水土保持需求和景观需求的沟渠地段，可以采用适当硬化措施。在驳岸近水面可以种植水草、水中花卉等亲水植物，既可增加景观美感，减轻驳岸硬质感，同时也可有效净化水质。③自然与人工相结合的护坡则在湖岸采用局部硬化驳岸与自然柔式漫坡间隔结合的处理方式，辅以丛植或组团状的花卉灌草，既保护了湖岸，又创造了连续而又富于变化的滨水景观。柔式漫坡可以采用木质排桩护岸，既固土也不影响水体与湖岸交流的通透性（陈耀华，2003）。

第三节　耕地保育内涵和框架

一、耕地保育内涵和特征

（一）耕地的内涵及其特性

按照《土地利用现状分类》（GB/T 21010—2007）的分类标准，耕地是指种植农作物的土地，包括：熟地，新开发地、复垦地、整理地，休闲地（含轮歇地、轮作地）；以种植农作物（含蔬菜）为主，间有零星果树、桑树或其他树木的土地；平均每年能保证收获一季的已垦滩地和海涂；耕地中包括南方宽度<1.0 米、北方宽度<2.0 米固定的沟、

渠、路和地坎（埂）；临时种植药材、草皮、花卉、苗木等的耕地，以及其他临时改变用途的耕地。耕地划分为水田、水浇地和旱地 3 个二级土地利用类型（表 10-1）。但在对耕地调查和认定的具体实践中，是比较复杂的。

表 10-1 耕地分类与含义表

一级类		二级类		含 义
地类编码	地类名称	地类编码	地类名称	
01	耕地	—	—	指种植农作物的土地，包括：熟地，新开发、复垦、整理地，休闲地（含轮歇地、轮作地）；以种植农作物（含蔬菜）为主，间有零星果树、桑树或其他树木的土地；平均每年能保证收获一季的已垦滩地和海涂；耕地中包括南方宽度<1.0m、北方宽度<2.0m 固定的沟、渠、路和地坎（埂）；临时种植药材、草皮、花卉、苗木等的耕地，以及其他临时改变用途的耕地
		011	水田	指用于种植水稻、莲藕等水生农作物的耕地，包括实行水生、旱生农作物轮种的耕地
		012	水浇地	指有水源保证和灌溉设施，在一般年景能正常灌溉，种植旱生农作物的耕地，包括种植蔬菜的非工厂化的大棚用地
		013	旱地	指无灌溉设施，主要靠天然降水种植旱生农作物的耕地，包括没有灌溉设施，仅靠引洪淤灌的耕地

2009 年开展的全国第二次土地调查（俗称“二调”），耕地是按照表 10-1 的标准界定的。但对于 1999 年以来，由于农业结构调整造成耕地转变为园地、林地、草地和坑塘水面，且耕作层未被破坏的原耕地，按现状地类调查并被认定为可调整地类，包括可调整园地、可调整林地、可调整草地、可调整坑塘水面。在后期的耕地管护中，可调整地类可以被划入永久基本农田，按耕地进行管理。二调成果显示，截至 2009 年 12 月 31 日，全国耕地总面积为 13538.45 万公顷（203076.9 万亩），占全国土地调查总面积的 14.3%。其中旱地 7430.87 万公顷（111463.1 万亩），占耕地总面积的 54.9%；水田 3299.24 万公顷（49488.7 万亩），占耕地总面积的 24.4%；水浇地 2808.34 万公顷（42125.1 万亩），占耕地总面积的 20.7%。

2019 年开展的全国第三次国土调查（俗称“三调”），其耕地含义是指：种植农作物的土地，包括：熟地，新开发地、复垦地、整理地，休闲地（含轮歇地、轮作地）；以种植农作物（含蔬菜）为主，间有零星果树、桑树或其他树木的土地；平均每年能保证收获一季的已垦滩地和海涂。与“二调”耕地的含义相比，“三调”是按实际利用现状调查认定耕地的，去掉了临时种植药材、草皮、花卉、苗木等的耕地，以及其他临时改变用途的耕地。对于“二调”以来历年耕地现状已是其他利用类型的，按现状地类调查，如果是种植园地、林地、草地、坑塘水面等地类的，通过属性标注来认定其属于历年的耕地，而且通过标注属性显示其恢复为耕地种植的难易程度。“二调”以来的耕地，实地为种植园用地、林地、草地及坑塘水面的，清理后可直接恢复耕种的标注为“即可恢复”的属性；“二调”以来的耕地，实地为种植园用地、林地、草地及坑塘水面的，清理后仍需采用工程措施才能恢复耕种的标注为“工程恢复”的属性。对坡度超过 25 度的陡坡地，不得标注恢复属性。对于耕地上种植多年生草本、耕地上大棚种植或培育、临时占用耕地、可调整地类、推填土耕地、已批未用耕地等的调查认定，与“二调”的调查认定也有不同。“三调”成果显示，截至 2019 年 12 月 31 日，全国耕地总面积为 12786. 19 万公顷（19172. 79 万亩）。其中，旱地 6435. 51 万公顷（96432. 61 万亩），占 50. 33%；水浇地 3211. 48 万公顷（48172. 21 万亩），占 25. 12%；水田 3139. 20 万公顷（47087. 97 万亩），占 24. 55%。

“二调”与“三调”耕地调查结果比较见表 10-2。从表 10-2 可见，“三调”与“二调”相比：耕地减少 752. 26 万公顷（11283. 9 万亩），水田减少 160. 04 万公顷（2400. 6 万亩），旱地减少 995. 36 万公顷（14930. 4 万亩），水浇地增加 403. 14 万公顷（6047. 1 万亩）。从理论上说，2009—2019 年间，中国是严格实行耕地占补平衡的，建设占用耕地必须补充等量的耕地面积，耕地保有量实行省长负责制，其中虽有退耕还林还湖还草等原因，但耕地面积不应该相差如此之巨。其中重要的原因，就是“二调”与“三调”对耕地的认定标准不同所引致的。

表 10-2 “二调”与“三调”耕地地类调查结果比较表 单位：万公顷

地类	耕地	水田	旱地	水浇地
“二调”	13538. 45	3299. 24	7430. 87	2808. 34
“三调”	12786. 19	3139. 20	6435. 51	3211. 48
“二调”数据减去“三调”数据	752. 26	160. 04	995. 36	-403. 14

在国际上，各国对耕地的调查认定都有一定差异。联合国粮农组织关于农业用地统计的项目、口径和定义中，与中国耕地内涵相对应的是“作物用地”，它分为可耕地、保护层覆盖下的土地和多年生作物用地-露天 3 个亚类。

1）可耕地。在普查年度短期作物能够正常收获的所有土地面积。它包括休闲地和在不可预见的情况下未播种的土地。可耕地不包括多年生作物用地和保护层覆盖下的土地。可耕地并不意味着它是潜在的可开垦的土地。包括短期作物用地、短期草地、暂时休闲地及所有其他可耕地。①短期作物用地。包括所有在露天生长周期在一年之内、收获后必须重新播种或种植的各种作物用地。在地里生长一年以上的作物也可视为短期作物。例如，在有些地方，芦笋、草莓、菠萝、香蕉、甘蔗，可能是一年生作物。这些作物应根据当地习惯来区分是短期作物还是多年生作物。蔬菜、花卉、球茎、菜园和商业性菜园也应包括在这一类中。对于这种土地利用类型，有些国家也许希望建立“专门耕作的土地”这一分类。树木或灌木类花卉（如玫瑰、茉莉等）用地，不应包括在短期作物用地中。②短期草地。包括为了收获草料或放牧而短期种植草本饲料作物用地。时间在 5 年之内应视为短期，以避免在区分短期和永久性草地时的实际困难。各国可用不同的标准来区分短期和永久性草地或牧场。③暂时休闲地。指在再耕种之前延长闲置时间的土地。休闲时间过长的土地，根据其特征，可能需要进行重新分类。譬如，如果用于放牧，则归类“永久性草地或牧场”；如果生长了许多可用于生产木材或薪炭的树木，则归类“林地或森林用地”；如果已经成为荒地，则归类“所有其他土地”。除非土地已经或计划休闲一个农业年度以上，否则不能视为休闲地。应该区分短期休闲地与由于轮耕而放弃的土地，前者是生产经营单位的一部分，后者则不是。如果在播种或种植完成之前收集普查数据，那时休闲的面积不久种上作物，应按将播种或种植的作物进行分类，而不作为休闲地。短期用于放牧的休闲地，如果在正常情况下是用于耕种短期作物，应该划为休闲地。④所有其他可耕地。包括在标准年内所有没有投入上述各种使用的轮耕土地。如被洪水暂时冲毁的可耕地、准备用于耕种但因意外情况而没有播种的土地。

2）保护层覆盖下的土地。包括保护层覆盖下的短期作物用地和保护层覆盖下的多年生作物用地。保护层覆盖下的土地是指用玻璃、塑料或其他材料做保护层的建筑下的土地。这种土地既可用于短期作物，也可用于多年生作物。

3）多年生作物用地-露天。包括种植各种多年生作物的土地。多年生作物是指在每次收获后若干年不需要再种植的作物。如树木、灌木类花卉（如玫瑰、茉莉等）用地、苗圃（不包括种植森林树木的苗圃，它属于林地或森林用地）。苗圃是指为移植或出售而培育幼苗的成片土地。永久性草地和牧场不包括在多年生作物用地。

由上所述不难发现，中国与联合国粮食组织的耕地含义是有较大差异的，相互之间的耕地面积是很难进行简单比较的。在英文表达的话语体系里，与耕地直接关联的英文词汇有：① Arable Land：指适合种植农作物的土地，通常指没有森林、沙漠或其他不适合种植的地形。②Cultivated Land。指经过人工开垦和耕种的土地，用于种植农作物或养殖动物。它包括农作物种植，还包括牧草地。③ Farmland。指种植农作物的土地、牧草地、果园等农业用地，是农场范畴的农田，其耕种通常需要超过 1 年。④ Tilled Land。指经过翻耕和处理的土地，用于种植农作物。⑤Plowed Land。指犁过的土地。⑥ Agriculture Land。指农业用地，包括耕地、园地、林地和牧草地等。这些词汇在各种不同英文文献里经常有混用的现象，说明人们对耕地含义的理解并不完全一致。从中国的土地利用分类系统来看，现实中耕地与园地甚至某些草地之间的界限不是绝对的；大多数鱼塘是由开挖水田而成，鱼塘与藕田的土壤理化性状也是基本一致的。如何科学界定耕地的含义及其认定，还需要进一步探索。尽管如此，世界各国都同意耕地是自然土壤发育形成的，能够种植农作物的土地，并具备可供农作物生长、发育、成熟的自然环境，是人类赖以生存的最重要资源。它具有以下基本特征：

1）耕地功能的根基性。耕地提供了人类生命活动 80%以上的热量和 75%以上的蛋白质，95%以上的肉蛋奶产量也由耕地农副产品转化而来。全国轻工业产值占工业总产值的近一半，而以农产品为原料的加工业产量就占轻工业总产值的 50%~60%。轻工业原料，特别是纺织工业、食品工业等原料大多来源于耕地（张凤荣等，2006）。耕地还是陆地生态系统的重要组成部分，绿色植物以及存在于耕地中的各种动物、微生物处于相互依赖和相互作用状态，构成完整的陆地生态系统。据统计，在 1 克肥沃的耕地土壤中，原生动物可达 100 万个，细菌在耕作层中约有每公顷 336 千克，真菌有每公顷 540 千克，这是一个庞大的生物原生地和基因储存库。此外，耕地中还有数量众多的螨类、弹尾类、白蚁和蚯蚓等。它们不仅数量众多，而且种类也十分丰富。耕地的所有这些功能，对人类存续和其他生命的延续都是根基性的。民以食为天，耕地的功能尤其是耕地的食物生产功能一旦丧失，生命就会失去依托。

2）耕地分布的区域性。耕地是人类与自然的创意，是土地的精华。能够形成耕地的土地必须要具备可供农作物生长、发育、成熟的自然条件：①必须要有适宜的温度和水分，以保证农作物生长发育成熟对热量和水量的要求；②必须要有相当深厚的土壤，以满足储藏水肥气热，供作物根系生长发育之需；③必须要有一定的抗拒自然灾害的能力，不能经常被自然灾害毁坏；④必须要有适宜和相对平坦的地形，在河水泛滥的河漫滩和坡度超过 25 度的陡坡地，都不宜开垦成耕地。正因为有这些条件的限制，所以耕地的空间分布具有很强的区域性。例如，全国64%的耕地分布在秦岭、淮河以北，年降水量 200 毫米以下地区的耕地仅占 5.79%；水田主要分布在长江中下游和西南的湿润地区，旱地主要分布在东北、华北和西南地区，水浇地主要集中在北方干旱而又有水资源可利用的地区。

3）耕地供给的稀缺性。由于耕地的形成受气候条件、地形坡度、土层厚度、土壤可溶盐含量、水资源等条件的限制，地球上可开垦为耕地的资源是有限的。据世界粮农组织（FAO）数据，全球 1.29 亿平方千米的土地上，用于种植作物的耕地仅占 10.8%，世界人均耕地面积不足 0.25 公顷。随着工业化和城市化的推进，一方面是耕地数量的减少和质量的退化；另一方面是人口的增加和消费水平的提升。耕地与人口之间的矛盾始终尖锐，耕地资源的稀缺性在相当长时期内难以改变。根据联合国粮农组织发布的《2021 年世界粮食和农业领域土地及水资源状况》，当前全球耕地和水资源系统面临巨大压力。34%的农业用地已经面临人为造成的土地退化，其中近 1/3 的雨养耕地和近一半的灌溉耕地面临人为土地退化风险。人口增长使得用于作物和畜牧生产的人均农业用地在 2000—2017 年间减少了 20%，城市的快速扩张已经挤占了所有类型的农业用地。当前大规模集约化粮食生产模式不可持续，高污染、高排放已将生产能力逼至极限。利用非有机肥料提高粮食产量，对土壤健康造成严重不良影响，通过径流和排水导致淡水污染，估计每年有高达 150 万公顷作物耕地因土壤盐碱化而无法用于生产，预计蒸散速度加速将会加剧地表土层中的盐分累积，而 30~100 厘米深度下层土壤的盐碱化问题更为突出。根据联合国粮农组织发布的《2022 年世界粮食安全和营养状况报告》，2021 年全世界共有 7.02 亿~8.28 亿人陷入饥饿，其中 2019—2020 年间增加 1.03 亿人，2021 年增加 4600 万人。在非洲、亚洲、拉丁美洲及加勒比地区，预计到 2030 年仍将有近 6.7 亿人面临饥饿，占世界人口的 8%，世界饥饿人口持续上升，粮食需求量增大，耕地供给的稀缺性进一步突显。

4）耕地系统的人工性。耕地是人类和自然的创意，是人工和自然相互作用下的复合系统。与林地和草地等农业用地相比，耕地受人工干预控制是最为强烈的，凝结着千百年来人类的大量物化劳动。当新石器时代人类把种子有意识地撒向土地时，人类便开始利用耕地，对耕地施加各种影响。无论是井田制、屯田制、占田制、均田制，还是今日的联产承包责任制；也无论是江汉平原与洞庭平原的变迁、西北与东北的屯垦、还是珠江三角洲和长江三角洲“基塘”这一方式的形成及发展，都始终是围绕着耕地而展开的。修建梯田、兴建陂塘、筑淤地坝、引洪淤灌、高低畦整地、区田种植、轮作休耕、保熵防旱、绿肥轮作、施肥除虫、改良盐碱、灌溉排水、农田防护林和高标准农田建设等各种人工干预措施，使耕地附加了大量的人工设施和人类劳动遗迹，它们已经固化在土地上，成为耕地不可分割的组成部分。可是，人类只能在一定时空范围内在某种程度上控制耕地系统，而不能违背自然规律对耕地进行过度干预，否则就会适得其反。如人类可以采取一定工程措施对盐碱地进行改良，使盐土脱盐免除盐分对作物的危害，但不能完全改变由区域气候和水文地质条件决定的盐碱化威胁，否则会扰乱陆地生态系统的水文循环秩序。人类可以在一定程度上通过施用化肥农药提高耕地生产力，但如果过度施用化肥农药，就会造成环境污染并影响农产品的品质和人体健康。因此，人工对耕地系统的干预控制必须保持在一定限度内。人工干预与耕地自然特性匹配得越好，耕地的产出就越高效并能实现永续利用。

此外，耕地还具有多宜性和多变性，既适宜种植粮食作物，又适宜某种经济作物，还适宜林、果、牧利用，也适宜改变为建设用地。在市场条件下，各种适宜性利用方式会随着社会经济需求的变化而相互转化，具有多变性的特点。因此需要特别关注的是，如果耕地的生产能力因多宜性调整不当而被破坏，要修复就需要付出巨大成本。如耕地转变为建设用地后，如果要将建设用地再复垦成耕地，工程耗费是巨大的，所以对耕地的用途转换需要特别谨慎。

（二）耕地保育的四重维度

耕地保育是指对耕地的保护和养育，其内涵应该包括数量保护、质量保养、生态保全和文化保真的四重维度，实现耕地数量、质量、生态和文化的四位一体保育。耕地保育的四重维度，不是简单地将耕地数量、质量、生态和文化保育机械叠加在一起，而是需要运用系统论的思维，从耕地系统要素优化、过程控制和状态监测等方面开展耕地保育。其实质是保护和养育耕地系统的生产、生活、生态和文化功能，使耕地系统的功能得到永续发挥，不断满足人类延续和对美好生活向往的需要。耕地数量、质量、生态和文化功能彼此相互关联，共同发挥作用，即耕地数量保护是耕地质量保养的前提，耕地质量保养是数量保护的保障，而耕地生态保全和文化保真是数量保护和质量保养的基础。因此，耕地数量、质量、生态和文化四位一体保育是一个具有系统性和关联性的整体。

1. 耕地数量保护

耕地数量保护是耕地保育的基础和前提。没有了耕地数量，就无所谓耕地质量、生态和文化，也无所谓食物的提供和安全保障。研究表明，世界各国衡量人民物质生活水平主要标准之一，是粮食的人均占有量。在一定的科学技术水平下，人均粮食占有量是与人均耕地占有数量的多少密切相关的。根据统计，世界上人均占有粮食超过 500 千克的 10 个国家，人均耕地都超过世界人均耕地数量；人均占有粮食超过 1000 千克的几个国家，人均耕地都成倍地超过世界人均耕地。据世界银行数据库，2001—2018 年，全球耕地总面积由 11.2 亿公顷增长到 13.9 亿公顷。同期，在全球 200 余个国家和地区中，耕地面积增加的国家和减少的国家数量相当，对总体上维护世界粮食安全起到了重要作用。据世界银行数据库，在 2010—2020 年间，育种技术进步和农田改良措施改进等对粮食单产的增加是有限度的，平均只有 1.26%左右；在 2015—2020 年间，德国、法国、英国、韩国、日本、印度尼西亚、印度、澳大利亚等国的粮食单产平均下降了 3.05%。可见，耕地保育首先必须强化耕地数量保护，在不同尺度下确保耕地数量可以持续满足区域人口健康生存的需要。

2. 耕地质量保养

按照本书第五章对土地质量的定义，耕地质量是耕地固有特性满足耕地利用类型特定要求的持续能力，是耕地各种内在属性对满足农作物用途需求的综合表征，包括耕地固有的自然属性和凝固在耕地中的人工属性。自然属性是指气候、地形、土壤、水分条件等自然因素所呈现出来的质量特性；人工属性是指人们在耕地利用过程中通过对耕地平整、耕地改良、耕地基础设施和附属设施建设等物理、化学、生物及工程措施而内化于耕地本身的特性，而种子、化肥、劳动时间、耕作机械等流动资金投入水平，不应该作为耕地质量的表征属性。耕地质量保养就是对耕地的自然属性和人工属性进行保护养育，使耕地能够保持正常状态，至少不会发生退化，最好能使其功能有所提升。比如，对耕地有机质含量、耕作层厚度、质地、结构、养分、灌溉条件进行保护，对耕地田面进行平整、耕地盐碱化进行改良、耕地防护林进行建设等，都是属于耕地质量保养的范畴。如同汽车保养、地板保养、颈椎保养、足部保养、皮肤保养、五官保养、钻石保养、身心保养一般，确保耕地的物质能量循环畅通，各种质量特性正常健康运行。

3. 耕地生态保全

耕地生态保全就是保护耕地的生态安全，使耕地的生命特性免受损害、伤害和毁坏，保持耕地生态系统完整无损。同时，要能够增强耕地生态系统的抗逆性和缓冲性，不断提升耕地生态系统的功能。耕地具有生物栖息、植物生长、生物养育、环境净化、生态修复以及参与地球陆地生态系统物质与能量循环等生态功能，是农业生态系统的物质储存器、供应站和能量调节者。例如，耕地可通过自身的扩散、分解、沉淀、吸附、生物和化学降解等作用，逐步降低进入耕地中的污染物浓度，减少其毒性，或者使污染物变为难以被农作物吸收的存在形态，从而使污染物退出生物小循环，脱离食物链。耕地生态保全就是要使耕地能满足耕地生态系统水源涵养、污染净化、水土保持、气候调节、生物栖息、生物多样性保护、生态系统服务、食物提供、疾病防治、健康维护等功能免受损害和毁坏，防止沙漠化、次生盐渍化、贫瘠化和水土流失等耕地退化现象的发生。

4. 耕地文化保真

耕地是人类珍贵的历史文化遗产。先人通过修建梯田、高低畦整地、区田种植、兴建陂塘、筑淤地坝、引洪淤灌、沟洫制度、造林种草、向盐碱滩要地、开垦低湿沼泽地等措施，不断耕耘和改良耕地，使耕地面积不断扩大，耕地质量不断提高，耕地生产能力不断提升。据林蒲田（1996）先生研究，公元前5000年至前2000年这一时期内，生活在长江中下游一带的屈家岭文化、青莲岗文化和良渚文化的氏族部落，已把草木丛生的沼泽地带开辟为水田，种植水稻。到了夏代，治田又有了发展，《汉书・食货志》说："禹平洪水，定九州，制土田，各因所生"。《论语・宪问》说："禹稷躬稼而有天下"。《论语・泰伯》说：禹"尽力乎沟洫"。说明夏人已经知道开沟洫（渠）以引水或排水。进入商代，甲骨文中就有"田"字，有人认为当田字出现时，田中的作物已以禾谷类为主。《汉书・食货志》所说的"辟土殖谷"，就是当时的生产对象。所辟的土从田形来看：一是有阡陌沟洫（道路水渠）设备，说明当时的耕地利用技术相当高；二是有密比方整的陈列，说明当时耕地利用程度相当高；三是"田"字四周围缘畔，表示耕作而需画范围，说明当时的耕地已为人们所重视。在商代，人民为了抵抗自然灾害，相传创造了“区田”耕种法。“区田”田畦面低于地面，不但有利于土壤的蓄水和土壤水分的利用，而且有利于保水、保肥和加快土壤熟化。这是在治田上的进一步发展，也是中国历史上最早的加速土壤熟化，建立良田的保育措施。周代对耕地保育非常重视，《国语》记载，每年春耕前，周王下令要农民修理农具。春耕开始时，还要举行隆重的“籍礼”，周王新载耒耜，躬耕籍田，以示对农业生产的重视。接着又由农官发出通告，要求农民们及时春耕，并派遣高级官员到各地巡察督促。最后是“王则大徇”，即周天子率公卿大夫亲自到各地检查春耕生产。周代对水稻生产十分重视，《周礼》中有“稻人，掌稼下之地。”即周代设有专管种植水稻的官员——稻人。《周礼》中还说：“以潴（池塘）畜（蓄）水，以防（堤）止水，以沟荡水（用总沟引水），以遂均水（田头大沟引灌），以列舍水（田中小沟分灌），以浍泻水（田尾大沟排水），以遂扬其芟（除去杂草）作田”。又说：“泽草所生，种之芒种”。这反映了2300多年前，在黄河流域开垦低田，建设排水系统，选择有芒品种栽培水稻生产，已有相当大的规模。可见，耕地凝聚了先人的智慧和文化，人类应该对耕地倍加尊重、赞赏和关爱。中华民族有着深厚的农耕文化，历朝历代都重视耕地的用养结合，各地还有丰富的土地庙民俗文化、天人合一的耕地保护文化、因地制宜的耕地管护文化、精耕细作的耕地养护文化等。耕地保育应当重视耕地文化保真，传承传统农耕文化，增强对耕地保育的道义责任感。

二、耕地保育的实施框架

（一）耕地保育的社会分析框架

在整个耕地保育的实施过程中，经济学、社会学、法学、人类学等多种理论都被用来研究耕地保育的实际问题。但是单一的理论在研究耕地保育这种看似简单实际上却涉及资源利用、人类行为、政府治理、法律制度、社会习俗等不同因素影响的问题时，其研究的深度和结论往往不能为耕地保育提供最佳的解释和实施方案。所以，如何能够借鉴现有众多的研究成果，并且能够将它们有机地整合在一起，从一个层次论的视角来探讨耕地保育的不同问题，实际上是一个还未被学术界足够重视的问题。本书试图从Williamson的“社会科学分析的4个层次”来把握耕地保育的相关研究。这样做的好处是，Williamson的4个层次能够包含社会科学的大部分，进而能够有利于针对性地对层次论进行把握，并作为耕地保育实施的分析框架。Williamson（2000）划分的社会科学研究的4个层次[1]，因为其层次划分的逻辑鲜明以及能够结合不同的理论，一直以来受到了社会科学研究的关注（图10-1）。社会分析的第一层次为社会基础（embeddedness），包括文化、规范、习惯、道德、传统以及宗教等非正式约束，这些非正式约束已经被社会所广泛接受，并且成为人类行为的基本约束框架。社会分析的第二层次为制度环境（institutional environment），包

[1] Ostrom（2005）在分析不同级别制度的时候，把制度也分为4个层次，依次为超宪法层次（meta-constitutional situation）、宪法层次（constitutional situation）、集体行动层次（collective situation）、执行行动层次（operational situation）。可以看出，Ostrom的划分与Williamson的划分，虽然名称上不同，但是在内涵上是基本一致的。

括宪法、法律、产权等正式规则，这些制度可以看作是人类行为的游戏规则。这个层次的制度可以和第一层次的制度一样，“通过进化（evolutionary processes）形成，也有可能具有被人为设计的机会”（Williamson，2000）。社会分析的第三层次为治理结构（governance structure），这些治理制度可以看作是人类在第二层次的游戏规则下自发选择的各种竞争规则，或者看作是人类游戏的过程，它是合约关系的治理结构以及交易费用经济学分析的重点。社会分析的第四层次为资源配置（resource allocation），这个层次的研究是为了实现边际效率最优。借用 Williamson 的 4 个层次理论，耕地保育的社会分析框架可建构如下：

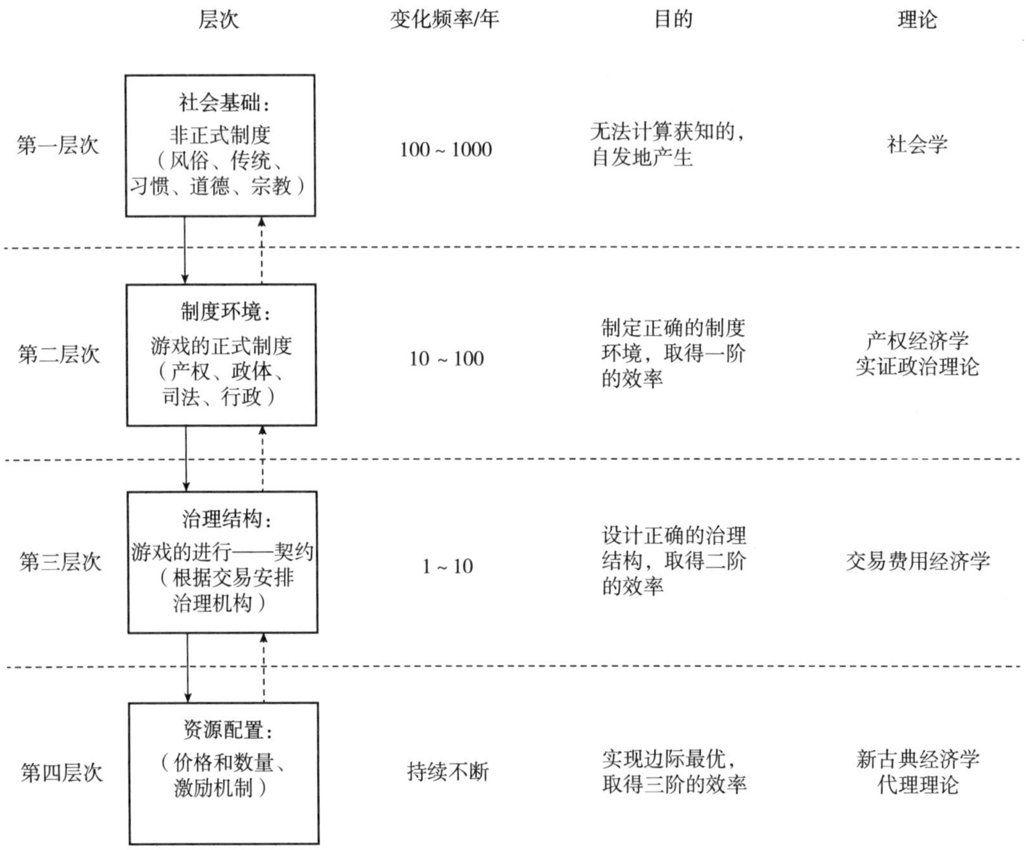

图 10-1　社会科学研究的 4 个层次示意图
（据 Williamson，2000）

1. 资源配置层次关注耕地保育的配置效率

近百年来由于耕地资源面临的城市化压力日趋激烈，耕地资源在农村和城市两个部门配置的效率是农业、资源和环境经济学关注的重点，他们根据耕地资源边际效益在不同部门相等的原则来研究耕地保育的效率问题。近年来，该方面的研究关注如何在传统的边际计算方程中加入更多的变量，比如增加更多衡量不同耕地用途的正（负）外部性的变量（Lopez et al.，1994）。这些研究在评价方法、模型和计量方法上不断深入，取得了很多进展。一方面，城市的增长是耕地保育的主要压力，为了避免城市无序扩张带来的耕地保育低效，实践中提出了城市理性增长的目标，即实现商业、居住、景观、公共设施等多功能用途土地的合理配置（Haff，2003）。城市理性增长既实现了发展城市的目标，又保护了耕地利用的效率。这些对农村和城市耕地配置效率的研究，实际上就是在资源配置层次耕地保育的现实问题之一。耕地保育对环境的影响也是资源配置层次考察的重点。Racevskis et al.（2000）从农业部门的视角，提供了耕地非农化造成的生态服务和美学价值损失的文献的综述。综述显示，现有的研究已经能够提供耕地非农化造成农村开阔空间的减少，宜人的田园风景的消失，农村水资源质量的下降及其对野生动物栖息地的破坏等环境问题的证据。另一方面，Johnson（2001）从城市部门的视角进行的文献综述，提供了城市的无序扩张带来了空气污染加重、更多的能源消费、物种多样性的减少、城市废弃建成区的增加、垃圾及其掩埋物中有毒物质的扩散等环境问题的证据。为了寻找解决这些负外部性的办法，农业和环境经济学家尝试用各种方法来评价耕地的非市场价值或者环境退化的成本（Beasley et al.，1986；Costanza et al.，1997）。城市经济学家尝试找出那些在城市扩张分析过程中被忽视的成本和收益，比如，对拥塞造成的成本和开阔空间的价值（Brueckner，2001），公共服务设施成本（Carruthers，2003）。所以，外部性问题是资源配置层次耕地保育的现实问题之二。耕地保护的另一面就是需要提高建设用地的利用效率，在耕地损失的源头进行控制。所以，建设用地的利用效率，尤其是城郊接合部的开发区的集约利用，对实现建设用地的利用效率，起到重要的作用。为了实现建设用地的利用效率，分析人口密度、土地市场和土地集约利用等因素之间的关系，是现有研究关注的重点（Stern，1994）。同时，研究影响建设用地利用效率的因素，探寻城市用地扩展中集约水平的评价方法和规律总结也是主要的内容（Arnott et al.，1979）。另外，控制城市蔓延，也是土地集约利用的一个重点。比如城市蔓延所造成的低密度连续扩展、沿交通干道带状发展（ribbon development）和非连续的蛙跳式（leap-frog）发展3种形式，并导致人均基础设施建设成本上升、耕地流失、城市中心到郊区之间的土地闲置等问题。因此，对城市蔓延的测度也是研究的一个重点。所以，建设用地效率和土地集约节约利用是资源配置层次耕地保育的实际问题之三。

2. 治理结构层次关注耕地保育的手段选择

是通过土地利用规划，还是通过土地市场，能够更好地治理耕地保育，实现其质量和数量上的效率？这个方面的研究吸引了新制度经济学家和受到新制度经济学影响的规划学家的注意。尽管从这个角度审视耕地非农化或城市化扩张问题的研究在20世纪70年代就出现了（Ellickson，1977；Fischel，1978，1987），但真正通过这个角度进行研究，或者说这个角度的研究逐渐增多，还是进入21世纪的事情（Buitelaar，2004）。土地市场被看作是一种在明晰的产权制度下的治理结构，而不是新古典经济学假设的用于交换物品或服务的“瞬间交易场所”。土地利用规划同样被看作是一种治理结构而不仅仅是政府的干预行为。在土地市场和土地利用规划之间，还存在一种结构，即两种不同程度的结合，对耕地非农化同时产生作用。这种中间结构被称为协作（coordination）（Buitelaar，2003），或者是关系（network）（Thompson et al.，1991），或者是混合（hybrid）（Williamson，1985，

1996，1999）。所以，在土地规划和土地市场两者之间的方向选择，是治理结构层次耕地的现实问题之一。当耕地保护与土地及其地上附属物的物理形态、产权束、物质和非物质价值等，通过具有一定目的同时遵守一定规则的人的交换，从一个状态转变为另一个状态过程（Healey，1992）相联系时，过程效率（process efficiency）（Webster，1998）将比传统的配置效率（allocative efficiency）重要得多。评价耕地保育这种过程效率，将成为评价耕地保育治理结构效率的一个主要的标准（尽管不是唯一的标准）。因此，比较各种成本，尤其是耕地非农化各阶段的交易费用，成为该层次研究领域迫切的需要（Buitelaar，2004），但目前这方面的研究还很少。所以，耕地保育绩效评价是治理结构层次耕地保育的现实问题之二。新古典经济学和新制度经济学在讨论如何减少农地损失对环境的负面影响上也产生了争论。争论的焦点是，在设定农地损失相应的规章制度中（即治理结构的安排）是否应该增加更多的规章制度来限制农地损失对环境的危害？公共福利学说（Public Interest Theory），即庇古的观点（Pigou，1932）认为，政府制定更多的旨在减少市场失灵和保护公众利益的规章制度有利于实现社会效率。然而，公共选择学说（Public Choice Theory）并不同意把政府看作是仁慈的和万能的，同时认为政府的规章制度是低效率的。在公共选择学说的内部也包含了两种意见（Djankov et al.，2002）。一种意见是俘获理论（Capture Theory）（Stigler，1971），意思是更多的规章制度只能造成某些利益集团得到更大的市场（垄断）势利和市场利润，而不是社会利益。另一种意见是过路费理论（Tollbooth Theory）（Shleifer et al.，1998），意思是规章制度只是政治家和官僚阶级追求利润的工具。上述两种学说的辩论实质上也属于"政府干预对解决外部性的作用和效果"的辩论，也就是新古典经济学和新制度经济学的辩论。所以，新的外部性的争论是治理结构层次耕地保育的现实问题之三。

3. 制度环境层次关注耕地保育的制度设置

土地的产权制度和相关的法律，构成了耕地保育的制度环境。在西方国家，产权是私有的，存在充分的市场环境，当然耕地保育，还受到土地利用规划（或者空间规划）等正式制度的限制（Needham，2007；Wiegandt，2004）。这样，在土地产权、土地市场、土地规划的共同作用下，一些发达国家在耕地保育的质量和数量上都有着良好的表现。因此，探究正式制度的作用是制度环境层次耕地保育的现实问题之一。在土地改革过程中，为什么相同方向的产权改革却形成了不同的改革后果，政治的原因也占了很大一部分。如果在政治上有优势的利益集团的利益受到了损害，则这种产权改革不可能成功，或者被政治集团利用，造成改革的后果与初衷相反。很多案例表明了土地改革后的制度绩效可能低于改革前（Janvry et al.，1989；Deininger，1999；Lerman，1999；Deniz，2003）。所以一些研究开始讨论如何把政治的因素也加入土地改革的策划中（Horowitz，1993；Grossman，1994）。过去的经验告诉我们，成功的土地改革不仅取决于是否考虑了改变土地的产权结构，还取决于是否考虑了如何与政治权力结构相配合。只有满足了大部分土地所有者的利益需求，才可能实现土地产权的重新分配和社会整体利益的增加。所以，政治因素是制度环境层次耕地保育的现实问题之二。

4. 社会基础层次关注耕地保育的非正式制度

非正式制度在土地利用效率的研究中主要集中于社会资本[1]、信任、互惠、人际关系等对效率的影响。比如有研究表明，信任使得在某些小型社区内人们比较容易达成口头性的土地租赁契约（Allen et al.，1992）。非正式制度的影响是社会基础层次耕地保育的现实问题之一。Denzau et al.（2000）通过理论和实践试图将文化、道德、传统以及宗教等非正式约束通过共享道德模型（Shared Mental Model）进行解释，来探讨非正式制度对其他层次制度的影响。其他已有的案例研究，也为非正式制度对其他层次的影响提供了证据。从非洲的土地的习惯性的产权（Feldman，1974），到俄罗斯政府尝试推行土地以家庭农场为单位的私有产权体系的失败（Stahl-Rolf，2000），再到乌克兰内部，受西欧历史文化等因素影响较大的西部地区在以家庭农场为单位的私有产权改革相对于受俄罗斯传统文化影响较大的东部地区更为成功等，这些案例研究已经表明了非正式制度对正式制度建立、变迁和效果的影响。在中国，有的学者也找到了一些习惯性产权的案例（Ho，2003，2005），冲突的当事人认为自己虽然是在产权有争议的土地上种植了作物，即使国家不承认这些土地的产权属于这些当事人，但当事人应该得到一定的赔偿以弥补自己的作物的损失。冲突最后结果是政府息事宁人地处理了这个案例，种植作物的当事人得到了一定的补偿后没有继续争论土地的权属问题。虽然，法律上中国是不存在土地习惯性产权的，但上述案例表明，正是农民在只要可以谋生的条件下，不会对政府的政策、制度等产生过分的要求的“习惯”，使得政府在处理冲突的时候也会考虑变通的方式和符合“习惯”的方式来处理现实中与正式产权产生矛盾的冲突。这种习惯，与中国的文化、历史以及社会生活其他方面的习惯相互联系，对现今中国的产权制度的建立、执行都起到了很大的影响。所以，非正式制度对制度环境、治理结构的影响是社会基础层次耕地保育的现实问题之二。

虽然说上面分别列出了4个层次耕地保育所关注的不同问题，但应该指出的是，这些问题不是割裂的。如果要在经济快速发展、社会阶层高度分化、人们目标各异的复杂背景下解决耕地保育的问题，所有4个方面的问题都必须同时考虑。在设定或者改革相关政策的时候，不能单方面考虑某个后果的影响，在评价和预测的时候要把资源利用效率放在动态的过程中，考察该制度改革对其他制度、制度制定者和执行者、整个经济系统（包括其他资源）、整个社会系统（包括文化传统）等的影响及其反影响。耕地保育，无论是在西方私有产权国家，还是中国，都不能简单地看作是第四层次的资源利用，因为它具有很大的外部性，而在消除外部性的努力中，交易费用非常高。因此，它的评价和实现途径应该将4个层次作为一个整体进行综合分析。

（二）耕地保育的技术支持系统

21世纪耕地保育技术支持系统最为显著的特点是使规划、设计、新材料、新产品、新工艺、信息、监测及标准规范等不同领域进行有效交叉和融合，通过系统集成与自主创

[1] 社会资本概念在20世纪80年代早期被首次提到（Gaggio，2004）后，经过了几十年的讨论，社会资本至今还没有形成一个能够被广泛认可的定义。信任、互惠、人际关系等更多地被认为是属于社会资本的范畴。

新，使耕地保育技术支持系统得到全面提升。为了维持和提高耕地保育效率，世界各国都十分注重耕地保育过程中的表土处理、土壤剖面重构技术，工程设备的优选与施工组织，保育区植物与微生物的筛选、培育、搭配与空间配置等生物恢复工程技术，土壤的结构改善等土壤改良工程技术。在耕地保育过程中，利用先进的探地雷达技术，进行工程质量无损探测已成为近年来国外新的研究领域。总体上看，未来耕地保育的技术支持系统呈现以下主要趋势。

1）耕地保育全过程信息化技术。包括项目选址、规划设计、审批、工程监管和后评价等各方面。近年来，已经大量研究耕地保育项目区的三维景观构建体系，通过项目区现状图、矢量化地形图数据，建立项目区数字高程模型，生成项目区内的三维图像。耕地保育田间路沟渠材料的研制和选配，要求耕地保育区内路沟渠既有一定的强度，还要满足田间生物通行及栖息要求。在耕地平整技术装备的研究应用中十分重视激光等先进测量和控制技术的应用。在土壤样品自动化采集方面，发达国家基本实现了机械化采集。发达国家耕地保育已经从单纯的农田水利工程转变为以水土资源匹配为核心的节水型工程为主，研究技术主要包括雨水集聚、渠道防渗、节水灌溉、土壤保水与生物节水等方面。对贫瘠耕地改良的研究较多，包括利用固体废弃物进行土壤改良、利用煤矸石研制生物肥料等工程技术已相对比较成熟。

2）专门化耕地保育规划设计技术。传统的耕地保育因缺少先进的工程技术支撑，导致农田路沟渠使用寿命短，耕地平整质量难以满足现代化农业发展的需要，部分耕地生态环境质量退化。再加上因不同地区、不同耕地类型和不同利用方式对于诸如沟渠、道路设计强度、建设材料、成分配比、施工工艺、使用周期等要求均有明显差异，对一些关键景观断裂点的修复也缺少精细化的工程技术支撑，这些均影响耕地保育的可持续性和工程效益的发挥。因此，研发新的适应耕地保育的规划与设计技术，提出专门的精细化耕地平整工程技术，自主研发高标准基本农田建设新材料、新产品与施工工艺，增强高标准基本农田保育工程能力等领域将是耕地保育技术支持系统的主要发展趋势。针对不同土壤类型、微地貌、田面高差、土壤条件的微差异化条件，研究高标准基本农田保育区工程条件微差异化的分区技术，微差异化农田保育基础属性数据库建立的方法，基于微差异化分区技术的田块优化规划与工程设计技术，建立结合机械设备使用效率、日照方位影响、灌排顺畅的正交化沟渠路布设优化模型。

3）精细化耕地保育田块平整技术。针对高标准基本农田土地平整要求，研究不同优化田块的土地平整技术要求，建立不同优化田块的平整高程设计方法，确定精细化土地平整的工艺流程和方法；研究表土剥离和熟土回填的工艺流程和方法；研制精细化平整的铲土机、推土机等，解决目前采用大型建筑机械平整农田带来的土壤压实和板结现象；针对水稻作物区，研究薄露灌溉的激光平整技术，研制与精细化平整推土机相结合的激光探头仪；建立精细化农田平整实用的机械设备生产基地；针对目前田间道路缺乏高强度、生态化材料和设计施工标准的状况，研究不同工程类型区田间道路的设计、施工和验收规范；研制田间道路的生态化材料、田间道路的生态化设计技术和施工方法。

4）耕地保育特殊材料和成品技术。针对沟渠工程材料强度低、使用年限短、节水或排水能力差等问题，研制高强、防渗、环保的渠道材料以及成品技术和成品机械，研究不同气候类型区的适用材料和材料使用的生命周期，研究具有生态型渠道的形式和构造，建立路沟渠材料及成品的生产基地。

5）耕地保育改良剂和工艺流程。针对部分耕地保水性差、次生盐渍化和新增耕地熟化程度低等问题，研制能调节土壤水肥功能土壤保水剂、保湿剂、高吸水性树脂，研究暗管改碱、节水节地等工程技术，研发适用于不同微差异类型区土壤熟化、农田景观绿化可降解新材料和新工艺，筛选适应耕地生态保育的植物、品种和培育方式，提出优化的耕地保育方案和工艺流程，建立高标准农田保育工程材料、成品、试剂设备的试验基地和生产基地。

6）耕地保育的污染防治技术。针对耕地的重金属污染，结合不同土壤理化性质，研发高效、快速、经济、广谱性的钝化或稳定化修复药剂，建成专业药剂生产线；确定优化药剂投加比、钝化/稳定化时间、混合方式等工程参数；结合高标准基本农田精细化平整机械，研制药剂与土壤混合的配套设备。针对耕地的有机农药污染，研究土著微生物的激活及降解范围广和表达稳定的工程菌株的筛选，建立筛选标准和方法；研发微生物菌剂及其营养物质的配制以及添加工程工艺；研究修复过程中土壤性质以及微生物的检测和监测方法。利用微生物在污染的胁迫下，能够从体内分泌出某种具有络合或分解转化污染物能力的有机物质，降低污染物的移动性或改变极性，使其不容易进入生物体内；或者使污染物在微生物分泌的胞外酶的作用下，在体外被分解转化为无毒无害的物质（唐金华，2014）；增加土壤中抗性微生物的数量，来降低污染程度，同时提高土壤的肥力来进行耕地污染防治，在国内外得到普遍重视。具体包括：利用土著微生物代谢能力的技术，活化土著微生物分解能力技术，添加具有高速分解难降解化合物能力的特定微生物（群）技术（罗泽娇等，2005）。

7）改善有效土层厚度的技术。针对耕地土体中存在障碍层导致有效土层厚度不足的情况，结合障碍层消除工作，采用深耕、深松的机械方式打破障碍层，从而加深有效土层厚度。深松，指大于一般机械耕深的疏松土壤的耕作松土技术。作业深度一般为 30～50 厘米。其作业原理为利用深松机械，有效消除耕作层以下的土壤障碍层次，在不对土壤产生扰动的情况下加深有效土层厚度。通过深松可以提高土壤透气、透水性，有效提升土壤蓄水与排盐、排涝能力。针对土体中无障碍层次，而有效土层以下为“非土体”的情况，利用电钻等工具在需要改良的田块中打炮眼，并装入硝铵炸药进行爆破作业。爆破后，对炸松的下层土壤母质或岩层进行挖除。其中，较大块岩石可挖起用来构筑梯壁，较细碎而易风化的岩石或母质经过曝晒后可加速其成土过程，从而有利于增厚有效土层（陈学砧，2016）。

8）田间绿色植保和防控技术。利用田间道路、渠道、河道建立绿色植保和防控的生态治理方案，在线状地物边种植芝麻、香根草、向日葵、波斯菊等诱虫植物，作为绿色防控技术，促进耕地生产的生态化、绿色化和有机化，提高农产品的附加值，是耕地保育技术的发展趋势之一。如农田以种植水稻为主，水稻病虫害种类多、危害重，以农业防治和生态调控为基础，综合运用理化诱控、生物防治和科学用药技术，控制病虫危害。主要防控对象为稻飞虱、稻纵卷叶螟、二化螟、稻蓟马等虫害和纹枯病、稻曲病、稻瘟病、恶苗病、细菌性病害、病毒病等病害。选用抗（耐）性［如抗（耐）稻瘟病、白叶枯病、稻飞虱等］水稻品种，单双季稻混栽区提倡集中连片种植，尽量避免插花种植，减少二化螟桥梁田；提倡低茬收割，晚稻收获时尽量降低稻桩高度，有条件的开展秸秆粉碎，减少越冬虫量；在越冬代螟虫化蛹高峰期（一般在3月下旬到4月中旬）统一翻耕冬闲田、绿肥田，并灌深水浸没稻桩（低茬收割或粉碎稻桩的稻田，也可直接灌深水淹没稻桩）7~10天，降低虫源基数；加强水肥管理，适时晒田，在生态培肥的基础上，控制氮肥使用量，避免重施、偏施、迟施氮肥，增施磷钾肥，提高水稻抗逆性。在稻田机耕路两侧种植诱虫植物香根草，丛间距3~5米，诱集螟虫成虫产卵，减少螟虫在水稻上的着卵量，减少对水稻的危害。在田间道路、生产路、渠道、河道等线状地物边或在田埂上种植芝麻、大豆、向日葵或撒种波斯菊等显花植物为天敌提供食料和栖境，保护和提高蜘蛛、黑肩绿盲蝽等捕食性天敌和缨小蜂、赤眼蜂等寄生性等天敌的控害能力。在田埂保留禾本科杂草，为天敌提供栖息地，更好发挥稻田生态系统的自然控制作用。在稻田二化螟、稻纵卷叶螟成虫始盛期释放稻螟赤眼蜂或螟黄赤眼蜂，间隔5天释放一次，每代视虫情释放2~3次，每亩每次释放1万头，每亩设置5~8个释放点，释放点间隔为10~12米。放蜂高度以分蘖期蜂卡高于植株顶端5~20厘米、穗期低于植株顶端5~10厘米为宜。如此等等，在耕地保育过程中得到了快速发展。

9）改善农田基础设施的土地整治技术。主要包括：①灌溉与排水整治技术。灌溉与排水技术是指包括在耕地整治过程中修建的包括水源工程、输水工程、排水工程、渠系建筑物工程等在内的各种农田水利设施与建筑物。其中，水源工程主要是通过修筑蓄水、引水设施，保障灌溉水源，提升灌溉保证率；输水工程和渠系建筑物工程主要是通过灌溉渠道、管道及渠系配套设施的完善，提高耕地的灌溉保证率；排水工程包含排水沟和暗管等排水工程，其主要任务是有效改善农田排水条件，保障良好的土壤水分环境。②田间道路平整技术。田间道路技术是指为改善农田耕作条件、满足农产品运输及其他活动而实施的道路完善措施。田间道路工程并未对耕地的自然质量影响因素产生直接影响，而是通过提高田间道路通达度等对耕地利用水平产生一定的影响（陈学砧，2016）。规划道路应尽量与项目区内原有道路衔接，且避免穿越生态敏感区，减小对环境的干扰；同时，要为动物迁移设置通道，尽量使用生态的材料，并增加道路绿化面积（唐秀美等，2016）。③农田防护与生态环境整治技术。农田防护与生态环境整治技术指为保障整治项目区内耕地利用活动安全，保持和改善生态条件，防止或减少污染、自然灾害而采取的各种整治措施。农田防护与生态环境整治工程主要是通过提升项目区林网化程度，改善农田生态小气候，护田增产，影响耕地的利用水平。农田防护林建设重视恢复自然植被斑块，因地制宜地增加绿色廊道和分散的自然斑块、灌丛，模拟地域自然植物群落，建立生态经济型、生态景观型防护林体系（唐秀美等，2016）。

10）高标准农田保育工程技术标准。具体包括：高标准农田规划设计规程、高标准农田的道路材料与工艺技术标准、高标准农田排灌工程材料与工艺技术标准、高标准农田质量评定标准、高标准农田工程质量评定标准等。相关的辅助配套标准包括高标准农田施工监理规范、高标准农田验收规程、高标准农田绩效评价规程、高标准农田数据库标准、高标准农田后评价技术规范等，构建高标准农田建设工程技术标准体系。

三、耕地地力的保育技术

（一）深松深翻技术

土地深松、深翻技术是保育耕地地力，实现粮食增产的技术措施之一。采用拖拉机带动深松机械进行多次全面的耕翻措施，一般深耕30～35厘米，深松技术可以打破坚实的犁底层，增加耕层厚度，有利于植物根系生长，同时也使得土壤疏松程度提高，结构得到优化，从而增加土壤的透气性，提高灌溉水渗透率，增强土壤的蓄水能力，从而有效地减少水土流失，保护土壤。在农业耕作中常采用全面深松、间隔深松、灭茬深松、浅翻深松、中耕深松、垄沟深松、垄作深松等深松形式。通过深翻技术能够加速田间秸秆的腐烂，提高土壤有机质含量，利于后续耕作，一般深翻深度以22～25厘米为宜。深松、深翻一般2～3年进行一次（许永乐，2017）。

（二）秸秆还田技术

秸秆有机质含量为75%～83%，含有多种营养元素，能够有效提高土壤肥力。通过新型秸秆粉碎机对秸秆进行还田处理代替农民在田间直接焚烧，在减少环境污染的同时，能够增加土壤有机质含量，提高土壤的吸附性能和蓄水能力。秸秆粉碎的长度一般小于5厘米，小麦留茬高度在20厘米左右，棉花留茬高度在10厘米左右。以边收边耕埋的方式为宜，将粉碎的秸秆打散后均匀撒在待耕农田，用量在6000～7500千克/公顷为宜，通过拖拉机深耕的方式使得粉碎的秸秆与土壤充分混合，加速秸秆的腐化熟解，培肥地力。或收集玉米的根茬用来发酵闷田，或将蒿子（1125～3750千克/公顷）晒干碾碎直接压地，从而为土壤微生物活动创造良好环境，提高土壤有机质含量，改良土壤理化性状，从而提高耕地地力（刘斌等，2021）。

（三）化肥农药减量增效技术

采用测土配方施肥技术，根据近年来土壤养分状况和不同农作物的需肥规律科学合理地进行施肥，从而降低成本，减少浪费。通过推广绿肥种植利用、生物有机肥、水溶肥、秸秆还田等有机养分利用技术，增加土壤微生物活动数量，改善土壤的团粒结构。规范农药的安全使用，推广生物农药和病虫绿色防控技术，从而控制病虫数量，减少使用农药的次数。

（四）农膜回收和再利用技术

全面推广厚度在0.01毫米的高标准农膜，严禁生产和使用不合格农膜，从源头上保证农膜的可回收性。对田间地头的废旧农膜进行人工捡拾、机械回收。合理轮作，减少农膜使用量，实行旧农膜一膜多用，重复利用，行间覆盖等技术，实现农膜的高效利用。

（五）水肥一体化技术

水肥一体化技术是将灌溉和施肥融为一体的农业新技术，有着节水、节肥、增产、增效，改善生态环境、提高农产品品质等优点。通过水肥一体化技术，可节水 30%～40%，节肥 30%～50%，使水分和肥料的利用率都大幅提高（张宁等，2019）。

（六）化学改良技术

通过施用土壤化学改良剂（腐殖酸类、沼渣）等来促进土壤团粒形成，改良土壤，防止田间水、土、肥流失，提高土壤的保水、保肥和供肥能力。一种常见的化学改良剂是硫酸亚铁，以 225 千克/公顷为宜，另一种是免深耕土壤调理剂按 15000 毫升/公顷加水稀释 100 倍，均匀喷于地表再灌水。在作物需肥关键期，将 15000 毫升/公顷的土壤调理剂随灌溉水一起施入农田。

（七）耕地休养技术

耕地休养是让受损耕地资源休养生息而采取的一种保育措施。按照时间长短，耕地休养可以分为季休、年轮休和长休；按照实施主体的自主性，也可以分为强制性耕地休养和自愿性耕地休养；按照耕地休养期间所采用的技术模式和休养目的等，也可进行耕地休养类型的划分。比如，目前中国主要在重金属污染区采用物理、化学和生物等措施进行治理式休养；在地下水漏斗区采用以“一季休耕、一季雨养”模式为主线的措施进行恢复平衡式休养；在生态严重退化区采用调整种植结构等方式进行生态保护式休养。在一般意义上，耕地休养的基本内涵包括“休”和“养”两个维度。“休”可认为是对耕作措施进行改变，包括休耕、季节性休耕、轮耕、轮作以及退耕等一系列可持续、科学的耕作制度；“养”可理解成为提高地力而采取的土壤培肥、水土保持、耕地整治、农田防护、生态修复、农田基础设施建设等技术措施。总体来说，耕地休养是在“休”的基础上，科学地对耕地进行“养”。目前在中国推进的耕地休养，是一个包含耕地养护、退耕还林还草、休耕、轮作和地力培育、退化防治、污染防控的综合概念，包括以下养、退、休、轮、控 5 个维度的基本内涵。

1）“养”指耕地养护，主要针对土壤酸化、盐渍化、养分失衡、耕层变浅、重金属污染、残膜污染等突出问题开展耕地修复和养护，使耕地质量状况得到阶段性改善，土壤生物群系逐步恢复。

2）“退”指退耕还林还草还湖，将水土流失严重的坡耕地、严重沙化耕地、严重污染耕地和严重影响湖泊功能的围湖开垦耕地适时退出耕种，形成新的生态空间和生产空间。

3）“休”指休耕，以保证粮食安全和不影响农民收入为前提，对土壤污染严重、区域生态功能退化、利用水资源不足等不宜连续耕种的农田实行定期休耕。

4）“轮”指轮作，逐步建立与生产发展相协调、与资源禀赋相匹配、与市场需求相适应的粮豆轮作、粮经轮作、粮饲轮作等耕地轮作制度，因地制宜调整种植结构。

5）“控”指退化土地和污染土地的防控治理，加强沙化、水土流失和荒漠化等退化土地的防控治理，加强工业和生活源污染防控，减少和消除工业生产及城乡居民生活等人类活动对耕地生态和环境的影响。

休养与撂荒的重要区别体现在“养”上，即在休养期针对不同的耕地采取相适应的养护措施，以有效地改善土壤性状（Papatheodorou et al.，2013；de Graaff et al.，2013），也有研究表明，可以产生诸如维护生物多样性、碳排放朝有利方向发展等良好的生态环境效应（Overmars et al.，2013；Dunn et al.，1993）。

第四节　土地生态和景观保育

一、土地生态保育

（一）土地生态系统的复杂性及分类

从生态学观点看，土地就是一个由气候、地貌、岩石、土壤、植被、水文以及人类活动种种结果组成的生态系统。按照1935年英国植物生态学家坦斯利（A. G. Tansley）最早提出的生态系统（ecosystem）的概念，土地生态系统不是一个分类单位，而是一种包含了物质循环、能量流动和信息传递等多种过程的功能单位，是一个由物理-化学-生物学活动所组成的一个整体。更简明地说，土地生态系统是一个生物与非生物环境相互作用并通过能量转换和物质循环构成的整体。从宏观来看，整个陆地表面，都属于土地生态系统。在结构上，土地生态系统由3个层次构成。第一层即近地表的气候圈，光、热、水成为直接支配生物群落生长发育的动能因素；第二层是近地表的生物圈，由地面上的生物群落组成，包括植物占有空间及其根系所及土层，以及相应伴生的动物与微生物群体。这一层是生物物质积累、分解、转化，矿质元素淋溶淀积以及水分蒸发蒸腾最活跃的场所。第三层是岩石风化圈。这一层既是矿质营养元素与水分的补给基地，也是受下淋物质影响的淋溶淀积地带，某些由上层下淋的物质在此淀积或经此而进入地质循环。土地的生物群落复杂多样，数量庞大，不同土地生物类群相互作用形成复杂的营养级和食物网关系，土地生物又和土地环境相互作用，从而形成自然界中最为复杂的生态系统——土地生态系统。它作为一个复杂生态系统，其特性表现在以下5个方面。

1）高维层次性。土地生态系统的多层次结构表现在水平结构和垂直结构两个方面。在水平结构方面，按利用类型划分有农田生态系统、草地生态系统、林地生态系统、湿地生态系统、城镇生态系统等子系统。不同子系统有其独特的结构组成和功能表现，各子系统之间又存在相互影响、相互依赖的关系；按景观生态结构又可分出不同的气候、土壤、生物等地带性子系统，不同的地带性子系统由于地域特征的空间差异，在系统结构和功能表现上存在较强的规律性，同时子系统之间也存在明显的物质、能量、信息的相互交换。在垂直结构方面，土地生态系统是一个立体结构，可分为地上层、地表层和地下层3个层面，不同层面之间联系紧密，难以在空间尺度上明确划分，地上层包括气候、局部小气候因素，地表层包括土壤、河川径流、浅层地下水、植物和微生物等要素，地下层则含土壤层以下的岩石、深层地下水等。

2）关联复杂性。土地生态系统位于岩石圈、大气圈、水圈、生物圈的复合界面，是自然界各种物理过程、化学过程、生物过程、物质与能量的转化与交换过程最活跃的场所，同时又是人类长期活动的历史产物，包含文化、意识、制度、政策、科技、信息、交通等多种社会经济因素。各种自然过程和社会经济过程作用于土地生态系统之中，使土地生态系统不仅表现出自然要素、社会经济要素之间存在的复杂联系，而且农田、草地、林地、城镇、湿地等不同土地利用类型子系统之间也存在物质、能量及信息的紧密关联。

3）演化不确定性。土地生态系统的边界、结构和功能都具有一定的不确定性，系统内生态特征变化也表现出一定的随机性。这是由土地生态系统内部组成要素的多样性和复杂性所决定的。如区域气候条件变化、农田产出量变化、子系统之间物质、能量交换方向及交换量等都存在较大的随机性，人类目前还无法进行长期精确的预测。

4）开放性和动态性。土地生态系统的开放性与动态性表现在：①土地生态系统和人类之间的物质与能量交换。土地是一个自然历史综合体，本身凝聚着人类社会实践的成分，在长期的演化过程中，不断受到人类的干预。人类活动不断参与土地生态系统的物质与能量交换，而人们对土地的干预随着社会的发展和科技水平的提高不断变化，使土地生态系统处于一个动态变化过程之中。②土地生态系统和外部系统之间的物质与能量交换。土地生态系统内部的大气循环、地质循环、水循环和生物循环无一不与外界环境紧密联系，在与外界不断进行物质和能量交换的同时，自身系统状态也在不断变化发展。

5）自适应性和自组织性。土地生态系统的自适应性和自组织性主要表现在其较强的自我调节功能和代偿作用。它是一个庞大的系统，具有多层次结构和众多的生物种群，物质与能量的转化与交换途径众多，从而使系统表现出较强的自我调节能力和代偿功能。自我调节能力主要是指通过生物种群数量及结构的改变以抵制环境变化的能力；代偿作用是指当系统内某一能流和物流渠道受阻时，可改由其他渠道继续进行，从而维持系统的正常状态。

由于土地生态系统的多维性和复杂性，可从不同的角度对土地生态系统进行类型划分。如从土地生态系统的大小、占地规模出发，可将土地生态系统划分为小区域（小尺度）土地生态系统、中等区域（中尺度）土地生态系统、大区域（大尺度）土地生态系统、全球土地生态系统等；从人类社会经济活动对土地生态系统的干扰程度出发，可将土地生态系统划分为自然土地生态系统、人工土地生态系统、半自然半人工土地生态系统等。从有利于土地生态保育，有利于接轨现行土地利用分类系统的角度，根据土地生态系统的功能和用途，可将土地生态系统划分为农田生态系统、森林生态系统、草原生态系统、湿地生态系统、聚落生态系统等几种主要类型。分别介绍如下：

1）农田生态系统。又称耕地生态系统，主要包括水田、旱地和水浇地 3 个子系统，是农田中人工栽培的农作物与其环境通过能量物质循环所构成的生态系统。该系统的土地生态保育旨在更可持续地利用各种有效的生态动力源，提高农作物的产量和品质，减少农田退化和自然灾害，实现永续利用。农田生态系统是人类存续的根基性系统，其功能一旦被毁坏，人类就会失去生命依托。

2）森林生态系统。它是指森林生物群落，包括乔木、灌木、草本植物、蕨类、苔藓植物及其动物和土壤微生物与其周围环境构成的生态系统。通常可分为天然林、次生林和人工林 3 个子系统。据《2020 年森林资源评估》，全球森林分布面积约占陆地总面积的

30.8%。森林生态系统是陆地上生态系统的主体，除了能提供一定的生物量外，还具有调节局地气候与径流、涵养水源、保持水土、提高环境质量等生态功能，是天然的生物物种基因库，并为人类提供旅憩场所，为野生动物提供栖息、生存、繁衍的场所。在全球范围内，天然林（包括原始森林和次生林）占世界森林的93%，其余7%为人工林（包括人工造林和其他人工林）。森林生态系统的土地生态保育，其宗旨是使森林在地球上能持续发挥改善水文气候和提高环境质量的作用，使森林的整体生态动力功能得以维持，以适应来自自然界的各种变化和满足人类生产、生活、生态的需要。

3）草原生态系统。它是指居于草原地区的生物群落（植物、动物、微生物）和非生物环境（光、热、水、气、土壤等）之间相互作用、不断进行物质循环与能量交换而构成的生态综合体。该系统主要分布在内陆半干旱到半湿润气候地带，由耐寒的旱生多年生草本植物为主（有时为旱生小半灌木）组成的植物群落，主要是温带地区的一种地带性植被类型。该系统通常可以分为：草甸草原、典型草原和荒漠草原3个子系统；也有人将其分为两个子系统：温带草原生态系统和热带稀树草原生态系统。草原生态系统除了发展畜牧业的功能以外，还有调节气候、滋养水源、防止风沙侵蚀等功能，同时还是人类食用发菜、蘑菇、黄花菜以及贝母、虫草、黄芪、甘草等名贵中草药等的重要提供地。草原生态系统的土地生态保育，其宗旨主要是针对各地草原退化的态势，通过合理的草畜比规划，保护草原群落生理生态群集的生态平衡，恢复退化草场生产力。

4）湿地生态系统。它是湿生、沼生和水生植物、动物、微生物及其环境构成的生态系统。主要分布在季节性或半年性淹水不超过2米的各种咸、淡水湖滩地，泛滥平原、海涂、泥炭地以及低潮时水深不超过6米的沿海地区。湿地在调节气候、涵养水源、抵御洪水、促淤造陆、降解污染物、保护生物多样性、为野生生物提供栖息地和全球碳循环等方面有着独特的作用，被誉为“地球之肾”。该生态系统的独特性，在于它特殊的水文过程与生物动力过程之间的功能关系。湿地生态系统保育的宗旨，主要是维护湿地植被降水截留过程、湿地蒸发散过程和化学过程的稳定性，保育其多样性和高生产力的特性。按照国际《湿地公约》分类系统，湿地生态系统可以分为海洋/海岸湿地、内陆湿地和人工湿地三大子系统。

5）聚落生态系统。聚落是指人类各种形式的居住场所，俗称居民点，约3万到25万年前，处于旧石器时代中期的“早期智人”，已普遍过上穴居或半穴居生活，家就诞生了。聚落原本是一个乡土的概念，又称家园，它以家为起点，并延伸到家周边的“一片天地”。从一种原始的整体性和统一性来看，家园是天、地、人“三方”归于一体，是一个生态系统。随着人类利用和改造自然的能力不断提高，人类把自己的聚落从热带、温带扩展到寒带以至极地，创造出各种形式的聚落生态系统。按照聚落的性质、功能和规模可分为：①城市聚落生态系统。是以市民为主体，以地域空间和各种设施为环境，通过人类的生产与生活活动在自然生态系统基础上改造和营建出来的人工生态系统。②乡村聚落生态系统。是以村落（自然村落和行政村落）为基础，以乡村人群为核心，伴生生物为主要生物群落，建筑设施为主要栖息环境的人工生态系统。聚落生态系统历经数百年乃至数千年的历史变迁延续至今，承载着厚重的历史底蕴和人文积淀。聚落生态系统土地保育的宗旨，就是要维护城乡聚落体系的整体性，强化保育文化景观中城乡聚落文脉的整体性。

其重要任务就是要沿着人类发展的历史脉络，自然而然地保护和养育“家园”的社会生态系统。

（二）土地生态系统保育的技术准则

土地生态系统保育的对象是土地生态系统，这是一个完整的生命系统，应站在国土尺度上看待生态系统的完整性与连续性。不同尺度和不同类型的土地生态系统，其功能有不同的表现，产生的生态效应也不同。土地生态系统保育应在多尺度的国土空间范围内构建最优生态网络结构，加强重要生态区域、主要生态廊道、关键节点的生态基础设施建设，使土地生态系统保育能够实现“通经络、强筋骨”，充分发挥系统的整体功能。它需要借助整体主义的方法论，为自然和人工之间提供相互融入和流动交换的协调界面，形成土地生态系统保育的区域主义格局。其保育技术要符合以下准则：

1）嵌入本地生态系统。土地生态系统保育首先需要选择一个参照生态系统（reference ecosystem），选择标准是能够作为生态保育目标或基准的生态系统，通常包括破坏前的生态系统、未因人类活动而退化的本地生态系统，以及能够适应正在发生的或可预测的环境变化的生态系统，然后将土地保育嵌入由保育区本地生物组成的稳定生态系统，这些生物是本地进化而来或者随环境条件变化而从邻近地区迁移而来。

2）以自然保育为主导。自然保育是指对生态系统停止人为干扰，减轻生态系统负荷压力，依靠生态系统的自我调节能力和自组织能力使其向有序的方向自然演替和更新恢复的活动。要多采用基于自然的解决方案（nature-based solutions），利用自然应对气候变化、水资源安全、粮食安全等社会环境挑战，并对其进行可持续管理。绝大部分土地保育措施都应该是一种辅助再生（interventional recovery）的功能，充分利用保育区生态系统的自我恢复能力，辅以人工促进措施，使退化、受损的土地生态系统通过保育进入良性循环。

3）重视土地保育的韧性。土地生态系统保育首先需要重视对生态胁迫因子的消除或降低其影响，提升生态系统维持结构与格局的能力，也称弹性或韧性（resilience）。一种可持续的土地生态系统保育设计，在于寻求一种最佳的生态系统以支持生态的完整性和人类愿望的实现，需要均衡考虑经济、环境、道德和社会问题，使保育区的生态系统得以永续发展，包括抵抗力、恢复力、持久性、变异性、可靠性等内涵。这种保育要有利于适应性管理（adaptive management），也就是要有利于在一种面对不确定性时进行稳健决策的结构化、迭代过程，有利于通过系统监控降低不确定性，改善长期管理结果。

4）突显地球关键带生态保育。地球关键带是地球表层系统中最为活跃、与人类关系最为密切的区域之一，是指异质的近地表环境，岩石、水、空气和生物在其中发生着复杂的相互作用，调节着自然生境决定着维持生命的资源供应，是地球生态系统中各种圈层进行物质迁移和能量交换的交汇区域（National Research Council，2001）。在地球关键带区域，土地被认为是最为复杂的生物材料（Young et al.，2004；National Research Council，Policy，Global Affairs，et al.，2009）。要着力从关键带土地水文过程、土地生物过程、碳素生物地球化学过程、氮素及养分元素生物地球化学过程、水分-土壤-生物的耦合过程等进行保育，以维护土地生态功能、改善土地环境质量，保障陆地农业生产、食物安全、人体健康和可持续发展。

二、土地景观保育

（一）土地景观健康整体维护

当代对景观的理解是很多维的，既可以是建筑景观、绘画景观、摄影景观、造园景观、生态景观、历史景观、地理景观，也可以是政治景观、文学景观和风貌景观等，有着极其多重的身份特征。本书所指的土地景观，是指土地表面的可视部分，是能被人们直接观察到的地表覆盖、形态格局、生态结构和大地审美。地球上的水循环、碳循环、氮循环，或者说几乎所有生命物质的全部生物地球化学循环，土地景观都是不可或缺的载体和媒介。土地景观保育，需要包括对土地表面生态格局-过程-界面、生物物种-通道-生境、土地利用-自然资源-景观格局、生态系统扰动-足迹-健康进行整体维护，核心是要对生态系统物质循环和能量流动的协调平衡，即健康状态进行保育，以便促进人与自然的共生。土地景观健康的整体维护，其基本特点是探求土地景观空间各个部分、各种因素和多个层次之间相互联系的方式，即空间结构的机理与功能，由此形成一种新的土地景观健康的整体性认知。从这一角度看，土地景观健康整体维护具有以下基本特质：

1）维护对象的全域性。其对象是区域范围内的全部土地空间和要素，实行的是全域土地景观健康的统一维护。它要对自然地理格局、经济地理格局、整体生态环境、人口产业发展、基础设施配置、全部人文景观、城乡结构、海陆统筹、山水林田湖草等进行全面研究，将各种资源、空间形态和空间要素的认识连接起来，形成新的统一整体认识。它更加着力维护一个区域土地的发展功能，把城市和乡村的景观健康放在一个整体的框架下进行维护，更加重视全域性空间维护、全域性多功能实现、全域性开发保护协调和全域性特色格局建构。

2）维护目标的整体性。土地景观健康是由一系列社会生态系统组成的具有特定结构和功能的整体。各种空间要素间发生着密切的相互渗透和相互作用，通过水循环、生物循环和地质循环等物质运动和能量交换过程，从而形成一个可持续发展的生命有机循环系统和生物圈的“自创生”系统。任何一个环节受到破坏，都会带来整个土地景观健康系统的不稳定和结构失衡。应将整体性作为景观健康维护的核心目标，将维持和保护土地景观的完整、有序、稳定、平衡和持续存在作为衡量维护成败的根本尺度。

3）维护内容的系统性。它强调系统和环境是相互联系和相互作用的统一体，反对孤立研究其中任何问题及从个别方面思考和解决问题，比如只是孤立地研究土壤或水文等，而是要把城市、村落、农田、山体、荒漠、森林和水体等进行系统维护。要系统地提出维护问题，明确维护要素之间的相互关系，确立土地景观系统结构维护的组成和相互关系，重视系统维护输入与输出之间相互作用、自我调节的循环过程，外部条件连续变化时空间系统发生在跃迁临界点上的不连续性突变，系统评估景观自发走向有序结构的性质和能力。

4）维护要素的复杂性。各种维护要素都具有异质性、多样性和非线性相关等特点，例如，从群落或生态系统水平上看，土地生态系统由大量的物种构成，物种之间存在捕食和被捕食、寄生和互惠共生等复杂的种间关系，这些物种直接或间接地联系在一起，形成一个复杂的土地生态网络。该系统组成单元数量庞大、单元之间有大量联系、具有自适应性和进化能力、具有动力学特征。土地景观健康维护要突破传统的思维方式和手法，重视应用人工智能、神经网络、免疫系统、人工生命及自催化反应等，才能更好地揭示土地景观健康维护要素复杂化的演化机理及发展规律，使维护成果更有前瞻性和可用性。

（二）土地景观健康保健设计

从人与自然和谐共生的角度看，土地景观健康保健设计，应该是一种最大限度借助于自然力的最少设计，一种基于自然系统自我有机更新能力的再生设计，即改变现有的线性物流和能流的输入和排放模式，而在源、利用中心和汇之间建立一个循环流程的设计。其根本宗旨是尊重物种多样性，减少对资源的剥夺，保持营养和水循环，维持植物生境和动物栖息地的质量，最终达成不断改善土地景观系统健康和保健状态的目标。土地景观健康保健的具体保育设计内容，主要包括以下 4 个方面：

1）土地景观恢复力设计。土地景观领域的恢复力概念最初在 1973 年出现（Holling，1973），目前比较认可的概念是：系统受到扰动后恢复到稳态的能力，即系统保持结构、功能及反馈特性的能力（Walker，2004）。例如采矿会引起采空区地表移动变形，进而引发土地景观环境变化，最终引起植被结构和功能的变化。采矿对土地景观系统生态干扰的具体形式主要包括挖损、塌陷、压占、排放和污染，进而影响到地形、岩层、地表水、地下水、土壤等景观生态因子，最终产生覆岩破裂、地表移动变形、土壤养分空间分布变异、地下水疏干及植被移除等影响土地景观健康的负效应。矿区土地景观系统中各生态因子关系密切，它们之间通过相互作用、相互协调维持系统健康的动态平衡。矿区土地景观恢复力设计就是要对其中的非资源胁迫因子（地表移动变形因子、裂缝密度、土壤结构、温度等）和资源胁迫因子（土壤养分、水分、光照等）进行动态平衡设计，使其恢复到动态平衡范围的边界阈值之内，实现工作面、矿区和区域尺度恢复力的整合，最终达成土地景观恢复力的健康状态（王丽等，2017）。由于土地景观的干扰和变化是不确定的，对其健康维护的最好方式是“适应性生态设计”。在“适应性生态设计”中，所谓的恢复力可以理解为承受干扰和遭到干扰后恢复的能力，体现在能够适应环境的变化、保持健康的状态。“适应性生态设计”通过对土地景观恢复力的控制，对适宜的生态系统加以平衡，增强其抵御破坏干扰的能力；对不适宜的生态系统加以调节，以“自发”的形式逐步推进朝着更好的方向演替。它能更好地连接人文与自然的纽带，让土地景观能够更适应自然，并将自然的过程同人类的创造设计融为一体（吴然等，2015；范·德·莱恩等，1996）。

2）土地景观生产力设计。自然资源可持续利用视域的土地景观，生产力是其最本质的特性。土地景观的土地，作为一种重要的自然资源，其价值主要表现在作物、牧草、林产品等第一性物质生产方面，也就是绿色植物通过光合作用所制造有机物的量和质。在生产实践中，通常将单位面积第一性物质生产的量称之为土地生产力。土地生产力最后可折合成热量及蛋白质数量，以利相互比较和人口承载量计算。土地景观之所以有生产物质的能力，是因为土地景观上有辐射能资源、水资源、二氧化碳资源、氮磷钾等营养资源，以及各种生物活性资源，它们构成了土地景观生态系统的统一整体。土地景观的生产力设计，就是要通过地力修复、污染修复、水土流失修复、道路系统修复、生态防护修复、景观廊道修复等综合设计，合理利用各种资源，实现生产力的恢复并不断提升其数量和品质。

3）土地景观结构力设计。土地景观要实现健康，必须进行以下两方面的景观结构力平衡设计：①必须保持土地景观组分之间的结构稳定与平衡（Ferguson，1994；Costanza et al.，1992）。如输入与输出能量间的结构平衡、捕食者与被捕食者之间的结构平衡、群落与种群之间的结构平衡、出生率与死亡率之间的结构平衡以及水文循环的平衡等。由于这些结构平衡的影响因素极为复杂，只有在大量观测的基础上，才能取得准确的数据。②必须保持土地景观格局中单元之间的空间结构平衡。Odum 于 1969 年提出的分室模型（Compartment Model），可为土地景观格局中的空间结构平衡提供设计指引。该模型基于系统论、生物控制论的系统分析和景观模拟，为大尺度的土地景观生态设计及管理自然资源提供了一条重要途径（Geddes，1968）。Odum 认为，所有的土地利用都可以纳入生态系统分室模型中的 4 个分室中的一个，并用一系列参数作为分室标准。这些分室包括保护性土地利用、生产性土地利用、调和性土地利用、城镇-工业土地利用，土地景观设计必须保持这些空间结构之间的综合平衡。德国生态学家 Heber 于 1990 年针对 Odum 分室模型对景观单元间的相互影响考虑不周，于 1979 年提出了适用于高密度人口地区的土地利用分异战略（Differentiated Land Use，DLU），主要利用环境诊断指标和格局分析对景观整体空间结构进行研究和设计。该模型通过规划设计来维持景观的空间异质性和结构平衡，促进生物多样性，有利于土地景观整体的结构优化和健康稳定。该模型包括 3 个土地分异战略：第一，在给定区域内，占优势的土地利用类型不能成为唯一的土地利用类型，至少有该区域 10%~15%的面积为其他土地利用类型；第二，在给定区域内，对集约利用的农业或城镇、工业用地，至少应保留整体面积的 10%作为自然景观类型，并且要均匀地分布于区域当中，不能集中分布。“10%原则”是一个允许足够数量野生动植物与人类共存的一般原则；第三，避免大面积的、连续的、均一的土地利用。在人口稠密区，均一土地利用的田块大小不能超过 8~10 公顷（贾宝全等，2000）。虽然 DLU 战略对过程机制难以定量模拟，也缺乏充分的景观生态学理论依据，但从实践中取得的效果看，能为土地景观结构力平衡设计提供基本依据（傅伯杰等，2002）。

4）土地景观艺术审美设计。人类与生俱来就对美有一种本能的向往，通过审美创造活动再现自然美和表现情感理想，在想象的艺术世界中实现审美主体和审美客体的互相对象化，可以认为是人类的本质性存在。因此，对于任何一种文明进化形态来说，人类今天追溯起来都可以认为与能够提供审美享受的园林起源的一些人工环境密切联系。“花园是人类最古老的艺术形式之一”，当早期的人类“发明了用长满荆棘的树枝的围篱来保护原始的园地免受野兽和同类的损坏”时，花园产生了，这是丹麦著名设计师索伦森对园林起源的看法。事实上，土地景观保育设计从一开始，就从艺术中汲取了丰富的美的形式语言，艺术也为土地景观保育设计提供了最直接和最丰富的美的灵感源泉。从现代艺术早期的立体主义、超现实主义、风格派、构成主义，到后来的极简艺术、波普艺术，每一种艺术思潮和艺术形式都为土地景观设计师提供了可借鉴的艺术思想和美学形式语言。土地景观设计对土地设计的重要拓展，就是对美学和景观艺术的有机组织。在某种程度上可以认为，土地景观设计的重要方面就是以建设美丽国土为指引，对大地进行景观艺术设计，如同在大地上作画，使大地形成色彩斑斓的美丽区域，是一种大地艺术（Land Art 或 Earth Art）。当然，土地景观设计不仅仅意味着“如画”，还可以成为某种艺术思想的载体，表现出更多样的形式。

通过以上 4 个维度的保育设计，把土地的自然景观和人文景观当作资源环境来看待，将土地、人类和其他生命、城市和乡村、交通系统及土地上全部空间的生态系统健康和可持续发展作为保育设计对象，从生态环境价值、社会经济价值和艺术审美价值 3 个维度进行整合，从而建设各具特色的现代版“富春山居图”和美丽地球。

三、自然保护地保育

（一）自然保护地的分类

自然保护地是地球重要的生态安全屏障，也是世界公认的自然保护和土地保育的最有效手段，对于保护生物多样性及国家生态安全至关重要。其基本概念是指：对重要自然生态系统、自然遗迹、自然景观及其所承载的自然资源、生态功能和文化价值实施长期保护的陆域或海域。按照自然生态系统原真性、整体性、系统性及其内在规律，依据管理目标与效能并借鉴国际经验，可将自然保护地分为六大类型。

1）国家公园。是指以保护具有国家代表性的自然生态系统为主要目的，实现自然资源科学保护和合理利用的特定陆域或海域，是自然生态系统中最重要、自然景观最独特、自然遗产最精华、生物多样性最富集的部分，保护范围大，生态过程完整，具有全球价值、国家象征，国民认同度高等特征。

2）自然保护区。是指保护典型的自然生态系统、珍稀濒危野生动植物种的天然集中分布区、有特殊意义的自然遗迹的区域。具有较大面积，确保主要保护对象安全，维持和恢复珍稀濒危野生动植物种群数量及赖以生存的栖息环境。

3）自然公园。是指保护重要的自然生态系统、自然遗迹和自然景观，具有生态、观赏、文化和科学价值，可持续利用的区域。确保森林、海洋、湿地、水域、冰川、草原、生物等珍贵自然资源，以及所承载的景观、地质地貌和文化多样性得到有效保护。自然公园共有 7 种类型，包括森林公园、湿地公园、草原公园、风景名胜区、沙漠公园、地质公园、海洋公园。

4）种质资源保护地。为保护各类珍贵的农业种质资源，对种质资源原位保护区和水产种质资源保护区进行保护。主要分为两种：①农作物种质资源保护区，实行原生境保存和非原生境保存相结合的制度。原生境保存包括建立农作物种质资源保护区和保护地，在重要农作物野生种及野生近缘植物原生地及其他农业野生资源富集区建立种质资源保护区，禁止采集或采伐列入国家重点保护野生植物名录的野生种、野生近缘种、濒危稀有种，以及保护区、保护地、种质圃内的农作物种质资源。②水产种质资源保护区，是指为保护水产种质资源及其生存环境，在具有较高经济价值和遗传育种价值的水产种质资源的主要生长繁育区域，划定特殊保护区域。

5）生态功能保护地。除上述自然保护地以外，其他具有重要水源涵养、水土保持、防风固沙、海岸防护等生态系统服务功能的区域，可归类为生态功能保护地。这些区域在保障生态系统产品与服务的持续供给、防止和减轻自然灾害、保障国家和地方生态安全中发挥重要作用。如水源保护地、保护地以外的生态保护红线区等都是重要生态功能保护地。

6）社区保护地。它是指社区群众在历史上或当前现实中对于自然资源采取自我约束或排斥性干预活动的区域。例如，文化林就是一种典型的社区保护地。文化林是指村民按照文化传统、风俗习惯或宗教信仰自觉保护管理的森林。它具有一定的社会文化功能，多数分布在农村地区，坐落在村子周围。农村景观中的文化林不是独立存在的，而是在一定区域内，面积不同、形状各异的天然林景观在数量和空间上的组合，构成了一种以村民自觉保护影响下的自然保护体系——文化林保护体系（徐卫华等，2022）。

此外，对于地理标志农产品分布的特定区域，也应该列入自然保护地体系加以保育。其产品品质和相关特征主要取决于自然生态环境和历史人文因素，是基因型加上自然环境相互作用的结果。不同的地理纬度，土地的光、热、水、气等条件不同；不同的流域单元，江河湖海的矿物质和其他营养物质也有差异；不同的地貌类型区，土壤类型、酸碱度、有机质含量、土层厚度、土壤保肥力、盐分含量、微量元素组成、无霜期长短、冰冻期、空气质量、有效积温、风速和频率、日照时速、相对湿度、云雾天数、紫外线强度、昼夜温差、微生物区系等构成土地的环境因子都有很大不同，所有这些因子都会对动植物的生长速度和营养积累以及感官品质和内在品质的形成产生重要影响。例如，深州蜜桃、燕山板栗、沧州金丝小枣、黄岩蜜橘等地理标志农产品，究其原因，固然与产品自身的生理遗传习性有关，但都与特定区域的小气候、土壤、水质、栽培技术等条件密切相关。像黄岩蜜橘，种在某些被抬高的潮土或水稻土上品质极佳，若转移到第四纪红色黏土上，其色、形、味等则明显变劣。截至 2020 年 1 月 21 日，全国地理标志农产品达 2930 个，包括种植业、畜牧业和水产业 3 种类型。

（二）自然保护地的管护

自然保护地管护的基本目标是要守护自然生态，保育自然资源，保护生物多样性和地质地貌景观多样性，维护自然生态系统健康稳定，提高土地生态系统服务功能，维护人与自然和谐共生并永续发展。具体的自然保护地管护，一是要按照自然生态系统完整、物种栖息地连通、保护管理统一的原则，对自然保护区、地质公园、森林公园等各类自然保护地进行整合优化。二是要对全球和国家生物多样性关键地区进行特别保育，构建国际候鸟和珍稀野生动物迁徙通道、大中型哺乳动物迁徙廊道和水生生物洄游通道，对野生动物重要栖息地、野生植物天然集中分布地实施名录管理，建设全面全球的生物多样性保护网络。三是要理顺各类自然保护区现有管理职能，实行全过程统一管护，建立统一的调查监测体系，建设智慧型自然保护地体系，将自然保护地纳入国家生态红线管护。四是要加强野生保护站等保护管理设施建设，加强公路巡线网、监控、抢险救灾、森林草原防火、病虫害防治、疫病防治等设施建设。对自然保护地内基础设施建设、矿产资源开发等人类活动实施全面监控，限制和控制人为活动干扰。五是要加强自然保护地科研宣教管理，推行参与式社区管理，按照生态保护需求设立生态管护岗位并优先安排原住民居住。

参考文献

陈思清，汪洁琼，王南，2017. 融合景观连通性的城镇规划与生物多样性生态服务效能优化［J］. 风景园林（1）：66-81.

陈学砧，2016. 提升耕地质量的土地整治工程技术遴选与组配［D］. 北京：中国地质大学（北京）.

陈耀华，2003. 适于风景区水土保持的景观建设技术［J］. 水土保持研究（3）：37-39.

邓琳璐，王继红，刘景双，等，2013. 休耕轮作对黑土酸化的影响［J］. 水土保持学报（3）：184-188.

范・德・莱恩 西姆，考恩 斯图尔特，1996. 生态化设计［M］. 华盛顿：岛屿出版社.

傅伯杰，等，2002. 景观生态学原理及应用［M］. 北京：科学出版社.

贾宝全，杨洁泉，2000. 景观生态规划：概念、内容、原则与模型［J］. 干旱区研究（2）：70-77.

林蒲田，1996，中国古代土壤分类和土地利用［M］. 北京：科学出版社.

刘斌，赵光毅，2021. 瓜州县耕地质量提升技术探讨［J］. 农业科技与信息（2）：30-31，36.

鲁如坤，时正元，施建平，2000. 我国南方 6 省农田养分平衡现状评价和动态变化研究［J］. 中国农业科学，33（2）：63-67.

罗泽娇，梁杏，2005. 土壤修复与改良的微生物技术［J］. 安全与环境工程（4）：8-10，14.

荣月静，严岩，王辰星，等，2020. 基于生态系统服务供需的雄安新区生态网络构建与优化［J］. 生态学报，40（20）：7197-7206.

唐金华，2014. 多环芳烃污染土壤的微波修复技术研究［D］. 南京：南京农业大学.

唐秀美，潘瑜春，郝星耀，等，2016. 海南省热带台地生态化土地整治分区与工程设计［J］. 北京大学学报（自然科学版），52（6）：1093-1101.

王丽，雷少刚，卞正富，2017. 多尺度矿区植被生态系统恢复力定量测度研究框架［J］. 干旱区资源与环境（5）：76-80.

吴次芳，肖武，曹宇，等，2020. 国土空间生态修复［M］. 北京：地质出版社.

吴然，李雄，2015. “适应性生态设计” 中生态智慧的研究与实践［J］. 设计前沿（2）：79-81.

徐卫华，欧阳志云，等，2022. 中国国家公园与自然保护地体系［M］. 郑州：河南科学技术出版社.

许永乐，2017. 机械深松深翻整地技术的推广及实施策略分析［J］. 农村经济与科技，28（12）：24.

杨琳，夏海鳌，黄铁平，等，2005. 湖南省耕地土壤退化现状、原因及防治对策［J］. 安徽农业科学，33（2）：355-357.

张宁，2019. 淳化县耕地保护与质量提升技术应用［J］. 农业技术与装备（4）：56，58.

张蕊，2014. 浅析“设计结合自然”理论［J］. 建筑与文化（8）：147-148.

张晓琳，金晓斌，赵庆利，等，2020. 基于多目标遗传算法的层级生态节点识别与优化［J］. 自然资源学报（1）：174-189.

IUCN，2019. IUCN 70 years：International Union for Conservation of Nature annual report 2018［M］. Gland：IUCN.

National Research Council（NRC），2001. Basic research opportunities in earth science［M］. Washington，D. C.：National Academy Press.

National Research Council，Policy，Global Affairs，et al.，2009. Frontiers in soil science research：report of a workshop［M］. Washington，D. C.：National Academies Press.

Allen D W，Lueck D，1992. The “back forty” on a handshake：specific assets，reputation，and the structure of farmland contracts［J］. The Journal of Law，Economics and Organization（8）：366-375.

Armstrong A，Ling E J，Stedman R，et al.，2011. Adoption of the conservation reserve enhancement program in the New York City watershed：the role of farmer attitudes［J］. Journal of Soil and Water Conservation，66（5）：337-344.

Arnott R J，Lewis F D，1979. The transition of land to urban use［J］. The Journal of Political Economy，87：

161–169.

Barlowe R, 1986. Land resource economics: the economics of real estate [M]. 4th ed. New Jersey: Prentice-Hall.

Beasley S D, Workman W G, Williams N A, 1986. Estimating amentity values of urban fringe farmland: a contingent valuation approach: note [J]. Growth and Change, 17: 70–78.

Boyle S, 2014. The case for regulation of agricultural water pollution [J]. Environmental Law Review, 16 (1): 4–20.

Brueckner J K, 2001. Urban sprawl: lessons from urban economics [M] //Gale W G, Rothenberg J. Brookings-Wharton papers on urban affairs. Brookings: Brookings Institution Press: 65–97.

Buitelaar E, 2003. Neither market nor government: comparing the performance of user rights regimes [J]. Town Planning Review, 74: 315–330.

Buitelaar E, 2004. A transaction-cost analysis of the land development process [J]. Urban Studies, 41: 2539–2553.

Carruthers J I, 2003. Urban sprawl and the cost of public services [J]. Environment and Planning B, 30: 503–522.

Chadwick D, Jia W, Tong Y, et al., 2015. Improving manure nutrient management towards sustainable agricultural intensification in China [J]. Agriculture, Ecosystems & Environment (209): 34–46.

Christopher G L, Nancy E B, 2000. Evidence of the effects of water quality on residential land prices [J]. Journal of Environmental Economics and Management, 39 (2): 121–144.

Costanza R, Norton B, Haskell B, 1992. Ecosystem health: new goals for environmental management [M]. Washington, D. C.: Island Press.

Costanza R, d'Arge R, de Groot R, et al., 1997. The value of the world's ecosystem services and natural capital [J]. Nature, 387: 253–260.

de Graaff J, Aklilu A, Ouessar M, et al., 2013. The development of soil and water conservation policies and practices in five selected countries from 1960 to 2010 [J]. Land Use Policy, (32): 165–174.

Deininger K, 1999. Making negotiated land reform work: initial experience from Colombia, Brazil and South Africa [J]. World Development, 27: 651–672.

Deniz K, 2003. The cry for land: agrarian reform, gender and land rights in Uzbekistan [J]. Journal of Agrarian Change (3): 225–256.

Denzau A T, North D C, 2000. Shared mental models: ideologies and Institutions [M] //Lupia A, Mccubbins M D, Popkin S L. Elements of reason: cognition, choice, and the bounds of rationality [M]. Cambridge: Cambridge University Press.

Dinerstein E, Vynne C, Sala E, et al., 2019. A global deal for nature: guiding principles, milestones, and targets [J]. Science Advances, 5: eaaw2869.

Djankov S, La Porta R, Lopez-de-Silanes F, et al., 2002. The regulation of entry [J]. The Quarterly Journal of Economics, 117 (1): 1–37.

Dresner S, 2002. The Principles of Sustainability [M]. London: Earthscan Publications Ltd.

Dudley N, 2008. Guidelines for applying protected area management categories [M]. Gland: IUCN.

Dunn C P, Stearns F, Guntenspergen G R, et al., 1993. Ecological benefits of the conservation reserve program [J]. Conservation Biology, 7 (1): 132–139.

Ellickson R C, 1977. Alternatives to zoing: covenants, nuisance rules, and fines as land use controls [J]. The University of Chicago Law Review, 40: 681–781.

Feldman R, 1974. Custom and capitalism: changes in the basis of land tenure in Ismani, Tanzania [J]. Journal of Development Studies, 10: 305–320.

Ferguson B K, 1994. The concept of landscape health [J]. Journal of Environmental Managerment (40): 129-137.

Fischel W A, 1978. A property rights approach to municipal zoning [J]. Land Economics, 54: 64-81

Fischel W A, 1987. The economics of zoning laws: a property rights approach to American land use controls [M]. Baltimore, London: Johns Hopkins Press.

Forman R T T, 1995. Land mosaic [M]. Cambridge: Cambridge University Presses.

Gaggio D, 2004. Do social historians need social capital [J]. Social History, 29 (4): 499-513.

Garmendia E, Marielc P, Tamayo I, et al., 2012. Assessing the effect of alternative land uses in the provision of water resources: evidence and policy implications from southern Europe [J]. Land Use Policy, 9 (4): 761-770.

Geddes P, 1968. Cities in evolution [M]. New York: John Wiley & Sons.

Giacomo G, Julio B, 2014. Farmers' stated responses towards the chemicals use under the CAP Liberalization [J]. Agricultural Economics, 60 (1): 9-20.

Grossman H I, 1994. Production, appropriation, and land reform [J]. The American Economic Review, 84, 705-712.

Haff C A, 2003. Land market understanding is the basis for smart change [R]. Cambridge: Lincoln Institute of Land Policy.

Hamer U, Makes F, Stadler J, et al., 2008. Soil organic matter and microbial community structure in set-aside and intensively managed arable soils in NE-Saxony, Germany [J]. Applied Soil Ecology, 40 (3): 465-475.

Healey P, 1992. An institutional model of the development process [J]. Journal of Property Research, 9: 33-44.

Ho P, 2003. Contesting rural spaces: land disputes and customary tenure in China [M] // Perry E, Selden M. Chinese society: change, conflict and resistance. Rev. ed. London: Routledge.

Ho P, 2005. Institutions in Transition: land ownership, property rights, and social conflict in China [M]. New York: Oxford University Press.

Holling C S, 1973. Resilience and stability of ecological systems [J]. Annual Review of Ecology and Systematics, 4 (1): 1-23.

Horowitz A W, 1993. Time paths of land reform: a theoretical model of reform dynamics [J]. American Economic Review, 83: 1003-1010.

Janvry A D, Sadoulet E, 1989. A study in resistance to institutional change: the lost game of Latin American Land Reform [J]. World Development, 17: 1397-1407.

Johnson M P, 2001. Environmental impacts of urban sprawl: a survey of the literature and proposed research agenda [J]. Environment and Planning A, 33: 717-735.

Kaschuk G, Hungria M, Santos J C P, et al., 2006. Differences in common bean rhizobial populations associated with soil tillage management in southern Brazil [J]. Soil & Tillage Research, 87 (2): 205-217.

Lerman Z, 1999. Land reform and farm restructuring: what has been accomplished to date [J] American Economic Review, 89: 271-275.

Lopez R A, Shah F A, Altobello M A, 1994. Amenity benefits and the optimal allocation of land [J]. Land Economics, 70: 53-62.

Mace G M, Norris K, Fitter A H, 2012. Biodiversity and ecosystem services: a multilayered relationship [J]. Trends in Ecology & Evolution, 27 (1) : 19-26.

McGarigal K, Cushman S A, Neel M C, et al., 2002. FRAGSTATS: spatial pattern analysis program for categorical maps [Z]. Computer software program produced by the authors at the University of Massachusetts.

Needham B, 2007. Dutch land use planning [M]. The Hague: Sdu Uitgevers.

Norse D, Ju X T, 2015. Environmental costs of China's food security [J]. Agriculture, Ecosystems & Environment (209): 5-14.

Ostrom E, 2005. Understanding institutional diversity [M]. New Jersey: Princeton University Press.

Overmars K P, Helming J, van Zeijts H, et al., 2013. A modeling approach for the assessment of the effects of common agricultural policy measures on farmland biodiversity in the EU27 [J]. Journal of Environmental Management, (126): 132-141.

Papatheodorou E M, Kapagianni P, Georgila E D, et al., 2013. Predictability of soil succession patterns under different agricultural land use practices: continual conventional cultivation versus transformation to organic cultivation or fallow periods [J]. Pedobiologia, 56 (4/6): 233-239.

Phillips A, 2004. The history of the international system of protected area management categories [J]. Parks, 14 (3): 4-14.

Pigou A C, 1932. The economics of welfare [M]. 4th ed. London: Macmillan And Co.

Racevskis L, Ahearn M, Alberini A, et al., 2000. Improved information in support of a national strategy for open land policies: a review of literature and report on research in progress [C] //Paper Presented On The 24th International Conference of Agricultural Economists. Berlin, August: 13-18.

Schilling K E, Chan K-S, et al., 2008. Impact of land use and land cover change on the water balance of a large agricultural watershed: Historical effects and future directions [J]. Journal of Hydrology (387): 343-345.

Schmid E, Sinabell F, 2007. On the choice of farm management practices after the reform of the common agricultural policy in 2003 [J]. Journal of Environmental Management, 82 (3SI): 332-340.

Schuler J, Sattler C, 2010. The estimation of agricultural policy effects on soil erosion: an application for the bio-economic model MODAM [J]. Land Use Policy, 27 (1): 61-69.

Shleifer A, Vishny R W, 1998. The grabbing hand: government pathologies and their cures [M]. Cambridge: Harvard University Press.

Stahl-Rolf S R, 2000. Transition of the spot: historicity, social structure, and institutional change [J]. Atlantic Economic Journal, 28: 25-37.

Stern N, 1994. The implications of time-averaging for reconstructing the land-use patterns of early tool-using hominids [J]. Journal of Human Evolution, 27: 89-105.

Stigler G J, 1971. The theory of economic regulation [J]. Bell Journal of Economics and Management Science, 2: 3-21.

Stubbs M, 2010. Environmental quality incentives program (EQIP): status and issues [R/OL]. CRS Report for Congress. http://www.whprp.org/NLE/CRSreports/10Apr/R40197.pdf,2010-08-13.

Sjöstedt M, 2011. The impact of secure land tenure on water access levels in sub-Saharan Africa: the case of Botswana and Zambia [J]. Habitat International, 35 (1): 133-140.

Thompson G, Frances J, Levačič R, et al., 1991. Markets, hierarchies & networks: the coordination of social life [M]. London: Sage Publications.

Tongkoom K, Marohn C, Cadisch G, 2013. Linking fallow vegetation and soil fertility with farmers' criteria for cropping decisions in shifting cultivation [C]. Stuttgart-Hohenheim: Agricultural Development within the Rural-Urban Continuum.

Toynbee A J, 1972. A study of history [M]. [S. l.]: Weathervane Books.

Wachenheim C J, Lesch W C, Dhingr N, 2014. The conservation reserve program: a literature review: agribusiness & applied economics report 723 [R]. Fargo: North Dakota State University.

Walker B, Holling C S, Carpenter S R, et al., 2004. Resilience, adaptability and transformability in social-eco-

logical systems [J]. Ecology & Society, 9 (2): 3438-3447.
Webster C J, 1998. Public choice, pigouvian and coasian planning theory [J]. Urban Studies, 35: 53-75.
Wiegandt C, 2004. Mixed land use in Germany: chances, benefits, and constraints [C] // For International Planning Symposium on Incentives, Regulations, And Plans: The Role of States And Nation-States In Smart Growth Planning, September 30- October 1.
Williamson O E, 1985. The economic institutions of capitalism [M]. New York: The Free Press.
Williamson O E, 1996. The mechanisms of governance [M]. New York: Oxford University Press.
Williamson O E, 1999. Public and private bureaucracies: a transaction cost economics perspective [J]. Journal of Law, Economics, and Organization, 15: 306-342.
Williamson O E, 2000. The new institutional economics: taking stock, looking ahead [J]. Journal of Economic Literature, 38: 595-613.
Young I M, Crawford J W, 2004. Interactions and self-organization in the soil-microbe complex [J]. Science, 304 (5677): 1634-1637.
Zhao S M, Ma Y F, Wang J L, et al., 2019. Landscape pattern analysis and ecological network planning of Tianjin City [J]. Urban Forestry & Urban Greening, 46: 126479.

第十一章 土地整治

第一节 土地整治的功能系统

一、土地整治内涵的发展演变

（一）从土地整理到土地整治

土地整理，该词最早出现于德国、法国和苏联等欧洲国家，英文为 Land Readjustment、Land Rearrangement、Land Consolidation、Land Replotting、Land Assembly 等。在德国巴伐利亚州，首次涉及土地整理中地块合并的书面文件可追溯至约 1250 年。土地整理概念的首次使用，是在 1886 年巴伐利亚国王路德维希二世签署的第一部土地整理法律中。中国最早的土地整理相关措施，可追溯至 3000 多年前先秦时期的井田沟洫制。夏朝在田间实行沟洫制，使大片的低洼地和沼泽地变成了良田。在商朝，甲骨文中就有整齐田块的象形文字。祖先们通过田埂或沟渠作为边界，将田块划成四方块、六方块、八方块、九方块，或者十二方块，农田已整理得颇为方正。从全球范围来看，土地整理随着社会经济的发展而不断调整目标和内容。根据土地整理目标和内容演变的特征，可将土地整理发展历程划分为以下 3 个阶段（吴诗嫚等，2019）。

第一阶段为提高农地生产力的土地整理调整交换阶段（Land Readjustment）。16 世纪中叶至 19 世纪末，由于土地私有和继承的不断分割，农地破碎、零散，阻碍了农业的规模经营和发展。将原来畸零狭小不适合农事工作的农地，予以交换分合，整理成一定标准的地块，以此减少田埂，增加农地面积，消除耕地的交错、分散和形状不整等弊端，因其费用较省，在西欧早期的旱作地区经常采用。这一时期土地整理主要通过有组织、有规划地归并地块调整权属，以改变因土地私有和继承的分割使农地日渐细碎零散的现状，改善农业生产条件。

第二阶段为特定目标的土地整理设施改良阶段（Land Consolidation）。20 世纪初至 50 年代，随着第二次世界大战后世界范围内工业化、城市化进程的加快，建设用地需求急速膨胀，对土地的需求日益增长（杨相和，2002）。这一时期的土地整理不仅包括地块的调整交换，同时配合地块平整，建造沟、路、渠设施，使之更适合耕作管理和机械化的经营，从而减少劳力，增加产量，促进农地利用的合理化和集约化，更主要是围绕城市建设和大型基础建设的用地需求，实施新城市规划，解决城市发展用地短缺问题，为基础建设提供土地，同时消除工程建设给土地带来的不利影响。

第三阶段为乡村发展阶段（Rural Development）。第二次世界大战后经济与人口的迅速扩张，特别是土地资源的不断开发与利用，各地区社会、经济、生态平衡系统不断被破坏，土地整理的重点转变为保护和改善生态环境，不仅以农地的设施改良为内容，同时配合农村社区发展与乡村规划的需要，实施乡村土地利用的综合整理，促进生产、生活和生态的全面改善，建设美丽而有活力的城乡新格局，为乡村可持续发展做出贡献，从而促进城市和农村地区经济社会均衡发展，实现城乡等值化。土地整理在这一阶段才真正在世界范围内成为人们利用与保护土地资源的重要途径。20 世纪 80 年代中后期以来，随着土地整理内涵的不断延伸，区域范围内的经济发展、生态环境保护、乡村复兴以及多功能农业发展等都开始纳入土地整理的目标范畴，国际上土地整理的模式开始逐步向全域全类型转变。德国、荷兰、法国、俄罗斯等国开展全域土地整理的时间较早（van Dijk，2007），美国、澳大利亚、加拿大、日本、韩国和中国台湾地区等也都开展了卓有成效的全域土地整理工作（Niroula et al.，2005；Villoria et al.，2018），形成了比较完善的全域土地整理理论结构、工程技术模式、管理制度和政策体系。

20 世纪 80 年代中期以来，为贯彻落实“合理利用土地，切实保护耕地”的基本国策，全国各地陆续开展了各有特色的土地整理活动。当时，与耕地保护、耕地占补平衡、基本农田建设等相关的主要有土地开发、土地复垦和土地整理 3 项活动。土地开发主要指农用地开发，是将未利用地开发成农用地的过程和活动，是补充耕地的一种有效途径。土地复垦，主要是指对生产建设活动和自然灾害损毁的土地，采取整理措施，使其达到可供农业利用状态的活动。土地整理的内涵各有不同的理解，更多地将其概念界定如下：按照区域目标和规划用途，以土地利用结构、地块形态和土地权属进行重新调整，对基础设施进行改良建设，以提高土地利用率和产出率，改善生产、生活条件和生态环境的活动。由于土地开发、土地复垦和土地整理 3 项活动，在中国国情下主要都是为增加耕地数量、提升耕地生产能力服务的，政府主管部门认为需要有一个统一称呼，而且认为可用土地整治概括之。于是，2012 年 5 月 2 日，国土资源部土地整理中心正式更名为国土资源部土地整治中心。由此，在行政力量的推动下，土地整治开始取代了原来的土地整理，其内涵还包括土地开发和土地复垦。然而，何谓土地整治并没有得到充分的阐释。在历史和现实的张力下，土地整治、土地整理、土地开发、土地复垦等概念不仅在官方文件中，而且在学术圈也经常被混用。在国际上，现在还很难找到一个单词与土地整治完全对应。在中国，土地整治的官方翻译是 Land Consolidation and Rehabilitation。其中 Land Consolidation 通常指土地整理，Rehabilitation 通常指复原或修复。从当前政府部门涉及的实际工作内容来看，土地整治的核心内涵是为满足新的功能需求对土地进行改造建设的活动。这一内涵包括以下 3 层含义。第一，所谓满足新的功能需求，就是满足人类不断增长的生产和生活需要以及满足人类生存舒适的需要，简单地说就是要满足生产、生活和生态的“三生”需要。这是人类推进土地整治的出发点和目的所在，也是解决“为什么”要做的问题。第二，土地整治的核心是改造建设。它需要按照自然、社会、经济和生态规律的要求，综合运用土地开发、整理、复垦、修复措施，对土地进行改造建设，以提高土地利用的效率和整体功能。这是解决“如何做”，以及达到“何种程度”的问题。第三，改造建设是一项工程活动，其主要目标和内容是改善土地质量、提升土地效能和优化土地生态环境，是人类寻求与地球共生的一种选择。然而无论其采取的工程措施和解决的问题有什么不同，都是一种创造性的行为，需要有创造性的思维，通过创新性的改造建设，获得不同于其他过程的土地产品。这是解决“有什么要求”和要实现的“目标状态”问题（吴次芳，2014）。

（二）从土地整治到全域整治

2017年国务院印发《全国国土规划纲要（2016—2030年）》，指出要贯彻落实全域土地综合整治，推动形成高质量发展新空间。2018年7月，自然资源部批复同意《浙江省实施全域土地综合整治助推乡村振兴战略行动计划工作方案》（简称《方案》），浙江由此成为全国率先系统推进全域土地综合整治的省份。该《方案》明确，在现有农村土地综合整治的基础上，通过实施全域土地综合整治与生态修复工程，对农村生态、农业、建设空间进行全域优化布局，对“田水路林村”等进行全要素综合整治，对高标准农田进行连片提质建设，对存量建设用地进行集中盘活，对美丽乡村和产业融合发展用地进行集约精准配置，对农村人居环境进行修复治理，逐步构建农田集中连片、建设用地集中集聚、空间形态高效节约的土地利用新格局。2018年9月，中共中央、国务院印发的《乡村振兴战略规划（2018—2022年）》提出：到2020年，开展3000个土地综合整治示范村镇建设，基本形成农村土地综合整治制度体系；到2022年，示范村镇建设扩大到1000个，形成推广到全国的制度体系。2019年12月，自然资源部下发《关于开展全域土地综合整治试点工作的通知》，部署2020年全国不少于300个、各省（区、市）原则上不超过20个全域土地综合整治试点工作。2020年6月，自然资源部下发《全域土地综合整治试点实施要点（试行）》，进一步明确了试点的任务、目标及与村庄规划的关系。2024年中央一号文件明确指出：要稳妥有序开展以乡镇为基本单元的全域土地综合整治。从浙江省实践、国家政策文件和土地整治基本内涵来看，全域土地综合整治是对土地整治的继承和发展，其基本概念可表达如下：它以全域为对象，是一项通过对全要素空间优化和治理，不断提升空间功能、增强空间价值和空间活力的综合性活动。其最明显特征：一是“全域”，二是“综合”。

1. 全域性

全域是指一定层级内的完整区域网络和结构，而不仅仅是单一的农用地、建设用地或生态用地。这意味着整治不再聚焦局部、单个地块或单一要素，而是通过整合地域系统内的山水林田湖草，促进要素之间的协同配合和高效流动，实现全域的功能提升和价值增加。这种全域性还包括整治尺度的全域性，它是指从全区域视角对农用地整治、农村建设用地整治、城镇工矿用地整治、损毁土地复垦和未利用地开发等各类活动的统筹安排，并不是简单地对各项整治活动的叠加，而是将孤立、分散的土地整治项目转变为连片集中的综合整治项目，从而实现挖掘土地利用潜力，优化土地利用空间格局，提高土地利用整体效率，改善区域生态环境，保护和恢复自然山水格局，促进土地功能和效率的全域性提升。

2. 综合性

综合是指对全域的生产空间、生活空间和生态空间进行整体优化，而不再局限于传统的农田空间或农业空间。它需要通过归并零散耕地、整理宅基地、整治河湖水域、治理废弃矿山和低效建设用地等相关工程，提高耕地连片程度、建设用地集约程度和生态用地福祉水平，从横向层面优化全域空间结构布局。它还需要通过盘活闲置资源，有效落位基础设施和产业设施，推动新产业新业态发展，从纵向层面优化全域空间资源配置。它更需要将新业态、新技术、新信息、新主体等要素有机融合，实现从“以地为本”的单要素整治到“人、地、业”多要素协调耦合，推进全域社会经济、生态环境、文化形态、空间格局和发展活力的再创生。在具体形态上，土地整治内容的综合性还体现在对区域范围内所有的农用地整治、农村建设用地整治、低效工矿用地整治、土地复垦及未利用地开发等各类资源要素的综合开发利用，以及全面实施对高标准农田建设、耕地质量提升、“旱改水”、表土剥离、农田水利建设、生态环境整治及传统历史文化村落的保护和新产业新业态的导入等。

全域土地综合整治具有系统性、综合性和多元性的特点，要全面体现国家要求、区域战略需求和地方发展保护诉求，切实解决耕地碎片化、空间布局无序化、土地利用低效化、生态质量退化、空间发展缺乏活力等多维度问题。目前，全域土地综合整治的具体内容主要包括农用地整理、建设用地整理、生态保护修复、文化保护复兴和产业布局导入等。

1）农用地整理。适应发展现代农业和适度规模经营的需要，统筹推进低效林草地和园地整理、农田基础设施建设、现有耕地提质改造等，增加耕地数量，提高耕地质量，改善农田生态。

2）建设用地整理。统筹城乡住宅建设、产业发展、公共服务、基础设施等各类建设用地，有序开展旧城镇、旧村庄、旧工厂、工矿废弃地以及其他低效闲置建设用地整理，优化城乡建设用地结构布局，提升建设用地使用效率和集约化水平，支持新产业新业态融合发展。

3）生态保护修复。按照山水林田湖草系统治理的要求，结合城乡人居环境整治，优化调整生态用地布局，保护和恢复区域生态功能，维护生物多样性，提高防御自然灾害能力，保持区域自然景观和特色风貌。

4）文化保护复兴。充分挖掘区域自然和文化资源，保持区域特有的乡土文化，注重传统农耕文化传承，保护区域历史文脉和文化景观，推进区域文化景观复兴。

5）产业布局导入。按照土地整治+产业的模式，优化资源要素配置，盘活存量建设用地，通过策划、招引产业项目，导入旅游休闲观光、互联网电商、体育运动、文化艺术、养生康养等新产业新业态，建立造血机制，再造乡村活力，带动产业振兴和百姓增收。

（三）土地整治相关概念辨析

如上文所述，在历史的变迁过程中，土地整治的内涵与外延都发生了较大变化。政府部门所界定的土地整治，与学术部门所理解的土地整治，也不完全一致。因此，有必要对土地整治相关的概念进行辨析。

1. 传统土地整治与现代土地整治

传统意义上的土地整治主要指对土地进行改良，以消除土地障碍因素，提高土地生产率或改善环境的过程。2012 年以来主要由政府部门界定的土地整治，是一个综合概念，包括土地开发、土地整理、土地复垦、土地修复等方面的内涵，是一项作为提升土地功能和效用的综合性改造建设活动而存在的活动。随着土地整治实践工作的逐步深化，土地整治已经发展到对全域生产空间、生活空间和生态空间进行整体优化，而不再局限于传统的农田空间或农业空间。考虑到政府和权力对科学研究的深刻影响，本书认为总体上可采纳 2012 年以来由政府部门界定的土地整治概念。但是，从学术的严谨性角度看，不能把土地开发纳入土地整治的范畴。其理由如下。一是，关于“土地整治”的“整治”一词，《汉书·天文志》曾书“入国邑，视封畺田畴之整治，城郭室屋门户之润泽”，此中“整治”是形容封疆内的土地“整齐而有秩序”，后作动词解释又包含着“整理、治理”之义。也就是说，从整治的原生态含义来看，开发是无法纳入其范畴的。其二，土地开发是指对未利用土地，通过工程、生物或综合措施，使其达到可利用状态的活动。或者，是指对存量建设用地等采取综合措施提升其效能和效率的再利用过程。无论前者或后者，土地开发都更合适归入土地利用的范畴，而不应该属于土地整治。

2. 土地整治与国土空间生态修复

在阐述土地整治的概念内涵时，不能回避的一个重要问题是，它与国土空间生态修复的关系。根据 2018 年《国务院机构改革方案》，组建自然资源部，下设国土空间生态修复司。该司承担国土空间生态修复政策研究工作，拟订国土空间生态修复规划；承担国土空间综合整治、土地整理复垦、矿山地质环境恢复治理、海洋生态、海域海岸带和海岛修复等工作；承担生态保护补偿相关工作；指导地方国土空间生态修复工作。可见，按照行政隶属关系的划分，土地整治隶属于国土空间生态修复。但是，从科学内涵界定的角度看，还有必要进一步阐明两者的复杂关系。从总体上看，国土空间生态修复的对象主要是生态系统，而土地整治的对象除了生态系统以外，还有生产系统和生活系统，二者是有明显区别的。土地整治是一种概括性的概念，它包括农地整治、村庄整治、市地整治等。目前在政府的官方文件和不少研究文献中多使用土地综合整治的概念，认为土地综合整治就是采取综合措施对某一空间范围内土地进行开发、利用、整治、保护的全部活动。但从科学或学术的角度看，这种土地综合整治的内涵是过于宽泛了。无论如何，土地整治是着力于“治未病”的，不能把土地开发、土地利用和土地保护纳入土地综合整治的范畴。从概念区分上看，国土空间生态修复主要是治理已经受损、失调或退化的国土空间功能，即生态修复主要是“治已病”的，而土地整治主要是“治未病”的。但是在实践中，土地整治与国土空间生态修复之间的边界并不清晰。所谓“治未病”，最早源自《黄帝内经》所说：“上工治未病，不治已病，此之谓也。”“治未病”即采取相应的措施，防止疾病的发生发展。其在中医中的主要思想是：未病先防和既病防变。在医学的实践中，“治未病”和“治已病”是有区别的，可是健康、亚健康、疾病之间是有重叠状态的，边界并不清晰（王庆芳等，2009）。土地整治和生态修复的概念边界也是如此，经常有模糊现象，就如同“治未病”和“治已病”的边界并不清晰一样。“治未病”需要对“疾病”进行一同治理，“治已病”也需要对“未病”进行诊治，二者都是对“病”的防治。在实践中，人们经常将“整治修复”或“修复整治”放在一起不加严格区分，也不失为一种可行的处理方法。与生态修复相关的概念还有：①重建（Rehabilitation），即去除干扰并使生态系统恢复原有的利用方式；②改良（Reclamation），即改良立地的条件以便使原有的生物生存，一般指原有的景观彻底破坏后的恢复；③改进（Enhancement），即对原有的受损系统进行改造，以提高某方面的结构与功能；④修补（Remedy），即修复部分受损的结构；⑤更新（Renewal），指生态系统发育更新；⑥再植（Revegetation），即恢复生态系统的部分结构和功能，或恢复当地先前的土地利用方式。⑦再野化（Rewild），强调回归到野性和自主的状态。这些概念的侧重点有所差异，但本质基本相近，也与整治有部分重叠。简言之，整治的内涵外延应该比生态修复更广泛，生态修复难以指代整治，而土地整治在宽泛的意义上可以包括生态修复。

二、土地整治的主要目标任务

（一）土地整治的基本目标

现代土地整治源于对区域资源、自然生态环境、历史文化和“新经济”时代的理解，强调完整的区域结构、城乡文脉、社会响应、社区环境和土地健康。在现阶段，以乡村为重点的全域土地综合整治，其主要目标包括以下4个方面。

1）促进农业发展。通过大力开展农用地整理，建设高标准基本农田，促进耕地集中连片布局，实现规模效率，打造现代农业发展平台，夯实农业发展基础，提高粮食产能，促进农业可持续发展，是全域土地综合整治的不竭动力。通过全域土地综合整治，要能更好地保障农产品供给，增加农民收入，提高劳动生产率，提升资源产出率和商品率；要有利于形成以现代科技和装备为支撑、农工贸紧密衔接、“产加销”融为一体的多元化产业形态和多功能农业产业体系。

2）提升村庄活力。人口和就业向城市集中，导致村庄衰落和严重空心化。通过深入推进村庄用地整理，优化村镇结构功能，统筹配置各类基本公共设施，改善基本公共服务设施，盘活存量闲置用地，复兴乡村文化基因，将乡村建设和农村公共基础设施完善紧密结合，不断提升村庄活力。

3）推动绿色发展。土地整治是为保证人类能健康和有尊严地生存所需要的环境，保护土壤、空气、水、动植物免受人类活动的不利影响，消除人类活动带来的损害或不利影响所采取的必要措施。正确处理人与自然的关系，建设山水林田湖草生命共同体，推动人与自然和谐的绿色发展是土地整治的重要目标。在乡村地区，通过土地整治推进永续农业（Permaculture）、气候智慧型农业（Climate-Smart Agriculture）、碳农作（Carbon Farming）和再生农业（Regenerative Agriculture）等发展。

4）赋能乡村振兴。区域规划决定了土地整治的功能和选择土地整治的方式。作为多目标和多功能的乡村发展工具，土地整治的首要目标是以乡村土地空间格局优化为主线，改善当地农业生产条件，创建更大的村庄文化、本地供应和区域合作意识，增强乡村地区的经济、生态、社会和文化综合发展潜力，保持乡村地区的景观风貌和弘扬优秀传统文化，延续历史文脉与绿脉，增强气候变化适应能力，通过建立乡村活力数据库和数字化体系，为绿水青山赋能，提升乡村活力，促进乡村全面振兴。

当然，土地整治的基本目标除了服务于乡村以外，优化城市空间结构，推进旧城改造和城市更新，盘活低效用地，推动城镇化和城乡统筹发展，创造更美好的幸福家园，也是其重要的目标。

（二）土地整治的主要任务

不同的区域，土地整治的任务有很大区别。就一般情况而言，土地整治的任务主要有以下5项。

1）优结构。土地整治作为国土空间规划重要的专项规划和实施工具，促进土地利用结构优化，对城乡生产、生活和生态空间进行优化布局，构建农田集中连片、建设用地规模集聚、空间形态高效集约、生态环境天蓝地绿、景观风貌健康美丽的土地利用新格局，是其首要的任务。

2）治未病。土地整治的重要功能是防止土地功能失调或退化，其本质是着眼于治“未病”，它着力于解决土地开发利用保护中存在的限制因素和潜在退化危机。它需要坚持问题导向、追根溯源、系统梳理隐患和风险，将水土流失区整治、重点生态脆弱区整治、江河湖泊环境整治、矿山环境整治、灾害易发区整治、荒漠生态保育整治等放在更加突出的地位。

3）补短板。要将土地空间的恶化-不适应-病态，转化成优化-适应-健康，改造土地利用空间的自身结构和景观环境，其中最重要的路径就是通过补短板来调整适应、克服限制、重构平衡。也就是通过补短板化害为利，包括区域交通设施短板、水利设施短板、环保设施短板、生态设施短板、信息设施短板、防灾设施短板、农业设施短板以及技术设施短板等，为土地高效开发利用和城乡可持续发展创造条件。

4）提功能。在土地资源有限的国情背景下，土地整治的目标在于提升一个区域的综合功能，促进土地开发利用向产出、质量、效率、环境和安全5个目标转变。通过土地整治有效提升土地的资源保障功能、粮食安全功能、资源节约功能、乡村振兴功能、城乡统筹功能、区域协调功能、环境友好功能、文化维护功能以及社会和谐功能，是历史的责任，也是时代的任务。

5）增活力。建设彰显优势、协调联动的区域发展体系，促进区域良性互动、城乡融合发展、陆海整体统筹，形成功能清晰、分工合理、各具特色、协调联动的土地利用新格局，实现土地要素在更大范围、更高层次、更广空间顺畅流动与合理配置，使适合产业的区域集约高效、适合居住的区域宜居适度、重要生态地区山清水秀，全域活力得到全面增强，区域价值得到全面增加，是土地整治的重点和战略利益所在。

三、土地整治的功能及其使命

（一）土地整治的功能系统

1. 土地整治的核心功能

可以预见，在土地资源有限的国情背景下，土地整治对促进土地利用由单纯追求数量向产出、质量、效率、环境和安全5个目标转变，对保障国家粮食安全、促进城乡统筹发展和乡村再生、推进城镇化、建设资源节约和环境友好型社会、建设美丽中国、治理土地退化、协调和实施优势农产品区域规划及重点区域粮食生产规划等，都有着重大的现实和战略意义。在相当长的时间内，以乡村为主导的土地整治，将肩负以下核心功能：

1）农业发展功能。通过土地整治，统筹推进低效林草地和园地整理、农田基础设施建设、现有耕地提质改造等，增加耕地数量，提高耕地质量，改善土地生产条件，推进高产稳产农田建设，有利于促进农业发展，保障粮食安全。德国、日本、澳大利亚等国家以及中国的台湾、江苏、浙江、上海、安徽、山东等地的实践都表明，通过土地整治，农田工时耗费可下降20%，产量可增加10%~20%，有力地促进了农业发展。

2）资源保障功能。广大乡村地区土地资源缺乏科学配置，闲散废弃土地大量存在。同时，广大农村耕地零碎分散，尤其是南方人口稠密地区以及西南地形地貌破碎地区，耕作田块普遍细小。根据对浙江东部的一些县市调查，平均田块面积不足1亩，田埂和过水沟等占耕地总面积的5%~7%；在贵阳市，喀斯特地貌导致耕地与建设用地及未利用地等插花分布，耕地连片程度低，现状耕地平均图斑面积仅1.4公顷/块，大量耕地的田块面积不足1亩。通过土地整治，不少地区可增加有效耕地面积5%~10%，为耕地资源占补平衡提供了重要保障。据统计，2000—2017年，全国实施耕地占补平衡累计补充耕地面积1.19亿亩，年均耕地增加面积为658.73万亩，主要是由土地整治（包括土地整理、土地复垦）来保障完成的。此外，农村建设用地利用粗放，全国人均村庄用地335米^2/人，超过国家标准的2倍以上。通过统筹农民住宅建设、产业发展、公共服务、基础设施等各类建设用地，有序开展农村宅基地、工矿废弃地以及其他低效建设用地整理，优化农村建设用地结构布局，有效盘活存量建设用地，提升农村建设用地使用效率和集约化水平，为满足建设用地需求提供了重要保障。

3）生态安全功能。土地整治更加关注人、动物、植物、环境等生命共同体中不同角色的有机整合，通过保留和重新归整出一些景观要素（如灌木丛、片状生物群落等），建立起一种根据各生物类群的生物学、生态学特性和生物之间共生关系而合理组合的生态系统。根据生物的类型、生境的差异，通过整治建立起更有利于环境保育和生态安全的空间结构。例如条型结构，其地块的大小长度保持在400~600米，宽度不超过150~200米，它主要表现为树篱、防护林、草皮（带）、篱笆、沟渠、道路、作物边界等结构，对保持农田中较多的物种数量具有重要作用。土地整治结合人居环境整治，优化调整生态用地布局，保护和恢复生态功能，维护生物多样性，提高防御自然灾害能力，具有重要的环境友好和生态安全功能。

4）乡村振兴功能。土地整治是规划一个区域的功能，不仅以农地的设施改良为内容，同时配合乡村社区发展与乡村规划的需要，实施乡村土地的综合整治，从整体上改善乡村地区的土地利用布局和结构，改善农村地区的生产和生活条件，促进生产、生活和生态的全面改善，振兴乡村地区经济，维护乡村地区的景观和文化，建设美丽而有活力的新农村。葡萄牙将土地整治项目解释为一种乡村发展活动，认为综合的土地整治项目在地域上可被界定为乡村土地发展活动（Coelho et al.，2001）。欧洲的实践表明：通过对开展过土地整治的区域和未开展区域的比较分析，在对乡村发展政策和土地整治项目评估的历史回顾中，找到了土地整治促进乡村发展的证据。在台湾地区，土地整治被定义为实现生产、生活及生态的“三生”目标，即达到永续发展的绿色产业，尊严活力的农民生活和万物共荣的生态环境。20 世纪 80 年代以来，日本乡村土地整治以居住空间与农业用地的共生为目标，编制保持农业特色的村落综合发展规划，以促进乡村地区的振兴发展。

2. 土地整治的叠加功能

土地整治除了上述核心功能以外，还具有以下叠加功能：

1）文化维护功能。土地整治突破原有的注重改变村容村貌和村民生活方式的建设，全面体现农田和村庄自身特点，有针对性地对农田和村庄进行合理定位，以保护乡村文化特色为导向综合推进。农田和村庄特色，主要包括特色水网景观、特色乡风民俗、特色历史文化、特色农产品、特色旅游及餐饮等，将农田和村庄的与众不同之处展现出来。通过土地整治，深度挖掘乡村文化故事和象征，并通过故事化的情景再生使乡村文化真正印刻在人的心里，形成强烈的文化认同感。比如，注重传统农耕文化传承，保护历史文脉，保持乡村特有的乡土文化；重拾“人居与水”印象，实现水路空间的联结，跨越时间的沟壑，促成水文化的复兴等。

2）景观美学功能。土地整治不只是一个工具或某种技术手段，它是人类活动的组织哲学，最终目标是寻求与地球共生的审美存在。它通过对景观结构受损的治理、对矿山开采导致生物多样性降低的恢复、对土地利用空间布局混乱的调整等措施，把一个整治区域的文脉、历史、文化、工程、利用方式、景观结构和土地的物质形式当作一种审美存在来对待，按照基于自然的解决方案，创造土地的人文景观美，突出自然景观美和生态美，建构一个返璞归真、和合共生、天人合一的诗意栖居景观。在具体操作方面：①宏观上——着力合理的功能分区；②中观上——着力资源的美学利用；③微观上——着力工程的景观处理，以此来创生自然景观、人工景观和人文景观的美学特征和审美价值，构建自然性与文明性相协调的“乡村家园”美学景观。

3）城乡统筹功能。土地整治强化对区域资源、自然生态环境、历史文化和“新经济”时代的理解，强调完整的区域结构、城乡文脉、社会响应、社区环境和土地健康等理念，注重对整治后区域发展质量的提升。它强调土地整治是以区域为单位的，而不仅仅是单个项目的工程建设，区域的结构应该融入更大尺度的交通网络中。这种土地整治的“新区域”，更加注重全方位营造“区域”土地利用整体的适宜环境。通过开展土地整治，大力开展农业生产设施建设，调整土地权属关系，加大乡村基础设施建设，开发以当地文化、风俗为载体的特色业态，建立复合型文化品牌，通过展示型业态、体验型业态衔接本土文化旅游产业，延伸上下游文化旅游产业链；通过品牌包装、产品优化改变现有经营模式，增加现有乡村商业业态的亮点，以此促进城乡协调发展和人与自然的和谐，最终实现城乡统筹和经济社会的和谐发展。

综上，土地整治具有农业发展功能、资源保障功能、生态安全功能、乡村振兴功能、文化维护功能、景观美学功能、城乡统筹功能，是一个多功能叠加在一起的集合体，即由“核心功能”与“叠加功能”共同构成的功能系统（图 11-1）。

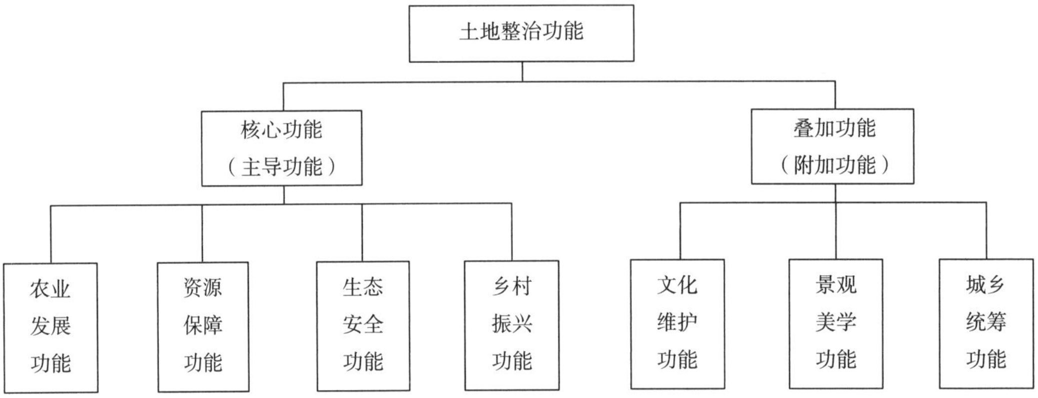

图 11-1　土地整治的功能系统示意图

（二）土地整治的核心使命

在城镇化发展推进土地整治需求新变化、区域不平衡对土地整治提出新任务、资源约束对土地整治提出新挑战、乡村振兴对土地整治提出新要求、生态系统退化对土地整治提出新目标的背景下，土地整治将承担以下核心使命。

1. 激发乡村新活力

德国人通常把 16 世纪中期始于施瓦本肯普滕侯爵领地的“土地整理”运动视为乡村重振运动的发端。德国乡村的这种活力与现代化进程中形成的乡村重振传统关系密切。德国乡村重振历经 4 个多世纪，取得了很好的效果：在当今高度城市化的德国，有 3.5 万个村庄点缀于美丽的乡野，与喧嚣繁华的现代都市和谐共处（邢来顺，2018）。德国乡村重振所取得的成就，乡村土地整治、乡村美化运动、乡村传统捍卫、乡村整体功能结构优化等政策措施功不可没。德国乡村重振的历史经验启迪至少有二。其一，乡村振兴，激发和维持乡村活力是根本。进而言之，土地整治，包括乡村美化、捍卫乡村传统、优化乡村整体功能结构等，是激发和维持乡村活力的重要政策措施。由土地整理走向美丽乡村建设的土地整治，是增强乡村吸引力、积蓄发展动能的基本方式。其二，在乡村振兴平台上，同时植入了“四化同步发展”“新型城镇化”“城乡一体化”“基本公共服务均等化”“美丽乡村建设”“看得见山、望得见水、记得住乡愁”和“绿水青山就是金山银山”等多重愿景，农村地域空间综合价值追求超过以往任何时代，必然推动乡村空间结构重构，包括：人口、产业及其相对应的村庄、集镇、道路重新规划布局和建设；生产空间整备（农田水利、土地整理、三次产业融合），生活空间改造（危旧房和旧村改造、新村建设社区及服务中心、文化体育广场），生态空间修复拓展（森林、湿地、生态产业和产品、城乡空间绿化），以及“三区三线”[1] 空间边界的划定、管控及互动关系重新架构和理顺，由此

[1] 2016 年 12 月 27 日，中共中央办公厅、国务院办公厅关于印发《省级空间规划试点方案》的通知，要求试点省份“全面摸清并分析国土空间本底条件，划定城镇、农业、生态空间以及生态保护红线、永久基本农田、城镇开发边界（以下称‘三区三线’）”。

会引发的农业和农村产业组织、农村社会和经济组织重构，乃至农民、集体、国家关系的重新架构和重大调整。在此背景下，只有土地整治才能提供更有效的综合平台和工具。

乡村活力是决定乡村发展水平的内在力量，未来需要更加重视土地整治对于激发和维持乡村活力的基础性作用。利用土地基础数据和活力分析数据库，为土地整治服务，从而撬动乡村再生。要激发并维持乡村活力，除了需要关注土地整治及科学的国土空间规划，关注城乡人口流动尤其是乡村对人口、人才的吸引力以外，更加需要关注（甚或补课）：农业农村优先、城乡融合发展制度和政策效应；农业功能拓展及乡村地域空间一二三产业融合发展对农民收入增长及生活品质提升的推动力；乡村社会治理体系创新及其善治释放的乡村活力；优秀乡土文化挖掘、整理与复活，以及生态修复与可持续利用对城镇人口、人才、资本、技术和信息的吸引力等。以上每一个方面都深深触及乡村活力激发与维持。因此，土地整治需要充分应用高分数据和田间调查数据，结合大数据和云计算技术，从人口、土地利用、村落结构、基础设施、公共设施、经济发展、自然资源、社会资源、生态环境、文化基因、规划政策、公众参与等方面尽快建立乡村活力分析数据库，使土地整治促进乡村活力提升的分析规范化和常态化，更好地为激发乡村新活力和乡村振兴，提供更科学和更有力的支撑。赋能乡村发展新活力，这是土地整治的核心主线和首要使命。

2. 创造城乡新平衡

随着 20 世纪 70—80 年代国际社会进入后工业时代，城市产业结构逐步从以工业为主向以第三产业为主转变，工业生产地向农村地区转移，乡村工业化和城镇化启动，与人类活动相关的土地利用过程发生了很大变化，使传统的“二分法”发生了重大变化（Serra et al.，2014），城乡空间差距逐渐缩小，城乡逐渐走向一体化，美国的边缘城市（Edge City）和无边界城市（Edgeless City）[1] 也是这方面很好的例证，同时城乡空间关系的冲突对立也对城乡一体治理提出了现实的需求。城乡一体治理并不代表城镇和其周围的农村空间之间的单向关系，而是指这两个空间实体之间开放的社会、经济、文化，以及在一定程度上的政治扩散过程，这个概念可以避免得出城市和农村主次分明的结论（Marz，2020）。城乡空间统筹治理效果的显著表征就是城乡收入差距的缩小，在欧盟，城乡收入趋同是一个持续的过程。2005—2017 年农村地区平均纯收入占城市平均纯收入的比例结果显示，城乡收入趋同趋势稳定，农村居民收入占城市居民纯收入的比例从 62%提高到 80%。在欧盟国家层面上，各国的情况各不相同。如英国、比利时，农村地区的纯收入甚至高于城市（109%和 104%），比例较低的如罗马尼亚和保加利亚也达到了 56%。总体来看，在大多数欧盟国家，城乡收入差距不断缩小，国民经济中的收入分配更加公平，这不仅表征着欧洲城乡一体化较高的水平，也对国家经济产出和增长产生了显著的正面影响（Auzina-Emsina et al.，2019）。从国际经验看，通过土地整治创造城乡的平衡发展是可能的，也是可实现的。

德国土地整治发展演化到今天，最显著的特征就是土地整治从初期的地块简单合并和田间道路设置，转变成为谋求经济、社会、环境、文化综合效益的系统方案，使之成为德

[1] 边缘城市是在大城市的郊区形成的相对独立的人口经济集聚区，代表 20 世纪 80 年代美国郊区发展的新趋势，无边界城市是城市沿高速公路、机场、大学校园布局的新模式。

国促进乡村综合发展、缩小城乡差距的一项基本公共政策。促进“城乡等值化”，是德国土地整治的代表性模式和主要目标。所谓“城乡等值化”，是指通过土地整治方式使农村在生产、生活质量上与城市逐渐消除差异，实现与城市生活相同等值的目的。“城乡等值化”建设最早从德国巴伐利亚州开始，包括片区规划、土地整合、机械化耕作、开发农产品项目、农村基础设施建设、发展教育等很多项措施，通过改善村庄生产、生活条件，发展生态农业，保持传统文明，使农民与农村共同发展，因此被称为“巴伐利亚经验”，以后逐渐向其他州和国外传播，收到较好的效果。

通过土地整治创造城乡新平衡，所涉及的方法多种多样，必须根据不同的任务要求和乡村发展实际情况采取适合的实施措施和步骤。首先，乡村发展的步骤要首先制定土地整治框架规划（包括村庄规划），确定村庄发展的基本目标，建立优先发展目标、基本方案和措施，创建组织结构；其次，整体考虑多方面需求，尽可能涵盖乡村发展的所有重要领域，如需综合考虑土地利用规划、农业产业规划、水利规划、道路规划、居民点规划、景观规划以及村民参与等内容；再次，要积极争取多机构、多部门、多范围的公众参与途径，通过各种研讨形式及相关专业培训共同制定主要发展目标和基本蓝图；最后，开展相关农村发展项目，比如相关的农业发展项目、村庄革新项目、景观规划项目等，并按规划实施农村发展项目制定的措施。通过示范村建设带动，不断缩小城乡差别，使城乡之间和区域之间均衡协调发展。

总体上看，土地整治应着力于将农村地区打造成为极富地方特色和乡村气息的居住区、工作区和生活区，实现城乡平衡发展。当然，单单依靠土地整治，很难实现这样宏伟的目标，但土地整治可以为实现这样的社会目标创造土地供应、景观美化、基础设施改良、住房条件改善等诸多条件，是落实各项村镇建设计划和发展规划的重要手段。结合村镇开发和建设项目推进土地整治，能更好地促进城乡协调发展。如何通过土地整治改善乡村地区的生活和工作条件，在保护环境的前提下促进乡村基础建设和经济社会发展，使土地整治成为缩小城乡经济、技术、生态和社会之间差距的重要手段，既是历史使命和时代责任，也是当代土地整治的重要命题。

3. 建设生命新景观

土地是生命的摇篮。在世界各地的研究中，生命的起源几乎都与土地有关。研究表明，即使是低等生物的藻类，通常每克土壤也可以达到100~5000个细胞，少数情况每克土壤可超过10000个细胞。在不少情况下，每公顷土地的藻类可以达到500千克，在藻类旺盛繁殖时，甚至可以达到每公顷1500千克；据分析，10克肥沃土壤的细菌总数相当于全球人口的总数。只有土地，才是陆地生命生存的根本。光合作用是地球上生命存在、繁荣和发展的根本源泉，人们称光合作用是“地球上最重要的化学反应”，而这种反应必须依托土地这一母体才能发生。当土地系统中的水分不足，蒸腾量减少到正常水平的65%时，植物开始萎蔫，光合同化产物减少到正常水平的55%。动物在水分不足时，也会出现滞育或者休眠。如果土地系统中的所有燃烧和呼吸都停止，全球的植物将在1~2年内消耗掉所有CO_2，绿色生命将很快消失，动物和人类都会走向消亡。

由于工业化、城市化和气候变化等影响，全球土地状况迅速恶化，主要表现为水土流失、养分枯竭、有机碳丧失、土壤板结以及受过量的盐、酸和重金属污染等。据联合国粮农组织 2015 年 12 月发布的《世界土壤资源状况》报告，全球 33%的土地由于盐碱化、板结、酸化和化学污染等原因，处于中度到高度退化之中。由于侵蚀，每年导致 250 亿~400 亿吨表土流失，造成谷物年产量损失约 760 万吨，人为因素造成的盐渍化影响全球 76 万平方千米的土地。生物多样性和生态系统服务政府间科学政策平台（IPBES）土地退化和恢复专题评估指出，土地退化已经影响到全球 40%以上人口的福祉，使地球出现第六次物种大灭绝成为可能。每年因土地退化造成的生态系统服务价值损失，高达全球总产值的 10%以上（Le et al.，2016；IPBES，2018）。当前全球多达 15 亿人居住并依赖于退化的土地，80%农业用地、10%~20%牧场、87%湿地正遭受严重退化（UNCCD，2015；MEA，2005；Gibbs et al.，2015；Davidson，2014；郭晓娜等，2019）。据美国有线电视新闻 2022 年 3 月 25 日报道，由于气候变暖，南极区东部约 1200 平方千米的康格冰架于当月 15 日前后崩解。法国、意大利合建的康科迪亚南极考察站 3 月 18 日测得零下 11.5 摄氏度气温，创历史最高纪录。这一数字较往年同期平均水平高约 40 摄氏度。美国国家冰雪数据研究中心首席科学家、冰川学家特德·斯坎博斯说，康格冰架崩解的原因是最近气温偏高，海冰消融达到创纪录水平，冰架受到海浪冲击（都市快报，2022）。

中国自然生态系统基础脆弱，伴随着庞大的人口数量增长、强烈的发展欲望和人地矛盾的日益加剧，土地正在经受前所未有的巨大压力。根据原环保部、国土资源部 2014 年发布的《全国土壤污染调查报告》显示，全国土壤重金属总超标率为 16.1%。农业面源污染正在成为水体污染、湖泊富营养化的主要原因，已严重影响到中国的水环境质量。近 20 年来，中国主要农田显著酸化，90%的农田都发生了不同程度的酸化现象。农业部农产品污染防治重点实验室对全国 30 万公顷基本农田保护区调查显示，重金属超标率 12.1%，粮食重金属超标率 10%以上（周启星等，2004）。根据第五次全国荒漠和沙漠化监测结果，2014 年中国荒漠化和沙漠化土地面积分别为 26115.93 万公顷和 17211.75 万公顷。宁夏和新疆的盐渍化耕地曾经分别占其耕地的 10.7%和 28.7%（成升魁等，2018）。20 世纪 90 年代以来，三江源地区草原中度及以上退化面积 12 万平方千米，占该地区总面积的 44.7%。土壤侵蚀面积占全国土壤侵蚀总面积的 30%，沙化土地约占国土面积的 1/5。据调查，华北平原浅层和深层地下水水位下降趋势明显，其中浅层地下水水位平均下降 6.19 米，深层地下水水位平均下降 24.51 米。20 世纪 70 年代以来，华北平原地下水降落漏斗不断扩大和加深，形成了山前平原串珠状地下水降落漏斗和 5 万平方千米的深层地下水复合漏斗，成为世界上最大的地下水降落漏斗区（刘海若，2017；许月卿，2005；Pan et al.，2014）。据 2013 年第二次全国湿地资源调查结果，与 2003 年第一次调查同口径比较，湿地面积减少了 339.63 万公顷，减少率为 8.82%。近 40 多年来，中国沿海地区累计围垦滩涂湿地超过 100 万公顷，相当于现有沿海湿地总面积的 50%。近几年来，沿海城乡经济的发展，港口建设和扩建等一系列活动，不断地侵吞沿海湿地资源。内陆湖泊的围垦更为突出，如江汉平原面积在 50 公顷以上的湖泊，20 世纪 80 年代与 50 年代相比，总面积减少了 43.67%；洞庭湖已被围去 17 万公顷；鄱阳湖被围去 8 万公顷；太湖在 1969—1974 年间被围去约 1 万公顷。洞庭湖、江汉湖群和云南高原的湖泊，因围垦淤塞破坏而失去近 350 亿立方米的淡水贮量（吴次芳等，2003）。

景观是所有的自然和文化特征，如城市、村落、农田、山体、建筑、荒漠、森林和水体等有别于另一地表的特征，生境或生态系统的空间排列组合构成了景观。已有研究表明，在人类所有能运用的手段中，土地综合整治可能是建设生命景观最直接而有效的途径之一。土地综合整治有责任考虑 50 年、100 年或者如印第安人所说的第七代的土地利用结果。要建设生命新景观，土地整治是最重要的手段和平台。土地整治的目的就在于改善人类生产、生活和生态条件，创设人地共融的生命景观。这是一种生命的情感联系，也是生命存在与理性的统一。通过土地整治去促进和改善有利于所有生命健康生存的生物圈的自我调节，保障生物圈有序和安全所需的各种生态参数的稳定，这是土地整治的价值取向和当代命题。土地整治不仅可以有效地促进土地生态系统保育和生态恢复及重建，提高土地利用效率，保障国家生态安全，改善环境质量，而且也可以推动形成人与自然和谐发展的新格局，实现寻皈审美生存的家园新景观。

4. 建设美丽新家园

土地整治是人类为了满足新的功能需要对土地利用现状的一种干扰，如何使土地整治的产品能够深深地记住“乡愁”，并促进已经失去的“乡愁”得以复兴，将成为未来土地整治的严峻挑战和重大战略。要实现这一战略目标和完成这一历史使命，土地整治就必须走“回乡”之路，回到人与自然和谐的乡野。这是一种土地整治的生命情怀追寻，也是一种实现人与自然和谐的境界。回乡，象征自然、健康、共生、绿色和归真，包含美丽、协调、理性、复兴、低碳、伦理和平等。自然性与文明性相协调的“乡村家园”是最具人性的、最理想的生存方式，土地整治就是要建构一个返璞归真、和合共生、天人合一的乐生栖居家园。当然，土地整治回乡之路的现代语义不是单一的，而应该包括以下多项功能：①改善乡村交通运输功能；②改善乡村水资源管理功能；③促进城乡共同发展；④提升环境保护/供给以及废物处理；⑤提高自然保护和景观保护能力；⑥促进旅游休闲业的发展；⑦预防洪涝灾害；⑧保存文化遗产；⑨创建现代基础设施以减弱人口迁移。

土地整治成果应该是人类社会进程中的一件“精美家园作品”。建于 2500 年前、长达 2700 千米的中国运河系统，玛雅人的灌溉系统，叙利亚和罗马的水系统等，不断改变了人们的社会认知、历史记忆和家园情结。例如，丘陵山区的梯田整治，会极大地改变区域的土地利用格局，印证了人类的社会意象和态度是一种文化也是一种意境。土地整治的核心使命之一，就是要十分重视工程设施、大地结构、历史传统、景观美学的有机组合，建设一个能够彰显家园意境、文化体验和生命景观的人类生命综合体。再野化（Rewilding）是在欧洲及北美地区一个方兴未艾的概念，欧美各国也已纷纷推进再野化项目，进行再野化的理论研究。再野化这一概念向“人类管理自然”的传统观点发起了挑战，扩展了“自然将如何应对社会变化”这一课题的视野。传统观念认为自然是可控的，人类可以通过各种手段对自然进行干预，以达到人类预期的目标。而再野化提供了另一种思维方式和视角，认为自然、生态系统是内生性的且难以预测的，要尽可能最小化人类的干预，让生态系统恢复复杂性和自可持续性。尽管“再野化”这一概念提出的历史并不算长，但在该概念出现前后，世界各地实施中的再野化项目不在少数。美国黄石国家公园于 20 世纪 90 年代中期重新引入狼群，引起草食动物行为的变化，进而影响当地植被的更新（Marshall et al.，2013；Dobson，2014）；美属考艾岛在当地开展了土壤改良、入侵物种控制和支持本地动植物生长的措施（Burney et al.，2007）；厄瓜多尔加拉帕戈斯岛和非洲的麦克林岛引入了代替已灭绝种类的乌龟，改变了食物链关系，促进当地植物的生长（Hansen et al., 2010; Gibbs et al., 2014）；巴西迪居甲（Tijuca）国家公园重新引入刺鼠，有效提高了大型种子的传播效率（Cid et al., 2014）；俄罗斯更新世公园引入野马、野牛和麝牛以替代灭绝的大型草食动物，这些野生草食动物的引入促进了当地草地的生长，同时降低了温室气体的排放（Zimov, 2005）；欧洲的再野化项目（Rewilding Europe）较为丰富集中，苏格兰、英格兰、荷兰、丹麦、立陶宛、西伊比利亚半岛、比特山脉、奥得河三角洲、南喀尔巴阡山、洛多佩山脉等国家和地区均在再野化实践方面有一定的经验和建树。尽管人们对再野化还有很多争议，但作为一种思想意识，在土地整治中探索再野化的路径，对于回归自然、乡野和土地，减少人类的过度干扰，恢复生态的可持续能力，应该是一项重要的命题。

第二节　不同类型的土地整理

一、农地整理

（一）农地整理的核心内容

农地整理根据整理后的主导用途不同可分为以下 5 种类型。①耕地整理。它是指对农田进行的整理，主要工程内容包括土地平整工程、农田水利工程、田间道路工程、生态防护工程等。②园地整理。它主要指对果园、茶园、桑园、橡胶园和其他经济园林用地的整理。③林地整理。它包括对防护林、用材林、经济林、薪炭林、特种林地的整理。④牧草地整理。它包括对牧草地整理和割草地整理两大类。⑤养殖水面用地整理。主要指对人工水产养殖用地的整理。对于农地整理的核心内容，不同学者有不同的理解。一种观点认为，农地整理主要包括两个方面的内容：第一是指针对土地权属单位间的土地由于相互插花、不利生产管理或其他原因进行必要调整的一项措施；第二是调整土地关系和组织土地利用（马克伟，1991）。另一种观点认为，农地整理是指针对土地利用的不合理、不充分的治理和调整，以促进土地资源的合理、充分和有序利用（朱道林，1997）。还有观点认为，农地整理是指以地块狭小或地权零乱之地区，多将原有地界、道路、沟渠、堤塘等废除，再以理想之要求，根据地势地类等天然之条件，以土地所有权人相互交换为原则，另行划分、重予分配的过程（林英彦，1995）。虽然不同国家和不同学者对农地整理的内涵理解有差异，但大多数学者都认为，农地整理的核心内容都是围绕着优化土地利用结构、改善农业生产条件、调整土地关系和提升生态环境质量而展开的，具体内容包括以下 6 个方面。

1）调整农地利用结构。其内容包括两个层次：一是各类农用地之间的结构比例，如农、林、牧、渔等各业用地比例；二是各业用地内部的结构比例，如耕地按灌溉条件可分为水田、旱地、水浇地等。在土地利用结构调整优化的基础上，确定不同土地利用类型和方式的空间定位，将各类用地布局在空间上。

2）规整地块物理形态。为了促进现代农业生产，需要规整原来狭小或分散的耕作田块，确定不同耕作田块的宽度、规模、形状、方向。耕作田块是田间道路、防护林带和末级固定渠道所围成的生产整理地块，是田间耕作、生产管理、作物种植、平整土地的基本单元。在土地整理过程中，各种整理措施都在田块中发挥着综合作用，并直观地反映出各种措施在空间和平面上的综合布局与配置，是土地整理工程在田间的具体体现，也是整理效益衡量的具体单位。

3）平整土地，改良土壤。其中心任务是通过土地平整，使土地更适合种植或满足其他用途的需要。在平整土地时，需要合理调配土方，尽量做到挖填平衡，而且要与水土保持、土壤改良措施相结合。耕作田块内土壤质地一致，坡向和坡位也一致，这样才能使同一田块内土壤耕性和土壤肥力一致，从而使作物生长整齐一致，便于同时进行作业和采用相同的耕作方法并获得较稳定的产量。一般而言，水田的耕作层厚度大于 20 厘米，旱地的耕作层厚度大于 30 厘米。土壤改良措施主要包括合理翻耕土地、改良土壤团粒结构、松土和除草、增施有机肥料、改良土壤质地、土壤消毒等。

4）道路沟渠等综合建设。田间道路工程建设，主要包括干道、支道、田间道、生产路等配套建设。沟渠建设工程，主要包括骨干沟渠、田间排灌沟渠、喷灌工程、机井工程、渠系建筑物等配套建设。此外，还包括排灌电气工程建设，如电动机确定、电气主接线设计、变电设备确定、配电装置设计等。

5）调整土地权属和关系。土地权属调整的内容主要涉及土地所有权调整、使用权调整及在其上设定的他项权利调整。土地所有权调整包括农村集体土地之间、国有土地与农村集体土地之间的权属调整。土地使用权调整包括农村集体土地使用权、国有土地使用权的调整。土地他项权利调整包括土地整理过程中因所有权或使用权调整而产生的他项权利的调整。调整土地关系，主要是调整人与地的空间关系、种植制度和利用强度等关系。

6）改善土地生态环境。其内容主要包括治坡工程建设、治沟工程建设、治滩工程建设、农田防护林工程建设、农田防护草工程建设、梯田工程建设等。它需要根据整理区地形、地质、土壤和农田生态系统等特点以及建设需要，通过合理安排工程建设，以改变整理区的局部地形和局部构造，从而达到保持水土、阻挡风沙、防止盐碱化、保护农田生态系统和景观等目标。

（二）农地整理的技术体系

农地整理作为一项农业和农村现代化的综合基础工程，涉及农学、土壤学、农田水利学、地质学、景观生态学、环境学、森林学、社会学、经济学等众多学科领域，客观上要求有一套完整的技术支持体系。从操作角度看，主要涉及以下 5 部分技术。

1）农地整理调查评价技术。为充分掌握区域土地整理区域的本底状况，应借助卫星遥感等技术，结合实地观测，对区域内森林、草地、湖泊、河流、矿产、水文等自然资源进行调查评价。主要技术包括自然资源调查技术、土地利用现状调查技术、后备土地资源调查技术等。主要评价技术包括土地可开发潜力评价技术、资源禀赋评价技术、农地生产力评价技术、土地适宜性评价技术、土地生态敏感性评价技术、土地区位条件评价技术等。

2）农地整理规划设计技术。该技术主要包括：土地利用结构优化技术、土地利用空间配置技术、土地整理规划方案编制技术、土地整理规划方案决策技术、土地平整工程设计技术、灌排工程设计技术、土地质量改良工程设计技术、农田防护工程设计技术、农田道路工程设计技术、电力工程设计技术以及施工组织设计技术等。

3）农地整理工程施工技术。该技术主要包括：农田平整施工技术、土壤剖面建造施工技术、道路工程施工技术、水利工程施工技术、农田防护林网建设施工技术、生物多样性修复施工技术、地貌景观重塑施工技术、土壤培肥改良施工技术等。工程施工技术因整理区的具体条件不同而有差异，也因农地整理类型的不同而有差别，如耕地整理、园地整理、林地整理等。在施工过程中必须要因地制宜，与农时配合，重视施工组织设计、施工进度计划、施工总体、现场测量放样和施工质量监控的规范化及制度化。

4）农地整理权属调整技术。该技术主要为整理区土地产权管理和保护产权人的合法利益提供科学依据。包括：土地权属调查技术、土地权属调整技术、土地分配及补偿技术、土地权属登记及地籍整理技术等。

5）农地整理监测监管技术。该技术主要为整理后的土地进行合理高效和可持续利用提供技术保证，包括：耕地质量监测技术、生态环境监测技术、生物多样性监测技术、景观格局监测技术、农田水利工程监测技术、整理效果后评价技术等。

（三）农地整理的典型模式

各地在长期的农地整理工作实践中，根据不同的自然生态条件和经济社会发展水平，探索总结出了一些行之有效、各有特色的农地整理模式，比较典型的有以下几种：

1）质量改善型。该模式就是针对现有农地利用存在的障碍因素，比如土壤障碍层、灌排不畅、道路通达性差等，对农地质量进行升级改造和改良改善，将其建设成“田成方、林成网、路相通、渠相连、旱能灌、涝能排”的优质农地，使灌溉与排水、田间道路、农田防护与生态环境保持等基础设施更加配套。

2）高标农田型。该模式是以提高农业综合生产能力为核心，以适应现代机械化规模耕作的需求为目标，按照高标准农田建设的要求，开展高标准农田建设。将农田内部零星地类调出，引导建设用地等其他地类逐步退出，促进优质农田集中连片，为集约高效农业发展创造条件。

3）水土平衡型。充分考虑水土资源平衡对农地利用和农业生产活动的影响，对一定区域内的农地整治目标、布局、规模、时序和组织方式等的选择，以水资源供应状况作为主要依据，采取节水灌溉技术，配套农地工程建设，实现节水农业发展。该模式以节水设施工程的建设为核心，在干旱缺水地区广泛使用。

4）生态保护型。该模式通过水土保持工程、坡改梯工程、农田防护工程、土壤改良工程等措施，以蓄水保土为核心，恢复地表植被，提高农地质量，维护生态平衡。在生态脆弱地区和生态环境退化地区，在广大山地区和水土流失严重的黄土丘陵区等，生态保护型是主要的农地整理模式。

5）产业引领型。按照现代农业产业发展和农业生产总体布局的要求，将农地整理与现代农业产业发展相结合，将农地整理打造成为农地承包经营权流转和现代农业产业结构调整的依托平台，为农业产业化和一二三产业融合创造条件。

6）景观文化型。对具有特殊自然景观和特殊历史文化价值的农地区域，在整治过程中以景观美学和艺术学为指引，开展乡土景观设计，挖掘农田景观的文化旅游价值，提高农田景观文化功能，使之成为传承农耕文化的载体和休闲旅游观光的目的地。

7）全域综合型。以农地为核心，按照区域整体观的逻辑，注重对山水林田湖草路村镇的区域整理建设，通过上述各种类型深度融合，将农地整理与环境提升、乡村旅游、古村保护、绿色发展、城乡文脉、土地健康等有机结合，走向全域土地综合整治。

二、市地整理

（一）市地整理的源流梗概

市地整理起源于19世纪90年代的欧洲，距今已经有100多年的发展历史，形成了较为成熟的操作体系。之后，在亚洲得到发扬光大，日本、韩国等国家在此方面的成功经验受到全世界的瞩目。目前，市地整理在全世界范围内得到了广泛推广，如英国、荷兰、加拿大、澳大利亚、巴西、印度、土耳其、泰国等都普遍展开市地整理。

市地整理是由农地整理演化而来的。16世纪中叶，为了改善因土地私有和继承的分割造成的农地日渐细碎零散等不利于农业规模经营和管理的状况，德国、荷兰等国家开始采用了一种有组织、有规划地归并地块、调整权属、改善农业生产条件的土地管理方式，其后逐渐发展成为现代的农地整理（Land Consolidation）。19世纪末至20世纪初工业化的迅猛发展，使土地整理的对象逐渐改变，转而围绕城市建设和大型基础设施建设进行，由此形成了市地整理，又称城市土地整理，在德国称为城镇建设用地整理（Baulandumlegung）。1893年，瑞士苏黎世州（Caton of Zurich）《建筑法》中规定“在划出街道必要空间后，一切地段的合并与再分割，如不能仅凭更正或变更地籍解决问题时，即予以实施城市土地整理”，“市地整理”的概念首次出现在法律条文中。1902年，第一部较为健全的市地整理的专门法规在德国颁布，详细规定了整理的时机、分配及负担的内容。

海外市地整理通常被称为土地调整（Land Readjustment）。但由于不同国家在具体操作程序方面存在差异，它也被称作土地联营（Land Pooling）、土地重划（Land Replotting）、市地整理（Urban Land Consolidation）、土地重分（Land Redistribution / Reconstitute）等。通过不同概念的区分，可以显示出城市土地整理的根本特征。实际上，市地整理是一个土地所有权结构不变、地块结构发生变化的土地再开发过程。从整理过程与详细分区规划的先后配合角度，可将市地整理分为3种类型：为规划实施的整理、联合土地开发和土地联营。为规划实施的整理基于已有的地区详细规划方案，整理在规划之后且两个过程界线分明；联合土地开发的特点是地区详细规划与土地整理同时进行，但是过程相互独立；而在土地联营中，整理者在同时组织实施土地整理并进行相关的详细土地利用规划的制定，两个过程合二为一。

随着城市化进程的加快，市地整理日益受到重视。相对农地整理而言，市地整理是指在既定的城市空间范围内，按照空间规划的要求，采用一定的措施和手段对城市内部土地进行挖潜和改造的过程，即结合旧城改造、产业结构调整升级、城市用地布局调整等途径调整城市土地利用结构和功能，以提升城市土地的开发利用价值。基于不同的背景和需求，市地整理的模式也逐渐多元化。如董德利（2000）将市地整理划分为旧城改造模式、工厂用地归并模式、闲置地开发模式、治理城市污染模式、增加区位优势模式和增加城市用地模式等。Sorensen（2000）根据土地整理主体的不同，将市地整理模式分为政府主导型、土地所有者主导型和规划主导型3种。夏涛（2007）在总结和借鉴以往研究的基础上，提出了市地整理的运作模式，包括向多维空间开发的立体土地整理模式、以环境治理为主和以“绿脉”为先导的模式，为市地整理实践提供了一定的参考和借鉴。此外，夏园等（2020）指出，市地整理工作要结合区域特色，统筹建立专项规划，全面探索用地管理机制，并解决资金问题。市地整理的目标随着时代的发展而不断演变，且开始注重市地整理与生态环境保护的结合。许琳琳（2017）指出，在进行市地整理工作中，不仅要尽量减少对自然生态系统的破坏，还要及时对被破坏的生态系统进行人工修复，保持城市的绿地面积，将市地整理带来的环境扰乱降到最低。

（二）市地整理的增值属性

市地整理是级差地租规律和土地最高最佳使用原则在实践中的运用，具有显著的土地保值增值效应。根据印坤华等（2000）研究，其增值效应主要来自以下4个部分：

第一部分是市地整理投入的资本化。未经整理的土地包括正在使用的土地和未曾被开发使用过的土地，无论哪一种土地，在整理以前其使用价值都比较低。未被开发过的土地的原始价值只包括土地资源价值，而土地的资源价值以土地所能提供的地租来衡量。经过整理以后，土地的价值量等于资金价值与土地整理投入之和。而那些已开发过的土地的整理效益，则在土地原有价值和市地整理投入之外还存在一个价值增量，增量部分就是市地整理投资对存量土地的价值挖潜。

第二部分增值收益来自市地整理提高土地边际生产力的影响。市地边际报酬递减的原因有3个：①土地的超承载利用；②外部不经济性；③土地所有权和使用权分离情况下的两权收益不平衡，使得土地使用权人缺乏积极的提高土地生产力的激励机制。市地整理通过产权调整、地块合并和基础设施配套建设，对土地边际报酬递减起缓冲作用，但它只能对由于土地超承载利用和外部不经济造成的土地报酬递减起缓和作用，而难以对由制度引起的土地报酬递减起到缓冲作用。

第三部分增值收益来自市地整理的级差地租效应。未整理开发过的土地不具有市场均衡价格。通过市地整理，可提高整个地块的区位序列和区域的集聚功能，从而导致对整理土地价值提升和需求增大。土地供给与土地需求共同形成了土地的均衡价格，均衡价格中除了绝对地租以外，还包括土地比较优势所提供的级差地租。

第四部分增值收益是由于市地整理加剧了土地供给稀缺而造成的增值。短期内，市地整理可以增加土地的供给量和缓解土地的稀缺度，但是，从长期看，市地整理将更多的土地纳入了城市建设，土地的竞争性利用意味着城市扩张的余地和可利用的土地增量都将减少。例如日本的土地整理计划（Land Consolidation Plan），每年为城市供给40%的服务用地，然而偌大的供给总量却未能使日本的土地高度稀缺的状况稍有缓解，反而加剧了土地价格的飙升。这其中主要有3个原因：其一，日本土地供给储备非常小，作为岛国，日本政府能够通过城市边缘土地整理获得的土地增量相当有限，因而即使在短期内土地供给的弹性也很小；其二，泡沫经济引起的土地价值虚增；其三，边际可利用土地的减少使土地更加珍贵，从而产生稀缺性增值。

（三）市地整理的本质属性

市地整理是指为适应大规模的城乡建设之需，依据规划而对一定地域原有土地利用结构进行调整和功能再开发的行为。它对于促进土地节约集约利用、优化土地利用结构、提高土地利用效益、实施空间规划、增加建设用地有效供给、推进现代社区和人居环境建设、促进防灾减灾、便于地籍和城市管理以及促进空间治理等，都有重要的意义。其本质属性，主要体现在以下几个维度。

1. 产权调整属性

获取城市用地一般有两种途径——土地流转（voluntary measures）和土地征收（compulsory acquisition），而市地整理被誉为是前两者的有效补充。分析这 3 种方式之间的根本差异也就接近了市地整理的本质。在土地私有的情况下，一般土地开发项目是由单一的土地开发者通过购买、征收或类似过程从另一个单一土地所有者手中获得土地。其后，开发者（公共或私人部门）制定基础设施和公共设施的合作建设计划（详细区划），并进行项目施工。但若开发区域内存在很多分属不同产权人的分散地块，需要将土地所有权从众多地权人手中聚集起来再进行开发，由于各地权人之间的利益难以协调，致使交易费用和时间成本升高，开发很难进行。因此，很多国家采用市地整理的方式，同时制定相关法律条文以利于多产权主体地区的土地开发。与市地整理过程相联系的开发过程与其他“一般”土地开发过程并没有本质区别，同样包括项目准备，土地获得，规划，筹资，得到许可，基础设施和建筑的建设，项目评估。一般来说，所有这些阶段都可以通过市地整理来达到，通过土地所有人的集合（整理委员会）来实现，而不需要一个独立的开发者来负责。由此，市地整理所以被认为是一种能够保持“产权结构不变而地块结构变化”的土地开发方式。这一点是它区别与土地流转和征收的所在。而地块结构的变化即表现为土地利用结构的调整，而产权结构不变则保证了原地权人能够享受整理带来的持续增值，而不是一次性的补偿（例如征收）。

2. 利益共享属性

Larsson（1997）认为，市地整理进行的原则是：①土地所有者以放弃一部分土地的代价进行其他土地的设施配套和开发建设。现有的土地分配结构根据城市规划原则进行调整，新分配的地块已经尽可能达到最优开发的条件。②市地整理发动起所有地权人参与到城市土地利用规划的实施过程，通过促进农业用地与将要城市化土地的相互转换，达到没有投机性质的城市开发与再开发。第一点从地权人角度来讲，其有所付出并有所回报，且回报大于付出；第二点则说明了政府在市地整理中的获益。那么这是否就是市地整理的本质，还需要将其放入整个城市开发、城市规划的体系中去，从外部定位对其进行分析。Larsson（1997）认为，市地整理过程只是众多促进城市土地利用结构和产权结构调整的方式之一，整个过程偏于理想化，取决于分散地块的所有人大部分都会放弃其土地所有权或希望进行土地的开发和再开发。它是一种基于社会与私人部门之间合作关系的高度发展的模式。在理想的经济人假设下，市地整理的运作是能够保证的，但若考虑个人偏好的影响，则很难确定。可以认为，市地整理的本质是过程参与者之间对于过程所产生利益和费用的公平分配。由此，市地整理的内涵即政府与地权人之间对土地整理收益和费用的公平分配，也就是“利益共享与成本分摊”。

因此，推进市地整理的两个关键因素就变成：如何进行产权调整，如何实现利益共享。

（四）市地整理的主要类型

各国因社会经济发展阶段、自然资源禀赋和土地产权制度不同，市地整理有不同的类型。在中国国情的背景下，市地整理主要有以下几种类型：

1）城市用地专门化型。城市用地专门化和城市土地集聚经济的产生是互为因果、相辅相成的。同时，城市用地专门化的逐步发展，必然形成城市的功能分区，从而可以产生组合效应，使城市各要素在组合方位、数量上处于最佳状态，产生了单个要素细胞无法得到的经济效应。通过市地整理，能够更好地促进城市用地专门化的形成，提升城市用地的集聚效应。

2）“三旧”改造型。所谓“三旧”是指旧城镇、旧厂房、旧村庄。该类型最早由广东省于2009年开始展开。“三旧”改造型市地整理，是指对旧城镇、旧村居、旧厂房的综合整治、功能改变或拆除重建等市地整理活动。如“空心村”、单层简易结构的旧厂房等，都是改造的重点对象。它是在土地资源供需矛盾日益突出的情况下，拓展建设空间、保障发展用地的重要途径，是推进节约集约用地工作的重要内容，也是改善城市面貌和人居环境，提升居民生活品质，建设宜居现代城市的必然要求。

3）环境治理型。20世纪90年代在全球范围内兴起的可持续发展思潮合流，使得世界范围内出现了更加注重人居环境和社区可持续性等新的计划和战略取向。“棕地”整理，就属于典型的环境治理型市地整理。该词于20世纪90年代初期开始出现在美国联邦政府的官方用语中，用来指那些存在一定程度污染、已经废弃或因污染而没有得到充分利用的土地及地上建筑物。克林顿政府上台以后，一直把美国城市社区“棕地”整理作为一件大事来抓，号称“棕地经济开发行动”（BEDI），为此专门制定了“克林顿政府棕地行动议程”。此外，强调绿地对建设用地的渗透力和生长性、系统性。针对城市化导致的环境质量下降，运用生态原则，将城市绿地连接成链状网络整体，并以此为基础进行市地整理，也是典型的环境治理型市地整理。

4）城乡一体化型。即城市建设、企业改造与城中村合并改造联系在一起的综合整理。其主要做法是综合规划城市建设，合理调整布局，在完善基础设施的基础上，将分散的企业集中到工业小区，将郊区的村庄适当合并，提高土地利用效率。

5）产业结构导向型。由于传统用地制度的影响，城市中心土地利用形态较周围地区而言呈“凹”字形分布，造成城市中心的土地开发利用率低下。不少工业企业、行政机关用地占据了城市中心地段，而部分商贸企业、服务业、高科技产业因为没有较好的市地区位，无法发挥应有的高效益。进行城市土地置换，利用不同区位的土地级差地租效益进行产业转移和企业搬迁，促进城市中心地向以第三产业用地为主的合理化结构发展，并结合城市自身功能定位，合理规划用地，属于产业结构导向型的市地整理。

6）低效园区再开发型。园区包括经济技术开发区、高新技术开发区、工业园区、高教园区、旅游度假区、自由贸易区等类型。该类型的市地整理，其目的一是解决园区布局中“多”“小”“散”“乱”和土地利用粗放的问题；二是为各种园区发展提供优质的建设用地平台。

7）城市更新导向型。城市更新是对城市中某一衰落的区域进行拆迁、改造、投资和建设，以全新的城市功能替换功能性衰败的物质空间，使之重新发展和繁荣。它包括两方面的内容：一方面是对客观存在实体（土地及建筑物等硬件）的改造；另一方面是对各种生态环境、空间环境、文化环境、视觉环境、游憩环境等的改造与延续。在欧美各国，城市更新起源于第二次世界大战后对不良住宅区的改造，随后扩展至对城市其他功能地区的改造，并将其重点落在城市中土地使用功能需要转换的地区。以城市更新为导向的市地整理，自20世纪60年代以来在世界范围内得到普遍开展。

（五）市地整理的目标任务

市地整理是一项涉及城市土地利用的系统工程，旨在通过优化土地利用结构，提高土地利用效率和改善城市环境，促进城市可持续发展。其主要目标体现在以下几方面：

1）优化城市功能，减少社会矛盾。随着城市人口的快速增长，城市土地资源和基础设施已难以满足人们的生活需要，城市住房、道路、公园等公共设施已远远超出了其承载能力和使用限度，导致城市中出现了住房拥挤、房价高涨、道路拥挤等问题。因此，开展以提高城市土地利用效率、促进城市发展为主要目标的市地整理工作，有利于完善城市基础设施和公共服务，优化城市功能，同时缓解城市用地紧张状况，减少因土地供应不足引发的社会矛盾。

2）改善生态质量，提升人居环境。城市用地的盲目扩展以及规划建设的不合理使得生态环境质量明显下降，制约了城市的可持续发展。因而，市地整理旨在通过合理的方案和政策措施，优化城市用地的布局和结构，为城市居民营造优美的生态环境，从而促进人与自然的和谐，在最大程度上削弱城市化建设为生态环境带来的负面影响，回应可持续发展战略的要求。

3）改进产业结构，促进城市经济发展。城市土地资源供需失衡不仅给人们的生产生活造成了一定困扰，也严重制约了土地市场经济的发展。因此，市地整理旨在通过有效的规划与管理，调整城市土地利用结构，即结合旧城改造、产业结构调整升级、城市用地布局调整等方式，在城市内部进行土地的挖潜和改造，以提高土地的经济承载能力和土地收益率（夏园等，2020），为城市经济增长提供有力支撑。

市地整理的主要任务在于依据空间规划，制定科学合理的市地整理方案和政策措施，以改善城市土地生态环境，提高土地收益率。具体任务通常包括以下几个方面：

1）城市用地结构优化。通过市地整理，优化各类用地布局，正确处理城市各项用地间的相互关系，建立城市各组成部分之间合理、便捷的交通联系，以及给予城市用地布局一定的灵活性和弹性。

2）基础设施配套建设。包括修建和改建道路、给水、排水、防洪、煤气供应、供热、电讯、环境卫生等基础设施，以完善城市功能，提高居民生活质量。

3）土地产权关系调整。该项任务是市地整理的难点和关键，涉及对土地所有者和使用者权益的合理调整。通过重新规划和配置不同类型的土地，不仅可以使土地利用更加高效，还有助于减少土地纠纷，维护土地市场的稳定和公平。

4）危旧住宅和旧城改造。拆除重建危旧住宅，改造提升旧城区，以改善居民的居住条件和生活环境。

5）企业用地重组归并。通过市地整理归并零散地块、老旧工业用地等，不仅使企业用地布局更为优化，在一定程度上还推动了产业结构的调整和升级，能够促进城市土地、能源、资源的节约集约利用。

6）闲置地再开发利用。通过市地整理，可以最大限度地开发利用闲置土地，挖掘出土地资源的潜力，增加城市的有效用地面积。对于废弃土地，市地整理的任务是进行复垦，恢复或提高其生产能力，从而维持土地的生态功能，提高稀缺资源的可持续利用能力。

7）增加城市公共空间和绿地。通过增加绿地、公园等公共空间，改善城市的生态环境，提升城市功能和满足居民对美好生活的向往。

三、村庄整理

（一）村庄布局调整优化的原理

村庄，也即农村居民点，又称乡村聚落，是乡村人口生产和生活的场所，是乡村地域空间的人口聚居点（周国华等，2010）。《村庄和集镇规划建设管理条例》对村庄的定义是：农村村民居住和从事各种生产的聚居点。在中国，与村庄相关的概念有集镇、行政村、自然村、中心村、基层村等（沈延生，1998）。集镇是指乡、民族乡人民政府所在地和经县级人民政府确认由集市发展而成的作为农村一定区域经济、文化和生活服务中心的非建制镇，是介于乡村与城市之间的过渡型居民点。行政村是一个行政概念，是乡（镇）以下的一级组织，是最基层的一级行政组织，设有村委会。自然村是农村历史中自然形成的村落。在一些地方，自然村和行政村是重叠的；在另外一些地方，一个行政村包括多个自然村，几个到十几个不等；而在少数的地方，一个自然村划分为几个行政村（沈延生，1998 ）。中心村是农村地区从事农业、家庭副业和工业生产活动的较大居民点，具有为本村庄和附近自然村服务的一些公共福利设施，如学校、医疗点等。基层村，一般是一个或几个村民小组的村民集聚而成，设有简单的生活服务设施，一般人口规模较小，居住区的范围较小。本书所指的村庄是自然村，因为自然村是乡村社会长期以来形成的历史结果，是一种与自然地理条件相适应的社会客观存在，不像行政村带有更多的人为因素干扰。

村庄布局优化是村庄土地整理的关键内容，也是乡村振兴的核心要素。长期以来，农村的空间发展缺乏整体的规划指导，村庄建设发展大多处于自发状态，村庄用地普遍缺乏有效的约束和管理，导致村庄数量繁多、散乱分配、无序扩张、粗放利用，人均占地远远超过国家规定的标准。村庄分散布局导致管理和交易成本高、社会公共投产分散、基础设施缺乏或建设不配套。如果在没有优化村庄布局的前提下，盲目推进乡村建设，可能会造成该建设的村庄没有建设，而不该建设的村庄又投入大量的资本。因此，村庄土地整理必须深刻认识和掌握村庄布局优化的基本原理。其中最主要的有3项：①村庄不是孤立存在的，它们在一定地域范围内以某种内在联系（如服务功能）结合为一个有机的整体，基层村庄从高一级的聚落获得生产生活用品和各项服务（金其铭，1989）。村镇的形成和发展，是以一定地域的自然、经济、社会条件为基础的，在村庄整治规划和村庄建设中选择新建聚落的位置或未来重点建设的村庄应以相应的地域为依据。农村聚落地理的相关理论，对因时因地制宜、科学合理安排一个地域内的村庄布局，充分利用各项有利条件及改造不适宜的部分，促进乡村振兴具有一定的指导意义。②村庄布局优化需要充分考虑规模经济的影响和作用。按照规模经济的基本原理，在规模扩张的开始阶段，生产规模的扩大使长期平均成本下降，从而获得较高的经济效益，叫作规模经济；但生产规模扩张到一定程度后，如果继续扩大生产规模就会使长期平均成本上升而是经济效益下降，叫作规模不经济（朱善利，2003）。通常可以用U形曲线图来表示规模经济，曲线的最低点为“最小最佳规模”。根据这一原理，传统的乡村区域被认为是位于这一曲线向下的斜坡上，所以随着村庄规模的扩大，村庄的服务设施的使用效率得到提高，服务设施的成本费用将朝最低点的方向移动（朱槐文，2010）。所以，村庄适度集聚有助于提高服务设施的投资效益，从而使村民的生活水平有所提高；同时，通过村庄集聚也能够促进农地的集聚，从而促进农地规模经营，提高农业生产效率，这是土地整治过程中调整村庄布局的重要依据之一。③区位选择原理是村庄布局优化的主要依据。法国学者Demangeon和德国学者Meizen通过对村庄布局与其周围农业环境的研究，提出了村庄布局优化的区位选择原理（Hill，2003）。Sarly（1972）从村庄角度出发，运用数学方法对廖什的产出函数进行了修正，通过“半径-成本-距离”图分析了村庄成本。英国学者Chisholm在总结Demangeon和Meizen关于村庄区位选择理论基础研究上，建立了一个可量化的村庄布局模型，该模型中引入了耕地、牧草地、燃料、建筑材料、水资源等与村庄布局密切相关的因素，以居民对每种资源的利用率和利用强度衡量每种资源的权重，通过将居民点与资源点间的距离与权重相乘得出村庄的分值，以分数低的点作为村庄的优选区位（Hill，2003）。Roberts（1996）对村庄区位选择进行了系统的划分，指出村庄布局应从点和位置两个角度进行综合分析和考虑，并且指出影响村庄布局的因素并不是一成不变的，村庄的区位会向有着更高生产效率和适应性的区位演化。国内学者主要是运用GIS或将GIS与适宜性评价（孙华生等，2007；韩荣青，2008；朱雪欣等，2010；曲衍波等，2010；何建等，2014）、景观格局分析（盛鸿辉，2010；周洁，2012）、Voronoi图（邹亚锋等，2012；冯电军，2013）等方法相结合的手段对村庄布局优化进行研究。

耕作半径是影响农村居民点布局的重要因素之一，合理耕作半径的确定是衡量农村居民点布局是否合理的关键（角媛梅等，2006；杨庆华等，2006；赵恺等，2008；武鹏等，2008；叶琴丽等，2013）。有些学者基于耕作半径分析进行村庄布局研究。陶冶等（2006）以耕作半径刻画农村居民点撤并中的耕作出行阻力，构建了基于GIS的定量分析模型，实证分析农居点撤并的可行性。乔伟峰等（2013）分析了安徽省埇桥区农村居民点与耕地的空间邻接特征和数量结构关系，并运用“均等”和耕聚比的方法分别计算了耕作半径，并得出了两种耕作压力系数的分布，对其进行比较并提出了村庄布局优化策略。唐丽静等（2014）分析了耕作半径的影响因素并确定了耕作半径的决定性因素，以此建立耕作半径计算模型，并测算出了研究区的合理耕作半径。该研究将耕作半径运用到了村庄布局优化中，但其应用范围仅限于在集聚点确定的情况下，以耕作半径作为确定拆迁范围的依据。纵观将耕作半径运用到村庄布局中的相关研究，大多数是将耕作半径作为布局后判断布局是否合理的判据，而并非将其融合进村庄布局的过程中。

（二）构建多样性村庄整理模式

村庄聚落起源于旧石器时代中期，随着人类文明的进步逐渐演化，已有超过1万多年甚至是几十万年的历史。各类村庄因地理、土地、风景、环境、建筑、文化、历史、美食、风俗以及宗族关系等不同，类型极其复杂多样。因此，村庄土地整理的模式应该是极具多样性的。根据国家有关政策和各地经验，通常将村庄分为集聚提升类、城郊融合类、特色保护类、搬迁撤并类，分别推进土地整理。但实际上，村庄类型要远比该4种类型复杂得多。每一种类型之下，还可以分为更多的亚型。就一般意义而言，村庄土地整理模式大致可以分为以下6种类型：

1）自然再生型。自然再生型整理模式，主要以积极恢复过去失去的自然环境，恢复乡村生态系统的健全性为目的，以身边的绿色、自然和生物适宜居住环境的再生为目的而进行乡村道路、河流、景观斑块、廊道等的复原性修复，创造基于现在潜能的最好自然环境。当然，自然再生不是要排除一切人为的因素，而是基于自然的解决方案，以在适当人工的基础上形成二次自然为目标，对乡村环境进行改善和整治。自然再生型主要适合分布在山区、湖区、景区等自然环境优良的一些村域。

2）更新改造型。更新改造型的目的是对农村中某些衰落的区域进行改造、投资和整理，以全新的乡村功能替换功能性衰败的物质空间，使之重新发展和繁荣。它包括两方面的内容：一方面是对客观存在实体（建筑物等硬件）的整理改造；另一方面是对各种生态环境、空间环境、文化环境、视觉环境、游憩环境等的整理改造与延续，包括农村社区的社会网络结构、心理定势、情感依恋等软件的延续与更新，其重点是在农村中土地使用功能需要转换的地区。更新改造型主要适合分布在邻近主要交通、丘陵等农村衰败区域的村域。

3）特色保护型。主要是指对那些具有特色文化、特色景观和特色资源分布的村庄，进行保护型改造整理。漫长的历史沧桑变迁，各地形成了特有的傍山、亲水的传统村落文化特征。传统村落作为一个个完整的生命体，它们遗存的不仅仅是建筑，更多的是先人遗留的伦理态度、时令风俗、地域文化和人文精神，就像是一部部保存完整的地域建筑史、民俗史和传统文化史。要处理好传统村落环境容量与人口增长、功能承载与现代生活方式的矛盾，让传统村落成为展示村域形象的“靓丽名片”。尤其是对那些历史文化名村、传统村落、少数民族特色村寨、特色景观旅游名村等自然历史文化特色资源丰富的村庄，它们是彰显和传承优秀传统文化的重要载体。这类村庄整理要统筹保护、利用与发展的关系，努力保持村域的完整性、真实性和延续性。切实保护村庄的传统选址、格局、风貌以及自然和田园景观等整体空间形态与环境，全面保护文物古迹、历史建筑、传统民居等传统建筑。

4）功能优化型。功能优化是农村社会经济发展到一定程度后对乡村发展方向的调整。经济只是乡村功能结构的一个要素，对乡村功能发展提出新的要求，但它的作用不是决定性的，还应该包括文化维度、生态维度、空间维度等方面的功能优化。功能优化的瓶颈表面上看可能是资源配置不合理，空间发展受限，但深层次的原因还包括制度的滞后性满足不了现代乡村发展的要求。村庄行政区划调整应该是一种农村功能优化的重要制度手段。以乡村旅游功能优化为例，就是要把农业生产过程、农村风景风貌、农民劳动生活紧密结合，优化和拓展生产、生活和生态功能，走规模化和产业化的道路，实现乡村旅游业的快速发展。该类型主要是指现有规模较大的中心村和其他仍将存续的一般村域，占乡村类型的大多数，是村庄土地整理的重点。对这类村域，要科学确定村庄发展方向，在原有规模基础上有序推进改造提升，激活产业、优化环境、提振人气、增添活力，保护保留乡村风貌，建设宜居宜业的美丽村庄。鼓励发挥自身比较优势，强化主导产业支撑，支持农业、工贸、休闲服务等专业化村庄发展。从产业、生态、人居环境等多方面实现乡村的振兴蝶变。

5）城乡复合型。城乡复合型主要指分布在城市或城镇周边的村域，通过村域整理，打造成具有城乡复合特征的都市型村庄。对这些村域的整理，必须十分重视保持“乡村特色”。除了村庄格局和建筑形态要保持乡村特色以外，还要以保护耕地、保障粮食安全、提高农业综合生产能力为核心，促进种植业的基地化和规模化生产；围绕都市圈城乡居民的生活需要和市场需求，促进畜牧业的发展；以构筑绿色屏障和发展生态农业为核心，促进生态林果业的可持续发展；以经济效益为核心，促进水产业的产业化发展；凭借都市郊区区位优势，大力发展都市休闲观光农业。这类村庄大都具有成为城市后花园的优势，也有向城市转型的条件。综合考虑工业化、城镇化和村庄自身发展需要，加快城乡产业融合发展、基础设施互联互通、公共服务共建共享，在形态上保留乡村风貌，在治理上体现城市水平，逐步强化服务城市发展、承接城市功能外溢、满足城市消费需求能力，为城乡融合发展提供土地整理的实践经验。

6）搬迁撤并型。搬迁撤并型是指对位于生存条件恶劣、生态环境脆弱、自然灾害频发等地区的村庄，因重大项目建设需要搬迁的村庄，以及人口流失特别严重的村庄，可通过易地扶贫搬迁、生态宜居搬迁、农村集聚发展搬迁等方式，实施村庄搬迁撤并，统筹解决村庄民生民计、生态保护等问题。搬迁撤并类村庄可以分为两类：一类是完全不适宜居住，不适宜发展生产的地区，如果继续发展生产就会破坏生态，对这些地区，只能通过生态移民，易地搬迁的形式；另一类是农村人口大量流失，已经出现空心化的村落。这类村庄相对来说土地条件不是特别好，但土地、耕地仍有一定潜力，因此这类村庄的生产功能可以保留，土地可以进一步集中，发展现代农业。搬迁撤并类村庄规划应严格限制新建、扩建活动，重点突出生态保护与修复，加强建设用地增减挂钩、“空心房”整治、工矿废弃地复垦利用等项目安排。

由于村庄类型受到其自然物理条件（土地类型、坡度地貌、地质情况等）与社会经济条件（人口规模、产业结构、基础建设等）的双重制约，自然物理与社会经济的禀赋差异决定了不同的村庄发展潜力与整治模式。基于此，确定整治模式需要通过“村庄体检评估—村庄潜力评价—村民深度参与”三位一体的方式，即从村庄现状评估与社会经济发展潜力两方面出发，在村庄资源禀赋、区位特点、社会经济状况、公共服务设施、文化乡愁特征等维度的多因子现状评价基础上，进一步基于产业发展前景、自然条件掣肘、城镇辐射影响等维度开展村庄潜力分析评价，对于村庄未来发展模式进行研判。同时，在村庄分类的全过程中，从收集资料、选择评价指标、发展潜力分析，到评价结果的微调和最终结果的确定，始终要坚持村民的深度参与。最后通过多维度的综合分析和权衡比较，因地制宜选择村庄土地整理的模式。

（三）村庄土地整理的审美价值

村庄土地整理的审美价值是通过土地利用结构、形态和村庄上的建筑物构筑物体现出来的，呈现出的各种面貌，可以唤起人的不同心理感受，为人们提供美的享受。美在这里不仅是一种感官的享受，而且也是人的一种生存状态和精神境界，反映了人与外在世界关系的和谐性和丰富性。

首先，要突出自然景观和生态美。村庄土地整理的景观建设要具有多重视野。景观是融合着生态美、自然美、社会美、艺术美和技术美的有机整体，景观的建设是人类自我发展和自我实现的有力工具，它可以成为人类获得自我意识的一种媒介，使人类不断得到鼓舞和鞭策。景观的建设反映着人与自然和人与社会的各种关系，因此具有多层次性。要具体把握景观建设的内容，就要从不同的视角将其展开，使景观效应与人的各种需求和感受性建立起直接的联系，从而在景观建设中树立明确的目的性，准确把握各种景观建设所要达到的目的和作用。要重视构建生态景观，突出生态美。生态建设是村庄建设的重要审美追求。对景观建设的认识，首先应该从生态学的视角出发，因为乡村本身是一个社会-经济与自然的复合生态系统。从生态学的视角对景观的要素进行考察，主要着眼于人与自然和人工环境的关系，反映人在物质环境中的生存状态和生活质量。在各种景观的塑造中，它会给人提供直观的环境体验和对生活境界的启迪。

其次，要创造人文景观美。景观美包括自然的景观美和人文的景观美，因此，在景观的建设中要考虑空间序列的组织以及环境氛围和意境的创造。人文景观是以社会文化为背景，由历史传统与现实社会生活交织而形成的画卷。洁净感、秩序感、宜人性、通达性等都属于人文景观美的类别，它们从不同的角度反映了人们对景观美的追求。人文景观美的构成要素表现在以下五种范畴之中，即浓郁的生活气息、欣欣向荣的景色、多元的文化氛围、乡土特色和历史感悟。

最后，要建构住宅审美价值。包括以下两方面内容：一是住宅社区环境美。住宅社区环境按功能作用可分为交通环境、商业环境、休闲环境等，包括学校、商店、市场、住宅、开敞空间等，住宅社区布局清新、户型合理、和而不同、协调统一是社区环境建设的目标，也是整个社区住宅环境建设的核心。构建住宅社区环境美需要以功能建设的合理性为基础，同时要注重建筑的墙面、屋顶、色彩等整体一致性，以及屋顶组合、立面造型的丰富多样。二是地域环境美。住宅社区所在地域的环境美表现在它能符合地域的整体布局和景观要求，契合地域人文精神，融合山水地形特色，符合当地环境的审美意向，与整个地域环境协调，追求天然真趣，赋予居民以一种清新怡人、地灵人杰的心理感受，营造天时、地利、人和的环境氛围，又要善于利用优美的自然环境来丰富住宅建筑的内外空间，更重要的是根治污染，改善环境，以保障人们的健康，体现出“虽由人作，宛由天开”的美学境界。

（四）村庄土地整理的重点内容

乡村地区是人类文明基因的发源地，是人类食物来源的供应地，是人类赖以生存的驻留地，具备产业经济、社会文化和生态环境三大本底特性。村庄土地整理在实操层面上，是指以村庄为核心，对乡村土地利用、乡村基础设施结构、乡村公共服务设施布局和乡村产业发展形态等土地空间进行综合整理，其重点内容主要包括以下几个方面。

1）村庄发展现状分析。从人口规模、用地规模、产业发展等方面分析村庄的发展现状。针对不同类型的村庄，现状分析应结合实际，突出特点，如特色提升型村庄应对村庄的历史文化要素、特色资源进行着重分析。

2）村庄性质确定。它是指一个具体村庄在一定区域范围内，在政治、经济、文化等方面所处的地位与职能，即村庄的层次、特点与发展方向，也即村庄的类型、村庄性质制约着村庄的经济、用地、人口结构、村庄风貌、村庄建设等各个方面。在整理过程中，要通过这些方面把村庄的性质体现出来，发挥其应有的地位和职能，因此，正确地确定村庄性质是村庄土地整理十分重要的前提和依据。

3）村庄用地规模确定。村庄用地规模是指村庄住宅建筑、公共建筑、生产建筑、道路交通、公用工程设施和绿化等各项建设用地的总和。其确定通常按人口规模结合人均建设用地、人均单项建设用地和建设用地构成比例 3 项指标综合进行。

4）村庄用地潜力挖掘。根据不同村庄类型，结合村庄实际，从不同路径调查评价村庄用地挖掘潜力。城乡复合型村庄，在实施城镇化过程中，应按拆占比和拆建比分析挖掘潜力。实施整体搬迁的村庄，新建村庄的城乡建设用地应落实拆占比和拆建比要求，以建设用地增减挂钩为原则，对实施搬迁后的旧村，应拆除的要进行拆除复垦。特色提升型村庄，应以集体产业用地的腾退集约为减量重点。

5）耕地与基本农田保护整理。落实永久基本农田和永久基本农田储备区划定成果，明确农业空间管制规则和管控措施。落实补充耕地任务，做好农业用地整理，合理安排农、林、牧、副、渔等农业发展空间，推动高标准农田的建设和循环农业、生态农业的发展，完善农田水利配套设施布局。

6）村庄布局形态控制。在明确村庄用地规模管控的基础上，对村庄建设用地进行优化布局，并明确村庄整体风貌的控制引导要求，以保证村庄整体形态与周边环境协调。针对历史文化名村、传统村落，应结合村庄历史、文化特色要素进行具体分析，统筹考虑村庄风貌特点，提出形态控制要求，传承文化，突出特色。

7）村庄设施配套建设。结合村庄的人口规模和发展实际，从方便使用、有利建设的角度提出基础设施、公共服务设施的整理方案。配套设施的整理建设应重点考虑不同区位、不同类型村庄之间的差异。例如对于以乡村旅游为特色产业的保留村庄，应重点考虑旅游人口带来的配套设施的需求增量，以及配套设施建设与村庄风貌和历史文化保护相协调等问题。基础设施建设主要包括道路交通、供水、排水、能源供应、环卫、通信设施等。公共服务设施规划应包括教育、医疗、文化、体育、社会福利设施等。

8）防灾减灾系统建设。要综合考虑火灾、洪灾、震灾、风灾、地灾、雷击、雪灾、冻融和虫灾等灾害影响，以灾害出现频率较高灾损程度较大的主要灾种为主，以综合防御为原则，科学选址、移址，科学规划防控空间。整理内容包括村庄用地的防灾评价（村庄建设用地的防灾重要性分类），村庄用地的适宜性和整治措施，消防整治与措施，洪涝灾害整治与措施，地质灾害整治与措施，地震灾害整治与措施，风雪雷电灾害整治与措施和病虫害整治与措施等。

9）生态及人居环境整治。落实生态保护红线划定成果，进一步细分为水源涵养、生物多样性维护、水土保持等区域，明确各类保护范围。针对村庄全域自然生态存在的问题，制定相应的管制规则和措施，提出生态修复的重点任务、整治措施、项目安排和时限要求等。坚持以人为本，综合考虑群众需求，坚持经济实用、维护方便的原则，结合各类人居环境整治规划、乡村绿化美化行动、“美丽乡村”建设等，统筹安排村容村貌整治、农村生活垃圾治理、生活污水治理等。

10）历史文化资源保护。主要包括非物质文化遗产保护复兴、镇村传统建筑保护复兴、风景名胜和古树名木保护、农耕文化传承复兴以及乡村农业景观再生等整治。农业景观再生包括农业景观格局优化、农田缓冲带景观建设、控病害农业景观建造等。重视乡村建筑景观整治，包括整体控制、细部控制、整治措施、更新方式等。

11）产业发展空间引导。结合所在地区产业发展策略和村庄区位条件及资源禀赋，坚持农村产业融合发展，合理安排产业用地布局，鼓励产业空间复合高效利用，明确产业用地的用途、强度等要求，合理保障农村新产业新业态发展用地。除少量必需的农产品生产加工外，一般不新增工业用地，并引导工业向城镇产业空间集聚。制定村庄禁止和限制发展的产业目录。

12）社区生活圈空间塑造。乡村社区生活圈作为生活圈空间体系中的基础单元，是指在适宜的日常步行范围内，能够满足村民全生命周期工作与生活等各类需要的一个基本单元，它需要融合“宜业、宜居、宜游、宜养、宜学”多元功能，是一种引领面向未来、健康低碳的美好生活方式，也是一种具有生活所需的基本服务功能与公共活动空间，是一种安全、友好、舒适的社会基本生活平台。它不仅包括公共服务设施配置等物质空间，也包括行为空间、文化空间、社会空间、安全空间和治理空间等。高品质社区生活圈塑造，要更加注重品质提升型服务要素，服务要素的内容包括社区服务、就业引导、住房改善、日常出行、生态休闲、公共安全、文化引领等。其中社区服务可细分为健康管理、为老服务、终身教育、文化活动、体育健身、商业服务、市政设施和行政管理等。

浙江省的土地整治，就是以村庄整治的“千村示范万整治工程”（简称“千万工程”）为切入点和主线全面推进的。浙江“千万工程”大体经历了3个阶段：第一个阶段是“千村示范、万村整治”示范引领阶段。从2003年到2010年，主要从农村环境“脏、乱、差、散”问题入手，以村庄环境综合整治为重点，全面推进“三清两化”（即清垃圾、清污水、清厕所、道路硬化、村庄绿化）。到2010年底，全省10303个建制村得到整治，其中1181个村建成“全面小康建设示范村”，全省农村人居环境首次实现质的跃升。第二个阶段是“千村精品、万村美丽”深化提升阶段。从2010年底到2020年，主要围绕美丽乡村，系统推进“四美三宜两园”建设（即科学规划布局美、村容整洁环境美、创业增收生活美、乡风文明身心美，宜居宜业宜游的农民幸福家园、市民休闲乐园）。到2020年底，全省所有村庄均完成人居环境整治任务，以“千万工程”为引领的美丽乡村建设取得了显著成效。第三个阶段是“千村未来、万村共富”迭代升级阶段。2021年以来，浙江从高质量发展建设共同富裕示范区这一新任务出发，推动乡村从美丽宜居跃向共富共美，加快绘就“千村引领、万村振兴、全域共富、城乡和美”新画卷。可见村庄整理，在乡村土地整理中表现出蓬勃旺盛的实践生命力，是驱动土地整理迭代升级的重要引擎（陈铁雄，2023）。

第三节　废弃损毁土地的复垦

一、土地复垦的类型与程序

（一）土地复垦的概念和类型

简单地说，土地复垦是指对废弃损毁的土地采取整治措施，使其恢复到可利用状态的活动。凡因从事开采矿山资源，烧制砖瓦，燃煤发电，兴修水利，农田基本建设，修筑铁路、公路和各种道路等及各种建筑物和废弃物堆积等一切活动，人为造成土地损毁和废弃的都属于土地复垦范围。另外，各种污染、自然灾害造成损毁废弃的土地以及村庄四旁坑、洼、塘、废弃宅基地等，也可归属于土地复垦的范围。矿山开采是造成土地废弃损毁的主要因素，也是土地复垦的主要类型。据统计，全国因矿山开采损毁土地近400万公顷，其中，正在开采的矿山造成损毁废弃土地约140万公顷，历史遗留矿山造成损毁土地达230多万公顷。而矿山开采每年新增损毁废弃土地仍在持续增加，以2018年为例，采矿新增损毁土地约4.80万公顷。世界不少地区也是如此，如非洲有7亿多公顷的土地正在退化，而采矿是造成这种退化的主要原因（周际等，2023）。由于采矿业是造成土地废弃损毁最严重的行业，因此，狭义的土地复垦，经常是指对工矿业用地的再生利用和生态系统的恢复。

土地复垦按废弃损毁的成因不同，可以分为以下7种类型：①矿山开采废弃地复垦；②储存燃煤电厂粉煤灰和炉渣贮灰场废弃地复垦；③砖瓦窑挖土废弃地复垦；④交通水利建设挖废占压废弃地复垦；⑤废弃宅基地及废弃坑塘等各种废弃地复垦；⑥因灾害损毁的废弃地复垦；⑦因污染造成的废弃地复垦。按复垦后土地利用方式的不同，可以分为耕地复垦、园地复垦、林地复垦、草地复垦、水域复垦、娱乐休闲用地复垦、建筑场地复垦等。

（二）土地复垦的技术和方法

土地复垦涉及农学、林学、生物学、地质学、地理学、环境学等自然学科，也涉及采矿技术、生态工程、水土保持等技术学科，以及经济学、人口学等社会学科，其技术方法是多学科的综合，主要包括几种类型：

1）土地复垦调查技术。调查的内容主要有：①区域地表特征，包括地形、地貌、水分、植被等；②环境因素，包括气候、气象、城镇与居民区分布、矿山开采前该项目区环境状况及开采后对环境造成的影响；③表土的理化性质，包括表土厚度、有机质含量、pH、盐渍度、土壤水分状况、渗透性、微量元素及抑制植物生长的有毒、有害物质等；④矿床开采方法，废石及尾矿的堆放方法，废弃地状况及其复垦的可能性，复垦的土地种植及综合利用途径、复垦周期与经济效益；⑤工矿企业的经营状况，土地复垦的投资能力，现有设备及其在复垦方面的通用性等。

2）土地复垦评价技术。对复垦土地进行适宜性评价，目的是通过评价来确定复垦后的土地用途，以便合理安排复垦工程措施和生物措施。通常是根据当地的实际情况和复垦后不同用途的要求，选择地形、土壤质地、土层厚度、地下水位、地面堆积物、塌陷深度等若干因素，并确定相应的指标来衡量复垦后可能达到的程度，以确定其适宜的用途。

3）土地复垦规划技术。主要包括：①复垦区划分与平面布置规划技术；②）表土与底土的剥离储存规划技术；③废弃岩石的合理排废与采空区的回填平整规划技术；④复垦地表土与底土的铺覆规划技术；⑤复垦后的再种植与综合利用以及与利用有关的农、林、牧、渔、水利、交通规划技术等。

4）土地复垦设计技术。该技术是对土地复垦规划技术的深化和工程化，主要包括充填复垦设计技术、非充填复垦设计技术、水利工程设计技术、道路工程设计技术、生态防护工程设计技术、生态环境整治工程设计技术、景观设计生态设计技术等。

5）土地复垦施工技术。它需要根据不同的损毁特征、不同的自然社会经济条件和不同的规划设计方案，采用不同的施工技术和复垦工艺，主要包括土方工程施工技术、地力修复工程施工技术、生态环境保护与重建施工技术以及交通水利工程施工技术等。

6）土地复垦监测技术。可以借助3S等现代技术对复垦区的土地进行系统监测，对土地复垦质量进行动态跟踪监管，主要包括土壤质量坚持技术、耕地质量监测技术、生态环境监测技术、生物多样性监测技术、景观格局监测技术、交通水利工程监测技术等。

7）土地复垦绩效评价。主要是针对复垦工程结束后可能取得的效果及效益进行评价，围绕经济绩效、社会绩效和生态绩效的评价展开，包括复垦利用的土地面积、复垦率、增加的耕地面积、林地覆盖率、草被覆盖率、投入产出比等。

8）土地复垦利用技术。复垦的目的，主要是为了更好地利用土地。土地复垦利用技术，主要包括复垦后土地被用作农业、林业、牧业和渔业的生物利用技术，复垦后土地转为建筑用地、工业用地、商业用地和服务业用地的利用技术，复垦后土地作用为生态保护地的保育利用技术。

二、矿山土地复垦技术体系

（一）矿山土地复垦的分类系统

采矿工业的复杂性和多样性，决定了矿山土地复垦是一个多工序和多类型的工程技术系统。矿山特征、自然环境条件、土地损毁类型、公共政策和法规、土地复垦资金、现有技术条件等因素，都会影响矿山土地复垦技术的选择。矿山土地复垦有多种类型，每一种类型都各有其自身的特殊性。在开始进行土地复垦工程时，必须首先查明复垦工程的类型，才能因地制宜选择更科学和更有效的土地复垦技术。根据矿物类型可将复垦类型分为：能源矿山土地复垦、金属矿山土地复垦、非金属矿山土地复垦等；根据采矿方法不同可以分为露天开采土地复垦、地下开采土地复垦、露井联合开采土地复垦和水利开采土地复垦等。根据矿山土地的类型不同，可将矿山土地复垦分为以下 8 种类型（付梅臣等，2007）：湿地复垦、干旱地复垦、矿山尾矿废石地复垦、酸性地复垦、碱性地复垦、盐性地复垦、农田和牧场等特别类型复垦、其他类型地复垦等。

（二）矿山土地复垦的技术类型

矿山土地复垦的技术，可以分为工程技术和生物技术两大类型。工程技术主要有充填复垦技术和非充填复垦技术，依据工程设备可以区分为推土机复垦、泥浆泵复垦、挖掘机复垦、铲运机复垦和多种设备联合复垦等。生物技术是指提高和改善复垦土地生产力的各种物理、化学和生物措施，其中微生物技术、土壤改良技术、生态工程技术是最重要的 3 类技术。就具体技术形态而言，常用的有下几种类型的复垦技术。

1）仿自然地貌修复技术。因矿山开采所产生的破坏基本不能复原，人们往往通过人类干预和改造建成由自然环境、社会环境和人类活动三部分组成的全新人工生态系统，典型系统表现为绿化煤矸石山、堆砌排土场等。为协调矿区人造景观与原自然景观，提升景观间连通度，可基于景观生态学原理设计仿自然地貌，使复垦后地形与当地自然景观相协调，与景观的发展目标相一致。在实际修复过程中通常增大景观多样性与异质性，优化景观格局内的基质与斑块组合，注重重建系统接近原有地貌生态系统。该地貌还更多参考了原地貌形态、景观和自然地貌形态特征，使重建和再造的土地景观更具备协调性与稳定性，其视觉效果与经济效益更加显著，如建设自然式缓坡地与近自然河道以改善研究区水土流失状况。值得一提的是，适用于高潜水位、地表沉降变形较大区域的沉陷盆地人工湿地模式广泛应用于修复平原或丘陵矿区地形地貌与林草地系统，其主要依照“剥离表土-充填固体-挖深垫浅-设置隔水-湿地开发”等步骤建立人工湿地。该修复方式在不破坏原有生态平衡的情况下，在挖深垫浅的过程中挖出土方量大于或等于充填所需土方量，将挖坑开发为矿区水产养殖区域，可实现经济效益与生态效益的平衡。而对于大面积的积水区域或未稳定的沉陷地区域，可根据沉陷地现状直接因地制宜发展水产养殖业；对于潜水位沉陷地土地无积水的情况下，可直接采用平整土地、改造梯田等方式实现复垦利用（武强等，2017）。

2）边采边复工程技术。复垦是实现“采矿-生态”平衡的重要手段。早在 20 世纪，矿区复垦与采复一体化的矿区生态修复实践所带来额外的生态效益与经济收益已经引起了人们的广泛关注。受矿区开采水平与理念限制以及井工矿开采特征，中国直到 21 世纪初才开始探索矿区边开采边复垦的方法与技术。边开采边修复（CMR）技术指开采与修复工作同步进行，是规划开采措施、优选复垦时机与方案的一种思想（肖武等，2013）。这种技术多强调修复开采与修复工艺、地下采矿与地面修复的有机结合，即在土地沉降发生的初期基于既定采矿计划选择合适的修复时机与工程技术；对采矿位置、采区、开采工艺进行优化，实现土地高恢复率与修复低成本率的统一，不断提升土地恢复率、缩短修复周期、增加修复效益，实现矿区可持续发展。采取适当的采矿和重构技术工艺，应用工程、物理、化学、生物、生态措施，利用土壤重构技术能实现露天采矿边采边复方式，构造出健康的土壤肥力条件以及稳定的地貌景观环境。在有足够充填材料且材料无污染或可控制污染程度的区域内，可利用煤矸石、粉煤灰、露天矿排放剥离物以及矿区垃圾、污泥等堆积材料充填采煤沉陷地开展复田工作。在实施本方法时，最重要的是要防止次生性污染，解决废弃物堆积、采矿场遗弃问题。

3）物理与化学修复技术。矿山土地生态修复物理改良方法主要采用排土、换土、客土混合机深耕翻土等方法进行组合或单项修复，并在修复过程中混合客土参与土壤改良过程。矿山土地修复化学改良方法被广泛应用于污染较为严重的废弃土地，通过化学泥浆、喷射泥浆、薄膜墙以及电渗析法等方法隔离和去除土壤中易于分散扩散的污染物，投入其他物理或化学试剂也能显著改善土壤物理化学状况。

4）土地复垦生态技术。该技术指根据矿区的地质、水文、土壤等自然条件，考虑开采污染的具体情况，选择具备适宜抗逆性、合群性的植物种类对土壤、空气等生态修复对象开展修复工作以实现修复成效，其关键在于恢复植物的选择与合理配置。考虑具体自然条件以及开采状况，豆科、盐生、外来、乡土以及耐性草本几类植物均具有不同的恢复效益，能在土壤肥力改善、废弃地重金属降解、植物群落建立、气候环境适应以及土壤根际改良等多个方面具有显著作用，而乔、灌、草、藤多层次配置结合进行植被恢复是更为有效的植物群落组合修复方式。在具体方法上，容器苗造林技术、保水剂技术、ABT 生根粉（植物生长调节剂）技术能治理水分相对缺乏的土壤，根瘤菌和种植乡土豆科植物方式能提高植物抗逆性与存活率，种子喷播法、纤维绿化法、厚层基材喷射绿化法等边坡稳固和工程绿化技术同样也是典型的植物微生物修复工程技术（关军洪等，2017）。矿区废弃地微生物修复能极大程度改良土壤质量，如利用植物根际微生物与菌根技术的生命活动来改善植物营养条件的同时能促进植物生长和发育，显著提升土壤的渗透作用以改善其抗侵蚀能力。在土壤生态系统中，微生物还参与了有机物质、无机物质的作用过程，能提高土壤肥力、缩短复垦周期。矿区废弃地土壤动物修复及时能协助维持土壤肥力，其中无脊椎动物能分解动植物残体推动物质的循环作用与养分的流动加速。土壤动物采用食细菌或真菌等现象还间接改变了有效营养物质的传播，从而改变微生物群落的生物量和活动。

第四节 退化土地的生态修复

一、土地生态修复的基础逻辑

（一）土地生态修复的逻辑起点

20 世纪以来，世界人口剧增，人类对土地资源的需求大幅度增加，供应日趋短缺。在人均土地资源占用量不断降低的情况下，人类为了生存与发展，一方面大肆开发土地资源，另一方面滥用技术去任意支配和利用土地资源，结果造成地力消耗过度，后备资源迅速减少，土地生态环境急剧恶化，形成了全球性土地生态系统危机并威胁着人类自身赖以生存的地球环境。在矿区，人类毫无顾虑地向自然界掠夺矿产资源，却留下了大规模塌陷地和植被破坏的土地。在牧区，人类过度放牧和盲目开垦草原，破坏了草原生态系统，造成草场荒漠化。在半山区和山区，人类大肆破坏植被，毁林开荒，使土地失去了植被的保护而形成水土流失。在乡村，石油农业逐步取代传统农业，它虽然提高了农业生产效率，但其代价是导致了自然肥力的下降、农产品质量的降低和环境的污染。在城市，自然生态系统本身就十分脆弱，在工业生产和人口聚集的双重压力下，热岛效应、雾霾频发、水污染、垃圾围城等各种“城市病”不断凸显，城市土地生态系统开始变得岌岌可危。总之，人类通过对土地资源的开发，获得了用于生产建设、经济发展和生活享受的物质与能量，但同时给土地生态系统造成了结构失衡、功能失调、品质退化和健康恶化。

可见，土地生态修复的逻辑起点应该是退化的土地生态系统。以退化的土地生态系统作为逻辑起点，有助于解决目前土地生态修复过程中普遍存在的范畴不清、概念不明等弊端，有利于构建土地生态修复理论的范畴体系，促进土地生态修复事业的成长和成熟。在很大程度上，自然生态系统也是依附于土地之上的，失去土地就意味着失去自然生态系统，所谓皮之不存、毛将焉附。自然生态系统是地球表面在一定时间和空间内，生物组分与非生物环境之间通过不断的物质循环和能量流动而相互联系、相互作用、相互依存并具有特定功能的统一整体。生物与环境形成的自然体系，是地球表面上的基本单元。其中的生物组分是指生态系统中的动物、植物、微生物等，由生物个体、种群或几个群落所组成，包括生产者（Producer）、消费者（Consumer）和分解者（Decomposer）三大功能类群；非生物组分是指生命以外的环境部分，由环境中影响有机体的所有物质和能量所组成，包括太阳辐射、无机物质、有机物质、土壤以及大气、水、光、温度等。土地生态修复的起点和主线，也是对受损或受破坏自然生态系统的恢复甚至重建，包括修复生态系统的结构和功能，修复生物多样性和自然景观，修复可持续的土地开发利用结构，修复人与自然和谐的“自创生”系统等，从而实现土地资源开发利用与生态系统之间的动态平衡和稳定协调发展。

（二）土地生态修复的逻辑框架

土地生态修复的基本目标是遵循大自然的“道”和生命的法则，修复受损或退化的生态系统，建设人与自然共生的生命共同体。它是一项面向未来可持续发展的战略，也是一个持续监测管理的过程，还是一个与市场、政府和其他行动主体互动发展的行动方案。其主要任务是，根据区域土地生态系统的条件和特点，统筹土地资源的开发、利用、整治和保育，坚持治地、治水、治山、治矿、治林相结合，恢复“安身立命”的土地空间，对于“地球皮肤”的每一处伤害进行恢复治疗，其逻辑框架可表达如下：

1）土地生态修复必须全面调查、详细分析和充分理解当地自然空间、社会空间、经济空间、文化空间、交通空间、区位结构和虚拟空间的区域现状和地方特点。

2）探明土地生态系统的形成演化规律的发展趋势，查明土地开发利用的生态适宜性和优势、开发潜力和发展限制，阐明生态系统的层次性、结构性、关联性、不确定性、开放性、动态性、自适应性和自组织性特征。

3）详细分析各类社会主体和市场，对土地开发利用的需求状况，查明土地资源在开发过程中会对区域多尺度生态系统带来什么样的影响，这种影响是直接的、间接的、瞬时的还是滞后的？同时，还要分析这种影响对生态系统的承受性和可逆性。

4）在上述研究的基础上，完善法律基础、政策体系和规划流程，完善土地资源开发保护、利用规划、生态修复的互动结构。

5）制定微观的修复技术，该技术对土地生态修复至关重要，关键是要理清土地生态系统在扰动下的阈值，确定合理的修复技术与干预强度，差异化和针对性地进行土地生态修复与治理，从而实现人地系统的和谐共生。

二、土地生态修复的主要类型

（一）土地生态修复的宏观维度

在进行土地生态修复采取工程和非工程措施之前，首先要明确详细诊断土地生态系统产生功能受损或退化的病症、病因和病理，这也应该是土地生态修复的主要内容，而且是重要的基础和前提。在诊断病症、病因和病理的基础上，再研究如何进行生态安全格局修复、生态基础网络修复、大地生态景观修复和土地要素综合修复。

1）土地生态安全格局修复。土地利用格局是土地多重性与人类需求多样化双向选择的结果，也是自然界复杂多样化与生产地域分工专门化相互作用的产物，还是海陆空间、交通空间、土地利用空间、景观生态空间、社会文化空间、投资发展空间和虚拟空间综合平衡过程的矛盾统一。土地生态安全格局修复就是针对土地利用格局受损和退化的状态，通过结构、强度、用途、布局等方面的生态修复，为水源涵养、洪水调蓄、生物多样性保护等提供更加合理持续安全的空间结构，筑牢土地生态安全防线。

2）土地生态基础网络修复。生态系统基础网络是维护生命土地安全和健康的关键性基础，是城乡居民获得持续的自然生态系统服务的基本保障。例如廊道、绿道和遗产廊道等都是重要的生态系统基础网络。通常，生态廊道指的是不同于周围景观机制的线状或带状景观元素，是生态基础设施的重要结构要素。生态廊道主要由植被、水体等生态性结构要素构成，包括廊道的连续性、数目、构成、宽度与景观过程的关系等。生态廊道的另一层含义是“生态化”的人工基础设施。例如，交通设施被认为是导致景观破碎化、栖息地丧失的主要原因，人们开始对人工基础设施采取生态化的设计和改造，来维护自然过程和促进生态功能的恢复，并将此类人工基础设施也称为“生态化的”基础设施，或者“绿色”基础设施（Forman，1995；Serrano et al.，2002）。

3）土地生态景观修复。土地生态景观是自然景观、经济景观和文化景观的多维生态网络复合体，是土地表层的生态联系。自然景观主要是地理格局、水文过程、气候条件、生物活力等的复合；经济景观主要是能源、交通、基础设施、土地利用、产业过程等的复合；人文景观主要是人口、体制、文化、历史、风俗、风尚、伦理、信仰等的复合。它强调土地生态系统内部与外部环境之间的和谐，系统结构和功能的耦合，以及天地生人之间的融洽性。通过对土地生态景观破损退化的修复，提升土地生态景观功能，维护土地生态景观的健康和美学价值。

4）土地要素综合修复。对土地山、水、林、田、湖、草等要素，采取“缺什么补什么、破什么修什么”的思路，统筹各要素进行综合治理。重点开展诸如矿山复垦修复、水土流失防治、污染土地修复、水环境恢复、地下水整治修复、沙漠化防治、盐碱地治理、生物多样性保护和植被恢复等，让土地生态系统的“疮疤”得到系统修复。它需要有效协调各个修复主体的关系，确保土地各生态要素得到系统修复，避免某一生态要素过度修复，其他要素修复不足等现象。实际上，土地单个要素的生态修复都分部门分专业在推进，其弊端是修草的只管修草、修水的只管修水、修地的只管修地、修林的只管修林，将区域的功能性整体解体了，缺少总控和协调，结果不但实现不了修复目标，反而会出现“按下葫芦浮起瓢”的现象。例如东北、华北、西北，特别是西北地区，地下水的水文地质过程是一个连续的整体。如果局部地区利用咸水资源整治修复盐碱地，咸水资源被利用完后，更大区域土壤会加速盐渍化甚至变成盐漠，这会在短时间内造成更大的生态灾难。通过开采地下水种植水稻来改良利用盐碱地的情况也相似，改良了流域内某一片区盐碱地却引发了另一片区的土地盐渍化。

（二）不同类型的土地生态修复

土地退化是人类可持续发展面临的严峻挑战，它导致土地生产力下降、生物多样性减少、生态系统服务能力降低，并对人类和其他生命的安全造成威胁。本书在第五章已经详细讨论了土地退化的不同类型，如何对不同类型的土地退化进行生态修复，是全人类需要共同面对的重大课题。土地退化的类型多种多样，生态修复的路径、方式和工程措施等都各有不同。本章重点阐述水土流失地、荒漠化土地、盐碱化土地、污染化土地、生物退化土地以及贫瘠化土地生态修复的机理、路径和措施，以期为土地退化治理提供依据。

1. 水土流失地的生态修复

水土流失是全球最严峻的退化问题之一，每年有250亿~400亿吨表土和1000万公顷的耕地因水土流失而被侵蚀，对粮食生产、生态安全、贫困治理等产生重要影响，直接造成的经济损失近4000亿美元（Charles et al.，2019）。水土流失生态修复的主要路径是改变土地利用结构，恢复植被，对土地表面的径流进行拦截，使水分尽量渗入土壤，主要的工程措施有：①工程技术。主要是通过修筑人工建筑物、改造立地条件来防治水土流失、沙漠化、荒漠化和石漠化等引起的土地退化，包括治坡工程技术、治沟工程技术、小型水利工程技术、沟头防护工程技术、谷坊坝工程技术、各种拦沙坝和淤地坝工程技术、沟道护岸工程技术、修筑梯田工程技术等。②生态技术。指保护和营造植被生态的技术，通过植被冠层和根系对地表的屏障来蓄水、减流和保土、改土、围土的技术。主要种类有封育、种树、种草、针阔混交、乔灌草混交、营造水源林和防护林、建自然保护区、建防护林带等。③农艺技术。指通过改进耕作方法和技术来防治坡耕地流失的技术。其种类主要有调整种植结构和类型，改良土壤，推广免耕法、间作套种、等高耕作、垄作、耕地覆盖等。④材料技术。根据水土流失和土地沙漠化对土地中原有团粒结构的破坏，通过施用绿色材料增加土壤中有机质和黏性硅酸盐成分，从而增加土壤中这些成分在量和质方面的缺失，是水土流失和土地沙漠化生态修复的重要措施。研究表明，土壤生态修复材料含补充土壤团粒结构基质——经特殊工艺处理的具有固水、固肥、硅酸胶结特性的硅酸盐复合成分，可从本质上改善土壤的物理特性。以农副产品秸秆料为主，配备安全的微生物菌剂和已预制好的土墒修复材料及植物生长需要的营养元素，制成不同大小的“种植绳”与植物种子一起播种，修复土墒条件，达到生态修复土地退化的目标（胡慧慧等，2011）。

2. 荒漠化土地的生态修复

根据联合国2015年公布的数据，全球荒漠化土地面积约3600万平方千米，相当于俄罗斯、加拿大、中国国土面积的总和，造成大片土地生产力下降，直接危害2/3的国家和地区、1/4的陆地面积、近12亿的人口，已被公认为世界最严峻的环境问题。广义的荒漠化包括土地沙漠化、土地沙化、水土流失、土壤盐渍化等土地退化类型在内，其主要成因是由于干旱少雨、植被破坏和过度利用等因素所导致的。对于生态修复而言，其措施与水土流失有许多相似之处，也包括上述的工程技术、生态技术、农艺技术和材料技术等。荒漠化土地的生态修复，非常关键的因素是要通过制定相关的法律法规，加强脆弱地区土地的保育，加大森林覆盖和防风固沙，控制超负荷使用耕地和草地，充分发挥农户作为主要参与者在其中发挥重要作用，从节水、生物工程、无公害生产等多角度出发，推进荒漠化治理的科学化和多样化。

3. 盐渍化土地的生态修复

据联合国粮农组织（FAO）和教科文组织（UNESCO）的不完全统计，全世界盐渍土面积近10亿公顷，每年还有约12万公顷土地发生次生盐渍化（赵其国，2001）。土地盐渍化生态修复的措施，主要包括：①调整土地利用结构。要在生态经济学原理指导下，通过种植农作物、植树造林、建设绿色生态屏障、种植耐盐和盐生植被、种植绿肥牧草，扩大地表植被覆盖，发挥生物治理盐碱的生态效应。②水利改良措施。主要是采用灌溉淋洗（以水控盐）、排水携盐（带走盐分）两方面措施来调控区域水盐运动，通过井渠结合、深沟与浅沟、沟洫条（台）田、暗管排水与扬水站排水、深沟河网等井、沟、渠配套模式，修复次生盐渍化。③农业耕作改良措施。主要是采取平整土地、深翻改土、耕作保苗、土壤培肥等农业耕作措施，减少地面蒸发，调节控制土壤水盐动态，使之向有利于土壤脱盐的方向发展。④改良剂施用措施。在修复次生盐渍化土地过程中，发生次生碱化土地的修复难度是最大的。由于碱性土壤中含有大量的苏打及交换性 Na^+，致使土壤碱性强、土粒分散、物理性质恶化、作物难以正常生长。修复这类土地，除了消除土壤中多余的盐分措施外，主要应消除土壤胶体上过多的交换性 Na^+和降低碱性。为此，在水利及农业措施实行的同时，很有必要从化学的角度加以改良修复。通常化学改良主要是施用一些改良剂，通过离子交换及化学作用，降低土壤交换性 Na^+的饱和度和土壤碱性。改良碱化土壤的化学改良剂一般有三类。一类是含钙物质，如石膏、磷石膏、亚硫酸钙、石灰等，它们多以钙代换 Na^+为改良机理；第二类是酸性物质，如硫酸、硫酸亚铁、黑矾等，它们则是以酸中和碱为改良机理；第三类是有机质类是通过改善结构，促进淋洗，抑制钠吸附和培肥等起到改良作用的（张凤荣等，2006）。⑤加强跨部门多用途的综合改造修复。盐碱地生态修复涉及农业农村部、水利部、自然资源部、科技部、生态环境部等多部门，具有综合信息、动态、跨部门的特点。要建立盐碱地生态修复和改造利用的综合数据库，摸清家底，夯实盐碱地生态修复和综合改造利用的底图、底数和底质，建立共同责任机制，推动形成部际和科际之间有效协调与整合机制。成立由水利、地质、水文、土壤、土地、农业、生态、地理等专家共同组成的多学科专家工作小组，总结已有盐碱地生态修复综合改造利用工程经验，构建以区域降水量、地表水、地下水、地形、地质、盐碱化程度等为参数的盐碱地综合评价体系，并根据评估结果对盐碱地综合改造利用进行分区分类，从技术标准到工程体系提出有针对性和可实施的生态修复操作指南。

4. 污染土地的生态修复

土地污染不仅对人类健康和经济发展造成严重威胁，甚至已对人类生存构成威胁。如果不对土地污染进行防治和生态修复，所造成死亡人数将可能会超越许多不治之症，经济损失可能会超过当年的全球经济规模。土地污染有重金属、有机物、固废物等不同类型，其生态修复的路径和措施各有差别。但从一般意义上看，生态修复技术主要有工程技术、物理-化学技术、生物技术以及联合修复技术等（员学锋等，2018；张凤荣等，2006；李天杰等，1995）。

1）工程修复技术。主要有：①客土技术，是在被污染的土地上覆盖上非污染土地；②换土技术，是部分或全部挖除污染土地而换上非污染土地；③水洗技术，是采用清水灌溉稀释或洗去重金属离子，使重金属离子排出地块以外或迁移至较深土层中。后两种方法都需要防止次生污染。

2）物理-化学修复技术。主要有：①施用改良剂技术，指向土地中施加化学物质，以降低重金属的活性，控制重金属进入食物链。常用的改良剂有石灰、碳酸钙、磷酸盐、钢渣、膨润土、粉煤灰、沸石、石灰、胡敏酸、堆肥、鸡粪等改良剂。②玻璃化技术。是应用高温熔融使重金属玻璃化，对于处理 As、Pb、Cr 污染有较好效果。③电动技术。在污染土地中插入阴阳电极并通以低强度电流，使重金属在电解、电迁移、电渗和电泳等的作用下在阳（或阴）极被移走。该技术适合于低渗透的黏土和淤泥土，但不适用于渗透性好、传导性差的沙性土。④热解吸技术。将污染土地加热，使土地中挥发性较高的重金属受热挥发，主要用于金属汞的处理。⑤固化（稳定化）技术。应用化学改良剂或稳定剂和重金属间的吸附、离子交换、有机络合等相互作用，降低其迁移性和生物有效性，将其长期固定在土地中，是目前重金属污染土地生态修复经济有效的方法之一。常用的稳定剂包括石灰、赤泥、天然沸石、生物炭、土肥、泥炭、纳米吸附材料等。⑥化学淋洗技术。是指向受到重金属污染的土地中加入有特殊化学成分的淋洗液，利用水利学或机械搅动土地颗粒洗脱污染物的方法。常用的淋洗溶剂有螯合剂、酸/碱溶液、络合剂、表面活性炭等。

3）生物修复技术。主要有：①微生物修复技术。主要是利用某些特殊微生物对重金属的吸收、沉淀、氧化和还原等作用，降低土地中重金属的毒性。②植物修复技术。主要是通过超累积植物富集土地中的重金属并转移到植物的可收割部分，从而达到修复土地中重金属的目的。目前已发现的超富集植物有 700 种以上，如羽叶鬼针草、酸模、香根草等铅超富集植物、印度芥菜、芸苔、芜菁等锌超富集植物等。③动物修复技术。通过土地环境中的某些低等动物，如蚯蚓、鼠类等来吸收、降解或转移土地中的重金属，以达到修复目的。④菌根修复技术。通过菌根真菌改变植物对重金属的吸收和转移，降低植物对重金属吸收的有效性和毒害性。

4）联合修复技术。它是将若干单项技术相互组合，发挥各自优势，以实现高效修复的目的。如生物联合修复、物理化学联合修复、基因工程联合修复等。

5. 生物退化土地的生态修复

由于人为和自然因素导致土地生态系统的生物多样性下降、物种灭绝加速、生态系统服务功能降低等，都属于生物退化土地生态修复的范畴。它不仅会影响土地生产力、水土保持能力，也会影响温室气体减排和气候变化。有研究表明：2010 年全球已有 34%的生物多样性丧失，预计到 2050 年将可能高达 38%~46%（van Oppen et al.，2017）。生物退化的土地生态修复主要技术有以下几种类型。

1）物种选育技术。主要有：①物种筛选技术。以修复生物多样性为目标的物种选择应当基于物种的分布和区系，并通过实地调查和资料收集，结合待修复场地的土壤条件和地形地貌，征询当地植物专家意见，完成适生植物的初步筛选。随后运用动态观测、盆栽试验和人工模拟气候室试验相结合的方法进行第二步的筛选与优化，以植物抗逆性、景观美化效果、季相搭配特点作为筛选依据，同时也可适当考虑引入抗逆性良好、适应性能强以及景观效果良好的植物。②物种繁育技术。主要分为动物和植物两大体系。动物的繁育主要是有性生殖，植物繁育则是以扦插、组培等的无性繁殖为主，包括种子发芽培育、实生苗木培育等。动植物的繁育要充分开发利用优良种源区，利用个体选优的筛选成果建立良种场、繁殖圃、采穗圃、测定示范林与种子库，开展种质资源收集、保存、利用，进行动植物良种的引进、试验、繁殖和示范，并在适宜区域进行推广。在生物多样性修复中应当注意乡土植物的引种和驯化，以尊重生态习性、保持生态秩序、保护生态安全的原则塑造修复区域的物种多样性。

2）基质修复技术。主要有：①物理基底改造技术。该技术常见于改善水动力的河道基底构建、滩涂湿地改造工程以及污染土壤的修复。②生物堤岸技术。该技术主要是利用生态砖或者新型基底材料作为堤岸材料，改变堤岸建设必须采用混凝土、砾石的惯性思维。生物堤岸技术是利用填料（种植土、碎石或混凝土）、其他土工材料、土基与生物群落等产生的复合作用，达成土体加筋稳固、水土保持、生物多样性修复和生态修复等工程目标的综合解决方案。它适用于间歇水流、持续水流的河川湖泊护岸、塌岸治理、硬质堤岸生态修复等工程，其柔性结构使之适应和保留河川湖泊的岸线的变截面、变坡度的自然地形，其生态护岸可保留河川湖泊的堤岸的自然功能。

3）生物群落重构技术。主要有：①植被配置技术。植物配置技术泛指植物镶嵌技术、工程绿化技术、景观设计与快速绿化技术等内容的集成。首先对修复区域本地条件进行评估，分析区域植株密度、植被结构，综合运用物种选配、栽植等恢复和重建技术，并进一步试验不同植被恢复与重构技术对生物多样性的影响。其次，在植物群落重构过程中，尤其是在生态系统退化特别明显的区域，植物群落的调控技术作用尤为突出。植物群落的调控技术主要包括种群动态调控技术、种群竞争控制技术、群落演替控制与恢复技术、群落结构优化配置技术、食物网配置技术等。利用种群、群落、生态系统的优化配置与调控，促进生态系统良性循环，一定程度上利用人为措施促进生态演替。例如在恢复乔、灌、草结构的人工植物群落时，可通过扩大木本植物的间距为地面的草本植物生长提供条件，而在水陆交错带进行植被配置时，可以根据距湿地的远近种植不同的植被。②微生物区系重建技术。微生物区系恢复与重建对于修复污染土壤、净化水质、提升生物多样性具有重要意义，其技术主要包括：在不经搅动、挖出土壤基底的情况下，通过向土壤中补充氧气、营养物来扩大微生物的种群密度；利用常规的微生物手段，即通过选择性培养基分离具有特定功能的微生物，再通过富集培养、多次分离纯化，并经过扩大培养、复配得到大量高效微生物；将土著微生物群落通过长期驯化得到具有一定降解能力的微生物菌群，或是通过基因工程手段构建能够引入修复区域的高效工程菌。

4）生物多样性管理技术。该技术的重点在于：①基于仿自然通道的建设技术，在人为干扰严重的区域设置的各类生态廊道，构建布局合理、类型齐全、功能完善的栖息地保护体系，改善栖息地破碎化、孤岛化的现象。②野生动植物资源及其栖息地的调查、监测和评估的相关技术，如红外相机技术、超声波监测技术、非损伤性 DNA 监测技术、“3S”技术、大数据网络平台建设等，以及生物多样性资源利用的重大科学理论和关键技术等。

5）生物多样性监测技术。主要有：①开发生物多样性本底详细调查技术，加强生物多样性监测预警。以 3~5 年为周期开展生物多样性热点区域鸟类、鱼类以及哺乳动物的多样性调查，动态监测其种群变化规律，并开展生物多样性保护效果评价，从而为政府适时调整生物多样性保护规划与布局，完善保护策略提供依据。②建立动态监测数据库，对植被及群落结构进行分类分析，确定相应的保护和修复措施。定期开展珍稀濒危特有物种及其栖息地、极小种群物种、野生动物疫源疫病等重点领域的监测，收集和储存极小种群的野生生物遗传资源。通过对重要物种极小种群的调查和监测，掌握其现状、分布、种群结构、栖息地基本特征及人类干扰等情况，分析极小种群形成的自然和人为原因，探索有效保护途径和生态修复技术方法，为开展相关的保护和恢复工作提供依据。

6. 贫瘠化土地的生态修复

由于土地利用强度的加大，尤其是施用有机肥的减少，普遍导致肥力下降和贫瘠化。在所有的贫瘠化土地中，耕地地力贫瘠化的生态修复是重点。对于耕地地力贫瘠化的生态修复，关键是加强秸秆还田、增施有机肥、种植绿肥和深松整地，同时加强农田基础设施建设，改善灌溉和排水条件，促进旱涝保收。耕地地力贫瘠化生态修复工程最主要的关键技术是：①优化农业生态结构。从景观生态学的角度出发，充分利用当地光、热、水、土资源，优化农业生产的空间布局，建立诸如“顶林、腰果、谷农、塘渔”的利用模式，发展利用农林系统，在提高土壤养分含量的同时增加农民的经济收入。②增施有机肥。有机肥经微生物分解合成腐殖质，改善耕地的透水性、蓄水性、通气性和耕性。新鲜秸秆直接还田，要比将秸秆制作成堆肥后再施入，形成的水稳性土壤团粒结构要高 96.4%；新鲜苜蓿还田比施入堆制苜蓿的土壤的团粒结构要高 76.1%。③改良土壤压实。由于长期的耕作，在机械的压力下土壤变得越来越紧实，造成土壤结构的破坏。一个由履带式拖拉机带动旁装收割机进行收获作业造成土壤压实的典型例子表明，经收获作用压实后，土壤渗透速率由原来无人车来往区的 7.874 厘米/时降至 2.032 厘米/时，渗入水减少 74%；厚度 15.24 厘米的表层土壤的气相部分减少，即土壤容重增大；压实影响达 50.8 厘米深，主要表现在土壤孔隙大小分布上，即小孔隙数目增加，而通气孔隙减少（Baver et al.，1983）。应在不翻转土层的情况下，用深松机具对犁底和心土层进行深松，调整耕层以下的土壤构造，创造适宜的土壤紧实度。通常可在翻耕实施的 14~20 厘米的基础上，再用深松犁深松到35~40厘米。④客土改良。为了改良土壤的物理和化学性质，可以通过客土改良工程，如客土掺砂，使用粉煤灰和砖瓦窑的炉灰，剥离表土的再利用等，提高耕地的地力。

需要指出，无论何种类型的土地退化，主要是人为因素造成的，因此在生态修复过程中必须将工程措施和非工程措施紧密结合。非工程措施主要包括制度创新、综合管理和能力建设等方面，可以有效减少工程措施的盲目性、降低工程措施成本，达到事半功倍的效果。事实上，退化土地的生态修复是基于长期净收益最大化的综合结果，而不是追求某个单一指标，比如森林覆盖率的最大化和短期利益最大化。通过工程措施和非工程措施的联合修复，是退化土地生态修复的根本出路。即使工程措施的修复效果良好，修复策略适合当地环境条件，也还有必要考虑生态修复的社会经济后果，非工程措施能更好地保障社会经济后果。退化土地生态修复非工程措施，主要包括以下两大方面。一是要重视非正式制度措施的作用，包括提升公众生态修复的伦理文化意识、强化生态修复的教育和宣传、建构知信行模式下的志愿者队伍等。二是要强化正式制度的建设，包括行政制度、规划制度、技术制度、产权制度、法律制度和社会参与制度等。

参考文献

都市快报，2022. 南极1200平方公里冰架崩解［N］. 都市快报03-28（A10）.

陈铁雄，2023. 从浙江“千万工程”实施二十年看农村土地整治的演进与赋能［N］. 中国自然资源报，12-04.

成升魁，鲁春霞，郭金花，等，2018. 中国农业资源环境透视：问题与建议［J］. 科技导报（11）：13-21.

董德利，徐邓耀，2000. 浅析城市土地整理［J］. 国土与自然资源研究（2）：8-10.

冯电军，2013. 基于加权V图的农村居民点空间布局优化方法研究［D］. 南京：南京师范大学.

付梅臣，王金满，王广军，2007. 土地整理与复垦［M］. 北京：地质出版社.

关军洪，郝培尧，董丽，等，2017. 矿山废弃地生态修复研究进展［J］. 生态科学，36（2）：193-200.

郭晓娜，陈睿山，李强，等，2019. 土地退化过程、机制与影响：以土地退化与恢复专题评估报告为基础［J］. 生态学报，39（17）：6567-6575.

韩荣青，2008. 基于GIS的招远市农村居民点布局适宜性研究［J］. 聊城大学学报（自然科学版），21（1）：81-84.

何建，杨庆媛，臧波，等，2014. 基于ArcGIS的农村居民点选址研究［J］. 西南师范大学学报（自然科学版），39（2）：1-8.

胡慧慧，崔艳杰，薛合伦，等，2011. 退化土地生态修复材料及技术［J］. 安徽农业科学（29）：18116-18120.

角媛梅，胡文英，速少华，等，2006. 哀牢山区哈尼聚落空间格局与耕作半径研究［J］. 资源科学，28（3）：66-70.

金其铭，1989. 中国农村聚落地理［M］. 南京：江苏科学技术出版社.

李天杰，等，1995. 土壤环境学［M］. 北京：高等教育出版社.

林英彦，1995. 土地利用概要［M］. 台北：文管书局.

刘海若，2017. 井灌区典型区域地下水位时空分布及对灌溉用水响应分析［D］. 北京：中国水利水电科学研究院.

马克伟，1991. 土地大辞典［M］. 长春：长春出版社.

乔伟峰，吴江国，张小林，等，2013. 基于耕作半径分析的县域农村居民点空间布局优化：以安徽省埇桥区为例［J］. 长江流域资源与环境，22（12）：1557-1563.
曲衍波，张凤荣，姜广辉，等，2010. 基于生态位的农村居民点用地适宜性评价与分区调控［J］. 农业工程学报（11）：290-296.
沈延生，1998. 村政的兴衰与重建［J］. 战略与管理，6（11）：1-34.
盛鸿辉，2010. 基于景观生态学的湘乡市农村居民点用地布局及优化研究［D］. 长沙：湖南师范大学.
孙华生，黄敬峰，金艳，等，2007. 基于 GIS 技术的县域居民点空间分布特征分析及其优化布局［J］. 浙江大学学报：农业与生命科学版，33（3）：348-354.
唐丽静，王冬艳，王霖琳，等，2014. 基于耕作半径合理布局居民点研究：以山东省沂源县城乡建设用地增减挂钩项目区为例［J］. 中国人口·资源与环境，24（6）：59-64.
陶冶，葛幼松，尹凌，等，2006. 基于 GIS 的农村居民点撤并可行性研究［J］. 河南科学，24（5）：771-775.
王庆芳，孙涛，2009. 亚健康与“治未病”的概念、范畴及其相互关系的探讨［J］. 中国中西医结合杂志（10）：929-933.
吴次芳，2014. 土地整治理论与制度创新［M］// 国土资源部整治中心. 中国土地整治发展研究报告. 北京：社会科学文献出版社.
吴次芳，潘文灿，2003. 国土规划的理论与方法［M］. 北京：科学出版社.
吴诗嫚，叶艳妹，林耀奔，2019. 德国、日本、中国台湾地区多功能土地整治的经验与启示［J］. 华中农业大学学报（社会科学版）（3）：140-148.
武鹏，宗跃光，2008. 新农村建设过程中的居民点空间合并对策：以浙江省嘉兴市海盐县五圣村为例［J］. 经济地理，28（3）：464-468.
武强，刘宏磊，陈奇，等，2017. 矿山环境修复治理模式理论与实践［J］. 煤炭学报，42（5）：1085-1092.
夏涛，2007. 城市土地整理运作模式实证研究［J］. 国土资源导刊（3）：18-20.
夏园，唐建华，2020. 结合区域特色的城市土地整理方式探析：以南京市秦淮区为例［J］. 中国土地（12）：30-32.
肖武，胡振琪，李太启，等，2013. 采区地表动态沉陷模拟与复垦耕地率分析［J］. 煤炭科学技术，41（8）：126-128.
邢来顺，2018. 德国乡村重振运动的历史考察［N］. 光明日报，02-12（14）.
许琳琳，2017. 新时期城市土地整理策略探究［J］. 四川水泥（12）：267.
许月卿，2005. 土地利用对地下水位下降的影响：以河北平原为例［J］. 地理研究，24（2）：222-228.
杨庆华，张健康，杨世先，等，2006. 耕地资源的耕作半径与农业综合生产能力：以云南省玉溪市为例［C］//中国科学技术协会学会学术部，2006 中国科协年会农业分会场论文专集. 北京：中国科学技术协会学会学术部.
杨相和，2002. 国外土地整理的启示与借鉴［J］. 国土经济（7）：43-44.
叶琴丽，王成，蒋福霞，等，2013. 基于耕作半径的丘陵区纯农型农户集聚规模研究：以重庆市沙坪坝区白林村为例［J］. 西南大学学报（自然科学版），35（11）：133-140.
印坤华，胡彬，2000. 土地整理、城市更新和旧城改造，中国房地产研究（1）：42-63.
员学锋，邵雅静，卫新东，等，2018. 中国土地污染修复技术研究现状及发展趋势［J］. 江苏农业科学，46（17）：13-17.
张凤荣，等，2006. 土地保护学［M］. 北京：科学出版社.
赵恺，惠振江，2008. 陕北黄土丘陵沟壑区农村适宜耕作半径研究［J］. 山西建筑，34（8）：14-16.
赵其国，2001. 21 世纪土壤科学展望［J］. 地球科学进展（5）：109-114.
赵其国，沈仁芳，滕应，等，2018. 我国地下水漏斗区耕地轮作休耕制度试点成效及对策建议［J］. 土壤，50（1）：1-6.
周国华，贺艳华，唐承丽，等，2010. 论新时期农村聚居模式研究［J］. 地理科学进展（2）：186-192.
周际，赵财胜，张丽佳，等，2023. 矿区土地复垦与土壤修复研究进展［J］. 东北师大学报（自然科学版），55（1）：151-156.
周洁，2012. 基于景观格局分析的农村居民点布局优化研究：以巩义市为例［D］. 郑州：河南农业大学.
周启星，宋玉芳，2004. 污染土壤修复原理与方法［M］. 北京：科学出版社.
朱道林，1997. 漫谈土地整理［N］. 中国土地报，03-05.
朱槐文，2010. 基于规划视角的豫北平原区村镇节地技术研究：以河南省淇县北阳镇为例［D］. 郑州：河南农业大学.
朱善利，2003. 微观经济学［M］. 2版. 北京：北京大学出版社.
朱雪欣，王红梅，袁秀杰，等，2010. 基于GIS的农村居民点区位评价与空间格局优化［J］. 农业工程学报（6）：326-333.
邹亚锋，刘耀林，孔雪松，等，2012. 加权Voronoi图在农村居民点布局优化中的应用研究［J］. 武汉大学学报（信息科学版），37（5）：560-563.
Baver A，Black A L，邹超亚，1983. 生荒草原和两种土壤耕制下25年后土壤有机质、全氮和土壤容重的变化［J］. 耕作与栽培（3）：76-82.
IPBES，2018. Intergovernmental science-policy platform on biodiversity and ecosystem services-the assessment report on land degradation and restoration［R］. Bonn：IPBES Secretariat.
MEA（Millennium Ecosystem Assessment），2005. Ecosystems and human well-being：biodiversity synthesis［R］. Washington，D. C.：World Resources Institute.
UNCCD，2015. Report of the conference of the parties on its twelfth session［R］. held in Ankara from 12 to 23 October 2015. Part two：actions. ICCD/COP（12）/20/Add. 1. United Nations Convention to Combat Desertification（UNCCD）. Bonn. http://www.unccd.int/Lists/OfficialDocuments/cop12/20add1eng.pdf.
Auzina-Emsina A，Ozolina V，2019. Modelling impact of urban-rural income convergence in the EU［J］. Research for Rural Development（2）：210-216.
Burney D A，Burney L P，2007. Paleoecology and "inter-situ" restoration on Kauai，Hawaii［J］. Frontiers in Ecology and the Environment，5（9）：483-490.
Charles K K G，Shadrack O N，Nancy N K，2019. Soil and water conservation：an overview［M］// Walter L F，Anabela Ma，Luciana B，et al. Zero hunger. Berlin：Springer.
Cid B，et al.，2014. Short-term success in the reintroduction of the red-humped agouti dasyprocta leporina，an important seed disperser，in a Brazilian Atlantic Forest Reserve［J］. Tropical Conservation Science，2014：796-810.
Coelho J C，Printo P A，da Silva L M，2001. A system approach for the estimation of the effects of land consolidation projects（LCPs）：a model and its application［J］. Agricultural Systems（68）：179-195.
Davidson N C，2014. How much wetland has the world lost? long-term and recent trends in global wetland area［J］. Marine and Freshwater Research，65（10）：934-941.
Dobson A P，2014. Yellowstone wolves and the forces that structure natural systems［J］. PLoS Biology，12（12）：e1002025.
Forman R T T，1995. Land mosaic［M］. Cambridge：Cambridge University Presses.
Gibbs H K，Salmon J M，2015. Mapping the world's degraded lands［J］. Applied Geography，57：12-21.
Gibbs J P，Hunter E A，Shoemaker K T，et al.，2014. Demographic outcomes and ecosystem implications of giant tortoise reintroduction to Española Island，Galapagos［J］. PLoS One，2014，9（10）：e110742.
Hansen D M，Donlan C J，Griffiths C J，et al.，2010. Ecological history and latent conservation potential：

large and giant tortoises as a model for taxon substitutions [J]. Ecography, 33 (2): 272-284.

Hill M, 2003. Rural settlement and the urban impact on the countryside [M]. London: Hodder and Stoughton.

Larsson G, 1997. Land management: public policy control and participation [R]. Stockholm: The Swedish Council for Building Research.

Le Q B, Nkonya E, Mirzabaev A, 2016. Biomass productivity-based mapping of global land degradation hotspots [M] //Nkonya E, Mirzabaev A, von Braun J. Economics of land degradation and improvement: a global assessment for sustainable development. [S. l.]: Springer: 55-84.

Marshall K N , Hobbs N T , Cooper D J , 2013. Stream hydrology limits recovery of riparian ecosystems after wolf reintroduction [J]. Proceedings Biological Sciences, 280 (1756): e20122977.

Marz O, 2020 . An urban-rural continuum? a spatial comparison in mid-eighteenth-century Northern Germany [J]. Urban History, 2020: 1-27.

Niroula G S, Thapa G B, 2005. Impacts and causes of land fragmentation, and lessons learned from land consolidation in South Asia [J]. Land Use Policy, 22 (4): 358-372.

Pan Y, Yu Z R, Holst J, et al. , 2014. Integrated assessment of cropping patterns under different policy scenarios in Quzhou County, North China Plain [J]. Land Use Policy, 40: 131-139.

Roberts B K, 1996. Landscapes of settlement [M]. London: Routledge: 28-30.

Sarly R M, 1972. A model for the location of rural settlement [J]. Regional Science, 1 (29): 84-104.

Serra P, Vera A, Tulla A F, et al. , 2014. Beyond urban-rural dichotomy: Exploring socioeconomic and land-use processes of change in Spain (1991-2011) [J]. Applied Geography, 55: 71-81.

Serrano M , Sanz L , Puig J , et al. , 2002. Landscape fragmentation caused by the transport network in Navarra (Spain): two-scale analysis and landscape integration assessment [J]. Landscape and Urban Planning, 58 (2-4): 0-123.

Sorensen A, 2000. Conflict, consensus or consent: implications of Japanese land readjustment practice for developing countries [J]. Habitat International, 24 (1): 51-73.

van Dijk T, 2007. Complications for traditional land consolidation in Central Europe [J]. Geoforum, 38 (3): 505-511.

van Oppen M J H, Gates R D, Blackall L L, et al. , 2017. Shifting paradigms in restoration of the world's coral reefs [J]. Global Change Biology, 23 (9): 3437-3448.

Villoria N B, Liu J, 2018. Using spatially explicit data to improve our understanding of land supply responses: An application to the cropland effects of global sustainable irrigation in the Americas [J]. Land Use Policy, 75: 411-419.

Zimov S A, 2005. Pleistocene park: return of the mammoth's ecosystem [J]. Science, 308 (5723): 796-798.

第十二章　土地筑居

第一节　土地筑居的当代意义

一、当代城市性的再定义

（一）当代城市成长的烦恼

城市是人类历史的伟大发明，也是人类历史的理性选择。第二次世界大战结束以后，各国尤其是发达国家着力聚焦战后重建，世界经济迅速发展，工业化水平大大提高，直接促进了城市进入了当代经济社会主位发展阶段。1950 年全世界只有 30%左右的人口生活在城市，而到了 2021 年这个比例上升到 56. 6%。在城市人口和城市化快速增长过程中，大城市的发展尤为引人注意。1900 年世界只有 16 个超过 100 万人口的城市，但是到了 2000 年世界有近 400 个超过 100 万人口的城市。世界上最大的 100 个城市的规模从 1800 年的 20 万增长到 1900 年的 500 多万（丁成日，2015）。据美国人口统计研究所（Demographia）2022 年数据，全球 50 万以上人口城市数量已经达到 990 个，占全球城市人口的 52%。

人往高处走、水往低处流，这是社会和自然演化的基本法则。在历史长河的时光隧道中，越来越多的乡村人口流向城市并在城市定居下来，说明城市具有更大的魅力和吸引力。联合国有关会议和文件称，21 世纪是一个新的城市世纪，是一个城市化的世界。为什么那么多人都会来到城市，其根本原因：一是能够更好地实现自我价值，二是能够享受更好的舒适物。生活在城市，人口和产业集聚、基础设施和公共设施完善、思想智慧和文化资本充裕，每个人都有更多的选择机会，都能更好满足与人交流碰撞出思想火花，从而都能更好地满足自我需要和实现自我价值。这就是虽然很多人都认识到有城市病的存在，但还是涌向城市的根本原因。如果人类能够以可持续发展的态度，视城市为活的生命有机体，则城市在人类历史的长河中将具有经久不衰的价值魅力。

人类无时无刻不在创造并享受着城市家园所带来的美好，同时也不得不忍受着城市家园中的种种不堪和成长中的烦恼。面对城市在发展过程中出现日益严重的人口膨胀、交通拥挤、住房紧张、供水不足、能源短缺、环境污染、秩序混乱、生活贫困、暴力犯罪、无家可归、公共安全事件频发、生活成本上升，以及物质流能量流的输入和输出失去平衡，需求矛盾加剧等问题，20 世纪 80 年代后期，人们开始用“城市病”一词进行归纳表达，并广泛出现在媒体、专业论文乃至政府的文件之中。诚然，城市在以前所未有的态势和速度发展的同时，产生了诸多不能回避的城市问题（Urban Problems）。例如：①城市和乡村协调发展问题。城镇化发展到一定水准后，乡村人口流出，出现空心村，如何解决乡村空置和城市拥堵的平衡问题？②大城市和小城镇协调发展问题。大城市发展的同时，小城镇如何开发、创建、改造和发展？③城市化进程中经济发展的问题。面对经济发展，GDP增长，应如何保护城市古建筑和原有风貌，避免“拆毁性建设”？④城市用地和城市人口匹配问题。城镇化是农村人口向城市集聚，农业用地按相当比例转化为城市建设用地，但如何保证失地农民能够融入城市？⑤城市人口构成问题。城市是不同职业人口组成的，如何保证城市中不同职业人口的协调比例？⑥城市土地结构问题。如何保证城市工业用地和居住用地比例合理？⑦城市规模与资源承载能力问题。如何保证城市经济规模、人口规模、产业结构与城市水资源、土地资源、环境容量一致（韩乾，2019）。简·雅各布斯在《美国大城市的死与生》中全面抨击当代城市规划和重建改造的理论原则和目的，认为当代的城市规划建设，是对城市的洗劫，已经使每个人濒临绝望（雅各布斯，2014）。还有研究者通过现象看城市问题时指出，城市存在着虚高城市化、盲目追求国际化大城市目标、区域性基础设施重复建设、大搞中央商务（CBD）、百城一面、造城风暴、城市沙漠化、城市空心化、城市两极化、城市老龄化、城市不像城市、农村不像农村、城乡接合部的无政府状态、城中村、城市文化的失落、推土机式的旧城改建、文物古迹屡遭厄运、园林绿地被蚕食、风景名胜区城市化、风景名胜区索道风波、城市环境污染严重、城市火灾、城市洪灾、城市传染病灾难、交通堵塞、马路需要安上拉链、乱停车灾害、握手楼、骑河楼、江滩楼、假墙楼、豆腐渣工程、鸡毛树、逆温气象、热岛效应等35个问题（任致远，2005）。也有研究者指出，中国的城市规划建设存在四大突出问题：①城市用地铺张化——破坏城市生态环境、不顾城市总体结构协调；②豪华化、贵族化——浪费财力物力、扭曲审美品位；③欧陆化、西方化——无视地域文脉；④大拆大建——割裂历史文化（李先逵等，2017）。从世界卫生组织发布的数据看，全球约10亿人正在遭受精神障碍困扰，抑郁症患者持续增加，2020年已经达到2.64亿，每40秒就有一人因自杀而失去生命，其中大部分都居住在城市。

上述出现的种种“城市病”，实际上是城市“成长的烦恼”。一个健康的有机体，在其成长过程中都会遇到各种各样的问题和烦恼。黑脉蛱蝶是北方常见的一种蝴蝶，它的一生要经过卵、幼虫、蛹和成虫几个阶段。在不断地等待之中，黑脉蛱蝶的蜕变，需要寻找不同的环境，堪称是“成长的烦恼”。城市的烦恼是伴随着城市规模的扩大和城市的成长而不断出现的，并愈加多样化和复杂化。根本原因是大量的人类活动聚集在一个异常狭小的空间中所产生的各种不适及其连锁反应，过于情绪化的认知并无益于解决这些问题（谭纵波，2020）。虽然是成长过程中的烦恼，但任何人都不能回避当代城市大量存在的“病态”，都不能回避如此“城市化”和“城市性”是否能可持续，都不能回避城市人远离土地后所生成的身心灵危机问题。当代城市危机的巨大现实背景告诉人们，城市性应该重归“乐生栖居的艺术”，一种回到土地的筑居和保护艺术。

（二）当代城市性的再审视

城市性是城市生活所具有的特性，亦即城市生活区别于乡村生活的特征。当代城市性，人们已经用“病态”来予以描述，说明问题已经到了非治疗不可的地步。究其根源，既有自然的、社会的、政治的、经济的、生态的、文化的、历史的，也有理论的、技术的、工程的、行为的等多种因素。但从本质上看，城市家园成长烦恼的主要根源，是城市性价值的扭曲，是城市断绝与土地真善美的共存，是城市对立地根基的背叛和漂离。如果持续生存下去，人类需要从认知到行动进行再审视。

1）价值观的再审视。从世界演化的有记载图景来看，公元前3000年到前500年才是人类历史真正开始的时期。第一批城市和国家之所以会出现在非洲-亚洲大陆区域，最根本性的原因是这里的土地比较肥沃，能容纳不断增加的人口。考古学证据显示，最早的大到足以称之为“城市”、强到足以称之为“国家”的社群，均来自连接非洲和亚欧大地的尼罗河谷至美索不达米亚的走廊地带。早在公元前3000年之前的几个世纪，世界上最早的一些国家就出现在美索不达米亚南部及尼罗河沿岸。在接下来的1000年里，城市和国家又陆续出现在今天的巴基斯坦至印度河谷一带和中国北方地区。在美洲，人们也可以追踪到类似的从村庄发展到城市、国家的模式。可见，城市生于土、长于土、铭于土。人类需要重新定义城市性，不能忘记城市的源头，不能忘记城市的乡土性。如果城市的价值观持续侵蚀古老文明对土地的敬畏，充满野趣的湿地都变成光鲜的喷泉，自由生长的灌木都被连根拔起，乡土的野草都被消耗大量水资源的外来草坪所替代，所有人都只是站在车水马龙的水泥板上，自由奔腾的小溪都被大理石包裹成笔直的观光廊道，所有人都不能回归土地与人的真实关系，那么，城市栖居环境的恶化必然是“水到渠成”的。

2）方法论的再反思。城市是人类文明的产物也是人类通向更高文明的桥梁。城市和城市性凝聚着人类创造的才能和智慧的结晶，是一种高度“人性化”或“文化”了的对象物，是人类文化积淀的物质形式。对城市的赞美就是对文明的敬意，对文化的肯定（马武定，2005）。而城市的发展和筑居活动恰恰是为“生活的艺术”克尽厥职，是在建造家园的生命、灵魂和人格美。正如现代主义建筑大师埃罗·沙里宁（Eero Saarinen）所指出的那样：城市是一本打开的书，从中可以得到它的历史，看到它的追求。事实上，城市凝聚了一个民族的文化、精神和智慧，绝非简单的物质现象和人工构筑物，是人类文化和情感属性的产物。因此，城市筑居的方法论，应该从纯粹的物质主义走向物质、生态和情感三位一体的融合。多尺度的生态基础设施和情感基础设施，可以保护城市生态的多样性、文化的归属和认同，尤其是人与土地的精神联系。它是一种亲和于土地的筑居方式，一种顺应于自然的工法和范式，一种更加留意于乡土风景的精神性养育。以“天-地-人-情”作为方法论的指引，将土地作为融合自然系统和人类系统的媒介，人类能够走出现代城市性的困境。例如，它可以提供多方面的生态系统和情感系统服务，维护雨洪过程，保育生物多样性和物种迁移，保护文化遗产，建立休憩系统，营造优美环境，塑造精神情感归属，创造心灵诗境自由，使城市成为人们生活的乐感家园。

3）城市性的再定义。一切的艺术，应该只有一个目的，即克尽厥职，为最高的艺术——生活的艺术，做出自身的贡献（房龙，1996）。如果人类在建造城市家园的过程中，仅仅采用力学分析来建构物质世界，而不能融入文化来丰富精神世界，城市就必然成为缺少生命和灵魂的钢筋水泥堆砌场，成为缺少伦理目标和伦理规范的沙漠化家园，成为割裂传统文化和大地机理的异化对象物。城市性的再定义，就是回归城市生活作为栖居的艺术，作为在地性和在园性的本真，作为多样性和乐感性的存在，而不是“千城一面”、缺乏个性和特色的躯壳。2020 年，中国有 305 个地级市、384 个县级市，合计 689 个城市。如果从南到北、从东到西浏览这些城市，无论是炎热地区还是寒冷地区，无论是大城市还是中小城市，也无论是新城建设还是旧城改造，你都会发现形式、风格、色彩、标识十分雷同的建筑物，以及同样单调、呆板和兵营般排列组合的居住区和住宅小区。这是文化的荒原，也是情感的沙漠。社会剧烈转型所带来的文化断层和价值观迷乱，强烈地改变着城市的大地肌理，人与自然的亲密关系越来越不复存在，居民的记忆被打断，城市里充满着冷淡疏离，导致城市固有情感和历史传统被抹杀，城市不再是一个乐感家园，这是导致城市成长烦恼的最基础性根源。人类必须谨记：文化能让我们知道我们是谁，包括我们整体的信仰、态度和行为。营造人类的城市栖居家园，不能只有知识而没有文化。城市性再定义的核心，就是要以栖居的名义重建城市，反映土地和人的本真关系，塑造人与自然共生型的文明基因。

简言之，当代城市性最需要反思的是，如何回到土地，如何深度连接地气。营筑城市如果对土地整体缺少深度理解和情感，将会削弱城市的“天使”，而助长城市的“魔鬼”。

二、回归筑居与土地共生

（一）土地共生的内涵本质

东方文化强调自然共生型文明，突显营筑与土地共生，这一点与西方自然支配型文明是完全不同的。东方文明正如《庄子·齐物论》所指出的那样，“天地与我并生，而万物与我为一”，强调人与土地共生共存。而西方文明以征服和支配自然为出发点，以科学知识万能和技术理性至上为特征，其核心是对效率的追求，把土地仅仅看作是资本和财富，完全背离土地与自然一体共生的客观规律。

土地是自然和人工共同作用的产物，其赖以生存发展的自然环境是由岩石圈、生物圈、大气圈、水圈和土壤圈五圈层相互依存的巨系统，即地球陆地生态系统。但是作为地球陆地的表层，它不仅与深层岩石圈、上层大气圈紧密相连，而且与外部天文宇宙系统紧密相连。因此，陆地系统内部及其外部环境的任何变化，一旦超过特定阈值，将对土地造成严重损害。人类必须清醒地认识到，土地是生命之母，人与土地是生命共同体，人类必须敬畏土地、尊重土地、保护土地。土地营建需要特别强调遵循取用有度的原则，不能损害其他物种的生存空间，不能破坏自然界的生态平衡，注重土地的节约集约和循环利用。它不能建立在对自然统治的父权制世界观之上，要像女性学习，以一种具体的、爱的行动与土地相联系，更好地理解土地母亲的内在规定性和情怀。要着力关注人、动物、植物、环境等生命共同体中各方角色的有机整合，从更高层次上寻求不同生命的和谐共存方式，不断融合土地系统中的各类生命空间，提升土地生态系统的服务功能，实现土地利用与天地人共生。从自然环境的江河溪流、山谷平原、花草树木、鸟虫禽兽等自然存在物，到土地人工环境建（构）筑物、路桥舟车、园林绿地、亭台楼阁、街道家具、小品雕塑等人工器物，都要体现与土地共生，形成与土地同心同构的关系。

营建与土地共生，其内涵本质是一种“天地人合一”的共生性。它通过深刻理解整个人类和全部生命种群的内在联系，建构天地人共生的新型土地空间，其思想维度要特别强调“和”。“和”是一种“中”，即“中和”（moderation）。《礼记·中庸》曰：“喜怒哀乐之未发谓之中，发而皆中节谓之和；中也者，天下之大本也，和也者，天下之达道也。”中华民族取国号为“中国”，不止于地理上的印象，也昭示着一种“中和”的生活逻辑。“和”是“乐”的精神，是浪漫、情感、意志、生机，是春天的垂柳，是佛禅拈花微笑的姿态。庄子将则“和”分解为天和、人和、心和。罗素强调人类有三种冲突：人与自然、人与人、人与自身内心（蒋涤非，2010），与土地共生就是要实现人与土地的“和”。因此，与土地共生并不主张环境至上主义（Deep Green），为了保护地球的环境和生态系统，任何土地开发都必须全面停止。它也不同意新古典经济学的主张，认为生态环境只是宏观经济的一个部分，任何资源短缺和环境问题都可以通过技术升级来解决。与土地共生恰恰与之相反，主张“天地人合一”，主张“以人和天”，充分保障自然动植物的生存环境，不随意侵占侵害生物生存空间；不污染任何陆域、水域、空气环境。同时，关注物质资源的稀缺性，尽可能采用最少的、所必需的工程措施。所有土地的开发利用活动和行为，都不能超越土地资源环境的承载能力。要依照生态女性主义的思维，以一种不带征服色彩的方式适应土地演替。与土地共生，应该是一种将人的原发存在向“精神家园”无限敞开并恒久的指向人与土地万物和合共生的终极旨归。

（二）寻找营筑的土地精神

陆地上几乎所有的营筑都是在土地上进行的。国外不少学者认为，狭义的城乡规划，本质上就是土地利用规划。当代营筑的最大缺憾，就是只遵循资本逻辑和工具理性，使营筑漂离在土地之上，缺少营筑的土地精神，导致营筑产品成为“空中楼阁”。

与工具理性和资本逻辑的全面渗透相适应，英国古典政治经济学创始人威廉·配第（William Petty）在1662年间就开始建立起地租的经济理论。他在其名著《赋税论》中就提出，地租是土地上生产的农作物所得的剩余收入。由于土壤肥沃程度和耕作技术水平的差异，以及产地距市场远近的运输成本不同，地租地价因而也不同。在之后的几百年间，经历前古典时期、古典时期和新古典时期等不同阶段，大卫·李嘉图（David Ricardo）、亨利·乔治（Henry George）、理查德·坎蒂隆（Richard Cantillon）、弗朗斯瓦·魁奈（Francois Quesnay）、杜哥（A. R. Turgot）、亚当·斯密（Adam Smith）、詹姆斯·安德森（James Anderson）、托马斯·罗伯特·马尔萨斯（Thomas Robert Malthus）、约翰·海因里希·冯·杜能（Johan Heinrich von Thunnen）、约翰·斯图尔特·弥尔（John Stuart Mill）、卡尔·孟格尔（Carl Menger）、萨伊（J. B. Say）、萨缪尔森（P. A. Samuelson）、巴洛维（R. Barlowe）、阿尔弗雷德·马歇尔（Alfred Marshall）、伊利（R. T. Ely）等几十位经济学家，都在研究地租是如何产生的，如何以货币来度量土地的价值。维持这样持续性的秩序及其相应的价值体系，土地的关键是其增值和保值能力。如果土地丧失了增值、保值能力和抵押价值，土地就失去了存在的意义。到了现当代社会，原本的土地要增值，必须是黑色的、松软的、潮湿的；而现在的土地要增值，则进一步必须是白色的、坚硬的、干燥的，最后铺上钢筋水泥，使之彻底固化，彻底丧失生命性和情感性。其结果就是，人类营筑的乡土意义丧失，对土地自然空间、地点、景物的依赖消失，人与土地之间的能量和情感互动关系消失（张柠，2013）。土地不再是营筑情感互动的载体，而只成为生产货币和一系列新符号。故而，营筑对土地的破坏成了一种趋势，土地精神成了绝对的牺牲品。

土地筑居活动几乎与人类文明的历史同样悠久。中国古代建筑，由三大理论系统构成，即中国风水学、中国建筑营造学和中国造园学，其中风水学是最重要的部分。梳理风水学的内在结构，其理论框架主要为天、地、人三才的处理方式。天理中涉及季节变迁、灾情变化、气流风向、太阳、月亮、星辰和方位等对人类居住影响的规律。在地理层面上，主要研究山川、河流、树木、潮汐、地形、土壤等方面对人居环境的直接和间接影响。其核心理论依据是：易理易构、弘扬天人地合一、强调与自然共生（严忠明，2010）。18 世纪以来的近代社会，随着经济学逐利法则的大行其道，人类选择了一条以牺牲良好土地生存环境而换取高速经济增长和财富积累的道路，土地开发利用行为对山水林田湖草生态系统造成严重破坏。事实上，地球上的每一寸土地，都是一个独特的生命景观，都有其独特的精神气质。有时候，土地的这种精神气质显而易见，例如江南土地的小桥流水，漓江山水的水秀洞奇，北疆大漠的荒凉壮丽扑面而来。但更多时候的土地精神，潜心研究和体悟是必不可少的功课。理解复杂的土地特质和精神，需要阅历、视野、知识和静心，也需要敬畏、谦逊和扎根。城市不像城市、乡村不像乡村，百城一面、千篇一律，毫无地域特色和土地精神，是当代城市营筑的普遍现象。就连“山水甲天下”的桂林，在象鼻山、叠彩山、伏波山之间，已经盖起了大量的楼房，欲与三山试比高，使得桂林三山淹没在群楼之中而失去原有的风景丽色。因此，人类需要寻找营筑的土地精神，回归营筑与土地共生，使筑居成为土地生命价值的重要承担者和实现者。

1）维护土地的自然性。自然的最初含义是指非人为的本然状态。如《道德经·二十五章》所说的“人法地，地法天，天法道，道法自然”，指的就是事物自然如此的、天然的、非人为的、自然而然的状态。土地筑居需要强调突出亲自然性，也就是更强调一种贴近自然和减少人为造作的空间形态。土地景观的形成更依赖地质、水文、气候等自然因素，强调保持山岳、湖泊、沼泽和峡谷等自然景观。在土地环境中的人工建筑物，总体上不应影响到土地景观面貌和生态系统的物质能量循环。由于人类生存的需要，在遵循自然规律的前提下，可以对土地和植被等自然要素施加影响，进行一定的改变，但应该顺应并融合自然而产生，体现人与自然和谐共处。道家的“道法自然”，儒家的“天地人合一”，都在强调维护土地的自然性。儒家经典的《易传》认为，乾元代表天道，是原始的创造力之源，它刚健流行，统摄万物，维持整个世界的正常持续；坤元代表地道，它柔顺宽容，顺承天道的创造性，养育、辅助和成就万物，具有厚德载物的慈善品格。乾坤之道的演化，产生了天地万物和人类社会，并且天然地规定了等级秩序的完整系统。这就表明，天地是万物的根源，有万物然后才有人类社会，人是天地自然变化的结果，自然环境是人类生命的源泉。《周易·文言》中说：“夫大人者，与天地合其德，与日月合其明，与四时合其序，与鬼神合其凶，先天而矢弗违，后天而奉天时。”就是说，在天地人的关系中强调按自然规律办事，顺应自然，谋求天地人的和谐。

2）尊重土地的适宜性。第四章已经指出，每一块土地都是一个“生命感应中心”，都有其特定的适宜生境，也都有其最适宜的营筑方式，而且每一块土地都是一种异质性和多样性的存在。亚历山大·波普（Alexander Pope）给出了一个关于土地适宜性分析的贴切定义，即“总体探讨场所的精神”（斯坦纳，2004）。在《设计结合自然》（Design with Nature）一书中，麦克哈格如此解释了适宜性分析：适宜性分析方法首先要把场地看作是一系列特定过程的集合体，包括土地、水和空气，各自包含着不同的等级和价值。它们可以进行排序，从最有价值的土地到最无价值的土地，从最有价值的水资源到最无价值的水资源，从最高生产力的农田到最低生产力的农田，从物种最丰富的野生动物栖息地到没什么价值的地区，从风景优美的地区到毫无景观的地区，从历史遗迹众多到没什么古迹的地区等。麦克哈格的适宜性方法，又被称为“宾夕法尼亚大学方法”，是在排序基础上的一种叠加分析技术。他们利用曝光投影来描绘各种平面图上的边界线，沿着多如牛毛的小径量取边界线，勾绘湿地、空地、池塘、山峦和谷地的边界线，用这些办法，制成了极其有用的地图。它们包括一系列的图纸，其中一张画出所有的边界、道路和小径以及文字等；另一张则画出溪流、池塘和湿地；在第三张上以铅笔粗粗勾勒山峦的阴影起伏。在透光的屏幕上将三张地图叠加就得到了灰色的叠加图，裱在画面上之后，就可以很好地用于各种适宜性分析的研究。如再将其分别影印成三种颜色——黑、蓝和棕色，这三张图就可以作为适宜性分析的指导地图。当代的地理设计，能更有效地解决适宜性分析问题。通过借助存储于数据库中的描述场地空间范围内各类自然与社会要素的众多信息，使得初始设计草图能及时得到适宜性评价（Dangermond，2009）。学者们普遍认为，CAD、GIS、虚拟现实等技术已经在适宜性分析中得到广泛应用，现代地理设计支持系统等工具平台也具备了整合整个适宜性分析过程的能力（Steinitz，2012；Flaxman，2010）。只有尊重土地的适宜性，才能“相土之宜而布其利”，使土地筑居回归到自然的本性。

3）突显土地的乡土性。乡土的“土”，本意就是指土地。或者说，乡土性意味着“生于斯，长于斯”，意味着同一片土地，世代相传。为什么这里还要强调在土地上的营筑要突显乡土性，那是因为在现代社会太多的人忘记了营筑要维护土地的乡土性。正如梁漱溟先生 70 多年前那个振聋发聩的总结所指出的那样，“一部中国近百年史，从头到尾就是一部乡村破坏史”（梁漱溟，2005），其实也是一部土地乡土性的破坏史。传统乡土社会中相对低成本秩序的治理结构开始解体，村庄共同体结合力因小农半无产化而瓦解，乡土保护性力量开始式微与失效，乡村土地所应有的“多功能性”日益被遮蔽，乡土在工业化坐标与竞争逻辑中“败”下阵来（潘家恩等，2016）。由此延展开去，传统故土的人与自然和人与人之间的“两个关系”，乡村社会结构和行为方式，乡村家庭的生活样态和居住方式，自然状态下自由自在的田园生活，由血缘和地缘形成的社会秩序，互让、互惠、互助的乡村人际关系，国人淳朴、善良、德性的价值认同，乡土当中包含着故乡的地域风貌和风土人情等，开始全面退化和遮蔽。简而言之，地不再是故乡的地，情也不再是故乡的情。贺知章在《回乡偶书·其二》中感慨：“离别家乡岁月多，近来人事半消磨。惟有门前镜湖水，春风不改旧时波。”如果门前的镜湖水，在“填湖造田”的浪潮中荡然无存，春风也早已改变了“旧时波”，贺知章心头会有何种感慨。只有充分了解和体验乡土时间、乡土空间、乡土农具、乡土家具、乡土玩具、乡土游戏、乡土婚姻、乡土人格、乡土景观、乡土经验等，才有可能寻找到营筑的土地精神。我们从《平凡的世界》出发，再回头审视 1978 年改革开放以来的中国，到底经历怎样的变迁。从土地出发，到如今回不去的故乡，乡愁何寄？营筑中突显乡土性，这将成为中国现在开始，一个最迫切需要解决的心灵与身体、个人与群体社会困惑问题。

4）营造土地的家园性。自然性与文明性相协调的“乡村家园”是最具人性的、理想的生存方式，土地筑居就是要建构一个返璞归真、和合共生、天地人合一的乐生栖居家园。营造土地的家园性，要弘扬农耕文明精神，坚持人与自然的和谐统一，尊重自然的情感和节奏，防止出现由于生活在城市里的人主导土地筑居，就把城市建设模式复制到所有土地筑居中去。家园丧失带来的损失是无法折算成经济学意义上的“等值”以及法律意义上的“对价”来彻底补偿的，这是一种历史的断裂和文化的消失，也是对传统“家园经验”的毁灭性打击。土地筑居要走回乡之路，其重要任务就是要沿着人类发展的历史脉络，自然而然地保护和修复“家园”。其实，人类早已开始这种探索。在法国，路易十六为玛丽·安托瓦内特王后在凡尔赛宫的一角修建了小特里亚农宫，在其附属的庭园及水池边再现了绿色的乡村风景；在日本，由后水尾天皇所建的修学院离宫内，在下御茶屋、中御茶屋和上御茶屋的前面置有稻田，现在还由宫内厅将其委托于民间耕作，以保护乡村的绿色梯田风景。全世界的别墅，多建在城郊或风景区，中国的别墅也不例外，西晋开始出现别墅，如洛阳石崇的金谷别墅。历代著名的别墅有唐代蓝田王维的辋川别业、明代苏州的拙政园、清代杭州的金鳍别业和北京的勺园等，都建成在著名的风景区。3 世纪意大利山坡地带就出现了台阶式别墅。近代、现代最具特色的别墅有赖特设计的流水别墅，柯布西耶设计的萨伏伊别墅等。无论别墅的形态如何演变，其显著特点都是具有“家园性”。《红楼梦》第一回“况那晨风夕月，阶柳庭花，更觉得润人笔墨”就是指台阶前的垂柳，庭院中的鲜花，如此庭院的绿色景致给人以美的享受。当然，土地筑居绝不就是营建别墅，而是具有更高的功能性、生产性、安全性、便利性、自然性、风景性、美观性、社会性、精神性、感动性、共生性和家园性，是营造一种扎根于区域土地、历史和文化的新家园。

5）塑造土地的诗意性。诗的本义是把心中的思想表达出来的语言，后延伸至比喻美妙而富于生活情趣或能引发人强烈感情的事物等。《说文解字》认为，诗是“心志”。以超验的原则把世界诗化，在西方世界最早是由柏拉图提出的。所谓诗化，就是把诗当作超越现实，解决人间矛盾而达到理想的自由境界的本体世界，即使世俗人间诗意化。它是一片自由的、感动人并超度人的、符合人的天性的土地，其根本是人的审美转化，是作为人的主体性的展现。音乐人高晓松的名句“这个世界不只有眼前的苟且，还有诗与远方”，因触动了很多 20 世纪 70 后、80 后的心灵，在某种层面反映了未来一代对诗性生活的向往。土地筑居的诗意性，本质上是追求一种自由超脱的审美享受，也即摆脱功利、生死、得失、荣辱等欲望的束缚，从而达到精神的超越，把主体精神的自由摆在了生活的最高位置，这就使土地上的栖居与诗歌有了相通之处。诗歌是强调摆脱功利，抛却杂念，寻求精神的自由，以臻艺术至高境界。中国诗学早期的审美理论主要是“虚静”说，其出自道家思想，主旨是摒除妄念，以返照内心的清明。陆机在《文赋》中提出“罄澄心以凝思”，“罄”即空，“澄”即静，意思是说作家要排除一切欲念的干扰，以达到精神高度集中的状态。皎然在《诗式》里讲“有时意静神王，佳句纵横，若不可遏，宛若神助”，直接点出唯有内心虚静，精神才能旺盛，才思方能泉涌，出现“佳句纵横，若不可遏”的情况。苏轼在《送参寥师》中写道：“欲令诗语妙，无厌空且静。静故了群动，空故纳万境。”虚静才能懂得万物之变化，空明才能接纳万事之境界，进而获得自由超脱的审美享受。土地筑居也是如此，在认识论和思维方式上要特别强调突出科学与艺术的结合，实现科学的逻辑性和精确性与艺术的形象性和情感性高度融合，实现对美和自由的追求，将景观美学、绿色生态、历史文脉、地方特色、心灵观照、诗性自由等有机融合，创造自然环境与精神环境高度共生的土地诗画境界。

三、寻找筑居的土地美学

（一）土地美学的维度

现代美学的创始人鲍姆加登（A. G. Baumgarten）认为，专门研究感性认识的学科即为美学。他将美学正式定义为感受学（Aesthetics），即美之学的核心在于“感”。英文里美学的原本含义，就是指对美的事物所具备的感受（sensation）或认知（perception）。一般认为，美学是研究美、美感和艺术美的科学（刘鑫垚，2012）。土地美学（Land Aesthetics）是利奥波德（A. Leopold）及其诠释者卡利科（J. B. Callicott）所确立的。利奥波德倡导一种保护主义的美学，其核心是“共同体”的观念。这种美学不仅在于其提供了“自然美”的新向度，而且在整个环境决策和环境保护运动中产生了确确实实的影响，这是在研究土地美学时应该注意到的核心意义。卡利科甚至认为，自然美学的声音就是保护政策或土地管理的重要声音（Callicott，1983）。在土地美学中，“共同体”并非一种经济或政治的共同体，而是指向土地本身中的各种构成元素，包括气候、地形、地貌、土壤、水、植物和动物，是个生命共同体的概念，是建构在土地伦理之上的。也就是说，这种共同体除了内在价值赋予外，还具有“美感价值”，而这种价值不但是一种工具价值，也可以视为一种荒野本然自存的内在价值之一。利奥波德认为，文化是从土地孕育出来的，是一种美的收成（the esthetic harvest）。为了文化的承载和历史的延续，人类必须维护土地健康运作的技能，使人类能够与自然和谐相处。在判断一种土地开发行为的是非对错时，“生物群落的美”应该是一项非常重要的指标（Leopold，1987）。总体上看，土地美学由以下 3 个维度构成。

1）土地形态的求“真”维度。从审美角度关照自然，早在古希腊时代就已经开始，毕达哥拉斯学派认为人与自然的和谐就是美。土地形态是土地空间、建筑、环境与人所共同形成的整体构成关系，直接反映了一个区域的结构形式和类型特点，也反映了生活在其中的人们的历史图式和文化特征。土地形态只有具备了“真”的样貌，才能具备创造美感的基本条件，才会具有独特的感染力（徐苏宁等，2002）。因此，土地筑居首先必须强调是“真”的，这种“真”主要表现在忠实于当地的气候、地形地貌、土壤、植被、水文和所有真实存在的自然环境和人文环境。

2）土地环境的求“善”维度。所谓善的土地环境主要指 3 个方面的内容。①环境伦理。其核心是以“敬畏生命”为准则，将伦理学的范围由人扩展到所有生命，把爱的原则扩展到动植物，充分关注自然和土地的价值，尊重生物的多样性，重视保护“土地”这一生命共同体的整体、稳定和美丽（Schweitzer，1990）。②环境文脉。它是土地赖以存在的基础，是与土地内在本质相关联的人文环境和历史文化景观。土地筑居要从整体上把握土地的文化结构以及质、量、形与意之间的内在关联，保护历史文化景观的空间联系性和时间延续性，将建筑、场景与人的知觉三者拉近，并放在文化的高度创造更有品质的土地生存环境。③环境美学。其本质是日常生活的美学（Carlson，1991），要借助人自身对环境的感知与经验，让人们理解土地对于人类的各种具体呈现方式。乡村的道路、整齐的田块、奔流的小溪、枯槁的老树等，都应该被理解为人类与自然环境之间的情感纽带。美是离不开善的，离开善就不能称其为美。

3）土地意境的求“美”维度。王国维在《人间词话》中指出：有意境自成高格。诚然，并非所有的土地筑居都能够达到产生意境的艺术高度，但意境却是追求的目标。有研究表明：意境的构成包括纵向结构关系和横向结构关系的融合。纵向结构关系中意境与景色、景象、风情有关，横向结构关系中与个体的心境、以往的经验、营筑的寓意和感受转换有关（刘滨谊，1990）。意境的物化对象构成是蕴含其中的土地文化，包含物质文化、行为文化和精神文化，它们有形、情、意之区分，由“形”到“意”是主体的人对土地文化由浅入深的理解。“枯藤老树昏鸦”这一诗句，可以很好地阐释意境的构成。树、藤和鸦都是基于形的景物，经过诗人情感的渲染，老树、枯藤和昏鸦则形成不同的意象，这些有着情感因素的意象组合在一起，衬托出苍凉的“境”，体现了诗人悲切的“意”，从而在艺术上得以升华。形、情、意和景、象、境共同构成了土地整体意境（戴代新等，2009）。

（二）土地之美的本原

土地之美根源于土地物质系统本身，来自人与土地、人与自然间的互动。宋代人郭熙说：“嵩山多好溪，华山多好峰，衡山多好别岫，常山多好列岫，泰山特好主峰。天台、武夷、庐、霍、雁荡、岷峨、巫峡、天坛、王屋、林庐、武当，皆天下名山巨镇，天地宝藏所出，仙圣窟宅所隐，奇崛神秀，莫可穷其要妙。”[1] 其意是，山的美来自山本身的特点。清人戴震也指出：“山之奥、水之奇”，乃“山水所有也”[2]。青山、碧水、蓝天、绿野，能闻到土地的芳香，听到土地的声音，看到土地的原风景，触到土地的灵魂，感到土地的睿智，这就是一种土地的自然之美。在那里有春分、清明、夏至、立秋、秋分、冬至，日常生活与土地季节紧紧相连，春季要播种，夏季要疏苗，秋季要丰收，生活与季节分不开，所有的人类活动行为都是与土地的律动相吻合。这种土地生机性、土地美观性、土地自然性、土地乡土性、土地生命性的融合，就是人类追求和向往的自然之美。中国的山水画体现的是土地的自然之美，中国的园林建筑也凝聚着土地的自然之美。土地的自然之美是一种有生命力的空间环境和景观，是生活空间美的原型所在。

为什么那么多历代文人会发出同样的感慨，如李白《静夜思》的“床前明月光，疑是地上霜。举头望明月，低头思故乡”；杜甫《月夜忆舍弟》的“露从今夜白，月是故乡明”；贺知章《回乡偶书》的“少小离家老大回，乡音无改鬓毛衰”；司空图《漫书五首》的“逢人渐觉乡音异，却恨莺声似故山”；陶渊明《归园田居·其一》的“羁鸟恋

[1] 引自郭熙《林泉高致》。

[2] 引自《戴东原集·与方希原书》。

旧林，池鱼思故渊”；张九龄《西江夜行》的“悠悠天宇旷，切切故乡情”；艾青《大堰河——我的保姆》的“当我经了长长的漂泊回到故土时，在山腰里，田野上，兄弟们碰见时，是比六七年前更要亲密”等，那是因为在他们的深层记忆之中还有家乡土地原风景的存在，这就是所谓抹不去的乡愁。土地之美的本源，就来自土地的自然之美，来自土地上生命共同体呈现出的深层生态平衡，来自人与土地关系所呈现的和谐。这种美的本质，是一种基于保护土地生态系统、促进人地和谐的审美观。面对土地生态和谐严重受损、农田污染加剧、垃圾围城破坏城市生态、矿山开采导致生物多样性降低、乡村特色景观逐渐丧失、土地利用空间布局混乱等全球生态和环境危机，土地美学就是要以建立人地和谐关系和维持土地的生态可持续性为主旨，强调维护土地景观美和生态和谐美，着力营造宜居宜乐的土地环境美，这是人类的一种至高境界。从这个意义上讲，土地筑居的美学框架，一方面要体现土地环境生态化的结构，另一方面又需要体现人的内在精神世界的生态化功能，从而实现土地美的外在性和内在性、表现性和表意性、在场性和超越性同时共存。在土地筑居的美学框架中，土地是人通过审美关系的中介合而为一的，是“真”“善”“美”的统一，也是人的审美心理的认识深化和在知、情、意上的拓展，是一种万物一体、天地人合一的精神境界。没有建筑是永恒的，土地的存在和土地上的记忆才最真实。无论土地经受怎样的蹂躏，风雨过后，繁花还在那里盛开，鸟儿还在那里欢唱，这就是土地的至高美学。

第二节　土地筑居的演化历史

一、聚落形成的土地基因

（一）从黄河流域史前聚落说起

最早的原始聚落大约出现在200万年前，称为“原始无组织聚落”，呈自然的无组织状态。直至中石器时代，大约15000年以前，人类开始形成了永久性家园——村落。考古学家从印度到波罗的海沿岸的广大范围内，发现了大量永久性聚落的确切证据。中国发现的新石器时代遗址就有7000余处，仅甘肃省就普查到1000多处，陕西省也发现900多处。陕西仰韶文化的代表性遗址，如西安半坡、宝鸡北首岭、临潼姜寨、华县泉护村和元君庙等，已经有相对完善的村落结构。

黄河上游属青藏高原，海拔均在3000米以上。在地质构造强烈抬升的作用下，在河流平缓处形成较大面积的河谷盆地。在盆地内，阶地发育，多湖泊、草地和沼泽，河水清、水流稳定，土地肥沃，适合人类居住。西北黄土高原气候干燥，地下水位埋藏较深，加之黄土土层丰厚，适宜于挖穴造屋，故穴居一直是这一地域聚落的特色。依据建造方式不同，可以分为竖穴式、横穴式、地面式等。因此，在河谷盆地和广布的黄土高原，都有广泛分布的史前聚落。位于西安市浐河东岸的半坡遗址，是6000~6700多年历史的新石器时代仰韶文化聚落遗址，历史考古发现有房屋遗迹45座，圈栏2座、窖穴200多个，陶窖遗址 6 座，墓葬 250 多座，生产工具和生活用具约 1 万件。该史前聚落就是分布在浐河东岸的二级阶地上，既有饮水之便，又不易被洪水淹没，很好地实现了人与自然共生。渭水流域临潼、郃阳、铜川、宝鸡和甘肃泰安等地挖掘的史前聚落，也都有类似的情况（张新斌等，2010）。

上述原始村落主要是围绕着两大主题——食和性而展开的：一个是生命的维继，另一个是生命的繁衍。但随着村落定居人口以及规模的逐步扩大，生产、生活、经济、商业、文化、宗教等功能不断多样化，原始村落已经无法满足人的多样性需求。城市，作为人类的一种新聚落形态，开始在旧-新石器（Paleoneolithic）文化的聚落中孕育。很多城市的建筑构造和象征形式，在新石器时代的农业村庄中就已经开始出现：从更晚一些时期的证据中还可推断，连城墙也可能是从古代村庄用以防御野兽侵袭的栅栏或土岗演变而来的。在这样一种围院范围内，儿童们可以安全地游戏，否则无法受到保护；夜里，家畜在里面也可避免虎狼侵扰（芒福德，2004）。城市是一种特殊的家园形态，其构造致密而紧凑，足以用最小的空间容纳最多的设施；同时又能扩大自身的结构，以适应不断变化的社会需求和更加复杂的功能形式，例如劳动分工、文化渗透、财富与人格等，因而人类越来越多的聚落在城市。比如，2023 年美国有 83. 3%的人口居住在城市，中国有 66. 16%的人口居住在城市。

人类从穴居、巢居、窘居，到安居、宜居、园居，再跃升进入乐居，这是人类聚落的进步，也是生命价值的升华。但无论哪一种聚落形态，绝大多数聚落永远选择在地形平坦、土壤肥沃、饮水方便、可达性强等条件优越的土地上。号称“八百里秦川”的关中盆地，由河流冲积和黄土堆积形成，地势平坦，土质肥沃，水源丰富，灌溉条件等土地要素都很优良，是适宜人类耕作和居住的优质土地分布区，乡村和城市聚落就首先从这里生成。就像庄稼是从地里长出来一般，聚落也是从土地里成长壮大的。

（二）土地筑居承载天地人基因

在历史上，中国与西方的哲学最终都指向天地人合一。只是自 18 世纪的工业革命以来，西方的主流开始进入二元论的宇宙观：人与自然二元、主体与客体二元、人文与生态二元、人类利益与生态利益二元。从久远的年代起，中华民族的祖先就已经体悟到自然界是一个恒久的生命整体系统。距今近 3000 年的《周易》，具有浓厚的天地人合一的思想基因，是中华文明的 DNA。《周易》中“一阴一阳之谓道”，意即阴阳调和则万物共生，强调人与自然融一、主体与客体互构、人文与生态同构、人类与自然互利。周易之道指阴阳之位“天地人”，后衍生为天时地利、天人合一、人地协调“三位一体”。在天地人合一文化漫长的演化历史进程中，儒、释、道等不同流派对其有不同的理解并且各自有所推陈出新，但始终是中华民族自古以来的一贯追求，也是传统儒释道三家所共同认可的一种基本精神。在经历了夏商周王权的递相取代以及不同天命观的演变之后，至西周形成了以“德性”承接“天命”，而以礼乐制度作为“天地人合一”的具体落实。到了春秋时代，由于礼崩乐坏，从而形成以儒释道为代表而以夏商周三代不同的“天地人合一”演化路径。经过从先秦至宋明历代儒者的持续努力，最后形成“民胞物与”和“万物一体”的追求，从而也就使超越性追求与普遍性落实成为中华“天地人合一”精神中不可或缺的两翼（丁为祥，2015）。总体上看，儒释道三家对“天地人合一”的文化思想，在“天地人关系”“顺从自然”和“天地人协调”三个方面都有着相同的解读方式。例如，《易传》提出以“范围天地之化而不过，曲成万物而不遗”为理想境界；道家倡导“畸于人而侔于天”的境界，也称之为“与天为一”的理想境界；佛教理想中的极乐世界是伴随着清脆的鸟鸣，有高雅莲花池的圣洁之地，是天地人共生共存协调的美好境界（张艺，2019）。

中国是一个多山的国家，水、热、土壤等自然要素在地域上的分布很不均衡。以400毫米等雨线为界，大体上从大兴安岭西麓经贺兰山至拉萨一线，可以把中国分为东南与西北两部分。东南半壁土地的自然性状并不尽如人意，在人类筑居的历史长河中，经常交织着与大自然的严酷斗争。至于西北半壁，光资源丰富，热量资源也差强人意，可干旱缺水这一个条件就严重限制了居住的适宜性。因此，在中国长达几千年的筑居历史中，历来就十分重视因地制宜并与自然共生。在中国传统文化中长期存在的风水思想，本质上也是寻求人对自然的“顺用”。何谓风水，较为学术的称谓又叫作堪舆。《淮南子》中有云：“堪，天道也；舆，地道也。”堪为天，舆为地，堪舆学即为天地之学，其基本原则始终奉行天地人合一、阴阳平衡和五行相生相克，核心思想是探讨人与自然和谐的筑居之法。传统风水术虽有神秘化成分，也有对自然环境认知的局限成分，但它的根本目的在于寻求筑居对其周遭的土地环境因素，如气流、风向、地势、山、水、土壤、矿藏、地貌、动植物乃至地磁场的顺用，本质上是寻求人居与土地生态环境的互利共生。中国自古以来在建造城乡聚落、宫殿、园林等工程中，大都是以“天地人合一”哲学观为主线，以风水地理学（堪舆学）为指导的社会实践，“天地人合一”是中国古代筑居的最终依据（孙峰华等，2014；王树声，2009）。时至今日，建筑选址规划、建筑空间布局、建筑外形设计、建筑色彩搭配、建筑环境设计、筑居景观营造等土地筑居行为，仍然流淌着传统天地人合一的基因。

二、聚落演化的土地机制

（一）土地禀赋影响聚落格局演化

研究表明，土地利用是影响城乡聚落分布格局的重要因素。在城乡聚落形成的初期，其分布特征主要表现为，在土地利用条件好的地方分布多，在土地利用条件差的地方分布少，具体分布在：①水源丰富的土地利用所在地；②地形较为平坦，气候、植被、土壤条件较好的土地利用区域；③土地利用交通区位优良的地方；④靠近土地利用经济密度较高的集市区域。自古以来，地球上的大江大河流域就是孕育人类文明的发祥地。公元前3000年左右出现在北非尼罗河流域的古代埃及文明；公元前18世纪左右出现在西亚两河流域（幼发拉底河、底格里斯河）的古代巴比伦文明；公元前2500年出现在南亚印度河-恒河流域的古代印度文明；以及公元前2027年出现在东亚黄河-长江流域的古代华夏文明等，都是因土地利用条件优越而不断形成的。

分析世界人口聚居的空间分布可以看出，凡是人口聚居规模较大的国家，都是大米、小麦、茶叶、棉花、马铃薯5种农作物生产规模较大的区域。为什么亚洲聚居的人口会如此之多，主要源于全世界大米生产量前5位都在亚洲：第一名中国、第二名印度、第三名印度尼西亚、第四名孟加拉国、第五名越南。处于季风亚洲地区的土地资源，生产的大米占全球总生产量的90%，而居住在这个地区的人口也占了全球人口数的55%左右。亚洲之所以盛产大米，是与土地利用条件密切关联的。几百年来，亚洲的土地利用条件适宜水田耕种，水田因为常年蓄水，基本上不会发生连作障碍，比如不会因土壤盐分积聚过多导致盐害、土壤中病原体积聚过多导致的土壤病害等。因此，大米成了单位面积土地中产量极高的一种谷物。与之相对，欧洲土地更适宜旱田耕种，人口支持力很难提高。因为连作障碍主要原因就是土壤养分不足，而水田常年蓄水，能够维持一个稳定的土地利用环境。再看看小麦和马铃薯的生产量，也直接影响了人口的聚居分布。小麦的生产量，第一名中国、第二名印度、第三名俄罗斯、第四名美国、第五名法国、第六名加拿大。马铃薯的生产量，第一名中国、第二名印度、第三名俄罗斯、第四名乌克兰、第五名美国。所有这些小麦和马铃薯生产量最大的国家，都是人口聚居大国（宫路秀作，2021）。

美国和非洲各国，土地资源禀赋不同，强烈影响人口的空间聚集。在美国，拥有广阔的土地面积，其特点是90%以上的土地都适宜耕种和居住，于是发展了众多的牧场和农场，也是小麦、玉米和其他作物的重要生产地。美国的土地利用类型非常多样，包括广袤的平原、壮丽的山脉、深邃的峡谷、广阔的湖泊和海岸线等。这种多样性的土地条件为旅游业、户外运动和自然环境研究提供了丰富的资源。由于美国各地的气候条件各异，从寒带到亚热带、从沙漠到湿润地区都有涵盖，因此土地利用具有很丰富的多样性，这为农业、旅游业和能源开发提供了多样化的机会。不仅如此，美国还拥有许多重要的内河水道和深水港口，如密西西比河、哥伦比亚河和休斯敦港等。这些水道和港口相对优越的土地利用条件，为土地产品的贸易和运输提供了便利，使得美国能够在全球市场化的进程中处于优势地位。因此，美国聚居人口密度每平方千米达到36.3人。而在非洲，气候严重干旱，水资源匮乏，贫瘠土地普遍分布，农作物的生产非常困难，聚居人口分布就很低。如撒哈拉、卡拉哈里和纳米布等沙漠区，人口密度在每平方千米在0.5人以下。在纳米比亚，其每平方千米的人口密度平均只有2人。在中国也有类似的情况，胡焕庸线东南部36%土地居住着96%人口，以平原、水网、丘陵、喀斯特和丹霞地貌为主要土地结构，土地利用条件优越，自古以农耕为经济基础，吸引大量人口聚居。在胡焕庸线西北方64%的土地仅居住着4%的人口，人口密度极低，是草原、沙漠和雪域高原的世界，土地利用条件相对恶劣，不利于大量人口聚居。从中不难看出，不同地域空间，由于土地利用条件的差异，会使人类活动的结构和强度有很大差异，从而使地域空间的结构和功能各异，最终表现在地域空间质量的相异上，形成了极其多样性的聚落演化格局。

（二）土地退化引致城乡聚落衰败

本书第九章曾经详细阐述了土地退化对地球生命演化和分布的深刻影响，本章试图进一步阐述土地退化是如何引致城乡聚落逐步衰败的。从历史上看，古丝绸之路沿线文明的消失、美索不达米亚文明的衰落、环地中海文明的衰败、黄土高原的历史变迁等，都是土地退化导致聚落衰败的结果。中东的两河流域（底格里斯河、幼发拉底河）文明、印度河文明和尼罗河文明，历史上都曾吸引大量远方来的商人、武士和征服者在这里筑居，但今天大多已埋没在茫茫沙漠之下。

底格里斯河与幼发拉底河平原，即美索不达米亚，现在的伊拉克一带，原本是最早的人类聚居地之一。但6000年前人类管理利用土地的最后结果，并没有把这里变成最肥沃的土地。相反地，历史最悠久的灌溉实践却彻底破坏了这里的土地，至今没有复原。在缺少排水条件的情况下，美索不达米亚的地下水位开始升高，水渠渗漏和周期性的洪水也提高了地下水位。当地下水通过土壤毛管被蒸发时，就在地表留下一层薄薄的盐。千百年湿润与干旱的往复，使地面留下了一层又厚又白的外壳，致使许多地方的土地完全不能经营农业。现在伊拉克南部广大地区的古老农田就像刚下过雪那样闪闪发光。不合理的灌溉毁坏了全国20%~30%有灌溉潜力的土地。美索不达米亚的衰败是被人们反复记取，时而又忘记的历史教训：土地退化将导致城乡聚落的衰败。巴基斯坦的印度河平原，也有类似的教训。19世纪中叶，英国人在这里建设了大规模的永久性的灌溉系统，使这个地方成为印度次大陆的粮仓。他们修建了大量的水渠和供集水用的堤坝。当这些设施刚刚建成，就发生了意外的事情：水井的水位开始上升。新建的水利设施改变了水循环的平衡，有1/3的水渗入到地下水中，使地下水位以每年0.3~0.6米的速度不断上升，直到离地表3~4米为止。在这种情况下，由于毛管水上升蒸发，使在不到20年的时间内，上层1米厚的土壤的含盐量达到1%，使作物无法忍受这种浓度的盐分。到1960年，水涝和土地次生盐渍化问题造成重大损失，严重受害的土地面积估计有200万公顷以上，占印度河平原耕地面积的1/5，由此导致人口不断外迁（蔡运龙，2000）。

本书在绪论中曾经详细分析了埃克霍姆在《土地在丧失》中土地退化导致聚落衰败的例子，这种例子其实有千千万万。当代大面积的毁林开荒，所造成的生态破坏比埃克霍姆所举的例子要严重千百倍。从非洲赤道地带到横贯欧亚两大洲的沙漠地带，几十处古代文明消失，都是土地退化引致城乡聚落衰败的典型例子。从中国历史发展过程来推论，黄土高原曾经是汉族最早集中活动的地区，人口密度较他处为高，是聚居和经济的重心。如果当年的土地利用条件原本如此恶劣，不如其他地区，人们为什么集中在这一地区活动？为什么做这样不明智的选择？明显的推论当然是这一地区早期的土地利用条件并不像今天这样恶劣，甚至比其他地区更适于经济活动与聚居。之后，由于不断砍伐森林和开垦边际土地，使土地质量不断退化，自我更新能力逐步变弱，久而久之就变成了今天的童山秃岭。在陕西神木杨家城，距离窟野河东岸的直线距离不及1.5千米，其间有蜿蜒的古长城，竟被沟壑切割为17个小段落。当初修筑长城时，此地应该是完整的，沟壑之出现当然是以后之事。陕西淳化县西北的梁武帝村，被数条沟切割，其中的甘泉宫已经沦入沟中，如此等等。黄土高原的聚落变迁，也是人们忘却了聚落生于土、长于土的祖训，不尊重土地规律，从而导致聚落衰败的典型案例。

第三节　土地筑居的用地选择

一、城市土地筑居

（一）城市用地适宜性评价

在确定城市空间发展方向，选择城市建设用地布局之前，首先需要对城市用地的适宜性进行评价。明确哪些用地适合城市建设，哪些土地不适合城市发展，从而为城市发展决策和用地选择提供依据。城市用地适宜性评价的基本思路是：从地质、水文、地貌、气象、生物、承载力、交通、历史等条件入手，通过综合分析评价，寻找适合于城市建设的用地；或者从生态环境、优质耕地和历史文化保护的角度出发，确定需要保留而不能用于建设的土地。例如，麦克哈格在确定用地是否适合于城市建设时，采取了地表水、洪泛平原、沼泽地、地下水回灌区、含水层、陡坡、森林和林地，以及没有森林的土地 8 个因素进行适宜性评价，最终确定哪些土地适合于城市建设。在中国的空间规划实践中，通常选择地形坡度、地质构造隐患、地基承载力、地下水位、洪水水位、永久基本农田分布、文化古迹埋藏、高价值矿藏分布等作为用地评价的主要因素，来确定城市的发展方向和空间布局。近年来，国内外对于城市用地适宜性评价的研究主要集中在以下几个方面：

1）关于评价方法的研究。Kilang et al.（2021）通过使用象群算法（EHO）和随机森林（RF）算法，提供了一种提高城市土地覆被分类精度的 EHO-RF 新方法。Wang et al.（2018）探索出一种基于改进的人工蜂群算法（ABC）的城市土地生态安全空间探索模型（ULESM），实现了对生态危险区域的空间探测，为城市生态安全和空间规划决策提供了智能辅助方法。通过对伊朗地区的城市、农村和工业发展生态模式的评估，发现几何平均评价模型（kappa 系数为 0.69）计算简单、准确度高，对提高生态能力评估的效率和降低相关成本具有重要作用（Masoudi et al.，2023）。利用基于分析层次过程（AHP）的多标准分析方法，结合地理信息系统（GIS）对适合开发城市绿地的地点进行评估，结果显示城市人均开放绿地面积远低于全球平均水平，因此建议以不同的方式开发绿色开放空间，提高城市用地的绿色生态水平（Pokhrel，2019）。

2）关于指标体系的构建。确定合适的评价因子和指标是城市用地适宜性评价的关键。研究关注如何根据城市发展的实际需求，选择具有代表性、可操作性的因子和指标，如土地质量、交通条件、基础设施、环境容量等，以全面反映土地的适宜性。Wang et al.（2021a）以可达性评价为研究对象，建立了科学的城市用地综合可达性计算模型，验证了综合区位可达性指标可用于城市规划实践，指导重要公共服务设施的区位选择。为实现城市建设与地质环境资源的优化配置，Lu et al.（2021）建立了适宜性评价指标体系，并采用综合指标法对各评价因子进行叠加分析，得到了影响西安城市建设的地质环境因素，为其他地区完善城市建设地质环境适宜性分区提供了借鉴。

3）关于实践应用的研究。在公共服务基础设施用地适宜性评价方面，Wang（2021b）指出各类设施在城市用地可达性上存在明显差异，强调应将设施选址在城市土地可达性合适的地点，以控制城市用地规模。同时，为缓解城市土地资源压力，有学者认为必须实现城市地下空间资源的可持续利用，对地下空间进行适当的评估。如 Xu et al.（2023）采用贝叶斯网络模型以及层次分析法（AHP），评估了长沙市地下空间资源的适宜性，并推断出社会经济价值的增加与地下空间适宜性相关，从而加强了现有的评估工具，为评估地下空间综合利用研究提供了决策支持。此外，可采用多标准模型对城市绿化带（UGB）进行土地适宜性评估（LSE），得到当前和未来时期的绿化带适宜性指数（SI）和城市无计划扩展的环境变化指数（ΔY）。通过 ΔY 值的变化幅度，来制定新的适当的 UGB 规划，并进行新的监管和优化，以遏制未来发展过程中的城市土地质量退化。

微观层面的城市用地适宜性，深受级差地租的影响。在本书第八章已经详细阐述了城市土地利用的竞标地租理论，这里不再赘述。需要指出的是，不同用地类型的适宜性，对交通等基础设施和教科文卫等公共设施的依赖程度很不相同，例如居住用地对环境和公共设施的依赖、工业用地对基础设施的依赖都是各有偏好的，因而就会形成很不相同的地租竞标曲线。在通常情况下，商业金融用地往往更适宜在靠近城市中心的位置，从城市中心往城市郊区，依次适宜分布居住用地、工业用地和农业用地等。因此，微观层面的土地适宜性评价，需要深刻分析级差地租的支配作用，以实现土地的最高最佳利用。

（二）城市用地选择的准则

城市用地适宜性评价能为城市用地选择提供科学依据，但不是唯一的依据。实践中的城市用地选择，还需要考虑是否有利于城市合理布局的形成和发展，是否有利于与原居民之间的协调，是否能在经济上实现较高的投入产出比，是否有利于促进土地的节约集约利用等。在具体的用地选择时，需要考虑以下几项基本准则：

1）城市安全准则。城市用地选择必须首先考虑是否最有利于城市的空间安全保障，其中最重要的是要充分分析地震灾害、地质灾害、洪水灾害等的影响。如泥石流、崩塌、滑坡、地裂缝、地面塌陷、岩爆、煤层自燃、黄土湿陷、岩土膨胀、砂土液化、土地冻融及地震、火山、地热灾害等。

2）保护优先准则。要坚持人与自然和谐共生的基本方略，落实最严格的生态环境保护制度、耕地资源保护制度和节约用地制度。优先保护优质耕地、生态敏感地、生物多样性、重要湿地和水资源。对具有重要战略价值的矿产资源、历史文化遗产等，在用地选择时要予以优先保护。

3）合理布局准则。城市是一个有机整体，其用地选择要有利于依托已有城市的基础设施和公共服务设施，依托已有的城市绿地系统和景观风貌，依托已有的产业结构和园区布局，并为未来的城市发展留出余地。城市所形成的用地结构既要保持一定的合理规模，更要嵌入自然生态系统的有机结构。

4）投入产出准则。城市用地选择要遵循投入产出最大化的原则，优先选择地势平坦、地基承载力好、不受地震、地灾和洪水威胁、工程建设投资少的区域。对于限制条件严重，如有较大滑坡、泥石流、地面塌陷、地下水位浅等限制条件需要采取重大工程应对措施的区域，应当尽量予以规避，以减少工程建设投资。

5）社会和谐准则。新增城市用地必须要处理好与原居民之间的矛盾，解决好新旧城市之间基础设施和公共服务设施的均等化问题，避免因建设新城而导致老城的空心化，避免“城中村”等现象的再次出现。此外，还要充分考虑不同社会阶层、不同文化背景的主体，对用地选择的偏好和需求。

二、村庄土地筑居

（一）村庄用地的适宜性评价

村庄用地适宜性评价，要全面考虑乡村地区的自然地理整体格局、道路网络、服务设施、生态景观、文化保护、农业产业、村庄发展潜力等需要，还需要特别重视村庄用地不同于城市用地的特殊性，诸如自然性、生态性、复合性和领域性等。要重视利用自然的生态系统，形成适宜人类居住和生活的空间。国内外关于村庄用地适宜性评价的研究已经相当深入和广泛。首先，关于村庄用地的影响因素，相关研究主要集中在地质条件、气候条件、水文状况、土地资源、交通可达性等方面。Benslimane et al.（2019）通过研究农村聚落与其他空间的冲突，指出气候条件、水资源等因素会影响农村居民点的分布。人口规模与流动（Rosner et al.，2020）、区域城市化（Antrop，2000）、乡村旅游业发展（Abi et al.，2022）等都会对乡村居民点人居环境造成影响，在一定程度上也会影响村庄用地的适宜性。Yu et al.（2022）以区位、生产、生态、管理4个指标，构建出了村庄用地适宜性评价模型，为村庄用地选择和规划提供了重要依据。

在工业化和城市化不断推进的背景下，村庄用地适宜性评价更加重视为居民点布局调整和优化提供依据。Figlus（2020）从多角度分析了罗兹城市发展条件下农村居民点形态的整合和变化过程，按照居民点形态整合的需要进行适宜性评价。Guo et al.（2020）将郑州市农村居民点划分为城市化、重点开发、控制开发和合并迁移4个优化类别，并针对每个类别提出了相应的适宜性评价策略。Yang et al.（2022）采用点模式空间分析和邻域分析方法构建了基于 Geodetector 和 AHP 的适宜性评价模型，解决了 AHP 方法权重分配的主观性问题，拓展了村庄用地适宜性评价的研究手段。Zhou et al.（2023）使用数据驱动的机器学习 Maxent 模型评估了典型农牧生态区村庄用地的适宜性，发现农牧生态区村庄用地适宜居住区的面积逐渐减少，破碎化现象严重，聚落适宜性大多朝着不适宜的方向发展，进而为农牧生态区农村居民点选址、规划布局以及村庄用地适宜性评价提供了决策依据。

（二）村庄用地选择的影响因素

影响村庄用地选择的因素主要有自然因素和社会经济因素两大类。自然因素主要包括地形地貌、气候、水文、地质、景观、特殊资源等。自然因素是村庄形成和发展的基础，规定了村庄的初始格局。在村庄的空间布局演化中充当更多的是限制性的角色。村庄的选址一般要求具有良好的气候、水源，有利的地形和规避自然灾害等。因此，在一些自然条件较差地区的村庄规模和密度都比较小，而在自然条件较优越的地区，村庄的规模与密度都比较大。社会经济因素为村庄空间布局演变提供了现实基础，相对于自然因素，社会经济因素是村庄分布的主动因素（龙花楼等，2009）。社会经济因素主要包括人口规模、经济发展、区位条件、政策制度因素等。社会文化因素通常通过影响人的行为而对村庄布局起作用。传统的乡村文化有助于形成统一的精神核心而增强村庄的向心力（胡最等，2013）。地缘和血缘关系深刻作用于村庄成员的集聚意向和心理认同感，成为传统村庄布局演变发展的重要影响因素。随着城乡文化的交融，农村居民的观念也被潜移默化地影响，进而影响着其空间行为，导致村庄布局的演化（李立，2007）。

村庄用地选择与人类社会发展水平密切相关，在不同的历史发展阶段，人们对于村庄用地选择的环境取向是不同的，因此用地选择的影响因素以及各因素的影响程度并不是一成不变的。在生产力水平低下的原始社会时期，人类主要是通过采摘狩猎等方式生存发展，这种生存发展方式对自然环境的依赖性很大，因此聚居点主要分布在自然条件优越的地方：有丰富的食物资源，以便维持生存发展；靠近水源，以便取水并利于农业生产；位于河流交汇处，便于交通；位于河流阶地上，这里有肥沃的土壤且能防洪。随着社会的发展，社会科技水平不断提高，人类开始摆脱自然界的束缚，与人类社会发展阶段对应，人类在村庄用地选择上表现出了明显的阶段性演变。在近代社会，经济的发展表现出了明显的地域差异，村庄选址和布局也随之出现了不同的风格。区域间经济发展的差异，使得区域之间的沟通成了区域经济发展和居民生活质量提升的影响因素，所以村庄用地选择的重要条件之一是交通便利。由于现代科技产品的生产过程在一定程度上已逐渐不依赖于资源分布区，提高效益的重要经营方式变成了规模生产。相对应地，聚落也已由点状分布过渡到面状分布。由于市场取向的需求，在发达地区，村庄要求全方位开放，以使人流物流能够顺利地进入社会系统，所以沿交通线分布的线状布局成了较理想的村庄格局。而在欠发达地区，村庄的分布对于资源仍有较大的依赖，依然呈现出随机分布的聚落格局。在城乡一体化发展的趋势下，村庄格局趋于面状分布，受到来自交通条件、市场需求、工业布局、人口分布等经济发展因素的深刻影响，产生了多种取向：交通取向、市场取向、资源与能源取向以及景观风水取向等。

三、休闲土地筑居

（一）休闲用地的适宜性评价

随着社会发展从“生存性需求”向“品质性需求”的升级，人们对休闲土地有更多的需求和更高的期望，发达国家和一些发达地区的居民开始选择更多的休闲时光，对休闲用地提出了新的需求。例如，欧美大部分国家已形成休闲度假的传统，而在中国的京津冀、长三角和珠三角等地区，也逐渐开始接受并热爱度假与休闲的生活方式。在休闲用地的适宜性评价研究中，更多学者普遍关注如何构建一个科学、全面且实用的评价指标体系。这一体系通常包括自然环境因素（如海拔、坡度、植被覆盖率、河流、景观质量等）（Fan et al.，2019）、社会经济因素（如交通可达性、基础设施完善程度、地方经济发展水平等）以及文化历史因素（如文化遗产保护、地方特色文化等）（Randelli et al.，2019）。评价方法大多米用数学方法，并通过建立休闲用地评价模型来开展评价研究，在此过程中多强调对评价结果的量化处理。其中，最常用的方法是结合 AHP 与各类 3S 技术的综合评价方法，例如生态旅游场地适宜性评价，结合游客喜好识别森林生态旅游区、山区健康旅游的潜在区域评价。也有学者从景观的角度展开，利用景观指标评估景观中土地的适宜性，探究土地与景观所产生的相互影响（Weinstoerffer et al.，2000），或运用空间数据评估休闲用地中景观的视觉属性，并通过卫星图像等观测土地适宜性的变化（Ayad，2005）。

在评价休闲用地适宜性时，相关学者越来越注重考虑其生态足迹和可持续性。Mei et al.（2022）从生态保护与经济发展相结合的视角，重点探究了乡村可持续休闲用地的生态适宜性评价，发现生态系统服务价值对乡村旅游的长期发展具有促进作用，乡村旅游的长期发展同样也可提高生态系统服务价值。Amnaj（2014）以泰国清迈的 Mae Kampong 村为例进行研究，发现以社区旅游休闲和生态旅游休闲为主的现有旅游休闲管理模式可以维持该地区的土地利用，进而塑造出了一种适合乡村土地持续利用的旅游休闲模式。而乡村景观是乡村旅游休闲的基础资源。Randelli et al.（2019）强调，乡村旅游休闲用地增长应该遵循不同于海洋旅游休闲用地开发的路径，否则在将乡村旅游休闲推向大众旅游休闲的过程中，可能会导致对乡村景观的破坏以及文化传统的消失。Ayhan et al.（2020）借助景观单元划分的手段进行适宜性等级评估，明确了土耳其西北部耶尼丝地区的乡村旅游休闲活动，为乡村旅游休闲用地的选择提供了参考依据。

（二）休闲用地选择的审美性

人类有一种永恒，就是对美的追求，进入休闲时代更加凸显。在现象学视域中，休闲景观是作为存在于人类的生活之中，而不仅仅是人们观看、享受和研究的客观对象。其审美功能的存在，早已超越了康德关于审美的无目的的合目的性思想，是人的知觉的感觉特质在审美经验中的呈现。大地上花岗岩的斑红美，荷花的清纯美，草坪的柔软美，梅花的傲骨美，水体的涟漪美等，并没有以景观的构成材料消耗为代价，而是在敞开的世界领域中以一种去蔽的方式通过人的主体性把握才得以生发的。旅游休闲者置身于休闲环境所进行的旅游休闲体验，其核心是要从大地景观欣赏中获得审美愉悦。在景观审美实践中，旅游休闲活动就成为一项集自然美、艺术美与社会生活美为一体的综合性审美活动（王柯平，2000）。从这些角度看，休闲用地选择的审美将呈现出以下特质：

1）原生性。对于休闲者而言，真正能够使内心得以平静的风景是原风景。比如“绿色”，这是一种原风景的象征。无论是中国人、美国人、日本人还是德国人，都会喜欢绿色，见到绿色就会心旷神怡。这是人类从森林中走来留下的基因，也就是风景的原生性审美旨趣。这些原风景包括个人的原风景，地方的原风景，民族的原风景和人类共通的原风景。休闲用地选择的审美性，需要吸收中国诗学原生性“自然美”的内涵，强调从人与自然的紧密联系与和谐关系出发，走回乡之路，丰富“农之风景”，寻找土地之神韵，再造大地之艺术，对话人性与故事的地方。通过原生性、乡土性、在地性的综合判断，寻找更有审美层次追求的“诗境空间”，将审美情感融入自然而然建立起来的诗意神韵。可以认为，原生性的“诗境空间”，能更好契合人类“以人和天”的本真性，以及“精神安顿”的归属性，表达了休闲用地选择的至高审美层次。

2）象征性。古希腊著名哲学家亚里士多德、德国著名哲学家黑格尔、瑞士著名心理学家荣格、《新编大不列颠百科全书》等都对象征（symbol）进行过定义，但都尚未形成共识。尽管如此，可有一点确是大体相同的，那就是都认为象征是通过种种外显的或可感知的东西来暗示或者反映某些事物的特定内涵。象征可以解释为用具体事物表现某些抽象意义，具体手法是根据事物之间的某种联系，借助某人某物的具体形象（象征体），以表现某种抽象的概念、思想和情感。它可以使休闲用地立意高远，含蓄深刻，给休闲者留下更深刻的印象和咀嚼回味的余地。这也是在休闲用地审美领域，后现代主义提倡的所谓空间的符号意义。例如，杭州西湖的三潭印月，海南的天涯海角，山东半岛的蓬莱仙境等，都是典型的文化象征。由大地复杂性所引起的审美体验的潜在差异可以经由多种方式体验，但主要是通过：①观察-隐蔽体系的象征物；②象征的方式和强度；③象征物的空间分布；④观察和隐蔽的象征物之间的均衡；⑤作用于主客体之间的物质媒介（Appleton，

1975）。在休闲用地选择时，要十分重视审美的象征性。

3）体验性。体验式休闲用地审美选择的实质在于，以休闲者触觉感知为选择的逻辑起点，以休闲者心理情感和活动行为作为选择基础。它需要将自然景观和人工景观重新组合，使休闲用地更符合当代人的审美需求。休闲用地的可体验性，其重要特征是创造多元化的、符合人生活体验的景观环境空间。这种景观环境空间是公共开放的，可引导休闲者积极主动参与、亲身经历，在满足休闲者使用需求的同时，还可满足情感需要，能够让休闲者发掘潜在乐趣，与大地景观进行深入交流对话，获得情感满足，甚至找到归属感与共情心。

4）时效性。美学质量是休闲用地本身内在的一种属性，但休闲景观美又是休闲者的心理和视觉感知共同作用的结果（Lothian，1999）。由于美不是一个孤立的概念，它不能脱离其他知识体系和历史条件而独立存在，同时由于人的心理和视觉感知是会随着情境、认知、发展阶段、自身条件等的变化而发生动态演变的，因此任何审美都具有某种时效性。所谓时效性，就是指时间进程与产生审美效能的相互统一。它既体现审美在某一时间段内所产生的效果，也预示着这个效果所持续的时间进程——既可能是短暂的存在，也可能是无限的持久保留。休闲用地选择的审美性，要充分认识这种时效性，避免过度“跟风”，力求呈现可持续的审美特性及稳定不变的审美价值。从土地的层面看，维系景观稳定审美价值主要有 3 种路径：历史与现实的叠加突显对曾有文化的尊重；原态与印象的归依强调对现实感知的肯定；信息与功能的创新表达对将来情景的期待（王雪霏等，2020）。从人类的欲望与美学的基本问题看，求善、求真和求美的统一，应该是休闲用地审美价值持久性所要坚持的重要准则。

5）结构性。大地美学的瞭望-庇护理论认为，人的审美过程就好比人具有双重身份：既是“猎人”又是“猎物”。当他的身份为猎人时，希望看到更多的猎物；当身份为猎物时，尽可能不被猎人所看到。这说明人喜欢可以瞭望、视野开阔，并且可以掩藏自我的土地环境结构，这是人审美的一种本性体现（李雪莹等，2016）。按照结构主义美学的基本原理，土地要素间的结构关系要比要素本身更重要，土地要素结构关系的美学价值要大于要素本身。格式塔理论认为环境对象在某些形式方面与神经处理过程存在同构关系，这种同构关系将土地审美推向主客观的结构统一（Lang，1987）。在土地利用结构环境下，大地审美结构由“时间-历史”（Time-History）维、“空间-尺度”（Spaces-Scale）维和“机制-功能”（Mechanism-Function）维共同构成（沈敏等，2011）。因此，休闲用地选择的审美性，需要让审美主体寻找到一种带有时空交错结构感的真实体验，既有时间维度上的历史感或未来感，也有空间维度上的拓展感或异域感，以满足休闲者共同的文化偏好。

第四节　土地筑居的场景营造

一、营筑本然的生命社区

（一）为何出现中西“两个黄鹂鸣翠柳”

世界聚居形态以文化传统和美学思想，可简单地分为中国和西方两大类，它们在规划理论、布局形式、建筑结构和审美情趣上是迥然不同的。然而，人类从非洲的绿色森林中走来，沿着绿道走向欧亚，依绿色植物而生存，对以绿色为主体的土地原生态有一种与生俱来的偏好。故而，无论是中国的“黄鹂”，还是西方的“黄鹂”，似乎都偏好在翠柳中吟唱，似乎都在追求土地乐园上的乐生栖居，从而呈现“两个黄鹂鸣翠柳”相同的自然情怀审美旨趣，这是人类从土地中走来、最后又回归土地的遗传基因所致。

西方人心目中的理想栖居境界，可以从西方传统文化的经典——《圣经》中寻求答案。“伊甸园”是《圣经》中记载的人类的始祖亚当和夏娃所居住的乐园，是美丽的世外桃源：遍地黄金、珍珠和红玛瑙，花草树木茂盛，果子可口，四道河流自然流淌，人与自然朝夕相伴、和谐共生。《圣经》中这样写道：“耶和华神在东方的伊甸立了一个园子，把所造的人安置在那里。”“耶和华神使各样的树从地里长出来……”“有河从伊甸流出来，滋润那园子，从那里分为四道。”从这些描写中可以看到一个花木簇簇，溪流淙淙的土地生命乐园。伊甸园地处东方，《圣经》里东方表示光明荣耀的方向；有各种树木从地里长出来，表明伊甸园是生命产生和生长的地方，人类始祖每天唱着诗歌，享受生命树的果子；随着这树还有河水从伊甸园流出，表征流淌出生命的活水；河又分出四道，滋润园子，普及四方，使人得以生活和喜乐（李先逵等，2017）。

中华5000年来的文明，其精神文化和思想观念都深受《周易》和易学的深刻影响，强调天地人合一、顺天应人。《周易》中的“天行健，君子以自强不息；地势坤，君子以厚德载物”和“夫大人者，与天地合其德也”，就是这种价值观的体现。所谓“人法地，地法天，天法道，道法自然”，就是中国传统理想生态环境与生存模式的一个总纲。中国古人在建筑营造人居环境的实践中，对于开凿山石采取金玉，砍伐树木修筑楼台等自然资源大量消耗、万物繁衍日趋严峻的后果早已表达了深深的忧虑，这些从《周礼·考工记》《墨经》《唐六典》《营造法式》《鲁班经》和《清工部工程做法则例》等著作中都可看出（董治年，2015）。始于魏晋，盛于唐代，延续至今的“山水思想”“山水诗”“山水画”是中国人居环境审美导向土地原生态的杰出代表；同样始于魏晋，影响至今的“风水”则是中国传统“阴阳”“五行”土地观在人居环境建筑营造领域的广泛实践。所有这些思想认识和文化传统，都折射出传统中国对追求人与土地共生的诗居境界。

进一步将中国的陶渊明与美国的梭罗，中国的庄子与德国的海德格尔、英国的罗素和美国的马斯洛以及近现代田园城市、城市公园、景观营建学、国家公园等思想智慧做简单的比较，就会发现中西方的两个“黄鹂”，都在吟唱着同样的在土地原生乐园上的乐生栖居。陶渊明、梭罗及其田园情怀，既是各个本国的，也是人类共同的生存智慧。埃比尼泽·霍华德（Ebenezer Howard）提出的田园城市是以绿带环绕，其规模应以满足人们生活和工作的各种健康需求为标准，不应发展得过大。从中可以解读出霍华德在城市聚居规划方面的基本立场和土地文化的价值取向。勒·柯布西耶（Le Corbusier）的光辉城市模型，弗兰克·劳埃德·赖特（Frank Lloyd Wright）的“广亩城市”理论，以及伊利尔·沙里宁（Eliel Saarinen）将集中与分散两种思想结合后提出的“有机疏散”理论等，也都深深地折射出人类栖居与土地共生的文化情结。弗雷德里克·劳·奥姆斯特德（Frederick Law Olmsted）提出在城市兴建公园的伟大构想，19世纪在欧美出现的景观营建学（Landscape Architecture），1872年美国设立的世界首个国家公园——黄石国家公园（Yellow

Stone National Park）等，其核心理念都是强调人类栖居应该协调好与土地的关系，保留土地的自然性使居民身心愉悦，使人民返回自然。从中可见，虽然在文艺复兴以后，东西方在人和自然关系的本质认识上有重大差异，但都认为人与土地共生应该成为营筑的最高准则。

（二）营筑回归本然的土地生命社区

至少从新石器时代以来，人类有意识、较大规模对土地的索取行为就从未间断过，距今已经超过1万年。可是人类的这些生产和生活行为，在工业文明以前并没有对自然秩序和山水林田湖草系统造成根本性的破坏，人类的活动和行为是与土地保持共生的关系而延续下来的。18世纪以来的近代社会，随着工业文明的快速崛起，随着经济学逐利法则的大行其道，人类过分地夸大了自身的主观能动作用，选择了一条以牺牲良好生存环境来换取高速经济增长和财富积累的道路，出现了人类行为对土地生态系统造成严重破坏的现象。人类作为山水林田湖草生命共同体价值的承担者和实现者，其主体性不仅仅是表现在对山水林田湖草的认识和改造，而更重要的是表现在如何完成山水林田湖草的“生生之德”或“生生之道”。因此，人类有一种“天赋”的责任、义务和使命或“天职”，实现山水林田湖草的“生道”，而不是相反。因此，营筑土地生命社区，是人类存在本身的内在价值，更是人类的历史选择和神圣天职。所谓土地生命社区，是指栖居于土地之上的人和所有生命，是一个和谐相生的共同体，生命与土地构成互动的生命感应中心。它由土地精神延伸而来，“社”原本就是代表土地精神。这是一种对土地更友好的认知和生活方式，是一种回归筑居与自然共生的方法论，也是走向乐生栖居的生活态度。营筑回归本然的土地生命社区，需要把握以下基本特质：

1）遵循土地生命共同体的基本法则。根据村山节的《文明之研究》，东西文明，有史以来，至今以每800年为一周期，实际已准确交替了7回。目前正值第八回交替周期的交替过程中。至今已活动了800年的西方文明，此期间与正处于休眠中的东方文明进行交替（岸根卓郎，1999）。东方文明的特点是自然顺从型的自然共生型文明，而西方文明是自然对抗型的自然支配型文明。人类学和历史学的研究表明，人与自然对抗，必然发生生态环境破坏，这是不变的宇宙法则。因此，人类文明必须遵循宇宙法则，营筑人与自然的共生系统。土地筑居也概不能例外，必须以构建人与自然和谐共处的生命共同体为基本法则，由原有单一地块或某一具体项目区为营筑单元逐渐向生命共同体建设单元（如一个流域、一片区域）转变，明确生命共同体各要素和“田、水、路、林、村”土地利用各要件之间的内在关联和相互统一关系，按照生命共同体的整体性、系统性及其内在规律，推进土地筑居模式转变和创新。未来土地筑居应当把土地与人类和其他生命作为一个生命共同体进行统一的、整体的、系统的保护和修复，把生态改善放在土地筑居更加突出的位置，发现隐秘于地球生命之中的宇宙法则和熵减少规律。通过共生和再生型土地筑居，推动形成人与自然和谐发展的新格局。人类和一切生命都依附于其上的土地，这个土地就是由各种生命构成的共同体。没有任何一种生命能够离开土地而存在，天空中的飞鸟也不例外。在《易传》看来，人与土地本来就是统一的，二者不能分离。人类离开了土地，就不存在生命。土地离开了人类，基本上失去了存在的价值。土地之上的各种生命共同体，具有无限性和永恒性。所谓“天地之道恒久不息”，就是说明地之厚能够“生物”，也能够“载物”，从而使一切生命的存在能够“生生不息”。但是这种无限性和永恒性，是建立在“共生”基础之上的一种存在。原本共生（Symbiosis）只是生物科学中的一个概念，但在人类进入生态文明时代的框架下，共生是一种进化理念，更是一种共同理念、合作理念和互惠理念。动物、植物和微生物的互利共生，揭示了生命发展的动力源泉和发展机制。正是相互联系，相互依存，相互帮助，才能在协同中激活各方，才能在协同中进化发展。土地筑居工作者需要向生物圈学习、向基因学习、向动物学习、向植物学习，建立与自然共生的文化，要使得“人类的善，是灵魂在一个完美的生活里依照德行而活动”（罗素，1996）。

2）推进土地筑居与生命共同体的耦合。要实现营筑土地生命社区的综合发展功能，各类生命共同体建设是最重要的基础和保障。土地筑居的目的就在于改善人类生产、生活和生态条件，创设人地共融的生态系统。这是一种生命的情感联系，也是生命存在与理性的统一。生命是自然界的存在，它应是无限和永恒的。建设生命共同体，实现“与天地合德”，才是土地筑居的终极关怀和意义世界。通过土地筑居去促进和改善有利于所有生命健康生存的生物圈的自我调节，保障生物圈有序和安全所需的各种生态参数的稳定，这应该成为土地筑居的价值取向和终极目标所在。为此，应该虚心倾听土地的教诲，认真吸取土地的智慧，掌握土地生态系统自组织和自我调节的基本原则，如相互依存、反馈循环、多样性和稳定性，以及作为所有这些结果的可持续性，才能遵循生态规律去参赞化育，恢复、重建和营筑土地生命共同体的复杂联系和生命之光。

3）创设土地筑居的“回乡”之路。所谓土地筑居“回乡”之路，主要是指在土地筑居过程中需要遵循返璞归真、道法自然、天地人合一的生态美学指导原则。“回乡”就是返归于最本初、无污染、非异化的“无何有之乡”。上文已经指出，自然性与文明性相协调的“乡村家园”是最具人性的、理想的生存方式，土地筑居就是要建构一个返璞归真、和合共生、天地人合一的乐生栖居家园。土地筑居的回乡之路不是单一的，而应该包括以下多项功能：①改善区域交通运输功能；②改善区域水资源管理功能；③促进城乡共同发展；④提升环境保护/供给以及废物处理；⑤提高自然保护和景观保护能力；⑥促进旅游休闲业的发展；⑦预防洪涝灾害；⑧保存文化遗产；⑨创建现代基础设施以提高生活品质。“土地筑居，是美化还是破坏?”，应当作为持续关注的重点。土地筑居模式必须坚持回乡之路，绝不能把工业文明时期城市建设模式简单复制到后工业文明时代的土地筑居中去。创设土地筑居回乡之路的两个最重要的目标：一是为了城乡居民，改善他们的生产生活质量；二是为了子孙后代，改善土地筑居的情感品质。通过土地筑居重建田园牧歌的生活，希望温饱有余的城乡居民可以继续享受青山绿水和蓝天白云，可以继续享受家庭和睦和邻里友爱，可以继续享受陶渊明式的“采菊东篱下，悠然见南山”的休闲与情趣。需要指出的是，当代城市建筑越建越高、密度也越来越大，越来越不接“地气”，也越来越不接“乡气”。所有建筑都是有生命周期的，当下一代人需要进行城市更新时，他们将如何面对如此高耸入云的建筑，他们又会如何评价我们这一代人?

4）坚持土地筑居的生命整体性准则。自然生命物种进化的历史告诉人们，自从蓝藻、绿藻等早期地球生命产生以来，演化到现在大约有 1000 万种的生物圈，最显著的特点就是生命物种整体系统的多元共生与协同进化。土地系统的各种生命、各个环境要素，都有自己的“生态位”，却相互依赖共同构成生命系统不可或缺的循环结构。土地筑居任何细微的改变，都可能会成为天地人共生系统的“催化剂”。在化学上，这种催化剂虽然量微且本身的质量和化学性质在化学反应前后都没有发生改变，但却改变了90%以上的工业过程。聚焦生命的整体性和系统性，平等地对待世界万物，是土地筑居必须坚持的核心准则。土地筑居要关注人、动物、植物、环境等生命共同体中各方角色的有机整合，从更高层级上探寻不同生命的和谐共存方式，才能实现天地人共生。以鸟类生息环境的生命共同体建设为例，土地筑居要有利于土地利用空间、水资源利用空间、地形地相空间、森林树种空间，鸟类食物链空间等在一个复杂组合状态之下的环境构造和有机整合。所谓有机整合，简单说就是土地空间各个要素的互相融合，不会产生冲突和矛盾。这些要素的互相融合，并不相互抵触、牵制，而是各出所长，相互取长补短，获得更好的天地人共生的结果，就像化学中无机络合物和螯合物的形成一样。其中心体（中心离子）都是金属离子，配位体为阴离子或中性分子，配位体向中心体提供电子对构成配价键，彼此吸引而实现络合，形成有机络合物。自然界存在大量的有机整合案例，例如黏土矿物通过阳离子交换和有机质间的相互吸引机制，对有机质进行吸附形成新的复合体，在常温常压下水溶液中能稳定存在。土地筑居要不断有机融合山、水、林、田、湖、草、沙、海等空间，才能营筑起相生和谐的土地生命社区。

5）改变传统的土地筑居规划设计范式。土地筑居规划设计的终极标准，就是促进人与自然持续、协调和共同发展，以达到天、地、人“三才”的和谐共生。在天地人“三才”和谐共生模式下，土地筑居的规划设计范式应该转向有利于生命社区，体现以下八大特性：①反对规划设计单一化，强调规划设计形式多元化以满足不同个体和群体的需求；②反对规划设计师“城市化”，强调规划设计师亲近自然和熟悉土地的味道；③反对绝对理性主义，关注个人的情感，主张以人文的情怀做规划设计；④强调形态的隐喻、符号和历史文化，注重规划设计的人文含义，将产品的功能与人的生理、心理以及社会、历史相结合；⑤关注规划设计与资源环境的关系，强调规划设计与人类社会的可持续发展问题，规划设计的形式和功能要人性、绿色、环保和节能；⑥在注重“人”对“物”主导地位的同时，也要注重“物”对“人”的制约作用，强调人对土地生机保护和尊重的态度，取用土地要适度，要不妨害自然界动植物的“生”与“长”，保持自然生化的可持续性和取用自然，更要从时间、空间、“数”上顺应自然，达到与生化节律的和谐；⑦应采用现象学方法，结合中国传统文化中独具特色的整体论的生命哲学思想，以“天地人”系统理论为架构模式，探索在生命共同体范式下的土地筑居规划设计方法论，形成特有的天地人共生的思维方式或思维定势，最终不是以创造而是以培育的方式，形成与自然共生的人类乐生栖居家园；⑧土地筑居的构图，要尊重土地的自然形态，如“S”形构图样式，与周易之道里的太极线，在形式和精神上有着惊人的相似和暗合。地球上的物象都是循环往复的，路的曲折、水的流动、山的起伏都离不开“S”。这也是山水画作品具有生命力和表现力的重要因素，“得势则随意经营，一隅皆是；失势则尽心收拾，满幅都非”。中国传统绘画将“构图”称作“经营位置”“置陈布势”“布局”等。由于“S”形构图中线条的转动，与山水画里的“起、承、转、合”相一致，能更好地表现出画面的动势与气势（图 12-1）。所以，从古至今“S”形构图样式在山水画中最为常见。这也从另外一个角度说明了，“‘S’形构图之技”与“阴阳之道”有着异曲同工之妙，也是营筑土地生命社区所要遵循的重要法则。

图 12-1　“S”形构图样式的自然之道

（资料来源：https://www.sohu.com/a/660535649_121106869；http://www.360doc.com/content/23/0925/18/40051472_1097865711.shtml）

6）营筑更有土地味道的生命栖居地。土地是人类生存最具有生命力的环境和风景，是生活空间的原型所在。土地自然系统的青山、碧水、蓝天和绿野，所蕴含的自然环境性、乡土风景性、生物机能性、绿色丰富性、河川共生性、原野广阔性、四季多彩性和景观动感性等，具有无限的价值，是人类最适宜的栖居之地。那里不仅是生存的场所，还是乐生栖居的精神寓所。它会让你的精神有所归属，心灵有一个安顿之处。无论斗转星移、世事沧桑，土地带给你的将是永远的精神故乡，是生生不息的精神归宿，找回人的精神家园，实现心灵的自由和个性的解放，这是人类生存的至高境界。生活在城市，永远只有水泥的味道，很难闻到土地的芳香，永远尝不到土地上的野草味，也就永远感悟不到“枕上诗书闲处好，门前风景雨来佳”的意蕴。因此，营筑土地生命社区，要努力营筑有土地味道的栖居之地，这是生命的使然，也是历史的反思。在营筑过程中，要以地为本，营造美丽的农之风景。对于人类来说，何种风景能够真正使人的内心得以平静，应该是原风景，人类所向往的原风景就是“农之风景”（章俊华，2009）。农民以人力和畜力为本，顺应于自然的恰当尺寸和速度，顺应于自然的功法和材料，进行的是与自然亲和的开发方式，更加留意于“怀念、亲和、原始风景、故乡”等精神性方面的营筑。这种方式与当代城市建设完全不同，城市建设一般都仰仗大型机械的动力进行挖山填海造房，导致大量能源消耗和生物栖息地的破坏。对于人类来说，理想的栖居地是田园生活和农之风景。抑或是能够与土、水、农所接触的栖息环境，这可见证于富人都倾向于生活在别墅里的历史，也可见证于园林景观的规划设计之中。农田是农民赖以生存的基础，而且农田犹如花园，不能忽略那些繁茂、饱满的农作物是劳动带来的最原始的美。农民是最好的园艺美化家和维护劳工，也是优美景色的保管人。农田是具有生命力的土壤，山林、草地、河流、田野、牧场这些具有强烈原风景特色的要素，是当代文明不可或缺的环境土壤。要始终坚持因地制宜，延续地域景观的历史文脉。不同地域的地形地貌决定了土地条件，形成了自然和人文特征。这便是渔村、山村等乡村名称的由来。荷兰风景园林师有一个普遍接受的观点，认为人类对过去的认识是人类存在的重要方面，在一个不断发展变化的世界中，延续历史可以提高幸福感、稳定感和安全感。不论是思想还是日常生活环境，现在都是叠加在过去的基础上的。设计未来需要观察现在和过去，新的环境与过去完全割裂会形成"文化断层"。当然，也包含有生态因素的考虑：因为随着时间的流逝，所有的生物体已经发展、适应了它们周围的环境，当环境突然改变，需要用很长的时间来恢复。设计师在进行设计时，应对场地进行彻底的调查和分析，强调保护现有的土地布局和形式，从历史中去寻找踪迹——老的肌理、历史遗迹、稳定的植被类型，将现状融入新的设计中去，这样形成的新景观将与其他环境明显区分，成为独特的场地（张晋石，2017）。设计要因地制宜似乎是一句被重复了无数遍，却也不那么容易达成的语句。因为这是一项需要时间去履行的使命。日本著名建筑师安藤忠雄曾历时 20 年在濑户内的直岛设计了一系列艺术馆建筑，并且逐步地完成，在这座面积不及 8. 13 平方千米，人口不足 4000 人的小岛上逐步开展了一系列的建筑与艺术实践活动（郭海鞍等，2019）。通过这些项目的设计，安藤忠雄得到的最大的认识是："不要去破坏自然的地形及周围的自然风景，应该利用其原有土地的地形去做你的建筑设计"（梁漱溟，2011）。可见，体现当地景观特征，不生搬硬套其他地域的景观利用模式，从土地本底缓慢展开，不疾不徐地完成土地生命社区创作是非常有使命感和成就感的一件事。

二、土地筑居的场地设计

（一）可持续发展与场地设计

可持续发展（Sustainable Development）是在 1980 年国际自然保护同盟（IUCN）发布的《世界自然保护战略》被第一次正式提出的。自它被提出的那一刻起，就广泛地为全球各界所认同，并作为 21 世纪"自然—社会—经济"复杂系统的运行规则，成为诊断国家健康运行的标准和战略目标选择。场地设计作为人类在土地之上的一项普遍活动，也必须符合可持续发展的框架和诊断标准。可持续发展导向下的场地设计，必须要考虑场地开发对于当地生态系统、全球生态系统和未来的影响。已有的研究表明，绿色场地设计是可持续发展导向下的一种最佳方式。美国托马斯·H. 罗斯（2005）认为，这种方式必须要坚持以下设计原则：①通过详细的建筑定位和景观设计将制冷负载最小化；②利用可再生的能源来满足场地的照明需求；③安装节能照明灯；④尽量使用已有的建筑和基础设施，避免在未经开发的土地中作开发；⑤设计中应该建立或帮助建立社区的共同精神；⑥设计中应该尽量减少对汽车交通的依赖；⑦节约使用材料或提高材料的使用效率；⑧保护和保持当地的生态系统，维持场地的环境功能；⑨选用低负面影响的或绿色的材料；⑩场地及其建筑物的设计应满足长久使用要求并可再循环利用；⑪设计中应尽量节约用水，减少水的径流，将雨水作为一种资源而不是一个问题来对待；⑫尽量减少浪费。如此才能保障土地的生态功能可持续性、生产功能可持续性、经济活力可持续性和后代利用可持续性。

2008 年，世界银行发布报告《生物多样性、气候变化和适应性：来自世界银行投资的基于自然的解决方案》，首次在官方文件中提出“基于自然的解决方案”（Nature-based Solution，NbS）这一概念，要求人们更为系统地理解人与土地的关系。2009 年国际自然保护联盟将“基于自然的解决方案”定义为“一种保护、可持续管理和修复生态系统的行动”。2015 年欧盟委员会将“基于自然的解决方案”纳入“地平线 2020”（Horizon 2020）计划。国际自然保护联盟于 2020 年正式发布了《IUCN 基于自然的解决方案全球标准》和《IUCN 基于自然的解决方案全球标准使用指南》，提出了基于自然的解决方案八大准则及 28 项指标，倡导依靠自然的力量和基于生态系统的方法，应对气候变化、防灾减灾、社会和经济发展、粮食安全、水安全、生态系统退化和生物多样性丧失、人类健康等社会挑战。基于自然的解决方案可以通过“从自然中寻找设计和实施灵感”来解决由于人类活动引起的不可持续问题，也是以可持续方式保护和利用生物多样性、应对气候变化、建设绿色和蓝色基础设施、提高生态系统服务和人类福祉的一项设计措施（Balian，2014；Brink et al.，2012；EC，2011）。基于自然解决方案的场地设计，是履行可持续发展准则的最佳实践，设计过程可以从以下角度来切入（de Vriend et al.，2012；O'Hogain et al.，2018）：

1）自然环境角度。在任何场地设计过程中，都应该从场地所处的自然环境或生态系统中找到实施 NbS 的机会。每个环境都是独一无二的，具有其自身的特点，应该详细识别土地生态系统的服务、潜力和现状。

2）工程设计角度。工程设计的每个步骤都要尽量引入 NbS 的机会。这些阶段包括启动、规划、初步设计以及施工图设计和后期维护设计等，并对设计方案进行 NbS 分析评价，必要时进行微调。

3）设计管理角度。管理内容涉及复杂的立法、规则制定、决策等过程，还涉及网络、监管环境、知识背景和实现框架。

4）设计知识库角度。知识库包括各种基于 NbS 设计工具、案例研究和其他示例。这些工具包括可用于不同项目阶段和设计步骤的方法、概念和策略。当这些技术被应用在工程设计实践中，这些工程设计案例将共同构成 NbS 的技术集。

无论是基于自然的场地设计解决方案，还是在可持续发展框架下的场地设计，都需要对场地设计的土地条件进行详细的调研和勘测，对场地设计环境进行深入的分析和定位，才能保障场地与自然融为一体。场地设计条件的调研和勘测内容主要有：①场地地理特征，包括地形地貌、气候条件、工程地质、水文与水文地质、土壤等地理信息的特性；②场地建设条件，包括建设现状条件、工程准备条件、基础设施条件、区域位置条件等；③场地公共限制，包括用地控制、密度控制、高度控制、容量控制、绿化控制、文物古迹限制、生物多样性限制、水资源限制等；④场地外部空间条件，每块场地都处于更大的场地环境之中，任何场地设计都需要重视与外部空间的相互渗透和延续，处理好建筑与外部空间的图底关系，以便构成完整统一又富于变化的有机整体；⑤场地生态系统状况，要深入调查勘测生物多样性、在地植物类型、环境污染、自然景观、水资源循环、碳循环等状况，为可持续发展的场地设计提供事实依据。

（二）场地设计的概念和内容

场地设计的概念在西方国家更为普遍，这与西方国家土地利用分区管制（Zoning）理论密切相关。它是根据建设项目的主体内容及其使用功能要求，结合场地的现状自然条件和建设条件，综合确定建筑物、构筑物及其他各项设施之间的平面和空间关系，正确处理好建设布局、交通组织、绿化布置、管线综合等问题，使建设项目各项内容和设施有机地组成功能协调的统一整体，并与自然地形及周围环境相协调，做出合理、经济、美观的场地总体布局设计方案（姚宏韬，2000）。场地设计与传统建筑总平面设计比较接近，但也存在一些根本性的差别。传统总平面设计主要侧重于建设项目本身的工程技术与使用功能要求，而场地设计更加重视场地的自然生态特征、周围建筑与邻里露天空间特征、大地艺术和景观美学特征、设计成果对天际线和使用心理的影响等内容。对场地尺度的理解，目前并不一致。建筑领域对场地尺度的理解相对比较小，而景观领域对场地尺度的理解相对比较大。就土地筑居的设计而言，场地尺度通常从数百平方米到数平方千米。其主要设计内容包括以下几个方面：

1）场地设计定位。要在深入调查分析场地及其周围自然条件、社会经济条件、建设条件和空间规划要求的基础上，明确影响场地设计的各种因素及问题，提出场地设计的特色定位和设计水准。场地设计定位必须要根据其更长的历史、更大的景观生态系统中的位置、当地政治经济的重要性以及土地综合价值等进行整体谋划。

2）场地功能布局。场地是作为一个更大的景观和生态系统的一部分存在的。结合场地的现状条件、设计定位和景观生态学要求，分析研究场地各种使用功能的要求，明确功能分区，合理确定场地内建筑物或构筑物及其他工程设施相互间的空间关系，包括场地内不同功能用地的安排、地形与水体的改造、雨水管网系统的组织，沼泽地保留、环境保护、动植物的迁移等在内的功能布局方案，并具体地进行平面布置。

3）场地交通组织。合理组织安排场地内交通流线系统，并充分考虑与场地外部交通系统的衔接，避免各种人流和车流之间的相互交叉干扰，进行道路、停车场、出入口等交通设施的具体布置。必须详细测算交通流量，测算多少停车场地足够使用，减少停车场的负面环境影响。

4）场地竖向布置。结合地形与其他自然条件，拟定场地的竖向布置方案，有效组织地面排水，确定场地各部分的设计标高和建筑室内地平的设计高层，合理进行场地的竖向设计，提供场地三维空间形态图。

5）场地管线综合。协调各种室外管线的敷设，合理进行场地的管线综合布置，并具体确定各种管线在地上和地下的走向、平行敷设顺序、管线间距、架设高度或埋设深度，避免其相互干扰（姚宏韬，2000）。

6）场地宜居营建。强化场地生态环境保护，进行旨在避免或减少自然生态环境破坏的初步设计，对野生动植物生息地进行复原和保护，如溪流和沼泽地的整治修复等，从设计上控制水位和水流，并使场地植被和水量得到有序安排。应当强化人居环境设计，对人行道、开放空间、铺入材料、栅栏与围墙、水景、广场、体育操场、老年人专用道、儿童友好场地、植物栽植、噪声影响等进行综合考量和设计。

7）场地风貌建构。建立所有地表地面层面区域的地表和排水管网系统，设计出美观的地形，保证建筑地势与周围道路的标高吻合，保留及保护植物重要的自然栖息生物。对场地自然风景、历史文化、空间保护、开发利用、生态修复、综合整治等方面进行控制引导，将地形、地质、土壤、水文、植被、动物、考古、历史、人类活动等内容都纳入场地景观风貌设计范畴，构建历史文化与自然景观网络相融合的新风貌，恢复植被覆盖和景观结构，塑造出更具特色、更加美丽和更高品质的活力场地空间。

8）场地保护保育。场地设计应该在充分理解建造这些建筑的土地特点的基础上进行。场地设计人员首先应该是土地的学生，要通过着眼于土地以及土地怎么发生作用来进行场地设计。要对场地的历史景观和自然景观进行全面保护，通过建立可通行的路径，激活历史景观场地的环境功能，改进历史景观以适应现代功能。要对土地和生物多样性进行全面保育，创造生物适应的小环境和与外部环境的链接路径。例如，扩展已经存在于场地上的湿地来处理由开发可能造成的水土流失，既可以保证景观系统的整体性，又可以减少开发对场地的影响；通过保留或者开发河边的区域为林荫道路，设计师可以保护水文环境、栖息地，以及景观的同化能力，同时提供一个令人愉快的场地环境。

三、从场地到场景的营筑

（一）土地系统的场景概念

场景（Scene）是一个来源于戏剧表演的概念，原本指戏剧、电影、电视剧中的场面。20世纪50年代以来，社会学家、经济学家、地理学家、城市学家、传播学家、营销学家等分别从不同角度定义了场景的概念，对于场景的具体内涵并未达成一致。20世纪80年代，以西尔等为首的新芝加哥学派将“场景”这一概念引入城市研究中，其代表性研究成果之一是《场景：空间品质如何塑造社会生活》（西尔等，2019）。该书认为，场景是一种强有力的概念工具，可以去辨别不同地方的内部或外部呈现的具有美学意义的范围和结构，从而去发现文化生活的聚集。城市中的场景是各种功能、种类、布局的城市便利设施（Urban Amenities）的组合。这些便利设施包括餐馆、酒吧、咖啡馆、画廊、书店、公园、学校、医院等。它们不仅提供一定的使用功能，还传递着文化和价值观方面的信息。它可能代表某种共同兴趣、某个特定地点或是某个场所具有的美学意义。归根结底，它是一种摆脱孤立以及整体性、关联式的思维方式。在城市，场景是城市的各项功能在空间和个体生命互相交叠中的重新定位。

著名社会学家帕森斯和梅尔塞将土地的概念分为3个部分：物理设施、文化设施和动力承诺。西尔认为，各种各样的舒适物设施和活动充斥在各种地点，它们的不同排列组合创造出独特的场景，赋予城市生活以意义、体验和情感共鸣。它还能培养各类精神，并由此定义城市经济、居住生活和公共政策。从土地到场地再到场景，这是从农业社会走向后工业社会的内涵变迁。其中，虽然土地的基因和本质没有改变，但土地的功能已经有了很大的跃升。从后工业社会土地筑居的角度看，“场景”是指一定数量的土地设施的有机组合，并将其提供给具有一定个人符号和共同价值观的社会成员享用，是具有精神象征和文化意义的“土地设施”。“场景”的重要社会意义在于，它不仅是一个传统的工作、居住、消费和休闲场所，而且推动了一个能够彰显一定价值观维度的新社会消费场所的产生。土地系统的场景概念，包括以下几个要素：①是一个空间概念上的社区或地段或区域，在其空间范围内能够捕捉到内外部的区别；②是一个有形且可识别的实体建筑和集聚空间，如购物中心或者俱乐部；③是一个连接土地与文化和美学的枢纽，具有最新的知识或技能，能够产生新的“情境价值”（Situation Value）；④各种设施的组合能够链接起特色的活动、集聚特定的人群并产生共同的价值观。最终，在土地空间上形成了多种格局特色的实证场景。

在知识经济时代和后工业社会，“创造性群体”是区域发展的最重要推动力量。按照场景理论，建设能够符合创造性群体等优秀人力资源价值观取向的市政设施，留住高端人才，在区域发展路径创新上具有十分重要的战略性和前瞻性。德国亚琛、意大利那不勒斯、哥伦比亚波哥大和美国芝加哥等城市，就是在城市建设中充分运用了场景理论，而使城市发生了巨大的变化，并成功地实现了老重工业城市的转型和振兴。进入21世纪以来，土地筑居的重点逐步由物质和经济空间走向生活和品质空间的结合。要从使用者的角度：①塑造高品质人居环境和场景，满足公众对于社区空间的认知、审美、体验和使用需求；②打造宜居、宜行、宜业、宜学、宜养、宜游的高品质社区生活圈，形成有归属感的社区公共空间，提供充足的社区学习、就业和创新空间；③提供覆盖全年龄段的公共服务保障，建设全年龄段友好型社区空间，构建高品质公共空间网络，激发社区文化活力；④彰显社区风貌特色，对文化消费、文化参与和文化主体权利的实现在空间上给予特别关注，营造高品质美好生活的新场景等，是未来土地筑居的重点和趋势。

（二）土地空间的场景营造

场景营造的核心内容就是要塑造出本土真实性（Local Authenticity），这是一个对本土环境敏感的关键场景维度。“本土”的吸引力就在于，一个人希望找到只有这里才有的，还没有被全球资本主义标准化力量所同质化的独特土地三维空间。这种空间谈不上是“净土”，但它是一个具有独特魅力、活力和吸引力的空间，是一片能令你爱得深沉的土地。土地空间的场景营造，除了塑造一个地方的整体文化风格或美学特征以外，以下营筑方式更具有实践意义：

1）场地意象营造。根据地块功能定位、自然和人文要素构建场地、场景、场域三种维度的抽象概括，通过对场地周边环境敏感性和文化基因捕捉，充分运用环境心理学、社会心理学、行为地理学、聚居人类学、艺术设计等理论和方法，将场地建设条件、空间形态、空间体量、建设材料、历史遗存、景观风貌等巧妙地结合起来，使场地空间内的景色和情感完美融合，让场地空间更具体验性，更具有生命感、心理归属感和文化认同感。通过对土地空间意象生成的设计，有效塑造场所和场景的特质，从文化层面提升土地空间设计的品质和意境。

2）回归人性尺度。场景形态设计要更加关注人性尺度的回归，将群体形态的组织方式、单体间的空间营造放在更突出的位置，用生态群落的形态去塑造一个更具有艺术性的建筑场地。它需要在尊重场地景观和地形条件的前提下，从人的动态体验感出发，挖掘土地空间形态之美、秩序之美和适宜之美。在土地空间的山水世界中，建筑总是隐在一隅，必须要形成建筑与自然、建筑与环境、建筑与社会、建筑与文化、建筑与建筑之间的连接、对话和气场。

3）场地体验创造。场地体验创造就是以身体—时间—空间的关系原型为基础，以加深人对场地空间的感知为主线，根据功能定位和差异性要素构建场地、场景、场域三种设计维度的抽象话语，包括物质建构、意义建构和场域建构（魏方等，2020）。它特别重视从使用者的角度即以人的场所体验和视觉、听觉、触觉、嗅觉、味觉五大感官反应出发，通过对典型场地设计作品的解读，重新审视场地场所精神的意义，也即将人类知觉体验的五要素纳入场地体验设计，使场地体验设计更具有人文性、特色性和地域性，进而完善和塑造场地的场所精神，提高场地体验设计作品的感染力（胡晓娟等，2014）。其具体工作内容可以描述为：根据场地的功能定位，结合场地的自然条件和建设条件，重视对场地周边环境的敏感性捕捉，以确定建筑物、构筑物及其他各项设施之间的平面和空间关系为基础，正确处理好建筑布局、交通组织、绿化布置、管线综合、生活设施、历史遗存、景观风貌的空间组构，使其有机组成多样性、自然性、畅达性、标识性、人文性、可赏性、可浸入性的功能协调整体，并与自然地形及周边环境相协调，从而创造一种自由、非均质、非线性、流动性、连续性的场地空间形式和人地关系。

4）意象意境塑造。土地空间设计的高级形态是要塑造一个有灵性、有层次、有意味和有教化的意象意境空间场景。所谓意象塑造，就是要将设计者主观的“意”和土地空间客观的“象”进行结合，也就是融入设计者思想情感的“物象”，是赋予某种特殊含义和文化意味的具体形象。它需要土地空间设计者充分运用环境心理学、社会心理学、行为地理学、聚居人类学、艺术设计等理论和方法，通过对土地空间的对话，在特定情境设定、事件激发作用下的社会参与、互动、统觉的过程中，使主体从形象的直观理解中获得概念构思、意象概括和譬喻性解释，形成基于个体经验的相对真理与认知原型。例如，将区域特有的山地网络和水系网络相互叠加，并在期间点缀寺观、亭台水榭、磨坊和农具，乡村建筑群无论是背山还是滨水，都随山就势，错落有致，就可以塑造出中国历史著名绘画长卷《千里江山图》的意象。在土地空间意境塑造中，设计者需要立象以尽意，将情感与文化物化为象，传递给空间体验者。通过对土地空间中“象”的感知与体验，激起人们丰富的文化情感而达意。在土地空间中，象与意相互作用而形成空间意境。通过对空间意境生成的研究可有效塑造场景的特质，从文化层面提升土地空间设计的品质。对于塑造土地空间意境而言，需要将空间形态、空间体量、建设材料等巧妙的结合，使土地空间内的景色和情感完美的融合，让空间具有生命感、心理归属感和文化认同感，使土地空间成为人与自我精神的媒介，成为有形、有神、有性格的生命空间，从而营造出视觉与情感共振的土地空间意境。例如通过下沉式空间、地台式空间、凹入与外凸空间等的变化组合，引起不同主体具有不同的感观感受和情感体验，其所隐喻的空间意蕴也就各不相同。

5）场所精神的传承性表达。生活中对某一场所的利用往往具有公众参与的引导和延续，如村口的大槐树下下棋的老人便给人深刻的“场景记忆”。不同地域文化下产生的空间环境必然携带着某种印记，乡村社会结构更是决定了这些印记必然是记载、见证，也将传达在这里生活过的人和事的语言，是当地历史文脉的传承符号。土地空间设计中强调人类活动与所在场所的关联性，就是为了重现某种独具意蕴的空间场景，以达到精神上的沟通。因此，设计师通过对实地深入探究，寻找土地精神，提取空间符号语言，进行加工、转换、组合、再现，从而传达具有独特意义的土地空间场景表达。

当代城市病，是从不接“地气”开始的。城市化以来，人类实际上越来越离地生活，而今天我们需要着陆，需要回到土地，寻找土地精神，这是人类筑居再定义的出路和前景。

参考文献

岸根卓郎，1999．环境论［M］．何鉴，译．南京：南京大学出版社．

蔡运龙，2000．自然资源学原理［M］．北京：科学出版社．

戴代新，戴开宇，2009．历史文化景观的再现［M］．上海：同济大学出版社．

丁成日，2015．世界巨（特）大城市发展：规律、挑战、增长控制及其评价［M］．北京：中国建筑工业出版社．

丁为祥，2015．中国“天人合一”思想的形成与发展［J］．唐都学刊（6）：1-18．

董治年，2015．共生与跨界［M］．北京：化学工业出版社．

宫路秀作，2021．地理上的经济学［M］．吴小米，译．杭州：浙江大学出版社．

郭海鞍，崔愷，2019．文化引导下的乡村特色风貌营建策略研究［J］．建筑实践（2）：31-32．

韩乾，2019．城乡规划让生活更美好：理念篇［M］．台北：五南图书出版股份有限公司．

胡晓娟，鲍英华，2014．探寻场地的场所精神［J］．建筑文化（2）：145-148．

胡最，刘沛林，曹帅强，2013．湖南省传统聚落景观基因的空间特征［J］．地理学报，68（2）：219-231．

蒋涤非，2010．城惑［M］．北京：中国建筑工业出版社．

李立，2007．乡村聚落：形态、类型与演变［M］．南京：东南大学出版社．

李先逵，刘晓晖，2017．诗意规划论［M］．北京：中国建筑工业出版社．

李雪莹，齐童，张国庆，等，2016．国内外景观美学研究综述［J］．黑龙江科技信息（24）：261-262．

梁漱溟，2005．乡村建设理论［M］//梁漱溟全集：第2卷．济南：山东人民出版社．

梁漱溟，2011．乡村建设理论［M］．上海：上海人民出版社．

刘滨谊，1990．风景景观工程体系化［M］．北京：中国建筑工业出版社．

刘鑫垚，2012．基于美学观的山地城市设计研究［D］．重庆：重庆大学．

龙花楼，李裕瑞，刘彦随，2009．中国空心化村庄演化特征及其动力机制［J］．地理学报，64（10）：1203-1213．

罗斯 托马斯 H，2005．场地规划与设计手册［M］．顾卫华，译．北京：机械工业出版社．

罗素，1996．西方哲学史：上［M］．何兆武，李约瑟，译．北京：商务印书馆．

马武定，2005．城市美学［M］．北京：中国建筑工业出版社．

芒福德 刘易斯，2004．城市发展史［M］．宋俊岭，倪文彦，译．北京：中国建筑工业出版社．

潘家恩，温铁军，2016．三个“百年”：中国乡村建设的脉络与展开［J］．开放时代（4）：126-145．

任致远，2005．透视城市与城市规划［M］．北京：中国电力出版社．

沈敏，周永博，2011．旅游景观审美层次与结构探析［J］．安徽农业科学（35）：21886-21888．

斯坦纳 弗雷德里克，2004．生命的景观［M］．周年兴，等，译．北京：中国建筑工业出版社．

孙峰华，方创琳，王振波，等，2014．中国风水地理哲学基础与人地关系［J］．热带地理（5）：581-590．

谭纵波，2020．城市病是一种什么病［J］．文化纵横（4）：127-133，143．

王柯平，2000．旅游美学新编［M］．北京：旅游教育出版社．

王树声，2009．“天人合一”思想与中国古代人居环境建设［J］．西北大学学报（自然科学版）（5）：

915-920.
王雪霏，夏楠，2020. 基于“此在”理论的标志性景观的审美时效性研究［J］. 园林与景观设计（11）：175-179.
魏方，黄子舰，2020. 身体经验与时空想象［J］. 景观设计学（4）26-41.
西尔 丹尼尔 亚伦，克拉克 特里 尼科尔斯，2019. 场景：空间品质如何塑造社会生活［M］. 祁述裕，等，译. 北京：社会科学文献出版社.
徐苏宁，郭恩章，2002. 城市设计美学的研究框架［J］. 新建筑（3）：16-20.
雅各布斯 简，2014. 美国大城市的死与生［M］. 金衡山，译. 南京：译林出版社.
严忠明，2010. 寻找土地的精神［M］，北京：中国建筑工业出版社.
姚宏韬，2000. 场地设计［M］. 沈阳：辽宁科学技术出版社.
张晋石，2017. 乡村景观在风景园林中的意义［M］. 北京：中国建筑工业出版社.
张柠，2013. 土地的黄昏［M］. 北京：中国人民大学出版社.
张新斌，李龙，王建华，2010. 黄河流域史前聚落与城址研究［M］. 北京：科学出版社.
张艺，2019. 儒道佛三家“天人合一”思想溯源与对比研究［J］. 牡丹江大学学报（8）：13-16.
章俊华，2009. Landscape 思考［M］. 北京：中国建筑工业出版社.
Flaxman M，2010. 地理设计基础［J］. 迟晓毅，译. 中国园林（4）：29-34.
EC, 2011. Communication from the Commission to the European Parliament, the Council, the European Economic and Social Committee and the Committee of the Regions. Roadmap to a resource efficient Europe［R］. Brussels: European Commission. http://eur-lex. europa. eu/legal-conten/GA/ALL/? Uri = COM: 2011: 0571:FIN.
Abi F, Ghanbari S, Toulabi Nejad M, 2022. Effect of ecotourism development on sustainability of rural settlements : case study: Sarbaz County［J］. Regional Planning, 11 (44): 269-290.
Amnaj K, 2014. Sustainability of rural land use based on an integrated tourism model in Mae Kampong Village, Chiang Mai Province, Thailand［J］. Geographical Review of Japan, 86 (2): 157-173.
Antrop M, 2000. Changing patterns in the urbanized countryside of Western Europe［J］. Landscape Ecology, 15 (3): 257-270.
Appleton J, 1975. Experience of landscape［M］. Chichester, New York: John Wiley & Sons.
Ayad Y M, 2005. Remote sensing and GIS in modeling visual landscape change: a case study of the northwestern arid coast of Egypt［J］. Landscape and Urban Planning, 73 (4): 307-325.
Ayhan Ç K, Taşli T C, Özkök F, et al., 2020. Land use suitability analysis of rural tourism activities: Yenice, Turkey［J］. Tourism Management (76): 103949.
Balian E, 2014. Outputs of the strategic foresight workshop "Nature based solutions in a BiodivERsA context"［R/OL］. Brussels: BiodivERsA Report. http://www. biodiversa. org/687/download.
Benslimane N, Chakri K, Haiahem D, et al., 2019. Anthropogenic stressors are driving a steep decline of-hemipteran diversity in dune ponds in North-Eastern Algeria［J］. Journal of Insect Conservation, 23: 475-488.
Brink P, Mazza L, Badura T, et al., 2014. Nature and its role in the transition to a green economy［R/OL］. London: Senior Fellow and Head of Brussels Office, IEEP. http:// www. teebweb. org/wp-content/2012/10/Green-Economy-Report. Pdf.
Callicott J B, 1983. Leoppold's land aesthetic［J］. Soil Water Conserv. (38): 329-332.
Carlson A, 1991. The Aesthetics of landscape［M］. London: Belhaven Press.
Dangermond J, 2009. GIS: Designing our future［J/OL］//ArcNews. Redlands, CA: ESRI, Summer. http://www. esri. Com/news/arcnews/summer 09 articles/ gis-desgning-our-future. html.
de Vriend H, van Koningsveld M, 2012. Buliding with nature: thinking, acting and interacting differently.

EcoShape, Building with Nature, Dordrecht [R/OL]. Dordrecht, the Netherlands: EcoShape, Building with Nature. http://www. ecoshape. nl.

Fan B , Yang W L, 2019. Evaluation of ecological suitability of rural tourism land : a case study of Xi'an city [J]. E3S Web of Conferences, 79: 1-5.

Figlus T, 2020. Process of incorporation and morphological transformations of rural settlement patterns in the context of urban development: the case study of Lodz [J]. Quaestiones Geographicae, 39 (2): 75-95.

Guo P , Zhang F , Wang H , et al. , 2020. Suitability evaluation and layout optimization of the spatial distribution of rural residential areas [J]. Sustainability, 12 (6): 2409.

Kilang M, Zhang C R, Li W D, 2021. Optimization of urban land cover classification using an improved elephant herding optimization algorithm and random forest classifier [J]. International Journal of Remote Sensing, 42 (15): 5731-5753.

Lang J, 1987. Creationg architectural theory: the role of the behavioral sciences in environmental design [M]. New York: Van Nostrand Reinhold.

Leopold A, 1987. A sand county almanac, and sketches here and there [M]. New York: Oxford University Press.

Lothian A, 1999. Landscape and the philosophy of aesthetics: is landscape quality inherent in the landscape or in the eye of beholder [J]. Landscape and Urban Planning, 44 (4): 177-198.

Lu C, Shi L, Zhao X C, et al. , 2021. Study on urban construction land optimization based on geological environment suitability evaluation [J]. Arabian Journal of Geosciences, 14 (7): 1-8.

Masoudi M, Aboutalebi M, Asrari E, et al. , 2023. Land suitability of urban and industrial development using multi-criteria evaluation (MCE) and a new model by GIS in Fasa County, Iran [J]. Land, 12 (10): 1-13.

Mei R, Han L R, 2022. Evaluation system of rural sustainable tourism land based on ecosystem service value [J]. Ecological Chemistry and Engineering S, 29 (3): 347-369.

O'Hogain S, McCarton L, 2018. A technology portfolio of nature based solutions: innovations in water management [M]. [S. l.] : Spring International Publishing AG.

Pokhrel S, 2019. Green space suitability evaluation for urban resilience: an analysis of Kathmandu Metropolitan city, Nepal [J]. Environmental Research Communications, 1 (10): 105003.

Randelli F, Martellozzo F. , 2019. Is rural tourism-induced built-up growth a threat for the sustainability of rural areas? the case study of Tuscany [J]. Land Use Policy, 86: 387-396.

Rosner A, Wesołowska M, 2020. Deagrarianisation of the economic structure and the evolution of rural settlement patterns in Poland [J]. Land, 9 (12): 523.

Schweitzer A, 1990. Out of my life and thought (1933) [M]. New York: Holt.

Steinitz C, 2012. A framework for geodesign: changing geography by design [M]. New York: Esri Press.

Wang H, Qin F, Zhang X, 2018. A spatial exploring model for urban land ecological security based on a modified artificial bee colony algorithm [J]. Ecological Informatics, 50: 51-61.

Wang W, Chen J, Wang Z Y, et al. , 2021a. An estimation model of urban land accessibility [J]. International Journal of Environmental Research and Public Health, 18 (3): 1258.

Wang W, Zhou Z H, Chen J, et al. , 2021b. Analysis of location selection of public service facilities based on urban land accessibility [J]. International Journal of Environmental Research and Public Health, 18 (2): 1-20.

Weinstoerffer J, Girardin P, 2000. Assessment of the contribution of land use pattern and intensity to landscape quality: use of a landscape indicator [J]. Ecological Modelling, 130 (1/3): 95-109.

Xu Z, Zhou S, Zhang C, et al. , 2023 . A bayesian network model for suitability evaluation of underground space development in urban areas: the case of Changsha, China [J]. Journal of Cleaner Production, 418: 138135.

Yang Z Y, Yang D, Geng J J, et al. , 2022. Evaluation of suitability and spatial distribution of rural settlements in the Karst Mountainous Area of China [J]. Land, 11 (11): 2101.

Yu L, Xe D L, Xu X, 2022. Environmental suitability evaluation for human settlements of rural residential areas in Hengshui, Hebei Province [J]. Land, 11 (12): 2112.

Zhou H T, Na X D, Li L, et al. , 2023. Suitability evaluation of the rural settlements in a farming-pastoral ecotone area based on machine learning maximum entropy [J]. Ecological Indicators, 154: 110794.

第十三章　土地和人

第一节　人和土地的相依原理

一、土地与人类文明演化

（一）土地禀赋与人类文明

土地是人类赖以生存的基础，土地资源禀赋是创造人类文明的决定性因素，这种作用在人类文明之初尤其如此。尼罗河、幼发拉底河、底格里斯河、恒河、黄河、长江，都孕育过伟大的文明，都是今天世界文明的重要源头，对人类的生存、经济、文化等方面也产生了深远影响，其中重要原因就是这些地区的土地资源禀赋更为优越。在这些区域，土地上有能够为人类提供生活和灌溉农田所需的水源，正好为文明中心的建立提供了充分条件。河流不仅是货物运输和贸易往来的重要通道，也在一定程度上促进了文化的传播与交流，如美索不达米亚的底格里斯河和幼发拉底河、埃及的尼罗河、中国的长江和黄河等河流都是如此。许多文明围绕着河流区域建立了强大的国家，并发展出了复杂的政治制度和宗教信仰。一些河流甚至被视为神圣之地，被用于宗教仪式和祭祀活动，如尼罗河就在古埃及文明中扮演了重要角色。这些优质的土地禀赋也为城市形成提供了水源、交通和生活资源，促进了城市的兴起和发展，许多古代和现代城市都建立在河流附近。距今 7400 年前后，尼罗河流域及两河流域出现了目前发现的人类最早的城市，这两个地区的土地条件正好能够满足大规模人类群居的需求，由此催生了古埃及文明和苏美尔文明。

从历史上看，不同土地上生长不同的植物，会产出不同的产品，不仅其引进与迁移改变了区域的农业结构，其原产地、分类学特征和所处的历史阶段也深深影响着世界文明（费朗，2022）。随着贸易和城市化的兴起，某些土地产品成为重要的商品作物，如茶叶、咖啡和香料等，各类作物在不同地域之间传播与销售，促进了经济的繁荣与文化的传播。与此同时，以棉花、亚麻、橡胶、竹子等植物为原料制成的纤维、油料、建材等推动了工业化进程，为国际贸易提供了丰富的商品；药用植物的种植和加工也形成了庞大的药用植物产业链，为经济发展提供了新的增长点；生态旅游和园林观赏业是现代经济中的新兴产业，植物园、公园、风景区等成为人们休闲娱乐和文化活动的重要场所，也为地方经济带来了可观的收入。不同的土地产品与人类文明之间的关系深刻而广泛，它不仅影响着人类的生存和发展，也反映了人类社会的文化、经济和环境面貌。本书绪论和第十二章的详细论述已经指出，凡是人口聚居规模较大的国家，大米、小麦、茶叶、棉花、马铃薯 5 种农作物生产的规模也较大。美国与非洲各国相比，前者土地禀赋条件优越，后者大多比较恶劣，因此前者的人口分布密度就远高于后者，二者的文明进程也很不相同。直至21世纪20年代，人口排名前10的国家，都是食物供应大国或者农业大国。菲利普·费尔南多·阿梅斯托（2001）在《食物如何改变我们人类和全球历史》中探讨了与人类文明深深交织在一起的八场饮食“革命”，呈现出了人类在饮食上面的全球进化史。他指出，一种食物的获得是人类智慧的结晶，食物推动着人类过往的历史，在今天乃至未来，它依然支撑着人类的文明。食物在人类文明发展中扮演着重要角色。一部人类文明史既统摄着作为环境、产业与民俗的食物史，也或多或少地在不同发展阶段受食物史变局的影响。毫无疑问，食物的力量也是土地的功能。

（二）土地利用与人类文明

人类踏进文明门槛的前提是能够生产养活自己的食物，但无论是从事农业还是牧业，本质上都只是土地利用方式的不同。历史实践一再表明，文明的兴起和衰落都与土地利用密切关联。古代的玛雅文明因低地和沟渠的淤塞、环境及资源恶化导致农业生产力下降而毁灭，丝绸之路沿线的古文明也因土地盐渍化、水资源的耗竭和环境退化而消失……种种现象表明，文明得以持久延续的关键在于保持了养育人类土地的可持续性（葛剑雄，2022）。从人类历史进程来看，甘蔗与奴隶贸易、茶叶与大清帝国倒塌、棉花与美国南方农业、马铃薯与爱尔兰对美国移民（Hobhouse，1985）等种种事件，都因土地利用方式和强度不同，在促进农业发展、食物供给、人口增长、经济社会进步中发挥了不同的作用，在很大程度上影响了人类文明的进步。

农业土地利用方式选择是人类历史上的重大转折点之一，人类开始通过耕种、畜牧和种植来生产食物。农业土地利用方式的兴起，使得人类可以更为稳定地获得食物，催生了农业社会的形成，人类开始从游牧生活向定居生活转变，形成了稳定的社会组织和文化传承，为后来的城市化和文明的兴起奠定了基础。土地利用方式的改变，会在很大程度上改变人类的食物保障状况，促使先民们迈出了跨空间交流文明的脚步，食物嗜好或饮食结构的变化也导致旧式社会资源配置发生迁移，从而诱发一系列看似与食物无干的根本性变化，“吃什么”和“怎么吃”也就成为特定的文化印记。与此同时，食物和饮食习惯还因当地的土地利用格局、历史文化和社会习俗的变迁而不断丰富，从而成为文化传承的重要组成部分，并被传承下来。

古丝绸之路，从中国古都长安或洛阳，经中亚国家、阿富汗、伊朗、伊拉克、叙利亚等而到达地中海，全长6440千米，是亚欧大陆古代东西方文明的交汇之路。这条影响东西方历史文明，使得数千年来游牧民族或部落、商人、教徒、外交家、士兵和学术考察者沿之开展各种文明交流活动的丝绸之路之所以能够形成，根本上是缘于土地禀赋和土地利用方式的不同。在丝绸之路上进行交易的品种繁多，从中国输出的主要是丝绸、茶叶、瓷器、香料、药材、毛皮等，而所有这些品类都与土地利用的适宜性和土地利用方式的选择密切相关。根据历史记载、古遗址、考古遗址遗物及线路构成，可推断出丝绸之路的本质是土地产品和思想跨国交流的主要通道。通过丝绸之路，犹太教、伊斯兰教和基督教从地中海、袄教和摩尼教从波斯传入中国。中国的造纸术、印刷术、火药、冶铁术、弩箭、指南针和瓷器传到了西方，西方的工程技术、棉花种植和加工、挂毯织造、天文历法、葡萄种植以及玻璃和金属加工技术传入东方。由此，源于土地产品的交易对东西方文明的融合和发展产生了深刻影响。

土地利用与人类文明的演进是一个复杂而深刻的历史过程，它反映了人类对土地资源的利用方式、社会制度的演变以及人类与自然环境之间的关系。弗·卡特等（1987）在《表土与人类文明》一书中指出，人类文明的命运在很大程度上受到土地利用方式的制约，在人类不断改变和破坏生存环境的情况下，与土地资源的减少相伴随的是文明的衰落。

（三）土地制度与人类文明

早期的人类是以狩猎、采集和渔猎为主要生活方式，土地利用方式相对简单，人类对土地的影响较小。但随着农业的兴起，人类开始通过耕种和畜牧来利用土地，形成了最早的定居社会，这一阶段人类开始对土地进行开发和改造，包括清理土地、灌溉、耕作和畜牧等活动，因而也改变了人类与土地的关系。随着农业的发展，一些地区形成了稳定的农耕社区，这些社区逐渐演化成了村庄和城市。与此同时，农业生产技术的发展推动了城市化进程，促使人类社会向大规模城市和国家发展。城市的逐渐兴起使土地利用方式发生了根本性的改变，人类开始通过城市建设、农田扩张、资源开发等来满足居住、商业、政治和文化等多方面的需求。在农业社会和工业社会演化的进程中，人与地的张力开始突显。人们为了获得更多财富，开始争夺土地，土地利用的责权利关系开始变得复杂化，围绕土地而产生的各种各样矛盾、冲突和博弈成为一种普遍现象。

要解决上述矛盾和冲突，就需要合理的土地制度加以辅助。如历史学家、经济学家通常将17—19世纪英国农业生产方式发生巨大变革的过程（英国农业革命）归咎于圈地运动、土地权集中和租地农场等制度性因素。而土地制度常常与政治权力相互关联，在统治者试图通过控制土地来巩固政治地位的情况下，土地所有权的建立对于社会秩序、资源配置和权力结构等产生了重要影响。随着社会的发展，土地所有权逐渐成为一个重要的社会制度，在不同的文明中具有不同的表达形式，如美国等发达国家实行土地私有制，而部分国家则实施土地公有制或集体所有制等，进而维持土地利用的公平性与合理性。工业革命的兴起加速了城市化和土地利用的变革，导致了农业生产的机械化和集约化。从最初的依赖自然资源生存，到逐渐开发利用土地资源，再到面临工业化带来土地稀缺的严峻挑战，人类开始关注土地资源的可持续利用以及城市发展的环保性，以期在土地规划制度、城市发展和环境保护等方面寻求平衡。

自古以来，土地制度就不仅仅是土地本身，它激发出财产以外更广泛的问题，蕴含着最宽泛的社会、政治和文化关系。土地财产权制度和国家制度的动态关系以及政府对这些问题的界定和裁决，是一个国家的核心问题（Lund et al.，2013）。古埃及的土地占有制度、古巴比伦王国的土地制度、古罗马的土地所有权制度等，都对人类文明的演进产生了深刻影响。以古巴比伦王国的土地制度为例，一部分土地属于王室占有，大部分土地属于公社占有，前者约占15%，后者约占85%。这种土地制度一方面保证了严格控制土地的所有和至高无上的权力，同时归田于民，“使民不移”，固定在土地上从事农耕生产，经济得到发展，社会得以安定，人类文明得以延续。古罗马的土地所有权制度也是如此，在维护奴隶主阶级利益的同时，也维护了贫民以及奴隶的部分权利，尤其是使贫民阶层享有了“公民权”，这是古罗马繁荣的重要因素，也对后世各国文明产生了重大影响。中国的土地制度，尤其是土地赋役制度，对中华农业文明的演进产生了深刻影响。秦汉时期，封建土地所有制格局大致形成。随着土地私有制的深化，封建王朝以强制手段公开掠夺土地。例如，秦始皇灭六国以后（公元前219年）东巡所作琅琊石刻就表达了“六合之内，皇帝之土”愿望；汉武帝为了扩大官府的园池苑囿，“乃使太中大夫吾丘寿王，与待诏能用算者二人，举籍阿城以南，盩厔以东，宜春以西，提封顷亩乃其贾直，欲除以为上林苑，属之南山”（陈小葵，2008），皇帝之下的各级官僚、贵族纷纷效仿，加入强占民间的行列。当兼并使失去土地的农民达到一定数量时，王朝便也到了它的末日，在揭竿而起的农民暴动战争中归于毁灭，一个新的王朝取而代之；王朝更换了，但土地制度并未改变，于是前朝的命运又在等待着新朝。与“强制兼并”交替进行的是抑制兼并——均田和限田。如北魏的“均田制”是中国历史上一项重要的土地制度，它给予农民基本的生产和生活资料，将农民束缚在少量土地上，对于发展经济、增加国家税收、缓解阶级矛盾、稳定社会秩序等方面产生了深刻影响。从历史上看，中国封建王朝更替与稳固，总是伴随“强制兼并”与“均田和限田”土地制度的节奏律动，它们互为因果，深刻改变着社会形态和文明进程。

二、人地关系的基本原理

（一）人地关系的四大原理

最近6000年以来的历史记载表明，除了中国等少数例外情况，其他国家还从未能在一个地区内持续进步30～60代（800～2000年）（卡特等，1987）。在大多数的情况下，文明越是灿烂，它存续的时间就越短。之所以会在孕育了这些文明的故乡衰落，主要是由于人们践踏或者毁坏了助力人类文明发展的土地环境，违背了人和土地的相依性原理。这种相依性，主要体现在以下4个方面的人地关系基本原理。

1. 人地关系的复杂性原理

人地关系要远比其他动物与环境的关系复杂得多，它不仅包括人类与土地环境的关系，而且包括人与人为环境和社会环境之间的关系，同时也包括土地环境、人为环境和社会环境彼此之间的关系。而在这些关系中，主要存在4个平衡：第一，人的自然的平衡，满足人的基本生理需求；第二，人的社会的平衡，满足人的社会需求，维持社会系统的正常运转；第三，自然环境系统本身的平衡，在自然环境可能的承受能力之内利用土地；第四，自然环境—人为环境—人之间资源、生产与消费的平衡。人的自然平衡和人的社会平衡均以人为环境的土地生产能力为基础，人类通过人为环境把土地资源转换为人类所需求的物质产品，从而抵御不利的自然环境，满足人的生理需求，维系社会的运转；而土地生产能力的大小以自然环境所提供的资源和所能忍受的破坏程度为前提。上述平衡均不是纯自然平衡，而是受到人类的社会行为所干预的平衡。社会环境作用的重要意义在于，对土地生产供给能力和需求愿望之间可能出现的矛盾给予人为的干预，协调两者之间的矛盾。上述平衡中的任何一个受到破坏，都会引起人地关系的混乱（方修琦，1999）。

2. 人地关系的异时性与异地性原理

在当代社会，土地生态系统物质和能量的输入与输出均超越了空间和时间的限制，作为一种通过文化进化来适应环境的动物，人类对生产、特别是文化的历史具有继承性，上述因素均导致了人地关系的异时性与异地性规律。异时性主要体现在工业革命之后的人类生产活动之中。在工业化以前，人类主要依赖于土地等地表资源进行生产活动。而进入到工业革命以后，生产活动基础的重心逐渐偏移至化石能源、金属矿产等不可再生资源。生产力的发展使得人类的欲望无限制膨胀，为满足对社会经济发展的需求，人类对土地资源开发的程度日益加剧、向自然环境中排放的废弃物不断增多，结果不仅改变了自然景观地貌，还极大地影响了整体的土地生态系统。从这个角度上讲，当前人类不仅在提前消费未来人类赖以生存的土地资源，而且正在改变人类赖以生存的所有系统和过程，这都使得现代的人类活动与未来的土地利用发生超前的异时相关。与此同时，随着人类文明的发展，各地区的交流日益频繁，世界愈发成为一个不可分割的整体，而异地性原理则表现在这个整体系统中的区域差异。一方面，人地关系的主体之间可能是交错的，通过地区间资源、生产和消费等方面的密切联系，任何一个地区都可以借助其资源、生产、贸易流通或金融等方面的优势弥补其土地资源自身的不足。另一方面，每一个地区的人地关系都不可避免地会受到其他地区人地间相互作用的影响，可能是地缘政治因素的制约，例如战争时期的粮食禁运，也可能是包括厄尔尼诺现象、全球变暖在内的各种生态危机，导致土地产品区域差异的加大。

3. 人地关系的相互性原理

人地关系是一种不以人们意志为转移的客观现象，不论从宏观还是微观，人地关系对彼此的影响无处不在。一方面，人类活动对土地的影响随着社会文明的演化而愈加深刻，初始在土地上创造诸如城市、道路之类的人工景观，随后填海造陆、聚沙成岛等壮举直接改变了土地利用格局。随着人类对土地开发强度与广度不断增强，甚至影响到了土地生态系统的物质循环与能量流动；而另一方面，土地对人类的生产生活也具有潜移默化的影响。它提供了人类生产生活必需的各种物质基础，在生活中影响着人类的行为习惯甚至是作风性格，例如中国南北方差异化的生活习性，而在生产中土地以其提供物质基础的不同数量、质量及承载力，影响人类的生产活动，同时也以其资源的空间组合特点影响着生产活动的地域分工。

4. 人地关系的动态性原理

人地关系的内涵随时代发展而不断地演变，人类主体、自然环境、人为环境和社会环境等多方面的因素都会对人地关系造成影响。而由于自然环境、人为环境和社会环境又都是变化的，因此人地关系也是一种动态变化的过程。就“地”类要素而言，随着技术的进步，人类改造自然的能力逐渐增强，对土地的依赖程度也不断减弱，土地产品的跨区域流动已经成为一种常态，进而削弱了土地生产和消费的本土局限性；就“人”类要素而言，作为人地关系中的主导，长期以来人口规模及增长始终是人地关系问题研究和土地资源环境承载力评价的逻辑基础所在。但伴随生活水平的提升与社会文明的进步，人们对土地产品需求会产生变化，对土地的认识和态度也不断变化。纵观人类的历史，从原始文明过渡到农业文明，接着工业革命将人类推进了工业文明，土地的退化和破坏又使人类倡导发展生态文明和可持续利用，人地关系的动态变化就在这文明演化过程中得以充分体现。

需要指出的是，在城市化不断推进和人类对土地产品不断有新需求的背景下，遵循人地关系基本原理的核心，是要对“人”、对“地”以及对“人地之间的作用方式”进行适度调控。其一，控制“人”对土地的影响，优化社会经济发展模式。不合理的产业结构、高污染高耗能的生产方式等都对土地造成了极大的压力。因此，要引导产业结构的调整，而产业结构调整是经济转型和保持经济长期增长的关键问题，同时也是降低“人”对“地”作用强度的最重要的途径之一（程钰，2014）。其二，提高“地”的环境承载力，强化生态环境安全调控。要强调对土地环境污染的治理修复，提高土地环境质量水平，分类分级推进土地保护。在考虑资源环境承载力的前提下，综合考虑不同地区土地生态环境、自然资源与社会经济发展程度的协调程度，有针对性地实施土地保护、维护和修复，并严格限制土地高污染用途配置。在生态环境压力较大的区域限制大规模工业化和城镇化开发，引导超载人口逐步有序转移，建设改善城乡人居环境，保障生态环境安全水平。同时要积极引导土地生态建设，提高土地生态系统服务功能，注重森林带、湿地圈以及其他土地生态区域的保护与建设，将具有水源涵养、生物多样性维护、水土保持、防风固沙等功能的土地生态区域以及生态环境敏感脆弱区域划入生态保护红线区域内，严禁可能对土地生态功能造成影响的各类开发行为，提高生态环境的修复力与承载力。其三，优化人类活动与土地之间相互作用的空间结构。要充分发挥市场和规划的双重作用，形成合理的土地开发利用格局。从区域整体性和资源环境禀赋的角度，寻找土地开发利用结构与人类活动行为选择的最佳契合点，重视人类活动对于土地资源的适配性。通过优化土地利用结构和功能，推动经济社会的可持续发展。

（二）人地关系的管理模型

针对人地关系，Henssen（1995）提出了一种“Object-Right-Subject”（客体-权利-主体）三元模型对其进行可视化。Henssen 解释说，土地登记与地籍通常互为补充，构成了一个完整的人地关系模型。其中，土地登记强调了主体与权属之间的关系（模型的上半部分），而地籍则重点关注客体与权属之间的关系（模型的下半部分）。Westerbeek（2000）和 Tuladhar（2004）在他们的研究中都引用了这种三元模型结构作为基础。Kaufmann et al.（1998）从 Henssen 教授的研究中认识到了“客体-权利-主体”结构模型。据此，在契约登记制度中，合法的权利持有者需要持有一份文件（即契约），以此证明他/她所持有的相关权利，通过正式登记造册后，即具有法律效力。契约登记制度一般是“以权利人为基础（man-related）”，即采取人的编成主义，从权利人出发，通过权利关系与土地对象产生关联；而权利登记制度则是“以土地为基础（land-related）”，即采取物的编成主义，以土地地块为出发点，通过权利关系与权利人相关联。

van der Molen（2003）认为，在人地关系建构时有必要考虑其动态性，包括产权动态性、市场动态性及政府干预动态性。同时，有必要对人地关系模型各部分的内涵和外延进行一定的延伸和拓展。①客体。应该采用空间单元（spatial unit），不仅仅指那些精确界定的客体单元。②权利。应该包括正式（formal）和非正式（informal）的产权类型。

③主体。应该采用群体（group），而群体内部成员关系无须明确界定（图 13-1）。该模型指出，行使土地权利的实体可以被定义为团体（community），即一个特定的群体。然而这里的群体成员并非特定的（例如，根据他们在部落、集体等的成员身份来确定）。他们所享有的权利是与土地之间的一种关系，这种关系符合所在团体的标准和价值。对于这种情景，可以采取一种渐进的方法来构建土地管理体系，关键在于要确保这些系统的可行性（viability）。在权利部分，则应该扩展到习俗权、非正式产权等社会权利关系（social tenure relationship）。

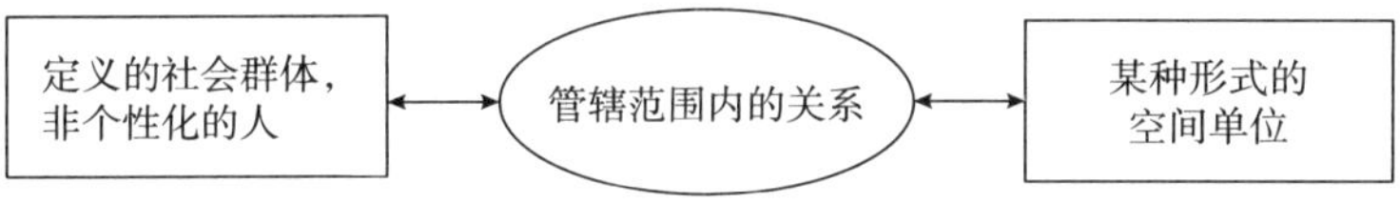

图 13-1　van der Molen 教授修改后的人地关系模型图
（据 Lemmen，2012）

Mattsson（2012）也提出了一套类似结构的人地关系模型。不同的是，他根据人与地之间的不同关系将模型分成了 3 种类型：①客体与主体直接关联；②通过权利和义务联系客体与主体；③通过所有权联系客体与主体。此外，Kalantari（2008）认为目前的土地管理体系不够灵活，无法适应很多土地相关的新问题，如非正式产权、习俗权、三维产权、水权、生物权、噪声限制、碳排放信用等。对此，Kalantari 提出了一种改进的人地关系模型，即引入基于法律产权对象（legal property object）的空间参考模型，以标识客体与其相关权益的组合。即该模型认为客体与权利应该是不可分割的整体，应该按照统一的逻辑进行唯一标识。

第二节　世界面临的土地问题

一、土地利用对全球变化的效应

（一）土地利用变化对全球变化的影响

许多研究已表明，土地利用和覆盖变化改变了区域大气化学性质及过程。森林消失、土壤碳的氧化、化石燃料的燃烧等都使大气中 CO_2 浓度增加，土地利用变化对 19 世纪全球大气 CO_2 含量增加起着重要作用，其作用仅次于化石燃料的燃烧，如森林向农业用地的转变以及森林的采伐都向大气中释放了大量的碳。目前，土地利用/覆盖变化释放 CO_2 的量约为化石燃料燃烧释放量的 30%。土地利用变化是大气中 CH_4 和 N_2O 浓度增加的主要原因。人类以不同的土地利用方式，通过对局地生态系统的强烈影响，改变了温室气体的全球收支平衡。与土地利用有关的火烧增加了空气中 NO、CO 含量，产生的烟雾可以影响区域乃至全球的能量平衡和气候。在本书第九章已经详细分析了土地利用对全球气候变化、水环境变化、生态系统变化的影响，不再赘述，以下进一步阐述土地利用变化对全球乡土文化断裂、全球不动产金融危机的深刻影响。

1）对全球乡土文化断裂的影响。乡土是与城市相对应的一个地理概念，它包括村落和集镇。乡土文化包含有形和无形两种形式。有形乡土文化主要指物态层面的，如山水风貌、乡村聚落、乡村建筑、民间民俗工艺品、民族服饰等。无形乡土文化主要指制度、风俗习惯、社会关系、艺术、语言符号、精神与价值等（艾莲，2010；黄文彩，2009）。乡土文化是一定区域内人的共同精神认知，有深厚的人本基础。保护和传承乡土文化，可以使社会形成认同感和归属感，也可以使人类的成长和发展扎根在深深的乡土上，不至于成为无根的浮萍。保护乡土文化，也是保证文化多样性的重要内容。而文化多样性是人类文化繁荣和文明进步的重要因素，是健全文化生态的基本保障。没有多样化的乡土文化的繁荣发展，可能很难获取文化持续健康发展的内在动力。当代社会发展的一个重要特征就是城市化。2023 年全球城市人口占总人口比例达到了 60%，这意味着超过一半的人口生活在城市地区。伴随着城市化的快速推进，乡村逐步失去了原有的景观风貌，增添了许多现代性的城镇生活景观，农民对土地的情感逐渐疏远，迫于生存需要及出于对城市生活的向往，农田开始粗放利用，乡土生活场景日渐消逝。在经济力量和技术力量的推动下，世界正在被塑造成一个共同生存的“地球村”。这种“地球村”的文化，意味着一种单一文化的崛起，拥抱着地球上所有的人，而且替代了迄今繁荣兴旺的、各种不同的文化体制。这种文化的单一化不仅不能为全球带来安定与和谐，还更能导致深重的暴力冲突，与物种的一元化一样可怕（叶启绩，2005）。一些本土文化母体，因为不适应所谓的科学体系和评价标准，已经难以进行良性的文化传承，无法进入主流文化的评价、传播体系。在很多场合，一些本土的民族民间传统，连用以标明身份的名称也无以为继（高小康，2010）。世界文化的本质是多样性的，是远古以来的客观历史存在。每一乡土文化或民族文化都有区别于其他地区或民族文化的特殊性和独创性，文化体系的基础是乡土文化和由乡土文化构成的民族文化及世界文化。无论是生活方式、基本人权、价值体系，还是传统、信仰、判断力、道义感，或价值判断、价值选择等文化因素，在世界上不可能有一个标准或一种模式。各种乡土文化的断裂，已经深深影响着人类文化的多样性和稳定性。

2）对全球不动产金融危机的影响。不动产是典型的资金密集型行业，与金融紧密联系在一起。不动产的运行与不动产融资息息相关。George（1879）很早就认为土地价值对经济周期具有影响，如土地投机引起地价的剧烈波动将对经济周期产生重要影响。在现实经济中，房地产（土地和建筑）也将影响经济周期。房地产危机的本质，是土地供求关系的失衡，以及高杠杆经营。资产负债快速扩张。土地利用的不合理变化，导致房地产企业囤积土地过多、负债过高，使得资产负债快速扩张。在世界范围内，房地产金融危机总是一次又一次发生。20 世纪一些国家和地区曾出现过 3 次可怕的房地产泡沫，结果使无数投资者转瞬间一贫如洗。以美国为例，20 世纪 20 年代中期，美国经济出现了短暂的繁荣，建筑业日渐兴盛。在这种背景下，拥有特殊地理位置和地价较低的佛罗里达州，开始大量供应土地，地价出现了惊人的升幅。例如，棕榈海滩上的一块土地，1923 年价值 80 万美元，1924 年达 150 万美元，1925 年则高达 400 万美元。当时该市仅有 7.5 万人口，其中竟有 2.5 万名地产经纪人，平均每 3 位居民就有 1 位专做地产买卖。当时，地价每上升 10%，炒家的利润几乎就会翻一倍。结果到了 1926 年，佛罗里达房地产泡沫迅速破碎，许多企业家、银行家破产或自杀、或发疯，有的则沦为乞丐。紧接着，这场泡沫又激化了美国的经济危机，引发了华尔街股市的崩溃，最终导致了20世纪30年代的世界经济大危机（杨红林，2006）。事隔70年后，华尔街再次发生房地产金融危机，又称美国次贷危机，是由美国房地产次级按揭贷款市场的借款人大面积集中违约引起主要金融机构流动性不足所引发的。在一年半的时间里，美国房地产贷款由于一个小举措的故障转变成一场全球性的危机。首先受到波及的是银行业，然后是货币、汇率、股市，最后是经济和社会，同时范围扩大到全世界（德洛迈，2008）。如同蝴蝶效应一般，在房地产金融领域的局部土地利用变化，会引起全球金融乃至经济社会的全面危机。

（二）全球变化过程中的土地利用难题

全球变化是伴随着人地矛盾的突出而进一步突显的。研究全球变化的科学目标是描述和理解人类赖以生存的地球环境系统的运转机制、变化规律以及人类活动对地球环境的影响，从而提高对未来环境变化及其对人类社会发展影响的预测和评估能力（Peltier，1990）。人的活动有很大的不确定性，由此引发的土地利用变化也有很大的不确定性。如何通过土地利用自然属性和社会属性的研究，来减缓土地利用对全球变化的负面影响，目前正面临多方面的难题。

1）土地利用变化面临的是多种自我变化的迅速过程，而这种变化主要来自时间和空间尺度各不相同的多种因素的相互作用，要对这种过程进行优化和控制是相当困难的。在全球变化条件下，人类在利用土地过程中唯一的应对方式是实施土地可持续利用战略。近30年来，多个国际组织、多国政府和众多科学家一直持续关注和研究土地的可持续利用问题。其中虽有许多重要进展，但是在许多方面反而可能比以往任何时候都更困难（唐华俊等，2000）。尤其是土地可持续利用还涉及目标和价值的判断，以及复杂技术的构建和开发。

2）如何从全球角度入手，深入分析土地利用变化状况及其驱动力机制，全面深入把握有关土地利用变化对生态环境和社会经济系统的影响，建立全面系统的全球“土地利用变化—生态环境效应—体制响应—土地利用”反馈环，建立土地利用变化生态环境和社会经济调控体系，做出科学合理的调控决策，目前鲜见成功的范例。

3）土地利用系统研究的核心问题就是围绕如何处理好人与土地之间的相互作用关系而展开的，它以促进人地关系的和谐、实现人地系统的持续发展为终极目标。但是，到目前为止，人类还面临许多重大科学问题的挑战。正如本书第八章所指出的那样，诸如人类需求与土地利用之间的相互作用过程、时滞、惯性和动力机制，包括土地利用系统协调发展的概念框架和创新模型等基础性问题，尚未有实质性进展。

二、土地的粮食安全和权益保障

（一）土地粮食安全面临的全球性挑战

20世纪70年代以来，全球粮食产量下降成为一个普遍的趋势。从1973年起世界粮食人均年产量一直徘徊在325千克左右。据联合国粮农组织披露，世界上营养不足的人口数 1969—1971 年间为 3.6 亿人，1972—1974 年间为 4.1 亿人。2021 年全世界陷入饥饿的人口达到 7.02 亿~8.28 亿人，其中 2019—2020 年间增加 1.03 亿人，2021 年增加 4600 万人。预计到 2030 年，全球仍有将近 6.7 亿人面临饥饿。由于粮食价格翻番，已在 30 多个发展中国家引发了暴力抗议活动，并导致海地总理雅克·爱德华·亚历克西被推翻。

土地提供了人类 98%的食物，粮食安全的深层次问题是耕地保护，包括数量保护和质量改良。在一定的科学技术水平下，人均粮食占有量是与人均耕地面积的多少相关的。根据统计，世界上人均占有粮食超过 500 千克的 10 个国家，人均耕地都超过世界人均耕地数量；人均占有粮食超过 1000 千克的几个国家，人均耕地都成倍超过世界人均耕地。世界上前 10 位谷物出口大国大多是人均耕地 8 亩以上的国家，如美国、加拿大、澳大利亚和阿根廷，其净出口谷物达几千万吨。它们利用这一优势，进口其他农产品，调剂余缺，使国内农产品供应更加丰富多样。人均耕地越少的国家，农产品进口越多。世界上前 10 位农产品进口大国大多是人均耕地少的国家。人均耕地在 2 亩以下的国家人均谷物产量大约为 284 千克，大大低于世界平均水平的 353 千克。美国人均占有粮食 1215 千克，人均占有耕地是世界人均耕地的 1.5 倍。当然，单位面积产量提高也能增加人均占有粮食，但这是有一定限度的。英国平均亩产量比美国高 75 千克，但人均耕地只有 1.8 亩，人均粮食也只有 340 千克。相反，加拿大亩产只有 137.5 千克，只及英国的 42%，但其人均占有耕地 27.5 亩，比英国多 14.4 倍，人均占有粮食也比英国多 1363 千克，比美国还多 488 千克。世界上人均耕地多的国家，农业状况大多较好，甚至能为整个经济做出贡献。人均耕地少的国家，人民的基本生活品往往供应不足，需要国家给以扶持，甚至进口粮食。全球框架下耕地保护的挑战在于：

1）城市化和工业化的推进需要继续占用大量耕地。据世界银行统计，过去 50 年，全球约有 13 亿人口从农村迁入城市。2001—2022 年，全球城市人口由 29.2 亿增加到 44.3 亿，年均增长 2.0%。随着工业化和城镇化发展，城市数量逐渐增加，城市人口不断上升，城市用地规模持续扩张。2012—2022 年，全球 50 万以上人口城市数量由 847 个增加到 990 个，累计增长 16.9%，人口由 18.0 亿增加到 23.6 亿，累计增长 31.1%，建成区面积由 24.6 万平方千米扩张到 55.3 万平方千米，累计扩张 124.8%。在强大的城市化和工业化压力下，耕地保护是无法阻挡推土机进程的，而且在推土机蹂躏下的大多是大片平坦的优质耕地。

2）耕地质量退化很难在短期内得到根本遏制。联合国粮农组织 2008 年公布的研究报告表明，世界许多地方的土地退化正在加剧，估计有 15 亿人（即世界近 1/4 的人口）受到土地退化的影响。报告说，土地退化指土地的生态系统功能和生产力长期下降，其严重性和范围在世界许多地方正在日益加大，超过 20%的耕地、30%的森林和 10%的草原正在退化。土地退化的后果包括生产能力下降、人口迁移、粮食不安全、基本资源和生态系统遭到破坏以及生物多样性丧失。另据报道，大约世界 1/3 的耕地，表土侵蚀速度快于新土形成速度。如果不采取措施扭转土壤侵蚀、土壤退化和土壤肥力下降的趋势，大片土地将无法进行作物生产。海地地处西半球，是第一批公认的“失败国家”之一。40 年前，海地粮食基本自给自足，但从那以后，海地几乎失去了所有的森林和大部分表土，一半以上的粮食要依赖进口（布朗，2009）。值得十分关注的是，除了耕地质量退化以外，建设占用优质耕地所导致的耕地质量下降也十分令人担忧。以中国为例，耕地减少主要集中在南方的水田、北方的水浇地和城郊的优质高产农田，这些耕地的质量和单产均远高于一般农田。一般来说，3 亩以上新开垦的耕地才能补偿被占用的 1 亩土地的生产能力。即使耕地占一补一，数量能持平，其生产能力已经下降，更何况每年占水田、水浇地多，开发补充少，耕地质量下降更多。

3）耕地资源的区域分布和生产能力很不平衡。全世界耕地资源的区域分布很不平衡，生产能力相差也很大。统计结果表明，全球耕地面积达到 1000 万公顷以上的国家一共只有 26 个，大多数国家的耕地面积规模都很小。如果按人均耕地水平进行统计，耕地资源区域分布的不均衡特征更加明显。比如，欧洲与北美洲的耕地面积之和，约占世界耕地面积的 40%；而两洲人口之和，则不超过世界总人口的 20%。就国家来看，发达国家人均耕地占有水平普遍高于发展中国家。澳大利亚、美国、加拿大等发达国家人均耕地占有水平均居世界前列，英国、法国等欧洲国家人均耕地占有水平也居世界平均水平之上。中国、印度等发展中大国人均耕地占有水平则远低于世界平均水平。从对世界主要粮食生产国和非洲、南美洲等农业欠发达地区的耕地面积统计分析中，还可以得出以下结论：世界耕地面积增加量的分布也呈现不均衡性。世界耕地增加面积，主要集中在非洲等农业生产力水平相对落后的地区。农业生产率较高的美国、加拿大、欧盟、俄罗斯等国家和地区的耕地面积总量则出现下滑趋势。农业生产水平较高的东亚国家，如日本、韩国，在过去 40 年间，耕地面积也出现逐步下降趋势。总之，世界耕地资源分布及耕地增量分布都呈现不均衡性。这种不均衡性，影响耕地、淡水资源之间及其与各种生产要素之间的组合和配置，制约着耕地粮食增产潜力的释放和发挥。

4）不合理的国际经济秩序加大了耕地保护难度。以美国为代表的粮食出口国，一直对小麦、玉米、水稻、高粱等粮食作物给予名目繁多的各种补贴，同时还为粮食出口提供各种出口补贴和出口信贷。他们在世界贸易组织（WTO）《农业协议》框架下，通过不公平的出口补贴与国内支持等规则维系起粮食的国际竞争力；通过《与贸易有关的知识产权协议》和有关生物技术的国际公约，为转基因种子及技术获得专利、占据垄断地位扫除障碍；通过粮食援助和贸易优惠协议等诱使一些发展中国家放弃粮食生产，从而形成依附于美国粮食的畸形农业结构（余莹等，2010）。例如在菲律宾，因受美国政治和经济模式的影响，土地和农业生产逐渐被西方农业跨国公司和本国资本家控制，耕地不再主要用于粮食生产，而是种植经济作物。如此一来，以美国为代表的粮食出口国家，进一步垄断了世界粮食贸易和价格，得以在发展中国家低价倾销，从而加剧了世界粮食危机。2008 年上半年在世界范围内爆发了粮食危机，海地、孟加拉国、墨西哥等几十个国家甚至因为粮食问题出现了大规模流血冲突和骚乱事件（余莹等，2010；司智陟等，2009）。国际食物政策研究所发布数据称，截至 2022 年 5 月 28 日，20 多国颁布粮食禁令，限制本国粮食出口。如此一来，更多的国家和地区面临粮食危机。总之，在不合理的国际经济秩序下，耕地资源丰富的美国、加拿大等国家，保护耕地没有特别的紧迫性；而在一些耕地资源短缺的欠发达国家，又无力去保护耕地，这就使得耕地保护面临的挑战有增无减。

（二）弱势群体的土地权益保护和保障

“正义”（justice）早在古希腊亚里士多德时代已被人类所关注。到了近现代社会，正义已被视为评价社会制度的一种道德标准，被看作世界文明的首要价值。土地作为人类文明最珍贵的自然遗产，是人类生存和发展的共同基础支持系统。土地资源作为人类活动的场所具有不可替代性，作为人类的生产资料也具有不可替代性，作为生产生活的场地更具有不可替代性。追求土地资源的分配正义和倡导土地财富伦理，实现耕者有其田，居者有其屋，维护弱势群体的土地权益保障，是人类社会的普遍愿景。然而，当代弱势群体的土地权益保护和保障，正面临诸多挑战，主要包括以下几种类型。

1）贫穷国家土地权益保护和保障。《圣经》的“马太福音”中有这样一句话：“对已经富有的人，还要给予，使之锦上添花，而对一文不名的人，即使有了一文，也要强行夺走。”如果撇开它的宗教背景，那么，这句话倒是恰如其分地概括了当代世界的两极分化和国家之间不平等的现实状况。历史上殖民主义的掠夺、严酷的自然生态环境笼罩和不平等的国际经济秩序，使得欠发达国家一直处于不利的状态，而发达国家则积累越来越多的财富，这就是所谓的“马太效应”。粮食和金融危机引发世界范围的土地争夺战，遭受饥饿袭击的最贫穷国家的耕地正在被外国政府和企业私有化，引发了所谓的第二代“殖民主义”。与以往殖民主义不同的是，一些国家自愿被“征服”。例如，土耳其农业部长向有意向购买土地的政府发出邀请，希望他们来选择他们喜欢的土地。埃塞俄比亚总理也公开说，政府十分乐意为外国人开发数十万公顷的耕地提供方便。巴基斯坦也极力推进向外国投资者租赁或出售耕地。仅 2008 年，巴基斯坦就拿出 100 万公顷土地向外国投资者出售或租赁（龚铁鹰，2010）。世界银行土地政策专家克劳斯·戴宁格估计，全球 10%～30%的耕地将成为争夺目标。之所以会出现上述局面，主要是因为贫穷国家急于想引进国外的技术和资金，实现本国农业的现代化。从长远来看，这种跨国土地买卖将会损害农民和土地所在国家的根本利益。富国和富商购买穷国的耕地资源，虽然可能会增加粮食产量，但会导致成本上升，穷国的贫民可能更难获得足够的粮食，或者说更无力获得必需的食物。对这部分人而言，在一定程度上失去土地就意味着失去一切。

2）失地农民土地权益保护和保障。推进工业化和城市化进程是世界发展的历史逻辑，无论发达国家或发展中国家概莫能外，主要差别只是方向和强度的不同。在这一进程中，各项建设势必占用农用地或耕地。为了公共利益，各个国家都会通过强制性手段征收大量的农村土地。几乎所有地区，特别是经济发达地区、大中城市郊区，都存在征地造成农民失地和失业的问题，失地农民土地权益的保护和保障是一个带有全球化的问题。农民失去土地后，即有别于传统意义上的农民，又不同于城市居民，成为一个典型意义的弱势群体。他们即不享有土地的基本保障，也不完全享有城市居民一样的社会保障。国家统计局的一项调查表明，46%的失地农民生活水平下降，部分失地农民成为“种田无地、就业无岗、保障无份、创业无钱”的群体（王国林，2006）。失地农民权益的保护和保障，巴西是这方面的典型例子。在巴西的现代化进程中，随着商品农业、出口农业的发展，出现以大中型农业企业为主的“企业集中过程”，这类企业主要是大地产主，一部分是外资企业。国家重视出口农业，忽视面向国内市场的小农，对创汇农业的优惠政策补贴也大都落在这类大企业之手。农村中小农户和无地农民处境艰难，形成大量无地农民向城市的流动迁移。由于他们在农村丧失了土地，这种流动是单向的，不可能再回流农村。这种流动虽然推动了工业的发展，但因超过城市工业发展提供的就业机会，一些人就由农村的无地农民转而成为城市的公开失业或隐蔽失业的贫困群体。现在巴西农村仍有1000多万无地农民，这些人享受不到作为公民所应享有的经济社会发展成果，居住、出行、卫生、教育条件极差，不仅影响当代人，也影响下一代人的发展（韩俊等，2005）。

3）低收入群体住房用地保障。住房是人类最基本的生存需求。随着工业化、城市化进程的加快，如何建立住房社会保障制度，满足城市中低收入居民的基本居住要求，是世界所有国家（地区）城市化进程中面临的共同挑战。住房是人们生活的必需品，又是特殊的投资品。生活必需品要求价格的稳定性和投资品价格的波动性之间的矛盾，是社会发展中最基本的矛盾之一。住房在物质上是由土地与地上房屋建筑物构成的。土地的有限性和位置的不可移动性，决定了土地价格有不断上升的趋势，也决定了土地的财富储存功能。土地的这种财富储存功能使得很多投资者趋之若鹜，使房地产成为一个带有半泡沫性质的投资品。房地产投资一旦具有泡沫性质后，对中低收入的家庭来说，就会失去支付能力。随着人口增长和经济发展，各个国家和地区住房矛盾不断突现，如何保障居民“住有所居”成为各个国家和地区住房政策的重大难题。事实上，解决住房的保障问题，很重要的是要能够提供廉价的住房用地。这需要政府有很大的投入，才能解决低收入群体的住房问题。各国政府虽然都很重视住房保障问题，但都一直没有完全解决“居者有其屋”问题。在日本，政府为了解决住房问题，出台了40多部法规。第二次世界大战后，日本住房短缺达420万户，约2000万人无房可居，占到当时国家总人口的1/4。面对严重的住房问题，日本政府首先通过立法做出制度安排。先后制定了《住房金融公库法》《公营住宅法》《日本公团住宅法》《城市住房计划法》等一系列相关法规，使得日本住宅政策逐步走向正轨，但至今也没有完全满足不同阶层的住房需求。韩国从20世纪60年代开始以《住房建设促进法》为核心，颁布了《建设法》《城市规划法》《大韩住宅公社法》《公共住房法》和《大韩住房银行法》等一系列住房法规（孙钟炬，2010）。但是，由于房价高涨，很多人买不起房，至今住房问题仍然没有得到充分解决。可见，解决低收入群体的住房（包括土地）保障问题，长期以来都是人类面临的重大难题之一。

4）妇女土地权益保护和保障。受几千年男权文化的影响，“男性，作为一个特定的社会群体，在左右制度规则和调配资源促进和维护自身权益方面比女性拥有的优势”（Naila Kabeer，1994）。同时，以父系和男性为中心的“从夫居”的婚居习惯，即妇女结婚后离开父母跟随丈夫居住的文化，进一步导致了妇女土地权益的损害（Tinker，1999）。很多村庄在承包地权和其他集体资产收益分配中也对妇女和男性村民差别对待，集体拒绝给女孩分配宅基地；而在家庭里，女儿或媳妇是无权对家庭的土地和其他财产主张权利的。既然农村妇女没有直接支配土地资源的权利，在社会变迁过程中她们也就容易失去土地权利和其他派生的土地权益（Lasiarria-Comhiel，1997）。调查结果表明，农村妇女享受合法的土地权益仍存在困难。现在农村妇女嫁出去后，按照法律规定有权利享受土地，但是实际上很难再分到土地。农村妇女土地承包权益受侵害问题还没有得到根本解决（李小健，2010）。世界各国都非常重视妇女的土地权益保护问题。Agarwal（2003）对发展中国家土地权利中的性别差异进行了研究。他发现发展中国家只有极少的妇女拥有并控制土地，特别是在继承式家庭土地流转、政府征地、土地市场流转中，男性基本上具有绝对的决策权，保护农村妇女土地合法权益仍然任重而道远。

三、土地退化治理和可持续利用

（一）土地退化不断加剧

在本书第九章中，已经初步指出了土地退化不断加剧的趋势。鉴于该问题在世界面临土地问题中的严峻性，这里再做补充阐述。《联合国防治荒漠化公约》（UNCCD）研究结果也显示，从 2015 年到 2019 年，全球共损失土地 420 万公顷，平均每年至少有 1 亿公顷健康、高产的土地退化，威胁着全球的粮食和水安全。截至目前，全球约有 10 亿~60 亿公顷土地退化，直接影响了 15 亿多人的生计，造成的损失超过 6.3 万亿美元（Prăvălie et al.，2021）。从地区分布来看，土地退化面积占比最高的是欧洲（43.7%），非洲 22.4%、亚洲 14.5%、南美 9.4%，北美 7.3%、大洋洲 2.8%。其中，俄罗斯的土地退化面积最大，达到了 280.206 万平方千米，且非洲的斯威士兰、安哥拉和加蓬等国家的土地退化问题更为严重。土地退化表现形式多样，包括沙漠化、石漠化、森林退化、湿地退化等。在亚洲的干旱和半干旱地区，荒漠化更是对当地生态系统和经济发展造成了严重影响（张艳婷，2018）。据联合国估计，全球约有 1/4 的土地、110 多个国家和地区受到荒漠化的影响，每年约有 600 万公顷的土地变为荒漠，且这一面积还在以 5 万~7 万平方千米每年的速度扩张，造成的经济损失达数百亿美元，其中农业生产损失尤为显著。面对全球土地退化这一重大灾难，科学家们开展了大量研究，并指出土地退化的成因不仅涉及自然因素，如气候变化、水文变化、土壤侵蚀等，也离不开过度开垦、不合理灌溉、不可持续的农业和林业方式、建设用地的扩张等人为因素（黄进，2020）。据世界卫生组织（WHO）报告，全球每年有数百万公顷的土地受到工业污染。尤其是在一些发达国家和发展中国家，重金属污染和有机污染是威胁农产品质量和人类健康的主要问题。据报道，全球约有 1000 万个土壤污染地块，其中 50%以上的污染地块受到了重金属的污染，且主要来自工业排放、农业活动和城市生活垃圾。在欧盟，约有 350 万个潜在的土壤污染场地，其中约 50 万个场地已受到重金属的高度污染。美国的情况也不容乐观，约有 60 万公顷的棕色土地已被重金属污染。中国土壤污染问题同样不能忽视，根据国土资源部和环境保护部 2014 年联合发布的《全国土壤污染状况调查公报》，全国土壤总的点位超标率为 16.1%，其中以重金属污染为主，且重金属 Cd 和 Pb 污染的耕地面积占总耕地面积的 20%，每年因重金属污染造成的粮食减产超过 1000 万吨，造成的经济损失至少 200 亿元。长期以来，政府、专家和社会各界都十分重视土地退化治理，并进行了土地生态和经济评估（杨彤等，2020；Makarov AS，et al，2023），提出多种防治与恢复措施，如生态修复工程（范琳等，2018）、政策调控（王丹月，2021）等。当由于土地退化的成因极其复杂，至今并未得到根本性遏制。

（二）土地利用难以持续

20 世纪 70 年代以来，人类逐步认识到生存环境的危机，并从驾驭自然的“人定胜天”

的梦幻中醒悟过来，开始重新审视人类的发展历程和土地的可持续利用问题。1990 年 2 月在新德里由印度农业研究会美国农业部和美国 Rodale 研究中心共同组织的首次国际土地持续利用系统研讨会上，科学家们正式确认了土地可持续利用的思想。之后又分别于 1991 年 9 月在泰国清迈举行了发展中国家持续土地管理评价国际学术讨论会和 1993 年 6 月在加拿大莱斯布里奇大学举行了 21 世纪持续土地管理国际学术研讨会，这两次会议的主要结果是提出了可持续土地管理（利用）的五大基本原则和评价纲要。30 多年来，世界各国都十分重视土地的可持续利用问题。联合国《21 世纪议程》，为此提出了包括水、土等自然资源保护与可持续利用、生物多样性保护、土地荒漠化防治等专门论述。2015 年 9 月由联合国 193 个会员国一致通过的《2030 年可持续发展议程》，将保护、恢复和促进可持续利用陆地生态系统，可持续管理森林，防治荒漠化，制止和扭转土地退化，遏制生物多样性的丧失作为 17 个目标中的第 15 个目标。但是，土地可持续利用是个复杂系统，自然因素与社会因素充分交织在一起，至今对解决以下问题仍然未寻找到有效的解决方案。

1）耕地资源困境。20 世纪以来，在人口增加、经济增长和农产品消费水平不断提高的推动下，全球耕地开垦势头不减，耕地退化趋势日益严重。在第七章中已经指出，全球耕地供给的稀缺性持续增加。全球 34%的农业用地已经面临由于人为不合理利用造成的土地退化，其中近 1/3 的雨养耕地和近一半的灌溉耕地面临土地退化风险。人口增长使得用于作物和畜牧生产的人均农业用地，在 2000—2017 年间减少了 20%，平均每年减少超过 1%。据联合国粮农组织估计，截至 2022 年，全球土地耕作面积约 14 亿公顷，全球人口为 76. 4 亿左右，而到 2050 年，人口还会持续增加，这种人口膨胀和耕地资源供给失衡可能会导致粮食供应无法承载人口容量。此外，随着工业化和城市化的快速发展，大量农业用地被转化为工业和商业用地，使得耕地质量遭到了不同程度的下降与破坏，进一步加剧了人地矛盾，对人类生存环境构成严重威胁。当前大规模集约化粮食生产模式不可持续，高污染、高排放已将生产能力逼至极限。利用非有机肥料提高粮食产量，对土壤健康和水环境造成严重不良影响。在后备耕地资源短缺的背景下，如何摆脱人类生存发展的耕地资源困境，将会成为未来面临的重大难题。

2）增长需要满足。伴随着工业化和城市化推进，以及经济飞速发展和人口剧增，人类对土地提出了更多和更高的需求。据统计，全球城市土地面积每年以约 1. 2%的速度增长，远远超过了人口增长率，其中北美洲和亚洲最为显著。随着城市的加速扩展，全球城市用地面积几乎翻了一倍，土地利用结构也发生了显著变化。土地资源的大量消耗，在保证了全球经济快速增长需要的同时，也促使土地利用环境发生了重大的变化，为人类社会带来了很多负面影响，有些甚至是灾难性的（Barnosky et al. , 2012；Scheffer et al. , 2009）。正如 Overby（1985）所指出的那样，无论科技水平如何发达，人类的生存发展是离不开土地所提供的生态产品和服务的。从马斯洛需求层次理论看，当人的生理需求被满足以后，必然会追求更高层次的安全需求、情感和归属需求、尊重需求、自我实现的需求。人们不仅希望能够有房住，更关注住房的质量和生态环境；不仅希望有生产空间，更希望有优良的休闲、娱乐、旅游、观光空间，如此等等。人们对美好生活的多样化向往，对土地提出了更大和更多元的需求。这种更大和更多样需求的实质，就是人均生态足迹的加深和加大。所谓生态足迹，是指人类生产、消费等活动对生态环境的影响，折算成相应的生态生产性土地面积，又称生态占用。据统计，日本人均的生态足迹为4.3公顷，远远超过日本土地、水源所具备的0.8公顷生产能力，所以日本只能利用别国资源。如果都像日本人那样生活，就要准备24个地球；像美国那样生活，则需要5个地球。从全球范围而言，人类的生态足迹已超过了全球生态承载力的35%。这种需求与土地所能够承载的服务和所能提供的功能，存在明显冲突。

3）有效保护土地。从人类文明历史的发展进程看，当土地作为农业生产用途时受到其他产业生产、居民居住、社会消费、自然休憩等用途的竞争时，协调开发和保护便成为一个必然的重要话题。世界范围内对协调土地开发和保护的关注可以追溯到20世纪初的美国和欧洲大陆国家对城市快速扩张所造成对粮食生产能力降低、保护生态环境、维持景色美观、稳定农村生活的担忧（Plaut，1980；Peterson et al.，2000）。由于土地数量的有限性、位置的固定性以及开发报酬的递减性，造成了土地供给的稀缺性。随着人口的增长、经济的发展，对土地的需求日益增大。为满足这种日益增大的需求，大量边际土地被开发，土地被过度利用，土地快速减少，从而导致生态环境退化。协调好土地开发与保护的关系，始终是土地永恒的主题，就如同爱情是文学作品的永恒主题一般。如何“协调”开发与保护的矛盾，理论上可以讲“在开发中保护，在保护中开发”，但在现实中的操作和边界把控，是一个100多年来都没有很好解决的重大课题，更是影响土地可持续利用的重大课题。

4）合理分配土地。据世界银行统计，全球约有20%的土地缺乏正式的土地所有权登记，2.5亿人生活在土地确权不清或土地受到侵占的情况下，这意味着他们无法充分利用土地资源，从而影响到他们的生计和经济发展，也影响土地的可持续利用。例如，在一些发展中国家，尤其是非洲和亚洲的部分地区，由于历史遗留问题以及土地制度的不健全，土地分配不均和贫困问题突出，甚至引发了社会矛盾和冲突。以巴西为例，巴西土地面积广阔，国土面积达851.6万平方千米，但由于土地的占有极其不平等，土地分配问题长期存在。特别是在农村地区，大部分土地集中在少数大地主手中，而许多小农户和无地农民则面临土地不足的困境，土地集中直接激化了农民与地主之间的冲突。同时，土地集中现象驱使失地农民流向城市，由此形成了贫民窟，甚至滋生了黑帮犯罪组织，严重威胁着社会安全（周红利，2010）。此外，土地的转移与交易方式因地区、国家、法律体系和土地类型（如农业用地、商业用地、居住用地等）的不同而有所差异，并引发了诸多问题。一方面，土地作为一种资产，经常成为金融投机的对象。在全球化进程加快、农业产业快速发展的背景下，一些跨国公司往往通过购买或租赁的方式获取大片土地，用于农作物种植或进行其他经济活动，这种跨国土地交易往往造成跨国公司和资本争夺土地资源，甚至导致当地农民失去土地。据国际土地联盟（ILC）统计，2000—2017年，全球约有4900万~6800万公顷的土地转移到外国投资者手中，其中大部分位于非洲、拉丁美洲和亚洲。在这些转移中，涉及大规模的土地收购和投资，但在许多情况下，土地保有权和土地权利问题没有得到妥善解决，导致了农民的生计受损，也导致了土地的粗放利用和退化。另一方面，在一些亚洲和非洲国家，由于不同地区的土地产权制度不完善，加剧了土地交易的不确定性和争议。欧洲的土地交易虽然可以通过市场自由买卖进行，但也存在与环境保护、规划和政策调整相关的风险和挑战。所有这些问题，都会影响土地的可持续利用。

5）土地税赋制定。研究表明，由于税收体系结构缺陷、税负结构不合理以及税种设置交叉与重叠等原因，税负不公、税收漏洞、双重征税等现象普遍存在，不仅影响了税收体系的公平性和效率性，也对土地资源的可持续利用和土地市场的健康发展造成了负面影响。一直以来，各个国家和地区普遍面临税种缺失、税种错位等问题，某些应设立的税种和税目尚未设立，如国际通行的遗产税，就无法充分发挥税收在土地资源配置和调节中的作用。各种税种错位不仅使得税收体系的公平性受到质疑，也导致土地资源的浪费和滥用。如果土地利用的应税行为游离于土地税调节范围之外，不仅造成了国家税收的流失，还极易给用地者营造一种土地廉价、易得的假象，导致大量圈占土地行为，严重侵蚀了有限的土地资源。在德国，不动产价值大幅增长的产权人只需缴纳相对较低的土地税，截留了绝大部分的土地增值收益，而其他产权人却缴纳了相对较高的土地税，这种不公平的税收体系结构严重阻碍了土地收益的共享和资源的有效利用（王荣宇等，2015）。在日本，土地税制涉及多个税种和多个政府机构，征收和管理过程较为复杂，税负结构也不尽合理。一方面，随着日本土地财富的增加和土地价格的不断上涨，土地税负也随之增加，加重了土地所有者的经济负担；另一方面，土地税制改革中营业税和保有税的不合理搭配，导致大量投资行为产生，大面积的土地被闲置、荒废，严重浪费了土地资源。美国的土地税制存在着州之间和城市之间的差异，主要体现在税率、税基和税收用途等方面。相关调查数据显示，2020 年美国住宅土地的平均税率约为每千美元住房价值 11. 27 美元，住宅房产税的平均税率从 0. 28%到 2. 13% 不等，具体税率因州、城市、县而异，如新泽西州等地区平均土地税率较高，得克萨斯州的平均税率相对较低，两地税负水平也随税率的不同而产生较大差异，直接影响了土地利用效率的差异。

四、土地纷争圈占：地缘政治多变

（一）土地边界纷争的普遍性

任何国家必须有一定的领土，离开领土国家就不复存在，土地始终是领土的最主要和最基础部分。自从有了国家以来，土地边界纷争一直是国际政治关系中的一大难题。第二次世界大战以后，随着许多新独立国家的出现，这一问题不但没有得到解决，反而更加复杂了。据统计，仅从 1919 年到 1939 年两次大战的时间内，在欧洲发生的边界摩擦不下 56 起（霍夫曼，1982）。萨迪亚·图瓦尔在其所著《独立非洲的边界整治》一书中曾列举了 27 项边界和领土争端，并声称这还没有包括所有边界问题（中国国际法学会，1984）。

亚洲是边界争端的“重灾区”。印度和巴基斯坦、孟加拉国的边界争议屡屡引发恶性冲突；伊朗和伊拉克围绕阿拉伯河通航权和河中岛屿归属的争议，导致长达 8 年的两伊战争；而以色列和巴勒斯坦、以色列和周边阿拉伯邻国的领土争议更是举世皆知。非洲的边界争端在很大程度上是西方殖民者造成的。当年，非洲许多国家的边界是殖民者用直尺在地图上划出来的，或干脆按照经纬线划开。结果原本同属一族的人被强划在两个或几个国家，彼此仇视、历史上怨恨很深的民族却被强捏在一起，这让非洲的边界“几乎到处存在争议的可能”。美洲的边界争端虽不多，但都很棘手，最有代表性的是美国、加拿大等国关于北冰洋专属经济区的争议。

边界冲突的实质是土地、资源和人口争议。在双方都宣称拥有主权的争议地区，边界谈判十分艰难，达成协议更不容易。摩洛哥和阿尔及利亚的绿洲争夺始自 1967 年，迄今仍处于不战不和的微妙状态。即使边界冲突双方关系不错，如美国和加拿大是盟友，但为维护本国利益，边界谈判同样难有收获（肖益民，2008）。

（二）土地纷争消解的艰巨性

不同国家土地之间的纷争涉及历史、地理、文化、军事、政治和经济等多重因素，其消解并不是一经使用某种方法就能立即奏效的。巴以之间的土地纷争，是这方面典型的案例。巴以问题是历史遗留问题。历史上，犹太人和巴勒斯坦人的祖先曾经在这片土地上和睦共存。公元前 1025 年，犹太人曾在这里建立了统一的希伯来王国，也是最早的犹太国家。巴勒斯坦历史上曾多次遭到外族入侵。135 年，罗马人疯狂地捕杀因不满其统治而起义的犹太人，屠杀了上百万犹太人，大批犹太人被驱逐出这片土地，从此开始了犹太人在世界各地的流散史，最后留在巴勒斯坦的犹太人不足千人。后来阿拉伯人打败了罗马统治者进入巴勒斯坦，并将伊斯兰教传播到这片土地，并最终使巴勒斯坦归属阿拉伯世界。从此，阿拉伯人一直在这片土地上生息繁衍。19 世纪末，欧洲出现排犹主义浪潮，德国法西斯更是屠杀了数以百万计的犹太人。流散在世界各地的犹太人开始掀起犹太复国主义运动。在英国的支持下，大批犹太人开始移居巴勒斯坦，并同当地的阿拉伯人频频发生冲突（吴友石，2002）。

1948 年 5 月 15 日，以色列建国第二天，吞并了划归给巴勒斯坦的 6200 多平方千米土地，并占领了西耶路撒冷。随后的 30 多年里，以色列和阿拉伯国家之间爆发了 5 次大规模战争。通过战争，以色列占领了大量巴勒斯坦土地，数百万巴勒斯坦人沦为难民。而以色列则在占领地区实施移民政策，大量兴建犹太移民定居点。为重返家园，巴勒斯坦人开始武装斗争。1964 年 5 月，巴勒斯坦解放组织成立，开始反以色列武装斗争。1991 年 10 月，马德里中东和会召开，巴以间开始艰难的和平谈判。1993 年 9 月，巴以双方签署了第一个和平协议——《巴勒斯坦有限自治原则宣言》，另外还签署了一系列协议。尽管根据有关协议，1994 年 5 月巴勒斯坦开始自治，但最后却因双方在耶路撒冷土地归属、犹太人定居点、巴难民回归、巴以边界划定等问题上分歧太大，至今没有达成永久性和平协议。2000 年 9 月，以强硬派领导人沙龙强行进入伊斯兰圣地阿克萨清真寺，引发了一场旷日持久的流血冲突，特别是 2001 年 3 月沙龙政府上台后采取了一系列强硬政策，巴勒斯坦一些激进组织针对以色列人制造了一系列“恐怖活动”，使巴以双方陷入报复与反报复的恶性循环，也使巴以关系成为影响以色列各政党的首要议题之一。新一轮巴以冲突自 2023 年 10 月 7 日爆发，战火的硝烟又一次在这片古老的土地上点燃，加沙地带已有超数万人死于战火。

俄日关系中的南千岛群岛（日称北方四岛）土地纷争，也充分说明了消解土地纷争的艰巨性。它是指俄国千岛群岛以南与日本北海道东北部之间的库纳希尔岛（日称国后岛）、伊图鲁普岛（日称择捉岛）、希科坦岛（日称色丹岛）和哈伯尔群岛（日称齿舞群岛），它东临太平洋，北面是鄂霍次克海，东北面是择捉海峡，西南隔根室海峡与北海道相望，土地总面积约5000平方千米。关于“北方四岛”的历史归属问题，俄罗斯和日本一直各执一词，都强调是自己最先发现和开发了“北方四岛”（吕桂霞，2010）。直到今日，双方的土地归属纷争还在继续（陈刚华，2008）。

第三节　人类管理土地的使命

一、土地管理的现代内涵和准则

（一）土地管理的现代内涵

对土地进行管理的历史源远流长。中国古代社会出现于商朝的井田制，就是一种土地管理制度，距今已有3600多年。除井田制以外，中国历史上还有均田制、限田制、王田制、占田制以及复井田制等，都是土地管理的一种制度安排。然而到目前为止，对于土地管理内涵的理解，不同文献有不同的阐述，这里不再细列。从宏观角度看，对土地管理的内涵有两种不同的理解：

1）行政意义上的土地管理（Land Administration）。是指国家用以维护土地所有制，调整土地关系和合理组织土地利用的措施。根据联合国欧洲经济委员会的定义，土地管理是在实施土地管理政策时，确定、记录和传播有关土地所有权、价值和使用信息的过程（UNECE，1996）。ISO（2012）中也将其描述为确定、记录和传播关于人与土地之间关系的信息的过程。Nichols et al.（1990）将土地管理定义为“行政管理”，认为其是“资源管理的业务组成部分”，涉及权属制度的管理和控制。Nichols（1993）又提出“土地使用权制度管理”这一概念，从而强化了这一观点。在欧美的很多教科书中，认为土地管理是土地权利规则被应用和运作的方式。无论是正式还是非正式的，土地管理都包括广泛的系统和流程来进行管理（FAO，2002）。所谓土地管理的流程，主要包括通过买卖、租赁、借贷、赠与和继承等方式将土地权利从一方转移到另一方；管理土地和房地产开发；土地的利用和保护；通过销售、租赁和税收收取土地收入；解决涉及土地所有权和使用权的冲突。土地管理职能可以分为4个组成部分：司法、监管、财政和信息管理（Dale et al.，1999）。土地管理的这些职能可以根据负责测量和制图、土地登记、土地估价和土地收入生成的机构来组织。土地管理的主体主要是面向从事土地管理问题的高级政府工作人员和政治家，其目的是确定在制定法律、组织、数据库和地图以及实施和维护健全土地管理系统所需考虑的因素（UNations ECE，1996）。土地管理概念的早期应用例子是1973年在马来西亚吉隆坡举办的土地管理研讨会。1985年，Holstein等发表了一篇论文，绘制了土地管理安排的图表。西澳大利亚州土地测量和测绘部于1986年更名为土地管理部。UNECE于1996年发布了《转型国家土地管理指导方针》，而Dale等于1988年出版的《土地信息管理》教科书，在1999年由《土地管理》教科书取代。

2）技术意义上的土地管理（Land Management）。以可持续发展为目标，不断提高土地系统功效的一系列活动，它主要指管理土地资源利用开发和保育的过程。在实践中，土地资源可用于各种目的，包括有机农业、重新造林、水资源管理和生态旅游项目等，不同的用途会对陆地生态系统产生积极或消极影响，土地过度或不当使用也会导致土地退化、降低生产力并破坏自然平衡，因此需要以可持续发展为目标对土地进行有效管理（Foley et al.，2005）。当下，土地可持续管理越来越成为热门话题。在过去的30年里，许多专家以不同的方式解释了“可持续土地管理”一词（Kust et al.，2018），如Sanz et al.（2017）指出，可持续土地管理（SLM）是通过整合生物物理、社会文化和经济需求与价值来实现长期生产性生态系统的综合方法，是实现土地退化中和（LDN）的主要机制之一。但一直到最近几年，土地可持续管理的定义才获得大多数人认可，即可持续利用土地资源，包括土壤、水、植物和动物，用于生产商品和服务，以满足不断变化的人类需求，同时确保这些资源的长期生产潜力并维持其环境功能（Liniger et al.，2017）。随着术语SLM（俄语文献有时使用同义词土地资源的可持续管理）以及类似综合景观管理、土壤保持技术、有机农业、气候智能型农业等概念的出现，都与保护某一地区自然潜力的实践活动以及社会经济的可持续发展是一致的（Andreeva et al.，2021）。

然而，从土地管理的发展实践看，无论是行政意义上还是技术角度的土地管理，其对象都是具有自然、经济、社会、生态多维属性的土地综合体，以及土地利用和交换过程中产生的地与地、地与人、人与人、地与自然之间的关系。从学科和实践发展的逻辑看，土地管理是国家和社会的不同主体，为了可持续发展和公平正义的目标，运用行政、经济、法律、技术、工程手段，对土地利用和土地交换关系、土地生产秩序和效率、土地分配公平和正义等进行协调、规范和控制的综合活动。现代土地管理内涵，主要包括以下6个方面。

1）土地利用管理。主要包括土地利用规划、土地开发复垦、土地保育整治、土地动态监测、土地供应、土地用途管制等管理内容。

2）土地权籍管理。主要包括土地调查、土地评价、土地确权、土地登记、土地统计、土地权籍信息等管理内容。

3）土地财产管理。主要包括土地价格、土地税费、土地金融、土地市场、土地交易、土地资产经营、土地财产纠纷调处等管理内容。

4）土地生态管理。主要包括土地退化、生物多样性、生态保护区、生态修复、生态系统服务价值评估、土地健康等管理内容。

5）土地景文管理。主要包括土地景观、土地文化、土地历史、土地遗存保护等管理内容。

6）土地政务管理。主要包括土地管理体制、土地法制建设、土地政策制定、土地纠纷调处、土地执法监察、土地督察等管理内容。

土地管理的上述6项内容，反映了土地管理的各个侧面，有各自的特殊性和相对独立性。但是，它们在整个土地管理实践中是密切联系、彼此渗透、相互补充和相互支持的，是一个不可分割的整体。其中，土地利用管理是核心，土地权籍管理是基础，土地财产管理是要件，土地生态管理和土地景文管理是境界，土地政务管理是手段和保障。

需要指出：①土地管理的学科内涵，不是政府部门土地管理工作实践的代名词。政府部门的土地管理工作内涵，主要是根据国家制度和政治发展需要所确立的，而且随着政府职能的调整而不断变更。有些内容列为政府土地管理的职能，但在学科逻辑上不应该属于土地管理范畴。例如土地整治属于政府土地管理的业务，但土地整治调查评价、规划设计、工程施工等核心内容都不应该属于土地管理学的研究内容。②土地管理学不是土地学的代名词，二者既不等同也不隶属。土地管理学主要是基于管理学原理，研究解决土地管理问题的理论和方法，属于管理学范畴。土地学是以土地利用研究为核心，揭示土地结构功能形成过程和演化机理，阐明土地活性和适宜性、土地质量和健康、土地生产力和承载力及其生命效应的跨界学科，完全不属于管理学范畴。③土地学不是人才培养的代名词。土地学作为一门独立的学科，是按照其独特的研究对象、核心问题、研究边界及社会功能所确立的，强调理论逻辑的严谨性、研究范式的科学性和研究内容的独立性，属于人类知识积累的基础性范畴。而人才培养主要是以学科为依托，根据经济社会发展需要确立其专业和内容的，属于人类知识传播的方式和路径，二者虽有联系，但应该属于两种范畴。

（二）土地管理的基本准则

土地管理的目标是要有利于保障资源环境安全和促进经济社会发展，维护土地配置的公平和效率，实现土地资源的永续利用。为了实现土地管理的目标，需要维护以下几项基本原则：

1）数量质量生态三位一体。土地数量是经济社会保障安全和促进发展的前提。例如，如果缺乏一定数量的耕地面积，就失去保障粮食安全的前提。无论保障安全或促进发展，都需要以土地质量为基础。如果土地质量持续退化，就会失去保障安全或促进发展的根基。维护土地生物多样性和生态系统服务功能，加强土地生态环境保育，促进生产、生活和生态协调，是人类文明进步的象征，有利于促进土地资源的可持续利用和满足人们对美好生活向往的需要。在全球资源环境面临严峻挑战的背景下，要使土地系统的功能得到充分发挥，土地要素的规模、品质和环境就成为必要条件。以耕地要素为例，其规模就是耕地的面积（数量），品质就是对作物生长的服务能力，即耕地质量，环境就是耕地系统所处的内外部生态环境。它们之间彼此相互关联，共同发挥作用，即耕地数量保护是质量保护的前提，耕地质量保护是数量保护的保障，而耕地生态保护是数量、质量保护的基础。因此，土地三位一体管理是一个具有系统性和关联性的准则，要从整体上进行把握，不能有任何偏废。

2）资源资产资本统筹兼顾。土地在生产过程中能为不同的社会集团和个体带来经济利益或作为未来事业发展的源泉，它不再是“牧童经济时期”无价值的自然体，而是稀缺的巨额资产，也是社会运行的重要资本。土地作为资源、资产和资本是统一的整体。由于土地供应的稀缺性、位置的固定性、使用的永久性、个体的异质性和流通的非实体性，使得土地问题不同于一般的社会资源、资产或资本。因此，管理土地需要将土地资源、资产和资本属性统筹兼顾，需要建立资源资产资本的统一观。这种新的统一观，将土地管理问题跃升到一个更高的层面。任何单一的经济学、资源学或生态学，都无法保证土地的永续利用和效率最大化。

3）国家集体个人利益平衡。它是指土地管理活动必须在维护和保证国家、社会整体利益的原则下，协调社会不同组织之间及其与个人利益之间的关系。在土地利用、使用和收益分配方面，必须切实贯彻“利益平衡”原则，使社会各种合理的利益得到有效协调。在人类分配和利用土地的过程中，如果利益平衡原则得到切实贯彻，则社会发展将表现得持续而和谐；但如果三者之间相互龃龉，甚至存在尖锐的矛盾，则会引起种种社会冲突乃至动荡。例如 2023 年 1 月，在印度比哈尔邦（Bihar）的布克萨尔（Buxar）县，因征地过程中农民利益没有得到保障，引发农民暴力抗议。上文提及的巴西例子也是如此，因地城市化进程中没有充分顾及失地农民的利益，导致长期以来巴西的社会处于动荡状态。

4）时间空间禀赋三维依赖。时间、空间和禀赋共同构成了土地存在的基本范畴，也构成了土地管理的“宿命”。土地管理系统具有明显的“时间感”“空间感”和“禀赋感”，不同时空尺度上要研究的土地管理问题是不同的，不同资源禀赋条件下解决土地管理问题的方案也是不相同的。在研究和管理土地的实践中，需要做出明确的界定，否则就会不着边际、不得要领。它强调在不同时空尺度和资源禀赋条件下，土地供需矛盾和土地利用所发生的问题是有根本性差别的。土地管理需要秉持因地制宜和动态思维，不能把国外的经验简单地复制到中国，也不能把资源富裕地区的经验简单地复制到资源短缺地区，要将土地管理从静态、类型和结构的调控转变为动态和过程的治理，以及进一步的动态监测、优化调控和预测预报。

二、安全保障和发展功效最大化

（一）资源环境安全保障最大化

资源安全术语出现于 20 世纪 90 年代中后期，但在此前能源安全、水安全、食物安全、环境安全和生态安全等概念已广泛运用。从一般意义上看，安全的本质是自然界有知生物对某些客观现象做出比较度量的结果（陈森尧，1996）。它是一种生物感知现象。就感知而言，这是从证伪的角度所得来的结论，因为真正被感知的是安全的对立物——危险。显然，从所能产生感知危险的生物群落（体）来看，安全的概念所能适用的范围比人类活动的范围更为广阔，应当超越人类而遍及生物界，土地资源环境的含义也是如此。一方面，它是对人类可利用而言的，是人类文明良性延续的基本条件；另一方面，它又是地球生态系统中的一个重要物质组成部分，也是生物群落生存与发展的基础支持系统。由此，土地资源环境安全的概念可作如下表述：是指一个国家或地区可以持续地获取，并能保障生物群落（人类）健康和高效能生产及高质量生活的土地资源环境状态或能力。它包括以下几方面内容。

1）按人类所需可以持续地获取土地资源。这里所谓的可持续地获取，是指既满足当代人的需求，又不危害后代人满足对土地资源的需求。其核心是人类的生存和发展不能超越土地资源的承载能力。

2）土地环境对于生物群落的生存是健康的。土地是一个生物区系，它与生物群落构成一个相互依存的有机整体。人类活动对土地的破坏，对循环过程能流的过度获取，可导致土地及其生物群落处于一种混乱状态。所谓健康的含义，它体现在土地及其生物群落的自我恢复能力。如果土地及其生物群落虽可以恢复，但其复杂程度下降，对人及动植物的承载容量降低，也不能称其为处于健康状态。

3）人类（生物群落）能利用土地资源环境高效能地生产和高质量地生活。这一内容主要是从环境效应和环境价值角度评价土地的安全问题。很显然，土地退化和其他环境问题将难以进行高效能的生产，更谈不上高质量的生活。换句话说，人类要维护土地资源环境安全，就必须积极创造优良的土地环境条件，使得自己生活在一种更有效、更合适、更健康、更愉悦的土地环境中，从而实现在人地共荣层面上的土地永续利用。

具体而言，土地管理的重要使命就是要更好地保障人类食物供给、保育生物栖息场所、保护人类居住环境、保存人类历史文化，也就是要充分保障土地的食物安全、生态安全、经济安全、产权安全、文化安全，使土地资源环境安全的保障最大化，有利于促进国家的政治安全和社会稳定、有利于促进国家经济安全和人民福祉提升、有利于保障全球及区域的生态环境安全。

（二）社会经济发展功效最大化

人类自存在以来，就与土地结成了不可分离的依存关系。人类的需要是多方面、多层次的，但最基本的需要是吃、穿、住、行，即要有一定的生存空间，有维持生存必需的生活资料。而这些都离不开土地，因此要保障人类物质生活和文化生活的需要，促进经济社会发展，必须具有一定数量和质量的土地。从古至今土地对人类生存和经济社会发展的作用，是其他任何东西都无法替代的。中国台湾《土地行政概要精粹》一书就认为：随着时代的进步，人口的增加，土地问题便愈趋复杂，因此管理土地的行政工作也愈来愈重要。从历史上看，历代兴亡，多与土地管理得当与否有关。因此，历代贤相莫不以解决土地问题为治国第一要务。政治进步的基本条件，便是先要把土地管理妥善。综合来看，土地管理的另一个重要使命就是要产生对社会经济发展的功效最大化。具体而言，土地管理对经济社会发展具有以下功效：

1）财产保障。保护土地财产权利不受他人侵犯，可使土地和不动产保值增值。

2）社会稳定。可保证不动产大规模、低成本地进行迅速交易可减少土地权属纠纷。

3）劳动力迁移。开放的土地市场和法律保障，能使得拥有土地的劳动力从本地迁移至外地就业。

4）公共服务。来自土地的收益使得政府和公共设施管理部门能提供更为有效的服务。

5）提升土地生产力。可有效保障土地的最高和最佳利用，提升土地生产能力，增加来自土地的收益，提高土地承载力。

6）促进土地改良保护。可提高对土地投资的确定性和预期，促进土地改良和保护等措施的持续开展。

7）夯实土地可持续性。通过监测土地系统的动态变化、脆弱点、恢复力、退化风险等，掌控土地系统的可持续性轨迹和演变规律，提升土地利用的可持续性。

8）阐明全球变化机制。土地利用变化对全球变化具有关键性影响，通过监管土地系统的变化过程和关键参数，有利于阐明全球变化的动态过程和机制。

9）建构人类文明文本。土地管理将土地利用的空间行为、工程模式、规划设计与决策支持、产权关系、市场结构、分配规则、社会标准、科学信息进行最大限度的整合，成为人类文明系统的文本。

三、可持续土地管理和风险预警

（一）可持续土地管理的目标

联合国《2015 年千年发展目标报告》中指出，自 2000 年以来，世界各国针对千年宣言中提出的八项目标所做的努力基本上是成功的。随着这些具体目标的设定和持续执行，使数百万人脱贫，增强了妇女和儿童的权能，改善了全世界的健康和福祉，见证了教育、性别、健康、卫生等领域平等性的显著改善，为人们过上更好的生活提供了大量新的机会（联合国，2015）。当然，报告和统计数据显示，目前仍有不足（United Nations，2015），各国领导人也一致呼吁应该用一个宏伟的长期可持续性议程来继承千年发展目标的思想原则。在这一背景下，千年发展目标的收官之年——2015 年，也成为可持续发展目标（Sustainable Development Goals，SDGs）的启动之年。可持续发展目标作为千年发展目标的延续，在千年发展目标到期之后，联合国于 2015 年制定了 17 个全球发展目标，旨在继续指导 2015—2030 年的全球发展工作，解决社会、经济和环境 3 个维度的发展问题。

由于人口数量的增长、土地等自然资源的不断利用、科学技术的进步等，造成土地管理过程中所对应的人地关系也不断演化。从目前的发展状况及趋势来看，土地管理系统不再只是由土地市场发展所决定，而是融合了多方面压力的推动作用。当然，无论如何演化发展，可持续性的大目标一直都是其核心。从现有的一些研究观察到，土地管理的可持续性大目标主要涉及 3 个方面的内容：①推动经济发展，提高土地利用效率；②促进社会公平，实现社会正义；③追求环境保护，寻求可持续的土地利用模式（Deininger，2003；GTZ，1998）。在土地管理领域，尽管对可持续发展目标的探讨并非是一个新的议题，但作为整个学科的核心原则和目标，依然有必要从可持续发展目标（SDGs）出发，系统梳理土地管理过程中涉及的人地关系，进而形成相应的范式更新和突破。无论是发展中国家，还是发达国家，土地管理的关注点具有一定的普适性，都是以可持续发展作为其发展及改进的主要目标。因此，有必要基于可持续发展目标，立足土地管理领域，实现从 SDGs 到土地管理领域的映射。

1. 目标 1：消除贫困

作为 SDGs 的第一项目标，主要面向世界各地消除一切形式的贫困，这也是整个可持续发展目标的基本出发点。尽管自千年发展目标执行以来，全球范围内的极端贫困率下降了一半，成绩显著。但在发展中国家及地区，仍然有大量的人生活在贫困线以下，还有许多人面临着返贫的风险。贫困不仅表现为缺乏经济收入和生存资源难以维持生计，还表现为饥饿、无法享受公平的教育资源以及其他基本公共服务等。足见，这一目标与其他目标相互关联，互为基础。这也要求土地利用与管理必须具有包容性，为人类生存发展提供可持续的基础并促进公平。

2. 目标 2：消除饥饿

SDGs 的第二项目标是消除饥饿，实现粮食安全，促进农业可持续发展。对于中国这样一个人口大国，“粮食安全”一直以来都是极其重要的大问题。粮食安全的最终目标是，确保所有人在任何时候都能买得到也买得起所需的基本食品，这就要求：①确保能够生产出足够数量的粮食；②最大限度稳定粮食供应；③确保所有人都能获得粮食。说到粮食安全，必须以稳定一定数量的耕地作为保障。也就是说，为了牢牢把住粮食安全的主动权，必须全面压实耕地保护责任。我国明确规定了“十分珍惜和合理利用每一寸土地，切实保护耕地”的基本国策。2013 年的中央农村工作会议上提出了，要确保粮食安全，坚守 18 亿亩耕地红线。此外，近年来，面对部分地区普遍出现的耕地“非粮化”现象，国务院办公厅于 2020 年印发了《国务院办公厅关于防止耕地“非粮化”稳定粮食生产的意见》，以切实稳定粮食生产，全力保障国家粮食安全。

3. 目标 5：性别平等

SDGs 的第五项目标是实现性别平等，主要是为妇女、女童赋权。由于长期以来，世界各地对妇女、女童的歧视和暴力，造成妇女和女童在获得教育、健康、就业等方面遭到不平等的对待。性别平等不仅是一项基本人权，也是经济繁荣和可持续发展的必要基础。其实，性别关系嵌入了土地管理的方方面面。这是因为，性别和产权都是由人地之间的关系和权力动态（例如，基于土地的活动、行为、文化和决策等）所决定的。土地产权和性别之间相互交织的关系带来了挑战（在改善人民生活条件和环境状况方面），这就需要土地治理发挥相应的作用。

4. 目标 9：产业、创新和基础设施

SDGs 的第九项目标在于通过基础设施建设，促进可持续发展，并推动创新。在许多发展中国家和地区，基础设施建设方面仍然相对匮乏，包括道路交通、信息和通信基础设施、卫生及水电设施等。由于缺乏优质可靠的基础设施作为支撑，在很大程度上阻碍了经济发展和人类福祉的提升。现代社会发展越来越需要空间数据和信息作为支撑，建设空间数据基础设施（Spatial Data Infrastructure，SDI），从而以可持续的方式对自然资源进行监测、规划和管理（Williamson et al.，2003）。在此基础上，进一步衍生出了空间支持（Spatial Enablement）的概念，即在现有数据和信息中添加空间属性，从而有效释放土地、水等相关知识的价值。在此基础上，构建空间支持型社会（Spatially Enabled Society），以确保社会发展能够利用各种空间数据、信息和服务，从而实现土地等自然资源的可持续利用与发展（Steudler et al.，2012）。

5. 目标 11：可持续城市和社区

SDGs 的第十一项目标是构建包容、安全的可持续城市与人类社区。城市作为人类群居生活的高级形式，是人类经济社会发展到一定阶段的产物。在各种经济、社会、科技、文化、观念等发展进程中，城市起着关键性的枢纽作用。而城市只有在良好运行的状态下，才能促进经济和社会的快速发展。然而，从可持续发展的视角看，当前城市的发展仍然面临着诸多挑战，包括空气污染、交通拥堵、建设资金缺乏、住房短缺等。面对城市发展的现状与挑战，随着快速城市化和工业化进程的推进，一方面需要应对高密度人口所面临的资源、服务等供给的压力，另一方面，也造成土地等空间资源的紧缺。为了实现城市可持续发展，亟须构建负责任的土地治理体系（Responsible Land Governance），以应对上述这些挑战及问题。

6. 目标 14：水下生物

SDGs 的第十四项目标主要是通过海洋资源的有效利用与保护，促进海洋空间的可持续发展。海洋覆盖了地球表面近 3/4 的面积，占全球水资源的 97%，有超过 30 亿人的生活需要依赖海洋及海洋资源。无论是气候、温度、雨水，还是我们赖以生存的饮用水和食物，甚至是呼吸的氧气，最终都是由海洋提供或调控的。此外，海洋一直以来还是贸易和交通运输的重要渠道。可以说，对海洋资源的高效管理是建设可持续发展未来的一个重要方面。我国拥有丰富的海洋资源，但开发利用的程度很低。同时，人们长期赖以生存的陆地空间已不堪重负。对此，向海洋进军，让海洋资源服务人类，对我国经济的发展具有重要的意义。从土地管理领域来看，有必要建立相应的海域空间管理与规划体系，并与陆域空间衔接构成一体化管理体系。

7. 目标 15：陆地生物

SDGs 的第十五项目标是保护和促进可持续陆地生态系统，防止土地退化、荒漠化现象，遏制生物多样性的丧失。随着人类活动对自然资源及生态环境的干扰不断加强，由此引起了森林破坏、土地退化及荒漠化等问题，为可持续发展带来了重大挑战，并影响到人类的生存与发展。由于荒漠化的影响，造成农业用地受到土壤退化的影响。由于城市化和工业化进程的加速，造成耕地面积不断减少，进一步造成农业生产和粮食安全水平下降。由于人类活动干扰的不断加强，造成大量动植物的灭绝或濒临灭绝，以及森林资源的退化，这些影响都对生物多样性带来了巨大的挑战，进而影响生态系统服务的供给。

（二）可持续土地管理的范式

Enemark et al.（2005）提出了一套可持续土地管理范式，该范式提供了一套综合性任务及信息框架，以改进土地管理的相关机构与流程，并服务于相应的政策管理目标。在理论方面，该范式为可持续土地管理学科发展确定了基本原则及核心内容。在实践方面，该范式认识到了世界各国或地区在可持续土地管理的组织架构上差别很大，这主要是由一个国家或地区的本土社会文化及司法背景所决定的。对于一个国家或地区而言，为了实现可持续发展目标，其土地管理活动一般可以分为 3 个组成部分：土地政策、土地信息基础以及土地管理功能。因此，基于该范式设计构建的土地管理系统，必须要能够承担土地产权、价值、利用以及开发等核心功能，以实现可持续发展目标。此外，还需要为具体的国家土地政策目标的实现服务。虽然可持续发展目标是相当宽泛的，但这种范式坚持把土地管理的所有核心职能作为一个整体来考虑，而不是将其孤立地看待。

从可持续的角度看，土地管理本质上是使一个国家的（土地等自然）资源得到良好利用的过程（UNECE，1996）。具体来讲，它包括为实现国家政治及可持续发展目标所需的土地及自然资源管理有关的所有活动，如土地政策、土地产权、土地用途管制、土地法规、土地开发等。在现代经济社会发展背景下，科学技术发展（特别是信息技术的发展）有效推动了土地管理活动的变更。一方面，这推动了多功能土地信息系统的建立，从而将土地产权、土地用途、土地价值和其他有用数据纳入其中；另一方面，可持续发展目标作为推动改革的重要力量，促进了土地管理活动对环境、社会、经济和治理条件等综合性信息的需求。土地政策是国家政策的重要组成部分，为经济发展、社会正义和公平以及政治稳定等目标服务。虽然各个国家或地区的土地政策各不相同，但大多数国家都普遍关注消除贫困、可持续农业发展、可持续居住环境、经济社会发展以及社会各群体之间的公平正义等目标。本质上，土地政策实施的关键在于对土地相关资源、利益、价值等获取机会的分配（Williamson et al.，2010）。在此过程中，政府管制的角色包括：对土地产权的持有、土地经济发展方面的支持、土地用途管制以及开发管控等。

土地管理范式的操作部分是一系列土地管理职能，确保对与土地及自然资源有关的权利、限制、责任和风险进行适当管理。这些职能包括与土地产权有关的过程（对土地和自然资源的权利进行确权或交易）；与土地价值有关的过程（土地和自然资源的估价和征税）；与土地利用有关的过程（对土地和自然资源利用的规划和管控）；还有，越来越重要的与土地开发相关的过程（如公共基础设施的建设与规划）。这些职能相互作用，以实现整体的政策目标，并通过适当的土地信息基础设施作为基石。理想的土地管理系统需要以综合且可持续的方式来执行土地政策，必须处理土地产权、土地价值、土地利用、土地开发四种类型的土地管理职能。一个国家土地管理能力的提高，需要在先进的信息和通信技术的支持下，将所有土地管理活动综合到一个概念框架内。然而，不同的国家对这 4 种职能的重视程度不同，这是由社会文化及经济发展水平所决定的。例如，许多国家倾向于将土地产权与土地利用分开，从而削弱了土地利用（即土地规划管控和用途管制）与土地价值（即土地的市场运作）之间的关联性。对于这类问题，往往是由土地行政管理的复杂性所造成的，而技术方面的努力对此作用不大。

（三）土地安全预警结构体系

土地安全预警是指对一定范围内的土地利用现状和未来进行测度，预报不正常状态的时空范围和危害程度，对于已有问题提出解决措施，对于即将出现的问题给出防范措施的预报、警报和调控系统。它服务于土地系统变化安全的宏观管理，从属于土地系统变化安全宏观管理系统的反馈调控子系统。土地系统变化是土地安全预警系统的研究对象，它总是以土地利用已有和将来可能出现的问题为核心和导向。由于预警系统应包括明确警义、寻找警源、分析警兆、预报警度和排除警患的完整过程；不仅包括预警的技术系统，还包括组织机构的建立、预警意识的训导等，因此，它是一个完整的过程。

1. 土地安全预警的结构功能

土地安全预警的类型很多，根据不同的分类标准，可以有多种分类方法。根据预警的时间尺度分，主要有长期、中期和短期预警；按预警的空间尺度分，主要有宏观、中观和微观预警，或者全球、区域、国家、省域、县域预警；根据预警的方式分，主要有指标预警、统计预警和模型预警。

土地安全预警的结构主要由土地系统变化基础数据库子系统、土地系统变化安全诊断子系统、土地系统变化安全分析子系统、土地系统变化安全辨识子系统、土地系统变化安全预报子系统和土地系统变化安全调控子系统等组成。其实质就是根据预警科学的基本理论和方法，结合土地系统变化安全的特点，根据土地系统变化可持续发展的要求，来制定一系列土地系统变化安全的预警指标，并在历史数据的定性分析和定量评价基础上，结合有关理论研究的成果和专家判断的经验，确定预警指标的合理警限，通过对土地系统变化安全现状和未来的测度，及时发报警情，为土地系统变化安全的管理部门提供及时、准确的反馈调控信息。

土地安全预警的功能主要有参照功能、纠错功能和超前调控功能：①预警的参照功能是由它的指标体系来体现的，它主要依靠统计指标、预警指标和评价指标等一系列指标进行运作。这些指标可以作为统一的具有共识的参照系来使用，使认识形势，判断发展状况，预测未来趋势，都有一个统一的参照物即统一的尺度。参照系不同，人们就会对土地利用的现状和未来做出不同的判断，所采纳的政策措施也大相径庭。有了统一的参照系，人们对形势的认识会更加统一，制定的政策措施也会更加有效。②预警的纠错功能是由它的研究对象决定的。预警是以土地系统变化安全的某一警素，即曾经出现、现在已有或将来可能出现的问题为研究对象。所谓警素，指构成警情的指标是什么，也就是土地系统出现了什么样的警情。预警可以帮助人们及早发现问题，特别是方向性的问题，比如土地利用的发展是否偏离可持续发展的轨道等。预警还可以针对警情，提出相应的调整措施，及时纠正原来不完善或错误的土地利用方式，使土地系统变化朝着安全轨道发展。③超前调控功能是预警之“预”字的体现，也是它的特色所在。土地系统变化安全管理从时间上可以分为超前管理、同步管理和滞后管理。超前管理可以帮助人们及早发现问题，并把问题解决在萌芽状态，减少不必要的损失，而预警是人们实现有效超前管理的工具。

2. 土地安全预警的指标体系

土地安全预警的方式主要有指标预警法、统计预警法和模型预警法。指标预警法具有简单、实用和快速的特点，是统计预警法和模型预警法的基础。在研建土地安全预警时，首先是设计指标预警，其次是分析统计预警，最后建立模型预警。在这 3 套预警中，应以指标预警为基础，统计预警为重点，模型预警为补充。它们既相对独立，又相互配合。但不论采用哪种方式进行土地系统变化安全的预警研究，选择和确定预警指标都是预警研究的核心问题之一。

指标通常是某一参数或某些参数导出的值。评价指标以比较简单的方式向人们提供评价对象的有关信息。所谓警情，就是事物发展过程中出现的异常情况，也就是土地系统变化业已存在或将来可能出现的各种各样的问题。比如，土地系统变化运行偏离了可持续发展轨道就可以认为土地系统变化在发展过程中遇到了警情；又如，土地系统变化遭受风沙危害或存在退化的危险也可以认为土地系统变化遇到了警情。用来描述和刻画警情的统计指标就称作警情指标。

土地系统变化安全是由多层次的子系统和多方面的要素构成的复合系统，它在发展过程中会受到各种因素的干扰，既包括自然的和人为的因素，也包括内部和外在的因素，致使土地系统变化安全在发展过程中出现这样那样的问题。警情指标就是土地系统变化安全问题空间的描述指标，也就是上面所称的警素。从警源的生成机制看，警源指标可以分为 3 类：一类是来自土地系统自身因素的指标，比如土地覆盖、土地利用结构、生物多样性等；一类是由土地系统外部输入的指标，比如气象因子指标、地质因子指标等；一类是来自土地系统管理指标，比如投入强度、执法力度、资源管理效度等。从警源的可控程度看，警源指标也可以分为 3 类：一类是强可控指标，比如管理上的问题和漏洞；一类是弱可控警源指标，比如现有资源的状况等；一类是不可控警源指标，比如气象因子、地质因子等。预警指标的选择本质地决定了土地安全预警能否成功。因此一般需要从大量的统计指标中进行筛选，选取一组有代表性的先行指标。美国国家经济研究所从数百项统计指标中筛选了 72 个指标，其中 36 个指标对国民经济发展趋势有预测的作用即先行指标，组成了一个综合先行指标即先行指标体系。随着时间的推移，个别先行指标不再具有预测作用，还需要适时用新的先行指标进行替换和调整（王劲峰，1993）。

预警指标必须从大量统计指标中精心筛选。统计指标是预警指标选择的基础，而监测指标是预警指标选择的重点。科学地选择预警指标，在实际操作过程中要始终坚持以下原则：①准确灵敏的原则。预警指标应能够准确灵敏地反映土地系统变化安全发展的主要方面。准确灵敏的原则体现在两个方面：一是预警时效的准确灵敏。预警指标主要用于土地系统变化安全的短期分析和预测，因此要求在及时准确获得当前土地系统变化统计数据的基础上，预警指标能够迅速及时地提供预警信号，反映土地安全运行状态的变化过程。二是预警显示度的准确灵敏。预警指标既对土地安全运行变化强弱有灵敏的反应能力，又能准确地予以显示，清晰地反映出土地安全发展运行状态的平稳程度和均衡与否。②可靠充分的原则。可靠性是指预警指标数据的权威性和统计口径的一致性；充分性是指预警指标的统计数据的样本数量足够大，也就是要求有较长的时间序列，以满足预测和不断调整的需要。可靠充分的原则是针对预警指标的统计数据而言的，只有根据可靠充分的统计数据，才能对土地系统变化安全进行时序分析，建立相应的动态预警模型，实现预警的目标。③互相匹配的原则。互相匹配是指预警指标要与具体的警素相互匹配，也就是警素不同，预警指标也各不相同。互相匹配还指预警指标要与具体的预警方法相互匹配，也就是不同的预警方法要求不同的预警指标。④宏观稳定的原则。土地安全预警系统重点解决的是土地系统变化安全重大的总体问题，即具有方向性和目标性的问题。这就要求预警指标具有某种宏观性，要求预警指标不仅从总量上和结构上反映土地安全发展变化的过程，而且要从协调的角度反映土地资源与其环境即整个区域的社会、经济和环境之间的关系；不仅要反映土地系统变化安全的总体情况，而且要反映它的各个环节。稳定性是指预警指标在土地安全的变化过程中，以相对稳定的先行、同步和滞后的时间发生变化，而不是表现出一时先行，一时滞后，一时同步，否则就很难找出其中的规律。土地安全预警的主要警素包括以下五大类型（周国模等，1999；袁国华等，2014）。

1）生产力警素。生产力是对土地系统变化生产能力和规模的辨识，是一定时空范围内土地资源系统的物质循环和能量转换能力和规模。生产力警素是土地系统变化安全的一个综合性警素，它的内涵非常丰富。数量警素、结构警素和质量警素是它的 3 个主要方面。

2）多样性警素。多样性是对土地系统变化安全内的生物多样性的辨识，是生物之间的多样性和变异性以及物种与环境之间的生态复杂性。联合国生物多样性委员会把生物多样性定义为：所有来源的生命有机体的变化范围，包括陆地的、海洋的、其他水生生态系统及由他们构成的生态复合系统，这时又包含种内多样性、种间多样性和生态系统多样性。生物多样性不仅包括物种内遗传多样性和物种多样性，而且包含生态系统的结构、功能和过程的多样性。生态系统多样性是指生物圈内栖息地、生物群落和生态学过程的多样化，以及生态系统内栖息地差异和生态学过程变化的多样性。物种多样性是指物种水平的生物多样性，是森林物种的丰富性。遗传多样性是指物种内基因的变化，包括种内显著不同的种群间和同一种群内的遗传变异。

3）效益警素。效益是对土地系统变化安全经济和公益效益水平的辨识。经济效益主要是指土地能够提供生产和生活资料等具有一定使用价值的有形物质的效能，而公益效益就是常说的生态、社会和文化等效益的总称。土地系统运行过程中，向外部溢出的机能，一般称它为外部效果。这种效果对人们起有益作用的叫公益，反之就是公害。公益效益同人类的生存和发展休戚相关，而且其作用的形式丰富多彩，蕴藏的内涵博大精深。土地系统与外部环境之间的物质、能量和信息交换过程中，不但具有改善气候、涵养水源等生态功效，而且提供游憩保健、文化娱乐等社会和文化功效。

4）灾害警素。灾害警素是指土地系统变化安全遭受的火灾、病害、虫害、鼠害、水灾、风灾、旱灾、荒漠化和水土流失等自然灾害。在土地系统变化安全的灾害警素中，耕地水灾、耕地旱灾、林地火灾以及土地退化是比较突出的灾害警素。例如旱灾，它是指因气候严酷或不正常的干旱而形成的气象灾害。一般指因土壤水分不足，农作物水分平衡遭到破坏而减产或歉收从而带来粮食问题，甚至引发饥荒。同时，旱灾亦可令人类及动物因缺乏足够的饮用水而致死。此外，旱灾后则容易发生蝗灾，进而引发更严重的饥荒，导致社会动荡。1968—1973 年，非洲大旱，涉及 36 个国家，受灾人口 2500 万人，逃荒者逾 1000 万人，累计死亡人数达 200 万以上，仅撒哈拉地区死亡人数就超过 150 万。中国旱灾频繁，20 世纪以来，1920 年陕、豫、冀、鲁、晋 5 省大旱，灾民 2000 万人，死亡 50 万人；1928 年华北、西北、西南 13 个省 535 个县遭旱灾；1942—1943 年大旱，仅河南一省饿死、病死者即达数百万人。

5）总体警素。总体是对土地系统变化安全及其环境全貌的反映，是对土地系统变化安全整体的辨识和评价。总体警素又称目标警素，主要是指土地系统变化安全的发展轨道是否偏离了可持续发展的目标。因此，总体警素是一个综合性很强的警素。既可以针对总体警素直接进行预警活动，也可以将总体警素分解为生产力警素、多样性警素、效益警素和灾害警素等。生产力警素进一步又可以分解为产量警素、面积警素等。通过这样层层分解和逐步细化，直到可以实现预警操作为止（马传栋，1995）。直接针对总体警素的预警活动比较困难，但总体警素预警研究的理论价值较高，实践指导意义也大，因此在理论研究和实证分析中对总体警素的预警问题进行深入的研究和全面的剖析已十分重要。

第四节　土地和人类未来图景

一、土地为人类提供新定义

（一）土地情结重构生命模式

人来自土地，最后又回归土地。人类创造了文明，但所有文明的人工制品，其所使用的原料都是来自土地。亲土地性是人类的一种遗传基因，是人类与生俱来的本能。环境心理学在过去30多年的持续研究中得到同一个结论：人们比较喜欢居住在亲自然性的土地环境中，尤其是风景优美的稀树草原或公园般的土地环境（Appleton，1975；Lockard et al.，1980；Orians et al.，1992；Kellert et al.，1993）。人类对居住地的偏好，符合稀树草原假说（Savanna Hypothesis），这与人类起源于非洲的稀树草原及过渡森林区有密切关系。人属（包括人类及其相近祖先）的整个进化历史，几乎都是在这类栖息地近旁或类似环境上完成的。如果把这段长约200万年的时期，压缩为70年，那么人类待在祖先环境中的时间便长达69年零8个月。之后，有些族群才开始农业生产，并迁徙到农村，度过剩下的120天。有证据表明，在人类生命基因的演化进程中，对土地有着一种与生俱来的生命情结。绿色光波的波长和频率，正好处于眼睛的最适中位置。所有人一见到土地的绿色，大脑就会加速分泌多巴胺，从而令人产生轻松愉悦之感。人类选择居所的喜好与遗传基因有关，比如北美、欧洲、韩国以及尼日利亚不同文化中的居所偏好不同，这是遗传基因差异所致（威尔逊，2016）。正所谓一方水土养一方人。

脱离了土地的工业文明，自以为找到了可以实现“无土栽培”的现代技术。他们阔论权力世界或经济帝国，高谈“经济人”假设，并通过该假设论证完全竞争的市场经济可以实现资源的最优配置，论证“自由化、私有化、市场化”存在的合理性。可是，世界是遵循 $E=MC^2$ 的爱因斯坦公式的，宇宙的演替沿着“递弱代偿”规律进行，并不遵循斯密的经济术语、科斯的产权规则和洛克的权力游戏，所有这些理论最多都只不过是“真理融贯论”而不是“真理符合论”。“人类世”或“熵世”概念的建立，表明人类脱离土地的灭绝性力量和熵增已经抵达行星尺度。如果资本世的元宇宙还在持续，地球还会加剧熵增，人类只能步入“剩余时间”进程。土地是地球陆地表层系统具有特定结构—秩序—功能的整体存在，是一个包裹地球的超级生物体（Superorganism），是地球物种生存的“安全空间”。土地有一种神秘的力量，播下一颗种子，就能生长出一串果实。未来人们对艺术、审美、情感、休闲会有更强烈的需求，对美好生活和精神生命有更强烈的向往。人类将会进入心世界和情感驱动的社会，这与各种未来世界科学研究的结论是相一致的，土地将会成为智者思考的对象、更高层次精神追求的存在以及身心灵疗愈的抚慰。在未来世界，土地将会成为人类生活世界的伴侣、乐趣、依托、信仰还有“瓦尔登湖”。

世界万物的运动，都遵循着一些简单但却不可逾越的法则。从星系形成到原子反应，从大陆漂移到细胞代谢，从生物爆发到生物灭绝，所有这些过程发生的方向和速率，均在这些法则的掌控之中。地球上的土地是一个精密镶嵌和互补互动的自创生系统。人类演化历史是由许多连续展开的生命旅程积累而成的，而且这种旅程开始于同一起点。人类必须不断回到这个起点，才能寻找到连绵不断的生命价值。人类必须回到土地，回到生命，以土地情结重构生命模式，以整体性的新物质主义（New Materialisms）重新思考“天-地-人-生-物”的关联，即用一种后结构主义和后现代的意义来阐述土地生命的宏观物质循环和微观量子机制。让远端已走完城镇化历程并渴望回归乡村的一线城市人群与近处愿意留守家乡建设家乡的本地人成为一个新的土地生命共同体，携手找回那些失落已久但正在重新被看见的生活、情感以及由此转化出的新价值，并最终完成所在土地场域的就地现代化和持续性发展。这是一种全新的生命模式，像加拿大印第安人、澳大利亚原住民、俄罗斯布里亚特人、马来西亚原住民那样，认为土地上的万物是一个有机的生命整体，是一个有灵魂的存在的，对土地及其万物怀有深深的感恩之情。土地的四季轮回、自由放松、朴实温厚、母亲情怀成为人们的生活方式、价值观念和命运走向，人类与土地构成了从农田到心田融合的全新生命共同体。

（二）土地为人类提供新诠释

在地球这个充满生机活力的星球上，生命经历了大约38亿年的漫长演化历史。从粒子到元素，从元素到矿物，从矿物到生物，从生物到器物，生命的形成演化似乎是一个渐变的过程，似乎也正如达尔文在《物种起源》所指出的那样：物种的起源需要经过一代又一代微小变异的长时间积累，并通过自然选择才能发生。可是，约5.4亿年前的寒武纪时代，地球生命经历了一次快速演化，常见的动物门类，如海绵动物、刺细胞动物、栉水母动物、环节动物、软体动物、节肢动物、棘皮动物、脊索动物等，都可以在那个时代找到它们的祖先类型。这是生命演化史上最重要的真实突变事件之一——“寒武纪大爆发”，这一突变的生命演化事件造就了如今缤纷多彩的土地生命王国（戎嘉余等，2022）。为什么如此复杂的多门类动物化石会在寒武纪地层中突然大规模涌现，而在更古老的地层里没有发现其祖先化石的任何踪迹，这就是史上所谓的达尔文困惑（Darwin's Dilemma）。此外还有许多困惑，在约6600万年前的白垩纪大灭绝事件中，恐龙灭绝了；二叠纪末大灭绝，几近摧毁了陆地和海洋所有的生态系统，海洋多类种群落、多种生态结构及其生态系统全面崩溃，银杏为什么能顽强地一直生存至今？地球生命演化为什么能从有机碳生成原核细胞、真核细胞、单细胞、多细胞再到无脊椎动物和脊椎动物，为什么能如此精准的生成雄性和雌性，或者说男人和女人，否则人类就不可能持续至今。为什么人类需要吸收氧气、呼出二氧化碳，而植物正好如此精准地释放氧气、吸收二氧化碳，形成生命系统的动态平衡。曾经有学者指出，生命有机体诞生的可能性要小于同时掷出10万个骰子均是6个点朝上的概率。地质时期每一次大灭绝事件，无论是奥陶纪末大灭绝、泥盆纪晚期大灭绝、二叠纪末大灭绝、三叠纪末大灭绝还是白垩纪末大灭绝，对土地上的生命都是毁灭性的打击。但每次事件过后，土地上的生命在或长或短的时间内又以崭新甚至更有活力的面貌再次出现（迪克松，2017）。由此可见，要想真正解开天地演化之谜，人的现有认识与所要达到的目标之间的距离，还十分遥远，也许我们永远也无法理解土地生命系统的奥秘。如果像土壤学家所说的那样，影响土壤肥力的因素就可以达到百亿亿个，那么人类将在可预见的时间内永远也无法解开土地生命演化的动力奥秘。事实上，人类和土地之间的关系方程式，至今并不清楚方程式中的所有参数。最近，科学家在研究矿物质和维生素时，发现了能量向上循环过程中许多意想不到的依赖关系。土壤对植物的价值以及植物对动物的价值，是由某些极为稀少的物质决定的。贫瘠的土地可以通过增添肥料来提高产量，却不一定能够提高食物的价值。人们虽然在技术上取得了长足进步，但永远也无法弥补土壤养分流失带来的危害（利奥波德，2022）。

综观人类历史，征服者最终都败在了自己手上。土地荒漠化带来的死亡人数，已经远高于飞机失事和地震灾难所造成的伤亡人数总和；所造成的危害直接影响了32亿多人的福祉，未来将可能导致1/4的动物和植物遭受灭顶之灾。人类活动成败与否，很大程度上取决于土地对人类所施加力量的反应。土地的每一次退化，都会造成物种的不断衰减，土地的特质和居住在土地上的人类的特性所起的作用是相同的。“天地不仁，以万物为刍狗。”（《道德经》）不管人类如何言说，天地都会我行我素。正所谓：“人法地，地法天，天法道，道法自然。”（《道德经》）当人类在感悟世界演化动力机制中领悟到土地的“道”时，会深切地认识到人和土地都只是世界运动波中的一点，如尘，如埃。建筑只是根植于土地的生命之树，面包也只是根植于土地的生命之果。没有土地上的向日葵，就没有梵高；没有池塘中的睡莲，就没有莫奈；没有圣维克多山，就没有塞尚；没有土地景观，就没有中国山水画，也没有日本的大地艺术。爱因斯坦放弃了以自我为参照系，发现了 $E=MC^2$ 的普遍真理。因此，人类也需要放弃以自我为参照系，从土地的征服者变成土地的共同体，变成土地生命社区中的普通社员，成为地球上源于自然生命圈的节点，这应该是人类的定义和诠释。

二、AI 为土地利用重新编程

（一）世界将进入后土地利用时代

2016 年，DeepMind 取得了令人瞩目的成就——计算机击败了世界围棋冠军。人类数千年来从数以百万计的对局中所积累的围棋知识，AlphaGo Zero 就可以在几天内超越人类的围棋经验，并发现新的围棋策略（Silver et al.，2017）。在未来，人类并不全然地生活在“真实”土地的物理时空情境中，虚拟时空、虚拟身体与虚拟体验技术敞开了步入全息虚拟时代与后人类时代的入口。基于汇聚技术（NBIC）的新兴人类增强技术（HET），正以一种全新的方式对人类的身体、认知、道德等诸多方面进行“深度”改造乃至重塑。2021 年被称为“元宇宙”元年。元宇宙作为多种高新技术的集合、虚拟世界与现实的融合，形成了一个由 VR 技术提供沉浸式体验，具有身份系统、经济系统和社交系统三维环境的“超越现实宇宙的宇宙”。该技术在工业制造、电影制作、游戏开发、城市治理、规划设计、汽车驾驶、医学健康、灾害预演、资源管理、文化旅游等领域得到应用。这种基于具身互联网技术的元宇宙不仅在技术上改变了人类的生活，也改变了世界的“真”，更挑战了经典认知科学对认知与智能概念的定义。人的认知过程不再仅仅被理解为颅内的神经计算，而被理解为一个介于生命-机器广泛互动的信息交互过程中。2022 年 11 月正式发布的 Chat GPT（Chat Generative Pre-trained Transformer），是人工智能技术驱动的自然语言处理工具，它能够通过理解和学习人类的语言来进行顺畅对话，还能根据聊天的上下文进行互动，甚至能比人更快更高质量完成撰写邮件、视频脚本、文案、翻译、代码及写论文等任务❶。Chat GPT 解决了生成模型的一个核心问题：如何让人工智能模型的产出和人类的常识、认知、需求、价值观保持一致。其应用场景还包括：编制计算机程序，陪人聊天，进行音乐、电视剧、童话故事、诗歌和歌词等创作，在教育、考试、回答测试问题方面的表现甚至可以优于普通人类测试者。

---

❶ 国内高校已有学生用 ChatGPT 写论文，“杰作”快赶上老师了！“AI 作弊”怎么防［N］．百家号每日经济新闻，2023-02-09.

未来的智能机器人将会成为这个星球上最重要的生命形式，重新定义人与土地的关系。在智能时代下，人与媒介技术相结合、移动终端的普及会使人的中心地位逐步弱化。在这种时代，人不再是决定性因素，智能机器人会在许多方面超越人类的功能。它会逐步改变土地利用结构中的各种关键要素，改变人类关于土地利用的理念、价值、制度设计与行为准则。人工智能技术的进步，特别是说服性算法（Persuasive Algorithms）的广泛应用，会动摇理性选择假设和代议制民主的基础。这种算法可以分析个体的价值取向，并有针对性地对其认知态度进行引导，通过间接和隐蔽的方式将其推向预想的结果，而作为主体的人几乎不会注意到这一点（封帅，2020）。在赛博人与机器的双向作用下，人类将会进入零边际成本社会。大数据、高级分析、算法、人工智能和机器人会在制造业、服务业和娱乐行业取代人类劳动，数以亿计的劳动力将会从复杂的工作中解放出来。互联网技术和可再生能源所建构的能源互联网，将从根本上改变能源的生产和社会分配方式。数十亿人将在家里、办公室和工厂中生产自己的可再生能源，并且在能源互联网上共享绿色电力。当利用通信互联网管理绿色能源时，地球上每个人都将在真正意义上为自己供应能源。构建可再生能源体系、以建筑物作为收集可再生能源的设施、使用氢气存储间歇式能源、利用绿色电力互联网分配能源，以及使用插电式或零排放燃料电池传输工具，以上这五大支柱的建立可以使数十亿人在接近零边际成本的物联网中分享能源（里夫金，2021）。所有这些都会使整个世界将进入一个前所未有的后土地利用时代。所谓后土地利用时代，就是“土地利用+AI”的时代。在这样一个时代，土地利用的结构与秩序、土地利用与经济社会发展的协调关系、土地利用现实与未来的历史逻辑、土地利用与全球变化的互动响应等，都会在AI的参与下寻找到更满意乃至意想不到的答案。

（二）AI技术将重构土地利用模式

作为第四次工业革命的核心，AI技术已经成为全球新一轮科技革命和产业变革的核心驱动力。面对人类的土地、水、能源、食物和环境危机，AI技术可以为地球“重新编程”，重构土地利用模式。①利用AI技术，基于众源数据融合，可以研制出全球高精度耕地分布制图数据产品，为全球粮食估产、食物监测和全球变化提供可靠的耕地空间分布信息，由此构建出更加精细化的耕地利用模式。②AI技术能有效融合土地生产力要素，将农业生物技术（Biotechnology，BT）、农业信息技术（Information Technology，IT）、农业智能化装备（Intelligent Equipment，IE）进行有效融合，打造土地生产力“倍增”作用模式。③通过突破农业传感器、农业大数据和人工智能、农业智能控制与农业机器人等智慧农业关键核心技术和产品，集成建立“信息感知、定量决策、智能控制、精准投入、个性化服务”的智慧土地利用技术体系，推进知识替代经验、机器替代人工，培育土地利用智能装备、土地利用信息服务、土地利用产品可信流通等新产业，实现智能用水、智能治土，建构起可以显著提高土地生产率、利用率和产出率的新模式（赵春江，2021），解决全球的土地资源和水资源短缺以及食物危机问题。④AI技术不仅可以把物理世界数字化，例如道路、交通信号、车间、工厂、家庭，甚至整个城市和乡村；而且可以将生命世界数字化，包括大脑、身体器官、DNA基因、蛋白质等，同时各种新的生物电子芯片、脑机接口技术正在蓬勃发展。人工智能能够处理多维、多模态的海量数量，解决复杂场景下的土地利用难题，推动科学探索抵达过去无法触及的土地利用全新领域。进入21世纪，美国、英国、德国、加拿大、日本、韩国等发达国家高度关注智慧地球重构的研究，以构建全新的土地利用模式，切实解决土地、水、能源短缺所导致的食物和环境危机问题。

需要指出的是，迅猛发展的AI技术，或以AI技术为支撑的未来智能机器人，确实会在很大程度上改变土地利用的结构和空间布局，确实会使人类的土地利用理念和观念形态发生改变，也可能确实会使智能机器人成为这个星球上改变土地利用结构功能十分重要的工具。但AI并不能解决所有土地利用的根本性问题。脑是精神活动的器官，而精神活动的最大特点就是变幻莫测，这是由计算机编程实现的机器学习所无法完成的。未来的土地利用模式，应该是人类与机器的有机合作共同建构，也就是人类与机器共同进化。

三、土地文明助力乐生栖居

（一）乐生栖居是当代觉醒和未来需求

人类自从诞生之日起，便不断改变着地球的环境。进入20世纪以来，世界在西方“工具理性”和“实用功利主义”的影响下，开始盛行西方的文化表达、沟通和思维方式，各国优秀的传统文化精神传承逐渐缺失，人与自然共生逐渐被淡忘，由此产生了以下三大危机：①大地母亲伤痕累累。土地污染不断加剧，荒漠化和沙漠化问题越积越多，地下水超载问题日趋严峻，湿地面积不断萎缩，生物多样性和生态系统服务功能下降。②城乡聚落冷漠呆板。城乡规划设计建设放弃了艺术情感思维，其结果是聚落产品的粗糙单一和个性化消失，造成“千城一面”“千村一面”。城乡聚落的建设不是引导人走向理想的乐生栖居而是走向冷漠的呆板，不是促进人的精神世界的升华而是走向精神的退化。③诗意和诗性的全面退化。英国诗人托马斯·斯特尔那斯·艾略特（Thomas Stearns Eliot）指出：“诗歌代表一个民族最精细的感受和智慧。”十分奇怪的现象是，几乎所有写乡土诗歌的现代诗人都生活在城市里。他们缺少乡土体验，想到抒情只会呻吟土地、小溪、麦子、茅草屋、稻草堆，还有爷爷讲的故事，这是一种精神分裂和灵魂撕裂，根本无法创生千古佳句。可是，在功利主义和市场经济的大潮下，诗歌这种非物质形态，就如同逝去的乌托邦，再也很难找到其应该有的生存空间，更不要说成为人的精神和灵魂所在。

人类栖居形态并不是一种生物遗传的复制，它是一种动态存在，是在历史发展过程中形成、发展和选择的产物。任何栖居模式都具有时空性，并随着时间和空间的不同而呈现不同的形态，事实上都具有某种历史的必然性。当社会从“生存性需求”向“发展性需求”升级时，栖居的内容多样性和内涵精神性成为其基本特征，“更好存在”和“更好活着”等非物质的和精神性的需求会上升为主导性需求。随着社会、经济的发展和价值观的变迁，人们对于生活的追求不再局限于物质层面，社会各领域的变革也朝着满足品质生活而发展。重视度假与休闲、重视精神生活以及关注身体健康成为当代高品质生活的主要特征。伴随着物质财富的极大丰富，民众开始重视非物质化的、精神层面的乐生栖居生活。首先，人们更加热衷于读书、艺术欣赏、生活美学、休闲养生等完善自我的生活。音乐节、艺术节、主题展、读书会、美学雅集等各种高雅的文化艺术活动受到人们的欢迎，博物馆、图书馆、美术馆等场所也重新成为大家休闲时刻的选择。其次，人们热衷于体育锻炼及参与各种有益于健康的活动。越来越多的人开始摒弃大吃大喝、穷奢极欲以及热衷于各种保健药物的生活方式，开始注重合理饮食和体育锻炼。再次，人们开始重新关注自然，将更多的时间用于亲近自然、户外活动。充满花香的山野、波光粼粼的湖畔、篝火与繁星相映的海滩，是自然馈赠于人类的珍宝，同样也是人类找寻自我的钥匙。最后，农耕文明的基因重新被唤醒。几乎所有人类文明，都根植于几千年的农耕文明。农耕时代人的节奏感与自然节奏高度统一：日出而作、日落而息；春耕夏种、秋收冬藏。人与自然和谐一体，是农耕文明的最典型表现形式。与这种情感和节奏配套的自然物象，正是农耕文明意象体系的核心基础。纵观人类演进的历史，很多情节总是惊人的相似，总是存在不断的轮回。面对大地的沧桑和精神家园的缺失，当代人开始传承农耕文明中灵慧闪光的乐生栖居文化。

百年回望，再回头审视这工业革命以来的世界，到底经历怎样的变迁。从土地出发，到如今回不去的故乡，精神何寄？这将成为世界现在开始，一个最迫切需要解决的心灵与身体、个人与群体、社会与国家的多重困惑。重建田园牧歌的生活，希望温饱有余的农民和城市居民可以继续享受青山绿水和蓝天白云，可以继续享受家庭和睦与邻里友爱，可以继续享受陶渊明式的“采菊东篱下，悠然见南山”和梭罗“瓦尔登湖”的休闲与情趣，开始跃入世人的视野并成为热切的期盼。追求高远深邃和自由闲适的大地乐生栖居，再次唤醒世人久已被遗忘封存乃至有些麻木的心灵。倡导回归物质的自然，倡导回归人性的自然，建设人的精神家园，还家园以自然状态，重塑物质诉求与精神追求的平衡架构，就成为当代人类新的乐章和诗篇。简言之，乐生栖居的梦想，将随着经济发展和社会进步而照进现实。这是社会历史进化的必然，也是人类文化需求的必然。

（二）乐生栖居依于土地文明深度扎根

乐生栖居是一种对人类未来家园不确定性的智慧选择，是一种来自自然之德的栖居灵感，秉持着智慧之见以创造幸福人生。乐生栖居有很多属性，其中最重要的是其自然性和审美性。心理学家荣格曾指出：在我眼里，高山、河流、小溪、花草树木以及动物似乎比那些着装怪诞、吝啬、自私、自负、虚伪、妄自尊大的人类更能产生本质。曰：“有天地，然后万物生焉。盈天地之间者，唯万物，故受之以屯；屯者，盈也，屯者，物之始生也”（《周易·序卦传》）。人的乐生栖居必须立于大地、源于自然，在“人法地、地法天、天法道、道法自然”的栖居境界中得以审美化生存。与天地合德，实现生态美学的合德乐生性，保持自然的心，这是缓解人与自然之间张力的唯一路径。乐生栖居的空间形态是人通过审美关系的中介合而为一的，是“真”“善”“美”的统一，也是人的审美心理的认识深化和在知、情、意上的拓展。它追求“真”的居住形态，这种“真”主要表现在忠实于当地的气候、地形地貌、土地、水文和所有真实存在的自然环境和人文环境；它更追求“善”的居住环境，其核心是以“珍爱生命”为准则，将伦理学的范围由人扩展到所有生命，把爱的原则扩展到动植物，充分关注自然和土地的价值，尊重生物的多样性，重视保护“土地”这一生命共同体的整体、稳定和美丽；它还追求“美”的居住意境。王国维在《人间词话》中指出：有意境自成高格。“枯藤老树昏鸦”这一诗句，可以很好地阐释意境的构成。树、藤和鸦都是基于形的景物，经过诗人情感的渲染，老树、枯藤和昏鸦则形成不同的意象，这些有着情感因素的意象组合在一起，衬托出苍凉的“境”，体现了诗人悲切的“意”，从而在艺术上得以升华。形、情、意和景、象、境，共同构成了乐生栖居的整体意境。将纯粹个人意义上的栖居“自由”，转化为人类共生意义上家园“自由”，这应该是一种更高的存在和境界。自由的栖居在大地上，是一种追求和境界，本质上也是一种诗意栖居。它能使人自觉到人自身，我是谁，我从哪里来，我向何处去，人的生存成为其自身的根据。所有的诗情画意，都是具有鲜明个性特色的艺术生命创作，都是一个峰回路转、水流花开的自由空间，都是进入空灵虚幻的自由灵性空间。人类乐生栖居的选择，必然是自由的栖居家园。要像诗一样自由，像诗一样宽容，才能点亮乐生的光芒。

土地不仅仅是一个物质空间，而是有历史、有时间、有文化的生命共同体。土地的不同结构、纹理和形态，构成了各种丰富多彩的景观文化。丰饶的土地自然景观，为人类提供了丰富的风景资源和美学感知及审美意向。土地的慷慨，远远超出人类的想象。如果你能深切体验生动的土地，就能感悟到她本身就是一个真理，就是一首诗。所谓土地文明，它有 3 个基本特性：一是顺应天时，与自然共生。也就是按照天时节序，在与自然共生的天地之中，找到应有的自我坐标。二是因地制宜，是在不同条件下找到最佳的利用方式和最好的生产可能。三是持续生发，是指生命的萌发、生长和勃兴，是不绝之辞，是万物恒生谓之易也。土地文明有不同的缘起，既有源于高寒草原的游牧土地文明，也有河套上成长起来的农耕文明，还有沿海或岛屿上生成的土地商业文明，但所有这些文明都是以土地作为一切法则的开端。应该充分认识到：一个毁灭热带雨林和其他植物去生产越来越多的粮食用来大量浪费的社会不能称之为文明；一个大量占用优质耕地建设越来越多的居所但却大量被闲置或空置的社会不能称之为文明；一个通过炒作土地积累财富而几乎未付出劳动的社会不能称之为文明；一个把动物放进工业化养殖场剥夺其自由并用残忍的方式对待它们的社会不能称之为文明。土地利用方式、结构、强度和布局缺乏文明，将导致土地无法持续生发，人类自然失去了乐生栖居的基本条件。

在海德格尔看来，土地是具有某种半神性的东西。土地可以满足每一个人的需求，却不能满足一个人的贪婪。文明的本质不在于无止境的需求，而在于人性的进化。面对一个世界用 40%的资源来供应全球不到 6%人口的工业体系，面对地球上差不多有 1/4 的人因过量饮食面临肥胖和因过度占用拥有过多房屋的局面，人类必然会遭到土地的惩罚。土地是最大爱的，是承受者、开花结果者，它提供条件，让种子发芽、破土、生长，释放自己的潜能。正是土地，承载着树的根，使得森林得以茁壮生长，并接受太阳的能量进行光合作用，涌现为植物和动物，养活了人类。人类向土地回归，坚持土地文明中的伦理信仰，土地必然会给你承诺和回报。土地是完美的、绝妙的、圣洁的，也是丰盛的，人类绝不能滥用、浪费、耗尽和污染。印度著名诗人泰戈尔认为，在土地上工作是有尊严的、有意义的，也是令人满足的。土地是友善的、慈爱的和慷慨的，满载着无条件的博爱。一粒细小的种子在土地里长成一棵巨大的苹果树，年复一年的结满成千上万颗苹果，即或人类没有提供回报，土地依旧提供苹果。

土地一词，最能够体现人与自然之间的一种关联，土地本身就带有一种母亲的意蕴。所有好的艺术品和行为，都应该体现土地和人的关联。在学校里用餐本应该是一个社群聚在一起赞颂和感恩土地硕果累累的时刻，然而学校的用餐变成是用塑料勺在聚乙烯盘中匆忙完成的事情（库马尔，2023）。作为真理和自由的探寻者，人类需要学习土地的文明品质，以土地为师，唤醒人的心灵、培养人的天赋、开导人的胸怀，融合各种精思奇妙的土地文明将人类家园打造成心灵的景观，使人类有更高的精神境界和更美好的精神家园，实现高雅粹美的乐生栖居境界。一句话，没有土地文明，乐生栖居将失去根基。唯有深深扎根于土地文明，乐生栖居才能有持续的滋养。这是一种超越求存与繁衍的人地关系主旋律，承载着洞见宇宙耗散进程的使命，是一种超越智能设计的生命智慧。但仅仅有这种智慧是不够的，要让这种智慧成为自己的能力，成为付诸土地实践的探索，才能解决终极价值之间的冲突，避免人类未来图景的虚无性。让我们无限敞开并恒久地扎根于土地文明沃土，寻找到人类生生不息的土地文明价值，共同守护可触摸、可感知的乐生栖居家园，

在这个世界上，一切都会随风而去，唯有土地和明天同在！

参考文献

联合国，2015. 2015 年千年发展目标报告［R］. 纽约：联合国.

中国国际法学会，1984. 中国国际法年刊［M］. 北京：中国对外翻译出版社.

阿梅斯托 菲利普 费尔南多，2001. 食物如何改变我们人类和全球历史［M］. 韩良忆，译. 北京：中信出版集团.

艾莲，2010. 乡土文化：内涵与价值：传统文化在乡村论略［J］. 中共文化论坛（3）：160-165.

布朗 莱斯特 R，2009. 粮食危机可毁灭全球文明［J］. 决策 & 信息（10）：8.

陈刚华，2008. 韩日独岛（竹岛）之争与美国的关系［J］. 学术探索（4）：41-46.

陈森尧，1996. 安全管理学原理［M］. 北京：航空工业出版社.

陈小葵，2008. 论中国古代土地所有权制度［J］. 现代商贸工业（10）：76-77.

程钰，2014. 人地关系地域系统演变与优化研究［D］. 济南：山东师范大学.

德洛迈 皮埃尔 安托万，2008. 全球化因金融危机而得到加强［J］. 海外经济评论（46）：25-16.

迪克松 帕特里克，2017. 人类未来简史［M］. 马林梅，译，广州：广东人民出版社.

范琳，邓晶，2018. 宁夏退化土地生态修复工程规划［J］. 陕西林业科技，46（6）：110-114，123.

方修琦，1999. 论人地关系的主要特征［J］. 人文地理，24（2）：20-22.

费朗 若泽 爱德华多 门德斯，2022. 改变人类历史的植物［M］. 时征，译. 北京：商务印书馆.

封帅，2020. 从民族国家到全球秩序：人工智能时代的世界政治图景［J］. 外交评论（6）：99-129.

高小康，2010. 非物质文化遗产与乡土文化复兴［J］. 人文杂志（5）：96-104.

葛剑雄，2022. 河流与人类文明［J］. 社会科学文摘（1）：91-93.

龚铁鹰，2010. 粮食危机与世界耕地争夺战［J］. 党员博览（9）：48-49.

韩俊，崔传义，赵阳，2005. 巴西城市化过程中贫民窟问题及对我国的启示［J］. 中国发展观察（6）：4-6.

黄进，2020.《环境管理建立防治土地退化和荒漠化良好实践的指南第 1 部分：良好实践框架》国际标准分析研究［J］. 标准科学（5）：81-86.

黄文彩，2009. 乡土文化的“断裂”及其合理走向［J］. 柳州师专学报（3）：15-18.

霍夫曼 乔治 W，1982. 欧洲地理［M］. 天津：天津人民出版社.

卡特 弗，戴尔 汤姆，1987. 表土与人类文明［M］. 庄峻，等，译. 北京：中国环境科学出版社.

库马尔 萨提斯，2023. 土壤・心灵・社会［M］. 张兰英，等，译. 北京：中译出版社.

李小健，2010. 从制度层面保障农村妇女的土地权益［J］. 中国人大（12）：16-17.

里夫金 杰里米，2021. 零边际成本社会［M］. 北京：中信出版社.

利奥波德 奥尔多，1997. 沙乡年鉴［M］. 侯文蕙，译，长春：吉林人民出版社.
吕桂霞，2010. 俄日关系中的“北方四岛”［J］. 华东师范大学学报（哲学社会科学版）（1）：41-57.
马传栋，1995. 论市场经济条件下自然资源和生态环境的价值及实现问题［J］. 生态经济（1）：1-10.
戎嘉余，等，2022. 化石密语［M］. 南京：江苏凤凰科学技术出版社.
司智陟，聂凤英，2009. 浅析世界粮食生产贸易的特点［J］. 中国食物与营养（4）：34-35.
孙钟炬，2010. 发达国家住房保障的四个主要经验［J］. 上海城市发展（5）：25-29.
唐华俊，等，2000. 中国土地资源可持续利用的理论与实践［M］. 北京：中国农业科技出版社.
王丹月，2021. 西北地区土地退化现状及其防治对策［J］. 大众标准化（23）：215-216，223.
王国林，2006. 失地农民调查［M］. 北京：新华出版社.
王劲峰，1993. 中国自然灾害影响评价方法研究［M］. 北京：中国科学技术出版社.
王荣宇，谭荣，2015. 德国土地税收制度及其改革探索的启示：基于土地收益共享的视角［J］. 中国土地科学，29（12）：81-87.
威尔逊 爱德华，2016. 生命的未来［M］. 杨玉龄，译. 北京：中信出版集团.
吴友石，2002. 巴以冲突的由来与展望［J］. 沧州师范专科学校学报（2）：62-63.
肖益民，2008. 边界谈判是个世界难题［J］. 共产党员（上半月）（9）：58.
杨红林，2006. 历史上的三次房地产大泡沫［J］. 现代领导（7）：12.
杨彤，杨瑾，2020. 基于 GIS 的高陵区土地生态状况评估［J］. 农业与技术，40（4）：47-50，62.
叶启绩，2005. 全球化背景下中国特色社会主义价值研究［M］. 广州：中山大学出版社.
余莹，汤俊，2010. 美国粮食战略主导下的粮食贸易规则［J］. 国际观察（1）：66-73.
袁国华，郑娟尔，贾立斌，等，2014. 资源环境承载力评价监测与预警思路设计［J］. 中国国土资源经济，27（4）：20-24.
张艳婷，2018. 人类活动对半干旱区气候变化的影响［D］. 兰州：兰州大学.
赵春江，2021. 智慧农业的发展现状与未来展望［J］. 华南农业大学学报，42（6）：1-7.
周国模，吴延熊，陈美兰，1999. 区域森林资源警素的分类研究［J］. 浙江林学院学报（1）：20.
周红利，2010. 巴西土地分配研究［J］. 中国集体经济（27）：197-198.
FAO, 2002. Land tenure studies, land tenure and rural development [J]. Land Administration (3): 7-12.
GTZ, 1998. Land tenure in development cooperation guiding principles [EB/OL]. Universum Verlagsanstalt, http://www.gtz.de/, 2022-02-05/.
ISO, 2012. Geographic information: land administration domain model (LADM): ISO 19152 [R]. Geneva: International Organization for Standardization (ISO).
UNECE (United Nations Economic Commission for Europe), 1996. Land administration guidelines with special reference to countries in transition [R]. Geneva: United Nations/Economic Commission for Europe.
United Nations, 2015. Millennium development goal 8: taking stock of the global partnership for development [R]. New York: United Nations.
Agarwal B, 2003. Gender and land rights revisited: exploring new pros-pects via state, family and market [J]. Journal of Agrarian Change, 3 (1/2): 184-224.
Andreeva O V, Lobkovsky V A, Kust G S, et al., 2021. The concept of sustainable land management: modern state, models and typology development [J]. Arid Ecosystems, 11 (1): 1-10.
Appleton J, 1975. The experience of landscape [M]. New York: Wiley.
Barnosky A D, Hadly E A, Bascompte J, et al., 2012. Approaching a state shift in earth's biosphere [J]. Nature, 486 (7401): 52-58.
Dale P F, McLaughlin J D, 1999. Land administration [M]. New York: Oxford University Press.
Deininger K W, 2003. Land policies for growth and poverty reduction [M]. New York: Oxford University Press.

Enemark S, Williamson I, Wallace J, 2005. Building modern land administration systems in developed economies [J]. Journal of Spatial Science, 50 (2): 51-68.

Foley J A, Defries R, Asner G P, et al., 2005. Global consequences of land use [J]. Science, 309 (5734): 570-574.

George H, 1879. Progress and poverty [M]. New York: Robert Schalkenbach Foundation.

Henssen J, 1995. Basic principles of the main cadastral systems in the world [R] // FIG Commission 7 Working Group. Modern Cadastres and Cadastral innovations Delft: Cadastre 2014.

Hobhouse H, 1985. Seeds of change: five plants that transformed mankind [M]. London: Sidgwick & Jackson.

Kabeer N, 1994. Reversed realities: gender hierarchies in development thought [M]. London, New York: Verso.

Kalantari, M, 2008. Cadastral data modelling: a tool for e-land administration [D]. Melbourne: University of Melbourne.

Kaufmann J, Steudler D, 1998. Cadastre 2014: a vision for a future Cadastral system [C] //FIG XXI International Congress. Brighton: FIG.

Kellert S R, Wilson E O, et al., 1993. The biophilia hypothesis [M]. Washington, D. C.: Island Press, Shearwater Books.

Kust G S, Andreeva O V, Zonn I S, et al., 2018. Land degradation and sustainable land use: dictionary-handbook [R]. Moscow: Pero.

Lastarria-Cornhiel S, 1997. Impact of privatization on gender and property rights in Africa [J]. World Development (8): 1326.

Lemmen C, 2012. A domain model for land administration [D]. Enschede: University of Twente.

Liniger H, Mekdaschi R, Moll P, et al., 2017. Making sense of research for sustainable land management [R]. Leipzig: Centre Dev. Environ.

Lockard J S, et al., 1980. The evolution of human social behavior [M]. New York: Elsevier.

Lund, et al., 2013. Land politics in Africa: constituting authority over territory, property and persons [J]. Africa (1): 1-13.

Makarov O A, Strokov A S, Tsvetnov E V, et al., 2023. Experience in ecological and economic assessment of land degradation in regions of the Russian federation [J]. Moscow University Soil Science Bulletin, 77 (5): 317-324.

Mattsson H, 2012. Property rights and registration in a perspective of change [J]. Ensaio Avaliao E Políticas Públicas Em Educao, 12 (45): 1045-1064.

Nichols S E, 1993. Land registration: managing information for land administration [S. l.]: University of New Brunswick.

Nichols S, McLaughlin J, 1990. The information role of land registration in land administration [C] // Helsinki Finland. Proceedings FIG XIX International Congress: 106-114.

Orians G H, Heerwagen J H, 1992. Evolved responses to landscapes [M] // Barkow J, Cosmides L, Tooby J. The adapted mind: evolutionary psychology and the generation of culture [M]. New York: Oxford University Press.

Overby R, 1985. The urban economic environmental challenge: improvement of human welfare by building and managing urban ecosystems [C] // The POLMET 85 Urban Environment Conference. Washington, D. C.: The World Bank.

Peltier W R, 1990. Paleoenvironmental modelling and global change [J]. Global and Planetary Change, 2 (1/2): 79-85.

Peterson J M, Boisvert R N, 2000. Optimal land conversion at the rural–urban fringe with positive and negative agricultural externalities [C] //The American Agricultural Economics Association Meeting, Tampa, Florida, 2000 July 30–August 2.

Plaut T R, 1980. Urban expansion and loss of farmland in the United States: implications for the future [J]. American Journal of Agricultural Economics (62): 537–548.

Prăvălie R, Patriche C, Borrelli P, et al., 2021. Arable lands under the pressure of multiple land degradation processes: a global perspective [J]. Environmental Research, 194: 110697.

Sanz M J, Vente J, de Chotte J, et al., 2017. Sustainable land management contribution to successful land based climate change adaptation and mitigation [R]. Bonn: UNCCD.

Scheffer M, Bascompte J, Brock W A, et al., 2009. Early–warning signals for critical transitions [J]. Nature, 461 (7260): 53–59.

Silver D, et al., 2017. Mastering the game of go without human knowledge [J]. Nature (550): 354–359.

Steudler D, Rajabifard A, 2012. Spatially enabled society [R]. Copenhagen: FIG.

Tinker I, Summerfield G, 1999. Women's rights to house and land: China, Laos, Vietnam [M]. Boulder: Lynne Rienner Publishers.

Tuladhar A M, 2004. Parcel–based geo–information system: concepts and guidelines [D]. Delft: Delft University of Technology.

van der Molen P, 2003. The future Cadastres: Cadastres after 2014 [R]. Paris: FIG Working Week 2003.

Westerbeek H, 2000. Impediments to the implementation of land administration processes in Central and Eastern European Countries (CEEC) in the context of European integration [D]. Delft: International Institute for Aerospace Survey and Earth Sciences.

Williamson I, Rajabifard A, etd Feeney M F, 2003. Developing spatial data infrastructures: from concept to reality [M]. London: Taylor and Francis.

Williamson I, Enemark S, Wallace J, et al., 2010. Land administration for sustainable development [M]. Redlands: Esri Press.

后　记

作者曾于1995年12月正式出版了《土地科学导论》。在之后的近30年时间里，一直奢望出版一部《土地学》专著。此期间参加过几十次土地学科建设的讨论，也编制过不下10个版本的撰写大纲，但总是不能令人满意。随着年龄的增大，感到如果再不写，机会可能就越来越少。抱着完成比完美更重要、抛砖能够引玉、学习使人充实的初衷，在一种隐藏在精神结构深层的“土地”情结驱动下，历时两年多，终于完成书稿。这里要特别感谢：曹宇教授参与第十章和第十一章部分章节的初稿撰写，卓跃飞博士参与第六章和第八章部分章节的初稿撰写，李冠博士参与第二章部分章节的撰写和部分资料的收集；沈萍、王梦婧、谷玮、苏浩、佘振宁、田静雅等参与部分资料的收集和整理；赵银平女士参与图表的制作。在此，还要特别感谢书中所有参考文献的近千位国内外专家学者，正是他们的智慧，为本书撰写提供了重要的思想启迪和坚实的材料支撑。撰写中可能会有疏漏的文献，敬请专家学者谅解和包容。本书还是未尽之作，一切均未臻于定型，真诚地欢迎来自各方面的意见和建议，并期望与各位同行携手深化研究，不断推进《土地学》走向成熟。

吴次芳

2024年5月